临汾年鉴

2015

临汾年鉴编纂委员会　编

图书在版编目（CIP）数据

临汾年鉴．2015/ 山西省临汾市地方志办公室编
——北京：方志出版社，2015.12
ISBN 978-7-5144-1892-7

Ⅰ.①临… Ⅱ.①山… Ⅲ.①临汾市-2015-年鉴
Ⅳ.①Z522.53

中国版本图书馆 CIP 数据核字（2016）第 003677 号

临汾年鉴（2015）

编　　者：山西省临汾市地方志办公室
责任编辑：徐　宏

出 版 人：冀祥德
出 版 者：方志出版社
地址　北京市朝阳区潘家园东里 9 号（国家方志馆 4 层）
邮编　100021
网址　http://www.fzph.org
发　　行：方志出版社发行中心
电话（010）67110500
经　　销：各地新华书店
印　　刷：临汾尧信印业有限公司

开　　本：890×1240　1/16
印　　张：33.75
字　　数：987 千字
版　　次：2015 年 12 月第 1 版　2015 年 12 月第 1 次印刷
印　　数：0001 ～ 1000 册

ISBN 978-7-5144-1892-7　定价：280.00 元

临汾年鉴编纂委员会

顾　　　问：罗清宇　徐树荣　乔成家

主　　　任：岳普煜

常务副主任：赵建民　李东洪

副　主　任：梁若玉

委　　　员：扈新起　冯建宁　郭　波　贾俊芳　马德荣　宿青平

王延峰　苏新平　尉　俊　吴茂林　郭亚奇　王晓春

董凤妮　郭天龙　曹洪安　师学谨　郃惠俊　杨志威

卢洪顺　傅遵师　陈焕成　梁清燕　周　波　程明温

张学伟　任耀文　丁向阳　张　剑　王　山　廉　鹏

武卫东　徐新荣　史全喜　李艾珍　杨　兵　秦希强

刘　锋　段维让　郑晓明　毕研华　王晓华　祁战斗

编纂人员

主　　　编：尉　俊　吴茂林

副　主　编：靳水旺

编　　　辑：鞠豫霞　李艳洁

校　　　对：焦　洋　陈　琦

录入排版：张丽婷　茹芳芳

数字临汾

（2014）

综 合

第一产业	94.9亿元
第二产业	659.2亿元
第三产业	459.1亿元
全市生产总值	1213.2亿元

固定资产投资

全社会固定资产投资	1229.4亿元
第一产业	77.1亿元
第二产业	505.7亿元
第三产业	646.7亿元
本年投产项目个数	1415个
新增固定资产	981.7亿元
全年房地产开发投资	84.2亿元
全社会施工房屋面积	8507649平方米
商品房销售面积	1498649平方米

能 源

一次能源产量	3635.3万吨标准煤
二次能源产量	7369.3万吨标准煤
向省外运输煤炭	753.63万吨
工业投资	251.12亿元
全社会用电总量	176.76亿千瓦小时
原煤产量	5011.1万吨

物 价

居民消费价格总指数	101.7
工业生产出厂价格指数	88.9
工业生产者购进价格指数	91.6
城镇居民家庭恩格尔系数	26.8%
农村居民家庭恩格尔系数	27.5%

社会从业人员和劳动报酬

社会从业人员	2174168人
第一产业	878880人
第二产业	501443人
第三产业	793845人
城镇就业人员	50.3万人
全市在岗职工平均工资	41488元

人民生活

城乡居民储蓄存款余额	14193.9亿元
全市居民人均可支配收入	15052元
城镇居民人均可支配收入	23610元
城镇居民人均消费性支出	10522元
农民人均可支配收入	8755元
农民人均消费性支出	6009元

农村经济

农作物播种面积	565.53千公顷
#粮食	519.84千公顷
粮食产量	2757526吨
水果总产量	671961吨
油料产量	15871吨
肉类产量	132057吨
奶类产量	47793吨
大牲畜年末头数	87918头
年末全市农业机械总动力	473.1万千瓦

对外经济贸易

海关进出口总额　　39949万美元出口总额
17601万美元

进口总额　　22348万美元

工　业

规模以上工业单位数	355个
规模以上工业总产值	17091498万元
纱产量	2541.4吨
布产量	634.6万米
饮料酒	4030千升
原煤产量	5011.1万吨
洗精煤产量	4786万吨
发电量	206.3亿千瓦时
焦炭产量	1892.4万吨
铁矿石原矿量	777.9万吨
生铁产量	1214.1万吨
钢产量	1035.4万吨

建筑业

建筑业企业签订合同额	1090405万元
建筑业企业竣工产值	429684万元
建筑业产总值	910758万元
房屋建筑施工面积	3057654平方米

住宿　餐饮业和旅游

住宿营业额	44242万元
餐饮业营业额	363086万元
接待旅游总人数	2630.2万人
#外国人	12252人次
港澳台同胞	21976人次
旅游总收入	242.3亿元
#旅游外汇收入	1430.2亿元
国内旅游收入	241.4万美元

财政　金融和保险

财政总收入	1972983万元
公共财政收入	1182626万元
公共财政支出	2824533万元
各项存款余额	18536202万元
各项贷款余额	9434016万元
#短期贷款	4669091万元
中长期贷款	3784376万元
保险业保费收入	43.19亿元

交通运输　邮电通信业

公路线路年末里程	18111公里
#高速公路	462公里
年末全市民用汽车保有量	423133辆
#载重汽车	59731辆
载客汽车	354999辆
邮电业务总量	43.40亿元
固定电话年末数	52.52万部
移动电话户数	397.14万部
移动电话普及率	90.20万户

批发和零售业

社会消费品零售总额	5294688万元
城镇零售额	4459419万元
乡村零售额	835269万元
批发业零售额	506289万元
零售业	4381071万元

教育　科技

高等学校数	4所
普通高等学校在校生数	47475人
中等职业学校数	52所
中等职业学校在校学生数	29160人
普通中学	288所
小学	1051所
小学在校学生数	274218人
电视人口覆盖率	98.86%
气象台站	17个
专业综合地震台站	8个

文化　卫生　环保

群众艺术馆数	1个
文化馆数	17个
博物馆数	14个
档案馆数	25个
广播电视台数	17座
卫生机构数	4319家
工业废水排放总量	6929万吨
工业废气排放总量	25901716万标立方米

2014年3月18日，市领导在隰县晋西革命纪念馆重温入党誓词

2014年5月30日，市领导和小朋友共度六一

临汾市人民代表大会常务委员会

2014年4月10日，市长岳普煜作政府工作报告

2014年4月11日，人大常委会主任徐树荣作人大常委会工作报告

2014年4月10日，临汾市第三届人民代表大会第五次会议会场

政协临汾市委员会

2014年4月9日，政协主席乔成家在市政协三届四次会议上作报告

2014年4月10日，市政协三届四次会议分组讨论

2014年4月9日，市政协三届四次会议会场

2014年3月31日市委常委、常务副市长赵建民在临汾机场现场办公

2014年12月18日，临汾市第三届道德模范颁奖典礼

临汾市委组织部

临汾市推行党代表工作室建设工作座谈会

临汾市委常委、组织部长张明星在古县岳阳镇五马村走访慰问老党员

临汾市政法委员会

临汾市委常委、政法委书记陈小洪在市公安局调研

临汾市政法工作会议表彰先进个人

2014年6月30日，《临汾市志》首发暨开展读志用志活动动员会

2014 中国·临汾国际名校赛艇挑战赛

2014年非遗展示之天塔狮舞

2014年6月14日，“走进曲沃·感知晋国——山西省主会场”

2014年大美临汾文艺晚会

临汾市规划展览馆

编 辑 说 明

一、《临汾年鉴》系中共临汾市委、市人民政府组织编纂的系统记述本行政区域自然、政治、经济、文化、社会等方面情况的年度资料性文献，是临汾市唯一的地方综合年鉴。

二、《临汾年鉴（2015）》记事断限自2014年1月1日至12月31日。个别条目追溯了2013年以前的内容，意在增强事件的完整性。

三、本年鉴采用分类编排法，设栏目、类目、条目，少数在类目和条目之间增设分目，不同层次的标题用不同的字号、字体和辅助标志区别。本版年鉴共设立32个栏目，186个分目和1076个条目，总字数987千字。

四、本年鉴稿件均由市直各有关部门、驻临单位和各县（市、区）政府组织专人撰写，并经各单位负责人审核。所有数据由于统计来源、口径、方法、时间不同而有差异的，均以统计部门提供的统计资料为准。

五、本年鉴有详细中文目录、英文目录、索引检索系统。卷末索引、款目按汉语拼音字母顺序排列。

六、本年鉴采用的稿件，作者署名在文尾，有的稿件因作者不详，未作署名，彩页图片不署名，谨致歉意。

七、本年鉴的编纂出版工作，得到全市各有关单位的大力支持和全体撰稿人员的积极配合，在此深表谢忱。

《临汾年鉴》编辑部

2015年12月7日

目　录

中国共产党临汾市委员会

临汾市第三届人民代表大会第五次会议

临汾市第三届人大常委会

临汾市人民政府

综述

办公厅

政务大厅工作

人力资源和社会保障

武　　装

临汾军分区

武警临汾市支队

临汾市消防支队

人民防空

交通战备

法 治

政法委及综治工作

法制政府建设

公安工作

·公安交通管理·

检察

民主党派与工商联

临汾市工商业联合会

群众团体

临汾市总工会

共青团临汾市委员会

临汾市妇女联合会

临汾市文学艺术界联合会

临汾市科学技术协会

农业及农村经济

财政　税务

财政

国际资金管理

非税收入征管

政府采购

国税

地税

金　融

银行

·中国人民银行临汾市中心支行·

·银监工作·

·中国工商银行临汾分行·

商贸与服务业

文化　旅游

文化事业

蒲剧事业

文学艺术

文物管理

图书管理

档案管理

旅游

体育

社会生活

住房公积金管理

医疗保险

人口和计划生育

养老保险

失业保险

工伤保险

人　物

县(市、区)简介

吉县

永和县

隰县

开发区和壶口风景区

临汾经济开发区

侯马经济开发区

壶口风景区管委会

附　录

“五一”国际劳动节劳动模范表彰名单

道德模范好人榜

索　引

Contents

Mass Line Educational Practice Guided by Linfen City Committee of the CPC

Literature

Events

General Introduction

Linfen City Committee of the CPC

The Standing Committee of Linfen City People's Congress

The People's Government of Linfen City

Linfen City's Committee of CPPCC

Disciplinary Inspection and Supervision

Arms

Law Treatment

Democratic Party and Association of Industry and Commerce

Mass Organizations

Economic Management

Industry

Agriculture and Rural Economy

Transportation, Post and Communication Industry

Urban & Rural Planning and Construction

Environmental Protection

Financial and Tax Affairs

Finance

Business Trade and Service Industry

Education

Science and Technology

Culture and Tourism

News Publishing

Hygiene and Physical Education

Social Life

Characters

Brief Introduction of County(City and District)

Developing Zone and Hukou Scenic Spot

Appendix

Index

中共临汾市委党的群众路线教育实践活动

领导小组和机构成员名单

群众路线教育实践活动领导小组

（2014年2月24日）

组　长：罗清宇（市委书记）
副组长：岳普煜（市委副书记、市长）
王文英（市委副书记）
徐树荣（市人大常委会主任）
乔成家（市政协主席）
黄翠莲（市委常委、宣传部长）
赵建民（市委常委、常务副市长）
陈国荣（市委常委、纪委书记）※
李东洪（市委常委、副市长）
张明星（市委常委、组织部长）
白建荣（市委常委、秘书长）※
陈小洪（市委常委、政法委书记）
王振富（市委常委、军分区政委）
成　员：扈新起（市政府党组成员、办公厅党组书记）
梁洪运（市委副秘书长、办公厅常务副主任）
刘小才（市纪委常务副书记）
贾二元（市委组织部副部长）
郭景旭（市委宣传部副部长）
曹洪安（市委政法委副书记、市综治办主任）
乔悟生（市直工委书记）
许景安（市委副秘书长，市委、市政府信访局局长）
师学瑾（市发改委主任）
王　超（临汾职业技术学院院长、市经信委主任）
张俊荣（市教育局局长）※
王　林（市民政局局长）
程明温（市财政局局长）
卢洪顺（市人力资源和社会保障局局长）
杨志威（市农业委员会主任）
王　山（市卫生局局长）
廉　鹏（市人口和计划生育委员会主任）
华志刚（市审计局局长）※
李虎顺（市工商局长、市非公工委书记）

中共临汾市委党的群众路线教育实践活动
领导小组办公室组成人员和内设机构

（2014年2月25日）

办公室组成人员
主　　任：张明星（市委常委、组织部长）（兼）
常务副主任：贾二元（市委组织部副部长）（兼）
副　主　任：梁洪运（市委副秘书长、办公厅常务副主任）（兼）
郭景旭（市委宣传部副部长）（兼）
刘建勇（市纪委常委、市监察局副局长）
刘生明（市委组织部部务委员）
张青山（市委组织部部务委员）

办公室内设机构

（一）综合组
组　长：张青山（市委组织部部务委员）（兼）
成　员：李　强（市委组织部研究室主任）
张淑明（市委组织部党员管理科科长）
刘　锋（市委办公厅会务科科长）
李　鹏（市委组织部地方干部科副主任科员）
庞大懿（市委组织部研究室副科级干部）
张　静（市委组织部党员管理科科员）
联络员：柏海涛（市委组织部党员管理科科员）

（二）文秘组
组　长：刘生明（市委组织部部务委员）（兼）
成　员：宋大鹏（市委组织部组织指导科科长）
韩振钢（市委办公厅文书科科长）

王攀峰(市委组织部大学生村官科科长)
柳 剑(市委组织部办公室副主任科员)
范 凡(市委办公厅文书科副主任科员)
李建平(市委组织部组织指导科科员)
联络员:曹 辉(市委组织部组织指导科科员)
(三)宣传组
组 长:郭景旭(市委宣传部副部长)(兼)
成 员:吕夺俊(市委组织部电教中心主任)
李慧珍(市委宣传部宣传科副主任科员)
段江波(市委宣传部理论科科员)
牛艳斌(市委宣传部网管科科员)
仪旭东(市广播电视台办公室干事)
杨 琦(临汾日报社记者)
(四)督导检查组
组 长:刘建勇(市纪委常委、市监察局副局长)(兼)
成 员:张学东(市物价局监察室负责人)
田 伟(市委组织部市直干部科副主任科员)
李泽成(市纪委预防腐败室科员)
熊 昂(市纪委干部室科员)
韩文晓(市纪委干部室科员)
王 凌(市纪委干部室副科级干部)
(五)联络服务组
组 长:梁洪运(市委副秘书长、办公厅常务副主任)(兼)
成 员:刘生明(市委办公厅秘书科科长)
郭砚宾(市委人才办副主任)
宗燕军(市委组织部企事业干部科副主任科员)
刘 宏(尧都区团委副书记)
联络一组
组 长:王林波(市委组织部地方干部科科长)
成 员:张志辉(市委组织部地方干部科副科级干部)
联络二组
组 长:任 臻(市委组织部市直干部科科长)
成 员:杨 洋(市委组织部市直干部科副主任科员)
联络三组
组 长:贾东平(市委组织部企事业干部科科长)
成 员:王煜国(市委组织部企事业干部科副科级干部)
联络四组
组 长:任丽岗(市委组织部办公室主任)
成 员:卫东红(市委办公厅办公室主任)
曹 樯(市人大办公厅办公室主任)
樊 沛(市政府办公厅人事科科长)
张 瑞(市政协委员活动中心副主任)

※陈国荣于2015年7月免职,11月开除党籍;白建荣于2015年4月免职,8月开除党籍、公职(下同)

群众路线教育实践活动大事记

2 月

17日 在《临汾日报》在头版开辟《党的群众路线教育实践活动》专栏,刊登报道全市教育实践活动的动态消息,加配开栏评论。市电视台在《临汾新闻》《正在进行》《尧都新闻》栏目、广电网站开辟教育实践活动的专题专栏,集中报道全市各行各业开展教育实践活动的动态。安排播出集中教育整顿活动公益短片和公益广告、公益飘字等。

同日下午,省委派驻临汾市督导组对全市党的群众路线教育实践活动前期筹备情况进行督导,召开座谈会听取临汾市活动前期准备工作的情况汇报。罗清宇主持会议并作汇报,张明星出席会议。

18日 临汾市群众路线教育实践活动党外人士座谈会召开。罗清宇、乔建军、梁天运、王金珍出席会议。乔建军主持会议。王金珍以及民革、民盟、民建、九三学社、无党派人士、非公有制经济人士的代表先后发言,对即将开展的群众路线教育实践活动提出建议。

19日 晚,罗清宇主持召开市委常委会,专题研究党的群众路线教育实践活动有关事项。听取市委组织部关于临汾市党的群众路线教育实践活动筹备情况汇报,研究教育实践活动的方案、领导机构等具体事项。

20日 临汾市党的群众路线教育实践活动动员大会在临汾宾馆新三楼会议室召开,罗清宇主持会议并代表市委作动员讲话。

25日 在临汾宾馆新三楼会议室召开全市党的群众路线教育实践活动督导人员培训会,张明星出席会议并讲话。会上,督导人员分组学习讨论罗清宇书记在全市党的群众路线教育实践活动动员大会上的讲话精神,以及省委、市委有关文件精神和《督导工作手册》等工作文件。

26日　罗清宇主持召开市委常委会议，对市委常委党的群众路线教育实践活动进行动员，研究通过《中共临汾市委常委深入开展党的群众路线教育实践活动工作方案》。

27日　市委常委群众路线教育实践活动专题辅导会在临汾宾馆新三楼会议室举办，特邀省委党校副校长、山西行政学院副院长高健生就党的群众路线有关内容进行专题辅导。市四大班子领导干部、领导小组成员、办公室副主任和督导组组长等参加学习。之后观看由中央党校教授主讲的题为《新一届中央领导集体治国理政总体思路的哲学梳理》《坚持全心全意为人民服务的宗旨，保持党同人民群众的血肉联系》两部专题片。

3　月

4日　省委督导组6人分两组赴全市4个市直单位进行调研，了解活动前期筹备情况。王跃平、徐斌、侯强调研单位为市发改委和市纪委，宋大鹏科长及市委第一督导组相关人员陪同；李伦、王鲲、董朝辉调研单位为市卫生局和临汾三中，李强主任及市委第十五督导组相关人员陪同。

同日，市四大班子领导干部、领导小组成员、办公室副主任和督导组组长等在临汾宾馆新三楼会议室观看影视片《周恩来的四个昼夜》《苏联亡党亡国20年祭》和贺兰珍、任玉林先进典型事迹宣传；

7日　邀请省社科院副院长贾桂枝老师在临汾宾馆新三楼会议室授课，内容为中国共产党历代领导人论群众路线、群众观点。临汾市厅级以上领导干部、市直单位主要负责人、教育实践活动领导小组成员、活动办副主任及督导组组长参会。

13日　罗清宇在宾馆新三楼会议室以“真正把改进作风落到实处”为题为全市领导干部讲党课，厅级以上领导干部、市直单位主要负责人、教育实践活动领导小组成员、活动办副主任及督导组组长一同聆听。

16日　督导检查组用一周时间，围绕“督导组履职情况和执行纪律作风情况”，对2个县市（洪洞县、霍州市）和11个市直单位（市民政局、市统计局、汾西水利管理局、市经信委、市国土资源局、市政府机关事务管理局、市卫生局、市中小企业局、市引沁入汾管理局、市中级人民法院、市交通局）重点就“动员会召开质量、学习教育阶段启动”等方面工作进行检查，上报检查情况、存在问题及相关建议。

18日　市四大班子领导赴隰县晋西革命纪念馆和侯马彭真故居纪念馆，就党的群众路线教育实践活动进行集中参观学习，通过看展览、听讲座、思不足、谈体会，缅怀革命先烈，接受传统教育。

19日　岳普煜以“认真践行党的群众路线，努力建设人民满意的服务型政府”为题，为市政府班子及党组成员、市政府工作部门、直属事业单位主要负责人、市政府办公厅副县级以上党员领导干部讲党课。

24日　发放市委领导班子和领导干部“四风”征求意见表3944份。发放范围为：市直单位及市直企事业单位副县级以上领导干部，正市级老同志和近5年退下来的副市级老同志共726份；垂管单位、驻临企业、学校负责人共24份；市级层面窗口单位、服务行业、执法部门共450份；全国、省、市“两代表一委员”共1268份；近三年来获得全国、省、市劳动模范、道德模范、优秀共产党、优秀党务工作者共774份；党外人士50份；民营企业和个体户50份；普通市民50份，农民工、外来务工人员50份；各县（市、区）、开发区副县级以上领导干部502份。

25日　市委党的群众路线教育实践活动领导小组第二次会议召开。罗清宇传达习近平总书记在调研指导兰考县党的群众路线教育实践活动时的重要讲话，提出贯彻落实意见；张明星通报临汾市前一段开展教育实践活动的总体情况，对下一步工作做出安排；市委组织部副部长、领导小组办公室副主任就开展“百日双百案”群众信访诉求化解专项活动，纪律松弛、“吃拿卡要”专项治理，基层组织建设中“三不”问题专项整顿等三个《实施方案》作说明，会议研究并通过这三个方案。省委派驻临汾督导组副组长、省信访局副局长王进军，副组长、省社科联副主席王志超应邀出席。

26日　上午，在宾馆前三楼会议室召开市委常委群众路线教育实践活动“直通车”征求其他层面意见座谈会，座谈会上，退下来的市级老同志代表和来自社会各界的先进模范人物代表、服务行业单位和服务对象代表、文艺界代表等16位干部群众代表畅所欲言，罗清宇作重要讲话。

同日，下午，在临汾宾馆前三楼会议室召开市委常委群众路线教育实践活动“直通车”征求意见农村(社区)“两委”主干层面座谈会，部分乡镇书记、乡镇长、农村党组织书记、社区党组织书记、主任代表等16人进行发言，市委罗书记作重要讲话。

27日 上午，罗清宇深入到洪洞县曲亭镇，调研乡镇一级党的群众路线教育实践活动开展情况。

28日 在临汾宾馆新三楼会议室召开全市开展“四个年”活动暨“三项治理”工作会议，岳普煜传达习近平总书记调研指导兰考县教育实践活动时的重要讲话，王文英、张明星分别就开展改革创新年、转型攻坚年、环境提升年、服务群众年“四个年”活动和开展“百日双百案”群众信访诉求化解专项活动，纪律松弛、吃拿卡要专项治理，基层党建“三不”问题专项整顿“三项治理”工作进行全面部署，罗清宇作重要讲话。

4 月

1日 上午，省政协副主席朱先奇前往临汾三中联系点，检查指导开展党的群众路线教育实践活动工作。参观临汾三中体育馆、学生餐厅、图书馆等，了解办学教学情况，走进课堂聆听语文课，与临汾三中领导班子成员座谈。

同日，下午，全市厅级以上领导干部、市直单位主要负责人、教育实践活动领导小组成员、活动办副主任及督导组组长在临汾宾馆新三楼会议室观看电影《焦裕禄》。

3日 上午，罗清宇带领市四套班子及军分区领导，赴临汾烈士陵园参加扫墓活动，纪念为临汾解放献出宝贵生命的革命先烈。市领导王文英、徐树荣、乔成家、黄翠莲、赵建民、张明星、王振富、袁胜利、王醒安、王金珍，市党的群众路线教育实践活动领导小组办公室副主任参加。

同日，罗清宇深入曲沃县史村镇，调研乡镇一级党的群众路线教育实践活动开展情况。

10日 省委督导组副组长王进军、成员王鲲、董朝辉三人前往山西师范大学临汾学院和临汾职业技术学院进行调研，分别听取市委第四督导组和第七督导组的工作汇报，重点听取市委办公厅及市政府办公厅开展活动情况。

14日 上午，全市党的群众路线教育实践活动督导工作汇报会在临汾宾馆新三楼会议室召开，省委督导组副组长王志超、联络员段晓煜、成员李伦出席会议。会上，19个督导组分别汇报所督导单位活动开展总体情况、推进“四个年”及“三项治理”工作情况；省委督导组副组长王志超作重要讲话；王文英进行会议总结并进行工作安排。会议由贾二元主持。

同日，罗清宇、岳普煜到市级老干部樊纪亨家中走访，征求对市委常委开展党的群众路线教育实践活动和作风建设的意见建议。王文英和市委教育实践办负责人一同走访。

20日 省政协副主席张友君深入尧都区、曲沃、霍州等，就“访民生、知民情、解民事”活动进行走访调研，于基层干部群众座谈，共商社会管理、农民增收和项目建设良策。

21日 省人大常委会党组副书记、主持日常工作的副主任李政文就“访民生、知民情、解民事”活动，先后前往洪洞县、翼城县、侯马市走访调研。省人大常委会副主任张茂才前往“访民生、知民情、解民事”联系点安泽县就项目建设、民生改善等情况进行调研。

同日，罗清宇就党的群众路线教育实践活动开展情况在洪洞县辛村乡调研。岳普煜就“访民生、知民情、解民事”活动在尧都区路东办事处进行走访调研。

22日 省委督导组组长梁志祥同志携省委督导组一行7人，在省委督导组驻地会议室，听取临汾市两个月来教育实践活动的进展情况汇报，对下一步工作提出指导意见。

23日 省委常委、常务副省长高建民就“访民生、知民情、解民事”活动，深入乡宁县、吉县、大宁县、永和县走访调研，倾听基层干部、群众意见建议，共商发展大计。

同日，罗清宇、岳普煜登门走访市级老干部侯建华，征求对市委常委开展党的群众路线教育实践活动的意见和建议。市领导王文英、张明星及市委教育实践办负责人一同走访。

25日 罗清宇在尧都区刘村镇走访调研，开展“访民生、知民情、解民事”集中走访活动，倾听民声、了解民意、解决民难。

30日 罗清宇在尧都区河底乡就“访民生、知民情、解民事”活动走访调研。

5 月

5 日　罗清宇深入洪洞县甘亭镇，就乡镇党的群众路线教育实践活动进行实地调研。

6 日　罗清宇、岳普煜到市级老干部张岗望家中走访，征求老干部对市委常委开展党的群众路线教育实践活动和作风建设的意见、建议。

同日，下午 3:00，中央和省委分别召开中央党的群众路线教育实践活动视频会议精神及全省第二批党的群众路线教育实践活动推进会议。临汾市设分会场，市委党的群众路线教育实践活动领导小组成员，市委党的群众路线教育实践活动领导小组办公室负责同志，市委各督导组组长、副组长，市直有关单位主要负责同志、直属部门和企事业单位负责同志及省委派驻临汾市督导组参加会议；各县(市、区)分别设分会场。

同日，省委派驻临汾市督导组组长梁志祥一行先后前往临汾城市规划展览馆、市行政服务监察中心等地调研。省委党的群众路线教育实践活动第十督导组副组长王志超、市领导罗清宇、岳普煜、王文英、张明星一同调研。

7 日　省委派驻临汾市督导组听取临汾市党的群众路线教育实践活动工作情况汇报，督导组组长梁志祥出席会议。张明星作汇报。

8 日　罗清宇深入襄汾的重点企业和乡镇调研工业经济运行情况，检查指导基层党的群众路线教育实践工作。

9 日　全市党的群众路线教育实践活动工作推进会在临汾宾馆新三楼会议室召开。尧都区、洪洞县、浮山县、蒲县、市编办、市交通局 6 家单位的负责人分别作交流发言；王文英传达习近平总书记重要批示和中央党的群众路线教育实践活动视频会议精神、全省第二批党的群众路线教育实践活动推进会议精神；罗清宇作重要讲话，安排部署临汾市教育实践活动下一阶段工作。

13 日　罗清宇、岳普煜前往市级老干部陈长禄家中走访，征求对群众路线教育实践活动和作风建设的意见、建议。市领导王文英、张明星及市委群众路线教育实践活动领导小组办公室负责人一同前往。

14 日　罗清宇在翼城县永益铸管股份有限公司、翼城县中卫乡和侯马市凤城乡调研。

16 日　市委党的群众路线教育实践活动领导小组办公室召开第三次会议，总结和分析第一环节教育实践活动领导小组办公室和督导组工作成效和不足，要求下一步做好认真学习有关精神、第一环节的“回头看”和评估、第二环节的准备等方面工作，高起点、高标准、高质量推进第二环节教育实践活动的开展。

20 日　张明星主持座谈会，就市四套班子及主要负责同志“四风”问题清单，向市级以上党代表、人大代表、政协委员及部分市直部门负责人征求意见。

同日，下午，罗清宇主持召开市委常委会议，邀请市委讲师团教授贾成奎就焦裕禄精神和习近平总书记赴兰考调研、批示和讲话精神作专题辅导，进行讨论交流，就当前党的群众路线教育实践活动进行部署。省委督导组组长梁志祥、副组长王进军出席会议。

22 日　根据市委常委会研究意见和《市委常委会深入开展党的群众路线教育实践活动专题民主生活会方案》要求，上午，临汾市就市委常委会班子对照检查材料，向市委全委会成员和下一级党组织征求意见，与会人员就《市委常委会班子对照检查材料》进行审阅、填写《征求意见表》，提出具体修改意见。王文英主持会议。

同日，省政协副主席张友君就“访民生，知民情，解民事”活动，深入联系点汾西县进行走访调研，重点调研扶贫开发工作。

23 日　省委组长梁志祥一行就党的群众路线教育实践活动开展情况在市政协督导。市政协主席乔成家，副主席梁若玉、杨益民、张成梁、杨安虎陪同。

28 日　省委督导组与市委常委会班子成员之间谈心谈话在唐尧大酒店五楼开展。分两组，第一组谈话领导为省委督导组副组长王进军，谈话对象为王文英、赵建民、李东洪、陈小洪；第二组谈话领导为省委督导组副组长王志超，谈话对象为黄翠莲、张明星、乔建军、王振富。

29 日　临汾市第二批党的群众路线教育实践活动进展情况汇报座谈会在洪洞召开。省委督导组组长梁志祥、副组长王志超等出席。市领导罗清宇、岳普煜、王文英，以及市委督导组、洪洞县党政班子成员参加。

30日　上午，罗清宇、岳普煜来到老干部刘合心家中，与老干部面对面、心贴心交流，诚恳征求他们对开展教育实践活动的意见和建议。王文英及市委群众路线教育实践活动领导小组办公室负责人一同走访。

6　月

4日　省政协副主席朱先奇一行赴教育实践活动联系点临汾三中进行调研，听取临汾三中群众路线教育实践活动开展情况，查阅相关资料，并与临汾三中班子成员进行谈心谈话。

同日，下午，临汾市召开党的群众路线教育实践活动工作推进会，学习贯彻市委教育实践活动领导小组第四次会议精神，汇报交流“三项治理”及教育系统“吃空饷”问题工作进展情况，对下一阶段工作进行安排，王文英主持会议，张明星作工作部署。

5日　省委督导组审阅洪洞县委常委班子及书记、县长问题、事例及整改清单，并在唐尧酒店五楼会议室召开会议提出修改意见，洪洞县委书记、县长参加会议听取意见，市委活动办副主任及部分工作人员一同参加。

10日　罗清宇、岳普煜前往市级老干部常富顺家中走访，征求老干部对市委常委开展党的群众路线教育实践活动和作风建设的意见、建议。市领导王文英、张明星一同前往。

17日　罗清宇主持召开市委常委会，传达贯彻省委书记罗清宇在指导太原市万柏林区委常委班子党的群众路线教育实践活动专题民主生活会时的讲话精神和全省省领导联系点县(市、区)经验交流视频会议精神，对临汾市市、县两级常委班子专题民主生活会前的准备工作进行安排。

18日　省委派驻临汾市督导组组长梁志祥同志就如何撰写对照检查材料进行专题辅导。罗清宇主持培训会。省委督导组副组长王进军，市领导张明星出席会议。省委督导组全体人员，各县(市、区)、开发区党(委)书记、组织部长，市委活动办副主任，市委各督导组组长参加会议。

19日　省委督导组对市委各常委批评他人问题及事例清单进行审阅，梁志祥组长提出两点意见：市委各常委批评他人的问题都为2条，条数不足，要增加；批评他人的问题“犹抱琵琶半遮面”，没有“辣味”，语言上要再加工。

26日　市委常委会召开专题民主生活会，省委副书记楼阳生参加，作重要讲话。省委督导组组长梁志祥，副组长王进军、王志超，省委副秘书长张克强，省委活动办罗民等参会指导。专题民主生活会上，罗清宇代表市委常委班子作对照检查，随后班子成员分别作对照检查，开展相互批评。市委督导组组长梁志祥做点评讲话。

28日　省委副书记楼阳生就深入开展党的群众路线教育实践活动和推动经济社会发展在临汾市检查指导工作。

30日　召开“学习马健精神、践行群众路线”座谈会，以此庆祝党的生日，弘扬马健精神，引深教育实践活动，进一步推动全市转型跨越发展。王文英、张明星出席会议，张明星主持会议。

7　月

1日　上午，在“迎七一·庆党日”走访慰问活动中，罗清宇先后登门看望老红军石友玉、老党员谢黎明、困难党员郝双琴，向他们送上组织的关怀和节日的问候。市领导黄翠莲、张明星以及市委办公厅、市委组织部、市直工委有关负责人一同前往；岳普煜看望慰问尧都区部分老红军、老党员和困难党员，王文英一同走访慰问。

同日，下午，罗清宇主持召开市委常委会议，就各县(市、区)委班子及党政正职对照检查材料进行集中审议。

2日　罗清宇、岳普煜带领市级老干部现场观摩临汾市滨河东路贯通工程、市新医院、大西高铁临汾西站、市规划展览馆、民航机场等重点工程。

同日，市政府党组召开党的群众路线教育实践活动专题民主生活会。省委督导组组长梁志祥及部分督导组成员到会指导，岳普煜主持会议。

3日　对照检查材料集体约谈县(市、区)委书记会议在临汾宾馆前三楼会议室召开，张明星就进一步修改完善县(市、区)委、开发区党工委班子及党政正职对照检查材料，集体约谈各县(市、区)委书记。

11日　上午，市委班子专题民主生活会情况通报会在临汾宾馆新三楼会议室召开。罗清宇主持并通报市委班子专题民主生活会情况。在临汾的省委委员、候补委员和省纪委委员；市委委员、候补委员，市纪委常委；现职市级领导干部，各县(市、区)、开发区党(工)委书记；市直工作部门和企事业单位主要负责同志，市级“两代表一委员”代表、基层党员群众代表；市委督导组组长参加会议。

14日至15日 尧都区委常委班子召开专题民主生活会，罗清宇全程参加，省委督导组组长梁志祥莅会指导。

15日至16日 襄汾县委常委班子召开党的群众路线教育实践活动专题民主生活会，乔成家全程参加。省委督导组副组长王志超，市纪委、市委组织部、市委第五督导组等部门负责人参加会议。

16日 上午，市政府党组召开专题民主生活会情况通报会。岳普煜主持会议并作通报。

17日 侯马市委常委班子召开党的群众路线教育实践活动专题民主生活会，王文英到会指导。省委督导组成员，市纪委、市委组织部、市委第三督导组等部门负责人参加会议。

31日 省政协副主席朱先奇一行三人抵临，参加临汾三中党的群众路线教育实践活动专题民主生活会。

8 月

1日 罗清宇主持召开临汾市党的群众路线教育实践活动领导小组第六次会议，学习贯彻省委书记楼阳生两次重要批示意见和省委督导组组长梁志祥关于落实楼书记批示的有关意见，研究部署当前和下一步工作。罗清宇作重要讲话。

5日 罗清宇全程参加指导尧都区金殿镇党政领导班子专题民主生活会。

13日 罗清宇在临汾宾馆新三楼会议室主持召开市委党的群众路线教育实践活动领导小组第七次(扩大)会议，学习贯彻中央、省委教育实践活动领导小组和督导工作有关会议精神，总结前段教育实践活动开展情况，部署安排整改落实、建章立制环节工作。省委督导组部分领导出席。罗清宇主持会议并讲话。

14日 中央第八巡回督导组赴安泽县，分两组分别参加安泽县冀氏镇和和川镇领导班子专题民主生活会。

15日 中央第八巡回督导组赴洪洞县调研督导，分别召开县委书记座谈会和乡镇书记座谈会，霍州市、洪洞县、浮山县和汾西县委书记参加洪洞片区县委书记座谈会，中央第八巡回督导组副组长、山东省人大常委会原副主任崔曰臣，省委组织部部务委员、省委教育实践活动办公室副主任罗民出席，座谈会由张明星主持；霍州市、洪洞县、浮山县和汾西县各推荐一名乡镇书记参加洪洞片区乡镇书记座谈会，中组部组织二局五处副处长姜恩桥、省委组织部研究室副主任曹瑞师出席，座谈会由刘生明主持。

16日 中央第八巡回督导组赴吉县调研督导，分别召开县委书记座谈会和乡镇书记座谈会，乡宁县、隰县、吉县、大宁县和永和县委书记参加吉县片区县委书记座谈会，省委组织部部务委员、省委教育实践活动办公室副主任罗民，中组部组织二局五处副处长姜恩桥出席，座谈会由张明星主持；乡宁县、隰县、吉县、大宁县和永和县各推荐一名乡镇书记、吉县推荐2名农村支部书记参加吉县片区乡镇书记座谈会，中央第八巡回督导组副组长、山东省人大常委会原副主任崔曰臣、省委组织部研究室副主任曹瑞师出席，座谈会由刘生明主持。

17日 中央第八巡回督导组赴侯马市调研督导，召开县委书记、乡镇书记座谈会，侯马市、襄汾县、曲沃县、翼城县和蒲县县委书记，各县推荐一名乡镇书记，侯马市推荐2名农村支部书记参加侯马片区座谈会，中央第八巡回督导组副组长、山东省人大常委会原副主任崔曰臣，省委组织部部务委员、省委教育实践活动办公室副主任罗民，中组部组织二局五处副处长姜恩桥、省委组织部研究室副主任曹瑞师出席，座谈会由张明星主持。

19日 罗清宇前往汾西县、霍州市调研党的群众路线教育实践活动。

20日 罗清宇主持召开市委常委会，研究审议市委“两方案一计划”以及罗清宇、岳普煜个人整改措施和清单。

21日 罗清宇以普通党员身份参加所在党支部——市委办公厅第一党支部组织生活会，与支部党员干部面对面谈心；岳普煜以普通党员身份参加所在党支部——市政府办公厅第一党支部组织生活会。

31日 洪洞县发生“兴唐寺乡党委书记等9

人酗酒打架损害饭店财物”的违纪案件。

9 月

2 日 罗清宇赶赴洪洞县，指导纪检部门调查处理“兴唐寺乡党委书记等 9 人酗酒打架损害饭店财物”案件工作，责成市纪委成立调查组，市纪委与洪洞县委书记、县长与纪检、公安部门工作人员连夜展开调查。

3 日 洪洞县委召开常委会议，对兴唐寺乡参与酗酒滋事人员作出处分决定。当事人受到撤职、行政降级、党内警告等处分。

4 日 接省委组织部党员管理处处长邢益民电话通知，洪洞县兴唐寺乡党委书记李静丽等人酗酒滋事事件将作为教育实践活动的反面典型在全省进行通报，要求提供相关材料，内容包括整个事件的过程、处理结果，以及市委对该事件的要求和态度。

5 日 市委召开全市加强干部作风建设、引深教育实践活动会议，结合全市教育实践活动整改环节的工作，在全市集中开展“四查看四防止”专项行动。市纪委对洪洞县兴唐寺乡原党委书记等人违纪行为进行通报，张明星同志对“四查看四防止”专项行动进行安排部署，罗清宇同志作重要讲话。

10 日 罗清宇主持召开领导小组第八次会议。贾二元汇报活动进展情况，张明星传达省委副书记楼阳生的讲话提纲，罗清宇讲话。

16 日 市县书记“面对面”述评暨“服务群众年”工作推进会在临汾宾馆新三楼会议室召开，会议由岳普煜主持，罗清宇讲话。

18 日 上午，在金都花园会议室召开临汾市党的群众路线教育实践活动群众测评工作会。中央巡回督导组成员、中组部考试与测评中心二处处长仇鹏，省委督导组副组长、省社科联副主席王志超，省委组织部地方干部处副处长温根生出席。大会由市罗清宇主持，220 人参加。

25 日 在金都花园会议室召开临汾市打通联系服务群众“最后一公里”暨加强基层服务型党组织建设推进会，省委派驻临汾督导组全体成员，市委教育实践活动领导小组全体成员，市委活动办主任、副主任，市委督导组组长，各县(市、区)委书记、开发区党工委书记及活动办主任，全市参加教育实践活动市直单位主要负责同志参会。会议由岳普煜主持。

10 月

16 日 市委召开党的群众路线教育实践活动总结大会。市委书记罗清宇、省委第十督导组组长梁志祥分别讲话。岳普煜主持会议。

(市委组织部)

文件摘要

【文件目录】

《罗清宇同志在全市党的群众路线教育实践活动动员大会上的讲话》(临办通报〔2014〕第 2 期)(2 月 20 日)

《中共临汾市委关于围绕转型跨越发展实施组织工作“服务提升年”的 30 条意见》(2 月 20 日)

《关于印发〈梁志祥同志在临汾市党的群众路线教育实践活动动员大会上的讲话〉的通知》(2 月 21 日)

《中共临汾市委关于在全市深入开展党的群众路线教育实践活动的实施方案》(临发〔2014〕1 号)(2 月 24 日)

《中共临汾市委关于深入开展改革创新、转型攻坚、环境提升、服务群众“四个年”活动的意见》(临发〔2014〕3 号)(2 月 25 日)

《关于成立中共临汾市委党的群众路线教育实践活动领导小组的同通知》(临组干字〔2014〕25 号)(2 月 25 日)

《关于中共临汾市委党的群众路线教育实践活动领导小组办公室组成人员和内设机构的通知》(临群组发〔2014〕1 号)(2 月 25 日)

《关于组建中共临汾市委党的群众路线教育实践活动督导组的通知》(临群组发〔2014〕2 号)(2 月 25 日)

《中共临汾市委常委深入开展党的群众路线教育实践活动工作方案》(临群组发〔2014〕3 号)(2 月 26 日)

《关于县(市、区)四大班子党员领导干部开展

党的群众路线教育实践活动集中调研的通知》(临群办明电〔2014〕1号)(2月26日)

《关于成立改革创新、转型攻坚、环境提升、服务群众“四个年”活动领导组的通知》(临办发〔2014〕3号)(2月28日)

《关于印发〈市四大班子党员领导干部及法检两长指导全市党的群众路线教育实践活动联系点工作方案〉的通知》(临群组发〔2014〕4号)(2月28日)

《关于在全市党的群众路线教育实践活动中进一步开展“访民生、知民情、解民事”集中走访活动的实施方案》(临办发〔2014〕4号)(3月7日)

《关于在教育实践活动第一阶段市四大班子等领导干部集中开展“五个一”住村调研的通知》(临群组明电〔2014〕1号)(3月7日)

《关于落实中央〈关于在党的群众路线教育实践活动中严肃整治“会所中的歪风”的通知〉通知》(临群组发〔2014〕5号)(3月10日)

《关于做好全市党的群众路线教育实践活动期间党员组织关系排查工作的通知》(临群办明〔2014〕2号)(3月10日)

《关于落实中央〈关于在党的群众路线教育实践活动中严肃整治“会所中的歪风”的通知〉通知》(临群组发〔2014〕5号)(3月11日)

《关于做好全市教育实践活动学习教育、听取意见环节工作的通知》(临群组发〔2014〕6号)(3月11日)

《关于做好全市教育实践活动学习教育、听取意见环节工作的通知》(临群组发〔2014〕6号)(3月12日)

《关于印发〈梁志祥同志在临汾市教育实践活动督导组长座谈会上的讲话和王志超同志传达全省第二批教育实践活动督导工作座谈会精神提纲〉的通知》(临群办发〔2014〕2号)(3月12日)

《关于做好党的群众路线教育实践活动宣传报道工作的通知》(临群组发〔2014〕11号)(3月17日)

《关于临汾市督导组近期工作重点和几个具体问题的意见(一)》(临群办函字〔2014〕1号)(3月20日)

《关于召开市委党的群众路线教育实践活动领导小组第二次会议的工作方案》(临群办综呈字〔2014〕21号)(3月21日)

《关于〈印发罗清宇同志在全市党的群众路线教育实践活动领导小组第二次会议上的讲话〉的通知》(临群办发〔2014〕3号)(3月24日)

《关于印发〈“百日双百案”群众信访诉求化解专项活动实施方案〉的通知(临群组发〔2014〕8号)(3月26日)

《关于印发〈关于开展“纪律松弛、吃拿卡要”专项整治工作的实施方案〉的通知》(临群组发〔2014〕9号)(3月26日)

《关于印发〈关于对一些基层组织建设中“三不”问题专项整顿的实施方案〉的通知》(临群组发〔2014〕10号)(3月26日)

《关于在第二批教育实践活动中开展基层党组织书记专题培训的通知》(临群办发〔2014〕4号)(3月26日)

《关于转发〈关于转发“关于在第二批教育实践活动中组织观看(焦裕禄)等8部影片的通知”的通知〉的通知》(临群办发〔2014〕5号)(3月26日)

《关于做好全市农村(社区)教育实践活动的通知》(临群办函字〔2014〕4号)(4月8日)

《关于印发〈王文英同志在全市党的群众路线教育实践活动督导工作汇报会上的讲话〉的通知》(临群办发〔2014〕6号)(4月16日)

《关于对全市教育实践活动学习教育、听取意见环节开展“回头看”工作的通知》(临群组发〔2014〕17号)(4月23日)

《关于认真做好专题民主生活会准备工作的几项具体意见》(临群组发〔2014〕25号)(6月3日)

《关于报送党的群众路线教育实践活动实践成果的通知》(临群办发〔2014〕21号)(7月28日)

【重要文件】

关于开展“纪律松弛、吃拿卡要”专项整治工作的实施方案

(2014年3月24日)

临群组发〔2014〕9号

为深入推进全市党的群众路线教育实践活动,进一步落实中央“八项规定”和中央、省、市改进作风有关规定,根据开展教育实践活动边学习边整改的有关要求和省纪委、省委组织部、省监察厅、省人社厅《关于开展“工作秩序涣散、纪律松弛”专项整

治工作的通知》(晋纪发〔2014〕2号),决定在全市范围内开展"纪律松弛、吃拿卡要"专项整治工作。现将有关事项通知如下。

一、目标任务

开展"纪律松弛、吃拿卡要"专项整治是开展党的群众路线教育实践活动的重点任务,是整治"四风"问题、解决关系群众切身利益实际问题的重大举措,是推进全市转型跨越发展的重要保障。要以中国特色社会主义理论体系为指导,贯彻落实十八大、十八届三中全会和习近平总书记系列讲话精神,围绕"为民务实清廉"的主题,坚持教育和整风相结合、治标和治本相结合、惩治和预防相结合,做到专项整治与开展教育实践活动相统筹、与开展"四个年"活动相统筹、与加强各级领导班子和干部队伍建设相统筹,解决领导班子和领导干部在纪律方面存在的突出问题。通过专项整治,使各级各部门和广大党员干部的纪律意识进一步增强、服务效能进一步提升、作风形象进一步改进、群众满意度进一步提高,为全市转型跨越发展提供有力保障。

二、整治内容

整治范围包括全市各级党政机关、人大机关、政协机关、司法机关、人民团体机关、市属企事业单位和大中专院校。重点是科级以上领导机关、领导班子和领导干部。重点整治如下行为:

(一)违反政治纪律的行为

有令不行、有禁不止;自由主义,阳奉阴违,搞上有政策、下有对策;事前不请示、事后不报告,应付了事、消极怠工,不服从管理或违反规定擅自行事;闲话生非、制造传播虚假消息、泄露内部信息。

(二)违反工作纪律的行为

上班迟到早退或擅自离岗;上班时间打牌、下棋、窜岗闲聊、在电脑或手机上玩游戏、看电影、炒股票、搞网购等;上班时间到茶社、歌厅、洗浴等休闲娱乐场所活动;旷工或请假期满无正当理由逾期不归;开会无故不到、早退,会场交头接耳、打电话玩手机、扰乱会场秩序;值班擅离职守、不按规定上传下达、私自顶岗等。

(三)违反财经纪律的行为

滥发津贴、补贴、奖金和实物;违规接待、公款大吃大喝以及用虚假发票报销吃喝费用或转移到下属单位、企业报销吃喝费用;把其他经费补贴到单位食堂用于大吃大喝。

(四)违反廉洁自律的行为

大操大办,借机敛财;超标准占用、豪华装修办公用房;违规配备、使用公车;利用过节、生病、培训、出国、孩子升学等时机收受下属及利害关系人礼金;出入会所或在歌厅等休闲娱乐场所接受异性服务,参与赌博等奢靡活动。

(五)违反廉洁从政的行为

工作中推诿扯皮门难进、态度冷漠脸难看、故意刁难事难办的行为;以各种名义乱收费、乱摊派、乱罚款;索取或接受服务对象的宴请、财物及安排其他活动,不给好处不办事,给了好处乱办事。

三、方法措施

开展"纪律松弛、吃拿卡要"专项整治,要把社会监督、督导检查、明察暗访、案件查办和建章立制贯穿始终,形成整治合力。

(一)加强社会监督

要加大宣传力度,坚持开门搞治理,广泛听取人民群众的意见和建议。要在电视台发布专项治理公告,公布举报电话、举报网站等,通过举报电话、网站受理、手机短信等渠道,引导、鼓励、支持群众和媒体开展社会监督。各督导组要公布举报电话,各级专项整治领导小组办公室要畅通信访举报渠道,特别要充分发挥纪检监察"12388"举报电话和举报网站的作用,广泛收集线索。

(二)进行督导检查

专项整治是教育实践活动督导工作的重要内容,市委派出的各督导组要积极指导和抓好所督导单位开展的"纪律松弛、吃拿卡要"专项整治工作,要不定时抽查单位执行纪律、治理吃拿卡要情况,对群众反映单位有纪律松弛、吃拿卡要的问题要进行深入调查了解,对核实的问题要报告专项办进行处理。

(三)开展明察暗访

各级专项整治领导小组办公室要抽调专门人员,组成明察暗访小组、进行明察暗访,通过走访了解、抽查账目、专项调查等方式,对群众反映强烈、造成严重后果或发现有苗头的单位或部门进行专项检查,全面查找纪律松弛、吃拿卡要等方面存在的突出问题,并认真核查。

(四)严肃查办案件

各级专项办对已核实的问题,要按照有关规定进行严肃处理,对查处的典型案件要在一定范围内进行通报;对群众关注度高、反映强烈的案件,要适时向社会公开。在专项整治期间发现的顶风违纪案件,要从严处理,并追究单位有关领导的责任。

四、工作要求

(一)加强组织领导

专项整治工作在市教育实践活动领导组的领导下开展,纳入到全市教育实践活动当中,时间从3月下旬开始,到9月底结束。市委成立市"纪律松弛、吃拿卡要"专项整治工作领导小组,负责指导协调全市专项整治工作。领导小组组长由市委常委、市纪委书记陈国荣同志担任,领导小组办公室设在市纪委,市纪委确定一名副书记负责办公室工作。各县(市、区)和市直各单位主要领导要对工作负全责,要成立相应工作机构,开展好专项治理。

(二)落实工作责任

结合教育实践活动联系点制度,市四大班子党员领导干部及法检两长负责指导联系点所在县市区或单位的专项整治工作。各级党委(党组)和政府对本地本部门本单位专项整治工作全面负责。各级专项整治领导小组及办公室要在党委、政府的领导下,立足于解决问题、改进作风,认真抓好明察暗访、重点抽查、案件查办等工作,各有关成员单位要切实发挥好职能作用,形成合力。

(三)强化治理效果

要坚持领导带头,市委常委和市四大班子党员领导干部及法检两长要带头查找解决问题,带头整改落实,带头指导督察,发挥好表率和示范作用,努力形成层层带动的局面,以增强整治工作实效。要加强舆论引导,广泛宣传中央、省委和市委强化纪律要求,整治"四风"方面的政策规定,积极营造社会氛围。要注重典型带动,及时总结经验,树立先进典型,及时宣传推广先进典型经验,充分发挥先进典型的带动作用。要通过典型案件曝光,以案说纪等方式,发挥警示教育作用,促进专项治理工作的健康深入开展。要针对专项整治中发现的群众反映强烈的共性问题,深入开展调查研究,进一步健全完善制度规定,建立长效机制,努力从源头上解决问题。

关于对一些基层组织中"三不"问题进行专项整顿的实施方案

(2014年3月26日)

临群组发〔2014〕10号

开展基层组织专项整顿,是第二批党的群众路线教育实践活动解决突出问题的重要内容和立行立改的紧迫任务,是加强基层服务型党组织建设、提高基层党建整体水平的重要基础。按照中央、省委和市委的部署要求,结合活动中征求到的意见建议,经研究,在全市党的群众路线教育实践活动中对基层组织中一些村级组织战斗力不强、一些社区办公活动场所面积不足、一些机关党组织"定查评"工作法拓展不深等"三不"问题进行专项整顿。特制定如下实施方案:

一、目标任务

对一些基层组织中"三不"问题进行专项整顿的主要范围是:农村、社区和机关等领域基层组织。

1.农村重点解决一些村级组织战斗力不强的问题。主要表现:①村级组织班子配备不齐、工作处于混乱状态;②村"两委"主干不胜任现职、工作不在状态、严重影响班子整体战斗力;③村"两委"班子不团结、内耗严重、工作不能正常开展;④村级组织制度形同虚设、不开展组织活动;⑤换届选举风气混乱、拉票贿选问题突出;⑥宗族宗教和黑恶势力干扰渗透严重;⑦党务村务财务不公开、管理混乱;⑧社会治安问题和信访矛盾纠纷集中;⑨无村级组织活动场所;⑩村级组织服务意识差、服务能力弱、群众意见大。

2.社区重点解决一些地方办公活动场所面积不足的问题。主要表现:①无社区办公活动场所;②社区办公活动场所面积低于200平方米标准;③租赁社区办公活动场所面积不达标或不固定;④新建住宅小区和旧城区连片改造居民区没按政策要求落实社区办公活动场所。

3.机关重点解决一些单位党组织"定查评"工作法拓展不深的问题。主要表现:①没有严格按照"定查评"工作法流程开展工作;②没有围绕本单位中心工作落实"定查评"工作法,流于形式;③"定"的内容目标不切合自身职能,不能充分体现党组织和党员的服务、促进、保障作用;④"评"的过程相对简单,评议结果没有充分运用;⑤没有建立"定查评”工作法台账。

二、方法步骤

对一些基层组织中“三不”问题进行专项整顿从2014年3月下旬开始,到9月底基本结束。以县(市、区)为单位,按照调查摸底、集中整顿、考核验收三个阶段的工作要求,制定整顿方案,作出安排部署。其中,

对一些村级组织战斗力不强的问题专项整顿1月份已进行安排部署,调查摸底已经结束,从3月下旬开始直接进入集中整顿阶段,专项整顿要在6月底基本结束。

第一阶段:调查摸底(2014年3月下旬至4月底)。

各县(市、区)委和市直工委要采取专项摸底、走访座谈、民主测评等方式,广泛听取基层组织和党员群众意见,对所有社区和机关逐一进行排查和考评,街道党工委和机关系统党委要建立整顿工作台账,摸底情况要由专人整理汇总,列出“整顿清单”。

第二阶段:集中整顿(2014年5月至8月底)。

1.对于摸底排查出的198个软弱涣散村级组织,各县(市、区)要区别情况,因村制宜,做到一村一策、一村派驻一个工作组。每一个软弱涣散村级组织,都要由1名科局级领导带队组成工作组驻村开展整顿工作,问题特别多的老大难村要由县级领导带队整顿。重点帮助健全组织、配强班子、用好阵地、开展活动、理清思路、解决问题,尽快扭转后进局面。

2.对于排查出的办公活动场所面积不足的社区,各县(市、区)和临汾经济开发区要按照晋组通字〔2012〕57号和临组通字〔2012〕61号文件精神,制定《社区办公活动场所三年(2014—2016年)总体建设规划》,通过筹资新建、租赁公房、开发配建、驻区单位援助、调剂置换等方式解决社区办公活动场所问题。从2014年开始到2016年年底完成,其中今年要完成总数的40%,2015年完成总数的40%,2016年完成总数的20%,力争到2016年底,社区办公活动场所每百户不少于20平方米,且总面积不低于200平方米。

3.对于“定查评”工作法拓展不深的机关党组织,各县(市、区)委和市直工委要下派指导员,逐个进行工作指导,帮助指导健全工作制度,完善工作流程。对“定”的目标不实不准的单位,要重新制定目标并进行公示承诺。各县(市、区)和市直工委专项整顿期间要举办一次“定查评”工作法专题业务培训班,对机关党组织书记和党务工作人员进行一次集中培训,有条件的可组织现场观摩学习。

第三阶段:考核验收(2014年9月)。

集中整顿结束后,各县(市、区)委和市直工委要认真总结工作开展情况。根据排查列出的“整顿清单”,逐村、社区、机关进行检查,查漏补缺。市委教育实践活动各督导组要重点抽查,抽查情况将在全市通报。要将专项整顿满意度测评作为考核验收的主要内容,对群众不满意的单位,整顿工作要推倒重来,并严肃追究各级党委有关领导责任。

三、推进措施

1.加强组织领导。市委成立专项整顿领导小组,由市委常委、组织部长张明星同志担任组长,市委组织部副部长贾二元同志担任常务副组长,市委组织部部务委员刘生明、张青山同志担任副组长,成员单位由组织、纪检、宣传、财政、民政、国土、住建、规划等部门组成,办公室设在市委组织部。各县(市、区)委,临汾、侯马经济开发区党工委,市直工委要高度重视,成立专项整顿领导小组和办公室,精心组织,制定切实可行的整顿方案,专项整顿工作方案3月底前报市委组织部和市委教育实践活动领导小组办公室。要把专项整顿工作纳入各级书记抓基层党建“面对面”述评的重要内容,作为2014年教育实践活动和基层党建重点任务进行严格考核。

2.落实整顿措施。市、县、乡三级要建立“三不”问题专项整顿工作台账,对整顿进展情况进行动态记录。市委组织部建立半月报制度,每半月通报一次进度情况。要加强督察力度,市委教育实践活动各督导组要采取明察暗访、督察督办等措施,及时掌握工作进展情况,督促解决问题,防止整顿工作一阵风、走过场,确保整顿一个、转化一个,转化一个、巩固一个。要做好宣传引导工作,努力营造良好的工作氛围。

3.坚持统筹推进。各级党委要把对一些基层组织中“三不”问题进行专项整顿与深入开展省委“基层组织提升年”活动结合起来,与落实市委“四个年”和组织工作30条意见结合起来,合理安排好时间与精力,把握好整顿工作各个阶段的目标要求,推进教育实践活动扎实开展。

专项整顿工作结束后,各县(市、区)委和市直工委要将工作总结于2014年9月底前上报市委组

织部和市委教育实践活动领导小组办公室。

（市委组织部）

领导讲话

在全市党的群众路线教育实践活动动员大会上的讲话

（2014年2月24日）

罗清宇

同志们：

根据中央部署，从去年下半年开始，用一年多的时间，在全党分两批开展党的群众路线教育实践活动。继第一批教育实践活动之后，中央决定从今年1月份开始到9月份，利用8个月的时间，开展第二批教育实践活动。按照省委的安排，我们今天召开全市党的群众路线教育实践活动动员大会，标志着我市教育实践活动正式启动。省委对我市教育实践活动高度重视，派出了第十督导组到我市指导工作，由省政协港澳台侨和外事委员会主任梁志祥同志担任组长，省信访局副局长王进军、省社科联副主席王志超同志担任副组长。让我们以热烈的掌声对省委第十督导组一行，表示衷心的感谢和热烈的欢迎。

今天的会议，有三项议程：一是由我代表市委做动员讲话；二是请省委党的群众路线教育实践活动第十督导组组长梁志祥同志讲话；三是省委党的群众路线教育实践活动督导组在参会人员范围内征求意见和开展民主评议。

现在，进行第一项议程，由我代表市委，根据市委常委会研究的意见，就开展好我市教育实践活动进行动员。

一、充分认识重大意义，切实增强开展党的群众路线教育实践活动的思想自觉、政治自觉和行动自觉

群众路线是党的生命线和根本工作路线。开展党的群众路线教育实践活动，是我们党在新形势下坚持党要管党、从严治党的重大决策，是顺应群众期盼、加强学习型服务型创新型马克思主义执政党建设的重大部署，是推进中国特色社会主义的重大举措。1月20日，习近平总书记在中央党的群众路线教育实践活动第一批总结暨第二批部署会议上作了重要讲话，深刻总结了第一批教育实践活动取得的重要成果、有效做法和宝贵经验，深刻阐述了开展第二批教育实践活动的重要性和紧迫性，进一步明确了开展第二批教育实践活动的指导思想、基本原则、主要任务和重大举措。2月9日，刘云山在中央党的群众路线教育实践活动领导小组会议上强调，要坚持高起点开局、高标准开展、高质量推进，扎扎实实搞好第二批教育实践活动。1月24日，省委也召开了会议，袁纯清书记讲了重要意见，认真总结了我省第一批教育实践活动，安排部署了第二批活动。全市各级党组织和广大党员干部要认真学习领会中央、省委的部署要求，进一步增强搞好第二批教育实践活动的责任感和紧迫感。

第一，开展教育实践活动，是应对风险挑战、巩固党的执政地位和执政根基的必然要求。人民群众是历史的创造者。古今中外的历史证明，人心向背直接决定着国家的政权兴替。苏联东欧剧变的惨痛教训警示我们，得民心者得天下，失民心者失天下。党的执政地位不是一劳永逸、一成不变的。当前，世情国情党情发生深刻变化，我们党面临的“四大考验”复杂严峻、“四大危险”尖锐突出，特别是在长期执政的情况下，脱离群众已经成为全党上下的最大危险。为什么现在大家都感到，交通便捷了、与群众联系却少了，通讯发达了、与群众交心却难了，条件改善了、与群众感情却淡了。归根到底，是我们的一些党员干部把群众观点丢掉了、群众立场站歪了、群众路线走偏了，把“鱼水关系”变成了“油水关系”“蛙水关系”，忘记了“我是谁”“为了谁”“依靠谁”。对此，如果我们熟视无睹、听之任之，不痛下决心加以改进，不但会败坏党的形象和威信、削弱群众的信任和支持，而且最终会损害我们的执政根基、动摇我们的执政地位。作为执政党的一分子，我们每一级党组织、每一名共产党员都要常怀忧党之心、恪尽兴党之责，自觉把践行群众路线作为关乎党的生死存亡的大事情，持之以恒地强化群众观点、群众立场、群众感情，以实际行动为巩固党的执政地位做贡献，确保我们的党、我们的国家安如泰山、坚如磐石。

第二，开展教育实践活动，是加强思想作风建设、解决人民群众反映强烈突出问题的迫切要求。

党的作风关系党的形象,关系人心向背,关系党和国家生死存亡。中央部署会上,习近平总书记一一列举了第二批单位“四风”具体表现,丝丝入扣、入木三分。当前我市党员干部队伍党性党风党纪方面的主流是好的,为推进我市转型跨越发展、完成各项目标任务发挥了中流砥柱作用。但实事求是地看,我们干部队伍的现状与习近平总书记关于好干部“信念坚定、为民服务、勤政务实、敢于担当、清正廉洁”的20字标准相比,与我们肩负的改革发展任务相比,与人民群众的要求期待相比,“四风”问题种种表现在我市都不同程度地存在,有的还比较突出。为切实找准问题,在前期调研的基础上,市四大班子党员领导干部于14日至19日,分别深入到17个市直机关单位、17个县市区对市四大班子及党员领导干部存在的“四风”问题,如何开展好这次教育实践活动进行了深入的调研和广泛的征求意见。从市县领导班子和领导干部看,有的争先进位意识不强,加快发展的思路不清、针对性不强,推动转型的办法不多、成效不大;有的开展工作和实际结合得不紧密,调查研究少而虚,不少时候以会议贯彻会议,以文件贯彻文件,提一些不切实际的口号,急功近利、劳民伤财;有的政绩观有偏差,换一任领导、变一套思路,总想“尽快出成绩、出经验、出形象”,朝令夕改,“新官不理旧账”,甚至喜欢搞“形象工程”“政绩工程”;有的贯彻民主集中制不到位,拍脑袋决策,拍胸脯表态,主观臆断、凭经验办事,听不进不同意见,搞“一言堂”;有的信奉“事不关己、高高挂起”的庸俗哲学,铁路警察、各管一段,对自己不分管的工作不关心、不介入,没立场、没意见;有的作风漂浮,基层沉不下去,工作深不下去,喜欢做表面文章;有的不敢担当,遇到矛盾绕着走,碰到困难往后缩,搞“一团和气”、当“太平官”;有的不把心思用在工作上,急于晋升提拔,热衷于跑官要官;有的缺乏民生情怀,对群众的困难漠然置之,对民生之事不下真功夫实功夫去抓;有的违反规定占用住房、办公用房和配备车辆;有的用公款送礼、公款吃喝,奢侈浪费。从市县直属部门和领导干部看,有的大局意识不强,部门利益至上,缺乏全市“一盘棋”思想和协作精神;有的执行力不强,对市委、市政府做出的重大决策、布置的重点任务落实不到位,打了折扣;有的特权思想严重,公共权力部门化,部门权力利益化、个人化,争审批权、收费权、罚款权,见利益争着上,见困难躲着走;有的工作底数不清,基层情况不明,不干实事,遥控指挥多,亲力亲为少,安排布置多,跟踪问效少;有的组织观念淡薄,喜好背后议论,拉拉扯扯、吃吃喝喝,搞庸俗的关系学;有的纪律松弛,迟到早退,怠工旷工,甚至上班时间干一些与工作不相干的事情。从执法监管部门和窗口单位、服务行业看,有的行政不作为、乱作为,缺少必要的职业操守;有的滥用职权,执法犯法,徇私枉法,以权易钱、谋取私利,办关系案、人情案、金钱案;有的口号响当当、服务冷冰冰、办事慢腾腾,对基层和群众态度生硬粗暴、推诿扯皮、敷衍塞责、故意刁难,“门难进、脸难看、话难听、事难办”;有的巧立名目乱收费、乱摊派、乱罚款,收回扣、拿红包,不给好处不办事、给了好处乱办事。从乡镇、街道和村、社区等其他基层组织看,有的软弱涣散,战斗力不强,服务意识不强,在群众中缺乏威信,缺乏凝聚力、号召力;有的村干部廉洁自律意识差,个别村干部把集体经济当作自己的“自留地”,优亲厚友,随意侵占集体和群众财产;有的依仗宗派势力、歹恶势力,以权谋私、欺压百姓;有的岗位在基层,蹲不下去,住不下来,用上网代替上门,用通话代替见面,在位不在岗,天天“走读”;有的弄虚作假,欺上瞒下,哄骗上级,糊弄群众;有的工作方法简单粗暴,对待群众态度恶劣,随意训斥,通不通三分钟,再不通龙卷风;有的借生日纪念、婚丧嫁娶之名,捞取钱财,等等。这些问题的存在,直接损害了群众利益,伤害了群众感情,如长期蓄积、任其蔓延,必然侵蚀党执政的群众基础。我们一定要警醒起来,以高度的政治自觉、思想自觉和行动自觉,贯彻好党要管党、从严治党方针,解决好党员干部思想作风不纯、工作作风不实、生活作风不严问题,实现自我净化、自我完善、自我革新、自我提高,进一步增强党的凝聚力、创造力和战斗力。

第三,开展教育实践活动,是凝聚智慧力量、加快推进转型跨越和全面建成小康的内在要求。党的十八大确定了“两个一百年”奋斗目标,之后党中央把握历史、立足现在、放眼未来,又提出了实现中华民族伟大复兴的中国梦。中国梦集中表达了新一届中央领导集体的执政理念和施政方针,是引领当今中国发展进步的时代旋律和精神旗帜。中国梦说到底是人民的梦,是由一个个基层的梦汇聚而成的。为动员全市人民践行中国梦,市委提出建设文明开放、富裕和谐新临汾的临汾梦。这个梦想汇聚了平阳儿女的美好愿景和共同期盼，关乎每一个人的根本福祉，需要全市上下倾力付出、不懈奋斗，需要全体党员干部团结带领人民群众戮力同心、埋头苦干。团结带领人民不是一句空话，而是体现在每一个党员干部工作生活的点滴之中。中国的老百姓最真实、最实在，他们对党的感情深不深，对政府信任不信任，就是看我们党员干部的一言一行，看能不能关心他们、尊重他们，为他们着想、办事、谋利益。这就要求我们每一名党员干部都要敬畏人民、服务人民，放下官架子，不搞浮夸粉饰的花样子，脚踏实地为群众办事解难，使自己和群众的心贴得紧些、紧些、再紧些，和群众的距离拉得近些、近些、再近些。只有这样，才能最大限度地激发平阳人民建设文明开放富裕和谐新临汾、释放实现临汾梦的活力和潜能，从而加快建成全面小康社会。

二、准确把握中央和省委精神，扎实有力推进教育实践活动

根据中央和省委安排，第二批教育实践活动坚持以市县领导机关、领导班子和领导干部为重点，突出抓好直接联系服务群众的执法监管部门和窗口单位、服务行业的教育实践活动，注重抓好乡镇、街道和村、社区等与群众联系密切的基层组织的教育实践活动。要坚持主题不变、镜头不换，以党的十八大和十八届三中全会精神为指导，认真学习贯彻习近平总书记系列重要讲话精神，贯彻“照镜子、正衣冠、洗洗澡、治治病”的总要求，以为民务实清廉为主题，以严的标准、严的措施、严的纪律坚决反对“四风”。我们要以“服务群众年”活动为载体，坚持对照理论理想、党章党纪、民心民声、先辈先进“四面镜子”，以补精神之“钙”、除“四风”之害、祛行为之垢、立为民之制为重点，推动思想认识进一步提高、作风进一步转变、党群干群关系进一步密切、为民务实清廉形象进一步树立、基层基础进一步夯实，以作风建设的实际成效凝聚党心民心，为转型跨越发展、全面建成小康注入强劲动力。

(一)要把思想政治建设贯穿始终，在落实活动总要求上下功夫

古人讲：“为政以德，譬如北辰，居其所而众星拱之。”党员干部在思想作风方面存在这样那样的问题，其根源往往在于德的修养缺失，“革命理想大于天”的精神之“钙”缺失，存在着与共产党人的思想道德、与中华民族的传统美德、与科学发展观要求不适应、不相符的问题。我们要借这次教育实践活动的有利时机，大力加强领导班子思想政治建设。一要照镜子，提升境界。主要是以理论理想为镜，以党章党纪为镜，以民心民声为镜，以先辈先进为镜，看自己在宗旨意识、工作作风、廉洁自律方面的问题、差距和不足，解决好世界观、人生观、价值观这个“总开关”问题。党员、干部要敢照镜子、勤照镜子，特别是对缺点和错误要多往深处、细处照，使之纤毫毕现，这样才能找出差距、修身正己。二要正衣冠，树立形象。主要是在“照镜子”的基础上，按照为民务实清廉的要求，勇于正视缺点和不足，严明党的纪律特别是政治纪律，敢于触及思想、正视矛盾和问题，从自己做起，从现在改起，端正行为，自觉把党性修养正一正、把党员义务理一理、把党纪国法紧一紧，保持共产党人良好形象。三要洗洗澡，净化灵魂。主要是以整风精神开展批评和自我批评，认真开好民主生活会，既深刻剖析和检查自己，又开展诚恳的相互批评，触及思想和灵魂，红红脸、出出汗，清洗思想和行为上的灰尘，保持共产党人政治本色，做到干干净净做事、清清白白做人。四要治治病，解决问题。主要是坚持惩前毖后、治病救人的方针，区别情况、对症下药，对作风方面存在问题的党员、干部进行教育提醒，对问题严重的进行查处，对不正之风和突出问题进行专项治理。要通过认真落实这一总要求，进一步贯彻党要管党、从严治党方针，推进干部队伍思想政治建设，严格规范党内政治生活，强化从严监督管理干部工作，完善干部政绩考核体系，树立正确用人导向，让作风好的干部受到重用，让作风不好的干部受到警醒和惩戒。

(二)要把狠刹“四风”贯穿始终，在加强作风建设上下功夫

习近平总书记强调，这次教育实践活动的主要任务要聚焦到作风建设上，集中解决形式主义、官僚主义、享乐主义和奢靡之风这“四风”问题。要通过教育实践活动，狠刹形式主义之风，着重解决知行不一、工作不实的问题，教育引导党员干部改进学风文风会风，改进工作作风，在大是大非面前敢于担当、敢于坚持原则，坚持察实情、出实招、办实事、求实效；狠刹官僚主义之风，着重解决在人民群众利益上不维护、不作为的问题，教育引导党员干部热心为群众服务，接受群众监督；狠刹享乐主义之风，着重克服及时行乐思想和特权现象，教育引导党员干部牢记“两个务必”，克己奉公，勤政廉政，保持昂扬向上、奋发有为的精神状态；狠刹奢靡之风，着重解决挥霍浪费和骄奢淫逸的不良风气，教育引导党员干部坚守节约光荣、浪费可耻的思想观念，做到艰苦朴素、精打细算，勤俭办一切事情。“四风”是当前群众深恶痛绝、反映最强烈的问题，也是损害党群干群关系的重要根源，“四风”问题解决好了，党内其他一些问题解决起来有了更好条件。因此，我们要充分认识到“四风”存在的严峻性和危害性，对准焦距、找准穴位、抓住要害，不能“走神”，不能“散光”，做到看得准、抓得住、改得好。

(三)要把密切联系群众贯穿始终，在树立为民务实清廉形象上下功夫

在教育实践活动中，要组织引导党员干部下基层、知实情，接地气、壮底气，访群众、听民声，查问题、改作风，在联系和服务群众中增进与群众的感情，解决群众最盼、最急、最难的问题。要教育引导党员干部把本职岗位作为落实服务人民群众的主阵地，把该干的事干好，坚持从群众中来，想问题、做决策、办事情，始终不忘自己是人民群众中的一员；坚持到群众中去，了解实情、掌握民意，使决策、工作和行为符合客观实际和人民意愿。通过教育实践活动，引导党员干部做为民的表率，坚持立党为公、执政为民，始终把人民放在心中最高位置，把责任举过头顶，把名利踩在脚下，把百姓装在心中，始终保持与人民群众的鱼水深情；引导党员干部做务实的表率，坚持求真务实、真抓实干，发扬党的理论联系实际、密切联系群众、艰苦奋斗的优良传统和作风，面对困难不退缩、面对挑战敢担当，重实干、创实绩、求实效，推动临汾转型跨越发展不断迈上新台阶；引导党员干部做清廉的表率，自觉遵守党章，严格执行廉政准则，坚决反对一切消极腐败现象，做到干部清正、政府清廉、政治清明，以清廉为政取信于民、以秉公用权赢得人心。

(四)要把解决突出问题贯穿始终，在务求实效上下功夫

行动最有说服力。搞好教育实践活动，说一千道一万，还得看解决问题。活动要让群众“叫好”，必须向问题“叫板”。要坚持问题导向，着力解决自身存在的“四风”突出问题。市县领导班子和领导干部，重点解决精神状态不佳、改革力度不强、转型作为不大，以及“急躁、漂浮、跑要”和高高在上、不关心群众，不敢担当、以权谋私等问题；市县直属单位，重点解决慵懒散拖、推诿扯皮，工作不实、“中梗阻”等问题；执法监管部门和窗口单位、服务行业，重点解决服务群众不到位，“吃拿卡要”“懒政怠政”、滥用职权、执法不公等问题；乡镇、街道和村、社区等其他基层组织，重点解决侵害群众利益、不关心群众冷暖、落实惠民政策缩水走样、在位不在岗、方法简单粗暴、软弱涣散等问题。着力解决关系群众切身利益的问题。认真落实各项民生政策，解决群众在教育、就业、社会保障、医疗、住房等方面的基本需求问题，解决生态环境、食品药品安全、安全生产、社会治安、执法司法、征地拆迁等方面损害群众利益的问题，解决困难群众的生产生活问题，解决与民争利的问题。着力解决联系服务群众“最后一公里”问题。加强和改进乡镇、街道和村、社区便民服务工作，提升服务群众功能和水平；健全服务保障体系，建立稳定的基层组织运转和基本公共服务经费保障制度，推动人财物向基层倾斜，充分调动服务群众的积极性，保证群众话有地方说、事有地方办，困难有人帮、问题有人管。

(五)要把领导带头贯穿始终，在层层带动示范上下功夫

邓小平同志多次强调“身教重于言教”。中央八项规定之所以能够在全党全社会引起广泛好评，产生上行下效的强大正能量，很关键的一条就是中央给我们带了好头、作出了榜样。这次教育实践活动，市委常委会要走在前头，常委会的全体成员要身体力行、率先垂范。凡事从“我”做起，高标准、严要求，真正做到“认识高一层、学习深一步、实践先一着、剖析解决突出问题好一筹”。这次教育实践活动中，全体党员都要受到教育，但重点是县处级以上领导机关、领导班子和领导干部，他们既是活动的组织者、推动者、监督者，更是活动的参与者。要以普通党员的身份把自己摆进去，以更加虚心的态度，带头坐下来深入学习思考，带头沉下去调研征求意见，带头摆进去剖析存在问题，带头开展批评和自我批评，带头抓好整改落实，切实为全市当好表率、作好示范。

(六)要把开门整顿贯穿始终，在发挥群众积极性上下功夫

党员干部的作风正不正，查摆问题到不到位，活动成效怎么样，群众看得最清楚，最有发言权。要坚持真开门、敞开门，放下身段听意见，带着真诚听意见，发挥群众积极性，确保每个环节、每项工作都让群众参与、受群众监督、请群众评判。要欢迎群众提，重视互相帮，自己主动找，集体认真议，切实找准“四风”问题，找准脱离群众的问题，找准损害群众切身利益问题，找准服务群众不到位的问题。要切忌自说自话、自弹自唱，绝不能以自我感觉代替群众评价，也要防止形式主义，少一些没有实质内容的公文旅行、函来信往。要严格落实评议、通报、公示等环节要求，使活动全程处于群众参与和监督之下。要把群众满意不满意作为评价活动成效的基本依据，多数群众不满意的，要及时补课返工，确保活动真有成效、人民群众真心满意。

（七）要把整风精神贯穿始终，在开好民主生活会上下功夫

党内生活是锻炼党性、提高思想觉悟的熔炉。要把批评与自我批评作为清除党内政治灰尘和政治微生物、防身治病的有力武器，以整风精神严格党内生活，坚决反对党内生活庸俗化，坚决反对党内生活的自由主义、好人主义。要开展积极健康的思想斗争，抛开面子、动真碰硬，真正触及问题实质、挖到思想深处，真正使党员干部在每一次党内生活中都能有所悟、有所得，真正把民主生活会开成自我剖析会、分析问题会、沟通思想会、明确方向会，达到红红脸、出出汗、排排毒的效果。

（八）要把严格要求贯穿始终，在从严从实推进上下功夫

习近平总书记强调，照镜子，不认真照，就看不出美丑；正衣冠，松松垮垮，就树不起形象；洗洗澡，舒舒服服泡温水，就难以清身洁体；治治病，药力不够，也难以药到病除。所以，在活动中要坚持标准、严字当头。要从严思想教育，坚定理想信念，增强政治定力，切实做到自我警醒、自我约束、自我克制，防微杜渐。要从严整改落实，向群众作出的整改承诺，要落实整改责任，明确整改时限，严格整改标准，加大整改力度，承诺一条，就要做到一条，确保整改成效让群众看得见、感受得到。要从严正风肃纪，对违规违纪特别是顶风作案的，坚决做到“零容忍”；对久治不愈的顽症，要发现一起整治一起；对软弱涣散基层组织，要先进行组织整顿，再开展活动；对那些不合格的党员干部，要加大问责力度，区分不同情况，作出严肃处理。

三、紧紧抓住重点环节，高标准、严要求组织开展好教育实践活动

这次教育实践活动，中央在方法步骤方面提出3个环节：一是学习教育、听取意见；二是查摆问题、开展批评；三是整改落实、建章立制。这3个环节是相互联系、相互促进的有机整体。学习教育、听取意见是基础，这个环节搞好才能掌握思想武器、找准改进提高的参照坐标；查摆问题、开展批评是关键，问题找准了、批评搞好了，就有了方向、有了目标；整改落实、建章立制是根本，教育实践活动最终目的是有所改进、真正提高，把成果巩固下来、坚持下去。这次教育实践活动不分阶段、不搞转段，目的就是要各地各部门各单位既把“规定动作”做到位，坚持3个基本环节不能少、不变通；结合各自实际，灵活安排各个环节的工作，在解决问题上下功夫，有什么问题就解决什么问题，什么问题突出就重点解决什么问题，使“自选动作”有特色。

（一）要通过学习教育、听取意见，真正提高认识、找准靶子

一是采取多种形式开展学习教育。要组织党员干部深入学习党章和党的十八大报告、中国特色社会主义理论体系、党的光辉历史和优良传统，认真学习《论群众路线——重要论述摘编》《党的群众路线教育实践活动学习文件选编》《厉行节约、反对浪费——重要论述摘编》等学习读本，认真学习十八大以来习近平总书记系列讲话精神，开展改进工作作风、密切联系群众以及中国梦专题学习讨论。通过学习教育，打牢思想根基，坚定理想信念，补足精神之“钙”，坚决与习近平为总书记的党中央保持高度一致。二是深入开展调查研究。各级领导干部在教育实践活动开始时，要围绕落实中央八项规定情况、领导班子和领导干部在作风方面存在的突出问题、如何深入开展好教育实践活动等课题，集中深入开展调查研究，虚心听取基层党员群众和服务对象，老党员、离退休干部，党代表、人大代表、政协委员，社会各界人士的意见和建议，摸清底数，找准问题。三是广泛征求意见建议。本地本部门本单位教育实践活动动员大会结束后，要在参会人员范围内征求意见和开展民主评议。教育实践活动期间，要结合领导干部下乡住村包村增收活动，组

织党员、干部深入基层、贴近群众,通过召开座谈会、个别访谈、发放征求意见表等形式,多渠道、多层次征求群众意见,认真梳理,及时反馈,为对照检查、开展批评和解决问题打好基础。

(二)要通过查摆问题、开展批评,真正正视矛盾、触及灵魂

一是深入查摆问题。围绕为民务实清廉要求,通过群众提、自己找、上级点、互相帮等方式,认真查摆涉及群众切身利益、关乎群众生产生活的"四风"问题,做到不走神、不散光。深入开展谈心谈话,党委(党组)主要负责同志要与班子成员逐一谈心,班子成员之间要互相谈心。二是深刻剖析检查。市、县领导班子、班子成员,市、县机关及其直属企事业单位领导班子、班子成员,乡镇、街道领导班子、班子成员都要根据征求和了解到的意见,对照为民务实清廉要求,撰写出对照检查材料。要以严肃认真的态度查摆作风方面存在的突出问题,深刻进行党性分析和自我剖析,既要联系工作实际,更要触及思想灵魂,正视矛盾和问题,正面回应干部群众所提意见,提出实在具体、便于实施的整改措施。三是组织召开专题民主生活会和组织生活会。要以整风精神严肃开展深刻的自我批评和诚恳的相互批评,进行积极健康的思想斗争。开展批评和自我批评,要坚持实事求是、出于公心、与人为善,坚决杜绝马虎敷衍、文过饰非、发泄私愤,不搞无原则的纠纷,切实达到"团结—批评—团结"的目的。要在一定范围内通报民主生活会情况。农村、社区等组织要开好组织生活会。

(三)要通过整改落实、建章立制,真正解决问题、巩固成果

一是狠抓整改落实。坚持即知即改、立行立改,把整改贯穿始终。要从群众最不满意的地方改起,有一件改一件、改一件成一件。针对教育实践活动中查摆出的问题,制定整改方案和整改任务书、时间表,集中治理,逐项落实。二是推进专项整治。对一些集中性的共性问题,要进行专项治理。要结合履行职能职责和作风建设实际,确定专项整治重点,尤其要把整治侵害群众利益行为作为重中之重,下猛药、出重拳,一项一项整治,不达目的不罢休。三是强化正风肃纪。坚决贯彻落实中央八项规定和省委制定的实施办法,坚持以严的标准、严的措施、严的纪律,坚决查处发生在群众身边的不正之风和腐败问题,坚决整治特权病、冷漠病、懒散病、享乐病、挥霍病。四是加强制度建设。对贯彻党的群众路线已有制度进行梳理,经实践检验行之有效、群众认可的要长期坚持,对不适应新形势新任务新要求的要抓紧修订完善。同时,要将活动中的好经验好做法制度化、规范化,建立持久管用的长效机制。要严格落实制度,强化制度执行力,推动改进工作作风、密切联系群众常态化长效化。要强化制度的刚性约束,坚决纠正有令不行、有禁不止、无视制度的问题,坚决防止"破窗效应"。

四、切实加强组织领导,确保教育实践活动取得实效

开展教育实践活动,是当前全党政治生活中的一件大事。各级党委(党组)要高度重视,精心组织,周密安排,做到认识到位、组织到位、措施到位、工作到位,确保从活动一开始就让全市人民群众感受到教育实践活动带来的新变化、新气象。

一要强化领导责任。各级党委(党组)是抓好本地本部门本单位教育实践活动的责任主体,党委(党组)主要领导同志是第一责任人,要高度重视、认真负责,把活动摆上重要议事日程,周密安排,精心组织,不折不扣落实好中央、省委和市委的部署要求,切实做到教育实践活动"不虚""不空""不偏"。市委党的群众路线教育实践活动领导小组已经成立,各级党委(党组)也要抓紧建立领导机构,切实履职尽责,尽早开展本地本部门本单位准备工作,同时要按照干部管理权限,指导好下一级部门单位活动。根据不同领域、不同部门、不同层级、不同对象的情况,对各个环节提出更切实际的任务要求和办法措施,确保活动扎实开展、取得实效。

二要坚持分类指导。第二批教育实践活动量大面广、层级较多,要按照市、县先行,乡、村稍后跟进的顺序推进,梯次展开、压茬进行。具体到一个单位,集中开展活动时间不少于三个月,始终坚持时间服从质量,不赶时间、不比进度。要坚持从实际出发,根据不同层级、不同领域、不同对象提出不同目标要求,进行有针对性的具体指导。对非公有制经济组织和社会组织,可采取小型、业余、分散的方式来开展;对流动党员,要以流入地党组织为主、流出地党组织为辅开展活动;对离退休党员及年老体弱党员,可采取送学习材料上门等方式组织学习教育;对一些软弱涣散的基层组织,可先进行整顿,

再开展活动。同时，要注意发挥基层的主观能动性，鼓励探索创新，努力形成体现要求、各具特色、灵活多样、务实创新的生动局面。

三要严格督促检查。市委教育实践活动领导小组组建了19个督导组，抽调党性强、作风正、经验丰富的县处级干部担任组长、副组长，对各地各部门各单位开展教育实践活动的情况进行全程督导，巡回指导，及时了解情况提出建议，及时发现问题督促解决，及时总结经验推广典型，防止搞形式、走过场、出偏差。每一位督导组成员都要深入领会中央和省、市委精神，掌握督导规则，明确督导任务。督导组要紧紧依靠所督导部门单位的党委（党组），注重沟通协调，从严务实督导，做到尽职不越位、督导不包办。

四要加强宣传引导。要充分运用报刊、广播、电视、互联网等媒介，通过新闻报道、言论评论、工作综述、专题专访等多种形式，大力宣传中央和省委、市委的决策部署，大力宣传我市开展教育实践活动的积极成效，引导广大干部群众把思想和行动统一到中央精神上来，为教育实践活动开展营造浓厚的社会氛围。同时，要重视典型宣传，既宣传正面典型，发挥示范引领作用，又注意剖析反面典型，开展警示教育，树立正确导向，促进教育实践活动健康有序开展。

五要注重统筹兼顾。开展教育实践活动，根本目的是改进各级党员干部的工作作风，更好地促进我市经济社会发展。要坚持两手抓、两不误、两促进，把握好活动的力度、节奏和重点，合理安排时间和精力，使活动的每一个环节、每一项措施都紧贴中心工作、服务全市大局。要正确处理好开展教育实践活动与做好当前工作的关系，把教育实践活动同转型综改区、“百里汾河新型经济带”、项目建设、改善民生、安全稳定等各项重点工作紧密结合起来，同我市深入开展的改革创新年、转型攻坚年、环境提升年、服务群众年活动结合起来，以教育实践活动的新成效凝聚全市转型跨越发展的正能量。

同志们，开展党的群众路线教育实践活动是一项政治任务，责任重大、使命光荣。我们一定要按照中央、省委和市委的部署和要求，紧密团结在以习近平同志为总书记的党中央周围，以认真的态度、振奋的精神、昂扬的斗志、务实的作风，把教育实践活动组织好、开展好，不断开创我市转型跨越发展新局面，为全面建成小康社会、早日实现中华民族伟大复兴的“中国梦”提供坚强的政治保证和有力的作风保证！

在全市党的群众路线教育实践活动领导小组第二次会议上的讲话

（2014年3月25日）

罗清宇

同志们：

今天，我们召开全市党的群众路线教育实践活动领导小组第二次会议。会议的主要任务是，传达学习习近平总书记在调研指导兰考县党的群众路线教育实践活动时的重要讲话精神，总结我市前一段活动开展情况，安排“三项治理”工作，并对我市教育实践活动下一步的工作进行部署。

自2月20日我市召开党的群众路线教育实践活动动员大会以来，在省委督导组的有力指导和市委的坚强领导下，全市教育实践活动有序展开、逐步引深、态势良好。从各县（市、区）和各部门各单位的情况看，主要呈现出四个方面的特点：一是领导重视。各县（市、区）、市直各单位、县直部门、乡镇全部成立了教育实践活动领导机构，党委主要负责同志担任组长，亲自抓、具体抓，认真谋划部署。市四大班子领导，带头强化学习，带头开展调研，带头征求意见，带头查找问题，发挥了很好的示范引领作用。二是推进有力。这段时间，活动领导小组和办公室做了大量扎实有效的工作，切实加强协调指导和督促检查，确保了活动高效有序开展。尤其是19个督导组深入到各县（市、区）、市直各单位，全程参与了被督导单位的工作，发挥了很好的督促把关作用。三是氛围浓厚。在《临汾日报》、临汾电视台、临汾新闻网等多家媒体开辟了专栏，采用评论员文章、政策解读、典型报道、深度报道等多种形式，深入宣传开展教育实践活动的重大意义、目标任务、环节步骤，在全市上下形成了深入开展教育实践活动的浓厚氛围。四是初见成效。各活动参与单位围绕群众关注的热点焦点问题，坚持边学边改、立行立改，认真开展调研，制定整改措施。市委紧紧抓住深化改革、转型发展、生态环境和服务群众这些关系临汾发展全局的重大问题，制定了开展改革创新年、转型攻坚年、环境提升年、服务群众年

“四个年”活动的意见和专项方案,以此作为教育实践活动的重要载体,使全市各项工作有条不紊地向前推进。但全市教育实践活动也存在一些不容忽视的问题:一是对教育实践活动认知程度和重视程度存在逐级递减的问题,各级各部门主要领导对活动普遍高度重视,但个别班子成员、个别领导干部的思想认识和重视程度还有差距,存在应付思想和“过关”心态;二是个别单位就活动抓活动,就学习抓学习,存在“空对空”“两张皮”的现象,开展活动没有与本职工作、中心工作很好地相结合、相联系;三是部分单位存在等待观望态度,对活动投入的精力不够,对于领导班子和领导干部存在的“四风”方面的突出问题重视不够,等等。

关于下一步工作,我强调几点意见:

一、要深入学习贯彻习近平总书记在调研指导兰考县党的群众路线教育实践活动时的重要讲话精神

河南省兰考县是习近平总书记第二批教育实践活动的联系点。总书记这次专程深入到兰考农村和窗口服务单位,同干部群众交流座谈、听取意见和建议,实地调研指导,充分体现了亲民爱民的情怀、求真务实的作风、平易近人的风范。习近平总书记发表的重要讲话,既高屋建瓴,又联系实际,为开展好第二批教育实践活动提供了重要遵循。习近平总书记的重要讲话,对全国的教育实践活动,对改进党的作风、密切党与群众联系、推进党的作风建设,都具有全面深刻的指导意义。我们要把学习贯彻习近平总书记兰考重要讲话精神作为一项重要政治任务。全面理解和深刻把握精神实质,不但是搞好教育实践活动的重要遵循,做好其他各项工作也都要遵循。要把学习贯彻习近平总书记兰考重要讲话精神作为学习贯彻党的十八大精神和十八大以来习近平总书记系列讲话精神的重要组成部分,不断把学习贯彻引向深入。要把学习贯彻习近平同志兰考重要讲话精神与我市当前中心工作结合起来,切实把讲话精神转化为推动发展的举措、抓好落实的行动和具体工作的实效。要进一步增强搞好教育实践活动的自觉性和坚定性。我们要站在巩固党的执政基础和执政地位、完成党的伟大历史使命的高度,进一步领会习近平总书记对开展好教育实践活动重大而深远意义的阐述,解决好对教育实践活动认知程度和重视程度逐级递减的问题,调动领导干部和广大群众两个积极性,打牢学习教育和查摆问题两个基础,抓住整改落实和建章立制两个关键,高标准、高质量抓好教育实践活动。要把焦裕禄精神作为学习对照的标杆。落实好习近平总书记“把学习弘扬焦裕禄精神作为一条红线贯穿始终”的要求,坚持把作风问题作为党性问题看待,自觉学习焦裕禄同志的公仆情怀、求实作风、奋斗精神和道德情操,对照焦裕禄精神这面镜子,主动勘误纠错,不断改造、提升自我,深学、细照、笃行,真正把焦裕禄精神体现在活动全过程、体现在各项工作中。总之,要以习近平总书记兰考重要讲话精神为指导,认认真真、扎扎实实搞好我市的教育实践活动,进一步密切与人民群众的血肉联系,促进临汾经济社会发展。

二、要认真抓好“三项治理”工作

刚才,我们研究了“百日双百案”群众信访诉求化解专项活动,纪律松弛、吃拿卡要专项治理,基层党建“三不”问题专项整顿三个方案,随后还要召开会议专门部署。对“三项治理”工作,一是要认识到位。开展这三个方面的专项治理,既是市委开展教育实践活动的重要举措,也是顺应群众企盼、解决各级领导班子和领导干部“四风”方面突出问题的迫切需要,更是我们加强基层党组织建设、夯实党的执政基础的必然要求。所以,全市各级党组织特别是党员领导干部,一定要深刻认识开展“三项治理”的重要性、必要性和紧迫性,切实把思想和行动统一到市委的决策部署上来,积极有效地组织开展好“三项治理”工作。二是要治理到位。如果治理不到位,打了折扣甚至是走了过场,这本身就是形式主义,群众就会有看法,就不能取信于民。我市参加第二批教育实践活动的层级多、单位多、人员多,社情民情复杂,个别基层党组织建设薄弱涣散,一些机关工作人员纪律松弛,部分单位和行业吃拿卡要现象屡禁不止,许多积累多年的信访案件得不到有效解决,群众对此意见很大,期盼着通过教育实践活动把这些问题有效解决。这次专项整顿活动,就是要针对这些关键问题,出重拳、下狠手,真整真改,真正让群众看到变化,见到成效。教育实践活动各督导组,要把“三项治理”作为重点督导内容,把窗口单位、服务行业、民生领域作为重点部门,持续关注,跟踪问效,确保取得实效。三是要责任到位。各级各部门对“三项治理”工作要高度重视，加强领导，周密部署，精心组织，有力推进。主要负责同志要履行第一责任人的责任，要把“三项治理”工作摆上重要议事日程，结合实际制定切实可行的实施方案，有计划有步骤地开展整顿。市纪委、市委组织部、市信访局作为牵头部门和责任单位，要切实负起责任，抽调精干力量，抓好落实。活动办要积极做好组织协调、统筹推进工作。

三、要扎实抓好下一步教育实践活动

现在，市县乡三个层面的教育实践活动正在有序开展，市级领导班子的教育实践活动即将进入第二个环节，即查摆问题、开展批评环节，这一环节也是教育实践活动的关键环节。4 月上旬，农村、社区、“两新”组织及其他社会组织的教育实践活动也要陆续展开。在下一步的教育实践活动中，要抓好四个重点。

第一，要把握领导带头这个关键，突出示范引领、层层带动

开展教育实践活动，各活动单位“一把手”的带头示范是前提、基础和关键。只有“一把手”带好头，才能够确保活动组织有力、措施有力、推动有力。各级各部门主要领导同志，要强化“向我看齐”意识，真正做到率先垂范、以身作则，以高的标准、严的要求来鞭策自己，带头统一思想、提高认识，带头深入学习、领会精神，带头开门征求意见，带头查找和剖析“四风”方面存在的问题，带头开展批评和自我批评，带头整改、解决问题，带头做到“三严三实”，真正把自己摆进去，切实做到认识高一层、学习深一步、实践先一着、剖析解决突出问题好一筹，发挥好示范带动的作用。督导组要加强对各县市区和各部门各单位教育实践活动的指导和推动，加强考核、严格督促，对在督导过程中发现的工作相对薄弱的单位，要及时提醒，及时通报，对示范作用发挥好的领导班子、“一把手”要予以表扬和鼓励。总之，“一把手”不仅要成为教育实践活动的组织者、参与者，更要成为引领者、示范者，从而形成层层示范、以上率下、上行下效的生动局面。

第二，要聚焦“四风”问题这个核心，突出群众参与、开门整顿

能不能深入地查摆问题、开展批评，关系到这次教育实践活动最终成效怎么样。查摆问题到位不到位，群众看得最清楚，群众最有发言权。做好征求意见、查摆问题工作，要把握好三点：一是态度要诚恳。我们要牢记一个观点，找不出问题，本身就是问题。要引导党员干部特别是领导干部转变思想观念，放下思想包袱，真心诚意让别人挑毛病，真心诚意让群众提意见。只有真正敞开大门、开门纳谏，才能听到群众的真心话、找到存在的真问题。二是焦点要找准。这次教育实践活动主要就是聚焦形式主义、官僚主义、享乐主义和奢靡之风，查找问题、剖析原因、进行整改，要引导党员领导干部牢牢把握住这个聚集点，确保整个活动不“走神”、不“散光”。三是方法要正确。要注重采用简便易行、有效管用的方法，畅通摆问题、提意见的渠道，既注重领导干部当面听取意见，也要让群众有“背靠背”给领导干部提意见的机会；既主动深入基层收集意见，又要热情欢迎群众上门提出建议。

第三，要坚持统筹兼顾这个方法，突出“两手抓”“两促进”

开展教育实践活动的出发点是转变干部作风、密切干群关系，落脚点是推动科学发展、增进百姓福祉。各县市区、各单位一定要处理好开展教育实践活动和开展中心工作之间的关系，把开展教育实践活动同做好当前工作统筹起来，同综改试验区和“百里汾河新型经济带”建设统筹起来。特别是要围绕改革创新年、转型攻坚年、环境提升年、服务群众年“四个年”活动，完成好各自的工作任务，切实解决一批事关改革的前瞻性问题，一批事关全局的关键性问题，一批事关长远的战略性问题，一批事关群众利益的现实性问题。在统筹兼顾活动和工作的同时，也要统筹推进市、县、乡、村四个层面的教育实践活动，形成上下互动、左右联动的良好态势。各地各单位一定要严格标准要求，严格按照中央、省委和市委的要求，对照活动方案要求，一个步骤接一个步骤、一个环节接一个环节抓好各个层面的教育实践活动，始终坚持时间服从质量，不赶时间、不比进度。各督导组要注重根据不同层面、不同领域、不同对象提出不同目标要求，进行有针对性的具体指导。

第四，要贯穿“整风精神”这个要求，突出查摆准确、触及灵魂

群众路线教育实践活动查摆问题、开展批评环节的一项重要工作就是要开好专题民主生活会和专题组织生活会。在这一环节，市委常委将要集中两天时间召开专题民主生活会，每个成员的发言一般不少于40分钟,其他教育实践活动参与单位也要逐步推进,分批召开。一是前期准备一定要扎实。要高标准、严要求地开展好意见征求工作,把学习教育、意见征求工作做细、做到位。学习教育不深入、听取意见不广泛、查摆问题不到位的,要坚决补课,坚持时间服从质量,不强行进入下一环节。二是谈心谈话一定要充分。党委(党组)主要负责同志与班子每个成员之间、班子成员相互之间、班子成员与分管部门负责同志之间,都要逐一开展诚挚的、深入的谈心。谈心交流,要重点讲问题、讲不足,谈认识、谈意见,努力把问题谈透、把思想谈通、把意见谈好。三是对照检查一定要深刻。每名党员领导干部都要根据征求和了解到的意见、建议,对照为民务实清廉的总要求,对照"四风"问题,认真撰写对照检查材料,紧密联系思想实际和工作实际,实事求是地谈认识、谈不足,深入剖析问题的根源,明确努力方向和整改措施。四是开展批评和自我批评一定要严肃认真。要用好批评和自我批评这个武器,开展积极健康的思想斗争,防止对上级放礼炮、对同级放哑炮、对自己放空炮。要正视问题、直面问题,有抛开面子、揭短亮丑的勇气,有动真碰硬、敢于交锋的精神,有深挖根源、触动灵魂的态度。要坚持实事求是、坦诚相见,讲真话、讲心里话,只要是真诚的、善意的批评,都允许讲出来,真正达到"团结—批评—团结"的目的。

在全市党的群众路线教育实践活动工作推进会上的讲话

(2014年5月9日)

罗清宇

今天,我们召开全市党的群众路线教育实践活动工作推进会,主要任务是传达落实贯彻习近平总书记重要批示和中央、省委有关会议精神,安排我们全市下一步群众路线教育实践活动的工作任务。刚才,尧都、洪洞、浮山、蒲县、市编办和市交通局等6家单位的负责同志,就前一段时间的群众路线教育实践活动,作了一个汇报,对下一步的工作打算,也表了一个态度;文英书记也传达了习近平总书记的重要批示和中央党的群众路线教育实践活动视频会及全省第二批教育实践活动推进会的要求。最近一段时间,中央和省委先后召开了视频会议,刘云山同志、赵乐际同志和纯清书记分别就学习贯彻习近平总书记的批示作了指示,提出了明确的要求,这些都是我们搞好下一步工作的基本遵循。

一、把握活动态势,切实增强责任感和紧迫感

群众路线教育实践活动,应该说现在进入了一个新的阶段,前面的学习教育、查找问题阶段,特别是学习教育阶段,应该说我们的工作总体上还是不错的。我这里谈一个不成熟的观点,群众路线教育实践活动,是以"为民务实清廉"为主题的。为民,就是要解决立场问题,进而解决宗旨问题,务实,就是要解决作风问题,要求我们实实在在抓好工作,清廉,就是要解决操守问题,也就是解决形象问题,解决战斗力的问题。为民、务实、清廉,三者之间的关系,是非常紧密的,为民是根本,务实是关键,清廉是保障,这三个方面都做的比较好的,就是好干部、过硬的干部,我们这支队伍如果都做好了,那就是无往不胜的队伍。通过这一段的学习实践,我看我们相当一批的干部,都能够从这个层面上理解这次活动的意义,那就是说,我们立场问题解决好,作风问题解决好,个人操守问题解决好,我们好多事情就能够办好,而且一定会办好,我们巩固党的执政地位、做好群众工作,就不是一句空话。所以我们从学习到现在,大家无论是记笔记、还是向群众、向老前辈学习,到红色教育基地接受教育,向我们身边的典型学习,都做得很好,我们的活动是有质量的,在起始阶段,取得了一定的成果。我们市里的督导组,工作还是有成效的,要求也是严格的。对于县一级的县委书记,我也特别注意大家的活动开展情况,注意大家是不是带头开展活动,是不是做到两不误,是不是坚持边整边改、立整立改。我走了10个乡镇,尧都5个,洪洞3个,襄汾2个,从乡镇的会议记录、活动安排,就能看到县委书记的工作,看到你怎么安排部署活动。我看的这10个乡镇,都非常好,也许我看的是局部,但乡镇里边有很多鲜活的地方,比如襄汾的新城镇,记录了群众提出问题的台账,问题的提出、整改和解决情况记得都非常详细。这就说明,我们通过转作风在提高我们服务的质量和水平,通过提高服务质量和水平来赢得群众的信任,进而使我们的活动见到实效。我们这个活动,坚持领导带头,坚持夯实基层基础,开门听取意见,坚持立说立行、立行立改,一些问题得到了解决。像曲沃的党代表工作室这个平台,等

于是把服务送到群众的家门口，解决村民的吃水难问题，解决南吉村道路修复等问题。市住建局召开“整改现场答复会”，妥善解决了涉及协调管理、队伍建设、环卫设施和工作待遇等4方面的25个问题，局长当面答复群众，赢得了干部群众的赞许，刚才交通局的学伟同志也发了言。这都是我们的管理部门、服务窗口，市直机关有审批职能，但同时也是我们的服务窗口，直接服务市民，服务社会，他们在群众路线教育实践活动中采取的一些办法，还是赢得了群众的认可。

但是我们的活动还存在一些需要改进的问题。我认为问题有这么几个方面，一是思想认识还不够深刻。有的思想上没有真正重视起来，存在不以为然的心态；我们个别干部的认识跟他所处的位置，还不是完全的对应，我们要按照自己所处的位置，或职级的高低，结合岗位职责，有针对性地、对号入座地提高我们的认识水平。同时，也存在以形式主义反对形式主义的问题。在思想上、认识上，还需要围绕“为民、务实、清廉”继续学习，继续提高。二是领导带头还不够充分。党的群众路线教育实践活动，党委(党组)书记是一把手，是第一责任人，要亲力亲为，要把控活动的走向、活动的程序、活动的效果。我们个别单位，对有的问题，视而不见，甚至存在应付过关的思想。特别是在学习上，我们乡一级的笔记，都很有针对性，有些确实是自己有所思考，有所收获。但县一级的笔记，按照县一级的要求，做的是不够的，一把手要过问，这关乎你学习是不是走了过场。三是听取意见还不够深入。我们要求多渠道、多形式的听取，要求开门搞活动。有的确实把门打开了，有的征求意见还不够，有些意见只是来自于机关内部，并不是来自于群众。作为窗口服务单位，得听听市民的意见，不能只是征集本单位、本系统的意见，这样征求到的意见，是不全面、不完整的。四是统筹兼顾还不够到位。我们个别单位，没有处理好工作与活动的关系，我们活动跟工作的部署，应该是结合在一起的，叫“两促进、两不误”，对于县市来讲，就是重点工程、民生工程要抓好，如果你的经济工作搞不上来，达不到预期的效果，那你的群众路线教育实践活动就没有搞好。刚才听发言，蒲县这方面是做得不错的，大家都反映煤卖不了，可是蒲县产了190多万吨煤全卖了，就这样的事情，体现作风，体现为民，体现务实。现在是买方市场，要出去找买家，你找去了没有？班子找去了没有？这就是工作跟我们活动的关系。所以，我们的统筹兼顾也不一定全部到位。五是活动进展还不够平衡。我们的活动本身，进展的也不够平衡，有的地方、有的单位标准严，有的单位各项工作非常扎实，但有的单位也不尽然，这些都是我们全市活动进展过程中存在的一些问题。

二、客观分析评估，切实做好第一环节“回头看”

学习教育、听取意见环节，是一个基础环节。思想认识提高了，征求意见找准了，查摆问题、开展批评才能有的放矢，整改落实、建章立制才更有针对性，才能使活动取得实效。按照中央和省委的部署，我们市教育实践活动办公室的要求，当前，要认真做好两项工作。

一要认真开展“回头看”。我们各级党委(党组)，包括县级党委，按照学习教育不深不透、流于形式的不能进入下一环节，征求意见不广、不实、不准的不能进入下一环节，边学边改行动不快、效果不好的不能进入下一环节，领导干部不带头学习调研、不带头谈认识体会、不带头征求意见、不带头查摆和纠正问题的不能进入下一环节的“四项”要求，认真开展“回头看”。这四项要求做不到位的，不能进入下一个环节。问题严重的，要严肃整顿。各级督导组要按照“四查三审”的程序(单位自查、上级检查、重点抽查、疑点核查；督导组初审、活动办评审、党委终审)，从严从实督察指导“回头看”工作，做到“五个不放过”：规定动作不完成、没有亮点的不放过，自选动作不扎实、没实效的不放过，主要领导不深入，没带头的不放过，群众意见大、不满意的不放过，“三审”不通过、没评估的不放过。“四查三审”这个程序，活动办和我们督查组，下去后要详细地给大家把要求讲清楚。

二要客观分析评价。分析评价要客观，可以通过调研走访、召开座谈会、明察暗访、谈心谈话、调阅活动的工作记录来进行。我们说统筹兼顾，“两不误”贯穿始终，其实市里开展“三项治理”活动和“四个年”的活动，跟群众路线教育实践活动，是紧密地结合在一起的。我们要了解作风，了解活动开展得怎么样，了解哪个县活动开展的好，方方面面都会有体现。我们活动办，我们的领导同志们，调研检查工作，除了看相关资料，还要到生产一线，到基层一线去检查活动开展情况。这就是我讲的第二个问题,"回头看"。

三、立足固本强基,切实夯实基层组织基础

当前,乡镇(街道)、县直机关、农村(社区)等基层组织的教育实践活动正在陆续启动、有序推进。这些基层组织和党员干部同群众联系更直接、更紧密,抓好这些基层组织的教育实践活动更为重要,因为老百姓感受更直接。一要更加突出学习教育。党的方针政策,要靠基层组织去落实;群众的愿望诉求,也要靠基层干部去解决。要通过学习教育,真正提高各级干部尤其是基层干部的思想认识,坚定理想信念,增强群众观念,更好地开展好活动,做好各项工作。二要更加突出问题导向。基层就是要解决问题,解决我们现在常说的"最后一公里"的问题。特别是要下大气力整顿后进基层党组织,我们全党开展这么大的活动,你这个村里的党组织,大部分老百姓不满意,一不能带领大家致富,二还不公道,甚至有的形成了村霸,这一类的党组织,要坚决取缔。如果这么大的活动还取缔不了,那我们的活动肯定没开展好。所以坚决整顿那些后进的党组织,切实补齐基层基础的这块"短板",这就是问题导向。三要更加突出服务群众。首先要解决教师顶岗的问题,市委、市政府、市活动办要切实解决这件事情,你们县上也做好准备,这个事情难解决,难解决也要解决,我看有的县已经开始动手了。还要夯实我们的基层组织,要切实帮助群众解决实际问题。在树立正面典型的同时,也要曝光一批坏典型,我们现在正面的典型,比如张建国、任玉林、贺兰珍,起到很好的示范作用,但是也要教育、曝光一批坏典型。现在我们对于反面的典型,曝光得不够,起不到教育和震慑的作用。市活动办,特别是"三项治理"领导组,要曝光一批反面的典型,以刹住歪风、弘扬正气。这是我讲的第三个问题。

四、抓好关键环节,切实解决存在的突出问题

根据中央的部署要求,市、县两级活动单位即将陆续进入查摆问题、开展批评环节。这是整个教育实践活动承上启下、取得实效的关键环节,必须坚持高标准、严要求,在回应群众期盼、解决实际问题上狠下功夫。

第一,查摆问题要深入实在

要紧紧围绕反对"四风",以理论理想、党章党纪、民心民声、先辈先进为镜,深入实在地查摆问题。有问题,大家不要怕,有些问题,确实是要立整立改;有些问题,研究以后,找到办法整改;有些涉及长远的复杂问题,不是你这个层面能解决了的,要认真地做好研究,认真地做好记录,做好问题分类。特别是群众关注的热点问题,不要推,该解决的问题要下决心解决,这就体现我们的作风。

第二,谈心交心要充分到位

我们还要召开民主生活会,会前的谈心充分到位,是专题民主生活会的重要基础。谈心要做到"四必谈、三谈三不谈":党委(党组)主要负责同志与班子每个成员必谈,班子成员相互之间必谈,班子成员与分管部门主要负责同志之间必谈,督导组与班子成员必谈;谈问题不谈成绩,谈主观不谈客观,谈实话不谈虚话。村、社区等基层党组织班子成员之间要逐一谈心,党支部负责人要与党员普遍谈心。谈心要敞开心扉、以诚相见,见人见事见思想。要坚持时间服从质量,一次不够多谈几次,真正做到思想上共振、感情上共鸣、行动上共进。

第三,对照检查要写实画准

要重点写清"四风"突出问题,深挖问题根源。"一把手"要亲自主持起草、集体讨论,并在一定范围内征求意见。我们各县(市、区)党政班子和主要领导干部的对照检查材料要报我和岳市长审核。各县(市、区)党政一把手要对各乡镇(街道)党政班子和主要领导干部的对照检查材料进行审核。这个班子的剖析材料和县委书记、县长的剖析材料按要求要上常委会。

第四,开展批评要严肃认真

各级党员领导干部要坚决克服"怕"的思想、避免"绕"的现象,防止"空"的问题,坚持原则、出以公心,不遮掩问题、不回避矛盾,进行积极健康的思想交锋。开展批评要敢揭短敢亮丑,党委(党组)书记是我们的第一责任人,主持会议的人,首先要把自己摆进来,不要当老好人,当然也不能搞无原则的纷争。民主生活会开好,这是在恢复我们党的优良传统,要红红脸、出出汗,关键在于一把手。党内的生活要过得正派、过得健康,就必须要遵循这个标准。要批评不要吹捧,我们要按照标准,严肃认真健康地开好我们的民主生活会。

五、落实主体责任,切实发挥一把手关键作用

一个是要坚持以身作则,用严格的尺子衡量自己,用更高的标准要求自己,用无私无畏的勇气改造自己,带头深入学习,带头查找和剖析"四风"方面存在的问题，带头开展批评和自我批评，带头制定整改落实措施，为领导班子和党员干部作出榜样，形成领导带头示范、层层传导压力的局面。再一个是落实第一责任，要靠前指挥，对工作推进要定期检查，具体任务的落实要限时督办。这里有一点我要提醒，我们刚才学习了习近平总书记的重要批示和中央视频工作会议的精神，我们要明确一条，我们第二批党的群众路线教育实践活动，一定要把习近平总书记在兰考考察党的群众路线教育实践活动时提出的"三严三实"还有学习焦裕禄精神，作为我们县市两级活动的一条主线。我们各级党委的一把手务必要把握。要按照省委的统一部署，带头开展"学习焦裕禄，笃行转作风"集中行动，在全市掀起学习焦裕禄精神的热潮，不断强化公仆情怀、求实作风、奋斗精神、道德情操，这就是为民务实清廉，焦裕禄精神就是典型。要将"三严三实"和焦裕禄精神贯彻我们活动的始终。

六、坚持统筹兼顾，切实做到两不误、两促进

当前，首要的任务是要确保经济的平稳运行，要有序、有效、有机地把活动跟我们"四个年"和"三项治理"活动结合起来，要坚持我们提出的"一个不动摇、三个不反复"，要比本事、比定力。县里、包括我们市直部门的一把手，在当前经济下行压力如此之大的情况下，怎么样做好实体经济的运行，怎么把民生建设和项目建设搞上来，这是最终检验我们活动成效的标尺，要切实解决老百姓关注度比较高的事情，这是检验我们活动开展成效最有说服力的标尺。今天县长同志不在，县长同志下午参加会，下午的会上我还要讲，你经济指标一掉再掉，民生项目上不来，老百姓能满意？经济指标再掉，财政拿不出钱来，工资发不出来，社保、合作医疗怎么办？有的县掉的幅度很大，要坐下来认真研究，所以，我们要一定要把抓好当前的工作跟开展好活动有机地结合起来，两不误、两促进。

同志们，当前正处在第二批教育实践活动的关键时期，我们要按照中央要求特别是习总书记的批示精神，以更高的标准，更严的要求，更实的举措，总结我们前一段时间的好做法、好经验，戒骄戒躁，弥补不足，确保活动在下一阶段健康有序地进行，确保活动取得实实在在的效果，为临汾的发展提供坚强的保障。

在全市党的群众路线教育实践活动总结大会上的讲话

（2014年10月16日）

罗清宇

同志们：

经市委常委会研究，今天我们召开这次会议，主要是深入贯彻落实习近平总书记在党的群众路线教育实践活动总结大会上的重要讲话精神和全省教育实践活动总结大会精神，对我市教育实践活动进行总结，对巩固扩大活动成果、持续强化党的作风建设、全面推进从严治党进行安排部署。

今天，省委督查组的各位领导同志出席我们这次会议。这8个月来，省委督导组对我市的教育实践活动给予了悉心指导和精心帮助，省委楼阳生副书记先后多次亲临指导，专门听取活动汇报，对我们深入开展教育实践活动、做好各项工作给予有力指导和大力帮助。梁志祥组长对活动的每个重要节点、重要材料、重要工作都严格审核把关，提出了宝贵的指导意见，表现出对党的事业高度负责的党性觉悟，夙夜在公、勤勉工作的过硬作风，公道正派、谦虚谨慎的务实风范，这些都给我们留下了深刻印象，给我们树立了标杆、作出了示范。在这里，让我们以热烈的掌声向省委督导组表示衷心感谢！

下面，我代表市委，就深入贯彻落实习近平总书记的重要讲话精神和全省教育实践活动总结大会精神，结合临汾实际，讲三点意见。

一、实事求是总结教育实践活动的重要成效

在全党深入开展党的群众路线教育实践活动，是党的十八大作出的一项重大战略部署，是我们党为进行具有新的历史特点的伟大斗争所作的一次重要思想、组织和作风准备。根据中央、省委统一部署，我市党的群众路线教育实践活动，自2月20日启动以来，全市9521个党组织、1156名县处级以上领导干部和163500名党员，紧紧围绕"为民、务实、清廉"主题，按照"照镜子、正衣冠、洗洗澡、治治病"的总要求，坚持高起点开局、高标准推进、高质量收官，扎实抓好各个环节的工作任务，收到了预期效果。

一是在思想认识上，普遍受到了一次马克思主义群众观点的深刻教育，进一步增强了贯彻党的群众路线的自觉性和坚定性。我们坚持把学习教育贯彻始终,通过集中学习、专题辅导、讨论交流等形式,原原本本学习习近平总书记系列讲话精神,认认真真地学习中央和省委的规定篇目,深入开展了群众教育、传统教育、党课教育、典型教育。特别是把学习焦裕禄精神作为一条红线,组织开展了"我向焦裕禄学什么""我与焦裕禄差距在哪里"和"学习焦裕禄、争做好公仆"主题活动,在党员干部中产生了很大反响。我们还选树了"身边的好干部"马健、"团职村官"张建国、"山庄支书"贺兰珍等一批临汾本地先进典型,坚持用身边的典型教育身边的人。活动中,各活动单位领导班子集中学习达到23天以上,县级以上领导干部讲党课710人次,培训基层党组织书记1万余人次。广大党员干部的思想得到净化,灵魂受到触动,普遍认识到,"为民"是宗旨、是根本,"务实"是作风、是关键,"清廉"是操守、是保障,贯彻执行群众路线的意识和能力进一步增强。

二是在改进作风上,有效遏制了"四风"问题的蔓延,广大党员干部的作风明显转变。从活动一开始,市委就树立了强烈的问题意识,聚焦"四风",列出清单,建立台账,分批分层解决问题2.8万多个。坚持立查立改、边查边改,深入开展"三项治理":"百日双百案"群众信访诉求化解活动,有效化解信访积案218件;"纪律松弛、吃拿卡要"整治活动,发现问题897个、党政纪处分427人;基层组织"三不"问题整顿活动,共整顿软弱涣散村级组织198个,办公活动场所面积不足社区32个,"定查评"工作法拓展不深的机关党组织648个。扎实推进37项专项整治,各类会议文件同比分别减少23%和17%;清退公务用车158辆,清理超标办公用房17万多平米,停建楼堂馆所7个;压缩"三公"经费1200多万元,压缩比例23%;查处公款吃喝、参与高消费案件14起,对13名责任人进行了严肃处理。针对洪洞县兴唐寺乡暴露出的干部作风问题,在全市集中开展了"四查看四防治"专项行动,进一步引深了干部作风建设。广大干部群众普遍反映,这次活动确实动了真、碰了硬,"舌尖上的浪费""车轮上的铺张"等得到有效遏制;干部动"嘴"少了、动"腿"多了,上饭店少了、吃食堂多了;按规矩办事意识显著增强,看面子、托关系、找路子的现象明显减少。

三是在严肃党内政治生活上,广大党员干部拿起了批评和自我批评的武器,经历了一次严格的党内政治生活锻炼。各级领导班子和基层党组织认真贯彻习近平总书记在指导河北省委、兰考县委班子专题民主生活会时的重要讲话精神,严肃认真地召开了班子专题民主生活会和组织生活会。会前各级党员干部深入查摆问题,深挖问题根源,反复深入地开展谈心谈话,一次比一次深入,一次比一次具体,普遍做到了主要领导与班子成员、班子成员之间、班子成员与分管部门、督导组与班子成员"四个必谈"。各级班子党员干部亲自动手撰写对照检查材料,市委提出了"十五个要"和"见人见事见思想"具体要求,举办了专题辅导会,材料修改率达到95%以上。民主生活会和组织生活会上,自我批评揭短亮丑,相互批评真刀真枪,起到了脸红出汗、治病救人、加油鼓劲的作用。广大党员干部反映,这样的民主生活会自己从来没有经历过,有话讲在当面,"当时脸上火辣辣,事后心里热乎乎"。不少同志还谈到,自己的对照检查材料数易其稿,每一次修改都是一次对标、一次醒悟。许多年轻干部也感慨,这次真是补了课、充了电,明白了党内政治生活是什么样,该怎么过。

四是在落实整改上,扎实推进了"一百千万"服务项目,一批事关群众切身利益的问题得到有效解决。我们从解决教育、医疗、就业、住房等群众最关注最直接最现实的利益问题入手,市县乡村四级共投资420亿元集中兴办了一批惠民实事,共确定服务项目11133件,已启动10576件、启动率91%,完成7624件、完成率68%。市里投资63.27亿元,实施了北城壕沟排水等环保工程,滨河大道、临汾新医院、市政务服务中心、35座公立幼儿园等年内启用。特别是我们把打通联系服务群众"最后一公里"作为建设服务型基层党组织的重中之重,选树了一批好典型、总结了一批好经验、形成了一批好制度。各县市区坚持上下联动,广泛开展了"职能延伸、送需上门"行动,心为百姓想、人往基层跑、事为百姓办、钱往基层投已经成为"新常态"。一位村支部书记谈到,活动中县上制定了民事代办制度,村里有了民事代办员,原先到镇上费劲周折都办不好的事情,现在不出村就能办理了,省了跑腿的工夫,非常方便。

五是在完善制度上,以贯彻民主集中制为核心、以加强作风建设为重点,初步形成了一批制度成果。我们坚持破立并举、注重建章立制，市委相继出台密切联系群众、创新社会管理、干部管理监督、加强服务型党组织建设等制度15个，正在制定的20个。各县市区、市直各单位结合工作实际，围绕贯彻民主集中制和加强作风建设，在权力运行、简政放权、严明纪律、便民服务等方面制定和修订了一批工作制度和管理制度，扎紧了制度的笼子，让党员干部心有所畏、言有所戒、行有所止。全市各活动单位共列出制度计划2.1万个，已制定出台1.3万个，占到61%，切实发挥了规范行为、联系群众、改进作风的作用。不少同志说，教育实践活动让自己心中有了敬畏之心、底线思维，原来司空见惯的陈规陋习再也不敢小视，什么话都敢说、什么事都敢做、什么饭都敢吃的人和事明显减少了。

总的来看，我市教育实践活动基本达到预期效果，得到群众的肯定和认可。这些成效的取得，得益于中央和省委的正确领导，得益于省委督导组的悉心指导，得益于全市各级党组织的有力推进，得益于广大群众的大力支持，得益于各级活动办、督导组的辛勤工作。实践表明，只要我们不折不扣贯彻落实中央和省委的决策部署，始终保持思想统一、步调一致，各尽其责、齐心协力，就一定能够完成党和人民交付的任务，不断开创党的建设和各项事业的新局面。

同志们，经过教育实践活动，我们在持续强化作风建设上有了良好开端，取得了一定的成绩。但也要清醒地看到，很多成绩是在大力整顿“四风”、坚决惩治腐败的高压态势下取得的，仅仅停留在“不敢”上，“不能”的体制机制，“不想”的高度自觉远未形成。要看到，“冰冻三尺，非一日之寒”，“四风”问题具有顽固性、反复性、变异性和传染性，少数党员和干部在思想深处还没有完全认识到加强作风建设的极端重要性，“四风”问题依然有反弹回潮可能。要看到，有的整改事项没有按照时间和进度落实到位，不少地方和单位在整改落实上力度不够、措施不多，对解决深层次矛盾和问题缺乏应有的担当和勇气。要看到，有的地方基层基础薄弱的情况还没有根本改变，联系服务群众机制不畅、能力不强，贯彻群众路线和管党治党的责任还没有压实到末端。要看到，为官不易、为官不为的思想在一些党员干部中有一定市场，有的以“怕出事”为借口，等待观望，消极怠工。大家一定要认识到，活动收尾绝不是作风建设收场，作风建设永远在路上，永远没有休止符。我们必须坚决按照中央和省委的部署，始终绷紧作风建设这根弦，不断巩固拓展教育实践活动成果，深入持久地把作风建设的好势头保持下去，使作风建设要求真正落地生根。

二、坚决以习近平总书记重要讲话精神和省委重大决策部署统揽全市工作大局

习近平总书记在党的群众路线教育实践活动总结大会上的重要讲话，站在党和国家发展全局的高度，充分肯定了教育实践活动取得的重大成果，深刻总结了教育实践活动的成功经验，特别是深刻阐述了新形势下坚持从严治党的极端重要性和现实紧迫性，系统地提出了从严治党八项要求，充分表明了党中央坚持党要管党、从严治党的鲜明态度，体现了我们党适应时代发展要求、保持党的先进性和纯洁性的高度自觉，是在新的起点上深化作风建设、坚持从严治党的纲领性文献。全市上下要把学习贯彻习近平总书记重要讲话精神作为当前重大而紧迫的政治任务，从推进党和人民事业发展、实现中华民族伟大复兴“中国梦”的高度，认真学习、深刻认识、自觉运用习近平总书记提出的一系列从严治党的新思想、新观点、新论断，做到内化于心、外化于行。要把抓好党建作为最大的政绩，认真履行管党治党责任，严肃纠正一些党组织抓发展和抓党建“一手硬、一手软”的问题，切实把从严治党具体地而不是抽象地、认真地而不是敷衍地落实到位。要增强党员意识和政治担当，在党言党、在党忧党、在党为党，把爱党、忧党、兴党、护党落实到工作生活各个环节，敢于同各类违反党内政治生活原则和制度的现象作斗争。要以高度的政治责任感，切实把思想和行动统一到总书记重要讲话精神上来，与以习近平同志为总书记的党中央保持高度一致。

9月1日省委召开的全省领导干部大会，是在山西发展的重要历史关头召开的一次关键性会议，开启了山西弊绝风清、富民强省的新篇章。特别是中央决定王儒林同志任山西省委书记，全省上下坚定拥护、衷心支持、倍感振奋。省委王儒林书记来山西工作这一个多月时间，坚决贯彻习近平总书记系列讲话精神和中央对山西工作的指示要求，针对山西存在的突出问题，提出了一系列革弊立新、激浊扬清，提振信心、凝聚人心的思路和举措，特别是

“净化政治生态、实现弊绝风清，重塑山西形象、促进富民强省”重大部署，抓住了山西发展的关键和要害，指明了山西发展的方向和路径。净化政治生态是首要任务，实现弊绝风清是长期目标，重塑山西形象是历史担当，促进富民强省是根本目的。这四句话，是省委贯彻落实习近平总书记重要讲话精神和党中央对山西工作指示要求的重大举措，是当前和今后一个时期全省工作的大局。全市上下要紧紧围绕这个大局，坚持用中央和省委精神统一思想、提振精神，坚决拥护以王儒林书记为班长的省委权威，切实把中央和省委的决策部署贯彻到底、落实到位。要切实强化政治意识、大局意识、责任意识，进一步深化对我省出现问题的认识，进一步深化对反腐倡廉、刷新吏治、匡正用人导向重要性的认识，进一步深化对中央领导指示精神和省委重大工作部署的认识，以深入推进党风廉政建设和反腐败斗争，深入持久反对“四风”的新成效，以从严管党治党的新成效，以全市改革发展稳定的新成效，巩固和发展临汾团结和谐、奋发向上的良好政治局面。

三、切实肩负起从严治党的重大责任

从严治党，是这次教育实践活动最宝贵的经验，也是最深刻的启示。全市各级党组织和广大党员干部，要以教育实践活动为新起点，坚决把习近平总书记从严治党“八项要求”贯彻落实到党的建设和全部工作中。

(一)不折不扣落实管党治党责任

总书记强调，从严治党，必须增强管党治党意识、落实管党治党责任。坚持党要管党、从严治党，就要认认真真管、实实在在严。全市各级党委(党组)是管党治党的主体，是党建工作的领导者、执行者、推动者。抓好党建是本职，不抓党建是失职，抓不好党建是渎职。要从巩固党的执政地位的大局看问题，把抓好党建作为最大的政绩，坚持严字当头，真抓真管、敢抓敢管、长抓长管，切实把从严治党责任担当好、落实好，特别是党委书记必须成为从严治党的书记，真正负起“第一责任人”的责任。要坚持把党建工作和中心工作一起谋划、一起部署、一起督察、一起考核，书记抓、抓书记，抓具体、抓深入，紧紧围绕党建工作中的重大现实问题和党员群众反映强烈的突出问题，进一步完善党建工作的内容、方法、载体和机制，推动各战线、各领域、各环节的党建工作取得新的成效。要进一步建立健全党建工作责任制，强化对党建工作的考核，对各级各部门党组织负责人特别是党委(党组)书记的考核，首先要看抓党建的实效，考核其他党员领导干部工作也要加大这方面的权重，着力解决“人人有责却无人担责”“只挂帅、不出征”等问题，切实把管党治党的责任落到实处。当前，要集中精力做好农村“两委”换届工作，进一步选好基层组织“带头人”，不断夯实党的执政基础。各县市区委书记要带头到村调研，认真谋划指导好村“两委”换届工作。要按照省委要求，开展好县、乡、村书记和机关、行业系统党组织书记“面对面”述评活动。市四大班子领导要参加指导各县市区的“面对面”述评，县市区四大班子领导要参加乡村书记的“面对面”述评，并对每位述职同志分别作出点评。大家要高度重视，统筹作出安排部署。

(二)旗帜鲜明推进党风廉政建设和反腐败工作

这次中央对山西严重腐败问题的严肃查处，特别是刘云山同志、王儒林书记的重要讲话，将党风廉政建设和反腐败斗争对于山西的紧迫性、必要性和重要性，提到一个前所未有的高度，再次警示我们党风廉政建设和反腐败斗争的长期性任务、复杂性情况和反复性特征，再次警示我们必须以“零容忍”态度坚决惩治腐败，始终保持反腐败高压态势。这是对我们各级党员干部政治立场、政治态度的严峻考验。各级党委是落实党风廉政建设的责任主体，党委书记是第一责任人，要把党风廉政建设牢牢抓在手上，抓出成效、一抓到底；班子其他成员要自觉履行“一岗双责”，抓好分管部门和领域的党风廉政建设。昨天，市委常委会已经研究通过了落实“两个责任”的意见，各级各部门要按照《意见》要求抓好落实。今后，我们每年都要召开党风廉政建设党委主体责任述职报告会，对主体责任落实不到位的，市委要进行严肃约谈，必要的时候要让一些县市区委书记就党风廉政建设主体责任履职情况向市委全会作出报告。各级纪委要认真落实党风廉政建设监督责任，加快转职能、转方式、转作风，突出党风廉政建设和反腐败的“主业”，攥紧查办案件和执纪监督“两只拳头”，坚持有案必查、有贪必肃，发现一起、查处一起，始终保持惩治腐败的高压态势。要积极探索制度反腐的措施和办法，按照王儒林书记提出的“六权治本”要求，依法确定权力、科学配置权力、制度限制权力、阳光行使权力、合力监督权力、严惩滥用权力，事前要完善制度、堵塞漏洞，事中要加大依法执纪监督力度，事后要严惩失职渎职、不作为乱作为，建立健全不敢腐、不能腐、不想腐的长效机制，切实把权力关进制度的笼子，从根本上铲除腐败土壤。就当前我市来讲，重点要规范政务服务中心运行，加大对各单位入驻中心的监督检查，努力把中心打造成全省“六权治本”的示范点。

（三）坚决有力端正选人用人风气

习近平总书记讲，正确的政治路线要靠正确的组织路线来保障，我们国家要出问题，主要出在共产党内部，我们党要出问题，主要出在干部身上。从严治党，重在从严治吏。山西出现的系统性、塌方式腐败，吏治腐败是其中的突出问题，吏治腐败中“买官卖官”是突出问题。因此，我们要坚持德才兼备、以德为先、以廉为基的用人导向，从严整治选人用人上不正之风，坚决防止干部“带病提拔”、坚决调整干部“带病在岗”、坚决整治干部“为官不廉、为官不为”，特别是对“买官买官”的行为要严肃查处，真正把刷新吏治的要求落到实处，营造公道正派、弊绝风清的用人环境。当前，在选人用人上重点要解决好省委组织部提出的八个方面的问题：一是牢固树立干事创业的导向，对那些踏实苦干、勤政务实、不跑不要、清正廉洁的干部，各级组织要旗帜鲜明地给他们压担子、给他们说公道话、给他们撑腰做主，让广大干部感受到组织上的公道公平公正，切实解决用人标准把握不严、投机钻营者得利、老实肯干者吃亏的问题；二是坚持五湖四海、任人唯贤，坚决打破地域、同学、亲戚、朋友、工作关系等方面的影响，敢于打破身份、年龄、资历、学历等方面的束缚，特别是在年轻干部、创新人才的培养选拔上要大胆探索、广开“贤路”，切实解决以人划线、任人唯亲、搞“小集团”“小圈子”的问题；三是严格按程序办事，坚决贯彻《党政领导干部选拔任用工作条例》规定，严格干部选拔任用的标准、资格、条件、程序、方法、纪律，切实解决程序走过场、实质“夹私活”的问题；四是认真开展“一倒查六整治”，抓好“带病提拔”干部倒查工作，深入整治违反干部任用标准和程序问题，跑官卖官、说情打招呼问题，“三超两乱”问题，干部档案造假问题，违规兼职问题，“裸官”问题，对违反有关规定的及时作出组织处理，切实解决用人责任制不落实的问题；五是坚持民主集中制原则，切实解决个别人说了算代替集体决策的问题；六是改革考察考评方式，制定出台《关于进一步加强对领导班子和领导干部日常考察综合研判的意见》，注意从群众的口碑中识别干部，从关键时刻的表现识别干部，从日常工作中识别干部，从重要岗位、重要关口、重大任务、重大事项中的表现识别干部，全面、历史、辩证地考察识别干部，切实解决识人荐人失真失实失当的问题；七是坚持从严要求、从严教育、从严管理、从严监督，严格执行《市委关于加强领导干部日常管理监督的若干规定》，对群众意见集中、工作能力较弱的干部和重要岗位的干部，要进一步强化考核考评，该诫勉谈话的要谈话，该调整的要及时调整，切实解决干部管理失之于宽、失之于松、失之于软的问题；八是以最坚决的态度整治“四风”，切实解决干部队伍作风不正、严重影响干部队伍形象的问题。特别是要突出对“一把手”的监督管理，使“一把手”真正成为地方和部门的一面旗帜、一面镜子、一个标杆，用好的“一把手”带出好的班子，带出好的干部队伍，带出好的地方风气。

（四）严肃认真开展党内政治生活

习近平总书记指出，“从严治党，最根本的就是要使全党各级组织和全体党员、干部都按照党内政治生活准则和党的各项规定办事”。有无严肃的党内政治生活，直接关系到一个地方政治生态是否清明，一个领导班子是否有战斗力，一个党员领导干部党性强不强、威信高不高。我们要巩固和扩大这次教育实践活动的成果，发扬党的优良传统，自觉按照党内政治生活准则和党的各项规定办事，营造良好从政环境、良好政治生态。要强化党组织和党员的政治担当意识，增强“党员”意识，坚决贯彻执行党的重大决策部署，在思想上政治上行动上与党中央保持高度一致。要完善和落实党内政治生活的各项规定，坚持民主集中制原则，既要防止只讲集中不讲民主导致的家长制、一言堂，又要防止只讲民主不讲集中导致的一盘散沙，坚决反对自由主义、分散主义、好人主义、个人主义，坚决防止党内政治生活随意化、平淡化、庸俗化，切实增强党内政治生活的政治性、原则性、战斗性，坚决维护党的团结统一。要大胆经常地拿起批评和自我批评这个武器，本着对事业、对同志高度负责的精神，坦诚深入地开展同志式批评,帮助同志修正错误、明辨是非、共同提高,形成严肃党内政治生活新常态,在全市营造风清、气正、心齐、事成的浓厚氛围。

(五)深入持久抓好作风建设

习近平总书记讲,不正之风离我们越远,群众就会离我们越近。要抓好教育实践活动总结和后续整改落实工作。各县(市、区)和市直各单位要在10月23日前召开教育实践活动总结大会;基层单位的总结会议原则上要在10月30日前召开。做好总结工作的同时,要一如既往地抓好整改落实后续工作,及时组织开展"回头看",已经整改的要巩固成果,正在整改的要加大力度,尚未整改的要严明责任。活动结束后,市委要成立党的群众路线教育实践活动整改落实工作组,具体负责活动整改落实后续工作。要从市委常委做起,每个领导班子和个人都要建立"两本账":一是活动期间作出的整改承诺,二是牵头负责的整改事项,由组织部门建立起整改档案,扭住不放、一抓到底;纪检部门负责检查落实,对整改不落实、落实不到位的要严肃追究责任。要树立"持续抓、长期抓"的思想,按照抓常抓细抓长的要求,突出抓作风改作风的重点,一个时间节点一个时间节点扭住不放,一个问题一个问题加以解决,锲而不舍、驰而不息地抓下去。要保持整治"四风"的高压态势,对庸懒散奢、纪律松弛、吃拿卡要和损害群众利益的歪风邪气,要发现一起、查处一起。特别是在现在这种形势下,对于顶风作案、顶风违纪的,要坚决从严查处,决不手软,决不姑息。要发挥人民的监督作用,多向群众请教,听取群众意见,对群众反映的问题要认真调查核实、及时处理反馈,自觉接受群众监督和评判,切实让"四风"问题无处藏身。要切实加强长效机制建设,按照于法周延、于事简便的原则,深入挖掘和提炼教育实践活动中创造的好做法好经验,把成功做法经验化、零星探索系统化,使之固定下来,转化成具体的工作措施、工作办法、工作规范,确保制度出台一个就执行一个、落实一个,努力形成改作风转作风的新常态。

(六)统筹推进全市改革发展稳定各项工作

治党是为了兴党,兴党是为了发展,发展是为了富民。无论是开展教育实践活动,还是加强作风建设,归根结底都是都是为了富民强市。我们要把作风建设的成效转化为深化改革、推动发展、改善民生的动力,推动全市经济社会发展再上新台阶。要适应经济发展新常态,坚持解放思想、实事求是、与时俱进,狠抓思想转型和思维方式转变,推动临汾廉洁发展、转型发展、创新发展、绿色发展、安全发展、统筹发展。要紧紧盯住年初确定的目标不松劲,保持抓发展的劲头不松、抓增长的精力不减,全力以赴做好四季度经济运行、项目建设、煤炭生产、财政税收、招商引资等工作,确保圆满完成各项工作任务,保持经济平稳增长。要扎实抓好民生事业,认真做好就业、社保、医改、保障性安居工程等民生工作,高度关注农民工工资、群众冬季取暖等具体事项,千方百计增加群众收入,解决好困难群众的生产生活问题。特别是要确保涉及民生的财政支出足额到位,切实把群众的事情一件一件办好。要全力确保社会稳定,抓好安全生产、舆情应对等重点工作,积极主动做好信访工作,努力化解各项社会矛盾,切实把隐患消除在萌芽状态,严格控制越级上访和非正常上访,坚决避免发生群体性事件,确保全市大局稳定、社会稳定、政治稳定。

同志们,这次党的群众路线教育实践活动告一段落了,但贯彻党的群众路线、加强作风建设、坚持从严治党"永远在路上"。全市各级党组织和广大党员干部要紧密团结在以习近平同志为总书记的党中央周围,巩固和发展好教育实践活动的成果,一心一意谋发展,聚精会神抓党建,努力为我省"净化政治生态、实现弊绝风清,重塑山西形象、促进富民强省"做出应有贡献,以崭新的精神面貌和良好的发展势头迎接党的十八届四中全会胜利召开。

文 献

政府工作报告

——2014年4月10日在临汾市第三届人民代表大会第五次会议上

市人民政府市长 岳普煜

各位代表：

现在，我代表市政府向大会报告工作，请予审议，并请市政协委员和其他列席人员提出意见。

一、2013年工作回顾

过去的一年，在省委、省政府和市委的正确领导下，在市人大、市政协的监督支持下，市政府团结带领全市人民，全面贯彻落实党的十八大、十八届二中、三中全会和习近平总书记系列重要讲话精神，推进"稳增长、调结构、促改革、惠民生"等重点工作，圆满完成各项任务。全市地区生产总值完成1223.6亿元，同比增长8.5%；规模以上工业增加值完成661.8亿元，增长12.6%；公共财政预算收入完成118.2亿元，增长6.7%；城镇居民人均可支配收入完成21936元，增长10.3%；农民人均纯收入完成7768元，增长12.6%。

一年来，我们主要做了以下几方面的工作：

一是应对下行压力，经济保持平稳健康发展

全力扶持实体经济。落实中央、省宏观调控政策，推出"煤炭25条""强化经济运行20条"、支持中小微企业发展等政策"组合拳"。开展"煤矿基本建设年"活动，新增投产矿井20座，新增产能2340万吨，全市原煤产量达到7041万吨。先后组织全市煤炭、煤焦、煤电、银企和重点项目供需对接会，千方百计帮助企业解决生产经营困难，促进经济的平稳运行。

强化投资支撑。开展"项目推进年"活动，实施省市重点项目394项，全年项目储备完成20888亿元，项目签约完成3019亿元，项目落地完成1705亿元，项目开工完成1407亿元，省市县重点工程建设完成1157亿元，项目投产完成1250亿元。在项目工作12项全省排名中，我市夺得2个第二、3个第三。全社会固定资产投资突破千亿元大关，完成1036.3亿元，增长26%。

加快市场建设。社区便民商圈、蔬菜直销点、"万村千乡"、新网工程等城乡流通体系建设成效明显，锦悦城、华纳新天地、居然之家等投入运营，奥特莱斯、红星美凯龙、生龙国际、上东世纪等有序推进。社会消费品零售总额完成475.5亿元，增长13.7%。

二是推进转型综改，产业结构调整的步伐明显加快

综改区建设扎实推进。制定实施转型综改区建设《三年实施方案》和《2013行动计划》，铺开产业转型、生态修复、城乡统筹、民生改善四大任务，推进"五规合一"、户籍制度、用地制度、金融创新和医药卫生体制等五项重大改革，确定10个重大项目，完成投资58亿元。省级试点侯马市、市级试点尧都区在"村改居"、金融、土地、区域协同发展机制等方面取得进展。

经济带建设取得实效。坚持规划指导、基础先行、产业入园、两区同建，加快建设"百里汾河新型经济带"。《经济带发展战略规划》编制完成；滨河东路南北延路基工程基本完成,河道水利工程洪洞至襄汾段基本完工,生态绿化完成1700多万平方米;18个工业园区销售收入占到全市规模以上企业销售收入的63.9%,10个农业园区有8个形成规模,6个物流园区有4个开工建设,5个文化旅游园区全部实施开发,11个"两区同建"工程启动实施。经过全市人民的共同努力,特别是沿汾各县市区的艰苦奋斗,百里汾河新型经济带经初具雏形,展现出强劲的发展活力和良好的发展前景,正在成为临汾转型跨越发展的强大引擎。

产业结构不断优化。工业加快转型提升,焦化行业45户企业完成省定兼并重组任务,钢铁行业完成立恒整合中宇工作,淘汰落后炼铁产能75万吨、炼钢产能100万吨。实施新装备、新技术、新材料、新能源等转型项目104个,全市高新技术企业发展到23家,省级以上企业技术中心达到19家,新兴产业投资增速达到50.6%。农业获得稳步发展,"大水网"涉临工程进展顺利,累计完成投资2.81亿元。全年完成灌溉面积214万亩,水土流失治理41.6万亩,生态修复80万亩。粮食总产23.2亿公斤,再创历史新高。"四个百万亩"基地和现代农业园区建设规模扩大,新发展设施蔬菜4.4万亩、水果14.2万亩、干果19.8万亩、中药材11万亩。大力推广"公司+合作社+农户",新确立"一村一品"专业村232个,新发展农民专业合作社1513个,家庭农场1348个,农业产业化龙头企业达到362家。三产呈现蓬勃兴起,物流业规模持续扩大,山西国际陆港园区建设加快推进,正在积极申报临汾综合保税区。旅游业稳步发展,接待国内外游客2143万人,旅游总收入195亿元,4A级景区6个。金融、保险等服务业迅猛发展。三产所占比重提高1.82个百分点。

三是统筹推进城乡建设,城乡一体化进程全面提速

交通基础设施建设步伐加快。全市公路通车总里程达到18025公里,同比新增209公里,全省排名第一。霍永高速东段和西段一期工程基本完工,吉河高速路基和桥涵完成60%,大运高速土门连接线拓宽改造工程全面完成。霍侯一级路北段改造和桃临线霍州至汾西段竣工投用。新建改建农村公路231公里,其中集中连片特困地区农村公路36公里。临汾机场航站楼和高架桥主体完工。大西高铁、中南铁路、张台铁路加快建设。

城市建设加快发展。完成河西新城和空港园区控制性详细规划,完成临汾高铁站地下空间利用等规划,市区控规覆盖率达到85%;建成市规划展览馆、市行政服务监察中心、中大街中段贯通等工程;启动实施五一东路、二中路、北外环拓宽改造、秦蜀路南延、市民广场一期、集中供热九期、污水处理厂改扩建、市区天然气置换等工程;城市管理得到加强,多年困扰市区交通秩序的三轮车得到有效整治。县城建设取得显著成绩,健全城市功能,控规覆盖率70%。

新农村建设取得新进展。30个新农村连片示范区、300个重点推进村建设任务全面完成;农村"五件实事"超额完成年度任务,行政村街道亮化全面完成。

生态环境明显改善。先后出台绿色生态工程、创建园林城市、PM2.5防控、市区大气污染防治等实施方案,狠抓节能减排、大气污染防治、水环境修复治理和农村生态保护,实施节能改造项目76个,万元工业增加值能耗下降3.5%,六项主要污染物减排超额完成省定任务。按照新的《环境空气质量标准》评价,市区二级以上天数达到167天,其中一级18天,空气质量指数全省排名第三,PM2.5达标率好于省定标准。汾河水质得到明显改善,化学需氧量和氨氮分别下降37.93%和20.93%。实施"两山""两网""两林""两区"和"双保"林业五大工程,新造林62.6万亩,超省定任务19个百分点。涝洰河河道治理工程全面启动,完成投资1.87亿元。

四是夯实基础落实责任,发展环境更加和谐稳定

集中教育整顿活动成效明显。开展"夯实基础管理、落实工作责任"集中教育整顿活动,围绕安全生产、社会稳定、民生改善等方面,查找整改安全隐患和突出问题1.5万个,建立制度15452项,构建分级负责、层层落实的制度体系和责任体系。

安全生产形势稳定好转。开展"安全生产稳定年"活动,强化两个主体责任,推进"隐患排查、专项整治和打非治违"三项行动,加大企业安全标准化建设力度,实施ABCD分级分类动态监管,加强对煤矿、非煤矿山、尾矿库、危险化学品、森林防火、冶金、食品药品、道路交通、地质灾害等重点行业和领域的安全监管,关闭取缔非法企业439家。全年生产经营性事故同比下降132起,没有发生重特大事故，全市安全生产形势持续稳定好转。

社会治理持续加强。全市信访工作连续两年实现“四下降一好转”。推广安泽县“311”基层服务管理、乡宁县“三化一卡”、侯马市“345”流动人口管理、铁路安全“线格化”管理等先进经验，创新社会治理。深入推进“平安临汾”创建，健全社会治安防控体系，依法打击违法犯罪活动，妥善应对和有效处置各类突发事件，社会保持和谐稳定。

五是尽心竭力改善民生，人民群众得到更多实惠

社会事业全面进步。市图书馆、博物馆等工程加快实施。市直学校改造工程全部投用，5个县薄弱校改造全面完成，全市新建、改扩建农村学校169所、公办标准化幼儿园30所、村级幼儿园65所。临汾新医院建筑工程竣工，正在进行设备安装，市精神病医院主体完工，市第三人民医院迁建工程进展顺利，市第四人民医院和市妇幼保健院成功创建三甲，完成9家县级公立医院改革，新农合参合率99.12%。市区成功创建省级卫生城，16个县被评为省级以上卫生县城。人口自然增长率、免费孕前优生健康检查、出生人口性别比综合治理三项计划生育指标圆满完成，被省政府评为综合先进市。

扶贫开发扎实推进。实施“百企千村产业扶贫工程”，启动7个项目，总投资17.4亿元。与陕西省榆林市合作，实施吕梁山有机苹果产业开发项目，在全国率先实现产业扶贫项目跨省协作。开展易地扶贫搬迁、住村联户、片区开发、整村推进等工作，实现贫困人口脱贫6.1万人。

社会保障水平不断提高。全年新增城镇就业6.3万人，城镇登记失业率为2.84%；各项社会保险累计参保人数468.2万人；开工建设各类保障性住房26333套，完成农村危房改造8000套。

双拥优抚、国防动员和民兵预备役工作扎实开展，外事、侨务、人防、统计、气象、地震、地方志、档案、老龄、残联、工商联、红十字会、妇女儿童等工作均取得新成绩。

市政府自觉接受市人大的法律监督、工作监督和市政协的民主监督，政府系统承办的人大代表建议和政协委员提案全部办结。依开展法行政和“六五”普法工作，加强廉政建设、行政监察、审计监督和纠风工作。大幅度精减行政审批事项，提高办事效率，市本级保留行政审批事项112项，缩减75%，平均审批时限由3周压缩为1周。严格执行“八项规定”和“约法三章”，清理违规公务用车331辆，停止新建楼堂馆所23个，“三公经费”支出比2012年下降15.8%。

各位代表，过去的一年，在严峻复杂的形势下，我们克服各种困难，全市经济社会实现了持续稳定健康发展，成绩来之不易，弥足珍贵。这是省委、省政府和市委正确领导的结果，是市人大、市政协和社会各界监督支持的结果，是全市人民团结一心、奋力拼搏的结果。在此，我代表市政府，向全市广大工人、农民、知识分子和各级干部，向驻临部队、武警官兵和公安干警，向各民主党派、工商联、人民团体和社会各界，表示崇高的敬意和衷心的感谢！

在总结成绩的同时，我们也清醒地看到，我市发展还存在一些突出矛盾和问题。主要是：发展不足、发展不优、发展不平衡的矛盾仍然较为突出，转型升级任务艰巨；科技创新能力不强；县域经济总量偏小，扶贫开发任重道远；安全、环保压力依然较大；民生事业欠账较多；思想解放程度、改革创新力度与形势任务的要求尚有差距，政府职能转变、效能提升和工作落实仍存在薄弱环节，“四风”问题还不同程度存在，等等。对于这些困难和问题，我们一定高度重视，采取有力措施，切实加以解决。

二、2014年主要任务

2014年是贯彻落实十八届三中全会精神、全面深化改革的重要一年。总体上看，我市仍处于可以大有作为的黄金发展期，中部崛起、转型综改区建设等政策叠加效应更加凸显，深化改革推动发展的空间更加广阔。同时也要看到，全国经济进入增长速度换挡期、结构调整阵痛期交织阶段，我市发展面临的内外部环境更加复杂多变，经济下行压力加大，前进道路上还有更多的挑战和困难。对此，我们既要做好应对困难局面的准备，又要坚定发展信心，牢固树立战略思维和底线思维，全力推动转型跨越发展。

今年政府工作的总体思路是：高举中国特色社会主义伟大旗帜，全面贯彻党的十八大、十八届二中、三中全会和十二届全国人大二次会议精神，贯彻落实习近平总书记系列重要讲话精神，深入开展党的群众路线教育实践活动，认真落实省委、省政府和市委的决策部署，坚持稳中求进的总基调，深入开展改革创新年、转型攻坚年、环境提升年、服务群众年活动，着力推动发展，着力深化改革，着力改善环境，着力保障民生，加快建设文明开放、富裕和谐的新临汾。

2014年全市经济社会发展的主要预期目标是：GDP增长9%，财政总收入增长9%，公共财政预算收入增长6%，规模以上工业增加值增长13%，全社会固定资产投资增长21%，社会消费品零售总额增长14%，城镇居民人均可支配收入增长10%，农民人均纯收入增长11%，城镇登记失业率控制在4.2%以内，居民消费品价格水平涨幅控制在3.5%左右，万元GDP综合能耗下降3.5%，万元GDP二氧化碳排放量下降3.7%，万元工业增加值用水量下降5.5%，二氧化硫、化学需氧量、氨氮、氮氧化物、烟尘、粉尘的减排完成国家和省下达的任务。

实现上述目标，必须坚持解放思想开阔眼界，创造性地贯彻落实上级决策部署；必须坚持大胆改革激发活力，着力破除各种体制机制障碍；必须坚持创新驱动加快转型，推动经济发展提质增效；必须坚持改善民生服务群众，让发展成果惠及全市人民。我们要重点抓好以下八个方面工作：

(一)全面深化改革

推进转型综改。以转型综改试验区建设为统领，实施好三年综改试验方案和2014年行动计划，落实"16112"重大改革任务，力争在重点领域改革方面取得突破。深化国有企业改革，建立现代企业制度，鼓励发展混合所有制经济，开展非国有资本参与国企改革试点工作。深化财税体制改革，完善预算管理制度，建立健全政府性债务管理制度和风险预警机制，推进煤炭资源税从价计征。深化投资体制改革，创新金融产品，扩大股权、债权融资。深化开发区建设机制改革，探索实施临汾、侯马经济技术开发区扩区工作，发展"飞地经济"，在园区发展、基础设施建设以及利益分享等方面积极探索创新。深化招商引资工作机制改革，创新招商引资模式，变项目招商为要素招商、环境招商。深化农村土地制度改革，做好土地承包经营权确权登记颁证试点工作，加强土地经营权流转管理和服务，推动土地经营权等农村产权流转交易，探索建立城乡统一的建设用地市场，开展农村集体经营性建设用地出让、租赁、入股试点工作。深化林权制度配套改革，规范林权登记管理，完善林权地籍信息管理系统。按照中央和省的要求，分类推进其他领域改革，全面完成好各项改革任务。

加快建设"百里汾河新型经济带"。将经济带纳入晋陕豫"黄河金三角"地区合作发展规划，力争上升为国家区域发展战略。编制出台产业发展、生态建设、园区推进、城镇化等方面的专项规划。建立统一运作、利益分享的新机制，对经济带的规划、建设、布局和资源配置实行统一领导，加快推进基础设施建设和产业园区发展。临汾一级客运西站投入使用；滨河东路贯通工程和滨河西路北延工程完工通车；完善临汾—襄汾、临汾—洪洞城际公交。18个新型工业园区、10个现代农业园区、6个物流园区和5个文化旅游园区要健全服务保障体系，完善园区功能，提升项目承载能力、就业吸纳能力和人口容纳能力。打造"百里汾河文化旅游创意长廊"，建设汾河生态国家级体育公园。

实施创新驱动战略。制定《国家创新驱动发展战略临汾行动计划(2014－2020年)》和《临汾市低碳创新行动计划》。创新科技发展机制，加大对企业产品开发、品牌创建、市场开拓的支持力度，申报省级、国家级科技项目，构建产学研相结合的技术创新体系。促进科技和产业融合发展，围绕煤焦铁等传统产业升级改造、新兴产业做大做强和农业"四个百万亩"基地建设，重点布局一批科技攻关项目，培育一批创新型企业和高新技术企业。创新人才引进和培育机制，加强"两高"人才和技术人才队伍建设，建立博士后流动站、院士工作站，大力引进各类高层次、高技能人才。全市科技进步贡献率达到50%以上，专利申请量增长10%以上。

各位代表，改革是最大的红利，我们要进一步破除体制机制束缚，激活发展要素，努力推动改革创新，让改革发展的成果更多地惠及全市人民！

(二)促进经济平稳健康发展

强化经济运行调节。研究和解决经济运行中的突出矛盾和问题，促进经济平稳健康发展。建立重点企业PMI、主导产品市场价格指数等监测平台，强化经济运行监测预警。细化扶持骨干企业和中小微企业发展的政策措施，组织电力运力协调会、银企洽谈会，加强对煤、电、油、运、资金等生产要素的协调配置，保障企业正常运转。清理规范涉企行政事业性收费项目，减轻企业负担。强化产销衔接，积极开拓市场，加大对困难行业和企业帮扶力度。支持煤炭、焦化、钢铁等上下游企业开展多种形式的联合协作,增强企业抵御市场风险的能力。

扩大消费。加快发展现代商贸服务业,抓好奥特莱斯、红星美凯龙、生龙国际、上东世纪等重大商贸项目建设。深化提升"万村千乡"市场、社区蔬菜直销点、放心早餐工程,加快建设城市商贸中心、特色商业街、"15分钟便民商圈"和农产品现代流通体系,发展一批农超对接、农校对接、农餐对接企业。严厉打击制售假冒伪劣产品、价格欺诈、计量欺骗等不法行为,让人民群众安全、放心消费。

促进投资增长。开展"项目见效年"活动,按照"六位一体"的要求,全面加大项目投资、协调、服务力度,增强全市经济发展活力和发展后劲。全年项目储备20000亿元,签约2000亿元,落地1700亿元,开工1300亿元,建设1300亿元,投产1200亿元,实施省市重点建设项目383项,总投资6333亿元,2014年完成投资916亿元。

激发民营经济活力。加大支持非公经济发展力度,推进小微企业创办、"小升规"企业成长、"小巨人"企业培育工程。搭建中小企业服务平台,新建小微企业服务站25个。按照"非禁即入、非限即许"原则,研究制定民间投资负面清单,支持民间资本以独资、参股、控股等多种方式进入基础设施、市政公用设施和教育、文化、医疗卫生等领域。年销售收入超亿元"小巨人"企业达到11户,新办中小微企业2000户,创建国家和省级中小企业创业示范基地5个。

(三)加快产业转型升级步伐

改造提升传统产业。坚持"以煤为基、多元发展",改造提升煤、焦、冶、电"四大"传统产业。加快推进煤矿"四矿四化"建设,全市煤矿安全质量标准化一级矿井达到10座,其他矿井达到三级以上标准,新增投产矿井20座,原煤产量力争达到8000万吨。继续推进焦化行业兼并重组,淘汰落后焦化产能370万吨,延伸煤化工下游链条。推动区域钢铁企业联合重组,支持组建晋南钢铁集团。提升钢铁企业装备水平,加快产品升级换代,淘汰落后钢产能260万吨、生铁产能33万吨。促进电力工业高效清洁发展,利用好省政府出台的"低热值煤发电20条",推进低热值煤发电项目的申报和核准。

培育壮大新兴产业。加快发展装备制造、新能源、新型材料、电子信息等产业,以煤炭机械、汽车零部件、工程机械配件、家电配件为发展重点,提高装备制造业产品生产工艺水平和市场占有率,稳步向总成和整机装配延伸,重点抓好新兴际华高端铸件、铃木电梯、平阳重工等项目。着重发展风电、煤层气、光伏等新能源产业,重点加快梅亿新能源汽车产业园、浮山华润风电、永和煤层气开发利用、侯马志盛150兆瓦太阳能电池组件等项目。承接沿海电子产业转移,建设电子信息产业集群,重点抓好新百佳数码、惠建电子、志盛新能源等电子类龙头企业。加快侯马开发区国家电子商务示范基地、易商中国电子商务平台、"同城购"购物平台等项目建设,推进电子商务快速发展。发展新型建材和高性能结构材料等新型材料,重点抓好鸿鼎10万吨新型分离材料、晋盛微晶石、山西普泰发泡铝二期等项目。

提升现代服务业水平。发展文化、旅游、物流、金融等产业,带动服务业发展提速、水平提升、比重提高,全市服务业增加值占比提高一个百分点以上。按照产业化运作的模式,整合重组优势资源,推进文化创意、文化传播、文化产品制作、文化交流娱乐等产业发展,重点加强剪纸、刺绣、锣鼓等非物质文化遗产的保护、传承和开发。围绕创建"中国优秀旅游目的地城市",推进大槐树、壶口等国家AAAAA级旅游景区和汾河公园、东岳庙、彭真纪念馆等AAAA级旅游景区创建工作,实施晋国都城大遗址保护与核心地带规划开发,晋国博物馆建成投用。发挥区位优势,将物流业发展与城市建设有机结合,重点推进山西国际陆港、临汾空港经济区等现代物流园区建设,把临汾打造成为全国性的现代物流枢纽城市。重点支持金融业发展,发挥驻临金融机构服务经济社会发展的作用,引进更多商业银行、保险公司、信托担保机构落户临汾;发展金融租赁、投资组合、商业代理、保险中介、消费信贷等金融业务,增强金融服务功能;深化农村信用社改革,促进农村信用社向商业银行转变;加强对担保公司、贷款公司的监管;促进保险业快速健康发展。发展育幼养老、家政服务、健康休闲等服务业。

(四)进一步做好"三农"工作

发展特色现代农业。坚持"一村一品""一县一业"的主攻方向,走特色、高质、高端、高效的发展路子。推进"四个百万亩"特色农业基地和8个"一县一业"基地县建设,全年新发展水果5万亩,设施蔬菜3万亩,干果10万亩,中药材5万亩,配套建设

100万头生猪基地,新增233个"一村一品"专业村。推进粮食高产创建工程,推广机械化保护性耕作等先进农机技术,增强农业综合生产能力,搞好粮食收储,确保粮食安全,全年粮食总产稳定在20亿公斤以上。推进畜禽标准化养殖,提升畜禽综合生产能力,全年肉、蛋、奶的产量分别达到24万吨、14万吨和6.8万吨。打造浮山"印象田园"、翼城菁铧、曲沃太子滩、洪洞秦壁等现代农业园区。抓好"两平台一通道"建设,巩固完善市、县、乡、村农业科技服务体系。实施农业产业化"393"工程,重点培育年销售收入超亿元以上龙头企业15家,力争全年农产品加工企业销售收入突破70亿元。

提高农村公共服务水平。实施农村人居环境改善工程,加快农村路、水、电、气等基础设施建设,逐步改善农村生产生活条件。加快新农村建设,做好农村学校、农村文化体育设施和服务标准化工作。办好"五件实事"。实施乡村清洁、农村困难家庭危房改造、农村幼儿园改造、贫困人口易地搬迁工程,培训1万名新型职业农民。

扎实搞好扶贫开发。加大扶贫开发力度,实施精准扶贫,完成贫困人口脱贫6万人,易地扶贫搬迁7150人,完成整村推进39个村,确保贫困地区农民人均纯收入增幅高于全市平均水平。全面推进"百企千村"产业扶贫开发工程,加强与阳煤、焦煤、晋煤、国新能源4大省属企业的对接协作,加快实施国新能源6000吨酸枣深加工、晋煤集团恒温库、阳煤集团食用菌等项目;引导市内企业参与扶贫开发,与贫困村进行"一对一"帮扶,加快项目对接和资金落实,2014年在每个县市区打造1个至2个标杆企业。实施"千村万人"就业培训计划,确保年内5000名贫困劳动力通过培训实现就业。推进连片特困地区扶贫攻坚,加快推进吕梁山集中连片特困地区山地有机苹果产业化项目,实施干鲜果畜禽循环项目。开展领导干部包村增收、机关定点扶贫工作。继续实施古县、安泽等片区开发项目。

各位代表,"三农"工作事关全局,扶贫攻坚责任重大。我们一定带着对农民群众的深厚感情,抓好"三农"工作,推进扶贫开发,让农业更强,让农村更美,让农民更富!

(五)积极推进新型城镇化

加快建设中心城市。建立和完善城市规划体系,中心城区控规覆盖率达到100%。按照"拓展、改造、提质"的总体思路,打造汾河两岸核心区,建设河西新城和东部新区,逐步疏散老城区,实现城市品质总体提升。河西新城突出完善交通网络,拉大城市框架,年内完成滨河西路北延、规划三街南段、新高中南路等城市道路工程,加快实施漪汾花园南路、锣鼓桥西延、规划三街中段等城市道路工程,力争年内建成通车,初步形成连接南北、贯通东西的新路网。推进市图书馆、博物馆、美术馆、奥体中心、市民广场等公共基础设施建设,全面提高城市承载能力。老城区着力畅通交通网,年内完成五一东路贯通、二中路拓宽改造、北外环东段拓宽改造、秦蜀路南延等工程,加快推进中大街贯通、迎春南街拓宽改造、西赵路等路网工程。改造城中村2个、城郊村18个。

完善新型城镇体系。坚持遵循规律、因势利导、顺势而为、水到渠成的指导思想,坚持以人为本、优化布局、生态文明、传承文化的基本原则,完善和实施"一带两圈多点"的城镇化规划,提升城镇化质量和水平。加快百里汾河新型城镇带、临汾都市圈和侯马都市圈、12个大县城和60个重点镇建设。按照"三个1亿人"的战略部署,促进农业转移人口落户城镇,引导农村人口就近城镇化。推进户籍制度改革,逐步放宽落户条件,完善就业、养老、上学、医疗等各项配套政策,引导农村居民向城镇集聚。加快城市棚户区、国有工矿棚户区、林区棚户区改造步伐,2014年改造各类棚户区6400户。

加快城乡交通基础设施建设。坚持高速公路、国省干线、农村公路、旅游公路"四网并重",公铁空立体交叉,同步发展。全市在建和开建高速公路331公里,完成129公里,完成集中连片特困地区农村公路195公里。霍永高速东段和西段一期工程8月底实现通车,吉河高速年底完成路基工程,霍永高速西段二期争取年内开工。支持大西高铁、中南铁路建设,完成大西高铁客运站及站前广场、景观大道等工程,大西高铁7月正式通车。加快临汾机场建设,力争年底试航,规划建设机场连接滨河东路、108国道、长临高速等3条快速通道。

(六)加快推进生态文明建设

狠抓大气污染防治。围绕涉气企业、煤烟污染、尾气排放和扬尘治理四个重点,落实我市大气污染防治实施方案和行动方案。从严治理涉气企业污染,加快市区和县城周边钢铁、焦化、建材企业搬迁步伐；推进集中供热、供气改造，加强餐饮企业油烟治理，重点实施市区天然气置换和26个“城中村”、80个“城郊村”的燃煤炉灶气化改造；加强机动车尾气治理，坚决淘汰“黄标车”；强化扬尘治理，严格建筑工地、企业周边及道路运输扬尘监管，加大街道除尘保洁力度。建立大气污染源清单，加强PM2.5监测预报，提高重污染天气的应对能力，确保我市大气污染防治工作走在全省的前列。

推进水环境治理。实施主要河流地表水跨界断面考核，全面启动实施北城壕沟排水、向阳路防汛、污水一厂扩容、河西污水处理、龙祠水源净化五大环保工程，市区和17个县城实现管网铺设到位、污水收集处理达标到位、垃圾收集处理到位，确保河流水质持续改善。

推进节能减排。申报国家节能减排财政政策综合示范城市。加大节能评估、能效对标和节能执法力度，开展千家企业节能低碳行动，重点实施50个节能改造项目。持续推进“十城万盏”半导体照明应用示范工程。推进结构减排、工程减排和管理减排，严格控制新上高耗能、高污染项目，建设完善企业减排监控系统，确保污染减排监控数据传输率达到75%以上。

开展造林绿化。加大“两山”“两网”“两林”“两区”和“双保”林业五大工程建设力度，重点实施高速公路通道绿化、吕梁山生态脆弱区植被恢复两个标杆项目，完成营造林45万亩。创建省级园林城市，启动国家园林城市创建工作，重点实施街道绿化工程，加快涝洰河生态环境综合治理等生态工程。结合草地确权，开展天然牧坡改良和人工种草，完成牧坡改良20万亩，人工种草20万亩。

各位代表，推进生态文明建设，是民之所想，民之所盼，我们要坚定不移地走生态优先的路子，让临汾的天更蓝、水更清、空气更洁净！

（七）着力推进社会建设

繁荣发展文化事业。实施“文化强市”战略。加快市县乡村文化基础设施建设，提升公共文化服务水平。以“大美临汾”为主题，开展“群众文化基层行”活动。加强对外文化交流，扩大临汾对外影响。加快广播电视发展步伐，加强对新兴数字媒体的监管。开展“扫黄打非”工作。广泛开展全民健身活动。

持续改善教育、医疗条件。坚持办好人民满意的教育，深化教育综合改革，全面实施素质教育，提升教育质量；加快发展学前教育，均衡发展义务教育，推进义务教育阶段学校标准化、信息化建设；提升高中教育发展水平，发展职业教育，发展特殊教育、成人教育，规范发展民办教育；积极推进山西师大和临汾学院新校区建设。优化配置医疗资源，以临汾新医院搬迁为契机，启动市区医疗资源整合工作，打造以三甲医院为龙头的医疗联合体；建成市精神病医院，加快市第三人民医院建设；巩固新型农村合作医疗制度，确保参合率稳定在95%以上；完善国家基本药物制度，全面深化县级公立医院改革，发展中医药事业。坚持计划生育基本国策不动摇，启动实施一方是独生子女的夫妇可生育两个孩子政策，全市人口自然增长率控制在6.5‰以内。

全面加强社会保障。坚持保基本、兜底线、促公平、可持续，抓好各类社会保险提标扩面工作。推进城乡居民保险制度整合和管理服务一体化，提高失业、工伤、生育保险待遇水平，做好医疗保险城镇居民门诊统筹试点工作，实行社会保障“一卡通”。完善城乡低保、大病救助、住房保障等制度，新开工建设各类保障性住房18500套，基本建成13200套。扩大住房公积金覆盖面。做好弱势群体和困难群众的救助工作。

持续推进社会治理创新。健全落实重大决策社会稳定风险评估机制，加强和改进信访工作，开展“百日双百案”群众信访诉求化解专项活动，完善矛盾纠纷排查调处机制，及时就近化解社会矛盾，加强基层社会服务体系建设，健全村务公开、居务公开和民主管理制度，更好发挥社会组织在公共服务和社会治理中的作用。完善网络舆情监管机制。加强社会治安综合治理，扎实推进“平安临汾”、“法治临汾”建设，严厉打击各类违法犯罪活动，提高人民群众的安全感。加强应急救援管理，提高公共安全和防灾救灾减灾能力。深化全民普法教育，做好法律援助，加强社区矫正和安置帮教工作。

（八）切实抓好安全生产

我们要把安全生产放在经济社会发展全局的重要位置，牢固树立“红线”意识、责任意识和担当意识，坚持“三个决不能过高估计”的基本判断，严格执行安全生产法律法规，全面落实安全生产责任，完善安全生产长效机制。开展“知责、履责”活动，健全完善安全生产岗位责任制，明确安全生产职责,形成知责制度化、履责规范化的整体氛围。实施企业ABCD分级分类动态监管,建立科学监管长效机制。按照“全覆盖、零容忍、严执法、重实效”的要求,开展“打非治违”活动,坚决打击任何名目、任何形式的私挖滥采行为。开展安全生产大检查,切实抓好煤矿、非煤矿山、危险化学品、尾矿库、水库、道路交通、桥涵隧道、地质灾害、森林防火、食品药品、特种设备、建筑施工、学校等重点行业和领域的安全隐患排查治理。加大安全投入,强化人员培训,推进科技兴安。加快消防基础设施、消防装备和消防队伍建设。全面构建市县乡村四级食品药品安全监管体系,启动建设市食品药品检验检测中心。落实安全生产目标责任考核“一票否决制”,严格事故责任追究,减少一般事故,防范较大事故,杜绝重特大事故,为改革发展提供安全保障。

在做好上述工作的同时,我们还要深入开展双拥共建活动,做好国防动员、人民防空、民兵预备役工作,促进军民融合式发展。支持工会、共青团、妇联等人民团体更好地开展工作。依法推进第十届村民委员会换届选举。搞好第三次全国经济普查和第一次全国地理国情普查。统筹做好民族宗教、外事侨务、对台、老龄和残疾人等工作,提升住房公积金、统计、气象、水文、档案、地方志和防震减灾等工作水平。

各位代表,民生问题始终是政府的工作重点。为群众办实事,政府责无旁贷。今年,我们要结合开展党的群众路线教育实践活动,实施“六项惠民工程”。

实施学前教育优质普惠工程。启动实施第二轮学前教育三年行动计划,做好民办及城镇小区配套幼儿园清理整顿工作,完善城镇小区配套幼儿园规划建设与使用管理办法,抓好新建小区配建幼儿园工作,增加公办幼儿园数量,完成新建、改扩建30所标准化公办幼儿园和改造33所农村幼儿园的任务,实现学前三年毛入园率达75%以上,提高学前教育优质普惠水平。

实施乡村医疗服务提质工程。提高新农合保障水平,人均筹资标准由340元提高到390元,政策范围内住院费报销比例稳定在75%左右。完善落实基本药物制度。推进乡村卫生服务一体化管理,全面落实乡村医生多渠道补偿政策,稳定乡村医疗队伍。

实施农业强基工程。加强农田水利基础设施建设,结合全省“大水网”工程布局,搞好临汾市“小水网”配套工程,重点抓好中部引黄、禹门口东扩、引沁入汾浮山供水等工程建设,完成洪洞曲亭水库修复工程,完成11座中小型病险水库治理任务,提高防洪灌溉能力。推进高标准基本农田建设,实施中低产田改造。投资1.55亿元,实施规模化节水、膜下滴灌、田面灌溉项目,解决农民浇地“最后一公里”问题。创新农业耕种模式,提高农机装备和作业水平,推广机械化保护性耕作和农机深松整地技术。落实种粮直补、农资综合直补等各项惠农政策。

实施饮水安全工程。加强水源地保护、供水管网改造、水质检测等工作,让全市人民喝上安全水、放心水。全面排查整治水源地环境安全隐患,实施龙祠等饮用水源周边环境综合整治。市区新建城市供水网8.3公里,改建3.5公里,各县市新建城市供水网47.6公里,改建29.5公里。改善和提高5万农村人口饮水安全标准,加强农村饮用水检测,提高全市农村自来水入户率,落实农村供水工程水价补贴政策。

实施城市综合整治工程。突出治堵、治乱、治脏“三大环节”,全面推进城市管理上台阶。在治堵上,从公交优先、停车位建设等方面着手,多管齐下,最大限度缓解交通压力。优化城市公共交通结构,实现高铁车站、民航机场、城西一级客运站、火车站等重要交通节点的公交车、出租车的有效衔接。建立公安交警和城管执法联动机制,对车辆违章和违法占道经营等实施集中整治,规范城市交通秩序。在治乱上,深入开展门店招牌、户外广告、临街建筑门面等专项整治活动,建立长效管控机制。在治脏上,以主次干道、集贸市场、车站和城乡结合部为重点,严格落实沿街单位门前“五包”责任制,对临街污染大、脏乱突出的行业进行集中整顿,对城乡结合部垃圾堆放等问题进行彻底整治,做好垃圾收集、清运和处理工作。加快建设以数字化、网络化、智能化为主要特征的智慧城市,提升城市信息化管理水平。推广洪洞“六城联创”先进经验,加强县城城市管理,扮靓市容市貌,创造一个整洁、优美、舒适的工作生活环境。

实施就业创业援助工程。把就业放在更加突出的位置,制定出台就业扶持和就业援助实施办法,组织实施高校毕业生创业引领计划、三支一扶计划、就业见习计划，建设市、县、乡、村四级联网的城乡就业人才服务网络体系，开展就业咨询、信息发布、职业介绍等服务，举办不同形式、不同类型的人才招聘和交流活动，切实促进城乡就业。加大财政投入，有计划地开发购买公益性岗位，帮助零就业家庭人员、“4050”人员等就业困难人员实现就业。启动就业培训全覆盖计划，全年培训城镇失业人员 8800 人，农村劳动力 23500 人，新成长劳动力 6000 人，创业培训 3000 人。今年新增城镇就业岗位 51000 个，城镇登记失业率控制在 4%以内。

各位代表，改善民生是政府一切工作的出发点和落脚点，我们就是要从群众最关心、最迫切的事情做起，把关系民生的工作一项一项抓紧抓好、一件一件落到实处，让人民群众得到更多的实惠，感受到更多的温暖和幸福！

各位代表，打铁还需自身硬，完成今年各项发展任务，必须切实加强政府自身建设。我们一定按照“为民、务实、清廉”的要求，振奋精神，落实责任，努力建设法治政府、创新政府、务实政府、高效政府和廉洁政府，不断提高工作能力和服务水平。

建设法治政府。自觉接受人大及其常委会的法律监督与工作监督，自觉接受政协的民主监督，自觉接受社会公众和舆论监督。广泛听取民主党派、工商联、无党派人士意见，充分发挥工会、共青团、妇联等人民团体作用。支持法院、检察院依法独立公正行使职权。严格按照法定权限和程序行使权力、履行职责。坚持科学决策、民主决策、依法决策，加强调查研究，完善重大行政决策咨询论证和公众征询制度。

建设创新政府。坚持解放思想，深化改革，创新行政管理理念和方式，健全决策、执行、监督机制，大胆破除制约科学发展的各种障碍，推进精细化管理，提高工作决策指导能力和解决实际问题能力。加快政府机构改革步伐，年内完成工商、质监行政管理体制调整和卫生与人口计生机构整合。加快事业单位分类改革，推进行业协会、商会与行政机关脱钩。加快政府向社会购买服务的改革，建立健全政府购买公共服务机制。

建设务实政府。扎实开展第二批党的群众路线教育实践活动，学习弘扬焦裕禄精神，自觉践行“三严三实”要求，着力解决“四风”突出问题，深入基层，深入一线，推动作风建设常态化、长效化。推行“一线工作法”，确保工作任务不折不扣落到实处。对主要指标、重点工作和重大项目实行目标责任制考核，强化目标刚性约束，真正以目标引领行动、用考核推动落实。切实改进文风会风，精简会议和文件，严格控制节庆、论坛、展会等活动。

建设高效政府。扎实推进简政放权，深化行政审批制度改革，在承接好中央、省里下放的审批事项的同时，要继续精简审批事项，市级审批事项在 112 项的基础上，再缩减 10%。开展行政事业性收费项目专项整治，清理取消不合法不合理的收费项目。发挥市行政服务监察中心作用，搭建行政审批、财政资金使用、公共资源交易等社会公共服务与纪律监察为一体的网络平台，健全完善“联合审批、限时办结、超时默许”工作机制，行政审批全部进大厅，所有公共资源交易一律阳光运行，简化办事程序，优化审批流程，缩短审批时限，推行“一站式”服务，一个窗口对外，面向社会公开，接受群众监督，方便群众办事，优化发展环境。设立市长信箱和市长热线电话，畅通群众诉求渠道。

建设廉洁政府。严格执行中央“八项规定”、国务院“约法三章”和省、市有关要求，落实好“一岗双责”，完善权力制衡机制，真正把权力关进制度的笼子。认真执行廉政准则，强化效能监察和审计监督。严格落实《市直机关会议费管理办法》，对会议费实行综合定额控制。严控“三公”经费支出和楼堂馆所建设，强化“三项治理”，把艰苦奋斗、厉行节约的要求，落实到政府运行各个环节。深入推进阳光政务，扩大政府信息公开范围。

各位代表，新的航程已经开启，前进的号角催人奋进。让我们紧密团结在以习近平同志为总书记的党中央周围，在市委的坚强领导下，团结和带领全市人民，攻坚克难，锐意进取，率先转型，全力跨越，为加快建设文明开放、富裕和谐的新临汾而努力奋斗！

关于临汾市2013年国民经济和社会发展计划执行情况与2014年国民经济和社会发展计划草案的报告

——2014年4月10日在临汾市第三届人民代表大会第五次会议上

市发展和改革委员会主任　师学瑾

各位代表：

受市人民政府委托，我向大会报告2013年国民经济和社会发展计划执行情况与2014年国民经济和社会发展计划草案，请予审议，并请市政协委员和其他列席会议的同志们提出意见。

一、2013年全市国民经济和社会发展计划执行情况

2013年，面对错综复杂的宏观经济环境，在市委、市人大、市政府、市政协的坚强领导和监督支持下，全市上下贯彻落实市委三届四次全会暨经济工作会议和市三届人大四次会议精神，围绕“率先转型、全力跨越”的总体目标，牢牢把握稳中求进的工作总基调，突出百里汾河新型经济带建设的引领作用，以产业转型、环境提升、城乡统筹、民生改善为重点，科学应对经济下行压力，出台一系列稳增长、调结构、促转型、惠民生的政策措施，全市经济实现平稳较快增长，产业结构调整深入推进，人民生活不断改善，社会事业全面进步，国民经济和社会发展计划执行情况总体良好。全市生产总值完成1223.6亿元，同比增长8.5%；规模以上工业增加值完成661.8亿元，增长12.6%；全社会固定资产投资完成1036.3亿元，同比增长26%；社会消费品零售总额完成475.5亿元，增长13.7%；公共财政预算收入完成118.2亿元，同比增长6.7%；城镇居民人均可支配收入达到21936元，增长10.3%；农民人均纯收入达到7768元，增长12.6%；居民消费价格总水平(CPI)涨幅为2.5%；城镇新增就业人数6.3万人；城镇登记失业率2.84%。万元地区生产总值综合能耗降幅、二氧化硫、化学需氧量、氮氧化物、氨氮、烟尘、工业粉尘等指标全面完成或超额完成年初确定的目标任务。

(一)强化规划引领，“百里汾河新型经济带”建设顺利推进

精心组织谋划，加快推进“全市百里汾河新型经济带”建设。一是“百里汾河新型经济带”规划全面启动。在深入基层调研的基础上，同山西师大合作，完成10个课题研究；与国家发改委国际合作中心合作，经多次调查，反复研究，编制完成《临汾市百里汾河新型经济带战略规划》，规划论证和报批工作正在进行。二是经济带内基础设施建设加快推进。截至2013年底，百里汾河生态治理修复工程累计完成投资32.7亿元，占总投资的76%，完成河道疏浚158.3公里，新建和加固堤防195.5公里，完成土石方6620.4万立方米，防护林和绿化工程完成1700多万平方米。河道清淤、稳固河槽、两岸堤防、沿汾河提水泵站取水口改造已经完成；堤坝硬化、堤内外生态绿化、支流入汾口治理和景观建设进入扫尾阶段。滨河东路贯通工程累计完成投资23.8亿元，路基工程基本完成，综合管沟工程洪洞段、襄汾段基本完成，尧都区段正在加紧建设。临汾民航机场工程累计完成投资8.3亿元，航站楼主体工程、飞行区跑道、站坪、联络道以及附属配套

设施等工程基本完工。大西高铁临汾站、临汾一级客运西站主体基本完工,霍侯一级公路临汾至霍州段、大运高速临汾土门连接线等工程全面竣工。

(二)项目建设取得积极成效,投资规模突破千亿大关

深入开展"项目推进年"活动,项目建设"六位一体"统筹推进,全市固定资产投资突破千亿元,为全市经济社会发展提供有力支撑。

一是加强重点项目库建设。全市储备项目2567个,总投资20888亿元,为市年初目标(12000亿元)的175%,为省定计划的216.8%。二是推进重点工程建设。省、市重点工程投资完成1157亿元,为省定计划的118%。其中,市级371项重点监测项目,全年完成投资881.4亿元,拉动全市固定资产投资增长24.3个百分点。三是项目招商成效显著。以"百里汾河新型经济带"和山西国际陆港园区两大区域经济板块为重要招商载体,以搭建招商网络架构为突破口,加强与央企、世界500强和国内500强企业的项目合作,签约数量和引资额度均大幅提高。2013年全市签约项目195个,签约资金3019亿元,为市定任务的151%,为省定任务的209.3%,位列全省三甲。四是融资渠道进一步拓宽。加强与金融机构的协调,想方设法激活民间资本,推进企业上市融资。2013年,我市有100户企业在山西股权交易中心挂牌,提高企业潜在融资能力。争取国家支持,市投资集团和尧都区投资公司共发行30亿元建设债券,名列全省11个市之首。促进银企合作,组织中小微企业融资对接洽谈,各银行与152家企业达成合作意向,企业融资38亿元。

(三)产业结构调整深入推进,转型发展步伐加快

坚持传统产业新型化和新兴产业规模化,着力构建以煤为基、多元发展的产业格局。推进传统产业整合重组。31座整合重组矿井竣工达产;实施一批现代煤化工和煤电联营项目,新增煤炭产量半数以上实现就地转化。对34户焦化企业进行重组,全面完成焦化行业兼并重组任务;淘汰落后炼铁炼钢能力175万吨;安泽县山西国电一期2×100万千瓦大型煤电一体化项目通过省发改委可研评审。发展新兴产业。培育风能、太阳能、生物质能等新能源产业发展。实施新兴产业项目104个,新兴产业投资占比达到50.6%,非煤产业对工业增加值的贡献率达到近50%。加快服务业发展。侯马开发区被国家商务部授予全省唯一的国家电子商务示范基地,引进电子商务、现代物流等项目80余个。打造中西部黄河金三角商贸中心,重点推进奥特莱斯"芭蕾雨"、红星美凯龙、居然之家、生龙国际、深国投嗨都广场、东方世纪等一批商贸转型项目;锦悦城、华纳新天地等一批商贸市场和购物中心投入运营;实施广胜寺、七里峪、仙洞沟等一批旅游开发项目。全市实现旅游总收入195亿元,同比增长21.9%。加快产业园区建设步伐。完善园区管理机制,市成立产业园区管理办公室。洪洞煤焦化深加工园区、贾得工业园区、曲沃冶金生态工业园等产业园区都相继成立管委会或筹备机构。完善园区基础设施,提高承载能力,园区道路、污水处理等基础设施加快建设。2013年新上项目实现基本入园,侯马经济开发区电子商务产业园、霍州新产业聚集区、甘亭新型工业园等园区快速发展。

(四)加快推进农业现代化,农业基础地位进一步加强

坚持以促进农民增收为核心目标,以"一村一品""一县一业"为主攻方向,农业经济全面发展。粮食产量再创新高。全面实施粮食高产创建、农业科技创新等工程,全年粮食总产量达到23.2亿公斤,比2012年增长4.5%,再创历史新高。"一村一品""一县一业"加快推进。专业村项目建设扎实推进,全市483个专业村项目通过验收。推进四个"百万亩"建设,全市蔬菜总面积发展到110万亩、水果总面积185万亩、干果总面积220万亩、中药材总面积190万亩。"513"工程建设任务全面完成。出台农业产业化扶持政策,设立专项基金,全市新、改、扩建项目61个,转产引资项目23个,实现销售收入60.3亿元,超目标任务59.2亿元的1.8%。新农村建设步伐加快。推进绿化、亮化、美化等基础设施建设和特色主导产业发展,重点打造尧都区尧庙、曲沃县曲村、乡宁县管头等30个新农村连片区。开展"两区同建",规划建设洪洞县"皇英民俗小镇",尧都区乔村、襄汾县陈郭新村等新型农村社区。全面推进扶贫攻坚。支持以工代赈、整村搬迁和生态扶贫等项目建设,全市当年实现脱贫人口6.1万人。推进水利工程建设。引沁入汾五马水库已完成下闸蓄水验收,西里水电站、清峪水

库主体工程完工。完成水土流失综合治理面积41.6万亩,建成饮水安全工程182处,解决6.6万农村人口和1.6万农村学校师生的饮水安全问题;实施19座中小型水库除险加固工程。

(五)努力扩大内外贸易,消费对经济增长的拉动作用进一步增强

农村市场流通体系建设加快推进。万村千乡市场工程提质升级。推进县级物流配送中心和乡镇商贸中心建设。全市建成农家店2688个,县级物流配送中心7个,全市以城区店为龙头、乡镇店为骨干、农村便民店为基础的农村商品流通网络体系基本建成,拉动农村消费10.9亿元。配套完成550个农家店信息化建设任务。社区蔬菜直销点建设顺利实施。社区蔬菜直销点建设是我市2013年惠民"十件实事"之一。依托曲沃县万盛鑫农业科技发展有限公司、洪洞县晋丰种植有限公司和临汾市百田农业发展有限公司,建成社区蔬菜直销点50个。古县绿叶种植合作社种植无公害蔬菜,创新蔬菜直销方式,在尧都区和古县实行会员制销售,为全市起到示范作用。"15分钟便民商圈"建设收效良好。申报开展省级"15分钟便民商圈"示范试点工程建设,推进解放路商圈和路东商圈2个试点商圈建设,临汾工贸大楼、华纳新天地、万佳福超市、美特好等4家大型购物中心和超市正在或已完成改扩建。新建和改建餐饮点、便利店、家政服务店共13家,方便群众。扩大对外贸易。对全市30多户重点外贸企业进行一对一地包联帮扶,帮助企业解决实际困难,在进出口许可证、机电产品专项资金等方面给予扶持,为多家企业申报国家进口贴息、落实中小企业国际市场开拓资金和外经贸区域协调发展促进资金,推动企业进出口稳定增长。

(六)加快城乡基础设施建设,城镇化建设水平显著提高

按照"拉大框架、打造精品、改善环境、保障民生"的原则,统筹推进产业布局、基础设施建设和生态治理。百里汾河新型经济带城镇组群加快建设。推进市政、道路、集中供热、供水、供气、污水和垃圾无害化处理等基础设施建设。建设完成市规划展览馆、市行政服务监察中心、中大街北段贯通等一批市政工程。推进百镇建设,纳入全省"百镇建设"的9个乡镇,实施市政设施、公共服务设施、公园绿地、中心街市、居住社区等建设,镇区景观风貌和环境卫生显著改善,2013年完成投资3.25亿元,为目标任务的216.7%。提高控规覆盖率。2013年,完成市区《河西新城控制性详细规划》《空港园区控制性详细规划》等规划,市区控规覆盖率达到85%以上;大县城建设控规覆盖率达到70%以上。加快推进保障性住房建设。2013年,全市共开工建设2.6万套,基本建成8090套,累计完成投资27.9亿元,均完成或超额完成省下达任务。农村危房改造8000户任务全部完成。交通建设成效显著。2013年,全市公路通车总里程达到18025公里,居全省第一。新建、改建农村公路231公里;霍州至永和关高速公路主体工程基本完工;吉县至河津高速公路工程、中南铁路、张台铁路、大西高铁等工程进展顺利。

2013年,市区新增集中供热面积372万平方米,新增用气人口16.3万人,市区新增城市公交车65辆。市区生活垃圾无害化处理率达到100%。全市城镇化率达到45.67%。

(七)推进生态文明建设,节能减排和环境保护得到加强

推进林业生态工程建设。全市完成造林面积62.6万亩,其中,"两山"造林工程35.1万亩,"两网"绿化工程4.5万亩,"两林"富民工程19.8万亩,"两区"增绿工程3.2万亩。涝洰河生态建设加快推进,集园、林、路、湖于一体的生态环境综合治理格局基本形成。

扎实推进节能降耗工作。一是在重点耗能行业全面开展能效对标活动,加快淘汰落后产能。在11家水泥(粉磨站)企业开展了对标活动,对20个工业项目进行了节能审查,对制造行业的落后机电设备和电机能效开展节能监察;二是积极实施节能技术和节能产品推广。在重点县(市、区)和企业推广变频电机、LED灯、电热膜、节能保温墙体材料、太阳能热水器、节能暖气片等先进节能技术和产品;三是加快既有居住建筑节能改造步伐。全市完成既有居住建筑节能改造项目35个,改造面积43.6万平方米,新建居住建筑节能标准执行率达到100%;四是提高循环经济发展水平。向省申报的9户循环经济试点企业和3项综合利用项目,发展下游产品和深加工项目;申请认定的8家资源综合利用企业,推广循环经济发展模式,实现资源的综合、高效、循环利用。循环经济试点工作在全市

全面展开。五是推进全民节能低碳行动。对全省开展的千家企业节能低碳行动进行跟进督导。完成节能改造项目76个，实现节能量35.9万吨标煤；开展“6·17”首个全国低碳日宣传活动，节能低碳正成为全民共识。

加大污染治理力度。制定一系列污染治理政策，强化环境综合治理，整体环境状况得到明显改善。狠抓大气污染防治。出台《关于加强PM2.5防控改善提升市区空气质量实施方案》《市区大气污染防止行动方案》等，组织实施城市煤烟污染控制、城市二次扬尘污染控制、重点控制区工业企业污染防治和机动车污染防治四大工程。2013年，全市环境空气质量综合指数位列全省三甲；全市17个县(市、区)空气质量全部稳定达到国家二级标准。减排任务全面完成。对新增污染物排放量指标进行全面监测，严控高耗能、高污染工业产品过快增长，6项约束性减排指标全面完成或超额完成年度目标任务。在全市推广学习星原公司运行管理减排模式，32家钢铁企业将系统运行各环节工艺参数全部纳入中控系统，进行动态管理。推广学习尧都区中德公司农业畜禽养殖粪污资源化利用减排模式，促进全市农业减排工作。全面开展排污权交易工作。

(八)保障和改善民生，社会事业全面发展

发展教育事业。完成5个县农村薄弱学校改造和学校标准化建设任务，建成标准化学校283所。实施薄弱学校扩容改造计划，扩容改造面积3.5万平方米。实施营养餐计划，食堂建设投资达2881万元。新(改、扩)建公办标准化幼儿园30所。完成65个村级幼儿园建设任务。2013年，全市普通高考达二本B类以上的15486人，比2012年增加2775人。

卫生事业健康发展。市县两级医疗卫生机构能力建设得到加强，临汾新医院基本竣工，县级综合医院、专科医院、卫生监督所等一大批项目顺利实施。提高新农合保障水平，新型农村合作医疗参合率达到99.1%，人均筹资标准提高到340元。全面实施国家基本药物制度，全市171所乡镇、社区基层医疗卫生机构全部实现零差率销售。

公共文化服务体系日臻完善。提升广播电视覆盖水平，基本实现有线电视乡乡通和广播电视村村通。开展文化惠民工程。公共文化场所全部免费开放。开展“文化、科技、卫生三下乡”“资源共享剧目进农村”等形式多样的文化惠民活动。市博物馆、图书馆、档案馆等工程开工建设，奥体中心、文化艺术中心、广电中心、非物质文化传承基地等建设项目加快推进。文化艺术再出精品。成功举办“和谐临汾”春节系列文化活动，广场文化消夏月、电视戏曲大赛等活动。眉户剧《背着妈妈上大学》获中国艺术节群星奖；晋国博物馆打造“晋国故事”系列情景剧，推出桐叶封弟、封唐盛典、改唐为晋3个经典剧目，翼城《浑身板》获得好评。2013年，我市又摘得1朵小梅花，大小梅花总数增加到57朵，居全国地级市第一。文化产业发展迈出新步伐。命名14个市级文化产业示范基地，12个名优文化产品。临汾印业园区完成投资近亿元。侯马、洪洞分别创办山西大兆影视文化传媒有限公司、山西唐祺文化传媒有限公司，在我市开创农民能拍摄电视剧的先河。

加强就业和社会保障。通过加强职业技能培训、创业带动就业、促进大学生就业、开发公益性岗位等措施，多渠道解决就业问题。全市新增城镇就业6.3万人，转移农村劳动力6.04万人。城乡居民养老、医疗保险和低收入群体基本生活保障实现制度全覆盖；我市城市低保标准在现行基础上每人每月又提高30元，农村补助标准每人每月又提高24元。全市13.5万人纳入农村最低生活保障，人均补助标准达到1608元/年。城乡居民基础养老金最低标准提高到每人每月65元，惠及全市40万60周岁以上城乡居民。

市区煤气置换天然气工程进展顺利。市区煤气置换天然气是市委、市政府提升城市品位、改善环境质量、提高生活水平、造福广大市民的民生工程，惠及居民和公福用户近10万户。通过两轮全社会公开招标，最终确定由太原市煤气化公司承担实施。市政府先后与太原煤气化公司签订合作框架协议及项目合作协议。新成立的临汾燃气公司已经获得省发改委授予的“四气”行业准入资格，与我市煤气公司的交接工作进展顺利，首批1.5万户置换工作圆满完成，其余将于2014年上半年全部置换完毕。

(九)加快先行先试步伐，转型综改建设扎实推进

确定2013年至2015年的主要任务，建立科学合理的综改工作考核指标体系。突出重点，发挥转

型综改试点的示范引领作用。省级转型综改试点县侯马市,在“村改居”、金融、土地、区域协同发展机制等方面进行有益探索。市级试点县尧都区,在建设用地、金融服务、打造科技研发中心等方面进行创新。临汾经济开发区(洪洞·甘亭)产业转型园和山西国际陆港科技创新园两个试点园区,在基础设施建设、项目建设、创新园区管理、优化园区发展环境等方面迈出新步伐。

(十)加大改革力度,重点领域改革继续深化

围绕重点领域,促进改革有序推进。一是深化行政审批制度改革。减少审批环节,压缩审批时间,实行限时办结制度。审批项目由原来的20天压缩为7天,核准项目由原来的15天压缩为5天,备案项目由原来的5天压缩为3天,时限压缩三分之二。二是继续推进县级公立医院综合改革。在省定的古县、乡宁、蒲县三个公立医院试点县的基础上,增加了永和、安泽、吉县、襄汾、曲沃、翼城6个县开展试点工作,完成取消“以药补医”县级公立医院改革,完成公立医院改革的县达到全市县(市、区)总数的半数以上。三是统筹推进其他领域改革。事业单位分类改革稳步推进;国企改革、文化体制改革、财税体制改革、科技创新机制等重点领域改革继续深化。

2013年,全市经济社会发展取得显著成绩,但受外部市场需求不振等因素影响,经济下行压力仍然较大;科技创新能力不强,转型升级步伐不快,产业竞争力偏弱,产业结构调优化升级任务艰巨;城乡、区域发展差距仍然较大,发展不平衡的问题仍然突出。这些问题有待于我们在今后的工作中认真加以解决。

二、2014年全市经济社会发展的总体要求和主要目标

2014年是贯彻落实党的十八大、十八届三中全会精神、全面深化改革的重要一年,是加快实现“十二五”规划目标的关键一年。全市上下要全面贯彻落实好市委三届五次全会暨全市经济工作会议提出的总体要求:深入贯彻党的十八大、十八届三中全会和中央经济工作会议精神,落实省委十届五次全会暨全省经济工作会议部署,牢固树立“发展是第一要务”的理念,坚持稳中求进的总基调,围绕率先转型,全力跨越,建设文明开放、富裕和谐新临汾的总目标,以群众路线教育实践活动为契机,以“百里汾河新型经济带”建设为龙头,开展“改革创新年、转型攻坚年、环境提升年、服务群众年”活动,促进经济持续健康发展、社会和谐稳定。

根据全市经济工作的总体要求,按照实事求是、积极进取、科学合理的原则,2014年全市国民经济和社会发展主要目标是:

预期性指标:地区生产总值增长9%;规模以上工业增加值增长13%;全社会固定资产投资增长21%;社会消费品零售总额增长14%;财政总收入增长9%,公共财政预算收入增长6%;城镇居民人均可支配收入增长10%;农民人均纯收入增长11%。

约束性指标:居民消费价格总水平涨幅控制在3.5%左右;万元生产总值综合能耗下降3.5%;万元生产总值二氧化碳排放量下降3.7%;二氧化硫排放下降0.5%、化学需氧量排放下降1%、氮氧化物排放下降6%;烟尘、粉尘排放量均下降0.5%;万元工业增加值用水量下降5.5%。

三、2014年全市经济社会发展的主要任务和措施

为全面完成2014年经济和社会发展各项目标,按照市委、市政府的统一部署,着力抓好以下十个方面的工作:

(一)全力推进“百里汾河新型经济带”建设,增强全市跨越发展的承载力

“百里汾河新型经济带”建设是创新区域经济发展模式,引领全市转型跨越发展的载体和抓手。“经济带”产业发展、城镇化推进与生态治理修复必须统筹规划、同步推进、协调发展。一是突出规划引领。“百里汾河新型经济带”建设要作为晋陕豫“黄河金三角”地区合作发展规划的重要组成部分,纳入国家发展战略,力争得到国务院批复。经济带现代农业、工业、现代服务业、文化旅游产业、生态文明建设、城镇化发展与城镇功能提升等6个专项规划要做好与经济带战略规划的衔接,突出前瞻性和可操作性。二是突出抓好基础设施建设。抓好滨河东路、大西高铁、临汾民航机场等重大交通基础设施建设,形成立体交通网络体系;河道治理、生态修复、景观建设同步推进,打造临汾城市新客厅。三是探索产城融合发展模式。以园区为承载,以项目为依托,突出差异化发展,优化产业布局,形成特色明显、功能各异、优势突出的经济带城镇组群。推进“两区同建”,加快城乡一体化进程。四是完善

经济带建设保障机制。研究探索在现有行政区划、户籍制度、土地管理等方面实现新突破，创新有利于经济带建设的经济社会发展新机制。

（二）进一步加强项目建设，发挥投资对经济的推动作用

深入开展项目成效年活动。在2013年全市投资总量突破千亿元的基础上，力争2014年投资继续保持一定规模，提升质量、优化结构，为全市经济转型跨越奠定坚实基础。一是项目建设“六位一体”统筹推进。继续加强项目储备工作，争取项目储备总规模不低于2万亿元，新兴产业项目储备占产业项目总量比重达65%以上。创新项目招商方式，加快项目落地步伐，早开工、早建设，早投产，确保超额完成省定目标任务。二是抓好项目前期工作。协调项目审批职能部门，进一步优化和完善审批流程，落实项目前期工作中的规划、土地、环评、节能等手续，为项目融资、开工建设、进入国家和省发展规划创造条件。三是强化项目包联。推进省市383项重点项工程，突出抓好纳入我市统计的361项市级重点项目监测工作。在市县两级实行领导包联项目制度。采取一个项目、一个包联领导、一套工作班子，形成包联领导抓督导，分管领导抓协调，项目法人抓落实的包联机制。坚持月调度、月考核、月排名制度。按照重点项目“六位一体”推进机制，及时协调解决重点项目推进过程中存在的困难和问题。四是向上争取项目和资金。主动向上沟通联系，加强政策信息研究，及时掌握产业政策、投资方向，加大跑项目、争资金力度，争取全市有更多的项目纳入省和国家专项规划和投资计划，为我市经济社会发展争取更多的项目和资金支持。五是积极鼓励民间投资。贯彻落实省市关于鼓励和支持民间投资的政策措施，支持民间投资进入基础设施和社会公共服务领域，吸引更多社会资本参与重点项目建设。探索实施民间投资“负面清单”管理模式，增强民间投资活力。落实支持非公有制经济发展政策措施，推进小微企业创办、“小升规”企业成长、“小巨人”企业培育等工程，促进小微企业健康发展。

（三）加快产业结构优化升级，推动经济发展方式转变

一是坚定不移地推进化解产能过剩工作。按照国务院《关于化解产能严重过剩矛盾的指导意见》和省政府《关于化解钢铁焦化水泥电解铝行业产能严重过剩矛盾的实施意见》精神，研究出台我市化解产能过剩工作方案，分业施策、多管齐下、标本兼治，通过消化一批、转移一批、整合一批、淘汰一批，积极、稳妥、扎实做好钢铁、焦炭等行业化解产能过剩工作。坚决遏制产能盲目扩张，防止低水平重复建设。

二是加快推进传统产业优化升级。把化解过剩产能与优化产业布局、加大技改提升、延伸产业链条结合起来，坚持用高新技术和先进技术改造提升传统产业，提高产业素质和竞争优势，发挥传统产业的比较优势和支柱作用。支持冶金行业加快应用新技术、新工艺、新装备，开发高附加值产品；支持资源就地转化、精密铸造等项目；支持焦化行业“上下联产、焦化并举”、化产品深加工等项目；支持建材行业节能节电、污染减排、余热发电等项目；继续抓好煤电一体化发展，争取低热值煤发电项目，为我市“十二五”装机容量达到800万千瓦打好基础。

三是全力推进新兴产业加快发展。研究制定我市关于推进战略性新兴产业发展的若干措施，坚持政府引导推动，发挥市场基础性和企业主导性作用，新上一批重大新兴产业项目，保持新兴产业增速快于传统产业，促使一大批具有新兴产业素质和高新技术含量的中小微企业做大做强。

四是推进服务业发展。突出抓好文化旅游、现代物流、电子商务等重点领域。文化旅游业要加快曲沃晋国博物馆、乡宁云丘山、尧都区尧陵、仙洞沟、洪洞广胜寺、霍州七里峪等一大批景区建设。物流业重点推进山西国际陆港园区、临汾空港等现代物流园区建设。发展电子商务。发挥好侯马开发区作为“国家电子商务示范基地”这一平台优势，积极引进电子商务企业，建设具有带动作用的电子商务聚集区。以万佳福超市有限公司为重点，支持流通企业以实体店铺为依托，开设网上店铺、网上商城，实现网实一体、线上线下相融合的经营方式。推进奥特莱斯芭蕾雨等现代服务业新型业态建设。

（四）积极推进农村改革，促进现代农业加快发展

一是毫不放松粮食生产。不折不扣地落实粮食直补、农资综合直补、良种补贴等各项惠农政策，开展粮食高产创建活动，确保粮食总产稳定在20亿公斤左右。二是坚持“一特三高”的发展路子。

突出特色、高质、高端、高效,继续重点提升西山百万亩优质水果、平川百万亩优质蔬菜、全市百万亩干果、全市百万亩优质中药材基地标准,集中连片,扩大面积,带动全市新增水果面积5万亩、设施蔬菜3万亩、干果10万亩、中药材5万亩。三是夯实水利基础。加快推进中部引黄、禹门口东扩、引沁入浮等水利工程建设,全面完成五马水库、曲亭水库等工程建设任务,抓紧实施尧都区仙洞沟水库、蒲县四沟水库等小型水库建设。四是推进新农村建设。重点抓好农村基础设施和公共服务提升、农村环境治理等工程,突出农村特色,弘扬传统文化,加快推进农村人居环境综合整治,建设美丽乡村。五是全面深化农村改革。推进农业科技创新,发展农业科技成果托管中心和交易市场;深化农村土地改革,研究制定和建立稳定农户承包权、放活土地经营权,以及农民宅基地财产权抵押、担保和转让的实施办法和机制;加快金融创新,发展新型农村合作金融组织。

(五)努力扩大消费需求,大力培育新的消费增长点

紧紧把握扩大内需这一战略基点,把促消费作为工作重点,加快建立扩大消费需求长效机制,释放居民消费活力,拉动全市经济增长。一是构建带动全市消费的增长极。围绕我市“百里汾河新型经济带”建设,以尧都区为中心,建设覆盖尧都、洪洞、襄汾、霍州、侯马、曲沃、翼城7个县市区的“1+6”消费圈,形成全市消费重要增长极,带动其他县市消费增长。二是引导消费热点。鼓励发展信用消费,重点推动家电、家居、建材、汽车等耐用品消费,扩大品牌消费;支持我市具有自主品牌的土特产品、品牌专卖店等发展,支持商家开展多种形式的促销活动。三是推进城市夜经济发展。发掘完善我市夜经济亮点,推进美食节、美食夜市创建活动,引导餐饮、美容美发、洗染等行业延长营业时间,举办旺季夜市促销等活动,以节促市,提升夜晚消费水平,培育我市新的经济增长点。四是加快城乡流通体系建设。提升“万村千乡市场工程”,加快配送中心的建设和改造,提高商品配送率,完善农村流通网络。加快建设农贸市场、生鲜超市、社区连锁菜店和标准化菜市场,形成以大型超市、农产品批发市场为主体,平价菜店、直营直供菜店、早晚市场和周末车载蔬菜市场为补充的城市鲜活农产品流通网络。开展社区商业“双进”工程,建立“15分钟便民消费圈”。

(六)积极稳妥推进新型城镇化建设,促进城乡统筹发展

一是高质量编制好全市新型城镇化规划,分解落实主要目标、重点任务、改革举措,明确责任部门和工作要求。二是及时制订配套措施。有关部门要加快研究出台户籍、土地、资金、住房、基本公共服务等配套政策。对接落实国家促进中小城市发展的支持政策,因地制宜制定农业转移人口落户标准,引导农业转移人口在城镇的落户预期和选择。三是开展试点示范。围绕农业转移人口市民化、多元化可持续的城镇化投融资机制,开展试点工作,探索积累经验。四是抓好重点市政工程实施。加快实施滨河西路北延、规划三街南段、滳汾花园南路、新高中南路、锣鼓桥西延等城市道路工程,初步形成连接南北、贯通东西的新路网。

(七)推进生态文明建设,增强可持续发展能力

深入开展“环境提升年”活动,多措并举,建设美丽临汾。一是坚定不移地实施主体功能区战略,加快优化国土空间开发格局。加大我市西山7县连片区申报国家主体功能区试点工作力度,在生态功能区建设、体制机制及管理创新方面积极探索实践。二是以节能减排为抓手,有效减轻经济活动对环境带来的压力。继续积极推进节能减排财政政策综合示范城市的申报工作,在产业低碳化、服务业集约化、交通清洁化、建筑绿色化、主要污染物减量化、可再生能源和新能源利用规模化等领域进行突破。三是加强资源节约利用,大力发展循环经济。完善循环经济发展规划,按照循环经济的发展理念合理调整区域产业布局,各类园区和企业要按照循环经济的要求规划建设和改造,发挥产业集聚和生态效应,围绕核心资源发展相关产业,形成资源高效循环利用的产业链。四是加强污染治理,提升生态环境质量。加快实施大气污染治理行动计划。继续开展创建国家环保模范城和园林城市活动。建立健全污染防治工作管理、治理设施运行监管和污染防治信息服务3个特色平台。全面启动实施北城壕沟、临汾市污水处理厂扩容、河西污水处理厂、垃圾处理、龙祠水源净水厂及供水应急水源等环保工程。加大园林绿化建设力度,重点抓好汾河屯里桥北段和涝洰河生态修复两条河道生态

景观带建设。稳步推进环保工作向农村延伸。加强对已建成的乡镇环保基础设施运行状态的监督和管理，确保设施规范正常运转，提升环境质量，改善生态环境。

（八）推进民生改善和社会事业发展，实现基本公共服务均等化

坚持发展为民、民生优先，把改善民生放在更加突出的位置。继续推进各级各类教育协调发展，加大卫生计生基础能力建设。实施文化惠民工程，加快推进市博物馆、图书馆、档案馆、文化艺术中心、奥体中心、山西师大搬迁、山西师大临汾学院迁建等重点工程建设。重点推进大型文化产业项目建设，发展壮大传统文化产业，培育新兴文化业态。支持就业容量大的劳动密集型产业、中小企业和服务业发展，落实自主创新扶持政策。继续扩大基层就业和社会保障服务设施建设，提高社会保障公共服务能力。推进保障性住房建设，加快项目前期准备，争取中央、省配套资金。推进居民收入倍增计划，拓展增收渠道，促进居民收入增长快于经济发展速度。

（九）继续深化改革扩大开放，增强经济发展的活力和动力

深入开展“改革创新年”活动，增强改革意识、机遇意识、责任意识。一是坚持先行先试，全面推进转型综改试验区建设。2014 年，转型综改试验区建设将努力破解重点领域、关键环节体制机制改革难题，争取在产业转型、生态修复、城乡统筹、民生改善等转型发展方面取得新进展。在“百里汾河新型经济带”创新“四化同步”推进机制，重点在户籍制度改革、创新农业生产经营机制、创新园区管理机制、构建生态环境保护修复、项目建设的体制机制创新等方面取得突破。二是深化行政审批制度改革。按照“能放尽放、公开透明、便捷高效”的原则，推动简政放权。规范审批、核准和备案办法并向社会公开，做到简化手续、优化程序、在线运行、限时办结。加快建立纵横联动协管机制，对省下放的有关审批事项，相关部门要同步下放，做到权利和责任同步下放、调控和监管同步强化。三是创优投资环境。继续加大投资软环境建设，为客商提供更加优质的服务，确保外资引得来、落得下、留得住。加快“走出去”步伐。要组织企业“走出去”，参加乌洽会、广交会、厦洽会和北京山西商品大集等各类交易会，提高区域开放水平。四是深化投融资体制改革。规范政府融资平台，确立企业投资主体地位，加强银企对接，创新金融产品，扩大股权、债权融资，积极发展私募基金，提高直接融资比重。推动光宇、永鑫、澳坤、华翔等企业加快上市步伐。规范发展小额贷款公司、融资性担保公司，稳步推进具备条件的民间资本依法设立中小型银行等金融机构，探索新型抵押担保手段，完善服务小微企业、“三农”和社区的金融服务体系。五是统筹资源性产品价格改革、农村土地、医药卫生体制等方面的改革工作。

（十）加强宏观政策研究和经济形势分析，提高经济运行调控能力

密切关注国内外宏观经济形势，及时研判、准确把握，增强经济工作的前瞻性，把握工作主动权。系统总结梳理过去几年稳增长、调结构、促改革、惠民生工作，把有效的做法、成功的经验、规律性的认识提炼上升到政策和制度层面；加强政策预研究，强化政策储备，积极主动应对经济运行中可能出现的困难和问题，并对政策实施效果进行跟踪评估；全面认真地开展事关全局的重大问题的研究，启动“十三五”规划纲要前期准备和课题研究工作，提出“十三五”规划纲要编制的基本思路。

各位代表，过去的一年，全市经济社会发展取得显著成绩，为全面建成小康社会奠定坚实的基础。新的一年，让我们在市委、市人大、市政府、市政协的正确领导和监督支持下，认真贯彻落实党的十八大、十八届三中全会和市委三届五次全会暨全市经济工作会议精神，凝心聚力，坚定信心，开拓创新，攻坚克难，圆满完成全年经济社会发展目标，为率先转型，全力跨越，建设文明开放、富裕和谐新临汾做出新的贡献！

关于临汾市 2013 年全市和市本级预算执行情况与 2014 年全市和市本级预算草案的报告

——2014 年 4 月 10 日在临汾市第三届人民代表大会第五次会议上

市财政局局长　程明温

各位代表：

受市人民政府委托，我向大会提出 2013 年全市和市本级预算执行情况与 2014 年全市和市本级预算草案的报告，请予审议，并请市政协委员和其他列席会议的人员提出意见。

一、2013 年全市和市本级预算执行情况

2013 年，面对国内外复杂环境和经济下行压力，以及财政收入增长乏力，刚性支出不断加大的形势，全市财政工作在市委、市政府的正确领导下，紧紧围绕“率先转型、全力跨越”的总要求，在支持经济转型上下功夫，在搞好增收节支上作文章，立足财政改革，破除体制机制障碍，依靠制度创新，优化支出结构，全力推进我市经济社会各项事业稳步发展。全市和市本级预算执行情况良好，财政工作取得新进展。

(一)当年收入完成情况

2013 年，全市公共财政预算收入年初计划 1179616 万元，年终实际完成 1181496 万元，为预算的 100.16%，同比增长 6.66%，比上年增收 73723 万元。市本级公共财政预算收入年初计划 230436 万元，年终实际完成 247059 万元，为预算的 107.21%，同比增长 12.8% 比上年增收 28039 万元。

2013 年全市政府性基金收入完成 711772 万元，为预算的 157.86%，增长 33.98%；市本级政府性基金收入完成 271269 万元，为预算的 127.98%，增长 27.98%。

2013 年全市国有资本经营收入完成 583 万元，为预算的 100.52%；市本级国有资本经营收入完成 583 万元，为预算的 100.52%。

(二)当年支出执行情况

2013 年，全市公共财政预算支出年初安排 1643685 万元，债券还本支出年初安排 30000 万元。在预算执行中，由于中央、省下达专项拨款及转移支付补助增加 931605 万元，使用上年结转资金和净结余 359878 万元，当年超收安排支出 1880 万元，债券转贷收入 40000 万元，调入资金 13946 万元，全市总财力变动为 3020994 万元，剔除安排调出资金 1211 万元，预算稳定调节基金 65056 万元，政府债券还本支出 30000 万元，全市公共财政预算支出安排由年初的 1643685 万元变动为 2924727 万元，年终公共财政支出实际执行 2652646 万元，结转下年 272081 万元，实际支出为变动预算的 90.7%，同比增长 19.05%，比 2012 年增加支出 424414 万元。其中，教育、医疗卫生、社会保障和就业、住房保障、文化体育与传媒、农林水事务、城乡社区事务、节能环保、粮油物资储备及交通运输等民生支出总量和增支额分别占到全市公共财政支出总量和总增支额的 67.19%和64.99%。

市本级公共财政预算支出年初安排 174506 万元，债券还本支出年初安排 5494 万元，在预算执行中，由于中央、省下达专项拨款及转移支出补助增加 614879 万元，使用 2012 年结转资金和净结余 66774 万元，当年超收安排支出 16623 万元，调入资金288万元，债券转贷收入40000万元，补助县级专款及转移支付相应减少市本级支出492966万元，债券转贷支出40000万元，市本级总财力变动为385598万元，剔除安排债券还本支出5494万元，市本级公共财政预算支出安排由年初的174506万元变动为380104万元，年终公共财政支出实际执行316471万元，结转下年63633万元，实际支出为变动预算的83.26%，同比增长38.91%，比上年增加支出88645万元。

2013年全市政府性基金支出执行810982万元，为预算的71.74%，增长59.31%；市本级政府性基金支出执行252946万元，为预算的59.68%，增长26.11%。

2013年全市国有资本经营支出执行583万元，为预算的100.52%；市本级国有资本经营支出执行583万元，为预算的100.52%。

（三）当年收支平衡情况

2013年全市总财力为3020994万元，其资金构成：全市公共财政收入1181496万元，中央两税返还收入51014万元，所得税基数返还7262万元，成品油税费改革收入4798万元，中央、省下达专项拨款及转移支付补助1362600万元，上年结转359878万元，债券转贷收入40000万元，调入资金13946万元。2013年全市公共财政支出2652646万元，债券还本支出30000万元，调出资金1211万元，安排预算稳定调节基金65056万元，结转下年使用272081万元（其中：当年净结余5646万元）。总财力与总支出和结转下年相抵，实现当年收支平衡，略有结余。

2013年市本级总财力为385598万元，其资金构成：市本级公共财政收入247059万元，中央两税返还收入18149万元，所得税基数返还22446万元，成品油税费改革收入1676万元，中央、省下达专项拨款及转移支付补助1362600万元，县级体制上解10821万元，上年结转66774万元，债券转贷收入40000万元，调入资金288万元，补助县级专款及转移支付1344215万元，债券转贷支出40000万元。2013年市本级公共财政支出316471万元，债券还本支出5494万元，结转下年使用数63633万元（其中：当年净结余3万元）。总财力与总支出和结转下年相抵，实现当年收支平衡，略有结余。

（四）全市和市本级地方债务情况

截至2013年底，全市地方政府债务余额为187.78亿元，其中：市本级地方政府债务余额74.53亿元，占全市地方政府债务余额40%。

（五）主要工作情况

回顾过去的一年，我市各级财政部门贯彻落实市委、市政府决策部署，坚持主题主线，坚持稳中求进，着眼全局，主动作为，克服困难，改革创新，全力服务我市转型跨越发展大局，全市财政收入任务圆满完成，重点支出得到有力保障，为我市经济社会发展做出了积极贡献。2013年，全市财政部门主要做了以下工作：

1.强化扶持促增长，培植新型财源。2013年，全市财政部门认真落实积极财政政策，多管齐下，多措并举，加大项目争取和扶持力度。全市争取上级基本建设投资和节能、技改资金11.8亿元，为加快民航机场建设、中小企业成长工程、生态综合治理工程、农产品的质量安全检验监测、节能减排、技术改造等项目工程提供了资金保证。组织申报了农业科技推广、成果转化、农民专业合作社等财政扶持项目。加强与项目单位的联系，推动中小微企业的发展，兑现财政扶持政策资金1.4亿元。争取亚行河川流域农业综合开发项目资金3800万元；成功签约奥地利政府贷款小型节水灌溉项目6000万元；引进外资支持节能减排项目资金1.6亿元。这些资金的到位，不仅有效地缓解我市中小企业资金紧缺的压力，而且引导企业不断加大投入、加快科技创新、加速转型发展。

2.优化结构促转型，抓好财税收入。2013年，市、县财政部门围绕全市转型跨越发展，调整理财思路，准确把握财政与经济之间的关系，支持转型项目建设，支持科技创新、节能减排，发展循环经济，推进经济结构调整和发展方式的转变。2013年，财政部门会同市直有关部门成功申报中央、省转型升级扶持项目、焦化行业贴息项目、工业企业能源管理中心建设示范项目、淘汰落后产能中央奖励资金及省级补偿资金等10余个重大项目，为我市产业结构调整、优化产业升级做出了应有贡献。我们狠抓收入不放松，与税务部门建立重点税源监控机制，及时掌握税源变动情况，死死盯住收入进度。市财政局抽调专门力量，深入各县（市、区）进行调研，与政府、企业主要负责人座谈，了解经济动态，分析存在问题，尤其把产煤大县、收入大县和困难县(市、区)列为摸排重点,帮助寻找解决问题的办法,督促收入进度,确保应收尽收,及时入库。

3.保障民生促和谐,加大投入力度。本着公共财政优先保障民生的原则,坚持政策向民生倾斜,切实解决民生问题,增进人民福祉。一是落实各项强农惠农政策。2013年市、县两级财政全力保障支农资金、水利重点工程项目配套资金、畜牧示范基地建设资金、农业综合开发配套资金的落实到位。兑现国家粮食直补、良种补贴、农机购置补贴等补助资金6.9亿元,投入农村公益事业"一事一议"财政奖补资金1.3亿元、农村环境连片整治示范项目补助资金1885万元,以及农村危房改造补助资金6340万元,使各项强农惠农政策得到全面落实。二是加快完善城乡社会保障体系。全市城乡基本养老、失业保险参保率达到95%以上,城镇企业职工养老、医疗、工伤、生育、失业五大保险和城镇居民医疗保险,以及新农保、新农合实现全覆盖。退役安置、抚恤、残疾人事业、离退休人员得到足额保障。三是支持社会事业健康发展。义务教育生均公用经费、校舍维修改造资金、扶困助学资金、教师绩效工资、县级公立医院改革、基层医疗卫生机构财政补偿政策全部纳入财政预算予以保障。落实了计划生育国策,各项奖励扶助资金全部安排到位。四是全力推进保障性住房建设。争取上级公租房、廉租房和农村危房改造专项资金1.2亿元,确保新建和改造住房4642套,帮助住房困难群众圆了安居梦。

4.加强管理促绩效,规范财政工作行为。2013年按照"建机制、树形象、抓关键、强监管"的工作思路,对于工作中存在的薄弱环节,严格依照有关规定,逐项制定办法,加以规范。一是深化市级部门预算编制改革,做实做细基本支出预算和项目支出预算,使公用经费尽量贴近实际,使项目资金最大限度发挥效益。二是制定并出台项目申报下达及监督管理办法,建立财政扶持项目台账,实施项目库管理,引入监督检查和绩效评价机制,有效遏制套取财政资金的违规行为。三是严格控制"三公经费"。调整和改进公务用车配置审批流程,严禁超编制、超标准购置公务用车,建立公务用车台账,实行台账管理;从严控制公务接待,加大公务接待经费监督力度,降低"三公经费"支出,收到明显成效。据统计全市2013年"三公经费"支出48983万元,比2012年减少9198万元,下降15.8%,其中公务用车购置及运行维护费支出33716万元,比2012年减少1976万元,下降5.5%;公务接待费支出15099万元,比2012年减少7026万元,下降32.6%,压下来的资金全部用于民生急需项目的扩面和提标。四是完善财政投资评审制度,强化对工程项目的监管。全年完成市级评审项目35个,送审额9.8亿元,审减额1.02亿元,审减率达10.41%。五是规范政府采购预算资金拨付程序,将部门预算中的采购项目统一纳入政府集中采购,实施公开招标、阳光作业。六是简化部门预算支出程序,方便单位用款,提高财政资金运行及使用效率。七是对市级单位往来资金实施专户管理,单独核算,严禁将纳入预算管理的非税收入和纳入财政专户管理的资金做为往来资金规避监督。八是清理财政暂付资金,核销市直破产企业历年工资借款、流资借款和无法回收的借款以及消化第二期粮食企业财务挂账利息、煤气化公司以前年度亏损等资金24279万元;对结转结余资金进行分类清理,财政资金在使用单位沉淀两年以上的全部收回,统筹安排。九是落实财政政策及相关法律法规,加强对市直单位各项经济活动的财政监督,审核查出2013年度各种不合规经济支出355笔,拒付金额达6122万元。制定出台《临汾市市级财政国库集中支付会计对账办法》《关于2014—2015年度临汾市本级政府集中采购目录及采购限额标准的通知》《临汾市财政局年度目标责任落实及考核工作机制》等财政管理制度。通过一系列规章制度的建立和完善,提升财政管理科学化、规范化、精细化的管理水平。

在看到成绩的同时,我们也清醒地认识到财政工作中存在的一些矛盾和问题:一是受宏观经济下行的影响,我市经济增长趋缓,保持财政收入持续增长压力明显加大;二是非税收入占比过大,经济发展动力不足;三是各方面事业发展对财政投入的要求越来越高,财政收支矛盾不断扩大,财政平衡和资金保障压力加大;四是财政管理仍需加强,地方政府债务风险不容忽视。对于这些问题,需要高度重视,采取有效措施,认真加以解决。

二、2014年全市和市本级预算草案

按照国务院关于2014年预算编制的通知精神和全省财政工作会议要求,综合考虑我市今年财政经济发展的各种因素，2014 年全市财政预算安排总的指导思想是：全面贯彻落实党的十八大、十八届三中全会精神，按照市委三届五次全会暨全市经济工作会议以及全省财政工作会议的决策部署，继续实施积极的财政政策，以深化财税体制改革为主线，以群众路线教育实践活动为抓手，以百里汾河新型经济带建设为重点，调整优化支出结构，促进经济转型升级和民生改善，从严控制一般性支出，加强和改进预算管理，提高财政资金使用绩效，促进全市经济社会健康和谐发展。

贯彻上述指导思想，2014 年全市和市本级预算草案如下：

全市财政总收入安排 2189622 万元，比上年完成数增长 9.76%；公共财政预算收入安排 1252385 万元，比上年完成数增长 6%。全市公共财政预算支出安排 1931389 万元，比 2013 年向市人大常委会备案预算同口径增长 17.50%（剔除中央专项转移支付提前下达数后同口径比较，下同）。全市公共财政预算支出主要项目安排情况是：一般公共服务支出 217687 万元，增长 10.56%；公共安全支出 92248 万元，增长 7.11 %；教育支出 328530 万元，增长 14.19%；科学技术支出 15397 万元，增长 16.34%；文化体育与传媒支出 24191 万元，增长 12.30%；社会保障和就业支出 312645 万元，增长 20.99%；医疗卫生与计划生育支出 168617 万元，增长 12.22%；节能环保支出 42328 万元，增长 16.03%；城乡社区支出 103782 万元，增长 15.77%；农林水支出 138066 万元，增长 20.07%；交通运输支出 25659 万元，增长 22.26%；资源勘探电力信息等支出 23556 万元，增长 10.75%；商业服务业等支出 3528 万元，增长 17.40%；金融支出 1792 万元，增长 13.13%；援助其他地区支出 1565 万元，增长 5.46%；国土海洋气象等支出 271114 万元，增长 20.40%；住房保障支出 40149 万元，增长 16.65%；粮油物资储备支出 7546 万元，增长 42.97%；预备费 38133 万元，增长 2.57%；国债还本付息支出 8603 万元，增长 218.98%；其他支出 66253 万元，增长 87.59%。上述全市预算草案为市代编预算，待各县（市、区）人代会开过之后，市财政将汇总各县（市、区）人民代表大会和上级财政批准的调整预算，一并报市人大常委会备案。

市本级公共财政预算收入安排 189306 万元，比 2013 年完成数同口径降低 23.38%。市本级公共财政预算支出安排 183000 万元，比 2013 年向市人大常委会备案预算增长 4.87%。市本级公共财政预算支出主要项目安排情况是：一般公共服务支出 23928 万元，增长 3.28%；公共安全支出 13528 万元，增长 1.05%；教育支出 23980 万元，增长 4.62%；科学技术支出 2287 万元，增长 5.34%；文化体育与传媒支出 5732 万元，增长 5.85%；社会保障和就业支出 30986 万元，增长 3.80%；医疗卫生与计划生育支出 20351 万元，增长 0.72%；节能环保支出 6211 万元，增长 4.23%；城乡社区支出 10895 万元，增长 7.39%；农林水支出 17265 万元，增长 3.50%；交通运输支出 1941 万元，增长 125.70%；资源勘探电力信息等支出 4085 万元，增长 5.66%；商业服务业等支出 384 万元，增长 18.89%；援助其他地区支出 347 万元，增长 8.10%；国土海洋气象等支出 10155 万元，增长 21.62%；住房保障支出 4932 万元，增长 4.25%；粮油物资储备支出 385 万元，降低 86.70%；预备费 5000 万元，增长 66.67%；国债还本付息支出 608 万元，增长 155.46%。

2014 年全市政府性基金收入预算安排 526747 万元（其中：煤炭可持续发展基金收入 41829 万元），基金支出安排 521846 万元，上解省级煤炭可持续发展基金 4901 万元。市本级政府性基金收入预算安排 184443 万元（其中：煤炭可持续发展基金收入 20760 万元），基金支出安排 184443 万元。

2014 年全市国有资本经营收入预算安排 5 万元；支出安排 5 万元。市本级国有资本经营收入预算安排 5 万元，支出安排 5 万元。

全市财政总收入安排 2189622 万元，增长 9.76%；全市公共财政预算收入安排 1252385 万元，增长 6%。主要考虑以下因素：一是今年经济发展形势严峻。世界经济仍将延续缓慢复苏态势，我国经济进入以个位数增长的速度换档期，市场能源需求不旺、煤炭价格低迷造成我市部分企业生产经营困难，经济下行压力较大，财政收入增长面临较大困难。二是财政减收因素。煤炭价格与企业效益下降对税收产生下拉影响，推进“营改增”扩面、暂免征收小微企业增值税和营业税、免征和取消 74 项行政事业性收费等也将减少一部分收入。

三是我市处于转型跨越发展和城镇化建设快速上升期,将会释放巨大的消费和投资需求,经济结构调整和稳增长政策效应将持续带来更多的产出效益,为财政收入增长奠定基础。四是完成"十二五"期间我市经济社会发展目标、保障转型综改试验区建设、确保社会公益项目建设和社会保障提标扩面等一系列惠民政策的落实,需要保持一定的收入增长速度。

考虑到2014年财税经济中此消彼长因素,应该说,这样安排2014年公共财政收入计划是实事求是和积极稳妥的,既体现了稳中求进的总基调,也符合我市转型跨越发展的总要求,但实现这一目标仍存在一定困难和不确定因素,需要各方面共同努力。

三、2014年财政工作任务

(一)用足用好财政政策,促进产业结构调整

牢固树立"发展是第一要务"的理念,增强宏观意识、大局意识和可持续意识,实施积极的财政政策,落实稳增长、扶持小微企业、支持服务业发展等政策措施,做强做优传统产业,培育壮大新兴产业,发展现代服务业,压减散碎项目和一般竞争性领域项目,整合资金支持淘汰一批落后产能、压缩过剩产能和实施节能项目。支持以"百里汾河新型经济带"建设为龙头的转型发展重点项目,使我市尽快走上集团化、高端化、园区化、循环化的转型发展之路。

(二)落实强农惠农政策,继续加大"三农"投入

全面贯彻落实好中央和省出台的各项强农惠农政策,加快转变农业发展方式,创新农业经营机制,提高农业现代化水平,确保农业增产、农民增收、农村稳定。支持农田水利建设,夯实农业发展基础,强化农业科技支撑作用,健全农业社会化服务体系,培育新型农业经营主体。继续支持农业综合开发,落实粮食补贴和农业保险保费补贴政策,增强农业防灾减灾和综合生产能力,保障粮食和农产品质量安全。推动实施"一村一品""一县一业"现代农业振兴翻番工程,支持特色、高质、高端、高效农产品产业支撑项目建设。扎实推进新农村建设和扶贫开发,筹措资金,支持办好"农村困难家庭危房改造、农村幼儿园改造、贫困人口易地扶贫搬迁、实施乡村清洁工程、万名新型职业农民培训"新的五件实事。

(三)完善财政投入机制,着力保障改善民生

完善针对不同教育类型的财政支持政策,引导企业、个人和社会多渠道投资教育;完善家庭经济困难学生资助政策体系,促进教育公平。支持实施更加积极的就业政策,建立健全城乡统筹的公共就业服务体系,促进高校毕业生、农村转移劳动力、城镇困难人员、退役军人等就业。加强社会保障体系建设,企业退休人员养老金再提高10%,城乡低保标准每人每月分别提高10元,城乡低保工作经费补助标准由人均3元提高到10元至15元,农村五保分散和集中供养补助标准每人再提高10%,优抚医院、光荣院集中供养人员生活费每人每月分别提高410元和360元,对重度一级残疾人按每人每年480元的标准发放生活补贴或护理补贴。完善公立医院综合改革补偿机制和基层医疗卫生机构运行机制,城镇居民医疗保险补助和新型农村合作医疗保险补助标准由280元提高到320元;完善重特大疾病医疗保险和救助制度,继续实施城乡居民大病医疗保险试点。落实好公租房和廉租房并轨运行制度,通过投资补助、贷款贴息、资本金注入等方式,吸引银行贷款、社会资本支持保障性安居工程及配套设施建设。设立文化产业、旅游产业发展基金,引导、鼓励社会资本参与文化旅游产业发展;支持公共文化服务体系建设,推动基层公共文化资源整合和统筹利用,探索建立新型国有文化资产管理体制。

(四)深化财税体制改革,提高财政预算绩效

改进预算管理制度。建立健全全口径预算管理制度。探索建立市级预算稳定调节基金管理办法,预算执行出现超收,主要增加预算稳定调节基金,预算执行出现短收,主要通过削减支出、调入预算稳定调节基金等方式解决。着力推进重点领域、重点项目特别是专项资金和项目的绩效管理,建立和完善绩效考评、约谈和问责制度。深入推进政府和部门预决算公开,细化决算公开内容,扩大预决算公开范围,加大"三公"经费公开力度。全面清理规范财税优惠政策,试编权责发生制政府综合财务报告。

盘活财政存量资金。加快预算执行进度,提高预算执行的及时性、有效性和安全性。加强财政结转结余资金管理,清理财政暂付款,腾出来的资金重点用于保障和改善民生,向亟需的农业、教育、社会保障、卫生、环境保护倾斜。控制新增财政存量资金，除救灾等应急支出通过动支预备费解决外，原则上不出台新的一般性增支政策。优化转移支付结构，增加一般性转移支付，加大对财政困难县市的转移支付力度，清理规范整合专项转移支付，严格规范新设专项转移支付。

加强地方政府债务管理。建立健全政府性债务管理制度，把政府性债务分门别类纳入全口径预算管理，严格政府举债程序，对政府性债务实行总量控制和风险预警。规范政府融资平台管理，增强融资平台投融资能力和风险承载能力。按照"化解旧债、控制新债"原则，发挥市场在资源配置中的决定性作用，支持社会资本参与城镇供水、供气、供热、公共交通、污水垃圾处理等市政公用事业和基础设施的投资、建设与运营，剥离可以通过市场化运营的政府性债务。

落实税制改革政策。加快营改增改革步伐，在全市范围内实施铁路运输和邮政业营改增试点。全面清理涉煤企业收费，积极推进煤炭资源税从价计征改革。

(五)加强财政监督管理，提升财政管理水平

积极加强法治财政建设。推进财政行政审批制度改革，完善财政管理制度体系，提升财政法律制度建设和执行质量。强化税收收入征管，加大税源补查力度。从严控制一般性支出。牢固树立过紧日子的思想，严格控制"三公"经费等一般性支出，"三公"经费支出数严格控制在预算数之内，实现只减不增。加强行政事业单位资产管理，行政单位依法取得的国有资产收益和处置等非税收入必须按时足额上缴国库，严格实行"收支两条线"管理。结合开展群众路线教育实践活动，深入推进会议费、差旅费、公务接待管理制度改革，坚持厉行节约，反对铺张浪费，降低行政成本。加强财政监督检查。加快嵌入业务流程的财政支出监督机制建设，推进财政内部控制体系建设。完善监督成果利用机制，切实将监督结果与预算编制和资金分配挂钩。

各位代表：做好2014年财政工作，任务繁重，责任重大。我们一定要在市委、市政府的正确领导下，在市人大的监督支持下，坚定信心，脚踏实地，攻坚克难，真抓实干，圆满完成全年预算工作任务，为推进我市转型跨越发展、全面建成小康社会做出新贡献！

临汾市人民代表大会常务委员会工作报告

——2014年4月11日在临汾市第三届人民代表大会第五次会议上

市人大常委会主任　徐树荣

各位代表：

我受市人大常委会委托，向大会报告工作，请予审议。

过去一年的主要工作

2013年，在中共临汾市委领导下，坚持以邓小平理论、"三个代表"重要思想、科学发展观为指导，深入贯彻落实党的十八大及十八届二中、三中全会和习近平总书记系列重要讲话精神，紧紧围绕全市转型跨越发展大局，认真履行宪法法律赋予的职责，召开常委会会议9次、主任会议11次，听取审议"一府两院"工作报告23项，开展执法检查8项，作出决议、决定、审议意见18项，任免干部16人(次)，有效发挥地方国家权力机关作用，为推进我市经济、政治、文化、社会和生态文明建设做出积极贡献。

一、围绕中心，服务大局，促进转型跨越发展

市人大常委会自觉维护市委总揽全局的领导核心地位，着眼全局筹划工作，着力实施重大决策，着手推动重点工作。

开展百里汾河新型经济带专项督察。专项督

察是人大常委会就重大事项、重点工程进行的监督活动。市委立足全局作出了建设百里汾河新型经济带的战略决策,市三届人大二次会议作出决议,依法将这一重大决策转化为全市人民共同意志。两年来,常委会始终高度关注,持续监督推动。2013年,坚持每季一督察,每次有主题。在基础设施建设专题督察中,常委会组成人员提出,加快临汾都市圈扩容提质,打造设施完善、功能健全、环境优良的宜居宜业地;就产业园区建设督察,提出发展绿色能源化工和先进制造业集群,加快改造传统产业,培育壮大新兴产业;在旅游转型升级方面,提出以文化旅游为依托,加快二者深度融合,促进服务业全面发展。对经济带内"两区同建"及文化旅游产业深度融合开展了专题调研,写出有见地的调研报告,为推进工作提供参考。市、县两级认识一致,合力攻坚;沿线群众积极参与,热情高涨,这项举全市之力实施的龙头工程完成战略规划编制;河道治理霍州至侯马段基本完工,滨河东路路基全线贯通;工业园区效益凸显,农业园区形成规模,物流园区开工建设,文化旅游园区加快开发;汾河城区段修复工程南北延伸,加快尧都、襄汾、洪洞同城化进程……玉带萦绕、气势磅礴的百里汾河新型经济带正引领着临汾提速腾飞,必将在世人面前展现出更加恢宏壮美的画卷。

对市环保局进行工作评议。环境问题是发展问题,更与人民群众生产生活息息相关。2013年,常委会采取市、县两级联动方式,对环保工作进行了评议。为增强实效,评议调查与平阳环保行同时开展。评议组深入9个县(市、区)39家企业、6个环保敏感区域调研、检查、采访,掌握第一手资料。在常委会会议上,听取专项报告,进行分组审议、联组审议、集中评议,作出评议意见,指出市区大气污染还未根本解决、水源地环境安全隐患严重、农村环境治理任务繁重等问题。市环保局根据评议意见要求,着手对煤烟污染、施工扬尘、汽车尾气、餐厨油烟进行治理,制定龙祠水源地全封闭和周边净化方案。各县(市、区)人大常委会也开展工作评议,上下联动,同步进行,推动环保系统整体工作,增强监督的针对性和实效性。

开展煤炭资源整合、重点工程项目、公路交通建设专题询问。专题询问是人大监督"一府两院"工作的重要形式。去年,常委会由3名副主任挂帅,分别抽调委员、代表组成3个专题询问工作组,深入调查研究,掌握一手情况,加强互动交流,推动问题整改。

煤炭资源整合是煤炭产业安全高效可持续发展的必然选择。随着整合后续工作的推进,一些遗留问题和深层次矛盾显现,在煤炭市场严峻的形势下,资源整合再度成为社会关注的热点。专题询问组先后深入尧都区、洪洞、乡宁等8个重点产煤县20余家煤矿企业进行调研,赴晋城市学习考察。常委会会议上,询问组成员就主体企业支付补偿价款情况、煤矿企业复工复产步伐缓慢、企业所在地群众利益得不到保障等16个问题,进行专题询问。常委会跟踪问效,市政府及有关部门和煤矿企业共同努力,新增投产矿井20座,新增产能2340万吨,全市原煤产量达到7041万吨。

项目建设是提升经济总量、优化产业结构、推动民生改善的重要载体。专题询问组依据工作方案,进企业、到工地、看园区,实地察看重点项目和民生工程。在常委会会议上,就建设用地供需矛盾突出、个别重大民生工程推进缓慢、部分项目审批手续办理滞后等14个问题进行专题询问。要求全力以赴抓好项目"六位一体"工作落实,按时序推进如临汾民航机场、大西高铁站前广场和滨河西路北延等重大工程,持续改善民生,增进百姓福祉。

公路交通建设是经济社会发展的重要基础。专题询问组听取市政府及公路、交通部门关于"十二五"期间公路交通建设进展情况汇报,赴洪洞县、尧都区和西山5县,实地察看土门高速连接线拓宽改造、霍州至永和关高速公路、沿黄干线公路至大宁段等工程现场,详细了解工程进度、资金来源、工程周期等情况,进行专题询问。市政府及有关部门在农村公路管理养护、城市公交客运发展及重点公路交通工程上采取新举措,取得新进展。

专题询问中,常委会组成人员和人大代表抓重点、抓要害,真问、敢问、会问;应询的18个政府部门"一把手"不推诿、不敷衍,力求把问题答清、答全、答透。疑问,在互动中化解;共识,在交流中形成。寓支持于监督的专题询问,其成果正在转化为改进工作的实效,得到市委充分肯定。

二、依法履职,强化监督,努力增强监督实效

常委会依法履行监督职责,完善监督方式,加大监督力度,促进依法行政和公正司法。

加强经济工作监督。常委会听取审议“十二五”规划纲要实施中期评估、计划预算执行、财政决算以及审计查出问题的整改报告。在肯定政府有效应对经济下行压力的基础上，要求高度重视财政收入结构不够合理、收支矛盾突出、偿债压力较大等问题，树立过紧日子的思想，严格控制“三公”支出，建立全口径预算管理和以绩效为导向的支出安排机制，提高经济发展质量和效益。常委会审议市级煤炭可持续发展基金投资计划调整议案，作出决议，提出“保重点、保续建，区分轻重缓急，坚持量力而行”，为生态治理、民生改善、转型发展提供资金保障。审议市本级财力超(短)收及预算支出变动议案，市财政局按功能科目变动情况首次报告了政府性基金收入和国有资本经营收支状况，向“阳光财政”迈出重要一步。

加强民生问题监督。“人生百年，立于幼学”，入园难、入园贵是影响教育公平的突出问题，也是人民群众反映强烈的民生问题。常委会在对全市学前教育专题调研的基础上，听取审议市教育局专项报告，指出学前教育存在的普惠性资源短缺、师资队伍不强、保教质量参差不齐等问题，要求扩总量、调结构、建机制、提质量，加快公办幼儿园建设，规范民办幼儿园管理，全面提高学前教育质量。常委会听取审议关于新型农村合作医疗情况的报告，提出农村医疗收费不合理、人才短缺、服务能力不强等问题，要求优化新农合补偿方案，加快支付方式改革，强化对定点机构管理，让参合农民更方便、更放心。听取审议全市食品安全工作专项报告，要求理顺监管体制，加大查处和追责力度，确保全市人民“舌尖上的安全”。

加强法律执行监督。常委会听取审议公、检、法部门关于执法规范化建设、刑事审判、反贪污贿赂情况专项报告，从加强责任意识、规范司法行为、提高审判质量、增强司法公信力等方面提出意见，强调健全权力运行制约和监督机制，让群众在每一起案件中感受到公平正义。听取审议全市“六五”普法情况的报告，要求加强宪法法律宣传教育，提高各级领导干部运用法治思维和法治方式履行职责的能力，在法治轨道上推进各项工作。先后对环保法、山西省预防职务犯罪工作条例进行执法检查；配合全国人大、省人大进行义务教育法、防震减灾法、安全生产法等执法调研，就国防动员法(草案)、山西省土地整治条例(草案)开展立法调研，促进有关法律法规贯彻实施。审查报备规范性文件12件，维护法制统一。常委会受理群众来信来访2340件(次)，及时进行交办、转办，重点督办45件，维护群众合法权益，促进社会和谐稳定。

加强干部任后监督。常委会严格规范任免程序，坚持任前法律知识考试、拟任人员供职发言等制度，依法任免国家机关工作人员，保证我市地方国家机关有效运转。听取审议纳入“三账”监督的55家单位年底“交账”报告，进行满意度测评，通过《临汾日报》、临汾电视台公开测评结果。

三、完善措施，主动服务，发挥代表主体作用

人大工作的基础是代表，活力在代表。常委会完善服务措施，强化保障机制，使人大工作充满生机。

一是拓宽代表知情知政渠道。向代表通报常委会和“一府两院”重要工作和重大活动。2013年，组织省、市人大代表列席常委会及各类会议110余人次，参加工作评议、专题询问、执法检查、视察调研、案件庭审及征求意见等70余人次。在扩大代表对常委会工作参与的同时，增强代表执行职务的责任感，代表的主体地位得到尊重，主体作用得以发挥。

二是强化代表建议意见督办。市三届人大四次会议期间，代表共提出建议、批评和意见117件，交由市政府办理的共116件，涉及39个单位。经过集中交办、重点督办、对口催办等措施，93%的建议意见得到解决和采纳。针对代表提出的垃圾分类处理的建议，全市先后投资上亿元，建设生活垃圾压缩转运站、无害化处理厂、医疗垃圾处理厂等工程，使垃圾分类处理步入规范化轨道；通过办理加快建设现代农业示范园区的建议，市、县两级积极稳妥推进土地流转，培育发展一批规模大、标准高、功能全的现代农业园区，促进农业增效、农民增收。督办建议意见，使代表的真知灼见越来越多地转化为加快发展的生动实践，在彰显代表参政主政、依法监督效应的同时，调动代表履职积极性。

三是创新代表闭会期间活动。12月，常委会组织市人大代表跨行政区域交叉视察，代表普遍反映，拓宽视野，增长见识，为推动本辖区转型跨越发展提供了思路。这项工作得到省人大高度评价。为规范省人大代表闭会期间的活动，常委会制定《临汾市省十二届人民代表大会代表小组活动办法》。采取“请进来、走出去”的方式,定期邀请专家来临就人大制度理论、相关法律法规、代表权利义务等对省、市人大代表进行培训,组织部分省人大代表赴省城参加履职培训,提高履职能力。

四、认真调研,转变作风,努力加强自身建设

常委会组成人员及机关工作人员认真学习习近平总书记系列重要讲话精神,以加强学习、转变作风、完善机制为重点,提升政治素质、法律素养和履职能力。把调查研究作为提高履职水平的重要前提,制定出台《关于加强和改进调查研究工作的意见》。严格贯彻落实中央八项规定及省委、市委决策部署,坚决反对“四风”,开展清车、清房专项治理。领导干部开展包村增收、下乡住村和“访民生、知民情、解民事”集中走访活动,夯实人大工作的群众基础。召开全市人大宣传工作会议,完善人大宣传工作机制。提高常委会公报、《临汾人大》期刊和《临汾人大年鉴》质量,办好临汾人大网站。参加秦晋豫“金三角”人大工作研讨会。加强对县(乡)人大工作的指导,督促各县(市、区)人大常委会完善议事规则,健全工作制度,推广使用电子表决器。争创市级文明单位,巩固人大机关充满活力、务实高效、管理有序、风清气正的良好局面。

各位代表,过去一年,在中共临汾市委的坚强领导下,常委会做了大量卓有成效的工作,这是全体代表、常委会组成人员和机关工作人员共同努力的结果,是“一府两院”、各县(市、区)人大常委会及社会各界大力支持的结果。在此,我代表市人大常委会,表示崇高敬意和衷心感谢!

我们也清醒地认识到,常委会工作与新形势、新任务的要求相比,与广大代表和人民群众的期望相比,还存在不少差距:主要是监督工作实效性还不强,跟踪监督力度还不够,督促各部门整改效果还不明显;代表工作需要改进,在增强代表履职意识、履职能力方面还需提高;人大常委会组成人员深入基层、深入群众、深入实际,调查研究有待进一步加强等,这都需要我们在工作中努力加以改进。

2014 年主要任务

各位代表,党的十八届三中全会开启人民代表大会制度与时俱进新征程,群众路线教育实践活动为人大工作理论和实践创新提供新契机,率先转型、全力跨越的生动实践对人大代表依法履职提出新要求。人民代表大会产生于民,权授于民,履职为民;根基在人民,血脉在人民,力量在人民。人民代表大会,通过人大代表源源不断把群众意愿、人民心声反映汇聚起来,通过人大代表把地方国家意志传递落实到群众中去,有利于把党的主张变为群众自觉行动。人民代表大会制度是坚持党的群众路线的最好形式;坚持党的群众路线是人民代表大会制度的本质要求。我们要更加坚定道路自信、理论自信、制度自信,以民之所望为履职所向,凝聚改革发展正能量,彰显人大制度优越性,使各项工作更好地体现时代性、把握规律性、富于创造性。

今年常委会工作的总体要求是:高举中国特色社会主义伟大旗帜,以邓小平理论、“三个代表”重要思想、科学发展观为指导,全面贯彻党的十八大、十八届二中、三中全会和习近平总书记系列重要讲话精神,在中共临汾市委的领导下,深入开展党的群众路线教育实践活动,紧紧围绕改革创新年、转型攻坚年、环境提升年、服务群众年活动,坚持党的领导、充分发扬民主、严格依法办事有机统一,发挥地方国家权力机关作用,为率先转型、全力跨越,建设文明开放、富裕和谐新临汾做出新贡献。根据这一总体要求,要着力做好以下工作。

一、扎实开展党的群众路线教育实践活动,以活动成效检验和提升人大工作水平

今年以来,市人大常委会党组把教育实践活动作为首要政治任务,认真贯彻中央、省委、市委的决策部署,按照“照镜子、正衣冠、洗洗澡、治治病”的总要求,以“为民务实清廉”为主题,聚焦反“四风”,强化学习、把握实质,深入一线、住村调研,征求意见、认真梳理,使教育实践活动扎实推进。收集常委会党组及成员“四风”及工作方面的问题 260 余条,经过梳理归纳,肯定的有九个方面,意见建议七个方面。将贯彻习近平总书记在兰考县调研指导第二批教育实践活动时强调的“五个准确把握”,学习弘扬焦裕禄精神,践行“三严三实”要求,在对标立规中找差距,在上下互动中解难题,确保教育实践活动善始善终,善作善成。要尽快制定出台市人大常委会组成人员联系基层市人大代表、市人大代表联系所在选区县(市、区)人大代表、市人大机关联系扶贫点的“三联”办法,在密切代表与群众联系上动脑筋,在及时反映群众呼声上下功夫,在推动“一府两院”解决群众困难上求实效,使常委会工作更加切合实际、顺应民意。

二、紧紧围绕“四个年”活动，在服务大局上体现新作为

改革创新是动力之源，转型攻坚是必由之路，环境提升是共同期盼，服务群众是根本宗旨。市委三届五次全会暨全市经济工作会议提出，在全市开展“四个年”活动，我们要通过听取专项报告、开展执法检查、组织代表视察、进行专题询问和专项督察等形式，加大对行政审批制度改革、财税体制改革、农村土地制度改革、社会保障体系建设、生态环境综合治理等监督支持力度。重点是：听取审议市政府关于精简行政审批事项、农村土地经营权流转情况的报告；继续以百里汾河新型经济带建设督察为重点，围绕新型城镇化建设、化解产能过剩、高新技术产业培育等开展“每季一督察”；继续关注全市大气和水环境质量，听取大气污染防治和水环境治理专项报告，努力消除老百姓“心肺之患”，让人民群众喝上安全放心的水；推动加快实现“三通”，即大西高铁客运站通车，临汾民航机场通航，滨河东路南北延工程通行，让群众出行更加便捷。常委会要综合运用法定职权，在法治轨道上推进“四个年”活动深入开展。

三、有效行使宪法法律赋予的各项职责，发挥地方国家权力机关作用

要加强对计划、预决算的审查监督，强化对审计整改的跟踪监督。督促加快包括公共财政、政府性基金、国有资本经营、社会保障基金等在内的全口径预决算体系建设，在预算编制、预算执行、预算绩效、大额专项资金管理使用方面，探索建立有效监督办法。在对煤炭资源整合、重点工程项目、公路交通建设专题询问跟踪问效的基础上，听取整改情况报告。对市中级人民法院司法公开情况进行重点监督。就学前教育、扶贫开发进行专题询问。开展农产品质量安全法律法规执法检查，继续开展平阳环保行活动。做好规范性文件备案审查工作。督促指导第十届村民委员会换届选举工作。行使好重大事项决定权，适时作出决议决定。坚持党管干部与人大常委会依法任免干部有机统一，行使好人事任免权。加强干部任后监督，完善“三账”监督机制，运用好满意度测评结果，促使领导干部恪尽职守，为民造福。

四、尊重代表主体地位，充分发挥代表作用

我市现有市人大代表396名，每名代表平均为1.1万人代言。如果一位代表不履职，就意味着一万多人权利缺失；如果一位代表不发言，就意味着一万多人沉默失声。我们要深刻认识肩头这份沉甸甸的责任，珍惜“话语权”，多发“好声音”。“好声音”从哪里来？从人民群众中来。要真心听民声，尽心代民言，广泛汇民智，倾力解民忧，真正以行动诠释责任，以责任回报信任。要认真贯彻落实市人大代表闭会期间活动办法，加强代表小组和代表活动室建设，完善市人大代表跨行政区域交叉视察，完善代表履职和向选区述职制度。常委会要不断创新代表工作，保障代表知情知政、扩大代表对常委会工作的参与。提高代表议案、建议办理质量，建立代表议案、建议办理考核机制，推动办理工作由“答复满意”向“落实满意”转变。要在临汾人大网站设立传递民意的“绿色通道”，宣传人大代表履职的做法和经验，使群众呼声、人民意志更好地得以反映和实现。

五、以提升服务保障能力为重点，全面加强自身建设

教育实践活动有期限，贯彻群众路线无止境，作风建设永远在路上。坚持把改进作风放在各项工作的首位，自觉深入基层、开展调查研究，使常委会工作更好地接地气、聚民智、顺民意。坚持民主集中制原则，坚持集体领导，自觉依法按程序办事，提高常委会会议审议质量和水平。发挥好机关集体参谋助手和服务保障作用，践行社会主义核心价值观，努力建设务实、高效、清廉的人大机关。以纪念人民代表大会制度建立60周年、地方人大设立常委会35周年为契机，加强对人大制度和人大工作的宣传。加强对县(市、区)人大工作的业务指导、法律监督和工作联系。适应信息化发展新要求，督促指导9个县(市、区)人大常委会建立网站，提升全市人大信息化建设水平。

各位代表，我们要在中共临汾市委的坚强领导下，始终不渝地坚持“发展是第一要务”的理念不松懈，更加自觉地坚持推进环境治理、建设美好家园不动摇，更加自觉地坚持巩固安全生产持续向好的成果不动摇，更加自觉地坚持维护政治安定、社会稳定的大好局面不动摇，解放思想，勇毅笃行，坚守使命，勇于担当，为率先转型、全力跨越，建设文明开放、富裕和谐新临汾而奋斗！

临汾市中级人民法院工作报告

——2014年4月11日在临汾市第三届人民代表大会第五次会议上

市中级人民法院院长　关中翔

各位代表：

现在，我代表市中级人民法院向大会报告工作，请予审议，并请市政协委员和列席会议的同志提出意见。

2013年，全市法院在市委的坚强领导下，在市人大及其常委会的有力监督和市政府、市政协以及社会各界的关心支持下，深入学习贯彻党的十八大、十八届三中全会精神，坚持服务大局、司法为民、公正司法，忠实履行宪法和法律赋予的职责，全面加强自身建设，各项工作取得新进展，为建设文明开放、富裕和谐新临汾做出积极贡献。

一、积极履行审判职责，维护社会和谐稳定，全力服务新临汾建设

一年来，全市法院共受理各类案件24478件，审执结23943件，结案率为97.81%；中级法院受理各类案件3331件，审执结3272件，结案率达到98.23%。案件受理数与上年基本持平，结案数、结案率再创新高。

围绕大局谋划法院工作。全市法院从建设文明开放、富裕和谐新临汾的大局出发，明确工作思路，突出工作重点，积极作为，勇于担当，充分发挥司法机关在经济社会发展中的积极作用。中级法院制定《为全市转型跨越发展提供司法保障的实施意见》和《打造百里汾河平安法治带实施方案》等有关规定，对全市法院服务和保障工作进行统一部署、科学决策和协调指导。树立“依法及时公正审判好每一个案件，就是最好地服务大局”的理念，紧贴全市中心工作，做到服从大局、服务大局，赢得各级党委、政府和社会各界对法院工作的认可、支持和好评。

依法惩处各类刑事犯罪。两级法院共受理刑事一审案件2313件，审结2284件(其中，市中级法院受理83件，全部结案)。中级法院受理刑事二审案件210件，审结202件。全市法院判处罪犯2772人，其中判处5年以上有期徒刑直至死刑251人。

全市法院以平安临汾建设为目标，发挥刑事审判职能，依法惩处各类刑事犯罪，促使我市治安大局持续稳定，人民群众安全感稳步提升。依法严惩危害公共安全、侵犯公民人身权利的严重暴力犯罪，审结故意杀人、故意伤害、危险驾驶(醉驾犯罪)等犯罪685件，判处罪犯989人。深入开展打击“两抢一盗”专项行动，审结抢劫、抢夺、盗窃等犯罪627件，判处罪犯1026人。依法惩处破坏市场经济、妨害社会管理秩序犯罪，审结危害食品安全、集资诈骗、“涉黑”等犯罪409件，判处罪犯726人。加大对贪污贿赂、渎职侵权等职务犯罪的打击力度，审结贪污、受贿、玩忽职守等犯罪150件，判处罪犯223人，促进反腐败斗争的深入开展。

依法化解民商事矛盾纠纷。全市法院共受理民商事一审案件14785件，审结14502件(其中，市中级法院受理191件，审结186件)。中级法院受理民商事二审案件1153件，审结1152件。

两级法院对我市经济社会转型中出现的新情况、新问题，加强司法应对，服务实体经济发展，积极防范和化解风险。坚持平等原则，审结融资借贷、投资合作、工商贸易、工程建设等案件4820件，保护各类市场主体的合法权益，促进经济持续健康发展。关注和保障民生，审结婚姻家庭、邻里纠纷、侵权赔偿以及拖欠农民工工资等各类案件8510件，保护妇女、儿童、残疾人、农民工等弱势群体的合法权益;倡导文明和谐、崇德向善,贬抑侵权,促进社会公平正义。高度重视"三农"工作,审结农村土地承包、山林权属、农产品销售等各类案件 275 件,维护农民权益,促进农村稳定和农业发展。加强知识产权审判工作,制裁不正当竞争行为,促进科技创新和成果转化。

依法化解行政争议。两级法院共受理一审行政案件 105 件,审结 104 件。中级法院受理二审行政案件 53 件,全部结案。注重畅通行政诉讼渠道,引导当事人依法表达诉求、行使诉权。强化合法性审查,切实保护公民、法人和其他组织的合法权益。建立司法与行政良性互动、联动机制,及时向行政机关通报行政诉讼案件司法审查情况,对行政执法中存在的问题,及时提出司法建议,促进行政机关提高执法水平,防范和减少行政争议,推进法治临汾建设。

二、坚持司法为民宗旨,充分发挥审判职能,维护人民群众合法权益

一年来,全市法院牢牢把握司法为民公正司法工作主线,深化宗旨意识,创新为民举措,使法院工作更加符合民情,体现民意,服务民生,让人民群众在每一个司法案件中都感受到公平正义。

加强民事调解工作。坚持和发展"枫桥经验",强化调解工作,引导当事人通过调解、和解等方式,高效便捷地化解民商事纠纷。全市法院民商事一审案件调解结案 11262 件,调解率达到 77.97%,保持高调解率态势,蝉联全省法院前列。在全省法院调解率排名前 10 位基层法院中,我市就有 5 个(安泽、浮山、大宁、隰县和永和县法院),其中,安泽县法院由上年的第三名跃居全省第一名。努力做好刑事附带民事调解、刑事和解、行政协调和执行和解工作,注重保护刑事受害人、行政相对人和申请执行人的合法权益,力求执法办案效果最大化。

解决执行难。加强与公安、工商、金融等部门的沟通协作,完善执行联动、威慑机制。建立失信被执行人名单制度,首批公布 52 名失信被执行人,加大曝光和惩戒力度,构筑对潜在失信者的有力震慑。开展涉党政机关执行积案专项清理工作,共 64 件党政机关为被执行人的历史积案,标的达 4480.5 万元,全部清结。对涉及企业生产、民生利益和社会稳定的案件,做好思想疏导工作,促使被执行人自觉履行义务。2013 年,全市法院共受理执行案件 4317 件,执结 4155 件,执结标的达19.65 亿元,实际执行率达到 81.09%,比上年度提高 7.96个百分点,比全省法院平均值高出 3.83 个百分点,最大限度兑现胜诉当事人的合法权益。

注重保护未成年人的权益。推行"圆桌审判",落实轻罪记录封存制度,考虑未成年被告人的身心特点,依法保护未成年被告人的名誉、自尊和人格尊严。全市法院共审结未成年人犯罪案件 95 件,对 146 名未成年被告人依法予以从轻、减轻或免予刑事处罚。依法严惩侵害未成年人的刑事犯罪,加大对侵害未成年人特别是儿童的强奸、拐卖、猥亵等刑事犯罪打击力度,做好民事赔偿、司法救助工作。开展送法进校园、进社区、进农村等活动,教育未成年人远离违法犯罪,增强全社会保护未成年人的观念。

深化司法便民利民服务。加强立案、信访窗口建设,注重从立案告知、法律咨询、来访接待等方面,为当事人提供"一站式"服务。坚持文明、热情接待,共受理来访群众 6601 人次,来信 112 件。落实司法救助制度,减免缓交诉讼费 658.61 万元,让确有困难的当事人能够及时立案,维护他们的合法权益;救助困难群众 122 人,救助金额 303.26 万元,充分体现司法的人文关怀。推行涉诉信访工作机制改革,创新群众工作方法,化解各类信访案件。完善法官驻村、驻社区制度,为群众提供便捷司法服务。推行巡回审判,方便群众诉讼。开展普法宣传,提高群众法治意识。两级法院还通过争取项目资金、物资设备、捐款捐物(书)等多种方式,搞好定点扶贫和领导干部包村增收等方面的工作,密切法院、法官与人民群众的联系。

三、不断加强审判管理,努力提高审判质效,切实保障司法公正

全市法院高度重视案件质量工作,加强和创新审判管理,案件质量水平稳步提升,审判工作运行态势保持积极变化,结案率、调解率、一审服判息诉率以及实际执行率等主要考核指标发展向好。

完善审判管理机制。两级法院立足审判工作实际,在提高审判质量、防止差错案件上下大功夫。实行案件质量终身负责制,规范主审法官、审判长及合议庭的职责,让审理者裁判,由裁判者负责。完善审委会工作制度、检察机关负责人列席审委会议制度以及重大案件沟通交流、征求意见制度,确保每一起案件的质量,有效地防止和避免差错案件的发生。

健全审判考核制度。市中级法院加强对两级法院案件质量评估与审判态势分析工作,对各基层法院与中院各审判职能部门分别分解细化19项和13项考核指标,按月或季度进行考核考评,做到动态分析、实时跟踪,对发现的问题或不足,及时予以纠正。年终对各基层法院的审判和执行工作情况从纵向和横向两方面综合分析、逐项排队、全面通报。对中院各审判业务庭和每名法官的审判绩效情况,按月、按季度排队通报,并予以公示,接受全院干警的评议和监督。

促进"阳光司法"。全面推行立案、庭审、执行、听证等审务公开,增强审判工作的透明度,使审判、执行工作在阳光下运行。推进审判流程公开、裁判文书公开、执行信息公开等三大司法公开平台建设,以公开促公正,以透明树公信。市中级法院贯彻新修订的刑事诉讼法,对刑事二审案件由书面审理变为开庭审理,克服审判力量严重不足、审限时间较短、协调事项较多等实际困难,深入17个基层法院开庭审理二审案件100余起,保证刑事二审案件的审判质量。规范减刑、假释工作,对办理的1437件减刑、假释案件一律进行公示,其中变更减刑296件,裁定不予假释6件;对21件"三类"减刑、假释案件,全部进行公开开庭审理,受到省委政法委肯定。

加强审级监督指导。市中级法院通过审理二审案件,加强对基层法院审判业务的监督指导。2013年,审结各类二审案件1407件,其中维持593件,改判148件,发还166件,以调解或其他方式结案500件。注重通过二审程序发现、分析和总结上诉案件中存在的问题和不足,并及时向基层法院提出针对性指导意见。注重从多发性、新类型案件中筛选、编写指导性案例,统一司法尺度。翼城县法院审理的吴某聚众扰乱社会公共秩序案例,被确定为全国法院典型案例。侯马市法院审理的某钢铁有限公司股权转让纠纷案例,入选《中国法院2013年度案例》。

四、全面加强自身建设,着力打造过硬队伍,促进法院科学发展

全市法院把队伍建设放在突出的位置,加强思想政治工作,建设一支信念坚定、执法为民、敢于担当、清正廉洁的法院队伍。市中级法院刑二庭支部书记、副庭长冯春英荣获"全国五一巾帼标兵",刑一庭副庭长胡元峰荣获"全国法院办案标兵"。安泽县法院党建创新工作、乡宁县法院民事执行工作、翼城县法院维护妇女儿童权益工作等都走在全国法院的前列。全市两级法院先后有18个集体、48名干警受到国家、省级以上立功、嘉奖或表彰。

强化纪律作风、党风廉政建设。认真落实中央八项规定,自觉抵制"四风",严格执行"十不准",全市法院司法作风、工作作风明显改进。中级法院连续五年被评为市直文明和谐单位,全市17个基层法院有15个被评为省级、市级或县级文明和谐单位。开展党风廉政、司法廉洁教育,把反腐倡廉的形势任务、警示案例、规定提示汇编成册,人手一本,做到学习、警示常态化。通过定期上党课、组织党纪法规考试、公开承诺等方式,增强全体干警反腐倡廉的自觉性。认真开展"利剑工程"活动,在执法办案各个环节完善廉政风险防范机制。落实司法巡查制度,中级法院选择6个基层法院进行司法巡查。加强审务督察,开展专项督察15次。以零容忍的态度,严肃查处违纪违规10案12人,确保公正高效廉洁司法。

提高审判业务素质。以新修订的刑事诉讼法、民事诉讼法为学习培训重点,从两级法院选派30批次190名干警参加了最高法院、省高院举办的学习培训。邀请最高法院资深法官对全市两级法院680余名刑事、民事审判法官进行集中培训。鼓励和支持年轻干警参加硕士研究生学历教育,全市法院硕士研究生在读或取得学历46人,取得新入学资格5人。

加强基层基础建设。努力争取各方面的支持,推进全市法院"两庭"建设、物质装备建设、信息化建设步伐。中级法院审判大楼前期各项工作稳步推进。大宁法院审判大楼投入使用,汾西、吉县、曲沃法院审判大楼主体工程竣工,配套工程顺利进行。蒲县法院审判大楼工程全面启动。加强司法政务、司法警务以及后勤保障等各项工作,确保审判工作的顺利开展。

改进宣传舆论工作。市中级法院和17个基层法院适应新媒体时代司法宣传工作的需要,在原有网站的基础上,借助中国法院网的资源优势,建立外宣官方网站。充分利用网络信息平台,在新浪和腾讯建立官方微博。注重依托主流媒体，弘扬主旋律，塑造良好的司法形象，增强司法的正能量。在全市法院建立一支由 49 名青年干警组成的网评员队伍，做好敏感案件、网络炒作事件的舆论引导工作，努力营造良好的司法环境。

各位代表，自觉接受人大监督，是人民法院正确履行审判职责的重要保障。过去的一年，全市法院不断强化人大意识，积极向人大及其常委会报告工作，切实落实人大及其常委会的决议和决定。认真办理人大代表、政协委员建议、提案 13 件，办理人大代表、政协委员关注案件 21 件，并及时反馈办理情况。加强与人大代表、政协委员的日常联络，通过邀请旁听庭审、视察工作、座谈、走访、接待等方式，听取意见和建议 1003 人次。认真接受检察机关的诉讼监督，确保司法公正。接受社会各界的广泛监督，回应各方面的关注和关切。启动“倍增计划”，深化司法民主，全市法院人民陪审员增至 422 人，参审案件 5424 件，陪审率达到 53.9%，有效地发挥人民陪审员的优势和作用。

回顾过去一年的工作，我们深刻地体会到，全市法院工作取得的成绩和进步，是市委坚强领导、市人大及其常委会有力监督、市政府大力支持，市政协及各县(市、区)党委、人大、政府、政协、社会各界和各级人大代表、政协委员关心、支持的结果。在此，我代表市中级人民法院和全市法院干警表示衷心的感谢和崇高的敬意！

我们在看到成绩和进步的同时，也清醒地认识到，全市法院工作还存在一些明显的问题、困难和不足：一是有的案件裁判不公、效率不高，损害有关当事人的利益和人民法院的司法公信力。二是少数法官为民意识不强、作风不实，司法行为不规范、不文明，群众反映强烈。三是执行难仍然困扰着人民法院，影响法律的权威和尊严。四是一些法官思想观念、司法能力、司法水平与时代要求不相适应；法院队伍综合素质、工作责任心还有待提高。五是法院的基础设施，特别是信息化、科技化水平不能适应时代发展的要求，等等。对这些问题、困难和不足，我们将采取有力措施，努力予以解决。

2014 年，是贯彻落实党的十八届三中全会精神、全面深化改革的开局之年，是我市改革创新年、转型攻坚年、环境提升年、服务群众年，做好人民法院工作意义重大。全市法院工作的总体思路是：以党的十八大、十八届三中全会和中央政法工作会议精神为统领，深入贯彻落实市委三届五次全会暨全市经济工作会议精神，坚持司法为民、公正司法，认真履行审判职责，全面加强自身建设，深入开展“四个年”活动，维护社会大局稳定，为建设文明开放、富裕和谐新临汾提供强有力的司法保障。为此，我们将重点做好以下六个方面的工作：

一是认真开展党的群众路线教育实践活动。要严格按照市委的安排部署，学习贯彻习近平总书记系列重要论述、重要讲话以及今年 1 月 28 日对法院工作作出的重要批示精神，切实把思想和行动统一到党中央的要求上来，强化政治建设，打牢思想基础，把好政治方向。紧密结合法院实际，既要做好规定动作，又要做好自选动作，按计划、按步骤，认真做好每个阶段的每项工作，确保教育实践活动取得实实在在的效果。

二是履行各项审判职责。坚持“依法及时公正审判好每一个案件，就是最好地服务大局”的理念，深化能动司法，把法院工作融入全市“四个年”活动之中，服务“百里汾河新型经济带”建设和全市转型跨越发展。加强和改进刑事、民事、行政等各项审判工作，依法惩处刑事犯罪，化解各类矛盾纠纷，促进平安临汾、法治临汾、诚信临汾建设。依法惩处贪污贿赂、渎职犯罪，促进建设廉洁政治。

把保障人民安居乐业作为法院工作的根本目标，依法严惩危害社会治安犯罪，增强人民群众安全感。高度关注食品药品、环境污染、医疗纠纷、消费权益、劳动争议等领域的群众诉求，保障和改善民生。加强民事调解工作，力求案结事了人和。坚持和发展“枫桥经验”，加强诉调对接，建立矛盾纠纷多元化解机制。完善未成年人审判工作，加强与学校、妇联、共青团的联系，注重保护妇女、儿童、残疾人等弱势群体的合法权益。开展涉民生案件专项集中执行活动，努力实现胜诉当事人的合法权益。完善和落实巡回审判、法官驻村、“一村一警”等司法便民利民措施，让群众话有处说、难有人帮。

三是认真落实司法改革举措。要按照上级的统一部署，积极、稳妥地抓好各项司法改革措施的落实。推进涉诉信访工作机制改革，把涉诉信访纳入法治轨道，用法治手段化解信访难题。搞好审判权运行机制改革，完善主审法官、合议庭办案责任制，落实案件质量终身负责制，提高司法公信力。

加快审判流程公开、裁判文书公开、执行信息公开等三大司法公开平台建设，力争在2015年底提前一年完成“三大平台”建设任务。落实人民陪审员数量“倍增计划”，推进司法民主。全面实施量刑规范化，促进社会公平正义。

四是强化案件质量管理。树立案件质量意识，完善案件质量评估与审判态势分析制度，增强审判管理的科学性和实效性。落实审判流程管理制度、审限提示与警示制度，减少超审限案件，提高结案均衡度。注重裁判文书质量，强化析理说法。严格规范减刑、假释工作，增强司法的严肃性和公信力。自觉接受各方面监督，提高人民群众的满意度。

五是强化法院队伍建设。要牢记“五个过硬”要求，认真践行社会主义核心价值观，坚定理想信念，增强政治定力，培养职业良知，坚守法治信仰。加强作风纪律和党风廉政建设，把从严教育落实到位，引导干警坚决守住做人、处事、用权、交友的底线；把从严管理落实到位，在执法办案的各个环节设置隔离墙、架起高压线，实行全方位、全过程、无缝隙监督；把从严查处落实到位，对违反规定的行为发现一起查处一起，在队伍内部形成强大威慑，以零容忍的态度严肃查处违法违纪行为。开展创先争优、文明和谐单位创建工作，努力树立人民法院的良好形象。

开展业务培训、岗位练兵和实践锻炼，提升职业素养和专业水平，提高公正司法能力和群众工作本领。推进法院队伍的正规化、专业化和职业化建设，走内涵式发展道路。

六是强化基层基础和信息化建设。加强对基层法院审判工作的指导和监督，提高全市法院执法办案水平。加快基础设施建设，改善执法办案条件。加强信息化建设，注重科技手段的应用，为公正司法提供技术支撑。加强司法宣传工作，做到正面宣传与舆情应对相结合，凝聚法治力量。加强人民法庭建设，使其成为人民法院践行党的群众路线的前沿阵地。注重关心、关爱干警，努力协调解决法院干警，特别是工作一线、基层法院和人民法庭干警的职级、待遇。加强法院文化建设，疏导和排解干警的工作压力和心理负担，确保以健康的心态、昂扬的心志投入到紧张和繁重的审判、执行工作之中。

各位代表，2014年，全市法院要在市委的坚强领导下，在市人大及其常委会的有力监督和市政府、市政协及社会各界的大力支持下，认真落实本次大会精神，扎实工作，锐意进取，攻坚克难，全力维护社会大局稳定，为建设文明开放、富裕和谐新临汾做出新的更大的贡献！

临汾市人民检察院工作报告

——2014年4月11日在临汾市第三届人民代表大会第五次会议上

市人民检察院检察长　苑　涛

各位代表：

现在，我代表临汾市人民检察院向大会报告工作，请予审议，并请各位政协委员和列席人员提出意见或建议。

2013年，在中共临汾市委和省检察院的正确领导下，在市人大及其常委会有力监督下，全市检察机关认真学习贯彻市委三届四次全会精神，全面落实市三届人大四次会议决议，紧紧围绕全市中心工作，忠实履行法律监督职责，各项检察工作取得新进展。

一、充分发挥检察职能，积极服务全市发展大局

坚持把服务大局作为检察工作的根本任务，立足本职，用心把握，找准定位，服务发展。

一是着力优化发展环境。围绕临汾综改试验区建设和“百里汾河新型经济带”建设的战略决策，市检察院出台服务和保障综改试验区建设的25条意见，各基层检察院全部制定实施方案，细化措施，明确责任，针对性地服务产业园区、新型城镇化、民生事业等建设，为临汾产业结构调整和转型升级创造优质高效的司法环境。批准逮捕集资诈骗、非法传销等破坏市场经济秩序犯罪39件46人，起诉82件111人；在粮食系统开展专项侦查活动，立查贪污贿赂案件15件32人；查办曲亭水库坝体塌陷等事故背后的渎职犯罪27件30人；跟进重点工程项目招投标、拆迁赔偿等环节的职务犯罪预防，提供行贿犯罪档案查询3203次，保障政府投资安全；开展督促起诉专项活动，督促政府相关部门清收土地出让金、环保费、城建配套费、社会抚养费、水资源管理费等1600余万元。

二是着力化解社会矛盾。履行维护社会和谐稳定的责任，批捕各类刑事犯罪嫌疑人1634人，提起公诉3238人。在严惩各种严重刑事犯罪同时，贯彻宽严相济等刑事政策，在检察环节化解矛盾。对犯罪情节轻微等犯罪嫌疑人，不批捕401人、不起诉242人，最大限度地减少社会对抗。加强羁押必要性审查，对不需要继续羁押的85人建议释放或变更强制措施。落实新刑诉法关于“未成年人刑事案件特别诉讼程序”的规定，设立机构或指定专人，采取分案起诉、亲情会见、合适成年人在场等保护性措施，办理未成年人刑事案件77件184人。畅通群众诉求渠道，共依法妥善处理群众来信1458件、来访1512人(次)，其中，两级院检察长亲自接待群众来访695人(次)。依法办理国家赔偿案件7件，赔偿金额7.4万元。注重司法人文关怀，救助37名刑事被害人，发放救助金81万余元。

三是着力保护民生民利。开展查办发生在群众身边、损害群众利益的职务犯罪专项工作，查办涉农资金、专项补贴、社会保障等民生领域的贪污贿赂案件71件118人、渎职侵权案件24件32人。与市卫生局、食药局、工商局等六部门，联合出台打击和预防食品药品安全犯罪意见，开展食品药品安全专项整治行动，保障群众饮食和用药安全。强化对环境资源的司法保护，针对非法采矿、盗伐林木等犯罪，共批捕18件25人，起诉36件49人。

二、加大查办和预防职务犯罪力度，推进反腐倡廉建设

坚决贯彻市委、省检察院关于反腐败斗争的决策部署，坚持“老虎”“苍蝇”一起打，惩治预防两手抓，遏制和减少职务犯罪。

严肃查办职务犯罪案件。以党委政府重视、群众反映强烈、影响发展稳定的大案要案为重点，加大办案力度。立案侦查贪污贿赂案件96件155人，立案人数同比上升2%，其中，大要案比例100%。立案侦查渎职侵权案件56件67人，立案人数同比上升4.6%，其中，重特大案件26件32人，同比上升2.3%。

强化预防职务犯罪工作。实践“预防职务犯罪出生产力”的理念，深入开展预防职务犯罪工作。落实职务犯罪惩防年度报告制度，向党委政府提供年度惩防报告18份，深入分析重点行业、重点领域职务犯罪发案特点、发展趋势，提出防治对策，为反腐倡廉提供参考。加强预防基地建设，深入开展预防宣传，举办各类预防宣传和警示教育讲座近300场(次)，受教育人数达3万余人，营造廉荣贪耻的社会氛围。特别是两次组织2300余名干部，参加省预防职务犯罪宣讲团的宣讲活动，规模大、效果好，受到省检察院肯定。拓宽预防途径，提出检察建议273份，开展预防调查347次，发现并移送案件线索29件。组织市住建局、人社局等系统的预防工作人员，到吉林大学进行预防知识专题培训，提高预防职务犯罪工作水平。

三、全面加强诉讼监督，努力维护司法公正

贯彻落实修改后的刑诉法、民诉法，单独或联合其他机关新制定规范性文件15件，全面加强对立案、侦查、审判、执行等各环节的法律监督，促进严格执法、公正司法。

一是刑事立案和侦查活动监督效果明显。重点监督纠正有案不立、以罚代刑、违法立案等问题。对侦查机关应当立案而不立案的，监督立案262件，同比上升5%；对侦查机关不应当立案而立案的，监督撤案128件；对应当逮捕而未提请逮捕的，追加逮捕67人；对应当起诉而未移送起诉的，追加起诉52人。纠正侦查活动中的违法行为553件(次)，同比上升41%。与市公安局建立命案现场勘验检察官介入机制，从源头上防止出现冤假错案。开展“对派出所办案情况专项检查”活动，对全市182个派出所办理的9495起案件进行检查。曲沃县检察院成立驻公安派出所侦查监督联络室,洪洞、大宁检察院探索采用“建议变更办案人”的监督措施,这些做法均受到最高人民检察院肯定。

二是刑事和民事审判活动监督稳步推进。针对量刑畸轻畸重、违反法定程序等问题,提出刑事抗诉50件,改判和发还重审11件;纠正刑事审判活动违法156件(次)。多元开展民事行政检察工作,重点加强对错误裁判、违法调解以及执行不作为的监督,审查处理各类民事行政申诉案件183件,其中,提请省检察院抗诉26件,向同级法院提出抗诉12件,经再审,改变判决6件;对民事行政审判中的违法情形提出检察建议114件;对民事执行活动中的违法情形提出检察建议239件;做好83起案件当事人的息诉服判工作。

三是刑罚执行和监管活动监督创新开展。加强对刑罚变更执行的同步监督,纠正减刑、假释、暂予监外执行不当53人;纠正刑罚执行和监管活动中的违法情形737人(次);查办监管活动中的职务犯罪案件7件10人。创新社区矫正法律监督工作,探索并运用“把三关、两配合、一检查”的“321”监督模式,纠正社区矫正中的违法情形507件,同比上升66%,促进社区服刑人员教育转化,保障刑罚依法正确执行。12月,全省监外执行社区矫正法律监督工作经验交流现场会在我市召开,对我市此项工作给予充分肯定。

四、切实加强自身监督,确保严格公正文明执法

始终铭记检察权来源于人民,向人民负责,受人民监督。切实加强内外部监督,把检察权关进“制度的笼子”。

自觉接受人大监督。学习贯彻市三届人大四次会议精神,逐条研究落实代表审议意见。两级检察院共向同级人大及其常委会报告工作59次,召开人大代表座谈会46次,邀请人大代表视察工作44次。9月,市检察院向市人大常委会专题报告检察机关近两年的反贪污贿赂工作情况,该报告以高票获得通过。各级人大及其常委会交办、转办的19起案件全部办结并及时答复。

诚恳接受民主监督和社会监督。主动向政协通报检察工作情况。市检察院增聘4名政协委员为检风监督员,加强监督。全面推行人民监督员制度,人民监督员共监督职务犯罪案件28件。以尧都区检察院为试点,探索“阳光检察”工作,其做法得到省检察院的高度认可,省内外20多家兄弟单位前来学习参观。市检察院专门召开现场会,在全市检察机关推广这一经验,主动接受群众监督,以公开促公正赢公信。核查涉检舆情反映的问题,回应社会关切。全市共在市级以上报刊网站刊发有关检察工作的稿件338篇,市检察院开通“临汾市检”微信公众平台,向社会各界通报检察工作情况。

切实加强内部监督制约。严格执行讯问职务犯罪嫌疑人全程同步录音录像制度,认真落实职务犯罪嫌疑人审查逮捕上提一级的改革措施,审查基层院报捕案件26件32人,经审查,不批准逮捕6人。深化案件集中管理和案件质量机制建设,坚持每季度对检察业务运行情况进行分析,加强案件的流程监控和动态监督,分流各类案件5042件,发出办案期限预警和催办通知40次,处置违规涉案财物33件(次),评查案件169件,提高办案质量。12月25日,全市检察机关统一业务应用系统正式上线运行,实现对所有执法办案活动的全程、统一、实时、动态管理和监督。

五、加强队伍自身建设,着力提高执法办案水平

把队伍建设作为基础性、战略性工程,召开全市检察队伍建设工作会议,加强检察队伍建设。

一是加强思想政治建设。深入学习贯彻党的十八大、十八届三中全会和习近平总书记系列讲话精神,加强机关党的建设,组织开展“五星党支部”创建、优秀复转军人评选、革命传统教育等一系列活动,统一检察人员的思想和行动。制定具体实施意见,从六个方面加强和改进思想政治工作。根据市委统一部署,开展“夯实基础管理、落实工作责任”集中教育整顿活动。在全市活动总结大会上,市检察院作经验介绍。开展争先创优活动,全市共有18个集体、20名干警受到市级以上表彰。其中,尧都、洪洞、襄汾检察院分别荣获了全国、全省先进基层检察院称号,市检察院荣获“全省基层检察院建设组织奖”,一名干警被最高人民检察院授予“全国检察机关严肃查办危害民生民利渎职侵权犯罪专项工作先进个人”。

二是加强业务能力建设。推进大规模教育培训,先后组织189名干警参加上级检察院及市委组织的各类培训;与浙江大学等三所知名高校联合举办检察业务培训班,全市223名干警参加培训;运用视频会议系统，对全市检察人员进行计算机知识培训和保密安全知识教育，对全体业务部门干警进行统一业务系统应用培训；组织全市85名检察新闻通讯员进行写作技巧培训。组建由71名干警参加的全市反贪侦查的预审、查账等“五个人才库”。开展岗位练兵和业务竞赛活动，以评促练，以赛促才，3名干警分别在全国监所检察、预防知识素能比武和全省侦查监督业务竞赛中获奖。

三是加强纪律作风建设。贯彻落实中央八项规定、六条禁令和市委、省检察院的相关规定，制定具体实施细则，精简会议、文件，规范公务接待和公车使用，机关文风、会风和工作作风好转。落实党风廉政建设责任制，两级院层层签订党风廉政建设责任状。开展为期一个月的纪律作风专项教育整顿活动，组织干警学习违法违纪典型案例，促进广大检察人员增强廉洁从检意识。开展检务督察活动25次，通报并跟踪督促纠正发现的问题，促进检风检纪改进。对5名违纪干警给予党政纪处分。

四是加强基层基础建设。市检察院班子成员落实包点联系基层院制度，定期深入包联点检查、指导、督促工作。市检察院加大协管力度，加强与地方党委的沟通，帮助6个基层院充实17名班子成员，指导9个基层院调整中层干部，激发干警活力。开展精神文明单位创建工作，13个基层检察院被评为市级以上文明单位。深入开展检察文化建设，曲沃县检察院被评为“全省检察文化建设示范院”。利用中央政法转移支付资金，加强侦查装备和信息化建设，集中购置一批侦查指挥、证据收集、检验鉴定等装备，改善基层执法办案条件。

各位代表，一年来全市检察工作取得较好的成绩，这是市委、省检察院正确领导的结果，是市人大及其常委会有力监督的结果，也是市政府、政协以及广大人民群众关心、支持、帮助的结果。在此，我代表全市检察干警，向各位代表、政协委员和所有关心支持检察工作的同志们，表示衷心地感谢！

回顾一年来的工作，我们清醒地认识到，我市检察工作还存在不少问题和不足。一是服务大局的针对性和有效性有待进一步增强；二是检察职能的发挥与人民群众对反腐败、司法公正的期望还有较大差距；三是队伍素质还不能完全适应新形势、新任务的要求，高层次、专门性人才相对缺乏；四是个别检察人员还有特权思想，仍然存在执法不严、不公、不廉等问题，队伍的纪律作风还需进一步加强。对此，我们一定坚持问题导向，通过自身努力和依靠各方面的重视和支持，切实加以解决。

各位代表，今年是贯彻落实党的十八届三中全会精神、深化改革的第一年，是推动检察工作科学发展、再上新台阶的关键之年。我们工作的总体思路是：深入学习贯彻党的十八大、十八届三中全会和习近平总书记系列重要讲话精神，按照市委三届五次全会和全省检察长会议的安排部署，以服务临汾全面深化改革、维护社会公平正义为使命，以执法办案为中心，以开展党的群众路线教育实践活动为抓手，推进平安临汾建设、法治临汾建设、过硬队伍建设，继续深入创建学习型、服务型、创新型、实干型、廉洁型、和谐型检察机关，为建设文明开放、富裕和谐的新临汾提供坚强有力的司法保障。围绕这一思路，今年要重点抓好以下几方面工作。

一、以服务大局为重，努力在保障转型发展上有更大作为

坚定不移地把全市中心工作的需求点作为检察工作的出发点，围绕我市开展的改革创新、转型攻坚、环境提升、服务群众的“四个年”活动，发挥检察职能，服务我市综改试验区和“百里汾河新型经济带”建设。以法治思维和法治方式平等保护各类经济主体的合法权益，强化对涉及市场准入、不正当竞争等问题的法律监督，营造法治化营商环境；参与整顿和规范市场经济秩序，依法严惩制假售假、非法传销、合同诈骗等严重破坏社会主义市场经济秩序犯罪；正确认识深化改革中出现的新情况，准确把握罪与非罪界限、法律与政策界限，依法惩治违法犯罪者、支持改革创新者。

二、以人民利益为上，在维护民生民利上有更大作为

以人民群众安居乐业为目标，立足检察职能保障群众合法权益。回应人民群众对社会治安、公共安全、反腐倡廉的关切，打击黑恶势力、严重暴力、危害食品药品安全、环境污染等犯罪；推进查办和预防发生在群众身边、损害群众利益职务犯罪专项工作，惩治教育招生、社会保障、医疗卫生、食品安全、征地拆迁等民生领域的职务犯罪；围绕群众关心的问题开展破坏环境资源和危害食品药品安全犯罪专项立案监督活动。建立健全矛盾纠纷化解机制，依法妥善处理好群众诉求，确保问题能解决、权益有保障。把人民群众满意作为检验检察工作的最高标准,从人民群众满意的事情做起、不满意的问题改起,使人民群众感受到公平正义就在身边。探索依靠群众、专群结合的途径和措施,拓展联系服务群众平台,健全群众有序参与检察工作的方式途径,提高群众工作能力,做到"为人民服务、对人民负责、受人民监督、让人民满意"。

三、以法律监督为本,在促进司法公正上有更大作为

履行批捕起诉职责,严把案件事实关、证据关、程序关和法律适用关,确保办案质量,坚决防止出现冤假错案。坚持有案必查、有腐必惩,既要坚决查处领导干部利用职务之便贪污受贿和失职渎职造成重大损失的案件,又要严肃查处发生在群众身边的职务犯罪案件,始终保持惩治腐败犯罪高压态势。深化职务犯罪预防工作,开展法制宣传教育,推动形成学法守法的良好氛围,从源头上遏制和减少职务犯罪。强化对诉讼活动的法律监督,加大对执法不严、执法不廉、选择性执法、徇私枉法的监督力度,严肃查处司法工作人员贪赃枉法、索贿受贿等职务犯罪,开展减刑、假释、暂予监外执行专项检察活动,做到敢于监督、善于监督、依法监督、规范监督,促进公正司法和法治临汾建设。

四、以过硬队伍为基,在加强自身建设上有更大作为

按照政治过硬、业务过硬、责任过硬、纪律过硬、作风过硬的要求,切实抓好检察人员的教育、管理和监督,打造一支信念坚定、执法为民、敢于担当、清正廉洁的检察队伍。开展以为民务实清廉为主题的群众路线教育实践活动,解决特权思想、霸道作风等执法司法中的突出问题,自觉接受人民监督,始终保持检察机关与人民群众的血肉联系。以领导干部、业务一线和基层检察人员为重点,开展领导素能、任职资格、专项业务和岗位技能培训,推进队伍专业化建设。全面深化"阳光检察"工程,开展争创"职业道德模范"活动,提高执法透明度和检察公信力。坚决执行中央八项规定、六条禁令和省检察院"十个严禁",坚决反对"四风",改进文风会风,加强纪律作风建设,开展"纪律松弛、吃拿卡要"专项整治工作,坚持以"零容忍"的态度严肃处理检察人员违法违纪问题,绝不姑息、绝不迁就。以执法规范化、队伍专业化、管理科学化和保障现代化为目标,以创建"六型检察机关"为抓手,推动基层检察工作科学发展、全面进步。

各位代表,新的一年,检察工作任务艰巨,责任重大。全市检察机关决心在市委和省检察院的坚强领导下,在市人大及其常委会的监督支持下,牢记全市人民的期待和重托,认真贯彻落实本次人大会议精神和决议,进一步解放思想,开拓创新,凝聚正能量,倾心抓落实,努力在新的起点上开创临汾检察工作新局面,为实现率先转型、全力跨越,建设文明开放、富裕和谐新临汾做出新的更大的贡献!

政协第三届临汾市委员会常务委员会工作报告

(2014 年 4 月 9 日在政协第三届临汾市委员会第四次会议上)

市政协主席　乔成家

各位委员:

现在,我代表政协第三届临汾市委员会常务委员会,向大会报告工作,请予以审议,并请列席会议的同志提出意见。

一、2013 年工作回顾

2013 年,在中共临汾市委的坚强领导下,全市上下认真贯彻中共十八大精神,面对经济下滑的复杂形势,沉着应对、攻坚克难,呈现出政通人和、积极向上的良好局面。一年来，市政协常委会牢牢把握团结和民主两大主题，紧紧围绕全市工作中心和发展大局，把服务科学发展作为第一要务，把促进民生改善作为履职之本，把维护社会和谐稳定作为重要责任，认真履行政治协商、民主监督、参政议政职能，圆满完成三届三次会议确定的各项任务，为促进实施"率先转型、全力跨越，建设文明开放富裕和谐新临汾"的总目标做出积极贡献。

（一）强化理论武装，不断巩固共同思想政治基础

常委会坚持把加强学习作为坚定"三个自信"、提高履职本领的重要前提和基础，开展学习型政协建设，筑牢共同奋斗的思想政治基础。一年来，主席班子带头，组织引导常委、委员和机关干部，采取专题讲座、委员培训、集体学习与个人自学相结合等多种形式，深入学习中共十八大、十八届二中、三中全会以及习近平总书记一系列重要讲话精神，学习省委十届四次全会和市委三届四次全会精神。通过学习，不断加深对中国特色社会主义道路自信、理论自信、制度自信的认识，加深对实现中华民族伟大复兴中国梦信念的认识，加深对全面深化改革重大意义认识，加深对做好新形势下政协工作的认识，增进思想共识，提高政治把握力和履职创新力，确保中央、省委和市委重大决策部署在政协得到全面贯彻落实。

（二）加强调研视察，努力服务科学发展大局

常委会坚持把推进科学发展作为履职第一要务，紧紧围绕全市工作大局，认真组织开展一系列调研、视察，认真协商议政，积极建言献策。围绕加快发展特色农业，着重就解决特色农业集约化水平偏低，投入不足，社会化服务滞后，特色品牌建设不足等提出对策。围绕加快推进重点项目建设，就切实做好项目前期准备工作，着力破解项目融资难题，全力保障重大项目建设用地，加强督导协调等提出建议。围绕大力发展职业教育，提出整合职教资源，强化投入保障，推进校企合作，加大宣传引导，实现普教与技能教育并重等意见。市政协还组织政协常委、委员 200 多人次围绕"百里汾河新型经济带建设"、城市规划、安全生产、"天眼工程"建设、"文物保护与旅游业深度融合"等 10 多个课题，认真开展委员视察，提出 50 多条有较强针对性、操作性的意见建议，有效助推全市相关工作。全年共组织调研、视察活动 24 批次，形成建议报告、调研报告、议政发言材料 119 件，受到市委、市政府高度重视，有些已转化为党委、政府的工作决策，有效发挥政协职能作用。

（三）把握工作主题，积极促进社会和谐稳定

常委会始终将团结和民主两大主题贯穿于政协工作的各方面，发挥政协特色，凝聚各方智慧。充分发挥党派团体作用。通过联合开展调研视察、加大党派团体提案办理力度、重视安排党派代表议政发言、坚持政协领导联系党派团体制度等方式，切实加强与各民主党派、市工商联和无党派人士的合作共事，积极为他们在政协发挥作用创造条件。一年来，各党派团体提交提案 70 余件，反映社情民意信息 90 多条，不少建议得到重视和采纳，取得良好效果。着力推进民族宗教工作。密切与民族宗教界代表人士的联系、沟通，深入宗教团体和宗教场所视察调研，认真了解和反映我市宗教工作，努力促进民族团结和宗教和睦。积极发挥政协界别作用。坚持开展医药、科技、文化"三下乡"活动。组织工商联、科技、医卫、文艺等界别委员百余人，深入贫困地区，为群众开展现场义诊、科技咨询 1000 多人次，助学捐资 20 万多元，受到基层干部群众的普遍欢迎和广泛赞誉。向贫困群体和灾区群众献真情出实力。去年洪洞曲亭水库发生泄漏，市政协领导第一时间赶赴现场查看灾情，发动委员筹措近百万元的赈灾物资慰问受灾群众，积极协助市委、市政府做好善后安抚和生产恢复工作。市政协十分重视扶贫工作，筹措 20 余万元帮扶结对村改善基础设施，发展经济林生产，实实在在帮助群众解难事、办实事。

（四）增强履职实效，扎实推进经常性工作

常委会坚持把做好经常性工作作为增强履职实效的重要举措。着力做好提案办理工作。通过严格提案立案审查、郑重及时向市委政府"两办"交办，提案办理"回头看"、二次督办，集中与部门协商办理，主席牵头督办重点提案等，推动提案转化落实，有效提升提案工作实效。市政协三届三次会议以来，共征集委员提案 355 件，立案 272 件，截至去年年底已全部办复完毕。积极反映社情民意信息。努力提高信息质量，完善考评办法，健全信息征集、编辑、报送和反馈机制，切实加大政协信息工作力度。全年共征集委员社情民意信息 1760 余条，编发专刊 206 期，上报信息 386 条，其中，被全国政

协、省政协及国家、省、市相关刊物采用、刊登76条,省、市两级领导批示31条。在2013年度全省政协系统社情民意信息考核评比中,临汾政协跃居第三,信息工作迈上新台阶。切实加强宣传文史工作。市政协网站和《临汾政协》杂志的内容、形式不断丰富,质量标准不断提高,指导性、人文性和可读性不断提高,宣传平台作用日益增强。成立临汾中华文化促进会,为提升临汾文化软实力提供新载体。建立大型文史资料电子数据库,收录文史资料一百多万字,各种资料图片一百多幅。扎实推进临汾文化精品创作,组织临汾文史专家、学者多次深入研讨,组成写作班子,创作完成文化力作——《临汾史诗》,用诗歌的形式歌颂临汾悠久的历史、厚重的文化。政协文史工作取得新进展。

(五)激发工作活力,着力加强自身建设

常委会坚持把加强自身建设作为夯实履职基础,增强内在活力的重要环节,强素质、树形象,提高履职能力。加强对委员的服务和管理。坚持主席班子成员和政协机关与党派、界别、委员联系办法,密切同委员的经常性联系。健全委员履职档案,启动对委员的履职管理量化考核。拓宽委员参加政协会议和活动的形式、途径,调动委员履行职责的积极性和主动性。加强常委会对县(市、区)政协的联系指导。不断完善专题调研联动机制,合力提高市、县两级政协建言质量,推动全市政协工作共同发展。加强政协机关作风建设。按照中共临汾市委的统一部署,深入开展“夯实基础管理,落实工作责任”集中教育整顿活动,有力促进政协机关纪律作风建设。严格贯彻执行中央八项规定和市委改进作风的有关规定要求,市政协领导带头,立行立改。对主席班子成员、机关副县级以上领导干部的办公用房全部按标准进行整改,对市政协机关公务用车全部按规定进行清理纠正。切实改进文风会风、精简文件、节俭办会,取得实在效果。制定《政协机关关于改进作风的实施办法》,推动改进作风长效机制建设。市政协机关蝉联“市直文明和谐单位”。

各位委员,过去一年市政协工作取得的成绩,是中共临汾市委坚强领导和市政府大力支持的结果,是全市社会各界热忱关心、鼎力相助的结果,是市政协各参加单位、全市各级政协组织和全体政协委员团结协作、共同奋斗的结果。在这里,我代表市政协常委会对大家表示衷心的感谢!

我们也清醒地认识到,我们的工作与市委的要求和广大政协委员和人民群众的期望,还有一些差距和不足。比如政治协商的内容还需进一步拓展,民主监督的方法还需进一步探索,发挥界别作用和委员主体作用的活力还需进一步增强,机关效能建设和服务质量还需进一步提高等等。对此,常委会将高度重视,切实加以改进。真诚希望广大委员多提意见建议,帮助我们把工作做得更好。

二、2014年工作部署

2014年是全面深化改革的开局之年,是实现“十二五”规划的关键之年。新的一年,市政协工作的总体要求是:高举爱国主义和社会主义旗帜,深入贯彻落实中共十八大、十八届二中、三中全会和习近平总书记系列重要讲话精神,在中共临汾市委的领导下,按照市委三届五次全会暨全市经济工作会议的部署,围绕“四个年”活动,切实履行政协职能,着力抓好“三三二”重点工作,汇聚改革力量,增进民生福祉,努力使政协工作更加契合改革开放精神,更加体现时代发展要求,全力推动文明开放富裕和谐新临汾建设。

(一)深化认识、注重实效,深入开展党的群众路线教育实践活动

当前,开展好党的群众路线教育实践活动,是市政协首要政治任务。市政协党组要按照市委的部署认真抓好活动的进程,切实把市政协教育实践活动方案落实好,把节奏进度把握好,把政协今年的任务和举措结合好,保证教育实践活动高标准、高质量地推进。党组成员要率先垂范,细读深研文件,认真查摆思想上、作风上和工作上存在的突出问题,先查先改,严查严改,实查实改,速查速改,为各级领导干部树立榜样。

要增强学习实效。市政协党员干部要把中共十八大、十八届二中、三中全会和习近平总书记系列讲话精神学深悟透,紧紧围绕解决世界观、人生观、价值观这个“总开关”问题,突出抓好理想信念、宗旨意识和群众观点教育,抓好党风党纪和道德规范教育,以“三严三实”为标准,促进党员干部牢固树立为民、务实、清廉的价值追求,养成共产党人的高风亮节和政治本色。

要坚持开门整改。切实做到开门听取意见,开门查摆问题,开门整改落实,开门订立完善制度,开门换新风。市政协党员干部尤其是领导干部要真正走出政协门,深入到党政部门,基层政协,农村厂矿认真听取意见,制订整改措施,促进政协的工作作风大转变。

要认真贯彻整风精神。开展好批评与自我批评,让市政协党的民主生活会和组织生活会真正解决问题,让每个党员干部都能红红脸、出出汗、排排毒。要坚持严字当头,强化整风肃纪,对丧失党的宗旨意识,问题突出的党员干部,要坚决采取组织措施,予以整顿;要将市政协委员中的中共党员在政协的履职情况通报给所在单位以供参考,用全面过硬的措施,保障市政协教育实践活动取得实效。

(二)围绕中心、服务大局,积极为全市加快发展献智出力

市委三届五次全会暨全市经济工作会议提出要牢固树立"发展是第一要务"的理念,按照稳中求进深入开展"四个年"活动的总体要求,部署全年九方面的工作重点。我们要按照市委、市政府的要求,围绕全市工作中心和大局,着力抓好"三三二"重点工作,努力为全市发展大局献切实管用之策,尽竭诚服务之力。

重点开展好三次专题调研。围绕"促进结构调整、增加农民收入",划分平川、山区、矿区等不同地区,对我市农业产业结构、农民收入构成进行深入调研,切实了解掌握农民收入的真实情况;围绕"民营经济发展",对民营企业的发展环境、面临的困难挑战、政府支持方向、企业精细化、专业化发展程度以及企业转型、内涵化发展等进行深入调研,切实找出民营企业发展潜力和制约因素;围绕"医疗保障机制",对大病统筹、"新农合"运行情况、基层医疗卫生服务等进行深入调研,切实了解掌握群众的所需所求。这三个重点专题的调研,要以专委会为依托,以常委、委员为主体,实行市县两级联合调研,调研要细,研究要深,建议要实,在深入基层实际、综合研究分析的基础上,拿出有见地有分量,切实可行的对策建议,分别召开三次常委会对这三个专题进行协商讨论,形成高质量建议案,为市委、市政府决策献实招、出实力。

重点开展好三次专项视察。围绕"百里汾河新型经济带工业园区建设、家庭农场发展、学前教育",组织委员进行专项视察。这三方面的工作都是市委、市政府确定的重点,群众关注的热点。要发挥政协界别优势,组织具有专业水平高,综合分析力能力强的委员,深入基层一线,掌握实际情况,找准问题症结,提出切实管用的对策建议,积极为助推全市相关工作加快发展献智出力。

扎实开展好两项委员活动。结合群众路线教育实践活动,今年要以界别为基础,以专委会为依托,组织政协委员进农村、进社区、进企业、进学校,开展"百名政协委员下基层"活动,深入基层接地气,到"地头走一走、炕头坐一坐","吃吃百家饭、听听百姓言",访民生、知民情、解民事,进一步加强与人民群众的血肉联系,不断从群众当中汲取智慧,汇聚力量,促进我市改革发展和社会和谐稳定。全市各级政协要进一步开展医药、科技、文化"三下乡"活动。继续丰富内容、扩大范围、创新方式,为增进民生福祉做好事、干实事,积极协助市委、市政府做好惠民生、聚民心的工作。

(三)进一步强化政协提案、反映社情民意信息和文史工作

要结合贯彻《关于进一步加强人民政协提案办理工作的意见》,坚持以提高提案质量为核心,创新督办方式,推进提案办理联动,不断完善提案办理协商工作机制。要树立精品意识,坚持以提高反映社情民意信息的"委员参与率、领导批示率和成果转化率"为重点,加强组织领导,强化责任意识,完善运行机制,更好地发挥反映社情民意信息在政协履行职能中的独特作用,推动政协信息工作再上新台阶。启动《临汾文史》编纂工程,力争高质量完成辛亥革命至文革前期临汾文史资料的征集、整理、编辑工作,切实发挥政协文史"存史、资政、团结、育人"的作用。

(四)发扬民主、增进团结,积极为全市改革发展汇聚正能量

要牢牢把握团结和民主两大主题,充分发挥政协优势,最大限度地团结一切可以团结的力量,调动一切积极因素,努力为深化改革、推动发展汇聚正能量,营造好环境。要进一步加强与各民主党派、工商联和无党派人士的联系,继续开展好走访活动,市政协党组成员要不定期到各民主党派、工商联座谈,了解他们的工作情况,帮助他们解决工作中的困难和问题。要继续组织好各民主党派、团体的联合调研视察活动,为他们在政协发挥作用创造良好条件。要切实尊重和保障他们参加政协各

项活动的权利,充分听取他们反映的意见建议,支持他们围绕全市工作大局履行职能。要进一步促进民族宗教工作,重视发挥民族宗教界委员作用,密切与侨胞、侨联,少数民族和信教群众的联系,协助市委、市政府做好民族和宗教工作,维护民族团结,促进宗教和谐。

(五)不断加强自身建设,努力提高履行职能水平

新形势、新任务要求人民政协扎实推进自身建设,努力提高履行职能水平。要以党的群众路线教育为契机,强化政治理论学习,践行社会主义核心价值观,用党的理论武装领导干部和全体委员的头脑,锻炼造就一支政治立场坚定,旗帜鲜明的统一战线力量,确保政协工作正确的政治方向。全市各级政协组织、广大政协委员和政协各参加单位要认真贯彻落实市委三届五次全会暨全市经济工作会议精神,在思想上和行动上与市委保持高度一致,围绕市委的决策部署确定政协履职重点,组织力量、凝聚智慧,为推进全市的经济持续健康发展,社会和谐稳定贡献力量。

要强化政协委员队伍建设。广大政协委员都要自觉践行习近平总书记"三严三实"的要求,常思常查修身严不严、用权严不严、律己严不严;谋事实不实、履职实不实、做人实不实。激励委员以焦裕禄为榜样,讲修养,讲道德,讲廉耻,追求积极向上的工作精神。要通过加大培训力度,拓宽知情知政渠道,提升参政议政频率等措施,大力提升委员履职素质和水平,使每位委员都成为常言、多听、敢讲、善写的合格参政议政人才。要继续落实好《临汾市政协委员履行职责管理办法》,完善委员履职考 评机制,激励委员充分发挥主体作用,对优秀委员进行评优表彰,对不能尽职的要进行通报,对问题突出又屡教不改者,要进行劝退或撤销委员资格。

要加强专委会工作。市政协各专委会是组织联系委员和政协界别活动的主要平台。要有计划有步骤地抓好委员的学习调研、视察评议,反映社情民意信息,撰写提案等工作,加强界别委员与专委会之间的联系,充分发挥界别优势,积极调动各界别参政议政的积极性和主动性。

要强化制度落实。要严格执行中央八项规定、党政机关厉行节约反对浪费条例、会务接待管理规定及省市委各项实施细则,确保不搞变通,不打折扣。切实改进政协文风会风,精简各类文件简报,着力提高委员提案、社情民意信息、大会发言、调研视察报告、建议案等材料的质量,努力形成具有政协特色的文风文体。要坚持节俭办会,创新会议组织形式,形成朴素节俭、民主和谐、务实高效的政协新会风。

要加强政协机关建设。着力抓好"学习型、服务型、创新型、和谐型"政协机关建设,努力把市政协机关建成"委员之家"。强化规则意识、纪律意识,不断提高机关工作服务质量和水平。加强机关组织建设,加大干部培养力度,努力造就一支政治坚定、作风优良、好学上进、业务精湛的高素质干部队伍。

要加强对县(市、区)政协的指导。市政协领导要坚持经常深入县(市、区)政协听取意见,共商全市政协发展大计。要整合力量,对重点调研视察实行市县两级政协联合行动,通过上下联动、协作配合,形成全市政协系统一盘棋,共促我市改革发展的工作合力。

各位委员,新形势新任务赋予人民政协新的光荣使命。让我们紧密团结在以习近平同志为总书记的中共中央周围,在中共临汾市委的坚强领导下,同心同德,积极进取,以更加坚定的信念,更加扎实的工作,圆满完成各项目标任务,为建设文明开放、富裕和谐的新临汾而努力奋斗!

政协临汾市委员会常务委员会关于三届三次会议以来提案工作情况的报告

（2014 年 4 月 9 日在政协第三届临汾市委员会第四次会议上）

市政协副主席　梁若玉

各位委员、同志们：

我受政协临汾市第三届委员会常务委员会的委托，向大会报告政协临汾市委员会三届三次会议以来的提案工作情况，请予审议，并请列席会议的同志提出意见。

2013 年提案工作情况

一年来，在中共临汾市委的正确领导下，在市政府的大力支持下，市政协常委会紧紧围绕我市转型跨越发展大局，始终坚持“围绕中心、服务大局、提高质量、讲求实效”的提案工作方针，认真组织、引导政协委员和政协各团体，各专门委员会以及各县（市、区）政协，密切关注全市经济社会发展中的重大问题和人民群众普遍关注的热点、难点问题，深入调查研究，积极建言献策，努力提高提案质量。提案办理单位在提案答复、采纳和落实上认真研究，讲求实效，努力提升提案办理质量，为进一步促进我市转型跨越发展、加快全面建成小康社会步伐发挥积极作用。

市政协三届三次会议以来，提案委员会共征集各类提案 355 件，其中，各民主党派、人民团体、市政协各专门委员会和各县（市、区）政协集体提案 64 件，委员提案 291 件。经审查，并经主席会议研究同意，立案 272 件，占提案总数的 76.6%；作为意见或转为社情民意信息处理 83 件，占提案总数的 23.4%。在立案的提案中，涉及经济发展方面的 163 件，占 60 %；科教文卫体方面的 69 件，占 25%；党群政法、劳动人事、统战、政协等方面的 40 件，占 15%。总体分析，政协提案涉及内容广泛，既有服务我市转型跨越发展的全局性问题，又有民生改善、社会管理的具体建议。这些凝聚委员的心血智慧、诤言良策，充分体现我市政协组织人才密集、联系广泛、协调关系、凝聚共识的优势，充分体现广大政协委员和各民主党派团体履行政协三大职能的高度政治责任感与使命感。

按照《政协临汾市委员会提案工作细则》和《临汾市政协提案办理规定》要求，根据主席会议安排，市政协专门召开市委、市政府有关部门参加的提案交办工作会议，272 件提案按照分口负责的原则进行交付办理，市委、市政府对提案给予高度重视，责成 50 多个单位、部门负责办理。在提案办理工作中，采取走访、座谈、交流、通报等工作方式与“两办”密切联系、互通情况、共同推进提案办理，督促指导具体承办部门通过各种形式落实提案办理工作。截至去年年底，272 件提案全部办复。办复率达到 100%。其中，被有关单位采纳，已经解决和正在解决的 222 件，占 81.6%；建议合理但因时机条件不成熟，有待以后适时办理的 50 件，占 18.4%。此外，对于作为意见或转为社情民意处理的 83 件提案，也及时递交有关单位作为参考或信息办理。

一年来，面对新形势下政协工作主要任务，三届市政协常委会在提案工作方面，坚持以务实创新的精神推进提案工作，提案质量得到进一步提高，办理成效得到进一步彰显，提案作用得到进一步发挥，提案的影响不断扩大，政协提案在促进全市经济社会又好又快发展方面发挥积极的推动作用。

(一)高度重视,协调配合,不断增强提案工作合力

市政协始终把提案工作作为一项全局性的工作摆在重要位置。各工作部门统筹协调,精心组织,完善机制,强化督办,进一步增强提案工作的督办力度,形成党委重视、政府支持、政协主动、部门联合、齐抓共管的良好局面。市委、市政府、市政协各级领导亲自听取汇报、亲自部署安排、亲自领办督办重点提案。市委、市政府办公厅与市政协提案委员会密切配合,协商遴选重点提案,共同商定办理程序,研究办理落实措施。各承办单位把办理提案作为民主监督、推动工作的重要举措,认识到位、工作到位,办理程序规范,办理责任明确,有力促进政协提案的转化落实。

(二)发挥优势,把握关键,不断提高提案工作质量

质量是提案工作的生命,也是提高民主协商成效的根本要求。在提案提交工作中,一是积极鼓励引导各民主党派、工商联、政协各专门委员会和各县(市、区)政协积极发挥组织优势,选择重点课题,深入专题调研,为形成高质量的集体提案奠定基础,使今年政协团体提案成为数量最多、质量最好的一年;二是充分发挥委员中专家学者多、参政议政能力强的优势,组织引导提案者将大会发言、调研报告提炼转化为高质量的专题提案;三是提升初审人员能力素质,提高提案审查质量,认真做好提案的审查立案工作。同时,注重提案信息反馈和提案办理通报,努力增加提案工作的透明度,为委员履职和了解提案办理情况提供方便快捷的渠道。特别是在全市开展的"夯实基础管理,落实工作责任"活动中,进一步征求广大政协委员和各党派、界别对提案工作的意见和建议,将活动与促进提案工作紧密结合,加大办理力度、拓展办理方式、增强办理成效,不断为提高提案工作质量积累新的经验。

(三)突出重点,强化督办,不断增强提案办理实效

一年来,为促进重点、热点提案的办理落实,充分发挥政协委员的民主监督作用,促进政协委员发挥参政议政职能,实现提、办双方的良性互动,市政协组织政协委员、提案者以及各新闻媒体进行重点视察督办,现场交流指导。如《关于推进"百里汾河新型经济带"同城化发展的建议》和《建设"百里汾河新型经济带"应首先解决汾河流域的污染问题》等提案,契合我市打造"百里汾河新型经济带"的发展战略,在办理过程中,市政协通过领导集中带案视察,提出明确办理要求,各承办单位高度重视,认真落实,采纳改进,措施得力,"百里汾河新型经济带"建设发展迅速,成效显著,有力推进提案办理实效和成果转化工作。在"食品安全"等热点提案专题协商督办中,承办单位由过去被动答复变为主动要求政协指导提案办理,邀请提案委员深入市农委、市质检局、市蔬菜批发市场、学校和超市了解办理情况,现场协商办理,现场听取意见,承办单位面对面认真通报,提案委员心贴心进行评议,提办双方认真沟通,诚心协商,使食品安全工作得到进一步加强,办理实效得到进一步提高。政协委员《关于改善我市交通堵塞情况的建议》的重点提案,市政府高度重视,多次召开会议进行安排部署。在去年五月份,市交通、交警等部门联合开展"依法整治市区三轮车专项活动",加大对非法运营车辆的管理力度,取得显著成效,得到全社会的肯定和认可。通过对委员提案的督办,既提升提案办理质量,又提高提案办理实效。

(四)加强交流,密切协作,不断提升提案服务水平

去年以来,我们进一步加强与省政协、市各民主党派、政协委员、各县(市、区)政协和市委、市政府两办的联系,不断学习总结提案工作的好经验、好做法,探讨和研究提案工作遇到的新情况、新问题,不断促进我市提案服务工作的改进和提高。一是按照主席会议要求,在提案征集工作中,加强联系沟通,征集提案信息,及时将《征集通知》印发给全体政协委员,有针对性地对委员进行培训、指导,提高委员的责任感、积极性。指导委员开展多渠道、深层次调研,认真撰写提案,为高质量提案的撰写创造良好条件。二是加强与市委、市政府办公厅和承办单位的联系与协作,深入基层就提案工作进行调研、指导,为提案工作的有序开展,不断完善提案办理服务工作机制提供保证。三是对提案的原件、答复件、反馈意见严格按规范化要求分类归档,使提案文档管理工作更加规范化。同时,注重与《临汾日报》、临汾电视台等新闻媒体合作,宣传政协提案工作,扩大政协提案的社会影响,充分展示政协提案办理和委员参政议政的积极成果。

一年来，提案工作在市政协常委会领导下，在全体政协委员的共同努力和全社会的大力支持下，取得一定的成绩。但是，我们也清醒地看到，提案工作在不少方面仍然存在一些不足和亟待解决的问题。一是个别委员撰写提案的积极性有待进一步提高；二是有些提案自身质量或在选题的准确性、建议操作性等方面有待进一步把握和加强；三是在提案办理过程中，提办双方协商机制有待进一步完善，办理措施有待进一步强化，办理实效有待进一步提升 。对此，我们将予以高度重视，并在今后工作中加以改进。

2014 年提案工作安排

在新的一年，市政协提案工作的总体思路是：深入学习贯彻中共十八大和十八届三中全会精神，中央、省、市"两会"精神，全面贯彻落实市委三届五次全会和全市经济工作会议部署，围绕市委、市政府的工作中心，根据市政协常委会工作安排，认真落实中办、国办《关于进一步加强人民政协提案办理工作的意见》文件精神。进一步提高政协提案质量，健全完善提案办理机制，增强提案办理实效，提升提案工作的科学化水平，推动提案工作再上新台阶。

（一）拓展知情渠道，进一步提高提案的质量

我们要进一步增强广大政协委员的责任感，充分调动广大政协委员履职的积极性，利用走访、调研、视察、会议等多种形式，通过各种渠道，为委员知情创造条件，为提高提案质量奠定基础。进一步引导广大政协委员深刻认识临汾发展、改革和转型的新形势、新要求，及时了解委员需求，充分发挥各民主党派、工商联、市政协各专委会及各县（市、区）政协的组织优势和界别优势，认真组织、引导提案者紧密结合党的群众路线教育实践活动，紧紧围绕全市开展的"四个年"活动，紧扣全市经济社会发展的重大问题，立足市情，广泛深入调研，关注民生，认真表达民意，提出立意新、选题准、分析透、建议实的提案。要加强提案审查，严格立案标准。围绕全市改革发展大局，精心确定年度重点提案，不断增强提案工作的严肃性、科学性。

（二）加大办理力度，提高提案的办理实效

按照市政协提案办理的有关规定，联系承办部门严格按照《关于进一步加强人民政协提案办理工作的意见》精神，加强对提案的综合分析，找准问题的症结所在，增强解决问题的针对性。要进一步完善提案办理协商机制，规范办理程序，加大督办力度，加强沟通和交流，切实把提案办理协商作为推进提案办理工作的重要抓手和密切联系群众的重要途径。继续发挥好政协各专委会的职能作用，不断完善重点提案联合督办机制，组织重点提案办理协商活动，强化专项督办，坚持督办工作常态化。认真吸纳委员合理建议，把功夫真正用在解决问题上，推动提案办理工作更加富有成效。

（三）强化服务意识，进一步提高服务质量

不断加强提案工作队伍建设，充分发挥好桥梁纽带作用，牢固树立为提案者和承办单位提供优质服务的理念。完善内部工作机制，把服务工作做深做细，及时向提案者、承办单位提供有关提案咨询、选题、提交、交办、办复、反馈等信息服务，营造良好的工作氛围，完善规范提案办理方式，提高提案工作服务水平。同时，发挥好新闻媒体作用，积极开展形式多样的提案宣传工作。选择一批办理效果明显的典型提案，通过新闻媒体进行宣传报道，努力扩大提案工作的社会影响。

各位委员，在新的一年里，让我们在市委和市政协常委会的领导下，积极运用政协提案这一有效形式，开拓创新，扎实工作，凝聚共识，建睿智之言，献务实之策，认真履行好政协职能，努力开创政协提案工作新局面。为加快我市率先转型、全力跨越，建设文明开放、富裕和谐新临汾做出新的更大的贡献。

大　事　记

1月

6日　临汾市举行各界人士迎春茶话会。市委书记罗清宇，市委副书记、市长岳普煜等市领导与各民主党派、工商联、无党派代表人士，侨胞侨属代表，台胞台属代表，民营企业家代表，民族宗教界代表，文化艺术界代表，新闻知识界代表等欢聚一堂。市领导王文英、徐树荣、乔成家、乔建军、王金珍、谢碧玲、成继东、杨益民、刘淑芬、杨忠华出席茶话会。市委常委、统战部部长乔建军主持。

10日　山西作家洪洞大槐树创作基地揭碑仪式举行。省委宣传部副部长、省作协主席杜学文，省文联副主席赵建平，省作协副主席李骏虎，市委常委、宣传部部长黄翠莲参加揭碑仪式。

12日至13日　国家卫计委副主任王培安深入大宁县、吉县检查指导扶贫工作。国家卫计委人事司监察专员许立华、财务司副司长何锦国、妇幼司副司长秦耕，副市长王振宇等前往。

14日　市委副书记、市长岳普煜会见摩根华鑫证券董事长王文学、深圳盛金投资控股有限公司董事长周琦，双方就加快金融领域合作进行交流。

16日　临汾市召开第一批援疆干部人才返临欢迎座谈会。市委常委、组织部部长张明星出席会议。副市长杨治平主持会议。

21日　市政府与龙济盛和国际投资有限公司在省城太原举行签约仪式。市委副书记、市长岳普煜，市委常委、副市长李东洪，北京龙济盛和国际投资有限公司董事长张全，龙济集团董事长王洪波，龙济矿业集团总经理沈岳文出席签约仪式。李东洪主持签约仪式并代表市政府与北京龙济盛和国际投资有限公司签约。

22日　市文明办组织市财政国库支付局、中石化临汾石油公司、市政公用局、市企业养老保险管理服务中心、市道路运输管理局5家省市级文明单位，深入郭振江、解黎明、王银凤等“道德模范”“身边好人”家中慰问。

郭振江是本市首届十大道德楷模，他购买设备到乡村、学校、社区、工地免费放映电影；89岁的临汾供电公司离休干部解黎明，15年间用退休金资助贫困学生和困难家庭，捐资13.75万元；尧都区车站社区党支部书记、社区主任王银凤做社区人的贴心人，荣登“中国好人榜”；临汾春秋汽车出租公司张业平，是“雷锋车队”发起人；马建红多年来四处借钱，为收养的弃婴看病。

26日　省委常委、省纪委书记李兆前，副省长王一新到霍州市走访慰问困难企业、老党员、老劳模和困难群众，代表省委、省政府向他们送上慰问品、慰问金以及节日祝福。省直相关部门负责人，市委书记罗清宇一同走访。

27日　晚，2014年“大美临汾”春节联欢晚会在市影剧院上演。市领导罗清宇、岳普煜、王文英、徐树荣、乔成家、黄翠莲、赵建民、陈国荣、李东洪、乔建军、陈小洪、王振富、王金珍、谢碧玲、王振宇等与社会各界群众一同观看演出。

2月

13日　晚，市领导王文英、黄翠莲、王金珍，山西师范大学临汾学院党委书记、市总工会主席梁崇太，在市区滨河游乐园、平阳广场与社会各界群众一同参观2014“大美临汾”市区春节、元宵节灯展。

灯会以“动漫乐园”为主题，制作30组精品灯组，分为“金马贺岁”“动漫世界”“科技教育”三大版块，集声、光、电于一体，将玩乐、赏灯、文化科技贯穿其中。

14日　全市综改攻坚、创新驱动、项目见效工作大会召开。市委书记罗清宇主持会议并作重要讲话，市委副书记、市长岳普煜作工作安排。市领导王文英、徐树荣、乔成家、黄翠莲、赵建民、李东洪、张明星乔建军、梁天运、柴高潮、仇振刚、王醒安、原学义、王金珍、谢碧玲、王振宇、杨治平、杨益民、梁若玉、陈玉士出席会议。

18日至19日　市委副书记、市长岳普煜带队赴上海考察学习。副市长杨治平、市政府办公厅、市发改委、市住建局以及侯马市负责人一同考察。

20日　全市党的群众路线教育实践活动动员大会在临汾宾馆召开。市委书记罗清宇主持会议并代表市委作动员讲话。省委第十督导组组长、省政协港澳台侨和外事委员会主任梁志祥，省委第十督导组副组长、省社科联副主席王志超；市四套班子领导岳普煜、王文英、徐树荣、乔成家、黄翠莲、赵建民、李东洪、张明星、乔建军、陈小洪、王振富、梁天运、柴高潮、仇振刚、王醒安、原学义、王金珍、谢碧玲、王振宇、杨益民、梁若玉出席会议。

23日　由中国文联、山西省委宣传部主办，山西省文联和临汾市委、市政府承办，中国美术家协会予以学术支持的“中国梦·大美临汾——百名画家画汾河”作品展在北京中国美术馆开幕。由国内百余名知名画家创作的123幅国画精品，集中展示临汾市工业新型化、农业现代化、市域城镇化、城乡生态化建设的新气象。中国文联党组成员、副主席、书记处书记李前光，中国文联党组成员、书记处书记罗成琰，中国美协分党组书记、常务副主席吴长江，中国美协分党组副书记、秘书长徐里，中国美术馆副馆长胡伟、马书林，中国文联美术艺术中心主任丁杰，省委常委、宣传部部长胡苏平，省文联主席张根虎，省政府驻京办主任陈晓东，省文联副主席、省美协主席王学辉，市领导罗清宇、岳普煜、王文英、徐树荣、乔成家、黄翠莲和参加此次书画展创作的在京书画家与各界群众一同参观展览。市委书记罗清宇致辞。

3月

8日　市委副书记、市长岳普煜前往中石油昆仑燃气公司拜访公司总经理、党委书记赵永起，就加快推进临汾境内西气东输管道92#阀室分输站建设、实现市区天然气管输供应进行交流座谈。

12日　全市2700余名干部职工在尧都区吴村镇屯里村植树基地种下一万余棵树苗。市党政军领导罗清宇、乔成家、车胜良、原胜利、王金珍、杨治平、刘淑芬、梁若玉、杨忠华等与广大机关干部、驻临官兵、学生团体一起参加义务植树活动。

13日　市委书记罗清宇以“真正把改进作风落到实处”为题，为全市领导干部上党课。市四套班子领导一同听讲。

14日　全市定点扶贫暨领导干部包村增收工作会议召开。会议总结2013年定点扶贫和领导干部包村增收工作，安排部署2014年定点扶贫和领导干部包村增收工作。市领导王文英、张明星、原学义、刘淑芬出席会议，市委常委、组织部部长张明星主持。

18日　市委书记罗清宇，市委副书记、市长岳普煜带领市四套班子领导前往隰县晋西革命纪念馆和侯马彭真故居纪念馆，就党的群众路线教育实践活动进行集中参观学习。市领导岳普煜、王文英、徐树荣、乔成家、黄翠莲、李东洪、陈小洪、王振富、梁天运、仇振刚、王醒安、王金珍、谢碧玲、王振宇、梁若玉、张成梁、杨忠华参加学习。

晋西革命纪念馆是展示中国共产党晋西地区革命斗争史的爱国主义教育基地，馆内设土地革命、抗日战争、解放战争三个展厅，包括党的早期活动、创建革命武装、红军东征、晋西会议、根据地建设、晋西事变等内容。

19日　市妇联举行寻找“十杰百佳千优秀——最美家庭”活动新闻发布会。此次活动是市妇联“五大活动”内容之一。

“最美家庭”涵盖10个活动内容进行推荐评选，包括平安之家、守法之家、和美之家为家庭成员间关系和睦；学习之家为家庭成员共同学习，共同成长；健康之家为有健康的生活方式，参加健身活动；艺术之家为以家庭为单位举办各种文艺活动，提升社区文化水平的；责任之家为“争做合格父母、培养合格人才”的“双合格”家庭，帮助其他家庭共同建设；关爱之家为社会弱势群体提供帮助，有助于形成良好风尚；低碳之家为家庭成员自觉注重环保；奉献之家为在社会各项建设中都能做出卓越贡献的家庭。

28日　全市开展“四个年”活动暨“三项治理”工作会议在临汾宾馆召开。会议动员全市上下统一思想、提高认识，推进“四个年”活动，开展“三项治理”。市委书记罗清宇出席会议并讲话。市委副书记、市长岳普煜主持会议。市四套班子领导王文英、徐树荣、乔成家、黄翠莲、赵建民、李东洪、张明星、乔建军、陈小洪、王振富、梁天运、仇振刚、王醒安、原学义、王金珍、谢碧玲、王振宇、成继东、梁若玉、陈玉士、张成梁出席会议。省委派驻临汾督导组副组长、省信访局副局长王进军应邀出席会议。

4 月

1 日　市领导集中观看电影《焦裕禄》,接受党性教育和群众路线教育。市四套班子领导罗清宇、岳普煜、王文英、徐树荣、黄翠莲、赵建民、张明星、乔建军、陈小洪、梁天运、柴高潮、原胜利、原学义、杨治平、梁若玉、张成梁及各督导组组长一同观看影片。

2 日至 3 日　副省长王一新深入隰县、大宁、吉县进行“访民生、知民情、解民事”走访调研活动,了解当地经济社会发展情况,召开座谈会。省政府副秘书长盛佃清,市领导岳普煜、王振宇,市政府秘书长扈新起等参加调研。

3 日　市委书记罗清宇带领市四套班子及军分区领导,赴临汾烈士陵园参加扫墓活动,纪念为临汾解放献出宝贵生命的革命先烈。市领导王文英、徐树荣、乔成家、黄翠莲、赵建民、张明星、王振富、原胜利、王醒安、王金珍,市党的群众路线教育实践活动领导组办公室副主任及尧都区主要负责人参加。

4 日　省委书记、省人大常委会主任袁纯清在大西客运专线临汾西站及站前广场、景观大道工地,检查指导工程建设、运营准备等工作。市领导罗清宇、岳普煜、赵建民等陪同。

大西客运专线北起大同、南至西安,是连接山西南北的交通大动脉,纵贯山西省 7 市 24 县区,工程于 2010 年 3 月开工建设,太原至西安段将于 2014 年 7 月通车运营。在临汾境内设霍州东、洪洞西、临汾西、襄汾西、侯马西 5 个车站,其中临汾西站 3 个站台、8 股道,包含正线 2 条,设有动车存车场,可以开行始发动车组列车。

9 日　政协临汾市第三届委员会第四次会议开幕。市委书记罗清宇,市委副书记、市长岳普煜到会祝贺并在主席台前排就座。市政协主席乔成家,副主席赵建国、成继东、杨益民、刘淑芬、梁若玉、陈玉士、张成梁,秘书长郭波在主席台前排就座。大会由赵建国主持。本次会议应到委员 354 人,实到 328 人,符合法定人数。上午 9 时,赵建国宣布大会开幕。乔成家代表政协第三届临汾市委员会常务委员会向大会报告过去一年的工作。罗清宇代表中共临汾市委对大会的召开表示祝贺。

同日,国家发改委价格司副司长李才华深入临汾市襄汾县黄崖村,就农产品成本调查工作进行调研。山西省物价局局长李永平、副局长祁晓虎,临汾副市长王振宇及市物价局负责人一同调研。

10 日　市三届人大五次会议在市影剧院开幕。大会应到代表 396 人,实到 360 人,符合法定人数。第一次全体会议由大会主席团常务主席、执行主席徐树荣主持。大会主席团常务主席、执行主席罗清宇、梁天运、柴高潮、原胜利、仇振刚、王醒安、原学义、王金珍、冯建宁在主席台执行主席席就座。市领导岳普煜、乔成家、黄翠莲、赵建民、李东洪、张明星、乔建军、王振富及其他大会主席团成员在主席台就座。上午 9 时,徐树荣宣布临汾市第三届人民代表大会第五次会议开幕。全体起立,唱国歌。岳普煜代表市人民政府向大会作政府工作报告,回顾总结 2013 年工作,安排部署 2014 年工作。

12 日　政协第三届临汾市委员会第四次会议举行第四次全体会议(闭幕会)。会议应到委员 354 人,实到 326 人。市委书记罗清宇,市委副书记、市长岳普煜,市委副书记王文英,市政协主席乔成家,市政协副主席梁若玉、谢碧玲、杨益民、刘淑芬、陈玉士、张成梁、杨安虎,市政协秘书长郭波在主席台前排就座。

同日下午,市三届人大五次会议在市影剧院举行第四次全体会议,表决通过关于政府工作报告等 6 个决议。市委书记罗清宇作重要讲话。大会圆满完成各项议程后,在雄壮的国歌声中闭幕。市领导岳普煜、王文英、乔成家、黄翠莲、赵建民、李东洪、乔建军、陈小洪、王振富在主席台就座。本次大会应到代表 396 人,实到 362 人。

16 日　全市“转型攻坚年”活动汇报推进会召开,会议贯彻落实全市“四个年”活动工作会议精神。市委常委、副市长、市转型攻坚年活动领导组组长李东洪出席。市农委、经信委、发改委负责人汇报一、二、三产业转型攻坚活动安排落实情况。

16 日至 17 日　省委副书记、省长李小鹏前往洪洞、古县、安泽、浮山,检查指导经济运行、春季农业生产、扶贫攻坚和改善农村人居环境等工作。

18 日　共青团临汾市直属机关工作委员会成立大会在市工人文化宫五楼会议室举行。

25 日　临汾市第七次见义勇为表彰大会在临

汾书荣大酒店召开，对近几年以来涌现出的 25 名见义勇为先进个人和 6 个见义勇为先进单位进行表彰。临汾市委常委、副市长杨治平，市委常委、市政法委书记陈小洪，临汾市见义勇为协会会长张岗望，市政法委副书记、综治委主任曹洪安等领导，见义勇为先进个人、先进单位代表以及部分新闻界媒体记者参加表彰大会。表彰大会追授赵水林、张丹华、张怀东 3 位同志为见为临汾市见义勇为先进分子荣誉称号（特等奖），各颁发证书和奖金 10000 元；授予李五祥、张小管、袁航、范玉华、岳学敏 5 位同志为临汾市见义勇义先进分子荣誉称号（一等奖），各颁发证书和奖金 5000 元；授予邵俊、张彦林、张高华、崔成功、武卫东、闫国平 6 位同志为临汾市见义勇为先进分子荣誉称号（二等奖），各颁发证书和奖金 3000 元；授予任江涛、张峰、张振、许龙奎、贾晓波、李靳全、席健钧、冯伟、张俊玲 9 位同志为临汾市见义勇为先进分子荣誉称号（三等奖），各颁发证书和奖金 2000 元；授予方明亮、来虎平两同志为临汾市见义勇为模范荣誉称号，各颁发证书和牌匾一块。大会授予翼城县见义勇为协会、尧都区见义勇为协会、隰县综治办、大宁县综治办、山西省曲沃监狱、临汾市骨科医院 6 个单位为临汾市见义勇为先进单位荣誉称号，各颁发奖牌一块。

28 日 临汾市召开劳动模范表彰大会，表彰在临汾市改革开放和现代化建设中做出突出贡献的劳动模范。市领导罗清宇、岳普煜、王文英、乔成家出席会议。市委常委、副市长李东洪主持会议。

29 日 住房城乡建设部、文化部、国家文物局、财政部召开加强传统村落保护工作电视电话会议。临汾市副市长杨治平，市住建局、文广新局、财政局、文物局分管副局长、科室负责人，被列入国、省传统村落名录的村所在县、乡相关单位负责人收听收看电视电话会议。

住建部、文化部、财政部命名两批中国传统村落、1561 个，建立国家保护名录，临汾市的襄汾县新城镇丁村、陶寺乡陶寺村、汾城镇西中黄村、汾西县僧念镇师家沟村入选。襄汾县景毛乡北李村、曲沃县曲村镇曲村、霍州市退沙办许村入选第一批山西省传统村落名单。

30 日 临汾市召开纪念“五四”运动 95 周年表彰大会，市领导王文英、王金珍、王振宇、张成梁出席会议并为获奖集体和个人颁奖。

同日，山西省政法系统践行党的群众路线教育实践活动英模事迹报告会在市影剧院举行。临汾市委常委、政法委书记陈小洪，市人民检察院检察长苑涛，市长助理、市公安局局长安占功与临汾市 1000 多名政法干警聆听报告。

5 月

8 日 临汾市政府召开安全生产大检查各县（市、区）汇报会。市委常委、副市长李东洪出席会议并讲话。

9 日 全市夏季人才招聘大会在临汾三中文体馆（临汾市解放路市府街）举办，设展位 200 余个，可提供工作岗位 5000 余个。招聘会由市委人才办、市委组织部、市人力资源和社会保障局主办，市人才交流中心人才市场承办。参加招聘会的企业多以服务类、销售类企业为主。

10 日 山西省第十四届运动会首个比赛项目老年组门球比赛在临汾市开赛。省老年人体育协会常务副主席杨义成、副主席张其中、市老年人体育协会主席常富顺出席开幕式。

此次比赛由省体育局、省体育总会主办，省老年人体育协会、市体育局承办，市老年人体育协会协办，赛程两天。来自全省各市和省直部门的 16 支代表队 116 名运动员报名参加比赛。

17 日 以省粮食局局长杨随亭为组长的山西省委、省政府“抓落实、促发展”专项督察组在临汾市督察并召开汇报会，听取临汾市“抓落实、促发展”工作情况汇报。市委副书记王文英，市委常委、常务副市长赵建民分别就市委、市政府“抓落实、促发展”的工作情况进行汇报。王文英主持会议。

同日，临汾解放 66 周年纪念日，临汾市在烈士陵园举行纪念活动，缅怀革命先烈的不朽功绩。临汾市党政军领导王文英、赵建民、车胜良、柴高潮、杨益民出席纪念活动。尧都区四套班子领导及市直有关单位、区直各部门、各乡镇、街道、各民主党派、工商联负责人，驻临部队、武警官兵，老干部、老战士、老同志代表，学校师生及社会各界群众参加纪念活动。临汾市委副书记王文英讲话。

25 日 临汾市民间文物收藏与保护协会举行揭牌仪式。临汾市委常委、宣传部部长黄翠莲、临汾中华文化促进会分会会长杨玉龙出席仪式。

临汾市民间文物收藏与保护协会是由专家、学者、收藏家、实业家及热心于文物保护、文物收藏事业的有识之士等自愿组成的首个全市性、学术性、非营利性社会团体。该协会旨在引导和促进临汾市民间文物保护和收藏活动的持续健康发展，架起政府与人民群众之间沟通的桥梁，为政府决策提出意见、建议、咨询和服务。

26日至27日 由中国报道杂志社社长助理黄玉龙带队的"中央媒体再访晋陕豫黄河金三角"采访团一行在临汾市采访。临汾市委书记罗清宇，市委副书记、市长岳普煜先后会见采访团众记者，介绍临汾经济社会基本情况、"百里汾河新型经济带"建设进展和加强黄河金三角区域间经济协作的目标、措施。

29日 临汾市农村土地承包经营权确权登记颁证试点工作启动，临汾副市长王振宇出席启动会议。

临汾市在17个县(市、区)30个乡镇的51个村开展土地承包经营权确权登记颁证试点工作，包括开展土地承包档案清理、查清承包地块面积和空间位置、建立健全土地承包经营权登记簿等7项内容，分5个阶段进行。

30日 临汾市委书记罗清宇，市委副书记、市长岳普煜等领导前往市第一小学和市幼儿园看望小朋友、慰问少儿工作者，与他们一起欢庆"六一"国际儿童节。临汾市领导王文英、黄翠莲以及市教育局、妇联、团市委负责人一同前往。

6月

2日 9时，临汾市首届龙舟赛在汾河公园一号码头拉开序幕。临汾市体育局、光大银行、普国装饰城、广奇农业、嗨啤鸽味、汾河公园6支代表队参加比赛。数千名市民在汾河公园河道两岸观看比赛。

此次比赛由临汾市体育局、临汾市汾河生态建设工程有限公司联合主办，汾河景区龙舟俱乐部承办。比赛赛道为标准的300米直道竞速赛道。汾河公园代表队以50.4秒的成绩夺冠军，光大银行代表队以51.21秒的成绩屈居亚军，广奇农业代表队以54.70秒的成绩获得季军。

4日至10日 水利部稽察特派员关业祥带领稽察组，对临汾市汾西灌区续建配套与节水改造2012年项目建设情况进行专项稽察，召开稽察意见交换会。临汾副市长王振宇出席意见反馈会。

汾西灌区位于临汾市汾河西侧，南北长约120千米，东西宽约5千米至15千米，是以灌溉为主，兼有供水、发电、养殖等综合利用的大型自流灌区。灌区有龙子祠泉、郭庄泉和汾河地表水三大水源，受益区为洪洞、尧都、襄汾三县(区)。

9日 临汾市召开会议，安排部署全市稳增收促改革调结构惠民生工作。副市长杨治平出席会议并讲话。

11日 中央综治办四室副主任韦绍仕带领中央综治办调研组莅临临汾市，就网格化及综合服务平台建设情况进行调研。山西省委政法委副书记薛永辉，临汾市委常委、政法委书记陈小洪等陪同。

同日，临汾市人民医院利用以色列政府贷款购置医疗设备交接仪式在临汾新医院举行。市委副书记王文英出席仪式，临汾市发改委、市卫生局、市财政局、市国际资金管理局、市人民医院、市投资集团、临汾新医院项目部等单位负责人参加。

从2013年12月25日至2014年6月9日，市人民医院一期以色列贷款购置的医疗设备全部到货，分批次进入新医院，具备安装条件的胃肠X射线机、宝石CT、核磁等安装完毕。

14日 由山西省文物局和临汾市政府共同举办的"走进曲沃·感知晋国——山西省主会场活动"在曲沃晋国博物馆举行。山西省首座大型遗址类博物馆——晋国博物馆同步开馆。副省长张复明，省文物局局长王建武，临汾市委副书记、市长岳普煜，副市长王振宇，省市有关部门负责人以及部分专家学者出席活动。

晋国博物馆位于曲沃县曲村镇，是依托全国重点文物保护单位"曲村—天马遗址"而兴建的全省第一座专题性遗址类博物馆。"曲村—天马遗址"面积近11平方公里，历经近20年的连续大规模勘探发掘，揭露面积1.2万平方米，发掘墓葬1000余座，其中周代墓葬800座。在该遗址的核心区域，发现9组19座晋国早期国君及夫人墓葬，10座车马坑，该发现被列为1992、1993年全国十大考古发现之一，入选20世纪中国考古百项重大发现，其发掘成果为中国"夏商周断代工程"提供关键的年代学标尺。曲沃晋国博物馆建在已经发掘的晋侯墓地遗址核心区，所有建筑只有一层，主展厅采用北方地区传统的下沉地坑院模式。博物馆主题陈列由三部分组成。第一部分是“晋国历史文化陈列”，选自晋侯墓地出土的1000余件组珍贵文物，主要有青铜器、玉器、石器、骨器等，以物说史，以史说人。第二部分是“曲村—天马遗址发掘纪实展”。第三部分是“晋侯墓地遗址陈列”，将晋国第一代国君——燮父开始的9代晋国早期晋侯及陪葬夫人共9组19座墓、9个陪葬车马坑，分为室内和室外两部分全部展示出来。

15日　副省长张复明前往洪洞县工业园区，专题调研科技创新型企业运营情况。山西省科技厅厅长张金旺，省发改委副主任刘锋，临汾市委副书记、市长岳普煜，副市长王振宇一同检查指导工作。

20日　临汾市严控秸秆焚烧和促进综合利用工作紧急电视电话会议召开，动员全市上下严格控制焚烧秸秆行为，促进秸秆综合利用，持续改善和提升临汾市环境空气质量。副市长杨治平出席会议并讲话。

同日，上午，临汾市市区第七批经济适用住房、第二批限价商品房认购公开摇号仪式在金海湾酒店举行。

此次经适房认购选房时间为6月28日至7月2日，限价商品房选房时间为7月3日至7月4日。选房家庭将依照公开摇号摇出的选房顺序号每天50户进行看房选房、办理合同签约等相关手续。第七批经适房可供房源256套，限价商品房121套，其中，经核准的238户家庭参与经适房摇号、87户家庭参与限价商品房摇号。

23日　山西省委书记、省人大常委会主任袁纯清前往尧都区、襄汾县、洪洞县检查指导工作。省发改委主任王赋，省国土厅厅长李建功，省水利厅厅长潘军峰，省统计局局长翟振新，省委办公厅副主任曹荣湘，临汾市领导罗清宇、岳普煜、王文英、赵建民一同检查指导工作。

25日　临汾市举行反恐应急演练。临汾市领导罗清宇、岳普煜、王文英、徐树荣、乔成家、陈小洪、杨治平、张成梁，省公安厅副厅长张立刚等现场观看演练。演练内容包括搏击团体操、格斗拳、特种战术、硬气功、反恐防袭5个战术科目，以及爆炸现场处置、砍杀现场处置、解救人质、高层灭火救援演练。

27日　临汾市眉户剧团在香港葵青剧场上演《雷雨》。这次由香港新界联会社会服务基金主办、大埔区文艺协进会和乐群义工团协办的庆祝香港回归17周年“百年文学、承扬经典”山西临汾眉户剧《雷雨》首演礼吸引香港众多名流。全国人大代表、新社联社会服务基金执行董事陈勇，新界社团联会社会服务基金董事会主席温悦球，大埔区文艺协进会执行委员会主席潘庆辉，乐群义工团团长黄碧娇，行政会议成员张学明，中联办新界工作部副部长张肖鹰，民政事务局局长政治助理徐英伟，立法会议员谭耀宗，立法会议员梁志祥，欧洲亚洲华人高尔夫球协会名誉会长郑伦光，亚洲电视有限公司执行董事叶家宝，香港商会副会长游锦荣等当地有名的太平绅士观看演出。

29日　山西省第十四届运动会男子柔道比赛中，临汾市柔道队一举摘得1金4银5铜，以总分110分的优异成绩勇夺男子柔道团体第一名。其中，男子乙组姚长江获得金牌；甲组王翔、袁强强、郭子赓，乙组李健获得银牌；甲组贾鹏飞、刘帅、王希，乙组高澍钦、秦瑞泽夺得铜牌

30日　山西省人大常委会副主任李政文，省人大常委会副主任、农工党山西省委主委、山西中医学院院长周然，省人大常委会副主任安焕晓，省人大常委会副主任、省总工会主席田喜荣等约30名驻晋全国人大代表一行莅临临汾市，就大西高铁建设情况进行专题视察。山西省人大常委会秘书长李仁和，临汾市领导罗清宇、岳普煜、徐树荣、赵建民、原胜利等一同前往。

同日，下午，《临汾市志》首发暨开展读志用志动员会召开。省地方志办副主任刘益龄，市委常委、副市长李东洪，市人大常委会副主任王金珍，市政协副主席杨益民等出席会议。会议对在编纂《临汾市志》工作中的先进集体和个人进行表彰，对编纂情况进行介绍。

《临汾市志》全书共分41卷，前有概述、大事记，后设附录和限外辑要，上溯事物发端，下迄2010年底，总字数530余万字，图、表、照片1200余幅(张)，记述临汾自然、经济、政治、社会、文化发展的历史和现状，是中华人民共和国成立后临汾市第一部通志。

7月

1日 市委书记罗清宇主持召开市委常委会议,就各县(市、区)委班子及党政正职对照检查材料进行集中审议。市领导岳普煜、王文英、徐树荣、乔成家、黄翠莲、赵建民、李东洪、张明星、乔建军、陈小洪出席会议。市活动办及各督导组负责人列席会议。

同日,大西高铁临汾西段正式运营。

同日,市委书记罗清宇看望老红军石友玉、老党员解黎明、困难党员郝双琴。市领导黄翠莲、张明星,市委办公厅、市委组织部及市直工委有关负责人一同前往。

同日,市委副书记、市长岳普煜在"迎七一·庆党日"走访慰问活动中,看望慰问尧都区的部分老红军、老党员和困难党员。

10日 省委副书记、省长李小鹏在临汾市检查指导工作,主持召开临汾、晋城、运城三市经济运行座谈会。省政府秘书长廉毅敏、省发改委主任王赋、省经信委主任张华龙、省财政厅厅长武涛、省煤炭厅负责人、省金融办主任郭保民一同调研;晋城市市长刘润民、运城市市长王清宪,以及两个市的相关职能部门负责人参加座谈会。市领导罗清宇、岳普煜、赵建民陪同调研或参加座谈会。

11日 市委书记罗清宇主持召开市委常委会议,学习习近平总书记在中央政治局第16次集体学习时的重要讲话精神,传达李小鹏同志到临汾调研及座谈会精神、全省信访工作电视电话会议暨省联席会议(扩大)会议及第二届晋商大会组委会第一次会议精神。市领导岳普煜、王文英、徐树荣、乔成家、黄翠莲、赵建民、李东洪、张明星、乔建军、陈小洪出席会议。

同日,全省省市政协秘书长工作座谈会在临汾市召开,省政协秘书长阎根生,副秘书长、调研室主任马伟,副秘书长张建豪、程银锁、蒋福新,市领导王文英、乔成家、梁若玉出席座谈会,来自全省11个市的政协秘书长参加会议。

13日 临汾市地方志办公室与山西省地方志办公室签订《平阳府志》影印合同,清·康熙版《平阳府志》由孔尚任总纂,是山西省志办统一部署要抢救的全省12部府级古志之一。

14日 山西焦煤洪洞煤焦化循环经济园区规划评审会议在洪洞县召开,市委常委、副市长李东洪出席会议。

山西焦煤洪洞煤焦化循环经济园区是山西焦煤六大园区之一,园区内现有山西焦化、山焦飞虹、山西三维、山西陆合等20余家企业,形成煤炭年产能630万吨,精细化工产能94万吨,甲醇35万吨。园区规划范围东起山焦焦化焦化厂东两公里,西至霍侯一级路,南起山焦焦化甲醇厂区,北至洪洞华清公司焦化厂。

16日至17日 国家发改委就业司副司长纪宁在临汾市调研基层就业和社会保障服务设施项目建设使用情况。省发改委副巡视员张晓平陪同调研。

21日 国家发改委、财政部、工业和信息化部等12个部委近日联合公布首批80个信息惠民国家试点城市名单,临汾市位列其中。

24日 市区煤化巷道路改造工程正式完工通车,市委副书记、市长岳普煜带领市直有关部门负责人现场调研,副市长杨治平一同调研。

煤化巷道路改造工程是市委、市政府2014年确定实施的城市建设重点项目,西起平阳南街,东至迎春南街,全长489米,宽28米。5月9日动工改造,7月24日竣工通车。改造后的煤化巷机动车道宽12米,双向四车道,人行道采用花岗岩铺设,改造更新路灯和绿化带。

27日 "尧都农商银行杯"2014中国·临汾国际名校赛艇挑战赛在汾河生态公园开赛,来自美国、英国、法国、意大利、荷兰、丹麦、新西兰、中国等8个国家、12支国际名校赛艇队伍同场角逐,荷兰阿姆斯特丹大学队荣获男子组冠军,新西兰奥塔哥大学队获得女子组冠军。

国家体育总局水上运动管理中心副主任韩建国、省体育局局长苏亚君分别致辞,市委书记罗清宇宣布开幕,市委副书记、市长岳普煜致欢迎辞,市委副书记王文英主持开幕式。

29日至31日 以省人大常委会农工委副主任祁玉林为组长的省人大常委会立法调研组,就《山西省实施〈中华人民共和国水土保持法〉办法》修订工作,到霍州市、永和县、襄汾县等6个县(市、区)进行调研,征询水利、财政、发改等13个市直部门关于《办法》修订的意见和建议。市人大常委会副主任原学义陪同调研并出席座谈会。

8 月

4 日 省委常委、组织部部长汤涛在临汾市检查指导党的群众路线教育实践活动和农村两委班子换届工作，在尧都区尧庙镇政府召开座谈会，听取县、乡、村三级书记汇报发言。市领导罗清宇、张明星参加座谈会。

5 日 市直机关在职党员到社区报到暨“定查评”工作法推进会议召开，就在职党员到社区报到开展“亮身份强服务当先锋”活动进行安排部署。

活动分宣传发动、调查摸底、集中报到、领岗服务、开展考评五个阶段，活动主体为市直工委系统所属的在职党员，活动内容包括亮身份，做到“五公开”“三承诺”“六个一”，即公开姓名、住址、工作、单位和职务，承诺岗位公开、事项公开、结果公布，当好一名联络员、参加一支服务队、帮扶一户困难户、提出一条好建议、办好一件社区事、做一个文明表率。

13 日 中央人民广播电台华夏之声、香港之声、香港电台普通话台携手内地及港澳 35 家电台联合推出的大型直播节目《城市新跨越》走进临汾，在市广播电视台演播厅直播《城市新跨越——祥和临汾》。市委副书记、市长岳普煜在节目中做专题推介。

14 日 省委副书记、省长李小鹏在临汾市检查大西铁路客运专线周边配套设施建设工作。市领导罗清宇、岳普煜、赵建民陪同。

20 日 市委中心组集中学习《习近平总书记系列重要讲话读本》。市委书记罗清宇主持学习。市领导岳普煜、王文英、徐树荣、黄翠莲、张明星、乔建军、陈小洪、王振富参加学习。

21 日 市政府组成团队赴京，就临汾新医院建设与中日友好医院签订友好合作协议。

23 日 环保部西北督查中心副主任张军带领国家黄河流域“十二五”水污染防治规划实施情况督查组在临汾市督导检查。省环保厅总工程师赵义，市委常委、副市长李东洪一同督查。

26 日 临汾市召开“百里汾河新型经济带”专项规划评审会，对“百里汾河新型经济带”现代农业、现代工业、现代服务业、文化旅游产业、生态文明建设、城镇化发展与城镇功能提升 6 个专项规划进行评审。市领导岳普煜、赵建民、李东洪、王振宇出席会议。会议由副市长杨治平主持。规划评审组专家、规划编制单位专家及各专项规划课题负责人参加会议。

27 日 市委书记罗清宇先后前往滨河东路贯通工程沿线、中南铁路龙马煤焦集运站，实地调研各项工程进展情况，协调解决工程建设中遇到的困难和问题。

29 日 市委书记罗清宇前往尧都区尧庙镇郭村城中村改造项目新百汇商业广场调研。

尧庙镇郭村城中村改造项目新百汇商业广场总占地 30 余公顷，总建筑面积 60 万平方米。项目集产权式酒店、写字楼、电影院、KTV、儿童娱乐城、高端住宅小区、学校、老年公寓、社区医院、小商品市场、购物中心、家居城、加油站于一体。

9 月

5 日 临汾市召开加强干部作风、引深教育实践活动电视电话会议，通报洪洞县兴唐寺乡原党委书记李静丽等人违纪案件。市领导罗清宇、岳普煜、王文英、黄翠莲、张明星出席会议。市委副书记王文英主持会议。

8 月 31 日中午，洪洞县兴唐寺乡党委书记李静丽，纪委书记刘斌，武装部长蔺晓军，工会主席、办公室主任周文跃，林站站长王碧玉，纪委副书记卫东华等 9 人，值班期间擅自脱岗，外出饭店吃饭，饭间酗酒滋事、打砸饭店，网上传开后在省内外造成恶劣影响。

同日，临汾市青年志愿者协会成立暨第一次会员代表大会在临汾宾馆新三楼会议室召开。市委副书记王文英出席会议并为临汾市青年志愿者服务总队授旗，团省委副书记马皖东到会祝贺。

10 日 副省长郭迎光在对口联系的中南铁路通道洪洞龙马集运站建设项目现场办公。

中南部铁路通道是山西省重要的经济大动脉和运煤通道，途经临汾市隰县、蒲县、尧都、洪洞、古县、浮山、安泽 7 个县(市、区)，境内全长 253 千米，总投资约 286 亿元(其中，正线铁路投资 220 亿元，战略装车点投资约 64 亿元，客运配套设施投资约 2 亿元)，设 4 个铁路装车点、5 个客运站点。洪洞龙马集运站作为 4 个装车点之一，总投资 10 亿元，线路全长 7.9 千米，可满足万吨列装车需求，项目建成后,预计近期可形成运力1000万吨,远期可形成运力1250万吨。

18日　副省长王一新带领省督察组,督察临汾市"项目见效年"和工业经济运行情况。市领导罗清宇、岳普煜、赵建民、李东洪、王振宇、杨治平陪同。

同日,第38届晋陕豫三省七市地震联防区年会在临汾市召开,来自晋陕豫三省七市地震部门负责人、专家、学者,省地震局副局长郭跃宏出席。

19日　省委副书记楼阳生带领涉煤收费清理规范专项督察第六组在临汾市督察涉煤收费清理规范工作。市委书记罗清宇主持会议。市委副书记、市长岳普煜汇报工作。省委副秘书长张克强,省审计厅副厅长高爱平,市领导赵建民、李东洪等出席会议。

同日,副省长王一新在临汾市检查旅游工作。省政府副秘书长盛佃清,省旅游局局长冯建平,副市长王振宇陪同检查指导。

同日,由市委宣传部、市文明办主办,临汾日报社承办的全国公民道德宣传日专题讲座在临汾日报社三楼会议室举行,邀请市委讲师团教授贾成奎就公民道德建设讲座。

22日　临汾市名胜景区珠三角旅游推介暨文化旅游项目招商会在广东省深圳市举行,市委常委、宣传部部长黄翠莲出席会议。

会上,临汾市对各名胜景区和文化旅游项目进行推介;深圳市旅游协会、深圳市旅游文化交流促进会代表深圳100家旅行社临汾临汾市景区签订旅游战略联盟合作协议;中国文化艺术品产权交易所有限公司、深圳市文博宫投资有限公司等5家企业与临汾市签订文化旅游项目投资意向12个,总金额42亿元。

23日　市委常委、常务副市长赵建民主持召开市行政审批服务中心搬迁筹备协调会,安排部署具体搬迁工作事宜,协调解决各部门在搬迁中遇到的困难和问题。

市行政服务监察中心大楼竣工。该中心位于临汾经济开发区滨河东路东侧,占地1.1公顷,总投资约1.3亿元,主要包括政务服务区、公共资源交易区、综合电子监察区、廉政文化警示教育区。

25日　临汾市召开打通联系服务群众"最后一公里"暨加强基层服务型党组织建设推进。省督导组组长梁志祥、副组长王进军,市领导罗清宇、岳普煜、王文英、徐树荣、黄翠莲、张明星、乔建军、陈小洪参加会议。市委副书记、市长岳普煜主持会议。

26日　山西省第五届道德模范揭晓并举行颁奖典礼,临汾市两人获道德模范荣誉称号,两人获提名奖。

临汾市有4人参加山西省第五届道德模范评选,从车轮下舍身救出陌生人的张丹华获见义勇为道德模范荣誉称号,为抚养重病弃婴而一直未婚的好妈妈王玲霞获孝老爱亲道德模范荣誉称号;扎根山区17载默默奉献基层教育的吕艳芳获敬业奉献模范提名奖,信守承诺获村民赞誉的农民李章云获诚实守信模范提名奖。

28日　涝洰河生态建设工程投入10余亿元的一期工程开园迎客。该工程是山西生态环境综合治理和临汾"十二五"规划的重点项目,位于"百里汾河新型经济带"核心区,西接汾河,北临空港,南倚东城,东跨108国道,总占地面积22.4平方千米,总体建设规划是"三河五湖六园"格局,总投资38亿元。

同日,市人力资源社会保障服务中心的10余家窗口单位于9月底迁至临汾市经济开发区唐尧大酒店原址,市医保中心首家入驻,开始办公。

30日　临汾市社会各界前往临汾烈士陵园敬献花篮,悼念革命先烈,缅怀丰功伟绩,弘扬革命传统。市党政军领导王文英、乔成家、黄翠莲、赵建民、乔建军、车胜良、梁天运、仇振刚、王醒安、原学义、王金珍、梁若玉、杨益民、刘淑芬参加敬献花篮仪式。仪式由市委常委、副市长李东洪主持。

10月

1日　历经4年、占地14.67公顷、总投资约1.98亿元的晋国博物馆正式开馆。300余件珍贵文物集体亮相,迎接游客。

晋国博物馆的建成,填补山西省没有遗址类博物馆的空白。晋国博物馆是依托"曲村—天马遗址"而兴建的全省第一座专题性遗址类博物馆,是中国唯一一座完整展示晋文化的平台。晋国博物馆于2008年9月经省发改委批准立项,2009年8月31日正式动工。馆内主要包括晋国历史展厅、遗址发掘史展厅、遗址保护展厅、多功能厅等。

4日至6日　全国摩托车越野邀请赛在曲沃

县太子湖旅游景区举办。来自辽宁、内蒙古、河南、安徽及法国和临汾本地的摩托车爱好者参加这次比赛。

9 **日**　中国宋庆龄基金会“恒天然乡村母婴健康项目”山西省第二期培训班在临汾市开班。

14 **日**　全国总工会副主席、书记处书记范继英带领全国总工会基层联系点调研组前往洪洞县，检查指导工会基层组织建设等工作。全国总工会基层组织建设部部长刘迎祥，省人大常委会副主任、省总工会主席田喜荣，省总工会巡视员梁若洁，省总工会副主席王荣，市委副书记王文英等陪同。

15 **日**　电影《陈赓晋南大捷》在襄汾县丁村民俗博物馆举行开机仪式暨新闻发布会。省军区副司令员负自博少将，市委常委、宣传部部长黄翠莲，临汾军分区司令员车胜良以及尧都区、襄汾县、乡宁县有关部门负责人出席活动。

电影《陈赓晋南大捷》由中央电视台电影频道出品，市委宣传部、龙江电影制片厂联合摄制，将在尧都区古城公园、襄汾县丁村和汾城古镇、乡宁县云丘山等地进行取景拍摄。该片以 1946 年 9 月蒋介石撕毁“双十协定”大举进攻中原解放区为背景，再现陈赓率领人民解放军第四纵队和太岳军区部队转战晋南，连续进行闻(喜)夏(县)、同蒲、临(汾)浮(山)战役，歼灭国民党军队 3 万人的历史。

21 **日**　市委副书记、市长岳普煜会见中国机械工业集团有限公司董事长兼党委书记刘敬桢一行，双方就山西师范大学临汾学院新校区建设项目进行交流。

同日，由省农业厅举办的“农产品电子商务山西行活动”第 9 站在临汾市举办。

22 **日至** 23 **日**　安徽省发改委副主任、引江济淮筹备组组长张天培率领安徽省政府和国家开发银行考察团一行在临汾市就“百里汾河新型经济带”建设进行参观考察。

23 **日**　全省工会职工法律援助维权服务工作现场推进会在临汾市召开。省人大常委会副主任、省总工会主席田喜荣，省总工会常务副主席郭新民、副主席王兴旺，市委副书记王文英，山西师范大学临汾学院党委书记、市总工会主席梁崇太出席会议。郭新民主持会议。

同日，由临汾市政府主办的 2014 山西省临汾市(深圳)招商引资推介会在深圳举行，向珠三角客商介绍临汾，推介投资项目，并与深圳市贸促委签署《友好合作框架协议》。市委副书记、市长岳普煜出席并致辞。

此次在深圳推介的项目有 83 项，主要集中在制造业和服务业两大行业，涉及制造、旅游、文化、金融、信息五大领域。

同日，由临汾市承担外景场地拍摄任务的电影《韩妈妈和她的儿女们》在省城太原举行首映式。省委副书记楼阳生现场观看影片。

24 **日**　在财政部、国家发改委组织的 2014 年节能减排财政政策综合示范城市答辩会上，临汾市跻身“国家节能减排财政政策综合示范城市”，成为山西省唯一入选城市。

25 **日**　由中国摄影家协会副主席、《中国日报》总编辑助理王文澜带队的“亚洲摄影家聚焦美丽临汾”采风团在临汾市开展采风活动。

28 **日**　山西省金融扶贫富民工程贫困户现场贷款发放启动仪式在临汾市吉县兰村举行。省农村信用联社主任邢亮喜，省政府金融办副主任竟晖，省扶贫办副主任张伟勤，市委常委、常务副市长赵建民出席启动仪式。吉县农村信用社、邮储银行与 20 个贫困农户签订贷款协议并发放贷款 100 万元。

同日，十二届中国国际农产品交易会上，临汾市吉县吉昌镇绿之源苹果专业合作社、曲沃县南林交龙王池莲菜种植专业合作社被组委会授予产品金奖。

29 **日**　在临汾市人民医院新院区正式投入运营，市四套班子领导罗清宇、岳普煜、王文英、徐树荣、乔成家、赵建民、李东洪、张明星、乔建军、陈小洪、仇振刚、原学义、王金珍、王振宇、杨治平、梁若玉、杨益民、张成梁、杨忠华、杨安虎前往临汾市人民医院新院区参观。

临汾市人民医院新院区占地 24.73 公顷，总建筑面积 17.2 万平方米，就医床位 1500 张，绿化率 55%，集医疗、教学、科研、防保、康复和急救功能于一体，配备急诊、门诊、医技、住院、120 指挥中心、后勤保障、行政科研及供水、供气、供热、供电等保障系统，总投资约 10.5 亿元。

30 **日至** 31 **日**　市直工委举行第五届市直机关体育运动会，副市长王振宇，以及市直工委、市政府办公厅、体育局等有关部门负责人出席开幕式。

此次运动会由市直工委、市体育局共同举办，赛期 2 天,以田径类比赛为主,共设 100 米、800 米、4×100 米、4×400 米接力、投掷、跳高、跳远 7 个赛项,分中年组和青年组进行。来自 57 个市直单位的 790 多名干部职工参加比赛。

31 日 临汾市"脸谱大桥"竣工通车。该座桥梁是中国首座展现戏曲文化的桥梁,全长 647 米,横跨同蒲铁路。在桥的四周分别设 4 组高 7.2 米,长、宽各 3.3 米的巨型脸谱雕塑,花池边和小挡墙上分别雕刻不同脸谱的 860 个和 620 个小型花岗岩栏杆,在 1 号、2 号桥涵两侧装饰大型戏剧脸谱,在两桥隔离带还有 24 个脸谱雕塑,雕刻镶装 3500 多个戏曲脸谱。

11 月

1 日 国药集团临汾有限公司揭牌,国药集团临汾有限公司在临汾市正式展开全面运营发展。

国药集团临汾有限公司是根据山西省人民政府与中国医药集团总公司所签署的《战略合作框架协议》精神,投资设立的医药流通企业和地区运营平台,注册资本 1000 万元。

同日,20 路公交车终点站延伸至脸谱大桥南侧的周家庄,该公交单程 42 分钟,行程 23 千米,每 6 分钟一趟,实行无人售票,票价 1 元。具体路线为,北城公交站—贾村口—馨阳农贸市场—高河桥—高河店—家思博尔酒店—北孝—公交二区—坂下路口—公交公司—广宣街北口—文体公司—区骨科医院—花果城饭店(平阳广场)—六中—乡贤街—平阳厨师学校—煤化巷东口—金座集团—周家庄(原路返回)。

同日,市房产局对市区房地产市场开展为期 50 天的专项整治。此次整治以房地产相关法律法规为依据,从 11 月 1 日开始到 12 月 20 日,围绕市区各在建、在售房地产开发项目及房地产经纪机构进行整治。

3 日 2014 年第三季度"山西好人"名单中,临汾市有 3 人榜上有名,分别是"助人为乐好人"吉县环卫工人王青凡、"诚实守信好人"汾西县团柏乡柴洼庄村村民李章云和"孝老爱亲好人"翼城县人民检察院退休职工裴兴宝。

4 日 国家能源局、国务院扶贫开发领导小组办公室决定在全国范围内开展光伏扶贫工作,山西省列为首批试点省份,临汾市汾西县、大宁县、吉县和大同市天镇县、浑源县作为首批光伏扶贫试点县,率先开展光伏扶贫试点工作。

同日,由市文联与安徽淮北市文联共同举办的"徽山汾水"——临汾·淮北两市书画作品联展在临汾市开展。市领导黄翠莲、王金珍、杨益民出席开展仪式,参观作品展。此次联展展出美术作品 76 幅,书法作品 110 幅。

5 日至 6 日 省人大常委会党组副书记、副主任李政文率省人大调研组在临汾市就基层人大建设和工作情况进行调研。市领导罗清宇、徐树荣、原胜利、杨安虎陪同调研。

8 日 晋陕豫黄河金三角承接产业转移示范区投资说明会在河南省三门峡国际文博城四楼多功能厅举行。副市长王振宇参加会议。临汾市就农业、工业、服务业、旅游、社会事业、交通基础设施 6 大类内容 230 个对外招商项目进行推介。

同日,第三届中国特色商品博览交易会(简称"特博会")开幕式在河南省三门峡国际文博城中心广场举行。特博会是国务院批复《晋陕豫黄河金三角区域合作规划》后,由临汾、运城、渭南、三门峡四市共同承办的国家级展会。本次展会以"振兴民族经济,发展特色产业"为主题,展出 6200 余种特色商品。展会设有 4 大展区 15 个专区,1055 个国际标准展位。

10 日至 14 日 "三晋环保行"记者团的 9 家媒体 20 余名记者和工作人员深入侯马、曲沃、霍州、洪洞、襄汾、尧都区,对 22 个企事业单位和排污点进行实地检查和采访,期间夜查市区街头烧烤摊,了解临汾市一年来的大气污染防治情况,现场督促有关部门对李雅庄煤矿、同世达煤化工集团的环境违法行为进行处理。

11 日 副省长张复明在吉县检查指导工作。省政府副秘书长郭立,市委副书记、市长岳普煜,副市长王振宇陪同。

12 日 "心有大爱铸忠诚——李红英先进事迹报告会"在市影剧院举行。建行山西分行行长高强、副行长于凡,市领导罗清宇、岳普煜、王文英、徐树荣、黄翠莲、张明星、王金珍、王振宇、梁若玉、杨益民、刘淑芬、杨安虎出席并聆听报告。

14 日 省委副书记、省长李小鹏在吉县检查指导黄河古贤水利枢纽工程前期工作。副省长郭迎光、省政府秘书长廉毅敏，市领导罗清宇、岳普煜、王振宇等陪同。

同日，临汾市召开淘汰黄标车及老旧车工作会议，副市长杨治平主持会议，安排相关工作。市公安局、环保局、发改委等部门负责人参加会议。

同日，在贵州省贵阳市举办的学习贯彻中共十八届四中全会精神“创新社会治理，加强社会建设”2014(贵阳)年会上，洪洞县、安泽县获得中国社会治理创新荣誉。市委常委、政法委书记陈小洪应邀出席年会。

18日 副市长、“6·19”集资案处置工作组组长杨治平主持召开会议，对工作进行安排部署。“6·19”案件发生后，市委书记罗清宇，市委副书记、市长岳普煜，市委副书记王文英等领导多次召开专题会议进行安排部署。“6·19”涉案的主要犯罪嫌疑人全部抓捕归案，报案核准工作完成，清产核资、资产评估、房产测绘工作稳步推进。有行政、公安司法、金融监管、专业机构等10余个部门的百余名工作人员参与案件处置。

24日 以“安全、健康、合作、发展”为主题的2014年山西粮食(玉米、小杂粮)产销对接临汾分会在五洲酒店召开。省粮食局纪检组组长李春泽、副市长王振宇出席会议。来自全国的32家大型粮食企业和贸易客商等用粮企业代表以及来自运城和临汾市的60家粮食经营企业和粮食经纪人代表参加会议。

25日 中国铁塔股份有限公司临汾市分公司揭牌成立。市委常委、副市长李东洪，临汾经济开发区管委会主任尚日红，中国铁塔股份有限公司山西省分公司副总经理李杰武出席揭牌仪式并揭牌。

26日 黄河金三角楹联文化联席会第四次会议暨第三届中国楹联黄河论坛在临汾市召开。中国楹联协会会长蒋有泉，市委常委、宣传部部长黄翠莲，以及70余名来自晋陕豫黄河金三角三省四市的楹联组织代表参加会议。

26日至27日 省委常委、统战部部长孙绍骋在临汾市检查指导统战工作。省委统战部副部长张云泽，市领导罗清宇、岳普煜、乔建军等陪同。

27日 省委常委、政法委书记王建明带领省委政法委司法体制改革专题调研组在临汾市调研并召开座谈会。省委政法委副书记闫喜春一同调研。市领导罗清宇、岳普煜、王文英、陈小洪、柴高潮、张成梁出席座谈会。

28日 全省防治艾滋病工作委员会会议在临汾市召开。副省长、省防治艾滋病工作委员会主任张建欣，省政协副主席、省卫计委主任卫小春，省政府副秘书长巨宪华，省政府副秘书长、省红十字会党组书记盛佃清，市委副书记、市长岳普煜，副市长王振宇出席会议。省、市防艾委有关成员单位负责人参加会议。下午，副省长张建欣在临汾红丝带学校看望学生和老师，参加“放飞梦想”活动。盛佃清代表省红十字会向临汾红丝带学校捐赠10万元；市红十字会有关负责人代表临汾市红十字会向学校捐款20万元。

同日，临汾市举行黄标车及老旧车现场监销活动，集中对一批黄标车及老旧车进行现场销毁，市黄标车及老旧车淘汰工作领导组组长、副市长杨治平，市公安局局长马德荣参加启动仪式。

同日，临汾市召开全市村(社区)“两委”换届选举工作推进会，学习传达省委组织部《关于落实中央〈通报〉和王儒林书记重要批示的通知》。市委书记罗清宇，市委常委、组织部部长张明星，市委常委、政法委书记陈小洪出席会议。张明星主持。

30日 搭载着来自全国多个省市400余名游客的山西境内旅游专列“晋善晋美·东湖号”准点到达临汾火车站。集“吃、住、行、娱、游”为一体的全新“三晋旅游”模式开启在临汾境内的行程。

此次旅游专列山西游活动由省旅游局提供专业指导、太原铁路局具体主办，旅游专列自11月29日从太原站出发后驶往大同，于30日抵达临汾。本次专列由全新的空调车体组成，兼具出游、住宿、会议、娱乐等多种功能，随车配备导游、医生等专业人员。

12月

2日 临汾市围绕“抵制七类违法，安全文明出行”的主题，在平阳广场开展宣传活动。副市长杨治平、市公安局局长马德荣参加。出动警力850人次，发放各种宣传资料2万余份，摆放宣传展板70余块，悬挂标语横幅30余条，受教育面达6万多人次。

15日 临汾市召开全市公务用车制度改革工作电视电话会议。副市长杨治平出席会议。

18日　临汾市在临汾市影剧院举行“德润平阳”第三届“十大道德楷模”颁奖典礼。市领导王文英、黄翠莲、李东洪、梁天运、杨益民出席颁奖典礼，为郭小平、王玉平、葛丽娟、郭建平、张丹华、李五祥、刘志东、李章云、李红英、冯莉清十大道德楷模和20名提名奖获得者颁奖。市委副书记王文英在颁奖典礼上致辞。

19日　临汾市第二届“梨花奖·华尧杯”电视戏曲大赛总决赛在梨园堂举行。大赛由市委宣传部、文广新局主办，市电视台承办，戏剧研究院、戏剧家协会协办，历时半年有余，有各县(市、区)各村镇及运城市的200余名业余选手参加比赛。襄汾县选手胡宝丽获得一等奖；襄汾县选手卢秋芳、浮山县选手陕双锁获得二等奖；运城市选手赵小英、侯马市选手陈菊香、洪洞县选手何萍、稷山县选手付卫屏、临汾市选手李晓丽获得三等奖；市第一实验小学的刘宝钰获得“梨花之星”奖。

同日，临汾市第四批廉租房、第八批经济适用房和第三批限价商品房在市区金海湾大酒店举行摇号仪式。

此次廉租房核准家庭319户，其中优先配租家庭106户，一般家庭213户；经济适用房核准家庭140户，优先家庭19户，一般家庭121户；限价商品房核准家庭49户，优先认购家庭4户，一般家庭45户。经济适用房和限价商品房的房源均由“漪汾花园”供应。

19日至21日　太原煤炭气化(集团)临汾燃气有限公司完成市区第六批次天然气置换工作，抄表率、安检率96.13%、99.07%。

此次置换区域为市区鼓楼西街、解放西街、鼓楼北、扁担巷、北城壕焦炉煤气用户及鼓楼南、贡院街部分焦炉煤气用户，78个小区、230栋居民楼、10008户居民用户和90户营福用户。市区有近4万用户告别人工焦炉煤气，开始使用天然气能源。

21日　公交20路于本月26日延线至孟家庄，早班6时27分，末班18时30分，单程13千米，用时45分钟；始发站：城北公交站，终点站：孟家庄(原铁十五局门口调头)；20路公交车每6分钟一趟，实行无人售票，票价1元。

线路为：城北公交站—市中心医院二区—馨阳农贸市场—高河桥—高河店—家思博尔酒店—北孝—公交二区—坂下路口—公交公司—科委巷北口—市中心医院—区骨科医院—花果城饭店(平阳广场)—六中—乡贤街—平阳厨师学校—煤化巷东口—金座集团—周家庄—孟家庄(原路返回)。

23日　2015年中国(太原)煤炭交易大会临汾煤炭交易专场在省城太原市中国(太原)煤炭交易中心举行。中国(太原)煤炭交易中心主任曲剑午、副主任闫世春，临汾市委常委、副市长李东洪出席会议。省内外煤炭用户、市煤炭局、各重点产煤县(市、区)、全市各煤矿企业负责人参加会议。

26日　临汾市召开电视电话会，安排部署机关事业单位“吃空饷”问题集中治理工作。市委常委、常务副市长赵建民出席会议并讲话。

27日　临汾市召开村(社区)“两委”换届选举工作领导小组(扩大)会议。市委常委、组织部长、市村(社区)“两委”换届选举工作领导小组组长张明星出席会议。截至12月26日，全市村(社区)党组织换届选举基本完成，村委会换届选举完成90%。

30日　霍州至永和关高速公路东段和西段一期工程正式通车运营。高速公路贯穿临汾市的霍州、汾西、隰县、永和三县一市及吕梁山脉腹地。市领导仇振刚、杨治平、杨安虎全线参观。

霍州至永和关高速公路东段及西段(一期)工程是山西省高速公路网规划“三纵十二横十二环”中第九横的重要组成部分，工程起点位于霍州市陶唐峪乡辛庄，终点至永和县王家坪，全程为山岭重丘区高速公路技术标准。道路全长129.2公里，总投资118亿元，双向四车道，设计行车速度为80千米/小时。

(李艳洁)

概　况

自然环境

【地理位置】 临汾市位于山西省西南部，东倚太岳，与长治、晋城为邻；西临黄河，与陕西省隔河相望；北起韩信岭，与晋中、吕梁毗连；南与运城市接壤。地理坐标为北纬35°23′至36°57′，东经110°22′至112°34′之间，南北最大纵距170多公里，东西最大横距约200公里，总面积20275平方公里，占全省13%。临汾"东临雷霍，西控河汾，南通秦蜀，北达幽并"，地理位置重要，自古为兵家必争之地。

【地形地貌】 临汾市地形轮廓大体呈"凹"字型分布，四周环山，中间平川，全境分山地、丘陵、盆地三大地形单元。其中，平川面积占19.4%，丘陵面积占51.4%，山地面积占29.2%。临汾盆地横亘全市中部，将整体隆起的高原分为东西两部分山地。东部由北向南为太岳山、中条山，西部是吕梁山脉，海拔多在1000米以上。最高处太岳山霍山主峰，海拔2346.8米，最低处乡宁县师家滩，海拔385.1米。境内有黄河、汾河、昕水河、沁河、浍河、鄂河、清水河7条河流和郭庄、龙祠、霍泉三大名泉。

【气候条件】 临汾地处半干旱、半湿润季风气候区，属温带大陆性气候，四季分明，雨热同期。气温的特点是冬寒夏热。全市气候的主要特征是：冬季寒冷干燥，降雪稀少；春季干旱多风；秋季阴雨连绵；夏季酷热多暴雨，伏天旱雨交错。全年气候变化多端，暴雨(雪)、低温冻害、干旱、大风、持续高温等突发性气象灾害频发，对农业生产等各个方面造成较大影响。

自然资源

【土地资源】 全市土地总面积20275平方公里，受水热条件影响，土壤发育较完全，形成深重粘化层，养分含量较为丰富。普遍分布的地带性土壤类型为褐土，此外还有草原草甸土、棕壤土、沼泽土等几种类型。土地资源丰富，稳产高产肥沃耕地分布集中，由于"二川三山五丘陵"，土地类型多样，宜林草面积大，但森林覆盖率低，水土流失较为严重。后备土地资源仍较为丰富，大量的盐碱荒地、沙荒地、沼泽地可改良开垦为农林牧用地，但需要排水、治河、修建扩岸工程，开发投资很大。土地开发利用率75.1%，土地垦殖率26.2%，耕地复种指数12.6%，农业用地率68%，建设用地率5.6%。人口密度185人/平方公里。

【水资源】 大小河流200余条，均属黄河水系。流域面积在1000平方公里以上的有黄河干流、汾河和沁河。黄河干流位于临汾市西侧，为晋、秦天然分界线，全长174公里，流域面积7739平方公里。汾河纵贯全境中部，流域面积10286平方公里。沁河全长95公里，流域面积2288平方公里。河流以季节性河流为主，径流量多集中在7月至9月，故形成雨季排洪，旱季断水。在地域分布上，山区大于平川，东山大于西山。

全市水资源总量8.52亿立方米，其中：地表水资源量5.87亿立方米，地下水资源量7.58亿立方米，重复计算量4.93亿立方米，全市产水系数0.08，产水模数4.20万立方米/平方公里。

【矿产资源】 矿产资源丰富，能源工业发展潜力巨大。已探明的矿种有41种，主要有煤、油页岩、铁、铜、锌、铝、金、钴、稀有元素、石膏、石灰岩、白云岩、耐火黏土、硫铁矿、膨润土、大理石、花岗石、重晶石、长石、石英、硅石、磷、硅线石等。其中煤、铁、石膏、石灰岩、白云岩、膨润土、花岗岩、大理石、油页岩、耐火黏土等,在省内及全国均占重要地位。矿产资源综合优势度为0.73,在全省各地市中居第二位。

煤炭资源是临汾市首屈一指的矿产资源,探明储量398亿吨,占全省的14%,有河东、霍西、沁水三大煤田,其中乡宁为全国三大主焦煤基地之一,且煤层厚,埋藏浅,易开采。全市煤种齐全,伴生矿产较多。煤种有贫煤、瘦煤、无烟煤、焦煤、肥煤、气煤等6种,其中焦煤、气煤、肥煤和瘦煤都是炼焦煤。主要伴生矿有油页岩、铝土矿、耐火黏土、锰铁矿等,另外还有大量的风化煤。煤炭质量较好,灰分和硫的含量适中,变质程度高,发热量大,中等可选,结焦性能好。乡宁主焦煤为全国三大主焦煤基地之一,开发条件优越。三大煤田除霍州煤田的霍山西麓边缘地质构造复杂,开采较困难外,其他煤田的地质构造和水文地质条件都比较简单,煤层多,单层厚,煤层稳定,倾角小,埋藏浅,交通方便,开发条件较好。

铁矿是第二大矿产资源,总储量为4.2亿吨,其中磁铁矿储量为1.8亿吨,褐铁矿和赤铁矿储量约2.4亿吨。铁矿富矿比例高,占全省富矿的70%以上,大部分开采条件较好。

有色金属矿产资源种类较多,有铜、铅、铝、钴、金、银等7种,但大部分储量不大。铜矿虽储量不大,但品位高,伴生的有益组分含量高,开采价值大。铅、锌矿分布在洪洞、翼城、蒲县、古县的部分区域。铝土矿分布于霍州什林和汾西店底一带,地质工作程度相对较低。稀有元素矿产主要有锂、铷、稀土、铌、钽等几种,其中翼城石姑娘山的锂铷矿是省内独一无二的。

非金属矿产成矿地质条件良好,资源丰富,现已发现的24种非金属矿产中石膏、石灰岩、白云岩等在全省或全国具有重要优势,特别是石膏矿膏体厚位大,品位高,分布广,远景储量234亿吨,开采条件好。其余如水泥灰岩、膨润土、花岗岩、耐火黏土、麦饭石等则可望成为国内优势矿产。大理石储量1.5亿立方米,石英石储量2000万吨,被誉为"有千种用途黏土"的膨润土分布在本市的永和县、大宁县和吉县。

【生物资源】 植物资源是全省最丰富的地区之一,除农作物外,现已调查到的种子植物有606种。在植物分布上,东南山地丘陵地带以油松栎类和华山松占优势,农作物有小麦、玉米、谷子等,经济林有苹果、核桃、柿、板栗、山楂等,土特产主要有黑木耳、猴头等,名贵中草药植物有菖蒲、竹节人参和灵芝等。东部山地以沙棘、荆条等次生灌草丛植被为主,经济林有核桃、瓦氏棕子、山楂、枣、桑、苹果、梨等,土特产有猴头、佛手和烟草,农作物以玉米、谷子为主。这一地带盛产药材,其中山芋肉、贝母负有盛名。太岳山区以油松、辽东栎林及次生灌草丛植被为主,是山西省主要的林业基地。果品主要有梨、柿。中草药种类繁多,其中以党参、贝母、山茱萸、霍香等最著名。临汾盆地以冬麦、棉花等农作物栽培为主,土产丰富,以曲沃的烟草、临汾的尧枣、洪洞的莲菜等闻名于省内外。吕梁山以油松、白皮松、辽东栎林及次生灌丛植被为主,土特产有松香、生漆、猴头、木耳等,中草药以甘草、五加皮、苍术、党参、核仁等著名。西部黄土残塬丘陵植被以灌丛和草丛为主,土特产有隰县金梨和永和红枣,农作物以冬小麦、玉米、马铃薯为主,经济作物有棉花、大豆等。

森林资源比较贫乏。现有的天然次生林和人工林总面积24.47万公顷,人均林地0.07公顷,为全国人均林的1/2左右。人均木材蓄积量1.7立方米,只有全国人均蓄积量的1/6。森林不但面积小,蓄积量少,而且分布不均,林龄组成不协调,森林质量差。天然草地面积占全市总面积的24.9%,现已查明的主要草种有豆科的胡枝子、兰花棘豆、米口袋、野豌豆,禾木科的黄茨、隐子草、早熟禾、白羊草,禾草科的苔草、蒿草等。

野生动物种类丰富,陆栖脊椎动物有300余种,占全省总种数的74%。在本区动物种类中,属国家一类保护动物的有白鹳、黑鹳和褐马鸡等,其中褐马鸡是世界闻名的珍稀动物,是我国的国宝和特有珍禽。二类保护动物有金钱豹、原麝、大天鹅、鸳鸯。三类保护动物有青羊、大鸨、金雕、玉带海雕等。由于本市处于古北界的南部,随着夏季太平洋暖湿气团的深入，东洋界动物也不断潜入到本区，使古北界和东洋界动物俱有，区系组成复杂。兽类主要有狼、狐、兔、果子狸、猪獾等，鸟类主要有麻雀、家燕、喜鹊、凤头杜鹃、龙斑鸠、大嘴乌鸦、凤头百灵、石鸡、褐马鸡、胡兀鹫、岩鸽等，两栖爬行类有黑斑蛙（青蛙、田鸡）、花背蟾蜍、无趾壁虎、中华大蟾蜍等。

（李艳洁）

临汾之最

【自然】 晴天日数以蒲县最多，年均106.1天；以侯马市最少，年均81.7天。各县（市、区）年气温最低值出现在西部山区的蒲县，年均9.0℃；最高值出现在侯马市，年均12.8℃。全市最低温度出现在安泽县，为1990年2月1日的－26.6℃；最高温度在尧都区，为2005年6月23日的42.3℃。本市气温年均差在27.1℃至30.5℃之间，平均28.6℃，最小值27.1℃，出现在汾西县；最大值30.5℃，出现在永和县。年太阳总辐射量最大地域以隰县为最，年均总辐射5545兆焦耳/平方米。光合有效辐射最大中心在隰县，年总量＞2600兆焦耳/平方米。全市日照时数最多的县是隰县，年均2642小时；最少的是古县，年日照2140小时。

临汾最高点为中条山主峰霍山，海拔2346.8米，最低点在乡宁县师家滩，海拔385.1米，相对高差1900多米。第一大河流是汾河，纵贯全境中部，流域面积10286平方公里。含沙量最小的河系是沁河，全长95公里，流域面积2288平方公里，是临汾唯一未被污染的河流。临汾最大的溶岩泉郭庄泉，泉域面积5600平方公里。

蕴藏最高的矿产资源是煤炭资源，有河东、霍西、沁水三大煤田，全市含煤面积1.54万平方公里。国土面积最大的乡宁县，2024平方公里，国土面积最小的侯马市，274平方公里。人均土地占有量最多的安泽县、人均土地2.75公顷。

临汾有文字记载的最大地震为1695年（清康熙三十四年四月初六日戌时），临汾8级地震，波及晋、冀、鲁、豫、陕、甘、苏、鄂8省，东西、南北长约千公里。建国以来最大的泥石流为1982年8月2日，霍州山谷口发生泥石流，呈扇形，东西长420米，南北宽70米，以12米/秒流速下滑，在约20分钟的时间里吞噬了11口人的生命，摧毁窑洞20多孔，冲走粮食1万余公斤、毁没耕地8公顷，毁3000余成林树木，堆积厚度0.5米至1.5米。最大的山体滑坡为1984年，发生在大宁县城关石沟，压死、压伤各5人，7孔窑洞倒塌，5孔窑洞裂缝不能住人。最大的地裂为1979年，一场大雨后，侯马紫金山前出现地裂缝，长约1000米，最宽0.8米，深1米至3米。最大的地陷为1982年3月5日，蒲县克城乡张公庄村西南1公里的山坡上发生地陷落，陷落坑近似园形，直径60余米，深约40米，面积约3000余平方米。2009年发生冬、春、夏三季连旱，特别是春旱，是临汾市有气象记录以来55年中最严重的干旱。

【人文】 “丁村尖状器”是丁村遗址出土的代表性石器，这种石器在中国以及其他国家从未被发现过，故被定名为“丁村尖状器”。

“击壤”处碑（残），传说其时“天下太和，百姓无争，有老人击壤而歌”，唱出了被认为中国最早的诗歌《击壤歌》。

“陶寺遗址”是原始社会末期文化的典型，约相当于公元前2600至公元前2100年，被公认为是中国近年来最为重大的考古成果。

“陶寺遗址”古祭祀台，占地1400平方米，祭祀台兼有观天授时功能，是中国发现的最早最远古的观象台。

吉县柿子滩旧石器时代遗址群是中国目前距今1万年至2万年间现存面积最大、堆积最厚、内涵最丰富的一处埋藏遗址。

位于曲沃县曲村镇曲村、北赵、三张及翼城县里砦镇天马村之间的曲村—天马遗址是迄今全国发现的最大的西周文化遗址。

“侯马盟书”，皆以毛笔书写于石片、玉片之上，可辨识者5000余件，系中国发现的最古老的完整的毛笔手迹和精美的书法作品，被评为新中国成立以来十大考古发现之一。

20世纪初发现于甘肃的平阳木版年画《四美

图》,收藏于俄罗斯国家博物馆,为中国现存最早最完整的年画实物珍品。

发现于广胜寺的《赵城金藏》,现藏于国家图书馆,是中国独一无二的佛教稀世宝典,与《永乐大典》《四库全书》《敦煌遗书》并称为国家图书馆四大镇馆之宝。

侯马市董氏兄弟墓出土的舞台演出砖俑,是研究中国戏剧雏型的独一无二的珍奇实物。

尧都区魏村牛王庙戏台,始建于元至元二十年(1283),是迄今为止中国遗留最早的元代戏台。翼城县武池村乔泽庙戏台,始建于元泰定元年(1324),是现存元代规模最大的戏台。尧都区东羊村后土庙戏台,始建于元至正四年(1344),内檐梁架结构巧妙,交迭成八卦型,在古戏台中堪称绝无仅有。

洪洞广胜寺飞虹塔,始建于明嘉靖六年(1527),是中国现存四大名塔之一。

毗邻广胜寺下寺的水神庙元代戏曲壁画"尧都见爱大行散乐忠都秀在此作场"13 幅 197 平方米,绘成于元泰定元年(1324),是中国唯一幸存的元代戏剧壁画。

老君洞《太上显化图》,镌于明嘉靖四十五年(1566),为 39 块、81 幅完整青石线刻,是罕见的宗教文物,也是中国独一无二的石雕连环画珍品。

东岳庙"十八层地狱",从第一殿"阴阳界"到第十殿"轮回转生",140 余尊怪异泥塑组成的地狱博览,是中国寺庙中举世无双的珍品。

霍州署衙,始建于唐,现存建筑为元、明、清遗迹,面积 18700 平方米,是古代司法制度仅存的典范。

洪洞县"苏三监狱",始建于明洪武二年(1369),是中国仅存最完整的明代监狱。

保存在曲沃县中学内的清代县试贡院,堪称全国仅存之遗迹。

姑射山神居洞"崇道庙",建有道教始祖老子、佛祖释迦牟尼和儒教创始人孔子及古帝尧王等 89 尊泥塑,是临汾唯一三教同居一窟的寺庙。

临汾威风锣鼓场面壮阔、气势磅礴,被誉为"中国第一鼓"。

1929 年 12 月,临汾晋益面粉股份有限公司成立,装 192 马力锅驼机 1 台,德国西门子发电机 1 台,容量 60 千瓦,年产面粉 13 万袋。临汾有电、有机制面粉厂自此始。

1935 年 5 月 10 日,同蒲铁路太原至临汾段正式通车运营。临汾火车站始建。

1950 年 4 月 11 日至 14 日,晋南首届人民体育大会在临汾举行,竞赛项目 67 项,参加运动员 3754 名。

1955 年 9 月 25 日,山西省第一座农村小型水力发电站——洪赵县明姜水电站开工建设,安装 48 千瓦水轮发电机一台,12 月 4 日建成投产。

1979 年 3 月 16 日,从霍县发电厂经临汾刘村至运城的 220 千伏输电线路建成送电。为全区第一条 220 千伏输电线路。

1982 年 8 月,襄汾轧钢厂张秋生等 3 人集体承包经营该厂,临汾工业企业首次实行承包经营责任制。

1984 年 1 月 3 日,中共临汾地委、临汾行署批转临汾地区编制委员会《关于地区党政机关机构设置的意见》,进行改革开放后第一次地区党政机关机构调整。

1985 年 1 月 1 日,《临汾报》改刊为《临汾日报》,请彭真委员长题写报名,首次出版发行。

1985 年 9 月 28 日,临汾地区第一座无线电台临汾人民广播电台落成试播。

1985 年 11 月 10,中国第一个反映汉民族民俗风情的专题性博物馆——临汾丁村民俗博物馆正式开馆。

1987 年 9 月 15 日至 18 日,中共临汾地委、行署召开首次全区经济改革与发展战略研讨会。

1991 年 10 月 11 日至 20 日,临汾地区举办首届尧都锣鼓艺术节。

1992 年国家经贸部批准临汾地区外贸进出口经营权。

1992 年 5 月 5 日,中共临汾地委按照"公开、民主、平等、择优"的原则,首次在全区选拔 30 名左右副县级工业领导干部。

1992 年 7 月,临汾地区与世界银行教育贷款协议在太原签订,世行教育贷款在临汾地区正式开始启动。

1992 年 8 月 26 日,中共临汾地委、临汾地区行署首次出台招商引资优惠政策。

1993年9月8日，中国银行山西省信托投资公司临汾证券业务部剪彩成立。

1993年3月，临汾地区蒲剧院实验团在新加坡参加“1993华族文化节地方戏曲展”，蒲剧《挂画》《跑城》首次走出国门。

1993年上半年，临汾地区选择山西电控厂、临汾有机化工厂、临汾煤机厂、襄汾纺织厂、襄汾县百货一店、临汾市振兴商场等国营企业进行首次股份制试点。

1994年2月1日，中共中央总书记、国家主席、中央军委主席江泽民在临汾视察。

1994年9月19日至10月18日，首届中国·临汾黄河壶口漂流月在吉县壶口举行。

1996年，首家台资医院，临汾长良医院前身——旺安医院始建。

1997年6月1日，柯受良驾驶三菱轿车飞越黄河圆满成功。

1999年6月20日11时58分，朱朝辉驾驶摩托车飞越黄河圆满成功。

1998年10月18日，临汾经济技术开发区举行挂牌仪式。

1999年10月1日，全长147公里的霍侯一级公路竣工通车，是临汾公路建设史上投资规模最大、建设里程最长、工程质量要求最高的工程项目。被称为“晋南第一路”。

2000年11月1日中共临汾市委挂牌成立。2001年1月20日临汾市人民政府挂牌成立。

2001年1月16日至18日，政协临汾市第一届委员会第一次会议召开。

2001年1月17日至20日，临汾市第一届人民代表大会第一次会议召开。

2001年3月8日至10日，中国共产党临汾市第一次代表大会在临汾市召开。

2001年2月7日，获大世界吉尼斯之最的中华帝尧鼓在尧庙宫揭幕。

2001年6月22日，山西师大临汾学院成立，是山西省首家校区独立、经费独立、法人独立的二级院校。

2001年9月24日，临汾市首届“产学研”高 新技术项目发布洽谈会在临汾开幕。

2002年3月18日，中国民主促进会临汾市第一次代表大会在临汾宾馆召开。

2002年3月21日，中国国民党革命委员会临汾市第一次代表大会在临汾宾馆召开。

2002年3月24日，九三学社临汾市第一次代表大会在黄河大酒店召开。

2002年3月28日，中国民主同盟临汾市第一次代表大会在黄河大酒店召开。

2002年6月23日，临汾市首届人才交流大会在市影剧院召开。

2002年7月25日，临汾市工会第一次代表大会在临汾宾馆召开。

2002年10月29日，侯马海关正式开关。

2003年7月6日，滨河东路竣工通车，是临汾市规模最大、投资最多的市政道路工程。

2003年10月，“山西侯马·新田春秋古都文化节”在侯马举办。

2004年10月1日至2日，临汾市举行十大城建工程竣工庆典。十大重点工程的竣工，标志着临汾城市基础设施迈上一个新台阶。

2005年3月1日至2日，临汾市第一次妇女代表大会在临汾召开。

2005年12月31日，晋南威风锣鼓、戏剧蒲州梆子、舞蹈襄汾天塔狮舞和翼城花鼓4个项目被列为国务院公布的首批国家级非物质文化遗产名录。

2006年6月25日，《中共临汾市委组织部选聘优秀高校毕业生担任村干部公告》发布。临汾市首次公开选拔优秀大学生当村官。

2006年12月，经上海大世界吉尼斯总部核准确定，蒲县垒石填土植树获“大世界吉尼斯之最”称号。

2007年4月5日，首届中国·洪洞大槐树寻根祭祖大典在洪洞县大槐树寻根祭祖园隆重举行。

2007年5月29日，安泽县举行“中华千年古县”揭牌仪式，成为全省第一个申报成功的县。

2007年12月，山西方略保税物流中心建成运行，是在中部内陆省份设立的唯一一家由政府支持建设、民营资本投入的海关保税物流中心试点。

2007年12月13日，共青团临汾市第一次代表大会在临汾召开。

尧庙广场中国立体地形图,面积为9600平方米,为全国最大的中国立体地形图。

华门是中国第一座华夏文明纪念碑和门文化景观,宽80米,高50米,是全国最高的门式建筑。

2008年8月19日,山西宝特国际物流中心侯马站正式通车试运营,标志着年吞吐600万吨货物能力的山西首家海铁联运陆港口岸开始运行。

(李艳洁)

建置　区划

【建置沿革】 临汾是中华民族发祥地之一,《帝王世纪》称:“尧都平阳”,即今临汾。《禹贡》分天下九州,平阳为冀州之地。冀州处九州之中央,故称“中国”,“中国”一词由此而来。西周时期,周成王封弟叔虞于唐(今翼城),因唐境内有晋水,叔虞之子燮父“易唐为晋”。春秋属诸侯国晋,晋文公北方称霸时,晋国的中心就在今曲沃、侯马、襄汾一带。战国初期,韩、赵、魏“三家分晋”,韩建都平阳。秦改分封制为郡县制,全国划为103郡国,属河东郡司隶部辖。三国魏正始八年(247)置平阳郡。西晋永嘉三年(309),刘渊建汉,都平阳。北魏孝昌中置唐州。隋开皇三年(583),置临汾郡,临汾得名沿用至今。唐实行道、府、州、县制,武德初年(618)为晋州。北宋政和六年(1116),始置平阳府,辖临汾、汾西、洪洞、岳阳、乡宁、赵城、霍邑、浮山、冀氏、和川10县及隰、吉、降3州。元实行省、路、府(州)、县四级制,为中书省山西宣慰司晋宁路(治临汾)。明清重置平阳府,统领35州县,包括今临汾、运城两市及晋中市灵石县和吕梁地区石楼县。1914年,废府设道,以道辖县,临汾、洪洞、赵城、襄汾、汾城、曲沃、安泽、浮山、翼城、乡宁、吉县、霍县、汾西、隰县、蒲县、大宁、永和等17县属河东道管辖;1927年,废道直属山西省。抗日战争初期,临汾为山西省7个行政区中的第6区。1937年11月,山西省政府迁到吉县。日伪统治时,为冀宁道。抗战胜利后,属太岳区。1948年5月17日临汾解放。1949年2月成立晋南区,属陕甘宁边区政府,同年9月1日改属山西省。1950年1月6日成立临汾专区。1954年同运城专区合并为晋南专区(驻临汾),辖29个县。1970年专区改地区,晋南专区又按原建制划分为临汾、运城两地区。1978年设临汾地区行政公署,辖临汾、侯马2市和16县。1983年临汾县和临汾市合并为临汾市。2000年11月撤地设市,成立地级临汾市。

【行政区划】 临汾市辖尧都区、曲沃县、翼城县、襄汾县、洪洞县、古县、安泽县、浮山县、吉县、乡宁县、大宁县、隰县、永和县、蒲县、汾西县,代管侯马市、霍州市。全市共有乡镇151个,其中镇75个,乡76个,街道办事处20个。

尧都区有街道办事处10个,车站街、水塔街、南街、铁路东街、解放路街、乡贤街、辛寺街、鼓楼西街、汾河办事处、滨河办事处;镇10个,土门镇、刘村镇、金殿镇、大阳镇、县底镇、魏村镇、吴村镇、尧庙镇、乔李镇、屯里镇;乡6个,贾得乡、段店乡、河底乡、枕头乡、贺家庄乡、一平垣乡。

侯马市有街道办事处5个,上马街、张村街、路东街、路西街、浍滨街;乡3个,新田乡、凤城乡、高村乡。

霍州市有街道办事处5个,退沙街、鼓楼街、南环路街、北环路街、开元街;镇4个,大张镇、白龙镇、辛置镇、李曹镇;乡3个,三教乡、师庄乡、陶唐峪乡。

曲沃县有镇5个,乐昌镇、高显镇、史村镇、曲村镇、里村镇;乡2个,北董乡、杨谈乡。

翼城县有镇6个,唐兴镇、西阎镇、南梁镇、隆化镇、里砦镇、桥上镇;乡4个,浇底乡、南唐乡、王庄乡、中卫乡。

襄汾县有镇7个,新城镇、邓庄镇、襄陵镇、古城镇、赵康镇、汾城镇、南贾镇;乡6个,大邓乡、陶寺乡、景毛乡、永固乡、西贾乡、南辛店乡。

洪洞县有镇9个,万安镇、曲亭镇、赵城镇、明姜镇、甘亭镇、苏堡镇、大槐树镇、广胜寺镇、刘家垣镇;乡7个,淹底乡、辛村乡、堤村乡、龙马乡、左木乡、山头乡、兴唐寺乡。

古县有镇4个,古阳镇、岳阳镇、北平镇、旧县镇;乡3个,南垣乡、永乐乡、石必乡。

安泽县有镇4个,府城镇、和川镇、冀氏镇、唐城镇；乡3个，良马乡、马壁乡、杜村乡。

浮山县有镇2个，天坛镇、响水河镇；乡7个，张庄乡、北韩乡、北王乡、东张乡、槐埝乡、米家垣乡、寨圪塔乡。

吉县有镇3个，屯里镇、壶口镇、吉昌镇；乡5个，车城乡、文城乡、中垛乡、东城乡、柏山寺乡。

乡宁县有镇5个，昌宁镇、管头镇、光华镇、西坡镇、台头镇；乡5个，双鹤乡、尉庄乡、枣岭乡、关王庙乡、西交口乡。

蒲县有镇4个，蒲城镇、克城镇、薛关镇、黑龙关镇；乡5个，红道乡、山中乡、古县乡、太林乡、乔家湾乡。

大宁县有镇2个，曲峨镇、昕水镇；乡4个，三多乡、太古乡、太德乡、徐家垛乡。

永和县有镇2个，芝河镇、桑壁镇；乡5个，阁底乡、交口乡、南庄乡、坡头乡、打石腰乡。

隰县有镇3个，龙泉镇、午城镇、黄土镇；乡5个，城南乡、下李乡、寨子乡、陡坡乡、阳头升乡。

汾西县有镇5个，永安镇、僧念镇、京力香镇、对竹镇、和平镇；乡3个，佃坪乡、团柏乡、邢家要乡。

（李艳洁）

民族　宗教

【民族】 临汾市有25个少数民族，1.17万人，分别是：回族、满族、土家族、蒙古族、苗族、壮族、朝鲜族、彝族、布依族、白族、维吾尔族、仫佬族、畲族、藏族、傣族、黎族、侗族、瑶族、塔吉克族、仡佬族、达斡尔族、拉祜族、佤族、哈尼族、土族。主要分布在尧都区、侯马市、翼城县、曲沃县、吉县、襄汾县、浮山县，少数散居在蒲县、永和县、隰县、洪洞县等。少数民族聚居村有7个：翼城北关村、中石桥、下高村，曲沃县东关，吉县辛村、寨子壕，襄汾县赵康。少数民族小学有两所：翼城县北关小学、吉县辛村小学。

【宗教】 临汾市有佛教、道教、伊斯兰教、天主教、基督教5种宗教，信教人数23.5万人。现已开放的宗教活动场所372个，宗教教职人员739人。其中，天主教和基督教在临汾市影响最大。

（李艳洁）

国民经济和社会发展

【概述】 2014年，临汾市上下坚持稳中求进的工作基调，落实“稳增长、调结构、促改革、惠民生”各项政策措施，全市经济在新常态下平稳发展，人民生活水平不断提高，社会发展和谐稳定。

【综合】 全年全市生产总值1213.2亿元，比2013年增长4.6％。其中，第一产业增加值94.9亿元，增长5.1％，占生产总值的比重为7.8％；第二产业增加值659.2亿元，增长4.1％，占生产总值的比重为54.4％；第三产业增加值459.1亿元，增长5.5％，占生产总值的比重为37.8％。在第三产业中，房地产业增加值52.6亿元，增长6.6％；批发和零售业增加值70.7亿元，增长2.5％；交通运输、仓储和邮政业增加值79.4亿元，增长8.6％。人均地区生产总值27557元，按2014年平均汇率计算为4486美元。

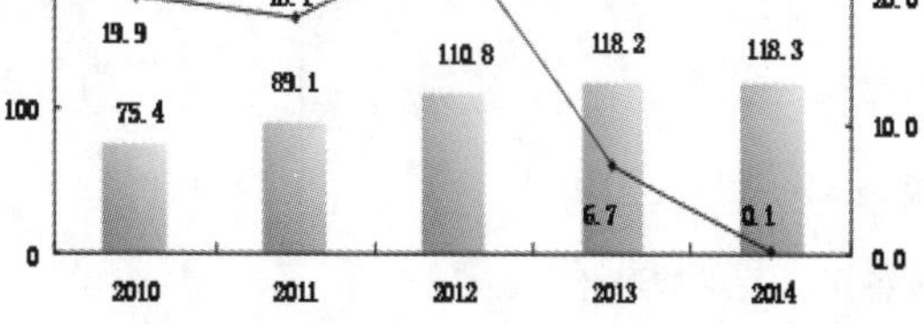

图1　2010年至2014年临汾市生产总值及其增长速度

全年全市公共财政收入118.3亿元，增长0.1％。税收收入61.4亿元，增长13.4％，其中国内增值税、营业税、企业所得税、个人所得税、资源税和城建税共计完成税收45.5亿元，增长6.3％。公共财政支出282.5亿元，增长6.9％。其中农林水事务支出下降1.65％，社会保障和就业支出增长11.1％，医疗卫生支出增长26.2％，文化体育与传媒支出增长59.1%,公共安全支出下降0.7%,节能环保支出下降24.1%。

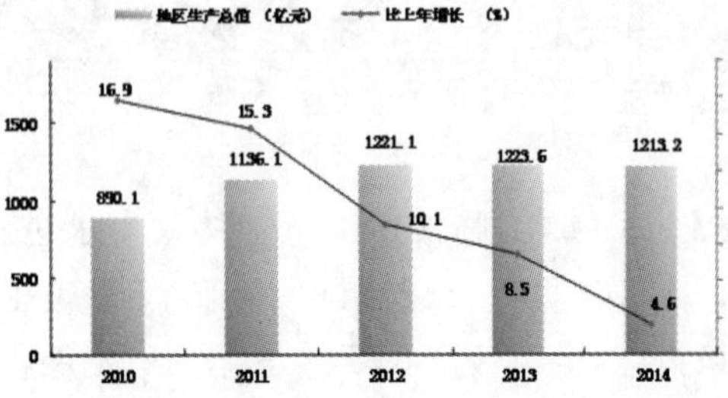

图2　2010年至2014年临汾市公共财政预算收入及其增长速度

居民消费价格比2013年上涨1.7%,其中,食品价格上涨1.9%。商品零售价格上涨1.2%。工业生产者出厂价格下降11.1%,其中生产资料价格下降11.3%,生活资料价格下降0.1%。工业生产者购进价格下降8.4%。

2014年临汾市居民消费价格比上年涨幅

表1　　单位:%

指　　标	涨　幅
居民消费价格	1.7
食　品	1.9
烟　酒	4.0
衣　着	2.6
家庭设备用品及维修服务	1.9
医疗保健和个人用品	2.3
交通和通信	0.6
娱乐教育文化用品及服务	0.6
居　住	1.6

全年全市城镇新增就业5.19万人,转移农村劳动力5.26万人,年末城镇登记失业率2.48%,控制在4.2%的目标范围之内。

【农业】　全年全市农作物种植面积565530公顷,比2013年增加4720千公顷,增长0.8%。其中,粮食种植面积519840公顷,增加7030公顷;油料种植面积8930公顷,减少1680公顷;棉花种植面积590公顷,减少720公顷。在粮食种植面积中,玉米种植面积242200公顷,增加13000公顷;小麦种植面积228420公顷,增加1560公顷。

全年粮食产量275.7万吨,比2013年增长6.8%。其中,夏粮106.1万吨,增长26.5%;秋粮169.6万吨,下降4.3%。

2014年临汾市主要农林产品产量及其增长速度

表2　　单位:吨、%

产品名称	产　量	比2013年增长%
粮　食	2757526	6.8
其中:玉　米	1574183	−4.5
小　麦	1061231	26.5
谷　子	33427	−15.5
豆　类	30371	−9.6
薯　类	46081	6.1
油　料	15871	−20.1
棉　花	564	−62.7
蔬　菜	1294086	10.3
水　果	671961	16.0
其中:苹　果	549843	20.6
红　枣	21317	−39.8
食用坚果	28992	74.7
其中:核　桃	27097	72.8

全年完成造林35160公顷。其中,荒山荒地造林面积33380公顷。经济林面积14530公顷。全年木材产量25588立方米,增长19.6%。

全年全市猪牛羊肉总产量11.3万吨,比2013年增长8.1%。其中,猪肉产量9.9万吨,增长8.3%;牛肉产量0.6万吨,增长2.6%;羊肉产量0.7万吨,增长11.2%。年末生猪存栏88.5万头,生猪出栏118.4万头。牛奶产量4.0万吨,增长5.0%。禽蛋产量11.1万吨,下降2.2%。水产品产量0.7万吨,增长13.2%。

年末全市农业机械总动力473.1万千瓦,增长3.2%。机械耕地面积367120公顷,比2013年增长1.1%；机械播种面积407460公顷，比2013年增长3.5%；机械收获面积342950公顷，比2013年增长7.6%。全市农机化经营总收入13.45亿元，增长4.7%。

【工业和建筑业】 年末全市规模以上工业企业355家。全年规模以上工业增加值增长3.0%。

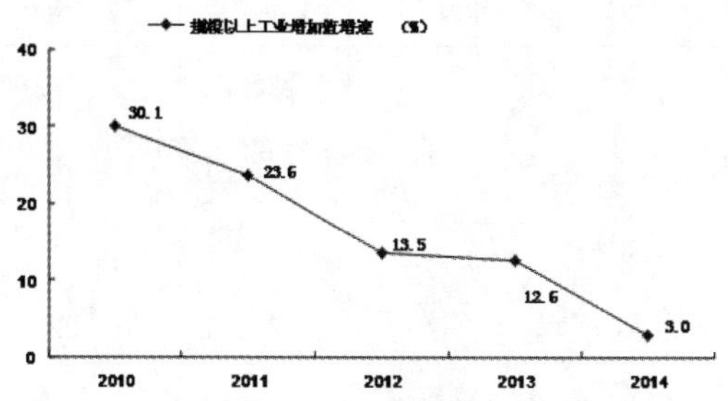

图3　2010年至2014年临汾市规模以上工业增加值增长速度

2014年临汾市规模以上工业增加值增长速度

表3

指　标	比2013年增长%
规模以上工业	3.0
其中：轻工业	8.3
重工业	2.9
其中：国有及国有控股企业	－8.7
其中：集体企业	－0.6
股份制企业	2.2
外商及港澳台商投资企业	7.4
其中：煤炭工业	5.7
焦炭工业	－1.3
电力工业	5.0
冶金工业	0.2
化学工业	－0.4
建材工业	－6.9
装备制造业	－2.6
医药工业	－8.1
食品工业	21.6

规模以上工业企业原煤产量5011.1万吨，增长2.6%；发电量206.3亿千瓦时，增长7.8%；焦炭产量1892.42万吨，下降6.4%；钢材产量1312.87万吨，下降0.6%。

2014年临汾市规模以上工业企业主要工业产品产量及其增长速度

表4

产品名称	单位	产量	比2013年增长%
原煤	万吨	5011.1	2.6
洗精煤	万吨	4786.04	6.1
发电量	亿千瓦时	206.30	7.8
饮料酒	千升	4030	62.0
纱	吨	2541	－46.3
软饮料	吨	10499	60.5
铁矿石原矿量	万吨	777.92	－9.4
焦炭	万吨	1892.42	－6.4
机焦	万吨	1892.42	－6.4
1－4丁二醇	万吨	6.90	－1.1
硫酸（折100%）	万吨	14.63	10.5
化肥（折纯）	万吨	2.92	－71.6
粗苯	万吨	19.72	－1.3
塑料制品	万吨	0.21	－12.2
水泥	万吨	364.20	－5.7
生铁	万吨	1214.05	－5.8
粗钢	万吨	1035.42	－19.6
钢材	万吨	1312.87	－0.6
精炼铜	万吨	7.64	28.9

规模以上工业企业实现主营业务收入1594.33亿元，下降15.6%。其中，煤炭、焦炭、冶金和电力工业分别实现主营业务收入494.62亿元、225.90亿元、649.88亿元和61.42亿元，分别增长－10.0%、－31.4%、－17.9%和8.2%；化学、建材、装备制造、医药和食品工业分别实现主营业务收入65.85亿元、12.22亿元、52.23亿元、4.82亿元和13.57亿元，分别增长－17.1%、－14.4%、59.9%、－23.1%和－15.1%。

规模以上工业企业实现利税70.21亿元，下降32.5%；实现利润0.08亿元，下降99.7%。

2014 年临汾市规模以上工业企业利润总额

表 5　　单位:亿元

指　标	2014 年	2013 年
规模以上工业	0.08	25.28
其中:国有控股企业	−7.89	0.52
其中:集体企业	1.25	2.32
股份制企业	−13.15	8.47
外商及港澳台商投资企业	4.19	3.19

全年全市建筑业实现增加值 71.3 亿元,比 2013 年增长 15%。具有建筑业资质等级的总承包和专业承包建筑业企业实现利润 3.2 亿元,增长35.8%。

【固定资产投资】 全年全市固定资产投资完成 1229.4 亿元,增长 18.6%。其中,国有及国有控股投资完成 596.9 亿元,增长 11%。

在全市固定资产投资中,内资企业投资完成 1225.1 亿元,增长 18.6%;外商及港澳台商企业投资 3.4 亿元,增长 57.3%。

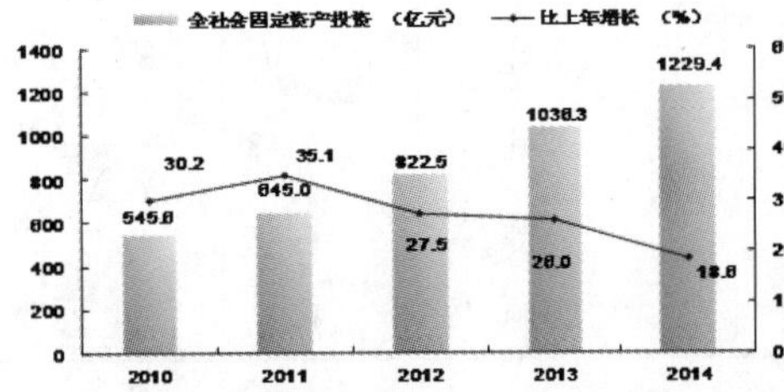

图 4　2010 年至 2014 年临汾市固定资产投资及其增长速度

从三次产业看,第一产业投资完成 77.1 亿元,增长 42.5%;第二产业投资完成 505.7 亿元,增长 8%;第三产业投资完成 646.7 亿元,增长 25.8%。在第二产业中,工业投资完成 505.7 亿元,增长 8.1%。其中,煤炭工业投资 148.6 亿元,增长 −11.5%,非煤产业投资 351.5 亿元,增长21.4%。传统产业(煤炭、焦炭、冶金、电力)投资合计 242.9 亿元,增长 −1.6%,非传统工业(食品、建材、化工、装备制造等)投资合计 262.8 亿元,增长 18.9%。

2014 年临汾市分行业固定资产投资及其增长速度

表 6　　单位:亿元

行　业	投资额	比 2013 年增长%
总　计	1229.4	18.6
农林牧渔业	77.1	42.5
采矿业	192.3	−8.9
制造业	210.7	22.4
电力、燃气及水的生产和供应业	102.6	21.4
交通运输、仓储和邮政业	98.8	12.8
信息传输、计算机服务和软件业	6.9	33.9
批发和零售业	35.1	43.8
住宿和餐饮业	15.0	84.3
金融业	0.6	−42.9
房地产业	258.5	34.3
租赁和商务服务业	3.0	167.5
科学研究、技术服务和地质勘查业	3.0	163.0
水利、环境和公共设施管理业	171.1	31.6
教　育	13.7	21.5
卫生、社会保障和社会福利业	14.7	26.4
文化、体育和娱乐业	21.9	115.3
公共管理和社会组织	4.3	7.4
居民服务和其他服务业	0.1	−50.0

全年全市在建固定资产投资项目 1806 个。其中,亿元以上项目 389 个,计划总投资 1486.6 亿元,完成投资 725.6 亿元,占全市固定资产投资的比重为 59%。

全年全市房地产开发投资 84.2 亿元,增长 28.4%。其中,住宅投资 64.9 亿元,增长 34.1%;

商业营业用房投资10.5亿元，增长6.7%。

2014年临汾市房地产开发和销售情况

表7

指　　标	单　位	绝对数	比2013年增长%
投资完成额	亿　元	84.2	28.4
其中:住 宅	亿　元	64.9	34.1
房屋施工面积	万平方米	850.8	13
其中:住 宅	万平方米	612.8	12.1
房屋新开工面积	万平方米	253.5	17
其中:住 宅	万平方米	192.8	43.3
房屋竣工面积	万平方米	96.5	-2.3
其中:住 宅	万平方米	66.2	-20.7
商品房销售面积	万平方米	149.9	10.3
其中:住 宅	万平方米	132.3	1.4

全年市级重点建设工程383项，计划总投资3681亿元，其中当年计划投资915亿元。

【能源】 全年全市一次能源生产折标准煤3635.3万吨，比2013年增长2.6%，二次能源生产折标准煤7369.3万吨，比2013年下降1.22%。

全年全市向省外运输煤炭753.63万吨，增长29.27%，外运煤炭占煤炭产量的6.73%。

全市能源工业投资完成251.12亿元，下降7.58%。其中，煤炭工业投资148.63亿元，下降11.5%；电力工业投资75.61亿元，增长35.06%；焦化工业投资5.58亿元，下降45.9%。

全年全市全社会用电总量176.76亿千瓦时。其中，第一产业用电4.35亿千瓦时，占全部用电量的2.46%；第二产业用电138.84亿千瓦时，占全部用电量的78.55%，其中工业用电137.07亿千瓦时；第三产业用电15.16亿千瓦时，占全部用电量的8.58%；城乡居民用电18.41亿千瓦时，占全部用电量的10.41%。

【国内贸易】 全年全市社会消费品零售总额529.5亿元，增长11.3%。按经营地统计，城镇消费品零售额446.0亿元，增长11.0%；乡村消费品零售额83.5亿元，增长13.2%。按消费形态统计，商品零售额489.1亿元，增长11.4%；餐饮收入额40.4亿元，增长11.3%。

2014年临汾市社会消费品零售总额及其增长速度

表8　　单位:亿元、%

指　　标	绝对数	比2013年增长
社会消费品零售总额	529.5	11.3
分地域:城　镇	446.0	11.0
其　中:城　区	256.3	7.9
乡　村	83.5	13.2
分行业:批发业	50.6	15.1
零售业	438.1	11.0
住宿业	4.5	-4.7
餐饮业	36.3	12.9

2014年临汾市限额以上批发零售业零售额及其增长速度

表9　　单位:亿元、%

指　　标	绝对数	比2013年增长
汽车类	70.1	13.8
石油及制品类	64.2	6.1
中西药品类	4.3	19.8
金银珠宝类	1.5	-23.9
家具类	5.5	16.8
通讯器材类	0.8	28.2
粮油、食品、饮料、烟酒类	13.1	5.9
家用电器和音像器材类	6.8	8.6
服装、鞋帽、针纺织品类	8.6	-7.3
文化办公用品类	0.8	-9.3
日用品类	2.2	4.7
建筑及装潢材料类	8.4	22.6

【对外经济】 全年全市海关进出口总额39949万美元,下降44.3%。其中,进口额22348万美元,下降59.7%;出口额17601万美元,增长8.6%。

2014年临汾市海关进出口总额及其增长速度

表10　　单位:万美元、%

指　标	绝对数	比2013年增长
进出口总额	39949	−44.3
出口额	17601	8.6
其中:一般贸易	17194	10.2
加工贸易	230	−44.7
其中:机电产品	8747	−0.9
高新技术产品	202	216.1
其中:国有企业	4069	0.7
外商投资企业	4270	266.2
进口额	22348	−59.7
其中:一般贸易	18108	−36.6
加工贸易	0	0
其中:机电产品	38	−86.4
高新技术产品	67	−94.8
其中:国有企业	1	−98.3
外商投资企业	11	—

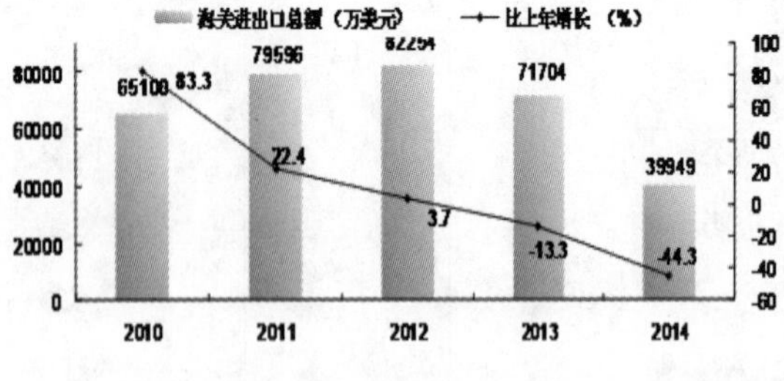

图5　2010年至2014年临汾市海关进出口总额及其增长速度

全年全市出口钢材金额128.9万美元,下降74.5%,出口机电产品8747.4万美元,下降0.9%;出口高新技术产品202.1万美元,增长216.1%。

全年进口铁矿砂238.8万吨,下降39.1%,进口金额22118.1万美元,下降54.9%;进口机电产品38万美元,下降86.4%。

2014年与临汾有贸易往来的主要国家和地区进出口情况

表11　　单位:万美元、%

国家和地区	出口额	比2013年增长	进口额	比2013年增长
澳大利亚	73.1	68.36	11451.5	−63.18
巴　西	156.4	−47.55	6058.1	−15.12
美　国	4088.6	16.13	7.9	−96.34
日　本	2275.1	21.82	53.3	−84.58
德　国	729.3	−20.59	96.2	−5.36
印度尼西亚	263.1	461.76	868.7	−49.16
韩　国	1064.4	−10.51	0	−100
欧盟组织	3921.8	10.74	160.4	−90.54
东盟组织	1182.3	−3.96	1103.9	−66.17
非　洲	420.3	13.13	0	0

全年全市新设立外商直接投资企业2家;按全口径统计实际使用外商直接投资金额14913万美元,增长7.4%。

【交通、邮电和旅游】 年末全市公路通车里程18111公里,其中高速公路462公里,与2013年末持平。

年末全市民用汽车保有量42.3万辆(包括三轮汽车和低速货车0.8万辆),比2013年末增长10.1%,其中私人汽车37.5万辆,增长12.0%。本年新注册汽车5.8万辆,下降2.3%。年末轿车保有量26.0万辆,比2013年末增长15.0%,其中,私人轿车24.3万辆,增长16.9%。

全年全市完成邮电业务总量43.39亿元,增长18.7%。其中,邮政业务总量2.50亿元,增长1.4%;电信业务总量40.89亿元,增长19.9%。年末全市固定电话52.5万部,减少1.4万部,下降2.5%;新增移动电话用户3.5万户,年末达到397.1万户,其中,3G移动电话用户达到147.05万户。移动电话普及率90.20部/百人。全市宽带接入用户64.49万户,增长0.2%。

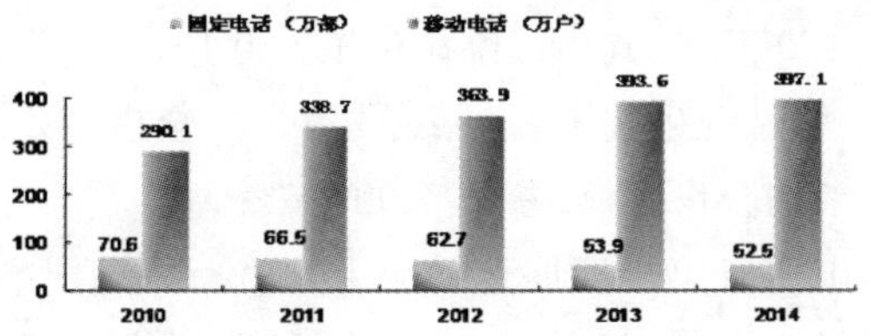

图6 2010年至2014年临汾市固定、移动电话用户数

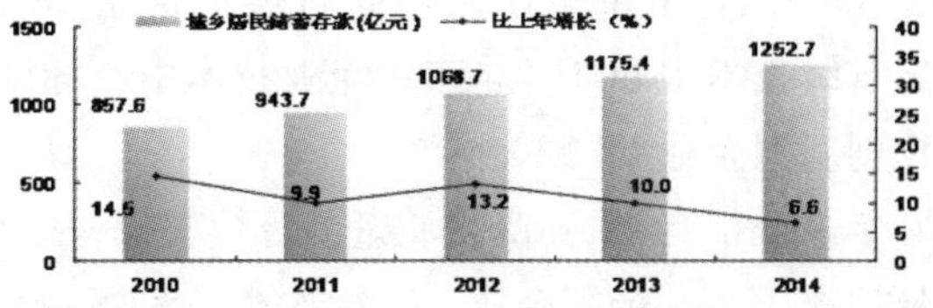

图7 2010年至2014年临汾市城乡居民储蓄存款余额及其增长速度

全年全市接待海外旅游者3.4万人次，接待国内旅游者2626.74万人次，分别增长5.7%和23.07%；旅游外汇收入1430.21万美元，国内旅游收入241.44亿元，旅游总收入242.3亿元，分别增长5.8%、25%和24.2%。

【金融】 年末全市金融机构本外币各项存款余额1853.6亿元，比年初增加59.7亿元，比年初增长3.3%。各项贷款余额943.4亿元，比年初增加97.7亿元，增长11.6%。

年末全市农村合作金融机构(农村信用社、农村合作银行、农村商业银行)人民币贷款余额484亿元，比年初增加35.1亿元，增长7.8%；人民币存款余额780.5亿元，比年初增加59.3亿元，增长8.2%。

2014年年末临汾市金融机构本外币存贷款及其增长速度

表12 单位：亿元、%

指 标	年末数	比年初增长
各项存款余额	1853.6	3.3
其中：单位存款	508.7	−6.8
城乡居民储蓄存款	1252.7	6.6
其中：人民币	1250.4	6.6
各项贷款余额	943.4	11.6
其中：短期贷款	466.9	14.2
中长期贷款	378.4	7.5
其中：个人消费性贷款(人民币)	78.7	45.3

年末全市有上市公司2家。年末全市辖区证券市场各类证券成交额741亿元，增长75.4%。年末证券市场投资账户累计开户数10.99万户，比2013年末增长9.03%。

全年全市保费收入43.19亿元，增长16.38%。其中，寿险业务保费收入29.57亿元，增长20.32%；健康险业务保费收入3.17亿元；意外险业务保费收入0.76亿元；财产险业务保费收入13.62亿元，增长8.66%。全年支付各类赔款及给付15.53亿元，增长14.7%。

【教育和科学技术】 年末全市高等院校达到4所。农村义务教育阶段公用经费2.4亿元，补助36.86万人。农村家庭困难的寄宿制学生3.2万人得到各级政府提供的生活补贴达3656.06万元，城市义务教育阶段67060名学生免交学杂费。

2014年临汾市各类教育发展情况

表13 单位：人

指 标	招 生	在校生	毕业生
研究生	1054	3170	1019
普通高等教育	12652	44305	11397
中等职业教育	10216	29160	8791
普通高中	31326	96647	30077
初 中	45255	146178	54577
小 学	41020	274218	46690
特殊教育	62	495	32
学前教育	41970	97859	36001

全年全市受理专利申请1429件，比2013年增

长 20.1%。受理发明专利申请 487 件,比 2013 年增长 35.7%。全市累计认定高新技术企业 28 家;认定省级技术中心 21 家,市级企业技术中心 30 家;科技创新型企业 68 家。

年末全市有市、县产品质量监督检验机构 8 个,监督抽查了 210 余家企业 373 批次产品和商品。全市共有法定计量技术机构 17 个,全年完成强制检定计量器具 45410 台件。

全市有气象台(站)17 个,开展 121 电话天气自动答询台(站)17 个。气象系统开展人工影响天气业务的单位 17 个,防雹、增雨受益覆盖面积 2 万平方公里。全市有卫星云图接收站 17 个。

全市有专业综合地震台站 8 个,市级地震台网中心 1 个,数字测震地震台网 1 个,数字测震子台 7 个,前兆台站 6 个。

【文化、卫生和体育】 年末全市有群众艺术馆 1 个,文化馆 17 个,博物馆 14 个,艺术表演团体 21 个。广播电视台 17 座。广播人口覆盖率96.65%,电视人口覆盖率 98.86%。全市共有公共图书馆 17 个,档案馆 25 个。有 5 个县级图书馆和 8 个文化馆达到国家三级标准以上。

2014 年,重点开展以“中国梦”为主题的系列创作,创作舞蹈 4 个、小戏 1 个、情景剧 2 个、小品 5 个、歌曲 15 首、古装戏曲 1 个和戏剧 6 个,改编移植《焦裕禄》《战铜台》《花木兰》《蝴蝶杯》《洗血铁丘坟》等一批剧目。各项赛事、演出屡获佳绩。浮山县木偶艺术团在全国首届木偶展演大赛上荣获银奖;永和的《我家住在乾坤湾》舞蹈在“第七届我爱祖国全国青少年才艺大展演”获金奖,在中国教育频道播出;翼城的《鼓舞中华》入选“向人民报告——庆祝新中国成立 65 周年暨说唱中国梦优秀曲艺节目展演”。全市文艺院团下乡演出 4500 余场,其中市直院团下乡演出 586 场;全市公益电影放映 35616 场,寄宿制学校电影放映 1712 场。加强非遗保护工作,有 3 个项目入选国家级非遗项目,全市国家级非遗项目达到 21 个。

年末全市有卫生机构(含诊所、村卫生室)4319 家,其中妇幼保健院(所、站)18 家。全市卫生机构有床位 1.9 万张,其中医院床位 1.4 万张,卫生院床位 4174 张。卫生技术人员 2.34 万人。全市299.98 万农民参加合作医疗,参合率 99.26%。

在山西省第十四届运动会上,临汾市体育代表团参加三个组别,25 个大项的角逐,取得青少年组 20.75 枚金牌、39.25 枚银牌、40.25 枚铜牌、总分 1269.75 分,获得体育道德风尚奖。全年全市体育彩票销售 1.87 亿元。

【人口、人民生活和社会保障】 据 2014 年人口抽样调查,年末全市常住人口为 441.46 万人,比 2013 年末增加 2.38 万人。全年全市出生人口4.87万人,人口出生率为 11.07‰;死亡人口 2.5 万人,死亡率为 5.67‰;自然增长率为 5.40‰。人口性别比为104.82。

2014 年临汾市人口数及其构成

表 14

指　标	年末数(人)	比重(%)
全市常住人口	4414596	—
其中:城　镇	2081037	47.14
乡　村	2333559	52.86
其中:男　性	2259249	51.18
女　性	2155347	48.82

全年全市居民人均可支配收入 15052 元,增长 9.2%。按常住地分,城镇居民人均可支配收入 23610 元,增长 8.2%,城镇居民人均消费支出 10522 元,增长 0.16%;农村居民人均可支配收入 8755 元,增长 11.4%,农村居民人均消费支出 6009 元,增长 17.5%。城镇占调查总户数 20%的低收入家庭人均可支配收入 10454 元,增长9.5%;农村占人口 20%的低收入者收入 2831 元,增长 13.7%。城镇居民家庭恩格尔系数(即居民家庭食品消费支出占家庭消费支出的比重)26.8%,农村居民家庭恩格尔系数 27.5%。

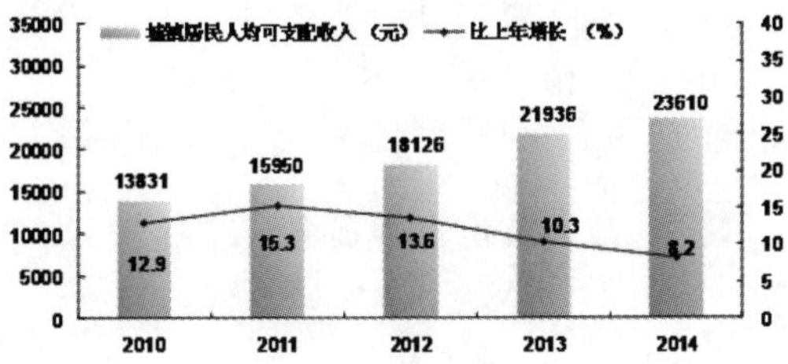

图 8 2010 年至 2014 年临汾市城镇居民人均可支配收入及其增长速度

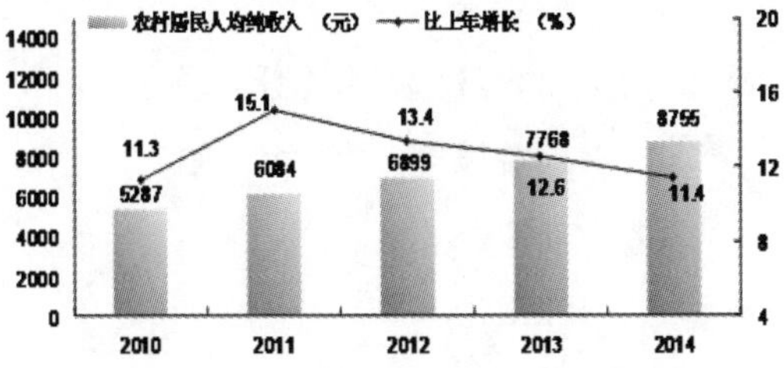

图 9 2010 年至 2014 年临汾市农村居民人均可支配收入及其增长速度

年末参加城镇基本养老保险的人数为 63.13 万人，比 2013 年增加 2.26 万人；参加农村社会养老保险的人数为 181.83 万人，比 2013 年减少1.01万人；参加城镇基本医疗保险的人数为 104.35 万人，比 2013 年增加 0.99 万人；参加失业保险的人数为 34.89万人，比 2013 年增加 0.09 万人；参加工伤保险的人数为 49.33 万人，比 2013 年增加1.64万人，其中农民工 22.31 万人；参加生育保险的人数为 39.58万人，比 2013 年增加 0.94 万人。

全年全市纳入城市最低生活保障的居民 7.36 万人，发放城市低保资金 26772.5 万元，比 2013 年减少 3144.3 万元；纳入农村最低生活保障的居民 12.12 万人，发放农村低保资金 24438.1 万元，比 2013 年增加 132 万元。

年末全市提供住宿的社会服务机构床位数 5080 张，救助人数 2359 人。城镇建立各种社区服务机构 204 个。全年销售社会福利彩票 4.5 亿元，直接接收社会捐赠款 61.6 万元。

年末市区建成区新增绿化面积 25.32 万平方米，绿化覆盖率达到 37.36%，人均公共绿地面积 10.44 平方米。全市建成区新增绿化面积 264.34 万平方米，绿化覆盖率 34.56%，人均公共绿地面积 9.88 平方米。人均道路面积 11.07 平方米。

【资源、环境和安全生产】 年末耕地保有量49.46 万公顷。年末全市 7 座中型水库蓄水总量 4642.6 万立方米。全市年平均降水量 669 毫米，比 2013 年增加 33 毫米。

年末全市森林面积 63.53 万公顷，森林覆盖率 31.3%；全市已建成自然保护区 3 个，自然保护区面积 4.18 万公顷，占全市国土面积的 2.1%。

按《环境空气质量指数（AQI）技术规定（试行）（HJ633－2012）》评价，全年市区空气质量好于二级以上天数 240 天，同比增加 73 天，其中一级天数 41 天，同比增加 23 天。PM10 浓度为 0.094 毫克/立方米，同比下降 3.1%；PM2.5 浓度为 0.063 毫克/立方米，同比下降 14.9%。各县（市、区）二级以上天数均在 300 天以上。

年末全市城市污水处理率 82.65%，提高 0.5 个百分点；市区城市生活垃圾无害化处理率连续 3 年达到 100%。全市集中供热普及率 78.02%，提高 13.37 个百分点。天然气置换工作进展顺利，全市 3.8 万用户告别人工焦炉煤气，使用上更清洁、更高效的天然气能源。

全年森林没有发生火灾事故。林业有害生物成灾率 0.1‰，严格控制在省要求的 4‰以下。

全年发生生产经营性安全事故 310 起，死亡 123 人。亿元 GDP 生产安全事故死亡人数为 0.1014人。煤矿百万吨死亡人数为 0.0732 人，比省下达年度控制指标（0.0968）低 0.0236 人。

注释：

1.本公报部分数据为初步统计数据。

2.地区生产总值、各产业增加值绝对数按现价计算，增长速度按不变价格计算。

3.所有增长或下降速度均为同上年相比较。

4.部分数据因四舍五入的原因，存在与分项合计不等的情况。

5.节能降耗指标单独发布。

6.2012 年四季度，国家统计局实施了城乡一体化住户调查改革。原有指标“农村居民人均纯收入”变更为“农村居民人均可支配收入”。增加“居民人均可支配收入”。

（市统计局）

机构设置和领导成员名单

中共临汾市委

书 记 罗清宇
副书记 岳普煜
王文英
常 委 黄翠莲
赵建民
陈国荣※
李东洪
张明星
白建荣※
乔建军
陈小洪(2014.4 主持古县县委全面工作)
王振富(2013.12 任)

临汾市人大常委会

主 任 徐树荣
副主任 梁天运
柴高潮
原胜利
仇振刚
王醒安
原学义
王金珍

临汾市人民政府

市 长 岳普煜
副市长 赵建民
李东洪
谢碧玲(2014.4 免)
王振宇
杨治平

政协临汾市委员会

主 席 乔成家
副主席 赵建国(2014.4 免职并退休)
成继东(2014.4 免;2014.5 退休)
梁若玉
谢碧玲(2014.4 任)
杨益民
刘淑芬
陈玉士
张成梁
杨忠华
杨安虎(2014.4 任)

市纪律检查委员会(监察局)

陈国荣 市委常委、纪委书记※
郭亚奇 副书记,市政府党组成员、监察局局长
刘小才 常务副书记
樊奋强 副书记
任建英 副书记
陈焕成 常委兼市审计局党组副书记、副局长(12 月兼任)
杜斌生 常委
刘建勇 常委、监察局副局长
张亚勤 常委、监察局副局长
王兰俊 监察局副局长
陆建平 监察局副局长
张朝阳 秘书长
段雨浪 案件管理室主任(副县级)
史根源 党风廉政监督室主任(副县级)
任晓东 案件审理室主任(副县级)

段效毅　信访室(举报中心)主任(副县级)
刘俊贤　干部室主任(副县级)
杨吉山　纪检监察一室主任(副县级)
丁春明　纪检监察二室主任(副县级)
王俊生　执法监察室主任(副县级)
晋红峰　纠正部门和行业不正之风室主任(副县级)
籍国民　行政效能监察室主任(副县级)
程　军　农村基层党风廉政建设室主任(副县级)
王若农　派驻机构管理室主任(副县级)
尹明星　政策法规研究室主任(副县级)
高国荣　审计中心主任(副县级)
白岗峰　行政服务监察中心主任(副县级)
刘川民　正县级检查员
郭紫群　正县级检查员
武红文　正县级检查员
吴岐山　调研员
郭瑞强　调研员(1月任职)
丁瑞宝　副调研员(7月去世)
董桂絮　副县级检查员

市直机关机构设置和领导人员名单

市委办公厅

白建荣　市委常委、秘书长、办公厅主任※
梁洪运　副秘书长、办公厅常务副主任(正县级)
贾俊芳　副秘书长、办公厅副主任、正县级保密员
朱耀洪　副秘书长、政策研究室主任
王　军　副秘书长、驻北京办事处主任
许景安　副秘书长、信访局局长
扈新起　副秘书长、办公厅副主任、保密委员会常务副主任(正县),襄汾县委副书记(兼挂)(1月免职)
杨保春　副秘书长、办公厅副主任、信息化中心主任,尧都区委副书记(兼挂)
柳红兵　副秘书长、接待处处长
韦　阳　副秘书长、办公厅副主任,洪洞县委副书记(兼挂)(1月任副秘书长、办公厅副主任)
李先锋　督促检查室主任(副县级)
魏义娥　机要局局长(副县级)
魏桂荣　国家密码管理局局长(副县级)
柴亚萍　正县级保密员(9月免职并退休)
曹　阳　调研员
任德成　调研员
梁艾芳　调研员
郭临林　副调研员
赵建平　副调研员
乔国强　副调研员
田雄生　副调研员

市委组织部

张明星　市委常委、组织部部长
王晓春　副部长(正县级)
张庚博　副部长、正县级组织员
王春梅　副部长、正县级组织员
贾二元　副部长、正县级组织员
刘生明　部务委员(副县级)
张青山　部务委员(副县级)
张宁红　市委人才办主任(副县级)

市委宣传部

黄翠莲　市委常委、宣传部部长
董凤妮　常务副部长兼市文物局党组书记(1月兼任)
郭景旭　副部长、正县级报告员
裴振龙　副部长
王全民　副部长
董　杰　副部长、新闻中心主任
张红亮　精神文明建设指导委员会办公室主任(副县级)
巨　琴　副调研员

市委统战部

乔建军　市委常委、统战部部长

赵奇言　常务副部长

郭天龙　副部长、市工商联党组书记

高洪元　副部长(1月任职)

成洪亮　副部长

市委政法委员会

陈小洪　市委常委、政法委书记

曹洪安　副书记兼综治办主任

冯亚平　副书记

张东红　副书记

王玉萍　副书记

市社会综合治理委员会办公室

武建亭　副主任

张志敏　副主任

市委政策研究室

朱耀洪　市委副秘书长、主任

张喜星　副主任(正县级)

苏孟彦　副主任

张　冬　副调研员

市机构编制委员会办公室

苏新平　主任(兼)

张银生　副主任

杨雪平　副主任

闫建昌　副调研员

市直属机关工作委员会

乔悟生　书记

王文生　副书记

张三林　副书记

王满堂　纪工委书记

市委、市政府信访局

许景安　市委副秘书长、局长

段安平　副局长

陈国元　副局长

郑红东　副局长

张兆祥　副局长

赵春毅　副调研员

郝相云　副调研员

市委老干部局

李志敏　局长

刘月明　副局长

李保恩　副局长

市委防范和处理邪教问题领导小组办公室

郭向东　主任(1月免调研员,任现职)

梁景超　副主任

邹栓柱　副主任

市委台湾工作办公室

刘智勇　主任

李明山　副主任

市政府办公厅

安占功　市长助理、市政府党组成员,市公安局党委书记、局长(6月免职)

宿青平　市长助理、市政府党组成员,市住房保障和城乡建设管理局党组书记、局长

王延峰　市长助理、市政府党组成员,市煤炭工业局党组书记、局长

孔康民　市政府秘书长、党组成员,办公厅党组书记、主任(1月免职)

扈新起　市政府党组成员,秘书长、办公厅党组书记、主任(1月任职)

苏新平　副秘书长、办公厅党组成员、常务副主任兼市编办主任

尉　俊　副秘书长、办公厅党组成员、副主任兼地方志办党组书记、主任

任耀文　副秘书长、办公厅党组成员、副主任兼市重点办主任
吴茂林　副秘书长、办公厅党组成员、副主任
韦　阳　副秘书长、办公厅党组成员、副主任，洪洞县委副书记(兼挂)(1月免副秘书长、办公厅党组成员、副主任)
范春雷　办公厅党组成员、副主任
段　彩　办公厅党组成员、副主任
刘玉平　市政府机关党委书记(副县级)
毛志中　市政府研究室主任(副县级)
王黎鹏　调研员(3月任职)
樊红记　副县级保密员(9月免职并退休)
李忠民　副调研员
刘　琳　副县级保密员
贾介明　副调研员
陈亚平　副调研员
杨　青　副调研员
刘临湘　副调研员

市政府法制办公室

杨晓敏　主任

市发展和改革委员会

师学瑾　党组书记、主任
畅新民　党组副书记、副主任
薛志刚　党组副书记、副主任
王保仁　党组成员、副主任兼市转型综改办主任
辛旭升　党组成员、纪检组长
薛新宏　党组成员、副主任
郜惠俊　党组成员、副主任，援疆任新疆生产建设兵团农六师新湖农场党委常委、副场长
张　黎　总工程师
常立智　总经济师
王福海　调研员
韩金虎　副调研员

市国家资源型经济转型综合配套改革试验区工作领导组办公室

王保仁　主任(兼)
杨晓华　副主任

市物价局

李建华　党组书记、局长
陈治轩　党组成员、副局长(1月免职并退休)
马爱民　党组成员、副局长
陈云波　副局长
吕延如　副调研员

市经济和信息化委员会(国有资产监督管理委员会)

杨治平　市政府副市长兼党委书记
王　超　党委副书记、主任兼临汾职业技术学院院长
杨宏俊　党委副书记
孙延林　党委委员、副主任(正县级)(3月任职)
秦国敏　党委委员、市国有资产管理中心(破产企业托管中心)党委书记、主任
李国庆　党委委员、副主任
余瑞金　党委委员、副主任
高向阳　党委委员、副主任
赵福山　党委委员、纪委书记(1月任职)
杜志学　总会计师
谢武生　副调研员
尚　军　副调研员

市教育局

张俊荣　党组书记、局长※
张志感　党组成员、副局长、正县级督学
陈耀文　党组成员、副局长、正县级督学
逯锦章　党组成员、副局长、正县级督学
王小彦　党组成员、纪检组长
亢创基　党组成员、市招生考试委员会办公室主任
管功克　党组成员、调研员(12月任职)
刘占科　市政府教育督导室主任(副县级)
张锁定　副县级督学
王　林　副县级督学

市科学技术局

程世俊　党组书记、局长
解晓林　党组成员、副局长

邱中柱　党组成员、副局长
刘　斌　副局长
李沃生　党组成员、副局长
邓云峰　党组成员、纪检组长
张春生　总工程师

市公安局

安占功　党委书记、局长(兼)(6月免职)
马德荣　市政府党组成员,市公安局党委书记、局长(6月任职)
杨通顺　党委副书记、副局长(正县级)(6月免职)
史　军　党委副书记、正县级侦查员
张明星　党委委员、副局长(正县级)
石　有　党委委员、副局长
卢鹏翔　党委委员、政治部主任、正县级侦查员
李顺福　党委委员、副局长兼交警支队党委书记、支队长(11月免职)
杨根记　党委委员、纪委书记
赵红海　党委委员、副局长兼直属分局局长
高　岭　市公安局党委委员,交警支队党委书记、支队长(11月任职)
张自强　党委委员、工会主席
武阳明　党委委员、副县级侦查员
师安平　督察长(副县级)
杜　江　副调研员(10月免职并退休)
白　虎　副县级待遇(3月退休)
师　珂　涉矿犯罪侦察支队支队长(副县级)
王亚香　国内安全保卫支队支队长(副县级)
刘继明　治安管理支队支队长(副县级)
杜宗虎　国内安全保卫支队副调研员(11月免职并退休)
郇安成　治安管理支队副调研员(12月免职并退休)

市公安局交警支队

高　岭　市公安局党委委员,交警支队党委书记、支队长(11月任职)
白　波　党委副书记、政委
荣任平　副县级侦查员(4月免职并退休)※
闫　戈　副县级侦查员
李顺福　党委书记、支队长(兼)(11月免职)

市民政局

王　林　党组书记、局长
朱三六　党组成员、副局长
田荣善　党组成员、副局长
梁　明　党组成员、副局长
闫济忠　党组成员、副局长
亢玉兰　党组成员、纪检组长(1月任职)
赵福山　党组成员、纪检组长(1月免职)

市司法局

周　波　党组书记、局长
张广陆　党组成员、副局长(11月免职并退休)
王越峰　党组成员、纪检组长
王继平　党组成员、副局长
刘　竞　党组成员、副局长
赵仁杰　党组成员、政治部主任,援疆任新疆生产建设兵团农六师新湖农场党委常委、副政委
盖建忠　调研员
谢雍禧　副调研员

市财政局

祁寒冰　党组书记
程明温　党组副书记、局长
陈文章　党组副书记、副局长
姜永新　党组成员、副局长
张全林　党组成员、副局长
仇跃俊　党组成员、副局长
杜长勃　党组成员、纪检组长
李银平　总会计师

市人力资源和社会保障局

卢洪顺　党组书记、局长
黄志高　党组成员、副局长(4月免职并退休)
朱丽明　党组成员、副局长
郝永昌　党组成员、纪检组长
曹玉印　党组成员、副局长
崔鹏飞　副局长
师廷进　党组成员、市企业养老保险管理中心主任
张宝生　党组成员、军转办主任(副县级)(8月免职并退休)
樊海军　党组成员、调研员(12月任职)
张立嘉　副调研员(11月免职并退休)

市环境保护局

武卫东　党组书记、局长
杨兆丰　党组副书记、副局长(12 月免职并退休)
姚　祥　党组成员、纪检组长
任贵平　党组成员、副局长
张文清　党组成员、副局长
邓明生　党组成员、副局长
贾长宏　总工程师
赵素丽　副调研员(3 月任职)

市住房保障和城乡建设管理局

宿青平　党组书记、局长(兼)
杜　敏　党组成员、副局长
温学良　党组成员、副局长
许文彪　党组成员、副局长
刘恩和　党组成员、纪检组长
孙如意　党组成员、副局长
李玉升　总工程师

市交通运输局

张学伟　党组书记、局长
孙铁中　党组成员、副局长
薛生平　党组成员、副局长
许学民　党组成员、纪检组长
令狐文选　党组成员、副局长
董向阳　党组成员、副局长(市邮政局局长兼任)
景俊青　党组成员、调研员(2 月任职)
贺文喜　总工程师
冯建荣　总会计师

市农业委员会(市委农村工作领导组办公室)

杨志威　党组书记、主任兼市委农工办主任
李建民　党组成员、副主任兼市委农工办副主任
晋　宏　党组成员、副主任兼市委农工办副主任
马学平　党组成员、副主任兼市委农工办副主任
窦　凯　党组成员、副主任兼市委农工办副主任
张露英　党组成员、纪检组长
吴江平　副主任
付学敏　总农艺师
张运宏　总农经师
郭卓祥　调研员

市水利局

贾自胜　党组书记、局长
张学礼　党组成员、副局长(12 月免职并退休)
郭亚臻　党组成员、纪检组长
张吉星　党组成员、副局长
曹明兰　党组成员、副局长
晋洪爱　副局长
杨杜学　总工程师

市林业局

丁向阳　党组书记、局长
张吉昌　党组成员、副局长
董顺星　党组成员、副局长
张全国　党组成员、副局长
王　涛　党组成员、纪检组长
刘国平　党组成员、调研员(2 月任职)
陈振虎　总工程师
任尚德　市公安局森林公安分局局长(1 月任职)
杨宝灵　市公安局森林公安分局政委(1 月任职)

市商务局

张　剑　党组书记、局长
郑书杰　党组成员、副局长
王志瑛　党组成员、副局长
贾凤山　党组成员、副局长
高建军　党组成员、副局长
刘水东　党组成员、纪检组长
张胜来　党组成员、总经济师(12 月免职并退休)
周　廉　党组成员、市投资促进局局长(正县级)

市文化广电新闻出版局

傅遵师　党组书记、局长
王　军　党组成员、副局长
高　峰　党组成员、副局长
卫康忠　党组成员、副局长
李晓龙　党组成员、纪检组长
曹银民　党组成员、市文化市场行政综合执法大队大队长
邓仕仪　总工程师(7 月免职并退休)
李俊勇　副调研员
席铁军　副调研员

市卫生局

王　山　党组书记、局长
成继东　市政协副主席兼副局长(5月免职并退休)
王森武　党组成员、副局长
王好收　党组成员、副局长
张　伟　党组成员、副局长
张发宁　党组成员、纪检组长(1月任职)
刘甫宪　副调研员

市人口和计划生育委员会

廉　鹏　党组书记、主任
张国平　党组成员、副主任(2月免职并退休)
倪富强　党组成员、副主任
文日胜　党组成员、纪检组长
苏建生　党组成员、副主任

市审计局

华志刚　党组书记、局长(12月撤职)※
陈焕成　市纪委常委兼市审计局党组书记、副局长(12月兼任)
祁全保　党组成员、副局长
郭安平　党组成员、副局长(12月免职)※
周宁康　党组成员、纪检组长
张百管　总审计师

市旅游局(市政府外事侨务办公室)

李艾珍　党组书记、局长
付正林　党组成员、副局长
乔建仲　党组成员、纪检组长
郭志宏　党组成员、副局长
牟广洲　党组成员、副局长
杨文革　党组成员、副局长
郭雅丽　副调研员

市煤炭工业局

王延峰　党组书记、局长(兼)
郑　峰　党组成员、副局长
郝鹏举　党组成员、副局长
郝德彪　党组成员、副局长
王常兴　党组成员、副局长
杜旭生　党组成员、纪检组长
王海青　总工程师

郭海涛　副调研员

市体育局

孙延震　党组书记、局长
陈维明　党组成员、副局长
秦英俊　党组成员、副局长
崔　力　党组成员、纪检组长
闫瑞丽　副调研员

市统计局

徐新荣　党组书记、局长
刘爱萍　党组成员、副局长
蔡黎宁　党组成员、副局长
张国臣　党组成员、纪检组长
李克强　党组成员、副局长
李俊平　党组成员、副局长
樊晋阳　总统计师

市安全生产监督管理局

史全喜　党组书记、局长
马玉顺　党组成员、副局长
张晋乡　党组成员、副局长
王卫成　党组成员、纪检组长
黄在新　党组成员、调研员(12月任职)
郇宝国　副调研员
黄惠勇　副调研员

市文物局

董凤妮　市委宣传部常务副部长兼市文物局党组书记(1月兼任)
张建平　党组成员、副局长(2月免职并退休)
李兆祥　党组成员、副局长(3月免职并退休)
王甲荣　党组成员、副局长
孙奋增　党组成员、副局长
李孔森　党组成员、纪检组长
狄跟飞　副调研员

市民族宗教事务局

杨　兵　党组书记、局长
李　刚　党组成员、副局长
丁　逸　党组成员、副局长

市粮食局

秦希强 党组书记、局长

王俊峰 党组成员、副局长

文锁民 党组成员、副局长

陈 盛 党组成员、副局长

宋国清 党组成员、纪检组长

亢临平 总经济师

市食品药品监督管理局

刘 锋 党组书记、局长

孙晓东 党组副书记(正县级非领导职务待遇)

李三胜 党组成员、副局长

梁福旺 党组成员、副局长

卫浩静 党组成员、副局长

陈贵林 党组成员、纪检组长

市人民防空办公室

段维让 党组书记、主任

张洋海 党组成员、副主任

王 蓬 党组成员、副主任

王会杰 党组成员、副主任

侯黎阳 党组成员、纪检组长

市人大常委会

冯建宁 秘书长、办公厅主任

郭 刚 副秘书长、研究室主任

丁学明 副秘书长、办公厅副主任

李青雁 副秘书长、办公厅副主任

仝天峰 副秘书长、办公厅副主任

刘永科 信访处处长

刘正林 法制工作委员会主任

张应钦 法制工作委员会副主任

樊高潮 财经工作委员会主任

王秀成 财经工作委员会副主任

苏 文 教科文卫工作委员会主任

吕超英 农村工作委员会副主任

王千良 城建环保工作委员会主任

权建军 人事代表工作委员会主任

孙玉明 民族宗教侨务外事工作委员会主任

王艳玲 民族宗教侨务外事工作委员会主任

郭春爱 副县级保密员

市政协

郭 波 秘书长、办公厅主任

郭有兴 副秘书长、办公厅副主任

徐惠琴 副秘书长、办公厅副主任

解 涌 副秘书长、办公厅副主任

屈 波 调研室主任

张庆魁 调研室副主任

翟玉国 提案委员会主任

张红伟 提案委员会副主任

任和畅 教文卫体委员会主任

张建平 教文卫体委员会副主任

王崇德 社会法制委员会主任(2月免职并退休)

孙忠平 民族宗教和港澳台侨联络委员会副主任

李相民 学宣文史委员会主任

郑维宏 副县级保密员

市中级人民法院

关中翔 党组书记、院长

邵有田 党组成员、副院长、正县级审判员

李 曦 党组成员、副院长、正县级审判员

武国界 党组成员、副院长、正县级审判员

陈 伟 党组成员、副院长、正县级审判员

王重阳 党组成员、政治部主任

张五全 党组成员、执行局局长

冯全生 党组成员、纪检组长

郭永顺 执行局政委

白小保 审判委员会专职委员(副县级)

朱亚慧 审判委员会专职委员(副县级)

梁启顺 审判委员会委员、副县级审判员(9月免职并退休)

王维民 副县级审判员

贾秀云 副县级审判员

王向红 副县级审判员

巨志红 副县级审判员

米新雁 副县级审判员

李记芳 副县级审判员

刘爱萍 副县级审判员

市人民检察院

苑 涛 党组书记、检察长

张 琦 党组成员、副检察长、正县级检察员

王玉辉 党组成员、副检察长、正县级检察员

李国希　党组成员、副检察长、正县级检察员
刘跃文　党组成员、副检察长、正县级检察员
王惠洲　党组成员、正县级检察员
宁引才　党组成员、反贪污贿赂局局长、正县级检察员
郭永利　党组成员、反贪污贿赂局政委
段新红　党组成员、纪检组长(3月撤职)
李　力　党组成员、反渎职侵权局局长(副县级)
周少军　党组成员、政治部主任
刘淑红　检察委员会专职委员(副县级)
李　明　检察委员会专职委员(副县级)
张　俊　副调研员
贾风岐　副调研员
王学平　副县级检察员
于安宁　副县级检察员
张吉生　副县级检察员(4月免职并退休)
李全喜　副县级检察员
陈忠和　副县级检察员
付玉奇　副县级检察员
王保民　副县级检察员
吉彩菊　副县级检察员

市总工会
梁崇太　党组书记、主席兼山西师大临汾学院党委书记
冯　珍　党组成员、常务副主席(正县级)
张宏杰　党组成员、副主席
师红阳　党组成员、副主席
张明玉　党组成员、副主席
毛志鹏　副调研员

共青团临汾市委
王　润　党组书记、书记
王　栋　党组成员、副书记
王小华　党组成员、副书记
武艳娟　党组成员、副书记
郑　磊　党组成员、市少工委主任

市妇女联合会
张瑞萍　党组书记、主席
杨清凤　党组成员、副主席
梁秋菊　党组成员、副主席
院一楠　党组成员、副主席
董彩霞　妇儿办主任(副县级)
于引娣　调研员

市文学艺术界联合会
王富山　党组书记、主席
杨红旭　党组成员、副主席
许爱英　党组成员、副主席

市科学技术协会
杨全锁　党组书记、主席
卫永泽　党组成员、副主席
曹寒冰　党组成员、副主席
薛保刚　副调研员

市直事业单位

山西师范大学临汾学院
党委书记　梁崇太
院　长　孔康民
党委副书记　张三森
副院长　刘　坚
　刘海龙

临汾职业技术学院
党委书记、副院长　秦国杰
院　长　王　超
党委副书记　马希贤
副院长　梁吉平
　梁培福
组织人事处处长　高运昌
纪委副书记　吴小冬

市委党校
校　长　王文英(兼)
常务副校长　王天郎(2014.02任)
副校长　刘树芳
　卫爱民(2014.06免职并退休)

市委机关事务管理局
局　长　罗凤朝
副局长　刘凤鸣
　陕磊平

纪检组长　赖兴国

市委、市政府接待处

处　长　柳红兵

副处长　刘进才(兼)

王晓强

郭建军(兼)

市委党史研究室

主　任　赵靖平

副主任　刘鹏举

市委信息化中心

主　任　杨保春

市委讲师团

团　长　崔巨岩

副团长　辛卫青

常凤鸣

市新闻中心

主　任　董　杰

副主任　李晓红

临汾日报社

社　长　樊清平

总　编　王庚星

常务副总编　孙言兵

副社长　席文明

纪检组长　郑俊哲

副总编　高红生

市广播电视台

党组书记、台长　王新龙

党组副书记、总编　韩宏平

副台长　宁良杰

纪检组长　汪馨野

副台长　张明锁

市蒲剧院

党委书记、院长　任跟心

副院长　郭泽民

杨　峰

总导演　武晓朝

市工商业联合会

党组书记　郭天龙

副主席　景　明

曹焕成

市归国华侨联合会

党组书记　田成文(副县级)

市政府机关事务管理局

党组书记、局长　张小红

副局长　杨红宇

韩金梁(2014.1免职并退休)

任捷生

纪检组长　梁　艳

市经济研究中心

党组副书记、副主任(主持工作)　田跃华

副主任　姚建红

李志英

市政务大厅管理中心

党组书记、主任　仇群虎

副主任　吕国文

市政府驻京办事处

党组书记、主任　王　军

市地方志编纂委员会办公室

党组书记、主任　尉　俊

副主任　靳水旺

市老龄工作委员会办公室

专职副主任　李晓燕

市农业综合开发办公室

党组书记、主任　宋　林

副主任　刘全仁

张小俊

市扶贫开发领导组办公室

党组书记、主任 杨刚杰
副主任 张友邦
郭采卿

市规划局

党组副书记、局长 胡一峰
党组书记 孙保有
纪检组长 李晓洪
副局长 乔卫东
梁国刚
总规划师 李万成

市园林事业局

局　长 孙宣东
党委书记 张俊山(2014.1任)
副局长 刘建明

市中小企业局

党组书记、局长 李安民
副局长 常立宁
孔晓明
张洪福
纪检组长 许建明

市地震局

党组书记、局长 杨　文
副局长 王江海
总工程师 霍拥军

市档案局(馆)

党组书记、局长(馆长) 高树森
纪检组长 谢金星
副局长(副馆长) 卫　斌

市汾西水利管理局

党委书记、局长 杨代亮
党委副书记 丁栓平
副局长 王双锁
总工程师 王赛朝

市引沁入汾工程建设管理局

党委副书记、局长 王世杰
副局长 张红林
马管旺(2014.3免职并退休)
魏丕振
总工程师 李云廷

市国际资金管理局

党组书记、局长 高中和
副局长 杨福安
张淑宝

市畜牧中心(畜牧兽医局)

党组书记、主任(局长) 王晓民
党组副书记、副主任(副局长) 李青海
副主任(副局长) 周俊林
王大鹏
总畜牧师 陈汉中

市农业机械发展中心(农机局)

党组书记、主任(局长) 李玉龙
副主任(副局长) 雷瑞庭
赵留金
高克发※
杨学敏
纪检组长 张发宁(2014.1免)

市国有资产管理中心(破产企业托管中心)

党委书记、主　任 秦国敏
副主任 王银河(2014.12免职并退休)
贾景斌
周俊虎

市信托投资管理中心

党组书记、主任 乔成喜※

市疾病预防控制中心

主　任 侯晓军
党委书记 贾明珠
副主任 王智海
纪委书记 刘海宁
副主任 张重辉(2014.1任)

市供销合作社

党组书记、理事会主任　杨保旭
监事会主任　任希强
副主任　李金柱(2014.01免职并退休)
　孙秀娟
纪检组长　景三喜

市城镇集体工业联合社

党组书记、主任　柴云峰
副主任　王亚平(2014.9免职并退休)
　宋成管
　谢长有

市残疾人联合会

党组书记、理事长　张爱萍
副理事长　王国庆
　秦彦平

市工业经济联合会

副会长　严洪文

临汾宾馆

经　理　刘进才

市人民医院

党委副书记、院长　苏学峰
党委书记　黄新升
党委副书记　史玉萍(2014.6免职并退休)
副院长　孙　蕊
　王振林(2014.11免职并退休)
　许红星
纪委书记　刘松山

市第四人民医院

党委副书记、院长　贾爱芹
党委书记　王　勇
党委副书记兼纪委书记　孙国虎
副院长　杨　林
　郭淑明

山西广播电视大学临汾分校

党支部书记　孙振中
党支部副书记　李国成

市文化艺术学校

党委书记、校长　薛鹏寿
副校长　李长安

临汾人民警察学校

党委书记、校长　孙铁虎
政委、党委副书记　孟玉爱
党委副书记　冯　炜
副校长　任建设
　柴丽萍
纪委书记　王沁泽

市体育运动学校

校　长　牛鸿翔

临汾第一中学校

党委副书记、校长　许江敏
党委书记　韩雪梅
副校长　杨益民(兼)
　杜文砧
纪检书记　李喜梅(2014.7免职并退休)
副校长兼初中部校长　董天保

临汾市第三中学校

党支部副书记、校长　张杨管
党支部书记　许俊良
副校长　张建中(2014.12免职并退休)
　尉选民
纪检组长　王秀平

洪洞县第一中学校

党总支副书记、校长　李晋平
党总支书记　李小拽
副校长　常元星
纪检组长　郭洪虎

曲沃中学校

校　长　郭　簃
党支部副书记　卫新堂
副校长　刘建平

王小虎
赵树人

临汾民航机场筹建处
主　任　杨集生
副主任　许向荣
薛向阳(兼)
总工程师　王红章

市治理非法超限超载车辆工作办公室
主　任　孟昭辉

市重点项目建设领导组办公室
主　任　任耀文(兼)

市住房公积金管理中心
党委书记、主任　张建国

市政府采购中心
党支部书记、主任　丁满升

市政府驻太原办事处
主　任　郭建军

市财政国库支付局
党组书记、局长　马　哲

市非税收入征收局
党支部书记、局长　苏志宏

市人才交流服务中心
主　任　景小卫

市军队转业干部培训中心
主　任　段　峰

市失业保险管理服务中心
主　任　赵振林※

市企业养老保险管理服务中心
主　任　师廷进

市医疗保险基金管理中心
主　任　冀林海

市市政公用局
党委书记、局长　赵成江(2014.1任)

市房地产管理局
党委书记、局长　张文辉

市建筑勘察设计院
院　长　石文红

市农业种子管理站
站　长　张文荣

市浍河水库管理局
局　长　李建华(2014.12免职并退休)

市水利机械工程局
局　长　常荣记

山西省郭庄泉域管理处
处　长　宿　辉

市水资源管理委员会办公室(水资源征费稽查队)
主　任(队长)　关云山

市水工程移民工作办公室
主　任　张建国

市矿山救护大队
队　长　尉良亮
党支部书记　杜建科

市煤炭安全纠察支队
支队长　胡宇峰

市煤矿安全生产监察大队
大队长　赵希平

市煤炭设计院
院　长　李文民

市道路运输管理局

局　长　　王福记

市投资促进局

局　长　　周　廉(正县级)

市文化市场行政综合执法大队

大队长　　曹银民

市招生考试委员会办公室

主　任　　亢创基

市红十字会

专职副会长　　张贵虎

市爱国卫生运动委员会办公室

专职副主任　　辛玉龙

市卫生监督所

所　长　　皇甫坚

临汾职业技术学院第一附属医院(市第二人民医院)

院　长　　黄峪生

市妇幼保健院(儿童医院)

院　长　　杨建宏

市荣军康复医院

院　长　　柴文平

党支部书记　　林　烨

临汾高级技工学校

校　长　　李海燕

党支部书记　　李柏山

市农业干部学校

校　长　　李晓宇

市粮食职工中等专业学校

党支部书记　　张玲玲(2014.4免职并退休)

市财经学校

校　长　　李建国

市第一试验中学

校　长　　马俊峰(正科级)

侯马职业中专学校

党委书记　　高剑云

校　长　　秦崃贵

陶寺遗址管理处

主　任　　廉振东

市投资建设开发有限公司

董事长兼总经理　　狄学飞

市园区管理办公室

主持工作　　王青丽

※华志刚于2014年12月开除党籍,2015年3月行政撤职;张俊荣于2015年6月开除党籍,9月开除公职;荣任平于2014年11月开除党籍,2015年5月取消退休费待遇;高克发于2014年12月开除党籍,2015年7月开除公职;乔成喜于2014年12月开除党籍、公职(下同)

中国共产党临汾市委员会

临汾市委工作

【概述】 2014年，临汾市委全面贯彻党的十八大和十八届三中、四中全会精神，学习习近平总书记系列讲话精神，围绕“净化政治生态、实现弊革风清，重塑山西形象、促进富民强省”的重大部署，以党的群众路线教育实践活动为统揽，以“四个年”活动为抓手，稳增长、促改革，抓转型、惠民生，全市经济建设、政治建设、文化建设、社会建设、生态文明建设和党的建设取得新进展。

【学习讨论落实活动】 12月5日召开动员大会安排全市的学习讨论落实活动，制定出台活动《实施方案》，市委副书记任活动办主任，6名常委牵头负责6个工作组。以项目化思路推进活动落实，把6个方面、23项任务、58项成果全部落实到牵头单位和责任部门。市委常委坚持以上率下，带头参与活动，观看警示教育片，开展反思讨论，确定包联单位。市委组建19个督导组，督导县(市、区)和督导市直部门，做到督导工作全覆盖。围绕从严管党治党、党风廉政建设和反腐败斗争，分3批对全市县级领导干部进行集中培训，多名市委常委亲自授课。

【强化“两个责任”】 制定《关于落实党风廉政建设党委主体责任和纪委监督责任的实施意见(试行)》，细化党委(党组)班子、主要负责人及班子成员在党风廉政建设和反腐败工作中的具体职责，明确党委12条主体责任和纪委7条监督责任，划分责任主体之间的责任界限，构建责任分解体系、责任落实机制、责任追究链条。通过党风廉政建设述职报告会、廉政谈话、签字背书、一案三查等方式，强化各级各部门履行“两个责任”的自觉性和主动性。追究不认真履行“两个责任”的领导干部和纪检监察干部237人，其中“一把手”13人。

【保持“三个高压态势”】 加大案件查处力度、反对“四风”力度和打黑除恶力度，开展专项整治，下大力气清政风、纠行风、正社风。对现在还不收敛、不收手的，坚决查办、坚决打击，做到有案必查、有腐必反、有贪必肃。全年，各级纪检监察机关受理群众信访举报4092件(次)，立案1734件、结案1734件，处分1747人。其中，处分县处级干部30人，乡科级干部309人。通过《山西日报》《临汾日报》等媒体公开通报10起违法违纪案件。

【廉政文化建设】 挖掘和借鉴历史优秀廉政文化，打造霍州署衙、彭真故居、永和红军东征纪念馆等24个廉政教育基地。开展“廉政文化月”活动，安排警示教育120批次，受教育党员干部6000余人次。

【推进“六权治本”】 研究制定《关于深入推进“六权治本”工作加强对权力运行制约和监督的指导意见》，在全省率先探索。依托市政务服务中心，建立综合审批和资源交易“两个平台”，实行统一规范的管理模式，抓紧确立“权力清单”“责任清单”，查找工作漏洞和制度缺失，健全完善有效管用的制度体系。

【支持实体经济】 市委多次召开会议就经济形势和经济工作进行专题研究，市四大班子领导带队，开展两轮督导调研，对省“煤炭20+17条”“保障工业运行12条”和支持中小微企业发展等政策措施，一项一项细化落实，帮助企业想办法、渡难关。发动企业整合重组、抱团取暖，成立“晋南钢铁贸易公司”，增强抵御市场风险能力，稳住全市经济基本面。

【产业转型】 传统产业方面，实施煤矿基本建设、焦化链条延伸、千万吨级优特钢等项目，启动洪洞京能、蒲县宏源、古县西山煤电等3个低热值煤发电项目。新兴产业方面，实施新兴际华高端铸件、梅亿新能源汽车产业园、江苏鸿典新材料、玉柴发动机等一大批产业转型项目，新兴产业项目投资占到全市重点监测项目的42%。现代服务业方面，推进山西国际陆港园区和空港物流园区建设，侯马开发区国家电子商务示范基地建设稳步推进。襄汾龙澍峪旅游景区竣工开放，曲沃晋国博物馆建设工程基本完成，全年旅游总收入同比增长20%。围绕转型发展，推进重点项目“六位一体”各项工作，项目储备、签约、落地、开工、建设、投产全部完成或超额完成省定目标任务。推进招商引资工作，全市签约项目149个，总投资2535.2亿元。

【“百里汾河经济带”建设】 把“经济带”建设作为统揽临汾经济社会发展的龙头工程，整体建设取得实质性进展。总体规划获国务院批复上升到国家战略层面，6个专项规划通过专家评审，基础工程进展顺利，河道治理及绿化工程全面竣工。临汾机场初步具备通航条件，大西高铁客运站及站前广场、景观大道等工程完成，滨河东路基本竣工。以环城高速、108国道、滨河东西路为主体的“一城三区”交通网基本形成。推进现代农业园区和新型农村社区“两区同建”，12个小城镇启动连片规划建设。

【“三农”工作】 稳定发展粮食生产，以促进农民持续增收，打造西山以鲜果为主、东山以干果中药材为主、平川以蔬菜为主的三大特色农业板块，推进农业现代化，构建新型农业经营体系，促进农业发展、农民增收、农村稳定。全市粮食总产275.7万吨，增长6.8%，实现“五连增”。农村居民人均可支配收入完成8755元，同比增长11.4%。

【改革创新】 承接中央和省改革事项，做好取消和下放管理层级行政审批项目的落实和衔接工作，截至年底，市本级保留行政审批事项112项，缩减率为75%。依托市政务服务中心，整合行政审批、公共资源交易等业务，初步实现行政审批全过程全方位监督。推进土地有序流转，开展非国有资本参与国企改革试点工作，推进煤炭资源税从价计征，探索实施临汾、侯马经济开发区扩区工作。

【群众路线教育实践活动】 深化学习教育，增强行动自觉。通过集中学习、专题辅导、讨论交流，深化思想认识、打牢思想基础。把践行“三严三实”、弘扬学习焦裕禄精神作为一条红线，开展“学习焦裕禄、争做好公仆”主题活动，组织专题辅导和交流讨论会4804场。

征求意见，深入查摆问题。把开门搞活动作为一条重要原则，坚持真开门、敞开门，围绕“四风”问题和群众反映强烈的突出问题，听取各方面的意见。市委常委以“访知解”“下乡住村”和“五个一”活动为载体，深入基层征求意见，面对面、背靠背征求意见，主动晒出问题清单，邀请“两代表一委员”进行评议，对查找的问题进行反复聚焦。全市各活动单位查摆问题15943条。

临汾市党的群众路线教育实践活动动员大会

坚持整风精神，坦诚开展批评。市委常委严格按照中央、省委的要求，召开班子专题民主生活会。市委常委逐一进行对照检查，进行积极健康的思想交锋，提出批评意见和建议270条，平均每位成员查摆问题23项。市四大班子、县乡班子、市直各活动单位都召开高标准、高质量的专题民主生活会。农村、社区等基层组织都普遍召开专题组织生活会。各级领导班子成员都以普通党员身份参加所在支部的组织生活会。

兑现整改承诺，建章立制。市委常委会确定整改项目122个、专项整治37个、制度建设35个，全部落实牵头领导、责任单位和整改时限，市委组织部建立台账，市纪委跟踪督察。各活动单位针对查摆出的问题和向群众作出的整改承诺，明确整改任务、目标要求、推进措施、完成时限和责任人。服务群众“一百千万”活动，确定服务项目11133件，启动9956件，完成7570件；“纪律松弛、吃拿卡要”专项治理,查处案件673件,给予218人党政纪处分;基层组织专项整治,198个软弱涣散村级组织和661个“定查评”工作法拓展不深的机关党组织完成整顿,103个办公活动场所面积不足的社区,完成整顿32个。

【保障和改善民生】 坚持把就业作为民生工作的头等大事,新增城镇就业5.19万人,转移农村劳动力就业5.26万人,城镇登记失业率低于省定目标1.2个百分点。推进各类教育均衡发展,开展“名师、名校、名校长”创建活动,教育教学质量持续提升,高考二本达线率42.32%,再创历史新高。深化医药卫生体制改革,县级公立医院改革全部完成,临汾新医院项目如期竣工投入使用,新农合参合率99.3%。发展文化事业,加快公共文化服务体系建设,完善公共文化设施,规划展览馆投入运行,博物馆主体竣工,图书馆加快建设;提前完成“十二五”20户以下广播电视村村通工程,有线电视村村通覆盖率81%。全市开工建设各类保障性住房1.8万套,实施农村危房改造1.4万户。乡村清洁工程、农村困难家庭危房改造、村级幼儿园改造、贫困人口异地搬迁、新型职业农民培训等“五件实事”,可全部完成年度目标任务。

【环境治理】 市委、市政府开展“环境提升年”活动,实施“大气环境、水体质量、城乡清洁、生态治理、交通秩序”五大提升工程。在全省首家制定以PM2.5为重点的《大气污染防治实施方案》,市区天然气置换和26个城中村、80个城郊村燃煤炉灶气化改造全面推进,减少雾霾天气。启动实施北城濠沟排水、河西污水处理、龙祠水源地净化等工程,申报山西省唯一的国家节能减排财政政策综合示范城市。加快涝洰河等生态工程建设,全市营造林3.07万公顷。全年,市区二级以上天数240天,其中一级天数41天。

【安全生产】 落实安全生产党政同责的《实施意见》,开展领导干部与企业主要负责人“知责、履职”谈心活动,进行安全生产大检查、开展“六打六治”专项行动、隐患排查专项整治,打击非法违法生产经营行为,加大对危险货物、道路交通、煤矿、非煤矿山、危险化学品、民爆品等重点行业领域的监管力度,全市安全生产形势稳定好转。

【重视信访稳定】 开展“百日双百案”群众信访诉求化解和“双百”专项活动,控制赴省集体访和进京非访,解决一大批群众信访问题。全国“两会”、十八届四中全会和北京APEC会议期间,基本实现省里提出的“四个坚决防止”目标。加强“平安临汾”建设,实现县、乡、村三级社会服务管理中心和网格化管理“全覆盖”,组织开展缉捕涉爆等专项行动,八类危害严重的刑事案件同比下降10.36%。重视网络舆情,正确把握舆论导向,健全完善“零报告”信息反馈机制、突发事件和重大舆情协调联动机制,严防网络炒作事件,营造良好舆论氛围。

【民主法治建设】 法治临汾建设稳步推进。把法治建设摆到更加突出的位置,运用法治思维和法治方式,推进临汾法治建设。坚持和完善人民代表大会制度,召开市委人大工作会议和纪念全国人大成立60周年座谈会,支持人大依法履职,开展百里汾河经济带建设“每季一督察、每次有主题”活动,对学前教育、扶贫开发进行专题询问,对市中院司法公开实施重点监督,综合运用审议报告、执法检查、满意度测评等形式对“一府两院”17项工作进行监督。坚持和完善中国共产党领导的多党合作和政治协商制度,开展“百名政协委员下基层活动”,组织政协委员就经济社会发展中的重大问题进行调研视察,利用社情民意和政协提案两个载体,建言献策,促进全市经济社会健康发展。加强同各民主党派和无党派人士的合作共事,组织各党派开展学习习近平总书记系列重要讲话专题交流活动,开展“坚持和发展中国特色社会主义主题教育活动”。开展“以商招商、共建临汾”系列招商活动,举办“临汾大讲堂”活动,大规模、多层次培训民营企业家。加强和改进侨务工作。加强宗教工作和民族工作,维护团结稳定大局。推进依法行政,深化行政体制改革,完善行政决策机制、严格行政执法,强化对行政行为的监督。树立司法为民理念,推进审判公开、检务公开、警务公开,推动公正司法,维护社会公平正义。开展法治宣传教育,采取法制讲座、任前法律考试、送法下乡等多种形式,扩大法制宣传教育的覆盖面和影响力。支持工会、共青团、妇联等人民团体发挥作用。做好对台工作。坚持党管武装原则,支持国防和驻临部队现代化建设，健全军地协调和维稳指挥机制。

【理论武装】 学习贯彻十八大和十八届三中、四中全会精神、习近平总书记系列讲话精神、省委十届六次全会和省委书记王儒林同志讲话精神。市委中心组集中学习19次。制定全市干部教育培训5年规划，建立领导干部上讲台制度，实施送学下乡工作。出台《关于建设学习型党组织的意见》，推进党委（党组）中心组学习制度化、科学化、规范化，举办专题研讨培训班8期，轮训县级干部1200人次。抓干部队伍。贯彻《干部任用条例》，推进干部选任制度改革，匡正选人用人风气。按照省委部署，做好“三个一批”工作：甄别一批不廉洁的干部，退出一批不作为的干部，掌握一批善作为的干部。出台实施《关于市管领导班子和领导干部综合分析研判的实施办法》，制定《市管干部推荐考察工作细则》和《市管干部任免工作规程》，细化动议、推荐、考察、讨论决定等关键环节，促进干部推荐考察规范化。推进“人才强市”工作，加大人才工作基地建设，研究制定《引进高层次优秀人才实施办法》。

【基层组织】 落实党建工作责任制，实行市、县、乡、村四级书记“面对面”述评制度，深化“基层组织提升年”活动，夯实党的执政基础。实施农村（社区）“领头雁”延伸培训计划，对全市5597名农村（社区）“两委”主干、23879名“两委”委员和1726名大学生村官进行集中培训，实现培训“全覆盖”。出台《关于进一步建设服务型党组织推进“定查评”工作法的意见》，实现服务任务项目化，完善服务机制。开展“三不”问题专项整顿，接长服务短板。严把政治标准，严格依法依规，村（社区）“两委”换届基本完成。开展“十旗十标”活动，选树尧都区乔村、侯马市郭村两个基层服务型党组织典型，选树襄汾县邓庄镇镇长马健、团职村官张建国、山庄支书贺兰珍等一批身边的好干部、好党员典型。探索县级党代会常任制，推行乡镇党代会年会制，支持党代表工作室建设。

【改进作风】 严明政治纪律，教育引导各级干部不听谣、不信谣、不传谣，坚定政治立场，做到“四个服从”，维护党委权威，确保令行禁止。贯彻落实中央“八项规定”，市委常委身体力行、率先垂范，各级党员领导干部认真落实，全市干部作风得到改善。全市40个单位公开和简化办事程序，县乡村三级共建立健全便民服务中心913个。查处违反“八项规定”案件1179件、处分1245人。以“清吃喝、清房、清车、清卡、清节礼和带案下访解民忧”的“五清一解”活动为载体，查处大吃大喝、大操大办案件548起，处理违规违纪人员486人；清理违规车辆331辆；清理超标准、出租出借、违规占用办公用房10万余平米；查结省纪委交办案件121件，给予党政纪处分149人。

【重要会议】

1月10日，召开中共临汾市第三届委员会第五次全体会议，会议听取通过罗清宇同志代表市委常委会所作的工作报告。

2014年12月26日，召开中共临汾市第三届委员会第六次全体会议，听取罗清宇同志代表市委常委会所作的工作报告；通过《中共临汾市委关于贯彻落实党的十八届四中全会和省委十届六次全会精神加快推进法治临汾建设的实施意见》。

【重要文件】

中共临汾市委关于在全市深入开展党的群众路线教育实践活动的实施方案（临发〔2014〕1号；2014年2月24日印发）

中共临汾市委关于围绕转型跨越发展实施组织工作“服务提升年”的30条意见（临发〔2014〕2号；2014年2月20日印发）

中共临汾市委关于深入开展改革创新、转型攻坚、环境提升、服务群众“四个年”活动的意见（临发〔2014〕3号；2014年2月25日印发）

中共临汾市委关于印发《2013—2017年全市干部教育培训规划》的通知（临发〔2014〕4号；2014年3月6日印发）

中共临汾市委关于推荐临汾市政协副主席候选人的建议（临发〔2014〕5号；2014年4月2日印发）

中共临汾市委关于进一步建设服务型党组织推进“定查评”工作法的意见（临发〔2014〕6号；2014年7月11日印发）

中共临汾市委关于进一步加强和改进新形势下人大工作的意见（临发〔2014〕7号；2014年8月22日印发）

中共临汾市委、临汾市人民政府关于实行安全

生产党政同责的实施意见(临发〔2014〕8号;2014年9月10日印发)

中共临汾市委关于落实党风廉政建设党委主体责任和纪委监督责任的实施意见(试行)(临发〔2014〕9号;2014年10月17日印发)

中共临汾市委、临汾市人民政府关于强化全力监督制约深入推进"六权治本"工作的意见(试行)(临发〔2014〕10号;2014年11月19日印发)

中共临汾市委关于加强和完善党委(党组)中心组学习的实施意见(临发〔2014〕11号;2014年12月1日印发)

中共临汾市委关于进一步加强学习型党组织建设的实施意见(临发〔2014〕12号;2014年12月1日印发)

中共临汾市委关于在全市深入开展学习讨论落实活动的实施方案(临发〔2014〕13号;2014年12月7日印发)

中共临汾市委关于印发《中共临汾市委常委会议议事规则(试行)的通知》(临发〔2014〕14号;2014年12月11日印发)

中共临汾市委、临汾市人民政府关于印发《临汾市改善农村人居环境总体规划(2014—2020年)》的通知(临发〔2014〕15号;2014年12月16日印发)

中共临汾市委、临汾市人民政府关于印发《尧都区人民政府职能转变和机构改革方案》的通知(临发〔2014〕16号;2014年12月31日印发)

中共临汾市委、临汾市人民政府关于印发《侯马市人民政府职能转变和机构改革方案》的通知(临发〔2014〕17号;2014年12月31日印发)

中共临汾市委、临汾市人民政府关于印发《霍州市人民政府职能转变和机构改革方案》的通知(临发〔2014〕18号;2014年12月31日印发)

中共临汾市委、临汾市人民政府关于《曲沃县人民政府职能转变和机构改革方案》的通知(临发〔2014〕19号;2014年12月31日印发)

中共临汾市委、临汾市人民政府关于《翼城县人民政府职能转变和机构改革方案》的通知(临发〔2014〕20号;2014年12月31日印发)

中共临汾市委、临汾市人民政府关于《浮山县人民政府职能转变和机构改革方案》的通知(临发〔2014〕21号;2014年12月31日印发)

中共临汾市委、临汾市人民政府关于《襄汾县人民政府职能转变和机构改革方案》的通知(临发〔2014〕22号;2014年12月31日印发)

中共临汾市委、临汾市人民政府关于《洪洞县人民政府职能转变和机构改革方案》的通知(临发〔2014〕23号;2014年12月31日印发)

中共临汾市委、临汾市人民政府关于《安泽县人民政府职能转变和机构改革方案》的通知(临发〔2014〕24号;2014年12月31日印发)

中共临汾市委、临汾市人民政府关于《古县人民政府职能转变和机构改革方案》的通知(临发〔2014〕25号;2014年12月31日印发)

中共临汾市委、临汾市人民政府关于《汾西县人民政府职能转变和机构改革方案》的通知(临发〔2014〕26号;2014年12月31日印发)

中共临汾市委、临汾市人民政府关于《蒲县人民政府职能转变和机构改革方案》的通知(临发〔2014〕27号;2014年12月31日印发)

中共临汾市委、临汾市人民政府关于《乡宁县人民政府职能转变和机构改革方案》的通知(临发〔2014〕28号;2014年12月31日印发)

中共临汾市委、临汾市人民政府关于《吉县人民政府职能转变和机构改革方案》的通知(临发〔2014〕29号;2014年12月31日印发)

中共临汾市委、临汾市人民政府关于《大宁县人民政府职能转变和机构改革方案》的通知(临发〔2014〕30号;2014年12月31日印发)

中共临汾市委、临汾市人民政府关于《隰县人民政府职能转变和机构改革方案》的通知(临发〔2014〕31号;2014年12月31日印发)

中共临汾市委、临汾市人民政府关于《永和县人民政府职能转变和机构改革方案》的通知(临发〔2014〕32号;2014年12月31日印发)

(陈波轶　刘　艳)

办　公　厅

【概述】 2014年，市委办公厅围绕市委中心工作，“建言献策、信息处理、综合协调、督促检查、运行保障”，为市委开展各项工作发挥推动作用。

【文秘工作】 市委办公厅以文辅政，发挥参谋助手作用。围绕市委的重大决策和中心工作，从全局的高度和战略的高度思考问题、研究工作。文稿起草方面，增强“紧紧围绕大局，时时聚焦大局，处处服务大局”的意识，领会中央、省委、市委精神，完成领导讲话、综合材料、情况报告等各种文件起草任务。2014年，起草市委三届六次全会、全市党的群众路线教育实践活动动员大会、全市农村工作会议等大会领导讲话材料，起草市委常委会议主持词、常委会工作报告等文稿，累计约70万字。文件办理方面，坚持准确、及时、规范、简洁标准，把好程序关、政策关、规范关、时效关，全年发各类文件183期(临办发电67期)，累计35000余份，接收上级文件300期，政府等部门转阅件100期，传阅累计3500余人次，分发中央和省里文件3000余份，借阅上级文件40余次，归档上一年文件6975份。

【信息工作】 2014年，办公厅重视信息工作，“紧贴中心、服务决策、加强调研、提高质量”，开发深层次、高质量信息，为市委决策提供全方位、多领域、多角度的信息服务。培训业务骨干，规范内部管理，修订完善各项管理制度。研究信息工作发展新规律，捕捉信息亮点，围绕热点、难点问题收集编写综合信息。全年向省委门户网站上报重要新闻4439条，上报量排名全省第一，编发信息400余期，900余条(篇)，被《山西信息》专刊、普刊等刊物采用近100条(篇)，在省里积分421分，位居全省前列。对信息考核办法进行适当修改，增加对问题类信息、反馈类信息，建议类信息的积分权重，增加和提高信息上报的数量和质量。社情民意工作同步进行。全年编发《社情民意季报》四期，办理网友在“人民网——地方领导留言版”“黄河新闻网——我对领导有话说”两个栏目反映的问题179件，基本做到件件有回音，件件有落实；接收省转办件164件，转办率100%，督办率100%，办结率100%。

【会务值班工作】 2014年，办公厅协调上下级之间、四大班子之间、军地之间、市(县、区)之间、部门之间的各种关系，统筹各种力量和资源，形成贯彻落实市委决策部署的强大合力，保证市委机关高效运转和各项任务顺利开展。组织各类会议，先后承办市级会议19次；组织市委常委会39次；配合其他部门协调组织各类会议80余次。在开展各类公务活动中，组织协调中央、省级、市级领导调研、检查指导、访贫问寒等各类公务活动110余次。在领导调研和其他各类公务活动中，组织向烈士纪念碑敬献花篮，慰问一线职工、部队官兵，看望老干部、贫困户，临汾国际名校赛艇挑战赛等一系列公务活动。办理各类请示报告卡497次。值班工作，在软硬件配套设施建设方面投入资金，配备电脑、传真机等专用设备，完善信息报送网络，规范信息报送渠道。坚持专人24小时在岗在位值班，确保值班电话不漏接，全天有人在办公。市委值班室接报各类突发公共事件69条。各类市级及以下单位来文阅办127件，来电阅办8件，值班要情19份，值班快报30期，处理在非工作时间发生的事务87件。建立领导干部外出报备工作制度。市委领导外出经值班室向省委报送报备8件，接收各县(市、区)及各市直单位领导外出报备298件，每日将接收报备情况制表送达市委主要领导阅示。通过建立完善制度，保证值班工作有登记、有报告、有落实、有反馈。在信息收集反馈、协调督察、调研分析、参谋决策等工作中上下联动，衔接一致，确保全市党委值班体系运行稳健。

【督查工作】 办公厅按照中央“八项规定”、党的群众路线教育实践等活动要求，围绕市委决策和全市改革发展大局，着眼于市委领导关注的重点，采取明察暗访、随机抽查等方式，对各县市和市直部门开展决策督查15次，编撰《督查专报》16期，向市委领导反馈各项工作进展情况。开展专项查办工作，按照“一事一办、专人负责”的原则，采取现场督办、电话督办等方式，确保领导批示的每一件工作落实到位，取得实效。全年办理省、市委领导批示件78件，全部予以办结。做好政协提案办理工作。2014年，按期办理政协委员提案28件，办结率100%。

【机要工作】 2014年，办公厅以“高标准、严要求、保安全、保畅通”为主线，按照有关工作条例，从严管理，在密码通信、信息化密码保障、密码管理和党委系统信息化建设上探索新思路、新方法，确保密码的绝对安全和畅通。推进制度创新，健全完善各类管理规定，加强对密码通信网络的优化升级和系统改造，强化机要干部队伍建设，提高密码干部的综合素质。全年收发报14369份，54317页。

（陈波轶　刘　艳）

信访工作

【概述】 2014年，临汾市信访工作以“树新风，争四无”信访主题活动为载体，减少群众赴省集体访、进京非正常上访，开展“百日双百案”和“双百”专项活动，解决一大批疑难信访案件，实现重大政治活动期间省委提出的“四个坚决防止”（坚决防止发生大规模集体进京上访、坚决防止发生大量进京非正常上访、坚决防止发生干扰会议的极端恶性事件、坚决防止发生重大群体性事件）工作目标。2014年，临汾市信访局办理群众来信来访11089件次，比上年同期8179件次上升35.5%。其中，个体访302批626人次（复访63批121人次），与上年同期196批350人次相比，批数上升54%，人数上升78.8%；集体访414批8899人次（复访183批4223人次），与上年同期267批7066人次相比，批数上升55%，人数上升25.9%；来信1564件次（复信1373件次，联名信201件次），比上年同期763件次上升105%。全市发生群众赴省集体上访16批208人次，与上年同期16批203人次相比，批数持平，人数上升2.5%。临汾市发生群众进京非正常上访116人次，与上年同期74人次相比上升56.8%。

【重点案件办理】 2014年，临汾市受理省信访局发函案1案、省信访局督查处交办重点案件38案、省驻临群众路线教育活动办交办19案，全部办结上报，办结率100%。

【网上信访办理】 2014年，网上信访受理国家、省信访局转送投诉件2216件次，到期全部办理反馈，办结率100%。网上录入信访件2372件次，全部按要求录入，应用率100%。

【信访宣传】 2014年编发上报《信访信息》43期，采编信息调研172条（篇），其中信息150条、调研22篇。《山西信访信息》截至第17期刊登17条（篇），《山西信访》刊登50条（篇）。

【“树新风，争四无”】 2014年，围绕省信访局开展的“走、解、树”活动，临汾市开展“树新风、争四无”主题活动，与群众路线教育实践活动相结合。全市多数县实现无重复到市、赴省、进京上访、无信访积案的“四无”工作目标。“树新风、争四无”信访主题活动针对性和可操作性较强，为临汾市做好信访工作搭建平台，确保各县（市、区）信访工作明确方向、突出重点。17个县（市、区）有12个未发生赴省集体访、有6个未发生进京非正常上访、有4个未发生进京重复非访，进京非正常访在全省排第十位（按人次多少排名，越少排名越靠后）。

【“百日双百案”】 临汾市开展“百日双百案”（从2014年3月下旬到6月底，利用100天时间化解218个信访积案）群众信访诉求化解专项活动。市联席会议先后召开专项活动部署会和信访案件化解推进会，做好省交办的101案和市交办的117案化解处理工作。建立市级领导包联信访事项制度，市委常委和政府副市长每人包联一个重点案件，带动各级领导干部把解决信访问题作为践行群众路线的具体行动。各级各部门把“百日双百案”专项化解活动与群众路线教育实践活动相结合，采取逐案把脉、集体会商、灵活处置、人文关怀等多种措施，推进“百日双百案”活动开展。7月，临汾市召开信访联席会议扩大会议，对开展“双百”（强化《信访条例》实施百日督察、信访积案化解百日清理）专项活动进行安排，交办各县（市、区）和市直责任单位94案。对两个专项活动交办的重点案件，全部由县级领导包处，落实包接待群众、包解决问题、包息诉息访、包思想教育、包稳控接返的“五包一”责任制。截至2014年底，“百日双百案”活动交办的218案和“双百”活动交办的94案按要求全部办结，结案率100%。

【矛盾纠纷排查化解】 2014年，临汾市把信访网络建设摆在突出位置，主要以市、县信访部门为主体，在镇、村设立信访专兼职人员，各网点任务、职责和权限明确，要求县级及以下每月至少开展一次矛盾纠纷排查，把此项工作纳入年度目标考核，形成纵向到底，横向到边的村、镇、县、市四级信访网络，实现由“救火”向“防火”转变，掌握信访工作主动权。在经常性进行矛盾纠纷排查的基础上，每逢重大政治活动前，围绕重点问题进行排查。2014 年重大政治活动较多，全省、全国、全市“两会”、南京“青奥会”等相继召开，中共十八届四中全会和北京 APEC 峰会召开，信访维稳任务繁重。在全国“两会”前，把群众反映强烈的劳动社保、农村农业、城乡建设、国土资源、环境保护、水利林业、涉法涉诉等问题作为排查重点，排查出 53 件信访案件。对这些案件，由市联席办交办给各有关县(市、区)及市直责任单位，要求全部实行领导包处，逐案建立工作台账，限期化解。中共十八届四中全会前，针对 2013 年以来多次进京非正常重点上访人员，落实“四包一”[1 名县处级干部、1 名乡科级干部、1 名村(社区)干部、1 名公安干警包 1 名重点上访人]的稳控措施，劝阻其进京非访。由于排查到位，措施有力，全市在重大政治活动期间，没有发生异常上访事件。

【夯实基层基础】 临汾市贯彻落实省委、省政府关于加强信访工作的部署和要求，推进信访服务中心建设和联合接访模式，做强县(市、区)信访服务中心，规范中心运行程序，提高中心综合协调能力和解决问题的能力，通过有关职能部门进驻服务中心，确保“一站式接待、一条龙办理、一揽子解决”的联合接访新模式得以实现。抓好县级服务中心建设，打造“阳光信访”，实行网上信访受理制度，建立“网下办理、网上流转”的群众信访事项办理程序，将接访、办信、督察督办、网上投诉等全部信访事项都在网上流转，把受理、办理和结果等通过网络公开，把办理群众利益诉求的工作置于群众监督之下，以实现信访事项“可查询、可跟踪、可督办、可评价”。2014 年，全市群众网上评价对信访部门满意度 94.9%，网上信访初见成效。

【“双向规范”】 临汾市坚持依法和按政策办事的原则，一手抓信访工作责任追究，一手抓信访秩序整治。依法规范各级党政机关及工作人员的信访工作行为，加强初信初访工作，落实首办责任制，提高依法办事水平。对思想不重视、工作不到位、措施不得力、处置不妥当、引发大规模群体性上访的，按照《山西省党员领导干部信访工作责任追究暂行办法》，对信访事项的制造者和解决信访事项的责任人进行责任追究。2014 年，对 14 名国家工作人员进行责任追究。依法规范信访人的信访行为，引导群众依法逐级走访和文明信访。《国家信访局关于进一步规范信访事项受理办理程序引导来访人依法逐级走访的办法》出台后，临汾市信访局贯彻落实，印发传单、举办培训班，加大宣传教育力度，引导广大信访群众知法、懂法、守法。加大对进京非正常上访行为的依法处置力度，按照公安部下发的公通字〔2013〕25 号《关于公安机关处置信访活动中违法犯罪活动适用法律的指导意见》，对在信访活动中故意干扰国家机关正常工作秩序、扰乱正常社会秩序，或利用上访寻衅滋事、触犯法律的不法分子，依法予以处置。2014 年，全市公安机关依法处置进京非访 250 人(次)，其中警告 29 人(次)、训诫 127 人(次)、行政拘留 93 人(次)、刑事拘留 1 人。

(许景安　侯武杰)

保密工作

【保密数据统计】 临汾市保密局根据省委保密委员会、省国家保密局《关于报送 2013 年保密工作统计数据的通知》(晋保办〔2014〕6 号)要求，于 2014 年 5 月 23 日印发《关于报送 2013 年度保密工作统计数据的通知》(临保办(局)发〔2014〕2 号)，对保密数据报送工作提出具体要求。在全市范围确定 25 个汇总户，其中县(市、区)17 个、市直单位 8 个，落实核定 669 个基层户。印制 100 份报送说明指导报送工作。全市有涉密人员 2600 人，保密要害部门部位 472 个，国家秘密事项 1782 件(其中，绝密级 43 件、机密级 626 件、秘密级 1113 件)，涉密计算机 163 台，涉密计算机网络 3 个，涉密移动存储介质 71 个，其他涉密设备 87 个。

【保密普法宣传教育】 临汾市保密局结合保密教育“三进工程”，把 2014 年的重点放在机关单位的保密法制教育上。结合宣传教育的要求和工作实际，制作《机关单位保密知识》PPT 课件，把这一课件应用在各机关单位的保密学习培训中。2014年初,市银监局邀请局业务骨干讲授保密知识,银监局系统全体干部通过视频会议形式参加学习。在市检察院、市委组织部、市中国银行、市农发行举办保密法制专题培训。尧都区、曲沃、霍州、安泽、隰县等县(市、区)保密局对县(市、区)直重点单位的干部群众进行保密教育和培训。2014年12月5日国家宪法日结合临汾市"六五"保密普法宣传纲要要求,制作16块宣传版面,印发2000份宣传资料,宣传保密法制法规。

【全市保密专题党课】 临汾市保密局于2014年11月25日举办全市保密专题党课活动。市委副书记、市委保密委员会主任王文英主讲,市委常委、秘书长、市委保密委员会副主任白建荣主持。市委保密委员会全体成员、各县(市、区)保密委员会主任、保密局长和市直各单位分管保密工作的领导160余人参加会议。截至年底,全市有13个县(市、区)举办专题党课活动,1638名领导干部参加学习。

【保密系统业务培训】 为提高保密队伍的业务能力和工作水平,临汾市保密局于2014年12月29日至31日在临汾举办全市保密系统业务知识与能力培训,全市保密系统48名干部参加培训。集中学习保密宏观形势教育、网络安全、信息安全与防护、保密检查方法与内容,加强全市保密队伍能力。

【定密管理】 2014年,市保密局对17个县(市、区)和市直单位下发通知,要求各县(市、区)和市直单位抓好指定定密责任人确定工作。按照法律法规规定,组织确定本机关、本单位指定定密责任人,在本机关、本单位内部公布指定定密责任人名单及其具体定密权限。组织学习掌握保密事项范围。8月,举办全市保密局长会议暨定密管理培训,各县(市、区)保密局长、业务干部和市直各单位保密专兼职干部160多人参加培训。

【国家统一考试试卷保密室清理核定】 2014年,市保密局完成国家统一考试试卷保密室清理核定工作,对符合要求的20个保密室(教育系统19个,卫生系统1个)颁发合格证。同市教育局组成联合检查验收组,集中时间检查验收17个县(市、区)19个国家教育统一考试试卷保密室。针对检查验收组指出的问题,有关县(市、区)进行整改,由所在县(市、区)保密部门组织复查,复查合格后向市教育局、市保密局上报整改情况。在此基础上,市国家保密局于5月底向符合要求的国家教育统一考试试卷保密室颁发合格证。

【国家统一考试试卷保密】 2014年,市保密局在各类国家统一考试中,会同教育、司法、卫生、公安、招办联合下发通知,加强对考试工作的保密管理。考前组织专人对保密室规章制度情况、硬件防护设施的配备及运行情况、涉密人员上岗前的保密教育情况、保密责任书的签订情况进行检查,发现问题,排除隐患,杜绝泄密隐患与漏洞,确保以试卷为中心的保密安全。

【涉密计算机、网络管理】 2014年,市保密局按照"强化管控,严堵漏洞"的原则,确保涉密计算机违规外联监控平台、互联网出口信息保密监管平台和互联网政府门户网站保密检查平台"三个平台"运行,加强对重点部门、部位涉密网络、涉密计算机的保密监管,互联网出口信息和互联网政府门户网站的保密监管,实现"变被动防御为主动防范,变事后查处为事前防范"。市级3个监控平台运行良好,县一级的"三个平台"建设,古县建成投入使用,其他16个县(市、区)仅有违规外联监控平台。

【涉密中央文件保密管理专项检查】 2014年4月,根据省委保密委员会《关于组织开展涉密中央文件保密管理专项检查的通知》(晋保发〔2014〕1号)有关精神,组织开展全市涉密中央文件保密管理自查工作,对涉密中央文件的印发、阅读传达、签收保管、清退销毁等4个方面、21项内容进行自查自纠。强化制度,严格管理,填堵漏洞。

【涉密网络安全保密防护和管理】 2014年6月,根据省国家保密局《关于贯彻落实〈进一步加强涉密网络安全保密防护和管理的通知〉的通知》要求,临汾市保密局印发《关于贯彻落实〈进一步加强涉密网络安全保密防护和管理的通知〉的通知》(临保字〔2014〕4号),要求各有关单位做好网络核查分类,对本机关单位在用网络进行核查,确定类别。共汇总13个县(市、区)、46个市直单位。

【国家秘密载体销毁管理】 2014年3月20日,临汾市保密局收到省委办公厅、省政府办公厅下发的《关于转发〈山西省国家秘密载体销毁管理办法〉

的通知》(厅字〔2014〕30号)。4月8日,市委办公厅、市政府办公厅印发《关于转发省委办公厅、省政府办公厅〈关于转发〈山西省国家秘密载体销毁管理办法〉的通知〉的通知》(厅字〔2014〕7号)。6月16日,接到省保密局《关于对全省涉密载体销毁工作进行专项检查的通知》(晋政保发〔2014〕4号),印发《关于对全市涉密载体销毁工作进行专项检查的通知》(临保字〔2014〕5号),明确检查内容、检查方法和检查要求,要求各县(市、区)和市直各有关单位落实通知精神,开展自查自纠,于7月22日至23日,对部分县市和单位进行抽查。抽查两个县和两个市直单位,检查涉密文件2000余份,涉密载体12个。

组织工作

【概述】 2014年,临汾市组织工作按照中心化、政策化、项目化、机制化思路,坚持问题导向,注重改革创新,根据市委《关于围绕转型跨越发展实施组织工作"服务提升年"的30条意见》(临发〔2014〕2号)的部署安排,落实30条意见,提升干部工作作风、基层组织队伍,人才工作效用,推进党的建设和组织工作。结合组织部门工作实际,落实从严治吏要求,匡正选人用人风气,提供坚强组织保证。

【党的群众路线教育实践活动】 2014年,临汾市组织系统在全市9521个党组织、1156名县处级以上领导干部和163500名党员中,开展党的群众路线教育实践活动。开展群众教育、传统教育、党课教育、典型教育,组织开展"学习焦裕禄"主题活动,选树推广一批先进典型。开展"百日双百案"化解、"纪律松弛、吃拿卡要"整治、基层组织"三不"问题整顿"三项治理",开展37项"四风"问题专项整治,解决问题2.8万个,问责干部427名,广大党员干部的作风明显转变。明确对照检查材料"十五个要"和"见人见事见思想"具体要求,坚持从严从实,突出问题导向,贯彻整风精神,通过批评与自我批评,广大党员干部受到深刻的思想政治洗礼,党内政治生活的原则性、战斗性明显增强。推进"一百千万"服务项目,启动实施服务项目11133件,总投资420亿元。坚持上下联动,开展"职能延伸、送需上门"行动,打通联系服务群众"最后一公里"。围绕贯彻民主集中制和加强作风建设,在权力运行、简政放权、严明纪律、便民服务等方面实施制度建设计划21052个,废止制度874个。开展整改落实"回头看",实施整改事项销号制度,巩固和拓展活动成效。

【领导班子和干部队伍建设】 2014年,临汾市委组织部举办学习贯彻习近平总书记系列讲话暨十八届三中全会精神专题培训班7期,举办十八届四中全会和学习讨论落实活动专题培训班4期,轮训县级干部1600多名。制定干部教育培训5年规划,实施送学下乡工作。学习贯彻新修订的《干部任用条例》,制定《市管干部推荐考察工作细则》和《市管干部任免工作规程》,出台实施《关于市管领导班子和领导干部综合分析研判的实施办法》。选拔任用市管干部50名,其中提拔11名,平调39名。落实市委《关于加强领导干部日常管理监督的若干规定》,开展领导个人有关事项报告抽查、领导干部企业兼职(任职)、超职数配备干部、干部人事档案清理、"天价培训"等专项整治。汲取洪洞县乡镇干部酗酒滋事案件教训,集中开展"四查看四防治"专项行动,查找整治思想上的松动点、监管上的疏漏点、整改上的薄弱点、作风上的隐患点6461个。完善年度目标责任"1+1"考核模式,把"四个年"活动纳入考核指标体系,在完善县(市、区)"1+1"考核的基础上,对市直单位实行"1+1"考核。

【基层党组织建设】 临汾市组织系统出台实施《关于进一步建设服务型党组织,推进"定查评"工作法的意见》,2014年全市基层党组织"定"事项35169件,年底完成33762件,占96%。启动"定查评"网络管理平台建设,年中采取抽点查面的办法进行抽查。集中整顿软弱涣散村级组织198个,对661个"定查评"工作法拓展不深的机关党组织进行专项整顿,103个办公活动场所面积不足的社区完成整顿48个,接长服务短板。实施农村(社区)"领头雁"延伸培训计划,对全市5597名农村(社区)"两委"主干、23879名"两委"委员和1726名大学生村官进行集中培训。为全市151个乡镇、20个街道党(工)委全部配齐组宣委员。选树尧都区乔村、侯马市郭村两个基层服务型党组织典型,选树襄汾县邓庄镇镇长马健、团职村官张建国、山庄支书贺兰珍、军转干部任玉林等一批身边的好干部、好党员典型。严密组织实施，严把人选条件，保持对不正之风的高压态势，全面完成农村(社区)“两委”换届选举。全市151个乡镇全部建立党代表工作室，推行乡镇党代会年会制，县级党代会常任制试点工作由原来1个县扩大到4个县(区)，市、县两级成立党代表联络办公室。5月，在曲沃县召开工作座谈会，推进党代表工作室建设。

临汾市村“两委”换届选举工作动员会

【人才工作】 2014年，临汾市委组织部巩固与南方人才市场的交流合作，拓展建立与天津、西安等北方人才市场的合作关系，落实人才引进政策，拓宽人才引进绿色通道，储备一批急需紧缺的优秀高校毕业生。启动第二届临汾市委联系的高级专家评选工作，更新数据库。完善市委联系专家定期座谈、情况通报、意见征询等工作制度。与山西财经大学签订共建干部能力素质提升基地合作协议，对16个县(市、区)和2个开发区上报的市级人才工作基地进行审核、筛选，确定7家有规模、有潜力、有示范带动作用的人才基地。建立突出贡献人才评选表彰递进激励机制，启动实施临汾市“第一届突出贡献人才”评选表彰活动。

(王瑞琪)

老干部工作

【概述】 2014年，临汾市老干部系统贯彻落实中央、省市委关于老干部工作的新政策、新要求、新部署，抓好各项工作，为老干部办实事，解难事。

【离退休干部常项工作】 2014年，临汾市17个县(市、区)、市直单位离休干部的医药费实报实销，市直老干部医药费统筹标准28000元，县(市、区)离休干部医药费统筹标准平均每人每年13965元。离休费、护理费和离休干部无工作遗孀生活补助、特需费等均能按政策规定落实。市直离退休干部取暖费全部发放到位，各县(市、区)离退休干部取暖费按标准在10月至12月随工资陆续发放。各级老干部部门为高龄离退休干部服务、方便离休干部看病就医提供方便。曲沃县开展“一对一”走访服务、吉县对80岁以上及行动不便的离退休干部养老金上门资格认证；汾西县在县医院设置老干部看病就医绿色通道，设立老干部门诊和特需病房；古县为把相关村卫生所、乡镇卫生院定为老干部就医点。

【特殊困难帮扶资金】 2014年，17个县(市、区)中有14个县(市、区)落实离退休干部帮扶资金，其余3个县市(蒲县、大宁县、侯马市)按特事特办、一事一议的方法落实。市直单位帮扶特殊困难离退休干部30人，帮扶资金10万元，程序进入财政局审核阶段。截至11月，全市各级老干部部门帮扶特殊困难离退休干部或遗孀536人，发放帮扶资金106万元。

【利用社区资源】 2014年，临汾市老干部局把利用社区资源，做好老干部工作列为本年度的一项主要工作抓紧抓实。各县(市、区)老干部部门在新思路、新举措、新经验上下功夫，突出基层党建与社区服务相融合、示范点特色同共同资源相匹配、管理创新使示范效应最大化、强化队伍建设和深化服务，形成“示范先行，以点带面，有序推进”的良好局面。全市建立起示范点近50个。

【退休干部活动经费】 2014年，临汾市17个县(市、区)退休干部活动经费除汾西县预算35万元(71%)、吉县每年预算25万元(63%)外，其余15个县(市、区)的退休干部活动经费均落实到位。

【信访督查】 2014年，临汾市接待受理老干部来信来访41件(人)次，其中，来访32人次，来信9件次，除原平阳钢铁厂、侯马市2个信访件协调处理外，其余都处理结案。

【离退休干部思想政治建设】 2014年，临汾市各级老干部部门将学习贯彻十八大和十八届三中、四中全会精神、习近平总书记系列讲话精神作为工作的首要政治任务，从离退休干部实际出发，通过辅导讲座、集中培训、上门送学等多种形式，让广大离退休干部真学真懂。全市各级老干部部门举办离退休干部学习报告会、辅导讲座63(场)次，参加老同志11340人次。在全省开展的离退休干部百科知识网上有奖竞答活动中，参加人数和获奖人数均列全省第一。各级老干部部门将党中央从严治党八项规定和省委“净化政治生态、实现弊革风清，重塑山西形象、促进富民强省”的总体部署纳入到老干部的思想政治建设中。

【离退休干部党组织建设】 2014年，临汾市举办离退休干部党支部书记培训班28次，培训离退休干部书记、委员1041人次。临汾市老干部局于9月22日至24日在市委党校举办全市离退休干部党支部书记培训班，80余人参加培训。全市17个县(市、区)中除大宁县按每个离退休干部党支部落实2000元的工作经费外，其余16个县(市、区)将离退休干部党支部活动经费列入财政预算。

【创先争优活动】 2014年，临汾市各级老干部部门结合本地实际，找准发挥离退休干部作用的结合点和着力点，正确引导离退休干部开展“同心共筑中国梦、凝心聚力做贡献”等系列活动，引导广大离退休干部发挥政治优势、经验优势、威望优势和专业特长，争做党的十八大和十八届三中、四中全会精神的宣讲员、化解社会矛盾的调解员、密切联系群众的联络员。6月28日，临汾市老干部局以“同心共筑中国梦、凝心聚力做贡献”为题，在《临汾日报》以专版形式对全市18个离退休干部先进典型进行宣传和推广。重阳节期间，安排三场“庆重阳”眉户剧专场演出，观看演出的老干部2800余人次。

【活动阵地建设】 2014年，市老年大学新校舍整个改造装修工程准备就绪，总投资250余万元，面积3000多平方米。曲沃县老干部活动中心建设项目进展顺利，建筑面积5000平方米，投资2000余万元。浮山县新建的老干部活动中心总面积3870平方米，投资879万元，大楼内部部完工，待室外绿化、硬化、大暖管道等设施施工完毕后可搬迁。除襄汾县、大宁县、吉县外，全市其余14个县(市、区)被省委老干部局授予“先进老干部活动中心”，有6所(尧都区、洪洞、曲沃、侯马、翼城、安泽)老年大学被命名为省老年大学“示范校”。全市老年大学28所，在册学员16932人。老干部局依托活动阵地，组织市直离退休干部进行象棋、乒乓球、趣味运动等文体活动。同市老干部活动中心组织开展“赴社区、进养老院”文艺演出活动；同市老年书画协会举办晋陕豫黄河金三角地区“大美临汾”老年书画展，180余人参加，展出书画作品280余幅。全年市县两级组织举办老干部文体活动132次，参加老同志14635人。

【“创新案例”和“特色品牌”】 临汾市老干部局下发《关于认真贯彻落实晋老发字〔2014〕8号关于开展全省老干部工作“创新案例”和“特色品牌”评选推介活动》通知，要求各级老干部部门从本地实际出发，贯彻好文件精神，明确选题、定名、立项、制定创建计划，组织实施。每个县(市、区)、市直大单位至少要上报1个质量较高的“创新案例”或“特色品牌”项目。收到上报的“创新案例”“特色品牌”22个。

(杜明池)

宣传工作

【概述】 2014年，临汾市宣传思想文化战线贯彻落实中央、省委和市委的重大决策部署，围绕市委市政府中心工作，围绕“两个巩固”根本任务，宣传思想文化工作保持良好发展态势。

【理论武装】 2014年，临汾市宣传系统围绕学习贯彻党的十八届三中、四中全会精神及习近平总书记系列重要讲话精神，举办研讨班、培训班，编印辅导资料，深化理论学习。结合党的群众路线教育实践活动，出台《关于进一步加强和完善党委(党组)中心组学习的实施意见》《关于进一步加强学习型党组织建设的实施意见》，市委中心组全年学习19次，各县(市、区)党委中心组学习都在15次以上。以评选活动为抓手,打造一批体现时代特点、贴近党员需求、富有实际成效的优秀学习品牌,推进学习型党组织建设。组建宣讲团赴基层开展面对面宣讲,直接受众30多万人。围绕党的群众路线教育实践活动和临汾市转型跨越发展实践,推出一批有价值的研究成果。

【新闻宣传和管理】 2014年,市县两级新闻媒体和省驻临记者站相互联动、配合,开展全市党的群众路线教育实践活动、“四个年”活动等重大主题宣传,报道市党的建设、反腐倡廉、产业转型、民生改善等方面的新进展、新业绩。加强社会舆情特别是网络舆情的分析研判,引导苗头性、倾向性问题,处置敏感热点舆情。开展打击新闻敲诈和假新闻等专项整治行动,加强对属地新闻网站的日常监管,净化网络空间。开设“临汾市党的群众路线教育实践”微博微信、公众账号。推进“走转改”活动,建立健全新闻发言人制度。召开庆祝第15个记者节表彰大会,拿出20余万元对省级以上优秀新闻作品进行表彰奖励。调研工作荣获全省先进单位。完成2015年度党报党刊发行任务。

【核心价值观教育】 2014年,临汾市宣传系统丰富各类创建活动载体,组织开展“三关爱”志愿服务、公益广告宣传、“我们的节日”等“德润平阳·共筑梦想”主题实践活动,凝聚全社会团结奋进正能量。王玲霞、张丹华等4人荣获山西省第五届道德模范及提名奖,李红英、贺冰分别被评为“2014感动山西十大人物”及特别奖,王青凡等4人荣登“中国好人榜”,刘志东等7人荣登“山西好人榜”,各类典型获奖总数名列全省前茅;开展临汾市第三届十大道德楷模评选表彰活动,召开“李红英先进事迹报告会”。开展群众性文明创建活动,吉县微电影创作作为全国唯一县级典型,参加全国农村精神文明建设工作经验交流会,开展“我的中国梦”主题教育实践活动,完成13所乡村学校少年宫建设工作。深化诚信教育,评选出“诚信示范店”“诚信建设标兵”双十佳。

【文化事业】 2014年,临汾市委宣传部举办“大美临汾”春节、元宵节系列节日活动,开展“我们的中国梦”文化进万家、第九届广场文化消夏月活动。组织协调举办洪洞大槐树文化节、古县牡丹文化节、隰县梨花节、乡宁中和文化节等节庆活动。启动市级“五馆一院”建设,提升基层公共文化服务水平。开展“三下乡”活动。加大文艺精品创作,歌曲《赤诚》参加中宣部第十三届“五个一工程”评选,协助央视拍摄大型纪录片《记住乡愁》,参与联合摄制电影《陈赓晋南大捷》。吉县、洪洞、汾西、襄汾分别完成电影《保卫人祖山》《等爰归来》《谍·莲花》、动漫《大能人解士美》拍摄工作。

【文化产业】 2014年,临汾市宣传工作加快文化产业发展,组织平阳木版年画、平阳麻笺、花鼓、青铜器、刺绣等30多种产品参加第十届深圳文博会。举办“临汾名胜景区珠三角旅游推介暨文化旅游项目招商会”,深圳旅游协会、文化旅游交流促进会代表珠三角地区100家旅行社与临汾市11个景区签署战略联盟,深圳中鋈集团等5个企业与临汾市签订12个招商意向,总金额42亿元。曲沃晋国博物馆、襄汾龙澍峪旅游景区竣工开放,洪洞游客集散中心、侯马文化产业园区破土动工,汾河沿线文化产业园区向规模化、集约化发展迈进。

【对外宣传】 2014年,临汾市委宣传部邀请亚洲摄影家聚焦美丽临汾,非洲马拉维主流媒体来临采风,海峡卫视拍摄并播出六集系列宣传片《临汾之旅》,出版发行六集大型系列专题宣传片《临汾》,编印《印象临汾》刊物8期,在中国美术馆举办“中国梦·大美临汾——百名画家画汾河”艺术创作展,在省城举办“走进古新田、探寻晋大篆”侯马盟书体书法展。举办2014中国·临汾国际名校赛艇挑战赛,美、英、法等8个国家的12支代表队参加角逐,中央电视台体育频道全程直播,展示“气脉河汾、唐尧圣地”的魅力。临汾市9件作品入选山西优秀外宣品资料库,居全省之首。

(李秀敏)

附:

·获奖情况·

集体

2014年1月10日,临汾市委宣传部、市互联网信息办公室的网评工作总量在全省各市中排名第二,被山西省委宣传部通报表扬;12月1日,临汾市委宣传部报送的《中国梦·大美临汾》《大美汾河看临汾》《刻印沧桑——平阳木版年画》《文化遗产看临汾》等优秀外宣品入选山西省外宣资料库名录;2014 年 12 月 29 日,临汾市委宣传部 2015 年度党报党刊发行工作被山西省委宣传部通报表扬、被山西省委宣传部授予 2014 年度调研工作先进单位

个人

2014 年 1 月,临汾市委宣传部调研室主任王杰被山西省委宣传部评为 2012 年至 2013 年优秀舆情信息员

讲师团工作

【概述】 2014 年,临汾市委讲师团利用政治理论宣传这块主阵地和主平台,以教育实践活动为牵引,创新思维,开展理论宣讲和理论研究工作。

【理论学习】 2014 年,临汾市委讲师团开展学习十八大、十八届三中、四中全会、习近平总书记系列讲话和全国"两会"、省市"两会"精神,领会和把握党的十八届四中全会精神。四中全会闭幕后,组织 5 名副教授讲师参加北京大学举办的党的十八届四中全会精神高端培训班。在学习和实践活动中,理论联系实际,结合省市改革发展稳定的实际、党的建设的实际和干部群众的思想实际,引深理论学习,用科学发展观战略思想武装头脑、指导工作、推动实践。

【党的理论学习宣讲】 2014 年,临汾市委讲师团根据全市实践活动进展时序安排,突出工作重点,在"学习教育、查摆问题"第一环节,以习总书记系列讲话精神和党的理论为重点,开展各种形式的宣讲活动。整个实践活动中组织各类宣讲 160 余场,听讲人员 3 万余人次。

【重大理论成果宣讲】 2014 年,十八届四中全会闭幕后,临汾市委讲师团贾成奎教授为市委中心组进行集中学习解读和辅导,抽调理论骨干赴北京大学参加四中全会精神培训班。11 月 11 日,由讲师团和市委党校、政府法制办有关专家教授组成的全市四中全会宣讲团正式组建,分赴各县(市、区)进行为期 10 天的宣讲,组织大型宣讲活动 19 场次,全市 5000 余名副科级以上领导干部听取宣讲。在各级各部门开展四中全会宣讲 130 余场次,受训人员 2.6 万人。结合村级两委换届,为 50 多个村进行以换届为主题的宣讲,为 20 多个妇女组织团体进行宣讲。11 月 21 日,邀请省委党校副校长高健生到临汾市作四中全会专题报告会的宣讲活动,市四大班子成员、各县(市、区)领导、市直各部门负责人及宣传系统的负责人及理论骨干 400 余人听讲。

【理论骨干培训】 2014 年,临汾市委讲师团举办 3 期理论骨干培训班。4 月 23 日至 25 日举办全市"两会"精神理论骨干培训班,11 月 21 日至 23 日举办全市学习贯彻四中全会精神理论骨干培训班,12 月 9 日至 10 日举办全市市直宣传文化系统学习贯彻四中全会副科以上培训班,3 期培训班共培训人员 550 余人。

【政策理论下基层教育活动】 2014 年,临汾市委讲师团 30 多个基层形势政策教育示范基地进行调研和党的政策教育宣讲。宣讲 31 场,3000 多名农村干部群众听取宣讲。在宣讲中,把社会文明建设和社会主义核心价值观作为重点,向基层百姓认真解读。

【理论研究与创新】 2014 年,临汾市委讲师团结合教育实践活动和各类宣讲活动,通过各类理论调研活动,在调研的基础上撰写一大批理论文章,共计 20 多篇。主要有《如何理解"赋予农民更多财产权利"》《亮剑出鞘向腐败》《如何"更好发挥政府作用"》《改革要讲方法论》《改革四题》《战鼓擂响"四个年"》《如何科学践行党的群众路线教育实践活动》《群众路线的哲学依据》《加强思维锻炼 提高创新能力》《浅议系统思维能力的培养》《去粗取精,古为今用》《法治:社会主义核心价值观的基石》《明确重大任务,推进依法治国》《治国之重器,最高之权威》《站稳群众立场,走实群众路线》等。其中《把握科学理论,探索发展路径》作为评选"五个一工程"优秀论文报送省委宣传部参选。

(王　辉)

统战工作

【概述】 2014年,临汾市统一战线学习贯彻落实习近平总书记系列重要讲话精神,围绕省委市委的部署要求,凝心聚力,打造品牌、服务发展,促进和谐,完成全年各项工作任务。

【巩固统一战线思想政治基础】 2014年,全市统一战线把学习贯彻习近平总书记系列重要讲话精神作为首要的政治任务,坚持深入学习,在统一战线成员中开展凝聚意志、凝聚智慧、凝聚力量"三个凝聚"建设工程,组织各民主党派、工商联、侨联、无党派、商会组织开展专题辅导、专题交流,市县两级统战部门带头学习、带头辅导、带头交流。市委统战部组织举办全市党外中青年干部、中小微企业、民族宗教工作、党外副县级干部、全市统战干部五个专题学习习近平总书记系列重要讲话培训班,在乡宁县召开全市统战系统理论交流会,在各民主党派组织开展"坚持和发展中国特色社会主义主题教育活动",三次组织召开学习习近平总书记系列重要讲话精神交流座谈会,在民营企业、商会组织开展"理想信念教育实践活动""情暖平阳、服务民生"主题实践活动。在党的群众路线教育实践活动中,围绕"六大发展"、优化民营中小微企业环境等深入调研,深入各民主党派、工商联、侨联、市直商会、非公企业、宗教团体和堂点,开展"百人百村百企"大调研,了解掌握统一战线成员的所思、所想、所盼。

【协商民主】 2014年,临汾市统战系统组织召开重大决策征求意见座谈会,茶话会,学习座谈会等八次,就全市经济形势、重大决策部署、法治临汾建设等内容,向党外人士通报情况,征求意见,听取建议。邀请各党派干部和党外代表人士参与"百里汾河新型经济带"重点工程视察、调研、观摩、现场会等活动,为党外人士参政议政创造条件。

【能力建设】 2014年,临汾市委统战系统组织全市各民主党派、工商联和无党派人士,通过廉政教育、专题培训、理论宣讲、外出学习等特色实践活动,增强对中国特色社会主义的道路自信、理论自信和制度自信,增强共同实现中国梦的政治共识。广大统战成员围绕全市改革发展献计出力、争做贡献。在此基础上,深化作风建设,抓好思想教育引导,完善制度规则,民革、民盟、民建、民进、九三学社坚持开展"活力支部""特色支部"等创建活动,加强思想、组织、作风建设,增强党派班子的组织建设、参政议政、社会服务能力。侯马市邀请党派老党员作"中国梦""群众路线"专题讲座。襄汾建立党外人士电子档案和信息库,制定《领导干部与党外代表人士联谊交友制度》,汾西县建成10所海联新农村卫生室,乡宁开展"讲作风看行动,讲服务看形象,讲包容看和谐"三讲三看活动,浮山组织开展"十佳支援家乡建设模范"评选推荐活动,霍州创建党外代表人士之家。

【深化参政议政】 2014年,临汾市统战系统围绕临汾百里汾河新型经济带、全市转型跨越发展、综改试验区建设、重点工程项目建设以及环保、教育、养老、医疗等热点问题开展"百名委员下基层"建言献策活动。全市各民主党派、无党派人士、工商联、侨联界人士围绕全市重点、热点问题提交调研报告42篇,议案提案95件,社情民意238件。

【五个一活动】 2014年,临汾市统战系统围绕全市"百里汾河新型经济带"建设,开展一次观摩、一个论坛、一次考察、一次系列招商引资,一次专题培训"五个一"特色品牌活动。开展"百里汾河新型经济带"观摩考察暨经贸合作活动,组织200余名企业家到曲沃、侯马、侯马经济开发区等开展项目观摩推介对接活动。组织非公企业、商会负责人参加晋陕豫黄河金三角经济发展论坛,开展友好商会双向经贸交流活动,河南三门峡、陕西渭南、山东泰安、四川成都等地企业家先后通过工商联和商会组织在临汾市投资考察。举办晋冀鲁三省八地优势项目推洽会,邀请山东临沂市、菏泽市及相关县区和河北大名等地的120位客商在临汾投资考察,交流合作推介项目,建立友好商会。组织非公人士、企业家代表到闵、苏、沪、浙新农村建设示范基地以及优秀民营企业实地考察,观摩学习和洽谈对接。实施"商行助千企,百亿促转型"金融服务活动,为全市中小微企业融资65亿元。组织统一战线成员深入临汾民航机场、城市规划展览馆、涝洰河生态修复治理等重点项目考察了解。组织49位中小微成长型企业主赴浙江大学、山西工商学院进行管理素质提升集中培训。

邀请中国社科院、复旦大学、清华大学等专家学者对全市300多家小微企业进行针对培训，在经济新常态日益凸显的情况下，提振中小微企业发展信心。

【非公经济统战工作】 2014年，临汾市工商联采取集中培训、专题辅导、专家解读、交流研讨、印发学习资料等各种形式，帮助非公经济代表人士学习习近平总书记系列重要讲话、十八届三中、四中全会精神以及省、市重大决策部署。与北京大学合作举办10期EMBA培训班。在全市非公经济人士中开展"首届五十佳杰出人物"评选表彰活动。开展商会组织专项大调研，实行全市"五好"工商联评选活动，加强新形势新常态下商会组织建设。牵头调研摸底全市重点骨干民营企业融资情况，申报7家符合产业政策的会员企业为全省金融机构重点支持企业。市侨联建立"临汾侨联之家"微信群，创新海外联谊方式，拓展侨联工作的新领域。乡宁推动煤焦产业打入国际市场，牵头在天津滨海新区建设临汾市煤焦物流园区，帮助乾升源煤焦有限公司在天津渤海交易所挂牌上市。大宁成立民营经济发展领导小组。吉县创办县级中小微企业创业创新基地。洪洞重点助推非公企业抱团发展。襄汾举办"千万资金扶持小微企业"活动，隰县举办梨花节，侯马联合侯马开发区专题向企业家推介重点投资项目，汾西创建"双轮并轨"品牌，安泽创新开展"双包双联"品牌，古县建立法律服务微信平台，蒲县组织开展"身边的榜样"主题教育实践活动，永和对接中央统战部律师服务团为非公经济人士提供法律服务，霍州开展"百企联村"等等。

临汾市统战部领导在晋之源蔬菜园区调研

【服务民族团结进步】 2014年，临汾市委统战部开展民族团结进步创建活动，推动民族聚集区经济发展。帮助全市9个少数民族聚居村和8个聚居街道办事处，制定经济社会发展规划，建立民族经济发展项目库。争取国家少数民族聚居村扶持项目30余个，资金500余万元，带动县乡两级配套资金400余万元，改善少数民族聚居村的生产和生活条件。翼城县成立穆斯林服务中心，帮助回族群众解决医疗、教育、经营等难题。吉县拍摄反映民族团结进步创建经验的微电影《山歌》，全省在吉县召开少数民族聚居村经济工作现场会。在9月召开的全国民族工作会议暨国务院第六次全国民族团结进步表彰大会上，临汾市一个集体和两名个人分别被授予全国少数民族团结进步模范集体和模范个人，是全省表彰数量最多的地市。

【维护民族宗教和谐稳定】 2014年，临汾市统战工作加强宗教界代表人士队伍建设，建立完善教职人员队伍数据库，在市委党校举办宗教工作法治思维专题培训。重视民族宗教领域的动态，整治宗教领域存在的问题。乡宁协调解决基督教堂异地搬迁工作。曲沃坚持宗教界代表人士例会制度。大宁组织开展宗教活动场所隐患排查。霍州做好宗教场所"五簿三册一账"等各项规章制度。隰县举办"小西天首届文化庙会"。

（吴文辉）

政策研究

【改革办工作】 2014年3月14日，临汾市委成立全面深化改革领导小组，办公室设在市委政研室，一个机构，两块牌子，属常设机构。在各县（市、区）和市直单位确定联络员和信息员，建立全市全面深化改革工作网络。起草《中共临汾市委全面深化改革领导小组工作规则》《中共临汾市委全面深化改革领导小组成立方案及工作规则》《中共临汾市委全面深化改革领导小组办公室职责及工作细则》《2014年下半年全面深化改革工作要点》等相关文件，筹备召开市委全面深化改革领导小组第一次会议和全市改革办主任座谈会。贯彻落实中央、省委和市委改革工作会议精神,督促6个专项小组制定2014年全面深化改革工作要点和2014年至2020年全面深化改革方案。收集6个专项小组和各县(市、区)年度工作开展情况,准备参加全省改革办主任座谈会的汇报材料,筹备召开全市改革办主任座谈会。配合省委改革办完成对全市项目审批制度改革的专题调研。完成省委要求上报的关于临汾市"六权治本"专项改革和临汾市国有企业、集体企业现状和改制情况。改革办成立后,将《领导参阅》改版为《临汾改革信息》,编发16期。创办《改革办通报》,编发2期。向省委改革办报送临汾市全面深化改革的新动态、新情况、新举措,上报信息16条,被省委改革办采用5条。

【调查研究工作】 2014年3月,临汾市委政研室深入侯马、曲沃、襄汾、尧都区、洪洞、霍州等沿汾6个县,调研全市"百里汾河新型经济带"建设的推进情况,撰写《"百里汾河新型经济带"是实现临汾梦的重要载体》的调研报告,在《临汾日报》发表。5月,根据市委书记罗清宇安排,赴尧都区就核桃种植模式进行专题调研,形成《关于对尧都区规划种植发展核桃产业的调查与思考》的调研报告,在省委政研室主办的《调查与分析》正刊第4期上发表,上报省委主要领导,在《前进》杂志发表。市委书记罗清宇和市长岳普煜批示市农委、市林业局等相关部门,在全市推广尧都区规模种植发展核桃产业的做法与模式。按照年初调研安排,完成产业结构调整、扶贫开发协调发展、产业园区建设、开发区建设、民生建设和党的建设等7个方面的调研,撰写《坚持改善民生,普惠发展成果》《发展园区经济 打造临汾经济发展"新引擎"》《真正做到把群众当亲人》《对临汾市扶贫开发的调查与思考》的调研报告和理论文章8篇。编发《调查与分析》3期、《领导参阅》8期。整理两年来的调研成果,面向全市收集评选优秀调研文章,编印《政研文集》第三辑。该书收录课题研究、理论文章、调研报告等40多篇文章,30余万字。

【下乡扶贫工作】 2014年,临汾市委政研室为帮扶对象古县南垣乡驼腰村争取资金5万元,完成该村1.2公里巷道修缮和0.3公里防渗排水沟工程。

(临汾市委政研室)

附:

·获奖情况·

集体

临汾市委政研室被山西省委下乡办表彰为"扶贫工作先进单位",被省委政策研究室表彰为"《决策科学》宣传工作先进单位"

机构编制

【概述】 2014年,临汾市编办深化行政体制改革,推进政府职能转变,进行行政审批制度改革,加强和改进机构编制管理,协调推进改革、管理、法制化建设和自身建设各项工作。

【行政审批事项承接改革】 2014年,临汾市编办按照省政府晋政发〔2013〕35号、36号和晋政发〔2014〕12号、33号、34号要求,承接省政府下放市级行政审批事项30项,下放县级行政审批事项14项,取消行政审批事项4项,取消行政事业性收费项目19项,将工商登记前置审批改为后置审批的事项19项。

【清理核实市级行政审批事项】 2014年,临汾市编办印发《关于对行政审批事项进行核实清理工作的通知》(临编办发〔2014〕14号),对清理核实的范围、实施步骤等作出明确要求,对市直39个工作部门的行政审批事项进行全面清理核实。通过依法审核,市级有行政许可事项102项,非行政许可事项4项,分别比2013年精减39%和93%。加大简政放权力度,在承接省政府下放至县级政府14个行政审批事项的基础上,将市级11个行政审批事项下放至县级政府,下放率20%。

【改进行政审批行为】 2014年,临汾市编办对市级34个具有行政审批职能的部门开展"两集中两到位"工作,使市级106项行政审批事项实现"厅内审批、行为规范、程序简化、效能提升",建立健全"审管分离、批管并重、权责一致、一审一核"的工作机制。打造"企业注册一条龙""固定资产并联审批""重点项目绿色通道"等"三大链条",实现行政审批"网络化审批""职能化服务""数字化管理",解决审批难问题。

【制订市直部门“两个清单”】 2014年，临汾市编办联合市纪委等部门，组成“六权治本”课题调研组，赴吉林长春、安徽等地参观学习，结合地方实际，制订临汾市“六权治本”工作方案，按照方案要求，由编办牵头负责“权力清单”和“责任清单”两个清单的制定工作。清理核实部门行政审批事项，按照“法无授权不可为”的原则编制部门“权力清单”，对市级34个部门行政审批事项进行依法确权，审定审批事项347项；推行权力清单，按照“法定职责必须为”的原则，配套建立责任清单，编制市级46个部门的628项主要职责。

【公共资源交易管理体制改革】 2014年，临汾市编办按照“显性权力规范化，隐性权力公开化”的要求，推进公共资源交易管理体制改革，确定公共资源交易“十统一”运行机制(即:信息统一发布，专家统一抽取，流程统一规范，交易活动统一监控，项目统一进场，场地统一安排，报名统一登记，开评标纪律统一制定，规费统一收退，中标(成交)通知书统一发放)，实现公共资源交易“从分散到集中，从无形到有形，从无序到有序，从隐蔽到公开”的转变。

【市级改革】 2014年，临汾市编办深入基层和相关职能部门，开展改革前期调研，按照省委、省政府《关于市县政府职能转变和机构改革的意见》(晋发〔2014〕12号)精神，结合临汾市实际，拟定《临汾市人民政府职能转变和机构改革方案》(草案)，报请市领导批准后，先后两次与省编办进行沟通。7月1日的市政府常务会议和7月2日的市委常委会议，分别研究通过《临汾市人民政府职能转变和机构改革方案》。9月初，省委、省政府对《临汾市人民政府职能转变和机构改革方案》正式批复。10月下旬，市编办研究提出市直机构改革涉及部门的编制调整和领导职数重新核定的初审意见，报经省编办批准。截至12月底，市级政府机构改革涉及部门条件成熟的市政府办公厅、工商局、质监局、规划局的“三定”规定，形成初审稿，报请市委、市政府研究。

【县(市、区)改革工作】 2014年，临汾市编办加强对县(市、区)改革工作的领导和指导，于5月16日召开县(市、区)编办主任座谈会，对改革工作统一安排部署。全市17个县(市、区)机构改革方案(草案)全部上报，根据工作实际，多次进行修改完善。12月30日的市政府常务会议和12月31日的市委常委会议分别研究通过17个县(市、区)的机构改革方案，以市委、市政府文件正式印发。推进“大部门制”改革，全市17个县(市、区)工商、质监全部合并，文化、体育和科技全部合并，11个县(市、区)农林合并；提出在全市9个经济条件相对较好的县(市、区)单独设立金融工作办公室，列为政府工作部门，在8个经济条件一般的县，成立金融工作办公室，列为县政府办公室内设机构的改革意见；对改革涉及部门的编制进行调整，对领导职数进行重新核定，下发《县市区关于调整变动部门领导职数的通知》，指导各县(市、区)改革工作推进。

【机构编制管理宣传教育】 2014年，临汾市编办以市县党委、政府和编委主要领导、分管领导和各部门的主要领导为重点，采取多种形式，加大宣传力度，学习贯彻机构编制政策法规，增强各级领导干部的机构编制意识，营造依法管理的良好环境。

【机构编制控制】 2014年，临汾市编办根据中央和省、市关于严格控制机构编制的精神，制定《临汾市控编减编实施意见》，明确全市控编减编工作的指导思想、目标任务和主要措施，以临编发〔2014〕3号文件印发给市直各有关部门及各县(市、区)编委，要求贯彻落实新一届政府提出的今后5年财政供养人员只减不增的目标，按照《实施意见》提出的具体要求，细化工作任务，制定具体实施意见，确保全市编制总量和财政供养人员只减不增。

【机构编制核查】 2014年，全省核查工作部署后，临汾市成立以市长岳普煜为组长，常务副市长赵建民和市委常委、组织部部长张明星为副组长的机构编制核查工作领导机构。各县(市、区)成立相应工作机构，开展核查工作。6月30日，召开市直机构编制核查工作领导组成员单位协调会议，明确联合审核阶段的审核程序和各部门的具体分工。7月4日，召开专门会议安排部署检查工作，进行业务培训，确保工作规范有序推进。按照核查工作细分为单位自查、编办初审、联合审核、公示监督、信息汇总等五个阶段的要求，截至12月底，全市机构编制核查工作完成，所有核查单位机构编制人员核查数据入库率100%。

【事业单位登记管理创新和改革】 临汾市编办将

事业单位开办资金验资登记改为确认登记,2014 年全市办理 79 家设立登记和 48 家变更登记;年检结束后,将部分事业单位年度报告书在网站上公示,为 2015 年全面推行年度报告公示制度奠定基础。

【电子政务建设】 2014 年,全市政务和公益机构专用域名注册管理工作年度目标任务完成。全市申请政务和公益域名 4849 个,注册 4802 个,覆盖率 82.32%,在全省名列第二;市县编办网络建设工作全面完成,全新的视频会议室投入使用;推进网络信息安全工作,市级提交申请网站标识的单位有 141 家,为 124 家党政机关、事业单位加挂网站标识。

【全市机构编制年报和统计分析】 2014 年 3 月,完成全市机构编制年报系统的信息录入、数据汇总工作,上报省编办。4 月,完成市直党政群机关、事业单位 460 余家单位的机构编制证的年检任务,实现机构、编制、实有人员的更新。

(阎建昌)

市直工委工作

【概述】 2014 年,临汾市直机关党的工作围绕全市开展的"四个年"活动,结合机关党建工作实际,强化理论武装,规范基层建设,狠抓反腐倡廉,弘扬社会新风,提升机关党建工作科学化水平,发挥基层党组织的战斗堡垒作用和党员的先锋模范作用。

【制定学习重点】 临汾市直工委制订下发《2014 年度市直机关宣传工作要点》《市直党委(组)中心组理论学习安排》,把党的十八大及十八届三中全会精神、习近平总书记系列重要讲话精神、社会主义核心价值观理论等作为学习重点。党的十八届四中全会召开后,督促市直各基层党组织抓好学习、落实。为基层党组织和广大党员干部订购《习近平总书记系列讲话精神学习读本》《党的十八届四中全会《决定》学习辅导百问》等理论书籍 6200 余册和新颁布的《中共共产党发展党员工作细则》100 余册。

【丰富学习形式】 2014 年,各基层党组织立足实际,利用板报、宣传册、宣传栏、知识竞赛等简单易行、贴近生活、群众喜闻乐见的形式,宣传普及党的理论。结合党的群众路线教育实践活动,创新形式,采用集中组织学、个人自学、撰写体会学、领导干部讲党课学、交流讨论学,以及到红色革命圣地、反腐倡廉警示教育基地、临汾市重点工程参观见学等形式,增强学习效果。引深群众路线教育实践活动和理论武装,6 月底,举办市直机关"心向党、情系民、共筑梦"诗歌朗诵会,11 个直属党组织的代表队参加表演;10 月中旬举办市直机关党务干部学习贯彻十八届四中全会精神培训班,73 直属党组织的 170 名党务干部接受培训。利用市直资源,为直属党组织牵线搭桥,推荐 19 名优秀理论辅导专家及道德讲堂讲师。

【品牌选树】 2014 年 8 月,临汾市直工委下发《关于学习型党组织建设优秀学习品牌评选推荐工作的通知》,通过基层党组织首荐和推荐,选树 26 个具有本系统、本单位特色和亮点的市直机关学习型党组织建设优秀学习品牌,予以通报表彰。

【实施"定查评"工作法】 2014 年,临汾市直工委重点抓专项整治、引深提升两个环节。在专项整治环节,3 月,按照市委文件精神(《关于对一些基层组织中"三不"问题进行专项整顿的实施方案》临群组发〔2014〕10 号),制定市直机关工作方案,成立"定查评"专项整顿工作领导小组,要求市直机关 1056 个基层党组织先期进行自查,查出拓展不深的基层党支部 484 个,列为整顿重点。4 月中旬对市直机关所有党组织进行督察,对发现的对"定查评"工作法精神吃不透、对"定"的方向把不准等问题,进行分析研究,制定改进措施。截至 9 月底,"定查评"拓展不深的问题基本解决。在推动引深环节上,结合 2013 年 172 家试点情况,2014 年 1 月中旬,召开市直机关基层党建"定查评"工作推进会议,确定"定查评"工作法在市直机关基层党组织中全面铺开。制作流程示意图,细化分解为 9 个步骤,供各级党组织参照执行。在推行"定查评"工作法过程中,把书记"面对面"述评活动、"联述联评联考"制度、党支部"星级化"管理、文明单位创建、党员承诺、民主评议党员等工作结合,将推进情况作为党建工作年度目标责任制考核中的主要内容。8 月上旬,再次召开市直机关"定查评"工作法推进会,交流、推广好经验、好做法。在 12 月初召开的市直机关书记"面对面"述职大会上,回顾和点评"定查评"工作法实施情况。

【党支部“星级化”管理】 2014年,临汾市直工委将党支部“星级化”管理与“定查评”工作法结合,要求市直所属各党支部采取星级量化考评的方法进行“定查评”分类实施。在“定”的问题上,“五星级”党支部重点在服务创新上下功夫,围绕增强服务功能,拓展服务空间,延伸服务触角,推进服务型党组织建设;“四星”“三星”党支部重点在“因地制宜”和“开拓创新”上下功夫,解决特色欠缺、亮点不足的问题,实现提档升级;“二星级”以下党支部重点对照“星级支部”建设的标准和要求,寻找差距,作为目标任务整顿提高。

【在职党员进社区报到服务】 2014年,临汾市直工委按照市委要求,结合党员“亮身份强服务当先锋”活动,制订下发《市直机关推进在职党员到社区报到活动实施办法》,对市直125家县级单位党组织所属的在职党员进行先期调查摸底,指导各单位党组织对每名党员的居住社区、服务意向等相关情况梳理汇总,登记造册,建立台账。8月5日在“市直机关在职党员到社区报到暨‘定查评’工作法推进会议”上,对在职党员到社区报到的相关要求、报到程序及工作重点做具体安排,与相关社区沟通协调,确保对接开展活动。95%的机关基层党组织与社区建立共驻共建活动关系,95%的在职党员报到,在职党员主要分布在尧都区50个社区和开发区11个社区。

【党风廉政建设责任制】 2014年,年初在市直机关党的工作会议上进行安排部署,与市直机关各直属党组织书记签订党风廉政建设责任书。各直属党组织将目标任务进行细化,分解到科室,落实到个人,层层抓落实,形成齐抓共管、群防群治的格局,有效遏制和预防腐败问题的发生。

【案件查处高压态势】 2014年,临汾市直工委受理信访案件2人(次),查处案件5件7人,其中科级干部4人,一般干部2人,其他人员1人,全部处理到位。2件立案处理中。规范并履行审批程序,加强案件审理和监督管理,制订下发《关于进一步规范市直机关自办案件工作程序的通知》,成立市直机关案件审理组,履行审核把关和监督制约职责。

【控制大操大办】 2014年,临汾市直工委在大操大办等事宜上,严格审批标准,从制度上把关,审核、批准市直科级干部婚丧嫁娶事宜118人。为确保落实到位,制止大操大办,对市直机关330个独立法人单位(其中含95个行政机关、162个事业单位、39个国有企业、21个集体企业、12个非公企业及1个其他企业)“红白理事会”建设及运行情况进行调查摸底,295个单位成立红白理事会,办理符合要求的婚丧嫁娶宴请211次,制止不符合要求的婚丧嫁娶宴请52次。

【党务公开】 2014年,临汾市直工委工作引深党务公开,创新公开方式,以发展党内民主、规范权利运行、建立健全党务公开制度体系为重点,加强监督检查。党务公开工作效果理想,各单位能随着人员变化等情况,调整、充实、健全组织机构,保持工作延续性;结合实际和群众对公开内容的意见反馈,调整、补充公开内容,确保党员的知情权、参与权、选举权、监督权;拓宽公开形式、载体,公开形式便捷、高效、实用。

【文明创建】 2014年,临汾市直工委坚持“以创建促党建、以党建促创建”的工作思路和“围绕中心,夯实基础,以点带面,整体推进”的文明和谐创建工作理念,加强管理,促进提升,巩固成果。

【道德文化】 2014年,临汾市直工委推进“六个一”活动,指导市直各文明单位设立“道德讲堂”场所,鼓励其他市直单位开设“道德讲堂”授课,30%的市直单位设有“道德讲堂”场所,65%的市直单位开展道德宣讲。在市直单位传唱、推广《公民道德歌》,部分单位谱写具有行业特色的道德歌曲。开展志愿服务活动,开展“关爱他人、关爱社会、关爱自然”主题活动和“讲文明、树新风”尊德守礼、文明宣传、公益广告活动。发挥典型的引领示范作用,组织第二届市直机关“道德模范”评选活动,评选出“十佳道德模范”和“百名文明公民”。倡导勤俭节约,推行“文明餐桌”活动,形成市直机关勤俭节约风尚。加强社会主义核心价值观,制订下发《关于在市直机关深入开展培育和践行社会主义核心价值观的活动方案》,组织观看《天上的菊美》影片,开展“领导讲精神、专家讲理论、先进讲事迹、党员讲体会、群众讲感受”学习讲堂。

【节日文化】 2014年,临汾市直工委推动“我们的节日”主题活动,创新活动形式,丰富活动内涵,指导市直各单位在春节、元宵、清明、端午、七夕、重阳、中秋等传统节日期间开展经典诵读、赛诗会、猜灯谜、写春联、送温暖、献爱心等活动。

【廉政文化】 2014年,临汾市直工委利用现代信息平台,坚持每月编发2期《清风廉苑》手机信息报,对市直广大党员起到警示、提醒作用。创刊以来编发64期,2014年编发23期,市直6000余名党员可直接接收信息。发挥廉政文化的教育、熏陶作用,制作80幅廉政文化电脑屏保图片,在市直单位推广使用,60多个单位的1500余台工作电脑上应用。

【文体文化】 2014年,临汾市直工委落实中央精神,推进全民健身,各直属党组织利用自身资源,采用集体组织,鼓励自发组织,开展羽毛球、乒乓球、工间操、棋牌类竞赛等文体活动。10月底举办第五届市直机关运动会,设置7个项目,57支代表队的671名运动员参加比赛。

(马健康)

党史研究

【《山西改革开放实录》(临汾部分)】 2014年,党史工作完成中央和省委党史部门交付的课题任务。组织编撰,完成送审稿。结合国家和省市重点课题,完成《改革开放实录》(临汾卷)第一卷书稿编写工作,完成300页的送审稿。收录市委书记、市长,县委书记、县长专题文章35篇,图片100余张,字数40余万。

【《山西红色旅游指南》(临汾卷)】 2014年,临汾市党史办完成《山西红色旅游指南》(临汾卷)资料征集工作。收录300余幅地图、图片,编辑文字45万,完成340页的送审稿。

【《临汾革命根据地文化建设》】 2014年,临汾市党史办与山西师大历史学院联合,组织编写力量,开展《山西革命根据地文化建设》专题研究,撰写专题论文10余篇,搜集整理历史资料、口述回忆资料42篇,征集人物小传80余人,编辑大事记24条,8月编撰出版近40万字的《临汾市革命根据地文化建设》,在全省率先完成出版工作,是临汾市第一部新民主主义革命时期文化建设方面的党史专著。报送省委党史办公室三篇论文,即:《浅论抗日战争时期临汾文化建设》《浅谈抗日时期文化名人在临汾的活动及影响》《民大的办学特色》。

【《中共临汾党史人物》(1—5卷)】 2014年,临汾市党史办完成《中共临汾党史人物》(1—5卷)系列丛书出版任务。《中共临汾党史人物》(5卷本)系列丛书,于2011年启动编撰,征集党史人物1万多人。全书共分5卷,包括党政人物卷、军队人物卷、英烈功臣卷、先进劳模卷、专家学者卷。总字数300多万字,收录人物近5000人、照片4000余张。由中共中央文献出版社出版发行。

【《平阳党史》编辑出版】 临汾市党史办完成《平阳党史》2014年度1期至4期编辑出版工作。其中编辑出版一期党的群众路线教育实践活动学习专刊。向两个县(市、区)、140个市直单位、2个乡镇、1个社区及500多名市、县领导进行赠书,为推动党的群众路线教育实践活动提供参考和学习资料。提高办刊质量,创新排版模式。新开辟9个栏目,刊登理论文章10篇,推出模范人物15个,刊登党史人物100名,回忆录11篇。

【万册党史书刊赠送】 推进全国和省、市党史部门统一部署的课题成果转化及后续宣传工作,2014年在市、县两级赠送发行《中国共产党临汾历史大事记述》《平阳党史》《中共临汾党史人物》等书籍1万余册。

(岳方涛)

党校工作

【概述】 2014年,中共临汾市委党校坚持以中国特色社会主义理论、党的十八大和十八届三中、四中全会精神统领党校各项工作,围绕市委市政府中心工作,提升干部培训质量,强化科研咨政服务,加强党风廉政建设和队伍建设,“从严治校、人才兴校、发展强校,建设一流市级党校”的整体发展布局初步形成。

【干部培训】 2014年,临汾市委党校在各类主体班次教学中以学习、宣传、贯彻十八大精神、习近平总书记系列讲话和十八届三中、四中全会精神、群众路线教育活动精神和省委书记王儒林重要讲话精神为核心内容。全年举办各类班次28期,培训各级各类干部4190人次。其中,主体班次7期,与其他部门联合举办各类培训班21期。在职本科班有2013级和2014级学员142人。党校与运城市委党校搭建教师资源共享的交流平台,开展全市教师赛讲活动,选派骨干教师赴北京等地培训进修。

【科研工作】 2014年,临汾市委党校发表论文22篇。其中,国家级报刊发表论文1篇,核心期刊1篇,省级报刊发表论文20篇。课题方面成绩突出,党校独立承担市政府确定的重大课题——“公共资源在城乡之间均衡配置促进机制研究”;与市党建研究会联合开展重点课题——党的群众路线教育实践活动经验和健全改进作风常态化制度研究、落实基层党建工作责任制研究、在推进城镇化和农业现代化进程中加强农村基层党组织研究及自选课题多个;与市政法委联合开展课题“地方政府服务型窗口建设一种新模式”;与市妇联联合开展课题——关于开展“五大活动”理论与实践思考、探索和调研。

【对外宣讲】 2014年,临汾市委党校领导和骨干教师累计在全市机关事业单位宣讲117场次。其中重点宣讲十八大精神、习近平总书记系列讲话、十八届三中、四全会精神、党的群众路线教育实践活动精神、省委书记王儒林重要讲话精神和学习讨论落实活动精神,占总宣讲场次的75%以上。把党的各项路线、方针、政策和重大决策送到各个机关单位的广大党员干部中。

【行政后勤】 2014年,临汾市委党校行政后勤厉行节约、本着低碳工作、低碳生活的理念,做好餐饮供应、住宿接待、校园维护、水电检修、园林修剪等工作;完善后勤精细化管理、零距离服务管理制度,更换学员住宿楼的被子、电视、照明和卫生间设施,硬化修缮了校园地面,美化绿化校园环境,提升后勤服务的保障能力。推进新校区建设,基本完成征地和建设规划设计,尚未启动具体的建设工作。

【业务指导】 2014年,临汾市委党校加强与县(市、区)党校的沟通联系,推进教学、科研、师资等方面的资源共享。组织全校骨干教师参加在中央党校举办的“全省党校系统学习贯彻习近平总书记系列讲话和三中全会精神师资培训班”,省委党校举办的“党校系统学习十八届四中全会精神师资培训班”。举办临汾市党校系统教师赛讲活动,选派市县两级党校的优秀教师参加省委党校举办的“第三届全省党校行政学院系统教师赛讲活动”。组织临汾市部分党校常务副校长参加在阳泉市委党校举办的“第四次全省党校行政学院系统教学经验交流会”,通过交流优秀教师的研究成果和教学经验,提高教学质量,创新教学方法,提升培训的针对性和实效性。全市有5家党校的论文获得优秀奖。对全市18家党校的常务副校长配备情况、校园建设情况、硬件设施配置、专业教师配备、学员培训情况等进行摸底调查、归纳分类、统计整理,上报给省委党校和校委领导。

(孟俊发)

市委机关事务管理

【概述】 2014年,临汾市委机关事务管理局以建立“平安、干净、文明”机关为目标,抓节约型机关建设,为机关、为群众办实事,促进机关事务工作的有序开展。

【更换大院及楼内垃圾桶】 2014年,管理局针对市委机关大院及楼内垃圾桶损坏严重,影响使用和美观的状况,对垃圾桶进行更换,更换垃圾桶10个,楼内7个,院内3个,做到按时清理擦洗,保证垃圾桶整洁美观,为机关大院和楼内的环境整洁提供方便。

【维修二楼会议室】 2014年,管理局针对机关大楼年久失修,室内设备陈旧,前二楼会议室墙体老化,灯具破损严重,对二楼会议室进行墙体粉刷和更换灯具。

【提升环境卫生标准】 2014年,管理局优化机关卫生、设施环境,将机关保洁工作推向市场化,实行物业化管理,做好机关绿地和树木花草地面维护,形成“绿化、美化、亮化”的文化景观,开展文明生活方式和健康生活常识的教育活动,促使干部、职工养成良好生活习惯。定期对楼内楼道进行清洗,清除卫生死角,两次让专业清洗人员对前楼内进行清洗,保证机关环境清洁干净。开展“省级园林单位”创建活动,制作安装文明创建标语、修缮机关院内绿地、花草、墙壁、门窗、标牌。利用“五一”“国庆”摆放鲜艳简洁的花卉,增加节日气氛;清理大院和楼内环境卫生。

【疏通下水道、小区门房暖气配备】 2014年,管理局根据供暖期间出现的管道渗漏问题,对东苑小区和西苑小区及小区门房、机关幼儿园的主供暖管道进行维修更换。更换120规格的管道40余米,安装6厘米供水、供暖管道30余米,焊接修补渗漏点5处,做除锈防腐保温供暖管道100余米,确保2014年冬季采暖的正常运行。对北区主供水管道进行维修,经与自来水公司协商,由自来水公司负责更换直径160型供水管道250余米,保障北区300余户干部职工的正常生活用水。

【更换万能断路器】 2014年,管理局在用电高峰来临前,根据配电室低压设施存在的老化等问题,办理有关采购手续,更换配电室低压设施。

【粉刷前楼楼道】 2014年,管理局针对办公楼道部分墙面脱落的情况,对机关办公楼楼道部分墙面和前办公楼门洞进行油漆粉刷,粉刷面积275平方米。

【机关后办公楼楼顶防水处理】 2014年,由于两栋办公大楼屋顶防水材料使用时间较长,楼顶防水材料裂缝变形,雨季来临后影响顶层单位的人员正常办公。管理局根据年初计划,对前办公楼东西两侧5层楼顶,后办公楼5层楼顶和4层楼顶部分屋面进行防水处理,完成屋面防水工程1800余平方米。

【保障机关正常运转】 2014年,管理局协助机关各单位对2008年至2013年公务用车基本信息、运行情况及司乘人员基本情况进行摸底等工作。在2014年对机关大院后门到中心花园、西苑小区和机关幼儿园地下暖气管道进行更换维修、除锈防腐保温工作;对西苑小区墙体拆除和重砌56平米;邀请档案局专业人员对基建图纸档案进行清理归档,各种图纸档案总计118卷。规范水电暖规章制度,上门服务,水电暖维修1700余件。办理房产证200余户,启动294户房改房房产证工作。完成各类会议车辆畅通46次,市委领导集体活动车辆畅通保障72次,会同有关部门有效处置各类上访56起,涉及2879余人次。加强对保安的教育培训,规范大院停车秩序,加强巡逻、配备更新新的消防设备,做好市委机关大院消防工作等方法。做好电话设备预检、预修,拆除废旧机站和电缆,迁移联通3G信号塔;协同移动公司开通4G信号;对部分没有对号入座及遗病电话进行建档;对家属区部分电缆进行更换;做好电话维修和电话费收缴工作。车队加强安全教育,针对车辆档案、单车耗油、单车修理费用、车辆保险进行细化完善,一车一册,车辆安全行使里程45万多公里。医疗保健工作,做好疾病预防、门诊、打针、输液、理疗等工作,医疗垃圾处理到位。做好夏季灭蚊灭蝇工作。幼儿教育工作,保证幼儿安全,量化考核细则,落实各种规范操作制度,配合相应的测查标准,规范幼教工作。

(马　新)

临汾市人大常委会

常委会工作

【概述】 2014年,市人大围绕全市工作大局依法履行职责,召开常委会会议12次、主任会议14次,听取审议"一府两院"工作报告26项,开展执法检查4项、执法调研8项,作出决议、决定、审议意见13项,任免干部42人(次)。

【"百里汾河生态经济带"督察】 2014年,市三届人大常委会持续监督推动"百里汾河生态经济带"建设,坚持每季一督察,每次有主题。围绕农业园区、工业转型、重点工程、新型城镇化建设,组织开展4次专项督察,提出建议63条。

【服务改革创新年】 行政审批制度改革和农村土地流转制度改革是改革创新年的重要内容。2014年,常委会听取审议关于精简行政审批事项和全市农村土地经营权流转情况报告,要求市政府及有关部门减少审批环节,压缩审批时限,方便群众办事;规范农村土地承包经营权流转行为,激发农村经济发展活力。

【平阳环保行执法检查】 2014年,常委会持续关注全市大气和水环境质量,组织开展"防治大气污染、改善环境质量"为主题的平阳环保行执法检查。常委会第28次会议,听取审议市环保局专项工作报告,提出意见和要求。区空气综合质量指数、PM2.5浓度同比下降明显,二级以上天数同比增加73天;全市自来水ph值及相关指标符合国标要求,人民群众喝上放心水。

【听取审议政府工作】 2014年,常委会听取审议上半年计划执行报告,要求市政府适应经济新常态,推进服务业发展,实施中小微企业成长工程,确保经济运行"止缓回稳促增";听取审议上年度财政决算和上半年预算执行情况报告,要求市政府优化收入结构,强化预算管理,严控"三公经费",防范财政风险,促使市本级财政支出70%及支出增量80%以上用于民生改善;听取审议审计工作报告和审计查出问题整改情况报告,针对屡审屡查屡犯和整改不彻底、不到位问题,向市政府提出整改要求,市政府高度重视,对查找出的43个问题,专题研究,制定方案。

【专题询问】 2014年,市人大代表建议解决市区"入园难、入公办园难、入优质园难"的问题。临汾市贫困地区面积大、人口多,基础设施落后,群众致富缺技术、缺门路、缺资金。常委会决定对全市学前教育和扶贫开发进行专题询问,由分管副主任挂帅成立专题询问组,深入实际,调查研究,听汇报、查实情,全方位、多角度了解掌握相关情况。在第26次会议上,听取审议市政府关报告,副市长及13个相关部门主要负责人到会应询,提问开门见山带"辣味",回答直奔主题见坦诚,不避难点,不走过场。常委会作出审议意见,要求市政府及有关部门统筹协调,落实责任,加大投入,通过加快小区配套园建设、购买服务等措施落实21项整改任务。

常委会对2013年开展的公路交通建设、重点项目建设、煤炭资源整合专题询问整改落实情况进行跨年度跟踪问效,听取审议"三个"整改情况报告。公路交通涉及的"六大工程",有4项竣工交付使用,其他两项正有序推进;重点项目基础工作进一步夯实,"六位一体"稳中有进;煤炭资源整合遗留问题稳步解决,煤矿基本建设步伐加快。

【监督市中院司法公开情况】 2014年,常委会把司法公开作为监督重点,成立专项监督组,在市中院听取汇报、查阅案卷、旁听庭审,连续监督、反馈意见、推动整改。在第28次会议上,听取审议市中院司法公开情况的报告,作出审议意见。市中院落实审议意见,实施"三大平台"建设,突出"六项公开"工作,以司法公开倒逼法官素质提升,保障人民群众知情权、参与权、监督权。

【执法检查】 2014年,常委会加大法律法规执法检查力度,对农产品质量安全、大气污染防治、未成年人保护"一法一条例"以及预防职务犯罪工作条例等贯彻实施情况进行执法检查。配合省人大常委会对水土保持法、就业促进法、旅游法、规范性文件备案审查条例等进行立法、执法调研。就政府债券资金使用、教育均衡发展、农村土地流转、非物质文化遗产保护等进行专题调研。

【交叉视察】 2014年,常委会组织代表开展跨行政区域视察活动,扩大视察范围、丰富视察内容,由本地到他县,由山区到平川,实现大跨度交流,开阔代表眼界,增长见识,从全市大局出发思考问题、提出建议,激发履职热情,提高视察质量。

【建议督办】 2014年,集中交办市三届人大五次会议期间代表提出的115件建议,由市政府分管副市长领办,人大常委会主任、副主任督办。制定出台督办意见,明确督办程序。从事关民生保障、生态建设、产业发展等较为集中的建议中,确定10件重点,由各位主任带领提建议代表,到承办单位面对面督办。常委会第30次会议,首次听取审议10个承办单位办理情况报告,进行满意度测评。推动解决一些制约经济发展的重点问题和事关民生的热点难点问题。

【领导调研】 2014年4月21日至22日,省人大常委会党组副书记、副主任李政文在临汾进行"访民生、知民情、解民事"集中走访调研。省人大常委会党组成员、秘书长李仁和,省人大常委会委员、法制委副主任委员、法工委主任高国顺,市人大常委会主任徐树荣一同走访调研。

4月28日,市人大常委会视察临汾市"百里汾河新型经济带"现代农业示范园区建设情况。市人大常委会主任徐树荣,副主任梁天运、柴高潮、原胜利、仇振刚、王醒安、原学义、王金珍,秘书长冯建宁,部分市人大常委会驻会委员,10名省、市人大代表一同视察,市人民政府副市长王振宇陪同视察。

【重要文件】

·讨论决定重大事项·

临汾市人民代表大会常务委员会关于2014年上半年国民经济和社会发展计划执行情况报告的审议意见(7月29日)

临汾市人民政府关于2014年上半年全市国民经济和社会发展计划执行情况的报告(7月28日)

临汾市人民代表大会常务委员会关于批准临汾市本级2013年度财政决算的决议(7月29日)

临汾市人民政府关于2013年市本级财政决算及2014年上半年全市预算执行情况的报告(7月28日)

临汾市人民代表大会常务委员会对市中级人民法院司法公开专项工作情况报告的审议意见(11月26日)

市人大常委会对市中级人民法院司法公开重点监督情况的报告(11月26日)

临汾市中级人民法院关于司法公开专项工作情况的报告(11月26日)

临汾市人民政府关于精简行政审批事项情况的报告(11月26日)

·监督·

临汾市人大常委会关于2014年开展专题询问的工作方案(5月28日)

关于2014年开展专题询问工作方案(草案)的说明(5月28日)

临汾市人大常委会关于2014年开展专项工作重点监督的实施方案(5月28日)

关于2014年开展专项工作重点监督实施方案(草案)的说明(5月28日)

临汾市人民代表大会常务委员会关于2013年临汾市市本级预算执行和其他财政收支审计工作报告的审议意见(7月29日)

临汾市人民政府关于2013年临汾市本级预算执行和其他财政收支的审计工作报告(7月28日)

关于全市重点项目建设专题询问整改情况的报告(7月28日)关于全市煤炭资源整合专题询问整改情况的报告(7月28日)

临汾公路分局关于公路交通建设专题询问整改情况的报告(7月28日)

临汾市交通运输局关于公路交通建设 专题询问整改情况的报告(7月28日)

临汾市人民代表大会常务委员会对全市学前教育工作专题询问的审议意见(9月23日)

关于全市学前教育工作情况的报告(9月23日)

临汾市人民代表大会常务委员会对全市扶贫开发工作专题询问的审议意见(9月23日)

关于全市扶贫开发工作情况的报告(9 月 23 日)

关于临汾市市本级 2013 年预算执行和其他财政收支 审计查出问题整改情况的报告(11 月 26 日)

临汾市人大常委会关于批准 2014 年市本级预算调整方案的决议(11 月 26 日)

关于全市农村土地经营权流转情况的报告(11 月 26 日)

关于全市大气污染防治和水环境治理保护工作情况的报告(11 月 26 日)

关于我市贯彻实施《中华人民共和国农产品质量安全法》和《山西省农产品质量安全条例》执法检查的报告 (11 月 26 日)

·人事任免·

临汾市人民代表大会常务委员会关于接受张东红辞去市人大常委会委员职务请求的决定(2 月 25 日)

临汾市人民代表大会常务委员会免职名单(2 月 25 日)

临汾市人民代表大会常务委员会任免名单(2 月 25 日)

临汾市人民代表大会常务委员会任免名单(7 月 29 日)

临汾市人民代表大会常务委员会免职名单(7 月 29 日)

临汾市人民代表大会常务委员会免职名单(11 月 26)

临汾市人大常委会代表资格审查委员会关于代表变动及补选代表的代表资格审查报告(4 月 8 日)

临汾市人大常委会关于许可公安机关对个别市人大代表采取刑事强制措施的决定 (9 月 10 日)

关于补选付建华为山西省十二届人大代表议案的说明(11 月 10 日)

关于临汾市第三届人民代表大会第四次会议代表建议办理情况的报告(3 月 25 日)

(贾为民)

临汾市第三届 人民代表大会第五次会议

【会议情况】 2014 年 4 月 9 日上午 10:30 前,各代表团集体报到,11:00 召开各代表团召集人、临时党组织召集人会议。

下午 4 时召开预备会议。市人大常委会主任徐树荣主持会议。会议表决通过大会主席团和秘书长名单、大会议程、计划和预算审查委员会名单、议案审查委员会名单。预备会议后,大会主席团举行第一次会议。徐树荣主持会议。会议推选大会主席团常务主席;表决大会日程、大会执行主席分组名单;决定大会副秘书长和议案截止时间为 4 月 11 日 12 时。会后举行新闻发布会。

10 日上午,市第三届人民代表大会第五次会议在市影剧院隆重开幕。举行第一次全体会议,罗清宇、徐树荣、梁天运、柴高潮、原胜利、仇振刚、王醒安、原学义、王金珍、冯建宁在主席台执行主席席就座,徐树荣主持会议。市领导岳普煜、乔成家、黄翠莲、赵建民、陈国荣、李东洪、张明星、白建荣、乔建军、陈小洪、王振富及其他大会主席团成员在主席台就座。岳普煜代表市人民政府向大会作《政府工作报告》,印发市人民政府《关于临汾市 2013 年国民经济和社会发展计划执行情况与 2014 年国民经济和社会发展计划草案的报告》和《市人民政府关于临汾市 2013 年全市和市本级预算执行情况与 2014 年全市和市本级预算草案的报告》。

下午 3:30,市三届人大五次会议计划和预算审查委员会举行会议。会议由仇振刚主持。计划和预算审查委员会组成人员对《关于临汾市 2013 年国民经济和社会发展计划执行情况与 2014 年国民经济和社会发展计划草案的报告》和《关于临汾市 2013 年全市和市本级预算执行情况与 2014 年全市和市本级预算草案的报告》进行审查,提出修改建议。向大会主席团提交审查报告。

下午 5:30,大会主席团举行第二次会议。会议由市人大常委会副主任王醒安主持。会议表决通过关于政府工作报告的决议(草案);听取和表决通过《关于临汾市 2013 年国民经济和社会发展计划执行情况与 2014 年国民经济和社会发展计划草案的审查报告》;表决通过《关于临汾市 2013 年国民经济和社会发展计划执行情况与 2014 年国民经济和社会发展计划草案的决议》(草案);表决通过《关于临汾市 2013 年全市和市本级预算执行情况与 2014 年全市和市本级预算草案的审查报告》;表决通过《关于临汾市 2013 年全市和市本级预算执行情况与2014年全市和市本级预算草案的决议》(草案);表决通过关于接受地方国家机关个别组成人员辞职请求决定的草案,提交各代表团审议。

11日上午,临汾市第三届人民代表大会第五次会议举行第二次全体会议。会议听取市人大常委会主任徐树荣代表市三届人大常委会所作的工作报告。会议应到代表396名,实到代表362名,符合法定人数。会议由大会主席团常务主席、执行主席梁天运主持。大会执行主席任招振、张建军、李殿梁、张拽牛、韩建辉、樊国俊、张春龙、贺寅生、韩忠秀在主席台执行主席席就座。

下午,市三届人大五次会议举行第三次全体会议。会议应到代表396名,实到代表362名,符合法定人数。大会主席团常务主席、执行主席柴高潮主持会议。大会执行主席尉合怀、刘伟、李凡、李世杰、辛普选、王安保、孔繁新、贺崇伟、车胜良在主席台执行主席台就座。会议听取市中级人民法院院长关中翔所作的市中级人民法院工作报告和市人民检察院检察长苑涛所作的市人民检察院工作报告;表决通过关于接受地方国家权力机关个别组成人员辞职请求的决定草案。

随后,市三届人大五次会议议案审查委员会召开会议,通过关于议案审查的报告,提交主席团第三次会议。市人大常委会副主任、市三届人大五次会议议案审查委员会主任委员原胜利主持会议,市人大常委会秘书长、议案审查委员会副主任委员冯建宁出席会议。截至4月11日上午12时,市三届人大五次会议收到代表提出的议案原件115件,从内容上分社会、农业、经贸、司法、计划、综合六大类。其中社会方面的61件,农业方面的16件,经贸方面的27件,司法方面的4件,计划方面的3件,综合方面的4件。

下午5:30,市三届人民代表大会第五次会议主席团举行第三次会议。市人大常委会副主任仇振刚主持会议。会议表决通过《关于市人大常委会工作报告的决议》(草案)、《关于市中级人民法院工作报告的决议》(草案)和《关于市人民检察院工作报告的决议》(草案),提交各代表团审议;听取和表决通过关于议案审查的报告,印发全体代表。

12日上午,市三届人大五次会议主席团举行第四次会议。市人大常委会副主任原学义主持会议。会议审定通过《关于市政府工作报告的决议》(草案)、《关于临汾市2013年国民经济和社会发展计划执行情况与2014年国民经济和社会发展计划的决议》(草案)、《关于临汾市2013年全市和市本级预算执行情况及2014年全市和市本级预算的决议》(草案);审定通过《关于临汾市人民代表大会常务委员会工作报告的决议》(草案)、《关于临汾市中级人民法院工作报告的决议》(草案),《关于临汾市人民检察院工作报告的决议》(草案)。将以上6个决议草案印发全体代表,提交第四次全体会议表决。

下午,市三届人大五次会议在市影剧院举行第四次全体会议。大会应到代表396人,实到362人,符合法定人数。大会由大会主席团常务主席、执行主席徐树荣主持。大会主席团常务主席、执行主席罗清宇、梁天运、柴高潮、原胜利、仇振刚、王醒安、原学义、王金珍、冯建宁在主席台执行主席席就座。大会表决通过《关于临汾市人民政府工作报告的决议》《关于临汾市2013年国民经济和社会发展计划执行情况与2014年国民经济和社会发展计划的决议》《关于临汾市2013年全市和市本级预算执行情况及2014年全市和市本级预算的决议》《关于临汾市人民代表大会常务委员会工作报告的决议》《关于临汾市人民法院工作报告的决议》《关于临汾市人民检察院工作报告的决议》等6个决议。市委书记罗清宇作重要讲话。

【大会领导和工作机构】

临汾市第三届人民代表大会第五次会议
主席团常务主席名单

(2014年4月9日临汾市第三届人民代表大会第五次会议主席团第一次会议推选)

罗清宇　徐树荣　梁天运　柴高潮　原胜利
仇振刚　王醒安　原学义　王金珍(女)　冯建宁

临汾市第三届人民代表大会第五次会议
执行主席分组名单

(2014年4月9日临汾市第三届人民代表大会第五次会议主席团第一次会议通过)

第一次全体会议(4月10日上午)

徐树荣　罗清宇　梁天运　柴高潮　原胜利

仇振刚　王醒安　原学义　王金珍(女)　冯建宁
主持人:徐树荣

第二次全体会议(4月11日上午)

梁天运　任招振　张建军　李殿梁　张拽牛
韩建辉　樊国俊　张春龙　贺寅生　韩忠秀
主持人:梁天运

第三次全体会议(4月11日下午)

柴高潮　尉合怀　刘　伟　李　凡　李世杰
辛普选　王安保　孔繁新　贺崇伟　车胜良
主持人:柴高潮

第四次全体会议(4月12日下午)

徐树荣　罗清宇　梁天运　柴高潮　原胜利
仇振刚　王醒安　原学义　王金珍(女)
冯建宁
主持人:徐树荣

临汾市第三届人民代表大会第五次会议主席团和秘书长名单

(2014年4月9日临汾市第三届人民代表大会第五次会议预备会议推选)

主席团成员(79人,按姓名笔画排列)
王　润　王千良　王天郎　王文英　王安保
王阿家(女)　王国平　王金珍(女)　王振富
王醒安　王黎明　车胜良　仇振刚　孔繁新
白建荣※　兰维成　加天山　冯建宁　权建军
朱晓东　乔成家　乔建军　任天顺　任秀红(女)
任招振　任跟心(女)　刘　伟　刘正林
刘永科　刘奎生　孙玉明　孙京民　闫建国
苏　文　苏学峰　李　凡　李　菲(女)
李世杰　李东洪　李朝旗　李殿梁　杨安虎
杨怀旺　杨家锁　杨雪雨　辛普选　宋晓丽(女)
张明星　张建军※　张春龙　张拽牛
张瑞萍(女)　陈小洪　陈　纲　陈国荣※
罗清宇　岳普煜　赵志坚　赵建民　郝忠祥
宣为民　贺寅生　贺崇伟　原学义　原胜利
柴高潮　徐树荣　郭　刚　郭行杰　黄翠莲(女)
梁天运　梁崇太　尉合怀　韩建辉　韩忠秀
谢武生　樊国俊　樊高潮(女)　樊清平
秘书长:梁天运(兼)

临汾市第三届人民代表大会第五次会议副秘书长名单

(2014年4月9日临汾市第三届人民代表大会第五次会议主席团第一次会议推定)

冯建宁　扈新起　梁洪运　刘小才　张庚博
郭景旭　石　有

临汾市第三届人民代表大会第五次会议计划和预算审查委员会组成人员名单

(2014年4月9日临汾市第三届人民代表大会第五次会议预备会议通过)

主任委员:仇振刚
副主任委员:樊高潮(女)　华志刚
委　　员:(12人,按姓名笔画排列)
王千良　王子贞　王军良　毛婉英(女)
刘正林　刘永科　张　林　张建军　张晓东
宣为民　韩忠秀　谢武生

临汾市第三届人民代表大会第五次会议议案审查委员会组成人员名单

(2014年4月9日临汾市第三届人民代表大会第五次会议预备会议通过)

主 任 委 员:原胜利
副主任委员:冯建宁　扈新起　孙玉明
委　　员:(9人,按姓名笔画排列)
王阿家(女)　权建军　任招振　刘　伟
苏　文　李殿梁　辛普选　张拽牛　郭　刚

【会议决议】

汾市第三届人民代表大会第五次会议关于临汾市人民政府工作报告的决议

(2014年4月12日临汾市第三届人民代表大会第五次会议通过)

临汾市第三届人民代表大会第五次会议听取并审议市长岳普煜所作的政府工作报告。会议肯定市政府过去一年的工作，同意报告提出的2014年经济社会发展主要预期目标、任务和措施，决定批准这个报告。

会议要求，市人民政府要高举中国特色社会主义伟大旗帜，以邓小平理论、“三个代表”重要思想、科学发展观为指导，全面贯彻党的十八大、十八届二中、三中全会和习近平总书记系列重要讲话精神，深入开展党的群众路线教育实践活动，落实省委、省政府和市委决策部署，坚持稳中求进工作总基调，深入开展改革创新年、转型攻坚年、环境提升年、服务群众年活动，推动发展，深化改革，改善环境，保障民生，确保经济持续健康发展和社会和谐稳定。

会议号召，全市人民要在中共临汾市委领导下，凝心聚力，攻坚克难，锐意进取，扎实工作，为率先转型、全力跨越，建设文明开放、富裕和谐新临汾做出新的更大贡献。

临汾市第三届人民代表大会第五次会议关于临汾市2013年国民经济和社会发展计划执行情况与2014年国民经济和社会发展计划的决议

（2014年4月12日临汾市第三届人民代表大会第五次会议通过）

临汾市第三届人民代表大会第五次会议审查市人民政府提出的《关于临汾市2013年国民经济和社会发展计划执行情况与2014年国民经济和社会发展计划草案的报告》及2014年国民经济和社会发展计划草案。会议同意临汾市第三届人民代表大会第五次会议计划和预算审查委员会的审查报告，决定批准《关于临汾市2013年国民经济和社会发展计划执行情况与2014年国民经济和社会发展计划草案的报告》，批准2014年国民经济和社会发展计划。

临汾市第三届人民代表大会第五次会议关于临汾市2013年全市和市本级预算执行情况与2014年全市和市本级预算的决议

（2014年4月12日临汾市第三届人民代表大会第五次会议通过）

临汾市第三届人民代表大会第五次会议审查市人民政府提出的《关于临汾市2013年全市和市本级预算执行情况与2014年全市和市本级预算草案的报告》及2014年全市和市本级预算草案。会议同意临汾市第三届人民代表大会第五次会议计划和预算审查委员会的审查报告，决定批准《关于临汾市2013年全市和市本级预算执行情况与2014年全市和市本级预算草案的报告》，批准2014年全市和市本级预算。

临汾市第三届人民代表大会第五次会议关于市人大常委会工作报告的决议

（2014年4月12日临汾市第三届人民代表大会第五次会议通过）

临汾市第三届人民代表大会第五次会议听取并审议徐树荣主任所作的市人大常委会工作报告。会议肯定市人大常委会过去一年的工作，同意报告提出的2014年主要任务，决定批准这个报告。

会议要求，市人大常委会要高举中国特色社会主义伟大旗帜，以邓小平理论、“三个代表”重要思想、科学发展观为指导，全面贯彻党的十八大、十八届二中、三中全会和习近平总书记系列重要讲话精神，在中共临汾市委的领导下，深入开展党的群众路线教育实践活动，紧紧围绕改革创新年、转型攻坚年、环境提升年、服务群众年活动，坚持党的领导、充分发扬民主、严格依法办事有机统一，积极发挥地方国家权力机关作用，为率先转型、全力跨越，建设文明开放、富裕和谐新临汾做出新贡献。

临汾市第三届人民代表大会第五次会议关于临汾市中级人民法院工作报告的决议

（2014年4月12日临汾市第三届人民代表大会第五次会议通过）

临汾市第三届人民代表大会第五次会议听取并审议关中翔院长所作的市中级人民法院工作报告。会议肯定市中级人民法院过去一年的工作，同意报告提出的2014年工作安排，决定批准这个报告。

会议要求，市中级人民法院要高举中国特色社会主义伟大旗帜，以邓小平理论、“三个代表”重要思想、科学发展观为指导，全面贯彻落实党的十八大、十八届二中、三中全会和习近平总书记系列重要讲话精神，忠实履行宪法和法律赋予的职责，依法独立公正行使审判权，围绕“四个年”活动，坚持司法为民、公正司法，着力提高司法公信力，促进社会公平正义，维护社会大局稳定，为率先转型、全力跨越，建设文明开放、富裕和谐新临汾提供有力的司法保障。

临汾市第三届人民代表大会第五次会议关于临汾市人民检察院工作报告的决议

（2014年4月12日临汾市第三届人民代表大会第五次会议通过）

临汾市第三届人民代表大会第五次会议听取并审议苑涛检察长所作的市人民检察院工作报告。会议肯定市人民检察院过去一年的工作，同意报告提出的2014年工作安排，决定批准这个报告。

会议要求，市人民检察院要高举中国特色社会主义伟大旗帜，以邓小平理论、“三个代表”重要思想、科学发展观为指导，全面贯彻落实党的十八大、十八届二中、三中全会和习近平总书记系列重要讲话精神，忠实履行宪法和法律赋予的职责，依法独立公正行使检察权，围绕“四个年”活动，强化法律监督，着力提高司法公信力，促进社会公平正义，维护社会大局稳定，为率先转型、全力跨越，建设文明开放、富裕和谐新临汾提供有力的司法保障。

【会议决定】

临汾市第三届人民代表大会第五次会议关于接受谢碧玲辞去市人民政府副市长职务请求的决定

（2014年4月11日临汾市第三届人民代表大会第五次会议通过）

谢碧玲向临汾市第三届人民代表大会第五次会议提出辞去市人民政府副市长职务。根据《中华人民共和国地方各级人民代表大会和地方各级人民政府组织法》第二十七条规定，临汾市第三届人民代表大会第五次会议决定，接受谢碧玲辞去市人民政府副市长职务。

【代表名单(396名)】

临汾市第三届人民代表大会代表名单

尧都区(67名)

丁新玲(女,回族)　马跟云　王　芳(女)
王　勇　王　润　王　超　王　震　王军良
王智胜　孔令泽　石雷锁　付常英(女)
兰维成　权哲辉　毕宝玲(女)　吕建斌
乔亚丽(女)　任招振　任晓虎　任跟心(女)
刘大吉　刘红锁　齐安林　许福贵　闫君霞(女)
闫忠宝　师学瑾　杜红奎　李　茵(女)
李双山　李龙飞　李春勋　李春玲(女)
杨怀旺　杨家锁　何炳盛　宋　涛　张文民
张宁红　张吉平　张志强　张麦生　张陈记
张晓东　补根柱　卓心翠(女)　尚日红
周启为　赵志坚　赵波峰　岳普煜　段　瑛(女)
段金中　侯仙记　秦国杰　贾泉兰(女)
高　峰　高向阳(女)　郭慧玲(女)　梁天运
彭存根　蒋茂平　焦志勇　鲁立波　谢　海
谢武生　樊海燕

侯马市(23名)

马秀玲(女)　王阿家(女)　王煦杰　毛克明
关中翔　孙惠记　李山林　李朝旗　杨　青
杨　瑞(女)　张　平　张如意　张培基
陈小洪　姜晓红(女)　秦玲玲(女)　原胜利
郭金玉　尉合怀　蒋安生　韩　睿　傅遵师
裴本德

霍州市(27名)

王子贞　王林锁　王醒安　朱　玉　朱志红
任麦杏　华志刚※　刘怀忠　安占功　孙玉明
李国彪　杨　华　张芙蓉(女)　张明慧(女)
张建军※　陈　纲　陈小虎　陈海梅(女)
周文伟　赵秋香(女)　贾亚龙　郭建莉(女)
常富顺　崔山原　董　娟(女)　韩会明
薛英玲(女)

洪洞县(60名)

马安平　王千良　王小惦(女)　王延峰
王和平　王春翔　王秋平　王黎明　史元魁

史芳芳(女)　冯黎峰　权青海　成巧梅(女)
乔　红(女)　许　平　孙竹莲(女)　纪小明
苏学峰　李　宁(女)　李　英(女,土家族)
李　竞　李世杰　李国旺　杨　杰　杨和生
杨晓丽(女)杨银奎　宋红生　宋秀荣(女)
宋晓丽(女,回族)　张元喜　张红红(女)
张庚博　张俊荣※　张美峰　苑　涛　范忠义
林泽忠　罗清宇　郑　怀　郑步电　瓮志刚
赵争艳(女)　赵国安　段学武　贺彦平
袁麦兰(女)　柴高潮　郭文仓　郭立军
郭红英(女)　席青松　梁琳琳　扈新起
董艳红(女)　程小柱　焦海棠(女)雷甲寿
蔺北锁　樊莹丽(女)

襄汾县(40名)
马　健　马文虎　王志宏　王国平　王彦珍(女)
王德才　毛婉英(女)　邓春臣　邓俊元
石　萍(女)　石宝兴　邢长林　吉仙菊(女)
乔建军　任治国　刘小才　刘安民　刘红卫
祁寒冰　许贤德　孙金慧(女)　苏新平
杜林峰　李　建　李世荣　杨志威　杨新柱
张宏志　张　炜(女)　张拽牛　张焕玲(女)
林建武　赵楼生　贾福合　徐树荣　郭爱珍(女)
曹彩英(女)　程明温　焦金凤(女)　霍俊平(女)

曲沃县(21名)
王燕燕(女)　仇振刚　邓爱萍(女)　朱晓东
刘　伟　刘合心　齐顺和　买林祥(回族)
李九林　杨存良　杨治平　吴晓年　张天福
陈小叶(女)　武兰萍(女)　孟海河　郭　簃
郭惠勇　翟桂云(女)　樊高潮(女)　薛桂琴(女)

翼城县(27名)
王春祥　王艳荣(女)　王振宇　王　彬
王维俊　任吉龙　刘永科　齐桂志(女,满族)
许红霞(女)　苏青莲(女)　李　猛　李殿梁
杨春权　狄学飞　陈国荣※　苗文娟(女)
范素琴(女)　郑建文　胡国华(女)　原学义
郭　刚　郭行杰　栾兆俊　程华荣
程晓霞(女)　翟建华　翟铭娟(女)

古　县(11名)
王文英　王金珍(女)　孔康民　任晋宝
刘晓玲(女)　李　华　李菲(女)　李　强
酉振国　辛普选　侯万玲(女)

安泽县(10名)
丁玉萍(女)　毛跟云　任秀红(女)　任晓红
刘正林　郭玉亮　黄翠莲(女)　尉亚萍(女)
尉昌华　韩建辉

浮山县(13名)
王东亲(女)　尹　礼　孙京民　冯际杰
刘洪珍(女)　苏　文　李　凡　李　勇
姚玉杰　姚来义　梁秀娟(女)　谢碧玲(女)
解淑芳(女)

吉　县(12名)
牛凤珍(女)　孔繁新　白变慧(女)　冯志平
刘　浩　刘创珍　李金玉(女)　张顺旺
赵建民　郝忠祥　梁崇太　葛建章

乡宁县(22名)
王刘明　王英华(女)　古　平　左巧云(女)
权建军　乔成家　任仙强(女)　刘玉学
闫彩萍(女)　李七斤　李虎顺　杨安虎
时菁阳(女)　张文泉　张　林　张春龙
周亚东　郑亚兰(女)　宣为民　郭学军
解高民　樊洪平

蒲　县(12名)
马长江　王安保　邓秀清(女)　闫建国
闫虎英(女)　李建耀　张彦月　武卫东
赵志慧　郭俊青(女)　宿青平　霍五奎

大宁县(10名)
王　懿(女)　史平忠　白建荣※　冯建宁
刘奎生　李俊兰(女)　杨晓辉(女)
贺寅生　郭云亭　樊　宇

永和县(10名)
于三成　加天山　冯灵梅(女)　任冬明

张东红　张宏武　陆立罡　范洋平
呼洁群(女)　韩忠秀

隰　县(12 名)
王天郎　王红红(女)　王晓斌　田耀泽
史　婧(女)　苏　根　李东洪　宋元元
张瑞萍(女)　孟文玉　贺崇伟　郭秀萍(女)

汾西县(14 名)
马华庆　王　林　牛元平(女)　任天顺
任亮英(女)　李振华　张安文　张明星
陈建华　郝双林　段秀兰(女)　郭　玮(女)
樊国俊　樊清平

解放军(5 名)
车胜良　王振富　孙　武　任宝军　杨雪雨
(注:本名单资料截止 2015 年 4 月临汾市三届人大六次会议之前)　(贾为民)

临汾市第三届人大常委会

·第十九次会议·

临汾市第三届人民代表大会常务委员会第十九次会议于 2 月 25 日在市人大培训中心举行,应出席会议的常委会组成人员 40 人,实际出席 36 人。市人大常委会主任徐树荣,副主任梁天运、柴高潮、原胜利、仇振刚、王醒安、原学义、王金珍,秘书长冯建宁等 27 名委员出席会议。列席本次会议的有:市人民政府常务副市长赵建民,市中级人民法院院长关中翔、市人民检察院检察长苑涛,向市人大常委会"交账"的 55 个单位负责人。本次会议的议程是:2013 年度纳入"三账"监督的单位向常委会"交账"并对其进行满意度测评;人事任免职事项;其他。

·第二十次会议·

临汾市第三届人民代表大会常务委员会第二十次会议于 3 月 25 日在市人大培训中心举行,应出席会议的常委会组成人员 39 人,实际出席 33 人。市人大常委会主任徐树荣,副主任梁天运、柴高潮、仇振刚、王醒安、原学义、王金珍,秘书长冯建宁等 25 名委员出席会议。本次会议的议程是:表决关于召开市三届人大五次会议的决定(草案);审议市人大常委会工作报告(稿);听取和审议市人民政府关于市三届人大四次会议代表建议办理情况的报告;其他。

·第二十一次会议·

临汾市第三届人民代表大会常务委员会第二十一次会议于 2014 年 4 月 8 日在市人大培训中心举行,应出席会议的常委会组成人员 39 人,实际出席 36 人。市人大常委会主任徐树荣,副主任梁天运、柴高潮、原胜利、仇振刚、王醒安、原学义、王金珍,秘书长冯建宁等 27 名委员出席会议。本次会议的议程是:听取关于临汾市第三届人民代表大会第五次会议筹备情况的报告;审议市人大常委会在市三届人大五次会议上的工作报告(稿);听取和审议关于代表变动情况的审查报告;审议市三届人大五次会议有关名单(草案):(1)主席团和秘书长名单,(2)计划和预算审查委员会组成人员名单,(3)议案审查委员会组成人员名单,(4)列席人员名单;其他。

·第二十二次会议·

临汾市第三届人民代表大会常务委员会第二十二次会议于 5 月 28 日在市人大培训中心举行,应出席会议的常委会组成人员 39 人,实际出席 29 人。市人大常委会主任徐树荣,副主任梁天运、柴高潮、原胜利、仇振刚、王醒安、原学义、王金珍,秘书长冯建宁等 20 名委员出席会议。本次会议的议程是:审议市人大常委会关于 2014 年开展专题询问的工作方案(草案);审议市人大常委会关于 2014 年开展专项工作重点监督的实施方案(草案);其他。

·第二十三次会议·

临汾市第三届人民代表大会常务委员会第二十三次会议于 7 月 1 日在市人大培训中心举行,应出席会议的常委会组成人员 39 人,实际出席 30 人。市人大常委会主任徐树荣,副主任梁天运、柴高潮、原胜利、仇振刚、王醒安、原学义,秘书长冯建宁等 22 名委员出席会议。本次会议的议程是:罢免杜善学山西省第十二届人民代表大会代表职务；其他。

·第二十四次会议·

临汾市第三届人民代表大会常务委员会第二十四次会议于7月28日在市人大培训中心举行，应出席会议的常委会组成人员39人，实际出席33人。市人大常委会主任徐树荣，副主任梁天运、柴高潮、原胜利、仇振刚、王醒安、原学义、王金珍，秘书长冯建宁等24名委员出席会议。本次会议的议程是：听取和审议市政府关于2014年上半年国民经济和社会发展计划执行情况的报告；听取和审议市政府关于临汾市市本级2013年度财政决算及2014年上半年全市预算执行情况的报告；听取和审议市政府关于临汾市市本级2013年度预算执行和其他财政收支的审计工作报告；听取和审议市政府关于全市重点项目建设专题询问整改情况的报告，进行满意度测评；听取和审议市政府关于全市煤炭资源整合专题询问整改情况的报告，进行满意度测评；听取和审议临汾公路分局关于公路交通建设专题询问整改情况的报告，进行满意度测评；听取和审议市交通运输局关于公路交通建设专题询问整改情况的报告，进行满意度测评；人事任免职事项及其他。

·第二十五次会议·

临汾市第三届人民代表大会常务委员会第二十五次会议于9月10日在市人大培训中心举行，应出席会议的常委会组成人员39人，实际出席32人。市人大常委会主任徐树荣，副主任柴高潮、仇振刚、王醒安、原学义、王金珍，秘书长冯建宁等25名委员出席会议。本次会议的议程是：罢免杨森林山西省第十二届人民代表大会代表职务；听取和审议关于提请许可对个别市人大代表采取刑事强制措施的报告；其他。

·第二十六次会议·

临汾市第三届人民代表大会常务委员会第二十六次会议于9月23日在市人大培训中心举行，应出席会议的常委会组成人员39人，实际出席34人。市人大常委会主任徐树荣，副主任柴高潮、原胜利、仇振刚、王醒安、原学义、王金珍，秘书长冯建宁等26名委员出席会议。本次会议的议程是：对全市学前教育工作情况进行专题询问；对全市扶贫开发工作情况进行专题询问；其他。

·第二十七次会议·

211月10日，临汾市三届人大常委会第二十七次会议在市人大培训中心举行。应出席会议的常委会组成人员39人，实际出席34人。市人大常委会主任徐树荣，副主任梁天运、柴高潮、原胜利、仇振刚、王醒安、原学义、王金珍，秘书长冯建宁等25名委员出席会议。徐树荣主任主持召开人事事项情况通报会，市委常委、组织部长张明星介绍省十二届人大代表侯选人付建华同志的情况。通过市三届人大常委会第二十七次会议议程；听取徐树荣主任所作的关于补选付建华为山西省第十二届人大代表议案的说明。审议有关议案、候选人名单、选举办法(草案)和监票人名单(草案)。表决通过选举办法、监票人名单，选举付建华为临汾市出席山西省第十二届人民代表大会代表，付建华同志全票当选。

·第二十八次会议·

临汾市第三届人民代表大会常务委员会第二十八次会议于11月26日在市人大培训中心举行，应出席会议的常委会组成人员39人，实际出席34人。市人大常委会主任徐树荣，副主任梁天运、柴高潮、原胜利、仇振刚、王醒安、原学义、王金珍，秘书长冯建宁等27名委员出席会议。本次会议的议程是：听取和审议市政府关于市本级2013年度预算执行和其他财政收支审计查出问题整改情况的报告，进行满意度测评；审议市政府关于2014年市本级预算调整方案的议案；听取和审议市中级人民法院关于司法公开专项工作情况的报告，进行满意度测评；听取和审议市人大常委会对市中级人民法院司法公开重点监督情况的报告；听取和审议市政府关于精简行政审批事项情况的报告，进行满意度测评；听取和审议全市农村土地经营权流转情况的报告，进行满意度测评；听取和审议全市大气污染防治和水环境治理保护工作情况的报告，进行满意度测评；人事免职事项；其他。（贾为民）

临汾市人民政府

综　　述

【概述】 2014年，临汾市政府团结带领全市人民，贯彻落实中共十八大、十八届三中、四中全会和习近平总书记系列重要讲话精神，推进“稳增长、调结构、促改革、惠民生”各项工作，经济社会呈现出稳中有进、稳中向好的态势。

【经济增长】 2014年，临汾市政府出台“工业经济运行8条意见”“促进市内工业产品销售15条”等措施，促进工业经济平稳运行。扶持实体经济，市级5个督导服务组常年深入各县(市、区)，组织企业保生产、保运行。召开煤炭、钢铁、焦化、电力等主导产业运行会议，协调企业落实贷款22.7亿元；为电力企业争取发电指标5亿千瓦时；引导企业抱团取暖，组建“晋南钢铁贸易公司”。扶持小微企业发展，新创办小微企业1880户，培育“小升规”企业24户、“小巨人”企业11家。2014年，全市完成地区生产总值1213亿元，同比增长4.6%；规模以上工业增加值467亿元，增长3%；全社会固定资产投资1229亿元，增长18.6%；社会消费品零售总额530亿元，增长11.3%；公共财政预算收入118亿元，增长0.1%；城镇常住居民人均可支配收入23610元，增长8.2%；农村常住居民人均可支配收入8755元，增长11.4%。

【结构调整】 2014年，临汾市加快现代农业发展。粮食总产27.6亿公斤。“一村一品”“一县一业”和“四个百万亩”扎实推进，新发展设施蔬菜3.9万亩、水果11万亩、干果10万亩、中药材26万亩，市级以上标准化规模健康养殖企业79个，农业机械化率提高到70.5%。十大现代农业园区规模发展。全市认定家庭农场950个，新注册农民专业合作社8728家，农业产业化龙头企业394家，农产品加工销售收入70亿元。工业经济提质增效。加快煤矿基本建设，新竣工矿井21座，全年原煤产量7288万吨。淘汰落后焦化产能408万吨、炼钢产能260万吨、炼铁产能33万吨。实施焦化、冶金、电力等传统产业改造项目13个，完成投资40亿元。实施装备制造、新能源、新材料等新兴产业项目74个，完成投资56.5亿元，非煤产业增加值比重50.4%。第三产业发展提速。奥特莱斯芭蕾雨、生龙国际等城市综合体项目加快实施，锦悦城、居然之家、嗨都国际广场等重点商贸项目开业运营。侯马开发区国家电子商务示范基地入驻电商企业42家，服务实体企业3000余家；临汾开发区电子商务产业孵化园入驻企业20家，晋南钢铁现货交易中心、侯马马上购等较大电商企业开始运营。汾河公园、侯马彭真故居、蒲县东岳庙等3个景区创建国家AAAA级旅游景区，全市旅游总收入242亿元，增长24%。全市三次产业比例从7.1∶59.9∶33调整优化为7.8∶54.4∶37.8。

【项目建设】 2014年，临汾市开展“项目见效年”活动，实施省市县重点工程903项，完成投资1304亿元，在“六位一体”全省考核中，夺得1项第一、1项第二、5项第三、3项第四。推进“百里汾河生态经济带”建设，经济带总体规划纳入《晋陕豫“黄河金三角”区域合作发展规划》，上升到国家战略层面，6个专项规划通过国家级专家评审；总投资43亿元的汾河河道生态治理工程竣工，总投资42亿元的滨河东路贯通工程基本竣工，投资32亿元的尧都尧庙片区、投资10亿元的洪洞甘亭“六村连片”等11个“两区同建”工程扎实推进。

【深化改革】 2014年，临汾市以转型综改试验区建设为统领，开展“转型综改攻坚年”活动，实施市转型综改区建设“16112”年度计划，全市确定的10大项26条改革创新举措全面推进。把简政放权作为改革的重头戏，把握“接、放、管”三条主线，承接省政府审批事项30项,下放县级行政审批事项14项,取消行政审批事项4项,取消行政事业性收费19项。推进"六权治本",编制"权力清单""责任清单",市本级行政审批事项减少到102项,精简39%。实施工商登记制度改革,落实注册资本登记"六不"规定,将工商登记前置审批改为后置审批事项19项,全年新登记注册市场主体19639户,其中新发展私营企业4357户,增长4.5%,形成新的创业热潮。煤炭清费立税和煤焦公路销售体制改革,清理规范原有5大类、42项涉煤收费项目,清理规范后吨煤可降低成本60元,为煤炭企业减负36亿元,撤销煤焦站点79个。在全省率先开展非煤矿山收费清理规范工作。扩大"营改增"试点改革范围,按时全部落实暂免征收小微企业增值税和相关营业税等工作,减免增值税7324万元,相关营业税472万元。市县两级政府机构改革基本完成。国有企业改革、财税体制改革、开发区建设机制改革、招商引资工作机制改革、农村土地制度改革等各项改革有序推进。

【创新驱动】 2014年,临汾市制定《国家创新驱动发展战略临汾行动计划》《临汾市低碳创新行动计划》,全市高新技术企业28家,有效专利拥有量271件。加强融资体系创新,引进光大、兴业等金融机构,澳坤生物公司在"新三板"股份转让系统挂牌上市,实现临汾市地方企业在全国股权转让系统上市"零的突破"。在省股权交易中心挂牌的企业100家。

【生态环保】 2014年,临汾市狠抓能耗强度控制、重点企业节能监管和污染减排,全年万元GDP综合能耗下降3.5%,化学需氧量、氨氮等6项约束性减排指标超额完成省定任务。跻身国家第三批12个节能减排财政政策综合示范城市,成为全省唯一入选的城市。浮山县入选国家资源综合利用"双百工程"示范基地,古县入选首批省级低碳市县试点。围绕创建国家环保模范城市目标,开展"环境提升年"活动,实施大气环境、水体质量、城乡清洁、生态治理和交通秩序五大提升工程,淘汰黄标车及老旧车3.4万辆,市区天然气改造5万户,市区空气综合质量指数下降12.7%,PM2.5浓度下降14.9%,二级以上天数240天,增加73天。各县市二级以上天数均达到306天以上。市污水处理厂改扩建一期进入调试。全市主要河流地表水水质持续改善,饮用水源地水质达标率稳定在100%。西山7县成为国家主体功能区建设试点。全市完成营造林3.07公顷。市区新增绿化面积25.3万平方米,荣获"山西省园林城市"称号。

【城乡建设】 2014年,临汾市建设高速公路182公里,大西高铁、中南铁路、霍永高速东段和西段一期建成通车,吉河高速完成路基工程,长临高速和霍永高速西段二期全面启动。临汾机场进入通航前的验收阶段。城西客运站基本建成。新改建农村公路270公里。城市建设步伐加快,编制《市区地下空间利用规划》《南部机场片区控制性详细规划》等重点规划。在财力紧张的情况下,采取PPP模式、"334"延期付款方式,投资16亿元,新建改造市区道路11条,其中,五一路贯通、秦蜀路南延拓宽改造、景观大道连接高铁西站、滨河西路北延等市政道路竣工通车,二中路、规划三街南段、中大街南段等工程正加快建设。市规划展览馆建成投用,市博物馆、图书馆正在建设,市奥体中心、临汾学院、山西师大搬迁等项目前期工作进展顺利。城中村改造和大县城建设取得新进展。推进改善农村人居环境"四大工程",完成投资17.8亿元;农村"五件实事"全部完成。

【安全生产】 2014年,临汾市贯彻新《中华人民共和国安全生产法》,开展领导干部与企业主要负责人"知责、履责"谈心对话活动,开展安全生产大检查,组织"六打六治打非治违"专项行动,加强对煤矿、非煤矿山、危险化学品、道路交通、油气管道等重点领域安全监管,全市安全生产形势持续稳定好转,没有发生重特大事故。加强社会治安综合治理,保持打黑除恶的高压态势,上下联动开展"百日双百案"群众信访诉求化解专项活动,建设"平安临汾"。

【民生事业】 2014年,临汾市加强教育、卫生、计生、文化、扶贫、社保等民生事业。完成5个县薄弱学校改造,安泽、浮山通过义务教育均衡发展县认定;全市高考二本达线率提高4.6个百分点。市人民医院新院区开诊;县级公立医院改革实现全覆盖。全市人口自然增长率控制在5.52‰,"单独二孩"政策稳妥运行,临汾市连续3年获省人口计生综合先进奖。实施曲沃晋国青铜玉器文化产业园、侯马晋园文化城等一批重点文化产业项目;完成第四批国家级非遗项目申报工作，有3个项目申报国家级名录；全市有线电视村村通覆盖率81%。按照精准扶贫的要求，实施产业扶贫开发项目35个，完成投资28.2亿元；开展住村联户、片区开发、易地扶贫搬迁等工作，实现脱贫6.1万人。加强社会保障，7项社保参保总人数473万人。保障性住房新开工18682套。规范机关事业单位津、补贴，最低工资标准月人均增加160元，企业工资基准线增长13%，企业退休人员养老金实现"十连涨"。

临汾市各界开展革命烈士纪念活动

【六大惠民工程】 2014年，临汾市围绕改善民生，实施学前教育优质普惠、乡村医疗服务提质、农业强基固本、饮水安全保障、城市综合整治、就业创业援助"六大惠民工程"，解决一批关系人民群众切身利益的突出问题。出台《城镇小区配套幼儿园规划建设与使用管理办法》，新改扩建幼儿园63所，取缔不达标幼儿园336所。新农合人均筹资标准由340元提高到390元，参合率99.3%，重大疾病医疗保障范围增加到23种。推进"大水网"涉临工程，完成洪洞曲亭水库修复和11座中小型病险水库治理，改造中低产田2.17公顷。改善和提高5万人的饮水安全标准。开展市容专项整治活动，市容市貌得到改观；市区和各县市新改建城市供水网97公里；市区新建公交站点42个，新增公交车78辆、线路里程54公里。全市城镇新增就业5.19万人，转移农村劳动力5.26万人，城镇登记失业率为2.9%。

【民主法治建设】 2014年，临汾市接受市人大及其常委会的法律监督、工作监督和市政协的民主监督，听取各民主党派、工商联和无党派人士的意见，承办人大代表建议、意见110件，政协委员提案184件、意见61件，办结率100%。开展"六五"普法，增强市民的法治意识。开展党的群众路线教育实践活动和学习讨论落实活动，严格执行中央"八项规定"和国务院"约法三章"，以"钉钉子"精神解决"四风"突出问题。会议、文件分别削减15.3%和7.7%，"三公"经费支出同比下降34.7%，提升政府系统行政效能和服务水平。加强党风廉政建设，落实"一岗双责"，加大行政监察和审计监督力度，加强政府廉政风险防控。

【重要文件发布】 2014年，临汾市政府先后印发8份重要通知和实施意见。

1、临汾市人民政府关于印发临汾市2014年"六大惠民工程"实施方案的通知(临政发〔2014〕5号)

2、临汾市人民政府关于扶持促进高校毕业生创业就业和鼓励小微企业吸纳劳动者就业的实施意见(临政发〔2014〕8号)

3、临汾市人民政府关于印发临汾市涉煤收费清理规范工作方案的通知(临政发〔2014〕9号)

4、临汾市人民政府关于印发临汾市加快推进健康服务业发展实施方案的通知(临政发〔2014〕11号)

5、临汾市人民政府关于优先发展城市公共交通的实施意见(临政发〔2014〕13号)

6、临汾市人民政府关于建立统一的城乡居民基本养老保险制度的实施意见(临政发〔2014〕14号)

7、临汾市人民政府关于印发国家创新驱动发展战略临汾行动(2014－2020年)的通知(临政发〔2014〕16号)

8、临汾市人民政府关于加强城市基础设施建设的实施意见(临政发〔2014〕19号)

【政令辑要】

·临汾市人民政府关于印发临汾市2014年"六大惠民工程"实施方案的通知·

一、指导思想

把执政为民作为政府工作坚持党的群众路线的归宿，把"民之所想"作为"政之所向"，坚持民生优先，民生为重，民生为本，围绕改善民生，着力解决好劳动就业、社会保障、农业基础设施、教育、医疗、交通、环境等方面涉及人民群众切身利益的突出问题，下大气力为群众办一批实事好事，不断提高人民群众生活品质和幸福指数。

二、工作任务

(一)实施学前教育优质普惠工程

启动实施第二轮学前教育三年行动计划,做好民办及城镇小区配套幼儿园清理整顿工作,完善城镇小区配套幼儿园规划建设与使用管理办法,抓好新建小区配建幼儿园工作,努力增加公办幼儿园数量,完成新建、改扩建30所标准化公办幼儿园和改造33所农村幼儿园的任务,实现学前三年毛入园率达75%以上,提高学前教育优质普惠水平。

此项工作由王振宇副市长负责,市教育局牵头实施,市发改委、市人力资源和社会保障局、市物价局、市规划局、市住房和城乡建设局等市直有关部门和各县市区人民政府,临汾、侯马经济开发区管委会配合落实。

(二)实施乡村医疗服务提质工程

进一步提高新农合保障水平,人均筹资标准由340元提高到390元,政策范围内住院费报销比例稳定在75%左右。完善落实基本药物制度。深入推进乡村卫生服务一体化管理,全面落实乡村医生多渠道补偿政策,稳定乡村医疗队伍。

此项工作由王振宇副市长负责,市卫生局牵头实施,市发改委、市财政局、市人力资源和社会保障局和各县市区人民政府,临汾、侯马经济开发区管委会配合落实。

(三)实施农业强基工程

加强农田水利基础设施建设,结合全省"大水网"工程布局,搞好临汾"小水网"配套工程,重点抓好中部引黄、禹门口东扩、引沁入汾浮山供水等工程建设,完成洪洞曲亭水库修复工程,完成11座中小型病险水库治理任务,不断提高防洪灌溉能力。扎实推进高标准基本农田建设,大力实施中低产田改造。实施规模化节水、膜下滴灌、田面灌溉项目,逐步解决农民浇地"最后一公里"问题。创新农业耕种模式,提高农机装备和作业水平,推广机械化保护性耕作和农机深松整地技术。落实种粮直补、农资综合直补等各项惠农政策。

此项工作由王振宇副市长负责,市农委、市水利局、市引沁入汾工程建设管理局、市农机局分别牵头实施,市发改委、市财政局、市国土资源局、市环保局、市林业局、市经信委、市农业综合开发办等市直有关部门和各县市区人民政府,临汾、侯马经济开发区管委会配合落实。

(四)实施饮水安全工程

加强水源地保护、供水管网改造、水质检测等工作,让全市人民喝上安全水、放心水。全面排查整治水源地环境安全隐患,实施龙祠等饮用水源周边环境综合整治。市区新建城市供水网8.3公里,改建3.5公里,各县市新建城市供水网47.6公里,改建29.5公里。改善和提高5万农村人口饮水安全标准,加强农村饮用水检测,提高全市农村自来水入户率,落实农村供水工程水价补贴政策。

此项工作由王振宇副市长、杨治平副市长负责,市水利局、市住房和城乡建设局、市环保局分别牵头实施,市发改委、市经信委、市农委、市财政局、市国土资源局、市交通运输局等市直有关部门和各县市区人民政府,临汾、侯马经济开发区管委会配合落实。

(五)实施城市综合整治工程

突出治堵、治乱、治脏"三大环节",全面推进城市管理上台阶。在治堵上,从公交优先、停车位建设等方面着手,多管齐下,最大限度缓解交通压力。优化城市公共交通结构,实现高铁车站、民航机场、城西一级客运站、火车站等重要交通节点的公交车、出租车的有效衔接。建立公安交警和城管执法联动机制,对车辆违章和违法占道经营等实施集中整治,规范城市交通秩序。在治乱上,深入开展门店招牌、户外广告、临街建筑门面等专项整治活动,建立长效管控机制。在治脏上,以主次干道、集贸市场、车站和城乡结合部为重点,严格落实沿街单位门前"五包"责任制,对临街污染大、脏乱突出的行业进行集中整顿,对城乡结合部垃圾堆放等问题进行彻底整治,做好垃圾收集、清运和处理工作。加快建设以数字化、网络化、智能化为主要特征的智慧城市,提升城市信息化管理水平。推广洪洞"六城联创"先进经验,加强县城城市管理,扮靓市容市貌,创造一个整洁、优美、舒适的工作生活环境。

此项工作由杨治平副市长负责,市住房和城乡建设局、市环保局、市交通运输局、市交警支队分别牵头实施,市财政局、市规划局、市公安局等市直有关部门和各县市区人民政府,临汾、侯马开发区管委会配合落实。

（六）实施就业创业援助工程

把就业放在更加突出的位置，制定出台就业扶持和就业援助实施办法，组织实施高校毕业生创业引领计划、三支一扶计划、就业见习计划，建设市、县、乡、村四级联网的城乡就业人才服务网络体系，开展就业咨询、信息发布、职业介绍等服务，举办不同形式、不同类型的人才招聘和交流活动，切实促进城乡就业。加大财政投入，有计划地开发购买公益性岗位，帮助零就业家庭人员、“4050”人员等就业困难人员实现就业。启动就业培训全覆盖计划，全年培训城镇失业人员 8800 人，农村劳动力 23500 人，新成长劳动力 6000 人，创业培训 3000 人，今年新增城镇就业岗位 51000 个，城镇登记失业率控制在 4%以内。

此项工作由赵建民常务副市长负责，市人力资源和社会保障局牵头实施，市总工会、市农委、市发改委、市扶贫局、市民政局、市财政局、市统计局和各县市区人民政府，临汾、侯马经济开发区管委会配合落实。

三、工作要求

（一）加强领导，细化落实责任。

（二）密切配合，统筹协调推进。

（三）提高效率，加快工作进度。

（四）加强督察，严肃责任追究。

·临汾市人民政府关于印发临汾市加快推进健康服务业发展实施方案的通知·

一、重要意义

1.加快推进健康服务业发展对提升全民健康素质、促进经济转型跨越发展意义重大。

二、指导思想和发展目标

2.指导思想。以党的十八大、十八届三中、四中全会精神为指导，把提升全市人民健康素质和水平作为健康服务业发展的出发点与落脚点。

3.发展目标。到 2020 年，全市医疗卫生服务能力显著提升，健康管理与促进服务水平明显提高，健康保险服务进一步完善，健康服务业发展环境不断优化，健康服务产业规模达到 150 亿元左右。在基本满足全市人民群众健康服务需求的同时，基本建立覆盖全生命周期、内涵丰富、结构合理的健康服务业体系，形成一批具备核心竞争力的健康服务产品、一批拥有良好口碑的健康服务品牌、一批具有较强发展潜力的健康服务产业集群，成为推动临汾经济社会持续发展的重要力量。

三、主要任务

4.努力完善医疗卫生服务体系。严格落实区域卫生规划和医疗卫生机构设置规划，坚持公立医疗卫生机构提供基本医疗卫生服务的主导地位，力争 2020 年，全市至少有 3 所三甲综合医院、1 所三级中医院，1 所三甲妇幼保健院；各县（市、区）重点办好 1 所二级甲等综合医院、1 所二级甲等中医院、1 所二级甲等县级妇幼保健院、1 所县级疾病预防控制中心和 1 所县级卫生监督所。加强精神卫生、紧急救治、采供血等公共卫生服务体系建设。

5.加快形成多元办医格局。规划布局、调整新增医疗卫生资源优先考虑社会资本，鼓励社会资本以多种形式投资医疗服务业，力争 2020 年非公立医疗机构床位数和服务量占比达到 20%以上。制订支持社会资本举办综合医院、专科医院和个体诊所的工作方案，落实非公立医疗机构在市场准入、社会保险定点、重点学科（临床专科）建设、职称评定、学术地位、等级评审、技术准入等方面与公立医疗机构同等待遇，鼓励非公立医疗机构规模化、高水平发展。在公立医院资源丰富的侯马市、霍州市和尧都区开展国有企业所办医疗机构改制试点。充分考虑非公立医疗机构发展，预留大型设备配置的规划空间，放宽准入条件，按照满足合理需求、保障医疗质量安全的原则，重点考核非公立医疗机构人员资质、技术能力、安全防护等相关指标。探索建立医生自主创业制度，落实医师多点执业政策。

6.持续推动服务模式转变。优化医疗卫生服务资源配置，促进优质资源向农村延伸，提高全市城乡医疗资源均衡发展水平。鼓励市级三级医院、县区级医院、城乡医疗机构之间以组建医疗联合体的形式，建立紧密型协作关系，力争 2020 年在全市建设 3 个医疗联合体。探索完善分级诊疗制度。鼓励引导发展专门的医学检验中心和影像中心，探索二级以上医疗机构检查检验对社会所有医疗机构开放，推动医疗机构间检查结果互认。完善对口帮扶机制，发挥城市大医院医生到基层执业实效。转变基层医疗卫生服务模式，全面推行社区全科医生（团队）和乡村医生签约服务。

7.积极推动健康管理的转变。在不断加强基本医疗卫生保障的基础上,积极发展健康体检、健康咨询、母婴照料等健康服务,力争2020年多样化、多层次的健康服务业更加丰富,基本实现健康产业由医疗保健为主向健康管理为主的转变。发展健康体检、体质测定、体育锻炼达标测试、健康咨询等健康服务,鼓励医疗卫生机构和社会力量举办健康咨询和管理机构,开展针对不同消费水平人群的健康咨询和管理,预防和控制慢性病;规范母婴照料服务,制定孕产妇健康咨询和育婴师规范服务指南,加强妇幼保健专业机构与家政服务机构合作,向群众提供高质量、科学化的产妇照料、早期教育、营养喂养等社会服务;重视加强心理卫生,鼓励社会力量举办专业化、规范化的心理咨询、辅导机构,开设心理咨询热线;医疗机构要将健康咨询和服务体现到治疗疾病过程中,促进以治疗为主转向预防为主。

8.着力推动医养融合发展。积极推进养老服务与医疗卫生结合,鼓励医疗机构、社区卫生服务机构与社区居家养老服务机构建立长期合作关系,力争2020年在全市范围内形成规模适宜、功能互补、安全便捷的健康养老服务网络。建立健全养老机构与医疗卫生机构之间的业务协作机制,培育市、县两级养老服务机构医疗服务功能,全面开通各级养老机构的预约就诊绿色通道,加快推进养老机构远程医疗服务试点。制定对经济困难老年人直接补助健康消费的具体办法,鼓励有条件的医疗机构开设老年病科,增加老年病床数量或转型开办老年护理机构,增强为老年人提供便捷、优惠养老和医疗服务的能力和积极性。

9.丰富健康养老内涵质量。完善养老服务功能内容,提高健康养老质量水平,力争2020年探索出适合临汾实际的“住、养、医、护、康”五位一体养老服务模式。加大政策支持力度,鼓励养老机构和社会组织为老年人提供日间照料、全托、半托等多种形式的照料服务,不断提高老年护理、康复护理、家庭护理等服务质量水平。适当调整护理服务价格,鼓励医疗机构为老年人提供日常护理、慢性病管理、康复、健康教育和咨询、中医保健等健康养老服务,引导医疗卫生机构将上门巡诊等健康服务延伸至社区家庭。

10.丰富商业健康保险产品。在完善基本医疗保障制度、提高基本医疗保障水平的基础上,鼓励商业保险公司提供多样化、多层次、规范化的产品和服务,大幅提高影响力、吸引力和参保人数,力争2020年全面建成类型丰富、针对性强、覆盖面广、保障力强的商业健康保险产品服务体系。鼓励发展与基本医疗保险相衔接的商业健康保险,将其纳入医疗保险体系整体设计,为其留出发展空间,鼓励商业保险公司探索发展包括罕见病、自费药品、自费诊疗项目在内的高端医疗补充保险;持续推进城乡居民大病保险,逐步扩大覆盖地域人群,提高统筹层次,完善保障能力和提升服务质量;继续推进医疗责任保险,探索发展医疗意外保险,积极提高和发挥各种形式医疗执业保险的服务水平、保障作用;积极开发长期护理商业险以及与健康管理、养老等服务相关的商业健康保险产品,努力实现健康保障与投资需求的有效结合,有效缓解应对老龄化进程不断加速带来的负担和挑战。

11.发挥商业健康保险功能。建立商业保险公司与医疗、体检、护理等机构合作的机制,探索健康管理组织等新型组织形式,稳步提高商业健康保险支出占卫生总费用的比例。发挥商业保险在精算、投资、管理和支付方面的专业优势,增加以政府购买服务的方式委托商业保险机构经办各类医疗保险服务的范围和数量;强化对医疗行为的监督和对医疗费用的控制,促进医疗服务行为规范化,为参保人提供健康风险评估、健康风险干预等服务。

12.提升中医药健康服务能力。积极发挥中医药在基本公共卫生服务中的特色优势,大力开展中医药预防保健服务工作,显著增强全市基层医疗服务机构中医药健康服务能力,力争2020年建立覆盖全市城乡的中医药医疗服务体系。实施基层中医药服务能力提升工程,强化县级中医院重点(特色)专科建设和综合医院中医中药科室建设,完善城市社区卫生服务中心(站)、乡镇卫生院和村卫生室的中医药品设备、人才技术配备。加强中医药健康服务人才培养和队伍建设,为医疗机构、零售药店开展中医健康服务提供保障。

13.推广中医药保健知识及产品。加快区域中医预防保健服务平台建设,大力支持中医预防保健服务项目实施,力争2020年在全市基本形成形式多样、服务规范、技术适宜的多元化中医预防保健服务格局。普及推广中医药养生保健知识和服务,鼓励中医医疗机构面向社会开展推拿、按摩等规范化培训,鼓励有资质的中医师在养生保健机构提供保健咨询和调理等服务,推进中医养生保健知识“进乡村、进社区、进家庭”;探索制定鼓励支持社会资本举办中医养生保健机构的实施办法,鼓励和扶持优秀中医药机构到境外省外开办中医医院、连锁机构等,培育国际国内知名的中医药品牌和服务机构;探索建立中医药科技发展创新扶持机制,加强药食同用道地中药材的种植以及中医药养生保健设备、中药保健产品研发与应用,促进中医药服务现代化、产业化进程,着力打造中医药“临”字品牌。

14.促进全民体育健身发展。构建全民体育健身服务体系,提高人民群众体育健身意识,引导体育健身服务消费,力争2020年全市范围内实现全民健身基础设施全覆盖,基本建成全民健身服务体系,居民体育健身参与率明显提高。强化政府公共体育服务职能,推进落实市、县(市、区)、乡镇(街道)、村(社区)四级行政全民健身“6565”工程,加强城乡基层全民健身活动站(点)建设,推动公共体育场馆、学校体育设施等向社会开放,为满足广大群众健身需求提供坚实基础;制定支持引导社会力量参与体育场馆建设和运营管理的具体实施办法,鼓励发展多种形式的体育健身俱乐部和体育健身组织,提供运动健身培训、健身指导咨询等服务;完善体育教育服务机制,以青少年为重点,面向大众普及健身知识,引导养成终身体育锻炼习惯,努力推进体育锻炼生活化。注重发挥职业体育在全民健身活动中的引领作用,注重发挥体育科研、运动医学在全民健身活动中的指导作用,改善基础设施条件,强化服务功能。

15.融合发展健康文化和旅游,制定出台符合临汾实际的健康文化旅游发展规划。进一步加大挖掘、整合、宣传力度,开发利用临汾深厚的养生文化底蕴和丰富的健康旅游资源,大力发展融养生、休闲、保健于一体的旅游文化产业,力争2020年打造形成数个地域特色鲜明、发展潜力强劲、省内外有一定影响力的健康旅游品牌。

16.支持自主知识产权研发应用。加大对医药科技创新的引导和投入,提高自主创新能力,促进科技创新与健康产业融合,使具有完全自主知识产权和较强国内国际竞争力的医药保健产品设备比例显著提高。加大相关科技、建设专项资金和产业基金投入,引导社会资金积极参与医药研发,促进院(所)企合作科技创新平台和产业化试验基地的搭建,重点推动医药高技术、高附加值关键性工艺技术和绿色清洁生产、循环经济等共性技术创新。积极促进现代信息技术产业与健康产业的融合,改造提升传统健康产业,创新发展数字健康、远程医疗、基因检测等新兴健康产业,支持数字化医疗产品和适用于个人及家庭的健康检测、监测与健康物联网等产品的研发。

17.加速发展医药保健产业和体育用品制造业。实现医药保健产业和体育用品制造业由潜力产业向新兴产业跨越发展,力争2020年建成一批医药企业和重点项目聚集的特色医药产业集群。加快引进国内外大型医药企业集团和知名品牌,积极引导煤炭转产资金和非公有资本向重点医药企业、产业集群集聚,积极迎接医药产业中西部转移和保健消费需求快速增长带来的发展良机;加大对龙头骨干医药企业的政策扶持,在项目建设、要素配置、产品研发、技术改造、人才引进、财税、用地等方面给予重点倾斜,促进经济要素和社会资源向大企业集团聚集,发挥大企业对行业发展的带动作用;大力保护我市道地中药材资源和名优中成药品牌,形成比较优势,培育道地中药材种植生产基地;加大药品流通企业整合力度,鼓励药品批发企业优化资源配置,延伸产业链条,完善物流配送体系,增强医药流通企业市场服务能力。

四、政策措施

18.加强规划引领。

19.确保财政投入。

20.落实税收优惠政策。

21.放宽市场准入。

22.简化行政审批。

23.完善价格政策。

24.加强宣传引导。

25.保障土地供应。

26.创新金融支持。

27.强化人才支撑。

28.推动高端引智。

29.推进信息化建设。

30.完善监管标准。

31.加强诚信体系建设。

32.建立推进机制。

(张林海)

办公厅

【概述】 2014年,临汾市政府办公厅围绕全市经济社会发展大局,强化纪律、完善制度、改进作风、落实工作点,履行综合协调、参谋助手、督促检查三大职能,完成各项工作任务。

【文稿起草】 2014年,临汾市政府办公厅围绕全市经济社会发展大局和各项目标任务,撰写《我市焦化行业生产经营状况调查与分析》《缓解民营企业"招工难"的建议及对策》等调研报告30余篇,撰写《政府工作报告》、全市经济工作会议等会议材料10余篇,撰写各类领导讲话、发言材料、总结材料、采访文章等730余篇、300余万字,编发政务信息2000余条,为市政府领导科学决策提供参考。

【协调服务】 2014年,临汾市政府办公厅组织各类会议800余次,其中市政府常务会议19次,市政府党组会议12次,市政府专题会议90余次,审核制发会议纪要60余期。组织国务院领导调研活动1次,省政府领导调研活动15次,市长调研活动40余次;配合组织接待国家、省、企业及其他地市到临汾考察、调研、来访活动40余次,接待人员1400余人次,办理请示、报告、通知、来电呈批卡和领导批转件等传阅类文件3500余件。

【政务督察】 2014年,临汾市政府办公厅围绕全市经济社会发展目标,对2014年省考核办下达临汾市的五大类45项经济社会发展指标、工作任务和市政府2014年重点工作目标任务细化分解,落实工作责任;组织完成省政府关于涉煤收费清理规范、省政府重要会议精神落实等31次重大督察活动,督促有关部门逐月按时上报重点工作进展情况;开展全市经济运行常态服务、金融支持实体经济等16次专项政务督察;督促有关县(市、区)和部门办理人大代表建议、意见110件,政协委员提案184件,意见61件,建议、提案办结率100%。

【法制工作】 2014年,临汾市政府办公厅推进规范性文件审查、行政执法主体梳理、行政复议案件办理、法制教育宣传等四项工作。全年审查《临汾市加气站项目建设管理暂行办法》《临汾市公务支出和公款消费审计监督办法》等规范性文件38件;梳理审核县(市、区)行政执法主体19个、市级行政执法主体32个,开展执法证件申领和换发工作;履行行政复议职责,办理行政复议案件70件;开展法制宣传教育,对全市法制工作人员进行依法行政专题的培训,编印《依法行政实用手册》,编发《临汾政府法制》15期。

【信息公开】 2014年,临汾市政府办公厅根据国家、省、市有关要求,强化各级各部门的政府信息公开意识,规范政府信息公开和受理程序,按时登记公布有关部门、单位的预算信息,依规设立市政府信息公开查阅场,对各县(市、区)和部分市直部门的分管领导、科室负责人及专职人员进行专题培训。2014年,市本级公布信息20000余条,受理依规申请公开件7件,办理省政府交办件53件,政府网站点击率、访问量分别达到350万人次和90万人次。

【应急管理】 2014年,临汾市政府办公厅在应急值班方面,落实24小时值班制度,处理各类应急信息,保证应急工作开展。全年参与处置突发事件81起,发布预警信息63次。应急保障体系建设方面,开展地震应急救援演练、突发环境事件综合实战应急演练等大型应急演练,举办全市突发事件应急预案管理专题培训,重点对《临汾市突发地质灾害应急预案》等专项预案进行修订,市级应急预案1189个,完善应急预案体系;强化应急队伍、物资储备、避险场所建设,全市各类应急救援队伍和人员达到367支、13055人,应急避难场所110处、240万平方米。

(张林海)

政务大厅工作

【概述】 2014年,临汾市政府政务工作精简项目、提高效率，改革机制、建设载体，转变政府职能，提高行政效能，全市行政审批制度改革取得成效。

【行政审批事项清理】 2014 年，临汾市政府政务工作配合市编办以临编办〔2014〕14 号下发《关于对行政审批事项进行核实清理工作的通知》，进行项目清理对接，对行政许可、非行政许可审批和服务事项进行清理，从事项名称、设定依据、收费标准等方面对事项的各要素进行审核，逐项严格把关，凡设定依据不足或不符合临汾市经济社会发展要求的，一律予以取消，凡设定依据规定由县级以上行政机关实施的行政审批事项，市级机关一般不再行使审批权限，予以下放；对于保留的审批事项全部纳入审批大厅集中办理。

【取消和下放行政审批事项】 2014 年，临汾市政府政务大厅按照省政府晋政发〔2013〕35 号和晋政发〔2014〕12 号、33 号、34 号文件精神，按照市政府领导批示，下发《关于落实和对接山西省人民政府关于落实和衔接国务院取消和下放行政审批项目的通知》(临政务发〔2014〕11 号)，向相关 22 家单位发放对接通知，做好取消和下放管理层级行政审批项目的落实和衔接工作。对取消的行政审批项目，有关部门采取有效措施，落实监管责任，对承接省级下放市级的行政审批事项，制作审批流程，固化进入行政审批系统，纳入大厅集中公开办理。

【保留审批项目】 2014 年，临汾市政务工作除涉及国家秘密的内容外，对保留的每个审批项目的申请条件、申请材料、审批依据、审批程序、审批期限和申请书示范文本等，都做明确具体的规定，通过文件、公示牌、触摸屏、大厅网站、媒体等形式予以公布。推行“一项一档制”，所有审批项目建立电子、文书两套档案。逐项制作审批信息表和流程图，细化流程环节，明确审批环节的岗位职责和责任人，全部固化进入行政审批电子监察系统。对取消、下放的项目，加强后续监管，防止变相审批及变相设定行政审批项目等情况的发生，确保临汾市审批项目依法、公开、公平、公正实施。

【“两集中、两到位”】 2014 年，临汾市政务工作根据“六权治本”工作方案的要求，推进“两集中、两到位”工作。全市 23 个部门成立审批科，各部门将分散的审批职能集中到审批科，进驻大厅。在落实“两集中、两到位”过程中，在“人员进驻、首席授权、定岗定责、细化流程”四个环节严格把关，杜绝进驻事项不彻底、授权不充分、审批科虚设等问题。173 名审批科人员全部到位，明确岗位和职责，按照“一口进出”的原则，细化审批科内部办理流程，明确到每个环节、责任人、时限，审批科实现实体进厅，审批项目实现实质进厅。

【市长热线平台建设】 2014 年，临汾市政务大厅组织人员赴大同、太原、忻州考察学习，借鉴相关先进经验，出台方案和运行办法，以临政发〔2014〕111 号文件下发《临汾市人民政府办公厅关于建设临汾市长热线知识库及处理办理网络的通知》，明确首批市长热线平台的成员单位，进行场地软硬件建设，向省通信管理局申报市长热线电话 12345。完成市长热线话务员的录用、上岗培训等工作，建立 94 家处办单位知识库和处办网络系统。

【迁入新审批大厅】 2014 年，临汾市政务大厅组织相关人员赴外地政务大厅参观考察，撰写《新政务大厅规划设计需求方案》，对各有关部门的审批项目、流程、人员进厅等提出明确要求，确保“项目流程应进必进、审批科或实体科室进厅、窗口人员授权”三到位。10 月初，迁入新的大厅，市直具有审批职能的 41 个部门和 6 个与人民群众生产、生活相关的公共服务部门的 106 项审批事项和 241 项服务事项全部进入大厅。

【创新审批模式】 2014 年，临汾市政务大厅迁到新政务大厅后，在审批业务上，打造企业注册一条龙、固定资产并联审批和重点项目绿色通道 3 个服务链条。协调工商、质监、国税、地税、公安刻章、人行等部门建立“企业注册一条龙”服务体系，出台《企业注册一条龙暂行办法》，减少企业注册申请领证所需时间；对固定资产投资事项，涉及两个以上部门的，实行联合办理或并联审批；由市发改委、经信委、住建局、规划局、国土局、环保局等 15 个部门组成重点项目审批绿色通道，绿色通道具有集中受理审批、“一站式”审批、大并联审批、“假定许可”审批、限时办结与超时问责、全程跟踪与全程监察 6 大鲜明特点，优化重点项目审批流程，缩短审批时限。

【总受理制度】 2014 年，新政务大厅设立总受理台，对于联审项目办件通过总受理台统一受理登记，分发相关部门开启并联审批。对于其他项目办件,服务对象通过智能服务平台自助取得发号通知单,系统自动开启服务受理。促使项目进厅办理,确保厅外无受理;促使项目公开办理,推动窗口一次性告知等制度的落实;促使项目全部进入监察系统办理,使监察中心能对办件情况进行监督。

【审批“三化”】 2014年,政务工作实行“三化”,即网络化审批、智能化服务、数字化管理。“网络化审批”就是推行全程网上审批办件,利用信息网络资源平台,推行网上公告、受理、办理,实现全程网络资料共享,移动办公审批。“智能化服务”就是建立智能服务平台,使办事群众通过大厅智能平台实现自主叫号、通知书自助打印、自助查询、自助评议四大功能。“数字化管理”就是建立人员考勤和业务考核相结合的电子考核管理系统,综合评定每位工作人员的绩效考核。大厅所有工作人员考勤情况、办件动态都进行实时公布,每月形成绩效报告反馈单位领导及组织管理部门。

(陈　蓉)

人力资源和社会保障

【概述】 2014年,临汾市人社系统坚持民生为本、人才优先的工作主线,突出扩大就业和居民增收两个重点,把改革贯穿于社会保障、人事人才和劳动关系建设各个环节,为全市率先转型、全力跨越提供人力支撑和社会保障。

【创业就业】 2014年,临汾市城镇新增就业51915人,创业就业9638人,下岗失业再就业10402人,就业困难人员就业3309人,转移农村劳动力就业52592人,城镇登记失业率为2.9%,全部超额完成省定任务。推动高校毕业生创业和鼓励小微企业吸纳就业,市政府制定出台《关于扶持高校毕业生创业和鼓励小微企业吸纳劳动者就业的实施意见》,完善就业政策扶持体系。建立完善创业引领扶持机制,开展创业培训进校园、到园区活动,组织开展针对高校毕业生的SYB创业培训13期。申报1个省级大学生创业园区,建成6个市级高校毕业生创业园区、3个市级创业孵化基地,23个就业见习基地、13个创业实训基地。高校毕业生创业成功1316人,小微企业吸纳劳动者就业5217人,发放补助462万元,为高校毕业生创业和小微企业发放小额担保贷款2499万元。依托市县乡三级公共就业人才服务机构,在全市范围内组织举办各种类型人才交流活动173场(次),提供就业岗位近11.8万个,签订就业意向约6.7万人(次)。帮助4207名2014届离校未就业高校毕业生提供实名制跟踪服务,新开发就业见习岗位300个,征集“三支一扶”岗位38个,开发购买1320个公益性岗位,缓解就业困难高校毕业生的就业压力。开发微信交流平台和手机版人才市场APP,构筑网络、报纸、现场、手机、信息栏等五位一体的立体式信息沟通交流平台。推进职业技能培训全覆盖,对未就业高校毕业生、农村转移劳动力、城镇登记失业人员和农村“两后生”进行针对性的职业培训,实行实名制管理,累计培训5.7万人次,技能素质得到提升。

【促进居民增收】 2014年,临汾市人社部门提高低收入群体收入水平,落实最低工资标准,月人均增加160元,平均增幅15%。扩大中等收入群体,发布企业工资增长指导线,基准线增长13%。提高市直机关津补贴标准和事业单位绩效工资水平,向低职务职称人员倾斜。提高企业退休人员基本养老金,月人均养老金2110元。城镇居民医保财政补助由280元提高到320元。为领取失业保险金人员增发冬季取暖补贴,月补贴标准为每人480元。工伤保险待遇提高10%。与工会配合,实施“工资集体协商全覆盖行动”,全市建工会企业工资集体协商覆盖率100%,促进职工工资合理增长。强化劳动监察执法,创建“无欠薪县域”,开展农民工工资支付专项检查,行政执法和刑事司法多管齐下,全市立案查处欠薪案件378件,为7578人追索劳动报酬8073万元,向公安机关移送涉嫌拒不支付劳动报酬罪3件,向社会公布重大欠薪典型案件2起,确保农民工重大欠薪案件元旦前基本办结。

【城乡社保一体化】 2014年,临汾市五险统征开局良好,扩面征缴稳步推进,七项社会保险累计参保人数473万人次,征缴社保基金52.51亿元,全部超额完成目标任务。合并实施新农保和城居保,形成统一的城乡居民基本养老保险制度。出台城乡养老保险制度转移衔接办法。在全省率先上线运行市级机关事业养老保险网，参保人员足不出户就可实现“网上养老金和个人账户查询”。启动居民大病保险。简化医保报销程序。将转外就医审批权限下放到市内四所医院直接办理，全面推行城镇医保省内异地就医即时结算制度，所有参保人员持社会保障卡在省城部分地市之间转诊就医，划卡就可即时结算。实施全民参保登记计划。实施“五缓三补两协商一报备”政策，为8户困难企业缓缴五项社会保险费1.38亿元，为9户困难企业支付稳岗培训补贴2247.6万元，覆盖职工2.6万人，保持就业局势的基本稳定。强化社保基金监管，在全市范围内开展社保基金管理情况大检查工作，通过自查、交叉检查、重点抽查等，对近3年的社保基金全面检查，堵塞管理漏洞、提升服务效能，追回基金30.3万元。推进社保卡应用，通过社保卡缴纳城镇居民医保费用，发放部分单位职工工资及离退休人员养老金，使社保卡的便民、惠民政策逐步显现。随着市人民医院新院区的正式运营，率先启动全省首家医疗机构“社保卡综合服务一体机”的正式运营，改善群众的就医环境。

【人才队伍建设】 2014年，临汾市人社工作推进重大人才工程实施，选拔推荐省级新兴产业领军人才5名，评选出省级学术技术带头人5人，山西光宇半导体照明院士工作站被定为“山西省院士工作站”。开展“千人百县”高层次人才服务基层计划，85名高层次人才与县(市、区)进行项目对接，助推县域经济发展。引进国外人才智力，审核同意临汾市部分企业、学校续聘11名外国专家。3名外国专家在临汾市人民医院、戎子酒庄开展技术交流。全年新增高层次专业技术人才705名，新增高技能人才1万名。

【人事制度改革】 2014年，临汾市首次统一组织党群系统和行政机关公务员考试，录用287名，在5个国家扶贫开发重点县实行定向招录试点，解决贫困地区“招人难、留人难”问题。为市政府办公厅、市公安局遴选公务员18名。核准备案11个县(市、区)的事业单位招聘方案，组织实施市直33个事业单位的公开招聘，公开招聘1579人。从严实施机关事业单位新进人员计划管理，确保财政供养人员只减不增。妥善安置34名军转干部。组织各类人事考试22次，参考人数56419人次。

【和谐劳动关系】 2014年，临汾市人社工作实现劳动用工动态监管，加强劳务派遣用工管理，劳动用工备案率97.5%，劳动合同签订率99.35%。劳动保障监察“两网化”覆盖全市所有县(市、区)，以市政府名义出台《关于建立健全治理欠薪工作机制的实施意见》等3个文件，健全治理欠薪工作机制，专项执法检查常态化，全年劳动监察机构立案529件，结案率100%。开展矛盾排查，化解信访积案，劳动人事争议调解仲裁扎实有效，立案受理案件1469件，结案率96%，为群众实现各项权益金额9869余万元，保障劳动者合法权益得到，劳动关系总体上保持和谐稳定。依托人社部“家政服务业中心城市联系点”，推动家庭服务业规范化建设。

【人社队伍建设】 2014年，临汾市人社部门提高门户网站点击率，提升“12333”服务热线话务量。编印《人社工作动态》24期，在《中国劳动保障报》《山西日报》《临汾日报》等报纸刊物发表报道95篇。加大党风廉政建设力度，强化责任监督。坚决落实中央八项规定，转变工作作风，密切联系群众，开展“违规用车清理”“吃喝不正之风整治”等专项治理工作。整合办公资源，改造组合人社服务中心，13个直属事业单位300余名工作人员进驻办公。制定严格的《管理办法》，实行“早九晚五”工作制度、“一站式”办公和“一条龙”服务，解决市级经办机构分散、交通拥堵、群众办事极不方便的难题，提高窗口服务标准化、规范化水平，严明工作纪律。2014年，临汾市人社局被人社部办公厅授予“新闻宣传工作先进单位”“清理整顿人力资源市场秩序先进单位”荣誉称号。

(朱彩莉)

民政工作

【双拥优抚安置】 2014年，临汾市民政部门组织元旦、春节和八一期间对驻临部队及重点优抚对象走访慰问工作，与南京军区“临汾旅”和海军“临汾舰”开展互动；做好年满60周岁农村籍退役士兵和60周岁烈士子女(含错杀平反人员)老年生活补助审核和发放工作；开展对参战参试、带病返乡、

"三属"人员等档案审核工作,换发全市革命军人残疾证及烈士证;完成抢救保护零散烈士墓571座,纪念设施28座,组织实施临汾市烈士纪念日公祭活动。推进自主就业退役士兵职业教育和技能培训工作,905名退役士兵入校参训。安置符合条件退役士兵(官)491人,接收安置第六批无军籍退休退职职工12人。

临汾市领导开展第十届村两委换届选举调研

【基层政权建设】 2014年,临汾市民政部门按省定标准,如期完成第十届村委会换届选举工作。成立选委会的村有2971个,占总数的99.97%;确定选举日的村有2968个,占总数的99.9%;完成选举的村2932个,占应换届村数的98.7%。构建社区、社工、社团"三社联动基层治理机制"。下发《临汾市民政局关于转型综改"三社联动"基层治理试点工作的意见》(临市民发〔2014〕58号),确定尧都区3个城市社区,侯马市3个农村社区为临汾市"三社联动"基层治理工作试点。

临汾市社团清理规范工作会议

【地名和界线管理】 2014年,临汾市平安边界创建工作进展顺利;制定出台1条市级界线、6条县级界线共7个《界线联检工作方案》;成立临汾市第二次全国地名普查工作领导组,出台相关实施方案;《中华人民共和国政区大典山西分卷·临汾卷》上报民政部。印制新版临汾市行政区划图。

【专项社会事务管理服务】 2014年,临汾市民政部门实行行业协会商会类、科技类、公益慈善类、城乡社区服务类社会组织直接登记制度和社会组织街道社区备案管理制度。全市有社会组织1038家,社会团体566家,民办非企业单位472家,年检率60%。直接登记的四类社会组织40家,社区备案登记的社会组织8家。对市本级118家社会团体的清理规范工作正在进行。落实《中共山西省委办公厅、山西省人民政府办公厅〈关于充分发挥党员干部带头作用大力推进殡葬改革的意见〉的通知》(晋办发〔2014〕35号),组织完成清明祭扫工作;开展"接送流浪孩子回家""接送流浪孩子回校园"专项行动,全年救助流浪乞讨人员5000余人次,其中流浪未成年人70余人次;全市办理结婚登记43765对,离婚登记5527对,办理涉港澳台结婚登记4对;"天籁列车"为符合条件的49名贫困听障患者免费发放助听器,价值约10万元,"慈善情暖万家"发放救助款30万元,惠及1000户贫困人群,对全市18名因交通事故特殊困难儿童发放救助金118800元,"全省贫困先心病适龄儿童筛查和手术"为180人实施手术,累计接收鲁甸地震捐款507015元。全年福利彩票销售额4.3亿元。

(王金霞)

地方志编纂

【概述】 2014年,临汾市地方志办公室围绕省地方志办公室年初工作部署,完成各项工作任务。编纂出版《临汾市志》《临汾年鉴(2014)》,启动《平阳府志》旧志整理工作,《平阳方志》出版4期。推进各县二轮修志,《蒲县志》《霍州市志》正式出版,《隰县志》通过评审,《大宁县志》完稿。《临汾城建志》《临汾残联志》通过评审。省地方志办安排的

《山西省乡镇简志》《山西省志·地方志志》《山西年鉴》《霍山志》《山西省情》任务按时完成。

【《临汾市志》首发】 2014年6月30日，《临汾市志》首发暨开展读志用志活动动员会议在临汾市新医院大报告厅召开。市委常委、副市长李东洪，省地方志办副主任刘益龄，市人大常委会副主任王金珍，市政协副主席杨益民，市人大常委会副秘书长李青雁，市委办公厅副秘书长贾俊芳等领导出席会议；临汾市各县（市、区）分管地方志工作的副县（市、区）长、地方志办主任，市直有关部门分管领导和市志撰稿人员近300余人参加会议。会议由市政府副秘书长、市志办主任尉俊主持。市委、市政府对参与编纂的先进集体和个人进行表彰，会上向参会单位发放《临汾市志》350余套。

《临汾市志》编纂工作2004年12月启动，2013年10月通过省地方志办公室终审，2014年6月30日，由中华书局正式出版发行，结束临汾作为府（地、市）级建制276年没有志书的历史。《临汾市志》全书41卷，前有概述、大事记，后设附录和限外辑要，上溯事物发端，下迄2010年底，总字数530余万，图、表、照片1200余幅（张），较为客观地记述临汾自然、经济、政治、社会、文化发展的历史和现状，是中华人民共和国成立后临汾市第一部通志。

【读志用志活动】 2014年，《山西日报》《临汾日报》、临汾市政府网站、临汾资讯、微信平台、临汾新闻网、平阳方志、临汾通网站刊发罗清宇书记、岳普煜市长署名文章《潜心编志修志开展读志用志》、临汾日报社记者王燕书评《临汾百科第一书》、临汾文广新局原副局长王友明书评《换取宏篇万古存》、临汾名人乔忠延书评《跨越孔尚任的高度》、临汾市交通局原副局长苏胜勇书评《盛世修志》等，向社会宣传介绍《临汾市志》。向市直单位、县市区四大班子、县图书馆、档案馆及初中以上学校赠送《临汾市志》2100余套，与全国20个方志馆、地方志办交流志书200余套。8月15日，临汾电视台《正在进行·特别关注》栏目录制播放《修志问道以启未来》专题电视片。

【《平阳府志》影印】 2014年，临汾市地方志办公室贯彻全省地方志办主任会议精神，于2014年6月13日向市政府提交启动清康熙版《平阳府志》请示，6月13日岳普煜市长亲自批示同意启动，7月4日市财政局批准解决影印资金65万元。《平阳府志》影印进入影印制作阶段。

【《临汾年鉴(2014)》出版】 2014年，临汾市志办贯彻落实《山西省地方志工作条例》和《年鉴管理办法》相关规定，加大《临汾年鉴》编纂工作力度，统力合作，完成2014《临汾年鉴》编纂出版工作。2014年《临汾年鉴》由北岳文艺出版社出版。通过政府集中采购程序，由大同海德印务公司承印。结束10年内部印刷的历史。《临汾年鉴(2014)》记事断限自2013年1月1日至12月31日。设文献、大事记、概况、中共临汾市委、人大机关、市政府机关、政协机关、工业、农业、服务、城建、环保、教育、科技、文化、卫生、体育、军事、社会生活等32个栏目，85万字，印数1000册。记录全市人民2013年度在市委、市政府的领导下，稳增长、调结构、惠民生、抓改革、促和谐的各项重要活动和重大事件，反映各行各业的新变化、新成就，体现年度特色和地方特色。

【《蒲县志》首发】 2014年8月28日，蒲县召开《蒲县志》首发暨读志用志活动动员会。省志办副主任刘益龄，县委书记闫建国，市志办副主任靳水旺，县委常委、宣传部长陈金庄，县人大副主任弓兰凤，县政协副主席冀宏临出席会议。新编《蒲县志》由方志出版社出版发行，主编王建宏，通志志体，上溯事物发端，下限至2010年12月31日，全志设序、凡例、概述、大事记、分志、附录、限外辑要、索引、英文目录、编后记。共33编、152章、544节，180万字。新编《蒲县志》全面反映蒲县历史、政治、经济、文化、自然、地理等方面内容，是文化进程和历史进程中的一件大事。

《蒲县志》发放仪式

【《霍州市志》首发】 2014年9月26日,霍州市委、市政府举行《霍州市志》首发式暨开展读志用志活动动员会,省地方志办主任李茂盛、市地方志办及霍州市四大班子领导出席会议。标志着霍州市建国以来第一部通志正式出版发行,填补霍州市自清光绪六年(1880)至今134年没有志书的历史空白。

《霍州市志》编修启动于1980年,其间经过六次较大的补充和调整,上限追溯到公元前1046年西周分封霍国,下限至2010年底,下限之外2011年至2013年的重大事件以限外辑要形式予以记述。该志书由概述、大事记、专业志、人物传录(表)和限外辑要5个大部分组成,采用编、章、节、目体,分28编,127章,419节,215万余字。内容涉及自然、地理、政治、经济、社会、文化、生态、党建等内容,全面反映霍州历史和现状,是全市广大干部群众认识霍州、了解霍州、宣传霍州的大型百科全书。

(李艳洁)

经济研究

【概述】 2014年,经济研究中心开展调查研究,为市委、市政府科学决策建言献策,在重大项目建设、建设社会主义新农村、转变政府职能、农业产业化和城镇化等方面推出一批调研成果。

【内部刊物】 《经济决策参考》和《经济决策资讯》是中心创办的内部刊物,宗旨是:把握时代脉搏,掌握政策导向,贴近临汾实际,围绕中心工作,以"主题化"方式组稿,主要登载市、县、乡(镇)各级领导干部的理论探索文章、工作手记,为市领导决策提供依据。坚持围绕党的路线、方针、政策和市委中心工作,每期信息都明确一个主题,围绕热点,重点工作,收集、选取材料,确保信息及时性与针对性,同期配发政策背景、点评和经济资讯,有深有浅,有点有面,2014年出版《经济决策参考》12期、《经济决策资讯》近15期,开阔读者视野,为领导提供决策参考和信息来源,服务临汾经济发展。

【课题研究】 2014年,经济研究工作围绕热点问题,主动开展工作。根据省委、省政府提出的转型发展、跨越发展的新思维,结合临汾经济发展的新形势和新要求,对事关全市转型跨越发展的若干领域开展专题调研。2014年临汾市深化开发区建设机制改革,探索实施临汾、侯马开发区扩区工作,发展"飞地经济",中心开展关于全市发展"飞地经济"的专题调研工作,形成发展"飞地经济"调研报告,提出相关合理性建议。开展关于全市农业产业化发展、国外城镇化进程对临汾市的启示以及临汾市转变政府职能等一系列专题调研活动,形成相关的调研报告,承担完成《临汾资源型产业与非资源型产业均衡发展机制研究》课题。

【下乡包村增收】 经济研究工作贯彻全市2014年定点扶贫和领导干部包村增收工作,开展下乡包村增收工作。增强工作的自觉性和主动性,把握定点扶贫和领导干部包村增收工作的目标要求,推进实施精准扶贫、百企千村产业扶贫、千村万人就业培训、解决群众实际问题和基层组织建设。深入党员和群众中间,通过走访、召开座谈会等形式做好调查摸底工作;确定主导产业,鼓励村民发展养殖业和种植业,增加农民收入;协调有关部门,完成打深井工程,增加配套设施,使村中水浇地面积增加。

(阴　黎)

外事　侨务

【概述】 2014年,市外侨办围绕为中央总体外交服务、为地方经济社会发展服务的工作主线,推进友城建设、归口管理、外事接待、为侨服务等重点工作,为服务地方经济搭建平台。

【搭建对外合作平台】 在2014年国侨办组织的侨资企业西部行活动中,市外侨办有针对性地归类整理筛选出35个招商项目上报省侨办。7月底8月初,"深圳侨资企业山西行"考察团赴临汾市重点考察侯马市及侯马经济开发区,期间侨商对侯马当地民间传统艺术品产生兴趣。与侯马民间文艺家协会及艺术家联系、沟通,收集文字、图片资料,通过这位侨商与深圳市滴答信息技术有限公司沟通,设立公众微信——指尖上的中国,专门为侯马民间艺术品在海外的推广销售搭建平台,促进侯马民间艺术品作为世界性礼品,沿丝绸之路走向世界。侯马开发区与考察团成员王真元联系接洽，9月，赴深圳招商，邀请王真元探讨侯马开发区大健康产业的建设和发展，了解深圳坪山区健康产业园发展情况。利用武汉华创会时机，上报项目，组织两个县市领导及相关企业参加本次洽谈会。

【扶持企业对外交往】 2014年，外事日常工作中加强与重点涉外企业联系，上门送信息送政策送服务，优化服务企业措施。根据APEC商务卡政策变化，通知企业完善报批资料，为大型民营企业4人报送APEC商务旅行卡报批资料。

【友城建设】 2014年，外事工作重点推进友好城市工作。双方政府分别召开会议，达成建立友好城市关系共识，4月中旬临汾市将两市缔结友好城市关系的申请资料报送省外办。临汾市政府与澳大利亚杰尔顿市市长就矿产、旅游、城市建设、环境保护等方面签署会谈纪要。

【因公出国管理】 2014年，全市审核上报因公出国(境)12个团组，50人次(其中有3人未出访)，包括部委组团2个，9人次；省厅团8个，17人次；全市自组团2个，24人次。完成赴韩国现代农业培训团、赴意大利文化旅游交流、赴德国外事干部培训报名工作和出国前期准备工作。

【应对涉外突发事件】 2014年8月7日，临汾经济技术开发区华翔公司维修设备的日方技术人员山村康信突发疾病死亡。市外侨办得知情况后，派员赶赴现场，向市委、市政府及省外侨办汇报进展情况，按照上级要求和相关规定对华翔公司处理事件进行指导。华翔公司协助死者家属办理后事，协助日方保险公司人员办理遗体回国手续，死者家属、同事及保险公司人员均对中方善后处理表示感谢。

【外事接待】 2014年5月18日至22日，“2014年亚洲国家城乡协调发展与减贫官员研修班”22名外国学员在临汾市实地考察。他们分别来自缅甸、柬埔寨、东帝汶、吉尔吉斯斯坦、马尔代夫、巴基斯坦等国家，是从事本国扶贫事业的专家、学者、教授，此行对临汾市乡宁县、吉县、大宁县、隰县、蒲县、尧都区6个县(区)的13个项目进行实地考察，涵盖农村扶贫开发项目、城乡协调发展、农村基础设施建设、农村特色产业开发、农村市场体系建设、农村教育发展等方面项目，了解临汾市农村发展及扶贫开发工作具体的经验和做法。

2014年7月27日，2014中国·临汾国际名校赛艇挑战赛在临汾市汾河生态公园景区开赛，来自美国、英国、法国、意大利、荷兰、丹麦、新西兰、中国等8个国家、12支国际名校赛艇队伍同场角逐。阿姆斯特丹大学队获得男队冠军，新西兰奥塔哥大学队获得女队冠军，中央电视台体育频道全程直播。

12月20日至25日举办2014年中国寻根之旅冬令营——晋善晋美山西营活动，此项活动培育浓浓的乡情和亲情，让更多的华裔青少年认知临汾、认知中国，认知丰厚的华夏民族民俗文化，把“华人老家”根植华裔青少年的心里。

【侨务工作】 2014年初，在省外侨办下拨慰问困难归侨侨眷资金基础上，全市财政拿出配套资金，在春节前夕慰问42名困难归侨侨眷，为10名困难三侨生发放救济金12000元。深入归侨侨眷家中，倾听意见建议，了解归侨侨眷实际困难。

3月24日，由市外侨办主办，组织开展全市旅游、外事侨务系统“扶贫助困，情暖人间”爱心募捐活动，筹得善款12650元，为病痛中的蒙古归侨韩润花奉献爱心。

5月13日，由市外侨办组织全市12名有严重听力障碍的困难归侨侨眷参加“天籁列车”助听器捐赠活动。帮助听障者听到外界的声音，重返有声世界。

10月21日，市外侨办响应国侨办发起的“侨爱工程——送温暖医疗队”免费体检活动。市外侨办将体检与医疗义诊、侨法宣传相结合，组织全市困难归侨33人在临汾市第二人民医院免费体检。

政府机关事务管理

【房产设施维修保障】 2014年，房产工作从紧要处着手，应急实施电子政务中心、政府信访接待室等63处维修改造项目。完成政府西办公楼5547平方米的粉刷改造和市府小区4000平米的循环路改造任务。

【公务用车管理】 2014年，车管科新班子调整后，实行精细化管理，执行车辆加油维修安全管理制度，全年燃油消耗13万升，车辆维修支出90万元,未发生一起公车私用问题,未发生行车安全问题。完成全市公务用车改革调查摸底工作。

【机关保安工作】 2014年,管理局重视安全防范工作,落实安全责任,消除隐患,每逢节假日,对重要目标和各单位安全工作进行检查。落实大门值守、电子监控、重点目标守卫、机动巡查"四位一体"防范机制,做好上访人员的维稳疏导工作,全年接待群众来访6270人次,其中,集体上访269批5885人次,个体上访230批385人次,没有发生任何不安定因素。

【通信保障】 2014年,管理局面对突发性通信故障频发的实际,多次完成应急抢修任务,其中两次应对突发性大面积通信故障抢修,保障机关通信畅通。

【医疗保障】 2014年,医疗室全体医护人员把服务患者当作天职,全年接诊6000余人次,开处方4000余张,治疗2400余人次,上门医疗服务110次,陪同病人到大医院就诊70多次,7月组织机关160余名干部职工健康体检一次。

【政务服务中心后勤保障】 2014年,管理局制定接管实施方案和10大类岗位工作职责、10大类岗位量化标准,组建领导组和办事机构,公开招募90名服务保障人员,完成特殊情况下的对接,报告有关领导和部门,协调解决运行中遇到的大量问题。重点包括双回路用电、双回路固话、双回路网络、存车棚、出入口路沿和食堂建设等问题,完善服务功能配套。

【政府招待所维修改造和办公用房分配前期准备工作】 2014年,管理局摸清现有办公用房和改造完成后新增办公用房的底子,摸清房产设施需要维修改造的底子,摸清政府招待所人员工资、劳保待遇的底子,摸清政府单位申请办公用房的基本信息底子;测算政府招待所改造成办公用房的总费用,测算评估收回政府招待所餐厅的补偿费用,测算政府单位进驻办公后年发生的运行费用,测算政府招待人员个人待遇保障费用;先期实施市金融办和市人事局劳动执法监察大队进驻维修改造工作。2月4日,市政府第59次常务会议专门听取关于政府招待所维修改造和安排政府单位进驻办公的总体方案汇报,6个需要研究解决的问题全部研究解决。与财政局对接,完成餐厅收回补偿工作,推进租房单一来源采购工作、办公用房改造总体设计预算和立项工作。

【公共机构节能】 2014年,节能办转为内设科室后,加强执法监察职能。2014年,对7个县(市、区)、5个市直部门公共机构节能工作,落实《临汾市公共机构节能管理办法》《临汾市公共机构节能建设项目管理办法》"两个文件"进行专项检查,梳理出整改意见65条,以行政文书下发给有关县(市、区)要求整改;完成全市节能减排财政政策综合示范城市大量数据上报任务;在全市推广节能灯16700只。

【基层服务】 2014年,管理局下乡扶贫工作队完成市委、市政府交办的服务农村基层的任务。争取扶贫专项资金45万元,为古县岳阳镇张才村兴建100兆瓦光伏发电项目,现已并网发电,年发电量12万千瓦时以上,年创收10万元;实施6.67公顷红宝石辣椒种植,联系有关经销商与村民签订辣椒采购合同,年创收10万余元;按照市综治委推进"联系点"的工作部署,三次深入安泽县唐城镇的企业、单位、村组,调查了解综治工作实际情况,制定《综治工作实施方案》。

(王西洲)

中国人民政治协商会议临汾市委员会

综　　述

【概述】 2014 年，中国人民政治协商会议临汾市委员会（以下简称市政协）工作高举爱国主义和社会主义旗帜，贯彻落实中共十八大、十八届二中、三中全会和习近平总书记系列重要讲话精神，在中共临汾市委的领导下，围绕"改革创新年、转型攻坚年、环境提升年、服务群众年"活动，履行政协职能，助推科学发展，汇聚改革力量，增进民生福祉。

【履职建言】 市委三届五次全会暨全市经济工作会议提出要牢固树立"发展是第一要务"的理念，坚持稳中求进的总基调，开展"四个年"活动的总体要求，部署全年九方面工作重点。这是市政协履职工作围绕的中心和服务的大局。按照市委、市政府的要求，围绕全市工作中心和大局，谋改革发展之事、谋民生改善之事、谋和谐稳定之事，为全面深化改革、加快科学发展积极协商议政，建言献策。常委会围绕"促进结构调整、增加农民收入"进行专题调研，划分平川、山区、矿区等不同地区农民收入类型，组织课题小组，调研全市农业产业结构、农民收入构成，为推动结构调整、促进农民增收建言献策。围绕"民营经济发展"进行专题调研，对民营企业的发展环境、面临的困难挑战、政府支持方向、企业精细化、专业化发展程度以及企业转型、内涵化发展等深入调研，为增强经济活力，推动非公有制经济发展建言献策。围绕"医疗保障机制"进行专题调研，对大病统筹、"新农合"运行情况、基层医疗卫生服务等进行调研，为推进医药卫生体制改革，保障人民群众"病有所医"建言献策。召开三次常委会对 3 个专题进行协商讨论，为市委、市政府决策拿出高质量建议报告。围绕"百里汾河新型经济带工业园区建设、家庭农场发展、学前教育"等课题，组织委员进行专项视察，深入基层一线，掌握实际情况，找准问题症结，提出管用的对策建议，为助推全市相关工作献智出力。各项履职建言要做到"言之有据不道听途说，言之有理不主观臆断，言之有度不偏激偏执，言之有物不大而化之"，使提出的对策建议符合群众意愿和实际需要和临汾市发展现状。

【服务全市改革发展】 把握团结和民主两大主题，发挥政协优势，团结一切可以团结的力量，调动一切积极因素，为深化改革、推动发展汇聚正能量，营造好环境。加强与市各民主党派、工商联和无党派人士的联系。开展好走访活动，组织好联合调研视察活动，为他们在政协发挥作用创造良好条件。尊重和保障他们参加政协各项活动的权利，听取他们反映的意见建议，支持他们围绕全市工作大局履行职能。发挥政协民族、宗教界代表人士作用。协助市委、市政府做好民族和宗教工作，维护民族团结，促进宗教和谐。引深医药、科技、文化"三下乡"活动。丰富内容、突出重点、扩大范围、创新方式，关注基层群众和弱势群体，为增进民生福祉做好事、干实事，协助市委、市政府做好惠民生、聚民心的工作。

【自身建设】 发挥委员主体作用。坚持主席班子成员联系常委、常委联系委员制度，开展委员走访活动，密切与委员联系。以拓展委员界别活动为重点，搭建平台，丰富活动内容，扩大委员参加政协经常性工作的覆盖面，支持委员在政协讲真话、说实情、提建议，引导委员做好事、干实事、办善事，让委员在政协履职活动中各尽其能，各显其才。完善委员履职量化考核机制，健全委员履职档案，评比表彰优秀委员，对不合格委员实行通报，强化委员履职的责任意识。加强政协理论研究。围绕发挥人民政协作为协商民主重要渠道作用,广聚委员、政协工作者和专家学者的智慧,搞好专题协商、对口协商、界别协商、提案办理协商,推进政协民主协商与立法协商、行政协商、参政协商、社会协商的有效衔接融合,深化对搞好政协协商民主,推动协商民主广泛多层制度化发展的认识,明确履职方向,指导工作实践。强化政协提案、反映社情民意信息和文史工作。结合贯彻《关于进一步加强人民政协提案办理工作的意见》,坚持以提高提案质量为核心,创新督办方式,推进提案办理联动,完善提案办理协商工作机制。坚持以提高反映社情民意信息的“委员参与率、领导批示率和成果转化率”为重点,加强组织领导,强化责任意识,完善运行机制,发挥反映社情民意信息在政协履行职能中的独特作用,推动政协信息工作再上新台阶。启动《临汾文史》编纂工程,高质量完成辛亥革命至文革前期临汾文史资料各卷的征集、整理、编辑、印刷工作,发挥政协文史“存史、资政、团结、育人”的作用。

【领导调研】 2014 年 4 月 28 日,省政协副主席、省卫计委主任卫小春前往“访民生、知民情、解民事”联系点蒲县、隰县就基层卫生、计生工作走访调研。市政协副主席梁若玉陪同调研。卫小春强调,要通过卫生、计生优质资源的整合,壮大队伍,提升能力和水平,更好地服务群众。

7 月 31 日至 8 月 1 日,省政协提案委员会主任孟原生带领调研组在蒲县就“农村土地承包经营权确权登记颁证情况”进行专题调研。市政协副主席杨安虎一同调研。调研组先后前往薛关镇乔子滩村、劝学村、天泉村,仔细查看相关档案资料,与村干部、相关负责人进行交谈,了解各村土地确权登记颁证工作流程、推进机制、存在问题及解决办法,深入农户家中了解群众对确权工作的支持和满意程度。

【重要文件】

·决定、决议、建议·

政协临汾市委员会关于表彰 2013 年度反映社情民意信息工作先进单位和个人的决定

关于成立临汾市政协党组深入开展党的群众路线教育实践活动领导小组的决定

关于成立临汾市政协机关党委深入开展党的群众路线教育实践活动领导小组的决定

关于促进我市民营企业健康发展的建议报告

关于推进农村土地流转、加快现代农业发展的建议报告

关于加快推进我市医疗保障机制改革与发展的建议报告

关于开展“百名政协委员下基层”活动情况的报告

·通知、通报·

临汾市政协系统 2013 年度反映社情民意信息工作量化考核情况通报

关于印发《政协第三届临汾市委员会常务委员会 2014 年主要工作责任制》的通知

关于开展“百名政协委员下基层”活动实施方案的通知

临汾市政协党组深入开展党的群众路线教育实践活动工作方案

关于《我市民营经济发展情况专题调研方案》的通知

关于《推进我市特色农业发展专题调研方案》的通知

关于《加快推进我市医疗保障体制改革专题调研方案》的通知

临汾市政协机关党委深入开展党的群众路线教育实践活动工作方案

临汾市政协机关关于 2014 年度“定、查、评”工作的实施方案

关于全面征集市文史资料的通知

关于市政协机关成立“红白理事会”和推行“群众办事明白卡”的通知

市政协关于开展“百名政协委员下基层”活动情况的报告

市政协三届四次会议

【大会情况】 2014 年 4 月 8 日下午,市政协三

届四次会议预备会议在天鹅酒店国际会议中心举行。会议由市政协主席乔成家主持。市政协副主席赵建国、成继东、杨益民、刘淑芬、梁若玉、陈玉士、张成梁，秘书长郭波出席会议。本次会议应出席委员354人，实到会329人，符合法定人数。会议审议通过政协第三届临汾市委员会第四次会议议程；成立第三届临汾市政协委员会第四次会议临时党委；市委组织部相关负责人作有关人事事项的说明。

4月9日上午市政协三届四次会议在天鹅酒店国际会议中心开幕。市委书记罗清宇，市委副书记、市长岳普煜到会祝贺并在主席台前排就座。市政协主席乔成家，副主席赵建国、成继东、杨益民、刘淑芬、梁若玉、陈玉士、张成梁，秘书长郭波在主席台前排就座。大会由赵建国副主席主持。本次会议应到委员354人，实到328人，符合法定人数。上午9时，赵建国宣布大会开幕，全体起立，高唱中华人民共和国国歌。乔成家代表政协第三届临汾市委员会常务委员会向大会报告过去一年的工作。受政协三届临汾市委员会常务委员会的委托，梁若玉向大会报告政协临汾市委员会三届三次会议以来的提案工作情况。罗清宇代表中共临汾市委对大会的召开表示祝贺，肯定市政协2013年工作。

4月9日下午3时，参加政协第三届临汾市委员会第四次会议的政协委员们在各自会场分组讨论。市政协主席乔成家，副主席赵建国、成继东、杨益民、刘淑芬、梁若玉、陈玉士、张成梁，秘书长郭波分别参与讨论。

4月10日下午，市政协三届四次会议举行第二次全体会议，听取政协委员议政发言。本次大会征集委员议政发言材料76篇，精选36篇汇编成册。8位政协委员分别代表党派团体，或以个人名义，在大会上作议政发言。市委副书记、市长岳普煜，市政协主席乔成家，副市长王振宇，市政协副主席赵建国、成继东、杨益民、刘淑芬、梁若玉、陈玉士、张成梁，秘书长郭波在主席台前排就座。杨益民主持会议。本次会议应出席委员354名，实到委员326名，符合法定人数。

4月10日上午11时，参加市政协三届四次会议的政协委员在列席市三届人大五次会议后，围绕《政府工作报告》展开分组讨论。

4月11日下午，市政协三届四次会议举行第三次全体会议。市政协主席乔成家，副主席赵建国、成继东、杨益民、刘淑芬、梁若玉、陈玉士、张成梁，秘书长郭波出席会议。陈玉士主持会议。会议应到委员354人，实到307人，符合法定人数。会议审议通过中国人民政治协商会议第三届临汾市委员会关于接受赵建国、成继东同志辞去副主席职务请求的决定；审议通过中国人民政治协商会议第三届临汾市委员会关于接受荀贵生等同志辞去常务委员职务请求的决定；审议通过中国人民政治协商会议第三届临汾市委员会第四次会议选举办法，及总监票人、监票人、总计票人名单；审议通过中国人民政治协商会议第三届临汾市委员会副主席候选人名单，以无记名投票方式选举谢碧玲、杨安虎为中国人民政治协商会议第三届临汾市委员会副主席。

4月11日晚，市政协三届四次会议召开提案审查会议。市政协副主席梁若玉出席会议。本次会议大会提案组收到提案272件，经初审，属于经济建设方面131件，属于科教文卫体方面的92件，属于党群政法、劳动人事方面的49件。

4月12日上午，中国人民政治协商会议第三届临汾市委员会第三次会议举行第四次全体会议。本次会议应到委员354人，实到326人，符合法定人数。市委书记罗清宇，市委书记副书记、市长岳普煜，市委副书记王文英，市政协主席乔成家，市政协副主席梁若玉、谢碧玲、杨益民、刘淑芬、陈玉士、张成梁、杨安虎，市政协秘书长郭波在主席台前排就座。大会由市政协副主席张成梁主持。会议审议通过《政协第三届临汾市委员会常务委员会工作报告的决议》；审议通过《政协第三届临汾市委员会常务委员会关于市政协三届三次会议以来提案工作报告的决议》；审议通过《政协第三届临汾市委员会第四次会议政治决议》。

【会议决议】

政协第三届临汾市委员会第四次会议
关于常委会工作报告的决议

（4月12日政协第三届临汾市委员会
第四次会议通过）

中国人民政治协商会议第三届临汾市委员会第四次会议，听取并审议乔成家主席代表市政协常务委员会所作的工作报告。

会议认为，过去一年，在中共临汾市委的坚强领导下，市政协常委会全面贯彻中共十八大和十八届三中全会精神，高举爱国主义、社会主义旗帜，把握团结、民主两大主题，紧紧围绕全市工作大局，履行政治协商、民主监督、参政议政职能，为全市经济、政治、文化、社会和生态文明建设建言献策、汇聚力量，各项工作取得新成效，政协事业实现新发展。

会议认为，市政协常委会工作报告对今年工作的安排，能够深入贯彻中共十八大、十八届三中全会精神，围绕市委、市政府工作中心和大局，致力推进“改革创新年、转型攻坚年、环境提升年、服务群众年”活动，抓好“332”重点工作，即：开展好促进结构调整及增加农民收入、民营经济发展、医疗保障机制完善三次专题调研；开展好百里汾河新型经济带工业园区建设、家庭农场发展、学前教育三次专项视察；开展好“百名政协委员下基层”“医药、科技、文化三下乡”两项活动。突出政协特点和优势，体现勇于担当、求真务实精神，对做好今年全市政协工作具有重要指导意义。

会议批准这个报告，要求市政协常务委员会认真组织实施。

政协第三届临汾市委员会第四次会议
关于政协第三届临汾市委员会第三次会议
以来提案工作情况报告的决议

（4月12日政协第三届临汾市委员会
第四次会议通过）

中国人民政治协商会议第三届临汾市委员会第四次会议，听取并审议通过梁若玉副主席代表常务委员会所作的关于政协第三届临汾市委员会第三次会议以来提案工作情况的报告，对报告提出的建议表示赞同，并要求市政协常务委员会认真组织实施。

政协第三届临汾市委员会第四次会议
政治决议

（4月12日政协第三届临汾市委员会
第四次会议通过）

中国人民政治协商会议第三届临汾市委员会第四次会议，于2014年4月9日至12日在临汾举行。

会议审议并通过乔成家主席代表政协第三届临汾市委员会常务委员会所作的工作报告和梁若玉副主席所作的三届三次会议以来提案工作情况的报告。会议期间，委员们列席市三届人大第五次会议，听取并赞同岳普煜市长所作的政府工作报告，赞同市中级人民法院工作报告、市人民检察院工作报告以及其他报告。会议审议通过有关人事事项，完成大会选举工作。中共临汾市委书记罗清宇，市委副书记、市长岳普煜，市委副书记王文英分别在开幕会、委员议政发言会和闭幕会上发表重要讲话，对市政协一年来的工作给予充分肯定，对人民政协履行职能、加强自身建设、发挥作用提出明确期望和要求。会议圆满完成各项议程，会风简朴、务实高效，是一次凝心聚力、共谋发展、团结民主、求实鼓劲的大会。

会议认为，过去的一年，面对严峻复杂的经济环境，市委、市政府团结带领全市广大干部群众，齐心协力、迎难而上、扎实工作、锐意进取，着力稳增长、调结构、促改革、惠民生，经济社会发展取得新的进展。《政府工作报告》总结去年工作，着眼发展大局和社会民生事业，实事求是，客观全面；提出的今年工作意见，贯穿改革主线和发展大计，目标明确、措施有力，是一个务实创新、催人奋进的报告。委员们围绕全市改革发展大局和工作重点，提出了许多有价值的意见和建议。

会议认为，过去的一年，三届市政协常务委员会在中共临汾市委的坚强领导下，在市政府及社会各界的大力支持下，坚持和完善中国共产党领导的多党合作和政治协商制度，牢牢把握团结和民主两大主题，紧紧围绕全市工作中心和发展大局，把服务科学发展作为第一要务，把促进民生改善作为履职之本，把维护社会和谐稳定作为重要责任，认真履行政治协商、民主监督、参政议政职能，圆满完成三届三次会议确定的各项任务，为促进实施“率先转型、全力跨越，建设文明开放富裕和谐新临汾”的总目标做出积极贡献，发挥协调关系、汇聚力量、建言献策、服务大局的作用。

会议要求，全市各级政协组织、政协各参加单位和全体政协委员，要高举爱国主义和社会主义旗帜，深入贯彻落实中共十八大、十八届三中全会和习近平总书记系列重要讲话精神，在中共临汾市委的领导下，按照市委三届五次全会暨全市经济工作会议的部署，围绕“改革创新年、转型攻坚年、环境提升年、服务群众年”活动，切实履行政协职能，助推科学发展，汇聚改革力量，增进民生福祉，使政协工作更加契合改革开放精神，更加体现时代发展要求，推动文明开放、富裕和谐新临汾建设。

会议强调，常委会今年要围绕确定的“332”重点工作，首力抓好三次专题调研、三次委员视察和两项活动。要扎实深入开展党的群众路线教育实践活动，转变作风，增强工作活力。要围绕中心、服务大局，积极为全市加快发展献智出力。强化政协提案、反映社情民意和文史工作，提高履职质量。要发扬民主、增进团结，为全市改革发展汇聚正能量。要不断加强自身建设，努力提高履行职能水平。

会议号召，全市各级政协组织、政协各参加单位和广大政协委员要高举中国特色社会主义伟大旗帜，更加紧密地团结在以习近平同志为总书记的中共中央周围，在中共临汾市委的坚强领导下，同心协力、锐意进取、改革创新、扎实履职，确保完成今年的各项目标任务，努力开创政协工作新局面，在新的更高起点上，为全面建成小康社会，建设文明开放富裕和谐的新临汾而努力奋斗！

【委员名单(354 人)】

中共(29 人)

常富顺　乔成家　杨玉龙　赵建国　梁若玉
陈玉士　张成梁　杨安虎　郭　波　李建华
李相民　王崇德　翟玉国　荀贵生　任和畅
沈国印　屈　波(女)　贾俊芳　王春梅(女)
赵奇言　尉　俊　郭有兴　徐慧琴　解　涌
朱　江　王满堂　柳红兵　史　军　马成科

民革(8 人)

谢碧玲(女)　马春丽(女)　冀凤翔　刘光明
符庆辉　高文俊　刘　丽(女)　冯莉华(女)

民盟(9 人)

杨益民　赵　燕(女)　狄丕涛　张李平
王燕莉(女)　陈文景　田　云(女)　刘淑娟(女)
刘洁俊

民建(9 人)

成继东　刘超英(女)　王悟全　黎　卓(女)
靳志珑　张　鹏　霍聂鹏　李　欣(女)　李新生

民进(9 人)

方　熔　郭申生　姚砚库　褚小平女　贾玉生
孔淑庆(女)　高海波　曹卿臻(女)　朱亚慧(女)

九三学社(5 人)

咸保健　梁清燕(女)　褚春虎　张重辉(女)
赵　强(女)

无党派(8 人)

刘淑芬(女)　杨忠华　李云岗　白占奎
刘淑红(女)　张建华　强志胜　晋洪爱(女)

总工会(8 人)

冯　珍(女)　杨志学　赵云瑞　杨　俊
李小峰(女)　柴文俊　李高峰　曹鹏飞

妇联(10人)

任建英(女) 李小青(女) 赵志琴(女)
卓玉玲(女) 薛凤兰(女) 孙红梅(女)
贾凌文(女) 姜秀丽(女) 孙凡舒(女)
张敏之(女)

共青团(4人)

李学良 马戴魁 肖 燕(女) 王朱良

青联(6人)

安 娜(女) 郭金钢 李少飞 樊云超
刘立峰 侯小玲(女)

工商联(18人)

郭天龙 牛 岷 乔冠峰 张弘荣 邵山城
魏明珠 石俊清 潘广新 澹台一民 王一力
吴晋龙 文长江 林 友 冯永生 张小明
魏 华 张海峰 王长军

侨联(5人)

刁士琦 罗永忠 张增瑞 史淑兰(女)
沈晓静(女)

科协(4人)

杨全锁 古长宏 杨生宝 蔡志强

教育界(19人)

王小彦 韩雪梅(女) 燕加强 刘 坚 郭风云
张杨管 苏书红 窦慧萍(女) 王 敏(女)
秦 梦(女) 杜小海(女) 王纯林 杨 军
李秀玲(女) 卫姣燕(女) 宋高社 高生泽
文艳平(女) 李英杰

科技界(8人)

解晓林 辛东平 李玉晖 张建民 高艳云(女)
朱晋云 刘 斌 张立军

社科界(7人)

石耀辉 崔艳萍(女) 张鹏慧 吉娜娜(女)
张云岗 刘颖峰 郭素铂

文艺界(14人)

王富山 张红亮 朱宝林 孔明珍(女)
付慧萍(女) 贾岩鸿 贾双平 程雅琨(女)
高雪玲(女) 李妍萍(女) 李定三 周先峰
刘明星 葛晓辉

农业界(23人)

柴跃进 张旭晨 甘志杰 郭双平 杨建胜
谷振林 陈金宝 杨巨朝 高春枝(女)
燕素红(女) 李永生 曹淑珍 范敏正 姜四清
畅红娟(女) 郤爱庆(女) 解建平 南少凯
董娟兰(女) 姚学亮 周晓东 董 慧
李 霞(女)

体育界(5人)

崔 力 牛鸿翔 刘江安 张燕军 艾英伟

新闻出版界(9人)

韩宏平 张春生 李保河 杨慧静(女) 张怀玉
肖建华 杨泽芸(女) 王 翠(女) 卫 博(女)

医卫界(20人)

马希贤 孙 蕊(女) 贾爱芹(女) 祁宝宏
秦俊明 李小平 杨建宏 孙卫清(女)
王明元 宁建峰 史 炜 孙胜杰 李宁波
张翠萍(女) 王 景 张旭昀 冯振发
刘佳胜 董志敏 王启太

宗教界(7人)

杨 兵 陈 丽(女) 释常修 刘根柱
孙建勇 马胜智 李明义

社会福利界(10人)

张爱萍(女) 朱三六 霍振杰 赵振林※
刘 伟 张晓华 姚贵红 王丽琴(女)
张优雅(女) 陈华犁

少数民族（6人）

甘万生　丁有祥　白临生　海道文　杨克琳
韦　华（女）

经济企业界（61人）

徐新荣　单　兵（女）　靳文虎　刘　辉
刘耀狮　王保收　李妍玫（女）　李　江
廉玉河　解力军　杨令平　张　权　赵新秋
王克军　冯　强　吉　军　郭小花（女）
马自强　杨学英　杜　敏　史跃武　武真龙
王佐军　芦为民　巩代生　乔全锁　张侯有
强新华　魏鸣斋　蔚宪宏　李延军　黄国健
张佩齐　高志飞　王廷梓　王小荣　穆铁鹏
赵国林　赵素丽（女）　潘亚明　李学义
刘志东　汪学忠　赵　军　郭　娟（女）
梁永亿　胡　艺　候　钊　郭晓静（女）
卜子涛　杨志敏　周建民　李凯文　毕云霞（女）
邓茂红　洪福生　李国辉　王敏生　王欢聘
丁三寅　张　强

特邀（33人）

许百龙　李小平　陈毅林　邱建屏　王国平
刘国平　魏金顺　刘春林　王建中　乔德才
薛经纬　王克勤　李　伦　贾红伟　段玉明
张逢海　李朱锁　李红专　王孝恩　李树清
郭炎林　王锁兰　张欢虎　张红玉　史虎喜
郑蒲生　张瑞燕　肖会荣　吴忠民　梁荣森
郭永平　姚如意　房蒲建
（孙民英　宋志强 辞呈　增选谢碧玲 杨安虎）

市政协三届常委会会议

·第十六次会议·

4月1日上午，市政协召开三届十六次常委会议。市政协主席乔成家，副主席赵建国、成继东、杨益民、梁若玉、张成梁，秘书长郭波出席会议。乔成家主持开幕会，赵建国主持闭幕会。

会议听取市政府关于《政府工作报告（征求意见稿）》的说明；听取市政协副主席赵建国作的《政协第三届临汾市委员会常务委员会工作报告（讨论稿）》的说明；市政协副主席梁若玉作《政协第三届临汾市委员会关于三届三次会议以来提案工作情况的报告（讨论稿）》的说明。会议分组讨论《政府工作报告（征求意见稿）》《政协常委会工作报告（讨论稿）》《政协提案工作报告（讨论稿）》等内容。会议通过关于召开政协第三届临汾市委员会第四次会议的决定；通过政协第三届临汾市委员会第四次会议议程和日程，决定会议召开时间为2014年4月9日至12日；通过政协临汾市委员会《常委会工作报告》和报告人、《提案工作报告》和报告人；通过政协第三届临汾市委员会第四次会议秘书长、副秘书长名单；通过政协第三届临汾市委员会第四次会议逐日执行主席名单、列席人员范围及名额、分组办法和小组召集人名单。

·第十七次会议·

4月8日上午，市政协召开三届十七次常委会议。市政协主席乔成家，副主席赵建国、成继东、杨益民、刘淑芬、梁若玉、陈玉士、张成梁，秘书长郭波出席会议。会议应到58人，实到会51人。会上，市委统战部有关负责人作人事事项的说明。会议表决通过《中国人民政治协商会议第三届临汾市委员会常务委员会关于接受孙民英等同志辞去第三届临汾市委员会委员的决定》；表决通过《中国人民政治协商会议第三届临汾市委员会常务委员会关于苟贵生等同志免职的决定》；表决通过《中国人民政治协商会议第三届临汾市委员会常务委员会关于增补政协委员的决定》。

·第十八次会议·

4月11日上午，市政协三届十八次常委会议召开第一次全体会议。市政协主席乔成家，副主席赵建国、成继东、杨益民、刘淑芬、梁若玉、陈玉士、张成梁，秘书长郭波出席会议。本次会议应出席委员58人，实到52人，符合法定人数。会议表决通过《政协第三届临汾市委员会关于接受赵建国等同志辞去副主席职务请求的决定》(草案);《政协第三届临汾市委员会关于接受荀贵生等同志辞去常务委员职务请求的决定》(草案);《政协第三届临汾市委员会第四次会议选举办法》(草案);《政协第三届临汾市委员会第四次会议总监票人、监票人和总计票人名单》(草案);《政协第三届临汾市委员会副主席候选人名单》(草案)。

4月11日下午,政协第三届临汾市委员会召开第十八次常委会议第二次全体会议。市政协主席乔成家,副主席梁若玉、谢碧玲、杨益民、刘淑芬、陈玉士、张成梁、杨安虎,市政协秘书长郭波出席会议。本次会议应出席委员55人,实到50人,符合法定人数。会议通过《关于政协第三届临汾市委员会常务委员会工作报告的决议》(草案);通过《政协第三届临汾市委员会常务委员会关于三届三次会议以来提案工作情况报告的决议》(草案);通过《政协第三届临汾市委员会第四次会议政治决议》(草案)。

·第十九次会议·

4月12日上午,政协第三届临汾市委员会召开第十九次常委会议。市政协主席乔成家,副主席梁若玉、谢碧玲、杨益民、刘淑芬、陈玉士、张成梁、杨安虎,市政协秘书长郭波出席会议。本次会议应出席委员55人,实到50人,符合法定人数。会议通过《政协第三届临汾市委员会常务委员会2014年工作要点》。

·第二十次会议·

7月10日,政协第三届临汾市委员会召开第二十次常委会议。市政协主席乔成家,副主席梁若玉、谢碧玲、杨益民、刘淑芬、陈玉士、张成梁、杨安虎出席会议,市委常委、副市长李东洪应邀列席会议。本次会议应出席委员55人,实到47人,符合法定人数。会议通报全市民营企业发展情况,通过《关于促进我市民营企业健康发展的建议报告》。

·第二十一次会议·

9月25日,市政协三届二十一次常委会召开。市政协主席乔成家,副主席谢碧玲、杨益民、刘淑芬、陈玉士、张成梁出席会议。乔成家、杨益民分别主持开幕会、闭幕会。会议围绕推进农村土地流转、加快现代农业发展这一专题进行议政协商,审议通过《关于推进农村土地流转、加快现代农业发展的建议报告》。

·第二十二次会议·

12月11日,市政协召开三届二十二次常委会议。市政协主席乔成家,副主席梁若玉、谢碧玲、杨益民、刘淑芬、陈玉士、张成梁、杨忠华出席会议。会议应到55人,实到会47人,符合法定人数。会议通报临汾市医疗保障机制改革与发展的有关情况,以及政协三届四次会议以来的提案办理情况;听取议政发言;审议通过《关于加快推进我市医疗保障机制改革与发展的建议报告》。

(李宝平)

纪检　监察

党风廉政建设和反腐败

【概述】 2014年，临汾市委贯彻中央和省委关于反腐败工作的新精神、新思路、新要求，坚持把深入开展党风廉政建设和反腐败斗争作为各项工作的重中之重，作为净化政治生态、实现弊革风清的关键举措，惩治腐败，纠正“四风”。先后10次召开市委常委会议，研究部署党风廉政建设和反腐败工作；组织召开全市落实党风廉政建设主体责任“面对面”述职会；完善具有临汾特色的“1＋1”目标责任考核指标体系，加大党风廉政建设责任制在整体考核中的权重，强化各级党委（党组）全面从严治党责任，推动党风廉政建设和反腐败工作开展。

市纪委常委会贯彻落实省纪委和市委关于党风廉政建设和反腐败工作的新指示、新部署、新举措，统一思想认识，传导工作压力。全市各级纪检监察机关和广大纪检监察干部认清反腐败斗争形势的严峻性、复杂性、尖锐性、特殊性，突出主业主责，履行监督责任，转职能、转方式、转作风，攥紧“查办腐败案件”和“强化自身监督”两只拳头，形成惩治腐败和狠刹“四风”“两个高压态势”，推动全市党风廉政建设和反腐败工作取得新进展新成效。

【落实主体责任】 2014年，临汾市纪检部门根据市委要求，起草《关于落实党风廉政建设党委主体责任和纪委监督责任的实施意见（试行）》，经10月13日市委常委会研究通过，印发全市施行。省委两个意见出台后，作出补充完善，下发实施意见修订本，明确党委、纪委的班子全面领导责任、主要负责人第一责任人责任和班子其他成员职责范围内主要领导责任共30条具体责任，形成完整的责任链条，建立“责任台账、签字背书、网络平台、定期约谈、四述制度、社会评议、责任追究”等10条保障措施。2月20日，召开全市党风廉政建设干部大会暨市纪委三届四次全会，对全市党风廉政建设和反腐败工作进行动员和部署。协助市委于9月16日召开全市落实党委主体责任“面对面”述职汇报会，听取各县（市、区）、市直各单位党委（党组）汇报，总结经验、分析不足，研究措施、提出要求。在临汾日报、临汾电视台和市纪委内部刊物《清风苑》开设专题、专栏，由各级党委主要负责人谈认识、讲体会，播放电视节目50期，刊登文章100多篇，形成落实“两个责任”的浓厚氛围。督促指导各级各单位以党委名义下发《落实“两个责任”的实施方案》，提出具体举措，列出责任清单，由党委书记、纪委书记签字背书，为规范履责提供依据。

【落实纪委监督责任】 2014年，临汾市纪检委实施市纪委副书记分片包联县市区和市直派驻机构联组管理制度。4名副书记每人包联4个至5个县，每月至少下县调研一次，对“两个责任落实、重点案件查办、纪检队伍建设”进行协调指导。市直成立8个联组，由市纪委常委等兼任组长，将市直147个单位全部纳入纪检组织的监督范围，确保纪委监督“横向到边、纵向到底”。实施廉政谈话和函询制度，加强对各级班子特别是一把手的教育监督，对82个市直单位502名班子成员，17个县（市、区）和2个开发区的县级党政班子成员198人、科级领导干部6023人进行廉政谈话，做到提醒预警、抓早抓小。实施严格的责任追究制度。坚持有错必查、有责必问，追究当事人责任，倒查领导班子的主体责任和纪检机关的监督责任，做到“一案三查”。先后追究“两个责任”落实不力的领导干部237人，给予党政纪处分39人，推动“两个责任”落到实处。

【案件查办】 2014年，临汾纪检委坚持以零容忍态度惩治腐败，形成反腐高压态势。加大案件查办力度，强化组织领导。畅通信访举报渠道，出台《信访举报件管理暂行办法》，重点规范问题线索管理，推行拟立案、初核、谈话函询、暂存、了结五类线索处置方式和标准。每季度召开一次案件工作会，通报各县(市、区)办案情况，约谈排名靠后的县(市、区)党委书记、纪委书记，层层传导压力。规范办案程序，细化受理、初核、立案、调查、审理、执行、清缴财物等流程规定，制定规范化细则7类28条。统筹办案力量，打破科室、地域、行业界限，坚持全员办案、交叉办案；建立动态办案人才库，收录135名素质过硬、经验丰富的办案能手。改革办案经费保障方式，更新办案设施器材，改善办案条件，动工建设占地2.765公顷、总面积1.4万余平方米、容纳24个办案目标区(一期建设12个)的市党纪教育基地。实行办案安全责任制，要求办案小组日小结、周汇总、月报告，杜绝跑风漏气，消除安全隐患。严格控制使用“两规”措施，强化陪护人员依纪依法办案的培训教育，每天组织一次办案点风险排查，实现全年办案无事故。

2014年，全市纪检监察机关立结案1734件、处分1747人。其中处分县处级干部31人、乡科级干部309人，给予撤职以上重处分325人、移送司法机关48人，比2013年分别增长63.19%、36.73%和28.46%、100%。通过查办案件，共挽回经济损失4219.89万元。9月以来，市纪委转变办案理念、办案方式，加大自办案件力度，坚持快查快办，查清主要违纪事实、固定关键证据，即作出党政纪处分，按程序移送司法机关。在对违纪对象采取措施的第一时间，通过电视新闻、临汾日报、微信公众号等媒介通报查办情况，统一报道口径、树立宣传权威、引导社会舆论。重点查处市交警支队原常务副支队长荣任平、市信托投资管理中心原主任乔成喜等一批有影响、有震动的违纪违法案件。对典型案件实行“一案三报告”，剖析案例、健全制度，制作警示教育片、开展警示教育，发挥查办案件的治本功能。

【教育监督】 2014年，临汾市纪检委强化宣传教育和改革创新，健全权力监督机制。根据中央和省委关于贯彻落实《建立健全惩治和预防腐败体系2013—2017年工作规划》的精神，结合临汾实际，制定出台《临汾市贯彻落实〈建立健全惩治和预防腐败体系2013－2017年工作规划〉实施细则》。实施细则包含80项具体任务，明确责任单位和责任人，完善惩治和预防腐败体系建设，奠定全市党风廉政建设和反腐败工作的制度基础。

【案例警示教育】 2014年，临汾市纪检委在市政务服务中心地下一层建设临汾市反腐倡廉警示教育基地，占地960平方米，全面收集整理各类警示教育片，初步建成大型数据库。包括本地7名厅级干部和77名县级干部在内的违纪违法案例7637件，收集全国各地的警示教育片320多部。结合2014年查处的典型案件，制作专题警示教育片，运用发生在身边的、近期的腐败案例，增强教育的震撼力和实效性。联系省纪委申领《警钟长鸣》等全省典型案件的警示教育片。机关专门调配3名解说员，进行业务培训。针对全市各级各单位的情况，提供分领域、分行业、分系统、菜单式、量身定制的参观教育方案。先后有8000余名党员干部在教育基地接受警示教育，使广大党员干部受警醒、明底线、知敬畏，做到防微杜渐、廉洁自律。

临汾市纪检监察系统案件检查业务培训

【强化反腐倡廉宣传教育】 2014年，临汾市纪检委开展“廉政文化月”活动，组织文学、艺术、曲艺、DV等四类廉政作品评比，收集各类作品280余件，在警示教育基地进行集中展出与播放。邀请由市委党校教授组成的宣讲团开展关于《党章》、十八届四中全会、中央纪委四次全会精神的巡讲活动，对17个县(市、区)和2个开发区的纪检监察干部进行辅导培训，对全市副科级以上党员干部进行廉政法规考试，强化党员干部的廉洁自律意识和拒腐防变能力。注重发挥全市24个廉政教育基地的作用，其中霍州廉政文化馆被评为临汾市首家省级廉政教育基地，初步形成廉政文化的规模效应。新建升级上线市纪委监察局门户网站，办好内部刊物《清风苑》，利用电视、报纸、微信等媒介，宣传党风廉政建设和反腐败工作进展情况，加强舆论引导，增加工作透明度。

【完善权力制约监督机制】 2014年，临汾市纪检委按照省委“六权治本”要求，代市委起草《关于强化权力监督制约，深入推进“六权治本”工作的意见》，依托市政务服务中心，打造“六权治本”网络监督平台，建立健全权力动态运行监督机制。在各部门各单位开展依法确定权力、科学配置权力、制度限制权力和阳光使用权力的基础上，探索建立权力运行的痕迹管理制度和电子监督平台，受理各类违纪违规行为的信访举报，在合力监督权力中履行职责。坚持以零容忍的态度严惩滥用权力，市纪委监察局行政服务监察中心整建制入驻市政务服务中心，加强对行政审批和公共资源交易的监督，10月开始进驻，两个月发现问题18个、处理24人。整治权力运行中的各种不作为、慢作为、乱作为以及幕后交易、权钱交易等问题，为实现党员干部“不能腐”奠定基础。

【纠正“四风”】 2014年，临汾市纪检委落实中央八项规定精神，纠正“四风”。市纪委监察局着眼于巩固成果、防止反弹，按照习近平总书记“作风建设永远在路上，永远没有休止符”的要求，横下一条心纠正“四风”，压缩各种歪风邪气的生存空间，推动全市作风建设在坚持中深化、在深化中坚持。全市各级纪检监察机关坚持一个问题一个问题治、一个时间节点一个时间节点抓，围绕党员干部公款吃喝、公款旅游、公车私用、大操大办婚丧喜庆借机敛财等“四风”突出问题强化监督检查。在党的群众路线教育实践活动中，重点开展“纪律松弛、吃拿卡要”专项治理，4月27日山西电视台新闻联播报道《临汾市开展整治“纪律松弛、吃拿卡要”专项行动》，被央视网转载播放。通过建立“一账五制度”的日常运行机制，集中解决群众反映强烈的突出问题，即：一本台账、专报制度、会议制度、线索报告制度、案件处理制度、考评通报制度。2014年，处理违反中央八项规定精神方面问题的党员干部1014人，其中给予党政纪处分676人、给予组织处理338人。

【加强党的纪律建设】 2014年，临汾市纪检委加强党的纪律执行情况的监督检查。结合学习贯彻党的十八届三中、四中全会和全省领导干部大会精神，督促党员干部学习党章、贯彻党章，牢固树立法治意识，强化法治思维，带头遵守党规党纪，带动全社会尊法、守法、用法。加强对中央和省委各项重大决策部署贯彻落实情况的监督检查，维护中央权威。严明党的政治纪律、组织纪律、工作纪律，查处并通报一批违反农村“两委”换届纪律案件。牵头开展党员干部参赌涉赌、会所歪风等专项整治，查处违规违纪人员66人。重点查处市审计局原局长华志刚、霍州市人大常委会主任张建军等县处级干部的违纪问题，在全市党员干部中形成很大震慑。

【自身建设】 2014年，临汾市纪检委加强干部队伍自身建设，打造纪检监察“铁军”。落实“三转”，完成市纪委机关内设机构改革。在编制总数、机构总数、领导职数“三个不增加”的情况下，撤并综合室、执法室、纠风室、效能室、预防室、派管室、农廉室等，行政机构设置和省纪委内设机构相配套，纪检监察室从2个增加到9个（包括纪检监察干部监督室），直接从事执纪监督的科室达到13个，占行政科室总数的76%，办案人员占机关干部的70%，增强监督执纪力量。清理纪检监察机关参与的议事协调机构，市纪委从156个减少至11个，各县（市、区）从1029个减少至199个。移交政务公开、扩权强县等7个专项工作，清退10多年来的借调人员。开展纪委书记（纪检组长）纪检监察业务以外的分工和兼职专项清理，全市有200余人交还主业之外的工作300余项，确保把力量集中到执纪监督上。

严格监督管理。从严立规矩，从严管干部，从严带队伍。汲取纪检干部腐败案件的严重教训，强化自身建设主体责任，一级抓一级，层层抓落实。开展学习讨论落实活动，增强纪检监察干部的群众观念、担当意识。在临汾电视台“阳光政务”栏目播出专题片5期，由4位市纪委副书记介绍纪委监察局的工作职能和业务流程，公开接受社会各界监督。完善纪律要求，公开发表《给全市纪检干部家属的一封信》，制定下发纪检监察干部“十不准”纪律规定，从请销假、外出报备、个人事项报告等点滴细节入手，加强内部管理、业务管理和日常管理。严肃查处市检察院原纪检组长段新红、洪洞县兴唐寺乡原纪委书记刘斌等22起违纪案件，给予党政纪处分24人（其中行政警告2人、党内警告10人、党内严重警告9人、撤销党内职务2人、留党察看1人），4人被清理出纪检监察干部队伍，树立“纪检干部更要严格要求，纪检干部违纪更要严惩”导向。

（李　明）

武　　装

临汾军分区

【思想政治建设】 2014年，临汾军分区用中共中央军委主席习近平重要讲话精神统领思想，按照北京军区理论学习“五步法”，采取划分专题领学、深入讨论提高、党课示教带动等方式，组织两级党委中心组理论学习。党的十八届四中全会和全军政治工作会议后，按照要求集中组织传达学习会议精神，增强贯彻习主席系列重要讲话精神的政治自觉和行动自觉；抓实强军目标主题教育，围绕省军区明确的6课辅导专题，军分区领导及5名人武部主官带头宣讲增强理解，制作240张光盘、编印1000本“口袋书”下发给乡(镇)武装部和应急分队，提高教育落实的覆盖面和扎实度；重视政治纪律教育，紧盯特殊时期和热点敏感问题搞好教育引导，在周永康、徐才厚、方文平以及山西严重腐败等重大问题上，组织警示教育，清理清查涉徐才厚信息，保持鲜明政治态度和坚定政治立场，确保部队纯洁巩固和高度集中统一。

【战备训练】 2014年，临汾军分区两级机关开展“战斗力标准大讨论”活动，引导官兵纠正后备后用的错误思想，破除麻痹松懈的和平积习，全部心思向打仗聚焦，各项工作向打仗用劲。在基础课目训练上重抓落实，常态化组织一体化平台训练和应急通信保障演练，落实每天一小时体能训练，完成全员手榴弹实弹投掷。坚持以比促训、以比促建，组织双37高炮建制连进行封闭集训，尧都区、霍州市、侯马市3个人武部接受任务坚决，在省军区组织的考核比武中获得优胜分队。在军事能力培训上重抓骨干，迎接省军区年度军事考核，全员组织两级机关指挥技能强化训练，考核成绩全部达标。组织全区86名专武干部集中进行军事能力培训，加强对兵员征集、民兵整组、应急指挥、军事技能等科目的训练，增强战斗力生成的一线骨干力量。在民兵应急力量建设上重抓规范，深化“五比六看”活动，狠抓民兵应急力量的组织整顿、训练落实、装备配套。针对辖区可能面临的安全威胁，组织全市军警民20支专业应急力量进行地震应急拉动和反恐处突演练，提高军地一体指挥和联合处置能力。蒲县人武部探索在县直机关党员中编组民兵应急队伍，分季度安排教育训练。曲沃县人武部应对经济形势冲击影响，调整民兵应急力量编组，在省军区军事训练考核检查中受到好评。

【人武部基础工作】 2014年，临汾军分区党委把工作重心放在抓经常促落实、抓基层打基础上，6名常委分片包干对18个团级单位进行帮建，对基础设施建设达标进度进行督导、协调解决问题。在地方财政普遍比较困难形势下，新建改建人武部搬迁入住率80%。注重抓队伍强能力，新交流干部全部充实到缺编的人武部中，17个人武部都保持6名以上干部在岗。从人武部选拔优秀年轻干部到机关代培，机关对口组织业务集训，提高抓落实的基本能力。对全区17个人武部逐一量化考评，重点评定工作实绩、梳理倾向性问题、研究改进措施。

【安全稳定】 2014年，临汾军分区按照“全面排查、集中整改、综合施策、标本兼治”的思路，对人员思想、枪弹管控、车辆运行、信息安全和重要目标警卫等方面存在的安全隐患和薄弱环节进行常态化排查整治。完善安全设施，拿出100万元用于民兵武器装备仓库库房、围墙、道路的整修。投资7万余元，为军分区营门和民兵武器装备仓库补充防暴防恐器材。抓好枪弹管控，开展民兵武器装备仓库清查整顿和个人存放枪弹清查收缴工作，《个人存放枪支弹药排查情况登记表》和《枪支弹药零持有承诺书》签订率100%，清查收缴各类枪支11支，子弹1956发。组织协调有关单位和人员高标准完成4大类27048发（枚）15.01吨报废弹药的调运销毁任务，消除安全隐患。

【后勤保障】 2014年，临汾军分区贯彻四总部《关于军队贯彻落实〈党政机关厉行节约反对浪费条例〉的措施》，从财务管理、公务接待、公车使用、公寓住房、公务差旅、会议活动、资产登记等方面，细化量化，全面规范。开展财经管理专项整治，推行公务卡结算，严把经费审批、结算报销，监督整改完善不合规定票据报销手续220余笔。探索出依托地方保险和医疗机构实行商业医疗保险为官兵及家属看病就医的基本模式。4月，总后在军分区召开现场会，总结试点经验做法，以“临汾模式”向全军推广，《解放军报》《战友报》在头版给予重点报道。

12月22日，临汾军分区在霍州市靶场组织冬季适应性手枪射击训练

【军民融合发展】 2014年，临汾军分区围绕临汾市改革创新、转型攻坚、环境提升、服务群众“四个年”活动，制定全区《关于组织国防后备力量服务转型跨越发展活动方案。落实党管武装各项制度，召开市委议军会议，研究年度重大军事问题，组织党管武装述职。履行抓国防教育的基本职能，围绕纪念抗日战争胜利69周年，在全市部署展开“铭记历史、强固国防”主题图片展，各级通过举办军民联欢晚会、邀请专家学者开办国防知识讲座、深入学校进行国防教育宣讲，组织市县两级领导干部参加“八一”军事日活动，增强全民国防观念。适应征兵政策调整和适龄青年人数逐年降低的新形势新情况，把宣传工作向征兵全过程延伸，把体检向标准之外的内容上延伸，把政审工作向与部队交接前延伸，把住关键关口、提高兵员质量，为部队输送兵员，高中以上学历89.4%，大学生占9.4%。把组织民兵参建作为融合的实践平台，指导各团级单位落实省军区建设一个6.6公顷以上的绿化基地要求，组织民兵开展植树造林活动，造林面积达153.33公顷。组织民兵队伍在有效预防、及时处置森林火情上下功夫。全年处置森林火情隐患20余起，确保临汾没有发生大的森林火灾，火情比往年同期减少60%。

【参谋骨干集训】 2014年1月6日至12日，根据年度军事工作安排，临汾军分区组织全区各单位17名参谋人员进行一周集中培训。集训以建设“高素质、高效能”军事机关，提高参谋队伍“六种能力”为目标，紧贴岗位工作需要，内容包括军事理论、业务常识、新老六会能力、手中武器操作等。

【“两项普查”工作】 2014年，临汾组织人员对军分区的12个坐落（其中代管6个）情况逐项勘测，录入各种数据近万项，制作“四图一影”即：营区规划图、营区现状图、权属界线图、营区权限图和视频影像，上报电子数据约200G。1月6日至9日，省军区组织“两项普查工作培训及数据会审”，军分区的“四图一影”完成质量较高。

【强军目标专题教育】 2014年3月，在全区开展“牢记强军目标、献身强军实践”主题教育活动，临汾军分区政治部主任李洪和5名人武部主官分别围绕6个专题带头进行授课辅导。组织军分区党员干部到驻地红色教育基地参观学习，编辑制作240余张教育光盘和1000本应知应会“口袋书”下发至民兵营连，多种形式推动教育。开展战斗力标准大讨论，真正把为什么要强军、强军目标是什么、怎样走中国特色强军之路等重大问题学懂弄通、入脑入心，树牢随时准备打仗的思想。

【医疗保障社会化“临汾模式”】 2014年4月10日，临汾根据总部和军区“军队保障社会化十二五规划”要求和军区、省军区“远离保障体系单位医疗保障社会化试点任务”部署，四总部、各军兵种、各大军区保障社会化工作的21名负责人和省军区后勤部、临汾铁路军代处、预备役249团单位领导、省市保险公司、市人民医院代表以及军队新闻媒体73人参加的临汾军分区远离军队保障体系单位医疗保障社会化试点观摩座谈会，将“临汾模式”在全军推广。5月9日至10日，省军区后勤部再次组织全省各师(旅)级单位后勤部长和业务骨干24人，在临汾军分区召开全省医疗保障社会化改革任务推进会暨学习交流活动，在全省范围内推进“临汾模式”。自开展试点至8月底，军分区在全区17个县(市、区)分别设立合作定点医院，为284名现役官兵及干部家属办理医疗保险，在定点医院就诊391人次，保险公司理赔65230元；医保体检215人，保险公司理赔21500元，理赔86730元，无一医患或保险纠纷。《解放军报》《山西日报》《战友报》和《华北民兵》等报刊作宣传报道。

【“5·12”抗震演练】 2014年5月12日，根据市政府通知和军分区首长指示，依据《临汾市地震应急抢险救援组联动方案》，临汾军分区牵头组织抢险救援组成员单位驻临61213部队、武警临汾市支队、临汾市消防支队、市煤碳工业局、团市委、市第一人民医院、市第二人民医院等单位参加临汾市“5·12”地震应急拉动演练。出动各种车辆42台、调集装备器材2000余件、440人参加。军分区机关和尧都、洪洞、襄汾三支民兵应急分队有160人，展示车辆8台，各类器材360余件。

【高炮分队实弹射击】 2014年6月，临汾根据省军区组织高炮分队野营驻训和实弹射击训练考核的通知精神以及军分区首长指示，司令部制定集训方案，整理统计武器装备和训练器材，组织尧都、霍州、侯马、浮山人武部有关人员召开协调会，安排部署任务。协调请求省军区修械所工程师对火炮进行全面检修，调集安排3辆牵引车运送6门火炮准时进入浮山县民兵训练基地，组织参训单位、个人进行训练器材和携行物资准备，6月7日至22日，在训练基地集中强化训练。23至日29日，高炮分队进驻阳曲靶场，完成野营驻训和实弹射击考核任务，获得全省第四名的好成绩，军分区司令员车胜良、参谋长郑晓明应邀参加驻训总结表彰大会。

【参加抢险救灾】 2014年，临汾市出动应急分队6000余人次，支援参加抗洪抢险、森林灭火、清扫积雪、巡山防火和重要敏感时期安保巡逻，完成乡宁、安泽、汾西等地10余起森林火情扑救任务。6月，小麦收割季节，组织尧都区民兵高炮分队4门高炮值守发射阵地，随时准备抗击冰雹灾害。

【国防教育】 2014年，临汾军分区督导各单位新建国防文化主题广场和国防教育网站，在营区制成灯箱橱窗、警句标牌等宣传栏，在辖区交通沿线、城市街道、旅游景区等处设置200余处国防教育宣传标识和公益性宣传牌，营造“处处是课堂、时时受教育”氛围。7月25日，邀请国防大学教授王宝付为全市县处级以上干部进行国防教育专题讲座。“八一”期间，结合纪念抗日战争胜利69周年，在市县两级举办为期1个月的“勿忘国耻、圆梦中华”大型图片展，播放国防教育公益宣传片和优秀影视剧。

【学生军训】 2014年8、9月份，坚持以党的十八大和《中共中央国务院关于加强新形势下国防教育工作的意见》精神为指导，以《学生军事训练大纲》为依据，临汾军分区从训练内容、组织方法、教练员选定等方面严格规范，组织军训，对全市5所高等院校、70所高级中学，40265名学生进行为期7至15天的军训。结合军训，开展国防法、兵役法等法律法规宣传教育，使学生军训和国防教育、征兵宣传齐头并进。

【两级首长机关战备训练考核】 2014年10月25日至27日，临汾军分区机关和尧都、襄汾、曲沃人武部参加省军区年度战备训练考核检查，通过技能体能考核、静态检查与动态拉动，展示军分区全年战备训练成果。11月4日至5日，在省军区考核基础上，组织未参加省军区抽考的14个县市人武部机关进行普考，现役干部参考率92.5%，优良率87.2%。结合部团全面建设等级考评，对各人武部战备训练建设开展情况进行实地检查。

【"公务用车清理整治"和"清房"工作】 2014年,临汾军分区根据北京军区、省军区《关于明确公务用车问题专项治理工作"回头看"有关问题的通知》精神,按照军分区首长指示,清理上报封存车辆7台,于10月15日将7台车辆全部上交省军区后勤部。清回两台老干部用单位的军车。狠抓"清房"工作,12月底,20套不合理住房全部清退完毕。

【冬季适应性训练】 2014年12月20日至24日,临汾军分区利用5天4夜时间,按照"三实三不"要求,单位自训与统一组织相结合,组织军分区、人武部两级首长机关191人、民兵应急分队394人,动用武器95支,各种车辆45台,搭设帐篷48顶,开展以遂行综合防卫作战任务为基本战术背景的冬季适应性训练。行程约380公里,完成战备等级转换、收拢集结、行军开进、指挥所开设转移、技能比武、政治宣传、野炊宿营、森林灭火指挥等18个课目演练。

(张玉勇　柴光耀)

附:

·获奖情况·

集体

2014年,临汾军分区干休所被北京军区表彰为先进干休所,襄汾县人民武装部、乡宁县人民武装部、蒲县人民武装部、汾西县人民武装部被省军区表彰为先进人武部,尧都区人民武装部、洪洞县人民武装部、襄汾县人民武装部、霍州市人民武装部、侯马市人民武装部、翼城县人民武装部、蒲县人民武装部、乡宁县人民武装部、安泽县人民武装部、浮山县人民武装部、汾西人民武装部被省军区评定为一类,尧都区人民武装部、侯马市人民武装部被省军区表彰为战备训练先进单位

个人

2014年,洪洞县人民武装部部长程永伦、襄汾县人民武装部政委穆书涛、翼城县人民武装部部长孙晋辉、乡宁县人民武装部部长薛向峰、蒲县人民武装部部长李峰、安泽县人民武装部部长张红山、浮山县人民武装部部长单维启、汾西县人民武装部政委周勇军受到省军区表彰,军分区司令部参谋黄生宁被省军区记三等功,军分区干休所马保喜被省区表彰为先进离休干部

武警临汾市支队

【概述】 2014年,武警临汾市支队党委把握"稳中求强、全面过硬"总要求,围绕总队指出的"三点不足四条建议",部队实现安全发展;广大官兵安心本职、精心履职,部队全面发展基础更加牢固,整体建设质量稳步提升。年底,司令部、政治处分别被总队评为先进司令部、先进政治处,支队被总队表彰为"基层建设先进支队"。

【思想政治建设】 2014年,武警临汾市支队学习贯彻习主席系列重要讲话精神,开展"中国梦、强军梦、我的梦"系列活动,坚定官兵政治信念。在尧都区中队召开"五得"教育现场会,录制教学片,下发基层参照落实,解决"备课授课质量不高、基本制度落实不严、官兵理解掌握不够"等倾向性问题。教学片被总队政治部作为《纲要》集训的内容转发学习,深化主题教育效果。"三互""双四一""五个一遍"等有效载体运用经常,经常性思想工作效果较好。坚持每月下发预防重点提示,两次组织保卫委员和思想骨干业务培训,强化预防工作效能,解决3名战士家庭涉法问题,转化重点人3名。

【聚焦打仗能力】 2014年,武警临汾市支队在三中队召开正规化执勤等级评定和"三个办法"现场会,规范统一勤务编班、干部查勤、一班哨的组织、执勤等级评定等内容。开展执勤"六查"活动,汲取黑龙江"9·2"和广东监狱在押犯脱逃事故教训,组织安全大讨论,深入隐患排查治理,提升目标安防系数。投入210万元,为部队配备反恐装备,与市公安局、临汾火车站、高铁站开展联合反恐演练,与市地震局开展应急救援演练,确保部队遇有情况,迅即反应、有效处置。全年累计出兵1810人次,完成市"两会"安保、联勤武装巡逻、武装押解、侯马打黑除恶、吉县山体塌方抢险救援等临时任务33次,处置8起固定目标执勤险情,9名战士立功受奖。

【综合保障】 2014年,武警临汾市支队贯彻"天

津会议”精神，推进后勤战备体系建设，修定完善《后勤应急保障实施方案》，加大联保联防，补充更新战备物资，3次组织专业培训、3次应急拉动和常态方案演练，应急保障能力在遂行任务中得到检验。争取地方支持，支队指挥中心大楼建设顺利，一中队、勤务中队、机关于12月23日搬迁入住。三中队、翼城中队完成改建。坚持每季下基层巡诊，全年发放常用药品80余种，巡诊慢性病号143人次，诊治伤病员79人次。落实上级指示，制定下发支队《经费管理实施办法》，严格经费开支程序和审批权限。进行农副业生产，落实饮食分餐、自助餐制度。

【火车站春运执勤任务】 2014年2月5日，根据临汾市委、市政府要求，报请总队批准后，临汾支队出动官兵，协助铁路工作人员担负临汾火车站春运维护秩序执勤任务，为确保往返乘客安全、保证春运畅通做出贡献。执勤中，参勤官兵坚持依法执勤、文明执勤，疏导拥挤人群、帮助困难乘客、解答乘客疑问，维护临汾市火车站春运秩序。

【抓捕涉黑犯罪团伙】 2014年2月21日晚22时，临汾市支队出动兵力，协助公安机关成功打掉一涉黑犯罪团伙，拘捕犯罪团伙60余人，查控非法经营场所1处。次日凌晨2时30分，参战官兵安全归建。

【处置在押犯偷盗钢管事件】 2014年3月4日18时20分，担负临汾市监狱看押勤务的一大队三中队3号哨哨兵杜宏在执勤期间，发现南侧监区有2名在押犯，私自翻越监区施工地护栏，将工地钢管搬运藏匿至监区工作厂房南侧，应狱方请求并报请总队批准后，胡锐参谋长带应急兵力携防暴器材，会同监狱干警进行搜索式排查，发现厂房南侧藏有长2米钢管20余根，狱方对钢管及时收缴，处置执勤险情。

【暴力恐怖袭击联合演练】 2014年3月12日晚，临汾支队牵头铁路临汾公安处、临汾市公安局刑警支队、军代处、临汾站、临汾市急救中心在临汾市火车站组织应对暴力恐怖袭击联合演练。演练以暴徒持刀企图强行冲入候车室实施暴力恐怖袭击为背景，各部门协同参与，围绕“接收指令，机动集结，现场处置”3个内容进行。支队参演人员从接到命令到完成部署用时3分钟完成演练任务。

【吉县吉昌镇抢险救灾】 2014年4月6日凌晨2时许，临汾市吉县吉昌镇西关村柏浪沟突发山体塌方，两处居民住房(共8间)被掩埋，房内有8名群众，人民生命财产安全遭受威胁。吉县县委、县政府请求支队吉县中队出兵参与救援，支队报请总队批准后，中队应急班在指导员李小军的带领下，携带救灾装备器材，15分钟到达事故现场，投入救灾工作。参战官兵经受住恶劣环境与长时间作战的双重考验，连续奋战6小时，于10时30分将被掩埋的居民全部被救出(1人生还，其余抢救无效死亡)，完成维持救援现场秩序、疏散围观群众、通道隔离警戒任务。

【处置在押犯暴力袭警事件】 2014年4月20日上午10时48分许，担负侯马市看守所看守任务的1号哨兵曲安洋在执勤期间发现放风区6号监舍门口一名在押犯与一名管教干警撕打在一起，立即口头警告，在押犯不听劝阻，夺取监舍锁头猛砸干警头部，干警随即向哨兵求救。中队接警后，立即按预案展开，经看守所请求并报请支队批准后，指导员牛华杰带领应急班携警棍、大头棒等警用器材进入监区，协助干警成功将该犯制服。

【五一劳动节旅游景区安全保卫】 2014年5月1日至5月3日，临汾支队出动兵力，完成两个景区(吉县壶口瀑布和洪洞大槐树)的安全保卫任务。根据临汾吉县、洪洞县县政府请求，报请总队批准受领任务后，召开勤务部署会，明确任务分工。任务中，带队干部严密组织、亲自带班，确保任务完成和官兵自身安全。执勤过程中，全体参勤官兵克服昼夜温差大，执勤时间长，周边环境复杂等困难，依法文明执勤。

【刘振所看望慰问官兵】 2014年5月8日，总队政委刘振所深入临汾支队浮山县中队、安泽县中队检查指导工作，看望慰问官兵。刘振所检查各中队组织的“三员一兵一组”联动处置训练，对中队前期的军事训练效果给予肯定，深入哨位询问在执勤工作中存在的不足和面临的困难，提出指导性意见和要求。

【"5·12"地震应急演练】 2014年5月12日上午临汾市政府组织"5·12"地震应急演练。根据市抗震救灾指挥部通知精神，报请总队批准后，临汾支队抽调人员和装备，参与完成应急演练。此次演练，在61213部队(陆航团)训练场跑道，采取人员集结和装备器材静态展示的方式进行。支队官兵通过静态展示、图文介绍和现场解说等方式，向参观人员介绍各类装备的名称、性能、用途、技术参数等，展示支队装备建设的成果。

临汾支队参与完成临汾市"5·12"地震应急演练

【反恐应急演练】 2014年6月25日下午，临汾市支队参与完成市反恐应急演练。临汾市四大班子领导莅临现场观摩演练。此次演练由市委常委、市反恐领导小组组长、政法委书记陈小洪主持，场地设置在临汾支队教导队，采取反恐课目演示和装备器材静态展示的方式进行。结合反恐斗争形势，支队组织搏击团体操、特种战术动作、巡逻分队反恐防袭、反劫持综合演练4项10多个演练课目。市委副书记王文英进行总结讲话。

【警史馆建设】 临汾支队警史馆于2014年1月启动建设，7月底完工，占地面积约240平方米，收展图片千余幅、实物30余件，再现广大官兵忠于党、忠于人民，恪尽职守、无私奉献的身影，反映支队光辉的战斗历程和官兵精神风貌，展现支队诞生以来走过的30多年的厚重历史。警史馆成为官兵思想政治教育的新阵地，为全体官兵了解支队光荣历史、树立和增强集体荣誉感和自豪感提供平台。

【指挥中心部署调整启动仪式】 2014年8月1日上午，临汾支队组织280名官兵在机关新址隆重举行指挥中心部署启动仪式。总队仲轩司令员率后勤部吕明永副部长、营房处樊满贞处长，参加部署调整启动仪式，在升旗仪式之后，为临汾支队新机关揭牌，在仪式上发表讲话。

【联勤武装巡逻启动仪式】 2014年9月26日上午，临汾支队联合临汾市公安局直属分局、临汾铁路公安处等单位在临汾火车站广场举行公安、武警联勤武装巡逻启动仪式。支队选拔参勤官兵，组织任务分队学习相关法规、开展专项训练。胡锐参谋长带领参勤官兵参加启动仪式，代表支队作战前动员。

【"烈士纪念日"公祭】 2014年9月30日，临汾支队组织官兵在临汾市烈士陵园参加全国首个烈士纪念日公祭活动，缅怀革命先烈的丰功伟绩。市委四大班子领导、市直机关各部门和驻地部队官兵参加公祭活动。

【看守所在押犯分流羁押武装押解勤务】 2014年11月17日，临汾支队出动兵力和车辆，协助公安机关完成临汾市看守所在押犯分流羁押武装押解勤务。临汾市看守所因设施老化，安全隐患较多，决定拆除重建，需将所内在押犯分流异地羁押。支队拟制方案，挑选参勤人员，指导任务分队开展模拟训练；大队、中队干部参加编组，一线参勤，确保勤务全程指挥畅通；参勤官兵发扬克服天气寒冷、连续作战的不利因素，保持高度警惕，确保任务完成。

【新兵野营拉练】 2014年12月4日，临汾支队组织机关、机动中队、新训大队官兵，完成行程31.2公里的野营拉练任务。拉练全程按照"仗怎么打，兵就怎么练"的要求，结合地形和任务特点，采取情况诱导的方式，穿插进行课目训练，在近似实战环境中深化训练成效。拉练期间，气温在零下5度左右，支队严格落实各类安全措施，在险要路口、重要路段和大(小)休息点及时派出调整哨和警戒勤务,确保整个拉练过程安全顺利。

(康　健)

附:

·获奖情况·

集体

2014年,临汾市支队被表彰为基层建设先进支队;临汾支队被表彰为军事训练先进单位、正规化执勤优秀单位、军事理论研究先进单位、装备达标先进单位、综合信息网网站建设先进单位、政工调研先进单位、信访工作先进单位、退休干部移交安置工作先进单位、干部转业复员工作先进单位、军粮管理先进单位、营区房地产正规化管理优秀单位;临汾支队司令部被评为先进司令部;临汾支队政治处被评为先进政治处;临汾支队一大队被表彰为基层建设先进大队;临汾支队翼城县中队被表彰为基层建设标兵中队并被总队记集体二等功;临汾支队一中队、安泽县中队、四中队、古县中队、蒲县中队、五中队被表彰为基层建设先进中队;临汾支队浮山县中队、安泽县中队、尧都区中队、四中队、古县中队、蒲县中队、五中队、翼城县中队被表彰为中队级正规化执勤优秀单位;临汾支队勤务汽车中队被评为红旗车驾驶分队

个人

2014年,司令部作训股长张雷被表彰为武警部队优秀教练员;临汾支队一中队中队长李令飞被表彰为中级反恐特殊人才;临汾支队安泽县中队长任杰军被总队记个人二等功;临汾支队副支队长杜卫国、政治处组织股长焦刚刚被总队记个人三等功;临汾支队副政委常为社被表彰为信访工作先进个人;临汾支队一大队教导员任宏杰、安泽县中队长任杰军、五中队指导员乔元青被表彰为基层优秀干部标兵;临汾支队教导队教员林大政、一中队班长李孟佼、三中队班长赵海涛、五中队司务长王永胜被表彰为基层优秀士兵标兵;临汾支队司令部作训股长张雷被评为侦查情报工作先进个人;临汾支队司令部作训股参谋王宇洋、翼城县副中队长王原峰被评为军事训练标兵;临汾支队大宁县中队长贯小宁、三中队战士贺宏泽被评为执勤标兵;临汾支队一中队战士李孟佼被评为优秀士官人才三等奖

临汾市消防支队

【概述】 2014年,临汾市公安消防支队按照“听党指挥、能打胜仗、作风优良”的要求,推进火灾隐患排查整治,打造现代化消防铁军,适应防火、灭火和应急救援工作的新形势。2014年,全市各级消防部门检查社会单位8455家,发现火灾隐患9036处,督促整改火灾隐患8661处,临时查封单位57家,责令三停单位131家,罚款539万余元,拘留5人。全市消防部队接警出动1123起,出动车辆1592辆次,出动警力10481人次,处置火灾497起,抢救被困人员20人,疏散被困人员1364人,抢救财产价值1602万余元,处置“4·6”吉县山体崩滑、“7·23”尧都区甲醇罐车侧翻、“10·31”安泽县液化天然气槽车泄漏事故。

2014年4月6日吉县吉昌镇西关村
山体崩滑事故现场救援

【火灾防控】 2014年,消防支队完成第二次“清剿火患”战役,重大火灾隐患专项整治和打非治违行动,提请市县两级政府挂牌重大火灾隐患单位29家,召开专题新闻发布会2次予以曝光。组织开展县级消防工作考核,召开全市2014年至2015年度消防工作会议,提请市政府下发《进一步加强全市消防供水设施建设管理工作的意见》,组织召开2014年度消防安全联席工作会议,建立行业部

门消防工作职责常态化汇报机制。

【社会化消防宣传】 2014年，临汾市公安消防支队组织实施网格化管理试点单位推广建设和派出所双达标建设工作，对全市820名控制室操作人员进行岗位适应性培训，31家派出所、74家中控室达标。对20多个企业100多名相关从业人员进行消防产品知识培训，开展"3·15""119"消防产品集中销毁仪式，销毁假冒伪劣消防产品700余件。组织150名现役官兵、120余名文职雇员成立40个专业宣讲团，深入各行业、系统开展公益性消防宣传活动，组织700余名消防志愿者成立50支巡查服务小分队，分批分时段开展流动宣传63次，在翼城县建成全市首座消防主题公园，在临汾开发区建成消防文化主题社区。

【基层灭火救援实战能力】 2014年，临汾市公安消防支队组织全市35名班长骨干进行为期10天的集中培训，组建灭火救援攻坚班22个，组织开展40多个攻坚项目训练，实施各个层面的合成、协同、拉动，统一招聘43名专职消防队员和28名消防文员，全部充实到一线，缓解基层警力不足的现状。临汾公安消防支队紧盯实战需要，分类修订预案286份，开展跨区域实战拉动演练1次，支队级灭火救援演练8次，大中队级演练256次，开展"六熟悉"训练出动110次，熟悉各类重点单位1000余家，提高部队实战能力。

【应急救援队伍建设】 2014年，临汾市公安消防支队重点规范搜救犬队，完成攀登障碍、血迹搜索、箱体搜救、废墟搜救4个科目训练设施建设，完善临汾市消防支队地震应急救援队伍，配齐人员装备，提升处置各类灾害的专业水平。

【部队管理正规化】 2014年，消防支队为基层部队配备各类头盔142顶，对8个现役中队的所有抢险救援服和消防车统一喷涂标识，配备100套金黄色灭火防护服、80个火场袖标，制作各类标识120个。加强技防与人防的有效结合，通过士官量化考核系统、GPS车辆定位系统、请销假系统、营区监控等，实现全方位、全时段、全天候对基层部队战备、训练、工作和生活秩序的监控检查，提升部队正规化管理工作。

【消防基础设施建设】 2014年，临汾市公安消防支队购置1台云梯消防车，1台城市主战消防车、4台高喷消防车，消防车总数129台，新增潜水装具、个人防护装备、水下破拆器材等装备978件（套），部队车辆器材装备建设取得新发展。年内，全市13个消防站，15个建设项目铺开，消防队站营房建设取得突破性进展，提升全市抗御火灾及应急救援的整体能力。

（秦鑫炎）

附：

·获奖情况·

单位

2014年，临汾市公安消防支队、临汾市公安消防支队襄汾大队被山西省公安消防部队评为2014年度部队安全工作先进单位；临汾市公安消防支队洪洞中队被山西省公安消防部队评为2014年度部队安全工作先进中队

个人

2014年，临汾市公安消防支队吉县大队大队长杨强、临汾市公安消防支队特勤中队副指导员张勇被山西省公安消防部队评为2014年度部队安全工作先进个人

人民防空

【概述】 2014年，临汾市人防工作落实习近平主席关于国防和军队建设的一系列重要指示，推进深度融合式发展，提高应急战备能力，完成年度各项目标任务。荣获全省年度目标责任考核优秀等次和全省人防融合式发展重点工作年人防纳入城市地下空间利用规划先进单位。

【人防工程建设和安全生产管理】 2014年，人防办依法行政，坚持应建必建、应收必收，提升人防工程批建面积和易地建设费征收金额。狠抓人防工程质量监督管理工作，监督覆盖率100%。加大安全生产检查力度，营建人防安全生产环境。加强

早期人防工程的维护管理,确保安全无事故。强化培训教育,举办全市人防工程建设和管理从业人员示训工作。

【组织指挥和通信警报建设】 2014 年,人防工作融入政府应急工作,参与突发事件的处置。4 月 6 日,吉县发生山体滑坡事件,人防机动指挥车完成省应急办赋予的通信保障任务。完成北斗导航系统,在市区安装防空警报器,提高警报音响率。完成“9·18”警报试鸣工作,组织山西师大 1000 余名师生的防空疏散演练,提升组织指挥能力,增强群众互救自救能力。组织开展人防战备资产资源普查和开展人防军事斗争准备检验评估工作。组织开展军事斗争指挥演练。依照“一中心、三部门”指挥机构编成,确保演练内容、程序和效果到位。

临汾市人防办开展机动指挥所开设训练

【人防宣传教育】 2014 年在《中国人防》《华北人防》《山西人防》和网站等媒体上刊稿 50 余篇。抓阵地宣传。在市区繁华地段通过电子屏,定期宣传人防法律法规。抓活动宣传。利用“9·18”警报试鸣日、法制宣传日等重大活动,开展人防宣传活动。抓媒体宣传。依托人防网站、政府信息公开网页等,进行人防法律法规知识宣传。

(郭俊霞)

交通战备

【概述】 2014 年,临汾市交通战备工作坚持抓重点、带全局、开好头,推进军事斗争战场交通准备和动员准备,加快交通战备现代化建设,完善交通战备工作机制,提高应对多种安全威胁、完成多样化军事斗争的交通保障能力。

【应急演练】 2014 年 5 月 12 日,在临汾市抗震救灾指挥部统一部署下,在南机场参加全市防震减灾保障队伍演练。市交战办出动 4 辆保障车辆,11 名保障人员。加强地震应急工作有效协作和快速联动,提高地震应急处置能力,制定《临汾市交通运输局抗震救灾联动实施方案》。

【编制方案(预案)】 2014 年,对《马务汾河大桥战时保障方案》进行重新编制。重新修定二级目标《七狼窝黄河大桥战时保障方案》、三级目标《高河桥战时保障方案》、三级目标《乡韩黄河大桥战时保障方案》,提高交通保障能力。

【更新国防交通信息数据】 2014 年,根据省战备办《关于组织国防交通信息管理系统更新的通知》要求,2012 年、2014 年对全市 17 个县(市、区)的组织机构、交通基础设施、国防交通工程设施、民用运力动员潜力、交通专业保障队伍、国防交通物资储备等六类基础数据,补充完善,经主管领导签审后制成光盘上报省办。

【交通战备理论学术研究】 2014 年,提高国防交通综合保障能力为出发点和落脚点,围绕新形势下走军民融合式发展路子,撰写《推进国防交通保障力生成模式的转变》《国防交通军民融合式发展浅谈》《提高交通战备信息化建设水平浅见》,提出国防交通建设中存在的问题和加强国防交通工作与建设的对策和措施。

(庞燕冬)

法　治

政法委及综治工作

【概述】 2014年，临汾市委政法委根据临汾市《2014年度“1+1”目标责任考核实施办法》的要求，紧盯2013年提出的全市政法工作在全省“一年打基础，两年争先进，三年创一流”的目标，推进平安临汾建设、法治临汾建设、政法队伍建设，提升政法综治各项工作，保障全市经济社会平稳健康发展。全市政法系统忠诚履职，践行使命，推进“平安临汾”“法治临汾”和政法队伍建设。

【百里汾河平安法治带】 市委政法委服务百里汾河新型经济带建设，制定《中共临汾市委政法委员会关于政法机关服务和保障转型综改试验区建设的指导意见》，市法、检、公、司政法各部门制定出台相关配套实施办法，形成全市政法机关服务转型综改“1+4”文件体系，服务临汾综改实验区建设。深化“百里汾河平安法治带”建设，落实服务非公有制企业十条措施，在全市初步形成“一体优化、两翼平安”的平安法治和服务保障格局。临汾市政法综治系统围绕转型跨越发展大局，推进服务保障中心建设、平安建设、法治建设和政法队伍建设，初步形成“一体优化、两翼平安”的平安法治和服务保障格局，确保全市社会大局的持续稳定。

【“六百公里生态铁路带”】 2014年，政法工作“六百公里生态铁路带”涵盖平安法治、文明文化和生态优美三方面内容。通过铁路生态整治、开展生态绿化工作，设立公益广告、宣传标识、开展宣传等行动，绿化、优化、美化、靓化铁路沿线自然环境，促使沿线群众不乱扔、乱倒垃圾、不乱搭乱建、不乱排污水，引导沿线群众知法、学法、用法、守法，以法律思维和理智行为处理各类问题，使沿线群众能够做到有纠纷不上路，有涉路矛盾通过法律解决，不走极端，不以身试法，加强安全自护教育和安全意识，使其管好自己、管好家人，促使全市辖区铁路路外伤亡事故、危行事件和涉路治安案(事)件大幅下降，维护铁路沿线社会治安持续稳定，确保铁路运输安全畅通，群众安居乐业，达到平安法治的目的。

召开全市“打造六百公里生态铁路带”工作部署会议，市委、市政府分管领导，市林业局，各县(市、区)政法委书记、分管林业的副县(市、区)长、县(市、区)护路办主任等参加会议。制定《打造“六百公里生态铁路带”五年规划》，与临汾市林业局联合行文，下发铁路途经各县(市、区)。确定以铁路安全“线格化”管理为抓手，夯实生态铁路带建设的工作方针。确保铁路运行和林业管护的安全。在全市铁路沿线开展侵线垃圾专项整治工作。组织各县(市、区)政法委分管领导、护路办主任、媒体记者乘坐火车，观摩调研沿线生态绿化工作。落实部门协作机制，在建设生态铁路过程中，调整补充林业、环卫、绿化及铁路等相关部门。形成平安联创、治安联防、矛盾联调、信息联享、生态联建、工作联动的工作格局。建立考核机制，建立健全市、县、乡、村四级生态铁路带建设考核体系，对生态铁路带建设推进有力、年度达到创建标准的优秀县(市、区)、乡镇、村庄、单位等给予表彰；对工作不力、推进缓慢、涉路问题得不到解决、涉路案件频发、沿线环境脏乱差的单位通报批评；对发生重大涉路案事件的地方和个人，行使综治工作“一票否决”权，按规定进行责任查究。市林业部门将生态铁路带的绿化工作纳入全市林业生态建设指标对各县(市、区)进行统一考核。

临汾市在2014年将“打造六百公里生态铁路带”作为继“百里汾河新型经济带植被修复工程”“涝洰河生态治理工程”之后的第三个林业生态建设重点任务来部署。

襄汾县2014年完成南同蒲线丁村—官滩8公里生态铁路示范区段绿化任务。曲沃县2014年投资206.32万元，完成南同蒲线656千米至660千米处，23.15公顷铁路两侧的植树造林工作。侯马市2014年植树造林9500余株。尧都区2014年完成沿线3公里，栽植树木3.6万株。洪洞县2014年完成植树造林20公顷。翼城县2014年完成4公里。霍州市2014年完成13.33公顷的造林任务,种植树木2万余株。

【政法综治“十标百佳千优”宣树活动】 2014年,全市政法系统综治系统学习习近平同志系列讲话精神,践行“忠诚、为名、公正、廉洁”的政法干警核心价值观和党的群众路线教育实践活动。各级政法综治系统深入学习实践科学发展观,忠实履行宪法、法律赋予的神圣职责,按照市委统一部署,围绕中心、服务大局,在化解矛盾、创新社会管理、维护社会稳定、服务人民群众等方面做工作。通过开展政法综治“十标百佳千优”宣树活动,在全市范围内形成宣树10个政法标杆单位、100名优秀政法干警、1000名社会治理和学法守法用法优秀个人的良好效果。在一批政法标杆单位、优秀干警、社会治安综合治理和学法守法用法优秀个人的带动和践行,加快平安临汾、法治临汾的建设步伐,为“一体优化,两翼平安”的平安法治做贡献。

【“六六创安”工程建设】 2014年,政法系统紧抓平安临汾建设,坚持严打整治,维护社会稳定。构建以视频监控网为重点的立体化治安防控体系,推进打黑除恶、命案防控、志愿服务、平安创建等工作,全市刑事案件立案数同比下降8.13%,“八类案件”同比下降10.36%;三级矛盾纠纷调解平台建设提前实现全覆盖,三级社会服务管理中心平台不断完善、高效运行;综治专项工作考核名列全省第一,全市综治(平安建设)工作跨入全省前三名,提前完成“一年打基础,两年争先进,三年创一流”的目标,被评为全省社会治安综合治理先进市;洪洞县、安泽县获得中国城市管理进步奖和“中国社会治理创新范例30佳”。

全市政法系统落实《平安临汾建设五年规划》和“六六创安”工程建设任务,坚持项目实施、任务细化、责任到人、分步推进的方法,开展平安建设工作,确保平安临汾建设开好头、起好步、奠好基。实现创建责任主体基本落实,创建工作机制基本建立,创建指标体系基本形成,影响社会稳定和社会治安的突出问题得到较好解决,维稳形势和治安状况好转,人民群众安全感增强。加强平安临汾建设的组织领导,成立以局长为组长的领导组,下设办公室,负责统一规划、管理、指导和协调辖区内“平安临汾”的建设,以及情况收集、汇总、上报,以此化平安临汾建设,推进建设项目落地。

打击违法犯罪,开展打黑除恶、打击“两抢一盗”、治爆缉枪、打击传销、打击电信诈骗、破案追逃等专项行动。加强治安整治,包括城乡结合部治安整治、“城中村”治安整治、出租房屋治安整治、“九小场所”治安整治、消防安全管理等。做好社会面控制,建设街面巡逻防控、社区(村庄)防控、单位内部防控、视频监控、区域警务协作、虚拟社会防控等网络。化解社会矛盾,落实社会稳定风险评估机制,制定出台实施细则,建设新形势下群体性事件应急处置机制。管控重点人群,包括吸毒人员康复管控、易肇事肇祸精神障碍患者收治管控、境外来临人员服务管理、实有人口服务管理等。开展平安建设,深化平安单位建设、平安社区(村)建设、平安乡镇(街道)建设。

【“1+6”工作机制】 2014年,政法系统在法治临汾建设方面,建立“1+6”工作机制,发挥6个联席会议作用。“1+6”工作机制是山西省创新法治建设的一项重要举措,从顶层设计上为推进依法治省工作开辟新的途径,提供工作手段、工作方法和工作平台。

2014年市委政法工作会议

【查处司法腐败】 2014年,政法委以“人情案、关系案、金钱案”为重点,围绕立案、侦查、起诉、审判、执行以及治安管理、行政执法、案件代理等容易滋生司法腐败的关键环节,从现有线索、群众举报、明察暗访以及久押不决和涉法涉诉信访积案清理中排查确定一批政法干警违纪违法线索,以零容忍的态度推动查处一批司法腐败案件。对滥用职权、贪赃枉法、买官卖官、收钱捞人甚至充当黑恶势力保护伞等问题,发现一起、查处一起,做到凡腐必反、除恶务尽,在全市政法机关形成惩治腐败的高压态势。全市各政法机关把正面教育与反面警示、增强党性与正风肃纪、解决问题与完善制度结合起来,形成不敢腐、不能腐、不想腐的有效机制。

(乔洪斌)

法制政府建设

【概述】 2014 年，临汾市政府法制办以建设职能科学、权责法定、执法严明、公开公正、廉洁高效、守法诚信的法治政府为目标，完善工作制度、改进工作作风、创新工作方法、提高工作效率，履行工作职责，完成各项工作任务。

【规范性文件审查备案】 确保行政决策的合法性。2014 年，法制办把规范性文件的审核及备案审查作为日常工作重点，严格规范性文件的审查备案工作，确保文件合法性。组织对《临汾市工程建设项目财政性资金管理暂行办法》《临汾市加气站项目建设管理暂行办法》等 19 件规范性文件进行合法性审查，出台的规范性文件全部向省政府和市人大报备，维护法制的严肃性，保证政令畅通。

【行政执法监督】 2014 年，政府法制工作主要优化政务环境，规范重点行业执法行为。根据省政府“六权之本”要求，依法依规对政府各部门职责权限进行系统梳理和清理规范，明确市本级行政许可事项，对没有法定依据的一律取消。对具有明确依据，按照便民精简的原则，该合并的合并，该下放的下放，该调整的调整，确定市本级行政权力清单。经过市政府 57 次常务会议研究通过，确定市本级 39 个工作部门行政审批事项 372 项。分析总结近年来行政执法工作基本情况、经验、重点难点问题，梳理 19 个县（市、区）、32 个市级行政执法主体，明确各执法机构法律定位、编制性质、行政执法权限、执法人员情况。开展执法证件申领和换发的前期准备。对 19 个县（市、区）、32 个市级执法主体、65 个下属单位 9397 人进行审核统计，推进申报考试换发执法证件工作。

【履行行政复议和行政应诉职责】 2014 年，政府法制工作着力化解行政争议，提升全市行政复议工作水平。加强行政复议宣传，推动全市行政复议规范化建设。推进依法行政，开展行政复议工作。全市办理复议案件 72 件，其中市政府办理 51 件（不予受理 21 件，受理 30 件；办结 22 件，驳回 4 件，维持 18 件，责令限期履行 2 件，尚未办结 4 件），各县（市、区）办理 21 件（撤销 9 件，维持 6 件，驳回 2 件，尚未办结 2 件），案件数量是 2014 年的 2 倍。规范运行机制，提高行政复议工作质量。坚持集体讨论和咨询制度，每一件行政复议案件，都要经过初审、复审、审定等多个环节，重大疑难案件，邀请政府法律顾问、法院法官、行业专家沟通、商议、讨论，确保案件质量，推进行政调解、行政复议案件的规范化、制度化、公开公正化建设。健全规章制度，营造行政调解复议氛围。完善行政复议、行政调解联席会议制度，坚持行政复议、行政调解集体讨论、联合会审，提高行政调解效率。

【“依法行政宣传月”】 2014 年 7 月下旬，法制办下发通知进行宣传组织。法制宣传月的主题是“强化法治思维，注重法治方式，坚持依法行政，保障服务转型跨越”。霍州市政府组织各乡镇政府和各执法单位利用各类新闻媒体及信息简报、电子显示屏、专栏等集中宣传依法行政。市规划局设立多出宣传站点，摆放宣传版面 9 块，发放宣传资料 1000 余份，解答群众咨询。市财政局开展“我说法治财政”征文活动。市煤炭局组织送法到煤矿。市国税局开通《临汾国税 12366》官方微博和“尧都国税”官方微信，通过政策速递、专题辅导、办税指南、涉税提醒、培训视频、税企互动等专栏，宣传税收法规、服务纳税人。市国土局、气象局通过气象信息快报，宣传《气象法》《地质灾害防治法》，增强安全防范意识。市工商局、民族宗教局邀请检察院、法制办、法院的法规专家，举办法律法规培训班，为执法工作者进行法律培训。

（刘春蝉）

公　安

【概述】 2014 年，临汾市公安机关以问题为导向、以改革为动力，坚持实施民生警务、打造亲民公安，维护全市社会和谐稳定。2014 年全市公安机关群众安全感和满意度全省排名第三，综合治理 33 项专项工作中 23 项全省排名一类，省公安厅重点业务工作考核 26 个处室 9 个部门全省排名第一。

【维护社会政治稳定】 强化情报信息工作，2014 年，全市公安机关完善国保、反恐、反邪、技侦、网监、情报中心情报信息研判机制，获取有价值的情报线索 700 余条，编发、上报省厅公安情报 144 期。完成国保涉稳业务平台建设；围绕利益诉求群体、民族宗教、意识形态、高校等重要领域，对列控的 64 名国保重点人全面落实管理、控制和教育转化措施。开展反恐维稳工作，将全市涉恐重点人员纳入“大情报”平台进行动态管控。开展情报信息收集研判、重大事项维稳风险评估，为党委、政府决策提供主要依据。组织全市反恐应急演练，抽调尧都、直属、东城、北城、交警、消防、武警等部门1000余人参加，提升反恐维稳工作水平。推进“全能神”邪教百日会战，破获“全能神”邪教组织重要专案。开展矛盾纠纷排查化解。编制修订58种突发事件应急预案，处置“6·19”等25起群体性事件。加强网上斗争，全市网警部门侦办案件23起发现处置各类网上有害信息28613条。完善信访问题化解机制、手段和措施，制定出台《市局领导接待群众来访制度》。受理各级走访件316件、转送件209件，全部在规定时限内办结。开展矛盾纠纷排查化解，开展“一村(社区)一警”联系走访活动和“百日双百案”、信访积案清理专项行动，对各级交办的75件、涉及公安机关的210件全部办结。充实驻京工作组力量，劝返接回非访人员219人次，依法处置非访人员236人次。完成重大活动、重要节日和重要节点安保任务。完成6次重大警卫任务，确保绝对安全。完成全国、全省“两会”、元旦、春节、元宵节、“五一”“七五”“国庆”、十八届四中全会、APEC峰会和农村村委会换届选举等各项安保维稳任务。

【打击刑事、经济犯罪】 全市公安系统开展打黑除恶专项斗争，2014年，全市摸排涉黑涉恶线索143条，打掉恶势力团伙28个，侦破涉恶刑事案件179起，抓获涉案犯罪嫌疑人161人，其中“9·28”以来，摸排涉黑涉恶线索76条，打掉恶势力团伙6个，侦破涉恶案件91起，抓涉案获嫌疑人50人，部署开展“打击‘两抢一盗’”“打团伙、破小案、增加群众安全感”夏季严打整治行动，坚持命案必破，全年53起现发命案全部破获，破获命案积案6起。2014年，全市立刑事案件9557起，破4321起，八类危害严重的刑事案件739起，破567起，全市立两抢一盗案件6899起，破2489起。开展“打假”“打击传销”“打击整治假发票”等专项行动，破获各类经济犯罪案件280起，查处非法集资案件27起，抓获犯罪嫌疑人197人，为国家和人民群众挽回经济损失2.5亿元。

【打击毒品、食品、药品犯罪】 开展百日禁毒专项行动和“百城会战”，2014年，全市破获刑事案件84起，抓获嫌疑人107人，起诉98人。查获吸毒人员564人，强制隔离戒毒113人；缴获毒品海洛因444.9克，冰毒1970.31克，咖啡因55206克，甲卡西酮56.07克。打击食品、药品犯罪。全年破获食品、药品犯罪案件45起，刑事拘留50人，端掉非法生产加工窝点35处，侦破公安部督办“任甲润”等人非法加工义齿案和“11·4”特大销售假药案。

2014年全市反恐应急演练

【打击涉爆犯罪】 2014年，公安系统围绕“服务、宣传、奖励、布控、管理、排查、收缴、设卡、打击、问责”10个环节，组织开展治爆缉枪、缉捕涉爆逃犯、民爆物品安全整治百日行动等专项行动，严管涉爆单位、严治涉爆乱点、严打涉爆犯罪、严防涉爆事故。侦破涉爆案件19起，查处违法犯罪嫌疑人24人，收缴炸药1316公斤，雷管148155枚，抓获涉爆涉枪网上逃犯13人。

【“六网覆盖”工程】 推进以视频监控网为重点的“六网覆盖”工程，启动市区视频监控系统建设，采用政府购买公共服务的方式，招标确定联通临汾分公司投资1.2亿元建设市区监控系统，为公安机关提供服务。

【常态巡逻】 2014年，公安系统制定、启动重大活动、重要节日期间公安、武警联勤武装巡逻机制和重要场所、重点部位常态巡逻机制，加大巡逻密度，制定、启动重大活动、重要节日期间公安、武警联勤武装巡逻机制和重要场所、重点部位常态巡逻机制。出动巡警警力90070人次，车巡68905辆次，步巡67630人次，社会防控力量19863人次。盘查可疑人员25755人，可疑车辆19220辆。

【“六项整治”】 公安系统推进社会治安“六项整治”，行动中，全市出动警力13746人次，车辆2995辆次，检查各类场所共计7280家。破获涉赌案件216起，其中刑事案件11起，刑事拘留13人，行政案件40起，行政拘留157人，行政处罚391人，收缴赌资35849元。破获涉黄案件8起，行政拘留13人，行政处罚52人。2014年，全市受理治安案件10969起，查处治安案件8759起；制定出台《临汾市户口登记管理工作责任追究暂行规定》，部署开展为期3年的户口清理整顿工作；注销重复户口11018人，纠正户口差错27726项，办理二代居民身份证

184179张，办理临时身份证15300张，登记出租房屋33483户49356间；在公安便民服务在线回复群众咨询1020起。2014年全年，受理公民因私出境以及往来港澳台69251人次（护照19844人次，港澳通行证及签注44437人次，大陆居民赴台通行证及签注4970人次），同比增长28.98%；办理外国人居留许可61人次；登记临时境外人员4164人次，常住境外人员42人。

出入境民警热情接待办证群众

【看守所“五化建设”】 2014年，公安系统推进看守所“五化建设”。全市18个看守所全部完成A、B门建设、武装上哨工作；制定加强和改进公安监管工作的意见，出台监管场所“八不准”“四个严禁”；推进看守所纪律作风专项整治；党委会专题研究对监管部门成绩突出的2个集体和27名个人给予记功奖励；市看守所改扩建二期工程开工，落实搬迁经费1800万元。

【道路交通安全治理】 2014年，市公安局完成黄标车及老旧车淘汰任务；集中开展饮酒、醉酒、无证驾驶和“不系安全带”等交通违法行为专项治理；科学规划、设置、配置道路交通设施；开展事故多发点段排查治理工作，推进交通事故预防；全市发生道路交通事故3171起，同比增加294起；涉及人员伤亡的道路交通事故386起，同比减少38起、下降8.96%；死亡148人，同比减少24人、下降13.95%；受伤425人，同比减少29人、下降6.39%；直接财产损失96500元，同比减少8700元、上升0.91%。

【火灾隐患安全治理】 2014年，市公安局开展“清剿火患”战役、劳动密集型企业消防安全专项治理、圣诞元旦“零点夜查”行动等火灾隐患集中整治，狠抓各项火灾防控措施落实；全市发生火灾239起，直接财产损失321万余元；检查社会单位6726家，发现火灾隐患7622处，督促整改火灾隐患7440处，查封隐患单位41家，责令三停单位106家，罚款467万余元。

（刘晓宇）

附：

·获奖情况·

集体

2014年，尧都区看守所被评为公安部法制文明窗口建设年活动成绩突出单位；临汾市交警支队车辆管理所被评为公安部全国一级车辆管理所；襄汾县公安局被评为全省公安机关取保候审突出问题专项督察工作成绩突出集体；临汾市禁毒委员会办公室被评为全省“三晋骑游禁毒行”活动优秀组织单位；临汾市公安局交警支队被评为山西省档案管理工作目标管理省一级；临汾市公安局刑事技术处、临汾市公安局交警支队车辆管理所、临汾市尧都区看守所荣记山西省公安厅记集体二等功；临汾市公安局国保支队、临汾市公安局交警支队北城大队、临汾市公安局交警支队南城大队、临汾市公安局直属分局刑警九中队、古县公安局岳阳派出所、安泽县公安局交警大队事故中队、安泽县公安局府城派出所、乡宁县公安局刑事技术中队、汾西县公安局刑警三中队、汾西县公安局永安派出所、大宁县公安局刑事科学技术室、襄汾县公安局陶寺派出所、襄汾县看守所、浮山县看守所、翼城县公安局刑警大队、临汾人民警察学校荣记山西省公安厅集体三等功

个人

2014年，安泽县公安局政工室主任董洁被评为全省公安机关取保候审突出问题专项督察工作先进个人；临汾市公安局政治部教育训练处赵明珠、临汾市公安局直属分局尧庙派出所马卉、临汾市尧都区公安局禁毒大队长李斌、襄汾县公安局新城派出所教导员白桦杨被评为全省公安系统优秀教官；临汾市公安局交警支队法制科副科长陈瑞红被评为全省公安交警优秀法制员

·公安交通管理·

【概述】 2014年，临汾市公安交警部门以围绕“降事故、保安全、保畅通”工作中心，推进“四项整治”，强化执法规范化建设。拓展便民服务渠道，实施新交通组织措施，构建交通管理新常态，为全市经济社会发展营造良好的道路交通安全的环境。全年发生统计范围内生产经营性道路交通事故171起，同比减少29起、下降14.50%；死亡104人，同比增加6人、上升6.12%；受伤134人，同比减少48人、下降26.37%；直接经济损失670500元，同比增加54100元、上升8.78%。

【路面管控】 2014年,公安交警部门查处各类交通违法行为630686起,其中酒后驾驶841起、涉牌涉证13070起、客车超员115起、货车超载666起、超速行驶270055起,遏制和预防较大道路交通事故的发生。

【春运安全】 2014年,支队领导包片,科室包大队,不定时对全市春运工作进行督导检查;各大队均与辖区客运企业签订《2014年度春运交通安全责任书》;对未按规定参加临检或临检不合格的车辆、重点车辆管控平台预警范围内的车辆以及需要进行布控的营运客车,在全国机动车缉查布控系统中对其进行布控,通告全市严格检查。春运期间,全市道路畅通、事故平稳。

【重要节日路面管控】 2014年,支队按照"四定一包"勤务模式,加强重要节日的道路交通安全工作。在"平安夜、圣诞节、元旦"期间,结合辖区特点,重点在酒店、西餐厅、教堂、商场等易发生酒驾、毒驾的地点和人口密集地区布置警力,适时开展查处重点交通违法行为统一行动。期间,查处无证驾驶226起,酒后驾驶129起,醉酒驾驶16起,拘留96人。

【危险化学品运输车安全管理】 2014年,支队科学调配警力,采取流动巡逻与定点管控相结合的勤务模式,在国(省)主干道路、城乡结合部、城市主要出入口及人口密集的道路上设立42个临时执勤点,发挥全市32个交通安全检查服务站的屏障作用,对发现的交通违法行为,全部上限处罚。细化统一行动措施,开展晨检、午检、夜检等行动,通过相邻警队联勤、交叉巡逻、接力巡逻、错时勤务等方式,加强对危险化学品运输车辆的查处。

【"打四非查四违"行动】 2014年,支队根据部交管局及省厅交管局"打四非查四违"统一部署,开展阶段性重点工作。行动期间,查处各类交通违法行为58236起。其中,"四非"的典型案例9起,"四违"的典型案例13起,检查危化品企业157家,下发隐患通知书2份,检查危化品运输车5657辆,检查客运企业202家,检查客运车14937辆。

【"四车一隧道"管控】 2014年,支队明确工作内容,列出任务清单,逐项对应贯彻落实。抓按道行驶,做到"零障碍、零交叉、零滞留"。抓突出违法,开展严查"七类"交通违法行为统一行动。抓重点路段,对尚在建设、不具备安全通行条件的施工路段,督促施工单位落实责任,严防发生事故。

【交通安全教育基地】 2014年,支队狠抓新学员考前体验教育,由驾校组织新学员到基地进行交通安全实地体验,接受警示教育,上好领证前"特别教育一堂课"。基地接待参观者96批9800人次,满分培训300余人,驾驶人审验1000余人,社会团体1800余人。

【交通安全巡回宣传】 2014年,支队联合市文明办、黄河新闻网临汾频道等单位举办"让文明出行成为习惯"新闻采风巡回宣传活动,通过进企业、单位、学校以及人员密集的场所,向交通参与者宣传"文明出行""文明交通"的必要性。

【安全驾驶、文明出行宣传】 2014年,支队联合有关单位,利用周末在临汾万家福家乐店超市广场联合开展安全驾驶、文明出行大型公益宣传活动。向广大群众发放拒绝酒驾、超速超员,倡导安全驾驶、文明出行交通安全宣传材料、安全提示卡。

【"12·2"全国交通安全日文明交通宣传】 2014年,支队围绕"抵制七类违法,安全文明出行"主题,在平阳广场开展"全国交通安全日"宣传活动。活动当天,全市出动宣传车120多辆次,发放各种宣传资料2万余份,摆放宣传展板70余块,悬挂标语横幅30余条,受教育面达6万多人次。

【事故处理】 2014年,支队接处道路交通事故5095起,办理交通事故认定复核案件166起。公平、公正办理每一起交通事故复核、信访案件。坚持把交通事故复核、信访案件作为重要工作来抓,在办案程序上实行办案人负责、复核组集体会议研究及领导审批制度。办理交通事故认定复核案件166起,其中,责令原办案单位重新调查、认定47起,维持原办案单位交通事故认定95起,终止复核10起、不予受理14起。妥善处理上级有关部门信访督办的10余起案件。

【交通肇事逃逸案件侦破】 2014年,支队协调技侦、网监、情报等部门,发挥科技手段作用。邀请省道路交通事故管理专家组多名专家会诊、把脉,召开案情分析会,逐案进行督办。全市发生道路交通肇事逃逸案件83起,侦破82起,侦破率98.8%,抓获交通肇事网上在逃人员47名。

【交通事故"五长"现场办公机制】 2014年,市交警队推行发生死亡交通事故,辖区大队事故、车管、秩序、宣传、法制等5个部门负责人必须到现场制度;发生3人以上交通事故,支队事故、车管、秩序、宣传、法制等5个部门负责人必须赶赴现场办公制度。围绕本部门工作职责,查找问题,研判事故原因,针对性制定整改措施。

【隐患排查】 2014年,下发《全市公安交警开展道路交通事故多发(频发)路段排查工作方案》,以急弯、陡坡、连续下坡、视距不良、路侧险要和路况复杂等6种道路为重点，在全市范围内组织进行排查，确定14处事故多发点段，全部登记造册，向相关职能部门下发隐患整改通知书。在《临汾日报》和支队互联网官方网站发布事故多发(频发)路段排查情况公告，提醒驾驶人注意行车安全。

【重点车辆及驾驶人源头管理】 2014年，支队把客货运车辆、危险化学品运输车辆、校车及驾驶人作为管理重点，深入客货运企业和危险化学品运输企业，检查督导安全责任制落实情况，督促企业加强对车辆及其驾驶人的安全管理，确保各项安全制度落到实处。加强学生接送车排查整治工作，检验车辆安全技术性能和驾驶人资质，对不具备安全条件的坚决不准接送学生，确保学生乘车安全。通过定人、定校、定车的方式，督促学校立即对自有接送学生车辆集中检验，发现有交通安全隐患的，立即进行整改，确保校车管理措施落实。

【规范驾驶人考试程序】 2014年，支队杜绝驾驶人考试中存在的违规违纪现象，实行考试民警抽调工作制，每周从全市17个县(市、区)随机抽调考试员参加驾驶人考试工作。自主研发门禁排队系统，学员持身份证刷门禁进入考场，自动排队，从源头杜绝走关系插队考试。建立专门的驾驶人考试监控中心，工作人员通过远程画面对全市所有考场进行实时监控，确保考试公正透明。

全年考试驾驶人473553人次，发放驾驶证73169人，其中初次申领71781人，增加准驾车型申领1388人。

【车辆检验】 2014年，支队依托远程查验先进手段，严格把关。全年办理机动车检验业务325543辆次，其中：受托检验2432辆次，申请检验合格标志227887辆次。营运载客、大中型非营运载客汽车检验率97.26%，小型、微型非营运载客和重、中型载货汽车检验率90.44%，检验率位居全省前列。

【交通管理工作新常态】 2014年11月12日支队新一届领导班子组建以来，以城区“主要干道、关键时段、重要区域”交通秩序攻坚为突破口，按照落实“四项整治”、倡导岗位“四勤”、反对岗位“四懒”，实施新的交通组织措施，构建临汾公安交通管理新常态的工作思路，梳理出23个拥堵点段，实行大队长包点治堵，实施精细化攻坚；建立交通勤务讲评班会制度，督导进展落实情况；组建摩托车巡逻队，扩大治理范围，推进新交通组织措施的落实；以观摩一线执勤民警践行岗位“四勤”为带动，促进全市道路交通秩序持续好转。

【落实问责制】 2014年，支队进行明察暗访225次，组织政风行风监督员明察暗访14次，发现化解调解案件83人次。受理各类信访举报190人次，办结案件101起(其中上级转办案件35起，交办案件17起，直办案件44起，不予受理案件5起)，正在办理案件4起。处理各类违纪违法行为人24人，其中违反八项规定案件3起，处理3人(其中包括刑事处分1人)；不作为、乱作为案件2起，处理2人；公路“三乱”案件2起，处理5人；违反“五条禁令”“六条警规”案件2起，处理4人；违反工作纪律案件2起，处理6人；执法不规范案件1起，通报批评4人。

【规范办理行政案件】 2014年，支队审核行政拘留案件116起，办理吊销案件55起，刑事案件审核立案9起；接受群众投诉1000余起，办理驾驶人行政复议案件109起，其中适用行政复议程序作出决定5起，适用先期调解处理101起，3起按程序办理中。电子监控审核撤销860条。

【规范执法记录仪管理和使用】 2014年，支队加强执法规范化建设和队伍正规化建设，规范执法记录仪使用管理工作，制定《临汾市公安局交警支队规范使用执法记录仪工作实施方案》《临汾市公安局交警支队执法记录仪使用制度》和《临汾市公安局交警支队执法记录仪使用考核办法》，为直属大队配置300台执法记录仪。

【机动车号牌管理】 2014年，支队推行自主选号，机动车号牌“公开透明”。将所有机动车号牌录入计算机系统统一管理，实行机动车号牌在自助选号机上“10选1”的公开选号方式，杜绝走后门找关系的漏洞。推出在互联网上自助选取号牌的公开选号方式，购买新车的车主登录山西公安交警网站挑选号牌。

【二手车交易管理】 2014年，支队在二手车交易市场设立便民服务站，减少车主办理车辆过户手续在二手车交易市场及车管所之间的往返。推出辖区内机动车过户不核档的举措，车主持过户手续可在二手车交易市场完成全部业务，实现“内部多传递，群众少跑腿”，让老百姓享受到更便捷的车管服务。

【机动车检验】 2014年，支队推行机动车预约检验和双休日检车服务，使得机动车检验“规范便捷”。在全省率先推行机动车预约检验和双休日检车服务。机动车所有人可以通过互联网、电话等方式预约检车，将预约时间具体到小时，方便机动车所有人自主选择检车时间，减少排队等候，做到“随到随检”。引导机动车所有人合理选择检车时间和地点，杜绝民警及安检机构存在的主观插队情形。

【交通事故矛盾纠纷化解】 2014年，支队加强全市道路交通事故纠纷人民调解工作,化解因道路交通事故引发的社会矛盾、维护社会和谐稳定,制定《关于进一步加强道路交通事故调解工作的意见》《全市公安交警道路交通事故纠纷人民调解工作考核办法》,建立人民调解道路交通事故的考核工作机制。全年受理交通事故矛盾纠纷调解案件7879起,调解7780起(其中交警行政调解成功7223起、人民调委会调解557起),调解成功率98.74%。

【纠正轻微交通违法行为】 2014年,支队针对轻微交通违法,采取先告知提醒,然后警告登记,最后再进行处罚的程序,从培养驾驶人系安全带做起,开展专门专题宣传,提高驾驶人自觉遵守交通法规的自觉性。

【矫正交通设施的设置】 2014年,支队重视准确定位设施作用,在市区范围内组织新安装禁行标志14套;整改设置不尽合理标志3套;更新标线施划16409平米;维修维护交通指示信号灯47处;升级市区38个路口的信号灯。

【市区交通拥堵指数预报准备】 为了让广大市民及时了解、掌握市区道路交通状况,引导市民选择畅通的路线出行,提高通行效率,2014年,12月中旬,支队选派2名业务骨干赴清华大学,学习交通拥堵指数预报知识。组织220名警力,利用两天时间,对在市区一类道路上高峰期行驶的机动车流量进行数据采集、汇总、测算、分析,为2015年1月1日起发布交通拥堵指数预报做好筹备。

【黄标车及老旧车淘汰工作】 2014年,支队发挥部门牵头作用,协助市政府下发《全市黄标车及老旧车淘汰工作实施方案》《黄标车及老旧车淘汰工作办公室职责及分工》《关于黄标车及老旧车淘汰工作的指导意见》等文件,协助市政府5次召集各县(市、区)长、分管副县(市、区)长召开淘汰专项工作会议,召集相关职能部门及各县市召开黄标车及老旧车淘汰工作领导组办公室会议,针对淘汰工作中存在的问题、困难进行协商和指导。设立"一站式"服务窗口,制定工作流程、工作职责,形成统一指挥、部门联合、分工负责的高效运转工作机制,确保淘汰工作顺利开展。截12月23日,全市淘汰黄标车及老旧车33955辆,超额完成省政府下达的33673辆的任务,完成任务总量的100.8%,全省排第4名。

【350兆集群对讲系统建设】 2014年,支队配合总队完成全市350兆数字集群项目36处基站建设,配发手持终端300台,车载终端25台。尧都、吉县大队自费购置27台手持终端和8台车载终端,通过350兆数字集群系统实现单警定位功能。

【公路交通安全防控体系】 2014年,支队按照全省公安交警公路交通安全防控体系建设工作部署会议精神和省厅交管局《关于进一步强化全省公路交通安全防控体系建设的通知》的相关工作要求,完成108、309国道监控卡口的升级改造工程并投入使用。根据省厅交管局和平安临汾视频防控体系规划要求,新建209国道、323、329省道视频监控卡口12处。新建市区高清电子监控抓拍系统24处,全部投入使用。完成缉查布控系统卡口建设及接入工作。全市建缉查布控系统卡口150个,其中正常使用的134个,维修6个,报废10个,接入缉查布控系统卡口134个(包括总队建设的13个省、市际治安卡口,支队建设的85个卡口和大队建设的40个卡口)。

(贯永波)

检　察

【服务"四个年"活动】 2014年,临汾市人民检察院把握党委对检察工作的新要求,出台服务"四个年"活动的指导意见18条,成立服务工作领导组及工作机构。开展以"知民情、解民忧、护民安"为主题的"一村(社区)一警"联系走访活动。市县两级检察机关全部成立活动领导小组,制定实施方案,确定干警,定期深入农村、社区开展联系走访活动。

【营造良好发展环境】 2014年,全市检察系统打击侵犯知识产权、制售假冒伪劣商品等破坏社会主义市场经济秩序犯罪,批捕此类犯罪75件101人,起诉84件120人。立足安全生产,介入安全事故调查,依法立查事故背后的渎职犯罪4件5人。开展查办国家淘汰落后产能专项补贴资金领域渎职犯罪专项活动,立查3件7人,为国家挽回经济损失443万余元。服务重点工程建设,围绕开展预防职务犯罪"十百千"专项活动(即全省检察机关围绕全省十个重点领域、重点跟踪百个督办项目,在重点工程项目中建立一千个预防职务犯罪联络点),在沿汾河县区9个重点项目,建立预防工作联系点107个。提供行贿犯罪档案查询4600余次,有犯罪记录的13家单位、40名个人被取消招投标资格。

【服务和保障民生】 2014年,市检察院开展职务犯罪专项侦查活动,在医疗卫生系统立查贪污贿赂犯罪43件51人;在农机系统立查贪污贿赂犯罪11件20人;在"万村千乡市场工程"领域立查渎职犯罪4件8人。开展两个专项立案监督活动,在"破坏环境资源和危害食品药品安全犯罪专项立案监督”活动中，监督行政机关移送涉嫌破坏环境资源和危害食品药品安全的犯罪线索18件19人，公安机关立案7件8人；在“对全市公安机关交通管理部门刑事执法专项监督”活动中，纠正违法23件，针对存在的问题提出5项建议。

【检务公开】　2014年，两级院建成检务大厅18个，实行“一站式受理、一条龙服务、一揽子解决”，为群众营造良好信访环境；与人大代表、政协委员、人民监督员、检风监督员实行“无缝对接”，征求他们对检察工作的意见和建议；在各类媒体刊登新闻稿件400余篇，发挥传递检察“正能量”的作用；发挥19个乡镇检察室的作用，把阳光窗口延伸到最基层。探索运用信息化手段助力检务公开，全市检察机关门户网站群即将建成开通，市院及8个基层院开通官方微信、微博，3个基层院与当地媒体合作开设检察专栏，2个基层院开通手机版职务犯罪预防宣传客户端，1个基层院开通便民QQ检务服务微平台。

【维护社会稳定】　2014年，市检察院打击各类严重刑事犯罪，批准、决定逮捕各类刑事案件1085件1508人，提起公诉1894件2770人，办理一批社会影响较大的案件。贯彻宽严相济刑事政策，不批捕481人、不起诉215人。加强羁押必要性审查，对不需要继续羁押的101人建议变更强制措施。加强对未成年人的司法保护，推行涉罪未成年人羁押必要性审查、分案起诉、轻罪记录封存等制度，加强教育、感化和挽救，办理未成年人刑事案件64件171人，对10名未成年人作出附条件不起诉决定。妥善处理群众来信来访2083件(次)，检察长亲自接访478人(次)。实施国家司法救助43件，发放救助资金38.6万元。完善检调对接机制，对认为裁判正确的59件民事案件，做好申诉人服判息诉工作。

【查办职务犯罪】　2014年，市检察院贯彻市委、省检察院决定，从优化政治生态、实现弊革风清的高度认识和办理职务犯罪案件，坚持既打“老虎”，又拍“苍蝇”，保持惩治腐败的高压态势。全年立案侦查贪污贿赂犯罪116件166人，立案人数同比上升7%，位居全省前列。立查要案7人，大要案比例100%；立查贿赂案件70人，占总立案人数42%，超出省院要求2个百分点。立案侦查渎职侵权犯罪43件65人，立案人数同比持平，位居全省前列。重特大案件14件22人；新领域案件30件47人，占办案总数72%。

【预防职务犯罪】　2014年，两级检察院向地方四大班子递交年度惩防工作报告18份。市院的报告在高检、省院的评比中，分别荣获优秀奖、一等奖。开展预防职务犯罪“五进”活动，开展警示教育活动302次，受教育人数1.3万余人。开展预防调查114次，进行案例分析91件，提出预防检察建议74件。创新预防教育基地建设模式，安泽县院在全省率先建立预防职务犯罪3D网络警示教育基地，实现廉政教育基地展厅在互联网上形象直观的在线展示。拍摄公益预防职务犯罪微电影，在全省13部作品中临汾市占8部，其中4部荣获高检院微电影评选三等奖和优秀奖，市院被省院授予优秀组织奖。参加平遥国际摄影展，两个基层院的摄影作品分别荣获一、二等奖。

【刑事立案和侦查活动监督】　2014年，市检察院监督公安机关立案140件，监督撤案76件，纠正漏捕56人，纠正漏诉96人，纠正侦查活动违法477件。推行介入命案现场勘验检查工作，与市公安局会签《关于检察机关参与命案现场勘验、检查的实施意见》，对62起命案介入现场勘验，提出引导侦查或取证意见53件，公安机关全部采纳。加强对自侦部门立案和侦查活动的监督，出台《关于进一步加强职务犯罪案件侦查监督工作的意见》，开展全市职务犯罪案件专项检查工作，监督自侦部门立案9件9人，加强对自侦活动监督的做法被省院转发。

【刑事审判活动监督】　2014年，市检察院对确有错误的刑事案件支持抗诉15件17人，法院改判27件30人。纠正审判活动违法130件次，发出量刑建议书1215人(次)，列席中级法院审委会15次，参与讨论重大、复杂、疑难的公诉案件65件。

【刑罚执行和监管活动监督】　2014年，市检察院纠正提请减刑、假释、暂予监外执行不当129件，纠正监管活动中的违法行为741次，纠正监外执行和社区矫正违法939件。立查监管活动中发现的职务犯罪8件10人，立案人数位居全省第一。开展“减刑、假释、暂予监外执行专项检察活动”，对全市监狱、社区矫正的247名“三类罪犯”(职务犯罪、金融犯罪、涉黑犯罪)减刑、假释进行审查，监督执行机关对15名暂予监外执行的“三类罪犯”收监执行，立案侦查职务犯罪案件3件，市院被高检院授予全国检察机关减刑、假释、暂予监外执行专项检察活动先进集体。

【民事行政检察】　2014年，市检察院受理民事行政申诉案件1013件，对确有错误的民事案件提请抗诉13件，提出抗诉4件，提出再审检察建议9件。履行修改后的民诉法赋予的新职能，对执行中的不当情形提出检察建议189件，法院采纳178件；为弱势群体人员提供支持起诉103件;办理督促履行职责案件477件,维护国家、集体和社会公共利益。

(徐 玮)

法院工作

【概述】 2014年,临汾市人民法院在强化政治意识,履行各项工作职责,严格执行反腐倡廉各项规定,加强法院自身建设,完成年度各项目标任务。

【依法履行审判职责】 2014年,市法院加强和改进审判、执行工作,依法履行各项审判职责,全市两级法院受理各类案件29196件,审执结28015件,分别比2013年上升19.3%和17%,结案率为96%。其中,市中级法院受理各类案件3981件,审执结3868件,分别比2013年上升19.5%和18.2%,结案率为97.2%。

【惩处刑事犯罪】 全市两级法院受理刑事一审案件2117件,审结2058件;中级法院受理刑事二审案件407件,审结371件;全市法院刑事案件生效1738件2585人,分别比2013年下降8.38%和9.27%;依法给予刑事处罚2509人,比2013年下降9.49%。坚持以维护社会治安秩序为重点,推进"平安临汾"创建活动,依法严惩故意杀人、故意伤害等侵犯公民人身权利的犯罪,依法惩处"两抢一盗"等暴力侵财及多发性犯罪,确保人民群众生命财产安全。依法惩处合同诈骗、制售假冒伪劣商品、非法吸收公众存款等破坏市场经济秩序犯罪,促进经济健康发展。坚持惩罚、教育、挽救相结合,贯彻宽严相济刑事政策,对初犯、偶犯依法予以从轻、减轻处罚。

【妥善处理民商事纠纷】 2014年,全市两级法院受理民商事一审案件17870件,审结17143件。中级法院受理民商事二审案件1243件,审结1215件。全市法院妥善处理转型发展中涉及的融资借贷、工程建设、土地流转等纠纷,强化各类市场主体地位依法经营、诚信交易责任,严厉制裁恶意欺诈、扰乱市场、损害公共利益等各类民事纠纷;妥善审理婚姻家庭、赡养继承、相邻关系以及劳动争议、拖欠农民工工资等方面的纠纷,保障群众的基本权益,推动社会诚信体系建设;依法审理农村农资供应、农产品销售等涉农纠纷案件,保障农民权益,服务城乡统筹发展。

【化解行政争议】 2014年,全市两级法院受理一审行政案件158件,审结136件。中级法院受理二审行政案件96件,审结85件。受理行政诉讼案件,做好当事人的法律释明工作,引导当事人理性表达诉求,妥善解决行政争议。完善法院与行政机关的沟通和联系制度,实现司法权与行政权的良性互动,促进依法行政。

【加大执行力度】 2014年,全市两级法院受理执行案件5530件,执结5264件。中级法院受理各类执行案件208件,结案207件(其中,执结66件,和解履行2件,终结程序138件,其他1件),结案率为99.5%。开展涉民生案件专项集中执行活动,执结案件270件,执行标的2600万元,一大批事关弱势群体利益的案件得以执行。加强执行信息化建设,增强执行工作透明度,推动一些重大案件的执行。

【司法公开】 以审判流程公开、裁判文书公开、执行信息公开三大平台建设为主抓手,制定全市法院裁判文书公开3年规划及其实施方案、《互联网公布裁判文书实施细则》,对裁判文书公开的范围、审核、录入以及时间要求等方面事项予以明确和细化,全市法院在中国裁判文书网上公布2325篇(件),900个失信被执行人在中国执行信息公开网上曝光,599个失信被执行人在《临汾日报》上进行公布。对472件减刑案件的减刑建议书、减刑裁定书在网上公示和公布。通过公众开放日、新闻发布会等多种方式,构建开放、动态、透明、便民的阳光司法机制。

【化解矛盾纠纷】 2014年,市检察院在民事案件数量在持续增长、矛盾纠纷的化解难度加大的情况下,重视和加强调解工作,引导当事人通过调解、和解等方式,化解民商事纠纷。全市法院民商事一审案件调解结案12249件,比2013年增加987件,调解率71.45%;市中级法院民商事二审案件调解结案540件,比2013年增加78件,调解率44.44%,比2013年增长4.3个百分点。做好刑事附带民事调解、刑事和解、行政协调和执行和解工作,注重保护刑事受害人、行政相对人和申请执行人的合法权益,力求执法办案效果最大化。

【诉讼服务中心】 2014年,市检察院从审判工作的特点出发,强化服务理念,建立便捷、高效、优质的诉讼服务中心。立案接待大厅设置电子公告屏,滚动播出受理各类案件的信息和相关法律法规;安装便民自助查询系统(触摸屏),方便群众查询和监督;设立导诉台,为当事人和来访群众提供立案、查询、咨询等"一站式"服务。在机关办公大楼前建成两个无障碍人行通道,在尧都农商银行南街支行开设诉讼费汇缴窗口,为残疾人、老年人以及诉讼群众提供便利。

【延伸审判服务职能】 2014年,市检察院立足审判工作实际,开展"一村(社区)一警"和"党员进社区”活动，全院90%以上的党员到社区报到，大家利用业务时间，为社区提供普法宣传、化解邻里纠纷、帮扶济困等多种服务。15名联村干警走访群众75户，收集社情民意89条，化解矛盾45起，排除矛盾隐患3起，提供法律服务167人次。组织法官深入市第一实验中学、第七中学等4所学校，以案讲法，5000余名师生接受法治教育。向山西师大、尧都区金殿中学赠送法律书刊500余册，增强青年学生的法治意识。组织法官深入山西大唐临汾热电等企业开展送法活动，为企业生产提供法律服务。

【信息化建设】 2014年，市检察院新建和修复7个数字化法庭，正式投入使用，庭审活动能够进行全程同步录音、录像和庭审直播。对院机关85台计算机进行硬盘物理隔离改造，达到“一机双网”功能。安装远程接访视频系统，实现四级法院接访人和上访者的同步交流。8月12日，首次通过远程视频接访系统平台，完成上访人薛太风在洪洞县法院与最高法院院办案法官远程视频接访工作。

【健全和完善审判管理机制】 2014年，市检察院规范主审法官、审判长及合议庭的职责，让审理者裁判，由裁判者负责。完善审委会工作制度以及重大案件沟通交流、征求意见等制度，确保每一起案件的质量，防止和避免差错案件的发生。成立民事审判指导小组，对全市法院审判工作中遇到的热点、难点案件进行交流、探讨和指导。发挥审级监督指导职能，2014年，审结各类二审案件1671件，其中维持629件，改判148件，发还193件，以调解或其他方式结案546件。

【案件质量管理】 2014年，市检察院开展审判绩效考核、案件质量评查、优秀裁判文书评选、裁判文书抽查等各项工作。提高审判质量。市中级法院结案率、调解率、实际执行率等5个指标排在全省法院的前列，改判发回重审率、进京上访率、再审审查询问(听证)率等11个指标好于全省法院平均值，案件其他各项考核指标与2013年度相比进步明显。长期未结诉讼案件全部清理完毕。

【“法院专递封套”】 2014年，市检察院针对诉讼文书专递送达时限较长的问题，立案庭副庭长秦文彬设计出一套全新的“法院专递封套”。12月中旬，收到国家知识产权局授予的外观设计专利权通知书。这个专递封套行业特点鲜明、法律文化内涵丰富，具有法治宣传、签收提示、法官告知等实用功能。“专递封套”使用一年多来，缩短诉讼文书送达时限，提高送达效率，保证审判工作的顺利进行。

（临汾市法院）

司法行政

【概述】 2014年，临汾市司法行政工作服务保障“百里汾河新型经济带”建设，推进“平安临汾”“法治临汾”建设，发挥司法行政职能作用，提升维护社会和谐稳定、服务经济社会发展水平。

【“1+6”工作机制】 2014年，司法局铺开“1+6”工作体系建设工作，组织县局人员专程赴长治、晋中等地学习经验，要求组织领导、责任目标、队伍建设三到位，指导督促各县，协调建立相关机构、确定工作职责和工作程序。全市17个县(市、区)“1+6”工作机制全部建起运行。市委依法治市办组织“1+6”工作机制牵头单位召开联席会议，部署各自的2014年度重点工作。多次深入各县督促指导，提炼出襄汾县“一化五查两评”(即“一化”年度工作量化，“五查”查实施方案、查专人管事、查活动记录、查经费保障、查创建实效，“两评”对县直单位、乡镇班子及科级干部进行考评)的工作模式，为县级开展工作提供借鉴。5月5日，省委依法治省办督查处负责人贾凝毅带队调研时，对临汾市的“1+6”工作机制建设给予好评。

【重点对象学法用法制度】 2014年，司法局采取中心组学法、法制讲座、任前法律考试、送法下乡、送法进校园、送法进园区等多种形式，加强重点对象学法用法工作。5月16日上午，邀请省委党校客座教授、省政协社法委主任王水成举办法治建设专题报告会，市领导以及市直各单位主要负责人和各县(市、区)依法治县(市、区)办公室主任共计200余人参加。办理市人大10大重点督办建议之一的加强辍学青少年法制教育的代表建议，深入调研，摸清底子，提出措施，推动全市青少年普法教育工作。各县局利用“3·15”“5·12”“6·5”等节日及集镇庙会、学校开学、农村党员干部冬训等时机集中举办法制宣传系列活动，多渠道、多层次开展法制宣传教育活动，提高全体公民的法治意识和法律素质。

【普法宣传教育创新】 2014年，司法局鉴于临汾市具有人文底蕴深厚的优势，强化品牌意识，打造法制宣传教育的品牌，彰显“法治临汾”建设的成效。《临汾日报》开办《依法治市县(市、区)委书记谈法治建设》专栏，为推进法治建设营造氛围。古县司法局把中华优秀传统文化有机的融入到法制宣传教育实践中，探索建立“法德并举”的普法宣传教育新机制。全市推广翼城“经纬剧场”的经验，使普法短剧模式成为全市具有浓郁地域特色、贴近群众实际的普法品牌。曲沃县在各乡镇加强法治文艺演出和法制宣传一条街建设,掀起普法热潮。吉县、蒲县拍摄微电影,扩大法制宣传效应。尧都区在150个社区建立法制宣传栏。

【依法治理创建】 2014年,司法局巩固发展创建活动成果,市妇联、洪洞县法院、翼城县教科局、汾西县永安镇涧底村被授予省级依法治理示范单位。浮山县结合农业园区建设,开展依法治村活动。隰县、侯马等县市每年都要命名表彰一批示范单位(乡、村、学校、企业)。

【强化法治支撑】 2014年,司法局推动项目建设进行。以全市开展的"四个年"活动为工作遵循,以"百里汾河新型经济带"建设为重点,整合全市法律服务资源,组建由40名骨干律师、公证及司法鉴定人员参与的法律服务团队,与30多个重点工程、20余个产业园区建设实施对接,引导法律服务工作者深入企业、农业、物流园区,开展法律体检、法律咨询、风险评估,参与项目建设招商引资、项目洽谈以及涉及征地拆迁、安置补偿、环境保护、劳动争议等矛盾纠纷化解工作,为重点工程项目提供"一站式""定单式"服务。平阳公证处参与"市区北城壕(西段)防汛排水及连片改造工程""中大街道路建设工程""西关社区城中村改造项目"和"尧庙镇郭村城中村改造项目"等4个市级重点工程项目的公证服务,依法保障项目建设有序进行。师达、金贝律师事务所介入霍州煤电集团等重点工程建设和市东城拆迁改造工程项目,为企业、项目建设排忧解难。近道律师事务所定期上门征询企业发展情况,根据企业生产、发展情况提出法律建议,使顾问单位尽量避免法律风险。工程质量司法鉴定中心为中南铁路施工中村民房屋受损情况进行鉴定,涉及洪洞、尧都区、浮山、古县、安泽等5个县区46户受损房屋。霍州市司法局与重点办联合下发《关于服务保障全市重点项目建设的实施方案》,使法律服务更加规范到位。尧都区司法局专门组建服务和保障重点项目建设的法律服务团队,在二中路、五一东路东延拓宽改造,红星美凯龙家居广场、秦蜀路拆迁改造、美丽尧都6S行动等市、区重点工程项目建设中提供公证服务和法律帮助。全市律师办理各类案件6250件,担任法律顾问562家,全市公证机构办理各类公证19423件,司法鉴定机构办理各类司法鉴定3031件。法律服务团全年组织开展调研走访、讲法释疑、风险评估等专项活动100余次,提出法律意见书500余份。

【拓展服务空间】 2014年,司法局加快法援便民大厅建设。贯彻落实市委"服务群众年"活动的安排部署,在全市组织开展法律援助便民服务专项行动。市法律援助中心在鼓楼北建立起高标准的便民服务大厅并投入使用,有15个县(市、区)建立法律援助便民服务大厅。开通"12348"法律援助热线电话,24小时在线接听群众来电。便民大厅和热线电话的启用,简化原有的法律援助受理审查程序,实现法律援助审查、咨询、受理"一条龙"服务。"12348"热线开通以来,累计接听群众来电咨询1998次。古县、襄汾司法局将服务窗口前移,建立集公证、律师、法律援助为一体的便民服务大厅,形成法律咨询、涉法维权、法律服务的集群化、"超市化"布局,所有涉法问题都能得到"一站式"的法律帮助。全市法律援助机构办理案件1821件,受援人总数21200人。

【服务依法行政】 2014年,司法局维护群众合法权益与维护社会和谐稳定相统一,发挥政府法律顾问工作。参与拆迁安置、旧城改造等矛盾纠纷化解中释法、释理、释疑,息诉罢访,为涉法涉诉案件提供法律意见和工作方案,为政府分忧、为群众解难。曲沃县司法局参与解决兴隆街居民十几年来拆迁的遗留问题,为其办理协议公证;乡宁县司法局组织律师、公证员妥善解决工程项目涉及的土地补偿问题,防止和避免群体性上访事件发生。安泽司法局和公证机构较好地解决沁河水库移民搬迁的遗留问题,避免矛盾激化。

【2014年国家司法考试】 2014年,司法局创新实行"裸考"、奖励、技防、通报"四大举措",为考生购置考试用品,协调解决考试交通畅通、考场秩序维护等问题,为全市1105名考生提供公平的考试环境,确保实现"零投诉"目标。

【大调解机制】 2014年9月,司法局成立临汾市人民调解指导委员会,各县(市、区)成立机构,依托社会管理服务中心成立矛盾纠纷大调解中心。古县以县委县政府名义下发《关于进一步加强矛盾纠纷大调解工作的意见》,为构建大调解工作格局提供政策支持。

【专项排查化解活动】 2014年,全市结合"转型综改攻坚年矛盾纠纷排查化解专项行动",开展日常矛盾排查化解工作。全市各级各类调委会调解案件19038起,其中接受法院或其他行政机构委托移送调解157起,调解成功18087起,调解率100%,调解成功率95%,排查预防各类矛盾纠纷6933起,依法协助地方党委、政府妥善处置化解一大批非正常上访和群体性事件。

【专业性、行业性调委会规范建设】 2014年，司法局指导行业性调委会的规范化建设，交通、医疗、保险领域的调委会达市级标准。以省、部开展医疗纠纷人民调解工作专项调查统计为契机，指导全市建起医疗纠纷调委会7家，调解员专职6人，兼职28人。9月29日，尧都区司法局联合区公安交警大队重新调整和充实尧都区道路交通事故纠纷人民调解委员会。

【特殊人群监管和帮扶工作体系】 2014年，司法局贯彻落实全省社区矫正工作沁源会议精神，总结推广襄汾、尧都区实施防控一体、帮扶多元、群专结合的服务管理经验，减少社会对抗力量，化消极因素为积极因素。落实监督管理措施。利用“人防”“技防”的基础，加强对社区矫正帮教监督小组建设工作。2755名社区矫正对象每人都成立由派出所、司法所干警、村(居)委会工作人员和家属组成的帮教监督小组。掌握重点社区服刑人员动态信息。在全国“两会”召开期间、重大节假日，实行日报告制度，组织开展安全稳定排查工作。5月，专门下发文件对暂予监外执行、假释、曾担任过“两代表一委员”、担任过处级以上领导职务、涉金融、涉黑的六类社区服刑人员进行摸底调查。对74名暂予监外执行、62名假释和11名曾经担任过党代表、人大代表、政协委员或副县以上领导职务的社区服刑人员建立重点社区服刑人员台账，便于监督管理。10月，组织全市各县(市、区)分五组进行社区矫正工作执法规范化交叉检查，制定百分制的评分细则，组织检查前的培训，提出具体要求。开展矫正对象社区影响调查评估。全市做出法院、监狱委托的调查评估1458件，调查率保持在100%，委托机关采信率95%以上。加强防控硬件设施建设。推广襄汾县社区矫正宣告室、档案室、监控室、信息采集室、接待室、心理咨询室“六室”工作模式，对基础条件差的县市，要求必须建立宣告室、档案室、监控室。全市加强社区矫正信息化建设，17个县(市、区)全部完成社区矫正电子监管系统建设。完善社区矫正应急处置机制。全市普遍建立社区矫正重大事项报告制度和突发事件应急处置预案。市局成立应急指挥部和领导组，下发文件指导各县(市、区)成立相应机构。加大教育矫治和帮困扶助力度。与有关部门沟通协调，引入社会力量参与就业指导和职业培训。4月9日襄汾县司法局、霍州市司法局分别与当地人社局和技工学校联系，联合对部分社区矫正对象进行SYB培训，共5期250余人参加。培训后为有能力的社区服刑人员提供2万元至8万元的无息贷款，提高矫正效果。全市累计接收社区服刑人员6184人，解除矫正转入安置帮教人员3429人，现在册2755人，监管严格到位，再犯罪率保持在0.2‰以下。全市刑释解教人员5251人，以各种形式累计安置5100人，安置率97%以上。全市建有安置帮教基地23家，过渡性安置刑释解教人员215人。刑满释放人员衔接管理有效落实，重点人员衔接率、帮教率接近100%，没有发生重新违法犯罪重特大案件。

(临汾市司法局)

民主党派与工商联

中国国民党革命委员会临汾市委员会

【概述】 民革临汾市委成立于2002年3月21日，下辖1个区委会，6个县级支部，共有党员203人，市委委员19人。

【史料采集】 2014年，民革市委完成抗战老兵口述历史和民革前辈史料采集工作。民革中央发出动员后，各基层组织发挥优势，抢救性地采集保护珍贵史料，记录抗战资料。民革襄汾总支到赵康镇史威村走访抗战老兵史尚武并整理成文，《团结报》刊登《走访山西晋南抗战老兵史尚武》。

【成立中山书画院】 继承和发扬孙中山先生的精神，在2014年11月12日孙中山诞辰纪念日，襄汾民革中山书画院成立暨书画展揭牌，以民革党员及社会各界关心支持民革事业的60余副书画作品参展。

【参政议政】 2014年，市委会重视政治协商，开展调查研究，参政议政、建言献策并加大社情民意反映力度。市委会领导参加各种协商会、座谈会、情况通报会、征求意见会及调研、视察等各类活动数十次，就临汾市经济社会发展重大方针、政策和重要事务发表意见，提出建议。谢碧玲主委撰写《深入学习习近平总书记有关两岸关系系列讲话积极推动尽早实现祖国和平统一大业》及符庆辉撰写的《同心共筑中国梦》《民主党派也要贯彻群众路线》等理论研讨文章受到统战部领导重视。

在年初的市政协全会和10月“百名政协委员下基层”活动议政大会上，符庆辉代表民革市委会分别作《推进以生态文明为导向的“百里汾河新型经济带”建设》和《我市农产品监测监管现状不容乐观　亟待加强》的大会发言。民革尧都区委撰写的《关于充分发挥社区医院作用的建议》被尧都区政协列为重点督办提案，其关于社区居民在社区医院刷医保卡的建议，将在12月实施。冀凤翔撰写两份提案被市政府采纳。《修补市区马路的坑坑洼洼》，相关部门大面积修整道路。《尽快覆盖北城壕沟露天排污沟》，正在施工中。王明元撰写的《如何能够让群众就近享受到方便、安全、及时、有效、价廉的基本医疗服务》《关于建立科学的医疗服务定价机制的建议》等一系列关于医疗体制改革的建议得到关注。

【“博爱·牵手”活动】 2014年，市委会发出向贫困山区捐衣捐物的倡议，基层组织和全体党员向“让爱飞起来”公益联盟—红丝带学校捐衣服1932件，民革市委集中转送困难群众。

推动基层支部建设活动与“博爱·牵手”活动相结合。市直支部开展“我为生态汾河留纪念”义务植树活动；尧都区委会“博爱·牵手”路东养老院，组织党员走访慰问路东敬老院的老同志们，向敬老院赠送米、面、油、被子及血压仪；襄汾总支在襄汾县开展的建设美丽宜居社会主义新农村活动中义务为汾城等5个乡镇做规划设计；曲沃支部关注弱势群体，牵手曲沃县特教学校，为智障儿童送去温暖；侯马支部在上马、张村两个乡4所小学开办家长学校，1000余名农村家长接受培训；洪洞支部在万安镇举办“智力兴洪”活动，为万安中学全体教师做讲座；霍州支部对老张湾4名失学儿童进行资助，使他们重返校园。10月24日，民革山西省委“博爱·牵手”活动表彰会在太原举行，襄汾总支和曲沃支部荣获民革山西省委“博爱·牵手”活动先进基层组织奖。推动民革党员参与“博爱·牵手”活动相结合。

【服务文化建设】 2014年，73岁民革老党员陈宗国作品被选入“大美临汾”书画展，陈宗国展出书法精品30余幅；祁立义创作的歌曲《曲沃·我的故乡》获国家级铜奖；王哲峰为丁村群众义务书写春联；石平组织文艺团体全县农村巡回义演、辅导群众文艺表演活动、自登台演出20余场次；退休老党员贾新政带动贾得乡一个乡镇的蒲剧文化艺术；侯马支部的文艺服务队坚持多年在乔村等农村进行公益演出，活跃农村舞台。

【祖统工作】 2014年，市委会和山西省台联深入交流，借助山西省台联平台，争取台湾民心。接待以“龙脉相传·青春中华”为主题的台胞青年夏令营，这是全国台联系统争取台湾青年民心的一项品牌活动，是省委统战部“拓展联谊金桥行”活动的一项重要内容；7月8日至13日，接待由台湾国际青商总会组团、会长杜国良亲任团长的山西分营在山西省的参访团；8月14日，接待第十七届台湾教师“山西古文化之旅”参访活动。通过会谈，台北市教师会与平遥县教育局达成开展校际合作、建立友好学校的意向；接待到晋的台湾中国幼儿教育策进会理事长黄仁滢，在晋台之间营造“两岸一家亲”良好氛围。

（吴莉莉）

中国民主同盟临汾市委员会

【提高政治把握能力】 2014年，盟市委把坚持中国共产党的领导，作为思想宣传教育的主方向，做到政治坚定、立场鲜明。在学习教育中结合党和国家方针政策，结合盟要务，联系群众路线教育活动和工作实际，对全体盟员进行形式多样的教育和培训。贯彻落实中共十八大、十八届三中、四中全会精神，深入基层，分别以座谈会、专题报告等形式进行，激发基层盟员主动学习的热情。

【对外宣传】 2014年，盟市委利用机关刊物《临汾盟讯》《民意撷萃》《简报》全方位、多角度进行宣传。全年编发《临汾盟讯》4期、《民意撷萃》24期、《简报》39期。邓俊林撰写的建议《充实学前教育师资力量》刊登在8月22日《山西政协报》第一版。王永红撰写的建议《启动陶寺遗址申遗》刊登在8月29日《山西政协报》第一版。有不少作品被《山西盟讯》《临汾日报》等刊物转载。2014年，民盟临汾市委获盟中央“思想宣传先进集体”大奖。

【民盟山西省委在临汾调研】 2014年6月中旬，民盟山西省委专职副主委赵恒寿带领民盟山西省委调研组，就民盟基层组织建设情况在临汾市调研。调研组在民盟临汾市直属工程支部、民盟尧都区委直属支部、四中支部实地查看，与基层支部主委、副主委及盟员进行座谈交流，了解民盟基层组织的发展、领导班子建设、活动开展情况，以及发展中存在的困难、问题等。

【建言献策】 2014年，民盟临汾市委坚持围绕中心、服务大局，发挥党派参政议政职能，从更高的层面和更多的领域开展调研，使调研成果向工作实践有效转化。政协第三届临汾市委员会第四次会议召开期间，盟市委向市政协三届三次会议呈交提案76件，其中，集体提案12件、个人提案64件。其中，省人大代表、盟员王爱萍，提出的《关于成立县级120急救队伍的建议》《关于解决卫生专业技术人员匮乏的建议》等议案，得到省委和当地政府的高度重视。赵志栋《加快我省夜经济快速发展的几点建议》、邓俊林《幼儿园亟需解决师质问题的建议》被盟省委作为集体提案呈交省政协。秘书长王燕莉《关于增加农民收入对策和建议》《我市农村合作医疗“缺医少药”现状亟待改善》和盟员文艳平《关于打造职教强市的几点建议》在市政协三届常委会上发言。

【反映社情民意】 2014年，盟市委组织盟员开展系列培训活动学习市委、市政府中心工作精神，围绕临汾市地方经济和社会发展的一些热点、焦点、难点问题开展社会调研，反映社情民意。2014年，盟市委全年形成社情民意以及各类意见、建议100余篇，其中，被省政协《社情民情》采用4篇，获市级领导批示2篇，被《临汾政协社情民意》采稿36篇。赵志栋盟员撰写的《加大对我省古村落的保护刻不容缓》《制约家庭农场发展的三大难题急需破解》被省政协采用并转送全国政协。市政协组织“百名委员下基层”活动，民盟有8名盟员参加此次活动，其中参政议政部长姜秀丽主笔的《加大我市文物保护与百里汾河新型经济带建设融合发展的建议》在市政协第三届常委员会第二十二次会上列为重点典型示范提案。

【建功立业】 2014年,全体盟员在本职工作中取得新突破,创造新业绩,在各自工作岗位上树立起盟员的良好形象。尧都区直属支部主委牛玉明,十多年无数次出现在敬老院、红丝带小学、农村贫困学校和孤寡老人、急救病人身边,送去温暖和爱心,荣获山西省"助人为乐好人"和"道德模范"光荣称号。市直属工程支部副主委贾根生,自幼酷爱摄影、美术,他举办的"艺术之旅,大爱无痕"影展作品的售卖所得,将全部用于公益爱心活动。民盟市委副主委杨军,参与主编《中小学衔接探究与解决对策》(中学版)一书,本书内容填补全国基础教育的一项空白;尧都区直属支部盟员皇建军被授予"临汾市十佳记者"称号;市直医卫支部盟员王建民被山西省评为医务工作"学科带头人"光荣称号;尧都区职校支部盟员郁玲被评为山西省优秀班主任;尧都区四中支部盟员朱丽丽《教育手机二则》获山西省教育学会一等奖等等。

【社会服务】 2014年9月下旬,民盟临汾市委组织医卫支部、一中支部、综合支部、政府机关支部、尧都区直属支部、汾西支部盟员和教育专家、爱心人士等60余人远赴汾西县永安镇后加楼村、汾西一中、加楼希望小学参加"送教进课堂、义诊进万家"活动。市中医医院用价值10多万元的中医经络检测仪,为村民免费检测;汾西县医院、市第四人民医院、临汾瑞德糖尿病医院、山西地方病研究所专家为村民提供检验肝功能、测血糖、针灸、拔火罐、心电图等免费检测治疗。医卫支部组织医疗界专家,坚持每年的"送医送药义诊"活动,组织10年。民盟临汾一中支部主委秦梦,带领9名高中骨干教师深入汾西一中,就教学、课改、高考备考等工作与汾西一中150余名教师面对面、零距离交流。尧都区直属支部盟员魏新生,多年投身社会公益活动,筹建盟市委烛光教育基地,每年6月,为下岗工人、三轮车师傅等贫困家庭子女提供为期1个月的免费英语教育,在2014年为汾西一中高一、高二的1000余名学生做有关感恩励志的演讲。

(王燕莉)

中国民主建国会临汾市委员会

【概述】 2014年,民建临汾市委会履行参政党职能,开展重点课题调研走访,建言献策,开展社会服务工作。

【中国特色社会主义学习实践活动】 2014年,民建市委学习贯彻中共十八大、十八届三中全会、四中全会和习近平总书记一系列重要讲话精神。民建临汾市委结合党派自身工作特点,抓住参政议政、为民服务这一主线,开展学习实践活动,把坚持和发展中国特色社会主义这一主题内化于心,外化于行。民建临汾市委全体会员参加学习以中共十八大、十八届三中全会及习近平总书记系列重要讲话精神为内容的主题学习活动,学习覆盖率100%。自开展学习实践活动以来,民建临汾市委结合自身工作,动员各基层组织、广大会员,会员中的企业家代表、骨干成员参政议政、开展调研、奉献爱心,服务社会。

【专题调研和捐赠】 2014年5月28日,在"六一"国际儿童节来临之际,民建侯马市委组织会员赴高村乡下平学校开展慰问捐赠,与小朋友们度过"六一"佳节。7月,民建尧都区委组织会员资助贫困大学生。8月24日,民建洪洞总支在白石村红军八路军纪念馆参观学习,开展爱国主义教育和革命传统教育。9月5日民建霍州市委组织开展"尊师重教、欢乐双节"主题活动,给老师们送去节日慰问品。9月9日,民建洪洞总支组织民建会员企业家举行捐资助学活动,在教师节期间向苏堡镇古县村小学捐助20000元现金和150套课桌。9月20日,市直总支妇女委员会成立文明使者志愿者服务站,会员发出"文明驾驶"的倡议。9月20日民建侯马市委组织开展"全民国防教育日"主题活动,参观走访武警支队,聆听学习老一辈革命家先进事迹,为武警战士们送去慰问品。11月5日,民建侯马市委以一支部为主组织开展物流业发展情况调研活动,走访考察瑞驰物流、普天物流等园区,了解企业现状、发展远景及存在问题,探讨如何促进物流业发展。11月11日,民建侯马市委进行新型农村合作医疗调研及捐赠活动，为几所医疗机构捐赠一批医用床上用品。民建会员企业、企业家、广大会员捐款捐物折合人民币130余万元。

（成三强）

中国民主促进会临汾市委员会

【概述】 民进临汾市委成立于2002年3月18日。下辖民进尧都区委、民进侯马市委、民进霍州总支3个地方委员会，有会员493人，其中省人大代表2人，省政协委员1人。会市委编发《临汾民进快讯》35期，出版会刊《临汾民进之声》2期，宣传与弘扬会员在“双岗建功”、奉献爱心、参政议政、社会服务等方面涌现出来的典型经验和先进事例，山西民进网和《山西民进》《临汾日报》及临汾电视台对民进临汾市委的10余次重大活动给予报道。

【民进山西省委成立30周年庆祝活动】 2014年，根据会省委庆祝活动安排，会市委在会员中开展征文和书画纪念活动，征集纪念文章27篇，全部被收录于《会情一脉·纪念山西民进成立三十周年》文集；选送书画作品15幅，参加会省委举办的庆祝山西民进成立30周年书画展。这些文章及作品表达会员同民进的情缘，展示民进新风貌。会员通过撰写文章、回顾加入民进组织的情景，重温为会事业呕心沥血、无私奉献的感人事迹，使民进老一辈“以党为师、立会为公”的政治信仰和清正廉洁、淡泊名利的价值取向得到传承。

【“组织建设年”】 2014年，根据民进中央提出的“组织建设年”工作要求，会市委在侯马举办“临汾民进组织建设工作培训会”，全市基层支部主委、部分骨干会员及2014年入会积极分子50余人参加会议，会上宣讲民进会章会史及多党合作理论，培训参政议政工作，会员代表交流心得。会市委召开基层组织工作座谈会，会省委领导出席会议，市直和尧都区13名支部主委交流工作经验。会市委开展领导班子包联工作，主委深入侯马等地了解会情会况，就相关问题与当地有关部门沟通协调，帮助地方组织营造良好的工作氛围。

【社会服务】 2014年，会市委在教育、文化、法律等领域开展社会服务活动。申请救灾面粉2500千克和养殖专项资金3万元，在乡宁县台头镇东庄村慰问，举办科技下乡活动。在永和县桑壁中心小学举办“同心·手拉手献爱心活动”，捐献衣物700余件、图书1500余册，价值6000余元的学习用具和体育用品，为12名特困生发放6000元助学金。会市委在尧都区县底镇贺家庄小学举办捐物献爱心活动，送去衣物250件、图书200余册，以及价值300余元的学习用具。发挥会员优势，会市委在霍州二中举办“2014年高考冲刺阶段复习策略与建议”系列讲座。在乡宁县台头镇举办“同心·送教下乡”活动，此次活动采用菜单式支教模式，为台头中学和台头小学的300余名师生送去8节示范课和2场讲座。在黑马艺术学校、新立学校等举办2场送法进校活动。

中国九三学社临汾市委员会

【思想建设】 2014年，社市委学习中共十八大、十八届三中、四中全会精神和习近平总书记系列重要讲话，结合“坚持和发展中国特色社会主义学习实践活动”和建社69周年纪念活动，邀请九三学社山西省委委员、省社会主义学院陈忠辉副院长、临汾市委党校崔正龙教授做专题辅导培训。组织部分社员参加市委统战部组织的学习培训

【组织建设】 2014年，加强社市委班子能力建设。社市委班子成员通过参加理论学习，开展谈心谈话，听取社员意见等，明确职责提高自身素质和工作能力。加强基层组织建设。经与中共尧都区委协商，社市委指导社尧都区委完成班子届中调整，组织发展增添活力。加强社员队伍建设加强对骨干成员和新社员的培训学习，按照社章要求和组织发展原则，新吸收9名政治素质高、业务能力强、具有一定代表性的中、高级科技人员入社。

【社务工作】 2014年，社市委参加社中央、社省委组织的学习交流活动。梁清燕、赵强分别参加社中央“坚持和发展中国特色社会主义专题论坛”、社

省委全委(扩大)会议、社省委思想建设理论研讨会议等。参与理论研讨。社市委组织和动员广大社员参与社省委“坚持和发展中国特色社会主义”主题论文征集和市委统战部“全市统一战线学习贯彻习近平总书记系列重要讲话精神统战理论与实践专题研讨”征文活动,9人提交研讨论文11篇,社省委采用2篇,市委统战部采用9篇。赵强的《增强民主党派成员“三个自信”的方式与途径研究》被社中央《九三学社坚持和发展中国特色社会主义专题论坛论文集》收录,被社省委评为一等奖;王全武的《试论坚持和发展中国特色社会主义与增强民主党派成员“三个自信”》被社省委评为三等奖。

【参与政治协商】 2014年,社市委领导参加山西省政协、中共临汾市委、市政府、市政协组织的调研、视察、研讨活动的社员46人次,向省、市级政协提交议政发言18篇(其中党派团体2篇,个人16篇),提案34件(其中党派团体10件,个人24件),撰写调研报告6篇。参与人数和参政成果都有新增长。魏鸣斋《关于发展我市通用航空产业的建议》得到岳普煜市长的批示;董娟兰主笔撰写的社市委团体提案《关于农民专业合作社健康发展的建议》被列为市政协主席督办提案;咸保健《整合高校资源尽快组建临汾大学》、赵素丽《关于尽快建设河西污水处理厂的建议》被列为市政协优秀提案;褚春虎报送的《新农村建设中应合理规划整合偏远山区的“准空巢村”》被社省委作为团体提案提交省政协全会。

【反映社情民意】 2014年,九三学社临汾市委建立激励机制,调动社员积极性,发挥信息骨干社员作用,社情民意工作迈上新台阶。社市委组织社员反映社情民意信息78条。全年有42条社情民意被社省委采用。

【专题调研】 2014年,九三学社临汾市委参加社省委、市政协调研,掌握第一手资料,完成社省委组织的调研,形成《新农村建设应合理规划整合偏远山区的“准空巢村”》调研报告。完成社市委自选调研课题,形成《关于农村社区养老发展的建议》《关于加快我市文化产业发展的建议》等6篇调研报告。

【履行监督职能】 2014年,学社6名政治素质高、参政议政能力强、专业知识精的社员分别担任市、区两级政风行风监督员,参与各种民主监督、行风评议活动,为政府职能部门改进工作作风,加强廉政建设,为公检法机关执法公平公正,提高工作效率提出建设性的建议和意见。

【“九临合作”】 2014年,在社省委的支持和帮助下,社市委发挥社内人才优势,深化与侯马市政府合作,协调在侯马市凤城乡示范200公顷优质小麦生物有机肥技术推广,组织社省委、市委农业专家,对示范区农民进行技术培训和现场指导。

【“三下乡”活动】 2014年,社市委组织社内专业技术人员,深入社区开展义诊活动,累计义诊1200多人次。

【科普教育】 由社尧都区委牵头,对乡村医务人员进行处理医患纠纷法律知识培训,对企业员工进行职业卫生培训,为当地农民开展农业、医疗等相关知识培训,累计培训3000余人次。

【下乡驻村帮扶】 2014年,社市委结对帮扶侯马市斗龙沟村,全年捐助扶贫济困资金3000元,为扶贫村争取到3万元扶贫专项资金,帮助该村发展肉羊规模健康养殖和肉羊交易市场建设,为斗龙沟村发展集体经济和村民脱贫致富出谋划策,指导该村完成村“两委”班子换届工作。

(赵　强)

临汾市工商业联合会

【概述】 2014年,市工商联围绕全市经济社会发展大局,服务“六大发展”,促进“两个健康”,凝聚全市非公有制经济人士智慧和力量,打造“四大平台”,发挥“五项作用”,开展思想政治建设、商会组织建设、对外经贸交流、融资引资服务、企业素质提升、优化发展环境、维护合法权益等工作,引领广大非公经济人士认识新常态、应对新常态、服务新常态。到2014年底,全市工商联系统有会员15972人,其中团体会员241个,企业会员2132家,个人会员13599个。

【非公经济人士学习培训】 2014年,市工商联帮助非公经济人士学习领会重要会议精神、大政方针政策、领导指示精神以及省市贯彻落实中央精神的重大决策部署。党的十八届四中全会召开之后，组织举办临汾市非公经济人士学习贯彻党的十八届四中全会精神培训班，邀请市委党校、市讲师团、市纪检委有关专家，从依法治国、作风建设、廉政建设等方面对全市200余名非公经济人士和各级工商联干部进行为期3天的培训，邀请清华大学、复旦大学等著名专家学者就新形势、新常态下非公经济面临的新任务和新要求以及应对新趋势、适应新变化的新思维和新模式进行培训。提高非公经济人士自身素质和管理水平，组织开展系列专题培训活动。与北大民院合作在临汾市举办10期EMBA培训班，对临汾市1000余名民营企业决策层管理人员进行经营管理方面的提升培训；对民营企业接班人的培养和储备，组织部分优秀中青年企业家赴广州参加省委统战部、省工商联组织的培训学习活动；着眼小微企业创业能力和业务素质提升，组织部分小微企业参加省工商联举办的专题培训；着眼民营企业品牌建设，邀请知名品牌专家孙晓岐教授在临汾市进行品牌战略培训；着眼中国特色社会主义优秀建设者的培养，组织部分优秀企业家参加省委统战部、省工商联在浙江大学举办的党的十八届三中全会关于非公有制经济发展政策培训。2014年，全市各级工商联、商会组织举办非公经济培训60余次，培训人数8000余人，印发学习资料万余份。

【非公经济人士实践活动】 2014年，市工商联引导商会组织，发扬“致富思源、富而思进”的光彩事业精神，践行社会主义核心价值观，自觉履行社会责任，在春节前夕组织开展“送温暖、献爱心，践行社会主义核心价值观”活动。深入农村、社区、特教学校、敬老院等地，走访慰问困难户、空巢老人、残疾人、孤寡老人、失地农民、困难劳模、复员伤残军人、因病因灾返贫家庭以及环卫工人等特殊群体，宣传党的政策，帮助解决困难。有14家异地、行业商会及会员企业筹备米、面、油、服装等生活用品，电脑、书籍、文具等学习用品以及慰问金，对弱势群体和困难群众进行帮扶。近几年全市非公经济人士通过各种形式为社会各界提供爱心捐助近3亿元。

【支持“百里汾河新型经济带建设”】 2014年，市工商联召开座谈会、发放意见表，征求非公经济人士对百里汾河新型经济带建设的意见建议，引导民营企业为百里汾河新型经济带建设出谋划策、献计出力。组织开展“百家企业、百里汾河、百亿资金”观摩活动，组织百名企业家围绕百里汾河新型经济带建设，深入尧都区、侯马市、侯马经济开发区开展项目推介活动。深入临汾民航机场复航改造、城市规划展览馆、城东新区等重点项目基地，考察了解“百里汾河新型经济带”招商项目，优惠政策，投资环境，促成一批投资项目。临汾市在晋商大会签约的项目中有126个集中于“百里汾河新型经济带”。百里汾河沿线18个工业园区新上项目89个，10个农业园区有8个形成规模。商会组织参与招商的中信机电等80多家公司入驻山西国际陆港园区，海尔等大企业在这里设立物流配送中心。

【搭建参政议政平台】 2014年，市工商联围绕全市中心工作组织开展调查研究和建言献策活动。围绕企业发展中的普遍性问题和行业发展中的趋势性问题，为促进非公有制经济发展的市场、政策、法治和社会环境的改善，建言献策。引导担任人大代表和政协委员的非公有制经济人士，参加人大、政协组织的各种活动，通过提交议案提案、呈送调研报告、座谈会议发言等形式参政议政，建言献策。2014年，全市各级工商联组织开展上规模民营企业调研、民营企业劳动关系状况调研等各类专题调研活动60余次，召开服务“四个年”活动、推进“六大发展”、煤炭行业推进“六型转变”、优化发展环境、维护合法权益等各类座谈会50余次，提交意见、建议和有价值的调研报告285篇。

【搭建融资服务平台】 2014年，市工商联帮助中小微企业破解融资难题。与尧都农商行联合实施“商行助千企，百亿促转型”金融服务活动，组织17县(市、区)工商联、市直14家商会组织，与尧都农商行22家支行结对子，制定3年融资100亿元帮助全市1000家中小微企业实现自身成长和转型发展的融资服务计划，实施“银行＋商会＋企业”的融资服务新模式，为中小微企业提供打包金融服务。工商联、商会组织举办银企联谊会、洽谈会，与尧都农商行进行对接和合作,到 2014 年底,为中小微企业融资 65 亿元。与山西中联钢担保公司开展“银行+担保+商会+企业”的融资合作,通过商会组织“联合捆绑、打包贷款”的模式,为 43 家工商联会员企业解决担保贷款 9.8 亿元。奥坤量子、天天饮料、富开源包装等转型企业在此项活动中得到支持。通过工商联渠道帮助汾西洪昌养殖公司争取到国家农业产业化无息贷款 3000 万元;帮助全市 7 家重点骨干民营企业进入全省金融机构重点支持企业范围。

【搭建招商引资平台】 2014 年,市工商联发挥商会组织以商引商优势助推转型发展。组织临汾市在省内外、国内外的 50 余名知名企业家参加第二届晋商大会,回乡联谊投资,借助晋商大会网站和大会平台,宣传临汾市投资环境。举办第二届晋商大会晋冀鲁三省八地优势项目推洽会,邀请山东临沂市、泰安市、菏泽市及相关县区和河北大名等地的 120 位客商在临汾市投资考察,交流合作,建立友好商会,推介项目 105 个。组织中青年民营企业家参加第二届晋商大会山西·珠三角民营企业对接恳谈会,发放项目册、光盘、播放形象宣传片,对临汾重点项目及投资环境进行推介和宣传。组织部分民营企业赴北京参加“中国企业赴澳大利亚、新西兰投资并购推介会暨经贸洽谈会”,帮助市民营企业加快“走出去”步伐和国际化进程,提升参与国际市场的竞争能力。帮助乡宁乾圣源焦煤有限公司的主焦煤(山西)产品在天津渤海商品交易所上市,组织全市 30 余名规模以上的民营企业家赴天津见证上市仪式并与渤商所所长、中国年度经济人物阎东升等专家学者进行座谈交流。推动临汾市企业与渤商所深度合作,建设渤海商品交易所临汾现代物流园。乡宁乾圣源公司初步与渤商所、澳大利亚约翰芬雷矿业有限公司、浙江中天建设集团就以上项目达成合作意向。根据国务院批复的黄河金三角产业承接转移示范区发展规划,工商联、商会组织加强与三省四市的交流和互访。建立友好商会,参与举办三省四市民营经济发展论坛和民营经济合作交流暨特色商品交易博览活动。河南三门峡、陕西渭南、四川成都等地企业家通过工商联和商会组织的联系在临汾市考察投资,达成合作意向 330 亿元。两年组织民营企业家参与隰县梨花节经贸交流活动,促成投资意向 17 项,签约意向资金 230 余亿元。曲沃、霍州、古县等县(市、区)注重发挥工商联以商引商作用,举办经贸考察等活动,调动和利用本土民间资本助推转型发展。

【搭建维护权益平台】 2014 年,市工商联针对民营企业在发展中遇到的各类涉法问题和需求,市工商联与市政法委联合出台《临汾市政法机关服务和保障非公有制经济发展的 10 条措施》,成立服务和保障民营经济健康发展的领导组和办公室,专司维权职能,打造服务临汾民营经济发展的 110,通过疏通民营企业的相关反映渠道,解决影响和制约企业发展的难题,为工商联开展维权工作提供平台和抓手,为维护民营企业合法权益提供保障。各级工商联、商会组织为民营企业提供法律咨询和维权服务 1300 余人次。

【商会组织建设】 2014 年,市工商联指导成立 14 家市级异地和行业商会组织,会员总数 5000 余人,年产值约 500 亿元,利税近 20 亿元,安排就业 10 万余人。全市组建行业商会 45 家,异地商会 13 家,市场、社区、楼宇等其他商会 18 家。推动县级工商联做好乡镇、街道商会组建工作,强化基层商会组织网络覆盖。全市建立乡镇、街道商会 93 家,乡宁、侯马等 6 个县市实现全覆盖,《中华工商时报》对乡宁县“把好五个关”组建基层商会的经验做法给予宣传报道。制定出台《关于加强商会管理的五条规定》,推动商会达标建设。

群众团体

临汾市总工会

【劳动竞赛和群众性经济技术活动】 2014年，市工会围绕全市"转型综改试验区""百里汾河新兴经济带""工业园区"等重点工程和煤炭、焦化、冶金等重点领域，组织全市50万余名职工开展以"当好主力军、建功十二五"和综改试验区劳动竞赛活动。开展"我为节能减排低碳做贡献"竞赛活动，为全市"改革创新年"活动增添一抹新绿。开展"劳模宣传月"活动，召开"五一"表彰大会，组织推荐受全国、省、市表彰的单位和个人共计219个，宣传先进模范事迹，在全市营造学先进、比奉献、创一流的良好氛围。

【提升职工素质】 2014年，市工会开展职工(劳模)创新工作室创建和规范化建设工作，全市创建职工(劳模)高技能人才(劳模)创新工作室32个，有10个工作室被省总工会命名。与运城市、河南三门峡市、陕西渭南市工会联合举办"首届晋陕豫黄河金三角地区职工技能大赛"，选派职工参赛并取得优异成绩；在市人行等金融行业部门开展知识竞赛和技术比武活动，在市委党校举办全市党校系统教师赛讲活动，在全市各类企业、广大职工中掀起学业务、学知识、比技艺的热潮。

【职工文化建设】 2014年，市工会在全市开展以送文化、送健康、送法律、送技术为主要内容的"四送"活动，为基层和一线送去劳模的关爱和帮助。组织全市职工开展"中国梦·劳动美·幸福路"主题系列活动，参与职工达10万余人；临汾市选送的微电影《圆梦中秋》荣获全省工会微电影大赛一等奖、全国工会微电影大赛优秀作品奖；举办全市职工"中国梦·劳动美·我与改革创新"主题演讲比赛，推荐优秀选手参加全省演讲大赛获得金奖，代表省总参加全国总决赛；市总工会"同心圆"合唱团参加全省"放歌中国梦"合唱大赛获得铜奖；举办"大美临汾"元宵灯谜活动，丰富职工文化生活。职工文化阵地建设取得明显成效，临汾职工体育馆前期工作基本完成，近期开工。浮山县投资1000余万元建筑面积3869平米的职工活动中心投入使用，丰富全县干部职工业余文化生活。全市职工文化阵地建设总覆盖率90%。新建职工书屋43个，创建全国职工书屋示范点2个，省级"职工书屋"示范点3个和"电子书屋"4个，市供电公司实现职工书屋建设本系统全覆盖。加强全市工会通讯报道工作力度，培育通讯员队伍，加强工会网站建设。

【依法维权年"十大专项维权行动"】 2014年，市总工会组织召开全市专项维权工作推进会，推进省总依法维权年"十大专项维权行动"。市总领导班子成员、各部室负责人每人包联1个至2个县(市、区)总工会、市直基层工会、乡镇工会和企业工会，负责指导各自联系点开展维权工作。市总每月工作例会听取各部门专项汇报，对存在问题进行专题研究，将维权工作的完成情况列入考核评定的硬性指标当中，进行专项检查、综合考核排队。

【职工法律援助维权服务机制建设】 2014年，市工会设立场所、建立队伍、创建制度、完善职责，健全完善横向的多部门维权信息化共享平台和纵向的"市县乡企"四级法律维权体系，形成临汾市总"4234"职工法律援助维权服务新模式，充实市总维权机制建设新内容。10月，省总工会在临汾市召开职工法律援助维权服务现场推进会。加强典型的选树培养，在蒲县召开经验交流会，总结交流蒲县、汾西两个县总工会的工作经验。重视加强农民工权益维护工作，市总工会和17个县(市、区)总工会全部按照省总要求，建立完善讨薪应急周转专项资金制度，确保应急周转专项资金全部到位，使“农民工有困难找工会，拿不到工资找工会”工作步入快车道，全年受理266起投诉案件，为农民工讨回欠薪1595.98万元。

【行业性、区域性工资集体协商】 2014年，全市签订区域性工资集体合同178份，行业性工资集体合同245份，单独签订工资集体协商合同6453份，覆盖企业14385家，覆盖职工55万余人。全国总工会陈荣书副主席赴洪洞飞虹科技工业园区和侯马华翔购物广场开展调研。

【企业民主管理和职代会建设】 2014年，市工会推动非公企业、区域(行业)性厂务公开、职代会建制工作扩面提质，开展评选“优秀提案、合理化建议”活动，深入基层企业开展民主管理工作专项课题调研。开展民主管理工作专题培训6期，提升民管干部的业务素质和能力水平。选树和培育晋能临汾煤销公司、洪洞大槐树寻根祭祖园等5个厂务公开民主管理先进典型。全市国有集体企业厂务公开、职代会建制率100%，规模以上非公有制企业两个建制率100%，小微非公企业通过区域行业性工会的覆盖，两个建制率均97%以上。

【群防群治安全防线】 2014年，市工会组织1725个单位、42万职工开展“安康杯”竞赛活动。在煤矿、非煤矿山等高危企业开展创建“优秀安全生产班组”和“星级井口群众安全工作站”活动。完善群众安全监督三级网络，开展隐患排查工作，查出各类隐患65718条，整改65394条。深入全市358家涉及粉尘企业开展“尘肺病”防治情况调研，督促企业为直接接触粉尘的143200名职工进行专项体检，建立职工健康档案。

【保障帮扶】 2014年，市工会深化“一帮一”包联结对帮扶工作，全市各级工会共包联困难职工近万人次。开展两节送温暖、金秋助学和大病医疗互助活动，两节期间，为全市在档困难职工每人发放300元慰问金。“送温暖”活动筹措资金1288.2万元，走访慰问困难企业38个，困难职工3.2万余人；“金秋助学”活动发放助学金324.9万元，资助困难职工子女1072人；“职工大病医疗互助”活动筹措资金690余万元，救助患病职工2300余人次；开展“女职工关爱行动”，慰问救助单亲特困女职工和女农民工3000余人，为2150名困难企业女职工进行免费“两癌”筛查。通过开展两节“送温暖”“金秋助学”“职工大病医疗”三大品牌活动，实现在档困难职工救助全覆盖。

【工会组织建设】 2014年，市工会贯彻全国总工会《关于新形势下加强基层工会建设的意见》，开展工会组建月活动暨劳务派遣工入会专项行动，通过周报制督促、实名制建会、试点经验推广等有效措施，实现新组建独立工会208个，联合工会30个，覆盖法人单位843个，新增会员12577人，超额完成省总下达的组建任务，在全省排名第一。推进星级工会创建活动，评选出10个省五星级基层工会、3个五星级乡镇街道工会，促进了基层工会的规范化建设。把全国总工会《关于新形势下加强基层工会建设意见》的精神内涵融入到临汾市工会工作管理考核平台建设中，对平台进行增容升级，实现动态化、自动化的考核管理。

2014年临汾市劳动模范表彰大会

【工会自身建设】 2014年，市工会加大工会干部培训力度，分类别、分层次对全市各级工会干部培训20余次，培训工会干部500余名。加大经审工作力度，开展全市工会经审工作创建达标升级活动，四星级以上的县(市、区)工会达12个。加强财务收、管、用，在经济下滑的形势下，超额完成经费收缴任务。加大援疆工作力度，投资30万元帮助受援单位建设职工培训基地和文化活动阵地。

（秦　川）

共青团临汾市委员会

【概述】 2014年，临汾团市委围绕“全团有位置，全省创一流”的工作目标，履行团的四项职能，各项工作成效明显，提高团的吸引力和凝聚力，扩大团的工作有效覆盖面。

【理论体系武装青少年】 2014年，临汾团市委深化青年马克思主义者培养工程，以大学生骨干、青年知识分子和大学生村干部为重点，完善培养体系和跟踪培养机制。在山西师大临汾学院、临汾职业技术学院举办4期“青年马克思主义工程”大学生骨干培训班，培训人数2213人。

【正能量感召】 2014年，临汾团市委以“我的中国梦”主题教育实践活动为牵动，全市开展“彩虹人生—奋斗的青春最美丽”105场；开展“与人生对话——我的中国梦”系列主题团日活动188场。开展“奋斗的青春最美丽”系列活动，古县古阳镇大学生村官孙涛的故事最终被团省委选为山西省最受关注的新青春故事。组织部分“临汾新青年”获得者开展“我的中国梦－－奋斗的青春最美丽”分享活动。引导青少年自觉树立为实现“中国梦”而奋斗的远大理想。开展形势政策和山西精神的宣讲，举办“山西青年大讲堂”活动21场，引导青少年深刻认识省委“净化政治生态、实现弊革风清、重塑山西形象、促进富民强省”的重大决策部署、加快临汾转型跨越发展面临的机遇与挑战，增强实现率先转型、全力跨越发展的信心和决心。开展“红领巾相约中国梦——我的绿色环保梦”活动，引导少年儿童参与到植树造林和生态保护的实践中。

【核心价值观引领】 2014年，临汾团市委开展评选表彰工作。临汾市大唐国际临汾热电公司团委被评选为“全国五四红旗团委”，临汾市1个“青年五四奖状”、1名“青年五四奖章”、36名“优秀共青团员”、11名“优秀共青团干部”、8个“五四红旗团委”、10个“五四红旗团支部”受到团省委表彰。向团省委推荐7名青年企业家候选人参加首届“山西青年创业奖”评选活动。五四期间，表彰一批“青年五四奖状”“青年五四奖章”“临汾新青年”等。在全市各级青年文明号集体中开展“带头践行社会主义核心价值观、带头促进行业改革发展，争创诚信示范窗口、争创敬业模范集体”的“两带头、双争创”活动，组织动员青年文明号集体在践行社会主义核心价值观中发挥示范带动作用。邀请市委讲师团教授贾成奎举办“学雷锋践行社会主义核心价值观”报告会。

【用新媒体影响青少年】 2014年，临汾团市委重视发挥新媒体的作用，抓好微博、微信等新媒体运用工作，团市委、17个县（市、区）全部开通微博微信公众平台，发布工作动态和信息102篇，临汾青年微信公众平台，覆盖青年1000余名。修改完善临汾团市委官方微信的拓展功能以及团市委官方网站。招募各行业、地区青年网络文明志愿者3800余名，其中团市委直接联系约400余人，各县级团委分别联系约200人。各级团委分别建立起各自所联系的青年网络文明志愿者基础信息管理，做到有名单、能联系、常发声、起作用。7月1日、7月7日当天分别围绕“今天是七一”和“我是党员”“勿忘七七事变”等话题开展网络宣传活动。

团市委市青联“三下乡”活动

【服务青年就业创业】 2014年，临汾团市委研究就业政策和市场发展，通过就业指导引导青年树立正确的就业观。借助政府培训项目和培训机构力量,全市培训城市青年450人,农村青年2268人。扩大就业见习规模,提高见习就业转化率,见习人数608人。服务青年创业,拓展与金融机构的合作,全市城市青年小额贷款发放贷款190笔,1541万元;农村青年小额贷款19700.3899万元,扶持创业青年2576人。

【青年文明号创建】 2014年,临汾团市委以青年文明号活动开展20周年为契机,组织编印《青年文明号二十周年巡礼——青春与文明同行》纪念专刊,总结成就和经验,扩大青年文明号的社会认同感、影响力;向省青年文明号组委会推报示范青年文明号集体和突出贡献青年文明号活动组织单位各1家,推报2014年省级青年文明号争创集体2家;拓展青年文明号活动的新领域,在全市开展电子商务领域青年文明号创建活动,促进新兴经济创新发展、规范网络经营秩序、推动网上信用建设。2014年被全国创建"青年文明号"活动组委会命名为"突出贡献青年文明号"活动组织单位。

【青年安全生产示范岗创建】 2014年,临汾团市委联合临汾市安全生产监督管理局开展2014年度临汾市青年安全生产示范岗评选工作,23家单位被命名为临汾市"青年安全生产示范岗"。联合市人力资源和社会保障局开展临汾市"青年岗位能手"评选活动,对全市39名同志授予"青年岗位能手"荣誉称号,提高青工职业技能。

【保护母亲河】 2014年,临汾团市委以保护母亲河行动实施15周年为契机,围绕保护黄河、汾河,制定保护母亲河行动方案,组织动员全市各级团组织及青年志愿者在植树节、五一劳动节、五四青年节集中开展植树造林和植绿护绿实践活动10余次,参与人数5000余人,提高广大青少年爱绿、植绿、护绿的意识。

【企业共青团技术创新小组】 2014年,临汾团市委动员和引导全市企业青年职工增强创新意识,提高自身创新能力,投身创新实践,团市委在全市开展企业共青团技术创新小组建设,对各县(市、区)进行调研,全市组建企业共青团技术创新小组101个。

【代表和维护青少年合法权益】 2014年,临汾团市委深化"共青团与人大代表、政协委员面对面"活动。完善常态化倾听机制,健全制度化反映渠道,通过议案提案反映青少年状况和诉求。开展"面对面"活动15场。强化未成年人权益保护。发挥未保办作用,在省人大一法一条例检查组指导下,加大"两法一条例"贯彻实施力度,推动各级人大对青少年法律法规和未成年人司法保护制度的执法检查。深化"青少年维权岗"创建,联合职能部门为青少年创造良好的成长环境。推进"为了明天——预防青少年违法犯罪工程"。在12个县开展重点青少年群体服务管理和预防犯罪试点工作,制定县(市、区)推广五类重点青少年群体的工作方案。完善12355青少年服务平台功能,推进青少年事务志愿队伍建设,培育专业化维权团队。全市12355公益大讲堂为青少年提供服务场次161场,覆盖人数43746人。通过热线、短信、qq、面询等方式提供法律及心理服务为3386人。在高考期间,开展"轻松备考·12355与你同行"减压活动31场,覆盖全市青少年及其家长12543人次。

【关爱重点青少年群体】 2014年,临汾团市委关爱贫困家庭青少年。开展希望工程"一元捐"活动,捐助19878.9元。关爱残疾青少年。开展青年志愿者助残"阳光行动",摸清底数,建立数据库,进行结对帮扶,结对团队数96个,志愿者人数662人。关爱农民工子女。扩大结对覆盖,农民工子女新增结对数65对,覆盖率达到81%以上。

【志愿服务】 2014年,临汾团市委加强志愿者协会建设。成立临汾市青年志愿者协会,将志愿者组织建设成为吸纳、联络民间公益组织等志愿服务力量的枢纽型组织。招募青年志愿者23万余人。参与中国·临汾国际名校赛艇挑战赛。按照赛事组委会的要求,制定招募计划,面向社会招募120名青年志愿者,开展为期两天的志愿者赛前培训工作。围绕市委"四个年"活动,开展"爱绿护花志愿者"活动,增强市民生态文明意识。联合山西师大、临汾铁路公安处组织50名志愿者在春运期间开展"情暖回家路"青年联合志愿服务活动,为来往旅客送去关怀和温暖。

【团组织有效覆盖】 2014年,学校战线在市直中职学校中建立共青团工作信息系统暨数据库,逐步巩固学校团组织建设;城市战线,加大市直团组织管理工作,召开临汾市直团工委成立大会,市直团组织由原来的16家增加到80余家，扩大对市直单位团组织的有效覆盖。加大街道区域化团建工作力度，制定开展街道区域化团建工作专题培训实施方案，邀请市委党校副教授王俊芳对全市街道团工委负责人及工作骨干进行街道区域化团建工作专题培训。在巩固街道团组织格局创新的基础上，发挥街道团工委的枢纽作用，推动"区域化团建"；农村战线在巩固乡镇实体化"大团委"建设的基础上，结合"双心双实"工程，联合市农委、市农村信用社开展千名农村青年致富带头人"选、培、带活动，推荐农村青年致富带头人1200名，28名同志获得临汾市"农村青年致富带头人"荣誉称号。引导更多的青年树立创业信心，活跃农村共青团的各项工作；全市17个县(市、区)团委全部成立县域农村合作组织团工委。非公企业团建工作向从业青年多、经济规模大、社会关注度高的较大非公企业聚焦。全市新建非公企业团组织108家；在春节期间开展临汾市驻外团工委"一起回家，一起过年"活动，增强驻外团工委组织活力和服务能力。

【"助学助困·献爱心"活动】 2014年1月，临汾团市委与市青年企业家协会、市创建青年文明号组委会联合举办"助学助困·献爱心"活动。此次活动募集到社会各界捐款53万余元，为全市1000名贫困生每人提供500元助学金，所剩金额将由各县(市、区)团委针对贫困学生实际情况进行增补。20名特困学生与临汾铁路公安处职工签订结对"助学助困·献爱心"意向书。确保"助学助困·献爱心"活动长期有效开展，成立活动对接办公室。

【互访学习交流】 2014年，临汾团市委与烟台、呼和浩特青企协联系，组织三地青年企业家60余人，开展互访学习交流活动，深化青企协工作，搭建青年企业家之间交流沟通、共享信息的平台。其中在临汾交流期间，临汾市青年企业家协会、烟台市青年企业家协会、呼和浩特市青年企业家协会在吉县开展"扶贫助困·献爱心"捐赠仪式。烟台市青年企业家协会代表、呼和浩特市青年企业家协会代表为吉县40名品学兼优家庭贫困学生捐赠4万元助学金。签订晋鲁蒙三地青年企业家协会电子商务平台战略合作协议。晋鲁蒙三地企业家电子商务平台，服务于三地青年企业家商务磋商、信息互动与投资合作，为三地广大网上商家提供广告宣传、在线展会、咨询洽谈、网上订购等服务，提高三地商务活动水平和服务质量，推动三地电子商务业的发展，三地交流合作进入新的发展阶段。

【青年志愿者协会】 2014年，临汾团市委健全志愿服务工作体系，促进志愿服务工作的规范化、长效化、制度化，筹备召开临汾市青年志愿者协会第一次会员代表大会。在会议筹备期间，各级团组织招募大量青年志愿者，组建各类志愿者服务队81支，建立志愿者服务站，在团市委注册的青年志愿者23万余人。

【成立市直团工委】 2014年，临汾团市委按照市委党建带团建部署和要求，联合市委组织部、市直工委，加强对市直机关团组织的领导和管理，筹备召开临汾市市直团工委第一次代表大会，规范市直单位团组织设置、健全工作制度、提升组织能力、活跃机关文化、服务青年成长等工作。市直单位团组织由原来的16家增加到81家。

（梁李平）

临汾市妇女联合会

【概述】 2014年，市妇联按照年初确定的"12345"思路开展工作："1"是围绕市委市政府提出的"率先转型、全力跨越，建设文明开放、富裕和谐新临汾"这一总目标；"2"是推动妇女工作向基层拓展、向新领域拓展；"3"是实现超越自我、超越现在、超越固有三个超越；"4"是突出活动形式多样化、服务妇女差异化、区域工作特色化、组织管理星级化四个特点；"5"是打造"五大活动"升级版。团结动员广大妇女巾帼建新功，共筑中国梦，完成全年各项工作任务。

【思想引领】 2014年，市妇联把加强思想引领，坚持正确的政治方向，以科学理论引领全市妇女事业发展，以党中央、省委和市委决策部署统一思想行动，学习贯彻党的十八大，十八届三中、四中全会精神，学习贯彻习近平总书记系列重要讲话精神和对妇联工作的重要指示精神，开展党的群众路线教育实践活动,召开各界妇女座谈会、组织各级妇联干部集中轮训,把握妇女事业发展正确方向,服务中心、服务基层、服务妇女。发挥妇联组织的桥梁和纽带作用,服务各界妇女,凝聚正能量,团结引领全市广大妇女增强思想自觉、行动自觉。

【妇女先行讲文明活动】 2014 年,市妇联以家庭为主阵地,打造文明平阳花,服务廉洁发展。开展“平阳花”系列活动。唱响临汾妇女之歌——《平阳花》,设计平阳花 logo,创办《平阳花》杂志,扩大和加强平阳花艺术团巾帼志愿者队伍建设,创建平阳花微信群、平阳花网站,建立平阳花文化创意产业孵化基地。在全市选树表彰先进集体 517 个、最美家庭 1172 户、先进个人 1582 名、文明和谐家庭 204 户。以“同心育栋梁 共圆中国梦”活动、好家风好家训故事会、女性文化学堂为载体,举办专场讲座 1158 场,受益群众 20 万人次。其中“女性文化学堂”被市委宣传部确定为全市优秀学习品牌。开展寻找“十杰百佳千优秀——最美家庭”活动和“寻找最美孝心少年”大型公益活动。高月娥家庭荣获“全国五好文明家庭标兵”荣誉称号,1 户获得全国最美家庭提名奖,郭世玉荣获省“十大优秀母亲”荣誉称号,汾西县朱梅瑞和古县的赵春龙荣获全国“最美孝心少年”称号。

【妇女合力促致富活动】 2014 年,市妇联引导妇女科学认识新常态、适应新常态,动员组织妇女投身到新临汾建设。2014 年,全市为妇女累计发放小额担保贴息贷款 757 笔,4452 万元,贴息 182.5335万元。深化“商行情系百万妇女 牵手共建美好临汾”活动,服务 452 个合作社,服务妇女 69.03 万余人次,授信流动资金 4.74 亿元,增加资金流量 17.67 亿元,满足城乡妇女对资金的差异化需求。市县两级妇联与组织、人社等部门联合举办“春风送岗位行动”,组织专场招聘活动 26 场次,全市 6461 名女性成功实现就业。实施巾帼创业就业技能培训项目,举办各类培训班 209 期,2 万余名妇女参加培训。扶持 3000 余名农村妇女成为种、养、加等产业大户,成为临汾市新的经济增长点。开展“平阳花女巧手、文化艺术人才”摸底培训工作。成立“平阳花”文化创意产业孵化基地。举办授牌仪式暨临汾民间艺术产品赴上海展销推介会,依托华之源公司在上海展销临汾妇女手工艺制品,服务创业妇女。

平阳花巾帼志愿者编织毛衣为新疆儿童献爱心

【妇女带头创平安活动】 2014 年,市妇联提高妇女的法律意识、法律素质和维权能力,形成办事依法、遇事找法、解决问题用法、化解矛盾靠法的氛围。做好信访接待,化解社会矛盾,推进“平安临汾”建设。利用“三下乡”“三八”维权周、综治宣传月、国家宪法宣传日等活动,发放宣传资料、设立咨询台,宣传与妇女相关的法律法规知识及反邪教。坚持日常接待与每月 20 日领导联合接待日制度相结合,使用覆盖全市的“12338”妇女维权服务热线。受理妇女群众来信来访案件 298 件,做到事事有回音、件件有着落。推进“平安家庭”创建工作。建立“一村一员,一乡一站,一县一庭、一事一议、一月一结、一季一比”的“六个一”工作机制。开展关爱女性在押人员帮扶、帮教、送温暖活动和“6·15 儿童保护日——绿丝带行动”进校园、进农村、进机关、进社区主题宣传活动。在重点青少年群体服务管理和预防犯罪工作中,对全市 14 岁至 17 岁农村留守儿童排查摸底及建档立卡,全市建档立卡留守儿童 2602 人,重点帮扶 1560 人。

【妇女携手谋幸福活动】 2014 年,市妇联以妇女儿童的需求为导向,为妇女儿童和家庭提供服务。市县乡村四级妇联组织集中开展“留守老人、留守妇女、留守儿童”摸底调研工作。调研后为 12

所学校的261名留守困难学生送去“春蕾计划”资助款5.32万元、爱心衣服834件、“恒爱行动”爱心毛衣110件;开展关爱贫困女大学生行动,为23名贫困女大学生发放资助款4.6万元。为农村贫困家庭中89名先心病患儿争取到免费治疗的机会;276名成人和21名儿童佩戴总价值63.6万元的“天籁列车”项目提供的免费助听器;为2600多个贫困家庭发放37.2万元的蜜儿餐、1000公斤大米及价值37.584万元的奶粉;55名贫困家庭的弱视儿童在“光明行”活动中接受27.5万元的免费治疗;为农村、社区及5个贫困地区儿童营养改善项目县的0岁至3岁贫困儿童家庭,提供总价值5.6万元的“谷之爱”婴幼儿米粉40箱和儿童早期家庭教育指导服务手册200册;为贫困女孩发放文化衫和爱心学习用品52套、助学金10000元;为“圆梦图书屋”赠送图书500册;落实省妇联为全市51个乡镇妇联提供的信息化建设补助经费51万元,配备信息化办公设备。实施“春蕾计划”,接受社会捐资22.32万元,资助贫困儿童397名;开展“恒爱行动”,争取毛线250公斤,组织“平阳花艺术团”和蒲县的爱心妈妈们编织爱心毛衣940件,捐赠给新疆阜康市的贫困孤残儿童;推进“母亲健康快车”项目,全年受益妇女儿童达6万余人次。

【妇女创先争优秀活动】 2014年,市妇联强化妇联组织对各条战线优秀妇女的引领、服务、培训、推荐、评选、表彰工作。2014年,市妇联出台《临汾市妇联组织“星级化”管理考核实施办法(试行)》,提升组织规范化管理水平。开展妇联干部“下基层、访妇情、办实事”活动。全市5000余名妇女干部帮扶10120个家庭,办实事18960件。开展在职党员到社区报到“亮身份强服务当先锋”活动。依托东方秀美发店为1120名老人提供免费理发服务,慰问贫困家庭。发挥媒体的宣传引导作用。全年收集信息877条,编发妇工简讯77期,山西妇女报刊发专版77版,各类媒体报道619次,《中国妇女报》7次报道临汾市妇联工作。《在全国率先开展差异化服务家庭的主要做法及成效》一文分别刊发在中央党校出版社出版的《中国领导干部论坛》和科学社会主义杂志社出版的《党的群众路线理论与实践》,省委办公厅《山西信息》2014年第93期专题刊发。完成第十届村级组织换届女性进“两委”工作任务。在市委党校(妇女干部学院)举办农村巾帼领头雁、妇女维权骨干、科级女干部、家庭教育骨干、创业女性骨干、土特产品女经纪人培训班6期,培训700余人,提升妇女干部履职能力。举行“十送”服务进社区进家庭活动。为平阳花艺术团等108支文化健身队伍送音响、送健康、送政策、送法律、送家庭教育知识、理财知识等。在全市开展“文明和谐家庭与社会性别平等”“革命老区妇女生存发展状况”“乡村少年秀”等主题征文活动;与市委党校联合开展“五大活动”理论与实践思考探索调研活动,征集到论文168篇,200多名妇女干部参与理论探索。

(卫丽丽)

附

· 获奖情况 ·

2014年,市妇联获得全国妇联城乡妇女岗位建功先进集体、省妇联“双十创新奖”“省依法治理示范单位”等荣誉

临汾市文学艺术界联合会

【概述】 2014年,临汾市文学艺术工作立足新起点、再求新发展,学习贯彻中共十八届三中、四中全会和习总书记在全国文艺座谈会上的讲话精神,坚持“二为”方向、“双百”方针和“三贴近”原则,围绕市委、市政府的工作中心,发挥文联组织、联络、协调和服务的职能,团结广大文艺工作者,推进文艺创作,开展文艺活动,促进艺术交流,加强文联和协会建设。

【“艺术讲堂下基层”】 2014年,市文联以“弘扬中华文化、繁荣基层文艺”为主题,坚持文化传承,推进文化创新,坚持贴近基层、贴近实际、贴近群众,开展举办多场艺术讲座。4月18日至20日,在秦汉胡同和山西师范大学音乐厅举办3场刘波国学论坛主题讲座。开展民间剪纸进课堂活动,组织市剪纸艺术家协会在临汾市和尧都区老年大学

授课。5月9日下午,在临汾日报社三楼会议室举办“艺术讲堂下基层”讲座,临汾日报社总编辑王庚星,中国摄影家协会会员、山西管理职业学院副教授樊伟建作进行授课。全市宣传系统200余人参加活动。6月7日至8日,在铁路宾馆举办2014年文学创作研修班,来自全市17个县(市、区)的110余名文学爱好者参加培训。省作协党组副书记、副主席杨占平,《山西文学》主编鲁顺民,《黄河》主编黄风,市作协主席张行健、副主席刘阶耳等5人授课。8月20日,市作协主席张行健在蒲县高级中学授课,普及中学生生活实际的文学知识。

【“艺术采风下基层”】 2014年,市文联组织文学、摄影等协会文艺工作者赴安泽、隰县、蒲县、永和、乡宁等地进行采风,5月9日至10日协助省作协开展“2014美丽中国行—晋善晋美”大型媒体采风团,先后在洪洞、尧都区、乡宁等地进行采风。

【“艺术创作下基层”】 2014年,市文联走进田间地头,走进百姓家中,与群众座谈聊天,收集素材,实地创作,达到宣传基层发展,推广典型经验的效果。组织16余名作家、摄影家赴安泽了解“311”基层社会管理服务新体系,在《临汾日报》发表多篇文章;组织20余名作家赴蒲县采风创作,展示国家文物单位东岳庙的魅力和历史。

【“送书画进农家”】 2014年,市文联组织书画笔会等形式的活动征集书画作品,免费赠送给联系村群众,确保到2014年底实现全村农户家家挂字画的目标。引导和鼓励农民朋友热爱文化、享受墨香,提高群众文化素养。

临汾市科学技术协会

【学术交流】 2014年,市科协引导科技人员参加各种学术交流活动。围绕临汾市科技经济社会发展现状和趋势,开展学术交流、科技论证、技术服务等项活动。市属各学会(协会)主办、承办各种学术交流会、研讨会、论证会30余次,交流学术论文3210多篇次。安排部署全市第17届优秀学术论文评选活动。征集报省论文80篇,报市论文61篇,报市论文在专家的评审下,获得一等奖的论文49篇,二等奖的论文8篇,三等奖的论文4篇。

【“三下乡”活动】 2014年,市科协在山西省2014年文化科技卫生“三下乡”活动和市政协组织的“三下乡”活动中,在洪洞县辛村乡南段村和安泽县发放科普资料10000余份、科普书籍5000余册、解答农业科技问题300余个、展出科普版面80余块(次)、观看科普版面群众10000余人(次)。

【科普“五进校园”】 五进校园活动是科技系列活动进校园,科普展览、科技专家进校园,科普报刊进校园,科技征文活动进校园,科普图书进校园。2014年,市科协累计开展校园科普活动189场(次)。

【科普志愿者活动】 2014年3月5日,市科协组织科普志愿者服务队在财神楼北街开展“学雷锋”科技知识宣传活动。展出节约资源、低碳生活、保护生态环境版面20块。

【主题宣传】 2014年,市科协以“共建诚信家园,同铸食品安全”为主题,参与“临汾市区两级食品安全宣传周”活动。展出科普展板50余块、参观群众8000余人次、接受咨询群众3000余人、发放有关科普资料4000余份。10月13日是“国际减灾日”,主题为“提升抗灾能力就是拯救生命——老年人与减灾”。联合市气象学会组织印制宣传材料、制作板面,发放气象科普手册,布设气象科普展板、电子屏字幕。发放《农用气象300问》《气象常用术语》《雷电灾害防御》和《气象防灾减灾手册》《气象灾害预警信息解读》等科普读物1000余册;发放暴雨、高温、干旱、冰雹、雾霾等彩色宣传单3000多份;发放《山西省气象灾害防御条例》《气象探测环境保护办法》等宣传资料1000多份。

【“科普日”系列活动】 2014年,9月20日至26日,在“全国科普日”活动期间,全市科协系统展出科普版面200余块次,围观参展群众15000余人次;接受专家义诊检测的群众5000余人次;接受科普咨询、心理咨询、家庭教育的群众5000余人次;发放科普书籍资料3000余册份,解答相关疑难问题200余人次。

【科普培训】 2014年8月9日,市护理学会和第四人民医院联合举办继续教育项目——《静脉治疗护理技术操作规范》标准解读培训班。11月8

日，市畜牧兽医学会组织举办全市新型职业农民培育工程养猪技能培训班，由100名大型猪场负责人及技术人员参加。学会请来研究员、教授、博士、高级畜牧、兽医师为学员们传经送宝。全市科学素质领导小组各成员单位举办培训班315期，培训人数28万余人(次)。举办科普宣传活动150余次，展示宣传版面5600余块(次)。在市、县两级电视台播放《科普大篷车》栏目936期(次)。组织技术服务680余次，服务群众近10万余人(次)。

【企业科协建设】 2014年，市科协对新成立的10个民营企业科协的组织机构和工作机制进行规范提升，以"讲理想、比贡献"竞赛活动和"金桥工程"为载体，引导工程技术人员为企业技术进步和经济效益提高献计出力。全市20个企业科协组织3800余名科技人员参加竞赛活动，完成项目890多项，提出合理化建议1200余条，小改小革530多项。全市实施搭建以节能、降耗、减排、增效为重点的"金桥工程"80多项，实现经济效益近亿元。山西焦化集团科协与技术中心，组织科技人员在3组6座焦炉增设自动加热装置，降低操作人员的劳动强度，改善职工的操作环境，年可节省回炉煤气3000万立方米，年可创直接经济效益750万元。

【推荐表彰优秀科技工作者】 2014年，市科协向中国科协、省科协推荐优秀科技人员。山西焦化集团总工郭毅平荣获第6届"全国优秀科技工作者"。在全省第13届"讲理想、比贡献，奋力实现中国梦"评选活动中，山西焦化有限公司等3个单位被评为先进集体，王凯武等4人被评为先进个人，平阳重工技术中心等2个单位被评为优秀组织单位，乔宏芳等2人被评为优秀者。在2013年度至2014年度全国"讲理想、比贡献，奋力实现中国梦"评选活动中，平阳重工樊红霞被评为"创新标兵"，获奖金1万元，临汾供电公司技能大师(劳模)工作室获"全国创新团队"称号。

【"基层科普行动计划"】 2014年，市科协征求科普项目建设管理的意见建议，了解群众参与科普项目建设的积极性和参与度，指导县(市、区)科协建立完善科普基础项目库，加强基层科普行动计划的日常管理，择优筛选申报，跟踪指导项目建设与管理，夯实向上申报争取国家级科普项目的基础。获得2014年度国家级奖补项目和个人总计10个。其中，尧都区蓬兴农业养殖协会、霍州市小杂粮协会、隰县蜂业协会、洪洞县苏堡镇红枣协会、浮山县强圣农业综合种养技术协会、大宁县树生果仁协会等获"全国优秀农村专业技术协会"，各获奖补20万元，吉县吉昌镇绿之源科普示范基地、襄汾县陶寺乡崇实宝玉种羊繁育科普示范基地等获"全国优秀科普示范基地"，各获奖补20万元，乡宁县余怀龙获"全国科普示范带头人"称号，获奖补5万元，侯马市浍滨街道办事处浍滨街北社区获"全国优秀科普示范社区"，获奖补20万元。全市获奖补资金185万元。

【青少年科技创新活动】 2014年，市科协在第29届山西省青少年科技创新大赛中，临汾市科学影像活动比赛获得一等奖2个、三等奖1个；科技实践活动比赛获得三等奖7个；少年儿童科学幻想绘画一等奖2个；二等奖21个；三等奖53个；科技创新成果竞赛小学组获得三等奖4个，中学组获得一等奖2个、二等奖8个、三等奖8个。在第29届全国青少年科技创新大赛中，市科协获得基层优秀组织单位奖。在第10届山西省宋庆龄少年儿童发明奖评选活动中，临汾市有6个创意作品获得优秀奖，3个发明作品获得三等奖，22幅科幻绘画分获二、三等奖，市科协获得优秀组织奖。

在第四届"熊博士"全国青少年科学影像节活动中，临汾市平阳中学张诗悦、刘涵钰的科普动漫作品《地震手册》(李俊、靳亚琴、张俊伟辅导)荣获一等奖；平阳中学韩子骁、王文楷的科学DV作品《淘米水可以去除残留农药吗》(宋全喜、张俊伟、靳亚琴辅导)荣获一等奖；市第一实验中学谢欣欣、张洋、亢悦坤的科学DV作品《DIY点读 笔》(范保玉、王华、董堇萱辅导)荣获三等奖；平阳中学韩子骁、王文楷的《奇怪的椎体上滚》荣获优秀多媒体制作作品奖；平阳中学张诗悦、刘涵钰的科普动漫作品《地震手册》荣获最佳科普动漫作品奖，是本届科学影像节活动中被评选出的4件最佳科普动漫作品之一；平阳中学韩子骁、王文楷被授予"熊博士"科研之星奖；平阳中学靳亚琴荣获优秀科技教师奖。临汾市科协和平阳中学被授予全国优秀组织单位奖。

【青少年机器人竞赛】 2014年,市科协在香港举行的第八届“创协杯”创意科技机器人比赛活动中,临汾市临汾一中、平阳中学、市第一实验中学、霍州市实验小学、翼城县西街小学等5支代表队参加比赛。与来自中国(包括港、澳、台地区)和韩国等130多个代表队,2000余名选手竞争,获得各项赛事一等奖7个、二等奖3个。临汾一中代表队王希鹏、郭沛鑫同学获得高级组机器人超级轨迹赛冠军;牛圣元、张润宇同学获得高级组机器人超级轨迹赛亚军;平阳中学代表队孟祥佳、杨峰、马泽瑞同学分别获得高级组机器人超级轨迹赛一等奖;孟祥佳、杨峰同学分别获得高级组机器人擂台赛二等奖;市第一实验中学代表队赵畅达、张伯杨、邓卓源同学获得高级组机器人超级轨迹赛二等奖;霍州市实验小学代表队何思泉、李金轩获得初级组机器人超级轨迹赛一等奖;翼城县西街小学代表队王云飞、苗景睿获得初级组机器人超级轨迹赛一等奖。临汾一中韩晓栋、武奇泽老师,平阳中学许雄伟老师,市第一实验中学范保玉、王华老师,霍州市实验小学王伟华老师,翼城县西街小学李向荣、延星星老师被大赛组委会评为优秀教练员。市科协被大赛组委会授予优秀组织奖。

(杨　凡)

临汾市归国华侨联合会

【概述】 2014年,临汾市侨联履行各项工作职能,以“为民务实清廉”为总要求,以“为侨服务”“为地方经济建设服务”为宗旨,凝聚广大归侨侨眷和海外侨胞的智慧和资源,完成年初制定的各项工作计划。

【服务当地经济建设】 2014年,会领导在曲沃县调研时了解到曲沃、翼城、侯马存在城市生活垃圾处理相对落后的问题,需要建立一个现代化的城市生活垃圾焚烧发电厂。经过牵线搭桥,5月11日,在会领导的带队下,由曲沃县人大、政协、统战部、发改局、城建局、环保局、侨联等相关单位负责人与临汾侨谊绿盾节能环保科技发展有限公司负责人组成项目考察团,赴浙江美欣达(集团)旺能环保股份有限公司就城市生活垃圾焚烧发电项目进行实地考察,达成将总投资7亿元的项目落户到曲沃县的协议。完成招商引资总投资28亿元(共3个项目),其中有浙江美欣达(集团)旺能环保股份有限公司临汾市生活垃圾焚烧发电项目,总投资7亿元;北京长荣国际投资有限公司、临汾市侨谊绿盾节能环保科技发展有限公司国际陆港园区还迁房建设项目,总投资13亿元;北京长荣国际投资有限公司、临汾市侨谊绿盾节能环保科技发展有限公司国际陆港园区道路工程建设项目,总投资8亿元。

【海外侨界人才服务经济建设】 2014年,曲沃籍海外人士张裕平在日本从事环境保护工作多年,是环境保护专家。5月,通过其弟曲沃县侨联秘书长张士军的联系,邀请张裕平先生回乡探亲。张裕平回乡后与环保部门有关人员到县污水处理厂实地考察,提出合理化建议,对技术等方面进行指导,为该县的环境保护工作迈上新台阶,提供技术保障。

山西省侨联领导慰问贫困侨眷刘连生

【帮扶困难归侨侨眷】 春节期间,会领导走访慰问侨界老归侨、老领导和部分患病的侨眷:罗天祥、刘连生、张吉等人,为他们送去慰问金。3月24日,“送温暖、献爱心”活动中,与市外事办、旅游局、侨办发出为因眼癌致困的蒙古归侨韩润花捐款“扶贫助困,情暖人间”的倡议,归侨侨眷及机关人员当天捐款12550元。了解到扶贫联系点永和县桑壁镇郑家垣村李永鹏同学,考取中北大学机电工程学院装甲车辆工程专业,但因家庭收入拮据,面临辍学的困难。向广大归侨侨眷发出向李永鹏捐款的倡议,本次捐款4300余元,解决他上学交学费的困难,并继续资助李永鹏直到完成大学学业为止。

【维护归侨侨眷利益】 2014年,临汾市美国侨眷李洪玉在病故后,抚恤金问题得不到解决,会领导得知后,多次与尧都区政府相关部门协调,为其解决抚恤金领取的问题。临汾市蒙古归侨吴宇骞在单位集资建房过程中遇到困难,会领导直接与其单位联系,要求其本人所在单位按照《中华人民共和国归侨侨眷权益保障法》的有关规定,以及党的"一视同仁、不得歧视、根据特点、适当照顾"的侨务政策,为其解决集资建房问题。临汾市加拿大侨眷朱启明将自己的房屋出租后,因多次转租,现租户擅自改造房屋,产生纠纷,在维权工作委员会的帮助下,为其索要回房屋所有权,维护其合法权益。

【关爱老归侨侨眷】 2014年,侨联在全市范围内开展"归侨侨眷身心健康关爱工程"活动,在11月为全市60岁以上的老归侨和部分侨眷体检,健全和完善老归侨侨眷的健康档案。对归侨侨眷坚持"逢年过节必访病号、必访困难户、必访高龄归侨侨眷"的"三必访"制度,发现和解决归侨侨眷日常遇到的困难问题。

【海内外联谊】 2014年,侨联与美国山西友好协会会长孟燕明、澳大利亚中国商会会长张亮、加拿大晋商会会长陈志军等11位海内外知名人士进行经常性地联系沟通,邀请他们参加第二届晋商大会。10月,接待马来西亚双箭肥料有限公司执行董事罗开永先生和英皇特许秘书、法律学士黄金来先生等15位华侨华人,进行座谈。创新工作载体,搭建联络平台。7月,建立由临汾籍侨界人士组成的"临汾侨之家"微信群,通过该群宣传党的路线方针政策,发布侨界的动态以及各项工作,了解和掌握归侨侨眷的意愿和需求,增进与侨界群众的感情,帮助他们解决实际困难和问题。

【文化活动】 2014年,市侨联发挥桥梁作用,参与中国侨联、省侨联举办的各类文化活动。组织参加第十五届世界华人学生作文大赛。在此次大赛中,选送的作品中获得2个一等奖、2个二等奖、6个三等奖。参加第二届世界华侨华人美术书法展。选送会书画院副院长杨冯虎同志及会员田烨同志的两幅书法作品参展。加强会信息撰写工作。全年撰写信息20余篇,均刊登在省侨联网站。

临汾市残疾人联合会

【概述】 2014年,市残疾人联合会推进残疾人社会保障体系和服务体系建设,围绕临汾市委市政府提出的"服务群众年"、残疾人联合会系统"基础管理建设年"活动,打造"亲情一家人"优质化服务品牌,残疾人权益得到保障。

【打造特色品牌】 2014年,市残疾人联合会亲情服务残疾人。在全市开展"亲情一家人"优质化服务工作。优质化服务主要内容。由乡、村两级残疾人工作者深入残疾人家庭,与残疾人面对面、零距离接触,掌握残疾人基本情况和需求,帮助残疾人深入挖掘自身潜能,制定适宜可行的优质化服务方案,通过市、县、乡、村四级联动,利用现行的社会保障政策、社会救助制度、民生项目等各种资源,为残疾人提供个性化、动态化、信息化、优质化的服务,实现政策、资源与需求的无缝链接。开发临汾市残疾人"亲情一家人"优质化服务网络管理平台,明确优质化服务的目标任务、主要措施、服务内容、服务程序和服务标准。目标任务是利用2年至3年时间,普及优质化服务。阶段性目标是:2014年4月20日前完成"亲情一家人"优质化服务专职委员业务培训工作,10月底完成基础数据入户调查工作,12月底完成所有数据信息化录入工作。2014年服务率要达到本县持证残疾人总数的60%以上。全市优质化服务工作进展顺利,各县突出"四个结合",为残疾人提供服务。即:优质化服务与残疾人政策宣传相结合,与办理残疾人证相结合,与县、乡、村残疾人专职委员培训相结合,与助残活动相结合。隰县残联与眼科医院联手,集中进行白内障手术筛查服务,4天筛查1217人,其中白内障患者527人,可手术者217人。侯马市在叠加培训、模拟入户调查、填表三次检查后开展入户调查工作,调查数据准确、无差错。全市"亲情一家人”优质化服务开展培训26期，培训专职委员2763人；完成入户调查21.6万人，制定优质化服务方案77554例，提供优质化服务62620例。

【基本服务调查准备工作】 残疾人基本服务状况与需求调查是全国残联统一进行的调查统计工作，成立由市委常委、常务副市长、市残疾人工委主任赵建民任组长，10个部门参加的残疾人基本服务状况和需求调查工作领导组。2014年9月26日举办残疾人信息核查工作培训班，11月上旬组织全市54名调查骨干参加省残疾人联合会入户调查工作培训，组建县、乡、村调查队伍，制定调查方案，培训乡、村两级调查员。

【落实“两补”政策】 实现应补尽补。2014年，市残联与市财政、市人社局沟通，5月中旬结合临汾实际，三家联合下发《关于印发临汾市一级重度残疾人护理补贴和贫困残疾人生活补贴实施细则的通知》。10月初，全市符合“两补”条件的一级残疾人全部核查完毕，共计9466人，其中重度残疾人护理补贴5944人，贫困残疾人生活补贴3522人。454万元补助资金全部到位，一级残疾人即将领取480元的补贴。

部分县在落实政策时，提高标准，扩展范围，让更多残疾人享受政策。古县政府在落实政策的基础上扩大残疾人补贴范围，提高标准，他们将一、二级重度残疾人全部纳入保障范围(一级210元/月、二级170元/月)，一级残疾人每人每年补贴2520元，二级每人每年补贴2040元。洪洞县政府将一、二、三级残疾人全部纳入救助范围，一级每人每年补贴480元，二级和三级肢体残疾人每人每年补贴432元，智力、精神二级432元，除一级残疾人受益外，6000余名二三级残疾人享受到政策实惠。

【无盲点市创建】 2014年，市残疾人联合会执行国、省康复救助项目，自筹142万元进行配套和救助扩展。投入90万元，实施市福彩慈善救助项目(市本级彩票公益金项目，连续实施6年)。免费装配100条假肢、大小腿各50条；对100名0岁至14岁脑瘫儿童康复训练给予救助，每人3000元。投入40万元，创建“残疾儿童康复无盲点市”。对100名0岁至14岁残疾儿童康复训练予以救助，每人3000元；对100名肢体残疾儿童补贴装配矫形器，每例平均补贴1000元；为600名贫困残疾人配发辅具，平均每人200元。完成聋儿听力语言康复训练56名、脑瘫康复训练150名、孤独症康复训练65名、智力康复训练28名；制作大小腿假肢90例、矫形器100例；发放辅助器具3000余件。

【服务设施建设】 2014年，市残疾人联合会协调设计、规划、土地、城建、环保、文物、发改委等部门，市残疾人综合服务中心和残疾人康复中心完成土地划拨、初设评审、工程规划许可、文物勘探、地质勘探、图纸审查、工程预算工作，进入工程预算财政审核阶段。建设用地完成水、道路、地面平整和围墙建设。

【全国白内障无障碍市建设】 2014年，市残疾人联合会巩固“全国白内障无障碍示范市”创建成果，与卫生局联合在全市开展以“面向基层，进村入户，安全手术，优质服务”为主要内容的“白内障复明手术安全质量年”活动，做到严格程序、严格环节、严格手术、严把质量，冲刺年内手术无感染、无事故目标。各县残联正在配合定点医院，逐村逐户筛查，确保每位白内障患者都能及时复明。全市完成白内障手术5662例，无一例感染，无一例事故。

【就业培训】 2014年全市残疾人新增就业590人，其中按比例就业190人、集中就业100人、个体就业和自主创业100人、灵活就业和居家就业100人、基地就业100人。全市共征收残疾人就业保障金2434万元，其中财政部门代征残保金95万元、地税代征残保金2189万元、工商代征残保金150万元。残疾人培训工作方面，组织676名残疾人参加省、市、县三级免费的职业技能培训。其中：参加省级职业培训120人、市级25期296名、县级260人。组织16名残疾人参加山西省第五届残疾人职业技能竞赛，获美发项目一等奖、网页设计第三名、摄影第三名。

【扶贫工作】 2014年，市残疾人联合会围绕省“三个基地”建设要求，培育尧都区达旺养殖专业合作社、侯马市济斌酱菜食品有限公司、隰县丰达有机梨果专业合作社、襄汾新泰安装饰材料厂、侯马名仕职业培训学校等7个残疾人就业创业实训基地。争取省康复扶贫贴息到户贷款807万元，扶持农村贫困残疾人14000人，救助特困残疾人1400

人;对1030名农村残疾人进行了实用技术培训;对300户农村贫困残疾人开展农村基层党组织扶贫活动。实施"阳光家园计划",为2150名残疾人发放托养补贴102万元。

【教育工作】 2014年,市残疾人联合会在全市开展残疾幼儿、残疾青少年状况调查工作,统计残疾幼儿、残疾青少年2209人。其中残疾幼儿(3岁至6岁)378人;适龄残疾儿童少年(6岁至17岁)1831人(入学1148人,未入学683人)。救助33名残疾人子女大学生。

【助残日活动】 2014年,在第二十四次"全国助残日"期间,全市各级围绕"关心帮助残疾人,实现美好中国梦"主题,结合"亲情一家人"优质化服务展开助残活动。在助残日期间发放宣传资料3万余份,走访慰问贫困残疾人1000余名,发放生活物品和慰问金合计近20万元。免费为残疾人配发助行器、手杖、浴凳、座便椅、轮椅等辅助用具1000余件。赠送残疾人相关法律、法规书籍、刊物画册以及《残疾人康复知识手册》和《种植业养殖业实用技术》5000余本。

【体育工作】 2014年,市残疾人联合会组织参加全省第十届残疾人运动会,对45名残疾人运动员进行为期1个月的赛前集训。运动会上获得5金8银3铜,全省排第5名的成绩。在石家庄举办的全国残疾人乒乓球锦标赛上,获得团体第6名、个人第6名。在南昌举办的全国特奥足球比赛上,获得低能力组个人金牌。

【维权工作】 2014年,市残疾人联合会实施贫困残疾人家庭无障碍改造工程,为4个县115户残疾人改造门前坡道、闪光门铃、低位灶台、卫生间扶手等设施。为303名残疾人发放机动轮椅车燃油补贴7.88万元。处理残疾人来信来访225件次,维护残疾人的合法权益。

(李惠康)

临汾市红十字会

【概述】 2014年,临汾市红十字事业扩大社会影响,壮大组织队伍,增强救助实力,社会作用日益明显,各项工作目标任务如期完成。

【"红十字博爱送万家"】 "红十字博爱送万家"活动,是由中国红十字会总会发起,在每年元旦、春节期间,向受灾地区的重灾户和贫困地区人民群众送去温暖和爱心的大型公益活动。活动在临汾市开展12年,给数十万灾民和贫困人口解决燃眉之急。2014年1月,市红十字会专职副会长张贵虎深入襄汾县永固乡、古县古阳镇、大宁县城关镇慰问受灾户、困难户,把红十字会的温暖送到群众当中。全市17个县(市、区)以不同形式开展博爱送万家活动。市、县两级红十字会深入城镇乡村、山庄窝铺,把价值23万元的面粉、棉衣等救灾物资送到3000户受灾户困难户家中。

【宣传活动】 2014年,5月8日,市红十字会在财神楼北街设立宣传台,发放宣传品,宣挂标语,陈设版面,咨询应答,现场接受过往人员的捐款。安泽县、乡宁县、洪洞县、吉县、隰县等县以人道力量、博爱一日捐、义诊、助困为内容,开展宣传纪念活动。山西师大文理学院学生志愿者在校园举办红十字知识普及活动。市红十字会参加"7·28"救灾日、世界急救日大型活动和"12·1"日艾滋病日的活动。

【骨髓造血干细胞捐献】 组织、号召、采集、劝募捐献骨髓造血干细胞是红十字会独家承担的救命工程。2014年,市红十字会加强和调整全市造干工作站工作人员、选配两名志愿者专门从事此项活动。4月29日,和山西师大的师生举办捐献造血干细胞专题讲座,百余名师生参加讲座,在师大校园举行捐献造血干细胞知识宣传。从6月1日到7月15日市电视台免费播放宣传造血干细胞的公益广告45天,免去广告费4万多元。市中心血站从5月20日至9月底,完成造血干细胞血样采集、入库506人份。分三批,送到太原市中心血站,完成省红会下达的500人份目标任务。

【救灾备灾与急救知识】 灾情上报,物资储备、发放等内容纳入《市红十字会突发事件应急预案》中,做到制度健全、手续规范、表格统一,快捷方便,对突发事件快速反应。2014年10月,永和县、吉县遭遇寒流霜冻,市县两级上报灾情资料。印刷

10000册《现场自救与互救》教科书,购置两具模拟人和一批教具,开展急救知识培训活动。市红十字会对临汾市公安局直属分局、蓝天救护队志愿者、各县红十字会专职人员分三期进行急救知识培训,培训急救员150人。在洪洞、翼城、汾西、霍州、曲沃等县开展此项活动,全市培训人数3000余人,普及救护防病知识人数6000余人次。

【博爱一日捐活动】 2014年根据省红十字会工作会议所确定的中心工作,结合临汾市实际,确立工作要点,以文件的形式下发给17个县(市、区)和团体会员单位。把博爱一日捐工作纳入2015年红十字系统目标责任制。全市上下接收捐款80余万元。资助贫困大中学生2名,年底将救助经济困难户1000户。洪洞县、汾西县、侯马市、安泽县开展此项活动,把"博爱一日捐"工作同"5·8"活动相结合,走上街头宣传募捐。洪洞县、汾西县红十字会开展人体器官捐献的宣传,配合省红十字会接收器官捐献。11月28日,市红十字会向红丝带学校助学捐款20万元。

【红十字青少年工作】 红十字青少年工作是红十字会的后备力量性奠基工程,关系到红十字事业的可持续发展。2014年8月,市红十字会同山西师大文理学院教育技术与传媒《心扉》编辑部联合印发红十字知识特刊。对9月入学的新生进行红十字知识普及。

临汾市工业经济联合会

【概述】 2014年,临汾市工业经济联合会履行"服务企业、服务行业、服务政府、服务社会"的宗旨,主动应对严峻复杂经济形势,围绕中心工作,为全市工业经济转型跨越发展做出努力。

【提交调研报告】 "服务企业、服务行业、服务政府、服务社会"是工经联开展工作的根本宗旨,2014年,联合会赴市煤炭工业局和煤炭企业调研行业现状、发展规划、安全生产,形成《临汾市煤炭工业发展情况调查报告》提交市委市政府,成为市委市政府指导煤炭行业的发展的重要决策依据。

【为企业排忧解难】 2014年,联合会组织专门人员,对全市8个县(市、区)的多家企业进行现场走访,深入临汾华翔铸造集团公司、恒富美尔美陶瓷有限公司、临汾海姿焦化集团公司、山西普泰发泡铝制造有限公司等企业调研,听取和整理行业、企业面临的困难和诉求,进行专题研究,向市委、市政府提出合理化建议,为企业解决实际困难。在调研中得知山西临龙泵业重点工程在施工中受到外部环境干扰,多次与有关方面沟通协调,使工程得以顺利进行。

【参观交流】 2014年5月6日,由山西省工经联主办、临汾市工经联承办的"山西省省、市工业经济联合会2014年上半年工作交流座谈会"在临汾市召开。

【参加国内交流】 2014年,联合会组织人员参加山西省工经联三届三次理事会暨国企改革报告会、2014年经贸形势报告会、2014中国行业协会发展论坛、2014环渤海区域经济发展研讨会暨环渤海省市工经联联席会等会议。

【筹备成立县(市、区)工经联】 2014年,市工经联充实人员,强化顾问队伍、驻会队伍的建设。入会企业增加外企、高新技术和与工业联系紧密的服务业。在条件基本成熟的9个重点工业县(市、区)筹备成立工经联组织。

【搭建信息平台】 《临汾工业经济》经省新闻出版广播电视局批准为内部资料性刊物,2014年编辑出版6期,每期免费对会员企业、有关部门、全省各地市工经联发行近400份。采编人员深入企业采访,联系有关部门,组织健全通讯联络组织,宣传全市工业经济的高层动态、发展现状、工作经验、法规政策,为政府宣传工业经济政策、展示会员企业文化提供平台。

经济管理

发展与改革

【概述】 2014年，临汾市经济稳步增长，全市地区生产总值完成1213.2亿元，总量居全省第三。固定资产投资保持较快增长，全年全市固定资产投资完成1229.3亿元，同比增长18.6%，增速位居全省第二，总量位居全省第三。服务业发展迅速。全市服务业增加值完成459.1亿元，占GDP比重为37.8%。民间投资趋于活跃，全市民间投资占固定资产投资比重51.7%。加强项目储备，全市储备项目总投资1.59万亿元，在全省综合排名第三。万元地区生产总值二氧化碳排放下降3.7%。

【扩大投资】 2014年，临汾市开展“项目见效年”活动。全年全市在建施工项目1967个，同比增加239个，增长13.8%。其中，亿元以上施工项目389个，增加62个，增长19%。坚持“六位一体”统筹推进机制，全市全年项目储备总投资1.6万亿元，完成省定目标的138%；项目签约总投资2942亿元，完成省定目标的213%；项目落地总投资1576亿元，完成省定目标的115%；项目开工总投资1224亿元，完成省定目标的116%；项目建设投资1297亿元，完成省定目标的113%；项目竣工总投资1254亿元，完成省定目标的124%。当年实施省市县重点工程903项，完成投资1304亿元。

【优化投资结构】 2014年，全市非煤产业完成投资351.5亿元，同比增长21.4%；新兴产业投资完成262.7亿元，同比增长18.9%，占全市工业投资比重的51.9%，比2013年提高4.6个百分点；服务业完成投资646.7亿元，增长25.8%，占全部投资比重的52.6%，同比提高3个百分点；实施民生重点工程，加强医疗卫生、教育、公共文化服务机构等建设，民生领域完成投资56.3亿元，同比增长59.2%；推进公共基础设施建设，以汾河、涝洰河、双龙湖生态建设等为主的公共设施管理业完成投资148.8亿元，增长53.4%，占全市固定资产投资比重的12.1%。汾河河道生态治理工程竣工，滨河东路贯通工程基本竣工。

【民间投资】 2014年，临汾市首次推出40个鼓励社会资本参与营运的基础设施类项目，支持民间资本有序进入卫生、教育、养老等领域，建立县（市、区）民间投资目标责任考核机制，全年民间投资完成635.5亿元，同比增长27%，占全市投资的比重达到51.7%，同比提高3.4个百分点。

【“百日百项”开竣工工程】 2014年，全市推进省定10项“百日百项”开工项目和市定的100个开竣工的项目。

【促进消费】 2014年，临汾市完善现代流通网络，深化“万村千乡”、社区商业“双进”、15分钟便民商圈、蔬菜直销店等便民惠民工程建设；出台《临汾市加快推进健康服务业发展的实施方案》《临汾市促进信息消费的实施方案》。锦悦城、居然之家、嗨嘟国际广场等重点商贸转型项目开业运营，奥特莱斯“芭蕾雨”、生龙国际、新百汇等一大批项目深入推进；培育壮大本土商贸物流企业，山西国际陆港园区、临汾空港物流园区、临汾城北物流园区、城南生活物流园区、临汾开发区（洪洞·甘亭）工业园物流园区、霍州联源现代物流园等一批物流园区建设步伐加快；发展电子商务，培育壮大电子商务企业队伍，鼓励和引导电子商务平台建设，34户电商平台入驻侯马开发区国家电子商务示范基地，电商交易额30亿元，综合性电子商务交易平台“马上购”正式运行，大型综合交易服务类平台宝得网完成平台搭建等前期准备工作；组织企业参加“山西品牌中华行”等展销活动，提高临汾品牌影响力和市场占有率；发展旅游经济，洪洞县荣获“中国最具文化（遗产）旅游目的地”称号；汾河公园、侯马彭真故居、蒲县东岳庙等3个景区成功创建国家AAAA级旅游景区；曲沃晋国博物馆开馆；龙澍峪、兴唐寺等旅游景区加快建设;举办2014临汾金秋游(北京)推介会、洪洞寻根祭祖节、古县牡丹节和云丘山中和文化旅游节等旅游宣传活动,提升旅游知名度。全市全年接待海内外游客2630万人次,同比增长23%;全年旅游总收入242亿元,同比增长24.23%。

【外贸与区域经济合作】 2014年,全市海关进出口总额完成39949万美元,同比增长8.6%,完成年度目标任务的105%。优化外贸结构,推进机电、农副产品、高新技术产品等出口,出口与进口比例由2013年底的22.6:77.4调整为42.3:57.7。促进现有的3家省级外贸基地发展,开展市级外贸基地培育工作,5家企业被确定为全市第一批外贸转型升级示范基地。组织21家小微外贸企业开展信用保险集中签单活动,实现出口信用保险全覆盖。山西建邦集团在西澳大利亚珀斯市注册成立公司,开发利用国外矿产资源,建成年产300万吨的露天矿山,推进国际化步伐;华德冶铸有限公司在美国设立"华德集团(美国)分公司",从事物联网相关业务,拓宽临汾市企业对外投资领域。推进黄河金三角产业转移示范区建设,与运城市搭建"晋南钢铁现货交易中心"平台,吸引20家大中型实体企业、300余家贸易企业、3000余家会员单位加盟。实现企业采购、物流、销售"三统一",每年可节约成本20亿元。

【扶持实体经济】 2014年,临汾市落实省政府出台的煤炭"20条"、煤炭"17条"等措施,市政府出台做好全市工业经济运行工作的8条意见和促进市内工业产品销售的15条措施。市县两级实行领导包联工作机制,对规模以上工业重点困难企业实行"一企一策"精准帮扶。推进煤电协调发展和直供电交易,扩大大用户直供电试点,兆光电厂、大唐热电发电企业与同煤宏大、山西焦煤等用电企业签订长期电煤供应合同,全年交易电量24亿千瓦时,降低企业用电成本。缓解企业融资难、融资贵,落实全省"金融10条",开展"送金融进企业"活动,组织银企对接,全年全市银行各项贷款余额943亿元,同比增长11.6%。落实小微企业税费减免等级优惠政策,实施"小升规"企业成长工程和"小巨人"企业培育工程,全年新创办小微企业1880户。

【煤炭管理体制改革】 2014年,临汾市清理规范涉煤收费项目,5大类42项涉煤收费项目全部完成清理和规范,为煤炭企业减负36亿元;推进煤炭资源税从价计征改革,实施煤焦公路销售体制改革,撤销煤检站79个。

【行政审批制度改革】 2014年,临汾市承接省政府审批事项30项,下放县级行政审批事项14项,取消行政审批事项4项,取消行政事业性收费19项,市本级保留行政许可审批事项减少到102项,精简39%。推进"六权治本",实行"两集中、两到位""一委一办三中心"的管理体制,市本级行政审批事项全部完成流程再造,审批时限缩短66.7%。市级公共资源交易平台建成运行,完成各种交易事项548场次,总成交额近30亿元。

【农村土地改革】 2014年,临汾市出台《关于进一步推进农村土地流转工作,促进适度规模经营的意见》,在全市30个乡镇51个村开展土地确权试点,在侯马市、尧都区、蒲县、洪洞县、襄汾县、隰县等6个县(市、区)搭建农村土地流转服务平台,全市土地流转面积4.47万公顷,占全部家庭承包经营土地面积的11.3%。

【户籍制度改革】 2014年,临汾市出台《临汾市关于积极稳妥推进户籍管理制度改革的实施细则》,建立临汾市流动人口服务管理工作联席会议制度,推行流动人口"一卡通"服务。

【融资体制改革】 2014年,临汾市加快资本市场发展,临汾市在省股权交易中心挂牌的企业100家,澳坤生物股份有限公司在全国"新三板"挂牌上市,实现临汾市地方企业在全国股权转让系统上市"零的突破"。引进新的金融机构,光大、兴业银行落户临汾。在汾河河道治理中,使用国开行贷款43亿元,滨河东路建设使用国开行贷款42亿元;在涝洰河生态建设工程中,通过发行企业债券(27亿元)、争取农发行贷款(8亿元)、资金整合利用、吸引社会资金投入等多种方式构建起政府、企业、市场、个人等全社会参与、多元化投入的生态环境保护修复模式。

【创新驱动】 2014年,临汾市实施创新驱动战略,制定《国家创新驱动发展战略临汾行动计划》和《临汾市低碳创新行动计划》,全市高新技术企业发展到28户,新增2户省级技术中心,8户市级技术中心,企业技术中心64户。光宇电源交流直接驱动LED光源、汤荣汽配特定恶劣区域新品制动鼓等24个项目被列入省技术创新项目计划。全市申请专利1429项，其中，发明专利487项，实用新型技术444项，外观专利498项。

【夯实农业基础地位】 2014年，临汾市推进新增粮食产能、中低产田改造、水利基础设施等项目建设，增强农业综合生产能力，全年粮食总产量27.6亿公斤，同比增长6.8%。推进曲沃晋之源太子滩、洪洞天泽等10大现代农业示范区、“一县一业”“一村一品”“四个百万亩”和农产品加工“513”工程等建设，新发展设施蔬菜2600公顷、水果7333公顷、干果6667公顷、中药材1.73万公顷。市级以上标准化规模健康养殖企业79个，农业机械化率70.5%。全市认定家庭农场950个，新注册农民专业合作社8728家，农业产业化龙头企业394家，农产品加工销售收入70亿元，同比增长16.1%。

【工业转型升级】 2014年，临汾市化解过剩产能，制定出台化解钢铁、焦化、水泥产能严重过剩行业的实施方案，完成2014年省下达临汾市淘汰落后产能目标任务，分别淘汰焦化产能370万吨、炼钢产能260万吨、炼铁产能33万吨。投资40亿元推动传统产业升级改造。实施焦化、冶金、电力等传统产业改造项目13个，曲沃通才钢铁公司以2×1860立方米高炉产能置换原有小高炉。加快煤矿基本建设，新竣工矿井21座。扶持培育战略性新兴产业和高新技术发展。74个装备制造、新能源、新材料等新兴产业项目，完成投资262.7亿元，占到工业项目总投资的51.9%。加快新能源基地和工业信息化建设。西佳盛能源古县30兆瓦光伏发电项目并网发电；华润浮山四十岭10万千瓦风电项目开工建设；洪洞京能2×35万千瓦煤矸石热电厂煤矸石发电获得省发改委批复路条；古县正泰1亿立方焦炉煤气制天然气并入天然气主网。平阳重工产品管理信息系统、同世达煤化工集团企业管理信息系统、光宇半导体照明的企业信息管控系统和工艺设计信息系统升级等31个信息化建设项目进展顺利。推进园区化循环化发展。全市25个工业园区累计入驻企业249户，实现销售收入1067亿元，占全市工业总产值的62.4%。

【第三产业】 2014年，临汾市服务业增加值完成459亿元，同比增长5.5%，比全市经济增速高0.9个百分点。2014年，全市第一、二、三产业增加值比例为7.8∶54.4∶37.8。

【节能降耗】 2014年，临汾市完成45个节能降耗改造项目，节能量3887吨标煤；推广余气余热余压利用、电机变频、干熄焦、能量系统优化等节能技术，鼓励企业和公共机构采用合同能源管理方式实施节能改造。推进资源综合利用和清洁生产重点项目实施，大量矿渣、水渣、粉煤灰等工业固废得到转化利用，全年工业固废综合利用率68.5%。

【大气污染防治】 2014年，临汾市制定实施全市大气污染防治2014年行动计划，开展煤烟污染治理、建筑施工工地扬尘治理、道路扬尘治理、工业企业污染治理、机动车污染治理和油气治理“六大工程”。推进集中供热供气，全市新增集中供热面积657万平方米，新增供气用户25527户；淘汰黄标车和老旧车34800辆，市区天然气改造完成5万余户。全市综合污染指数下降12.7%，PM2.5浓度下降14.9%，二级以上天数240天，增加73天。

【水环境污染防治】 2014年，临汾市实施饮水安全工程和城市综合整治工程，开展水源地安全隐患排查、供水水质督查和供水管网改造提升工程，全市全年改建新建供水管网97公里，建设完成安全饮水工程216处。市第一污水处理厂改扩建一期进入调试。全市主要河流地表水水质持续改善，饮用水源地水质达标率100%。

【中小河流治理】 2014年，汾河新建和加固堤防6802千米，防护林和绿化1149万平方米。实施泗河、浍河、对竹河3条中小河流治理工程，完成投资6051万元，新建堤防23公里。

【造林绿化】 2014年，全市完成营造林3.07万公顷，市区新增绿化面积25.32万平方米，人均公共绿地面积10.44平方米，荣获“山西省园林城市”称号。

【扩大就业】 2014年，临汾市出台扶持高校毕业生创业就业和鼓励小微企业吸纳劳动者就业的政策措施，帮扶困难企业稳定就业岗位，确保就业形势总体稳定。2014年，全市城镇新增就业岗位51915人，就业困难人员就业3309人，创业就业9638人，下岗失业再就业10402人，转移农村劳动力52592人。

【拓宽增收渠道】 2014年，临汾市提高最低工资标准和企业工资增长指导线，提高城市和农村最低生活保障、城乡居民医疗保险财政补助等困难群体和特殊人群保障标准。为全市9.5万名企业退休人员调整养老保险待遇，月人均养老金2110元。

为失业人员发放取暖补贴821.7万元，对691名定期领取工伤待遇人员调整标准，补发补贴144万元。全市全年减少贫困人口6.1万人。

【完善基础设施】 2014年，市区景观大道、五一东路贯通、滨河西路北延、秦蜀路南延、新高中南路、煤化巷改造、中大街中段、北外环尧都区段等工程竣工通车；二中路、规划三街南段、中大街南延等工程加快推进；市规划展览馆投入使用；大西高铁、中南铁路、霍永高速东段和西段一期建成通车，吉河高速完成路基工程；临汾机场建设基本完成，进入通航前的验收阶段；临汾城西客运站基本完工；新改建农村公路270公里。全市全年市政公用设施建设投资累计完成投资43.14亿元，交通设施完成投资68亿元。

【惠民工程】 2014年，临汾市发展科教文卫等社会事业。实施206项卫生、27项农村教育、75项养老和社区服务、46个就业和社会保障项目。新改扩建幼儿园63所。全市高考二本达线率比2014年提高4.6个百分点；完成5个县薄弱学校改造，安泽、浮山通过义务教育均衡发展县验收；市人民医院新院区顺利开诊；“新农合”人均筹资标准由340元提高到390元，参合率99.3%，重大疾病医疗保障范围增加到23种；市博物馆、图书馆开工建设，市奥体中心、临汾学院、山西师大搬迁等项目前期工作进展顺利。棚户区改造和保障性住房建设成效明显。全市全年新开工棚户区改造项目12040套，总面积120万平方米，惠及人口4.2万余人；全市新开工保障性住房项目71个，累计开工18682套。农村“五件实事”进展顺利。投资3亿多元，实施农村危房改造14100户、易地扶贫搬迁7840人、培训新型职业农民15510人，完成乡村清洁工程垃圾处置等各项年度目标任务。宽带网络和公共场所无线局域网建设步伐加快。全年开通无线局域网12个，新增固定宽带用户11.68万户。

（王　健）

重点项目建设

【概述】 2014年，全市各级各部门开展“项目见效年”活动，把项目建设作为推进临汾转型跨越发展的总抓手和突破口，坚持“六位一体”统筹推进的工作思路，全市项目工作取得历史性突破。

【项目完成情况】 省政府下达临汾市重点项目储备任务11558亿元。临汾市储备“十二五”规划重点项目357个，储备项目总投资15897.34亿元，完成省政府下达任务的137.54%。

省政府下达临汾市重点项目签约金额1380亿元。全市1月至12月累计签约项目193个，签约总金额2942亿元，完成省政府下达任务的183.71%。

省政府下达临汾市重点项目落地任务1376亿元。2014年，全市累计落地项目1063个，完成落地金额1575.95亿元。完成省政府下达任务的114.53%。

省政府下达临汾市重点项目开工任务1054亿元。2014年，全市累计开工项目707个，开工项目总投资1223.51亿元，完成省下达全年开工任务的116.08%。

省政府下达临汾市省、市重点工程投资计划1246亿元，其中省级重点工程投资计划为287亿元，市级重点工程投资计划为959亿元。2014年，全市省、市重点工程完成投资1297.44亿元，完成省下达全年投资任务的104.13%。其中：省级重点工程完成投资324.29亿元，完成省下达任务的112.99%；市级重点工程完成投资973.15亿元，完成省下达任务的101.48%。

省政府下达全市重点项目投产任务1009亿元。2014年，临汾市投产项目701个，投产项目总投资1253.74亿元，完成省下达全年投产任务的124.26%。

【重点项目】 2014年，临汾市各级各部门把主要精力用在抓项目上，实行责任明确的领导包联项目责任制。市四大班子领导坚持人人包项目、包工程，深入一线，摸实情，解难题；市重点办牵头对重点项目实行统一领导、集中管理和综合协调工作制度，坚持“月调度、季督察、年考核”，定期通报重点项目建设进展情况；各县(市、区)主要领导争项目、跑手续、筹资金、抓落实；市直相关部门协调联动，强化服务，创新方法，破解难题；广大群众积极参与，在全市形成扩招商、抓落地、快建设、促发展的浓厚氛围。

【创新完善工作机制】 2014年，临汾市坚持领导包联、定期调度、对口推进、24小时直通车、进展通报、督察督办等九项制度，建立挂牌督办、联席会议、重大事项协调解决、50亿元项目直通车等制度办法，对一些重大基础设施和产业项目实行重点管理、跟进管理、全程服务，实行“一月一推进会”的工作制度，跟踪监测项目推进动态，协调解决项目遇到的困难和问题，确保项目实施。

【破解发展难题】 2014年，临汾市在土地运用方面，向上争取用地指标，合理安排现有土地指标，采取用地专供措施，将有限的用地指标全部计划戴帽用于项目建设，没有项目不给用地指标。利用城乡建设用地增减挂钩、矿业存量土地整合利用和建设用地复垦整合三项用地新机制，盘活存量建设用地，满足项目建设用地需求。资金方面，通过发行债券、金融平台贷款、项目直接融资、加强银企对接等形式，为项目争取建设资金。2014年以来，组织重点项目银企对接，银行与63个项目企业签订贷款合同、合计资金约196.51亿元，发放贷款95.96亿元，确保涝河生态治理、翼城大众饲料、平阳重工等重大项目建设的资金需求。对市政府投资的重大项目，市政府和各县(市、区)利用融资平台，2014年新融回资金20亿元，用于工程建设。对产能、环境容量等指标实行全市调剂，优先保证深加工项目落地。

【创优市内项目环境】 2014年，临汾市发挥重点项目“绿色通道”限时办结优势的基础上、优化项目审批流程、缩短项目审批时限。转变工作作风，增强服务意识，优化项目环境，开展“进工地、解难题”活动，促进市直行业主管部门对项目的零距离、无间隙跟踪服务，确保项目落地、开工、建设、投产进度。

针对部分项目审批需要省乃至国家层面审批的问题，市政府组织专门队伍，每月调度会集中收集上报，根据不同情况，市领导亲自带队到国省有关部门跑手续，跑审批。洪洞低热值煤发电路条、山西师大整体搬迁土地、临汾开发区锦江物流环评、浮山引沁入汾立项等审批手续先后得到省有关部门的批复。市环保局优化审批环境，压缩审批时限，下放审批权限，最为项目环评审批提供便捷。坚持上门服务，为企业提供保姆式服务。在国家环保规定越来越严格的情况下，向上协调国省有关部门寻求政策支持，向下奔赴项目一线，了解项目存在问题，协调解决。

【“百里汾河新型经济带”建设】 2014年，市重点办把“经济带”建设作为统揽临汾经济社会发展的龙头工程，整体建设取得实质性进展。总体规划获国务院批复上升到国家战略层面，6个专项规划通过专家评审，基础工程进展顺利，河道治理及绿化工程竣工。临汾机场初步具备通航条件，大西高铁客运站及站前广场、景观大道等工程完成，滨河东路基本竣工。以环城高速、108国道、滨河东西路为主体的“一城三区”交通网基本形成。推进现代农业园区和新型农村社区“两区同建”，12个小城镇启动连片规划建设，“百里汾河新型经济带”成为全市经济发展的重要引擎。

【重点项目建设】 2014年，临汾市开展“项目见效年”活动，全年实施省、市、县重点工程903项，累计完成投资1297亿元，其中省市重点项目383项，完成投资945亿元，在“六位一体”全省考核中，获得1项第一、1项第二、5项第三、3项第四的成绩。推进“百里汾河生态经济带”建设，总体规划作为黄河金三角区域发展战略的重要组成部分，上升为国家战略，总投资43亿元的汾河河道生态治理工程全面竣工，总投资42亿元的滨河东路贯通工程基本竣工，投资10亿元的洪洞甘亭“六村连片”、投资32亿元的尧都尧庙片区等11个“两区同建”工程扎实推进。

【完善基础设施】 2014年，临汾市高铁景观大道、五一东路贯通、滨河西路北延、秦蜀路南延、新高中南路、煤化巷改造、中大街中段、北外环尧都区段等工程竣工通车；二中路、规划三街南段、中大街南延等工程加快推进；市规划展览馆建成投用，市博物馆、图书馆正在建设，市奥体中心、临汾学院、山西师大搬迁等项目前期工作进展顺利；大县城和特色城镇建设取得新的进展。大西高铁、中南铁路、霍永高速东段和西段一期建成通车，吉河高速正在建设；临汾机场建设基本完成，进入通航前的验收阶段；临汾城西客运站基本完工；新改建农村公路270公里。

国有资产监督管理

【国企改制】 2014年，国有资产管理中心制定《深化市属国资国企改革实施方案暨2014—2015工作计划》征求意见稿，召开征求意见会，完善方案。木材、金属、建材3户企业以及国资管理中心下属的18户“空壳”企业“一揽子”改制方案初步制定。原地区印刷厂的改制后续工作进入扫尾阶段，328名职工签订解除劳动关系协议书，领取安置费或补偿金，签约率94.3%。重工供销公司的改制工作加快推进，职工的基本信息确认、安置费和补偿金测算、各项社会保险核实等工作完成。

【国资监管】 2014年，国有资产管理中心拟定《市属国有企业财务等重大信息公开办法(试行)》，经市政府第59次会议原则通过，待修改完善后下发执行。完成全市企业国有资产年度统计工作，通过全省汇审，被省国资委评为统计工作先进单位。对直属企事业单位的财务制度建设、专项资金使用、领导干部职务消费和“三公”经费开支等情况进行监督检查，下发整改通知。

【托管工作】 2014年，国有资产管理中心针对已改制企业，健全班子建设，明确托管职责，改善困难企业职工生活条件。推进临纺、襄纺、电控三户企业的棚户区改造工程，完成襄纺生活区集中供暖改造，侯纺棚户区改造工程进展顺利。对市属44户国有特困企业退休人员和职工参加城镇职工基本医疗保险进行身份核实和资金测算，对特困企业2013年底前退休人员办理基本医疗保险。

【安全监管】 2014年，国有资产管理中心针对新增的电力、无人值守铁路道口、独立洗煤、通信企业以及原有的直属企业安全监管职责，年初在全省经信系统率先组建安全生产指导科。对责任范围内的行业企业情况进行摸底调查，制定《经信系统安全生产监管暂行办法》，与驻临各通信企业、国网供电临汾公司建立安全生产属地监管的工作关系。聘请安全技术顾问，具体指导新增行业领域的安全监管工作。开展安全生产大检查活动，市县两级经信部门组建督察组78个，深入监管企业开展督察634次，排查安全隐患1201个，整改治理1075个。组织企业开展不同内容、不同形式的应急演练，提高企业应急水平和防范突发事件的能力。监管的企业和行业领域全年没有发生安全事故。

【信访稳定工作】 2014年，国有资产管理中心与直属企业在年初签定责任书，层层明确责任，落实“四包”工作机制。班子成员先后下访40次，走访群众62人次。接待信访145批次、577人，受理信访案件25起，化解信访积案7件，解决部分困难职工退休待遇、养保医保等方面的问题。全年系统内基本保持稳定。

·国有资产管理中心·

【国企改革】 2014年，国有资产管理中心制定所属企业汾东路三宗国有土地使用处置的初步方案。根据市政府第39次常务会议纪要和第10号专题会议纪要，就尧都区政府在二中路、北外环拓宽改造工程中，拟将中心所属木材、金属、建材总公司三宗国有土地(约213.33公顷)委托其处置，集中连片综合开发利用事宜，深入企业调研，摸清底子，制定初步方案，委托尧都区处置三宗国有土地，以木材、建材、金属公司为主体，搭载中心所属18户“空壳”企业，将人员、资产、债权债务、离退休人员管理及职工生活区管理等移交尧都区政府，按照国企改革有关政策规定，妥善安置职工。做好原地区印刷厂职工安置后期工作。从2013年9月中旬开始，临汾印业公司完善改制工作进入职工国有身份退出、解除劳动合同、一次性领取安置费或补偿金等安置工作阶段。有328名职工签订解除劳动关系协议书，领取安置费或补偿金，签约率94.3%。加强对重工供销公司改制工作的组织领导。该公司2012年6月进入改制程序后，工作进展缓慢，清产核资工作两年多仍未完成。为加快改制进度，成立重工供销公司改制工作组，深入企业指导工作，敦促公司完成清产核资，审计报告上报市国资委，依照有关政策规定，开展对职工的基本信息确认、安置费和补偿金测算、各项社会保险核实等工作。针对公司领导班子软弱涣散、工作不力的实际情况，按组织程序进行调整。改制工作正在推进。

【安全工作】 2014年，国有资产管理中心落实制度，明确责任。与所属企业及托管处签订《安全工作目标责任书》。召开安全会议29次，下发文件20份，制定《2014年市国资中心安全大检查实施方案》《市国资中心系统重大火灾隐患集中整治专项行动方案》《市国资中心危房管理制度》，重新修订《市国资中心企业租赁安全监管制度》。强化监督检查。组织开展“安全生产月”活动，对民爆、木材等重点企业加大安全检查力度，加强对全系统危房情况的调查和监控。全年组织安全检查9次，下达隐患整改通知书6份，提出整改意见及安全工作建议19条，查处并整改隐患11起。加大安全投入，全系统全年安全投入总额117.4万元。重点搞好安全生产技能培训,完善安全生产应急预案,组织开展安全生产应急演练,增强应急救援与事故处理能力建设。在汛期到来之前,筹措资金14万元,采购油毡、塑料布、彩条布等物资,用于所属企业和托管生活区安全防汛,为市区防汛指挥部筹措储备各种规格的钢材600吨,木材250立方米。

【维稳工作】 2014年,国有资产管理中心落实信访稳定责任制。年初和下属单位签订责任书,落实领导班子成员"一岗双责"和领导联系企业包稳定制度。落实国家信访局印发的《关于进一步规范信访事项受理办理程序引导来访人依法逐级走访的办法》等文件,引导上访人员依法依规上访。重大信访事项,中心领导及维稳办工作人员第一时间到场,启动维稳应急预案做好处置工作。做好接访工作。热情接待来访群众,做好来访人员的思想工作和政策解释工作,对来访事项进行登记,答复上访群众反映的有关问题。零星接访350余人次,接待到市委、市政府上访4批100余人次,受理下属单位维稳报告53份,上报维稳情况29份。做好矛盾纠纷排查工作。在全国、全省、全市两会召开前夕以及重大节假日之前,对全系统的矛盾纠纷隐患进行全面排查,造册登记,建立台账,落实包案领导、责任单位和化解责任人,提前安排做好矛盾纠纷化解工作,全年进行5次大的排查。四中全会和APEC会议召开期间,每天收集汇总全系统信访信息,及时上报。处理信访案件。按照"事要解决"的要求,重心下移、关口前移,把矛盾和问题解决在基层。在全市开展的"百日双百案"活动中,调查上报机电公司张立群、原临纸退休职工张郁文、原印刷厂退休职工乔心安等人反映的问题,做到件件有回音,事事有着落。在处理临纺退休职工"100元问题"的过程中,通过工作,多次集体上访计划取消。

【国资监管】 2014年,国有资产管理中心完成2013年度所属企业国有资产统计年报和国家出资企业产权登记年度检查工作。做好国有企业办社会职能和中心所属企业棚户区改造情况调查。对襄纺供热锅炉等资产报经市国资委批准,委托市城投公司进行处置。对五户政策性破产企业管理人移交的资产进行分类汇总,将损毁的资产造册登记,报市国资委审批予以核销。对机电公司家属院棚户区改造项目进行专题研究并予以批复。

【破产企业托管工作】 2014年,中心加强对破产企业棚户区改造工作的组织领导,成立领导机构和工作机构,推行项目法人制度,赴太原、大同等地学习棚户区改造相关经验和政策,将国家、省、市有关棚户区改造文件汇编成册,组织学习,与项目负责人签订项目建设目标责任书和党风廉政建设责任书。临纺棚户区改造工程项目履行招投标程序,第一期建设工程进入施工阶段,第二期建设工程拆迁搬迁工作正在进行;电控、襄纺棚户区改造方案获得市国资委的批复,进行立项前期各项准备工作;山橡棚户区整体搬迁项目正在施工。申请财政补贴资金,本着"安全、节约"的原则,有计划、分步骤地对公房和公共设施进行维修。1月至10月维修各类项目25项,使用财政资金67.42万元。做好山橡、电控、襄纺3户托管生活区2013年度冬季供暖财务决算,做好冬季山橡、电控托管生活区供暖各项准备工作。抓好水、电、暖设施分离改造工作,协调督促襄纺托管处抓好生活区供暖二网改造,履行招投标程序。5月初开工,10月底竣工,确保冬季正常供暖。做好破产企业交接扫尾工作,向市政府呈送《关于申请解决后续托管工作中有关档案管理、土地车辆过户等相关费用的请示》,向市国资委呈送《拟将原临纺职工医院及临纺招待所划归尧都区政府建设路东办社区综合服务中心的处理意见》,下发《关于做好破产企业文书、财务档案整理工作的通知》。

(温建平)

统计管理

【概述】 2014年,全市统计系统围绕"四个年"活动,构建现代化服务型统计体系,在统计改革、统计服务、基础管理和作风建设等方面实现新突破,被国务院第三次全国经济普查领导小组授予"第三次全国经济普查先进集体"称号。

【统计改革创新】 2014年,统计"四大工程"进展顺利。巩固"四上"企业联网直报成果,启动工业生产者价格指数、农村统计一套表暨联网直报工作;在侯马市开展固定资产投资改革试点工作。推进统计方法制度改革。完善县级GDP核算制度及方法流程,确立"程序规范、下算一级、统一反馈"的县市核算基本模式，改进营利性服务业核算方法，使之适应全市服务业发展需要；将能源消费监测范围由1万吨标煤以上工业企业扩大到耗能在5000吨标煤以上的范围。提高统计信息化应用水平。市统计局投入近300万元升级换代信息化设备，改造市局中心机房的网络传输设备，增加网络安全监管设备和数据存储备份系统。

【第三次全国经济普查】 2014年，由市统计局牵头组织的第三次经济普查科学实施，有序推进。市经普办坚持以数据质量为主线，狠抓重点环节，6000多名普查人员成全市4万多单位和12万多个体户登记上报工作。组织开展数据质量审核查询和事后数据质量抽查工作。临汾市第三次全国经济普查工作和数据质量均名列全省第一，市经普办被评为国家级先进集体；全市有15个县(市、区)统计局荣获省级先进集体称号。

全国经济普查先进集体

【统计信息咨询服务】 2014年，市统计局组织两次全局性调研活动，由局领导带队，深入17个县(市、区)、两个开发区和重点企业调研，撰写多篇系列调研报告，客观反映经济趋势，为全市经济转方式、调结构提供数据支撑。发挥统计部门参谋助手作用，参与全市经济形势分析会，向市领导超前提供预警预测情况报告，全年编发情况专报、预警报告60余期，为市委、市政府及时调控经济运行赢得先机。市统计局全年编发《统计年鉴》《市情概览》《经济运行监测》《统计资讯》《观数据 看发展》《两会专册》等各类统计书刊资料9000余册。全市统计系统发布统计信息1500余篇，外部媒体采用553篇，政务信息“两办”采用率名列前茅。发挥统计科研工作的引领和导向作用，开展统计课题研究，2014年申报的15项省级经济社会统计科研课题，全部立项并按期结项。2014年全市组织420人参加全国统计职称考试，276人参加统计从业资格考试，344人参加县级统计人员岗位知识培训考核工作，1104人参加网上统计继续教育培训。

【统计数据质量】 2014年，市统计局强化过程监控。加强联网直报入库企业的申报审核工作，做到“事前有核查、事中有指导、事后有通报”。完善数据质量控制办法，严格质量抽查、数据联审、关键数据评查和部门评议，提升数据质量。开展大清查行动。制定《临汾市联网直报企业和投资项目入库清查实施方案》，对全市工业、建筑业、房地产业、批零、住餐业、服务业及投资项目进行入库摸底大清查，摸清达规模未入库企业，建立月度跟踪制度，每月定期向省局、市政府汇报跟踪企业入库情况，推动市政府小微企业孵化工程、小巨人成长工程建设，如实合理反映经济社会发展的实际。加大统计执法力度。市统计局牵头组织全市“虚假浮夸”专项整治活动，与市考核办推进对弄虚作假问题的检查、纠正、处理与教育，优化统计发展环境。市、县统计局坚持统计普法和执法两手抓，在全市开展数据质量核查，重点对统计违法行为进行执法检查。检查280家单位，发现统计违法行为14起，立案查处14起，结案14起，其中罚款8起。

(张　敏)

统计调查

【概述】 2014年，国家统计局临汾调查队围绕服务经济社会发展目标，发挥统计调查职能优势，搞准调查数据，推进调查服务。在全省统计调查年度工作考核评比中，临汾国调队参加考核的14项单项业务评比，7项夺得第一，综合考评名列第一。

【第三次全国经济普查个体经营户抽样调查】 2014年，统计调查队进行两次试点，3次召开市县队工作推进会。截至4月25日，完成全市48个普查小区2975户(尧都区627户、洪洞1468户、乡宁360户、安泽520户)的调查和数据上报工作，在此基础上形成临汾市三经普个体经营户抽样调查分析报告。洪洞国调队马军军被评为第三次全国经济普查先进个人，临汾调查队安燕玲、刘占峰、安泽调查队严昊、乡宁调查队王娟被授予全省“最美普查员”荣誉称号。

【城乡住户一体化调查】 2014 年，统计调查队做好住户样本轮换工作。根据国家统计局《关于开展全国住户收支与生活状况调查样本轮换工作的通知》精神，建立由临汾国调队、尧都区政府牵头，尧都区人社局、农经局、统计局及有关乡镇、街道办事处负责人参加的市区住户调查协调机制。严把控数据采集、录入、汇总、审核、评估等重要关口，确保城乡居民收支主要数据真实可信。加大基础工作和数据质量检查力度，定期召开辅助调查员联席例会，11 月至 12 月，联合市统计局（省统计监测中心）对全市 17 个县（市、区）开展居民收支调查基础工作和数据质量检查通报。联合市统计局按季发布城乡居民收支数据，按年度提供城乡居民 20% 低收入指标数据，按月反馈市区住户收支数据。

【主要畜禽抽样调查】 2014 年，统计调查队强化部门联合，与市畜牧、统计等部门沟通，建立协调机制。坚持实地调查。按照国家制度标准，在全市 17 个县（市、区）956 家规模户和生产单位中开展摸底调查，保证 100% 入户率，做到不重不漏。加强督导巡查。与市统计局组成督导组，对各县（市、区）督导巡查。

【粮食产量抽样调查】 2014 年，统计调查队根据《国家统计局山西调查总队 山西省统计局关于做好县级粮食产量抽样调查工作的通知》（晋调字〔2014〕20 号）精神，2014 年首次在洪洞县、襄汾县、尧都区 3 个产粮大县开展粮食产量抽样调查工作。强化部门协同，与市统计、发改、农业等有关部门沟通协调，组织召开县级粮食产量抽样调查工作推进会议。强化网点协同，确定“利用原有样本资源、减轻基层工作负担”的思路，对调查网点实施科学替换。强化上下协同，组织县市观摩、培训，统一操作规程，保证调查各个工作环节的规范统一、数据真实。与农业、气象、粮食等相关部门沟通协调，撰写调查分析信息，为政府决策部门准确分析和把握农作物产量、价格，稳定市场物价提供参考依据。

【采购经理调查】 2014 年，统计调查队抓好样本核实轮换和企业培训。细化完善“专业报表数据审核查询记录卡”和“专项调查情况记录卡”等“四卡一通报制度”。加大数据核查力度。创新设计“统计调查对象回访卡和采购经理调查制度执行流程及质量检查卡”，对全部调查企业开展地毯式回访，在 39 户调查企业自查的基础上，对 7 户重点企业进行重点核查，对 13 户企业开展统计执法检查。按季反映制造业、非制造业动态信息。

【限额以下服务业抽样调查】 2014 年，统计调查队根据国家统计局限额以下服务业抽样调查设计要求，从 2014 年年报开始，限额以下服务业抽样调查采用三经普抽样框，分别以省和市为总体，调查样本具有省级、市级和行业代表性，推算数据为 GDP 核算提供依据。临汾调查队与市统计局联合下发《关于开展规模以下服务业调查样本企业核实工作的通知》（临调字〔2014〕75 号），从核实范围及内容、核实工作分工、核查要求、核查情况上报时间等方面，对核查工作做出规定。2014 年年报，临汾市限下服务业调查涉及全市 188 家样本企业。

国家统计局调查总队总队长刘顺国（右四）到临汾调研粮食生产情况

【规模以下工业抽样调查】 加大样本核查力度。2014 年，统计调查队与市统计局联合下发《关于开展样本企业核实工作通知》，采取《小微企业调查法律责任告知书》《致小微企业一封信》《小微企业调查预约书》等方式，统筹乡镇、街道、村委、社区力量，加大核查力度，确保规下工业调查样本核实工作按时、高质量完成。根据国家统计局《关于开展新设立小微企业和个体经营户跟踪调查的通知》，开展对新设立小微企业和个体经营户跟踪调查工作。与市统计局联合下发通知并组织召开县市培训会议,与市工商局、统计局联合下发通知,明确各单位职责。截至11月7日,完成临汾区域14个县(市、区)、54家样本企业、40家个体经营户的跟踪调查任务,提前上报总队。严格方法制度和数据审核,确保数据质量,完成2014年度规下工业报表各项任务,为全市GDP核算提供数据支撑。

【服务社会民生】 2014年,统计调查队开展民企发展现状、重点企业用工需求、大学生就业、城乡中小学教育差距状况等调查,开展进城农民工生活状况、低收入群体生活状况等多项专题调研,反映人民群众意愿和诉求。

【服务"三农"问题】 2014年,统计调查队围绕农民增收、农村劳动力转移、农村合作医疗、农村设施、惠农政策、农村非农经营等"三农"问题开展专项调查。全队分成6组,用1个月时间,深入乡村住户调研,受访、座谈参加调研的群众280余人,完成《经济转型期农村非农经营发展的制约因素和路径选择》、农村设施大为改观 存在问题亟待解决》《因地制宜 强化引导是加快农村劳动力转移的关键》等6篇专题调查报告,其中3篇作为山西千村调查优秀报告上报国家统计局汇集成册出版发行,占全省推荐10篇报告的三分之一,居地市之首。

【服务经济运行】 2014年,面对全市经济下行压力加大,企业生产经营困难等经济生活中的焦点问题,分两次于5月至6月,8月至9月对全市煤、焦、钢铁、化工、电力等主导行业开展经济形势大调研活动,撰写《临汾市煤炭企业经营形势依然严峻》《对临汾市钢铁企业生产经营形势的调查与思考》《临汾市焦化企业生产经营困难犹存》等11篇调查报告,被《临汾政务信息》专刊刊发,全年编发《临汾国调专报》19期,为市委、市政府主要领导及相关经济部门提供服务。2014年,全队开展各类专项调查59次,撰写各类信息分析动态319篇(条),其中国家局采用34篇(次),总队采用126篇(条),两办采用42篇(次)。在临汾市政府办公厅全年政务信息报送及采用情况通报中,临汾调查队在市直和中央各驻临单位排名中名列第一。

【"临汾国调资讯"微信公众平台】 2014年7月9日,正式开通"临汾国调资讯"微信公众平台,定期发布经济社会发展信息、国家统计调查方法制度、调查数据解读、法律宣传等资讯,开辟临汾统计调查优质服务新渠道。

【《临汾国调》品牌宣传】 2014年9月17日、19日,临汾日报、临汾新闻网分别以《让统计调查更贴近百姓》《创新服务的"临汾国调"》为题刊发统计调查工作系列报道。10月28日,《中国信息报》以《找准靶子 点中穴位——国家统计局临汾调查队统计服务剪影》为题刊发记者通讯报道,介绍临汾国调队,打造临汾国调服务品牌取得的成效。

(贺武明)

国土资源管理

【概述】 2014年,市国土资源局坚持"依法合规,严格程序,强力执法,廉洁高效"的总体要求,保护资源与保障发展,推进国土资源管理改革,为全市转型跨越发展提供资源保障。

【耕地保护】 落实土地管理行政首长负责制和耕地保护目标责任制,完成耕地49.46万公顷,基本农田40.1万公顷保护目标。推进土地复垦开发,做好农村土地整治和高标准基本农田建设工作,实施竣工土地开发项目105个,省级土地整理项目13个,新增耕地面积2500公顷,高标准基本农田建设立项1.83万公顷。

【用地保障】 2014年,市国土局报省政府批准各类建设用地1313公顷,为全市稳增长、调结构、促转型提供用地保障。确保空港仓储物流园区、山西师大临汾学院、滨河东路等重点项目落地。

【矿政管理】 2014年,全市655座矿山完成年检,推行重要矿产资源"三率"调查和矿山储量动态监管,提高矿产资源开采利用程度。推进整合煤矿和非煤矿山换发长期采矿许可证工作,12座煤矿和5座铁矿换发长期采矿许可证。

【执法监察】 2014年,市国土局保持打击非法采矿的高压态势,开展打击非法采矿"风雷一号""风雷二号"和再排查再整治行动,出动执法巡查10.5万人次,封堵550处,立案查处7起越界采矿案件。开展2013年度土地矿产卫片执法检查工作,立案查处矿产违法案件14宗,立案查处土地违法案件405宗,没收违法建筑29.6万平方米,拆除违法建筑物2300平方米。

【地质灾害防治】 2014年,市国土局完成全市地质灾害防治方案编制，完善地质灾害防治体系。强化排查和监测预警，对全市2108处地质灾害隐患点明确监测人和监测方法，制定应急预案，开展应急演练65次，成功避让乡宁县“9·19”山体滑坡地质灾害。发布地质灾害气象风险预警22次。

第24个“6·25”全国土地日宣传活动

【基础业务】 2014年，全市农村集体建设用地地籍调查面积完成96%，宅基地地籍调查面积完成94%。完成地籍变更调查工作，对1800个监测图斑进行现状调查、土地管理信息确认和数据库变更。完善矿产资源规划，调整解决省级矿产资源规划限制开采区问题，襄汾、浮山、翼城、曲沃四县铁矿资源局部调整方案获批。

（孙寅铖）

工商行政管理

【工商体制调整和职能转变】 2014年，在工商体制调整大环境下，工商系统服从省局和市委、市政府的统一部署，确保体制调整推进。配合各级编办完成系统划转各级食药局人员各项调动手续，全系统划转食药监局行政编制65人，划转公务员49人。全市工商体制调整工作自7月2日省市交接之后，市政府于8月25日与各县（市、区）政府签订《移交备忘书》，组织完成市县交接工作。按省委组织部、省工商局关于干部人事档案专项清理认定工作的要求，完成全市1000余份人事档案清理、认定、规范、归档工作，顺利移交，完成工商行政管理体制调整为地方政府分级管理的任务。

【提升审批效能】 自2014年3月施行新的登记制度以来，市工商局推行公司注册资本认缴登记制、放宽公司注册资本登记条件、放宽市场主体住所登记条件、年检制度改为年报制度等四项改革措施。对登记的各类市场主体全部启用新版营业执照，推行电子营业执照和全程电子化登记管理。将冠“临汾”市级行政区划的企业名称核准权，授权19个县（市、区）工商局受理审查，实现远程网上核准，方便企业登记。全系统参与非煤矿山企业与焦化产业整合，为其办理相关工商登记提供全程服务。支持全市新华书店改革，指导帮其完成重组改制登记。帮助山西立恒钢铁股份有限公司实现与山西中宇钢铁有限公司的合并，资源优化组合。开展股权出质登记，全市办理股权出质登记33件，出质股权数额为19.26亿元，担保债权金额25.79亿元，缓解困扰企业发展的资金瓶颈障碍。开展合同帮农工作，全市工商部门指导150余户农户签订农业订单100余份。申报2012年至2013年度国家级“守合同重信用”单位26户，复查省级守重单位20户。实施商标战略，开展以“保护·运用·发展”为主题的保护知识产权宣传周活动，凝聚各方重标育牌的共识，2014年推荐驰名商标1件，申报著名商标18件，新认定知名商标20件。地理标志商标2件，即大宁西瓜、吉县苹果。全年帮助企业、社会团体及自然人查询商标150余件，引导企业申请商标注册100余件。

【市现存市场主体】 2014年，市现存市场主体总量157466户，注册资本总额1495.76亿元。当年新登记各类市场主体19639户。自商事制度改革以来，全市公司制企业的数量与注册资本迅猛增长。大多数公司在登记时选择“零首付”，企业享受到改革带来的红利。以工商部门登记数据为依托，开展市场主体分析报告工作，完成全市2013年度市场主体分析报告，向有关经济运行部门和社会公众报告。

【营造公平竞争的市场环境】 2014年，市工商局集中开展整治不正当竞争、查处取缔无照经营、打击侵犯知识产权和制售假冒伪劣商品、加大广告市场规范整顿、合同格式条款专项整治、打击传销规范直销、网络监管、成品油市场整治、非法盗采矿产资源行业整治和非融资性担保公司的清理整顿等专项执法行动。全系统查办案件1061件，罚没款521万元。其中:查处傍名牌案件1起,限制竞争案件3起;排查各类非融资性担保公司、投资(管理、咨询)公司312户;查处违反企业年检登记案件2件;吊销未年检企业614家;查处商标侵权案件16件,捣毁侵权假冒窝点1个;检查广告经营单位81家,查处违法广告案件11起;开展合同格式条款专项整治,对6户企业进行约谈,查处经营者利用合同格式条款侵害消费者合法权益案件15起;以化肥、小麦种子、农药为重点,根据季节特点开展“红盾护农保春耕、保秋收”专项整治行动,抽检化肥经营户19户,27批次,查处违法案件10起;开展网络监管专项整治行动,检查营业性网站45个,删除违法商品信息20余条,重点排查全市公司名称和经营范围中带有电子商务、贵金属、黄金、大宗商品、交易所字样的经营单位95家,其中以电子商务名义进行标准化合约交易活动的企业有8家;集中开展成品油市场专项整治,抽查检测检查加油站(点)561户,发现不合格油品企业5家,罚款20余万元。开展打击传销和规范直销工作,工商、公安部门共出动执法人员800余人(次),发布警示700条,出动执法车辆60余台(次),捣毁传销窝点40个,行政拘留77人,遣散传销人员1000余人。开展诚信市场创建工作,霍州市家福乐、尧都区海纳百川国际家居商场等11家市场获“2013年至2014年度山西省诚信示范市场”。配合相关部门开展安全生产专项整治排查治理、清理整顿人力资源市场、道路交通安全、品牌汽车、校园周边、文化音像、旅游、限塑等市场的重点整治。

【消费维权】 营造安全放心的消费环境。2014年,市工商局加大消费宣传与教育引导,组织学习新出台的《消费者权益保护法》《工商行政管理部门处理消费者投诉办法》《网络交易管理办法》等法律法规。3·15活动期间,市消协印发宣传材料5万份,现场接受咨询服务的消费者1万人次。市局联合尧都工商分局与市公安局在临汾平阳广场联合举办“打击传销、规范直销”宣传活动。举办“安利杯”打击传销规范直销知识竞赛。加大商品质量抽检力度,10月,配合省局在全市抽检羽绒服样品10个。在临汾市保险行业协会设立临汾市消协保险行业消费维权站。全市建立县级消协组织18个、基层消费维权投诉站1247个。全市各级12315机构加强12315中心电话接通率、消费者满意率等指标的量化考核。全年受理各类消费者咨询申诉举报903件,其中申诉645件,举报94件,咨询164件,为消费者挽回经济损失80余万元。

【规范执法】 推进法治工商建设。2014年,全市工商系统围绕“四型工商”建设,推进行政执法责任制,加强制度建设、规范执法行为、强化法制宣传,夯实法治工商建设基础。开展行政执法检查。由市局法制科牵头,抽调全市系统12名法制工作骨干组成3个检查组,采取召开座谈会、查阅资料、随机抽查2个基层工商所的办法,检查全系统2013年办理的行政处罚案卷、行政许可案卷。对在程序、证据材料、文书制作、行政许可等方面发现的问题进行现场指导。市局核审案件27件,因证据不足退审2件,指导办案机构办案8件。加强法制宣传教育。做到“普法宣传、普法教育、依法治理”三位一体。12月4日,组织各职能科室参加临汾市2014年首个“国家宪法日”宣传活动。严把行政处罚案件质量关。全年核审案件41件,罚没金额897549.75元。在案件核审工作中,提出核审建议20余条,一次核审率96%,指导办案单位办案12起。

(王晋林)

审计监督

【审计成果】 2014年,市审计局先后完成81项审计或审计调查任务,查出违纪违规资金72.42亿元,整改落实资金31.35亿元,其中催缴入库资金11.9亿元、纠正违规资金19.45亿元。全年向有关部门移送案件56件,处理16件。

【财政审计】 2014年,市审计局加大重点单位审计监督的基础,把5年以上未审计的单位纳入预算执行审计范围,审计一级预算单位32个、二三级预算单位62个,查出违纪违规金额23.42亿元。组织市县两级审计力量实施县乡两级财政决算同步审计,加强“三公经费”、内控制度、转移支付资金、乡镇管理资金等重点的审计,全年完成襄汾、大宁、霍州、曲沃、浮山、安泽、吉县7个县市的财政决算审计工作。

【固定资产投资审计】 2014年,市审计局建设

“四库一流程”，即：政府投资审计市县两级项目库、购买社会服务备选库、竣工决算审计数据库、审计法律法规库和项目审计流程。录入政府投资建设项目1299个、审计法律法规261部、面向全国招标的中介机构55家。全年审计总金额6.2亿元，核减工程金额5249万元，核减率8.5%，维护国有资金的安全高效使用。

【经济责任审计】 2014年，市审计局完成市管领导干部经济责任审计项目27项，所有审计任务均为任中审计项目，实现离任审计向任中审计的转移，查出主要问题金额3.37亿元，为促进各级政府依法行政和各级党委正确使用干部提供参考依据。

【行业审计】 2014年，市审计局完成全市公安、卫生、教育行业的审计任务，顺着资金运行轨迹，加强审计分析，突出审计重点，将“点到点的微观型审计”转变为“点到面的宏观型审计”，取得较好效果。

【专项资金审计与审计调查】 2014年，市审计局根据省审计厅的安排，完成晋中市和吕梁市6个县的财政扶贫专项资金审计，开展山西焦煤集团飞虹化工股份有限公司年产60万吨甲醇制烯烃项目的专项审计调查，完成5个地市26个县的亚洲开发银行贷款山西省河川流域农业综合开发项目审计任务，配合开展国土使用权出让收入、财政存量资金的审计项目。

（郭迎建　张小强）

物价管理

【概述】 2014年，全市价格部门把服务经济发展、稳定价格总水平作为首要任务，发挥价格职能，加强价格监管，推进价格改革，保障改善民生，提升服务水平，各项工作取得新的成绩。全市全年CPI累计上涨1.5%，比全国低0.5个百分点，比全省低0.2个百分点，完成市委、市政府下达的3.5%左右调控目标任务。

【价格改革】 2014年，市物价局根据价格管理权限和政策规定，核定、调整部分公路客运票价、临汾市区供水价格、霍州市城市集中供热价格、车用天然气价格，明确汾西灌区西贾扬水处电价执行分类；按规定审核企业申报资料，办理企业的价格制定申请10件。

【规范收费行为】 对2013年行政事业收费单位的收费执行情况进行年度审验，审验收费许可证761本，年度审验率100%，取消收费项目5项。调整部分民办学校的收费标准，核定橄榄苑小区停车收费标准，对古县张家大院收费进行批复，取消煤炭稽查管理费。

【价格监测】 2014年，全市价格部门加强粮油、肉蛋菜、日用工业消费品等常规监测，对重大节日期间以及特殊时段的价格波动，启动应急监测日报告制度，对重要商品价格情况实行一日一报，分析监测情况，为宏观调控和价格决策提供依据。

【平价商店建设】 2014年，市物价局对全市平价商店建设从经营面积、投资规模、社会信誉等方面开展摸底调查，进行考核验收。全市建成运营的平价商店有42个，经复核达到优秀等级的有24个。平价农副产品经营面积约1707平方米，年销量2500万千克以上。

“3·15”宣传新《中华人民共和国消费者权益保护法》

【明码标价整顿】 2014年，市物价局开展明码标价工作集中规范整顿，主要行业是商业银行、旅游景点、大型超市、餐饮、汽修等，对无明码标价的、不按规定的内容和方式明码标价等行为进行重点整顿，促进市场公平、有序竞争。

【价格监督检查】 2014年，市物价局组织开展商业银行收费、打击价格欺诈、涉企收费、涉煤收费等专项检查，加强节假日市场价格监管，减轻群众负担，维护市场价格秩序。全市查处各类价格违法案件142起，查处违法所得金额833.79万元，实施经济制裁970.76万元,上缴财政263.32万元。受理价格举报580件,其中咨询573件,立案查处价格违法案7起。

【拓宽价格认证领域】 2014年,全市受理各种案件623起,鉴证金额1.14亿元。承接省市重点工程张台铁路、河西新城建设以及滨河东路北延工程在征地拆迁过程中涉及的厂房、设备搬迁赔偿工作,推动工程进行。

【成本监审】 2014年,市物价局组织开展对临汾市的出租汽车运营成本、临汾4所公立高中教育成本等进行成本监审,核减不合理成本费用11598万元。

【价调基金】 2014年,市物价局利用市本级价格调节基金对平价商店、养殖种植等项目进行价格补贴,发挥扶持生产、调控市场、稳定价格、补贴困难群体的作用。

(周建昭)

安全生产监督

【全市安全生产控制指标总体情况】 2014年全市发生各类生产经营性安全事故310起,死亡123人,为省下达年度控制指标(124人)的99%。其中:煤矿事故3起,死亡3人,与省下达控制指标(3人)持平;非煤矿山未发生事故;危化企业事故3起,死亡7人;冶金企业事故1起,死亡2人,与省下达控制指标(2人)持平;生产经营性火灾事故129起,死亡0人;生产经营性道路交通事故171起,死亡104人,与省下达控制指标(104人)持平;建筑事故1起,死亡3人,与省下达控制指标(3人)持平;其他行业领域发生事故2起,死亡4人(农业事故1起1人,水利事故1起3人)。

【较大事故情况】 2014年,全市发生较大事故7起,死亡23人,超出省下达年度控制指标(6起)1起。其中:生产经营性较大交通事故1起,死亡3人;非生产经营性较大交通事故3起,死亡10人;水利较大事故1起,死亡3人;危化较大事故1起,死亡4人;建筑较大事故1起,死亡3人。

【安全生产管理】 2014年是安全生产强基年,市安全生产监督工作加强企业主体责任落实,严格企业法人安全生产承诺制,加大企业第一责任人管安全的力度,做到安全投入到位、安全培训到位、基础管理到位、应急救援到位。推进标准化建设,有353座非煤矿山、56家危化生产企业、422家危化经营单位、22家烟花爆竹批发企业、148家冶金机械企业达到三级以上安全标准化。全市有1612个乡村全部完成达标,27个乡镇完成达标任务,10个社区完成达标任务。

【隐患排查治理体系】 2014年,市安监局推进长效机制取得明显成果。完善安全生产隐患排查治理体系,市安委办设计企业、乡镇、县直部门、县安委办、市直部门隐患排查治理报表,制作隐患排查治理信息上报软件,对各县(市、区)和市直单位填报人员进行培训,在全市范围推广应用,安全生产隐患排查治理常态化、规范化、制度化。

【安全生产大检查】 隐患排查治理取得成效。2014年安全生产大检查时间长、内容多、标准高、要求严,临汾市采取有效措施,靠前抓实,重点抓紧,隐患抓整,开展大检查。大检查开展以来,全市成立检查组708个,出动检查人员25891人次,检查企业20177家次,排查隐患20003条,整改19962条,整改率99.8%;停产整顿191家,关闭取缔269家,约谈企业人员502人。

【重点行业领域监管】 专项整治工作取得突破。2014年,市安监局强化重点行业领域安全监管。非煤矿山方面关闭金属非金属矿山22座;9座获得许可的地下矿山安装"六大系统",16座批复的基建矿完成"六大系统"设计;已许可的4座库容100万立方米以上的尾矿库安装在线监测监控系统。危险化学品方面开展"两重点一重大"装置自动化改造检查;加强危化品运输环节源头整治,完善充装台账内容;加强动火、受限空间、检维修、盲板抽堵等危险作业的规范化操作。职业卫生方面开展重点行业专项治理工作,全市水泥制造企业20家、采石场84家、焦化企业26家,发现问题或隐患257项,全部整改。举办6期职业卫生业务知识培训班,培训用人单位主要负责人和安全管理人员920人。

【六打六治专项行动】 加大打非治违力度。2014年,市安监局开展打非治违"六打六治"专项行动,全市打击矿山企业无证开采、超越批准的矿区范围采矿行为,整治图纸造假、图实不符问题

232起；打击破坏损害油气管道行为，整治管道周边乱建乱挖乱钻问题10起；整治违反《严防企业粉尘爆炸五条规定》安全隐患13项。

【安全生产应急演练】 提升处置突发事故能力。各级各部门针对本辖区、本行业领域的特点，开展53次规模化的应急救援演练，2014年6月24日，市政府在蒲县职业中学操场举办西气东输管道泄漏引发爆炸事故应急救援演练，市安监局、消防支队、西气东输管理处等10个部门230人参加演练，各级各部门、各单位的150名负责人观摩演练。

【严查事故严肃责任追究】 发挥事故的警示教育作用。2014年，市政府加大事故查处问责力度，对安泽永鑫煤焦化公司"4·26"煤气爆炸事故等3起事故进行深入调查、严肃处理，查处事故责任30人(其中追究刑事责任6人，行政处分24人)。

煤矿安全监察

【辖区煤矿基本情况】 2014年，辖区有各类矿井155座，其中临汾市136座、生产规模12755万吨/年，运城市19座、生产规模1890万吨/年，辖区矿井最终总生产规模14645万吨/年。

155座矿井中，国有重点煤矿(省属五大煤炭集团和省煤运、省进出口集团全资和控股煤矿)101座、生产规模9095万吨/年，中央企业全资和控股煤矿4座、生产规模1110万吨/年；省外企业全资和控股煤矿11座、生产规模1020万吨/年；国有地方煤矿企业全资和控股煤矿17座、生产规模1530万吨/年；乡镇民营煤矿22座、生产规模1890万吨/年。

155座矿井中现持有安全生产许可证矿井53座、安全许可能力5715万吨/年，其中达最终生产能力的矿井44座(包括2座改建矿井)、安全许可能力5330万吨/年；主体持证生产的建设矿井9座、安全许可能力385万吨/年，建设规模810万吨/年。另有建设矿井102座(不包括持证改建和主体持证建设矿井)，建设规模8505万吨/年。

辖区批准生产矿井43座(包括2座持证改建矿井和6座持证过渡生产矿井)，批准开工建设矿井49座(不包括8座持证建设矿井)。停工停产矿井63座。

【煤矿安全生产情况】 截至2014年12月底，辖区内煤矿发生3起一般事故，死亡3人，未发生较大以上事故，辖区安全生产形势相对平稳。

国家煤监局副局长宋元明、山西煤监局局长桂来保到临汾调研辖区煤矿培训机构

【监察工作】 2014年，煤矿安全监察工作落实省局工作会议精神，部署全年安全监察工作。传达学习全国安全工作会议和全省煤矿安全监察工作会议精神。按照季节不同和矿井存在的主要危险源情况，科学制定全年和月度监察执法计划。将155座矿井逐一分解落实到监察小组和责任人，明确重点监察内容和执法要求，提高执法效能。完善隐患排查治理制度和隐患整改复查及委托复查制度。坚持重大隐患谁发现、谁跟踪、谁销号的隐患排查制度，明确专人督办，跟踪到底，增强监察人员的责任心和工作的积极性、主动性。对要求地方监管部门复查的隐患由专人具体督办，确保执法到位。强化内部管理，完善执法分析制度、执法台账管理制度，规范监察执法程序。每月开展一次执法分析会，不定期组织开展文书评比活动，促进执法文书的规范化、标准化，提高监察的针对性、实效性，坚持现场下达执法文书，通报地方政府，确保监察执法程序合法、定性准确、处罚统一、执法闭合。1月至12月，监察347矿次(其中，重点监察38矿次、专项监察92矿次、定期监察42矿次、其他175矿次)，查处1254条隐患，其中重大隐患8条，下达执法文书778份，经济处罚26矿次，罚款1288.04万元。

【煤矿安全宣传】 2014年，煤矿安全监察工作开展以新《中华人民共和国安全生产法》、“双七条”、煤矿安全规章等法律法规及专业知识为主要内容的宣传教育活动。10月27日,组织辖区各产煤县(市、区)煤炭主管部门负责人、各主体企业和煤矿企业分管安全负责人参加省局在辖区召开的新修订《中国人民共和国安全生产法》宣讲会。执法人员利用日常监察、开展座谈等形式强化宣传力度。分局召开煤矿安全执法座谈会12次,开展宣传活动6次。开展宣传活动,普及煤矿安全知识,提高煤矿企业职工安全生产意识,促进地方政府、煤矿企业依法办矿、依法管矿理念的提升,为降低生产事故的发生起到重要作用。

【谈心对话】 2014年,根据国家局、省局关于开展“千名干部与万名矿长谈心对话”活动的要求,分局主要领导深入辖区各县(市、区)煤矿安全监管部门、煤矿企业现场召开座谈会,面对面谈心等方式开展谈心对话活动。活动开展以来,与17个主体企业28人进行谈心对话,共36矿次。通过谈心对话,促使辖区煤矿矿长从思想上高度重视,牢固树立“红线”意识,把保护矿工生命安全放在首位,全面正确履行矿长安全生产职责。

【水患瓦斯治理监察】 2014年,监察局贯彻落实桂来保局长7月1日在全省煤矿瓦斯事故警示教育视频会上的讲话、7月16日在中煤华晋公司安全生产工作调研座谈会上的讲话、9月26日在阳煤集团“四不两直”督察通报会上的讲话和12月1日在全省煤矿水害事故警示教育电视电话会议上的讲话精神,强化防治水和煤矿瓦斯治理监察工作。排查辖区内19座水文地质复杂或带压开采矿井和14座高瓦斯矿井,将排查情况通报地方政府监管部门和集团公司,要求其加大对矿井各类地质构造勘探力度,落实“有掘必探、先探后掘”的要求,加大防、排、堵措施,完善井下排水系统,保证足够的排水能力;督促煤矿加大“一通三防”现场管理力度,坚决禁止瓦斯超限作业、无风或微风作业、超通风能力生产。在对高瓦斯矿井监察时将抽采是否达标作为必查内容。

【安全生产大检查】 2014年,监察局成立安全生产大检查工作领导组,明确检查主要内容,进行检查责任区域的划分。5个监察小组以分管局领导带队,深入辖区各煤矿企业、煤矿井下开展安全生产大检查,检查矿井57座(其中突击检查和夜间检查4矿次),查处安全隐患210条,制作执法文书192份,责令2矿次停止生产(安全生产许可证过期)、8矿次停止施工,对10矿次实施经济处罚,罚款690万元。大检查期间,配合省局督查组完成7矿次安全检查。结合大检查发现问题和执法计划内容,各监察小组与各区域集团公司或县政府召开座谈会,通报检查中发现的问题,提出下一步工作建议,达到沟通、协调、服务及整改的目的。

【“六打六治”打非治违专项行动】 2014年,按照省局部署和《临汾市人民政府安全生产委员会关于集中开展“六打六治”打非治违专项行动的通知》要求,分局成立“六打六治”专项行动领导小组,结合实际制定实施方案,明确本次专项行动的目标要求、时间步骤和责任分工。将本次专项行动与煤矿安全大检查相结合、与煤矿安全许可相结合、与煤矿安全生产突击检查相结合、与全年监察执法计划相结合,采取“四不两直”工作方式开展突击检查,重点检查煤矿企业各种证照、手续是否齐全有效,是否存在图纸造假、图实不符的问题,是否存在越层越界、以掘代采、擅自改变开采方式等非法违法行为。对辖区煤矿安全生产许可证过期的煤矿进行检查,查看是否存在未办理煤矿安全生产许可延期或未重新取得安全生产许可证的情况下仍擅自组织生产等行为。“六打六治”专项行动开展以来,结合安全生产大检查和执法计划,对10座矿井进行现场检查。检查中发现霍州煤电集团杜家沟煤矿工商营业执照过期组织生产,依法对其停止生产,暂扣安全生产许可证。

【警示教育】 2014年,煤矿安全监察局用事故教训推动煤矿安全工作。监察局坚持强化警示教育,用事故教训来推动煤矿安全工作。1月9日安泽县玉和泰煤业有限公司发生1起顶板事故死亡1人,事故发生后对其从严进行事故查处,矿罚款239万元,组织辖区煤矿企业负责人召开警示教育大会。3月28日,组织辖区煤矿企业负责人观看四川省泸州市桃子沟煤矿“5·11”事故警示教育片。6月6日,会同临汾市政府、市煤炭局组织临汾辖区产煤县(区)政府分管领导、监管部门负责人、煤矿主体企业负责人,召开全市安全事故警示教育会。7月1日、12月1日,分别组织辖区煤矿企业负责人收看全省煤矿瓦斯事故和水害事故警示教育视频会。

质量技术监督

【质量和名牌工作】 2014年，质量技术监督局坚持“源头抓质量、源头抓监管”的工作方针，把源头质量监管、推进名牌战略、强化企业基础等工作有机结合，贯彻落实《质量发展纲要》，确定侯马经济开发区、临汾经济开发区为“全国知名品牌创建示范区”建设培育单位。组织开展中小学质量教育社会实践基地申报工作，山西戎子酒庄有限公司被省教育厅、省质监局确定为山西省中小学质量教育社会实践基地，山西易恒天酒业有限公司被市教育局、市质监局确定为临汾市中小学质量教育社会实践基地，两个教育基地接受学生质量教育1500人次。启动临汾市市长质量奖评选工作，培育山西旺龙药业、山西光宇照明等12个企业的13个产品作为临汾市山西省名牌产品的侯选产品。

【专项整治和打假治劣】 2014年，质量技术监督局在全市开展儿童用品、家用电器、纺织服装、电线电缆、复混肥料、车用汽柴油、纸杯、建材等重点产品质量提升行动和“双打”专项行动。开展打击制售假冒伪劣农资专项行动。对210家农资生产企业和330余家农资经销网点进行检查。

【特种设备专项整治】 2014年，质监局开展特种设备安全大检查和“六打六治”打非治违专项行动。开展涉氨制冷装置、移动式压力容器、地下储气井、液化石油气钢瓶和车用气瓶等安全专项整治工作。全市特种设备安全形势总体稳定。质监行政管理体制调整后，把特种设备安全工作纳入市政府对县(市、区)政府的年度工作考核，推动全市特种设备安全工作。

【标准化工作】 2014年，质量技术监督局推进国家级翼城农林牧综合标准化示范区、曲沃县无公害设施蔬菜栽培标准化示范区和省级浮山杏鲍菇、古县核桃栽培标准化示范区完成年度建设任务，通过年度考核。省质监局发布由临汾市企业制定的《铸造用高纯生铁》《地理标志保护产品 安泽连翘》《地理标志保护产品 戎子酒庄葡萄酒》3项省地方标准，至此，临汾市制定省地方标准6项。

【标准备案】 2014年，质量技术监督局为17家企业29项产品标准进行备案，主要涉及饲料、煤化工、农药、建材等。服务业标准化方面，山西方略保税物流中心有限公司创建的国家级山西保税区物流服务业标准化试点完成建设工作，2015年1月6日正式通过考核验收。

【计量工作】 2014年，质量技术监督局开展对超市、加油站、眼镜制配业等计量专项检查，打击坑害消费者的计量欺骗不法行为。重点开展对水泥、涂料、食用油、杂粮、包装饮用水、小麦粉等6类定量包装商品计量专项监督抽查，将结果进行公布。对75个小区的28.4万块民用“四表”进行检查。开展“计量惠民生、诚信促和谐”双十工程活动。全市245家企业实现诚信计量自我承诺，集贸市场公平秤配备率100%。

【认证认可工作】 2014年，质量技术监督局推进各类认证体系。全市通过管理体系认证企业214家，获得体系认证证书272张。推进实验室资质认定监督管理。重点对机动车、建材、职业卫生等49家检测机构进行监督检查。组织18家机动车安检机构参加省局举办的能力验证活动，组织53名实验室管理人员参加内审员培训，对68家获证实验室进行监督检查。

【检验检测工作】 2014年，全市完成产品质量检验1440批次，计量器具检定45410台(件)，检验锅炉1060台；压力容器1469台；压力管道50.83公里；无缝气瓶656个；液化气钢瓶检验17800个，报废4800个；车用气瓶13597个；电梯3514台；起重机械2333台；校验安全阀6245个，水质196台，热工测试42台。

(樊耀东)

食品药品监督

【食品专项检查】 2014年，开展白酒、儿童鱼肝油、食用明胶、烤鱼片、规范食品标签标识等专项检查。规范食品生产加工小作坊，明确生产许可，提供政策支持，为基层小作坊监管提供依据。市局对临汾开发区小作坊进行摸底，帮助其改进现有条件，办理小作坊生产许可手续，规范生产过程，全市食品生产加工小作坊许可200余家。

【“大桶水”质量安全整治】 2014年，药监局开展夏季“大桶水”质量安全专项整治，会同尧都区局对市区“大桶水”企业进行全面排查，对两家证书过期仍在使用“QS”标识的无证生产行为进行查处。结合国家监督抽查结果，对两次不合格的侯马、曲沃、洪洞等县(市)的7家企业进行约谈。

【食品可追溯制度】 2014年，药监局探索建立重点食品可追溯制度。与山西天之晨科技有限公司合作在临汾市食品企业推广由该公司开发的食品追溯防伪系统，该系统能够建立从原材料采购使用、生产过程控制、产品出厂检验、产品销售追溯等全程追溯体系。以酒类、食醋重点产品为现行试点，组织食品企业培训，对系统的功能、使用及维护等进行讲解，邀请工作人员对相关企业上门服务。全市山西戎子酒庄有限公司等5家企业达成意向，准备安装食品追溯防伪系统。

【规范市场准入】 2014年，药监局严格规范办证，全市发放食品流通许可证1027家。开展专项整治，加强日常监管。开展乳制品、肉及肉制品、白酒等重点食品专项整治和农村儿童食品专项整治。加大对农村食品市场、婴幼儿配方乳粉、超过保质期食品监管力度，消除区域性食品安全隐患。

【整顿和规范集贸市场】 2014年，药监局针对集贸市场管理混乱，卫生条件差，办证不规范的现状，采取召开会议、企业约谈、日常巡查、集中办证、专题调研等方式，对全市集贸市场进行整改规范。通过与负责人进行约谈，派出宣传工作小组，组织人员现场办公，督促商户解决自身经营场所存在的问题，协调市场主办方集中解决综合管理问题。全市治理集贸市场49个；督促商户办证749家；办理案件28起，罚款金额6.96万元；出动执法人员2751人次，车辆405台。

【学校食堂餐饮安全治理】 2014年，药监局在市区三所中学、幼儿园召开“学校食堂聘请学生家长作为义务监督员”试点现场会。对辖区内涉及实施农村义务教育学生营养改善计划的吉县等5个各县的学校开展检查。开展春秋季学校食堂安全专项检查，严防食品安全事故，保障师生饮食安全。全市辖区内检查学校食堂1715家，出动执法人员3450人次，执法车辆280次。

【小餐饮整规试点】 2014年，药监局针对小餐饮现状，制定下发监督管理细则，明确具体规定，将小餐饮纳入监管范畴促使其规范经营。在临汾开发区河汾路东段，选择小餐饮相对集中的10家小餐饮企业作为试点，召开现场会，多次现场指导，帮助规范经营，有50余家小餐饮企业取得许可证，其他小餐饮企业整改申报中；和临汾市市容大队、尧都区食品药品监督管理局协调尧都区范围内餐饮小摊贩的整规工作。

【防控群体性聚餐食品安全事故】 2014年，药监局加强对辖区内大型集体聚餐餐饮食品安全的监管；组织安排对临汾市两会期间、情系三晋——两岸文化联谊行、2014中国临汾国际名校赛艇对抗赛等大型活动的定点接待单位的重大活动餐饮安全保障，未发生一例餐饮安全事故。

【保健食品备案登记】 2014年，药监局建立监管档案，从源头加强对保健食品经营企业监管。94家企业颁发备案证明，其中批发22家，零售72家。

【日常监督检查】 2014年，药监局对重点5类功能保健食品及特殊用途化妆品进行监督检查；对大型超市、商场、专卖店、药店兼营保健食品等经营企业监管实行全覆盖。配合省局完成保健食品监督抽检工作。

【信息化监管建设】 2014年，药监局利用省局信息化监管平台，探索保健食品化妆品电子监管追溯系统和全过程电子监管系统，实时、全面、准确了解监管对象的信息，实现实时有效的监管。

【药品生产环节监管】 2014年，药监局加大检查力度，日常监管与专项检查同步开展。对全市13家药品生产企业、3家医用氧生产企业进行日常监督检查。对基本药物生产投料量和工艺处方是否一致进行重点检查，针对库存原辅料、原药材及中药饮片及每一个在产制剂品种的对照品、对照药材检查核对。督促企业整改，完成新版GMP认证。辖区内临汾奇林药业有限公司和山西正元盛邦制药有限公司完成报送申报资料工作，于11月完成新版GMP认证现场检查验收。山西亨瑞达制药有限公司进入整改阶段，于12月进行资料申报工作。

【新版GSP认证】 2014年，药监局组织召开新修订GSP认证和换证工作会议，举办新版GSP培训班。全市有7家药品批发企业(含一家零售连锁)通过认证。6月16日至20日组织33家药品零售企业的认证现场检查，其中通过现场检查31家，限期整改2家。对于下半年药品经营许可证到期的药品零售企业，处于县局初审上报资料阶段，到年底完成300家药品零售企业的认证工作。制定《临汾市零售连锁企业执业药师远程审方工作方案》，保证执业药师审方到位及群众用药咨询。

【药品流通专项检查】 2014年，药监局开展含麻黄碱复方制剂监督检查、疫苗流通环节质量监管、中药材、中药饮片专项检查、违法发布药品广告专项检查，规范企业经营行为，防控药品安全风险。

【基本药物流通环节质量监管】 2014年，药监局对涉及基本药物配送的14家企业进行监督检查，规范企业实施药物电子监管。要求各县局履行属地监管职责，建立工作记录及基药配送企业档案，加强对基药配送企业及政府办基层医疗卫生机构监管，确保基本药物质量安全。

【整顿规范医疗器械生产经营】 2014年，药监局规范医疗器械生产经营秩序，协调侯马经济开发区管委会主导建设医疗器械产业园。召开生产经营企业座谈会，征求意见，打造以侯马为中心，辐射临汾地区的医疗器械产业园。将标准化厂房和经营场所提供给入驻企业，减免两年房租，建设一座10000平方米仓储物流中心供医疗器械生产经营企业使用。严把入住企业审批关，把控企业的业务能力和公司性质，杜绝空壳公司、陪标公司入驻。有30家经营公司入驻，产业园初具规模。

【医疗器械“五整治”专项检查】 2014年，药监局召开现场观摩会，促进企业按照质量管理体系运行。结合“五整治”行动，重点对高风险、眼镜店、体外诊断试剂等经营企业进行监督检查，配合省局查处侯马3家义齿加工黑窝点，对使用无证义齿行为的14家诊所进行查处。

【药械抽验】 2014年，药监局加强举报投诉案件受理查处工作，开展基本药物监督抽样检验和医疗器械监督抽样工作。完成抽验药品生产企业12家、药品经营企业40家、医疗机构50家，抽取药品205个品种，共计670批次。其中生产企业124批次，流通环节546批次。所抽样品均严格按照承检品种划分区域通过快递公司安全发往各市药检所及省药品检验所检验。

全年全市出动执法人员96345人次，检查企业31869家(其中：药品3687家、医疗器械1607家、保化1376家、食品25199家)；责令整改5338家，(其中：药品664家、医疗器械207家、保化228家、食品4239家)；立案1445起(其中：药品474起、医疗器械29起、保化25起、食品917起)；受理投诉举报86起(其中：药品14起、医疗器械2起、保化3起、食品67起)；罚没款306.6284万元(其中：药品141.4312万元、医疗器械18.3838万元、保化4.7876万元、食品142.0258万元)。

(崔心刚)

盐政管理

【概述】 2014年，临汾分局围绕各项工作目标，确保盐业市场的安全稳定，强化市场监管，推进“食盐安全示范村”的创建工作，严格食盐质量检测，宣传盐业体制改革，营造良好的食盐消费环境。

【盐业市场监管】 2014年，分局重点搞好市场检查。按照省局定制的市场整顿方案，按季节制定“春季、秋季、迎两节”的市场检查方案，做到季季有方案，周周有检查，坚持专项检查与常态化检查相结合，严防假冒碘盐、劣质盐流入食盐市场，对重点区域、重点环节加强监控，加强网络布局发挥零售许可证规范市场的作用，全年出动执法人员1600余人次，出动车辆600余台次，检查零售商店、饭店、食品加工户，学校食堂、建筑工地3500多家，查办涉盐案件35起，移送公安案件1起，刑拘2人，批捕2人，查扣违法盐产品25.72吨，罚款6.42万元。新增办理食盐零售许可证53份，办理食盐准运证85份。

【打防结合】 2014年，分局注重联合执法，与公安、交警、路政和工商等相关部门配合，建立联合打假办案机制，7月，在市场检查中发现有个别的商户有销售假冒小包装私盐的行为，贩销分子销售的范围涉及尧都区、霍州、洪洞、汾西等多个县(市、区)。在现有证据的前提下，公安予以先行立案，运用相关技术手段，采取手机定位，调取行车轨迹等相关措施，通过10余天的蹲点守候，锁定嫌疑人，将乔建军现场抓获，在其出租屋内现场查扣非法运输面包车辆1台，电动封口机1台，假冒小包装盐1100公斤，假冒小包装塑料袋600余条，当事人乔建军、严来福分别与7月被公安机关刑事拘留，8月被检查机关予以批捕。

【"食盐安全示范区"建设】 2014年,分局将安全示范区的创建工作确定为全年的工作重点,坚持政府推动,盐务协调,盐业配合,社会参与的指导思想,与区政府所属的16个乡镇分别签订《食盐安全示范乡镇目标责任书》。由各乡镇自筹资金,按人均3至3.5千克的年用量统一采购,统一发放。全年续建和创建"食盐安全示范村"252个(分局196个;县支局56个:洪洞20个,襄汾17个,霍州9个,乡宁6个,吉县4个),以各种形式发放低钠盐(6.1吨)、海藻碘盐、绿标碘盐537.3吨(分局473.58吨,县支局63.92吨),价值206.91万元,惠及人口223587人,人均约2.4千克碘盐。

【食盐宣传】 2014年,盐政分局普及食盐安全知识,增加社会对食盐安全的参与意识,构建安全、放心的食盐消费环境。利用"5·15"碘缺乏病防治日,深入社区、家庭、学校宣传碘盐知识。设立咨询台,讲解怎样识别假冒碘盐及科学食用碘盐的好处,发放宣传资料5000余份。与临汾电视台录制专题,宣传打击私盐,确保合格碘盐供应,规范盐业市场。在《中国盐业》《山西供销合作报》《临汾晚报》《临汾日报》、临汾食品安全网等报刊杂志发表文章34篇。

【协调与省地病所的工作】 省地方病防治所设在临汾,是全省碘盐检测的权威机构,省局领导非常重视,拨付碘盐检测专项经费,保持良好的工作关系。2014年出具检测报告23批次,为各分局打击各类涉盐案件,提供法律依据。分局协调召开由卫生系统领导、地病专家参加的碘缺乏病防治与盐业体制改革研讨会。

【碘盐质量检测】 确保食盐安全合格。按照检测操作程序,对辖区调入的食盐实行批到批检和季度抽检制度,对分公司调入的食盐实行批到批检,对直调县调入的食盐实行季度抽检。按照年度碘盐"三率"入户采样计划,各县抽取盐样400份,为保证碘盐质量检测结果的准确性,分局按照要求将化验室有关设备送往市质检局进行检测、校正。全年分局检测食用盐30个批次,2217吨;各县抽检385个批次,10805.98吨,碘盐抽检率、准确率100%,无质量事故发生。

【存在的问题和困难】 市场监管的难度加大,执法成本增加。表现在一是随着盐改信息的发布,一些企业、经营者、消费者,误以为食盐已全面放开,增加市场检查的难度。全国产大于销的市场格局,促使一些盐场以低廉的工业盐价格在一些用盐企业,经营户,县级公司大肆推销。工业盐与食用盐之间的利润差价,促使一些私盐贩销分子,蠢蠢欲动,势必造成工业盐假冒食用盐案件的增多。

侯马出入境检验检疫

【概述】 2014年,侯马检验检疫局履行检验检疫监管把关与服务职责,加强和完善自身建设。2014年经侯马检验检疫局检验检疫批次4058批,货值3.2亿美元,同比分别下降25.8%、12.1%。2014年侯马检验检疫局先后荣获山西省"文明单位",山西检验检疫"十佳先进集体"等荣誉。

【进境疫情疫病及有毒有害物质检出】 2014年,检验检疫进境集装箱96标箱,批批实施现场检验,从23个标箱中检出有害生物18种,20种次。分别是咖啡豆、驴耳风毛菊种子、丽蝇科等,疫情及有毒有害物质检出覆盖率27.6%。检出3批进境木质包装IPPC标识不合格,对不合格木质包装进行焚烧处理。

【进境检疫处理】 2014年侯马检验检疫局对59个进境集装箱标箱进行熏蒸处理,检疫处理率57%,防止有害生物传播,保护辖区人民的生命健康和生态环境安全。

【进出口不合格商品检出】 2014年,检出7批不合格情况。其中检出1批因数量短缺的入境不合格商品,索赔货值1.17万美元。检出不合格出口商品6批,货值21.62万美元。

【促进辖区水果扩大出口及销往台湾】 2014年,侯马局帮扶企业开拓国际市场。组织地方政府、企业到山东、大连学习先进经验等措施,促使辖区苹果出口智利、美国,樱桃销往台湾,油桃出口澳大利亚,冬枣出口南非。7月,苹果通过智利官方现场检查。8月,枣通过南非官方现场检查。10月,苹果通过美国专家团的实地考察。11月,首批隰县玉露香梨起运美国。玉露香梨地头价由每公斤6元至8元涨到20元,农民增收,创下四个"第一次",即:临汾市第一次向高端市场出口农产品、山西省第一次向高端市场出口玉露香梨、第一个国家级玉露香梨出口示范区、国际上第一次出口玉露香梨。12月，输澳大利亚苹果通过预检。截止到12月15日，侯马局辖区出口水果8.2万吨，实现三连涨。

【落实水果出口合作备忘录】 2014年，侯马检验检疫局协商制定传真备案办法。企业可凭侯马局签发的换证凭单，经过备案的指定传真发至霍尔果斯局指定备案传真后，用传真件换单通关，解决货到单证未到的问题，便利通关放行。促使辖区3.2万吨，货值3803万美元油桃出口，同比分别增长106%，106%。

【落实优惠政策】 2014年，侯马检验检疫局贯彻落实总局颁发的减免检验检疫费政策，为企业减免检验检疫费75万元。宣传原产地证书优惠政策，2014年以来受理原产地企业备案8家，辖区备案企业总数达到121家；签发优惠性原产地证书1024份，货值6397.3万美元，按平均5%优惠幅度计算，辖区企业享受进口国给予的关税减免达244.6万美元。

【提高检测能力】 2014年，侯马局技术中心获得山西省农业厅颁发的农产品质量安全检测机构考核合格证书，检测范围涉及农业投入品、农产品、产地环境等，包括40类农产品中36个安全项目，11个土壤环境质量项目，90个种养殖水质项目。全年组织21次全员培训，实施内部质量控制、坚持每周五记录质量检查，提升人员素质。对实验室检测环境进行扩建改造，增加检测面积300多平方米，扩展微生物检测面积，消除不同检测区域之间的潜在污染。

【贯彻质量发展纲要】 2014年，由侯马检验检疫局牵头向临汾各县市下发《临汾市"进出口商品质量安全"考核方案》，将质量强市工作延伸到各县区。细化考核标准，经临汾市质量强市工作领导小组同意，由侯马检验检疫局按照《意见》和《考核方案》的要求承办临汾各县市考核工作。

派员参加临汾市外贸政策培训班，向来自临汾市的60余家进出口外贸企业介绍临汾市的进出口外贸形势，宣讲关于检验检疫有关法律法规、原产地证书作用、检验检疫直通放行等政策，现场解决企业提出的问题。

【出口产品源头质量安全管理】 推进示范区建设。2014年，侯马局同临汾市农委、隰县政府签署出口食品农产品质量安全示范区合作备忘录。2014年在4个示范区基础上新增隰县出口水果质量安全示范区，帮助玉露香梨获得出口美国的资格（全国仅15家）。完成辖区5家出口企业注册果园的GAP认证。

【虚拟口岸建设】 2014年，侯马检验检疫局依托方略保税物流中心制定发布《推进虚拟口岸建设工作实施方案》。配合做好山西局与黄岛局"检验检疫虚拟口岸直通车"企业申报和试运行工作，有30多家企业实施运行。该模式下，企业可持侯马局出具的通关单在黄岛海关通关，节省企业在口岸检验检疫局换单的时间和费用，提高通关效率。推进出口直通放行。帮扶企业申报"晋鲁""晋津"直通放行，2014年新申报7家"晋津"直通放行企业、9家"晋鲁"直通放行企业。探索进口直通放行。与天津局、青岛局、黄岛局、连云港局等单位沟通联系，商量合作事宜。进口方面有一批来自内蒙古口岸的6000吨矿石直通放行到侯马进行检验。推荐运城博鸣木业、绛县明迈特进入方略保税物流开展业务，探索"三个一""一带一路""京津冀一体化"检验模式。对山西方略保税物流开展的跨境电子商务，帮扶其申请入境水果指定口岸资质等相关业务，完成ISO 9000质量体系认证工作开展，熏蒸场地建设指导的相关工作。在全省范围内首次探索实施报检单证备案化管理。制定《报检单证年度备案管理办法》，对于每次均需提供的基本相同的单据，出口信誉度好的企业只需申请备案一次，平时报检时无需再次提供，简化报检手续，加快通关放行速度，推动对外贸易便利化。

【进出口商品宏观质量管理】 2014年，侯马检验检疫局每半年向临汾市政府报送临汾市出口商品质量分析报告，其中2013年质量分析报告得到临汾市王振宇副市长的批示，认为"该报告反映临汾市进出口产品的情况，提出建议，请市农委、市商务局研究学习，采取措施，扩大出口，提质增效"。

【确保临汾市出口食品、农产品安全】 2014年初制定侯马检验检疫局《2014年度出口食品安全风险监控计划》，涵盖临汾市回春豆业、亿佳美食品、中宝农业、宏盛达公司等4家出口企业，对其农残和铅、镉等重金属进行监控检测，均未发现不合格。

【外来有害生物监测】 外来有害生物监测关系到农林业和生态环境安全，关系到农产品扩大出口。侯马检验检疫局连续10年在临汾辖区果园安置诱捕器,2014年在临汾市布控20处64个监测点,开展检疫性实蝇、苹果蠹蛾、斑翅果蝇的监测调查,确保临汾地区果业不受外来有害物种侵害。

【质量诚信体系建设】 2014年,侯马检验检疫局做好临汾市进出口企业诚信系统的管理和评价结果应用,对信用等级较好的如回春豆业、汤荣机械和亿佳美食品等企业实施直通放行优惠措施,便利其通关放行。

(张　云)

海关管理

【概述】 2014年,海关税收9.05亿元。监管进出口货运量456.8万吨;受理报关单1138份;审批减免两税1.05亿元;加工贸易备案手册18份,备案金额8687万美元;常规稽查企业9家,移交缉私部门1家,稽查补税15.37万元;专项稽查1家;核查加工贸易企业12次;巡查企业24家。缉私分局新立行政案件4起,协查案件3起。

【严格涉税管理】 2014年,海关工作重点防止"跑冒滴漏",保证应收尽收。开展"绿风"专项行动,查发1家公司涉嫌走私,移交总关缉私部门处理;借助中介机构开展稽查发现1家企业存在内销补税申报单价低于平均单价,补征税款15.37万元;对关区钢铁企业的经营状况开展摸底调研和风险评估,避免出现新的欠税。落实二次申报制度,对反倾销、归类、审价中发现的异常情况及时补税。全年加工贸易内销征税3292.6万元,对某企业未及时进行二次申报的9票报关单审价补税43.7万元。

【通关作业无纸化改革】 2014年,侯马海关向企业宣传无纸化报关的便利,指导企业开展通关作业无纸化报关,自制通关作业无纸化报关单登记本,规范申报秩序,促此项业务开展。全年办理通关作业无纸化报关单712票,占同期报关单总量62.79%。

【帮扶企业完善内控机制】 促进企业守法经营。2014年,侯马海关针对稽查、核查、巡查企业发现的问题,进行海关政策法规宣讲,提高企业认知,帮扶企业建章立制,完善内控机制。保持打击违法违规的高压态势,针对走私、税则号列申报不实、擅自处置减免税设备等违法违规行为立案4起,均已调查终结,移交审理。

附:

·获奖情况·

集体

2月20日,侯马海关被共青团山西省委认定为"山西省青年文明号"

工　业

工业经济和信息化

【概述】 2014年,市经信系统发挥职能作用,应对经济下行压力,明确目标任务,狠抓落实。省考核的五项主要经济指标,除工业增加值增幅3%与全省持平外,三项指标超额完成,一项指标能够完成。其中,工业固废综合利用率达到68.5%,超3.5个百分点,居全省第二;新兴产业投资比重51.79%,超1.79个百分点;非煤产业工业增加值比重50.4%,超0.4个百分点。

【经济运行逆势有为】 加强工业经济运行监测调度,实行日调度、日分析,把握经济运行态势。2014年,临汾市制定《做好全市工业经济运行工作的8条意见》和《促进市内工业产品销售的15条措施》。召开钢铁、焦化企业财务分析会,钢铁、焦化、水泥3个行业企业座谈会,提出针对性帮扶措施。寻求上级支持,为部分电力企业多争取发电指标5亿多千瓦时。会同银监局、人行联合组织两次银企对接会,签订贷款意向142份98.2亿元,落实到位22.7亿元,缓解企业资金紧张的困难。引导和鼓励上下游企业和关联企业开展煤电、煤焦、信用担保等形式的合作互保,共渡难关。立恒、星原、华强等6户钢铁企业组建晋南钢铁贸易有限公司,实现采购、物流、销售"三统一",每年可节约成本20亿元,扩大销售,稳定生产。

【结构调整】 2014年,临汾市开展"转型攻坚年"活动,牵头组织并统筹协调全市一、二、三产的转型攻坚工作,全年落实转型攻坚项目118个,完工或投产76个,其中,二产项目60个完工投产,新增产值96亿元。通过项目实施,优化结构,三次产业比例7.8∶54.4∶37.8。在第二产业内,新兴产业投资占比提升,全年完成新兴产业投资262.79亿元,占全部工业投资505.68亿元的51.79%,同比增长4.7%。产业集聚效应逐步显现,25个规模工业园区实现销售收入1067亿元,占全市工业总产值的62.4%。百里汾河新型经济带内的18个园区实现产值836.9亿元,占比达到50%左右。发展工业循环经济,全市基本形成产业上下游链接,首尾相连、吃干榨净的循环化发展模式。其中,星原集团、永鑫焦化、洪洞煤焦化深加工园区等形成较完整的循环经济链条,古县正泰1亿立方焦炉煤气制天然气并入天然气主网。提升企业技术创新能力,全市新增2户省级技术中心,8户市级技术中心,企业技术中心64户。光宇电源交流直接驱动LED光源、汤荣汽配特定恶劣区域新品制动鼓等24个项目列入省技术创新项目计划。全市开发出一批拥有自主知识产权的技术和产品,提升企业自主研发和综合竞争能力。淘汰落后产能,全市列入国家、省淘汰名单的的落后产能设施全部关停淘汰,淘汰煤焦408万吨、钢260万吨、铁33万吨。

【工业信息化】 2014年,临汾市实施平阳重工产品管理信息系统、同世达煤化工集团企业管理信息系统、光宇半导体照明的企业信息管控系统和工艺设计信息系统升级等31个信息化建设项目,通才工贸、广日机电等10户企业成为市级两化融合示范企业,永鑫焦化、台头煤焦2户企业申报省级示范企业。电子商务应用发展迅速,综合性电子商务交易平台"马上购"正式运行,34户电商平台入驻侯马开发区国家电子商务示范基地,直接服务3000余户实体企业。全市宽带网络和公共场所无线局域网建设扎实开展,全年开通无线局域网12个,新增固定宽带用户116770户,宽带用户585048户。

(姚晋文)

煤炭管理

【概述】 2014年,临汾市煤炭工作百万吨安全死亡率0.073。全市原煤累计产量7288.15万吨,完成年目标任务7000万吨的104.12%,比上年同期7041.19万吨增长3.51%。其中:地方监管4116.49万吨,比上年同期3280.55万吨增长25.48%;五大集团1750.4万吨,比上年同期2300.91万吨下降23.93%;霍州煤电1421.26万吨,比上年同期1459.73万吨下降2.64%。

【矿井基本建设】 临汾市地方监管煤矿2014年固定资产投资累计完成50.6亿元,全年新增建成投产矿井21座,联合试运转矿井11座。

【煤矿安全质量标准化】 临汾市地方监管煤矿2014年生产矿井24座,其中达到一级安全质量标准化的矿井10座,达到二级安全质量标准化的矿井11座,达到三级质量标准化的矿井3座。对6座竣工投产矿井进行专项验收,其中达到二级安全质量标准化的矿井5座,达到三级安全质量标准化的矿井1座。

【安全生产月活动】 2014年,临汾市煤炭局开展安全生产月活动,把安全意识贯穿于生产建设的各个环节,安全教育深入到第一线。尧都区、乡宁、翼城等县(市、区)组织开展安全生产咨询日活动;洪洞、蒲县等开展警示教育周活动;安泽、古县、吉县等开展应急演练周活动;霍州市开展安全生产课题研讨等活动,以"强化红线意识、促进安全发展"为主题,宣传和普及安全知识,弘扬安全文化,提升安全素养。

【"大反思、大检查、大整顿"活动】 2014年,临汾市煤炭局开展以"学三规、反三违"为主要内容的"大反思、大检查、大整顿"活动,对普遍存在的思想麻痹、责任落实不到位、技术基础管理不到位、安全技术措施得不到落实、干部职工不稳定、安全工作不细致、不深入等问题开展事故隐患大检查和思想观念大整顿。洪洞县建立"三违"监督举报制度并制定举报奖励措施,鼓励职工举报"三违"现象。乡宁县台头煤焦推行"三违"量化考核,所有煤矿建立全员"三违"数据库,对严重"三违"人员建立黑名单。全市上下通过整顿思想、整顿队伍、整顿作风,定规章、定纪律、定奖惩,提高煤矿企业的技术管理水平和干部队伍素质、强化现场管理能力和规章制度的执行力。

【干部与矿长谈心对话】 2014年,临汾市煤炭局领导下基层,到一线,与各主体企业董事长、总经理和煤矿矿长进行谈心对话。针对安全薄弱环节找差距,对照差距改进工作思路和方法,提高煤矿企业领导搞好煤矿安全工作的认识,强化安全监管措施的执行力。

【安全红线管理制度】 2014年,临汾市煤炭局在采掘红线基础上,出台安全管理红线,优化为从采掘到管理的双红线管理,把红线管理做为安全设防的第一道防线,严禁煤矿企业在"红线"范围以外组织生产或建设,打击超越"红线"组织生产建设的行为。

【安全信用等级管理】 2014年,临汾市煤炭局强化安全信用管理,开展煤矿分类监管工作,针对影响煤矿安全生产的主要问题和薄弱环节,一矿一策采取措施,按照信用等级实行不同的监管方式。

【全员包矿监管责任制】 2014年,临汾市煤炭局落实政府和部门领导挂牌责任,实行包矿监管,制定包矿监管办法。把矿井安全责任包到业务副局长、科长、科员头上。

【安全生产监管责任】 2014年,临汾市煤炭局发挥县级主管部门和"五人监管小组"的综合监管能力,突出"监督、指导、服务"并重,加强"五人监管小组"的学习、教育、培训工作,提升"五人监管小组"的工作能力、思想觉悟和专业水平,严格"五人监管小组"考核、奖惩,建立激励机制,促进安全监管责任落实。

【安全生产主体责任】 2014年,临汾市煤炭局建立以煤矿为基础、以矿长为核心的安全管理体制和责权利相统一的生产经营机制。尧都区落实"管业务必须管安全、管生产必须管安全"的安全责任制,实行煤矿领导和科室人员下井双带班制度,带班领导与安全、技术、调度等科室人员一同下井,监督当班采掘活动。把安全责任落实到生产建设的每一个环节、每一个岗位、每一个员工,形成人人管安全,时时管安全,全员、全方位、全过程抓安全的管理格局。

【专项检查】 2014年,临汾市开展全省煤矿重大危险源辨识评估和监控管理工作专项督察,制定煤矿重大危险源辨识评估和监控管理工作的实施方案和规范化标准,建立健全各项监督检查和责任落实的规章制度。乡宁台头前湾煤业通过排查隐患录入、分级、分类、监测、预警、控制系统管理,提前防范。实现煤矿安全生产从被动防范向源头管控转变，提高煤矿安全生产保障水平。

【提高职工安全生产意识和能力】 2014年，煤炭局树立“培训不到位是重大安全隐患”的意识，落实煤矿安全培训“五项制度”，强化煤矿“三项岗位”人员和班组长持证上岗培训，全市培训煤矿B类安全生产管理人员412人、特种作业人员1344人、班组长184人，培训煤矿井下胶轮车司机233人；开展“六个标准”进课堂专项培训，培训师资人员196人。

【煤矿企业劳动用工管理】 2014年，临汾市煤炭局按照“五个统一”和“五个百分之百”的用工要求，加强劳动用工职业卫生管理，规范企业用工行为和用工安全，指导和督促建设单位加强建设项目施工单位的用工管理，开展劳动用工职业卫生专项检查，推进素质提升工程和变招工为招生工作，严把人员招录关，全市复工复产煤矿企业新招录人员3995人，达到中专以上(含学历提升)的人员3451人，变招工为招生比例86.4%。

【“依法维权年”活动】 2014年，临汾市各煤矿开展“依法维权年”活动，维护职工权益，维护煤矿职工的就业权益、劳动报酬权益、社会保障权益、安全健康权益。2014年，市局聘请省、市专家，对224个煤矿职业病防治人员进行专业培训，近两万人受到职业病知识培训。市煤矿工会加强工资集体协商制度工作的落实，开展坑口接待站检和三级群众安全监督网络建设。

【安全质量标准化】 2014年，临汾市县(市、区)煤炭主管部门、各煤矿主体企业标准化管理人员，强化新标准的学习，组织相应专业的人员赴样板企业进行现场参观，邀请专家讲授新标准，进行现场指导。

【煤矿安全质量标准化矿井建设档案】 2014年，临汾市开展煤矿安全质量标准化矿井建设建设，对全市建设矿井实行档案管理，建立全市煤矿安全质量标准化矿井建设工作档案，一矿一档，统一管理。全市生产矿井、持证改造生产矿井、进入联合试运转的建设矿井的标准化达标情况全部纳入档案管理。

【规范矿井建设秩序】 2014年，临汾市煤炭局以“规范建设年”活动为契机，从开工批复、工期管理、联合试运转管理、竣工验收管理等方面，规范煤矿建设秩序。严格矿井建设工期管理，严格施工队伍准入门槛，加强施工队伍施工项目(中标)备案，严格联合试运转管理和竣工验收程序。实行图纸交换制度，梳理汇总煤矿基本建设过程中存在的问题，掌握煤矿施工进度、规范图纸绘制，推进煤矿基本建设。全市建设矿井完成固定资产投资50.6亿元，超过全年投资计划0.6亿元。全市新增建成竣工矿井21座，全部达到安全质量标准。

【煤炭经济转型】 2014年，临汾市煤炭局发挥市场机制作用，组建成立临汾焦煤集团，形成煤炭品牌优势的新支点，扩大煤炭外销，拓展市场空间，构建起较为完善的市场营销体系。发挥区位优势，筹建临汾煤炭交易办事处，推进市场主体自由交易，建立功能齐全、层次分明、方式多样、手段先进的现代煤炭市场交易网络。推荐优秀煤矿企业上市，重点对乡宁焦煤集团等发展潜力大、生产经营好的优秀企业进行上市方案的整体设计，采取企业自主、中介运作、政府协助的方式，扶持优秀企业上市。筹备成立“煤炭发展基金”，为煤炭企业解决融资难题搭建平台，推进煤炭企业加快市场化步伐。举办太原(中国)煤炭交易大会临汾专场，推介临汾煤炭品牌，与500多位用户签订合同480万吨，金额1.83亿元。

【“改革创新年”活动】 2014年，临汾市煤炭局推进“改革创新年”活动，以煤炭产业转型升级多元化、科技化，延伸煤炭产品链条，提高煤炭洗选率、提高煤炭清洁高效利用。中煤华晋推行矿井水处理综合利用，实现煤炭产品由出售原煤到出售产品和煤矿次资源综合利用的两大实质转变。建成或在建坑口洗煤厂13座，部分煤矿企业准备筹建坑口洗煤厂，达到煤炭高效清洁利用。

（姚晋文）

煤炭运销

【概述】 2014年，面对煤炭市场疲软，融资政策收紧，收费政策取消的严峻形势，临汾公司顶着安全压力、资金压力、转型压力，坚定信心，积极自救，围绕“三个五”的工作任务，采取“四抓”“五保”等一系列举措，实现企业安全、稳定、有序运行。

【重点矿井建设】 2014年，临汾市煤炭运销工作坚持矿建工程质量和井下设备标准不降低，压缩土建项目和办公设施投资，集中保障重点矿井建设，全年完成投资5.63亿元，完成工作量10.83亿元；完成基建进尺 2.87 万米,比上年增长 38.2%。昊兴塬煤业完成竣工验收,同富新煤业实现联合试运转,金辛达、金山煤业矿建工程全部结束。同富新、金辛达等 4 座 35 千伏变电站基本竣工。四通、金辛达两座坑口选煤厂土建工程基本完工。昊兴塬、金塬达等 5 座矿井完成环评批复。

【煤炭产销】 2014 年,临汾市煤炭运销工作加强成本考核,强化质量管理,全年生产原煤 273 万吨,吨煤制造成本同比降低25.65元。成立自产煤销售办公室,注重产销衔接,加大销售力度,开拓 5 个相对稳定的终端用户。承担社会责任,无偿提供低供煤 18 万吨。

【专业化管理】 2014 年,临汾市煤销集团成立供电中心、物探中心、胶轮车管理中心,培养专业人才,发挥专业作用。

【资源整合】 2014 年,临汾市煤销集团审核执行《资源整合付款法律意见书》,签订 28 份资源整合补充协议;通盛、中西沟等 20 座整合矿井的遗留问题得到解决,完成清算注销工作;整合看矿点,精简看矿人员,降低相关费用;配合国家审计署完成资源整合专项审计。

【安全管理】 2014 年,临汾市煤销集团坚持推进“一落实、双建设、双达标”工作,制定 232 项岗位安全生产责任制,编制覆盖 23 座煤矿和 89 个地面单位的安全责任网络图,构建起“大安全”管理体系。坚持“把隐患当事故抓”的安全理念,推行“菜单式”安全检查模式,开展矿井安全管理综合评价,规范隐患排查治理工作。全年投入 240 余万元,组织 330 批次、2 万余人次专题培训,提升员工安全素质。推进安全质量标准化动态达标工作,盛平煤业达一级标准。开展安全大检查、“六打六治”等集中整治活动。

【物流贸易】 2014 年,临汾市煤销工作面对市场疲软、政策取消带来的巨大冲击,煤销工作坚持“调结构、转模式”,推进物流产业的新旧交替。公路贸易量逆势增长。建立“两个协议”“三个合同”的市场化经营模式。县公司结合自身优势,找资源,拓市场,强服务,重结算。安泽、尧都公司货源、运输和用户链条基本成型;吉县公司拓展电煤业务;洪洞公司发挥资金资产优势,收入来源稳定;曲沃、襄汾公司实现自给自足。公路贸易量完成 3322 万吨,提前两个月完成全年任务,同比增长 4.3%。

【运销体制改革】 2014 年,临汾市煤销集团坚决贯彻执行省、市政府煤炭焦炭销售体制改革要求,7 月 1 日彻底停止收费,11 月 30 日撤销所有公路站点。各县公司开展转岗培训,在保有序、保稳定方面做工作。各站点人员履职尽责,站好最后一班岗。

【铁路运输整合优化】 2014 年,临汾市聚晟公司根据集团要求,完成“三独立”,装车点由 17 个整合为 6 个,提高发运集中度;资产、煤海润公司提升服务质量,拓展终端用户。全年发运煤炭 135 万吨,同比下降5.3%。

【通道建设】 2014 年,临汾市张台地方铁路一期工程全线开工,完成投资 2.5 亿元。压缩天然气项目初见成效,运营的 10 座加气站年售气量 1168 万立方米,实现利润 270 万元;在建的 4 座加气站按计划推进。

【“三化”建设】 2014 年,临汾市煤销集团强化“三化”建设的组织领导,围绕煤矿内控管理和市场化经营,重点抓整改与规范,推进项目立项、招标、合同、财务、物资、劳动用工等关键节点的“三化”管理。出台《开源节流、提质增效 60 条实施办法》,突出抓好节支降耗,全系统可控费用同比下降 10%。

【风险管控】 2014 年,临汾市煤销工作在金融紧缩的困难情况下,全年续贷 49.53 亿元,融资 14.63 亿元,还款 4.61 亿元,保证资金链安全;强化审计监督,完成基建矿井审计 7 项、离任审计 8 项、工程造价审计 28 项,及时发现问题,跟踪整改落实;加强债权清收工作,出台激励政策,依法依规清收欠款1.43 亿元,完成年度清欠任务的 113%。

电　网

【概述】 国网临汾供电公司是国网山西省电力公司所属国家大型供电企业,担负着临汾市、侯月电气化铁路(临汾段)的供电任务,供电面积 2.03 万平方公里。其中,临汾公司直供 14 个县(市、区),趸售供电 3 个县。公司连续三届获全国“安康杯”竞赛优胜单位荣誉,2014 年被授予“安全明星企业”荣誉称号,荣获“山西省五一劳动奖状”,保持“全国模范职工之家”称号。

【电网概况】 临汾电网以 500 千伏双回路+220 千伏双环网为主干网架,110 千伏网络主要呈辐射式供电。截至2014年底,临汾电网总装机5378.311兆瓦。其中省调电厂6座,装机容量4900兆瓦;地调小电厂37座,装机容量478兆瓦;分布式光伏容量0.311兆瓦。临汾电网接入500千伏系统电厂2座,机组4台,容量2400兆瓦;接入220千伏系统电厂机组4座,机组8台,容量2400兆瓦;接入110千伏系统12座,机组27台,容量362兆瓦;接入35系统14座,机组27台,容量150兆瓦;接入10千伏以下系统12座,机组22台,容量66兆瓦;分布式光伏发电20座,容量0.311兆瓦。临汾电网拥有500千伏变电站2座,主变12台,容量3000兆伏安;220千伏变电站25座,主变51台,容量6994兆伏安;110千伏变电站96座,主变193台,容量7455兆伏安;35千伏变电站142座,主变302台,容量2089.68兆伏安。220千伏线路61条/1506.177千米、电缆1.192千米;110千伏线路182条/2343.175千米、电缆2.674千米;35千伏线路236条/1917.763千米、电缆12.336千米。

临汾第二座220千伏智能变电站投产送电

【电网建设】 2014年,临汾市开工及续建35千伏及以上工程38项,其中特高压项目1项,220千伏工程12项,110千伏工程11项,35千伏工程14项,按期投运24项。建设尧都区煤矿双电源改造II期工程3项,投运2项。建成投产110千伏及以上输电线路653.2千米,变电容量142万千伏安;35千伏线路61.4千米,变电容量18万千伏安,完成里程碑计划进度100%,改善区域电网结构,西部地区主网实现双电源供电模式。投产大西、中南铁路牵引站供电工程。编制完成临汾市城区电力专项规划,2015年电网项目全部取得省、市发改委核准及相关前期手续。

【安全生产】 2014年,临汾电力公司开展“安全管理提升”活动,落实县公司安全生产包干责任制,实行向一线倾斜的安全生产绩效考核,提升运检精益化管理水平,实施紫金山、乔北等9项综合检修,累计减少现场检修及运行操作时间34%、减少电网非正常方式时间30%。实现首台智能巡检机器人在500千伏霍州变电站投入运行。完成89条输电线路、7座变电站精益化管理查评验收,10千伏3座开关站、8条配电线路标准化创建。220千伏输电线路实现连续3年外力破坏“零跳闸”,检修管理被省公司树为同业对标标杆专业。强化配网及农网运维管理,配电线路掉闸同比降低20%。农村低压电网百公里故障报修率为7.045次,同比下降2.823次。开展配网不停电作业570次,同比增加97%。减少停电43115时/户,增供电量228万千瓦时。公司未发生影响安全和形象的事件,实现连续安全生产3498天,被省公司授予“2014年度配网标准化管理先进单位”称号。

【营销工作】 2014年,临汾电力公司售电量完成144.07亿千瓦时,完成省公司计划。综合线损率完成3.18%,同比降低1.22个百分点。售电均价536.90元/千千瓦时,比计划高0.02元/千千瓦时。市场占有率97.44%,比计划高0.62%。销售收入完成77.35亿元,电费回收率100%。

应用营销业务质量管控预警平台,异常数据同比降幅85%,省公司排名第一。客户用电信息采集工程实现“全采集、全覆盖”,日均采集成功率全省领先。推进合表用电分户进程,完成335个合表小区、6.2万低压用户打开任务。落实小区配套费政策,签订小区配套费合同19户,合同金额1.86亿元。开通绿色通道,促进省市重点项目、民生工程接电投产。推行电费分次结算方式,付费率保持全省第一。推进电能替代工作,增售电量3.82亿千瓦时。推进用户电力资产无偿移交工作,接受无偿移交资产10055万元,完成年度任务。建成侯马充换电站,完成资产划转和集中运维。

开展县供电企业、供电所管理“双提升”工程,推动供电所层面同业对标,规范乡镇供电所管理,建成14个省公司标准化示范供电所。严格农村低压运维管理,利用监测系统准确掌握农村配电网运行工况。新建及改造10千伏线路518.32千米、低压线路

613.84千米，新建及改造农村配变911台、容量127.685万千伏安。完成22468户农村“低电压”整治工作。浮山县获山西省“新农村电气化县”殊荣。

【科技与信息化】 2014年，“临汾配电网电压质量分析及配电网末级电压自动调控装置研究”等3项科研项目取得进展，“10千伏载波通信智能馈线自动化系统”等4项专利成果项目获得省公司专利奖。申报专利45项，取得授权32项，获得海外授权专利1项，累计取得国家知识产权局授权专利94项。完成14个县公司、135个供电所(营业厅)、148个变电站(开闭所)的IP地址扩容调整，实施65个供电所网络改造，解决县公司、供电所IP地址使用短缺和网络可靠性差的问题。开展农网GIS平台项目建设，提升县公司农网输配电设施的信息化应用水平。

19110千伏德隰164线路投运

【企业内质外形建设】 2014年，临汾电力公司创新开展县级公司“零投诉”月竞赛活动，加强服务窗口建设，落实“三个十条”，优化业扩服务流程，做好分布式电源并网服务。开通绿色通道，促进大西高铁、新医院、山水水泥等省市重点项目、民生工程接电投产。提升优质服务质量，与移动、银联等社会服务机构合作，实现城市“十分钟缴费圈”，拓展手机银行、网上银行、支付宝等新型缴费方式。强化客户用电安全管理，修订完善120户高危及重要客户应急抢险保电服务预案。加强纠风、行风工作，邀请85名行风监督员和客户代表到服务窗口监督检查，3次做客“9:30行风热线”。

公司以培育企业文化、弘扬企业精神、塑造企业形象为核心，抓机制、抓思想、抓管理、抓载体、抓服务，内强素质、外塑形象，推动“四个文明”建设取得长足发展。公司荣获全国及省、市三级首届“敬老文明号”称号，公司党委被评为省公司“先进党委”；公司离休干部解黎明荣获“全国三八红旗手”“全国老有所为楷模”荣誉称号，公司员工郑仙荣荣获国家电网公司“优质服务典范”先进个人。

(王　伟)

焦　炭

【概述】 临汾市是全省两大焦化基地之一，现有焦化产能3817万吨。通过焦化行业兼并重组，组建焦化主体企业20家，其中独立焦化企业7家，钢铁配套企业5家，煤焦联合企业8家，相对集中的区域主要有洪洞赵城、尧都区河西、襄汾河西、古县涧河、安泽唐城一带。2014年，全市规模以上企业生产焦炭1892.42万吨。

【企业选介】 襄汾万鑫达股份有限公司，主要生产产品为一级、二级冶金焦。2014年，完成工业产值17.7亿元。

(姚晋文)

冶　金

【概述】 临汾市辖区内矿产资源丰富，尤以煤、铁为最，其中铁矿是第二大矿产资源，总储量4.2亿吨，富矿比例高，占全省富矿的70%以上，丰富的矿产资源优势成为临汾市钢铁工业快速发展的重要基础。形成以太钢集团新临钢公司、酒钢翼钢公司、曲沃立恒、曲沃通才、襄汾新金山、襄汾星原、襄汾中升、尧都区志强为代表的8户钢铁联合企业生产体系和以不锈钢板材、不锈钢板材、中厚板、造船板、压力容器板材、螺纹钢、线材、棒材、模具钢等为主的产品体系，有少量独立炼铁企业。全市现有生铁产能约2000万吨，钢产能约2000万吨。2014年全市生产生铁1214万吨、粗钢1035万吨、钢材1313万吨，产值650亿元。

【企业选介】 新金山特钢有限公司，以炼铁、炼钢、轧钢为主，产品主要有φ6.5～10线材，φ10～32毫米各种棒材，主要销往山西、山东、河南、陕西、四川、重庆、甘肃、西藏等地。2014年完成工业产值23.1亿元。

（姚晋文）

电 力

【概述】 2014年，临汾市有省调电厂5户，总装机容量480万兆瓦，分别是兆光电厂2×30万兆瓦、2×60万兆瓦4台火电机组，国电霍州发电厂2×60万兆瓦机组，大唐国际临汾河西热电厂2×30万兆瓦机组，山西临汾热电厂2×30万兆瓦机组，侯马电厂2×30万兆瓦机组。地调电厂40余户，装机容量约50万兆瓦。2014年，全市省调电厂发电量191亿千瓦时，产值61.4亿元。

【企业选介】 山西大唐国际临汾热电有限责任公司隶属于中国大唐集团，是集发电、供热、全部直接空冷、同步脱硫、脱硝，圆形全封闭煤场、输煤抑尘技术、废水回收和粉煤灰综合利用于一体的绿色环保型热电联产企业。现有2×300兆瓦发电机组。2014年完成发电量27.8亿千瓦时，完成工业产值9.2亿元。

山西兆光发电有限责任公司，是格盟国际能源有限公司控股、北京能源投资（集团）有限公司参股，共同投资建设的大型环保发电企业。目前装机总容量1800兆瓦，拥有2×300兆瓦亚临界直接空冷机组和2×600兆瓦超临界双缸双排汽直接空冷机组。2014年完成发电量81.03亿千瓦时，完成工业产值24.7亿元。

（姚晋文）

装备制造业

【概述】 2014年，临汾市有装备制造类企业63家，其中，整机总成制造企业3家、零部件制造企业60家，主要产品有矿用液压支架、节能环保设备、石油钻具、泵阀、汽车零部件、家电配件，以及汽车、煤机、军工用锻件等九大类产品。产值10亿元以上的1户，5亿元至10亿元的1户，3亿元至5亿元的3户，亿元以上的9户。2014年装备制造产品产量70万吨，销售收入52.2亿元。

【企业选介】 山西平阳重工机械有限责任公司（简称平阳重工），隶属于中国船舶重工集团公司，是国家研制生产各类先进精密机械、电子产品的大型现代化军工企业，国家液压支架及高端支架定点研制生产基地。2014年完成工业产值13.6亿元。

（姚晋文）

煤化工

【概述】 2014年，临汾市有企业60余户，其中三维、山焦集团为省级重点企业，是全市唯一的两户主板上市企业。形成以焦炉煤气制甲醇、煤焦油深加工、苯精制及深加工为主导的三个化工产业链条，形成132万吨甲醇、10万吨二甲醚、15万吨合成氨，80万吨煤焦油深加工，35万吨粗苯精制生产能力，下游主要产品有聚乙烯醇、1，4－丁二醇、粘合剂、尿素、硫铵、甲醇、炭黑、煤焦油、苯、硫化黑、还原桃红、二硝基氯代苯等几十个种类两百多个品种。2014年，实现主营业务收入65.85亿元。

【企业选介】 山西三维集团公司，是国家大型一档高新技术企业，山西省工业转型发展百强潜力企业之一，连续8年进入中国化工企业500强，并入围中国企业集团竞争力500强、山西省100强。公司在洪洞县赵城精细化工工业园区和太原高新技术园区拥有两个生产基地，形成以电石、焦炉煤气、甲醇、顺酐、粗苯等为主要原料的，以有机精细化工产品为主导的五大系列产品。2014年完成工业产值20.72亿元。

（姚晋文）

节能降耗

【概述】 2014年,临汾市对20个工业固定投资项目进行能评审查,从源头上严控高耗能项目的增长。完成45个节能改造项目,节能量3887吨标煤。4个省调发电企业开展能效对标活动,提高能源利用效率。推广余气余热余压利用、电机变频、干熄焦、能量系统优化等节能技术。鼓励企业和公共机构采用合同能源管理方式实施节能改造,推荐天坤科技申报工信部的节能服务公司备案。推进立恒钢铁、通才工贸和霍化公司等三家企业能源管理中心建设。推进资源综合利用和清洁生产重点项目的实施,大量矿渣、水渣、粉煤灰等工业固废得到转化利用,志强矿渣微粉公司年产60万吨矿渣微粉、乡宁宏基建材年产9000万块煤矸石烧结空心砖等项目完工。提升全市工业固废综合利用率,全年工业固废排放1513.3万吨,综合利用1036.6万吨,利用率达到68.5%。加大节能执法力度,对152户重点耗能企业2013年度能源利用状况进行核查,对金都花园酒店等开展大型公共建筑空调温度专项监察,对全市年耗电1000万千瓦时以上的重点企业、省千家企业中列入电机效能提升计划的企业开展高耗能落后机电设备和电机能效提升专项核查,对辖区内544台台式微型计算机终端用户开展节能产品惠民工程核查等。

(姚晋文)

中小企业

【概述】 2014年,面对复杂严峻的经济形势,临汾市中小企业系统坚持需求导向、服务为本,聚焦小微、综合施策,各项工作取得成效。中小企业由于受到市场需求疲软、产能过剩、价格下降、资金短缺等各种不利因素的影响,经济下行压力加大,中小企业的实体经济运行艰难,工业企业在发展的过程中遇到的困难和问题比较多。截至12月底,全市民营企业单位数114307个,其中:中小企业8847个,同比增加85个,大型企业14个,个体工商户105445个;全市从业人员65.43万人,其中:中小企业31.76万人,同比增加1.5万人,大型企业2.85万人,个体户30.82万人;完成民营经济增加值654.46亿元,同比增长3.39%,其中:中小企业完成404.04亿元,同比增长4.03%;完成工业总产值1269.15亿元,同比下降7.61%,其中:中小企业工业总产值824.67亿元,同比下降4.14%,实现营业收入1924.89亿元,同比下降2.73%;上交税金71.65亿元,同比下降14.38%;企业实现利润98.08亿元,同比下降7.1%;职工劳动者报酬66.83亿元,同比增3.32%;固定资产投资163.29亿元,同比增长16.61%。经济指标增长较快的是洪洞(9.89%)、浮山(9.86%)、隰县(5.44%)、侯马(4.85%)、尧都区(4.01%)。

【优化中小微企业发展环境】 2014年,临汾市中小企业工作以"扶持小微、助力成长"为主题,开展"送政策、送专家、送服务"三送活动。编印《中小微企业政策法规文件汇编》,出台《2014年全市中小微企业"三送"活动实施方案》,开展"送政策、送法律、送服务"的"三送"活动,到企业答疑解惑,把专家、技术、政策送到基层、送到企业。在侯马、曲沃等县开展"三送"活动;以市法律援助中心为牵头单位,组织4家定点律师事务所在全市开展中小微企业"法律体检"活动,义务为企业开展法律咨询和培训宣传,免费为中小微企业及其员工提供相关的法律服务。提高临汾市铸造企业的综合发展能力,9月24日在华翔集团召开全市铸造行业"三送"活动,邀请专家、技术人员从解决铸造行业发展的3D技术、融资、库存等方面进行咨询和解答。10月中旬,组织有关业务工作人员赴隰县、蒲县开展"三送"活动和送法律进企业活动。12月4日第一个"宪法日"在平阳广场开展宣讲活动。全年参与活动企业1000余家。

【中小微企业平稳运行】 2014年,临汾市中小企业局上报月季报及重点监测企业等报表,加强经济运行分析,为各级决策、企业发展提供服务。每月参加市发改委组织的运行监测会议,互通信息;抓好170家直报国家工信部企业的监测工作。掌握全市中小企业、民营经济发展动态,分析和研究经济发展状况,发挥经济监测和预警功能。

【缓解中小微企业融资困难】 2014年,临汾市中小企业局与银监局合作采取措施创新方法,开展"送金融进企业"活动。这项活动推出三批次305个项目。全市有担保机构26家,注册资本20.6亿元,在保金额18.03亿元，累计贷款担保34.3亿元，其中辖区的农发行、国开行、建行、中行、农行、尧都区商行与18家融资性担保公司建立合作关系。2014年，建设银行在侯马市、侯马开发区、临汾开发区、洪洞县、翼城县、曲沃县、尧都区、乡宁县等地推出“助保贷”业务，建立6个重点中小企业池，资金池金额12583万元，财政注资3200万元，授信额度5亿元。助保贷业务发展51户，贷款13595万元，涉及行业包括食品加工业、铸造业、电子设备、木制品制造、农副产品加工、建材、超市物流等。鼓励符合条件的中小微企业通过“新三板”、天交所山西运营中心、山西股权交易中心进行融资，尧都区澳坤生物公司、蒲县正茂核桃综合加工有限公司、蒲县昌源农产品加工公司3家在山西股权交易中心和“新三板”挂牌上市，曲沃县紫金甘露饮品公司、山西光宇半导体照明股份公司正在申报。

【小微企业创办工程】 2014年，临汾市中小企业局组织创业大讲堂、赢家大讲堂等系列讲座，开办银河创业培训，落实创业扶持政策，开展创业辅导服务。全年临汾市新创办小微企业3450户(不含个体工商户和批发零售企业)，其中，工业企业219户、农业企业1084户、房地产建筑业510户、旅游文化业132户、餐饮、商务、物流、信息、科研等服务业1505户。

【“小升规”企业成长】 2014年，临汾市中小企业局建立“小升规”培育企业数据库，落实奖励引导政策，推动小微工业企业规范升级。2014年，12个县(市、区)24家重点企业进入小升规培育信息库。截至12月底，临汾市完成第一批入库的企业27家，第二批入库的企业8家，共计35家(包括国有及国有控股企业)，超额完成山西省局和市政府下达的目标任务。侯马市深入企业搞调研、勤督促，2014下达2家“小升规”任务，实际完成4家。

【“小巨人”企业培育工程】 2014年，临汾市中小企业局制定梯队培育计划，确定山西旺龙药业集团有限公司、临汾华翔纬泰精工机械有限公司等11家企业作为重点培育的销售收入超亿元的“小巨人”企业。对于确定的培育对象，在生产管理、市场开拓、产品开发、创建品牌、人才引进、技术推广、办理手续、项目支持等方面给予重点协调，帮助解决困难。11家“小巨人”培育企业中有6家获得国家、省、市项目支持，11家企业获得信贷支持。截至12月底，临汾市培育营业收入超亿元“小巨人”企业7家。

【技术创新】 2014年，临汾市中小企业局认定侯马市东鑫机械铸造有限公司技术中心、侯马市威创动力机械有限公司技术中心、山西琪尔康翅果生物制品有限公司技术中心、吉县大山农副产品有限责任公司技术中心、山西亨瑞达制药有限公司等5家省级中小企业技术中心，全市省级中小企业技术中心增加到12家。尧都区、侯马市、乡宁县、吉县、曲沃县、古县在科技创新方面走在全市前列。

【专精特新】 2014年，临汾市中小企业局制定《促进中小微企业“专精特新”发展实施意见》，促进中小微企业走专业化、精细化、特色化、新颖化发展之路。按照省局“巩固提升、改革创新”总要求，将促进中小微企业“专精特新”发展作为引领全市中小微企业转型升级的主要途径和重要抓手，通过企业申请、县局推荐、市局初审、省局评审，推荐山西光宇半导体照明股份有限公司等150家中小企业申报山西省“专精特新”中小企业，省局认定87个。

【管理创新】 2014年，临汾市中小企业局制定《开展管理标杆企业认定和推广活动的实施意见》，实施中小微企业管理素质提升计划，树立“标杆企业”，在相关行业推广先进管理经验，引导中小微企业完善法人治理结构，建立现代企业制度15家。通过企业申请、县(市、区)局考察推荐、市局审核，向省局推荐山西光宇半导体照明股份有限公司等28家中小企业申报山西省“管理标杆”中小企业，省局认定17个“管理标杆”中小企业。组织临汾市企业在晋城市进行现场观摩交流，开展对标示范，提升管理水平。

【人才培训】 2014年，临汾市中小企业局抓好“三支队伍”建设，开展中小企业人才引进和培训工作。3月组织17名优秀企业家参加“中小企业经营管理领军人才高级研修班”；4月在国家发改委培训中心举办“临汾市中小微企业领军人才研讨班”，参加人员为中小微企业高层管理人员，培训人数30名；5月中国网库在侯马开发区国家电子商务示范基地举办“腾计划”——专精特新中小企业电子商务应用人才培训会；6月在临汾思麦尔国际大酒店举办“临汾市中小微高端人才研讨会”，参加人员为中小微企业高级人才，培训人数60多人；6月组织人员到太原参加“宏观经济与企业对策”与“新时代的营销战略与管理创新”专题培训班，参加人员为中小微企业高层管理人员；7月举办“全市中小企业职工能力提升培训班”,全市中小微企业专业技术人员参加;8月组织9名优秀企业家参加“山西省小微企业优秀经营者总裁研修班”。9月28日至10月底,组织举办2014年临汾市中小微企业经营者素质和创业能力提升培训班,培训人员为全市小微企业高、中、基层工作人员,培训12000人次。在12月举办的农产品经纪人、花卉园艺师及茶艺师职业技能鉴定培训班上,人社部副部长杨志明、市委书记罗清宇、市政府市长岳普煜等领导亲临视察。

【公共服务平台建设】 2014年,临汾市中小企业公共服务平台建设完成,呼叫中心、监控中心和视频会议中心三大中心在设备、技术、参数上均实现与省局的互联互通。征集第一批服务联盟63家,评定市级公共服务示范平台18家,省级示范平台4家,为临汾市中小企业职工教育培训中心、吉县秋日田园苹果专业合作社、侯马旺龙制药集团。确定临汾华翔铸造集团为全省第三批产业集群窗口平台,获国家和省支持,近期开工建设。出台《临汾市中小企业公共服务平台入驻机构管理办法》《关于组织服务机构和企业进入省中小企业公共服务平台网络的通知》。2014年获省局服务体系建设先进单位。

【小微企业创业基地】 2014年,临汾市建成侯马市普天小微企业创业园、襄汾县城西小企业创业基地、曲沃县城西拓展型小微企业创业基地、蒲县安隆小微企业创业基地和吉县兰家河苹果产业化加工园区小微企业创业基地5个省级中小企业创业基地;其中吉县兰家河苹果产业化加工园区小微企业创业基地被省局和省财政厅认定为省级中小企业创业基地,获得省级专项资金200万元。组织尧都区、侯马市等8个县市赴重庆进行考察观摩。

【小微企业服务站】 2014年,临汾市中小企业局落实《加快全省小微企业服务站建设的意见》,指导各县(市、区)因地制宜新建小微企业服务站,建成28个小微企业服务站(2013年建成17个,2014年新建11个),其中县级服务站11个,创业基地服务站4个,乡镇服务站13个。襄汾县、翼城县、乡宁县和翼城县南梁镇4个小微企业服务站均获得省局奖励资金1万元。帮助解决问题650多个。乡宁县建成6个标准小微企业服务站,配备硬件设施,开展强化培训,印发各类知识小册子2000余份。

【帮助中小微企业开拓市场】 2014年,临汾市中小企业局组织全市中小微企业参加6月浙江义乌第八届APEC中小企业技术交流暨展览会、7月第十届中俄蒙经贸合作洽谈会、9月广州中国国际中小企业博览会、11月中国第三届特色农产品展销会等综合性展览展销活动,抓住展示、交流、招商的机遇,帮助中小微企业开拓市场,全市有30余家企业参展,签约资金14373万元。在技展会上,有24家企业、80余种产品参展,涉及高端装备、电子商务、生物医药、特色工艺、公共服务平台和中小企业“专精特新”产品等。会议期间,古县铭鼎科技有限公司与马来西亚抑扬公司签订1500万元过滤器供应协议;山西辰康生物科技有限公司与重庆久圆生物科技有限公司签订5400万元订货合同;山西光宇电源有限公司分别与上海钱江隧道公司签订1886万元地埋灯供货协议、与新疆乌鲁木齐城建公司签订2688万元照明系列意向合同。尧都区、襄汾县、翼城县、蒲县、侯马市、汾西县、大宁县组织企业参会参展,树立临汾市形象。

(高国雄)

农业及农村经济

农村工作

【概述】 2014 年,临汾市农业系统稳定发展粮食生产,促进农民持续增收,深化农村改革,走"一特三高"的现代农业发展路子,改善农村人居环境。

【农民收入】 2014 年,临汾市农民收入持续增长,农民人均纯收入 8755 元,比上年增长 11.4%,高于城镇居民人均可支配收入增幅 3.2 个百分点,城乡居民收入之比 2.7∶1,增幅连续 4 年高于城镇居民收入。

【农村改革】 土地确权方面。2014 年,临汾市 17 个县(市、区)召开动员会议,制定试点方案,成立以县(市、区)为组长的领导组,落实领导包村制。全市农经部门组织培训 5600 人次,印发宣传材料 2.9万份。扩大土地承包经营权确权登记颁证试点,17 个县(市、区)30 个乡镇 51 个村试点工作进展顺利。土地流转方面。推进土地流转,全市土地流转面积 4.462 万公顷,占全部家庭承包经营土地面积的 11.3%,土地流转面积占家庭承包经营土地面积比例较高的是侯马市、曲沃县、隰县。根据省农业厅反馈的 2013 年中央综治委对山西省农村土地纠纷仲裁工作的意见,结合临汾市实际情况,印发《关于要求整改农村土地承包经营纠纷仲裁情况的通知》,要求各县(市、区)政府对照问题进行整改,12 月底验收。全市受理农村土地纠纷案件 63 起,结案 56 起,7 起正在调查处理之中。全市接受群众农村土地承包政策法规咨询 223 起。家庭农场发展方面。按照省厅《关于促进家庭农场发展的指导意见》,全市认定家庭农场 950 个。其中:种植业类家庭农场 761 个,养殖业类家庭农场 167 个,种养结合类家庭农场 20 个,渔业 1 个,其他 1 个。3 个家庭农场获得"2014 年度山西省示范性家庭农场"称号。

【农业合作社】 2014 年,临汾市农村工作促进合作社规范发展,推进"358"示范社创建行动,注册登记农民合作社 9034 家,比上年增加 1233 家,增长 15.8%。培育示范合作社 621 家,其中国家级 46 家,省级 164 家,市级 189 家,县级 222 家。

【改善农村人居环境】 2014 年,临汾市农委编制完成《临汾市改善农村人居环境总体规划(2014—2020 年)》《临汾市改善农村人居环境 2014 年行动计划》和《临汾市市级宜居示范工程"以奖促治"项目资金管理意见(试行)》等一系列配套文件,组建实体化办事机构,制定 3 项制度和两个考核办法,将这项工作纳入全市目标责任考核体系作为重点工程推进。市国土局、市住建局、市环保局等 11 个市直成员单位分别完成专项规划。启动实施改善农村人居环境完善提质、农民安居、环境整治、宜居示范"四大工程","四大工程"完成投资 17.77 亿元。在美丽宜居示范村建设上,市政府从 2014 年开始,每年拿出 1000 万元专项资金对当年市级美丽宜居示范村以奖促治。

(冯　琴)

农业产业化

【概述】 2014 年,临汾市农委通过狠抓农产品加工"513"工程,实施项目贷款贴息、开展政银企项目对接、加大招商引资力度,全市农产品加工业保持良好发展势头,农产品加工销售收入 70.01 亿元,同比增长 16.1%。2014 年,全市农业产业化龙头企业 394 家(其中农产品加工企业 255 家,流通贸易型企业 27 家,基地型企业 112 家);农产品专业市场 20 家。全市新、改、扩建项目 70 个,总投资73.6亿元,完成投资 29.3 亿元。市级落实 1500 万元专项扶持资金,各县(市、区)落实产业化扶持资金共4570万元。转产引资项目41个,总投资29.5亿元,完成投资14.4亿元。

【农产品龙头企业】 2014年,临汾市农委落实市委、市政府四个转型年活动,立足特色农业优势,政策引导,科学规划,鼓励吸引更多资源型企业等社会资本投资现代农业,促进临汾市农村经济快速发展和农民持续增收。全市社会资本投入农业项目15个,总投资额31.63亿元,年内完成建设内容。争取农业产业化项目资金扶持。6家农产品企业项目得到2014年特色农产品加工工程及特色农产品产业支撑项目扶持资金;组织3家进出口企业申报2014年农产品出口基地建设项目,4家省级休闲农业示范点申报2014年休闲农业示范项目;对35家符合条件的2013年度特色农产品产业支撑(新建、改建、扩建)项目贷款情况进行摸底上报,30家企业得到534万元贴息扶持。组织临汾市彦畅春养殖有限公司等企业参加山西省农产品加工及特色产业支撑项目"政银企"对接活动。提高全市农业外向及出口安全质量,推进出口农产品质量安全示范区建设,与侯马进出口检验检疫局签订"关于加快建设质量安全示范区促进农产品出口合作备忘录",对浮山、翼城、尧都等县苹果基地、隰县玉露香梨基地进行前期预审考察。落实市委、市政府"转型攻坚年"活动,确定15家农业产业化转型攻坚重点项目。做大做强全市农产品龙头企业,促进临汾市农业产业化转型发展,加快全市现代农业步伐,带动农民增收,制定《农业产业化转型攻坚实施方案》。搭建平台组织企业参加各种"展会"、培训,加大招商力度,提升企业管理水平。组织企业参加农业外事外经知识政策培训班、"第十五届中国国际食品饮料展"等活动。实施人才战略,组织龙头企业参加"第二届外国专家服务山西人才项目洽谈活动"。组织临汾市企业参加黄河金三角贸易投资大会、第三届中国特色商品博览交易会、荷兰王国——中国山西农业企业对接会等。

组织临汾市休闲农业与乡村旅游示范点负责人参加"2014年全国休闲农业创意精品推介活动"、休闲农业专题培训班,了解世界休闲农业发展趋势及山西省休闲农业发展成效和经验。落实"大力推进生态文明、努力建设美丽中国"重大决策部署,参与农业部开展的"中国最美休闲乡村推介活动",组织临汾市休闲农业与乡村旅游点开展2014年全国休闲农业与乡村旅游星级示范创建工作。全市"全国休闲农业与乡村旅游四星级企业"1个;山西省休闲与乡村旅游示范县2个;山西省休闲与乡村旅游示范点10个。

【现代农业示范区】 2014年,临汾市以现代农业园区建设为抓手,推进农业发展方式转变,全市重点培育打造洪洞天泽、曲沃晋之源太子滩、浮山印象田园、汾西洪昌等现代农业示范园区。这些现代农业园区融入设施农业、高效农业、精品农业、观光农业、生态农业、休闲农业等众多现代农业元素,呈现出良好的发展态势。2014年,曲沃县被列为国家现代农业示范区。

(冯　琴)

种植业

【粮油生产】 2014年,临汾市农委加大种粮补贴力度、实施粮食高产创建、中低产田改造、保护性耕作、地膜覆盖技术推广、发展农业机械化等措施,调动农民群众种粮积极性,粮食产量再创历史新高,实现粮食总产量连续5年增长。全市粮食播种面积51.984万公顷,比上年增长1.4%,粮食亩产353.6公斤,增长5.4%,粮食总产量27.575亿公斤,比上年增长6.8%,增量、增幅均居全省第一。其中,小麦产量10.61亿公斤,增长26.52%,秋粮产量16.965亿公斤,下降4.3%。

【蔬菜生产】 2014年,临汾市新增设施蔬面积2593公顷,蔬菜总面积6.27万公顷,总产328万吨。其中设施蔬菜1.97万公顷,占蔬菜总面积31.5%。以投资少、见效快、风险小的大拱棚为主,多种模式并举,在蔬菜标准园创建上,按照《农业部蔬菜标准园创建规范》的要求,以"五化"(规模化种植、标准化生产、商品化处理、品牌化销售、产业化经营)为主要内容,加强蔬菜标准园创建工作。在设施蔬菜重点县加强集约化育苗工作,全市有19家智能连栋温室为主的集约化育苗中心,比上年增加4家,总育苗量1.75亿株。规模化蔬菜园区和专业村采用温室和大棚集约化育苗,食用菌和节水莲菜集约化菌种和种子生产得到普及,全市蔬菜集约化育苗推广面积1.09万公顷,占到设施蔬菜面积的52.6%，其中温室和大拱棚推广集约化育苗技术5200公顷，占到生产面积的49%。

【水果生产】 2014年，临汾市果业部门以“一村一品”“一县一业”主攻方向，实施以“果业提质增效工程”，实现七大产业振兴翻番工程。推进优质水果基地建设的快速发展，下发《关于搞好水果标准化示范园创建摸底调查的通知》，对全市规模发展、管理水平较高的园区进行摸底调查，制定标准化技术规程规范园区管理，要求标准化园区加强档案管理、做好生产农事记录。推广增施有机肥作为提高水果产量和品质的重要举措，在全市果园摸底调查，下发《关于搞好果畜循环发展调查和发展规划的通知》，总结分析有机肥对果品质量、果树树势的有利影响，各县(市、区)成立果畜循环发展领导机构，制定全县果畜循环发展规划，确保临汾市果业的循环可持续发展。全市新发展水果面积7400公顷，改造老果园7267公顷，水果总面积13.05万公顷，总产111.8万吨，比上年增产11%。其中西山水果基地6.8万公顷，占全市水果总面积的52.1%。

【中药材生产】 2014年，临汾市中药材(干品)总产量6.77万吨，比上年的6.41万吨增加0.36万吨，增幅5.67%；总产值14.94亿元，比上年的9.97亿元增加4.97亿元，增幅49.85%；全市农民人均中药材收入452元。新增中药材面积1.77万公顷，中药材总面积14.478万公顷，其中人工种植4.478万公顷，野生抚育10万公顷。全市正式注册中药材专业合作社228个。专业合作社有会(社)员3500人，辐射带动农户3万户。建立健全章程、组织机构、会(社)员制度、财务管理制度，实行统一技术培训、统一供应优种、统一采供农用生产资料、统一进行生产管理、统一营销的“五统一”管理模式，为广大药农提供产、供、销一条龙服务，促进全县中药产业的可持续发展。全市从事中药材产业的经纪人4925人。全市中药材企业数量40余家，主要从事中药材的饮片加工、提炼，提高中药材产业的附加值。

【“一村一品”“一县一业”】 2014年，临汾市委、市政府在年初市委农村工作会议上，拿出135万元重点对“一村一品”“一县一业”进行表彰奖励，坚持“项目带动、连片推动、示范引领”原则，确立“抓点、带片、促面”工作思路，加快基地县项目建设，推动特色产业健康发展。

举办2014年度“一村一品”专业村项目实施方案编制培训班，全市233个“一村一品”专业村承担建设项目的合作社理事长或村委会主任、县(市区)农委分管领导、市农委“一村一品”项目建设指导组全体成员280余人参加培训。组织有关专业技术人员加强巡回指导工作，深入到专业村，服务到田间，指导农户生产，强化督查检查。临汾市按照《山西省“一村一品”项目资金管理办法》规范要求，组织项目建设，针对“一村一品”项目特点，注重总结经验，坚持“五严格”“三规范”“一公示”，加强项目建设监督管理，确保项目规范实施。制定“一村一品”建设项目档案目录，严格项目管理标准。各县(市、区)加强对“一村一品”、项目建设的组织领导，建立健全推进措施和严格的检查验收办法，确保项目规范管理。

(冯　琴)

附：

·获奖情况·

集体

2014年12月15日获第八届全国名优果品交易会优秀组织奖；12月获全省农业行政处罚优秀案卷奖；12月被省果业总站评为全省果业工作先进集体奖、获全省新型职业农民培训教育能手选拔赛优秀组织奖、被省农业广播电视学校评为农民教育培训工作先进集体、被省农产品质量安全检验检测中心评为全省农产品质检工作先进集体

个人

2014年12月，临汾市果桑站站长吉东发被省果业总站评为全省果业工作先进个人奖，市农产品质量安全检验检测中心主任马会平被省农产品质量安全检验检测中心评为全省农产品质检工作先进个人

林　业

【概述】 2014年，临汾市林业局落实省政府5号文件精神以及“三增三不减”要求，围绕生态林业和民生林业建设，开展造林绿化，推进林业改革，加强经济林管理，强化森林资源保护，全市林业建设取得较好成绩。2014年，经省林业厅对造林绿化、资源保护、林业改革等方面的综合评定，临汾市林

业工作排名全省第三,为优秀等次。市林业局被省绿委、人社厅、林业厅联合授予全省林业“六大”工程先进单位。

【造林绿化】 2014年,临汾市林业局实施“五大”林业重点工程,全市完成营造林3.07万公顷,占省定计划任务的103.14%。育苗完成6000公顷,其中新育阔叶树苗833公顷、大苗定植833公顷。组织实施吕梁山生态脆弱区林业生态工程,完成营造林1.543万公顷,完成率102.2%。省林业厅在隰县召开全省吕梁山生态脆弱区建设推进会,推广临汾市经验。完成临吉高速连接线、铁路沿线等通道绿化33公里,栽植苗木60万株。开展“造林绿化质量提升”活动,以乡宁、吉县的造林工程为抓手,实现提质增效。创新营林机制,曲沃企业造林、政府购买的“购买式”,侯马政府租地、企业绿化和翼城农民合同造林、公司统一收购的“合作式”,蒲县政府租地、企业认养的“开发式”,永和县试点碳汇造林等造林机制,调动社会各界参与林业建设的积极性。落实“三加三不减”要求,市政府召开全市造林绿化乡宁、吉县现场推进会,市长岳普煜、副市长王振宇,各县(市、区)长参会。以市政府名义下发3个规范性文件。全市林业投资10.01亿元,增长比例35.08%。采取“1+1”目标责任考核的办法,强化扣分标准,确保年度考核工作规范有效。

2014年,古县被省政府授予“林业生态县”称号。尧都区、吉县被省绿委、人社厅、林业厅联合授予全省林业生态县建设“三加三不减”先进县。乡宁、翼城被省绿委、人社厅、林业厅联合授予全省林业“六大”工程先进县。永和、隰县、大宁、乡宁、吉县、蒲县的三北工程被省林业厅授予“2013年度三北防护林体系建设优质工程”。

【林业改革】 2014年,临汾市林业局推进林权配套改革。17个县(市、区)全部签订政策性森林保险合同,签订面积36.87万公顷,保费952.29万元。临汾市的森林保险工作在全省开展的最早最快。全市有4家林业合作社被评定为国家级林业专业示范合作社,有11家被评定为省级林业专业示范合作社。安泽县、隰县、襄汾县、翼城县采取出租和转让两种方式流转林地5387公顷,盘活林地资源。开展国有林场改革。全市16个国有林场中,有13个林场的职工工资和管理经费纳入县级财政预算,占到总数的81%。自2010年起,国家相继下达临汾市国有林场、乡镇林业站、国营苗圃危旧房改造任务涉及1011户,其中国有林场任务648户,全部竣工,解决一线职工的安居工程。永和、蒲县、乡宁、吉县、浮山、隰县、古县落实地方公益林补偿制度,出台地方性生态公益林补偿办法。古县、隰县、洪洞的国有林场依托自身优势,新建核桃经济林示范园区,扩大林场面积,加强管护站建设,壮大林业产业。

【经济林管理】 2014年,临汾市林业局针对以核桃、红枣为主的经济林后续管理缺位的状况,按照省厅提质增效的要求,在全市开展“经济林管理增效”活动。在浮山召开核桃综合管理推进会,在永和召开红枣管理推进会,推广管理经验。以古县、浮山作为核桃管理示范县,制定栽植、管理标准规程,发挥示范引领作用。全市启动实施4267公顷的核桃低产林改造项目,建设400公顷左右的精品示范园,成为全市核桃管理的示范基地。市林业局由高级工程师组成专家服务队,投资30万元深入17个县(市、区)开展技术培训26期,培养技术骨干近5000余人次。市县两级成立由技术能手和土专家组成的800多人的技术服务队,邀请山西农大教授、省农科院专家、中阳县农民专家,常年进行技术指导,提高广大群众的管理水平。编印发放《临汾市核桃、红枣管理技术手册》,拍摄《临汾市核桃、红枣管理技术视频》,每种印制15000余份。2014年,全市新发展以核桃为主的干果经济林1.23万公顷,全市经济林总面积24.05万公顷,增长16.2%。

【资源保护】 2014年,临汾市林业局加强森林防火工作。全市组建60支森林消防专业队,总计3000余人。落实森林防火责任制,推进农林交错区杂草清理,开展防火演练,加大网格化巡查和定点责任巡护力度,市级灭火物资靠前储备到基层国有林场及乡镇半专业队,全年全市没有发生重大森林火灾,经省林业厅对森林防火综合评定,临汾市位列全省第一名。开展林业有害生物防治。强化松材线虫和美国白蛾的监测力度,重点对春尺蠖、红脂大小蠹、枣桃小等虫害进行专项防治,全年林业有害生物成灾率0.064‰,低于省控目标,经省林业厅对林业有害生物防治工作综合评定,临汾市位列全省第二名。

【依法行政】 2014年,临汾市林业局加大林业执法力度。启动涉林刑事、治安案件办理,开展“护林攻坚、利剑行动、打击盗挖大树古树”行动，利用100天时间重点开展“绿剑一号”专项整治行动，打击非法毁林占地、乱砍滥伐林木、乱捕滥猎野生动物等违法行为。2014年，全市森林公安机关受理查处案件240起。规范林地管理。5月26日，市政府召开全市林地管理专题会议，推动全市林地管理、规范林地征占用审批等工作实现制度化、规范化。

（蔺剑锋）

水　　利

【概述】 2014年，临汾市水利局实施大水网涉临工程、百里汾河新型经济带建设、饮水安全等民生水利工程建设，推进水利改革发展。全市完成水利投资19.88亿元，其中省级以上投资6.52亿元，国内贷款10.68亿元，市县以下2.68亿元。完成水土流失治理面积2.748万公顷，占年度任务2.67万公顷的103%。地下水压采量1288万立方米，超额完成压采任务。

【农田灌溉工程】 2014年，临汾市水利局完成农田实灌面积15.444万公顷，完成年度目标任务；霍州、隰县、洪洞的膜下滴灌工程完成。

【病险水库除险加固】 中型水库——翼城县小河口水库除险加固工程完成法人验收；2014年实施的7座小(2)型水库除险加固工程完工；浍河、谢悉水库、七一水库、溢沟水库4座水库应急除险加固工程完工。

蒲县四沟水库

【中小河流治理】 2014年，临汾市实施泗河、浍河、对竹河3条中小河流治理工程，完成投资6051万元，新建堤防23公里。

【小水库更新建设】 2014年，全市开工建设蒲县四沟、尧都区仙洞沟两座新建小水库项目，完成投资3150万元，完成年度任务指标。

【山洪灾害防治非工程项目】 2014年，临汾市实施的第四批9个县的防治项目建设完成。全市17个县(市、区)的防治项目均完成。

【农村饮水安全工作】 2014年，临汾市市水利局建设完成216处工程，占计划项目的174%；改善和提高10.2324万农村人口和1.2277万学校师生的饮水不安全问题及生活用水要求，超额完成任务。

【水利体制改革】 2014年，临汾市市水利局推进最严格水资源管理体制改革。起草完成并以市政府名义出台《关于实行最严格水资源管理制度的实施意见》《临汾市实行最严格水资源管理制度考核办法》等文件，为临汾市改革创新年的开展和迎接省政府对全市最严格水资源管理制度的考核工作打下基础。加强基层水利服务体系建设。《临汾市关于加强基层水利服务体系建设的实施方案》出台后，全市17个县(市、区)出台《县级关于加强基层水利服务体系建设的实施方案》。推进小型水利工程管理体制改革。编制完成《临汾市小农水工程管理体制改革实施方案》，明确工作目标、责任和时间节点，确定尧都区为改革试点。

【引沁入汾工程】 2014年，引沁入汾浮山供水工程初步设计9月经省发改委批复，11月完成施工招标工作，正式开工，进展顺利。引沁入汾五马水库完成下闸蓄水验收，等待调整概算批复。

【西山沿黄提灌工程】 临汾市永和阁西垣项目2014年实施取水口、压力管道等工程施工，完成工程投资420万元，按省厅要求进行设计变更工作；吉县东城、乡宁谭坪、大宁割麦3个项目按省厅要求进行设计变更，待批复后建设。

【安泽西里水电站】 2014年，完成合同完工验收，准备调概报告编制上报。

【清峪水库】 2014年，清峪水库主体工程完工，累计完成投资4850万元，完成库底清理验收。

【百里汾河新型经济带建设】 2014年，临汾市汾河新型经济带生态环境保护与修复工程完成投资10.68亿元，完成新建和加固堤防6802千米，土石方2055万立方米，防护林和绿化1149万平方米，工程全部完工。改善霍州到侯马汾河两岸的生态环境，扩大绿化面积和蓄水湿地地面积。

【重点县工程】 曲沃县通过省水利厅3年总体完工验收；襄汾县、尧都区、翼城县、隰县、侯马市2013年项目全部完工，完成总投资1.32亿元。2014年度项目6处，尧都、翼城、侯马、隰县、曲沃、霍州总投资1.55亿元，正在实施中。

【规模化节水试点县】 翼城县2013年度规模化节水试点县工程全部完工，完成总投资1002万元，2014年度规模化节水灌溉增效示范项目，计划总投资1584万元，已批复，正在实施中。

【小水电工程】 2014年，临汾市实施明姜水电站维修改造项目和李村水电站增效扩容配套项目。截至2014年底，全市小水电发电量46万千瓦时，超过年发电量30万千瓦时的目标任务。

【大型灌区节水改造】 2014年，临汾市汾西灌区2013年度续建配套与节水改造骨干工程累计完成渠道防渗12.6千米及配套建筑物，完成投资3519万元。

【水产养殖】 2014年，临汾市发展连片池塘规模化养殖，建设现代渔业示范基地5个，认证无公害水产品企业17家，无公害水产品养殖面积600余公顷；开展渔业科技服务、水生野生动物保护科普宣传月、产地水产品质量安全专项检查、渔政执法、渔船年度检验和新船登记等活动，提升水产品质量安全水平。全年完成渔业总产量7400吨，比上年增长13.8%；实现渔业总产值8800万元，比上年增长17.3%。

【水库移民】 2014年，临汾市开展移民人口及直补资金兑付普查工作和2014年全市移民投资统计上报工作；完成2013年三批2763万元后扶项目的设计批复工作；完成张峰水库安泽县马壁移民安置初步验收、和川移民新村基础设施工程、东洪驿村(南湾)补偿兑付和房屋拆除工作；完成襄汾县、曲沃县2013年大中型水库移民后扶政策监测评估和2014年后扶项目资金申报工作。

(张荣华)

浍河水库管理

【水库防汛】 2014年，临汾市水管局完成2014年《浍河水库控制运用计划》《浍河水库防洪应急预案》《浍河水库防洪预案》等防汛预案准备工作。调整和充实浍河水库防汛指挥部人员名单和责任分工。完成浍河水库领导、方案、技术、队伍、物资五到位。汛期，浍河水库全体值班人员坚守工作岗位，做好工程巡查，上传下达雨情、水情、工情，保证浍河水库汛情畅通。

【农业灌溉】 2014年，浍河水库完成灌溉5次，引水609.75万立方米，灌溉面积3.1万亩，5.54万亩次，收缴水费42.78万元。走村入户，发动群众，开展农业灌溉。检查干渠、支渠及水利工程设施，清理干渠6＋800—8＋800杂草杂物。描绘各个观测口水尺，维修部分支、斗口闸门，为灌溉做好准备。抓好浍河渠道维护，确保水利工程安全。针对浍河干渠县城段私搭乱建的问题，联合住建局执法队和水库派出所向渠道周边群众下达违章建筑责任书25份，张贴限期拆除通知18份。通过思想工作，周边群众主动拆除渠道上的违章建筑。加大渠道巡查力度，制止两起毁坏私垫渠道的事件。

【工业供水】 2014年，浍河水库完成工业供水量520万立方米，其中工业供水432.1万立方米，非工业供水67.9万立方米。做好供水管道的巡查维护工作，保证供水管线安全运行。全年巡查维护管线160次，更换阀门2次，调整阀门80多次，清理水表23次，安装管道过滤器5处，排水和排泥沙11次，抢险修补管道6处，保障工供水管道安全运行。在常乐站安装加压泵，解决业供水和农业灌溉矛盾的问题。购置55千瓦加压泵一套，铺设Φ500钢管72米，配套闸阀4套。通过安装、调试、维护等工作，保障农业灌溉和工业供水工作同时运行，解决影响工业供水的问题，日供水量3万立方米，每月供水量提高25%以上。开辟新的供水市场。根据曲沃县关于开展太子湖生态园区的建设规划，和立恒公司完成太子滩二期农业开发灌溉建设工程。安装和连接管道2公里，安装气阀6套，阀门10套，水表1块，增设出水口8处。每年可增加供水量50万立方米。

【浍河水库两项工程建设】 2014年，保证浍河水库安全运行。浍河水库坝顶路面修复改造工程。完成投资57万元，改造长度1225米，宽度6.6米，砼工程量296立方米，修建排水沟一条，安装警示桩237根，警示牌2块。浍河水库应急专项除险加固工程。完成投资197万元，完成溢洪道进水口挖护砌石处理，左坝肩绕渗处理，泄洪洞伸缩缝防渗处理。11月21日，坝顶路面改造工程通过省禹门口水利工程管理局的竣工验收。

【农水工程建设】 2014年，临汾市水利局恢复灌溉面积933公顷。完成常乐站和西杨站两处提灌工程建设。完成投资40万元，U型渠防治1.83公里，恢复灌溉面积533.33公顷。完成浍河灌区末级渠道建设工程，投资47万元，完成西南街、苏村、东韩、马庄、卫村末级渠道建设防渗渠道2.7千米，农业灌溉面积400公顷。

【服务民生】 2014年，临汾市水利局定点帮扶北董乡东周村建设节水灌溉工程，完成投资18万元，铺设直径4寸PVC管道4000多米，实现河滩地面积全覆盖。帮扶北董乡吉庄村解决电灌站后续工程，完成投资83000余元，安装钢管200米，完成井管、阀门、配电柜、电线、水表等相关配套设施，吉庄村电灌站正常运行。电灌站投入使用，完成农田灌溉93.33公顷。

【整合移交】 2014年9月26日，根据山西省人民政府办公厅晋政办函〔2014〕120号《关于印发山西省禹门口水利工程管理局整合工作实施方案的通知》的文件要求，做好整合移交工作。成立浍河整合工作领导组，制定浍河整合工作实施方案。实行每周一召开一次整合工作例会，加快整合移交工作。人事档案和资产工作按照标准和要求上交市水利局。资产通过临汾市财政局报到省财政厅。人事档案报送省水利厅审查。工程设备完成统计登记工作。

汾西水利管理

【概述】 2014年，农业灌溉方面强化以水计征，非农供水方面加强内管外拓，基础设施建设稳步推进，安全稳定零事故。

【农业灌溉】 农业灌溉强化以水计征。完善以水计征的程序和制度，增加灌溉面积。在夏季雨水多、灌溉不利的情况下，全年完成农业灌溉供水量10500万立方米，完成灌溉面积32万亩、61万亩次，实现农业水费520万元。

【非农供水】 非农供水是水管局收入的主要支撑，维护和拓展供水市场是水管局的主要工作。注意维护和检修，保证非农业供水工程设施正常运行；做好非农用水户的资料收集和数据统计，完善档案花管理制度；规范企业供水的程序；适当提高向自来水公司供水价格，每立方米水从0.3元提高到0.5元。2014年全年非农业供水3005万立方米，非农业水费2025万元。

施工现场

【基础设施建设】 完成四个比较大的工程项目：(1)2013年节水改造及续建配套工程（批复投资5865万元，到位资金4352万元）2014年度施工任务，其中中央资金3519万元全部完成。完成七一渠渠道防渗12.9千米，配套建筑物58座。(2)汾西灌区李村水电站增效扩容改造工程，总投资526万元，主要内容是改造发电机组，将以前装机容量为两台1250千瓦改造成一台500千瓦、一台2000千瓦，该工程投产后，年经济效益达100万元。(3)七一水库应急专项除险加固工程，总投资688万元，主要建设内容：对两个输水涵洞闸室后洞身段进行回填灌浆和C25钢筋混凝土衬砌防渗加固处理；对大坝下游部分渗水面进行压重处理；改造大坝安全观测设施，更换2#涵洞输水管道。该项工程的竣工投入使用，排除七一水库安全隐患。(4)汾西灌区2013年农田灌溉末级渠系配套工程，总投资476万元全部完成。建防渗田间渠道25.6千米。新增灌溉面积153.33公顷,改善灌溉面积1667公顷,尧都区金殿镇14个村受益。

【安全生产】 安全生产作为工作的重中之重,在宣传落实相关安全生产规定的前提下,制定管理办法与应急预案,对安全重点七一水库和羊舍沟水库的蓄水安全进行专项检查和重点防范,对施工安全强化措施,加强对灌区日常安全的管理和督导,完成防汛任务,实现安全生产零事故。

引沁入汾管理

【供水任务】 2014年,引沁入汾管理局完成向汾东地区工农业用水和生态供水3800万立方米,超额完成3500万立方米供水任务。引沁入汾和川取水输水工程和五马水库工程主体的完工,全长百公里的引沁入汾供水体系基本形成,引沁入汾工程由建设阶段转入运行管理阶段。发挥工程效益,改善汾河生态环境,缓解汾东地区工农业生产用水紧缺的矛盾,制定完善各项运营管理制度、防汛度汛预案,加强日常巡查、安全值班、隐患排查与隐患处理,统筹调配水资源,确保全线输水畅通,全年完成供水3800万立方米,超额完成年初制定3500万立方米的供水任务。在工程建设上,抓紧工程的概算调整工作,完成工程扫尾;收集整理工程资料,做好工程验收准备工作。

【和川水库移民新村基础设施建设】 引沁入汾和川取水输水工程于2010年底基本完工,和川水库实现一期下闸蓄水,由于国家政策调整、移民方案的变更等因素,和川水库移民资金由12596万元调整为24034万元,比原概算投资增加11438万元。2014年,临汾市水管局完成概算编制并上报省、市有关部门审批,争取市、县支持,狠抓落实,推进移民工作的开展。主要完成以下工作:库区淹没赔偿141.27公顷,其中荆村120.4公顷、南湾村20.87公顷;树木赔偿269906株;新村基础设施建设全部完成,回填土方28万立方米,浆砌石防护堤2007米,计16463立方米;南湾村55户群众搬迁全部完成;荆村247户搬迁任务中,拆除搬迁150户;群众新房建设中,以上工程累计完成移民资金16000余万元。

【"浮山引水工程"】 浮山引水工程即引沁入汾上支线工程,是引沁入汾工程总体规划中的重要组成部分,有利于解决浮山县工农业和城镇生活用水紧缺矛盾。水管局和设计部门多次实地勘察,选择最佳方案,对可研报告及初步设计多次修改,反复论证。工程通过省水利厅的审查,省发改委的批复。该项目全长21.5千米,主隧洞18.4千米,支线路3.1千米,投资3.5亿元,年均向浮山引水1580万立方米。项目批复后,省水利厅和市政府确定该项目由浮山县承担建设。

畜牧业

【概述】 2014年,临汾市畜牧兽医工作坚持"生态、循环、低碳"发展理念,按照临汾市"一带两区十大基地"区域布局,实施"双千双百双十"工程,推进规模化、标准化、现代化进程。全市畜产品市场供给充足、农民畜牧业纯收入持续增加,动物重大疫病防控和畜产品质量安全平稳,各项经济指标全面完成。

【畜禽饲养】 "猪鸡牛羊"四大产业齐头并进。2014年临汾市家禽出栏2627万只,比上年增长20%,3年增长幅度保持在15%以上;肉羊出栏112.9万只,增长9.64%;生猪出栏224.9万头,增长7%;牛出栏11.5万头,与上年基本持平。

【畜产品产量增长】 2014年,临汾市肉类总产25.4万吨,比上年增长11.4%;蛋类总产14.6万吨,增长7.9%;奶类总产6.8万吨,增长5.2%。肉类增长较快的有汾西、翼城、曲沃;蛋类增长较快的有翼城、侯马、大宁;奶类增长较快的有乡宁、翼城、霍州。

【农民畜牧业收入增加】 临汾市畜牧业总产值提前一年实现翻番目标,2014年全市畜牧业总产值63亿元,比上年增加8亿元,增幅14.5%;农民人均畜牧业纯收入900元,比上年增加100元,增幅12.5%。

【重大动物疫病防控】 落实强制免疫、抗体检测、应急预案和防控责任制。2014年,临汾市畜牧局建立市、县、乡、村四级行政技术双承包责任制,实行挂牌公示制。对散养户实行春、秋两季集中强制免疫，月月补针、补栏补免，对规模场户执行农业部制定的免疫程序。规模养殖场市级抗体监测抽查10%以上，县级实现全覆盖。高致病性禽流感、牲畜口蹄疫、高致病性蓝耳病、猪瘟、鸡新城疫免疫密度100%，免疫抗体合格率75%以上。投资55万元，完成市级病原学检测实验室建设。市县两级应急物资储备分别达到30万元、10万元以上。配套疫苗、消毒药品购置经费和扑杀补助经费335万元，列入财政预算。组织开展布鲁氏杆菌病免疫工作及监测净化工作，完成省里下达H7N9、小反刍兽疫等防控任务。全年没有发生区域性重大动物疫情，被省农业厅授予“重大动物疫病防控先进市”荣誉称号。

临汾市畜牧兽医局科技下乡服务活动

【畜产品质量安全】 2014年，临汾市畜牧局落实完善畜产品质量安全网格化监管机制，确保企业主体责任和部门监管责任落实到位。开展饲料、兽药、生鲜乳、“瘦肉精”、病死畜禽无害化处理5个专项整治，加大执法监管力度，开展畜产品安全隐患排查，确保全市畜产品质量安全。全市18个饲料生产企业投资8000余万元，完成升级改造，生产能力提高1倍。开展病死动物及畜产品无害化处理、“瘦肉精”检测等集中专项整治活动36次；无害化处理病死畜16058头，立案查处各类动物卫生监督违纪违规案件43起。农业部、省下达饲料质量安全监测抽检、兽药质量安全监测、生鲜乳三聚氰胺、磺胺类药物抽查、畜产品质量安全监测例行监测全部达标。

【动物卫生监督执法】 2014年，临汾市畜牧局实施动物卫生监督痕迹化管理，推广使用《动物检疫工作记录规范》。全市实施动物检疫合格证电子出证。建设产地检疫申报示范点，确保产地检疫“全天候、全覆盖、全过程”有序开展。全市规模养殖场产地检疫率100%，散养户报检率保持在95%左右。对规模养殖场和屠宰加工场开展监督检查，对辖区内规模养殖场全部进行备案。39个定点屠宰场实行同步检疫，制度完善，记录齐全，检测记录设备完善。按规定报送生猪规模养殖场无害化处理情况并留存监督检查印证资料。立案查处违纪违规案件186起，每县不少于10起且执法案卷制作规范。

【落实强农惠农政策】 2014年，临汾市畜牧局落实各类项目资金2342.50万元。其中牛羊产业发展资金200万元；中央现代农业项目配套资金补助257万元；生猪良种补贴112.5万元；中央生猪标准化规模养殖场建设项目295万元；奶牛标准化规模养殖场建设项目130万元；现代农业示范区建设项目60万元；中央现代农业肉羊肉牛良种繁育及标准化生产建设项目300万元；农业部农业综合开发专项资金504万元；规模健康养殖项目84万元；襄汾县“一县一业”基地县建设项目200万元；畜禽标准化养殖项目200万元。按照财政支农项目资金要求，科学安排，合理使用，起到示范带动作用。

【重点工程建设】 2014年，临汾市畜牧业发展坚持以推进畜牧产业化体系建设为着力点，实施“双千双百双十”工程，2014年全市完成人畜分离工程203个，果园、林下循环养殖工程210个；新建、改扩建规模标准化养殖场、园区44个。

【农村人居环境工程】 2014年，临汾市畜牧局制定《2014年畜禽粪污治理和病死动物无害化处理行动计划》，建立日常监管痕迹化管理制度，无害化处理制度。按照统筹规划，合理布局的原则，集中建立区域性无害化处理场，提高对散养户及监管发现的病死动物及产品集中处理能力。全市100个养殖企业按标准改造建设粪污处理设施，100个养殖企业建设完善病死畜禽无害化处理设施。

【畜牧招商引资】 2014年，临汾市达成意向的招商引资项目有3个，分别是蒲县绿荫生态养殖专业合作社万头生猪养殖建设项目、山西海洲生物科技有限公司的5万吨有益活菌全价颗粒饲料项目、翼城县万头肉牛养殖和屠宰加工项目，总投资12.5

亿元,引资10.5亿元。

(杨　毅)

农机管理

【概述】 2014年,临汾市农机化装备水平提高,农机化作业水平提升,农机社会化服务组织壮大,农机化经营效益提高,农机安全生产形势向好。

【农机化装备水平】 2014年,临汾市农机总动力473.06万千瓦,比上年增加14.6万千瓦,增长3.2%。拖拉机保有量发展到60936台,增加3636台,比上年增长6.35%。大中型拖拉机保有量15817台,比上年增加1681台,增长11.89%;拖拉机配套农机具106731部,比上年增加10221部,配套比1∶1.75。大中型配套比1∶2.6。联合收获机7098台,比上年增加944台,增长15.34%。其中:稻麦联合收割机4316台,比上年增加186台,增长4.5%;玉米收获机2782台,比上年增加758台,增长37.45%。薯类收获机1088台,比上年增加67台,增长6.56%。免耕播种机5188台,比上年增加1111台;深松机1344台,比上年增加95台;秸秆粉碎还田机4807台,比上年增加650台;耕整机7472台,比上年增加1766台;饲草料加工机械8017台,比上年增加938台。

农机化生产

【农机化作业水平】 2014年,临汾市完成机耕面积36.73公顷,机耕水平75.9%;完成机播面积40.67万公顷,机播水平72.6%;完成机收面积34.23万公顷,机收水平61%。其中:机收玉米面积13.26万公顷,比上年增加25.22 %,玉米机收水平57.85%。主要农作物耕播收综合机械化水平比上年提高1.7个百分点,达到70.46%,比全省平均水平高出6.7个百分点。

【农机社会化服务组织】 2014年,临汾市农机化服务组织420个,其中:资产在50万元以上的服务组织116个。全年全市新增农机专业合作社37个;新发展农机大户177户,新增农机维修网点14个。创建农机示范合作社6个,机械化家庭示范农场7个,示范农机大户16个。农机服务组织专业化、规模化、产业化程度增强。

【农机化经济效益】 2014年,临汾市农机化总投入40189.85万元,其中:财政投入农业机械购置补贴资金9262.5万元,直接拉动农民投入购置农机具和发展农机化的资金24597.7万元。增加农机化投入,提高农机化装备水平,扩大作业领域,增强服务效能,提高农机化经营服务收入。2014年,全市农机户经营服务总收入13.46亿元,农机户经营服务纯收入7.50亿元。

【推进三个“创建活动”】 2014年,临汾市农机系统开展三个“创建活动”(即:率先实现农机化综合示范县乡村创建活动,农机化示范社场户创建活动和主要农作物全程机械化示范创建活动)。襄汾、曲沃、翼城等3个县被列入全省率先实现农机化示范县的创建试点,有17个乡镇、75个村被列入示范乡村创建试点,创建4个农机示范合作社、6个机械化家庭示范农场、10个示范农机大户。

【培育新型农机服务主体】 2014年,临汾市坚持把培育扶持农机专业合作社等农机服务组织作为农机化工作的重中之重,坚持落实政策与争取支持并重,加强指导与规范监督并举,培育和扶持农机服务组织。全市组织培训农机人员15000人,其中,培训新型职业农民、农机操作手850人。

【保护性耕作和深松整地作业】 2014年,临汾市争取机械化保护性耕作项目资金155万元,完成新增保护性耕作示范面积1万公顷的目标任务。争取农机深松整地作业补助项目任务1.48万公顷,补助资金555万元。全市农机部门推广实施机械化保护性耕作技术和深松作业技术,小麦玉米节本增产效果明显。

【农机化技术推广】 2014年，临汾市马铃薯播种机196台，收获机1080台。马铃薯全程机械化面积2680公顷。推广秸秆综合利用机械化技术，配合有关部门严控秸秆焚烧和促进秸秆综合利用，组织各种机械进行秸秆直接还田、打捆、免耕播种、旋耕播种等作业服务，确保秸秆还田及禁烧工作的开展。

【农机安全生产管理】 2014年，临汾市农机部门贯穿“安全生产”主线，突出规范管理、依法治机、强化服务等重点工作，实现农机监理工作重心下沉，关口前移。全市全年新注册登记拖拉机联合收割机2600台；新训新考驾驶员1813人；机车年度安全技术检验6096台。未发生致人死亡的农机事故，各项控制指标均低于省市考核指标。

【农机产品质量监督管理】 2014年，临汾市农机局配合有关部门抓好农机打假护农保增收工作。全市出动人员280人次，车辆45车次，检查27个定点经销企业、132个农机经销门市部，检查机具配件3100台(件)，查出不合格配件98件，查出假冒伪劣配件420台(件)。对全市6家新增定点经销企业及原有的8家代销商、21家维修网点、9家配件门市部，开展质量保障能力督导检查。对12个生产企业生产的15种机型47台微耕机进行质量调查，督导检查7家定点经销微耕机的企业。全年全市受理、处理农机质量投诉案件22起。

(孙俊辉)

附：

临汾市率先实现农业机械化示范县乡村名单

示范县3个：

襄汾县、曲沃县、翼城县

示范乡(镇)17个：

襄汾县：永固乡、南贾镇、西贾乡、景毛乡、南辛店乡；

曲沃县：乐昌镇、北董乡、史村镇、曲村镇、杨谈乡、里村镇、高显镇；

翼城县：王庄乡、南唐乡、中卫乡、南梁镇、里砦镇。

示范村75个：

襄汾县：马 村、万宁村、续 村、车回东、永固村、东毛村、西毛村、兴隆庄、西贾村、西彭村、南刘村、北刘村、连 村、南贾村、大柴村、北李村、东李村、北小张、柴王村、景毛村、大陈村、无娭村、福寿村、北贾村、西贾村。

曲沃县：西南街村、马庄村、东闫村、北下郇村、平乐村、东周村、郇 村、吉许村、常安庄村、南常村、杨家院村、下坞村、沣汶村、吉祥村、杨庄村、八项村、杨谈村、辛庄村、北柴村、南柴村、安定村、文敬村、安居村、张庄村、郑村。

翼城县：鄗里村、孝义村、辛安村、郑庄村、北丁村、北史村、下阳村、樊店村、闫村、晓史村、东浮图村、西浮图村、浍史村、中卫村、南庙村、西张村、武池村、四里村、西望村、西贺水村、老官庄村、里砦村、感军村、上韩村、开化村。

临汾市2014年农机化示范“社场户”名单

示范合作社(4个)

尧都区：洪宇泰合作社

洪洞县：旺旺合作社

曲沃县：春亮合作社

曲沃县：杰利合作社

示范家庭农场(6个)

尧都区：邓九荣

洪洞县：焦欣欣

曲沃县：范 斌 陈光宏

翼城县：上官继德 王晓平

示范农机大户(10个)

尧都区：李绍峰 张临云

洪洞县：李 刚 刘春生

曲沃县：解文红 张俊亮

蒲 县：刘保才

霍州市：李天贵

翼城县：丁海华

侯马市：鲁晋强

综合开发

【概述】 2014年，临汾市农发办落实国家强农惠农富农政策和中央1号文件精神，以农业增效、农民增收为目标，强化产业培育与扶持，强化农业基础设施建设和农业综合生产能力提升，强化项目与资金监管，建设优质高效的精品项目工程。临汾农业综合开发统计报表编报、资金决算、管理综合考评等工作得到省财政厅、省农发办的表彰。

【资金争取与统筹】 2014年,临汾市农发办落实国家和省农业综合开发资金投入政策,资金争取与统筹持续增长,全年国家和省农业综合开发计划总投资28006.71万元,增幅14.57%,中央财政资金12279万元,增幅4.3%,省财政资金7264.7万元,增幅17.23%。落实农业综合开发政策,与财政部门协调配合,市县财政配套资金1353.8万元全部列入预算并足额落实到位。市财政拿出1800万元市级出让金用于农业综合开发项目建设,落实"一事一议"制、保证自筹资金足额落实,发挥财政资金作用,吸引各类社会资金用于农业综合开发,探索涉农资金整合新路子,提高财政资金使用效益。古县、吉县由省级开发县跨入国家开发县,蒲县列入省级开发县省级项目县,全市国家和省农业综合开发项目范围扩大到15个。

【"四个年"活动】 2014年,临汾市农业开发办在全市农发系统开展土地治理项目"质量提升年"和产业化经营项目"改革创新年"活动。土地治理项目受益农户15077户、人均增收648元,产业化经营项目受益农户5305户、新增产值9010万元、新增就业1700人。优化项目区生态环境,控制水土流失,项目新增防护林26.67公顷、经济林180公顷、水保林1580公顷。曲沃现代农业示范园区项目启动实施规模化优质粮食作物生产功能区、优势特色经济作物种植功能区、标准化畜禽规模养殖功能区"三个功能区"建设,带动沿汾经济带建设。2014年,争取重点产业化经营项目1个、财政补助产业化经营项目23个,申报2015年产业化滚动项目计划27个。

高标准农田项目区

【提升农业综合生产能力】 2014年,临汾市土地治理项目总投资19849.16万元、建设总面积8473公顷,其中建设高标准农田4553公顷、小流域综合治理3687公顷、发展优势特色种植基地233公顷,启动现代农业示范园区项目1个,实施科技推广项目3个,提升项目区农业综合生产能力。把高标准农田、现代农业园区和生态综合治理作为重点,加强农业基础设施建设,提升项目工程质量标准,建成一批高产稳产、旱涝保收的高标准农田。落实项目建设与管理的制度与要求,严把"项目前期考察关、项目立项申报关、项目专家评审关、项目实施入口关"四关,解除农业经济发展的"瓶颈",改善项目区农业生产条件,加强农业基础设施,提高土地产出率、资源利用率、劳动生产率。

【项目区产业化】 2014年,临汾市农发办实施国家立项产业化经营财政补贴项目21个、省立项产业化经营项目2个,龙头企业带动产业发展和"一县一特"产业发展试点项目1个,扶持龙头企业10个、农民专业合作社12个,产业化经营项目总投资8157.55万元,其中中央财政资金2220万元、省财政资金1174.2万元,市县财政配套资金223.8万元,企业自筹资金4539.55万元。重点扶持富有地方特色、科技含量高、辐射带动力和市场竞争力强的龙头企业,强化对合作社发展的指导、服务与管理,培育设施完备、运行良好、制度规范、效益显著的农民专业合作社。通过产业化经营项目扶持,打造特色优势产业和特色农业品牌,狠抓市场流通、产品储藏、农产品加工环节,加大对农业龙头企业和农民合作社的扶持力度,推进项目区产业结构调整,增加主要农产品有效供给,延长农业产业链条,促进农民持续增收,促进农村经济发展。

(靳亚伟)

扶贫开发

【概述】 2014年,山西省下达临汾市减贫人口目标任务6.1万人。为确保如期完成预定减贫任务,开发办坚持项目选择与当地优势产业相结合,坚持项目实施与重点扶持贫困户相结合,坚持资金管理与提高扶贫效益相结合等经验做法,实施各类扶贫开发项目，使贫困人口稳步增收。根据全年扶贫工作情况，2014 年，全市 10 个贫困县预计减少贫困人口 61084 人，完成上级下达减贫任务。

【“百企千村”产业扶贫开发工程】 2014 年，临汾市 10 个贫困县被省里确定的百企千村产业扶贫开发企业 30 个，实施项目总计 30 个，总投资规模 84.6 亿元，全部开工建设。其中：国新能源、晋煤集团、阳煤集团、焦煤集团 4 大省属国企帮扶项目 7 个，总投资 11.05 亿元。涉及酸枣种植加工、食用菌生产、水果恒温库建设、苹果深加工、核桃及小杂粮等农特产品购销贸易、肉羊养殖等多个领域。其他市内及县内百企千村产业扶贫开发项目 23 个，总投资规模 73.55 亿元。实现 10 个贫困县每县重点打造 1 个至 2 个“百企千村”产业扶贫开发骨干标杆企业。

全市 30 个项目累计完成投资 31.1713 亿元；各类项目总计征地 242.13 公顷。

【“千村万人”就业培训行动计划】 2014 年省办下达临汾市千村万人就业培训指标 8600 人，每就业培训一名男劳动力补助企业 1000 元，女劳动力补助 1200 元。全市有 10 个贫困县和 1 个平川县(霍州市)承担此项工作。全部完成。

【易地扶贫搬迁】 2014 年省下达临汾市实施易地扶贫搬迁计划 7840 人，涉及 5 个贫困县和 1 个非贫困县。其中：大宁县 2000 人、吉县 2390 人、乡宁县 2000 人、古县 500 人、隰县 500 人、翼城县 450 人。搬迁方式采取并村移人、新建村移人、城镇安置和分散移民等四种形式。完成主体工程 1631 户，6105 人，占计划 78%，超额完成省、市目标任务的 38%。

【古县片区项目】 2014 年，临汾市扶贫工作如期完成工程建设任务，3759.697 万元资金全部到位，资金到位率 100%。核桃基地建设完成 72.6 万株，完成一期任务的 100%。依托山西桃源生物制品责任有限公司进行核桃深加工，完成核桃粉、核桃油车间土建工程，利用片区资金购置 10 台核桃清洗脱皮机安装完成，投入使用。完成培训乡村干部、农村致富带头人、农民实用技术 6000 人次。完成石壁乡和永乐乡农业综合开发土地治理项目，其中：发展农田灌溉 220 公顷，推广旱作农业 111.33公顷。

【安泽县片区项目】 2014 年，临汾市扶贫工作完成年度工程任务，到位资金 967.958 万元，占总投资的 14.9%。2000 公顷有机玉米产业化项目种植 666.67公顷，完成示范园基地 23.4 公顷玉米的有机转换认证；完成有机玉米园区 3.33 公顷建设用地的各项审批手续；修建田间道路 3 千米、示范区田间路及干道连接基地路 7.8 千米；岭南外环路及厂区道路拓宽工程、田间循环路、漫水桥工程完工。

【吉县连片特困试点项目】 吉县 2013 年连片特困试点项目完工，累计完成投资 8733.52 万元。产业基地建设完成新栽苹果 333.33 公顷，老果园改造66.67公顷，搭建防雹网 10 公顷，安装太阳能杀虫灯 30 盏，采购果园除草机 450 台，发展年出栏 50 头以上猪沼果配套 30 户，有机苹果示范片建设 266.67 公顷果园完成有机转换，建设完成 100 个苹果生产管理操作间。完成扶持顶吉食品年产 2 万吨苹果深加工功能饮品一期工程项目、山西达明一派有限公司年产 5000 吨的果酱生产线建设项目、山西彤顺源果蔬科技有限公司年产 10000 吨苹果果糖果蔬冻干加工建设项目等 3 家龙头企业主体建设。开展乡村干部培训 320 人次，农村致富带头人培训 1200 人次，农村经营管理实用技术培训 2200 人次。

【大宁县连片特困试点项目】 大宁县 2013 年连片特困试点项目基本完工，累计完成投资 6468.71 万元。新栽苹果经济林 400 公顷，配套水利灌溉 144.07 公顷，建设果园防护网 30 公里，新建苗圃 1 座，管理房 60 间。完成建设 19 个养殖专业合作社，养殖小区建设 16 个。三多乡三多村 2000 吨苹果储藏库建成投入使用；曲峨镇布业村 2000 吨苹果储藏库主体建设完成；昕水镇南菜园 4000 吨苹果储藏库主体正在建设，小冯村 2000 吨苹果储藏库完成地基平整工作。

【整村推进】 2014 年，临汾市整村推进项目规划村 29 个，省下达财政扶贫资金 1450 万元，每村 50 万元，涉及吉县、汾西、永和、大宁 4 个国家级重点贫困县。29 个村有 15 个村项目完工并验收，4 个村项目基本完成，10 个村项目仍在实施中，完成年度计划任务。项目建设完成率 66%；资金到位率 100%；报账 1090.8 万元，报账率 75%。

【教育扶贫】 2014 年，省办下达临汾市第一批教育扶贫资助贫困大学生人数为 605 人，每人一次性资助现金 5000 元，资助资金为 302.5 万元。山西省下达临汾市第二批资助贫困大学生指标110人,两批715人,超额完成18%,资助总金额357.5万元。全市10个贫困县的715名贫困大学生资助完毕,为贫困大学生解决上学难问题。

【定点扶贫】 2014年,临汾市、县两级扶贫工作队通过建立精准扶贫机制,全程参与建档立卡工作,做到精准扶贫。市直157支、县直841支定点扶贫工作队,3717名下乡工作队员帮扶998个贫困村。各工作队制定工作规划1027个,现场办公4175次,落实帮扶项目273个,帮助上项目198个,优种推广面积520公顷,新增机修梯田271.53公顷,新开发耕地164.87公顷,新解决吃水村63个,新解决吃水人口14735人,新修公路942千米。科技培训985期,17790人次,帮助劳务输出7822人,资助贫困学生268个,累计投入帮扶资金7885万元,惠及17个县(市、区)209495户,725460人。

【领导干部包村增收】 2014年,在领导干部包村增收活动中,市四大班子领导带头,各级干部深入包联村,制定规划,现场办公,帮助增收。全市31名厅级领导、508名县处级领导干部、369名乡镇党政负责人、4375名科级干部走出机关,带着项目,深入到田间地头,住在包联农户家中。市县乡三级包村领导干部累计住村6213天,平均每个干部住村10天以上;围绕转型跨越发展和推进"一村一品"等内容,开展帮扶活动3000多次,制定村级发展规划1800个,新上帮扶项目1365个,累计投入帮扶资金1.87亿元,累计为群众解决实际问题办实事2860个。2014年全市干部下乡住村所包村农民人均纯收入均增长幅度15%。

【精准扶贫建档立卡】 临汾市成立精准扶贫建档立卡工作领导组,于2014年5月12日召开全市精准扶贫建档立卡启动大会。各县相继成立精准扶贫建档立卡工作领导组,结合本县实际情况编制实施方案,召开启动大会开展工作。按照省下达指标,临汾市贫困人口规模为42.72万人,贫困村776个。历经半年左右,全市的扶贫开发建档立卡工作全部完成,17个县(市、区)建档录入贫困人口423330人、贫困村662个。其中:10个贫困县贫困人口350691人、贫困村637个,7个非贫困县贫困人口72639人、贫困村25个。

【争取扶贫资金】 争取扶贫资金和项目是扶贫开发工作的重中之重。领导多次赴北京、去太原,争取国家和省对临汾市工作的支持。2014年,全市累计争取财政扶贫资金2.9亿元。

【精准扶贫光伏发电项目】 启动实施光伏发电精准扶贫工程建设,吉县、大宁、汾西被确定为国家光伏扶贫试点县。项目规划编制完成,项目分两期实施,近期规划(2014年至2015年):建设2000个项目户和200个项目村,建成后装机总容量为26.0兆瓦。远期规划(2016年至2020年):建设8000个项目户和800个项目村,建成后装机总容量为104.0兆瓦。2013年临汾市建成第一个试点示范村大宁县昕水镇而吉村,于2014年5月并网,累计发电63144千瓦时。启动6个试点示范村:吉县屯里镇窑渠村和壶口镇留村、永和县阁底乡于家咀村、浮山县天坛镇赵家垣村、古县岳阳镇张才村、乡宁县关王庙乡赵庄村。窑渠村、赵家垣村、赵庄村完成电站的安装,申请并网,其余3个村正在进行电站安装。临汾市扶贫开发领导组于11月出台《关于加快推进临汾市精准扶贫光伏发电项目建设工作的意见》。省发改委和省扶贫办于11月3日至4日在临汾市召开全省光伏发电精准扶贫试点项目座谈会,确定吉县、大宁、汾西和大同市的天镇、浑源5县为国家光伏扶贫试点县,安排部署下一步工作。11月30日至12月3日,扶贫办组织有关县人员赴山东青岛考察取经,学习借鉴光伏发电扶贫工程的先进经验。全市实施10个示范村,其中2个并网发电,其余年内并网。

【金融扶贫】 2014年9月15日,《山西省金融支持特色产业发展富民扶贫工程2014—2018年实施方案》和《山西省金融支持特色产业发展富民扶贫工程贷款风险补偿资金管理暂行办法》实施。2014年,省财政资金将分别为永和县、大宁县、吉县、隰县、汾西县5个国定贫困县注入500万元风险补偿金,用于"金融扶贫小额贷款富民工程"的担保补偿本金,各合作银行按照担保补偿金总额8倍以上放大贷款额度。各县扶贫、财政部门将"金融扶贫小额贷款富民工程"担保补偿金存入合作银行进行专户管理,专款专用,与合作银行签署担保补偿协议。10月28日,省扶贫办在吉县兰村举办"山西省金融扶贫富民工程贫困户现场贷款发放活动"启动仪式。

【亚行贷款农业综合开发项目】 项目涉及侯马、襄汾、洪洞、大宁、永和、汾西、隰县、临汾经济技术开发区8个县(市、区),基地建设基本投资总任务3.1亿元,其中利用亚行贷款1.8亿元,政府配套3767.6万元。2014年省下达临汾市任务完成建设基本投资7213万元,全部完成。申报亚行贷款二期项目,吉县、汾西、曲沃、翼城、洪洞、蒲县等6个县初步列入项目规划。二期项目涉及16个子项目,其中企业类项目6个,产业基地类项目10个,总投资45715.97万元,拟利用亚行贷款24229.46万元。

【奥地利政府贷款建设临汾市小型生态灌溉与监测示范工程项目】 2014年,项目在临汾市尧都区建设示范点,隰县、乡宁县、浮山县、翼城县四县为项目主要实施地点,总投资8578万元,其中申请利用奥地利政府贷款750万欧元(折合人民币6750万元),国内配套1828万元。

【互助资金】 2014年,临汾市互助资金覆盖10个贫困县,54个乡镇、253个贫困村,投入财政资金4092.69万元,农户配股资金279.03万元。加入互助资金组织的农户13032户,其中贫困户9500户,占72.9%。累计借款52864人次,累计发放借款25150万元,归还25661万元,到期回收率98%。

【吕梁山百万亩山地有机苹果产业化项目】 该项目于2013年10月10日启动,2014年3月扶贫办专程赴国家卫计委进行汇报,争取支持。项目实施有序推进,进展顺利。该项目直接和间接投入资金2000万元,临汾市吕梁山片区5个国定贫困县苹果面积由2012年底的3.2万公顷增加到3.71万公顷(其中:吉县1.87万公顷、隰县1万公顷、大宁县0.55万公顷、永和县0.2万公顷、汾西县0.1万公顷),有机苹果(含转换期)面积由不足66.67公顷发展到0.2万公顷以上(其中吉县1733公顷,汾西县、大宁县、永和县、隰县共467公顷),每公斤苹果最少增收1元,0.2万公顷有机苹果最少增收6000万元,果农人均增收1000元以上。

【"10·17"扶贫日活动】 2014年,扶贫办重视"10·17"扶贫日活动,确保第一个全国扶贫日在临汾市取得成功。市委领导发表署名文章。10月17日全国扶贫日当天临汾市委副书记、临汾市扶贫开发领导组组长王文英在《临汾日报》头版发表题为《坚持做到四个结合,大力推进扶贫开发》的署名文章。组织收看全国社会扶贫工作电视电话会议暨扶贫日活动启动仪式以及山西启动仪式。市、县设分会场,市分会场参加人员:市长岳普煜及市党政分管领导,市扶贫开发领导组成员单位负责人;市直相关部门负责人80余人。发出社会扶贫的倡议。10月17日在《临汾日报》发出倡议书,倡议社会各界加入到全市社会扶贫的队伍中来,担当起社会扶贫的责任。开展"扶贫宣传月"活动。经市委宣传部同意,与临汾市新闻中心联合下发《关于开展"扶贫宣传月"活动的通知》,从10月17日至11月17日在全市开展为期一个月的"扶贫宣传月"活动,在省、市主要媒体,通过多种形式开展宣传,扩大扶贫日社会影响。开展广场宣传活动。10月17日利用一天的时间,在平阳广场以版面、发传单的形式,向广大市民宣传全国第一个扶贫日,介绍扶贫开发工作的成效和政策措施。开展扶贫济困捐款活动。10月9日,组织全市17个县(市、区)扶贫局(办)干部职工和各扶贫龙头企业开展"10·17全国扶贫日募捐活动"。全市扶贫系统广大干部职工和龙头企业踊跃参与,筹得款项17.1253万元。

定点扶贫及领导干部包村增收工作

【概述】 2014年,临汾市下乡办开展机关单位定点扶贫及领导干部包村增收工作,推动农村发展中实现"三个转变":生产方式正在由一家一户的小农耕作经济向现代化、集约化大农业经济进行转变,劳动方式正在由分散单个劳动向集体有组织劳动进行转变,生活方式正在由传统方式向现代文明方式进行转变,取得良好效果。

【定点扶贫】 2014年,临汾市直157支、县直841支工作队3717名工作队员,帮扶998个贫困村,开展定点帮扶活动4173次,制定村级发展规划1027个,落实帮扶项目273个,现场办公2456次,帮助上项目198个,投入7885万元,惠及17个县(市、区)209495户,725460人。在农村基础设施建设方面,新增机修梯田271.53公顷,新开发耕地164.87公顷;新打机井44眼、旱井93眼,旧井配套104眼,新修渠(管)道26090米,新解决吃水村63个,新解决吃水人口14735人;新修公路942千米,新建医疗站(所)18个。农业产业调整情况,新增经济林干果1717.73公顷、核桃1334.33公顷、鲜果1521.47公顷,新建蔬菜大棚1810个,优种推广面积520公顷。教育及科技推广情况,新建学校2所,改建校舍31间,资助贫困学生268个,科技培训985期,培训人次17790个,帮助劳务输7822人,;基层组织建设情况,发展新党员210人,培养积极分子1088人,新建党员活动室3个。

【帮扶贫困地区】 2014年,临汾市农委通过依托本单位、联系项目主管单位,申请和组织项目工程的实施,在一年的时间里在永和县芝河镇霍家沟村开展和完成七项帮扶内容:(1)联系国土部门开展9.33公顷坡耕地改造项目,总投资230万元,整治改造现有坡耕地,使"三跑"田永久性变成保土、保水、保肥的"三保田"。(2)申请人蓄吃水工程,投资18万元,解决德成村260口人和牲畜饮水困难。(3)申请环保局投资20万元,在上罢骨村建设两处生活垃圾池和两处公厕,改变农村生态环境和卫生条件。(4)联系交通部门申请投资23万元,建成德成村通村道路排水边沟3100米,解决道路水毁隐患。(5)结合林业管护年活动,两次培训农民200余人,新栽植苹果树6.67公顷,对现有成片的20公顷经济林,统一进行涂白、喷药、整形、修剪等管护措施。(6)结合农时,组织农业技术专家进行玉米栽培技术、果树管理、测土配方施肥、肥料合理使用和中低产田改造等技术培训,组织5次,受训人数600人次。(7)结合农资打假活动,针对农民化肥识别知识的缺失,印制《肥料知识问答》1000份张贴,发放农业科技书籍3000册。

市政法委包扶乡宁县关王庙乡赵庄村,围绕解决民生,圈养2700余只山羊,圈养量比上年翻了一番;引入资金130万元兴建100千伏光伏发电厂一座。

市交警队包扶蒲县薛关镇刁坪村,争取整村推进项目,项目名称:下言宿村小流域治理工程,项目金额55万元,其中向上级争取专项扶持资金50万元,村民自筹5万元。争取交通局专项资金8万元,用于村级道路改造;筹资2.5万元,为村民免费发放春耕化肥250袋。

市水利机械工程局帮扶洪洞县万安镇曹家庄村做了以下工作:(1)改善基础设施条件,投资15万元完善污水处理,垃圾填埋,通过验收。(2)投资22万元修建3个小型绵羊养殖场。(3)新开发耕地8.47公顷,新增经济林:干果1公顷(核桃),鲜果2.07公顷(其中:葡萄0.6公顷,樱桃0.47公顷,大红袍桃1公顷),新增樱桃大棚80个占地6.67公顷(正在修建)。(4)科技培训10次,培训达740人次。(5)发展新党员2名,培养积极分子1名。(6)资助贫困学生4人。

市水利局为隰县午城镇寺坡村投入资金20万元,修建东川河护岸坝和人字闸工程,美化村容村貌环境,改善当地农业生产条件。该项工程雨季过后将开始施工。多次对该村特困户、贫困学生实施救助,筹集200袋面粉,发放到困难群众手中,解决群众过节难问题,支助贫困学生3名每人4000元。

【包村增收】 2014年,临汾市31个厅级领导全部参与住村联户活动,深入包扶村,与群众同吃、同住、同劳动,制定详细的工作规划,落实帮扶项目,按照省委下乡办要求其中17个党、政班子成员、人大、政协负责人,每季度上报住村情况。全市82个考核单位,主要负责人都住村联户开展干部下乡住村活动。17个县(市、区)开展包村增收活动情况普遍良好,县委、县政府班子成员,人大政协负责人,乡镇党政负责人全都参与住村联户且活动开展扎实有效。全市住村干部2119人,市县乡三级纳入目标责任制考核的住村领导干部共662个;累计住村6213天,平均每个干部住村10天以上;围绕转型跨越发展和推进"一村一品"等内容,开展帮扶活动3000多次,制定村级发展规划1800个,新上帮扶项目1210个,累计投入帮扶资金1.87亿元,累计为群众解决实际问题办实事2860个。2014年全市干部下乡住村所包村农民人均纯收入均增长幅度15%。

【领导包村增收】 2014年,临汾市包村增收活动中17名市级主要领导下乡住村63天,召开脱贫增收座谈会75次,参加劳动68次,走访农户210户。市委书记罗清宇3次到永和县阁底乡石家湾村住村调研,参加劳动,召开座谈会,年初石家湾村新上10个项目,开工2个,竣工4个,总投资3938万元,其中包扶资金700万元,用于平整20公顷滩涂地,使全村水浇地达到33.33公顷,人均达到0.08公顷;新建一座蓄水池,解决村里的人畜饮水问题;完成东征路渡口段7千米油路建设,对25户农民的危房进行改造,村主要巷道安装太阳能路灯;协调扶贫资金5万元扶持有能力的联系户发展长毛兔养殖。引进实施精准扶贫100千瓦光伏电站项目，该项目总投资100万元。

市长岳普煜包扶吉县屯里镇窑渠村，三次到窑渠村展开调查研究，结合整村推进工程，投资8万元，新栽苹果20公顷；投资5万元，新建蓄水坝一座，为发展设施蔬菜种植提供用水保障；帮助窑渠村引进实施精准扶贫100千瓦光伏电站项目，该项目总投资100万元，占地0.2公顷。光伏发电扶贫项目的实施，每年可发电16.5万千瓦时，可为村集体年增加收入16万元。项目建成，并网运营正在申请中。

市委副书记王文英包扶大宁县徐家垛乡乐堂村，累计住村4天，协调资金，实施有机苹果示范园建设项目，春季在上乐堂村栽植优质富士果树20公顷，为农户免费发放果树苗木、发放果树专用肥、果树修剪据、农药喷雾器。争取市、县扶贫部门支持，申报光伏发电项目，上报光伏发电农户46户。

副市长王振宇包扶永和县芝河镇霍家沟村，累计住村4天，坚持“提升种植业，发展养殖业，架设一座桥，解决饮水难”发展计划，2014年实施建设坡耕地改造项目9.33公顷，新栽植苹果树6.67公顷，整修道路排水边沟3100米，建设村饮水工程。

气　象

【概述】 2014年，临汾市年降水量偏多，年平均气温偏高，年日照时数偏少。年内降水时空分布不均，冷暖交替阶段明显。冬季前期干旱，后期雨水充足；春季气温前高后低，降水偏多，4月和5月出现区域性暴雨；汛期降水集中在8月，灾害性天气较少；秋季前期出现连阴雨，后期气温持续偏高。农业生长关键期降水适宜，夏粮和秋粮喜获丰收。

【年内降水】 2014年1月至12月，临汾市平均降水量为642.0毫米，较历史平均偏多30.9%，较上年同期偏多8毫米。各县(市、区)的年降水量介于575.7毫米至700.1毫米之间，大部分地区较历年偏多30%以上，其中蒲县降水距平百分率最大，偏多47.7%；浮山降水距平百分率最小，偏多10.0%。月降水量较历年起伏较大。2月、4月和9月降水量均较历年同期偏多1倍以上，而1月则无降水。从季节分布来看，冬季降水为18.4毫米，较历年同期偏多65.8%；春季降水量为159.0毫米，较历年同期偏多89.3%；夏季降水量为274.7毫米，较历年同期偏多1.9%；秋季降水量为189.3毫米，较历年同期偏多60.7%。

【年内气温】 2014年，临汾市年平均气温为11.8℃，与历年同期偏高0.7℃，较上年同期12.5℃偏低0.7℃。各县(市、区)年平均气温介于9.4℃至14.2℃之间，大宁、隰县、霍州较历年偏低，永和、古县与历年持平，其余县市均较历年偏高，曲沃最多偏高1.8℃。从各月温度分布情况来看，5月至8月、12月较历年偏低，2月与往年持平，其余月份均较历年同期偏高。其中，3月偏高最为明显，较历年偏高3.4℃，其次为1月，较历年偏高2.7℃。从季节分布来看，冬季平均气温为-1.0℃，较历年同期偏高1.4℃；春季平均气温为13.7℃，较历年同期偏高1.3℃；夏季平均气温为23.0℃，与历年同期偏低0.6℃；秋季平均气温为12.2℃，较历年同期偏高1.0℃。

【日照时数】 2014年，临汾市年平均日照时数为174.3小时，较历年同期偏少14.7小时。各县(市、区)年平均日照时数介于140.2小时至197.7小时之间，襄汾和汾西较历年同期偏多，其余县市较历年同期偏少，其中侯马偏少最多，较历年同期偏少34.7小时。

【气象灾害】 2014年，临汾市主要的气象灾害有暴雪、寒潮、暴雨、高温、连阴雨等。2月4日至7日，全市出现大范围、持续性的降雪过程，平均降水量为13.2毫米，其中最大为侯马21.3毫米，最小为浮山8.4毫米。这场降雪在一定程度上缓解全市旱情，减少病虫害发生，降低森林火险等级，提升空气质量，减少感冒等流行疾病的发生，但对设施农业、道路交通安全和市民外出造成影响。4月24日至26日，临汾市出现连续低温冷冻天气，出苗较早的农作物被大面积冻死，正处于花期的果树遭受严重冻害，坐果率下降，严重影响果树收成。5月9日至11日，临汾市出现大范围强雷阵雨天气过程，过程平均降水量为58.8毫米，14个县达到暴雨量级，最大为汾西92.2毫米。8月5日至8日，全市出现大范围的降水天气过程，7个县市的降水量均超过100毫米，其余县市超过50毫米。由于这次过程降水较为稳定，未造成大的损失。全年高温日出现9天，其中37℃以上的高温天气仅有2天。9

月，临汾市出现阴雨寡照天气，使得部分地区出现土壤过湿现象，部分农作物发育期偏晚，对秋收工作开展不利。

临汾市市长岳普煜和山西省气象局局长柯怡明签署《临汾市政府与山西省气象局共同推进气象现代化建设合作协议》

【气象现代化建设】 2014 年 3 月，临汾市政府出台《临汾市 2014 年气象现代化建设实施方案》，推动全市气象现代化建设。6 月，市气象局作为中央驻临单位首批纳入促进地方经济社会发展工作目标考核，确定完善预警信息发布系统建设、加强人工影响天气、加强防雷社会化管理等 9 个方面的工作。山西省气象局与临汾市政府签署《关于共同推进气象现代化建设的合作协议》，翼城、洪洞、襄汾、吉县等县政府与市气象局签署合作协议。临汾新一代天气雷达搬迁工作启动。

【气象预报服务】 预报业务稳步推进。2014 年，临汾市气象局在全省率先开发预警信息发布移动智能客户端，拓宽预警信息发布范围，提高预警时效；与环保局联合建立临汾市环境气象业务系统，项目完成招投标；开发临汾天气通微信公众号，打造临汾气象服务新品牌；建成临汾市人工影响天气综合业务系统。全市 24 小时晴雨、最高和最低气温预报准确率分别达到 90.9%、72.9%和 80.5%；灾害天气过程未漏报。全年制作专题预报材料 500 余期、决策服务信息 100 余期、重要气象报告卡 600 余人次；发布各类预警信号 300 余次；召开新闻发布会 30 余次。开展气象服务应急演练 9 次。

【气象为农服务】 2014 年，临汾市气象局将全市 3876 户种粮大户，675 个专业合作社及经营主体纳入气象服务信息库，完善气象服务指标库，建成为农气象服务网，开发手机智能服务终端、气象微博微信等服务平台，打造临汾市直通式为农气象服务系统，全年发布各类为农气象服务信息 1200 多期。打造洪洞曹家庄、刘家垣、霍泉灌区以及侯马上阳等农业气象服务示范基地。洪洞被列入中国气象局第二批标准化现代农业气象服务县，侯马、古县、隰县、洪洞等县 5 个乡镇被列入中国气象局第二批标准化气象灾害防御乡镇。气象服务群众满意度 85%。加大对人工影响天气工作的投入，购置人影作业车辆 2 部，更新新型火箭发射系统 5 套，新增烟炉增雨设备 3 部，新建标准化炮站 1 个；开展人影安全培训 2 次；开展联合增雨作业 20 余次。

（刘建宏）

交通　邮电　通信

大西高铁临汾西站

【概述】 大西高铁是侯马车务段管辖下的二等客运站，2014 年 7 月 1 日正式开通运营。站中心里程 K509＋138，设到发线 5 条，其中Ⅰ、Ⅱ道为正线，设大型养路机械停留线 1 条，工务轨道车库线、接触网作业车库线各 1 条，抢修列车停留线 1 条，车站西安北方向设折返线，安全线 1 条。设基本站台和岛式站台各 1 座；站台上均设风雨棚各 1 座，车站设旅客地道 2 座。车站共有道岔 22 副，其中 18 号外锁闭可动心道岔 16 副，12 号外锁闭道岔 1 副，9 号外锁闭道岔 5 副。车站太原南方向进站方向制动距离内为超过 6‰下坡。

车站设有 8 台售票机、5 台自动售取票机、10 台进出站闸机，综控、消防设施各一套。

办理旅客乘降的动车组 39 列，其中到、发 35 列，终到 2 列：D5331、D2005 次；始发 2 列：D2002 次、D5332 次。

2014 年，旅客发送人数实际完成 103.7291 万人，完成计划的 117.2%；运输收入实际完成 8425.7921万元，完成计划的 520.3%。

2014 年 9 月，太原铁路局命名临汾西站“尧都新旅”优质服务品牌；2014 年被太原铁路、侯马车务段评为先进班。

【“尧都新旅”服务新品牌】 2014 年，大西高铁临汾西站立足古尧圣地，秉承“和睦友善、亲情一家”的尧文化精神，以“两个满意”和“三个出行”为目标，在服务上做文章，在细节上求极致，通过树立“新品质”塑造“新形象”“新服务”温暖“新旅程”的“四新”理念，采取爱心服务“一卡通”、旅程规划“一路通”、失物转接“一线通”、客服功能“一表通”的“四通”措施，使“尧都新旅”成为展现高铁形象，服务万千旅客的窗口和平台。

【“四分四防”】 2014 年，临汾西站落实“五项关键作业”。结合车站现场实际，根据岗位作业特点，深化“五项关键作业”要求，利用设施设备功能，发挥安全互控作用，采取检票组织以“分”为主，站台组织以“防”为主的“四分四防”旅客乘降组织方法。即：检票组织“四分”：旅客候车分区，检票进站分口，闸机功能分向，引导进站分流。站台组织“四防”：防特殊异常旅客侵线，防重点旅客安全隐患，防下车旅客误降误出，防换乘旅客中转误乘。

【制定“客运接发列车作业图”】 2014 年，临汾西站践行“1＋N”工作思路。西站日接发动车组 39 列，其中在站会车动车组 16 列，将所有接发的动车组列车划分时段、标准到发时刻，使所有动车组在站到发、交会、密集到达时间段在一张图上直观的全部体现。便于客运值班员掌握全天工作重点时段，合理安排接车人员；便于接车客运人员准确掌握趟车作业上岗时机；便于干部盯控重点时间段作业和重点动车组列车；便于全体客运人员直观掌握列车交路、车型、定员、编组、担当局等情况；遇动车组列车故障等非正常情况，可以准确掌握信息，迅速采取应急措施。

【制作天窗维修开行作业车流程图】 2014 年，临汾西站干部和车站值班员技师小组成员针对西站接触网作业车进行天窗维修作业，出入库调车、开行相邻区间接发列车频繁的实际情况，进行技术立项攻关，组织供电、电务、工务部门进行协调，细化作业车出入库调车、接发列车作业，制作开行作业车流程图，规范开行作业车程序和标准。

【自制一套“股道坠落物品取拾工具”】 2014 年，临汾西站针对旅客上下车过程中，经常会出现的随身携带物品坠落股道，可能危及行车安全的问题，自制一套“股道坠落物品取拾工具”，在服务旅客、保证安全上发挥作用，路局在大西高铁各站推广。

【非正常应急处置演练】 完善19种应急预案。2014年,临汾西站先后制定车站发生大客流、发现旅客从站台进入线路、客服设备故障、综控设备故障、除雪防冻、防洪抢险等19种应急处置预案,加强干部职工日常演练。加强应急处置演练。利用配备的仿真机,组织干部和车务应急值守人员进行接发列车标准和非正常情况下办理接发列车演练。组织干部和客运职工进行一班作业标准和售票系统故障、电梯故障、列车大面积晚点、车站发生大客流等应急处置演练。

【事故防止】 2014年7月22日22:00分,临汾西站站长武春源在二站台巡视过程中发现有广告宣传页脱落在站台边缘,存在跌落股道、甚至可能出现因大风导致异物悬挂接触网的安全隐患,立即进行清理;23日6:20,站长武春源、书记刘素红、副站长白晋军分别对一、二站台进行全面检查,发现一站台1处、二站台9处出现立柱广告宣传页脱落及部分广告牌松动的情况,对脱落广告宣传页进行清理,与晋太公司广告负责人联系,要求对松动广告牌利用天窗时间进行加固处理。

【便民利民措施】 2014年,临汾西站开通重点旅客服务热线0351－2146192,为旅客提供购票、乘车等咨询、遗失物品寻找、重点旅客"一条龙"接送等服务;增设ATM取款机,针对目前出行旅客携带银行卡较为普遍的现象,为旅客提供取款便利;增设"母婴哺乳爱心小屋"为母婴旅客开辟独立的私密空间;设立"尧都新旅"售票导购服务队,为旅客提供出行参考、购票指南、及时疏导和服务购票旅客;增设临汾西站公共Wi—Fi功能,为广大旅客提供免费上网服务,从而加强车站文化建设和丰富广大旅客的旅行生活;与出租车建立联系制度,为旅客乘坐出租车提供联系服务;增设壁画讲解,针对临汾西站候车室12幅尧王传说的壁画专人为旅客讲解,不断发扬和传承尧文化;设立"尧都新旅"帮扶队,服务重点旅客和特殊重点旅客;候车室增设手机加油站方便旅客使用;绘制临汾西站客服功能"一表通",方便旅客购票、进站、候车、乘车。

【服务群众】 2014年10月31日21:00,一名旅客赶到临汾西火车站准备乘坐末班动车D5332次回太原南,在实名验入口处突然发现刚才因着急将手机落在出租车上,验票岗客运员畅安玲看见旅客着急的模样,帮着旅客出主意,拨通出租车公司总值班室电话,帮助旅客寻找手机,在畅安玲与出租车公司的联系下,出租车司机在旅客进站前将手机交到失主手中,旅客按原计划乘坐D5332次动车踏上回太原南的旅途,对临汾西站工作人员的热情帮助表示感谢。

(何富平)

交通运输

【概述】 2014年,临汾市加大交通建设投资,主要指标持续快速增长。完成投资68亿元,占全市固定资产总额5.5%。其中高速公路42.6亿元,干线公路5.34亿元,滨河东路贯通工程15亿元,农村公路4.5亿元,客运场站0.57亿元。全市公路通车里程18113千米,同比新增88千米,全省排位第一;公路密度89.33千米/百平方千米,同比增加0.43千米,高于全省平均水平。

【高速公路建设】 2014年,临汾市续建和开建高速公路182千米,项目总投资183亿元。霍永高速公路东段和西段一期工程12月30日实现通车运营;吉河高速公路路基和桥涵工程基本完工;长临高速、霍永高速西段二期征地工作全面启动。滨河东路除3座大桥正在收尾,其余实现全面贯通。滨河西路北延工程主车道实现通车,省道洪永线磨沟至曹城段路面改造工程完成22千米。临汾客运西站基本完工,站前辅道加紧建设。襄汾客运站投入使用,翼城和霍州七里峪客运站开工建设。

【农村公路建设】 2014年,临汾市新建改建农村公路270千米,完成投资4.5亿元。包括集中连片特困地区农村公路改造工程9项107千米,其他县乡公路改造工程11项109千米,建制村水泥(油)路工程54千米。推进农村公路管养体制改革,开展"农村公路养护管理年"活动,实施"农村公路管养示范工程"。全市县乡公路养护优良率76%,比上年末提高3个百分点。

【道路运输管理】 2014年,临汾市交通运输局开展道路运输市场"打黑治违"专项整治,查扣无证营运车辆202辆次,纠正违章484起;开展危货运输企业专项整顿工作，整改8处严重隐患；开展驾培市场专项整治活动，取缔非法招生点、非法培训点45处，查扣非法经营车辆23辆。优先发展城市公交，全市新增119辆新型环保公交车，其中临汾城区新增78辆，为实现"三站一场"城市公交"无缝隙"衔接创造物质条件。出台《临汾市市区公交财政补贴暂行办法》，建立长效稳定的公交财政补贴机制，2014年市政府拿出2982万元投入城市公共交通发展。规范城市出租汽车行业管理，临汾城区出租汽车调价工作完成，联同北京金按纽科技公司研发智能化管理系统，在30辆出租车上进行试点成功。城际公交发展加快，临汾—浮山、临汾—蒲县、霍州—汾西城际公交开通，临汾—洪洞城际公交各项准备工作完成。乡宁县推行公交零收费、蒲县县乡公交开通。

【双超治理】 2014年，临汾市17个县(市、区)科技治超监控网络平台对正常运营的290家货运源头企业实施重点联网监控，监控率81%。临汾城南公路神刘超限超载检测站投入运营。全市超限超载率控制在0.01%以下。落实企业安全主体责任、部门监管责任，做好安全从业人员"全培训"、安全防范措施"全渗透"、安全科技支撑"全覆盖"，开展道路运输、水上交通、危货运输、工程建设"四个领域"安全整治活动，全年没有发生重特大安全责任事故。

【新能源汽车】 2014年，临汾市交通运输局结合加强宣传引导，制定细化支持政策和配套措施，在公共服务领域推广应用新能源汽车。为临汾市新增新型环保公交85辆，新能源出租车85辆。优化运营线路，调整公交站点，延长运营时间，提升服务质量，扩大新能源汽车的应用规模。实现高铁列车与城市公交、出租客运的"无缝隙"衔接。

【驾培市场专项清理整治】 2014年，临汾市开展驾培市场专项清理整治，清理整顿内容包括：清理非法"黑驾校"；打击驾校违规驾培行为；实现驾校场地标准化达标。

组成专门的稽查执法大队执法检查。掌握非法驾校的活动场所、人员、车辆、设施设备等情况后予以彻底清理。截至2014年9月底，市交通运输局在尧都区境内取缔非法"黑驾校"三所，清理非法培训车辆10辆。重点检查合法驾校是否存在私设分校、私设报名点、违规培训点、挂靠培训点等行为，一经发现予以取缔，作出相应处罚。打击只收费不培训、收费标准不统一、驾培场地简陋、驾培车辆存在安全隐患、培训人员技术不过关等问题。在驾校场地标准化达标验收工作中，落实交通运输部出台的"新国标"(即《机动车驾驶员培训机构资格条件》和《机动车驾驶员培训教练场技术要求》)的要求，在全市各个驾校全面开展场地改造与验收。要求各驾校年底前完成场地新改建模拟城市一条街、新增安全带防护装置、模拟行人横穿马路装置等设施设备，按期不能完成的将采取降级处分或取消驾校培训资格。

【公路路政管理】 2014年，临汾市交通运输局按照临汾市委"环境提升年"活动要求，组织开展临汾市"农村公路环境整治百日大行动"。治理农村公路乱堆乱放、占道施工、占道经营、私设非公路标志牌等违法行为。查处私设平交道口、车辆敞篷运输造成的滴漏抛洒污染路面、损害公路标志及公路附属设施的行为，保障公路产权。完善农村公路路政巡查制度，推行路政联合执法试点工作，打造路政管理示范点。依法查处违法案件23起，查处违章建筑54处，规范平交道口22处，取缔私搭乱建28处，取缔非公路标志143余块，清除路面和公路两侧垃圾9000多立方米。

【城市客运管理】 2014年，临汾市交通运输局实现"公交优先、出租规范、市场净化"目标，强化综合治理，规范城市客运市场。优先发展城市公交，实现便民惠民。新增新型环保公交车85辆，投入到临汾高铁西站等重要客运场站，实现客运场站与市区的"无缝隙"衔接。规范出租汽车行业管理。强化出租车行业信誉和服务质量考核，推广出租车智能化管理系统，搭建出租行业信息管理平台，推行GPS信息监控和车载"电召"服务，开展"星级服务"创建。整治出租车客运市场。联合公安交警部门，开展联合执法行动60余次，出动执法车240余辆次，查扣各类非法营运车辆350余辆，纠正违规违章行为150余起，教育培训违规驾驶人员180余人。

【危货运输管理】 2014年，临汾市交通运输局将全市14家危货运输企业纳入统一监管体系，遵循"政府监管、企业监控、联网联控"的指导方针进行统一管理。在各危货企业建立动态监管制度，建立GPS卫星监管平台,实行24小时监管,动态记录详细到各个企业的每辆车、每趟次。道路运输管理部门进行定期不定期的现场安全检查,发现问题立即整改,发现隐患立即处理,防患于未然。定期召开专题现场会议,公开动态监管的各项记录,通报违规企业,做到安全监管的公开化、透明化。在危货企业落实一岗双责、企业主体责任、罐体运输车辆安装紧急切断装置、驾驶员规范操作等方面实行“黑名单”制度,发现违规的企业首先记入“黑名单”,停止运营,下发定期整改通知,逾期不改不予年审。

【公交营运模式创新】 2014年,临汾市区有公交车辆412辆,公交线路23条,运营站点444个,线路长度297千米,公交出行分担率16%,停保场面积43832.59平方米,年客运量4900万人次,年运行总里程3700万千米。优先发展城市公交。推进“气化公交”步伐,提升城市公交的智能化、现代化水平,加快车辆更新步伐。优化现有公交线路,合理布局乘车站点。7月高铁临汾西站开通,市区新增加绿色环保公交车85辆,与高铁站有效无缝衔接。推进城际公交。在经济联系紧密和群众往来频繁的相邻县城之间开通城际公交,先期开通尧都至襄汾城际公交。引导实行公车公营。在城市公交领域市交通运输局引导实行“公车公营”模式。要求各县(市、区)对公交企业更新、新增车辆,实行“公车公营”。对以前挂靠经营的公交企业,车辆到期后更新,实行“公车公营”。严禁承包、转包经营。2014年更新的安泽、翼城公交车辆;新增的曲沃晋沃公交全部实行“公车公营”。全市公交企业“公车公营”率83%。

【“打非治违”】 2014年,临汾市交通运输局在全市道路运输行业开展安全生产打非治违专项行动。这次专项行动从9月中旬开始,12月底结束,分为动员部署和自查自纠阶段,集中打击和重点整治阶段。重点打击道路运输领域存在的五个方面的问题:打击危化品非法运输行为;打击非法从事班线、旅游包车营运行为;打击汽车客运站场违法违规生产经营行为;打击未经安全生产培训合格的从业人员上岗作业的行为;打击道路运输企业不落实卫星定位系统动态监控主体责任的行为。

【农村公路安全隐患整改】 2014年,临汾市交通运输局排查农村公路安全隐患。全市排查出塌方、水毁、路面沉降、挡墙倾斜、涵洞排水沟淤塞等各类隐患408处,隧道未发现安全隐患。针对排查出的问题,及时采取整治措施:24小时监控,安排专人负责,对辖区内的道路隐患实行全方位监控,出现问题向上级汇报;对落石等危险路段安装醒目的警示或禁行标志,派专人看守;对塌方和滑坡进行清理,消除安全隐患;对沉降路段进行挖除、回填、压实作业,整修路肩;对潜在落石或滑坡进行卸载,清除危险,不间断巡查;对排水设施及时进行疏通。处理各类隐患399处,清理边沟、排水沟59千米,对不能及时消除隐患的设立警示标志,派人不间断巡视,加快对未处理隐患的处理进度,确保车辆及行人安全。

【“四项整治”】 2014年,临汾市交通运输局在全市范围内开展“四项整治”活动,规范运输市场秩序。针对班线客运市场中存在的“黑车”屡禁不止、严重扰乱市场秩序的现象,开展为期半年的班线客运市场“打黑治违”专项整治。查处各类违法从事客运的“黑车”189辆次,纠正违规违章行为360余起。在全市范围内开展为期5个月的“农村公路环境专项整治”,清理路旁垃圾,整治路容路貌,美化公路环境,完善公路设施。取缔非公路标志90余块,清除路面和公路两侧垃圾7800多立方米。针对危货运输存在的安全隐患问题,开展专项整治,撤销一家危货公司执业资格。查找出严重隐患13处,下发整改通知,督促其整改到位。针对驾培市场管理混乱的问题,开展专项整治,严打非法招生,取缔非法驾校,净化驾培市场。这次活动取缔非法招生点、非法培训点40余处。

【公交惠民】 2014年,临汾市交通运输局采取措施推动公交服务。加快车辆更新,全市新增公交企业1家(曲沃晋沃公交公司),新增公交车106辆,更新公交车81辆。优化公交线路。确保城市公交与高速铁路、长途巴士、民航客机无缝隙对接,拟定完成《临汾高铁站、公路客运西客站、乔李民航机场公交车规划运行方案》,协调市公交公司对原有公交线路进行调整,新增公交车辆85辆,新开通公交线路3条,延伸调整公交线路3条。7月1日,开通延伸至高铁站的公交1路、2路车,将最后一班车延迟至晚21:00,解决旅客夜间乘车难问题。提升公交便民服务。根据驻临某部队开通公交线路的申请报告，组织相关部门和人员对所申请线路周边道路状况进行实地勘验分析，将107路公交车改为在部队驻地设站绕行，解决驻地官兵及家属的出行问题。

【霍永高速公路通车】 2014年12月30日，霍永高速公路通车运营仪式在霍永高速汾西收费站举行。霍永高速公路起点位于霍州市陶唐峪乡辛庄，终点至永和县王家坪，全长129.2千米，总投资118亿元。这项工程自2011年1月开工。霍永高速公路贯穿霍州、汾西、隰县、永和县，是山西省高速公路网“三纵十二横十二环”中的第九横的重要组成部分，是优化临汾市高速公路路网结构、加快临汾经济社会发展的一项重点交通基础设施工程。

2014年12月20日，临汾市四大班子、沿线政府、临汾高速公司及参建单位代表在汾西收费站参加霍永高速开通仪式

【交通重点工程】 2014年，临汾市交通重点工程全年完成投资67.2亿元。其中，全长50.06千米的滨河东路贯通工程完成投资15亿元，全线路基工程完成，路面工程除桥梁工程外全面完成，3座大桥工程完成总工程量的86%；全长5.98千米的滨河西路北延工程(桃临线毵淇至吴村段)，自5月开工以来，完成投资4.52亿元，主道部分路段实现通车；临汾城西客运站工程2014年完成投资0.56亿元，候车大楼、站前广场、站后停车场、室外照明、综合管沟雨水排水系统完成，站前辅道、绿化工程、高低压配电工程和公交停车场场地正在施工；霍州至永和关高速公路东段工程和西段一期工程完工，2014年完成投资1.2亿元，12月30日全线通车运营；霍州至永和关高速公路西段二期工程2014年完成投资1.6亿元，临时征地拆迁完成85%，临时便道完成42千米，驻地建设92%，外供电完成93%；吉县至河津高速公路工程2014年共完成投资26.6亿元，截至2014年底，路基土方完工，桥隧工程完成98%；长治至临汾高速公路工程2014年完成投资13.2亿元，土地补偿及地表附着物协议签订完毕，补偿款拨付到各县(区)协调指挥部。施工总承包标段全部进场，项目部驻地、拌和站、钢筋加工场等临建标准化建设基本完成，具备实体开工条件；临汾市农村公路新改建项目2014年共完成269千米，完成投资4.5亿元。

（庞燕东）

·货运管理·

【概述】 截至2014年底，临汾市审验危货车辆914辆；425辆罐车按要求全部加装紧急切断装置。安装油气回收装置的车辆有195部，其中新增自有回收装置车辆46部，全市油气回收装置任务全部完成。对273家货物运输企业质量信誉考核结果进行公示。按照《道路危险货物运输管理规定》，“新危规”要求对尧都区民用爆破器材专营公司、霍州永航运业有限公司、山西汽运集团侯马运业股份有限公司侯马经济开发区保税物流分公司按照管理权限注销其经营许可；对于公司停车场面积与其经营规模不相适应的企业，下发整改通知书限期整改，整改完毕。组织侯运、晋临运货运公司、兴荣物流、兴国四通公司参与2014年度“中国道路运输百强诚信企业”评选活动的申报工作，引导货运企业诚信经营。开展道路危险货物运输企业安全管理征求意见座谈会，做好道路危险货物运输安全工作奠定基础。组织有条件的晋临运货运公司、临汾市兴国四通运业有限公司两家企业申报全国第四批甩挂运输试点。重点抓好城市配送试点工程和农村物流试点示范工程。全市确定农村物流试点示范企业2户，襄汾家中家超市和曲沃县农民专业合作社联合社。城市物流配送试点企业4家,兴荣汽车运输有限公司12辆、临汾市元辰物流有限公司20辆、山西安速达货运有限公司10辆、山西博航国际贸易有限公司10辆。

(庞燕东)

·客运管理·

【概述】 旅客运输健康发展。2014年,临汾市完成1183辆客运、134部旅游客车年审和市内客车标志牌审验,省际、市际标志牌的复核、审验工作,确保全市投入营运客车技术性能良好。完成2014年道路春运任务,日均投入客车1330部,加班车113部、包车89部,客运量132.25万人次,向参加春运的驾驶员、乘务员、客运企业、汽车客运站散发《便民利民,平安春运》春运安全宣传册15000份,张贴春运宣传标语1300条,《三不进站,六不出站》宣传册6000份,无一起交通事故发生。抓好村村通客车工程,提高农村客运通达深度,实现具备条件的建制村全部通客车,全市行政村客车通达率97.57%。按照市政府提出的“三城联创”和“四个年”创建活动的总体部署,形成以尧都区为中心与襄汾、浮山、蒲县的城际公交化客运班线,推进城乡客运一体化进程,构建多种运输方式有效衔接的模式,实现城市公交与公路客运的“零换乘”。开展农村道路客运安全隐患大排查,出动执法人员720人次,执法车辆143辆次,查扣非法营运车辆14辆次,客运市场秩序明显改观。督促客运站严格落实“三不进站、六不出站”规定和《汽车客运站营运客车安全例行检查及出站检查工作规范》要求,汽车站的管理工作规范化。完成道路客运企业、旅游客运企业、汽车客运站服务质量信誉考核工作。

【打击非法营运】 2014年结合“交通运输管理提升年”活动,联合公安、交警、运管等部门组成联合执法队伍,开展道路客运市场专项整治行动,出动执法车500余辆次,开展联合执法行动80余次,查处各类非法营运小汽车辆103辆,异地营运车辆36辆;劝阻涉嫌非法营运的三轮车300余辆次,查处非法营运三轮车67辆(移交交警部门10辆)、非法营运四轮电瓶车25辆、违规经营出租车422辆。针对群众反映强烈的临汾—洪洞非法营运车辆现象,协调洪洞客运办开展为期一周的联合执法行动,查处非法营运小汽车57辆,异地营运出租车32辆。

(庞燕东)

·海事管理·

【水上交通安全监管】 2014年,临汾市海事系统构建“党政同责、一岗双责、齐抓共管”的水上交通安全工作机制,明确海事机构监管责任和水运企业主体责任,监督企业贯彻执行水上交通安全生产法律法规和规章制度,落实安全生产责任制。海事局在构建“市、县、企业(乡镇)、船(村)”四级安全责任体系基础上,对水上安全监管工作按照工作类别、实施进度、具体举措、责任部门、负责人、考核办法,层层细化分解到各海事处、各科室。与7家水运企业(业户)签订安全责任书,2家水运企业实行企业法人承诺制,32名船员签订安全航行承诺书。

【安全巡查长效机制】 2014年,临汾市把县级海事处对辖区公园、水库等封闭水域的巡查每月不少于2次,沿黄河水域巡查每月不少于4次的安全巡查,市局每季度不少于1次的安全督察作为水上交通安全监管的长效机制严格落实,每月如实填写巡查记录卡,建立巡查台账,做到对辖区水上交通安全状况底数清楚,安全隐患排查率和重大隐患挂牌督办率均100%。全年未发生一起水上交通安全责任事故。

【船舶复航“安全第一课”】 2014年,针对全市船舶冬季停航时间长的特点,在船舶复航前,临汾市县两级海事部门到渡口码头对32名企业安全管理人员和船员开展“安全第一课”活动,组织学习水上交通法律法规,分析事故案例,巩固安全常识,提高安全意识,熟悉操作规程,普及应急知识。对所有参加营运船舶性能、救生、消防、停泊等安全设施进行隐患排查。

【专项整治】 2014年,临汾市海事系统围绕“平安交通”创建活动,组织开展“水上交通安全隐患大排查专项治理活动”“水上交通运输安全生产大检查活动”“打非治违专项行动”“安全生产月”“六打六治”等专项整治行动。按照“全覆盖、零容忍、严执法、重实效”的总要求,采取“四不两直”的工作方法,对事故隐患实施动态管理和源头治理。4月至10月,市地方海事局督察7次,各县海事处检查163次,出动海事人员441人次,检查企业、业户7

家，机动船舶20艘，非机动船舶78艘，排查治理安全隐患12项。

【救生衣(救命衣)行动】 2014年，临汾市海事系统把“不穿救生衣不登船，不穿救生衣不开航”作为“红线”执行，做到每次检查必查救生衣，发现问题、消除隐患，确保救生衣的数量配备保持100%、质量符合要求。对未按要求配备救生衣的曲沃县鑫龙祥水运企业下发整改通知书，责令对50件不符合规定的救生衣进行更新。在“五一”“十一”等运输高峰期间，市县两级海事人员坚守渡口码头，指导帮助所有登船人员正确穿着救生衣，推动“救生衣行动”推进。

【水运企业安全生产标准化建设】 2014年，临汾市有2家水运企业参加安全生产标准化建设考评工作，即：尧都区汾河公园生态建设有限公司和曲沃县鑫龙祥水上旅游有限公司。针对全市水运企业规模小，管理基础差、人员素质低的特点，市地方海事局把水运企业安全生产标准化建设作为对水运企业服务和帮扶的主要内容，组织企业管理人员对标准建设考评内容进行培训。指派专业性强的海事人员扎住企业，对十六大项内容结合企业实际逐条指导。联系考评机构到企业现场指导。编制《临汾市水上交通安全培训讲义》，组织水运企业26名安全管理人员、船员进行安全知识培训。评估后对企业进行“回头看”再审核、再提高。

【水路运输管理】 维护全市水路运输市场秩序，规范水路运输市场管理，保障水路运输安全和经营人的合法权益。2014年4月，在全市范围内开展水路运输业年度核查。2014年，临汾市水路运输投入船舶运力20艘，客运量0.5885万人，客运周转量1.4931万人千米。

【船员和船舶登记管理】 临汾市海事系统严格船舶登记和船员考试、发证程序，2014年重新登记船舶1艘，新增船员8名，特殊培训再教育船员6名，保证船员适任。

【应急建设】 2014年6月27日，曲沃县交通运输局主办，曲沃县地方海事处、鑫龙祥水上旅游有限公司承办2014年浍河水库水上交通事故应急演练。演练主要针对辖区内重点水域可能发生的突发性事件，分为落水人员搜救和船舶消防灭火演练2个科目。参加演练人员46人，船舶4艘，车辆2辆。9月2日尧都区地方海事处与临汾市汾河生态建设有限公司在汾河公园组织水上交通事故救援演练。

【安全保障】 2014年，在中国临汾国际大学生赛艇挑战赛活动中，临汾市海事局对比赛水域下发临时禁航通告，明确尧都区海事处、水运企业、赛事主办方职责和责任，加强现场水上交通安保工作指导，启动水上搜救应急预案，在现场安排布置救助点和搜救人员，保障水上安全。针对临汾首届“端午节龙舟赛”活动，制定突发事件应急预案，增加码头安保人员，确定救助船舶和人员，加强现场指导。

（庞燕东）

·城市出租汽车管理·

【概述】 2014年，临汾市有出租企业36家，出租汽车4318辆，从业人员8500余人。其中：市区出租企业6家，出租车辆1862辆，从业人员3000余人；县市出租企业30家，出租车辆2456辆。市区除新博出租公司54辆出租汽车经营权及车辆产权归企业所有，驾驶员实行聘用制，实行考核指标性企业经营，其余出租汽车经营权及车辆产权归个人所有，出租车辆以企业名义挂靠经营，实行合同式服务管理，车辆由经营者自主经营或雇用驾驶员经营。

在2014年的服务质量信誉考核中，临汾市2家出租企业(通达出租公司、新博出租公司)通过省客运办的验收，达到AAA级企业标准，被评为AAA级服务质量信誉企业；16家出租企业经过严格考核，达到AA级企业标准，被评为AA级服务质量信誉企业。

【从业人员资格管理】 2014年，临汾市交通运输局牢固树立“管车先管人”的理念，强化出租车驾驶员从业资格培训管理。根据交通部《出租汽车驾驶员从业资格管理规定》，起草完成《临汾市出租汽车驾驶员区域教材》。制定出台《出租汽车驾驶员从业资格注册规范》，完善出租汽车驾驶员考试、注册、继续教育、证件管理四项制度。组织培训驾驶员培训7期，1035名驾驶员参加资格培训。开展出租汽车驾驶员年度继续教育培训和考核为B级驾驶员的清零培训工作，有3395名驾驶员完成继续教育培训，对考核为B级的156名驾驶员进行培训清零。建立“黑名单”制度,净化行业驾驶员队伍。举办服务质量考核学习班两期,对137名违规驾驶员进行再培训、再教育。将6名屡教不改、存在重大服务质量案件的驾驶员计入黑名单,5年内不得从事营运活动,行业投诉举报率呈明显下降趋势,同比下降50%。

【信誉质量考核】 2014年,临汾市交通运输局按照《临汾市出租汽车服务质量信誉考核实施细则》,考核结果与企业资质、出租车单车年度许可、驾驶员资格注册“三个挂钩”,全年考核出租车辆4335辆次,现场整改2958辆,,全市36家出租企业中,16家达到AA级企业标准,2家出租企业通过省客运办的验收,达到AAA级企业标准。

【年度资质审验】 主动进企业上门服务,减少办事环节,提高工作效率。将驾驶员调查摸底及推进和谐劳动关系纳入其中,对注册但长期不在岗的驾驶员注销注册,对注册在岗驾驶员健全完善和谐劳动合同。2014年,临汾市区审验出租车辆1862辆,审验率100%,审验注册驾驶员3261人。

【调整出租车运价】 临汾市出租车运价自2006年调整以来,8年来一直未再做调整。2014年,抽调人员成立运价调整协调组,协调相关企业组织召开运价调整协调会11次,本着“调整结构、增加收益、适度超前、一步到位”的原则,配合物价局组织开展成本核算调查,将驾驶员劳动保险纳入成本核算,研究制定运价调整方案。11月10日,市物价局发出《关于召开本市出租车运价调整听证会公告》,于12月15日准时召开。自2015年2月1日起,临汾市区1862辆出租车执行新运价。

【出租车电召服务】 2014年,临汾市交通运输局指导企业建立城市出租汽车运行管理网络平台,平台包括:一个车载终端(由电召机、GPS、考核屏、LED顶灯、评价器组成)、三个中心(数据信息资源中心、电召服务中心、卫星定位监控中心)和五大系统(管理考核评价系统、运营数据采集系统,电召叫车系统、车辆定位监控报警系统、信息传播系统)。该平台主要具有五大功能。一是实现运营数据实时查询。二是方便出租企业管理。三是拓展电召服务渠道。四是满足城市居民社会监督需求。五是实现应急报警功能。

【出租车公益活动】 2014年,临汾市连续第10年组织开展“爱心接送高考生”等公益活动。“爱心接送高考生”活动中,全市有450余辆公交车、1000余辆出租车自愿加入接送高考生行列,为高考师生提供免费服务,接送高考生20000余人次。连续第10年开展“学雷锋志愿服务”。组织开展“心系红丝带”结对子,一帮一,关爱艾滋儿童、“志愿清扫公交车”、清理公交站牌、“结对帮扶聋哑儿童”“慰问夕阳红老人”“暑期送清凉”等公益活动深入人心,累计收到各类感谢信258封,锦旗21面。

(庞燕东)

·城市公交管理·

【概述】 2014年,临汾市有城市公交企业18家,公交车辆795部(合774.2标台),从业人员3000余人。全市有公交线路111条,线路总里程1761千米,年运营里程6497千米,年客运量9000万人次。其中:市区公交企业1家,公交车辆327辆(合398.7标台),万人拥有公交车9.95标台,公交线路23条,运营站点744个,线路总里程443.45千米,年运营里程1900万千米,年客运量4700万人次。300米覆盖面积29.27平方千米,500米覆盖面积49.78平方千米,停保场面积45980.59平方米。

2014年全市新增城市公交企业1家(曲沃晋沃公交有限公司)。新增、更新公交车共计200辆。其中:新增119辆、更新81辆。

【城市公交优先发展机制】 2014年,临汾市提升全市城市公共交通服务能力和水平,促进城市交通与经济社会协调发展,成立专门机构就全市城市公交发展情况进行调研,结合临汾实际,出台《临汾市关于优先发展城市公共交通的实施意见》。明确优先发展城市公共交通的重要性和必要性,确定“交通引领城市发展”的理念和“政府主导、政策扶持、普遍服务、城乡统筹、文明规范、安全可靠”的发展原则。

【公交补贴机制】 2014年,临汾市交通运输局落实公交优先发展战略,出台《临汾市市区公交财政补贴暂行办法》。明确3个补贴原则。即:兼顾公交企业经营性与公交服务公益性双重性原则、兼顾市民出行便捷低价与公交企业良性运行原则、兼顾公交优先发展与服务质量考核相结合原则;明确五个补贴项目及标准。即：公益性补贴、公交能源涨价补贴、政策性补贴、车辆购置补贴、场站建设补贴。从2014年1月1日起至2020年12月31日，连续补贴7年。2014年财政补贴补贴到位，共计2900万元。

【场站建设】 2014年，临汾市立足“一城三区”高度，同规划、建设部门进行协调，规划城市公共交通，结合临汾高铁站、公路客运西客站、乔李民航机场三项市重点建设项目实际，拟定完成《临汾高铁站、公路客运西客站、乔李民航机场公交车规划运行方案》，将公交场站纳入项目规划，与项目建设同时设计、同时施工、同时使用。规划建设公交停车场3个，总面积17550平方米；公交调度站3个，总面积450平方米，高铁站公交站建设完工，投入使用。客运西客站、民航机场公交站按照规划稳步实施。

【优化公交线路】 2014年，临汾市新增公交车119辆，更新公交车81辆，新增公交线路5条，延伸公交线路7条。确保城市公交与高速铁路、长途巴士、民航客机无缝对接，协调市公交公司调整原有公交线路，新增新型清洁燃料空调公交车辆85辆，计划新开通公交线路3条，延伸调整公交线路3条。县市城市新增公交企业1家，结束曲沃没有公交的历史。安泽、古县、浮山通过企业回购，探索公交车公车公营、公司化经营模式。乡宁运作试行免费公交。

（庞燕东）

·高速公路建设与管理·

【概述】 2014年，临汾高速工作围绕“交通运输管理提升年”和“我为山西交通运输科学发展做贡献”两大活动主题，推进“六大工程”建设和“畅享三晋”行业文化品牌建设。

【收费管理】 2014年，临汾市高速公路征收通行费1.6亿元。按时足额解缴通行费。收费系统运行良好、稽查管理严格、票据管理规范、收费应急预案执行到位，免费车辆控制严、收费现场秩序好、业务培训精。通行质量指标入口客车为10.25秒，入口货车为13.13秒；出口客车为17.42秒，出口货车为23.75秒。车道开启率为100%。

【养护管理】 2014年，临汾市高速公路路况技术质量指数90以上，优等路率100%。养护管理系统平台运行良好，完善预防性养护机制，防灾抗灾能力、畅通保障能力增强。履行雪后6小时具备开通条件的服务承诺。

【路政管理】 2014年，临汾市高速公路路政案件发现率、查处率、结案率98%以上，路产恢复率、建筑红线控制率100%，全年处理各类案件326起，收取路赔款232.5万余元。清障243次，收取清障费8.1万元。治超站点管理规范，设备检测准确，超限检测点检测车辆92.6万余辆，劝返超限车辆5辆，超限率控制在0.2%以下；提高紧急救援能力、依法行政能力，无违规违纪行为。

【经营开发】 2014年，襄汾服务区营业额为5654.11万元，比上年同期上升1.26%；消费车次累计29万车次，比上年同期上升8.48%，消费人次累计36.5万人次，比上年同期上升3.56%。

【机电管理】 2014年，临汾市高速公路通信骨干网、接入网、计算机网络及收费网络完好率100%。视频监控系统、图像上传网络完好率100%；收费数据传输准确率100%。机电运行、维修、保养等记录、档案、资料、制度齐全。

【信息化建设与管理】 2014年，临汾市高速公路管理处制定信息化5年规划，建立网络安全体系，做到有专人管理。健全24小时值班制度，发布路况信息979条，可变情报信息528次，发布网站信息228篇，图片10幅。

【科技管理】 2014年，临汾市申报智能远程照明集中控制系统及低频无极灯与微波离子灯改造研究项目；开展《提高客户满意度》《如何减少水资源浪费》等5个QC课题攻关活动，改进服务质量，节约能源，降低管理成本、提高员工解决实际问题的能力。同天然气公司合作，实施中央空调更换直燃机，将电能改为燃气，达到节约能源的目的。

【提升服务能力】 2014年，临汾市实施襄汾服务区经营场所和公益设施的提档升级工程，推进襄汾服务区卫生间改造，引导经营者对餐饮服务设施进行提档升级，实现服务区的餐厅、超市、公厕基本无蝇、无异味。实施洪洞治超点“一岗双磅”改造工程，按照省厅、省局关于规范治超站点建设的相关要求，采取“东移北进”的施工方案，完成洪洞治超检测点标准化建设。实施收费站综合服务中心建设工程，按照“四站”建设要求，完成襄汾、土门收费站综合服务中心标准化建设。配合省局实施12122呼叫系统的升级改造工程,加强信息值班人员的业务培训。

【"三大公共服务体系"】 2014年,在出行信息服务体系建设上,临汾市强化路政巡逻、片区中心、省中心三级联动信息报送机制,加强片区信息监控值班员、路政巡逻人员、养护作业人员的信息业务培训。在紧急救援服务体系建设上,以片区中心、路政大队为主体,建立与高速交警、地方政府、定点急救医院应急联动体系,6月18日,与高速交警联合举行应急实战演练。在便民服务体系建设上,深化收费站"四站"建设,延伸片区中心"五心"服务,推行路政、养护错时、大密度巡查,形成以片区监控、收费站、路政、养护、服务区"五位一体"的无缝隙便民服务网络。

公路建设与管理

【省道洪永线磨沟至曹城段路面改造工程】 该工程起点位于隰县与蒲县交界磨沟,省道洪永线K52+430处,终点位于曹城,省道洪永线K89+890处,二级公路技术标准,建设规模37.5千米,总投资1.07亿元。完成22.25千米,完成投资7465万元。

【省道桃临线木瓜沟至马务桥段改建工程】 该工程建设规模113.83千米,总投资6.13亿元。2009年至2013年完成48.3千米,投资1.81亿元。2014年计划完成尧都区吴村至兟淇段5.95千米,完成投资5199万元。该工程被临汾市政府规划为城市街道,由其负责拓宽建设,竣工通车。

【国道209线鲁家河至十里河吉县过境改线工程】 该项目建设总里程12.015千米,其中利用吉河高速连接线和临吉高速吉县互通连接线5.553千米,新建路段全长6.462千米,估算投资9989万元,已立项,计划2015年开工。

【108国道霍州退沙至侯马凤城一级公路路面改造剩余工程】 108国道霍州退沙至侯马凤城一级公路路面改造工程建设规模总计125.432千米,总投资10.7亿元。2012年、2013年累计完成116.575千米,完成投资9亿元。剩余工程量为8.857千米,分别为临汾市区4.6千米、收费站段1.557千米和霍州108复线2.7千米。市区的4.6千米尧都区纳入秦蜀路南延拓宽改造工程,正在实施,年内可完工;收费站段1.557千米因涉及收费站位置变更,暂缓招标;霍州2.7千米复线段因2013年冬天霍州市实施供暖管道改造工程,无法进行公路施工,2014年因建设资金问题未开工。

【公路小修工程】 截至2014年11月底,临汾市完成扫雪打冰2730平方千米、备(撒)防滑料2770立方米、撒融雪剂122吨;清理塌方、杂物61970立方米、疏通边沟2583千米、清理疏通涵洞1000道、整修路基边坡1198千米;整修绿化平台2052千米;挖补翻浆、坑槽80200平方米、沉陷40750平方米,刷油38500平方米、灌缝311200米、贴缝38000米;新增更换标志420套、划设标线55260平方米;设施刷新57150平方米、行道树刷白140千米;栽植各种花木14.6万株,种植草皮479600平方米、打草918400平方米;恢复水毁50处。四季度分局公路评检里程为1465.537千米,优良率82.14%,公路技术状况指数MQI值为87.08。

分局结合路况实际,安排油路重罩面411450平方米/44.1千米,完成投资498万元,即:309线安泽段39500平方米/5千米,309线古县段140750平方米/15.5千米,临夏线襄汾段171000平方米/15千米,洪永线永和段60200平方米/8.6千米。全部完工。

【公路灾害防治工程】 2014年临汾市计划完成灾害治理工程10项,投资2203万元,其中,309线8处,洪永线2处。9处完工,309线1处施工中,完成投资1800万元。

【示范工程创建及文明路保持】 按照国道优先、路段连续的原则,2014年,临汾分局在国道309线K1099~K1129段开展示范公路创建活动。完成处置路面病害4200平方米、刷油4490平方米、灌缝23100米,增设边沟730米、拦水带1340米、维修路缘石1580米、面包石330米,划设标线3370平方米,补栽标志11套,补栽百米桩472根,种植草坪14千米,完成投资45万元,基本达到示范工程的标准要求。

2014年保持文明路890千米。具体为:108线霍州什林至侯马新绛界162千米;209线隰县曹城至大宁前楼底、大宁闻喜村至茨林、吉县柏坡底至乡宁河津界124千米;309线安泽至洪洞甘亭、临汾西张堡村至吉县壶口190千米;临么线临汾段店至翼城绛县界73千米;临夏线临汾涧上至新风村6千米;坪曲线东坞岭至曲沃苏村55千米;侯风线侯马至闻喜界16千米;侯安线侯马至闻喜界7千米;曲绛线曲沃至绛县界15千米;长安线长子界至安泽53千米;襄乡线襄汾城关至尉村段21千米;三大线吕梁交界至大宁77千米;临午线临汾至隰县午城91千米。

【危桥加固改造工程】 2014年临汾分局需完成危桥改造9座,计划投资866.6万元,具体为:桃临线的辛置桥、侯风线的浍河1#桥、长安线的冀氏桥、沁洪线的安吉桥、309线的红卫桥、三堤桥、青松沟桥、高楼河桥、高杏沟桥。309线的红卫桥、三堤桥主体完工,引道正在施工,2015年完成路面铺装。其余7座桥完工,完成投资570万元。

【桥隧安全运营】 2014年,根据省局要求,临汾分局下发《关于完善国省干线公路桥梁标志标线》的通知,安排落实桥梁安全运行十项制度,完善标志标线,对隧道进行隐患排查。在桥梁定期检查中,通过竞争性谈判,选择山西省交通建设工程质量中心承担分局372座桥梁的定期检测任务,完善部分程序,待合同签订后进行正式检测。

【道班房建设】 2014年,临汾市完成对8个养护道班的改造(建)任务,即:翼城西坞岭道班、霍州退沙道班、洪洞堤村道班、临汾段店道班、吉县川庄道班、曲沃北董道班、大宁罗曲道班、乡宁梵王寺道班。

【交通战备】 2014年,根据省局要求,临汾分局清点战备物资,完善管理制度和应急方案,完成公路工程保障队伍和战备钢桥架设专业保障队伍整组工作。完成战备钢桥架设演练任务,于10月30日接受省交战办和省公路局领导以及其他分局的观摩。

【路政治超与收费】 2014年,临汾分局查处路政案件268起,清理路障21578平方米/120处,拆除违章建筑400平方米/1处。受理并办结超限运输许可事项1455件。路政案件发现率、查处率、赔偿率、结案率均达98%以上。超限检测站检测货运车辆318万辆,查处非法超限超载车辆98辆,卸载226.05吨,超限超载率控制在0.03‰。

截至11月底,西涧北收费站通行费收费总额为4865万元,日均收费额为14.74万元。

【路桥监管】 2014年仅中标1个项目(吕梁养护标),0.36亿元,离省局要求完成3亿元的经营目标差距较大。1月至11月,完成产值1.05万元,占全年目标3亿元的35%。在建项目均按照“省厅(省局)扶持项目利润指标达到10%,其他项目利润指标不低于5%,无亏损项目”的目标进行控制,利润指标均在可控范围内。未出现私自变卖或抵押抵账的现象,确保国有资产的完整不流失。公司2014年新增固定资产7台(套),76.31万元,国有资产保值率为78%,固定资产增值率为一22%。主要原因是缺项目、缺资金,无新增生产设备的投入,导致新增固定资产数值小于固定资产折旧数值。收到工程款7061万元,占工程价款9864万元的71.58%;完工程项目回收债权684万元,往年应收款回款率6.31%。

【公路养管新机制】 2014年,临汾分局以养护管理为突破口,重点解决以往在工作中存在的养护一窝蜂,突击养护、突击花钱及养路经费“养人不养路”、养路工“出工不出力”的问题。调研掌握各养护单位实际情况的基础上,综合养护资金、养护里程、养护难度、道路等级、机械化程度等因素,分析确定各养护单位需要的一线养路工数量。根据养护工作需要,对养护工的自身条件提出统一要求。压缩养护单位机关管理人员数量,剩余人员充实到道班。

【公路预防性养护和日常性养护】 结合临汾分局各项养护目标,年初制定印发《2014年干线公路日常养护绩效考核办法》,明确规定全年养护工作考核时间、内容、奖惩办法。对路容、路貌提出更高标准的要求,开展春季养护,对路面积雪积冰进行全面清理,对路基、绿化平台高标准挂线整修,彻底清理边沟、绿化平台、中央隔离带及过村镇路段的垃圾杂物。各养护段早安排、早动手,对近几年竣工的工程实施贴缝、灌缝,对部分路段实施刷油、罩面,延长使用寿命。在日常养护方面,加大巡路力度,处理各种路面障碍;加强养护队伍建设和人员素质培养,成立专业养护作业组;合理安排养护作业计划,做到快速养护、快速通行。

【桥隧设施养护和危险路段防治】 2014年,临汾分局落实桥梁养护管理责任制,建立健全桥隧运行监控机制和养护管理机制。组织桥隧技术人员对所有桥隧进行普查,更新桥梁管理系统数据。加强桥梁日常保养和维修,对伸缩缝损坏、锥坡塌陷、勾缝脱落等病害及时维修。对隧道进行安全隐患排查,安装出入口标志,划设震荡标线和分道线,维修照明设施,确保安全运营。

【安全生产专项活动】 2014年,根据工作、季节特点,临汾市开展安全生产大检查、"六打六治"打非治违、安全生产"知责、履责"等活动,制定印发有关活动的8个实施方案,下发、上报安全文件58份。开展安全检查10次,安保设施调查3次,排查整改一般隐患42处,排查危险路段94处,填写安全检查卡片195份。全年处治路面病害11.78万平方米、修复防撞墙1350米、补栽警示柱709个、修复、新增波形梁护栏13千米。

【职工安全培训】 2014年,临汾分局加大安全培训、宣传力度,提高全员安全意识。举办公路养护安全培训17次,培训养护生产人员500人次,发放《养护安全知识手册》500余册;对在建大修工程进行《公路工程施工安全培训》1次,培训施工人员100人次。

【桥隧管理和工程建设安全工作】 2014年,临汾分局加大对桥梁、隧道的巡查力度,制定桥隧运行应急预案,完善桥隧管理制度。投资180万元完善所管辖8座隧道的安全设施,24小时值守,确保隧道的安全运行。执行安全生产相关标准,加强施工现场管理和安全生产过程控制,推进"平安文明工地"建设活动。开展"安全隐患排查"和"无安全隐患确认"活动,消除安全隐患,提高工程建设安全管理水平,实现工程建设"零事故""零伤亡"的目标。

交通运输执法

【概述】 2014年,临汾交通运输执法局推进执法监督工作,全年全局办理执法监督案件234件,完成年计划任务的108%,其中执法监督类208件,治超监督类9件,安全生产监督类12件,收费公路监督类5件。被省局评为优秀案件8件。

【执法监督】 2014年,临汾交通运输执法局围绕全省交通运输执法工作"三个必须、五个强化"的决策部署,制定"五加强、五提升"整体工作规划和逐月执法监督重点。春运期间,与市交通局联手查"三乱"、治理交通执法人员乱作为、纠正春运管理人员监管不到位,制定治理公路"三乱"工作方案。对本辖区被监督单位、办事窗口进行"衙门作风"专项治理检查,下发监督意见书10份。全年组织明察暗访901次,出动车辆894台次,涉及被监督单位98家,执法人员3317人次,对全市18个县(市、区)拉网式排查覆盖率100%。

【安全生产监督】 2014年,根据省厅、局"党政同责、一岗双责、齐抓共管"的要求,形成各司其职、各负其责、齐抓共管的安全生产格局。3月25日至6月30日,临汾市开展安全生产大检查专项行动,深挖各类隐患源头,解决突出问题,组织安全消防演练18场,确保消防安全形势稳定。在以"平安交通,我担当我尽责"为主题和"六打六治"专项行动中,组织学习,观看警示教育片,提高职工的安全意识,配备安装消防设施、监控设备,整修电路及用电设施,加固排水防洪设施。对危化品运输企业、车辆,从业人员的资格资质,桥梁隧道管理方面的安全隐患排查、旅客运输安全管理等进行监督纠正。

【审计监督】 2014年,临汾市交通运输执法局完成省厅、省局、市局安排的审计监督任务,为省厅、省局科学决策提供依据。组织审计骨干和事务所人员对临汾高速北柴收费站扩容改造工程实施竣工决算审计;对永和、大宁、蒲县、安泽、古县、襄汾6个分局长进行离任经济责任审计;对临汾高速公路网命名和编号及相关标志更换工程项目进行竣工决算审计;对市局招待所下水管道改造工程实施竣工决算审计;对翼城、浮山、古县等11个分局2014年财务预算执行情况进行审计;参加交通部组织的"国标网"吉县至河津段高速公路建设项目绩效审计;委托临汾信誉工程造价咨询有限公司并参与对机关办公用房和洪洞等7个分局业务用房维修改造工程实施竣工决算审计。

【收费监督】 2014年,临汾市交通运输执法局受省厅委托对临吉高速收费公路规范服务和免费车辆管理情况进行专项检查,采取现场检查、调阅资料、调取监控、暗访跟踪等方式，以免费车、“绿色通道”车辆为重点进驻收费岗和监控室全程跟班作业。通过调阅、查看对比分析，在网上核查该单位所报免费车辆名单。联系公安交警，查找出5个方面问题，提出4方面建议。

2014年1月10日临汾市交通运输执法局领导下基层调研指导工作

【治超监督】 2014年，全省和临汾治超工作会后，加大明察暗访和典型案件查处力度，开展治超监督工作。重点加强辖区内短途非法超限超载的集中治理并予以监督检查。严格责任追究，落实整改制度，规范交通行政执法行为，提高交通行政执法水平。对省厅、局批转的举报侯马、洪洞相关源头运输企业进行跟踪监督并上报省局。

【行政执法评议考核】 根据执法评议考核工作部署，临汾市交通运输执法局抽调5名骨干于2014年7月至8月完成对长治交通运输局、公路分局、长平、长邯高速公司4个被考核单位执法评议考核工作，查阅相关资料4大类，调阅行政执法案卷173份，现场检查、暗访27次，抽调243名执法人员进行法律知识考试。配合省厅考核组对临汾交通局、公路分局、临汾高速公司、翼侯高速公司进行执法评议考核。在评议考核结束后，组织人员跟进考核评议单位，对省厅考核整改意见进行监督落实。

（郭　旗）

邮政事业

【概述】 2014年，临汾市邮政收入完成26960万元，收入规模全省第四位。2014年临汾邮政期末总资产额为30105.22万元，其中流动资产额12317.08万元、固定资产净值14966.3万元。全市有邮政网点148个，其中邮政储蓄网点113个。2014全市41个空白乡镇局所网点，补建接收29个、接收率70.73%、运营29个、运营率70.73%。全市邮路总条数34条，邮路总长（单程）2118千米；农村投递路线189条，农村投递路线总长（单程）12142千米；自办汽车邮路24条，邮路1412千米；委办汽车邮路10条，邮路706千米。

函件、报刊、保险三个专业完成收入预算目标。较年初欠费减少267.12万元，压缩库存216.87万元。经营性现金净流入69.19万元，企业货币金存量增加277.29万元。管理成本同比下降11.98%，劳产率增长2.59%。

【业务发展】 2014年，临汾市储蓄专业按照全面系统分层的转型要求，对选取的示范网点实施标准化转型；保险专业采取重点跟进，帮扶督导的方式。将县市网点好的经验做法进行共享，调动员工发展业务积极性。函件专业按照“早开发，早收益”的原则拓展账单功能，开发尧都农商行信用卡账单、车辆年检通知单、住房公积金公用账单等，账单业务取得较大发展；报刊专业开展校园报刊市场的开发工作，推进校园报刊市场的开发；集邮专业借助邮票题材亮点，结合地方实际情况，开展产品营销工作，通过新邮宣传带动相关产品销售实现收入156.3万元。电子商务专业代收电费业务于2014年10月成功启动，可代收的电子化支局72个、便民站315个，全市有216个站点实现收费，平均开办率56%，代收电费额41.38万元。分销专业利用社会渠道与当地社会便利店合作达成合作协议进行代销，通过多种形式推进业务发展。

【风险防控】 内控人员按照两岗履职要求对所辖城市网点、农村网点进行抽查，按照既定的检查项目进行常规检查。2014年下发视检报告书72份，收回整改报告72份，查出169个违规问题，均整改落实。为提升全员风险防控意识，临汾分公司强化教育培训，提升从业人员防范风险能力，帮助员工实现由“被动执行”向“主动防范”的转变，使每个从业人员做到“不想违规、不愿违规、不敢违规”，一切以执行制度为根本。

【渠道建设】 2014 年，临汾邮政履行普遍服务义务和特殊服务任务。全市 41 个空白乡镇局所网点，补建接收 29 个、接收率 70.73%、运营 29 个、运营率 70.73%，均完成省公司年度目标。网点改造方面，全市按照统一标准共改造网点 6 个，全部按照城市标准网点进行装修改造，增加大客户室，自助区，扩大客户等待区。实施机要室改造 7 个，无障碍设施改造 4 个，为特殊客户提供便利服务。

山西省邮政公司临汾市分公司挂牌

【公司更名挂牌】 2014 年 3 月 4 日上午，临汾邮政举行更名挂牌仪式，临汾市邮政局正式更名为山西省邮政公司临汾市分公司，这标志着临汾邮政正式跨入新的历史征程，实现全方位企业化经营。

【总经理李玉杰赴联系点指导】 2014 年 3 月 19 日至 20 日，省邮政公司总经理李玉杰在临汾邮政分公司调研督导，深入联系点襄汾局、霍州局指导工作。

【“世界水日”节水宣传】 2014 年 3 月 22 日是第二十二届“世界水日”，3 月 22 日至 28 日是第二十届“中国水周”。临汾分公司以“世界水日”节日契机为切入，与水利局合作策划节水宣传活动，主要采取集中宣贯和分散宣传的形式，由业务人员主动上门了解客户宣传需求，通过制作宣传展板，印制宣传单页，制作纪念礼品环保手提袋、开展校园宣传、利用邮政网点信息联播网播放节水宣传短片等形式提升活动影响力。为企业一次性创收 62000 元。

【生辰纪念珍藏册】 2014 年 5 月，临汾市邮政分公司函件业务局结合市场需求推出生辰纪念珍藏册产品，册中包含精挑细选出的第五套人民币生日纪念钞(即：个人出生年月日与人民币八位流水编号一致包含 100 元、50 元、20 元、10 元、5 元、1 元六枚生日同号钞)。每套生日钞纪念珍藏册均按照个人情况进行量身定制，包括姓名名牌、姓氏介绍、生肖邮票、纪念明信片等。公司与儿童摄影机构、妇产医院、育婴早教机构等合作，依靠发展代理渠道，实现产品的批量定制。产品推出后市场反响良好，在短短两周时间里，全市定制生辰纪念珍藏册 60 余册，创收 10 万余元。

【“走单位、进农村”入户综合营销】 2014 年 5 月 12 日是第一百零一届国际护士节，临汾邮政分公司开启“走单位、进农村”的第一站，走进临汾市癫痫病医院。“走单位、进农村”入户综合营销活动以网点为单位，支局长、包点干部任组长，与柜员、客户经理、投递员共同组成营销团队，通过深入网点周边企事业单位、农村、厂矿、社区等目标市场，开展邮政各类业务推介，实施外拓综合营销宣传，旨在通过打造常态的综合营销机制，以综合宣传带动邮政金融类业务及各类业务的持续快速发展。

【吉县局成立“苹果邮局”】 2014 年 7 月 15 日，吉县邮政局与吉县县委宣传部在吉县广场举办水果邮票首发活动，全国首个“苹果邮局”落户吉县。“苹果邮局”首发式现场展出《邮币同赞共和国》《荷花》《生肖邮票》《“文”字邮票》等邮品，首发现场专为邮迷们提供加盖“苹果邮局”邮戳的服务，邮展期间，现场销售水果邮折、水果首日封、水果邮票书数余册，实现销售收入 12000 元。

【代收电费项目启动】 2014 年 7 月 18 日，临汾邮政分公司与国网临汾供电公司就代收电费项目正式合作并签约，双方就提升便民服务水平、解决服务群众最后一公里问题达成共识，标志着临汾分公司代收电费项目正式启动。

【刮刮有奖系列明信片】 2014 年 12 月 16 日，临汾邮政分公司特推出刮刮有奖明信片产品，该产品结合当前社会道德热点，植入以“新二十四孝”为主要内容的道德宣传，明信片在封片原使用功能的基础上，创新型地叠加刮奖功能。网点员工在柜台办理业务的同时，向客户进行刮刮有奖明信片介绍，主要突出其高中奖率特点，做好网点客户的推介工作。在外拓营销活动中，各局以支局为单位在人员集中场所设置刮刮有奖明信片销售点，利用赶集市场在集市区摆摊设点，做好对流动客户的销售工作。在邮政便民服务点、三农服务站以及各类便利店、小卖店等进行代售是刮刮有奖系列明信片向市场推入的主要方式。

（卫文静）

附：

·获奖情况·

集体

2014年11月，临汾市邮政分公司被通信行业企业管理现代化创新成果审定委员会荣记第十一届（2014年）通信行业企业管理现代化创新成果三等奖，被中国邮政集团公司荣记第十届（2014年）全国邮政企业管理现代化创新成果二等奖

个人

2014年4月，郭伟被中国共产党山西省委员会、山西省人民政府荣记为山西省特级劳模；11月，卫永胜、丁勇、赵保文、赵国强、崔烨、范伟东、卓见、张宏、荀敏丽、卫文静被通信行业企业管理现代化创新成果审定委员会、中国邮政集团公司评为企业管理现代化创新成果参与创造人

快递物流

【概述】 2014年，临汾市有快递品牌18个，主要有邮政EMS、四通一达、宅急送、顺丰、天天等品牌企业，全市快递企业及其分支机构共计427家（含分拨中心）。全市快递下乡企业品牌7个，下乡网点227个，全市137个乡镇中95个乡镇设有快递网点，42个乡镇无快递网点，乡镇覆盖率达69%。2014年，临汾市邮政行业业务收入累计完成3.36亿元，同比增长10.48%；业务总量累计完成3.19亿元，同比增长10.79%。

2014年，临汾市快递业务量累计完成361.48万件，同比增长64.21%，最高日处理量突破10万件；快递业务收入累计完成0.64亿元，同比增长66.39%。2014年“双十一”期间，全市累计处理邮（快）件130余万件，创历史新高。

统计数字表明，从2012年至2014年，临汾市邮政行业业务总量完成由2.55亿元增长到3.19亿元；业务收入完成由2.98亿元增长到3.36亿元。快递业务量由108.97万件增长到361.48万件；快递业务收入由0.11亿元增长到0.64亿元；快递企业由36家增加到405家。3年时间企业数量扩大近8倍，业务量实现每年倍增。

【行业管理】 2014年，快递管理加强对违法违规行为处罚。行政处罚重点明确，整治违法违规行为。全年办理案件10起，罚款9.6万元。抓好旺季生产保障。提前部署，开展宣传教育，签订旺季服务承诺书，提升企业认识，强化责任落实。注重抓好关键节点，“双十一”期间，以动态监控、实时检查、应急值守等为主要手段，督促企业更换场地、更新设施、调配运力，提高效率，确保生产有序。抓好安全生产监管。加强危化品寄递管理，两次开展专项整治工作，严禁企业收寄危化品和普通化学品；抓好重大会议、活动期间邮路安保工作，与国安局、公安局形成合作机制，确保邮路安全；组织开展面单集中销毁活动，建立常态机制，确保用户个人信息安全；制定颁行行业应急预案，纳入临汾市应急预案体系，组织企业开展消防应急演练，行业应急管理水平；印发《临汾市邮政行业法律法规汇编》，开展行业安全普法教育，增强安全生产意识。重点抓好快递服务水平提升。以“三化”建设为突破口，实现市区主要品牌快递门店标准化，推动圆通等一批新分拨中心高标准投入运营。以快递下乡为着力点，与发改委等十二部门签署电子商务发展意见，鼓励企业拓展农村市场，发展农村特产物流运输，使乡镇设点率达到70%左右。以直营化为切入点，推动汇通率先直营，明确韵达直营时间表。抓好地区合作深化。晋陕豫黄河金三角区域合作规划批复后，山西、河南、陕西三省邮政管理部门联合签署区域行业合作框架协议，临汾市邮政业被纳入区域行业规划体系，显现行业发展区位优势。

无线电管理

【频率台站管理】 2014年,围绕管好频率、管好台站这个"主业",规范管理,严格审批,严肃查处违法设台,做好无线电台站数据更新和完善。临汾市有各类无线电台3403部。A库:3401部。其中:包括声音19部,电视28部;短波台7部;超短波固定台96部;超短波移动台275部;蜂窝移动通信系统GSM基站1650座;电信CDMA基站446座;移动TD-SCDMA基站143座;联通CDMA基站158座;无线市话基站527座;无线数据传输电台5部;地球站17部;业余电台30部。B库:2部。为广播系统CMMB移动电视。新增无线电台站41部,报停无线电台站85部。

【曲沃县宇鑫出租汽车公司台站管理】 2014年,无委会在排查曲沃信义出租公司频率干扰过程中,查出曲沃县宇鑫出租汽车公司没有经过无线电管理部门批准擅自设台的行为。对其提出警告,处罚金1000元,帮助他们申请频率,办理设台使用手续,规范使用。

【频率占用费收缴】 按照行政审批权限,简化审批程序,公开审批事项,提高审批效率,提供优质服务,2014年临汾市审批无线电频率2个,无线电台41部,报停台站85部/台。贯彻落实无线电频率占用费收缴规定,本着足额收缴、按时完成的目标,采取下发《收费通知书》,电话催交,深入台站收缴的办法,35家设台单位的频占费全部收取,足额上缴,完成频占费收缴工作任务。

【取缔"黑电台"】 2014年,临汾市无委会查处大功率非法调频广播电台。经过技术人员监测排查,1月14日94.6Mz超大功率非法广播电台被定位后,管理局领导带领公安、广电等部门执法人员赶赴非法广播发射源所在地尧都区枕头乡垣上村112号农户家,执法人员进入房间后发现大功率广播发射机(功率在3000瓦以上)、硬盘播出系统、稳压电源,危害极大。对非法广播发射设备、天线等进行依法拆除,收缴调频广播发射设备。

【汾河公园私设调频广播】 2014年5月9日上午,在公安部门的配合下,无委会对临汾市汾河公园管理处私设调频广播电台进行依法查处,暂扣300瓦调频广播电台一部。虽然该台是用于公益事业的广播台,但其占用的是调频广播频率,可能会给合法广播电台造成干扰,必须关停。执法人员按照相关法律法规,依法进行强制拆除并将其使用的发射机进行暂扣。

【曲沃广电中心频率更改备案】 2014年9月19日,局领导带领相关工作人员,对曲沃县广电中心频率更改情况进行调查处理。经查,曲沃县调频广播受到干扰后,经临汾市文广新局协调,由山西省广电局和曲沃县广电中心签订协议,将频率由原来的88.2MHz改为99.4MHz,该协议既没有正式的国家广电的批文,也没有到无线电管理部门备案。对此提出批评警告,要求写出频率变更情况报告,严格按照要求,规范使用。

【翼城广电中心调频广播干扰民航专用频率】 2014年12月22日,接到省局批转的"关于翼城广电中心调频广播杂散辐射超标情况的报告"后,局领导带领相关人员到翼城广电进行查处。经过现场对翼城广电调频广播发射机进行开关机测试,发现该调频广播设备严重老化,确实存在91.0MHz调频广播信号有多个杂散辐射信号落在航空专用频段内,当即责令其关停发射设备,经技术处理检测合格后方可恢复。

【"业余无线电爱好者野外应急通信演练"】 2014年3月15日,侯马举办"业余无线电爱好者野外应急通信演练"活动。来自临汾、运城、阳城、韩城等地30多名业余无线电爱好者分别联络到上海、河北、北京、河南、山东、广西、陕西、广东、黑龙江等地的近百部业余电台进行通联。

【业余无线电通联】 2014年4月15日,借洪洞大槐树祭祖节隆重举行之际,举办"家的呼唤"业余无线电通联活动,近50名业余无线电爱好者在活动现场与新加坡、广东、浙江、河北、广西等地的业余无线电爱好者进行通联。

【查处"伪基站"专项行动】 2014年,临汾市无委会贯彻省局关于打击整治非法使用"伪基站"违法犯罪活动专项行动工作方案,4月8日管理处召开专题会议进行研究部署,成立以处长代军为组长的打击伪基站专项工作领导小组;制定《打击伪基站专项工作方案》,建立公安、移动、电信、联通等部门联席会议制度。针对公安等部门查处的伪基站，配合收集并整理相关证据，送往省局对“伪基站”设备进行技术鉴定。在专项活动期间，临汾市区查获“伪基站”案件10起，查获“伪基站”设备12套。

【打击非法设置无线电台(站)】 2014年，按照省无线电管理局《打击非法设置无线电台(站)专项治理活动实施方案》的要求，6月16日，管理处召开专题会议，部署落实打击非法设置无线电台(站)专项治理活动。制定《临汾市打击非法设置无线电台(站)专项治理活动的实施方案》，组建专项活动工作机构。加大执法力度，强化活动落实。重点对“伪基站”、非法广播电台、卫星电视干扰器三类非法设台行为，做到发现一起查处一起。利用执法记录仪记录行政执法全过程。深入县市核实广电部门的无线电台站数据，掌握合法广播电台的数据资料，压缩卫星电视干扰器的生存空间。查获“伪基站”案件10起，查获“伪基站”设备12套。查获大功率”黑电台”一部，处理临汾汾河公园管理处私设调频广播，暂扣300瓦调频广播电台一部，查处一起曲沃宇鑫出租车公司非法设置使用电台，对设备进行暂扣，视情节依法进行1000元处罚。

【在用无线电设备检测】 2014年，临汾市无委会完成对在用无线电台站设备的检测工作。辖区有公众移动基站2252部，公众移动基站应检68部，实际检测70部。辖区有广播电视台站47部，专业通信设备467部，其中广播台站应检14部，实际检测15部；专业通信设备应检47部，实际检测74部 。

【监测监听】 2014年，临汾市无委会加强监测管理工作力度，发挥监测设备作用，完成监测任务。全年监测监听2518小时，编写监测月报12期。完成日常监测任务，提高监测工作水平。利用B级站对48.5～72.5MHz、76～84MHz、167～223MHz、470～566MHz、606～694MHz、137～167MHz、403～423.5MHz以及广播频段进行日常监测，每个频段每月监测不少于3天，每次不少于24小时，全年完成日常监测2518小时。提高监测月报质量，按时完成月报工作。做好监测月报的编写，在日常监测工作中将监测数据、存在的问题统计、分析、整理汇总编写上报。完成监测月报12期。

【干扰排查】 2014年，临汾市无委会加大无线电干扰排查力度，维护空中秩序。全年受理干扰排查任务7起，排查6起，排除1起。干扰排查率100%。协助省监测站排查干扰1起。

排查94.6MHz非法广播信号干扰。1月，在对87MHz～108MHz广播频段进行监测时，发现94.6MHz出现一个不明广播信号。通过对监测数据的分析，初步判断该广播属于私设广播信号。确定干扰信号源后，技术人员立即向管理局报告。17时30分，局领导带领公安、广电等执法人员抵达临汾市枕头乡垣上村，对该非法广播电台进行处理。该广播电台属一超大功率非法电台，发射机功率为3千瓦至5千瓦，进行拆除取缔。

排查浮山县广电102.4MHz广播干扰。2月下旬，浮山县广电中心投诉：称其102.4MHz广播受到不明广播信号干扰，请求给予排查。管理局领导派出监测站技术人员进行排查。将该信号锁定至运城市万荣县城孤峰山景区万荣县广播电视台转播台，其发射天线安装于万荣县广电局发射塔上。经过局领导与运城管理局协调处理，干扰信号消失。

排查市广电98.7MHz广播干扰。4月中旬，临汾市电视台投诉：称发现一非法广播信号98.7MHz对其产生干扰。通过定位该广播信号为古县广电差转台。通过对古县广电进行了解，该县原有频率为98.6MHz，审批发射功率300瓦，已停播多年，自2013年7月开始复播。由于技术人员在试播调试中发生误调，导致其频率偏移100kHz，功率增大至720瓦，对临汾电视台调频广播形成干扰。确定干扰源后，责令古县广电中心进行整改，将该广播频率及功率调回正常数值，干扰消失。

排查90.6MHz，发现一个非法广播电台。8月1日，临汾市广播电视台投诉：称90.6MHz出现一个非法广播电台。接到举报，局领导立即安排监测站技术人员进行排查。技术使用PR100和场强仪进行监测排查，按照信号所指方向，通过对襄汾、侯马进行测试，该信号在运城管辖区域。

排查卫星电视受干扰。8月下旬，省无线电管理局转发国家无委关于临汾群众卫星电视受干扰的投诉。该群众使用的是自行安装的卫星接收天线，安装位置位于福利巷内，其卫星天线接收的卫星信号频率范围3.6～4.2GHz，受干扰情况为每隔10余秒会出现卡屏现象，无法正常收看节目。经过排查，该次投诉群众卫星接收天线站址距离军用雷达较市广电受干扰站址更近，直线距离1千米左右，处于雷达干扰范围之内。将该情况与投诉群众进行反馈沟通，投诉群众表示理解。

排除126.7MHz民航干扰。11月4日，山西省无线电管理局转发民航126.7MHz导航频率干扰的协查请求。为保障民航航班的安全飞行，接到干扰排查任务，局领导立即安排技术人员对民航频段干扰开展排查。按照民航提供信息，太原西南太原距太原0千米至230千米(交口、汾阳、隰县)有广播干扰信号出现、太原西南80千米、160千米、230千米及运城上空(平遥、洪洞、襄汾)有不明噪音。根据民航提供干扰情况，先后对隰县89.9MHz、洪洞91.1MHz、襄汾96.5MHz调频广播进行测试，未发现有杂散信号出现，民航频率在隰县、襄汾、洪洞产生干扰的可能均被排除。

排查1850～1880MHz不明信号。按照省站监测任务在对1850～1880MHz进行监测时，发现1841～1859MHz有一宽带不明信号。为了确定该不明信号，对该信号进行排查。确定该信号为联通公司临汾分公司基站发射信号，通过向联通公司询问，该信号为联通公司正在测试的4G(FDD LTE)基站发射的信号，只在尧都区架设一套设备进行测试，其余地方暂未进行架设。

协助省站排查大西高铁客运专线干扰。4月下旬，大西铁路GSM－R系统联调联试时发现在临汾西站至襄汾西站区间内有一不明干扰信号，对930.200MHz频点形成干扰，请求无线电管理部门予以排查。经监测，将信号锁定于襄汾县大邓乡一带。当监测人员进一步排查时，信号消失。此后干扰信号再没有出现。经与大西铁路建设部门联系，确认高铁信号满足通车要求。

【各类考试无线电安全保障】 2014年，临汾市无委会管理处完成教育、司法、卫生、组织部、人社局、市政府办公厅等部门的各类考试无线电安全保障21次，参加人员152人/次、出动车辆38车/次、动用各类无线电监测设备103/套、发现作弊信号7个、阻断4起、逃逸2起、查处1起、抓获作弊人员1人，没收设备1套，移交公安1起(设备、人员全部移交公安)。

【高考语音作弊查处】 在高考保障中，2014年6月7下午16时30分左右，保障二组监测人员在使用TCI－735移动监测设备对师大实验中学进行保障监测时，发现221.800MHz出现一个语音作弊信号。师大实验中学位于居民集中区，地形复杂，离考试结束还有20多分钟，孙龙刚、张立勇使用EB200测向仪跑步进行测向定位，在短短的10多分钟就将作弊信号锁定在师大实验中学考区东北方向约200米的临汾市人大培训中心6层605室。向高考联合办公室和局领导汇报，17时10分，局领导和联合办公人员赶到现场，公安人员对该房间进行搜索，在窗台下暖气片夹层内搜出电瓶一块、大功率发射设备、天线一套和大功率发射设备音频的手机一个，现场抓获作弊嫌疑人1名，移交公安部门处理。

【研究生考试作弊查处】 在2014年1月的研究生考试保障中，临汾市监测人员在220.200MHz发现一作弊信号，经过定位，将其定位至师大北门附近一师大员工家属楼内5层西户，由于无法入户搜查，在敲门进行询问、警示后，只得离开，后该信号未再出现。在220.300MHz发现有作弊信号出现，当定位至研究生宿舍楼下时，该信号消失，直到考试结束，作弊信号未再出现。

【宣传工作】 2014年，临汾市无委会做好宣传报道，扩大无线电管理的认知度。撰写工作动态和文章，向省局信息网和国家无线电管理网站投稿。全年向省局报送各类信息96篇，中国无线电管理网站采用7篇，山西无线文化征文17篇，在山西无线文化建设征文活动中管理局被评为“先进集体”，郭永梅被评为省局网站投稿先进个人，张立勇、张佳慧被评为山西无线文化征文先进个人。以《条例》宣传为契机，开展形式多样的宣传活动。在宣传月活动期间走进校园开展宣传活动3次，悬挂宣传条幅10幅，印发宣传资料12000余份/册，解答各类无线电知识咨询200余次，张贴宣传画报30余张，发送手机短信80多万条，网络宣传3次。

【设备维护】 2014年，临汾市无委会完成对B级站例行的维护和B级站各种费用的缴纳，保障B级站的正常运行。按照省里要求，每半个月对仪器设备进行维护一次，针对B级站出现的电源、天线、网络等故障和仪器设备需要升级等问题，上报省监测站，与厂家联系进行维修、保养、升级，确保全年B级站运行正常，各类设备使用良好。

（张立勇）

电信事业

【概述】 2014年，临汾电信围绕公司“推进全面深化改革和互联网化转型”的发展战略，推进4G发展和流量经营，以强化基础管理为支撑，通过“划小”等一系列改革措施，激发组织、人员和业务活力，促进服务水平提升。

【业务发展】 加速移动业务发展。2014年，临汾电信、移动业务发展较上年同比增长15%。新增用户年末出账率60.13%；推进流量经营。2014年通过加快渠道建设，扩大服务范围、增加服务内容和服务触点，实现户均流量的有效提升，流量经营业绩全省排名第三；宽带发展。2M升10M至50M工作全面启动，光纤宽带建设速度明显加快，宽带新增能力提升35.8%，全省排名第四。2014年宽带全年新增用户29038户，用户净增1.3万户，其中10M宽带新增规模及占比提升明显，发展占比从年初18.97%提升到61.22%。

【4G建设】 混合组网试验有序开展，4G发展实现精彩亮相。按照国家整体部署，开展LTE混合组网试验，规模部署TD－LTE网络。2014年临汾市完成181个4G基站建设。4G网络实现尧都区、侯马、襄汾、洪洞等重要城市区域的覆盖，有效覆盖面积97.32%，网络速度同行业领先。加快4G终端的研发和上市，2014年上市的4G终端200多款。

【经营划小】 经营划小是在移动互联网时代“去电信化、差异化、市场化”的一项应对举措，其目的在于实现资源的精确化有效配置，发基层经营单元的活力，响应市场变化，满足市场需求。2014年，临汾电信开展划小核算及经营单元承包工作，应用市场化机制手段解决规模发展、客户服务、客户维系等问题，通过合理配置各项资源，实现责任权利的高度统一，调动员工积极性。

【网络建设】 2014年根据国家政策，重点做好新建楼宇的接入工作，2013年4月1日以后新建楼宇接入108栋，覆盖用户7800户；扩容宽带配线20540线，覆盖住户40747户；为企业接入专线245条；满足大西高铁、霍永高速、飞机场、新医院等重要交通干线和重要活动场所通信需求，2014年，临汾电信投资3000余万元，建设2G/3G基站104个，支撑临汾建设信息高速公路的要求。

联合通信

【核心业务发展】 2014年，临汾联通3G业务量质并重发展，出账用户净增预算完成年度计划的12.35%，全省排名第一；出账率87.84%，存量用户保有率63.67%。2G业务关注发展质量，出账率85.94%，全省排名第四；存量用户保有率76.76%，全省排名第二；新增用户保有率61.32%，全省排名第四。宽带业务保持稳定增长，完成通服收入年度计划的111.12%，全省排名第一；10M及以上速率用户占比10.82%。融合业务实现顺利转型、快速发展。沃家庭累计净增46169户，全省排名第三；完善基层单元考核体系，修订业务收入提成激励办法，激发行业营销拓展和服务支撑水平。生态圈项目拓展多元化，发展手机用户4.1万户，完成预算目标的92%。其中：政要类项目预算完成79.8%，金融类项目预算完成146.7%，大企业类项目预算完115.8%。创新类增值业务快速增长。流量经营初步形成成熟工作模式，提升3G手机户均流量，3G上网户均流量188.89M，全省排名第三，高出全省平均值18.74M。

【网络能力和运营水平】 2014年，临汾联通加大重点工程建设力度，提升网络支撑能力。移动网络方面，加大2G/3G基站的建设力度，室内分布系统建设。固网方面，加快实施“光速城市”项目建设，做好重要业务区域楼宇的高速宽带覆盖；2014年完成48个接入网点、8个模块局和7个中心局端局PSTN和DSLAM设备的下电改造工作；完成875个小区的用户光改任务，其中割接转化宽带用户6.5万户，改造单语音用户1.2万户；夯实网络运营基础，提高网络维护水平。开展移动基站基础数据及天馈系统的核查测试工作,全市基站VIP基站没有发生断站,其他等级基站平均断站次数由2014年底的0.15次减少到0.09次,改善度为40%,基站平均断站时长由2014年底的5.11分钟缩短到3.1分钟,改善度为51%;通过业务培训、薪酬改革,提高末梢维护人员业务技术水平和工资待遇,使宽带装机一日通”率由2014年底的98.72%提升至99.35%、宽带障碍率由2014年底的3.81%提升至3.10%。

进行服务创新,提升客户感知。以构建大服务机制为核心,创新管理举措;强化部门协同成立服务质量委员会;启动岗位体验服务流程穿越活动,促进前后台互动;打造96169宽带专家品牌优势;落实宽带无条件受理工作;建立网络质量投诉常态化分析制度;以投诉管控为抓手,促进短板改进;以俱乐部活动为载体,丰富维系手段,提升客户感知;借助行风评议平台,强化营业窗口服务管理,提升企业形象。

(张 凯)

移动通信

【概述】 2014年,临汾移动推进4G发展,顺应移动互联网发展趋势,推动流量经营,加强精细化管理,降本增效,狠抓价值经营,开创4G领先优势。

【4G发展】 在4G网络建设方面,新建4G基站规模居全省第二,开通率居全省第一。2014年,临汾移动4G网络实现全市范围内乡镇以上地域和A级景区全覆盖,热点农村优先覆盖。4G网络的基站总量相当于2G网络5年的建设规模,覆盖水平、流量承载占比超过3G网络发展以来的总和。4G市场经营方面,4G用户呈现出高速增长势头,每季度均保持着90%以上的环比增幅,4G用户渗透率7.03%。4G网络流量分流比32.4%。

【“三轮驱动”】 2014年,临汾移动推进存量经营。保拓存量规模,提升客户价值。提升幅度排名全省第四。推进流量经营。以终端销售为抓手,建立分销平台,加强渠道扶持,实现流量业务“量与收”的双重增长。布局智慧体系产品,召开“智慧生活”新闻发布会,推出涵盖城市、家庭、政企的“智慧”系列产品体系。“和”产品实现规模发展,排名全省第三。推进集客经营。增强集客销售能力,签约基础教育城域网项目、乡宁平安城市项目等大型信息化项目。

【提升网络能力】 2014年,临汾移动增加整体网络竞争力。4G网络在市区的有效覆盖率99%,3G/4G基站占比50%,四分之三基站流量承载占比52.4%,3G/4G基站总数和流量承载占比实现“双过半”。新建2G覆盖基站保障网络覆盖,提升网络质量,改善用户感知。WLAN网络在流量承载方面起到分流作用。四网协同效果提升。以市场需求和客户感知为出发点,四网协同,开展WLAN网络整治,接入率提升至90.3%。宽带工程重点推进GPON网络改造。提升基础资源和系统支撑能力。优化传输网构架,提升业务接入能力。管道覆盖率提升至65%。市到县二路由比例提升至96.3%以上,二平面建设100%完成。

【渠道转型】 2014年,临汾移动加强渠道集中化管理。完成全市实体渠道的全部集中运营,开展营销技巧培训、问题集中支撑,推广走动式营销工作,提升渠道营销能力。调整厅店功能布局,强化互动体验区建设,改造建设两家体验营销型旗舰店。加大新型电子渠道推广力度。微信营业厅粉丝量51万,点击量350万次,“和淘”注册用户4.4万户,销量排名全省第二。“和生活”注册用户25万,排名全省第二;生活缴费用户1.7万户,排名全省第一。

城乡规划与建设

城乡规划

【概述】 2014年市委、市政府下达的目标责任中,除共性指标外,临汾市规划局的工作任务有7项。完成《地下空间利用规划》。该规划于9月26日由省住建厅组织专家进行评审,规划根据专家组意见修改完成后,于12月12日经市政府正式批复。完成《南部机场片区控制性详细规划》。该规划先后征求采纳市直相关部门的意见建议,于11月19日向城乡规划委员会汇报,完成成果。完成《临汾市城市排水(雨水)防涝综合规划》。规划于12月3日通过专家评审,完善成果。完成《临汾市2015年度城市规划实施计划》。规划于11月19日向城乡规划委员会汇报,根据意见建议修改完善成果,于12月12日经市政府正式批复。完成《临汾市铁佛寺重点文物保护改造规划》。该规划先后进行两轮方案汇报及修改,于11月19日向城乡规划委员会进行专题汇报,完善成果。完成河西新城中部1∶500地形图测绘。规划编制完成组织专家进行评审。市区城市建设用地控规覆盖率达到100%。随着《中心城区控规》《尧庙片区控规》《河西新城控规》《滨河东区控规》《新兴产业园区控规》《开发区控规》《东城区控规》的相继完成,加上2014年编制完成的《南部机场片区控规》,市区城市建设用地控规实现全覆盖,覆盖率达到100%。

【市区规划工作】 2014年,临汾市规划局完成《临汾市滨河东西路沿线交通规划专题研究》,通过前期现场调研、专家指导、汇报及修改,编制完成,为推动"一城三区"的建设发展提供交通支撑。完成编制《临汾市市区幼儿园布局规划》。推进城市基础数据建设管理,完成《临汾市数字规划建设(二期)"规划一张图"项目,通过权威部门的验收。提高工作效率,降低办公成本。完成《临汾市中心区加气站布点规划》,组织专家通过评审。完成《城区E级控制点维护》,通过专家评审。

【县市规划工作】 临汾市规划局加强对县(市、区)规划工作的指导、监督和检查,推进工作的落实。2014年,先后督促完成曲沃、浮山、古县、蒲县4个县城的总规(修编)评估,组织专家进行评审;完成霍州、曲沃、洪洞、翼城4个县(市)的总规(修编)编制,其中:洪洞、翼城县总体规划经市政府正式批复;完成《曲沃西城巷历史文化街区规划》、翼城南十字街历史文化街区和曲沃西城巷历史文化街区历史建筑认定、挂牌工作;完成省、市向19个县(市、区)下达的18个《天然气加气站布点规划》及市委、市政府下达的20个城中村改造修建性详细规划目标任务;完成浮山、永和、安泽等县的控规。截至12月底,蒲县、浮山县、安泽县、大宁县、永和县和汾西县的县城控规覆盖率达100%;霍州市的控规覆盖率为49.51%;侯马市的控规覆盖率为43.1%;其余各县的控规覆盖率均达20%。

市领导参观临汾市规划展览馆

【规划管理】 2014年,临汾市规划局坚持依法行政,按照《中华人民共和国城乡规划法》《中华人民共和国行政许可法》等国家法律法规和省、市全面深化改革的决策和部署,贯彻落实"六权治本",

开展“两集中、两到位”的集中审批服务,推进执法管理方式和手段的创新,健全机制,完善制度,城乡规划管理工作得到规范。

在规划审批方面,截至12月底,市区共发放“一书两证”243件。其中选址意见书23件、规划条件通知书29件;建设用地规划许可证43件;建设工程规划许可证137件,总建筑面积223.38万平方米;办理建设工程竣工规划认可证4件、竣工面积8.55万平方米。代市政府收缴城市基础设施配套费4285.77万元,异地建设费3293.95万元。

在执法管理方面,2014年纳入批后监管的项目44个,其中按证建设的项目38个,越证建设项目6个,按规定完成处理。无证建设的项目23个,其中,政府扶持项目18个,主要集中在城中村改造项目和保障性用房项目上,开发性质的建设项目5个,正在处理中。全年共收缴罚款440余万元。

【重点工程】 临汾市规划局针对市委、市政府年度确定的重点工程和民生项目,采取跟踪服务的办法,采用“绿色通道”,全力配合做好服务工作,办理规划手续。规划展览馆布展工程,通过向全社会广泛征求意见,经过多轮完善,2014年正式开馆运营,累计接待团队400余支,散客1.5万多人,参观者调查问卷满意度为99.9%。督促县市重点工程项目推进落实。根据全市5月重点项目调度会和市重点办关于开展“进工地、解难题”活动的安排部署,为督促推进项目及早落地,6月3日开始对包干的尧都区、霍州市、襄汾县、乡宁县、大宁县等县市15个重点项目实地走访了解,掌握项目进展情况,与当地规划、住建部门沟通、协调,快速办理规划手续,就项目推进存在的问题及时向市重点办反馈,及时制定解决方案,推进项目落地。截至12月底,15个项目中有9个项目提前完成年度投资计划。

住房和城乡建设

【保障性住房建设】 2014年,省政府下达临汾市保障性住房建设任务为:(1)新开工建设1.85万套,其中公租房2700套,经济适用房600套,限价商品房3082套,城市棚户区改造11046套,国有工矿棚户区改造572套,林区棚户区改造500套;(2)基本建成1.32万套;(3)年度计划完成投资33亿元。全市新开工保障性住房项目71个,累计开工18682套,完成省定目标任务的100.99%;累计基本建成16044套,完成年度目标任务的121.55%。累计完成投资33.05亿元,完成年度目标任务的100.16%。

为确保保障住房省定任务全面按期完成,住房和城乡建设局强化组织调度协调,分别于5月、9月组织召开2次全市保障性住房建设推进会,每月排队通报各县(市、区)进展情况,及时协调解决项目推进中遇到的困难和问题,有效促进工程顺利实施;加大督促检查力度,6月成立专项督察组,对19个县(市、区)保障性住房建设进展情况进行两轮督察,对进度慢的县(市、区)下发督办通知,督促加快进度;提高效率快办手续,涉及手续办理的相关职能部门均开通“保障性住房绿色审批通道”,全力加快项目用地、规划、立项、环评、施工许可等审批手续办理,确保所有项目依法合规建设。

【农村危房改造】 2014年,省政府下达临汾市农村危房改造任务共计14100户。分解到户14100户,占总任务量的100%;开工14100户,占总任务量的100%;竣工14100户,占总任务量的100%。

为确保农村危房改造任务顺利完成,加强建设资金的落实,通过与财政部门组成监督检查组,深入各县(市、区)对农村危房改造进展情况和资金拨付情况进行督促检查;加强工程技术指导,组织技术人员先后多次赴施工现场实地查看改造工程,对存在的问题及时指正,对存在的安全质量隐患等不足提出指导,下达整改意见书,确保农村危房改造的质量及标准。

【城镇化推进】 2014年,省政府下达临汾市新城城镇化建设任务共有4项:提高城镇化率、城镇组群发展、大县城建设、村镇建设。年初将全市城镇化率增幅任务下达给各县(市、区);《临汾百里汾河城镇带建设年度实施方案》于4月底上报省住建厅,尧都区、侯马市、洪洞县、襄汾县、曲沃县均制定实施方案,确定建设项目;根据省城镇化办《关于城镇组群和大县城建设考核指标有关情况的通知》(晋城镇化办函〔2014〕22号)要求,洪洞县实施2项大县城基础设施建设项目,于9月底完成建设投入使用;开展山庄窝铺、小自然村摸底、传统民居建造技术调查、全国重点镇申报、农村人居环境整治、传统民居建造技术调查、推进古村落保护、全国重点镇申报建档、省级园林城镇创建申报、重点镇建设近期建设规划等村镇建设工作，提前完成省定目标任务。全市百镇重点镇开工 61 个项目，共完成建设投资 23507.9 万元，超额完成省定目标任务。

【惠民工程】 根据《政府工作报告》中确定的 2014 年六大惠民工程，推进饮水安全工程和城市综合整治工程，加强城市管理工作，提升市民生活环境和质量。开展水源地安全隐患排查、供水水质督察、供水管网改造提升等专项工作，提升供水水质安全工作。临汾市区累计新建城市供水管网 8000 米，改建城市供水管网 3200 米；各县（市、区）累计完成新建城市供水管网 32690 米，改建城市供水管网 14030 米；开展门店招牌、户外广告、临街建筑门面、集贸市场、城乡结合部等城市环境专项整治活动，落实沿街单位门前“五包”责任制，改善城市市容环境卫生的脏乱差现象，提升市民生活质量；加强部门协作，以党的群众路线教育和“环境提升年”活动为契机，联合交警、环保、交通等部门，开展城市道路环境综合整治工作，全面提升管理效果和水平，形成齐抓共管的良好格局。

【建筑市场管理】 2014 年，临汾市加强对建筑市场行为的监管力度，在工程建设当中，从施工设计、可研编制、立项批复、设计图审、工程招标、施工许可等前期手续的办理以及项目施工、竣工验收等各个环节实行全程监督、督促和指导，规范各方主体行为，确保建筑市场的安全生产形势平稳有序。执行建筑市场监督执法检查制度，及时组织全市建筑市场的稽查工作；市直管项目能够做到日常检查、专项检查、重点督察相结合；违法工程有检查记录、有案卷、有动态进度，查处率 100%；能按时报送市直管建筑市场监管工作形势分析报告、项目台账、处罚及不良行为信息记录，信息上报率、完备率达到 100%。

2014 年，检查在建工程项目 73 个（其中市直项目 37 个），301 个单项工程，建筑面积 356.39 万平方米，总投资约 53 亿元。下发各类执法法律文书 69 份，其中核查通知 49 份，行政处罚决定书 19 份，不良行为确认书 1 份。按照省住建厅要求，临汾市应招标工程公开招标率、在建工程施工许可办证率、新建建筑设计阶段节能标准执行率等指标全部达到 100%，完成省住建厅下达的目标任务。

【市政基础设施建设】 2014 年，临汾市区共续建及新建城市基础设施项目 11 项，累计完成投资 13.5 亿元。其中，煤化巷道路改造工程、新高中南路、五一路立交桥竣工通车，其余项目均完成年度建设任务。

2014 年，省政府下达全市市政公用设施建设投资 30 亿元，累计完成投资 34.73 亿元，占目标任务的 115.77%。其中：道路工程完成投资 22.19 亿元，占完成投资的 63.9%；供水工程完成投资 0.85亿元，占完成投资的 2.4%；供气工程完成投资 0.28 亿元，占完成投资的 0.8%；供热工程完成投资 5.14 亿元，占完成投资的 14.8%；污水工程完成投资 2.49 亿元，占完成投资的 7.2%；垃圾处理完成投资 1.59 亿元，占完成投资的 4.6%；园林绿化完成投资 2.19 亿元，占完成投资的 6.3%。

【市容园林管理】 2014 年，临汾市（含县城）完成绿地面积 175.69 万平方米，绿地率增加 0.96 个百分点，达到 33.07%；完成绿化覆盖面积 176.5 万平方米，绿化覆盖率增加 0.96 个百分点，达到 36.61%；人均公共绿地面积达到 9.96 平方米；其中，市区完成绿地面积 153.6 万平方米，绿地率增加 2.84 个百分点，达到 36.32 %；完成绿化覆盖面积 154.5 万平方米，绿化覆盖率增加 2.86 个百分点，达到 40.76%；人均公共绿地面积达到 10.42 平方米。

开展容貌示范街道、保洁示范街道和城市星级公厕创建活动，通过省住建厅考核验收。其中，市区广宣街、洪洞县虹通路、曲沃县贡院东街等 3 条道路被评为山西省城市容貌示范街道，市区古城路、侯马市程王路、霍州市大众路等 3 条道路被评为山西省城市保洁示范街道，市区鼓楼南临汾学院南侧公厕、鼓楼西一中西侧公厕、乡宁县明珠广场公厕等 6 座公厕被评为山西省城市星级公厕。

城市供水

【概述】 2014 年，临汾市新建城市供水管网 12000 米（主要指市政道路配套管网）；改造城市供水管网 7500 米，按计划完成供水管网建设目标。公司参加省住建厅组织的企业年度运营考核成绩为 98 分，达到优秀等级。严格执行《山西省城市供水企业水质监测能力建设导则》,完成水质监测实验室等级评定和水质监测指标的评审认证。完成龙祠水厂、土门水厂的卫生许可证的年检工作。供水普及率达到93.5%。修订完善供水应急预案,上报市政公用局备案。组织相关部门进行四次应急演练,锻炼应急队伍。全年重特大事故发生起数为零。保障城市用水安全,对龙祠、土门两个水源;龙祠、土门两个水厂每天进行九项常规检测,共检测12960项次;对23个管网末梢点进行七项常规检测,共检测水样828份,检测5796项次;城市供水管网水质合格率为100%,综合合格率为100%。组织力量对水源地安全隐患进行认真排查,发现三项隐患:保护区围墙多处损坏;村民在保护范围内饲养家禽;一家村民的排污渠离龙祠站取水渠太近。致函水源地管理单位,建议其进行整改。排查出恒大华府北净水厂35千伏地埋专线裸露悬空和屯里10千伏供电专线19号电杆高度不足两处隐患;加强公司窗口建设,推行"一站式"服务;业务受理零拒绝、查询打印零差错、热线服务零距离;受理登记各类申请934份;变更用户名称、用户信息和用水价格570份;合同签订率100%;归档完整率100%。

【重点工程进展情况】 2014年,临汾市龙祠净水厂2万吨改扩建工程完成项目建议书编制及前期资料的准备工作;省政府批复该项目实施特许经营;签订协议,着手准备可研报告的编制及开工前的准备工作。应急水源工程的可研编制正在进行。

参与临汾市重点工程项目10项:景观大道、规划三街、规划四街、汾东路、中大街、站前北路、临浮路、新百汇、二中路、中大街阳煤段 ,共计完成DN100以上管道敷设5500米;改线900米。

【党建工作】 2014年,临汾市自来水公司加强党支部建设。选举产生新一届党总支和支部委员,吸收8名入党积极分子,发展1名新党员;组织迎"七一"建党93周年纪念活动;营销支部被住建局党委评定为五星级支部。

加强党风廉政建设,整治"四风",对服务环节出现的"吃拿卡要"实行零容忍,公司7个窗口服务单位,2014年没有发现一起违规违纪现象。

公司党总支93名在职党员响应号召进社区,与22个社区开展服务基层帮扶活动。

【行风建设落实情况】 2014年,临汾市自来水公司落实社会服务制度,对窗口服务单位进行督导,严格考核,确保社会服务制度的落实不虚不空、不走过场。定期同行评员进行沟通,随时接受行评员的监督,对行评员反映的行风问题要立改立行。通过电视、电台、发放资料等形式向社会宣传供水承诺、供水服务的详细内容。对居民的用水投诉,从受理到回复,到备案,要准确详实。做好水质信息的发布,解决居民关心的水质问题。行风建设在建章立制的基础上,把监督落实常态化,不搞"一阵风",把为民服务的思想扎根在脑海里,践行在行动中。

城市供气

【城市供气】 2014年,临汾燃气有限公司共计受理民用户7600余户,送气2500余户;受理工福用户51户,送气48户。全年共计销售天然气588万立方米,人工煤气5754万立方米。共计完成4个批次,2.8万户的天然气置换任务。新建燃气管线41000米,改造燃气管线52000米,改造燃气调压器57台、阀门45台、凝水缸422个;民用户更换煤气表7.7万块,工福用户计量改造430户。实现2014年安全生产无事故。

天然气置换

【天然气置换】 2014年7月18日,2014年临汾市第一批天然气置换工作开始实施,置换区域为幽并街、北外环、建设路等区域。该次置换区域共涉及铁一区、铁二区、建设路小区等,共23个小区114栋居民楼,共计4939户居民用户,35户营福用户。天然气置换完成后,天然气日用气量达到2万立方米。

8月15日,2014年第二批天然气置换工作开始实施,置换区域为幽并街坂下街口至向阳路、广宣街等区域。这次置换区域共涉及北门外、食品公司、交警队、五交化、水产公司、蔬菜公司小区等,共46个小区124栋居民楼,共计6080户居民用户,50户营福用户。天然气置换完成后,天然气日用气量达到2.9万立方米。

8月29日,2014年第三批天然气置换工作开始实施,置换区域为广宣街、向阳路、平阳北街等区域。这次置换区域共涉及铁路大宿舍、新欣百货、医药公司、兴隆小区、二一三地质队、糖酒公司、铁路高层等,共30个小区162栋居民楼,共计7238户居民用户,40户营福用户。天然气置换完成后,天然气日用气量达到4.1万立方米。

12月19日,2014年第四批天然气置换工作开始实施,置换区域为鼓楼北街、解放西路、鼓楼西街等区域。这次置换区域共涉及安宇小区、功臣小区、扁担巷小区、贡院街、西关小区等,共78个小区230栋居民楼,共计10008户居民用户,90户营福用户。天然气置换完成后,天然气日用气量达到5.7万立方米。

【燃气管网改造】 2014年,临汾燃气有限公司配合市政府工程改造完成煤化巷、北城壕、中大街、规划展览馆等工程燃气配套设施改造工程。完成40余处庭院管线改造工程,完成引入管穿地下室改造54趟,更换庭院管及引入管管线长度共计3200米。累计投资2亿多元,对腐蚀较严重的中压管线进行改造。2014年完成幽并街DN400管线1408米、向阳西路DN300管线1705米、北外环DN300管线946米、西大街DN400管线218米,总计4300米。

(辛玉贤)

城市供暖

【概述】 2014年采暖季临汾市共计新增供热面积约61万平方米,主要有:平阳房地产开发有限公司、市国家安全局、城郊分局、梨园佳境、水土保持科学研究所小区、建宁妇产医院、正基小镇、御景水城御祥苑小区、61213部队油库、金蓉佳苑、威斯汀公馆、市国家税务局、规划展览馆、深国投等,超额完成新增供热面积60万平米的目标任务。新建换热站8座,改造换热站7座,取缔锅炉5441台(其中4吨以上7台,1～4吨268台,小锅炉4908台),供热合格率达到98%以上,无重大事故发生,于3月15日正式停暖。

【设备设施管线维护】 2014年,公司针对每一个换热站的翔实运行记录和全程实时的运行分析,再结合二网运行状态和用户意见投诉,做好详细的检修、保养、改造计划,截至10月15日总计完成水泵检修144台,除污器检修368台,换热器清洗完成112台,控制阀加装完成1098个,补偿器更换完成77台,二网保温完成427米,督促小区完成二网改造面积40万平方米。公司质检部门验收检修结果,现场跟踪、落实检验检修质量和运行期间验收检修效果。

【供热运行安全工作】 2014年,为做好运行安全工作,临汾市热力公司层层签订安全目标责任书,把责任落实到每个岗位,每名员工,完善应急工作预案,提高应急管理水平,成立供热安全领导组,制定城市供热供应保障制度。与大唐热电厂、海姿热电厂加强沟通,按总调度指令对一二网压力、温度进行调节。供热运行期间实行6个24小时,即实行24小时领导值班制、实行24小时运行监控制、实行24小时供热系统巡查制、实行24小时热线制、24小时全员通讯畅通制、24小时上门服务制,不间断排查处理各种安全隐患,随时补充配齐各类抢险物资,保障供热安全稳定,实现连续11年无重大供热事故发生。

【建立集中供热清洁能源试点】 2014年采暖季临汾市热力公司以西关花苑作为清洁能源集中供热示范点,将空气源热泵应用于市区集中供热,该项目经过上个采暖季的试运行,正处于调试论证阶段。

【改造完善用户收费系统】 临汾市热力公司做好用户分户数据统计及录入工作,实现2014年系统分户面积达800万平方米,推进2015年银行代收暖费工作开展,对用户编号进行优化或发放用户信息卡,提高收费系统服务和管理功能。

【服务用户工作】 2014年,临汾市热力公司健全用户服务档案,开展用户分户信息录入工作,完善热线电话呼叫平台,发挥2157001集中供热专项热线的便民服务作用,以亲情化、专业化服务打造热力诚信品牌。建立完善首问责任制、客户回访制度,实行包片上门服务,在每个小区、楼宇都确定专人,公布手机电话,全天候进行服务。推行标准化服务流程、服务规范,建立健全用户服务系统。定期召开听证对话会,征求用户意见,解决用户提出的各种问题,为用户提供最满意的服务。

市政公用事业

【重点工程建设】 2014年,临汾市市政公用局参与规划三街南段道路改造工程、新高中南路建设工程、煤化巷改造工程、北城濠改造工程等重点工程外,主要实施五一东路铁路立交桥后续工程、龙祠净水厂改扩建、应急水源工程、第一污水处理厂改扩建、河西污水处理厂建设、数字城管一期工程等重点工程。其中五一东路铁路立交桥后续工程全面完工;龙祠净水厂2万吨改扩建工程完成项目建议书编制及前期资料的准备工作,省政府批复该项目实施特许经营,签订特许经营协议;应急水源工程正在编制可行性研究报告;第一污水处理厂改扩建工程完成配套截污管网建设和其他配套设施建设,进入试水阶段,主要设备正在加紧安装调试;临汾市河西污水处理厂征地拆迁委托协议签署,可研文本编制完成,环评批复手续完成,签订特许经营协议;数字化城管工程前期准备工作完成,向政府申请资金,资金到位后即可进行招投标。

【市政设施建设与管理】 城市照明方面。2014年,临汾市市政公用局加大照明设施的建设及维护力度,确保市区路灯及亮化设施着灯率主干道达98%,次干道及小巷达95%,设施完好率达98%,维修及时率达100%;完成新高中南路、煤化巷、脸谱大桥等路灯工程,一次性验收合格率达100%;对主要街道中杆灯(84套)进行改造,对红卫路、解放路、鼓楼西街等10条中心街道路灯进行清洗和维修,对43台变压器、150台配电柜、3000米架空线路进行检修和保养。

道路设施管理维护方面。规范和完善临时挖掘城市道路审批程序、市政设施维护项目工作流程,使设施状态清楚、主体责任到位、监管有力,形成有序有力迅速有效的维护管理机制;严格执行道路日常巡查制度,实行全天候巡查,对巡查中发现的隐患问题第一时间做到汇报和应急处置,在隐患问题处理期间,加强其监管,确保行人和车辆出行安全。全年处理下水井堵塞90起,安装井篦、井盖530座,共更换68处,加固72处;完成市内路面补坑6591平方米。

城市桥梁管理方面。成立市区桥梁管理所,制定城市桥梁日常巡检日报制度,派专人对城市桥梁进行日常巡检工作,对在巡检中发现的问题逐项登记、汇总,做好桥梁资料的收集、整理、分析、归档。

自来水公司全年新建城市供水管网12000米,改造城市供水管网7500米,增强管网运营能力;燃气公司完成对幽并街、向阳西路、北外环等4277米的燃气管线改造;热力公司新建管网11720千米,改造管网2600米,新增城市集中供热面积60万平方米。

【公共服务】 2014年,以十项民生工程和保障城市供给为主要内容,解决群众关心的切身事、身边事,全面提升市政公用系统的公共服务水平。

天然气置换工程是临汾市政府确定的一项重点惠民工程。燃气公司制定详细的置换方案,统筹兼顾,把生产、置换、服务三项工作有机融为一体,做到综合平衡协调,确保生产、置换、服务三不误,共进行6个批次的天然气置换,累计置换完成燃气民用户约5万余户。

路灯管理所持续实施小巷亮化工程,共计改造49条小巷,总长度22410米,更换路灯总盏数为450套,将原来85瓦整套单臂道路灯更换为30瓦LED整套节能灯具,节电率达60%左右。

市政设施管理处实施“防坠网”安装工程,在市区主要路段安装471个防坠网,为市民的安全出行提供有效保障。

通达出租公司爱心送考、服务社会,高考期间,组织“爱心送考”出租车83辆,接送考生1000余人,树立良好的窗口形象。

广场管理处以创建舒心广场、和谐广场、文化广场为主线,抓好环境卫生、公共秩序、设施维护和安全防护,提高便民、为民、利民服务能力;发挥锻炼群众的积极性,从群众锻炼团体中聘请义务监督员和协管员,让群众既起到监督、协调的作用,参与到广场的管理工作中来。

节水办严格执行节约用水设计“三同时”制度，对新增用水户实行计划用水指标的核定工作。通过宣传节水知识、提供节水服务、推广节水器具、发放节水警示牌等措施，提高市民的节水意识，为实现科学用水、创建节水型城市奠定坚实的基础。

【精神文明创建】 2014年，临汾市政公用局开展道德建设大讲堂活动，制定出台详细可行的活动实施方案，建设专门讲堂活动阵地，邀请专人举办讲座，收看道德专题教育片。参加市文明办组织举办的“全国公民道德宣传日专题讲座”和“心有大爱筑忠诚——李红英先进事迹报告会”。拓展创建工作的思路。建设丰富的楼道文化，通过在办公场所设立文明道德宣传牌，推进道德守礼宣传，培育讲正气、知荣辱、作奉献、促和谐的良好风尚。

推动“学雷锋”志愿服务活动。开展关爱他人、关爱社会、关爱自然为主题内容的志愿服务活动，使“学雷锋”志愿服务活动常态化、制度化。3月5日局党委组织机关和污水处理厂、市政公司志愿服务人员，在滨河东路廉政广场开展以“爱我母亲河、扮靓我家乡”为主题的志愿活动，对廉政广场附近的运动器械和公共场所进行义务清理。9月12日组织机关及广场管理处的志愿者，对平阳广场上的公共设施、场面进行清洗。局文明传播小组利用互联网、微信、QQ群及文明道德倡议书等方式方法，进行精神文明建设和公民道德建设的宣传传播工作。

开展“文明餐桌”活动。通过发放“文明餐桌”活动倡议书，倡导合理消费，绿色消费，理性消费理念，打造温馨、文明的就餐环境。开展丰富多彩的活动。4月4日，局中层以上一行25人，到临汾烈士陵园进行缅怀革命先烈的扫墓活动；“七一”前夕组织举办以“为民务实、情系百姓”为主题的演讲比赛活动；国庆前夕组织“庆国庆”广场群众文艺汇演和“庆国庆全民健身”秋季运动会。通过一系列活动，深化文明创建工作。

【政风行风建设】 2014年，临汾市政公用局参与临汾人民广播电台“930”政风行风热线，受理群众咨询，解决实际问题，接受市民监督；组织召开政风行风听证对话会，邀请来自社会各界的10位社会监督评议员，展开问卷调查，发放征求意见卡，多渠道收集群众反映的热点、难点问题，现场落实。

路灯管理所完善《2014年百分考核管理办法》《精细化管理细则》等10项规章制度，严格考核。自来水公司加强窗口建设，推行“一站式”服务，做到业务受理零拒绝、查询打印零差错、热线服务零距离，受理登记各类申请934份，变更用户名称、用户信息和用水价格570份，合同签订率100%，归档完整率100%，以优良的工作作风推动社会服务。12319城建服务热线24小时受理住建系统的群众咨询、建议和投诉及时处理，2014年共受理市民来电6582件，咨询3206件，建议85件，投诉3291件，完成处理派单6582件，接待市民来访3件办结3件，处理突发应急事件5件。及时率100%，办结率75.52%，市民满意率75.76%。

【安全管理】 2014年，临汾市下发《关于开展2014年安全生产应急演练活动的通知》《临汾市市政公用局关于切实做好2014年春节前后安全生产工作的通知》《关于开展2014年全市春季消防安全大检查的通知》《临汾市市政公用局关于开展安全生产“知责、履责”活动的通知》《关于继续深入开展安全生产大检查的通知》《临汾市市政公用局关于开展领导干部与企业主要负责人“知责、履职”谈心活动的通知》等一系列关于安全演练、安全生产、安全运营、安全检查的文件，多次召开会议对安全宣传、安全预防、安全排查、安全生产及应急处置进行安排部署。

行业安全方面，污水处理厂、自来水公司、液化石油气公司、市政公司、市政建养公司、通达出租公司、燃气公司等单位，加大安全投入，通过开展形式多样、内容丰富的安全知识培训、宣传活动和安全应急演练，提高全员的安全意识和操作技能，全系统无重大生产事故、责任事故、突发事件及不稳定因素发生。

燃气安全管理方面，加大对燃气安全的宣传力度，向企业经营者和广大用户宣传燃气安全管理法律法规、安全用气和燃气泄漏安全防护、救护等应急处理常识，全面提高燃气经营企业和用户的燃气安全防范意识；完善燃气企业、液化气供应站点的安全管理，定期对燃气企业的安全生产检查，重点对燃气企业的经营管理制度、生产操作规程的落实，应急抢险预案的实施情况，设备设施的检修运行情况，以及门卫、泵房、充装台、储罐区等重要安全区域进行检查，对存在问题的企业，现场提出整改意见，责令其立即整改；组织好燃气安全生产专项检查行动，与公安、安监、运管、街道办事处多次联合行动,对非法拉运液化石油气行为和使用液化石油气的饭店进行突击检查,市区燃气市场安全形势得到明显好转。

城市防汛方面,完善防汛预案,建立健全突发防汛事件处理机制,做好汛前检查、物资储备和防汛抢险演练,加强对城市桥梁、防汛排洪设施的监管与清理,实行24小时无间隙值班和汛情报告制度,确保市区人民安全度汛。汛前清理北城壕明渠、西关淤泥2000余立方米,清理检查井、雨水井2000余座。

【参与环境提升年活动】 2014年,临汾市市政公用局指派专人参与环境提升年各项活动,局属各单位以实际行动为全市的环境提升做出突出贡献。第一污水处理厂1月至11月底共处理污水1836万吨,COD减排量4780吨,污水水质达标率为100%,实际运行天数330天,污泥产量10107立方米,污泥处置量10107立方米。第二污水处理厂2014年1月至11月累计处理污水283.79万吨,COD削减976.9吨,NH_3-N削减179.7吨;1月至11月累计向山西大唐国际临汾热电有限责任公司供水22.7万吨,向临汾市汾河生态建设工程有限公司供水261万吨。热力公司响应节能减排号召,推广清洁能源,以西关花苑作为清洁能源集中供热示范点,将空气源热泵应用于市区集中供热,减少燃煤量。

园林绿化

【概述】 2014年,临汾市园林局围绕创建省级园林工作目标,以"四个年"中的"环境提升年"活动为核心,实施12881绿化建设工程和原有绿地提质改造工程,加大园林建设步伐。截至年底,全市新增绿化面积146.79135万平方米,主城区绿地率提高1.3%,达到34.3%,绿化覆盖率提高1.3%,达到39.8%,人均公园绿地面积增加0.6平方米,达到11平方米。

【创建省级园林城市】 2013年,省考核组对临汾市创建省级园林城市工作进行初验,提出大量指导性的意见和建议。经过整改和实施绿化建设工程,2014年11月,通过山西省园林城市专家组的实地考核。12月1日,副市长、创园领导组组长杨治平率队参加"2014年度山西省园林城市评审委员会会议"。会上,经过专家提问、材料审核、综合评审等程序,专家组形成最终意见,认为临汾市达到"山西省园林城市"标准。2014年12月22日,省政府正式下文命名临汾市为"山西省园林城市"。

创建省级园林城市

【简化绿化方案审查程序】 2014年,临汾市园林局出台《临汾市建设工程绿化方案评审管理制度》《建设项目绿化评审流程》《建设项目绿化审查流程》,完善《临汾市园林绿化审查管理规定》,出台《临汾市绿化工程管理办法》《临汾市绿化工程竣工验收管理办法》《临汾市绿地计算规定》,绿化审查开始实施网上操作,确保绿化方案实施的科学性、规范性和可行性。在群众路线教育实践活动中,针对群众反映的审批问题,在立行立改中主动对行政审批程序进行研究,最大限度地缩短审批时间,提高时效,使建设项目审批时间由原来的15天缩短为13天。

【党员进社区报到】 2014年,临汾市园林局组织全系统党员到社区报到,主动亮明身份,踊跃承担公益服务、矛盾调解、社会捐献、政策法规宣传、文体活动、民情收集反馈、绿化管理等义务,做到"五公开""三承诺""六个一"。特别是在绿化管理中,发挥自己的特长,从园林法规、规划、建设、病虫害防治、整形修剪等方面耐心指导,热情服务,树立党员的良好形象。

【绿化提质】 2014年,临汾市园林局对全市建成的华洲路两侧带状公园、人大小区对面绿地、滨河东路与迎宾大道十字口西南角等公园绿地配备休息座椅、健身器材、增加果皮箱等设施，铺设园路、完善公园的综合功能；修复二招前损坏的藤架设施，栽种藤本月季，滨河东路栽植美人蕉6000余平方米，使园林景观更加完美；对军分区前、向阳西路6家自建失管、失养的绿地收回统一管理，增加苗木，清理垃圾，整形修剪，浇水补肥，补种草坪。鼓楼周围和军分区前安装全自动喷灌系统，解决绿化用水，提高景观效果。

【城市园林彩化】 2014年，临汾市园林局连续开展一系列花卉上街活动，监督完成西关桥、平阳桥、滨河南路口、市委门口等节点路段彩化工作，对一些重点地段摆放的木质和玻璃钢材质花箱、花钵进行后期维护，全年摆放花箱、花钵共计1700余个，品种有万寿菊、百日草、鸡冠花、黄孔雀草、橙孔雀草、一串红、粉牵牛、红牵牛、国庆菊等，使游人赏心悦目，为大美临汾的建设提供一道亮丽的风景线。

【执法监察】 2014年，临汾市园林局对各类损毁绿地行为依法严查重罚，共计巡查项目工地67个，巡查项目工地200余次；竣工验收绿化项目工地8个；督促新建、改建、扩建建设项目办理绿化审查意见书13起；处理交通事故、施工建设损绿毁绿案件32起；受理举报案件62起，行政立案30起，结案30起，警告占用绿地案件16起；清理树木牵绳挂物120余起，减少随意破坏绿地行为的发生。

房地产管理

【房地产市场管理】 目标任务。2014年，临汾市房地产开发投资增幅不低于26%；增加中小户型商品房供给，促进房地产市场健康发展；执行商品房销售合同备案制度，市本级新建商品房销售合同备案率100%；开展企业信用评价，房地产开发企业，物业服务企业、房地产估价机构信用档案100%全面覆盖；开展房地产市场检查，房地产项目（企业）检查率100%；培育2个二级以上房地产开发企业和1个二级以上物业服务企业；创建1项省级物业管理示范项目；根据“十二五”城镇住房发展规划，2014年3月前制定公布住房建设年度实施计划，报市住建局备案。

进展情况。通过简化审批，鼓励开发建设单位加大投资力度，全年市本级房地产开发投资增幅高于26%；贯彻落实国家、省、市有关房地产市场调控政策、规定，采取有效措施，调整商品房户型供应结构。鼓励开发企业增加90平方米以下中小户型商品房建设；按规定比例要求普通商品房项目配建保障性住房。促进房地产市场健康发展；执行商品房销售合同网上备案制度。市区全年共签订楼盘信息入网协议31份，备案销售合同5823份、总建筑面积71.58万平方米，备案率100%；按照省厅关于实施房地产企业资质动态考核及信用评价管理的要求，对市区56家开发企业、64家物业服务企业和5家房地产中介服务机构进行企业资质动态考核及信用评价初审，上报市住建局。信用档案覆盖率100%；按照省厅和市住建局安排，先后开展“市区房地产开发企业及项目专项检查”“市区房地产中介市场专项检查”“市区物业管理市场专项整治检查”“市区房地产行业非法集资风险专项检查”等多次房地产市场检查活动。共对市区79家房地产开发企业、95个项目、68家物业服务企业和42家房地产经纪机构进行检查，下发责令改正通知书28份、行政处罚陈述、申辩权告知书27份、行政处罚听证告知书27份、行政处罚决定书24份。检查率100%；山西源宏、临汾市金洋州两家房地产开发公司二级资质申报资料报省厅待批。瀚森物业服务企业二级资质已批；通过协调，现场指导，“滨河花苑”住宅小区验收，成为省级物业管理示范项目；3月制定、公布住房建设年度实施计划，上报市住建局。

【保障性住房建设及管理】 目标任务。2014年，临汾市新开工建设保障性住房2900套，其中：公共租赁住房1300套，经济适用房200套，限价普通商品房1400套；9月底前全部开工建设；基本建成保障性住房4370套；新建及续建项目完成投资57400万元；新开工保障性住房执行绿色建筑标准的达到1000套；12月底前公共租赁住房租赁补贴发放完毕；完善保障性住房分配及各项管理制度，规范申报审核程序，确保竣工住房及时分配，保证分配结果公平公正；强化工作机制，健全工作机构，充实工作人员，每月按时录入《山西省住房保障综合监管平台》各项数据。

进展情况。截至年底落实保障性住房3003

套,其中:公租房落实1353套(“濒汾花园”D区5、6号楼1000套,“恒大华府”13号楼配建76套,“西荣阁”A区4号楼配建144套,“御景水城”御卓苑2号楼配建133套)。经适房200套落实在临钢7#、8#楼。限价商品房1450套落实在“国色天香”项目。全部开工;基本建成保障性住房4410套,完成投资60601万元,占目标任务的101%;新建及续建项目完成投资60601万元,其中新建3235万元,续建57366万元,占目标任务的106%;新开工“濒汾花园”D区5#、6#楼1000套保障性住房执行绿色建筑标准;共核准公共租赁住房租金补贴保障家庭1354户,发放租金补贴共计482万元,全部发放到户;先后出台《临汾市区保障住房申报核准“三限”规定》《临汾市区公(廉)租住房退出管理实施办法(试行)》及《临汾市区公共租赁住房管理办法》等三个规范性文件,形成一整套较为完善的、科学的管理制度;通过“一申、三核、两公示、外加一比对”的程序来确定保障对象,再经过公开摇号、按序选房等程序完成分配和认购,确保分配结果公平公正;通过落实岗位责任制、工作任务分解到人,建立健全其工作机构充实工作人员,确保每月按时录入《山西省住房保障综合监管平台》各项数据。

【行政执法工作】 完成年度普法任务,2014年,临汾市普法培训率达到100%,考试合格率达到100%;住房城乡建设行政执法文书使用规范,住房城乡建设行政执法案卷合格率达到100%;推进行政复议规范化建设,行政复议案件受理、审理准确无误,被申请的行政复议案件维持率达到100%;按照省住建厅、市住建局的要求,坚持法治宣传与法治实践相结合,普法培训率和考试合格率均达到100%;按照《临汾市行政处罚案卷评查标准的通知》,完成行政执法案卷评查工作,案卷合格率100%;行政复议案件受理、审理准确无误,无行政复议案件。

【廉租住房】 2014年,临汾市廉租住房保障家庭合计2074户。其中实物配租1977户(分配720户),租金补贴97户。审核新申报材料126份,核准落实廉租住房保障家庭110户。完成1224户保障家庭的年度核准工作。完成720户实物配租家庭的核准证审验及租住合同续签工作。执行年度核准退出制度,以入户走访等方式核准退出238户。2014年度享受廉租住房资金补贴家庭1354户,共计482万元,全部发放到户。12月19日举行第四批廉租房轮后进行公开摇号仪式,确定选房顺序号在各新闻媒体公布。

【经济适用住房】 2014年,审核申报材料418份,核准落实经济适用住房保障家庭378户。于6月20日、12月19日分别举行第七批和第八批经济适用住房认购公开摇号仪式,确定选房顺序号并在各新闻媒体公布,分别于6月28日至7月2日、12月29日至12月31在“濒汾花园”销售中心按照《临汾市经济适用住房认购与廉租住房分配实施方案》进行公开认购及选房工作。经济适用房申报核准2314户。认购2245户,累计核退69户。按相关要求,备案经适房合同355份。

【限价商品住房】 2014年,审核申报材料142份,核准落实限价商品住房保障家庭136户。于6月20日、12月19日分别举行第二批和第三批限价商品住房认购公开摇号仪式,确定选房顺序号在各新闻媒体公布,于7月3日～4日在“濒汾花园”销售中心按照《临汾市经济适用住房认购与廉租住房分配实施方案》进行公开认购及选房工作。限价商品房申报核准124户。其中认购108户,放弃16户。组织人员分两个批次对市区和“濒汾花园”周边的住宅市场租金进行实地抽样调查,结果为:市区平均月租金为13.08元/平方米;濒汾花园周边平均月租金为9.08元/平方米。

【开发管理】 2014年,临汾市对68家房地产开发企业申报的资质材料进行初审上报市住建局(其中申请暂定资质14家、资质核定等级〈四级〉12家 、延期36家、资质变更6家);对1家经济适用房建设项目进行初审上报;对5家棚户区改造建设项目进行初审上报;对26家房地产开发企业申报的预售材料进行初审上报,预售面积共计116.58万平方米、9425套。其中住宅面积109.26万平方米、9223套,商业面积7.32万平方米、202套;对56家房地产开发企业进行资质动态考核的初审工作,上报市住建局;全面开展商品房预售资金监管工作,对25个商品房预售项目实施监管,累计监管资金70.43亿元。

【中介管理】 2014年,临汾市有受理房地产中介机构和商品房销售机构备案11家。其中,房地产经纪机构3家、评估机构2家、商品房销售机构6家;对5家房地产中介机构进行资质动态考核的初审工作，上报市住建局。

【物业服务监管】 2014年，临汾市对22家物业服务企业的资质到期换证申请进行初审；对15家新设物业服务企业的资质申请进行初审；对御秀园、九星佳苑小区、宝红蓝钻嘉园、水云间小区二期、城春碧水湾二期、恒大华府二期等13个新建住宅小区通过前期招投标选聘物业服务企业进行监督、指导；监督指导三元小区换届选举业主委员会；对64家物业服务企业进行资质动态考核的初审工作，上报市住建局；全年共归集专项维修资金1.52亿元；回复热线、业主投诉54件，答复人大提案3件、政协提案1件，信访回复3件。

【房地产市场监管】 2014年，根据省住建厅《2014年全省房地产市场检查工作方案》（晋建房函〔2014〕222号），临汾市房产局先后出台《关于对市区房地产开发企业及项目进行检查的实施方案》《市区房地产中介市场专项整治实施方案》《市区物业管理市场专项整治工作方案》《市区房地产行业非法集资风险专项检查实施方案》和《关于进一步整治市区房地产市场秩序的通知》等文件。7月11日在家思博尔酒店大会议室召开"临汾市区房地产市场检查暨防范非法集资工作会议"。全年累计实施房地产市场专项检查5次。共检查房地产开发企业79家、房地产开发项目95个、物业服务企业68家、中介机构42家，查处房地产市场违法违规行为28例，下发责令改正通知书28份、行政处罚陈述、申辩权告知书27份、行政处罚听证告知书27份，行政处罚决定书24份。

【房屋登记及档案管理】 2014年，临汾市房产局共办结各类房屋权属登记7230件。其中，初始登记61件；转移登记1814件；变更登记55件；抵押登记：574件；补证登记37件；预告登记4470件；更正6件；注销登记213件；接收司法机关协助查封250件，受理查询咨询9000余件。

按照规范化、标准化指导整理各类档案11164卷；电子档案录入扫描107945卷、1939140页；清点检查纸质档案73949卷；抽检电子档案18895卷；补录电子档案2163卷；修改电子档案1030卷；接待档案查询4600余人次，出具个人首次购房证明2792份、唯一住房证明158份。

【房地产信息服务】 2014年，临汾市房产局共签订楼盘（销售）信息入网协议31份，备案合同5823套、71.58万平方米，备案率100%；出具个人商品房销售合同网上备案证明150份；接收法院查封文书51起，解封5起。房地产市场信息系统和个人住房信息系统正常使用，个人住房信息系统预留与省住建厅联网接口；智慧房产GIS一体化、房屋租赁网上备案、远程异地容灾备份及档案电子化系统的议标系统上线运行；住宅专项维修资金系统与建行借口联网上线实施，POS机及转账正在调试中。

环境保护

环境执法

【概述】 2014年，临汾市环保局围绕政府年度目标责任考核指标以及“四个年”活动和“三项治理”所承担的工作任务，以健全完善“大环保”工作格局为牵引，以改进工作作风为保障，周密谋划、强化措施、狠抓落实，各项环保重点工作稳步推进。6项主要污染物降幅分别为：化学需氧量2.23%、氨氮2.35%、二氧化硫2.49%、氮氧化物6.46%、烟尘1.09%、工业粉尘1.34%（省政府下达指标为：1.51%、2.34%、2%、4.37%、0和0.5%）。PM2.5浓度均值为0.063毫克/立方米，同比下降14.9%；PM10浓度均值为0.094毫克/立方米，同比下降3.1%（省政府下达任务指标为：PM2.5同比下降4%；PM10同比下降2%）。空气质量指标：市区综合污染指数6.58，同比下降12.7%；二级以上天数为240天，同比增加73天，其中一级为41天，同比增加23天。

大气污染防治五年行动计划年度考核指标：省环保厅下达的2014年度41项（2＋39）大气污染防治工作任务全部完成。

水环境质量指标：汾河出境断面主要污染物化学需氧量（COD）比入境断面下降16.67%，氨氮下降43.497%，水质明显好转。全市饮用水水源地水质达标率稳定在100%。

在线监控数据传输率：2014年度市重点污染源自动监控数据传输有效率为88.97%，居全省第二（总量减排监测体系建设提出的新要求是监控数据传输有效率达75%）。

【环境执法监管】 2014年，临汾市环保局从3个方面提升环境执法水平，确保环境安全。强化从严意识。组织召开全市2014年环境监察执法工作会议，向17个县市区颁发环境安全责任状。全市先后开展整治违法排污保障群众健康、零点执法行动、环境安全隐患排查等15次大的执法活动，共出动执法人员28700余人次，立案302起，罚款910余万元。百日会战专项行动刑事拘留3人，行政拘留1人，另有7名嫌疑人正在补充侦查。强化安全意识。确定100家重点监管企业和100家环境安全重点企业，实施无缝隙执法监管。制定下发临汾市环境保护重大事项约谈制度，共对29家企业进行约谈。全年共接到举报案件542件，其中省厅转办信访举报案件42件。处理539件，结案率99%。强化规范意识。以新的环境监察稽查办法为依据，规范执法行为，防范执法风险，完成全市环境监管网格化管理责任划分，初步建立“事事有人管、处处有人盯”的监管体系。组织编制临汾市重点行业污染物排放量核定技术导则，规范排污费征收。

环境治理

【大气污染防治】 临汾市在大气污染防治上走在全省前列，特别是建筑施工工地扬尘治理和整治夜市烧烤等工作得到省环保厅高度肯定。制定全市大气污染防治2014年行动计划，开展冬病夏治专项行动，组织实施“六大工程”，即：（1）煤烟污染治理工程。市政府连续下发2个通告、出台2个方案；投资200万元整治市区临街明火烧烤208处，各县市区整治873处；投资1200多万元整治、拆除市区锅炉110余台200蒸吨，各县市区拆除采暖锅炉224台399蒸吨。全市全年可减少使用原煤13.8万吨，消减烟尘345吨，二氧化硫2208吨，氮氧化物406吨；协调推进集中供热供气，市区新增集中供热面积167.3万平方米，新增供气用户4100户；各县市区新增集中供热面积415万平方米，新增供气用户22705户。（2）建筑施工工地扬尘治理工程。将市区129个工地统一编号，进行环保设施达标再验收。各县市区参照市区对682个施工工地进行统一编号管理；(3)道路扬尘治理工程。市局与交警部门联合开展6次上路环保执法检查，全市合计60余次；对渣土运输车辆进行箱式改造，对特殊运输车辆(水泥罐车)进行专项整治；(4)工业企业污染治理工。对全市9个县市区的114个污染源下达治理任务；组织平川五县市区及部分重点企业负责人赴河北省和天津市考察学习大气污染防治先进经验，结合全市实际完善治理措施。曲沃学习唐山的做法，主动投资1200万元对4个出铁口进行改造；加快市区周边企业搬迁步伐，华翔铸造完成搬迁任务；(5)机动车污染治理工作。配合交警部门淘汰黄标车和老旧车34800辆，超额完成年度任务。(6)油气治理工程。完成130座加油站和2座储油库油气治理任务。

【污染减排】 临汾市、县两级政府分别下发2014年主要污染物总量控制计划和责任分解。确定43个重点大气减排治理项目、17个重点水污染减排治理项目；在乡镇污水处理厂、垃圾渗滤液治理等方面拓宽减排领域。辛置、赵城、广胜寺3个乡镇污水处理厂和侯马市垃圾渗滤液治理10月投运；协调畜牧局、财政部门落实畜禽养殖污染防治专项资金200余万元；实行局领导包联重点减排项目制度，组织专项督察三次，技术培训五次。

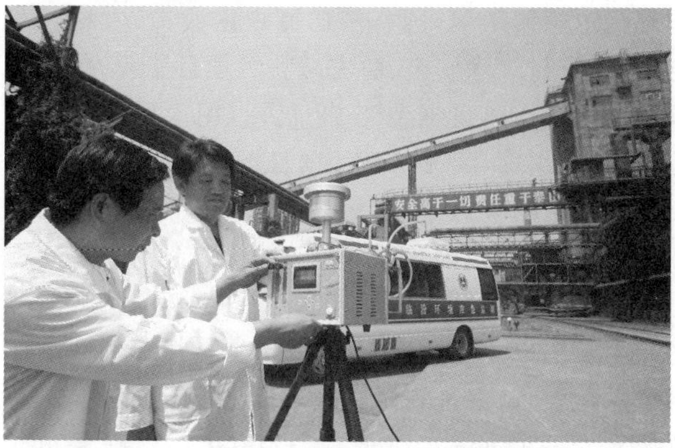

环 境 监 测

【水环境污染的防治与监管】 2014年，临汾市环保局将地表水跨界断面考核河流增加到13条，考核断面增加到23个，实现跨界断面考核全覆盖；霍州煤电集团矿井水处理项目6月底投入运行；组织开展龙祠、土门、霍州郭庄泉域等饮用水水源地综合整治；建立全市城镇污水处理厂运行监管月报告制度和会商机制。侯马、曲沃对污水处理厂进行深度治理改造。

【引深农村环境保护】 2014年，临汾市在农村环境保护方面主抓“5件实事”：巩固农村环境连片整治成果，对前三年示范项目全部进行验收；编制完成全市农村生活污水防治规划，省厅专家组评价为在同类规划中标准最高；投资100万元完成土壤污染防控摸底调查；投资25万元在全省第一家编制完成全市生物多样性保护规划；市政府于9月29日在乡宁召开全市第二次农村环保工作会议，总结推广乡宁经验，对农村环保工作进行再部署、再安排。

【环保宣传教育】 2014年，临汾市以学习宣传新环保法为抓手，全市范围内开展“三个系列宣教活动”：新环保法学习培训和舆论宣传系列活动。邀请环保部政策法规司司长李庆瑞对市四大班子有关领导、各县市区党委政府主要领导、市直部门主要负责人和重点企业负责人进行培训；市政府副市长杨治平发表学习贯彻新《环保法》电视讲话和署名文章；学习贯彻新市环保局印发“致全市企业家的一封公开信”，督促企业依法生产经营；在《临汾日报》专版宣传新《中华人民共和国环境保护法》；联合市司法局、发改委、经信委、中小企业局组织实施“百县千企万民新环保法宣讲活动”；印发全市环保系统学习贯彻新环保法实施方案，编写培训教材和读本2万册；协调组织有关专家深入县市区和基层企业讲解新环保法；邀请省厅专家对各县市区环保局及监察大队领导班子进行专题培训。以“六进”活动为抓手，组织实施绿色课堂、校园环保周等环保进校园系列活动；组织开展“6·5”世界环境宣传月系列活动。6·5期间，在全市范围内围绕“同心呵护家园，建设大美临汾”的宣传主题，组织实施纪念仪式、专题晚会、农村环保十杆旗、企业环保十颗星评选等10项系列活动。

财政　税务

财　政

【概述】 2014年，临汾市财政部门以深化财政改革为主线，以创新制度为抓手，开源节流，增收节支，推进财政管理，保障改善民生，推进全市经济社会各项事业稳步发展。

全年全市公共财政预算收入完成118.26亿元，为调整任务数118.16亿元的100.09%，同比增长0.1%。

分系统看：国税系统完成14.78亿元，为年初计划16.5亿元的89.38%，同比增长9.07%，增收1.23亿元；地税系统完成46.61亿元，为年初计划46.4亿元的100.47%，同比增长14.9%，增收6.04亿元；财政系统完成56.87亿元，为年初计划62.3亿元的91.28%，同比下降11.18%，减收7.16亿元。

分县市看：全市19个县（市、区）中，有18个县（市、区）完成公共财政预算收入的调整任务数。依次为：永和县4405万元，为任务的122.36%；隰县9300万元，为任务的103.33%；临汾开发区23927万元，为任务的102.69%；侯马市43826万元，为任务的101.92%；曲沃县30159万元，为任务的100.53%；大宁县3518万元，为任务的100.51%；安泽县48827万元，为任务的100.45%；尧都区159573万元，为任务的100.36%；襄汾县74661万元，为任务的100.18 %；吉县12021万元，为任务的100.18%；洪洞县114732万元，为任务的100.11%；侯马开发区12541万元，为任务的100.1%；霍州市72053万元，为任务的100.07%；汾西县14058万元，为任务的100.04%；浮山县19833万元，为任务的100.04%；蒲县100031万元，为任务的100.03%；乡宁县129216万元，为任务的100.01%；古县47800万元，为任务的100%。仅有1个县未完成调整任务数，翼城县45009万元，为任务的81.75%。

在省内位次情况：2014年，临汾市公共财政预算收入总量在全省位居第四位，与上年同期持平，比第三位的吕梁少123419万元，比第五位的晋中多7468万元，增幅位居第八位，比上年同期上升二位。

全市公共财政预算支出情况：2014年，全市公共财政预算支出累计执行282.5亿元，同比增加6.9%。其中：教育累计支出41.24亿元，同比下降5.4%；农林水事务累计支出31.69亿元，同比下降1.7%；科学技术累计支出1.35亿元，同比下降17.1%；社会保障和就业累计支出40.34亿元，同比增长11%。

【重点项目资金筹措】 2014年，临汾市财政部门落实积极财政政策，围绕市委、市政府确定的“八大工作重点、六大惠民工程”，多方筹措资金，加大投入力度，促进全市经济社会稳定发展。争取中央财政基本建设资金7.74亿元，投入基层医疗卫生服务体系、保障性住房安居工程、城镇污水垃圾处理及污水管网工程、国有工矿棚户区改造、农村学前教育、农村饮水安全、防灾减灾等项目工程；争取省级财政基本建设资金4.22亿元，用于民航机场建设、病险水库、河流治理等项目工程；市级财政对市政府确定的重点工程、民生工程的投入，仅城西客运站建设、山西师大整体搬迁、破产企业职工安置、集中供热、煤气置换、市区公交补助等就达11.1亿元。争取以色列政府贷款2.2亿元，用于新医院购置医疗设备，促进新医院基础设施建设。各级财政投入农村新的“五件实事”3.27亿元。确保市委、市政府决策部署的顺利实施，推进全市经济社会的持续发展。

【优化结构】 2014年，临汾市财政部门按照“稳增长、调结构、促改革”的要求，扶持小微企业、支持服务业发展，壮大新兴产业，淘汰落后产能，支持科技创新、节能减排，发展循环经济，推进经济结构调整和发展方式的转变。牵头完成国家节能减排财政政策综合示范城市申报工作，为全市未来3年争取到不少于12亿元的国家财政节能减排示范项目补贴资金；全年投入财政项目扶持资金4118万元、淘汰落后和过剩产能资金8321.48万元、成品油价格改革补贴资金4654.3万元；组织开展涉煤收费规范清理工作，取消、取缔收费项目21项，降低征收标准2项，规范收费8项，暂停收费项目2个，减轻企业负担，支持企业发展。与税务部门建立重点税源监控机制，及时掌握税源变动情况，死死盯住收入进度。抽调专门力量，深入各县（市、区）进行调研，与政府、企业主要负责人座谈，了解经济动态，分析存在问题，尤其把产煤大县、收入大县和困难县（市、区）列为摸排重点，帮助寻找解决问题的办法，督促收入进度，确保应收尽收，及时入库。

市财政局领导深入基层调研

【民生保障】 2014年，临汾市民生支出总量及增支额分别占全市公共财政支出总量和增支总额的72.25%和147.53%。全面落实各项强农惠农政策。全市财政部门安排用于支农、农业综合开发、水库移民扶持、农业保险保费、农村环境连片整治示范等项目的资金达13.6亿元，其中兑现国家粮食直补、良种补贴、农机购置补贴等补助资金6.7亿元，投入农村公益事业“一事一议”财政奖补资金1.43亿元、农村环境连片整治示范项目补助资金1535万元，以及森林、种植业、养殖业保费资金8332万元，受益人口达到290余万人，使各项强农惠农政策得到全面落实。支持完善城乡社会保障体系。全市养老、医疗、工伤、生育、失业五大保险和新农合覆盖面扩大，提标资金足额得到拨付，退役安置、抚恤、残疾人事业、离退休人员得到足额保障，机关事业单位养老保险制度有序推广。支持社会事业健康发展。义务教育生均公用经费、校舍维修改造资金、扶困助学资金、机关事业单位津补贴提标、教师绩效工资、县级公立医院改革、基层医疗卫生机构财政补偿政策全部纳入财政预算予以保障。全市投入就业创业援助资金1.82亿元。全力推进保障性住房建设。争取上级公租房、廉租房和棚户区改造专项资金2.61亿元，新建和改造住房1353套，帮助住房困难群众圆安居梦。

【规范资金运行】 深化部门预算编制改革，推进全口径预算管理，确保政府收支全部纳入预算管理。推进预决算公开，除临汾、侯马开发区外，市本级及17个县（市、区）全部公开2014年预算信息和“三公”经费。建立跨年度预算平衡机制，出台市级预算稳定调解基金管理办法，增强年度间财政预算的平衡性和稳定性。盘活财政存量资金，加强结余结转资金管理。全年市本级累计调回总预算结余结转资金1.26亿元。加强政府性债务管理，开展政府性债务清理甄别工作，摸清全市政府性债务底数，建立债务风险预警机制。试编权责发生制的政府综合财务报告，市本级和侯马、洪洞两个试点县的试编工作进展顺利。强化预算绩效管理，出台《临汾市预算绩效管理办法》，探索建立“预算编制有目标，预算执行有监控，预算完成有评价，评价结果有反馈，反馈结果有应用”的全过程预算绩效管理机制，扩大绩效运行跟踪的监控范围，取得绩效目标管理的新突破。2014年，临汾市纳入绩效目标管理的项目资金53.6亿元，占全市财政支出的19.85%，占全市项目支出的36.58%。

【规范资金使用安全】 2014年，临汾开展会计信息质量检查。全市检查单位69户，存在问题单位37户，发现违规问题金额合计15015万元，追缴财政资金22.42万元，补缴税款4.77万元，处以罚款户数13户，处以罚款12.12万元。开展严肃财经纪律和“小金库”专项治理工作。纳入自查范围的单位共计2313户，其中：党政机关878户，事业单位1370户，社会团体65户。共发现“小金库”2个，应上缴财政金额9.89万元，上缴财政金额9.86万元。开展财政资金监督检查工作。检查局机关6个内部科室以及下属单位国库支付局，延伸检查市直12个行政事业单位。开展市级预算单位账户年检工作,申报账户530个,变更或撤销的账户77个,可继续使用账户453个。严格资产出租出借和处置审批程序,对处置资产进行公开处置。全年办理资产报废审批事项84项,报废固定资产3352.28万元;划拨、调配资产3项,共计146.37万元;处置资产收入425.83万元,上缴财政专户。加强政府采购工作。全年共审批采购计划952项,预算金额为86755万元,经过审批已执行的事项660项,预算金额为66757万元,中标价格为59138万元,节约金额为7619万元,节约率11%。加大财政性项目资金评审力度。全年完成市级评审项目63个,送审金额110404万元,审定金额99790万元,审减金额10614万元,审减率为9.61%。指导县(区)级财政评审中心完成评审项目85个,送审金额83409万元,审定金额75166万元,审减金额8243万元,审减率为9.88%。规范财政资金支付管理。执行《市财政局关于进一步明确国库集中支付有关问题的通知》文件精神,对不合规经济业务支出拒绝办理支付手续。全年累计审核出各种不合规经济支出321笔,累计拒付金额7808.2万元。集中办理市级财政国库支付业务45574笔,合计支付金额达35.02亿元。

(张根平)

国际资金管理

【项目建设】 2014年,临汾市按照"达效一批,实施一批,推进一批,申报一批,储备一批"的总体思路,加大项目建设力度,深入基层调研,赴省进京汇报。截至年底,实施和正在实施的项目有30个。其中,实施完成进入还本付息期的项目18个。正在实施的项目7个,比较大的项目5个。亚行河川流域农业综合开发项目上年报账五次,回补资金5000万元,创历史新高。世行林业五期项目160万美元,在大宁县、永和县加紧实施,报账接近尾声。中国清洁发展委托贷款古县利达焦化、侯马汇丰建材,分别争取资金支持各5000万元。新医院利用以色列政府贷款3500万美元,进口先进设备586台(套)。华翔集团利用清洁发展委托贷款6000万元,通过国家七部委正式审定。全年到位资金5个亿,为全市"六大发展"做出新的贡献。

国际资金管理局领导在企业调研

【服务工作】 服务项目、服务基层和服务群众。服务项目就是以项目建设为己任,急项目单位之所急,帮项目单位之所需,把项目申报、项目监管装在心上,拿在手上,为项目建设出谋划策,出力流汗。先后多次到太原、北京,向有关部门汇报情况,争取支持新上项目。服务基层就是加强与项目县市区的联系,工作向项目县市区倾斜。帮助解决实际困难和问题。服务群众就是设身处地、真心实意地为项目区和帮扶村的群众搞好服务,确保把项目区的资金落实到千家万户。先后多次到帮扶点尧都区大阳镇岳壁村、古县永乐乡曲庄村驻村调研,同当地干部群众研究确定主导产业,到有关部门协调争取资金95万元,为曲庄村修复5千米水泥路;多方筹资25万元,为岳壁小学修复校园,促进帮扶村经济和社会发展。到所帮扶的岳壁小学开展支助贫困生和慰问教师活动,到曲庄村开展医疗扶助服务活动,对两个帮扶村10户困难群众进行访贫问寒。

【还本付息工作】 还本付息是国际资金监管工作的重中之重,也是考核经济指标完成的重要指标之一。2014年,临汾市应还世行、亚行和外国政府贷款本息费4500万元。年初测算出各县、市、区到期本息债务,下达专门文件,要求各县、市、区把还本付息资金和还贷准备金列入当年预算。市局实行"双包双联"责任制。即:包项目监管,包还本付息;采取把贷款落实到户,谁贷谁还;上门催收,及时归还;依法清收,欠账必还。县市区财政部门拿出专门收贷收息经费等多种措施，确保国际资金引得来、用得好、还得起。临汾市连续15年做到足额归还，分文不欠。受到省财政厅的多次表彰，得到世行、亚行和外国政府的认可和信赖。

非税收入征管

【概述】 2014年，临汾市非税收入征收局落实全市财政工作会议精神，履行职责，强化收入征管，突出管理重点，支持新农村建设，建设文明服务窗口，使非税工作再上新台阶。截至2014年12月底，非税收入累计完成104711万元，其中纳入非税征缴系统的非税收入完成79750万元，通过非税征收窗口直接征收的非税收入24961万元。往来资金专户累计收入58922万元，累计支出126321万元，累计结余281632万元(含上年净结余349031万元)。

【下乡帮扶工作】 2014年，临汾市精准扶贫有序推进。扶贫工作队先后驻村5次，实地走访调研，为霍州市大张镇贾村和霍州市三教乡安乐村协调解决种植扶贫资金各5万元，完成安全饮水、土地改良、道路修复、技术培训等项目，使帮扶工作取得实实在在的效果。在精准扶贫上，确定13户贫困户，开展建档立卡工作，为做好扶贫工作打下基础。

政府采购

【概述】 2014年，临汾市政府采购坚持"公开、公平、公正、诚信"的原则，对照全年目标责任考核指标开展工作。全年完成采购金额13935万元，节约资金1368万元，节约率9.81%，同比减少0.3%，减少51万元。完成汽车保险、定点维修等服务项目。采购的货物、服务和工程全部通过采购单位的验收。

【队伍建设】 2014年，政府采购中心参加市委组织部在党校组织的十八届三中、四中全会2期培训班的学习，5月，中心7名骨干参加在浙江大学举办的"山西省省级政府采购中心干部综合素养提升高级研修班"的学习；业务上学习《政府采购法》《合同法》《招标投标法》《政府采购货物与服务招标投标管理办法》《政府采购供应商投诉处理办法》及《政府采购信息公告管理办法》等；结合案例剖析，形成刻苦钻研、积极探索、求真务实的学风。通过学习，使全体干部职工加深党性修养，培养一支作风硬、业务精的干部队伍，加深对政府采购法律法规的认识和理解，提高全体干部职工的政策水平和业务水平。

【完成采购工作】 2014年，临汾市政府采购中心组织中心人员研究政府采购规律，分析采购文件制定与评标中可能出现的规律性和特殊性问题，制定采购操作流程，探索科学严密的工作办法。各项政府采购业务都在媒体上发布公告，自觉接受社会各界监督。每个采购项目都按规定组成评标委员会，进行独立评审，做到公正、公平。主动同采购人沟通，了解单位采购需求，制订详细技术和评标标准，确保采购到采购人适用的货物、工程和服务。按照公开透明、公平竞争、公正、诚实信用的政府采购原则，全年采购的货物、工程和服务全部通过采购单位的验收。

【完善内部运行机制和操作流程】 2014年，临汾市政府采购中心坚持把标准化建设作为全年的工作重点。制定《临汾市政府采购中心关于进一步规范采购工作的通知》《临汾市政府采购中心竞争性谈判会议议程》《临汾市政府采购中心竞争性谈判会议纪律和程序》《临汾市政府采购中心开标会议议程》《临汾市政府采购中心公开招标会议纪律与注意事项》《临汾市政府采购中心公开招标评标会议纪律》，用制度管人、管事。从采购的每一环节入手，制定一套操作标准，评标标准，处理标准，明确工作规程、运行规则、操作规范，提出违规就是违纪违法，要求经办人员在采购的每一环节都要签字，保证责任制的落实及责任追究有据可查。通过强化制度建设，机关行政效能和工作规范得到提高，展现出采购中心文明的工作作风和良好的窗口形象。

【提升采购业务执行标准化水平】 标书内容涉及采购人需求、项目具体技术参数、标准化设置、市场行情、采购环境、有效竞争、公平参与权、定标标准、法律法规条款、公共政策功能如环境保护中小企业、国货采购等。一份完整的标书是一项系统性的工程，怎样把上述控制性内容全面而准确地融入标书文本中,考验着工作人员的业务素养与综合素质,也显示着采购中心管理质量水准。中心在制作标书内容中严格遵守采购法规与标书制作原则,在具体细节安排上能全面落实各项规定,确保标书体现法律精神,有很强的权威性与说服力。其次实际操作过程中,严格按标书规定执行,对事不对人,一视同仁。对废标、无效标、未实质性响应标书、未提供有效资质等重大事项,提出明确的处理规定,对于评分权重设置、投标保证金交纳、定标原则等具体内容按照法律规定细化,一丝不苟执行到位,公开接受各方监督。

【落实政府采购政策功能】 根据国家有关政策规定,在政府采购活动中,特别是在公开招标时,对节能环保产品、自主创新产品、中小企业产品制定加分政策,倡导绿色采购。评标中,在技术、服务等指标满足采购需求的前提下,优先采购节能效果、性能达到国家要求的产品,降低政府机构能耗开支。制定通过政府采购保护国家安全的采购办法,扩大本国货物和服务的采购规模。

【规范供应商质疑】 规范供应商质疑受理、处理、答复工作流程,提高依法处理供应商质疑的工作水平。供应商质疑既是确保自身权益不受损害的办法,又是促进采购工作健康发展的动力。为保护政府采购当事人的合法权益,防止和纠正政府采购违法违规行为,维护政府采购公平竞争环境,对供应商提出的质疑按照《政府采购供应商投诉处理办法》及时、准确、实事求是地做好答复工作;对供应商提出的不符合事实的问题,也耐心、细致地做好宣传、解释工作,树立采购中心的良好形象。全年没有发生一起有效质疑投诉。

(葛新亮)

国 税

【概述】 2014 年,临汾市国税系统坚持依法组织收入,抓好依法行政、征管改革、纳税服务、政策管理、队伍建设五大重点,统筹兼顾,持续推进,真抓实干,完成各项工作任务。全年全市国税系统累计组织税收收入 746787 万元,占省局调整计划 738500 万元的 101.12%,超收 8287 万元,同比下降 4.70%,减收 36849 万元。其中:地方级收入累计完成 211204 万元,占省局调整计划 207500 万元的 101.79%,超收 3704 万元,同比增长9.09%,增收 17602 万元;市县两级收入累计完成 147843 万元,占市计划的 89.95%,短收 16510 万元,同比增长 9.09%,增收 12320 万元。

【依法组织税收收入】 2014 年,国税局开展重点税源专题分析,加大对重点行业、企业的监控力度,实行五日报制度,及时向省局、市政府报告收入运行情况,为领导决策提供参考,全年预测准确率达到 99.91%。强化欠税管理,建全欠税企业台账,实行分档监控、分类管理,建立欠税风险预警,将欠税清理列入绩效考核,全年共清理欠税 11777 万元。通过加强分类管理、完善汇算清缴、规范税前扣除凭证、强化税收分析和纳税评估等措施,把握组织收入主动权。全年累计入库企业所得税 102229 万元,占年计划 96949 万元的 105.45%,同比增长 14.30%,绝对额增加 12787 万元。加大税务稽查力度,选择尧都区和临汾经济技术开发区的房地产及建筑安装行业开展区域税收专项整治,全年共检查各类纳税人 317 户,稽查查补收入 13389 万元。

【全面推进依法行政】 按照“横向不交叉、纵向不重复”原则,统筹编制本年度税务检查和纳税评估项目,取消进户执法项目 3 批共 29 项,减轻纳税人负担。加强行政审批制度管理,公开税务行政审批清单;开展税收规范性文件清理工作,严格实行文件合法性审核和文件备案管理,为规范执法提供政策保证。强化税种管理,严格增值税、消费税、企业所得税、进出口退免税的管理,做到依法依规、严格规范。强化税收执法监督检查,提升执法水平,抽取 65 户纳税人税收执法案卷开展案卷评查,规范执法行为,提升税收执法案卷质量。开展税收执法疑点数据核查,及时发现税收执法风险,完善内部管理机制。严格重大税务案件审理,全年共审理重大税务案件 29 件,审理率达 97%。全面落实税收优惠政策,全年共为 1077 户小微企业减免企业所得税 517.79 万元,为 28008 户小微企业免征增值税 7324 万元,累计办理出口退税 10398 万元。

【优化纳税服务】 2014 年,临汾市国税局推行“一窗通办”服务模式,全市 20 个单位所有办税窗口全部开启“一窗通办”业务,工作效率和服务水平提升。推进网上办税,全市一般纳税人、企业类小规模纳税人网上申报率达到95%以上。创新开展"流动纳税人之家"活动,为不同行业纳税人提供面对面、个性化的政策宣传辅导。开展"涉税业务通办工程""涉税资料报送简并工程""便捷化申报缴税工程"三大工程,全面开启便民办税春风行动。累计减少行政审批事项12项,缩短办理注销税务登记时限50%以上,减少办税环节12个,简并涉税文书报表20种。推进免填单服务,服务项目达到30种,受益纳税人达到4200余户次。建立4个市局班子成员微信群,每个群10户纳税人,配备2个业务科长,随时在线接受纳税人咨询,负责协调处理纳税人在涉税业务过程中出现的困难和问题。做好12366热线服务工作,全年共接听热线电话108个,其中咨询类102个,投诉类6个,都得到及时妥善处理。创优税收发展环境,2014年制定出台8项措施,有针对性地服务市政府"四个年"活动,为全市经济社会发展创优税收服务环境。

【税源专业化管理】 临汾市国税局在全市范围内分片逐户开展管户清查,共清查出漏征漏管户1356户,补缴税款162290元,违章罚款36090元,共入库198380元。修订完善《征管质效内部评价管理办法》,共设置户籍资料、发票管理、申报征收、主观努力4类25个指标,强化征管质量监控、预警、分析和评价,确保客观、公正地反映和评价税收征管工作。强化税收风险分析和应对,完成省局推送的9批风险应对工作,根据实际安排4批风险应对任务,风险应对入库税款1.46亿元。按照"谁调查、谁确认、谁负责"的原则,按时、保质、保量完成接收确认、登记、认定一般纳税人和发票发行发售等工作。截至2014年底,全市"营改增"纳税人为3592户,其中,一般纳税人610户,小规模纳税人为2982户;交通运输业574户,邮政业36户,电信业57户,现代服务业2925户,实现月均收入3522万元。

【干部队伍建设】 组织全市稽查人员业务考试,选拔51名全市稽查能手,备战全省稽查业务标兵竞赛。组织全市国税系统科级干部和纳税服务标兵外出培训,强化业务能力,拓宽干部视野,提高综合素质。突出税收业务学习,全年共累计组织各级各类培训21期531人次。开展创先争优活动,树立30名典型干部,从中评选出10名"最美临汾税务人",用身边事教育身边人,汇聚国税发展正能量。2014年全市青年文明号单位新增安泽县国税局1家,总数达到8家。

【扶贫开发】 2014年,临汾市国税局为浮山县东张乡南卫村协调资金180万元,发展春秋两季蔬菜大棚,直接投资25万元为该村修建300立方米蓄水池。参与社会主义新农村建设,与蒲县山中村结为共建对子,经费上扶持25万元,支持房屋改造、生态建设,该村被列为全市"美丽乡村建设计划"重点村。

国税局干部职工创作的"百廉图"

【党风廉政建设】 2014年,临汾市国税局在全系统全面开展警示教育、形势教育,提高干部思想警觉意识。组织全系统干部签订廉洁过节承诺书,严守纪律红线,抵制不良风气。购买10余部廉政宣传片,以案说法做到警钟长鸣。创新廉政教育载体,建立国税网络廉政窗口,搭建网络廉政教育平台,组织参观廉政教育基地,营造以廉为荣、以贪为耻的浓厚氛围。开展"工作秩序涣散、纪律松弛"专项整治,转作风、严纪律、整秩序,整肃国税机关工作纪律。开展自查自纠,严把整改落实关。组织开展正风肃纪大调查、大排查活动,持续开展"三清三查三审"活动,对衙门作风和权力寻租进行专项整治,研究制定改进作风的11条规定,促进作风改进和效能提升。巩固建设成果,严把制度关。研究出台《2014年全市国税系统统筹安排的各类会议、评估、检查、培训工作计划》,减轻基层和纳税人负担。组织修订完善《考勤制度》《外出登记制度》等12项制度,建立起用制度管人、管事、管权的制度体系,推动改进作风常态化、长效化。加大明察暗访力度,严把执纪问责关。成立明察暗访检查组,对全系统19个县市区局进行26次明察暗访,发现问题8个,全部限期整改;对35名违纪违规人员及单位管理松散的6种情况进行全市点名通报。

(冯勋功)

地　税

【概述】 2014年,临汾市地税局把“坚持实事求是,依法科学调控,保证长期稳定”作为组织收入的总策略,掌握组织收入的主动权,完成全年各项收入任务。全年全市地税系统共组织税收收入71.6亿元,其中:公共财政收入完成57.5亿元,占年计划的106.6%,比上年增长12.6%,增收6.4亿元;市县两级公共财政收入完成46.6亿元,占市政府计划的100.9%,比上年增长14.9%,增收6.1亿元。代征其他收入18.1亿元,其中代征煤发基金10.4亿元。省级公共财政收入增幅全省第一。

【税收业务建设】 随着网上申报、个体户批扣、自助办税终端的不断推广,多元化申报格局初步形成。2014年,临汾市网报开通率达78%,网报使用率达93%,机打发票开户率达42%;征管质量及各项指标与上年相比大大提升;国地税管户对比、信息交流工作得到推进;汇算清缴工作取得良好效果,共汇算企业5250户,入库税款5848万元;大企业风险管理有新突破,风险管理中共计查补税款176万元,入库135万元,加收滞纳金59万元。

地税局关于城建税税率适用范围的请示取得阶段性成果,省委在2014年加快推进转型综改试验区建设的若干意见中将其作为56项举措中的一项内容;煤炭资源税应实行扣缴管理的相关建议被省财政厅采纳。

推进“便民办税春风行动”系列活动,完善硬件设施,简化办税程序,推行涉税事项审批前置、首问负责制、办税厅集中受理、“一窗式”服务、“免填单”服务等一系列措施,出台服务窗口专项整治明查暗访、内查外访工作方案,开通“临汾地税纳税服务”订阅号和服务号微信平台,实时提醒,让纳税人快捷、公正、明白缴税。

【依法治税】 2014年临汾市地税局减免困难企业房产税、土地使用税1806万元,实现小微企业申报时就可自动享受税收优惠。

开展税收执法案卷的评查工作,对2011年至2013年间全市各级税务机关办理的417件税务案件进行分析统计,开展依法行政宣传月、“12·4”国家宪法日暨全国法制宣传日活动,在地税局《悟者》刊物上专门开设“依法行政大家谈专栏”,提升全体税干依法行政意识,营造良好的治税环境。

2014年,全市共查处涉税违法案件140起,查补入库税款2435万元,其中查处百万元以上案件7起,维护税法严肃性。

2013年,因煤发基金一案,地税局依法行文,明确只代征,不管理,理顺煤发基金的征收管理职能,2014年2月,地税局班子经过考虑,本着为基层担当、为基层负责的态度,将存在着类似执法风险问题的其他规费管理工作,全部依法行文,理清所有规费工作中代征和管理的职能,一举消除基层在规费征收过程中因规范性文件制定不合理而形成的执法风险,减轻基层人员的执法负担,依法行政工作迈出新步伐。

【干部队伍建设】 要求一把手要正确坚持民主集中制,完善分权制衡、监督制约的权力运行机制,班子成员都要负起建设班子的责任;分清是非,扶正压邪,正确选人用人。

调动老同志工作的积极性,破除干部“老化”观,树立用老实人、用干活人的良好导向,通过选任,4个单位4名老同志被任命为科级非领导职务,发挥示范和激励作用。

利用“地税讲坛”平台,采取“请进来、走出去、走上去”的办法,加强教育培训工作;组织全市地税系统业务比武及骨干选拔活动,激发全系统学业务、比业务的浓厚氛围,一大批年轻干部脱颖而出;举办全市业务骨干培训班,组织课余活动、文艺汇演,使学员们学到知识,增进友谊,加强交流。

强化干部“德”的教育,将“德”的建设重点放在分清是非上,倡导大家要具备“为政要有公心,做人要讲良心”做人准则。组织机关运动会等丰富多彩的文体活动,2014年,临汾市地税局被评为“省级文明单位标兵”,年底又被市文明办推荐,接受国家级文明单位的验收。

(陈红娜)

金　融

银　行

·中国人民银行临汾市中心支行·

【概述】 2014年，人民银行临汾市中心支行围绕全市“四个年”活动要求，以稳中求进、改革创新为动力，推进金融支持经济转型发展取得新进展。截至2014年底，全市金融机构本外币各项存款余额1853.62亿元，较年初增长59.67亿元，同比增长3.33％；各项贷款余额943.40亿元，比年初增长97.69亿元，同比增长11.55％。

【落实稳健货币政策】 2014年，人民银行临汾市中心支行畅通资金融资渠道。组织召开银企洽谈会，引导各金融机构对2014年省市级重点建设项目落实资金需求，累计支持63个项目重点建设项目，发放贷款达95.81亿元；提升货币政策工具运用水平。发挥存款准备金、支农再贷款、再贴现、利率定价等多项货币政策组合效应，引导社会融资规模适度增长。降低5家金融机构的存款准备金率0.5～3个百分点，增加可用资金约4.5亿元；发放支农再贷款15.35亿元；发放支小再贷款5亿元；发放贴现再贷款20.28亿元，支持“三农”和小微企业的发展；加大窗口指导与政策引导。制定《“阳光普惠”金融工程实施方案》，结合“农情暖春、体贴入微、扶贫帮困、助弱圆梦”四个专项行动，加大对全市支柱产业、中小企业、“三农”、妇女创业等领域的信贷扶持，控制“两高一剩”行业贷款，重点加大对“百里汾河新型经济带”、新能源、高端制造业等新兴产业和环保产业的扶持力度，全力支持经济转型发展；开展金融“扶贫帮困”行动取得实效。制定《金融扶贫开发工作实施方案》，在5个贫困县开展“扶贫帮困”专项行动。截至年底各项贷款余额为35.17亿元，比全市贷款增速高2.68个百分点，促进贫困县域经济发展。全省扶贫开发金融服务工作推进会在吉县召开。

【推进辖区金融改革】 2014年，人民银行临汾市中心支行推动利率市场化改革。推荐尧都、乡宁、侯马3家农商行成功加入市场利率定价自律机制。创新直接融资模式取得新突破。引导尧都农商行在银行间债券市场成功发行7亿元资本债券，作为全省首支创新型二级资本债券，拓宽融资渠道，提高地方法人金融机构的资金实力。推动跨境人民币业务快速发展。引导企业规避汇率风险，拓宽融资渠道。截至12月底，全市人民币进行结算的跨境货物贸易金额达到12.97亿元，同比多增5％。实施农村信用社的体制改革。通过总行全力解决浮山联社1570万元央行票据兑付工作，化解历史包袱，提高资产质量，11月6日浮山农村商业银行正式创立，标志着浮山农村信用社向浮山农商行的成功改制。推进辖区翼城、浮山、霍州、汾西等四县信用社撤销清算与金融稳定再贷款损失认定工作，取得实质性进展。

【维护辖区金融稳定】 2014年，人民银行临汾市中心支行提升风险监测工作效能。发挥山西省金融风险监测系统作用，对金融机构流动性变化情况进行预警监测，组织撰写《临汾市金融稳定报告(2014)》；起草制定《关于建立金融风险磋商机制的意见》，完善临汾市金融系统突发事件应急机制。推进“两管理、两综合”工作规范化。共受理14家新设金融机构的开业申报，向全市9家金融机构通报2013年度综合评价结果，对前3名的金融机构进行表彰；2014年组织开展对建设银行、尧都农商行、农村信用社的综合执法检查工作，共检查网点61处，严格实施行政处罚，促进金融机构稳健经营、防范风险。加强反洗钱和征信管理工作。组织综合评估45家机构反洗钱状况；与临汾市税务部门签订《反洗钱交流合作备忘录》；开展反洗钱专项检查。建立临汾市中小企业信用信息数据库，信息网浏览达12200次，开展中小企业、农村信用体系示范点建设,特色征信宣传活动。

【提升基层央行服务水平】 改善农村支付环境。2014年,人民银行临汾市中心支行制定《临汾市全面深化农村支付环境建设工作实施方案》,夯实“村村通”工程成效,促进农村金融服务实现全覆盖。布放ATM机1116台,转账电话服务点5300个、POS机具21533台,福农卡发卡总量达到108万张,实现农村户均1张卡,农村金融支付服务覆盖3688个自然村,占到全市农户总数的72.46%。拓展农民工银行卡特色服务,全面推广《惠农直补一卡通系统》,畅通惠民直补“绿色通道”,办理各项惠民补贴资金2.95亿元,惠民36万户。国库服务取得新进展。推进财税库银横向联网和电子缴税工作,截至2014年12月底,全辖完成公共预算收入118.26亿元,同比增长0.1%;完成公共预算支出255.7亿元,同比下降7.19%。组织各商业银行发行凭证式国债(四期)4.7亿元,电子式国债(十期)8亿元。货币发行工作扎实有力。全市累计投放发行基金156.54亿元,累计回笼149.29亿元,净投放7.26亿元,全市共回收残损人民币54.6亿元,净化辖区人民币流通环境。外汇管理与服务靠前发展。落实国家各项贸易投资便利化的改革措施,探索非现场监测与主体监管相结合的管理模式,防范跨境资金流动风险,全年全市跨境外汇收支总额6.19亿美元。

(李红卫)

附:

·获奖情况·

人行临汾中支被总行授予“改善农村支付服务环境先进集体”的光荣称号,被太原中支授予全省国库系统先进集体,被山西省劳动竞赛委员会荣记二等功,连续三届被评为山西省文明和谐单位

·银监工作·

【概述】 2014年,临汾银监分局贯彻落实上级安排部署,优化监管治理、防范风险隐患、推进银行改革、加强内部管理,确保全市经济金融平稳较快发展。全市银行业总资产2301.84亿元,较年初增加141.64亿元,增长6.56%,其中,各项贷款余额962亿元,较年初增加102.44亿元,增长11.91%;负债总额2208.71亿元,较年初增加131.35亿元,增长6.32%,其中,各项存款余额1799亿元,较年初增加55亿元,增长3.16%;所有者权益93.13亿元,较年初增加10.29亿元,增长12.42%;全年利润23.91亿元,同比增加2.43亿元,增长11.29%;不良贷款余额52.96亿元,较年初减少8.88亿元,不良贷款占比为5.5%,较年初下降1.69个百分点;法人机构抵御风险能力持续增强。全市农合机构资本利润率15.62%,资产利润率1%,成本收入比36.98%,较年初下降1.87个百分点。资本充足率9.11%,拨备覆盖率63.95%。

【化解风险隐患】 2014年,临汾银监分局严防信用风险。关注风险异动,通过建立工作台账、强化监测考核等手段,防范银行机构信贷违约风险。建立集团客户企业风险排查预警机制,重点强化对大客户风险监测。开展最大十户集团客户贷款风险排查工作,了解大客户多头融资、对外担保等情况,指导银行机构前瞻性做好风险防范工作。强化监测考核,督促银行机构严格落实“名单制”管理,防控平台贷款风险。及时传导政策要求,督促银行机构严密防控房地产信贷风险。截至12月末,辖内银行机构房地产贷款余额47.52亿元,其中,不良贷款余额999万元,不良占比0.21%,房地产贷款风险总体可控。严防操作风险。注重政策传导、指导推动,督导检查,推动案防安保制度、办法落到实处。建立健全“双线”风险防控责任制。制定“制度执行年”活动方案,指导银行机构制定实施办法,强化制度约束,增强合规经营意识。制定印发《临汾银监分局关于对辖区银行业2014年案防工作督导的通知》,深入基层开展督导。2014年,辖内银行机构未发现案件。严防其他业务领域风险。督促银行机构做好流动性、信息科技、表外业务领域的风险防控工作。完成农商银行信息科技监管评级,建立临汾银监分局重要信息系统巡检制度,开展信息科技风险快速巡查工作。督促银行机构开展员工行为排查,构建与非法集资、民间融资等领域的“防火墙”,保障银行自身安全。

【支持经济平稳发展】 2014年,临汾银监分局注重政策引领,指导银行业金融机构准确把握经济发展形势,盘活存量、用好增量,支持地方经济建设。召开2次工业企业银企对接洽谈会,银企之间签订贷款意向书142份,达成贷款意向98.16亿

元。推动“三农”金融服务。

【召开农合机构“三大工程”推进会】 2014 年，临汾银监分局引导银行机构履行社会责任，开展金融产品服务创新，各银行机构立足当地实际，开展以流动服务车服务、阳光快贷、仓单质押贷款为代表金融产品和服务创新。指导尧都农商银行做好“三农”金融债的发行工作。2014 年末，辖内银行机构“三农”贷款余额 618.99 亿元，较年初增加 51.16 亿元，增长9.01%，占全部新增贷款的 49.94%。

【推进小微企业金融服务】 2014 年，临汾银监分局开展“小微企业金融服务宣传月”活动，指导银行机构制定方案、周密部署，开展集中宣传、网点宣传和商户宣传等活动。开展小微企业金融服务知识技能竞赛活动，增强银行从业人员对服务小微企业相关政策的了解和掌握。强化监测考核，按季通报“两个不低”完成情况。多次深入基层开展小微企业服务督导活动。截至 2014 年末，小微企业贷款余额 328.87 亿元，较年初增加 76.3 亿元，同比多增 32.56 亿元，占到全部新增贷款的 74.48%；小微企业贷款增速30.21%，高于全市各项贷款平均增速 18.3 个百分点，完成“两个不低于”目标。

【不规范经营查纠工作】 2014 年，临汾银监分局利用监管工作会、监管通报会等途径，督促银行落实“七不准、四公开”要求，规范服务收费行为。常态化开展明察暗访工作，查处不规范收费行为。以构建公平竞争环境为目的，组织开展不规范经营行为抽查工作，查处转嫁收费、存款返点、为客户提供办公场所等不规范经营行为。

【推进监管工作质效】 2014 年，临汾银监分局注重市场准入的严肃性。指导银行机构制定年度机构设立规划。开展农村中小金融机构行政许可实施办法政策解读。落实机构设立变更实地考察、高管人员任职资格“三考三承诺”要求，强化审核实效。对未经许可擅自变更实收资本的法人机构进行审慎监管会谈。2014 年，完成辖内高管 2013 年度履职情况考核。受理高管人员任职资格申请 86 个，机构开业、增资扩股、撤销等变更事项 34 项。否决 2 名高管任职资格申请；注重非现场监管的针对性。建立法人机构存款波动情况统计监测制度，强化存款偏离度考核。完成辖内农合机构监管评级工作，按季对经济金融运行及银行业风险进行分析，按季对小企业违约信息、大额授信客户和零售贷款违约客户情况进行通报。召开审慎监管谈话，对部分机构重点风险隐患进行约谈，提出整改要求。加强数据质量管理，按季通报辖内银行数据报送情况，开展数据质量“良好标准”培训，对部分机构数据质量“良好标准”执行情况进行评估；注重现场检查的有效性。按照《现场检查规范及效率手册》要求，严格、规范实施现场检查行为。推广 EAST 系统使用，使用 EAST 系统对古县农村信用合作联社内控有效性及资产质量情况实施检查。按照省局安排，先后开展对工商银行临汾分行表外业务、晋商银行临汾分行全面业务、同业、理财等 14 项检查工作，自主开展不规范经营行为抽查工作，针对辖内机构不规范经营及未经批准外设柜组行为，拟实施行政处罚。注重监管联动。在机构设立、高管任职资格审核过程中，建立与公安消防、检察院等相关部门的联动工作机制，确保审核实效。

【推进银行改革发展】 2014 年，临汾银监分局强化沟通协调，推进金融服务体系建设，指导光大、兴业银行临汾分行完成筹建开业工作。指导建设银行临汾分行设立 1 家支行，指导晋商银行临汾分行设立 3 家支行，指导交通银行临汾分行设立 3 家支行，指导侯马农商银行设立 1 家分理处。指导尧都、侯马农商银行合理统筹内部资源，做好村镇银行设立工作。推进农村信用社改革，提前介入襄汾联社改制工作，对改制工作进行督导。指导农村中小金融机构积极增资扩股，夯实资本，2014 年，累计募集股本金 2.9 亿元，尧都农商银行完成 7 亿元二级资本募集工作。推进高风险社风险处置工作，成立改革推进领导小组，指导反馈，保障浮山农村信用社农商行改制的顺利推进。指导其他高风险完善内部管理，加大不良清收力度，实现指标的持续好转。严格资料把关，实地评估，做好便民服务点规范工作，升格便民服务点 4 家，在不造成金融服务空白乡镇的基础上，撤销便民服务点 6 家。强化督促指导，对尧都农商银行理财业务事业部制和同业业务专营部制改革评估工作。

【加强履职能力】 2014 年，临汾银监分局严格会议、发文、公务用车管理，转变工作作风。参加临汾人民广播电台“930 政风行风热线”直播节目。开展“纪律松弛、吃拿卡要”专项整治、廉政格言警句征集和以“科长谈廉政”促廉政文化建设等活动，开展执法检查和效能监察，党风廉政建设做到常抓不懈。加强调查研究,制定实施方案,结合当前经济金融热点和难点问题,深入开展调研工作。制定分局财务及固定资产管理暂行办法,规范财务管理,完善制度流程,各项工作有序开展。指导银行业协会完善工作机制,成立法律工作委员会、文明规范服务委员会,制定法工委工作规则及会议管理办法、联合制裁工作机制、黑名单通报制度。开展以"新消法、新权益、新责任"为主题的消费者权益保护宣传咨询服务活动。开展"普及金融知识万里行"活动,零距离普及公众金融知识。

(杜晓宾)

· 中国工商银行临汾分行 ·

【概述】 2014 年,工商银行临汾分行以"争先进位"理念为引领,按照"高盈利、快转型、调结构、优服务、低风险"的工作思路,围绕"代发工资、对公账户、公务卡、代理机动车保险"四项重点工作,提高经营管理效率,整体工作平稳有序。各项指标完成情况:实现拨备前利润 33605 万元;实现净利润 21192 万元;人民币全部存款期末时点余额 193.3 亿元;各项贷款(剔贴现人民币)期末时点余额94.9 亿元;实现中间业务收入 14942 万元。

【客户拓展】 2014 年,工商银行临汾分行在全辖开展"代发工资、公务卡、对公账户"三项劳动竞赛活动。根据形势发展,增开"代理机动车保险"和"五万元以上对公客户拓户"两项劳动竞赛活动。四季度,配套开展"互联网金融服务专项劳动竞赛",通过加快三大平台建设步伐,落实三大产品线建设进度,联动拓展客户,夯实发展基础。全年新增个人客户 12.3 万户,公司客户 28 户,机构客户 60 户,整体拓户工作持续向好。

【信贷投放】 2014 年,工商银行临汾分行坚持"基础行业不放松、新兴行业大拓展、限制行业求创新"的工作思路,推动信贷业务稳健发展。走访市发改委,围绕临汾市"十二五"规划中重点建设项目,在基础设施、社会事业、产业项目、现代服务行业梳理筛选出客户 35 户,逐户切入,专人跟踪。在具体工作上,重点把握三个"突出":突出"供应链"融资。深入山西建邦、霍州煤电等 5 户核心企业,了解掌握核心客户上下游客户名单、供应产品、经营规模、开户情况、结算方式及业务需求,定人员、定计划、定目标,确保每个核心企业供应链客户有 10 户以上纳入结算及融资体系。突出"新产业"融资。紧盯当地政府和民间重大投资项目,优选新兴产业和优势企业进行重点介入,严控实质性风险,创新融资方式,灵活设置信用增级条件,持续营销,久久为功。通过在建工程抵押、股权质押和租金收益权控制相结合的方式,向临汾坤成投资有限公司发放贷款 1 亿元,以该公司项目工程为核心,拓展其上游建筑安装承包商和供应商,一举营销公司客户 15 户。突出"集群化"融资。以市场需求为核心,拓展单户 300 万元以下的小微客户群。对辖内联通、移动、烟草、电力等系统客户的资金结算和需求进行走访了解,对部分大型专业市场进行调研,如:重点开展居然之家入驻商户集群化营销,为入驻商户办理商友卡 226 张、信用卡 43 张。全年为 50 户企业累计提供贷款支持 66.97 亿元,为 37 户小微企业累计投放贷款 4.6 亿元,夯实效益基础,支持当地经济。

【机构改革】 2014 年,工商银行临汾分行本着"精简中后台、重心前移"的原则,通过实施网点标准化管理改革和一级支行定岗定编改革,科学核定网点各岗位人员数量,有序推进人员转岗,使网点岗位分工更加合理,岗位间协同工作更加顺畅,人力资源使用效率得到有效提升。全辖高低柜柜口比率由2.8∶1降低至1.69∶1,服务效率稳步提升。运营标准化改革转岗 96 人,再加上个人贷款营销中心职能调整、零售(收单)专业团队组建、优秀大学生(柜员工)选拔、自助机具增配等方式,充实客户经理队伍,使得客户经理占比达到 31%。根据转岗人员实际情况,分四期对全辖 283 名客户经理进行脱产集中培训,提高转岗人员的适岗能力和岗位业绩,使员工尽快适应新岗位工作要求,推动各项工作的顺利开展。对部室职能进行梳理,对人员进行结构优化,部室由 22 个减少为 15 个,本部人员较年初减少 8 人。

【不良贷款清收】 2014 年,工商银行临汾分行成立行长任组长的不良贷款清收工作领导组,负责统筹协调和聚力推动全辖不良贷款清收处置工作。约见不良企业的法定代表人或授权代理人,要求其尽快筹措资金,归还贷款本息。深入研究不良企业的立案、财产查封、一审开庭、判决生效、执行等相关工作。开展多次风险排查,遏制新增不良贷款冒头。全年共清收转化处置不良贷款 8486 万元，其中现金清收3504万元，清收转化3988万元，批量转让994万元。截至年末，不良贷款余额9535万元，不良率0.92%，低于省行平均水平。

【服务工作】 2014年，工商银行临汾分行在全辖实施所有40个营业网点服务流程标准化的转培训工作，效果明显。在强化文明服务标准、规范业务操作行为，改进和完善网点服务功能，对8个网点进行自助区局部改造，新投放自助设备84台，网点的可分流率下降10.4%，减少客户排队时间，提升客户服务体验度。开展“人民满意银行建设年”活动和“文明服务‘双十佳’评选”活动，全面实施“亮脸工程”，确定银苑、南城2个支行为智能化网点培育行，西城支行也被评选为文明规范服务“双十佳”单位。

【内控案防】 2014年，工商银行临汾分行树立“业务发展，内控先行”“内控优先、制度先行”的理念，开展“制度执行年”活动，加强合规制度建设，结合实际，对各项规章制度进行细化、质化，将制度管控的视觉延伸到业务操作的各个环节，覆盖到条线网点的各个岗位，与绩效考核挂钩，形成系统的合规管控机制。为保证“制度执行年”活动效果，全年编写下发合规文化建设提升年学习周刊43期，共梳理制度79条，其中60条继续适用，19条废止。组织开展58次检查，发现问题249个，对责任人进行责任追究。业务规章制度的规范，为各项工作的顺利推进提供保障，促进案防能力的再提升。

·中国农业银行临汾分行·

【概述】 农行临汾分行位于临汾市尧都区东关大十字1号，辖18个支行、51个人工网点、1600名员工，是全市“县县有网点、县县通网络”的唯一一家大型国有上市银行。2014年，农行临汾分行树立“建设区域主流银行”的坚定信心，聚集客户建设，全面激活经营机制，全力管控经营风险，促进全行各项工作健康发展。2014年荣获临汾市“信访工作先进集体”“助老爱老先进单位”，荣获省分行“精神文明建设先进单位”“信贷政策导向效果评估第一名、“第三届产品创意大赛优秀组织奖”等荣誉。

【业务发展】 2014年，农行临汾分行推进客户建设、网点建设、机制建设和基层基础建设，深化经营转型，优化业务结构，全行业务经营工作取得进展。截至年底，各项存款余额193.12亿元，其中个人存款余额128.21亿元，较年初增加5.72亿元；各项贷款余额81.85亿元，其中：个人贷款余额72954万元，较年初增加2492万元，不良贷款实现“双降”目标；全行中间业务收入达6805万元，其中新兴中间业务收入达到2826万元；实现贷款利息收入5.12亿元，同比增加1944万元，实现拨备前利润20802万元、拨备后利润24452万元、经济增加值2950万元。

【三农工作】 2014年，农行临汾分行以金穗“惠农通”工程为抓手，强化“两率一均”，拓宽资金代理，延伸产业链金融。年末，全行惠农卡有效率为39.97%、转账电话有效率28.71%、卡均存款310元，分别较年初增加8%、6%、18.44元。全行“惠农通”综合考核中，侯马、曲沃、汾西、大宁、霍州等9个支行进入全省50强行列。围绕新农保、新农合、涉农财政补贴、农村公用事业、农村商品交易市场等重点领域，对接当地财政、卫生、社保等部门，增加涉农代理业务项目，实现当年三农资金归集突破29亿元，其中以代收电费业务为突破，全年代缴电费累计47465万元、108万笔，月均3955万元、9万笔，带动惠农卡存款突破2亿元，较上年增加1485万元，增长率为6.3%。紧盯“一县一业”“一村一品”工程和商务部“万村千乡工程”“双百市场工程”，加大“三农”支持力度，全年累计发放涉农贷款9000余万元，实现农业增收、农村脱贫和农民致富。

【风险防控】 2014年，农行临汾分行贯彻上级行及监管部门的各项规定，加强制度建设，严格监督制约，在集中采购、信贷审批等人财物的重点领域，坚持阳光操作，确保依法合规。开展运营“三化三铁”、安全保卫“三化三达标”等基础工作，“三化三铁”创建实现51个网点全覆盖，“三化三铁”良好单位41个，“三铁”单位达标8个。守住信息系统安全运行的底线，强化对信息系统和生产系统的安全维护，按月对支行和网点信息系统进行全面检查，完善配套基础设施，确保信息系统安全稳定运行。市县两级行严格执行声誉风险防范和信访维稳管理制度，严格落实信访维稳“属地原则”，2014年3月被市政府评为“信访维稳”先进单位。

【企业文化】 2014年，农行临汾分行以企业文化建设为引领，以弘扬团队精神为主导，加快和谐农行建设进程。参加农总行举办的“中国梦·劳动美·我与改革创新”主题演讲比赛,倪磊荣获一等奖;面向社会开展“送金融知识下乡”、军人保障卡培训、义务支援高考、宣传交通法规、清洗市内道路栏杆等社会履责活动,展现农行形象,凝聚员工士气;定期组织员工进行理论知识学习和专业技能培训,拓宽员工成长成才通道,得到广大员工的热烈拥护;先后对16个县域支行本部及8个县域网点的“职工之家”进行全面改造,使员工感受到农行大家庭的温暖;组织团委换届选举工作,发挥青年团员的骨干作用和进取导向;为全行67名特困员工送去问候和祝福,增强员工的归属感和凝聚力;平阳支行路东分理处、尧都支行前进分理处分别获全市银行业文明规范服务“双十佳”示范单位和服务标兵等,提升农行在全市银行业的社会地位和良好声誉。

(李　鹏　吴云峰)

·中国银行股份有限公司临汾市分行·

【概述】 2014年,中国银行股份有限公司临汾市分行坚持对外适应经济发展“新常态”,对内落实总分行各项战略部署,保持经营管理平稳健康发展。全年实现计费收入4.22亿元;实现拨备前利润2.55亿元;实现净利润1.81亿元。人民币各项存款余额127.99亿元,较年初净增6.38亿元。各项存款余额市场份额达7.18%,较年初提升0.15个百分点,净增额市场份额12.27%,较上年提升2.66个百分点,全市排名第三,四大行排名第一。外币各项存款余额2330万美元,比年初增加105万美元,在四大行及全金融机构的市场份额分别为41.37%,39.55%,全市排名第一。

【加大实体经济支持力度】 2014年,中国银行临汾市分行人民币各项贷款余额86.51亿元,较年初净增20.38亿元,全金融机构净增额市场份额20.61%,全市排名第二,四大行排名第一。公司贷款余额73.11亿元;零售贷款13.4亿元。加强对重点客户的授信支持。顺利完成重点项目的新增投放和存量授信的正常转换,先后向山西省交通厅、侯马市人民医院等9家重点授信企业投放贷款28亿元。按照国家产业政策和上级行风险偏好,抢占重点项目营销先机,储备授信20多亿元,部分项目进入实质性操作阶段,为下一步资产业务的发展储备后劲。拓展新模式中小企业授信,强化条线和机构客户经理联动,先后向12户中小企业发放贷款1.18亿元。加快新型产品投放。侯马支行作为山西省分行五家“微型企业贷款”试点行之一,在叙做全省首笔流资贷款的基础上,审批通过一笔212万元微型企业贷款,推动后续业务发展。全面下沉个贷产品,尤其是住房贷款,截至12月底,全辖共有48个楼盘项目累计放款3.64亿元。

【社保惠民服务】 2014年,中国银行临汾市分行惠民业务快速发展。做最好银行的宗旨,加速社保卡的推广应用。截至年末,共制卡近80万张,累计发放59万张。结合全市的实际情况,制定临汾市2015年度城镇居民医疗保险缴费方案,9月启动代收项目,累计办理客户达35万人次,代收城镇居民医疗保险费3499万元。

【加大客户拓展产品创新力度】 2014年,中国银行临汾市分行坚持量质并举,通过开展项目营销、联动营销、分类营销壮大客户规模,通过开展主题营销活动、客户金融资产提升活动等提升优质客户群占比,优化客户结构。2014年,全辖单位结算账户总量达到5288户,比年初净增385户,净增市场份额四大行排名第二。个人客户达49.99万户(非零余额),净增6.67万户,其中中高端客户1.13万,净增0.12万户。持续营销特色业务。抢抓出国金融机遇,巩固和提升跨境业务领域竞争优势,开展国际清算产品营销,利用优势产品争抢跨境客户,共叙做清算产品11款,1473笔,清算金额941万美元。强化产品创新推广。拓展资金业务新产品,通过叙做人民币利率掉期保值业务,实现收入580万元。累计办理出口通汇达业务2844万元,推动跨境人民币市场份额的提升。

【强化风险管控】 2014年,中国银行临汾市分行资产质量基本稳定,不良率为0.41%,较年初降低0.28个百分点,实现不良双降,低于全省平均水平;持续建设“平安中行”,开展“制度执行年”“三查三找三提高”等活动,夯实管理基础,成功堵截各类案件27起,实现安全运营。

【网点转型全面深化】 2014年,中国银行临汾市分行落实网点标准化销售服务流程的固化优化、整改提升等基础性工作,全面推行以网点价值贡献为核心的机构等级和业绩成长评价管理体系。在全省率先开展公司板块整合工作,理顺客户服务流程。

【优化绩效考核】 2014年,中国银行临汾市分行加大量化积分系统运用考核。从广泛学习宣讲、强化管理应用、深入现场指导、加强沟通反馈四个方面，全面提升系统使用率，按照上级行要求，完成量化积分考核系统成功落地。

·中国建设银行临汾分行·

【概述】 2014年，建行临汾分行贯彻省行企业核心理念和工作会议精神，打造"红梅品牌分行"的目标和十八字可持续发展总方针不变，围绕"安全为基、客户为纲、产品为目、创利为要"和强化管理基础的经营思路，全力推进各项工作，业务健康快速发展。

【主要业务指标完成情况】 负债业务。截至2014年末，建行临汾分行一般性存款日均余额197.53亿元，系统排名第5，日均新增4.45亿元，系统内排名第9。其中：对公存款日均减少1.58亿元，系统排名13，个人存款日均新增6.04亿元，系统排名第6。

一般性存款时点余额197.26亿元，系统排名第5，同业排名第1。时点新增 -0.22亿元，系统排名第11，同业排名第2；其中：对公存款时点减少-7.44亿元，系统排名13，同业第2；个人存款时点新增7.22亿元，系统排名第6，同业排名第1。

资产业务。截至年末，各项贷款余额89.24亿元，系统排名第8，同业排名第2；新增8.48亿元，系统排名第9，同业排名均第2。其中：对公非贴现贷款减少1.73亿元，系统排名13，同业排名第2；个人贷款新增7.85亿元，系统内排名第2，同业排名第1；贴现新增2.37亿元，系统排名第2。

中间业务收入。实现中间业务毛收入12360万元，系统排名第6，同业排名第2；主营收入占比16.43%，较上年同期增加1045万元，增幅9.24%，同比增量系统和同业排名均为第一。

不良贷款。余额6631万元，比年初增加6504万元；不良贷款比例0.74%，比年初上升0.727个百分点。

经营效益。全行共实现本外币账面利润4.76亿元，系统排名第2，较年初提升1位。

【票据业务】 2014年，建行临汾分行累计办理贴现业务16112笔，贴现量达1234亿元，突破千亿元大关；实现利息收入11.82亿元，突破10亿元大关，占全部信贷收入总量的72%；累计办理买入返售转贴现业务5619笔，金额549.32亿元，在全国系统内，位列第1；累计直贴、贴现余额、利息收入等三项指标排名保持系统内第1，累贴和余额稳居当地同业第1。个人网上银行活跃客户净新增13227户，全省排名第3；手机银行活跃客户净新增、微信银行客户新增、短信银行客户新增均居系统第1；离柜账务性交易量占比为88.47%，系统排名第3；电子银行同步签约率76.8%，系统排名第5。

【网点综合化建设】 2014年，建行临汾分行"三综合"建设取得阶段性成效，全面完成省行三个50%的工作目标，组建69个综合营销团队，全省7个二级分行陆续来进行经验交流学习。

【全渠道建设】 物理渠道建设。河汾路支行取得开业批复，顺利完成向阳西路分理处、侯马开发区分理处、尧贤街分理处、解放路分理处、襄汾河西分理处、洪洞广场分理处等六个机构优化升格工作，完善网点功能，提升全行综合服务能力。电子渠道建设。加大善融商务、悦生活营销宣传力度，善融商务活跃商户新增72户，系统排名第2，悦生活交易量6.5万笔，系统排名第3，推进临汾市新医院一卡通项目、临汾市烟草公司电子商户支付系统、尧都区天然气代缴费项目以及乡宁地方电力公司代缴费等民生类缴费支付项目，加大电子银行应用推广。

【加快业务创新】 成功营销临汾市公共资源交易中心招投标保证金账户业务，临汾市人民医院新院区"一卡通"项目成功上线运营，成功办理临汾建行第一笔金额为1.5亿元定向国内保理业务，成功营销临汾建行第一笔金额为4亿元的融资租赁业务，100%美元保证金存款加委托付款外币理财产品在全省系统实现首发。2014年，由建行临汾分行自行研发设计的小企业业务创新产品——"园区贷"喜获省分行产品创新委员会审批通过，指定在临汾分行先行先试。"园区贷"产品的成功推出，探索优质园区内客户"批量化、小额化"营销思路奠定了基础，结束临汾行小企业业务无创新产品的历史，具有划时代的意义。

【企业文化建设】 2014年，建行临汾分行通过开展红梅品牌创建11周年系列活动，使品牌的知名度和影响力得以回升。通过李红英先进典型的宣传推广，强化品牌的知名度和影响力。"红梅品牌"和"红英楷模"是临汾建行的两大文化品牌，使得临汾分行乃至山西分行在当地以及全国建行系统内的影响力和感染力显著增强,地方政府和总行的关注度明显提升。

【存款业务】 2014年,建行临汾分行抓好存款,实现稳存增存。以打造"红梅服务一条街、社区服务一整片、客户服务一个链"为目标,以服务为核心,以产品为纽带,通过综合化、针对性的服务,提升市场竞争力。坚持存款这个立行之本地位不动摇,加快存款增长,强调注重增长质量,重点突出日均存款新增,存款业务实现稳定增长,个人存款同业优势明显。抓好客户,拓展客户群体。贯彻客户发展"守、抢、分"的策略和"抓大不放小、中间要搞好"的思路,重视客户总量增长,关注有效的、活跃的、有价值的客户增长。对公客户方面,全面开展"抓客户、争主办、促存款"为主题的基本户专题营销活动,推动基本结算账户营销,争做主办行,提升基本户四行占比。个人客户方面,依托总分行推出的薪享通产品,加强与对公业务部门联动,以代发工资业务为基点,绑定银行卡、电子银行产品等进行综合营销,拓展一批有效益的代发工资单位,客户群体稳步拓展。

【资产业务发展】 2014年,建行临汾分行加快信贷投放,巩固煤炭、基础设施建设等传统行业优质客户,拓展非煤产业、民生工程等有较大发展潜力的行业和战略新兴产业。全行大中型非贴现贷款余额44.22亿元,全年累计投放30.32亿元。

【信贷结构调整】 2014年,建行临汾分行强化专业化经营,加大人力、财务资源倾斜,发展票据业务、小企业、个贷、信用卡分期等业务。2014年,票据、个贷业务继续在全省系统、当地同业保持领先优势,信用卡分期付款业务系统内位次也比较靠前。

【中间业务发展】 2014年,建行临汾分行一方面立足传统挖潜,巩固造价咨询业务、房改金融业务等优势业务,把长板打造成品牌。另一方面加快投资银行、电子银行、国际业务、现金管理、信用卡、养老金、善融商务等战略性业务发展,使其尽快成为新的收入增长点。全行中间业务收入稳步增长,系统内排名前移两个位次,同业占比提升,其中个人中间业务收入位居全省系统第一。

【风险防控】 防范信贷经营风险。2014年,建行临汾分行将贷后管理作为全年三项重点工作之一,加强对各类贷款的监测、预警,采取有效的风险化解措施,提高资产质量。按月召开信贷项目风险预警会议、按季召开信贷项目风险分析会议,逐户分析,排查风险。强化贷后管理,通过落实规定动作,增加现场走访等措施,摸清客户情况,逐户落实相应的防控措施。出台考核办法,组成工作团队,对信用卡不良加大清收力度。防范操作风险和道德风险。落实总省行案件"零容忍"的要求,坚持案件防控抓基层,加大案防工作力度,加强员工行为排查和动态管理,防范案件风险。落实"一岗双责"要求,开展"制度执行年"及案防专项治理活动,加大检查力度,利用稽核、条线检查、内部审计、加强关键风险点监控等手段,强化业务风险管控。高度重视内控合规工作,抓好内外部审计及各类检查、通报发现问题的整改落实,举一反三,杜绝屡查屡犯的行为。加强合规文化建设,开展具有特色的"警示教育日"活动,推进"平安建行"创建工作,创优内部环境,为经营发展提供保障。

【"红梅品牌"提升工作】 2014年,建行临汾分行将每年的4月9日定为"红梅品牌"纪念日,在全行弘扬红梅精神,倡导员工争做红梅传人。举办"敢为人先谱华章"故事会等系列红梅品牌11周年宣传活动,弘扬正能量,扩大品牌影响。丰富品牌内涵,推广"五化五性"服务标准,统一服务标准和规范,健全服务流程优化机制和评价激励机制,对内强化员工对服务品牌的认知认同,提升员工实施品牌服务的能力,对外使服务品牌逐渐深入人心,赢得社会广泛关注和支持,扩大品牌影响力。

【开展向李红英学习活动】 李红英是建行临汾分行发展过程中涌现出的又一个先进典型。为学习、宣传李红英的先进事迹,2014年,先后举办李红英先进事迹故事会、"与李红英同行"微故事比赛等活动,在全行掀起向李红英学习的热潮。在总行、省行、临汾地方政府相继举办"心有大爱铸忠诚"李红英先进事迹报告会,产生广泛的影响,成为建行系统乃至山西省的一面旗帜。李红英的先进事迹,感动建行,感动客户,感动上级,其本人被评为临汾市"十大道德楷模""感动山西"十大人物,获得多项荣誉称号和表彰。通过开展红梅品牌提升活动和李红英先进事迹宣传推广活动,赢得总行、省行和临汾当地的关注和信赖,行业形象和社会影响力有较大提高,为业务拓展创优环境。

【加强企业文化建设】 以"建道场、树榜样、化人心、走正道、弘扬善、除邪恶”为工作思路，以加强作风建设为切入点，组织开展“说说我身边的老员工”、本部服务基层公开晒、“强化组织纪律、提升执行力”封闭式培训、七一主题党日活动、八一复转军人座谈等活动，结集出版《品牌引领 激情永铸》书籍，在全行营造争当优秀员工、合格公民的浓厚氛围，激发全行员工工作热情。2014 年，临汾建行荣获总行“企业文化建设先进单位”，通过省级“文明单位”的验收，申报全国“文明单位”。

【推进综合化建设工作】 2014 年，建行临汾分行推进网点“三综合”建设，“三综合”走在全省系统前列，提升基层网点的服务与营销能力。以网点综合化建设为契机，将综合化建设从基层层面提升到全行层面，由市分行党委统揽，推进市分行本部的综合化建设，延深基层机构综合化建设，将综合化建设与“红梅品牌”建设结合起来，注入文化内涵，通过从党委到本部、从本部到基层、从二线到一线、从后台到前台的层层综合服务能力的提升促进全行整体综合竞争实力的提高。出台全行综合化建设指导意见，下发推进基层机构综合化建设规范模板，从信息、培训、检查、服务等多个方面入手最大程度整合资源、减轻基层负担，推广“五化五性”服务标准，从上到下提升全行综合服务能力。

【推进组织机构二次优化】 自 2012 年全省组织机构优化调整后，2014 年，建行临汾分行率先对队伍结构进行再次优化，对营运主管实现专业、专注，与特派员构成风险防控的“两道防线”，强化基层机构的风险防范，为基层机构配备营销主管、副行长，强化基层机构的营销力量。

【渠道建设】 2014 年，建行临汾分行离行自助建成投产、正在装修、完成审批的共 27 个，自助设备新增 99 台，附行自助银行改造完成 11 家，弥补物理网点的不足。自 2011 年以来，迁址更名 8 家机构，升格 12 家机构，新设 4 家机构，新增自助设备 84 台，开通离行式自助银行 8 个，自助分流率从系统排名倒数提升到第 5 位，手机银行活跃客户净新增、微信银行客户新增、短信银行客户新增均居系统第一等，渠道建设全面加强。

（尹晓宇）

· 中国农业发展银行临汾市分行 ·

【概述】 2014 年，中国农业发展银行临汾市分行以业务发展为中心，以提升九项经营指标为目标，推进不良贷款清收处置、开展新业务营销、抓好组织存款“三项重点”工作，强化基础管理，加强队伍建设，全行业务提质增效，不良实现双降，存款增速较快，利润成倍增长，各项经营指标大幅提升，全行工作取得进展。

【信贷业务】 2014 年，中国农业发展银行临汾市分行强化政银高层对接，项目营销成果显著。通过树立营销新理念，抢抓项目机遇期，在临汾市百里汾河新型经济带和改善农村人居环境建设上寻求发展契机，与地方政府进行业务接洽，与市直相关部门进行项目对接，为积蓄发展力量打好基础。组建项目创作小组，项目落地不断提速。为解决项目意向多、做成少的问题，创建实施项目创作小组制度，针对每一个项目，组建一支团队负责，确定主创人员，负责项目的整体构思、策划、对接、调查、上报和审批，其他成员积极协作，切块配合，最终做成、做好项目。项目创作小组提升办贷效率，加快项目投放。提高营销办贷水平贯穿于全年工作之中，抓紧抓实审批项目的投放工作，全年累计新投放农业农村基础设施建设贷款 4.8 亿元。

【粮棉收购信贷】 粮棉收购资金供应。2014 年，中国农业发展银行临汾市分行从维护国家粮食安全、保护农民利益的大局出发，准确把握履行职能与防控风险的关系，支持战略性优质客户和产业化龙头企业开展市场化收购，择优支持国有粮食企业开展收购，累计发放跨省移库贷款 13162 万元，支持新增国家临时粮食储备 5050 万公斤。做好夏、秋粮收购工作。及时审核认定各类收购企业贷款资格，逐一与企业对接。主动向当地政府及新闻媒体报告与宣传夏粮收购信贷政策、贷款企业资格认定等情况，得到政府及各有关方面的肯定。引导储备企业、加工企业和产业化龙头企业入市收购，确保收购工作顺利进行。

【不良贷款清收】 2014 年，中国农业发展银行临汾市分行全行将不良清控列为全行工作的重中之重，举全行之力化解大额风险贷款，提升风险管控能力。推动风险防控关口前移。以将到期和逾期欠息情况为切入点，及时发现潜在风险，做到早监测、早预警、早处警，对风险企业进行密切关注，全程监测，做好处置预案。全力攻坚，狠抓现金清收不动摇。在经过历年挖掘，清收潜力越来越窄的不利环境下,发挥"蚂蚁啃骨头"的精神,千方百计切实做到应收尽收,通过大量艰苦、细致地工作,各项工作均取得较大进展。截至2014年底,全行现金清收1346万元。

【提升管理质效】 2014年,中国农业发展银行临汾市分行开展基础管理年活动。成立"基础管理年活动"组织领导机构,明确活动方案,完善活动制度。增强合规管理。推进内部监督管理信息系统的应用,重点抓好财会条线晨会制度的执行。印发《临汾市分行"制度执行年"活动实施方案》,通过学习法规制度、排查业务风险、强化问题整改,使广大员工牢固树立"合规创造价值,违规就是风险"理念。加强合同面签管理,对合同签订的有关事项进行规范。

【队伍建设】 2014年,中国农业发展银行临汾市分行设立县级支行内部审计岗位,组建内审队伍,增强内部审计关口前移职能,推动员工队伍素质提高和复合型业务人才的培养。开展公文写作、财会基础管理等几次大规模专业培训,提高员工队伍整体素质。与晋商银行开展交流学习计划,选派新入行员工分三批赴晋商银行交流,学习商业银行员工的敬业精神和工作态度,增强新员工的责任意识。制定出台制度办法,按照政策对劳务派遣员工的薪酬进行规范,严格临时用工管理。开展职工之家创建活动,洪洞支行被总行授予"模范职工之家"荣誉称号。组织丰富的文体活动,活跃全行工作氛围。开展献爱心捐款活动,为好特困员工筹集爱心善款,帮扶其渡过难关。

·中国邮政储蓄银行临汾市分行·

【概述】 2014年,邮储银行临汾市分行践行普惠金融,支持经济建设,实现企业转型平稳发展。全年分行以项目为推手,全市小额贷款放款5115笔,4.39亿元;成功推进11个新产品,累计发放贷款490笔,金额6699万元。消费贷款放款1001笔,1.24亿元。以营销为助力,信用卡、理财、个人网银、手机银行全部超额完成省行计划。公司业务累计日均余额39.72亿元,列全省第一。票据业务全年累计贴现19.62亿元,列全省第2位。全市34个网点顺利完成逻辑集中上线工作,全部切换至省行中心机房,实现双线生产运行。全行共新增ATM机17台、CRS 18台、补登折机6台,有效改善客户需求。

【风险管控】 合规推进。2014年,邮储银行临汾市分行化讨论为行动,开展"合规大行动"活动,摸排屡查屡犯问题,累计开展一把手一堂课51个次,合规大讨论集中学习、讨论288个次。健全管理队伍,成立市行风险与内控管理委员会,调整资产保全工作领导小组,完善内控领导体系。严格制度合规,出台和修订经营管理制度,完善制度体系;部署"加强基础管理,强化执行力,提升工作效能"活动,以管理促合规,以合规促发展。加强合规管理,严格前台业务管理,二级支行长交叉轮岗9人;累计开展对网点和信贷业务合规检查4次,专项检查4次。逐步规范。制定《中国邮政储蓄银行临汾市分行财务审批办法(试行)》,规范支出审批程序,明确审批权责,有效控制各项支出和财务资金风险,减少不必要开支,三公经费同比压降33%。

【服务支撑】 2014年,邮储银行临汾市分行强化科技支撑。全市34个网点完成逻辑集中上线工作,全部切换至省行中心机房,实现双线生产运行。提升专业素质。全市银行从业资格通过比例达50%;加强各条线技能培训,组织各类培训18次,培训700余人次。搭建渠道平台。翼城县支行迁址工作完成开业,洪洞县文庙街支行迁址更名开业。全行共新增ATM机17台、CRS 18台、补登折机6台。优化人员管理。选聘2名优秀下挂青年骨干到支行任职;全市信贷实现集中审批,上收审查审批人员12名;核实和完善人力资源系统从业人员的基础信息万余条;重新修订员工管理、岗位轮换办法,梳理员工调动、岗位调整轮换流程。健全舆情报道。刊发全行信息专刊6期,《中国邮政报》《临汾银行业》及省行共采纳21篇;铺放墙体广告近348块;建立市行7人网评队伍,无不良影响舆情。政策引导士气。执行劳务工转招政策,两批共转招76人;员工福利持续优化,15个县域设立职工食堂。

(侯　昕)

·中国交通银行临汾分行·

【概述】 2014年,交通银行临汾分行推行"全员办交行、全面办交行、可持续发展"的经营策略,围绕年初确定的"存款攻坚年、客户结构调整年、服务提升年"建设活动开展各项工作,倾力地方经济建设，支持小微企业发展，打造快捷的便民金融服务，实现自身的持续健康协调发展。

截至年底，临汾分行资产总额32.12亿元，较上年增长35.99%。人民币存款余额达到32.34亿元，较上年增长7.34亿元。其中对公存款余额21.32亿元，较上年增长12.12万元，提高69.05个百分点，在临汾市所有金融机构中增量排名第1，较年初（第9名）前进8名。人民币各项贷款余额23.62亿元，增幅104.82%，市场占有率达2.57%。实现总收入1.6亿元，其中利息收入14207万元，中间业务收入1514万元，实现经营利润6468.73万元。

【资产业务】 截至2014年底，交通银行临汾分行各项贷款余额24.48亿元，较年初增加12.67亿元，全部为正常类贷款。其中，对公贷款余额达19.22亿元，较年初净增5.19亿元，行业涉及养殖、农业产品批发、汽车配件制造、采矿、焦化、照明制造、热力生产供应、医疗、零售等。针对优质中小企业重点给予信贷倾斜，制定信贷扶持方案。小企业贷款余额累计7248.66万元，较年初净增5108.66万元。个贷余额达4.95亿元，新增2.33亿元。个贷同业占比排名第三。个贷业务还开拓包括个人留学贷款、个人出国保证金贷款、e贷2.0贷款在内的多项新业务，促进全行零贷业务的飞速发展。

【创新业务】 2014年，交通银行临汾分行推进国际化发展、综合化经营平台，打造全球财富管理平台和金融服务平台，以低成本核心负债业务为重点，加强产品创新，提升服务水平，推动业务多元化发展。2014年，国际结算业务成为交行的一大亮点。截至12月末，办理国际收支的客户共4家，新增1家，国际结算量达7000万美元，累计办理国内信用证13626.72万元，是前四年开证量的27倍。

【渠道建设】 2014年，交通银行临汾分行新建3个普惠支行，新设3家离行自助银行，共设有离行自助银行15家，实现“3＋3＋15”（3家物理网点＋3家普惠支行＋15家离行自助银行）的发展模式。电子银行分流率达到89.03%，在方便客户办理业务起到很好的宣传效果。POS商户达到912户，较上年新增154户，家易通1294户，新增286户，线下有效商户417户，较年初净增90户。全年累计消费交易额38.35亿元。

【服务工作】 2014年，交通银行临汾分行重视消费者权益保护，从服务细节、员工行为、客户体验等方面入手，提升消费者权益保护工作水平。开展“普及金融知识万里行”“金融知识进万家”和“金融知识普及月”等活动，累计投入9400元，覆盖客户群体3300人。注重推动全行服务水平的持续上升，提升员工的服务水平，塑造“微笑交行真心相伴”服务理念，打造宾至如归的优质服务银行，让客户在办理业务时感受到家一般的温暖。严格执行客户服务工作规范，为客户提供标准化、专业化、特色化的服务；关注特殊客户群体，提供上门服务；弹性设置营业窗口，加强大堂引导，减少客户等待时间。通过为客户提供便捷周到的服务，在社会上形成良好的口碑。截至2014年底，连续3年获得临汾市文明单位称号。营业部获得临汾市银行业协会颁发的2014年度“双十佳”示范单位称号。

【员工关爱】 2014年，交通银行临汾分行发挥工会的作用，给予员工更多的关注及关爱。组织全行员工体检、开展心理健康讲座，慰问患病员工，为全行员工“生日送蛋糕、送鲜花”、节假日慰问员工等，全方位关注员工的身心健康。为员工配备运动器材，组织篮球赛、乒乓球赛、健步走等活动，广泛开展文娱活动。参与市银监局、市银协、人行临汾市中心支行开展的各项劳动竞赛，获得多项荣誉，展现员工良好的业务能力及素质，树立交行的良好外在形象。

【风险管控】 2014年，交通银行临汾分行构建风险管理框架，以预防案件为抓手，按要求定期召开全面风险例会、内控例会，将新业务纳入全面风险管理范畴，把核心理念对接到部门、对接到员工，落实到业务经营中。严格落实“案件防控”工作要求，开展规章制度教育和警示教育活动，落实案件防范工作责任制。完善相关案防工作制度，对员工的违法处罚力度，弥补案防工作中存在的漏洞，促使全行员工的案防意识加强。组织全行员工到临汾曲沃监狱开展警示教育。通过各种活动筑牢案件防控的思想防线，党风廉政建设、风险防控、案件综合治理取得显著成效，连续五年实现安全经营无事故、无案件。

·晋商银行临汾分行·

【概述】 2014年，晋商银行临汾分行结合外部金融环境变化，求“稳”求“新”，树立“夯实基础做客

户 特色产品做效应 内控案防做透彻 渠道营销广覆盖”的工作思路,完成各项工作任务。

两项存款完成情况:截至年末,资产总额370987.15万元;各项存款余额344261万元。其中,对公存款余额257876.03万元;储蓄存款时点余额86384.97万元。贷款完成情况:各类贷款余额17.82亿元。其中,一般贷款余额13.07亿元,贴现余额4.75亿元;中间业务收入:实现中间业务收入共计1822.94万元;利润实现情况:实现利润收入7000万元;理财销售情况:累计销售理财产品41.04亿元,其中理财34.83亿元,基金销售6.21亿元;客户情况:对公有效客户数211户,较年初新增211户;个人大众客户数达40511户,较年初新增24548户。

【卡易贷业务】 2014年,晋商银行临汾支行选定理财及卡易贷为特色产品,前期营销广覆盖,在拓展客户的同时优化业务结构。随着年初总行“卡易贷”的顺利推出,结合其“借还及时、方便快捷”的特点,分析市场、找准定位,以理财、卡易贷作为拳头产品,动员全行进行密集营销,尤其是卡易贷业务增长势头强劲,截至12月末,有卡易贷客户2860户,序时进度完成率为286%,为实现捆绑式营销奠定基础。

【渠道建设】 2014年,晋商银行临汾支行为居民提供便利金融服务,增强与同业竞争的实力。截至12月末,除分行本部外,有3家传统支行投入运营,10个离行式自助,3家社区银行进入试运营阶段,如果说产品是“武器”,则各业务网点是营销客户、与同业竞争的“阵地”,两者是保障业务开展的必要条件。总行微信银行、手机银行、网上银行等虚拟金融渠道的建立和提升,为多元化营销提供基础。

【营销工作】 2014年,晋商银行临汾支行夯实客户基础,优化客户结构,增加小存款及稳定存款比重。分行针对业务开展现状,积极应对集群化营销。围绕社区居民、广场大妈等客户群体,开展集中营销、渠道营销。将对公业务作为开展零售业务的重要渠道,通过追踪、延伸资金链条,抓下游客户开户,延长资金滞留时间,通过公私联动,举全行之力抓代发工资等;产品捆绑营销。利用卡易贷业务发展优势,实行捆绑营销存款。多措并举,实现储蓄存款稳中有升的局面,谨防出现“跳水”现象。

【推动银政、银企合作】 临汾辖内煤焦铁企业较多,在经济处于“寒冬期”的状况下,尤其需要金融机构给予资金支持。2014年,晋商银行临汾支行在严控信用风险的前提下,树立不抽贷、不压贷,与企业共渡难关的决心,积极与总行沟通,优化信贷审批流程,提高授信审批效率,为临汾企业在特殊困难时期平稳渡过难关提供有效金融支持,得到市委、市政府认可。

【票据业务】 2014年,晋商银行临汾支行创新融资方式,提高市场份额。年初,票据中心组织相关人员深入各主要煤焦铁企业进行票据业务调查分析,多次对票据业务市场进行专题研究,制订票据业务的经营发展思路,专门制订《2014年票据业务专项营销奖励办法》,调动大家的营销积极性,在全体员工的共同努力下,票据直贴、转贴、再贴等各项票据业务得到稳健发展,通过票据链拓展新客户方面取得较好业绩。

【介入重点规划项目】 2014年,晋商银行临汾支行介入临汾重点规划项目,营销财政类存款,支持地方经济发展的同时实现经营效益。随着“临汾百里汾河经济带”和“尧都涝洰河生态建设”两个重点项目的顺利推进,开展各项营销活动,与市、区两级城投及部分施工企业对接成功,部分施工企业到行开立结算账户。

【风险管理控制】 2014年,晋商银行临汾支行面对经济整体下行压力,稳健开展信贷业务,严密把控信贷风险,对于有风险隐患的煤焦、钢铁等行业企业,密切跟踪管理,关注行业和企业动向,不定期深入企业调查。2014年,发生两户企业贷款逾期,涉及金额2425万元。余额2125万元。

(李　涛)

保　险

·中国人民保险公司临汾市分公司·

【概述】 2014年,人保财险临汾市分公司坚持“制度先行、人才强司、数字说话、渠道为王、合规保障、文化辅助”的管理导向,深化专管专营、交叉销售、渠道改革,强化履职交账、人才培养、绩效考核,各项经营指标完成预期,业务取得有效发展。全年实现保费收入6.9亿元。

【提升渠道推广能力】 2014年，人保财险临汾市分公司倡导推广“渠道为王”理念，全力整合内部资源，掌控销售网络，提升发展产能，在车商专管专营等方面取得全新突破。深化“车险一把手”工程建设，加强理赔送修资源管控，集成4S店资源综合竞争力，加大车商专营考核力度，直属专营成效显著，保费收入率先突破亿元大关，成为全市首个亿元分支机构。完善交叉互动联合支部建设，增强责任互信，加强业务互动，交叉销售渠道业务取得新进展。

【提高创新发展能力】 2014年，人保财险临汾市分公司打破险种结构单一，服务同质化瓶颈，主动迎合政策导向和群众保险服务需求，在环保、安全、教育、医疗等社会管理方面寻求新的发展契机和突破抓手。保持扩大自然灾害公众责任险、城镇职工医疗补充保险等险种规模和覆盖面。顺应新农合医疗补充保险的政府管理需求，全面整合内部资源，展示自身综合优势，在品牌宣传、前期招标、协议签订等过程中做大量繁琐、细致的工作，终于成功拿下新农合农村医疗补充保险，与中国人寿双双中标。临汾分公司份额占比50.7%，实现保费收入3400万元。

·中国人寿保险股份有限公司临汾分公司·

【概述】 2014年，中国人寿保险股份有限公司临汾分公司围绕“价值先导、规模适度、优化结构、注重创费”的经营思路以及“对外强化对标、对内聚焦突破”的经营策略，把改革创新贯穿于经营管理的各个领域各个环节，使转型升级成为公司的实践，全面对标年度各项预算指标，提升公司可持续发展能力。

截至12月10日，个险渠道首年期缴总保费10125.02万元，完成全年计划的101.25%，较上年同比增长13.11%，其中3—9年期缴2256.36万元，完成全年计划的75.2%，较上年同比—25.77%；10年及以上期缴7868.62万元，完成全年计划的112.4%，较上年同比增长31.04%；个险渠道短期险659.04万元，完成全年计划的65.9%，较上年同比—0.68%；个险渠道意外险435.53万元，完成全年计划的72.59%，较上年同比增长12.15%。个险渠道首年标保6367.2万元，达成全年预算6200万元的102.7%。

银保渠道首年总保费15710.06万元，达成省公司新单目标24700万元的63.6%，较上年同比增长—24.42%；首年期缴2637.12万元，完成省公司目标2650万元的99.5%，较上年同比增长105.82%。

团险渠道短期险保费收入2698.53万元，较上年同比增长—2.33%，完成省公司全年预算目标(3300万元)的81.8%。其中：意外险保费收入1943.78万元，较上年同比增长24.87%，完成省公司全年预算目标1960万元的99.17%；小额信贷保险保费收入372.01万元，较上年同比增长—2.69%，完成省公司全年预算目标(350万元)的106.27%；学生险保费收入1045.27万元，较上年同比增长4.90%，完成省公司全年预算目标(1050万元)的99.55%。

截至10月底，临汾公司寿险保费收入为78620.96万元，占临汾寿险市场份额为29.45%，位居第一。个险渠道保费收入为57092.74万元，市场份额中国人寿为33.46%。银保渠道保费收入为17820.65万元，市场份额中国人寿为20.15%。团险渠道保费收入为3707.57万元，市场份额中国人寿为47.20%。从数据可以看出，临汾公司各渠道业务均在全市处于领先地位，总市场份额稳居第一。

【强化管控】 临汾分公司把应对满期给付作为和预算管理同等重要任务，在满期给付风险的防范和应对方面，落实好七个原则，自觉执行七项原则，延伸风险防范的盲点、重点，经受住满期给付和退保高峰的考验，坚守住不发生区域性、系统性风险底线。截至12月10日，全市共处理满期给付13385件，占全年满期件数98.71% ，给付金额4.26亿元，占全年满期金额90.65%；全市未发生一起因红利引起的客户群体事件，较好守住风险防范底线。

·中国平安财产保险股份有限公司临汾中心支公司·

【概述】 中国平安财产保险股份有限公司临汾中心支公司(以下简称“平安产险临汾中支”)成立于2005年4月14日。截至2014年底，临汾中支共有8家四级机构。

2014年，保费完成15083万元，其中，车险完成14504万元，财产险400万元，意健险178万元。保费增速8.61%。公司业务规模及网点铺设不断扩大，员工队伍不断壮大，公司围绕科学发展观，本着发现培养人才、完善人才发展体制的原则，以“选、用、育、留”四个环节为抓手，全面提升员工专业技能和素质。分公司落实总公司快易免服务升级动作，狠抓服务，强化队伍，提升理赔时效，降低客户投诉，各项指标持续优秀。

平安产险山西分公司秉承“专业 让生活更简单”的品牌理念，以改善和提高客户体验为核心，提高服务效率、提升服务品质，赢得客户及市场的认可与赞誉。其中，车险“快易免”等多项业内创新举措和服务，提升行业服务水平及广大消费者对平安品牌的认可。

· 太平洋财产保险股份有限公司临汾中心支公司 ·

【概述】 2014 年，中国太平洋财产保险股份有限公司临汾中心支公司以“加快发展，实现有效益发展，推进创新转型，夯实管理基础”为总基调，围绕“抓业务、促发展、重服务”为工作重心，对标年初任务指标，抢占保险市场，开拓新的项目领域，加快渠道建设，注重多险种齐头并进，全面促进公司业务发展。截至 12 月 31 日，实收保费发。其中车险实收保费 10726.35 万元，完成全年任务104.14%，同比增长 21%，全省第一；非车险实收保费 782.3 万元，完成全年任务 86.93%，同比增长 77%，全省第一。

【经营管理】 2014 年，中国太平洋财险临汾中心支公司围绕发展目标，坚持创新发展。在管理上，“遵章守规，合法经营”；在经营上，构建临汾中支的特色经营，即：“业务发展理性化，基础管理精细化，风险控制程序化，客户服务品牌化。”；在业务发展上，“开拓进取，创新服务”；在发展战略上，确立以“七化”“二公”“一合理”为目标的发展规划，即：“发展目标超前化，业务管理集中化，信息技术科学化，风险管控准确化，考核内容标准化，客户服务规范化，员工队伍专业化和公开、公平、合理的分配机制”；在队伍建设上，“鼓励学习，提升员工整体素质，倡导爱岗敬业、诚实守信的职业道德”。在机构设置上，巩固原有“霍州、洪洞、侯马、襄汾、曲沃、蒲县”六家县支公司。完成新的网点的铺设工作，扩大太保财险的市场份额。

【精神文明建设】 中国太平洋财险临汾中心支公司注重加强党风廉政建设，领导班子思想作风建设，企业文化建设等方面为主要内容的企业精神文明建设。

定期召开民主生活会，倡导建立民主、团结、积极、向上的领导班子队伍，在工作中做到以“德”为首带队伍，以“能”看绩促发展，以“勤”为榜抓落实，以“绩”兴司占市场，以“廉”为荣抓党建。开展各项文明创建活动，开展“学雷锋”征文比赛，提倡通过具有正能量的文章传承雷锋精神，倡导员工发扬雷锋精神，端正工作态度，提升服务质量，在消费者心中树立良好的企业形象；开展扶贫助教活动，为吉县下柏房小学捐赠桌椅、文件柜并为学生们办理学生幼儿保险，尽最大能力帮助学生改善学习环境，解决后顾之忧。

【风险防控】 合规管理是保证公司各项工作有序开展，高速推进的基础性管理工作，合规管理涉及的各项制度措施，是公司稳健发展的政策指引。因此，在日常工作当中，遵守总、分公司及各级监管单位的各项规章制度，结合工作实际，修订、完善临汾中支会议管理制度及员工餐厅管理办法等各类重要的内部管理制度和业务流程的合规审核，确保其符合相关法律法规、监管机构规定、行业自律规则的具体规定。根据总、分公司的要求，确定各部门的合规专兼职岗，系统学习合规管控等相关制度，系统梳理风险点，提升公司员工风险识别能力和具体岗位风险的管控能力。

【渠道发展】 车商渠道，认真梳理公司车商管理人员及专员，逐步完善车商渠道专业化管理工作流程，提升条线的执行能力；发挥公司的品牌优势，在巩固与原有 4S 店合作基础上拓展与新品牌车商的战略合作。交叉销售业务渠道：建立垂直化交叉销售管理体系，打造过硬的交叉销售专员队伍，加强对寿险公司人的业务宣导力度，在寿险公司本部及县支公司各寿险职场，组织人员进行公司车险、非车险销售业务经营交流与培训，取得推动渠道新发展、实现联动增长的目的。

商贸与服务业

商　业

【概述】 2014年，临汾市商务系统围绕全市转型跨越发展大局，坚持“四个重在”（重在转型、重在统筹、重在提升、重在民生），攻坚克难、奋发进取，抓好“扩消费、活流通、促开放、保供应、强监管”等重点工作，商务工作总体上保持稳中有进、健康发展。全年全市社会消费品零售总额首次跨过500亿元新台阶，完成529.5亿元，增长11.3%；外贸进出口完成3.98亿美元，其中出口完成1.75亿美元，增长8.06%；实际到位外资14913万美元，超额完成全年目标任务。

【稳定对外贸易发展】 临汾市政府两次组织召开全市外贸促进会议，建立外贸发展联席会议制度，构建商务、海关、出入境检验检疫、外汇、国税、人行“六外合一”的管理体制，结合实际出台《临汾市关于促进外贸稳增长调结构的实施意见》。加强业务培训，邀请省商务厅外贸处和中信保山西分公司、侯马商检局等有关部门进行专题辅导，集中解决政策落地、外贸工作机制等问题，释放和放大对外贸易发展的政策效应，确保对外贸易实现突破发展。

【优化外贸结构】 狠抓231外贸主体工程企业，培育外贸新的增长点，推进机电、农副产品、高新技术产品等出口，全年新增备案登记企业30家；对外贸易结构也有较大优化，出口与进口的比例由2013年底的22.6 ：77.4调整到43.9：56.1，特别是机电产品出口占全市出口总值的70%以上；3家省级外贸基地健康发展，基地出口额增长21%，5家企业被确定为全市第一批企业型外贸转型升级示范基地；组织21家小微外贸企业信保易集中签单活动，实现出口信用保险小微企业全覆盖，促进对外贸易的稳定增长。

【城乡消费】 针对社零指标增长趋缓的状况，开展促消费专项调研，召开会议，分析原因形势，专题研究推进，结合实际制订《关于做好消费促进工作的实施意见》；狠抓万佳福超市、中石油、中石化、临汾锦华丰田汽车销售公司等限额以上重点商贸企业的服务、促进，与统计、税务等部门配合，培育扶持限下企业，全年全市新增限上企业51家，限上企业数量达到497家；引导热点消费，开展春节消费促进活动、大众美食促销活动、消费促进月等一系列促消费活动，活跃市场、提升消费；组织全市30多家次特色产品企业参加“山西品牌中华行”南京、天津、西安等9个站的展销活动，取得良好的效果。

【电子商务】 发挥侯马开发区国家电子商务示范基地作用，推动电子商务工作。多次深入电商基地和企业进行实地调研、指导与促进，全市建立电子商务工作部门联合协调工作机制。通过培育壮大电子商务企业队伍，鼓励和引导电子商务平台建设，截至2014年底，全市电商企业达70家，电子商务交易额达49亿元，比2013年增长3.9倍。园区作用得到发挥，侯马开发区电子商务示范基地入驻电商企业42家；临汾开发区投入资金1000万元，用于扶持电商企业起步发展，2014年临汾开发区电子商务产业园区正式运营，入驻电商企业21家。

【15分钟便民商圈建设】 在完善尧都区解放路商圈和路东商圈2个试点商圈的基础上，新增尧都区商会社区、侯马市望桥街社区、霍州市桥西社区3个“十五分钟便民商圈”建设，推动商圈内购物中心、超市、便利店等的同步建设，方便群众生活。

【商务惠民实事】 早餐工程方面，临汾市政府召开全市放心早餐工程推进会，市商务、发改、财政、国土、环保、住建、规划等有关部门和太原双合成娘家早餐餐饮有限公司负责人参加会议，协调研究，推进早餐工程的落实，建成固定早餐网点35个。万村千乡市场工程信息化改造工程完成省下达550个“农家店”信息化改造任务，新改建霍州、大宁2个县级物流配送中心。

【重大商贸转型项目建设】 2014年,临汾市以打造中西部黄河金三角商贸中心为目标,推进重大商贸转型项目建设。锦悦城、居然之家、嗨都国际广场、美特好超市等开业运营,奥特莱斯芭蕾雨、上东世纪CBD城市经济综合体、生龙国际商贸城、红星美凯龙等一批商贸转型城市综合体项目深入推进。临汾海吉星农产品商贸园区、东城城市综合体、新发地农产品物流园区等一批项目签约。这些重大商贸项目的实施,对于提升全市商贸业发展水平具有十分重要的意义。

【商贸物流】 按照临汾市委、市政府“建设中西部现代商贸物流枢纽城市”这一目标,以高铁、高速公路、临汾机场、海关等为主要依托,加快沿线、沿边、沿河商贸物流业发展,培育壮大临汾本土商贸物流企业,与有关部门协调做好服务促进工作,加快建设山西国际陆港园区、临汾空港物流园区、临汾城北物流园区、城南生活物流园区、临汾开发区(洪洞·甘亭)工业园物流园区、霍州联源现代物流园等一批物流园区。山西国际陆港园区、山西国际陆港园区、临汾中信空港仓储物流园区项目、侯马开发区商贸物流项目等重点项目进展顺利。

【外资外经工作】 优化外商投资环境,贯彻落实商务局《优化外商环境,促进外商企业发展的十项措施》。引进外资,全年实际到位外资14913万美元,增长7.44%。山西华德冶铸有限公司在美国设立分公司,从事物联网相关业务,拓宽全市企业“走出去”对外投资的领域,完成“走出去”目标;强化服务,年派出各类劳务人员180人左右。

【开发区发展】 临汾市政府7月召开会议,专题研究部署开发区相关事宜,会议明确:要加快开发区发展;扩大临汾开发区范围;整合侯马开发区、山西国际陆港园区组建侯马新区;选择区位优势明显、产业形成规模的襄汾县、洪洞县,按照“一区两园”或“一区多园”的模式,整合园区,申请设立新的省级经济开发区。

【市场监测】 抓好现有的6个监测系统、79家监测样本企业的管理,创新市场信息发布渠道,与临汾手机报合作,在全省商务系统首家开展手机报每周发布生活必需品市场价格信息,在引导市场、方便群众方面发挥作用。市场监测工作连续五年位居全省第一。

【市场储备】 2014年,临汾市生活必需品、猪肉和冬春蔬菜等三项应急储备全部落实,召开生活必需品储备工作会议,与16家企业签订储备协议,共储备生活必需品、猪肉和冬春蔬菜等30多个品种2100多吨,货值7000多万元。结合实际,修订《临汾市生活必需品市场供应应急预案》和《市区地震方便食品、瓶装水、日用品调度方案》,使生活必需品储备制度和应急预案形成较为完整的体系,在保障应急生活必需品供应、平抑市场价格等方面发挥作用。

【商务综合执法和市场监管】 开展油库加油站安全生产专项检查、餐饮场所燃气安全专项排查治理、直属企业安全生产隐患排查等工作,召开成品油管理、典当拍卖工作会,强化成品油市场、单用途商业预付卡、拍卖、典当、再生资源、零供交易、二手车交易市场和报废汽车回收拆解市场等行业的日常监管与专项整治,促进商务系统安全稳定。

【黄标车及老旧汽车淘汰工作】 落实工作程序,召开工作推进会,及时在临汾商务预报网公布全市定点回收企业联系方式、地址等相关信息,加强对报废汽车定点回收拆解企业回收的黄标车及老旧汽车监督管理,督促回收企业严格规定要求,提供便利服务,做好应急预案,杜绝淘汰的黄标车及老旧汽车流入市场。全年回收黄标车及老旧汽车7968辆,其中专项行动以来回收7347辆。

【酒类管理】 在临汾市开展葡萄酒市场专项检查,召开酒类管理工作会,强化酒类行业的日常监管。全市酒类批发户持证率100%,零售备案登记率95%以上,酒类流通随附单使用率100%。召开全市酒类信息平台培训暨推进会,推进运用山西省酒类管理信息平台,全年登录信息9338户,其中批发经营户553户,登录率100%,在全省排名第一。

第三届中国特色商品博览交易会

·典当·

【概述】 全市从事典当行业的企业有18家：临汾兴业典当有限公司、山西正源典当有限责任公司、曲沃县银海典当行有限公司、曲沃县金典典当有限公司、乡宁县泰和昌典当有限公司、临汾市融兴典当有限公司、临汾市坊鑫源典当有限公司、临汾市融佳典当有限公司、临汾市万宝通典当有限责任公司、临汾市万海达典当有限公司、临汾市鑫浩远大典当有限责任公司、山西大点典当有限责任公司、侯马市融汇通典当有限公司、山西日昇隆典当有限公司、曲沃金尧典当行有限公司、翼城万丰典当行有限公司、临汾金手杖典当有限公司、山西汇丰典当有限公司侯马开发区分公司。

·拍卖·

【概述】 全市从事拍卖行业的企业有12家。分别是临汾市万信拍卖有限公司、山西百业拍卖有限责任公司、山西三佳拍卖有限公司、山西博奥拍卖有限公司、山西壹拍得拍卖有限公司、山西东瑞拍卖有限公司、临汾市鑫汇拍卖有限公司、山西佳悦得拍卖有限公司、山西紫东拍卖有限公司、临汾市尧泽盛拍卖有限责任公司、临汾市皓跃拍卖有限公司、临汾市洋浩拍卖有限公司。

·大型卖场、专营连锁店·

【概述】 城乡居民生活水平的提高、消费观念的更新以及旅游业的快速发展，促进全市商品流通领域的快速发展。2014年，全市批发业完成零售额50.63亿元，比上年增长15.1%；零售业438.1亿元，增长11%，零售业实现零售额占全市消费品零售总额的82.74%，仍然占据消费品市场的主导；餐饮业实现零售额36.3亿元，减少12.9%；住宿业实现零售额4.42亿元，减少4.7%。全市连锁经营覆盖医药、石油成品油、餐饮、批发、零售等多个行业，便利人民群众的常生活。

【主要企业】 临汾市万家福仓储超市有限公司现有科委巷店、家乐店、家和店、家兴店、五一路店、建设路店、向阳路店、体育街店等9个大型综合超市，总营业面积72000余平方米，年销售额5.03亿元，职工总数为3000余人。临汾新银河超市经营面积约16000平方米，年销售额1934万元，吸纳职工535人。临汾市安达圣购物中心，营业面积9500平方米，年销售额5618万元，安排下岗职工和农村剩余劳动力626人。侯马市华翔购物广场，营业面积9500平方米，年销售额5000万元，从业人员300人。侯马市家和商贸有限公司共有自营连锁超市和便利店25个，营业面积3.1平方米，年销售额9300万元，从业人员650余人。

（郭子岚　张丽英）

招商引资

【概述】 2014年，临汾市围绕重点工程“六位一体”项目签约任务，围绕“百里汾河新型经济带”和山西国际陆港园区两大载体，按照“四个年”活动要求，深化招商引资改革创新，实施精准招商、产业链招商、园区招商等，在质量上求突破，在服务上创特色，在项目落地上抢进度，全市招商引资工作取得新进展。荣获“2014年度山西省招商引资工作贡献奖”称号。

签约193个项目，签约总额2942亿元，完成省定任务1380亿元的213.2%，完成市定任务2000亿元的147.1%，签约总投资额排全省第四，任务完成率位列全省第三。

全市全年签约项目到位资金共计657.8亿元，完成省局下达530亿元任务的124.1%。其中，内资到位652.3亿元（其中省外境内265.5亿元，省内386.8亿元），占比99.2%；外资到位8593万美元，占比0.8%。

临汾市——广东企业家山西投资考察座谈会

【精准招商】 2014年,市长岳普煜、副市长王振宇亲自带队,针对全市制造业、服务业、文化产业、航空产业等重点产业和新兴产业,组织各县(市、区)、相关部门先后前往京津冀、长三角、珠三角等发达地区参观考察,与北京通航华苏美航材科技开发有限公司、随心通航投资(北京)有限公司、中商席勒(山东)通用航空公司、宁波航空产业零部件基地公司就临汾航空产业城项目进行对接洽谈;与深圳市贸促委签署《友好合作框架协议》;与上海文创产业联盟就文化产业项目进行对接,签署《战略合作框架协议》,举办"临汾市区域经济文创化及招商引资转型升级"领导干部轮训班,为全市招商引资工作开展奠定基础。

【专题招商】 2014年7月7日至18日,临汾市招商局对全市制造业和现代服务业进行专题调研,走访48家企业和10个园区,收集全市企业上下游产业链等一手资料,为在深圳开展专题招商提供决策依据。

10月,举办深圳招商引资推介和项目对接会,推介尧都区通泽铸锻有限公司高品质特殊钢精密铸锻技术产业化建设项目、汾西县蚕丝被项目、襄汾县山西三盛合酿造有限公司20万吨小米醋生产工业园等286个优势和潜力项目,其中,19个项目成功同深圳客商达成合作意向,1个项目成功签约。

利用能博会、投洽会、高交会等国内重点展会平台,加大招商对接力度,主动邀请客商到临汾市参观考察,与加拿大东西方航空管理有限公司和东西方(宁海)航空科技发展有限公司就开展飞机维修、零部件生产、驾驶员疗养与培训等项目合作进行磋商;多次邀请碧桂园控股集团、林安物流集团、中能佳程环保能源科技有限公司等40余家企业,就房地产、现代物流、节能减排、新能源等项目进行考察,成功签约广东碧桂园集团侯马市呈王西路商业新城建设项目、中石油永和县鄂东煤层气项目;邀请上海文创联盟来进行项目考察,有序推进区域经济文创化综合试点项目、创新型城市推介项目、隰县梨入沪项目、旅游精品线路项目、5D环幕影院项目、"临汾市区域经济文创化"研究课题项目、临汾本地企业家文创化培训和研讨项目等,招商引资工作展现出新风貌。

【延伸拓展网络构架】 在"长三角""珠三角"等经济发达区域建立招商联系点,通过多种方式与当地行业协会、商会、投资公司等中介机构建立合作关系,以此为支撑点,拓展延伸,与世界经济贸易联合促进会、德国中小企业联合会驻上海办事处、上海文创联盟、上海市各地在沪企业(商会)联合会及文化产业分会、上海市虹口区政府、广东经济投资促进会、广东省异地商会联合会、深圳贸促委等"长三角""珠三角"区域的商协会、投资机构等建立合作关系。通过利用其资源优势、人才优势和信息优势,以点带面,借力招商,初步形成覆盖华东、华南,辐射全国的招商网络。

【招商网站建设】 随着互联网的迅猛发展,网上招商成为时代趋势。以投资促进为核心主题,突出"专业、精准、服务"三大特点,筹划推进临汾招商网建设,搭建网站基本框架。网站建成后,将对外发布招商项目信息、工作动态、活动成果、签约项目推进情况,全方位展示临汾,有效整合临汾招商资源,成为融信息交流、项目推介、产品展示于一体的综合招商新平台。

【完善四库】 更新完善"项目库""客商库""信息库"和"产品库"信息,为招商工作具体实施和操作提供便利,提高效率。项目库收录全市招商项目265个,总投资额1926.5亿元,其中,装备制造类项目78个,新材料项目27个,医药加工项目5个,食品加工38个,轻工纺织类项目7个,文化产业类项目14个,商贸物流38个,旅游业项目27个,园区类项目31个,通过山西省投资促进局招商网站对外发布。信息库收集有效信息113条,企业分布于北京、上海、重庆、深圳、江苏、台湾、新疆等地,项目内容涉及通用飞机服务基地、垃圾焚烧、LED、综合商场、发电等多个方面。客商库收集内外客商信息704人,主要集中在广东、山东、北京、江苏、河南、陕西、浙江、上海等地;全市旅外乡贤和在外人才收集12个县(市、区)共计975人,分布于北京、太原、云南等地。产品库收集到16个县(市、区)157个企业的216种产品信息,其中农产品类68种,食品医药类69种,工艺品类8种,纺织服装类9种,装备制造类36种,家居用品类7种,其他行业类19种,招商信息工作的系统化和规范化水平提升。通过完善"四库",有效整合全市招商资源,满足市招商引资活动的需要,提高对外招商的针对性和实效性。

【招商亮点工作】 2014年,各县(市、区)招商部门推进招商引资工作，加强与发达地区的互动，积极对接、持续跟进，扩大招商成果，侯马、乡宁、蒲县等18个县超额完成签约任务；尧都、洪洞、襄汾等15个县(市、区)到位资金超额完成，取得新成效。

在招商引资工作中，各县(市、区)发挥自身优势，采取不同举措，走出去、引进来，为全市招商引资工作开展增添活力。其中，临开区发挥品牌、政策优势，探索“飞地经济”模式，引进玉柴物流园、鸿典新材料、华正碳纤维、梅亿新能源汽车等具有科技含量高、产业集聚强、辐射面广、投资规模大的优势项目；汾西县启动万家徽商进汾西，打造晋西药材一条街，吸引44家公司落户；襄汾县实施招商引资“回归工程”，在北京、广东等地成立襄汾商会、同乡会，引进投资4000万元的碧云天饲料项目；安泽县“抓大不放小、全面促发展”，打造中小企业创业基地，在2014年签约13个项目中，落地11个，落地率达到80%以上；侯马市采取微信、微博等新兴媒体招商，与中科院理化研究所签订合作协议，开创县级市招商引资的新模式。

(杨迎军)

供销合作

【概述】 2014年，临汾市供销系统利润完成638万元。销售总额完成14.8亿元，比上年同期增长12.2%。其中：化学肥料类销售19733.1万元，比上年同期增长9.73%；化学农药类销售888.9万元，同比增长9.2%；农用薄膜类销售665.2万元，同比下降36.95%；农用机械类销售499.2万元，同比增长1.24%；干鲜果类销售10447.3万元，同比增长2.41%；粮油销售2654万元，同比增长17.6%；再生资源类销售1502.3万元，同比增长19.34%。销售收入增加，费用总额略有上升，费用率下降，利润总额增长，经济效益提高，企业结构得到优化。

规范提升便民连锁商店98个(其中：五星级15个、四星级26个、三星级57个)，超额完成任务85个；改造基层社12个，建设改造农资配送中心3个；扶持供销社领办的农民专业合作社发展农产品种植业项目1个；保障碘盐供应，碘盐覆盖率达到100%，合格碘盐食用率达到96.75%。

【重点项目建设】 深化“新网工程”建设。临汾市完善、规范提升农资、日用消费品、农副产品及再生资源回收利用网络。建成由供销社独资、控股、参股的各类连锁配送中心61个，投资总额4.43亿元，总营业(仓储)面积21.6万平方米，网点2676个，年销售额6.3亿元。尧都区、侯马、曲沃、安泽、浮山、蒲县、隰县等基本实现四大网络全覆盖。

推进基层供销社改造和组织体系建设。整合基层社经营服务网络，合理调整布局，以基层供销社改造提升为重点，利用原有基层供销社的有效资产、资金和人员，对适宜改造的基层供销社进行升级改造。依托特色产业，由基层社牵头组建多个农民专业合作社，形成新的、长期稳定的经济增长点。2014年在基层社体制和设施改造工作方面比较突出的有安泽、尧都区和乡宁供销社，乡宁县社共投资1526万元，对适宜改造的8个基层供销社进行设施改造；安泽县共投资940万元，对所有5个中心供销社全部进行改造。

领办、组建、规范各类农民专业合作社。各县级社围绕本区域资源优势和特色产业，兴办种植、养殖、加工等专业合作社，围绕本区域资源优势和特色产业，兴办种植、养殖、加工等专业合作社，共领办、组建专业合作社162个。其中：供销社全资和参股的有62个，入社农户6579户，带动农户20667户，销售总额1.5亿元，年助农增收2.6亿元，拥有注册商标12个；总社认定的专业合作社示范社2个，农业产业化重点龙头企业1个。

建立便民连锁商店长效管理机制，强化对便民店的规范与提升。农村便民连锁商店从根本上解决农民群众购物“不经济、不安全、不方便”的民生问题，是便民、利民、为民的综合服务阵地，加强对便民店的管理，提升便民店综合服务功能，开展便民连锁商店星级评定活动，全系统规范提升便民连锁商店98个。

【自身建设】 加强机关工作。招录5名工作人员，进行实地考察考核，充实机关后备干部队伍力量。建立健全《机关考勤考纪管理办法》《请销假制度》《人事管理规定》《“三重一大”事项决策制度》等15项规章制度，形成作风建设长效机制。

加强企业管理。对农资公司等五个直属公司领导班子进行调整，使企业班子活力得到增强。谋划企业发展。盘活果品公司二中路的库区土地资产，加快企业发展。协调广源隆公司与北京青鲜美公司联手创办山西小杂粮总供销业务。强化服务意识，多方面协调，解决企业职工养保、医保等基本保险缴纳，部分企业适当提高在岗人员工资。共为职工缴清历年所欠医保29.4万元、养保62.6万元。部分企业给职工普调10%的工资。开展党建工作。推进"定查评"工作法；新成立党支部1个，对党总支、支部进行换届；新发展党员7名；开展在职党员到社区报到、"亮身份强服务当先锋"活动。

加强监事会工作。制定印发《临汾市供销合作社监事会社情民意监督员实施办法》和《临汾市供销社监事会社情民意监督员考评办法》；开展监事会参与供销社综合改革专题调研活动，多渠道收集反馈社情民意。选聘社情民意监督员81名，设立"临汾市供销社监事会"微信平台，9月底开通以来，刊发信息11期32篇。

（原晋云）

粮食购销

【概述】 2014年，粮食局按照年初下达的目标责任考核指标和"四个年"活动总要求，启动实施"粮安工程"，全面深化粮食流通改革，稳市场保供给、谋转型促发展、强产业惠民生，为民务实清廉，职能履行到位，基础管理扎实，完成各项粮食工作责任指标，确保全市粮食市场稳定和粮食安全。

【粮食安全】 2014年，全面实施"粮安工程"，加大粮食储备和应急保障工作力度，加强对粮食市场形势的监测、预警和研判，强化调控手段，使全市粮食市场保持平衡发展的良好运行态势。(1)强化粮食市场预警。健全粮油应急、加工、调运、供应体系，及时应对市场波动，确保粮油供应充足、价格基本稳定。把尧都区、侯马、安泽、曲沃作为粮油价格监测试点，监测点涉及超市、加工企业、转化企业等，重点监测企业由原来的4个增加至6个。关注市场供求和价格变化情况，坚持粮油市场价格周报，按时上报粮油价格信息和市场动态分析。(2)完善粮食储备规模。全市中央储备粮1100公斤，省级储备粮1715公斤，移库粮250公斤；市级储备粮1.2亿公斤，市级储备油200万公斤，县级调控粮0.6亿公斤，粮油费用利息补贴及时足额到位，全面完成省、市下达的储备任务。(3)加强粮食应急管理。全市落实应急加工企业37个，应急供应企业183个，建立应急成品粮550万公斤，应急小包装食用油90万公斤。加强应急成品粮油的管理，应急管理责任明确到位，承储的应急成品粮油数量真实，质量完好，调运高效。实施军粮质量和供应服务，确保军粮优质保量及时供应，安排好节日品种调剂，军粮供货上门，得到驻临部队的一致好评。

【搞活粮食流通】 坚持以国有粮食购销企业为基础，调动粮食经纪人的积极性，落实保供稳价要求，坚持敞开收购，顺价销售，执行收购政策，杜绝卖粮难的问题。2014年，全市粮食收购7.01亿公斤，销售6.72亿公斤，分别完成全年收购、销售任务(收购5.15亿公斤、销售5.25亿公斤)的136%和128%。依托市粮食学校这一平台，组织相关师资力量，对各县(市、区)粮食局长、股长和统计人员共60人进行统计业务培训。加强拓宽与粮食主产市之间的产销合作，全年调入粮食0.62亿公斤，完成全年任务(调入4000万公斤)的155%。全市粮食总量供需平衡，粮食供应市场良好，市场价格都能在合理区间运行。

【加强储备粮油监管】 加强对储备粮油轮换和库存监管，健全制度，落实责任。推行规范化管理，改善仓储基础设施，及时整改存在问题。储备粮安全检查坚持"全面普查、重点专项检查和平时抽查"相结合，5月、10月对全市各级粮食储备进行全面普查，12月进行专项检查，提高确保粮食安全的忧患意识和责任意识。加强粮食流通基础设施建设，全市34个单位34个项目总投资2070.93万元，共建新仓容1.06万吨，维修改造仓容4.55万吨，新建储粮罩棚300平方米，硬化地坪300平方米，新增机械设备10台(套)，新建办公、业务用房276平方米。对于历史形成的12万公斤省储备油短少的问题，多次向市政府领导汇报，与省、市相关部门协商，市政府从"粮食直补经费"中下达专项资金，解决十几年来遗留的历史欠账。全市没有发生粮食安全责任事故，市级储备粮数量真实、质量良好、储存安全，储备粮"一符六无""三专四落实"管理率达到100%，商品粮"一符六无"管理率达到98.1%，科学保粮率达到99.2%。

【粮食流通体制改革】 强化内部监管，规范资金管理，广泛多种经营，力促企业发展，实现全面提升。县级国有粮食购销企业改革6个县市区按照“一县一企、一企多点”模式完成改革重组，完成下达指标(5个县)的120%。全市国有粮食企业统算盈利168.95万元，完成年度指标(140万元)的120.67%；做好政策性粮食财务挂账消化工作，市、县政府在资金困难情况下拨款1亿多元，解决历史遗留问题，减轻企业负担。组织相关人员赴大同市学习企业改制经验及做法，会同相关部门研究制定《临汾市粮食局市直企业改制方案》上报市政府，市政府两次召开改革工作推进会，所属7户企业改制完善工作力度加大。在市政府的统一领导下，市粮食局与市国资委、市人社局、市财政局、市国土局、市规划局等部门主动沟通协调对接，研究安置职工、国有资产清产核资及改革流程等。提出“四位一体”粮食园区的思路，着手新建占地13.33公顷、投资2亿元的集粮食储备库、军粮供应站、粮油质量检测中心、粮食物流中心“四位一体”的粮食园区。“四位一体”粮食园区建设列入市政府规划，正在稳步实施。

【项目建设】 2014年招商引资项目落地2个(霍州市粮食企业土地综合利用和襄汾县粮食局南贾秋立毛刷加工项目)，完成新签订项目2个(霍州市水榭花都住宅小区和永和美特好农产品加工配送中心)。开展主食产业化工程和主食厨房工程，把金盈谷农贸发展有限公司作为临汾主食(馒头、花卷)产业化示范企业进行重点扶持，推进主食产业化发展，延伸主食化产业链条，该项目得到省发改委的批复，各项具体工作正在落实之中。成功组织2014年山西粮食(玉米、小杂粮)产销对接临汾分会，共组织76家企业参与洽谈，26家企业在临汾分会签约，共签约2.65亿公斤。

【粮安工程建设】 推进科学储粮工程，1100套农户标准化储粮装具全部加工完毕发放到位。对省级下达的三县一库(洪洞县、古县、曲沃县、曲沃库)危仓老库进行维修改造，做到专款专用，全部通过验收。临汾、侯马、曲沃国家粮食储备库无线数字式粮情测控和侯马国家粮食储备库的绿色充氮气控储粮技术改造全部竣工投入使用，按时保质完成省级下达的粮情监测和充氮储粮在建项目。

【粮食流通监督检查】 开展“监管能力提升年”活动，组织开展夏秋两季粮食收购市场专项监督检查，对粮食购销活动实施全程监管。开展粮食库存检查工作，组织专门力量，深入相关企业就全市粮食数量安全、质量安全、库贷挂钩、政策落实、安全生产等进行全面检查，组织督导。对于检查中发现的问题，及时下达整改通知书，督促限期整改，确保粮食安全。强化粮食流通市场部门协调和联合执法，协同市食药局、市工商局、市物价局联合下发《关于强化粮食流通联合执法，全面确保粮食安全的通知》，联合相关部门开展粮油流通市场和“放心粮油”经销网络专项监督检查，尤其是加大春节、五一等重大节日期间粮油市场保供稳价的监督检查，确保粮油市场价格稳定、秩序良好。对全市粮食库存进行全面检查，做到“有库必到、有粮必查、有账必核、查必彻底”。组织开展粮食仓库清查工作，对全市未装粮的仓容进行全方位排查，摸清家底。开展第四批全国粮食流通监督检查示范单位创建活动，翼城县商贸粮食服务中心被评为“全国粮食流通监督检查示范单位”。

【粮食质量安全】 组织开展当年新收获小麦、玉米卫生调查和品质测报，2014年抽取粮油样品593份进行化验，确保全市粮油质量安全。完成21290吨小麦轮换任务，涉及2个县、3个直属库，经检查验收全部合格。临汾市粮油质量监测中心的机构、编制、人员、经费得到落实，完成基础设施改造，对人员进行培训，完善质量体系建设。2014年10月13日，国家粮食局委派相关专家对全市粮油质量检测中心进行评审，通过验收及授权挂牌。落实粮食质量安全监管责任，全面实施粮食质量安全网格化监管，市县两级粮食质量安全监管工作任务、责任主体、责任人落实到位，形成“横到边、纵到底”的粮油质量安全管理四级网格。联合团市委、市妇联、市教育局，以爱粮节粮、科学储粮、膳食平衡、合理营养为宣传主题，组织开展“科学食粮、健康圆梦——粮食科普进社区进家庭”为主题的粮食科技周宣传活动，取得良好成效。在国家粮食局、教育部、共青团中央共同组织开展的爱粮节粮主题动漫宣传片征集活动中，粮食局选送的作品《有钱没了粮怎么办 厉行节约反对浪费》获得一等奖。

【提升粮食行业形象】 统筹工作力量，坚持为民办事，完成局机关3幢家属楼节能保温工程，对暖气管道进行维修，受到群众一致好评。组织开展“践行群众路线圆梦粮食安全”知识竞赛，局机关党员参观市廉政教育基地,接受廉政教育。困难企业下岗女工体检,分别为6名符合帮扶条件的离休干部及遗孀争取帮扶资金,为老干部活动中心添置椅子和健身器材。“忠诚党的事业,展现粮食风采”系列学习教育活动贴近时代特点、贴近党员需求、富有实际成效,被临汾市委宣传部评选为临汾市优秀学习品牌。全省首届粮食行业职业技能大赛中,组团6人参加比赛,荣获大赛团体三等奖,有2名选手分获大赛金奖和银奖。加强法治建设,推进“六权治本”,对行政许可权力进行认真梳理,规范行政许可,提升服务质量。在职党员到社区报到工作进展有序,单位31名在职党员全部到社区报到,接受社区党组织管理,主动服务群众,参与社区党组织安排的各项活动。引深领导干部住村包村增收和定点扶贫工作,建立定点扶贫长效机制,深入定点帮扶村隰县寨子乡去延村开展定点帮扶,共同研究致富富民措施,提供政策支持,帮助解决实际困难。

(杨清淮)

石油营销

【概述】 中国石化销售有限公司山西临汾石油分公司是排名世界500强第3位的中国石化销售有限公司在山西临汾唯一的下属机构,下辖22个片区(4个本部片区、16个县(市)片区、2个高速路片区),职工人数1500余人,油库2座,容量8.3万立方米,在营加油站197座,上线易捷便利店114座,分布在全市各城镇中心、交通要道和重点乡村,覆盖面达到75%以上,年销售成品油近60万吨,销售总量、利润总额持续名列全省系统前茅。

【开拓营销市场】 根据区域市场特点,将县区公司划分为“强控区”“中控区”“弱控区”,制定市场“强控区”,加强内部管理,做大销售,确保效益;“中控区”,开展“组合营销”,多措并举,拓市增量;“弱控区”,实行“一县一策”,强化竞争,确保市场的经营思路。树立“大零售”“大客户”“大便利店”理念,做强做优零售,做大做好直销,做活做实非油品,“三驾马车”齐头并进,长足发展。零售主导地位持续巩固。立足市场竞争,向“点对点”竞争要增量,向高标号汽油营销要增量,向IC卡交叉营销要增量,向库出小额配送要增量,向甲醇汽油销售要增量,向管理服务要增量。2014年,零售量完成进度、同比增幅均排名全省第一,实现汽柴油同比“双增长”,在销售公司公布的销售规模30万吨至35万吨以上的79家地市公司中排名第15位。

直销业务保持良好势头。开展全员营销,建立客户开发竞争机制,建立市公司领导、职能部门和县公司三级客户维护体系,做好客户的维护开发。着眼侯马等南片县域直分销市场的收复,探索开展“密度营销”,初显成效。配合市政府开展成品油市场清理整顿,取缔非法成品油经营窝点20余个,规范市场秩序。

非油业务实现“内涵”发展。拓宽供货渠道,将“小食品”、临汾优质土特产引入便利店,强化商家“直配模式”,提高配送效率。开展特色营销,6月底首次举办大型“易捷”便利店商品推广会,探索性地开展洗车服务,提升“易捷”品牌的影响力和知名度。制定非油商品库存管理办法,专项开展商品盘点、资金审计,降库增效,实现提质内涵发展。

【企业管理】 先后制定完善涉及安全、数质量、干部队伍、企业文化建设等10个方面的管理规定70余项,初步建立一整套完整、严格的制度管理体系,形成“按制度办事,用制度管人”的良好机制。财务管理。突出精细管理,强化费用预算,重点推进全员成本目标管理,非生产性费用大幅下降。投资管理。改造的汾滨站体现“临汾速度”;全省首座自建LNG加气站——河西加气站投产运营,吉县城关、翼城城北CNG加气站取得前期工作函;油气回收改造兼顾环评,解决企业后顾之忧。安全管理。公司安委会每周召开周例会,加大隐患治理力度,加强施工及新员工入职安全教育培训,开展“11·22”安全警示日纪念活动,组织大型消防比武暨应急预案演练,确保全区系统安全运营无事故。

【推进“家文化”建设】 围绕打造“温馨、平安、奋进、和谐”的员工之家,强化加油站“N小”建设,改善员工工作生活环境,收入向一线倾斜,加油站员工收入同比增加6000余元,为员工定制“爱心手套”,冬季送煤卡,节日送慰问,凝聚发展合力,实现企业和谐稳定。中国石化销售有限公司山西临汾石油分公司被山西省精神文明建设指导委员会评为“2012—2013年文明单位”。

(张晓燕)

烟草专卖

【概述】 2014年,临汾市烟草公司累计购进卷烟162343箱,同比165004箱,下降1.6%;销售卷烟17.73万箱,增长3.22%,其中:一至四类烟分别增长11.05%、35%、2.51%、2.49%,五类烟下降12.8%;重点品牌增长3.21%,"双15"品牌增长3.97%,低焦品牌增长9.61%,国产雪茄烟增长152.53%,细支烟增长112.26%;累计销售条均价达到101.13元/条,增长4.94%;单箱销售结构达到2.53万元,增加0.12万元;全年实现税利8.86亿元,增长7.69%;实现毛利9.62万元,同比增长8.0%。全市种植烟叶3.04万担、种植面积0.063万公顷,移栽户数461户,完成调拨任务。

【营销与物流建设】 临汾市烟草公司以市场真实需求为导向,完善"自下而上"的需求预测制度,分多个维度、不同层面对市场销售和货源进行预测和分析,尽最大可能适应市场变化,缩小预判差距。制订出台年度重点品牌发展规划,加强品牌"进一退一"及品规价位梯次管理,营造品牌公平竞争环境;提出"提高一二类、主攻高三类"的思路,加强消费引导,挖掘市场潜力,提升销售结构。围绕"现代、经济、适用、效率"的发展方向,全面深化科技物流、精益物流、人本物流建设。以推进非法人实体化运作为重点,提升物流成本管控水平和卷烟分拣、配送水平,平均送货响应时间、分拣差错率、送货差错率、人均配送效率等指标达到全省先进水平。通过持续开展线路优化、提升现场管理、推进纸箱循环回收利用、设备运行效率提升工作,提高物流基础管理水平。重点推广和应用电子标签(RFID)、手持终端、无线传感等物联网技术,提升科技物流建设水平。

【专卖监督】 2014年,临汾市烟草公司面对市场形势变化,始终保持卷烟打假高压态势,培训打假技能、加强经费保障、强化协作机制,破获尧都"1·22"和洪洞、霍州"9·6"两起符合国家局标准的网络案件,刑拘犯罪嫌疑人6名,逮捕2名,判刑9名,直诉2名。有序组织卷烟市场监管,开展"尧风"系列清理整顿卷烟市场专项行动,强化区域日常检查、片区联合检查、全市交叉检查。全年共查处涉烟违法案件835起,其中假烟案件92起,真烟案件743起;查获各类违法卷烟521件,其中假冒卷烟56件,标值38万元,真品卷烟465件,标值212万元;破获5万元以上案件11起,捣毁贩藏窝点2个。发挥专卖内管职能,推进非现场监管模式运行,加强"8+3"协同监管机制建设,强化事前事中监管,规范卷烟经营行为。推进行政许可工作,加强专卖法规宣传,组织案卷评查,推行网格化管理,执法主体建设取得新成效。

【规范管理】 2014年,临汾市烟草公司发挥"三项工作"管委会作用,修订《管委会议事规则》及相关制度,落实《烟草企业采购管理办法》,全年共实施公开招标项目39项,占比70.91%;招标金额1726.15万元,占比90.51%。推进审计监督范围全覆盖,建立部门联动机制,实行审计双向考核,加强日常审计、重点项目审计、专项审计调查和审计整改工作,全年共开展各类审计项目200余项,取得直接经济效益34.68万元。推进法治烟草建设,规范合同管理,加强法律风险防控,强化层级和同级执法监督机制体系建设。全方位落实安全生产责任制,开展安全检查、隐患排查和问题整改,实现全年安全生产"零"事故。健全客户服务体系,完善客户服务机制,客户投诉满意度、投诉处理及时率均达到100%。

(董　楠)

盐业专营

【概述】 2014年,临汾盐业分公司执行上级既定的工作方针,承担企业的社会责任、经济责任的双重职能。以保安全、保稳定、保销售、保效益为重点,创建新的非盐经营模式,在盐业的转型期,完成各项工作任务。全年销售各种盐37235吨,比上年同期减少800吨,占计划38918吨的95.7%,销售收入实现6059万元。2014年,全面推广海藻盐,尤其是尧都区的自营业务,为满足用户提出的各种要求,科学合理地安排配送,保证自营市场的稳定和拓展,以此推动全市所属区的促销售、保质量工作。

【发挥龙头销售的作用】 以最大的自营市场为重心,强化对大县公司的销售奖励,通过强化计划的执行，有效的奖励措施，团结协作的服务理念，有效地推动促销售、保调整结构的工作；平川的几个大县——洪洞、襄汾、霍州、新绛、绛县的销售均达到正常水平，保证销量最大化，达到市场饱和度。

【保障自营生命线】 自营市场是分公司的重心。2014 年，分公司在自营业务上做文章，强化配送力量，全部对自营网络进行梳理和归类，采用客户经理负责制的办法，实行吨盐费用承包的措施，保证自营市场的稳定。

【管理与服务相结合】 履行专营职责，对计划、调运进行严格管理，提高服务质量，从 4 月以来，营业部门取消双休日，保证对客户、对县级公司、对自营部门业务提供便利的服务，效果显著，真正达到"稳定总量、提高质量、保障供应"的目标，实现时间和任务过半，实现预期目标。

【强化制度落实】 在省公司财务管理制度的基础上细化重新修定分公司的内部管理办法，明确规定只要涉及费用的使用，必须由财务科统一审定，集中管理，对货款的及时入账、严禁赊销商品等进行严格的规定，坚决堵死各种漏洞，谁主办、谁负责，出了问题追究责任。

【加强稽查力度】 年初，市场科配备年轻有为的力量和专用车辆，配合配送中心进行市场的规范，以查促销，根据配送档案和具体情况，有针对性地打击私盐，劣质盐。

【重点打击与常规检查相结合】 每周的二、三、四检查市场成为长效机制，进行全面的逐条街道，逐个门店、逐个集贸市场、逐个饭店、逐个学校、逐个工地进行排查，不留死角，特别是对于一些曾经购销私盐的个体商贩和饭店进行严密监控，侯马市场与当地的食品药品监督局互相联系和配合，加大处罚力度，7 月，协助公安部门抓获四名私盐商贩，批捕两人，打掉两个私盐窝点，严查重处重罚，采取边检查、边配送、边服务、边宣传的办法，保证辖区市场的稳定。

【打击各种侵销行为】 互相侵销这种长期以来在盐业行业存在的顽疾，屡禁不止，这种鹬蚌相争渔翁得利的现象，分公司、县公司利益受到损失，私盐有机可乘，为此，临汾市盐业分公司在各种会议和场合给予批评和处罚，下达各种规定，派专车专人，甚至私家车去跟踪保护，一旦查实，严肃处理，决不姑息。

【推进非盐经营】 按照省供销社和省公司的整体思路，2014 年，分公司对非盐经营进行分析研究，通过几次干部职工的座谈会，梳理近年来在非盐经营中的得失，特别是对行业的选择、业务开展、低成本扩张作深入的调研。防止盲目介入，形成企业的包袱。利用现有车辆和现有网络的优势，成立临盐诚信物流公司，利用现在的条件和优势，进行配送业务的开展，逐步地把食品加工盐、工业盐全部纳入配送的范畴。针对乡村、便民店配送商品，此项业务正在逐步进行。

打造便利连锁店。通过向省公司学习和借鉴兄弟单位经营经验，对教授花苑的门店进行改造，开始营业。在二中路扩建完成后，分公司门口的便利店也纳入规划，开展非盐业务。

（赵俊卿）

教　育

综　述

【概述】 2014年临汾市教育经费总收入为573924万元。国家财政性教育经费494543万元，其中：公共财政预算安排的教育经费465379万元（基本建设拨款7358万元，教育费附加26492万元，其他拨款45941万元）；政府性基金预算安排的教育经费28939万元（地方教育费附加21211万元，其他政府性基金预算安排的教育经费7728万元）；企业办学中企业拨款184万元；其他属于国家财政性教育经费35万元。民办学校中举办者投入1313万元。捐赠收入122万元。事业收入76790万元（学杂费收入69842万元）。其他教育经费收入1156万元。

全市教育经费支出：2014年全市各级各类学校教育经费总支出为557087万元，在事业性经费支出中，人员经费支出350121万元，其中：工资福利支出271545万元，对个人和家庭的补助支出78576万元；公用经费支出190322万元，其中：商品和服务支出112326万元，其他资本性支出77996万元；基本建设支出5509万元。

【表彰】 经过校、县（市、区）层层推荐、审查，评选出小学三好学生779人，初中三好学生422人，初中优秀学生干部217人，高中三好学生196人，高中优秀学生干部92人，职高三好学生39人，职高优秀学生干部18人。评选小学优秀班主任371人，初中优秀班主任208人，高中优秀班主任129人，职高优秀班主任18人。

教师队伍建设

【概述】 2014年，根据中共临汾市委办公厅、临汾市人民政府办公厅有关文件精神和市委、市政府领导两年（2014—2015）“三名”评选表彰要加大数量，扩大影响和评选对象要向农村学校倾斜，向义务教育学校倾斜，向一线教师倾斜，向薄弱学科教师倾斜（四个倾斜）的指示，市教育局成立临汾市“名师、名校、名校长”考察评审工作机构，于6月中旬对2013年至2014学年度临汾市“名师”教学业务考察、“名校”考察评估和“名校长”考察工作做具体的安排。在2014年的推荐选拔和考察评估中，市教育局和考察组成员严格质量标准，按照“三名”推荐条件，各县市区组织进行为期一年的培养和选拔工作，力求优中选优；严格标准，对各县市区选拔推荐的“三名”对象，按照评选标准和“四个倾斜”原则逐一筛选，确定考察人选；严格程序，无论是“名师”“名校”还是“名校长”考察，都制定专门的工作程序规范，整个推荐、考察、确认工作做到质量不变、标准不降、程序不减。经过两个月的实地考察、评估，最终确定表彰“名师”154人，“名校”15所，“名校长”17人。在9月10日市委市政府召开的庆祝教师节暨表彰大会上进行表彰奖励。

【师生行为习惯养成教育】 2014年全市在中小学行为习惯养成教育方面，推广汾西一小、襄汾中学、翼城县精细化行为习惯养成教育先进经验。既抓好学生的行为习惯养成，也抓好教师和员工的行为习惯养成。把抓教职工的行为习惯养成与深化学生的行为规范教育结合起来。在学生学习习惯的养成、生活习惯的养成、卫生习惯的养成、文明礼貌礼仪习惯的养成等方面制定出具体规定和考核细则，责成专人负责，认真执行。深入到曲沃实验小学、汾西县第二小学、兴国实验学校等县校举办“如何写好规范汉字”讲座，受到教师好评。

【规范中小学校心理健康教育工作】 2014年，临汾市重点抓好建立健全学校心理健康教育工作机制，各县（市、区）教育局政教股和市直学校德育处有专人负责中小学心理健康教育工作。各学校在校长领导下,以班主任为兼职心理健康教师、全体教师共同参与心理健康教育工作;加强学校心理健康教育师资队伍建设。要求各县(市、区)、每1000名学生至少配备1名专职心理健康教师。不足千人的学校配备1名专职或一定数量的兼职心理健康教育教师。全市千人以上学校113所,有49所配备了专职心理健康教师,配备专职心理健康教师达79名,其他学校都以班主任为兼职教师。推进学校心理健康教育课程建设,将其纳入学校课程设置计划,保证每周至少一课时;抓好心理辅导室建设,城镇学校和乡镇中心校都建起心理辅导室。创新心理健康教育活动,整合社会资源,拓展心理健康教育渠道。依托山西师大心理健康教育专家,指导完善学校心理健康教育工作保障机制,开展心理健康教育理论研究,创建临汾一中、市第一实验中学、临汾平阳中学、汾西县第一小学、汾西县第二小学等五所省级心理健康教育特色学校。12月18日,市教育局在汾西县第二小学召开全市小学心理健康教育观摩会,收到良好效果。

【班主任培训】 2008年政教科就印发《临汾市中小学班主任工作暂行规定(试行)》(临教政〔2008〕16号)。从班主任的地位、作用及其基本任务,到班主任的任职条件、班主任的职责、班主任工作的原则和方法、班主任的待遇和奖励、班主任的聘任和解聘、班主任工作的领导和管理、班主任的考核制度等八个方面进行明确规定,运行良好。对班主任一直由各县(市、区)教育局组织考评。其制度也由各县(市、区)根据当地实际情况制定,每学年考核一次。市教育局主要对班主任进行工作培训。2014年市教育局政教科派员深入到尧都区、蒲县、霍州等县直接培训中小学班主任1600余人。指导班主任贯彻落实国家教育方针,对学生进行思想政治教育、道德品质教育、法律法规纪律教育、行为习惯养成教育、心理健康教育、感恩教育、安全教育、国防教育、中国优秀传统文化教育、创新精神和创新思维教育。指导班主任建立学生档案、建立班级组织、细化班级制度、创建班级文化、班级常规管理与常务工作、开展班级活动、课堂德育渗透、进行家访等,使班主任素质得到提高。指导其他各县(市、区)在暑期自行组织培训全县班主任一万余人次。

【道德实践活动】 学习贯彻《公民道德实施纲要》《中小学教师职业道德规范》。广泛开展公民道德和职业道德建设实践活动,推动形成修身律己、崇德向善、礼让宽容的道德风尚。开展"道德讲堂"建设。推进教师职业道德规范大讲堂和学生精细化行为习惯养成教育大讲堂。仅翼城县就举办四场教师职业道德规范大讲课,培训全县教师达3200余人。曲沃县举办两场大讲堂,培训全县教师达800余人。省、市两级德育示范学校带头引领,创新经验,逐步实施全覆盖。开展社会公德、职业道德、家庭美德、个人品德教育,宣传孟佩杰、解黎明、张亚琴、冯莉清等先进人物事迹。参加第十二个公民道德宣传日活动。组织各种社会公益服务活动,倡导"好有好报、善有善报"的价值导向。实施"爱心助学行动"。

【学校德育工程】 培育和践行社会主义核心价值观从小抓起、从学校抓起,坚持育人为本、德育为先,以"做一个有道德的人"为主题,以引导中小学生"心向党、爱劳动、有礼貌"为目标,完善学校、家庭、社会三结合的教育网络。实施"1234"工程,推动社会主义核心价值观进教材、进课堂、进头脑。一个净化工程是:净化校园文化环境;两个阵地建设是:乡村学校少年宫和未成年人心理辅导站建设。对建成的19所少年宫重在发挥作用上下功夫,探索建设一批心理辅导站;三项经常活动是:洒扫应对、认星争优和日行一善;四项集中活动是:清明节组织"网上签名寄语活动"、六一国际儿童节组织"做一个有道德的人"网上签名寄语活动、"七一"党的生日组织童心向党歌咏活动、"十一"国庆节组织"网上向国旗敬礼"活动。

【中小学教师读书活动】 落实教育部《中小学、幼儿教师专业标准》,推进书香校园建设,建设学习型的教师群体,促进教师教育工作的深入开展,提高教师的综合素养,根据临汾市教育局工作部署,在全市教师中开展以"阅读人生,智慧育人"为主题的教师读书活动,制订《临汾市教育局关于开展教师读书活动的实施方案》,共分三个阶段实施该项活动。宣传阶段(2014年1月至3月),各县市教育局根据《临汾市教育局关于开展教师读书活动的实施方案》,结合当地实际,印发本县教师读书活动方案,营造浓郁的读书氛围;各学校组织全体教师认真学习方案,结合本校实际拟定2014年学校教师的读书计划,明确读书内容,教师制定个人的读书计划,为读书活动的全面启动做好准备;实施阶段(2014年4月至11月),各县市教育局向全县教师发出读书倡议书,全面启动全县教师的读书活动,各级各类学校为教师创造读书条件,指导教师组建读书团队,分阶段开展不同主题的读书活动,组织实施学校读书计划和个人计划;总结阶段(2014年12月至2015年1月),市局通过专项检查和不定点抽查的方式对各县市读书活动开展以来的各项工作进行评估;各县市教育局召开2014年读书活动总结会,对读书活动中涌现出的优秀读书团体和个人进行表彰,选拔出1～2所成绩突出的学校上报市局,市局组织读书活动优秀学校召开经验交流会;各级各类学校对全年教师读书活动的开展情况进行书面总结,提炼活动亮点,完善读书活动的档案资料。

【中小学教师远程全员培训】　2014年全市中小学幼儿教师全部实行远程培训,共有33196中小学幼儿教师参加,其中高中教师6327人、初中教师11273人、小学教师14430人、幼儿教师1166人。通过网上培训考核,高中教师合格率91.56%;初中教师合格率98.04%;小学教师合格率98%。

【国培计划】　2014年国培项目共有示范性集中培训、示范性远程培训、中小学顶岗置换、中小学短期、幼儿顶岗置换、幼儿转岗、幼儿短期、初中校长短期培训、特岗教师培训、国培计划山西省远程培训项目(中小学骨干教师信息技术应用能力提升远程培训项目、幼儿园教师信息技术应用能力提升远程培训项目、中小学幼儿园学科带头人骨干教师能力提升网络高端研修项目、网络研修与校本研修整合培训者远程培训项目)10个大项目,92个子项目,5718名中小学幼儿教师参训。其中,示范性培训148人;中小学顶岗置换154人;中小学短期培训415人、远程培训5475人;幼儿顶岗置换106人;转岗教师培训31人;幼儿短期培训424人;初中校长短期培训237人;特岗教师培训518人,完成省分配任务。省级送培下乡两个项目各两个县市:中小学国培项目送培下乡(襄汾、霍州);幼师国培项目送培下乡(侯马、洪洞)。临汾市市级二级送培下乡(中小学国培项目送培下乡和幼师国培项目送培下乡各14个县市)。全市有2所中学(临汾三中、翼城县汇丰学校)、4所小学(解放路小学、临汾市第二小学、临汾市五一路学校、洪洞玉峰街实验小学)、2所幼儿园(临汾市幼儿园、尧都区幼儿园)作为国培基地校承担临汾市2014年国培任务。

【教育技术能力培训】　教育技术能力培训是提高广大中小学教师课堂教学能力的一项重要举措。根据教育部《关于启动实施全国中小学教师教育技术能力建设计划的通知》(教师〔2005〕5号)精神,临汾市组织各县市、市直学校教师参加教育技术能力初级、中级远程培训工作。组织县市、市直学校教师依托"北大网络学院"参加教育技术能力初、中级远程培训。5月20日开始,全市共有中小学教师3816人参加教育技术能力中级培训,合格率96.3%;初级培训2475人,合格率94%。

【学科带头人、骨干教师的培养和管理】　2月21日,对2013年市级学科带头人、骨干教师进行评审。3月1日结合省厅文件下发《临汾市教育局关于公布2013临汾市省、市级学科带头人评审和任期届满考评结果的通知》(临教师〔2014〕1号),共评审出:省级学科带头人49名,省级骨干教师125名,市级学科带头人198名,市级骨干教师209名;2013年任期届满续聘考核合格的省、市级学科带头人和骨干教师有:省级学科带头人33名,省级骨干教师32名,市级学科带头人98名,市级骨干教师114名。评审和续聘考核合格的省、市级学科带头人和骨干教师任期三年,自2014年3月至2017年3月。10月12日评审出2014年临汾市市级学科带头人和骨干教师,下发《临汾市关于公布2014年2014年市级中小学学科带头人和骨干教师评审结果的通知》(临教师〔2014〕4号)。其中:市级学科带头人19名(初中4名、小学15名);市级骨干教师31名(初中4名、小学27名),评审的市级学科带头人、骨干教师,任期三年,自2014年10月至2017年10月。

【省级名师培养计划】　根据《山西省教育厅 财政厅关于印发"山西省中小学教学名师培养计划"实施方案的通知》(晋教师继〔2014〕8号),临汾市实施省级名师培养计划,4月8日,全省召开名师培养启动会,2013年确定的10名教师参加启动仪式,暑期,这些教师分赴各高校进行研修学习。2014年,报送31名教师参加省教育厅2014年名师选拔。其中18名教师被省厅确定为2014年省级中小学教师名师培养对象。

【教师培训理论研究】　教师培训理论的研究是各级师训部门不容忽视的问题,临汾市为弥补多年来师训部门课题研究的空缺，推动全市师训工作的高层次发展，围绕市中小学(幼儿园)教师培训工作中出现的热点难点问题，结合多年的实践经验，开展理论研究，推出建设性的研究成果。

教育管理

【清理“吃空饷”】 2014年3月起，临汾市教育局在市委、市政府的正确领导和有关部门的配合下，在全市教育系统主动地开展清理“吃空饷”专项治理工作，取得阶段性成果。全市教育系统涉及“吃空饷”人数达1836人。经过清理，有1226人返回工作岗位，120人办理辞职解聘手续，490人为长期病假。

【无证民办幼儿园专项整治】 制订《关于无证民办园专项整治工作实施方案》，从2014年8月7日至2014年8月25日进行专项整治工作。整治分宣传动员、清理摸底、整顿规范、整改总结四个阶段，主要对全市区域内民办幼儿园的主体资格、办园条件、收费情况，以及2013年12月31日前建成的小区及小区配套幼儿园的规划、建设、管理、使用情况进行专项整治，这次专项整治民办学前教育机构，涵盖全市辖区内所有招收0～6周岁学龄前幼儿的1245所民办学前教育机构，对504所问题园下发通知，限期整改，明令取缔336所有重大安全、质量等隐患的民办幼儿园。其中，尧都区关停非法幼儿园182所，吉县将接近半数的非法园取缔，规范为现在的7所。全市公办园、有证民办园767所，基本达标、待批办园许可证幼儿园163所，限期一年整改幼儿园395所，建议取缔44所。群众反映强烈的无证民办幼儿园管理不善、收费混乱的问题初步得到解决，无证民办幼儿园专项整治工作取得明显成效

【查处节假日补课】 4月8日，市教育局下发制止节假日乱办班、乱补课、乱收费的文件，由分管局长带队，基教科、监察室、职教科全员参加，到8月底共组织37次突击检查。查处学校乱收费13起，查处退还钱款总额64万余元。在县市区管学校方面，先后对8所学校违规补课的行为进行严肃查处，处理相关责任人9人。

学前教育

【民办园整顿】 2014年，临汾市有1245所民办幼儿园，市、县教育部门依据相关规定，对所有民办幼儿园法人资格、办学许可、园舍面积、设施设备、教学管理、食品安全等常规管理工作进行全面检查，开展“校园安全、规范校车”专项整治行动。经过清理整顿，取缔不达标幼儿园121所。全市公办园、有证民办园767所，基本达标、待批办园许可证幼儿园163所，限期一年整改幼儿园395所，建议取缔44所。加强对城镇小区配套幼儿园规划建设与使用管理，年初，以市政府名义下发《临汾市城镇小区配套幼儿园规划建设与使用管理办法的通知》临政办发〔2014〕3号，形成多部门协调配合的工作机制，加强对城镇小区配套幼儿园的规划建设与使用管理。

【公办园建设】 改造农村幼儿园35所，其中：新建14所，改扩建21所，改造面积48511平方米。新建、改扩建标准化公办幼儿园30所，其中新建18所、改扩建12所。新建21180平方米，改扩建27331平方米。学前三年毛入园率达到80.3％。

义务教育

【义务教育经费】 2014年下达全市农村义务教育阶段公用经费3.11亿元，城市义务教育阶段免学费资金1870.07万元，农村家庭经济困难寄宿生生活补助达5034.97万元，普通高中助学资金2795.25万元。

【义务教育均衡县认定】 在研究摸底的基础上，制定全市义务教育均衡发展规划，从2014年到2018年分期分批完成此项工作。2014年确定安泽县、浮山县为义务教育均衡发展验收县，成立领导组、专家组，全程监督指导安泽浮山两县的义务教育均衡县认定工作。4月组织骨干力量前往2013年达标的太原市迎泽区学习经验，邀请迎泽区的部分校长对安泽、浮山两县全体校长进行培训。5月初开始，分成两组对安泽、浮山进行初评，两县对初

评中发现的问题进行整改，6月、9月两次通过省级复核评估，11月高标准通过国家教育部的验收。其中安泽在全省排名第四，浮山排名第六。

【农村薄弱学校改造工程项目及学校标准化建设】 截至2013年底，全市12个县（市、区）顺利完成国家农村义务教育薄弱学校改造计划工程项目，共投入资金2.23亿元，其中中央资金1.54亿元。义务教育学校教学设施设备基本达到要求。2014年侯马、曲沃、翼城、襄汾、乡宁、临汾开发区、市直学校共七个项目单位为薄弱学校改造项目单位。国家补助资金3443万元于年底前到位，曲沃县、乡宁县、市直学校的招标工作完成，正在安装设施设备。其余县市正在进行招标工作。

【区域内教师校长交流】 2014年初根据省教育厅的统一安排，下发《临汾市教育局关于落实年度目标责任考核任务全面推进区域内义务教育学校教师、校长交流工作的通知》（临教人〔2014〕12号），就交流条件办法、交流考核制度、考核要素、组织领导等做详细具体的安排，交流实行全覆盖，涉及17个县市区、临汾经济开发区和市属义务教育学校。各县市区全部出台交流考核方案，成立组织领导机构，责任落实到人，逐月上报进展情况。2014年全市教师交流达到12.5%，校长交流达到35.35%，侯马市率先实现校长100%交流。

职业教育

【概述】 2014年，临汾市共有38所中等职业学校，其中，有1所国家级重点示范职业学校，4所国家级重点和5所省级重点学校。经省教育厅中等职业学校管理星级评估达到五星级2所，四星级8所，三星级13所，合格县级职教中心12个。开设有国家级示范专业1个，省级示范专业7种13个，市级示范专业16个。校内实训基地279个，校外实训基地352个，省级以上实训基地11个。各中等职业学校用于教学的经费总投入达8725.97万元，教学仪器设备总值达789.26万元，图书资料2144973册，电子藏书量167060册，报刊2295种，计算机9075台，生均0.26台，基本能满足教学需要。初级职业教育有较大发展，小学、初中、高中后短期职业技术培训普遍展开，全市共有乡、村成人文化技术学校2795所，省级示范乡镇农技校29所，市级示范乡镇农技校36所，职业培训机构46个。全市80%以上的毕业生受到不同形式、不同层次、不同程度的职业技术培训，加上各部门举办的就业训练班，年培训能力达5万多人次。一个从初级到高级，行业配套，结构合理，又能与普通教育和成人教育相互沟通的职业技术教育体系正在逐步形成。

招生考试

【概述】 2014年共组织普通高考、普通中考、成人高考、自学考试、专升本、对口升学、教师资格笔试（面试）七类十次国家教育考试，共参加考试114449人，设置考点116个，考场3667个，工作人员上万人。

【安全保密工作】 安全保密是招生考试工作的第一要务。贯彻执行国家安全保密规定和省市相关要求，实行一把手负责制，完善制度，加强各类考试保密工作人员的选聘和培训，严格执行保密工作程序和工作纪律，认真履行试题试卷运送和交接手续。考前对保密室进行检查验收发证，保证考试期间网上巡查系统正常运行。确保试题、试卷安全保密工作万无一失。

【考风考纪管理】 发挥联席会议制度职能，重点防范和打击有组织、有预谋的“团伙作弊”、替考以及利用现代通信工具作弊等严重舞弊行为，多部门联动，加强考试环境综合治理。考试期间，市招委、市公安局、市无委会等涉考部门主管领导，集中在市教育局六楼小会议室集体办公。考前，向考生宣传《国家教育考试违规处理办法》，与考生签订《考生诚信考试承诺责任书》，严格培训监考和巡视人员，人防、技防结合，多方预防作弊，一旦发现作弊，立即严肃处理。

【实施阳光工程】 实施招生考试“阳光工程”，实行“十公开”。做好招生考试宣传工作：在《临汾日报》《临汾晚报》和临汾广播电视等新闻媒体，及时刊登和播发各类招生考试信息119篇；在市教育局门厅设立《招生考试信息栏》，及时张贴各类招生考试信息43条;编印《2014年临汾市高中阶段教育学校招生考试报考指南》,宣传各类学校招生计划及学校概况,为考生选报学校和专业提供方便;在各类招生考试期间公布市招考办咨询、举报电话,主动接受社会监督、及时服务考生;严格审核考生报名和照顾项目资格按规定进行公示。

【招考信息化建设】 加强考试信息管理现代化工作,完成普通高考等七类十次考试114449名考生电子档案信息的准确采集和建立。为各类参加文化考试和专业测试的考生制作和打印准考证,按时打印其他各种报表和统计数据。对县市区年度信息管理工作进行量化评估考核打分,奖优罚懒,促进全市信息化管理工作水平的大幅提高。标准化考点建设设备进行更新换代。全市所辖17个县市区的41个国家教育考试标准化考点建设项目和19个市县级招生考试网上巡查指挥系统全部达标。市普通高考、自学考试、中小学教师资格考试等国家级统一考试均设在标准化考点和考场内进行。考试期间实现国家、省、市、县(市、区)、考点学校的五级互联互通。

【高考工作】 2014年,临汾市普通高考报名38290人,比上年减少3109人。全市设17个考区,41个考点,1296个考场;高考美术专业考试2971人,设4个考点,124个考场;音乐理论考试716人,设1个考点,24个考场。2014年,全市高考达二本B类线上14968人,达线率39.63%,比上年达线率提高1.86个百分点,创历史新高。高考艺术报考3687人,其中:美术考生2971人,设4个考点、124个考场;音乐理论考生716人,设1个考点、24个考场。

【成人高校招生考试】 全市参加成人高考6842人(免试本科生102人),考试6740人,其中:专升本3381人,比上年减少1685人;高起本57人,比上年减少50人;高起专3303人,比上年减少1972人;设一个考区,7个考点,234个考场。

【自学考试管理工作】 全市上半年自学考试报考1769人,报考科次5336科,新报名316人,设一个考区,3个考点,51个考场;办理毕业181人:其中专科38人,本科143人。下半年报考1730人,报考科次5029人,新报名245人,设一个考区,3个考点,51个考场;下半年毕业166人:其中本科142人,专科24人。

【对口升学、专升本招生考试管理】 全市对口升学共有2159人参加考试,比上年减少897人,涉考专业25个;设一个考区,两个考点(五一路学校、临汾九中),75个考场,涉考工作人员464人;本科录取238人,录取率11.02%,专科录取1212人,录取率56.13%。

【完成首次网上评卷工作】 根据省教育厅、省考试管理中心的要求,2014年全市中考首次采取网上评卷形式。共有53803名考生共计322818张答题卡的评卷工作量,共抽调评卷教师415人,6月23日下午整理扫描结果,24日各评卷大组长制订答题卡切割方案。25日评卷教师报到进行技术培训,所有评卷教师人手一份"网上评卷操作指引、评卷工作须知、评卷工作纪律"等相关资料。网上评卷所有考生的答题卡分块切割;所有科目都实行"双评加仲裁"的模式,分差超过规定范围自动生成三评,确保评卷教师能够负责地给考生一个公正客观的成绩。增加中考评卷的公信度,减小人为因素,提高评卷质量,维护考生的切身利益,促进诚信招考体系的建设。

【教师资格考试和面试工作】 2014年,临汾市共有3834人参加中小学教师资格考试报名确认,比上年增加1866人,确认9185个科次,比上年增加3986个科次;设1个考区、3个考点,321个考场,比上年增加123个考场;面试网上报名1087人,现场确认和面试1087人,设一个考点(临汾一中初中部),5个候考室,1个抽题室,3个备课室,1个网管室,26个面试考场。

成立面试测评工作领导组,在临汾市面试考官库,优中选优,抽调80名考官经培训合格后担任本次面试考官,保证面试测试工作公平与公正,按时高质量地完成两项工作任务。

(王源辰)

科学技术

科技管理

【概述】 2014年，临汾市本级科技研发资金为1700万元，基本达到市本级财政预算支出的1%。全市有效发明专利拥有量达到267件，超过省定248件的任务指标，超额完成7.7%。全市高新技术企业数量发展到28家，增幅达到27.5%，高新技术企业销售额与规模以上工业企业销售额比值达到5.4%，完成省定的增幅。

【科技创新园区】 山西国际陆港作为山西省政府批准的省级科技创新园，也是临汾市委、市政府“一市两园”重点布局的科技创新载体平台。园区总面积8.16平方千米，发展成为三个特色区：科技创新孵化区总建筑面积1.71万平方米，1幢21层的高新技术孵化中心进行内外装修。科技创新产业区规划面积33.333公顷，总体规划为电子信息、装备制造、轻型加工、高新产业、物流配送和配套服务六个产业组团。该区引进项目31个，投资90亿元。全部建成后可实现年产值220亿元。初步形成电子信息、生物制药、新材料、先进制造、新能源与节能环保、知识密集型服务业六大主导创新产业集群，高新技术产业聚集效应和集群发展的态势日渐明显，涌现一批具有自主知识产权、技术水平处于省内领先或国内领先的高新技术企业。现代物流产业服务区以山西方略保税物流中心为依托，为区内高新技术企业提供以保税物流、区域物流为主的现代物流等服务。有40多家大型物流公司入驻，海尔、美的、波司登等大型企业也在此设立物流配送中心。

【增加财政科技投入】 推动科技投入，依法落实到位，2014年度市本级科技研发资金预算为1700万元，基本达到市本级财政预算支出的1%。加强科技计划管理，制定临汾市科技研发资金管理办法。2014年度科技研发资金计划，经过考察审理，专家评审，于9月、11月分两批下达确定计划项目53项，下达资金1290万元。争取国家和省级项目46个，资金3359万元，这些项目实施后将推动各项科技工作目标的落实。深化科技投融资体制改革，为中小微科技企业开展服务活动，举办一期临汾市中小微企业融资对接洽谈会，共有来自全市53家企业近70人参加会议。有近10家企业就融资事项与金融机构达成共识。

【“十城万盏”半导体照明应用工程】 临汾市作为第二批被科技部列入“十城万盏”半导体照明应用示范城市，市政府成立领导组，出台《临汾市创建“十城万盏”半导体照明应用示范城市实施方案》。按照方案要求，通过N－EMC新能源管理模式，解决临汾市绿色照明示范城市及国家“十城万盏”半导体照明应用工程试点城市建设的资金问题，保障临汾市LED示范工程的顺利开展和促进LED产业的可持续健康发展。全市安装LED路灯12000盏，公共景观LED照明灯5500盏，民用室内LED照明灯120000盏，全部完成预定指标。培育和支持山西光宇、山西朗炫、山西尧天新光源、山西飞虹微纳米等LED本土企业的发展。

【编制《国家创新驱动发展战略临汾行动计划》和《临汾市低碳创新行动计划》】 成立“临汾市创新驱动和低碳创新行动计划实施领导小组”，由岳普煜任组长，王振宇任副组长，由科技局牵头起草，20余家成员单位参加，经过广泛征集各相关部门意见，反复修改，数易其稿，最终编制形成《国家创新驱动发展战略临汾行动计划》和《临汾市低碳创新行动计划》。有关部门组成落实行动计划协调工作机制，加强跟踪和评估工作，确保行动计划的落实。

【确立企业在科技创新中的主导地位】 2014年全市有2家企业技术中心申报山西省企业技术中

心，如获认定，全市省级技术中心达到21家。加强高新技术企业的培育和认定，深入20多家企业进行现场考察调研，在政策引导、资金扶持、人员培训等方面，采取一系列措施。在原有22家高新技术企业基础上，按照山西省科技厅高新技术企业年增长27.5%的要求，2014年完成高新技术企业新认定9家的任务。全市高新技术企业数量发展到28家，增幅达到27.5%，完成省定的增幅目标。高新技术企业销售额与规模以上工业企业销售额比值达到5.4%。按照《临汾市科技创新型企业认定管理办法》，对山西云鹏药业等5家企业进行初步审核，完成计划任务指标。民营科技企业认定7家，超过任务指标(5家)的40%。

【实施专利发展战略】 确立山西模范机械制造有限公司等10家知识产权优势企业作为培育对象，在专利代理、专利信息、专利交易、专利维权服务和知识产权人才培训等方面给予重点支持。培育山西光宇半导体照明有限公司等50家知识产权优势明显、自主创新能力和核心竞争力较强的企业，建立“临汾市知识产权投融资项目数据库”。涌现出山西普泰发泡铝制造有限公司等30家知识产权优势企业，年专利申请量大幅度增长，其中发明专利所占比例不低于30%；在重点优势领域形成50项重大关键技术核心专利或专利群；培养一批熟悉业务的贯标专业人才，加强全市企业知识产权管理标准推行工作。通过政策宣传、专业培训、资金补助以及开展知识产权保护专项行动，促进全市专利事业的健康发展。全市有效发明专利拥有量达到267件，超过省定248件的任务指标，超额完成7.7%。

【开展产学研合作】 制订《临汾市2014年产学研工作实施方案》，提出加快产学研合作平台建设等六大任务。重点做五项工作：确定临汾市产学研合作服务平台建设基本框架；征集到技术和人才需求90多个，初步掌握临汾市基层对技术和人才的需求情况；围绕铸造、煤化工、LED、新材料、生物制药、食用菌等领域，分别与山西农大、农科院、太原科技大学、中北大学、理工大等院校联系，建立专家库、成果库，完成山西光宇建立的院士工作站和五洲昕宇建立的博士后工作站前期筹备工作；成立产学研工作小组，展开与中科院北京分院进行市院合作的准备工作。与中科院北京分院进行考察和会商，制定临汾市人民政府和中国科学院北京分院战略合作框架协议。

【科技宣传】 加强网站的建设和维护工作，巩固好这个窗口平台，面向社会公开发布科技信息，每年近千条。利用“三下乡”活动、科技宣传周、专利宣传日等机会，加大科技宣传力度，增强全社会的科技创新意识，激发广大科技人员的创新热情，号召更多的社会力量重视科技、应用科技、发展科技。

(高国伟　甄华栋)

防震减灾

【概述】 2014年，临汾市防震减灾“十二五”规划实施6项，即：优化加密地震监测台网、开展临汾市区震害预测、装备临汾市地震紧急救援队伍、建设临汾市地震紧急避难场所、建设地震应急移动指挥平台和防震减灾科普教育基地。2014年，市财政落实防震减灾事业经费108万元，追加经费20万元，保障防震减灾工作正常开展。3月27日召开全市防震减灾工作会议，与各县(市、区)政府签订目标责任书，10月上旬联合市政府应急办、教育、住建等部门对全市年度工作完成情况进行督促检查，市考核办下发《关于组织开展全市防震减灾目标责任考核“1+1”新增指标的通知》，各县(市、区)防震减灾工作纳入全市目标责任考核体系。

【提升地震监测预报能力】 做好震情监视跟踪工作。全市地震系统执行24小时震情值班和零报告制度，定期开展震情分析会商，及时落实各种宏观微观异常报告，严密监视地震活动动态；保障地震监测台站、台网正常运行。严格实行地震监测仪器和设备的巡检、维护制度，保证地震监测正常开展，信息节点连通率达99.9%以上；依法保护地震监测环境和设施。全市辖区范围内没有发生破坏地震监测设施和影响地震监测环境的违法事件。

【提高地震应急救援能力】 修订地震应急预案。修订市、县两级地震应急预案，制定9个牵头部门联动方案，完善70个成员单位和8个大型企业地震应急预案；建立地震应急联动机制。根据人事变动调整市、县两级防震减灾指挥部成员，制定地震应急指挥流程，建立分级负责、地方为主的地震应急救援新机制；开展县级综合应急演练。5月12日，市防震减灾指挥部进行地震应急演练，9个应急牵头组、70支队伍、1287人、167辆应急救援车参加。尧都区、大宁县政府分别开展应急队伍和装备集结演练，隰县政府开展地震应急救援综合演练；建立地震应急避难场所。在国家发改委立项的尧都广场（一类）和平阳广场（二类）应急避难场所建设全部完成，通过相关部门和专家考核验收；完善救灾物资储备、调用机制。10月对全市各类应急物资的储备和调用情况进行检查。市、县两级有关部门加强应急物资储备管理，完善调用机制。通过完善预案、应急演练、建设避难场所、完善物资储备机制，全市地震应急救援能力得到提高。

【强化地震抗震设防管理】 纳入程序，依法管理。市、县两级抗震设防管理全部纳入审批流程。10月，规范行政审批项目和流程，全市共审批建设工程96项。加强抗震设防要求和地震安全性评价管理。5月和10月两次对全市建设工程抗震设防要求进行专项检查，对省级重点工程逐一进行摸底调查，对15项工程进行地震安全性评价。开展地震安全隐患排查。地震局与相关部门联合，于3月和7月两次对全市学校、医院等人员密集场所、重要基础设施和易产生严重次生灾害的工程展开地震安全隐患排查，对存在隐患部门和单位提出整改意见。开展震害防御基础性工作。完成临汾市区震害预测项目一期工程，启动二期工程，预计2015年底全部完成。完成临汾市区活断层探测项目，12月28日通过省地震局组织的专家验收。洪洞县启动县城区地震小区划工作。推进农村民居地震安全示范工程。市农村危房改造14100户，新建成10个示范村。通过开展防震减灾基础项目，加强和规范抗震设防要求管理，全市建设工程抗震设防能力得到提高。

【增强全民防震减灾意识】 组织“5·12”“7·28”宣传活动。通过举办图片展、专题晚会、集中宣传和知识讲座，深入农村和社区调研，发放调查问卷和宣传资料，推进防震减灾知识“六进”活动。开展防震减灾示范创建工作。年共创建1个国家地震安全示范社区，1个省级防震减灾示范县，6个省级防震减灾示范社区和11所省级防震减灾科普示范学校，11个省级防震减灾科普示范学校；建设防震减灾科普教育基地。依托曲沃感应寺塔地震遗迹，在曲沃县西南街中学建设省级防震减灾科普教育基地，拟在市博物馆建设市级防震减灾科普教育基地。襄汾县防震减灾科普教育基地正在建设中。

（李奎彦）

测　　绘

【地理国情普查工作】 2014年，临汾市测绘管理处完成乡宁、吉县、大宁、隰县、永和、蒲县、汾西、霍州、襄汾、浮山等10个县（市）的普查工作，其余7个县（市、区）的内业解译工作完成，外业实地核查工作还在进行。

【“数字临汾”】 “数字临汾”地理空间框架项目建设完成，11月26日在太原通过验收。

【“数字县城”】 “数字霍州”地理空间框架项目建设完成。“数字侯马”完成基础数据的生产工作，数据整理建库进行中；完成建成区全影数据的采集，确定示范应用部门，示范系统的开发正在进行。

【产品质量监管】 从4月14日至5月13日，对全市57家测绘资质单位进行监督检验。重点对各单位自查情况、测绘资质年度注册情况、测绘生产及质量管理体系运行情况、测绘成果档案管理体系运行情况、测绘成果保密责任执行情况、测绘产品质量等方面进行全面检查，对检查中发现个别单位存在的质量管理体系不健全、质量检验不严格、项目技术设计书不规范，原始资料管理不到位等4大类18条问题，下达整改通知，进行及时纠正，促进全市整体水平的提高。

【资质管理工作】 根据省测绘地理信息局安排，1月至3月开展全市“测绘资质”年度注册工作，全市60家测绘资质持证单位中，除一家测绘单位给予缓期注册，两家单位申请注销资质外，其余57家单位均按时完成2014年度“测绘资质”证书年度注册工作。

9月4日，组织各县（市、区）测管办和测绘单位负责人及技术人员参加省局举办的测绘资质证书复审换证培训工作,临汾市测绘资质证书复审换证工作基本结束。

【测绘法宣传工作】 8月29日,组织各县(市、区)测管办及测绘单位开展形式多样的测绘法宣传活动。在市区繁华路段设立宣传点7个,宣传展板20块,发放宣传单及宣传手册60000份,接待咨询群众8000余人,群发测绘公益短信30000条,宣传测绘法律法规、地理国情普查、国家版图意识、测绘标志保护等相关内容。

【"美丽中国"活动】 各县测管办与教育部门协调,组织中小学生参加少儿绘图大赛,组织本部门和辖区测绘单位参加网上答题活动,组织有关单位参加团体比赛活动。督促有关部门按照进度要求,认真完成各项工作。共向省局报送"美丽中国"少儿手绘地图大赛参赛作品116幅,105幅入围,获得各类省级奖项,其中4幅优秀作品将向国家局推荐。

【地图市场清查工作】 根据山西省测绘地理信息局(晋测图字〔2014〕5号)文件精神,联合临汾市保密局、市新闻出版局对全市互联网网站、文化市场(包括旧书市场)、图书馆(包括各中学图书馆和高校图书馆)、博物馆等对临汾市地图管理工作进行全面清查。

【测量标志维护工作】 全市测量标志普查维护工作列入《临汾市国民经济和社会发展第十二个五年规划》。2014年,对翼城县、浮山县、古县、曲沃县等4个县共计53个测量标志建立护井并加装防水盖,保护测绘标志的使用效能。

向省测绘地理信息局申请专项资金5万元,对尧都区、霍州市境内的10个国家永久性测量标志进行抢救性修护。重点对标志等级高,使用频率大,损毁严重的标志进行修复。针对标志所在不同方位及损毁程度采取不同修复措施,有的砌筑竖井,有的稳固基座,标志维护人性化。

【保密培训工作】 7月31日,组织全市各县(市、区)测绘管理办公室、丁级测绘资质持证单位及市规划局等涉密单位共50余人开展涉密测绘成果保密培训,邀请省测绘地理信息局及临汾市保密局领导、专家就《中华人民共和国测绘成果管理规定》《山西省测绘管理条例》等法律法规中涉密测绘成果保密工作进行辅导授课,全面提高临汾市涉密测绘成果保密工作水平。

【测绘成果管理】 受理测绘成果使用申请7件,向有关单位提供1∶1万地形图20幅,向省测绘地理信息局转报测绘成果使用申请4件。

【专题地图服务工作】 测绘处组织编制《临汾市地质灾害隐患点分布图》《临汾市十七个县(市、区)分县地质灾害隐患点分布图》《临汾市地质灾害隐患点监管责任图》及相关监管责任人一览表、《临汾市国土资源执法监管网络图》等专题图纸资料,为全市地质灾害应急、行政执法工作提供专业化地理信息支撑。

【申请机构更名】 测绘处同临汾市编办沟通协调,申请临汾市测绘管理处更名为"临汾市测绘地理信息局",市编办按照有关程序,落实该项工作。

科研机构

·地方病防治·

【参与卫生部有关工作】 2014年,主持或参与国家卫计委的有关地方病防治工作。参加国家卫生标委会地方病委员会对《燃煤污染型地方性砷中毒病区消除考核验收办法》和《地方性砷中毒病区判定和划分标准》的审核工作;参与全国五种地方病监测方案的修订工作;承担由国家卫计委批准,中国疾控中心碘参照实验室主持的卫生行业公益项目"高水碘地区相关疾病研究"在山西省的现场调查工作。

【项目工作】 2014年6月,省地病所汇总、分析2013年度全省地方病防治项目各项数据,形成各病种的分报告和数据库,编撰成书,上报至省卫计委疾控处和中国地病中心。完成2014年度国家项目工作,省地病办及时组织召开全省2014年地方病防治项目启动培训班,安排部署项目工作任务。省地病所于9月分别召开"全省燃煤污染型氟中毒控制和消除评价县级自查工作培训会议"和"全省克山病控制和消除评价县级自查方案培训会议",省地病所专业人员分别就各个子项目技术方案进行详细的讲解。11月中旬,省卫计委组织开展地方病防治项目督导检查工作,督导组对发现存在的问题现场提出指导性意见和建议,保障项目工作进度和完成质量。在全省项目技术培训会和各个子项目培训会上,省地病所业务人员结合以往项目执行过程中存在的问题以及2014年项目工作中的新要求,对学员们实施针对性的培训,进行笔试考核,签订目标责任书。在项目工作执行过程中,对技术力量相对薄弱的项目县区由地病所专家亲临现场指导完成工作。截至2014年12月,部分项目工作结束,部分项目工作正在按照国家要求实施,将按时完成上报。受省地病办委托,省地病所组织完成山西省食盐加碘浓度调整前后不同人群碘营养水平调查项目和山西省外环境水碘含量调查项目现场工作,进行数据整理分析。山西省高碘、高氟、高砷地区防控项目和山西省燃煤污染型地方性氟中毒防治基线调查工作完成。

【地方病防治示范县工作】 2014年9月地病所参与省地病办组织示范县验收工作,对2012年、2013年创建的20个地方病防治示范县工作进行考核验收,通过听取汇报,现场考评,查阅文件资料,考核评分的方法,最终14个示范县验收合格。11月底在临汾召开示范县总结会议,对14个考核验收合格的示范县授予"山西省地方病综合防治示范县"称号,并颁发奖牌。

【业务培训与交流】 省地病所多次分派专业人员赴大同、忻州、长治、临汾等市进行地方病防治专业人员岗位技术培训。3月12日组织召开"全省地方病防治工作培训会议",来自11个市的60余名业务人员参加培训,专家讲解中国及山西省五种地方病防治工作现状及进展情况。5月12日分两批举办"全省盐碘检测技术培训会议",来自全省11个市的119个县(市、区)150余名实验室技术人员参加培训会议。全年分别派员参加全国2014年度地方病防治项目启动会、全国地方病监测总结会、全国饮水型地方性氟中毒病区改水工程进度调查总结会、中华医学会地方病学会第七届青年委员会学术交流会议、全国地方性氟中毒诊断技术培训班、全国地方病统计年报培训会议、2014年全国盐碘质控网络总结会议、全国地方性氟、砷中毒实验室质控考核会议。通过参加国家级会议交流,业务人员的工作素质得到提高。

【健康宣传教育】 2014年5月15日是全国第21届"防治碘缺乏病日",组织有关科室开展宣传活动,通过悬挂横幅、张贴海报、发放宣传资料和碘盐等形式进行宣传。专业人员还赴病区县,参加电视台健康教育节目拍摄,主讲碘缺乏病、饮水型地方性氟中毒等地方病知识。编印5种地方病防治知识宣教资料,在全省病区广泛开展宣传教育,营造全社会参与防治地方病的良好氛围。5月23日在太原市召开全省"第21届防治碘缺乏病日"宣传活动暨健康教育培训会议,各市地病办主任汇报"第21届防治碘缺乏病日"宣传活动情况,对下一届防治碘缺乏病日的宣传活动在组织实施、活动形式等方面提出合理化建议。

【防治工作】 完成5种地方病的监测工作,通过省、市、县三级业务培训工作,提高全省地方病防治人员的工作素质。7月15日地病所有关人员参加由省卫生计生、盐业部门召开的碘缺乏病防治与应对盐业体制改革研讨会,专家就碘盐浓度调整前后全省碘缺乏病防治情况做介绍,就盐业体制改革会给碘缺乏病防治带来的挑战提出具体想法和建议。

【科研工作】 2014年,地病所承担国家地病中心两项科研课题在汾阳市和平遥县现场调查工作。完成省卫计委科技攻关项目2个课题的工作;实施2项省卫计委科技攻关项目和2项国家地病中心科研课题,获批1项省卫计委科技攻关项目。

11月26日,在临汾市召开山西省医学会第七届地方病专业委员会总结会。地病所1人当选为中华医学会地方病学会青年委员会副主任委员、1人当选为委员。全年全所共发表论文22篇,其中在中华医学会地方病学会第七次青年委员会会议交流3篇,1篇为大会发言。

·地质勘探·

【概述】 2014年,213地质队学习和贯彻十八大、十八届四中全会精神,落实省地勘局工作会议精神,团结协作,开拓创新,产业经济持续稳步增长,提高市场竞争力和经济运行质量,改善基础设施建设,党的建设和精神文明建设等方面工作都取得较好成绩。

【地质勘查】 2014年承担21个省价款项目:山西省翼城县里砦镇感军东铁矿普查、山西省沁水煤田安泽县半道勘查区煤炭详查、山西省河东煤田蒲县南勘查区煤炭详查、襄汾县东峰顶金矿南段深部普查、山西省闻喜县阳庄铁矿预查、山西省翼城县老官庄铁矿普查、山西省河东煤田薛关北勘查区煤炭详查、山西省河东煤田吉县屯里勘查区煤炭详查、临汾市尧都区韩家峪石膏矿详查、山西省襄汾县德西毛铁矿普查、山西省绛县郑柴铁矿预查、山西省乡宁县老君庙——关王庙一带铝土矿预查、山西省河东煤田蒲县阎家山勘查区煤炭详查、山西省河东煤田蒲县薛关南勘查区煤炭详查、山西省翼城县刁凹北铁钼矿普查、山西省沁水煤田浮山县乔家垣勘查区煤炭详查、山西省霍州市什林—汾西县梁庄一带铝土矿普查、山西省霍西煤田洪洞县蜀村勘查区煤炭普查、山西省霍西煤田洪洞县赵城勘查区煤炭预查、山西省霍西煤田霍州市张望勘查区煤炭预查、山西省霍西煤田霍西区煤层气、页岩气预查。这些项目全部完成年度预算和年度工作量,全年累计完成钻探工作量25374.31米。

【地质市场服务项目】 承担国家和省投资项目,参与临汾市水资源调查、环境评价、灾害治理、土地复垦等方面的工作。2014年,共签订各类合同百余份,其中:工程勘察、凿井及工程测量合同130份,地质灾害类合同67份,矿山环评类及土地复垦类合同22份为临汾市的城乡建设做出应有的贡献。

(乔俊卿)

·小麦研究所·

【概述】 山西省农业科学院小麦研究所(the Wheat Research Institute of Shan xi Academy of Agriculture Science)始建于1948年,属山西省农业科学院主管,所长:张定一。小麦研究所地处晋南粮果带的中心区域——临汾市尧都区。其前身是由解放前的“临汾农场”“临汾棉场”和“临汾种畜场”合并而成的“晋绥边区临汾农事试验场”,1950年1月更名为山西省临汾专区农业试验场;1955年3月更名为晋南专区临汾农业试验站;1957年7月更名为山西省临汾农业试验站;1958年12月临汾农业试验站改为晋南农业科学研究所;1962年9月改称为山西省农科院临汾小麦研究所;1970年10月再次改名为山西省临汾地区农业科学研究所;1975年9月小麦所重新更名为山西省小麦研究所;1979年5月,小麦所正式改称为山西省农业科学院小麦研究所。国家小麦产业技术体系山西综合试验站挂靠省农科院小麦研究所。

小麦研究所主要从事小麦新品种选育、配套高产栽培技术研究、新成果转化推广应用工作,兼顾玉米、大豆、杂粮、蔬菜等作物研究,以应用研究为主,有重点地开展应用基础研究,着重研究解决全省小麦和晋南地区玉米、豆类和果菜生产中的重大科技问题。组织全省小麦方面重点科技项目的协作,参加全国小麦科技攻关研究,开展国内外学术交流。编辑出版《小麦研究》专业刊物。

全所在职职工218人,其中专业技术人员145人,博士7人,在读博士1人,硕士32人。历年来,共有享受政府特殊津贴专家5人,全国优秀农业科技工作者1人,山西省科技功臣1人,山西省劳动模范5人,临汾市拔尖人才1人。科研机构设:综合化验室、水地小麦育种室、旱地小麦育种室、杂优小麦育种室、经杂研究室、栽培研究室、植保研究室、果菜中心、枣苗中心、信息室等10个科研科室;行政机构设:所办公室、科研办公室、党委办公室、计财科、人事科、后勤科、退管科、开发管理科、工会、保卫科等10个科室。

【科研项目与获奖成果及专利】 2014年小麦研究所共承担院(市)级以上项目70项,其中:国家级项目9项,省级项目29项,其余是院级项目。获山西省科技进步一等奖1项、省农村技术承包二等奖1项,省级审定作物新品种7个,制定山西省地方标准5项,获发明专利授权1项、实用新型专利授权6项,结题验收10项,在省级学术刊物上发表论文19篇,其中国家级论文6篇。

获奖成果:

(1)小麦产量品质同步提高抗逆栽培技术体系

针对山西及同类麦区小麦-玉米一年两熟双季高产光热资源不足和玉米秸秆还田后旋耕播种,造成的苗弱和冬春冻害频发,单产波动、品质不稳等问题。集成“筛选种植氮高效品种技术”“品种、播期双改技术”“冬水前移两增一减高产高效栽培技术”和“稳产保优病虫草害防控技术”。丰富作物栽培学的小麦温光发育理论、植物营养学水肥运筹理论及优质栽培学理论,使小麦-玉米一年两熟双季高产种植区北移1个纬度,达国际先进水平。2014年9月获山西省科技进步一等奖。近三年,在山西、河南、陕西、河北推广342.713万公顷,新增小麦17.13亿公斤，新增效益38.87亿元。

(2)旱地小麦高产示范方建设技术

该技术于2012—2013年在汾西县旱地小麦组织应用，实现旱地小麦0.133万公顷，高产示范方平均增产20%～30%，辐射带动全县旱地小麦生产1.133万公顷。2014年获山西省农村技术承包二等奖。

审定品种7个：

(1)"晋麦94号"(小麦)临优2018种子太空诱变选育，区试名"临航2018"。半冬性，株形半紧凑，株高85厘米，白壳白粒，籽粒长圆。中感条锈、叶锈和白粉病。容重806g/L，粗蛋白质(干基)13.7%，湿面筋27.7%，沉淀值23.5毫升。2014年5月通过山西省品审委审定，编号：晋审麦2014001，适宜山西南部中熟冬麦区水地种植。

(2)"晋麦95号"(小麦)组合：周麦9114×98观25。半冬性，株高77厘米，分蘖强，成穗率高，抗倒、抗寒性好。千粒重42～45g。对条锈、叶锈、白粉等病害均表现有一定抗性。蛋白质14.54%，湿面筋30.7%，沉淀值40.2毫升。2014年5月通过山西省品审委审定，编号：晋审麦2014002，适宜山西省南部中熟冬麦区水地种植。

(3)"晋麦96号"(小麦)组合：临汾4238×山东矮杆。半冬性，中早熟，株高78厘米，分蘖力特强，成穗率高，灌浆快，落黄好。穗粒数35粒，千粒重43克。粗蛋白质(干基)13.47%，湿面筋28.5%，沉淀值28.8毫升。2014年5月通过山西省品审委审定，审定编号：晋审麦2014003，适宜山西省南部麦区水地种植。

(4)"晋麦97号"(小麦)组合：临丰3号×临优145，区试名"临旱5089"。冬性，幼苗半匍匐，株型半紧凑，株高75厘米，叶片绿色、无蜡质，成熟期茎杆和穗呈白色，穗型长方形，长芒、白壳。千粒重37克。高感条锈病、叶锈病和白粉病。容重774g/L，粗蛋白(干基)18.09%，湿面筋37.9%，沉淀值43.0毫升。2014年10月通过山西省品审委审定，审定编号：晋审麦2014008，适宜山西省南部中熟冬麦区旱地种植。

(5)"晋麦98号"(小麦)组合：超优67×临旱6326，区试名"临旱5367"。冬性，幼苗半匍匐，芽鞘绿色。株高75厘米，穗型长方，长芒、白壳。籽粒椭圆、白色，质硬。千粒重39.9克。成熟落黄好。高感条锈、叶锈和白粉病。容重724g/L，粗蛋白(干基)14.43%，湿面筋30.9%，沉淀值40.0毫升。2014年10月通过山西省品审委审定，审定编号：晋审麦2014009，适宜山西省南部中熟冬麦区旱地种植。

(6)"临葵1号"(葵花)组合：(G101×农家种)×765C。生育期102天。株高177.9厘米，花盘形状平盘，盘径平均20.6厘米，单盘粒重118.2克，籽粒排列较紧，百粒重14.4克，籽仁率56.7%。籽粒粗蛋白含量28.42%，籽仁含油量50.3%。2014年5月通过山西省品审委审定，审定编号：晋审葵2014002。适宜山西省中部和北部食用向日葵春播区种植。

(7)"晋甘薯10号"(甘薯)农家种系选。兼用型品种，萌芽性好，生长势中等，茎蔓中等。分枝数13个。叶绿色，心脏形，顶叶浅绿。结薯集中，单株结薯3～4个，单株薯重1200克。薯皮深红色，薯肉淡黄色。中抗黑斑病、腐烂病、茎线虫病。抗旱耐湿，再生能力强。2014年5月通过山西省品审委审定，审定编号：晋审甘薯(认)2014001，适宜山西省甘薯产区种植。

获专利授权7项：

发明专利1项，实用新型专利6项，分别为：

(1)深松平刀除草整地机，2014年10月获发明专利，专利号：ZL2012 1 0288144.2

(2)一种小麦播种过程板结疏松装置，2014年7月获实用新型专利，专利号：

ZL2013 2 0873390.4

(3)一种玉米复播麦田种子沟秸杆位移装置，2014年9月获实用新型专利，专利号：

ZL2014 2 0236722.2

(4)一种冬小麦冬前或春初麦行积雪位移器，2014年11月获实用新型专利，专利号：

ZL2014 2 0236731.2

(5)一种免耕施肥施药穴播机，2014年10月获实用新型专利，专利号：ZL2014 2 0468757.9

(6)瓜类育苗钢丝插接针，2014年10月获实用新型专利，专利号：ZL2014 2 0119030.x

(7)温室用简便紧线器，2014年10月获实用新型专利，专利号：ZL2014 2 0151951.4

制定地方标准5项,分别为:

(1) 冬小麦苗情监测技术规范及分类方法

(2) 冬小麦复播大豆高产栽培技术规程

(3) 水地小麦减灾防灾技术规程

(4) 芝麻优质高产生产技术规程

(5) 花生优质高产生产技术规程

【重大项目研究进展】 国家小麦产业技术体系山西综合试验站:

集成"旱地小麦一稳三改高产抗逆栽培技术体系"。核心技术包括:"一稳"即选用耐旱广适稳产性好品种;"三改"改传统早深耕为适时深耕、改传统氮磷同施为氮磷分施和改传统早播为适期播种。

耐旱广适稳产品种:丰水年成穗数多,穗粒数和千粒重适中;干旱年成穗数有所减少,但穗粒数和千粒重稳定性好,尤其是千粒重稳定性好。如临丰3号、晋麦92号。

发挥机械收获留高茬和秸秆覆盖保墒作用,改传统早深耕(7月上中旬)为立秋到处暑深耕(8月上中旬),增加深层土壤贮水量,提高水分利用效率0.235~1.493千克/2公顷·毫米,实现增产。改传统的播种时氮磷同施为深耕时施磷,播种时施氮,增加氮磷互作效应,使磷肥当季利用率提高0.31%~1.35%。改传统早播(9月20日前),为适期播种(9月25日—10月4日),培育冬前壮苗,减少水肥消耗,实现高产稳产高效栽培。

【人才与队伍建设】 营造宽松的政策环境,加大各类人才教育、培训力度,鼓励在职人员外出进修、深造、攻读学位。1人博士毕业,1人攻读博士学位,3人攻读硕士学位。公开招聘工作人员2名。完成6名专业技术人员职称初评工作。制定《山西省农科院小麦研究所工作人员岗位绩效考核暂行办法》,保证人事管理的科学化、规范化。完成"机构和人员编制核查,全面推行机构编制实名制"工作,解除长期不上岗人员的劳动关系。完成全所(含隰县试验站)干部人事档案专项清理工作,落实干部年龄、学历等方面存在的历史问题。

【重要科技事项与活动】 示范行动和支撑计划

2014年,小麦研究所承担示范行动和支撑计划项目共3项,分别是:"临汾市小麦玉米一年两作新品种及高产高效栽培技术示范推广""临汾市优质小麦玉米一年两熟超高产示范"和"设施蔬菜绿色无公害高产配套栽培技术示范"。

(1) 临汾市小麦玉米一年两作新品种及高产高效栽培技术示范推广

项目在襄汾县和洪洞县实施。主推小麦品种济麦22、临Y704公顷287和尧麦16,玉米品种晋单63号和郑单958。主推技术以"水地小麦产量品质同步提高抗逆栽培技术体系"和"复播玉米高产高效配套栽培技术"为主。通过与县农委和当地农村专业合作社及种粮大户结合,优化"科研单位+农村专业合作社+种粮大户"推广模式。全年共培养农民技术员211名,创建高产样板田16.2公顷,高产示范田333.04公顷,辐射带动0.267万公顷。6月22日,在洪洞县上王村,经实打实收,小麦平均亩产666.2公斤,较对照田10.7%。10月12日,在襄汾县续村田间测产,玉米平均亩产803.5公斤,较对照田增产9.5%;266.667公顷,高产示范区小麦平均亩产580.5公斤,复播玉米平均亩产787.4公斤,分别较非示范区增产7.4%和17.0%。辐射推广0.267万公顷,每亩平均增产小麦39.6公斤,玉米78.0公斤,共增产470.4万公斤,增加收入近1000万元,经济效益、社会效益明显。

(2) 临汾市优质小麦玉米一年两作超高产示范

项目在尧都区吴村镇洪堡村建设1个中心示范点,建立3个辐射示范村,主推尧麦16、临Y7287等小麦,晋单63号、大丰30号玉米品种;以"两晚""两增"为技术核心,配套实施"水地小麦品质产量同步提高抗逆栽培技术体系""水地小麦玉米一年两熟高产栽培技术规程"和"以增密为核心的夏玉米增产技术"等新技术,带动6个乡镇27个村实现夏粮秋粮均衡增产。2014年6月22日,经实打实收,洪堡146.667公顷,高产示范田平均亩产630.3公斤,比对照田亩增产150.3公斤,增幅31.3%;10月8日测产,复播玉米亩产达到665.5公斤,亩增产135.5公斤,增幅25.6%;0.333万公顷(不含高产示范田)辐射区水地小麦亩产达到530公斤、复播玉米亩产达到610公斤,比对照田小麦亩增产50公斤,玉米亩增产80公斤,增幅12.9%。项目区增产小麦283.1万公斤,增产玉米429.8万公斤,总增产粮食712.9万公斤,总增收1582.4万元。

(3) 临汾设施蔬菜高产高效配套栽培技术示范

项目共建设3.333公顷,创新型基地和66.667公顷,温室黄瓜、番茄中心示范点,推广示范新品种9个、新技术7项、把温室蔬菜生产栽培技术与气候、阶段性价格相结合,创新出温室黄瓜和番茄抗逆高效的技术模式。通过专家进行实地指导,提高项目区农民蔬菜栽培技能,解决项目区剩余劳动力10000人,辐射带动洪洞县、襄汾县、古县、浮山县、尧都区666.667公顷,设施蔬菜抗逆高效发展,年增产蔬菜1000万公斤,农民增收1750万元。对促进农民增收、农业增效、农村发展具有积极意义。

【技术培训】 本年度,国家小麦产业技术体系山西综合试验站、农业技术推广示范工程、粮食高产高效科技支撑行动计划共举办各类技术培训146场次,举办"农民科技日"活动和科技下乡7次,累计培训农技人员和农民2.6万人次,发放技术资料9万余份,培养小麦、玉米和蔬菜种植能手200余名。编辑印刷《小麦简报》5期,印发《小麦玉米优质高产栽培技术技术》《小麦高产高效栽培新技术》《蔬菜高产高效关键技术集锦》5000余册,《2014年山西省小麦生产技术》500余册。《山西日报》《山西农民报》《临汾日报》和院网站多次刊登小麦栽培管理技术措施,为山西省小麦总产26.03亿公斤,单产256公斤,发挥积极作用。《山西日报》、山西电视台、《山西农民报》、临汾电视台及网络新闻等多家媒体12篇次对农业科技推广和服务工作进行报道。

(张凤琴)

学述论著

·论文选登·

【节约集约利用土地 保障临汾科学发展】 2014年6月25日《临汾日报》发表岳普煜署名文章:《节约集约利用土地 保障临汾科学发展》,土地是民生之本、发展之基、财富之源。今年6月25日是第24个全国"土地日",宣传主题为"节约集约利用土地,转变土地利用方式",这充分体现了"十分珍惜、合理利用土地和切实保护耕地"的基本国策,也反映了全社会珍惜土地资源、节约集约用地的共同愿望。

近年来,临汾市各级党委、政府和国土资源管理部门把土地管理工作放在重中之重的位置,按照中央、省、市的要求,坚持"在保护中开发,在开发中保护"的土地管理方针,落实最严格的耕地保护制度和土地执法问责制度,在保护基本农田、创新用地机制、实施土地开发、加强卫片执法、建设土地市场、强化土地执法监察、服务经济社会发展等方面,做了大量工作。全市土地管理的水平不断提升,土地节约集约利用的程度大幅度提高,为经济社会可持续发展提供强有力的用地保障。

临汾市"两山夹一川"的独特地理条件,决定了本市山地多平川少、旱地多水地少、耕地后备资源不足,加之,临汾市工业新型化、农业现代化、市域城镇化和城乡生态化"四化一体"步伐不断加快,用地需求刚性上升,土地供需矛盾日益凸显,临汾市面临着保障发展和保护资源的双重压力,保护耕地、保障发展的任务还十分艰巨。为此,全市上下必须坚持以科学发展观为统领,牢记国策,认清市情,牢固树立土地资源节约集约理念,既要依法依规管好土地,为 全市经济社会发展提供土地资源保障,又要节约集约利用土地,最大限度地发挥土地资源的经济和社会效益,实现土地资源的永续开发利用。

要深入宣传土地管理法律法规和政策。各县(市、区)和国土资源管理部门要创新宣传方式,在全社会广泛宣传国土资源法律法规和中央、省、市关于土地资源管理的方针政策,宣传土地资源国情省情市情、节约集约理念和节约集约用地知识,宣传临汾推进土地节约集约利用、提高土地利用效率的新举措、新成效,使国土资源知识家喻户晓、深入人心,增强广大市民珍惜土地资源的责任意识和节约集约用地的自觉性,在全社会形成依法依规管地和节约集约用地的良好氛围。

要正确处理好依法管地和保障发展的关系。各县(市、区)和国土资源部门既要坚持依法管地,又要为全市经济发展提供用地保障。

要坚决贯彻执行国家的土地政策和产业政策,对不符合土地利用总体规划和国家产业政策的项目坚决不上和坚决不批。对符合条件的建设项目也要加强依法按程序进行审批,不得未批先占或未报即用。在依法管地的同时,各县(市、区)和国土资源部门还要从支持和服务经济发展出发,积极为全市的重点项目提供用地保障。要认真解决项目用地存在的困难和问题,帮助项目单位组卷上报、依法征地,为重点项目提供更多的政策支持和服务,保障全市经 济的持续平稳发展。

要最大限度地推进节约集约用地。节约集约用地是解决土地供需矛盾、最大限度提高土地利用效率的根本途径,也是对现有土地实行严格保护的有效手段。临汾矿产资源丰富,但随着资源趋于合理开发利用,可利用的工矿废弃闲置土地数量较大。国土资源部门要准确地掌握这些土地情况,及时进行收购储备,在各类建设项目的选址上,要充分利用,以减少新增建设项目对耕地需求的压力。对于闲置的厂房,也要充分加以利用,最大限度地盘活存量土地。各级国土资源部门要协助各级政府积极申请土地复垦整理项目和资金,全面开展农村土地整治、塌陷土地和工矿废弃土地的整理和复垦,并因地制宜地对农村开展田、水、路、林、村的综合治理,在支持新农村建设的同时,增加耕地数量和提高耕地质量。要加大工业园区建设力度,加快项目进入园区的速度,实现项目的区域集中和园区土地的高效集约利用,最大限度地节约土地。

要积极探索转变土地利用方式的新途径。各县(市、区)和国土资源部门要进一步完善土地收储制度,大力推行净地出让,缩小划拨供地范围,全面提升土地资源的市场化配置水平。要严格土地利用标准,建立多行业、多类型、多层次的用地标准,提高土地利用强度,逐步建立不同类型项目投资强度、单位土地产值和创税额等标准,从源头上控制粗放用地。要 加强节约集约用地考评,把单位GDP耗地量、单位固定资产投资耗地量等指标,纳入绩效考核范围,为推进节约集约用地提供坚强的制度保障。

要进一步加大土地执法力度。越是土地供需矛盾突出,越是要加强土地执法监管。一是要建立完善各级国土资源执法监察机构和专业队伍,继续推进耕地和基本农田动态巡查和举报制度,及时发现并有效制止土地违法违规行为。二是要强化部门联动,联合执法,形成政府组织领导,国土、公安、监察、住建、规划等有关部门密切配合齐抓共管的土地执法体系。二是要加大国土资源违法案件查处力度,严肃查处和公开曝光重大典型土地违法违规案件,做到查事与查人相结合。四是要认真开展土地卫片执法检查,对重点地区进行实地督导,组织完成检查整改查处工作,对问题突出或整改不力的,严格实施土地违法问责。

节约集约利用土地,转变土地利用方式,事关全局,意义重大。需要各级党委、政府加强领导,扎实工作,需要全社会的共同关心、支持和努力。让我们携起手来,在市委、市政府的坚强领导下,求真务实,开拓创新,不断提高国土资源保障经济社会发展的能力和水平,努力走出一条既符合市情,又保护资源、保障发展的新路子,为加快建设文明开放、富裕和谐的新临汾做出新的更大的贡献。

·观点摘录·

【中国妇女参政要不要确定 1/3 比例制】(李慧英,山西师大学报〈社会科学版〉2014 年第 2 期)

中国曾经是较早采取妇女参政比例制的国家。近 20 年来,性别比例制不断受到质疑,性别比例难以达到 1/3,导致我国在国际社会妇女参政排名持续下降。本文从如何看待妇女参政比例低的现实问题入手,运用社会性别理论,从权利与能力两个方面分析妇女参政的现状以及"错位"现象;通过两性进入权力岗位的比较,深入剖析妇女参政的三大结构性障碍;结合中国社会现实,阐述妇女参政比例制的功能,以及对于社会发展的推动作用。最后得出结论:妇女参政的比例不应低于 1/3,参政议政代表需要代表女性的利益诉求。

【残缺女性自我身体管理与情感认同——基于医学整形视角下的研究】(叶蕤,山西师大学报〈社会科学版〉2014 年第 4 期)

基于定点访谈地 GW 对医院临床主任医师、术前麻醉师、临床高护以及通过整形修复手术完成自我身体残缺修复的女性患者的深入访谈和后期跟踪访问,在身体社会学的理论背景下,基于医学整形的研究视角,关注残缺女性自我身体恢复抗争、自我情感认同与周边人际关系,尤其是亲密关系的管理。展现残缺女性个体通过整形手术这一现代医疗手段,达成自我身体与心理的双层修复与认同,为力图走进正常化的社会空间做出努力。也以此期望社会空间下的日常人际交往与行为规范，可以给与此类女性群体更多发自内心的理解与接受。

【社会保护中的性别平等问题探究】（李满奎、郝爽，山西师大学报〈社会科学版〉2014 年第 6 期）

社会保护旨在确保个人在整个生命历程均能够获得必要的收入保障及必要的物品、服务等，具有调节收入分配格局、合理分配社会财富以及实现社会融合的功能。女性能否公平地获得社会保护，是判断社会保护体系是否成功的重要标准，凸显了性别视角在社会保护领域的重要性。性别平等应实现形式平等与实质平等的有机结合，树立正确的实质平等观，消除认识上的误区。在社会保护领域实现性别平等，要求消除女性的就业障碍，弱化社会保护与劳动关系状态的关系，调整对女职工的特殊劳动保护措施，并在顾及儿童福利缺失的现实下对退休年龄问题进行改革。

【魏晋南北朝论体文的思辨性言说及其文化成因】（杨朝蕾，山西师大学报〈社会科学版〉2014 年第 6 期）

魏晋南北朝时期，随着玄风日炽，佛学肇兴，掀起继先秦之后的又一股思辨风潮。其时文士暂时走出具体繁杂的表象世界，去沉思隐藏在其后的本质与始因，以深邃的思考、精辟的剖析、卓异的见解和雄辩的议论，创作出诸多思虑精湛的论作，在思辨中体会一种因严密推理而觅得真谛的纯知性乐趣。李泽厚先生在《美的历程》中指出："中国重视的是情理的结合，以理节情的平衡，是社会性、伦理性的心理感受和满足，而不是禁欲性的官能压抑，也不是理知性的认识愉快，更不是具有神秘性的情感迷狂和心理净化。"然而，魏晋南北朝时期文士所倾向于的却正是"理知性的认知愉快"，这不能不引起我们的思考与关注。

任何推理都是由前提和结论两个部分组成，前提是推理的出发点，结论是推理的目的，任何推理都是完整而确定的过程。推理的前提可以是一个，也可以是多个，推理的结论则只有一个。所以，推理必须采取句群或句组的形式。但，古代哲人崇尚简约，在言意关系中，推崇得意忘言。《庄子・外物》曰："荃者所以在鱼，得鱼而忘荃；蹄者所以在兔，得兔而忘蹄；言者所以在意，得意而忘言。吾安得夫忘言之人而与之言哉！"按照道家的思想，"道可道，非常道"，也就是说道不可言，只能悟。语言的作用不在其确定性，而在其暗示性、启发性。冯友兰先生指出"……中国哲学的语言何以是提示性的而并不明晰。它不明晰，因为它不代表用理性演绎得出的概念。哲学家只是告诉人们，他看见了什么。因此，他所述说的内容非常丰富"。尽管魏晋南北朝玄学与佛学提升了其时文士的逻辑思辨能力，但他们在提出新的命题时，往往都是单句，而非句组或句群。也就是说他们将自己感悟的结果以简练的语言概括出来，而省略其推理之过程，或者说他们根本没有经过严密的推理即得出如是结论，没有大前提、小前提，甚至没有逻辑联结词。

【文学与民主的联姻和疏离】（李伟，山西师大学报〈社会科学版〉2014 年第 3 期）

胡适（1891－1962）是中国现代著名学者、文学家、哲学家和历史学家，对中国现代文学和文化的发展产生了重要影响。纵观其一生，胡适极为重视文学在思想启蒙、民主国家建构等方面的作用，投身新文学的倡导和创作，开一时风气之先。"平民的文学"思想是胡适新文学观的一个重要组成部分，这与他所受到的美国民主观念的影响和浸润之间有着难以分割的联系。胡适的文学主张也与他的政治思想、国内形势的变化有着密切的关系。

从近代到"五四"时期，来自西方的平民主义（Democracy）思潮逐渐风行中国。李大钊曾说，"现代有一绝大的潮流遍于社会生活的种种方面：政治、社会、产业、教育、美术、文学、风俗，乃至衣服、装饰等等，没有不著他的颜色的。这是什么？就是那风靡世界的'平民主义'。'平民主义'，崛起于欧洲，流被于美洲，近更借机关炮、轮船、新闻、电报的力量，挟着雷霆万钧的声势，震醒数千年间沉沉睡梦于专制的深渊里的亚洲。无论是文学，是戏曲，是诗歌，是标语，若不导以平民主义的旗帜，他们决不能被传播于现在的社会，决不能得群众的讴歌。"在 20 世纪初期的中国，平民主义主要体现于平民政治、平民教育和平民文学等三个方面。胡适在这些方面都做出重要的贡献，本文将侧重于胡适的平民主义文学主张和文学实绩。胡适的平民文学思想来源于他对西方文学发展史和中国文学发展。综上而论，胡适一生的文学活动，可以大致划分为三个时期：第一个时期是 20 世纪初至新文化运动爆发前(1906—1916),他发表长篇章回体小说《真如岛》,反对封建专制婚姻,倡导婚姻自主,思想自由;第二时期是新文化运动期间(1917—1921),胡适致力于宣扬“易卜生主义”(即个人主义)和民主、科学思想,主张文学文体解放、平民主义文学,并率先概言之,胡适是新文化运动的重要发起者和领导者之一,是一位在中国这片有着两千年封建专制历史的国度里倾力进行文化启蒙、民主思想启蒙的旗手。他一生中在政治与学术之间摇摆游移,曾竭力通过文学革命来实现思想启蒙的宏大愿望,把文学视为传播民主自由理念、推动民主政治建设的重要途径,力图实现文学与民主的联姻,并做出尝试性、开创新的文学实绩,部分地达成他的初衷。随着20世纪上半期国内形势的变化和自身理论思考的不断深化,胡适最终认识到文学虽然能够起到一定的影响舆论人心的作用,但从根本上来说无法胜任现代社会转型、民主政治建设的艰巨历史使命。不可否认,在积贫积弱的近现代中国,胡适将文学活动与政治活动相融合、分离的探索性实践,为当代中国的社会主义文化发展、社会主义政治文明建设提供有益的借鉴和启示。

【创伤的叙事与叙事的创伤——玛格丽特·阿特伍德创伤主题初探】 (王韵秋,南开大学,山西师大学报〈社会科学版〉2014年第6期)

作为北美知名作家,玛格丽特·阿特伍德一直享有“加拿大文学女王”的美名,并与玛格丽特·劳伦斯、爱丽丝·门罗并称为加拿大文学“三剑客”。2013年,73岁高龄的阿特伍德出版反思现代性的新作《疯狂亚当》。至今,她仍旧活跃在文学的大舞台上。2013年末,她被诺贝尔文学奖提名,虽然最后与奖项失之交臂,却仍不失为一位深度与广度兼备的作家。

西方学界对于阿特伍德的研究始于20世纪60年代,经过数十年发展,主要以其女性主义思想、加拿大民族文学、生态思想、幸存、权力政治、风格技巧以及互文性等为主。而关于阿特伍德作品中的创伤性解读则涉及甚少,多以近十年的成果为主。而国内,对于阿特伍德的研究经历起步(20世纪80年代)、发展(20世纪90年代)和多元化(2000年以来)三个阶段。在这三个阶段中,国内基本沿袭国外的研究主题,偏重于加拿大民族叙事、女性、生态等主题。对于阿特伍德小说中的创伤叙事,国内读者极少关注,因此有必要进一步拓展此主题的研究内容,丰富阿特伍德作品的阐释空间。

由于加拿大的特殊性,阿特伍德的作品叙事风格横跨现实主义到后现代主义的多重叙事边界。也因此融合从狄更斯到卡夫卡的创伤叙事特色。在阿特伍德的作品中,《猫眼》一直以来被认为是一部现代主义特色颇浓的作品。而其意识流的叙事方式也让很多评论家将其与普鲁斯特的《追忆似水年华》相提并论。如果说《追忆似水年华》是基于普鲁斯特本人的创伤性经验,那么《猫眼》的叙事风格和内容基于小说主人公伊莱恩的创伤性经验。

当20世纪的现代主义正用“抑郁症”式的方式叙述着精神深处受创的潜意识时,当时间与空间的朦胧展现着形而上的探索之时,二次创伤再次袭来。二战与大屠杀带来的是整个文学世界的沉默。难怪阿多诺在《棱镜》中直呼“奥斯维辛之后写诗也是野蛮的”。具有文化隐喻功能的诗歌在人类极端的暴力面前只能沦为“沉默的伤痛”。因此,20世纪50年代大行其道的荒诞派丧失了诗性的隐喻,采用直喻和重复的手段展现隐喻丧失后的世界。而在垮掉的一代中,精神不堪重负而分裂。因此,我们才看到《在路上》的疏狂漫游和沉思顿悟之间的悖谬。在同一时期的自白派诗歌中,“我们看到的不是一般心理痛苦,人生的孤独,不安的经验和异化的主题,而是经过痛苦过度后的淡漠,自我挣扎后的畸形分裂,发展到对自我的冷嘲和对一切的否定。它明显完成与后现代主义的对接”。

【析论东晋孙盛《老子疑问反讯》及《老聃非大贤论》中的老子】 (王启发,山西师大学报〈社会科学版〉(2014年第3期)

针对老子所说的“礼者,忠信之薄,而乱之首。前识者,道之华,而愚之始。是以大丈夫处其厚,不处其薄,处其实,不处其华也”(第三十八章)这一段,孙盛说到:“老聃足知圣人礼乐非玄胜之具,不获已而制作耳,而故毁之,何哉?是故屏拨礼学,以全其任自然之论”。但是,“岂不知叔末不复得返自然之道,直欲申已好之怀?”这里,孙盛指出,老聃明明知道圣人礼乐是为了治世而不得已制作出来的,并不是用以表现玄胜的,但是老子非毁礼乐、屏拨礼学,无非就是为了发挥自家的“任自然之论”。难道老子不知道当叔末之世是不能够再复归于其所谓自然之道的，那么何以不顾现实，而径直地要伸张自己所偏好的主张不成？这样也就是"不免情于所悦"，而又"非浪心救物者也"；进而言之，"非惟不救，乃奖其弊矣"。有关"玄胜"，在孙盛所处时代也成为老庄之说的代名词。如《世说新语・品藻》记载：孙绰（孙兴公）称自己"时复托怀玄胜，远咏老庄"；又《南史・谢举传》记载说"举托情玄胜，尤长佛理"；还有《世说新语・文学》刘孝标注引《续晋阳秋》说："正始中，王弼、何晏好庄、老玄胜之谈，而世遂贵焉。至过江，佛理尤盛，故郭璞五言始会合道家之言而韵之，询（许询，字玄度）及太原孙绰转相祖尚。"那么，孙盛对老子的指摘，更多的还是针对当时的玄胜之风而发的。而且，对于那种认为老庄学说有可以"与圣教相为表里"者，甚至是"其于陶物明训，其归一也"的辩护性说法，孙盛深表"以为不然"。在他看来，一方面儒家的"圣人之道"，是"广大悉备矣"，"犹日月悬天"，无所不照；另一方面，反观"老氏之言"，则不过是"皆效于六经矣"，进而如庄周所讲的"虚诳谲怪矫诡之言"，更不过是"拘滞于一方"的"横称不经之奇词"。难道说还要"宁复有所愆之，俟佐助于聃、周乎"？不仅老庄学说超越不了儒家的圣人六经，也不可能是儒家学说要等到后来帮助老庄之说来传播。可以说，孙盛正是以对老庄学说的批判来代替直接对魏晋玄学的批判。

要将其学说传布于西方异族地域，但是由于民族文化信仰上的各种差异，也不是那么容易被接受的，如其所说："若欲明宣导殊类，则左衽非玄化之所，孤游非嘉遁之举"，以"左衽"为标志的非中原文化，怎么能是老子学说进行"玄化"的地方；老子的"孤游"西方，也不是如《周易・遯卦・象传》之所谓"嘉遯贞吉，以正志也"那样的一种合乎时宜的隐遁之举。相反，面对春秋战国以来乃至东晋所出现的"诸夏陵迟"的乱世局面，以"敷训所先"者当然应该是传播孔门"圣人之教"而"自近及远"，当然也就"未有辀张避险如此之游也"。这里的"辀张"，是惊惧仓皇的意思。换言之，"若惧祸避地，则圣门可隐，商朝、鲁邦有无如者矣"。而且，在儒家圣门领域里，"苟得其道，则游刃有余"。还有，在眼前到处都可以推广圣教的情况下，又有什么必要违背天道而投身于异族之地呢？即如孙盛所言："触地元吉，何违天心于戎貊"？孙盛最后指出："如不能然者，得无庶于朝隐而祈仙之徒乎？"也就是说，如果不能有别于道教所颂扬的老子化胡那样的选择，又怎么能在行为上不等同于"朝隐而祈仙之徒"呢？于此，孙盛实在是将当时流行的充满道家无为意识的"朝隐"思想和道教的"成仙"学说也一并加以批判了。

（于文哲）

文化 旅游

文化事业

【概述】 2014 年，以“四个年”活动为载体，以“出精品、上项目、抓管理、促发展”为基本工作思路，以文化体制机制创新为保障，各项工作取得新成效。

【公共文化】 以公共文化服务均等化、标准化为目标，一手抓公共文化基础设施建设，一手抓服务提升，文化惠民工程从质量到覆盖面都不断提高和拓展。在公共文化设施建设上，市图书馆累计投资 2600 万元，完成桩基施工等工作；市非物质文化遗产传承培训基地被省政府列为百日百项重点工程，完成一期工程的前期筹备，于 3 月开工；市蒲剧院排练大厅工程项目完成拆迁等前期工作；《平阳文化生态保护区建设规划》通过省级专家组初审，制定完成《百里汾河文化长廊规划纲要》。全市“十二五”20 户以下广播电视村村通工程提前完成，有线电视村村通覆盖率达 81%，超额完成年初目标任务。全市 30 家文化类建设项目列入国家或省级“十三五”规划项目储备，举办临汾市第二届梨花奖电视戏曲、少儿声乐、器乐、舞蹈大赛，共有 940 余人参加此次比赛，其中 36 名优秀选手将参加全国第十一届少年儿童卡拉 OK 大奖赛山西区决赛。全市文艺院团共下乡演出 4500 余场，其中市直文艺院团下乡演出 586 场；全市公益电影放映 35616 场，寄宿制学校电影放映 1712 场。

【精品创作】 重点开展以“中国梦”为主题的系列创作，创作完成舞蹈 4 个、小戏 1 个、情景剧 2 个、小品 5 个、歌曲 15 首、古装戏曲 1 个和戏剧 6 个，改编移植《焦裕禄》《战铜台》《花木兰》《蝴蝶杯》《洗血铁丘坟》等一批剧目。各项赛事、演出屡获佳绩，市艺校学生杜格表演的蒲剧《花木兰》、冯宁表演的《跑城》顺利入选全国艺术院校文华奖比赛；浮山县木偶艺术团在全国首届木偶展演大赛上荣获银奖；永和的《我家住在乾坤湾》舞蹈在“第七届我爱祖国全国青少年才艺大展演”获金奖，在中国教育频道播出；翼城的《鼓舞中华》被选为“向人民报告——庆祝新中国成立 65 周年暨说唱中国梦优秀曲艺节目展演”开场节目进行表演。广播电视宣传内容上，推出一批精品栏（节）目。临汾台的《以先锋模范为镜》、霍州台的《国学经典诵读》、隰县台的《感悟真情》、襄汾台的《丁陶人家》、古县台的《岳阳人家》等专题栏目，向社会传播正能量，凝聚向心力。创办一批群众注目、喜闻乐见的栏（节）目，侯马与市卫生局联办的《健康课堂》，乡宁与县纪委联办的《乡宁廉政之声》，浮山与县交警队联办的《与你同行》等。非物质文化遗产保护方面，搜集非物质文化遗产保护出版成果书籍资料 200 余套，完成部分非遗项目的音像数据资料制作；组织木版年画、扇鼓、花鼓、刺绣、剪纸等非物质文化遗产进行展演展示；完成第四批国家级非遗项目申报工作，全市又有 3 个项目入选，国家级非遗项目达到 21 个，位居全省前列。对外文化交流方面，吉县壶口唢呐、市小梅花蒲剧团折子戏赴台，眉户团大型现代剧《雷雨》赴香港文化交流活动圆满成功；配合省文化厅圆满完成“情系三晋——两岸文化联谊行”在临活动，受到省厅表彰；市小梅花团参加在太原举办的“国庆献礼”剧目展演活动，吉县唢呐队还参加“中国国际黄河文化艺术节”。

【文化产业发展】 实施走出去战略，组织文化企业参加各种会展进行推介营销。襄汾丁陶麻笺社、桂青木业有限公司及隰县民间文化专业合作社等全市优秀文化企业先后参加第二届晋商大会、河南三门峡第三届中国特色商品博览交易会、中国国际文化产业博览交易会等全国、全省性会展。发展文化创意产业上，市政府与上海文化创意产业联盟签订战略合作协议，促进项目质量效益的提高。临汾华之源文化发展有限公司采用订单营销的方式，主动联姻全国知名文化企业，在北京、上海等地都建立销售基地，达成统一订货、统一生产、统一销售的合作协议，仅剪纸产品就承接100万余套的订单。土疙瘩手工布艺有限公司坚持把“遗产变成产品”的理念，进行产品创新和营销创新，在全国各地开设有38家连锁店，年产手工布鞋10万双，年产值达600万元。德美印业把数字印刷和摄影艺术结合推出印刷摄影创意，在印刷产业方面走出一条特色之路。在产业项目上，曲沃晋国青铜玉器文化产业园主体竣工，三个展厅建成，车间投入使用；侯马晋园文化城一期工程基本完成；曲沃晋国青铜文化博物馆投资112万元，完成馆内晋国青铜器复制品第一批陈设。文化与旅游深度融合上，曲沃县创作《晋国故事情景剧》，其中《桐叶封弟》《改唐为晋》已演出60余场。全市新增数字影院4家，城市数字影院（城）达到15家，新增数字印刷企业1家。2014年，全市文化产业总产值达51.13亿元，占到全市GDP的4.18%。

【广播电视管理】　在宣传方式上，以广播、电视等传统媒体为基础，发挥手机报、微信、微博、网络等新兴媒体的作用，实现交融互动。吉县的今日吉县微信公众号规范运行，微博也开始试运行；曲沃单个节目在微信上的点击量达2万人次，得到美国华侨的点赞。节（栏）目质量上，“临汾广播电视奖”共评出获奖节目221件，其中一等奖41件、二等奖72件、三等奖93件、优秀栏目6个；在2014年评选出的“山西广播电视奖”评奖中全市共有70件作品获奖。其中，电视优秀栏目奖2个，广播十佳栏目奖1个，广播长消息类一等奖1件，广播专题类一等奖1件，电视专题类一等奖3件；县级电视长消息类一等奖7件，县级电视专题类一等奖4件，在全省地市级广播电视台名列前茅。曲沃县的《印象曲沃》栏目荣获中国广播电视协会电视新闻专题一等奖，翼城的《田苑风》栏目获得第二届全国县市电视台节目推优活动电视栏目类一等奖。在广播电视播放秩序管理上，对全市广播电视播出机构进行年检，开展境外卫星电视传播秩序专项整治行动，共查处247家销售点，收缴机顶盒1132个、高频头748个，锅盖748个；加强对互联网视听节目的管理，依法叫停某公司IPTV业务。

【文化环境管理】　制定《文化市场网格化监管的实施方案》，在全市构建以市执法大队、县市区执法机构、文化市场经营单位为依托的三级网络，形成全天候无盲区监管体系。“扫黄打非”斗争上，先后开展打击“三假”专项行动、印刷企业专项治理“清源”行动和非法报刊专项治理“秋风”行动，收缴各类非法出版物600余本，盗版音像制品900余张，取缔非法设立的《政府法制》临汾记者站，协同襄汾县公安局查获依法判决“9·12”《西部时报》记者敲诈勒索案。

非遗展示之剪纸艺术

【非物质文化遗产保护】　五一假日期间，市非物质文化遗产保护中心在临投集团下属的滨河游乐园举行非物质文化遗产项目展演展示活动，天塔狮舞、平阳木版年画、浮山木偶戏、侯马刺绣、侯马布老虎、民间剪纸、曲沃花葫芦这些在全省乃至全国都享有很高声誉的20余项非物质文化遗产项目集结滨河游乐园，让全市人民度过一个充满文化韵味的可口的文化大餐。

（郭秋林）

蒲剧事业

【文化下乡】　蒲剧院下属三个艺术研究中心。2014年，参加文化下乡演出500多场，深入山区、农村、厂矿、学校、社区等，不仅在全市各县区，还远赴晋南、晋东南、晋陕豫交界等地，丰富各地区人民的文化生活。

【《蒲坛巨擘——赵乙》出版】　7月，由蒲剧院编辑出版《蒲坛巨擘——赵乙》一书，由临汾蒲剧院组成编撰领导组,历时三年完成,该书总字数15.2万字,图片百余幅,出版后邀请市内领导、学者、老艺术家召开该书出版座谈会。

【《襄汾戏剧志》出版】 《襄汾戏剧志》出版发行座谈会在襄汾县交通大厦举办。临汾戏剧研究院院长、临汾市戏剧协会主席任跟心,临汾市文联副主席许爱英,襄汾县人大常委会主任张拽牛,副主任廉振东、毛婉英,副县长张青云,襄汾县政协副主席冯富荣、张淑玲出席座谈会。会上,任跟心、许爱英分别发言,祝贺《襄汾戏剧志》发行。襄汾县剧协负责人汇报《襄汾戏剧志》编纂过程。《襄汾戏剧志》由中国戏剧出版社出版发行,全书50余万字,历时两年半编纂而成。汇集全县珍贵戏曲史料,记述襄汾戏剧的源流、演变、发展的过程以及本县境内的古戏台、碑记和戏剧文化遗存,选登一定影响的剧本以及优秀曲谱、论著、戏剧楹联、戏剧顺口溜、戏剧故事等,整理收录主要戏剧人物的生平及业绩,是一部融史料性、知识性、趣味性于一体的珍贵戏剧资料。

【培养戏剧人才支持计划】 按照省文化厅关于"三区"人才支持计划文化工作者选派工作,临汾戏剧研究院及三个演出中心共10人赴10个贫困县进行培养工作人员,进入工作岗位。

【赴台演出】 4月,临汾戏剧研究院小梅花蒲剧艺术培训中心一行二十余人随临汾市文广新局副局长王军、临汾市戏剧研究院院长任跟心、副院长郭泽民、杨峰赴台进行艺术交流演出。此次活动应台湾戏曲学院、台湾花莲县美术协会之邀,在临汾市文广新局的支持下,赴台湾戏曲学院、花莲县以及高雄等地演出。在艺术交流活动中,小梅花蒲剧团演员表演《挂画》《表花》《跑城》《贩马》《杀府》《火凤凰》等蒲剧经典折子戏。

【山西省第十四届"杏花奖"评比演出获奖情况】 6月,山西省第十四届"杏花奖"评比演出获奖名单公示,临汾市蒲剧艺术研究中心余琴、史临萍,眉户艺术研究中心许丽君,小梅花艺术培训中心程雅琨、周赢、卫潇,蒲县蒲剧团刘飞飞等7人获得杏花戏曲表演奖;蒲剧艺术研究中心梁素玉获得杏花舞美设计奖;眉户艺术研究中心刘慧超获得杏花器乐演奏奖。

【赴深圳、香港演出】 6月26日,临汾市眉户艺术研究中心受山西省人民政府驻深办事处邀请,在深圳大戏院演出大型眉户现代剧《雷雨》;6月28日、29日,为庆祝香港回归17周年,临汾市眉户艺术研究中心在香港葵青剧院连演两场大型眉户现代剧《雷雨》。

【参加山西省优秀创新剧目展演活动】 10月20至21日,小梅花蒲剧艺术培训中心应邀参加"庆祝新中国成立65周年山西省优秀创新剧目展演活动",在太原市艺校星光剧院演出改编传统剧《洗血铁丘坟》。

【举办临汾市第二届"梨花奖"电视戏曲大赛】 由临汾市委宣传部、市文广新局主办,市电视台承办,市戏剧研究院、戏剧家协会协办的临汾市第二届"梨花奖"电视戏曲大赛成功举办,最终胡宝丽(襄汾县的选手)获得一等奖;卢秋芳(襄汾县选手)、陕双锁(浮山县选手)获得二等奖;赵小英(运城市选手)、陈菊香(侯马市选手)、何萍(洪洞县选手)、付卫屏(稷山县选手)、李晓丽(临汾市选手)获得三等奖;刘宝钰(临汾市第一实验小学)获得"梨花之星"奖。

【举办临汾市第九届广场文化消夏月演出活动】 由临汾市宣传部、市文广新局主办,市电视台、群艺馆承办的临汾市第九届广场文化消夏月演出活动在游乐园广场举办。尧乡春剧社和平阳戏迷俱乐部承担本次活动的戏剧演出,受到社会各界的一致好评。

【丰富群众文化生活】 3月,梨园堂推出"我的剧场"每月戏曲周演活动;5月31日,运城电视台"蒲乡红"走进临汾滨港生态园特别节目演出,经典折子戏,精彩唱段层出不穷,南喜菊、郭双奎、杨晓萍、吕恒生、吴仁萍、李炳淑、李红霞等专业演员及陈新亚、许六斤 、袁宽心等蒲剧票友纷纷登场献艺,为临汾人民奉献一场文化大餐;7月,由临汾戏剧研究院、临汾市戏剧家协会主办,尧乡春剧社、梨园堂承办的临汾市戏剧家协会演艺中心(临汾市戏迷俱乐部)隆重成立,开展"周末戏迷乐活动",繁荣全市戏剧艺术,丰富群众文化生活;9月27日下午,小梅花蒲剧培训中心在梨园堂演出"庆国庆·度重阳"蒲剧经典折子戏专场;10月3日晚,梨园堂举办"蒲韵飘香·庆国庆"大型戏曲音乐会,为临汾人民献上戏曲盛宴。10月13日,山西电视台《走进大戏台》栏目送戏下乡临汾行特别节目在临汾襄汾县邓庄村录制,戏曲名家许爱英、雷俊生、赵梅、郭双奎、杨晓萍等助兴演出；12月30日，临汾市第二届“梨花奖”电视戏曲大赛颁奖晚会在梨园堂举办。

【剧目创排成果】 1月14日至16日，临汾市小梅花艺术培训中心复排传统蒲剧《蝴蝶杯》，分A、B、C三组演员进行传承演出；2月，眉户艺术研究中心新排大型眉户现代戏《好年好月》，由优秀青年眉户演员王倩、张剑领衔主演；7月底，临汾市蒲剧艺术研究中心新排古装戏《花木兰》首演，由临汾戏剧研究院优秀青年导演白云峰执导，著名琴师马典屯作曲，优秀青年演员柴飞绒领衔主演；8月，临汾市小梅花蒲剧艺术培训中心复排传统经典蒲剧《麟骨床》，由优秀青年演员田艺蓉、范凯、刘晶等联袂演出；9月，临汾市眉户艺术研究中心新排眉户古装戏《桃花庵》，由优秀眉户旦角演员马玲玲领衔主演；11月，尧乡春剧社新排传统蒲剧《金麒麟》，丰富该剧社的演出剧目；12月，临汾市蒲剧艺术研究中心投排大型古装蒲剧《反潼关》和反腐倡廉历史剧《廉吏于成龙》，眉户艺术研究中心投排大型眉户现代戏《焦裕禄》，陆续上演。

（付增芝）

文学艺术

【概述】 2014年，市文联结合工作实际，突出工作重点，围绕年初制定工作目标，主动搭建平台，提供环境，调动广大文艺工作者的积极性，完成全年的目标任务。通过“走出去、请进来”的形式，发挥自身优势与省内外文艺组织加强沟通与联系，开展文艺活动，扩大对外交流力度，提升临汾在省内外的影响力和知名度。

【开展以“中国梦”为主题的文艺创作活动】 2月23日，由中国文联、省委宣传部主办，中国美协提供学术支持，省文联和临汾市委、市政府承办，省美协、市委宣传部、市文联、市投资集团有限公司、市汾河生态建设工程有限公司协办“中国梦·大美临汾——百名画家画汾河”作品展在北京中国美术馆开展。展示全市工业新型化、农业现代化、市域城镇化、城乡生态化建设的新气象。自2013年7月31日活动启动开始，组织110名画家先后分四批沿“百公里汾河新型经济带”进行采风，共创作123幅国画精品，编辑出版《中国梦·大美临汾—百名画家画汾河作品集》。于11月14日，在太原举办“中国梦·大美临汾——百名画家画汾河”作品展。

【临汾眉户剧《雷雨》首演礼】 6月26日至7月1日，会同香港新界社团联会社会服务基金、大埔区文艺协进会和乐群义工团共同组织临汾市眉户剧团赴香港参加庆祝香港回归17周年“百年文学、承扬经典”山西临汾眉户剧《雷雨》首演礼。先后在深圳戏院、葵青剧场成功上演，在香港各界引起很大反响，应观众要求，在葵青剧院进行返场演出。

【淮北·临汾两市书画作品联展】 6月20日，同淮北市文联共同举办的“徽山汾水”——临汾·淮北两市书画联展在淮北市开幕，11月4日在古城公园开展，此次联展共展出美术作品76幅，书法作品110幅，编辑出版《徽山汾水——淮北·临汾两市书画作品联展作品集》。这些题材丰富、风格各异，地域特点鲜明，时代精神突出的作品，既是两地书画艺术传承的联袂呈现，更是两座城市牵手艺术的盛举。

【打造精品】 美术方面：组织全市美术骨干进行采风创作，精心选送申报作品10余幅（件），入围5幅。画家李二保的漫画作品《量变引发质变》正式入展。该项展览，是中国最具权威性和影响力的国家级综合性美术展览，代表全国美术创作的最高水平，体现着一个地区的美术实力。

文学方面：张行健文学作品《从三代作家的创作向度看隰州文化的优美传承》、马毅杰文学作品《湘江波涛涌 南湖行红船——电影〈建党伟业〉〈湘江北去〉艺术特点之比较》获第九届山西文艺评论奖二等奖、三等奖。

【搭建文艺发展平台】 2月14日，由临汾市委宣传部、市文联等单位联合举办的“宋希祥手指画迎春展”在临汾晋宝斋开展，共展出宋希祥近年来书画作品75幅。3月8日，由市文联和妇联主办的主题为“美在临汾、美好家园、美丽人生”庆“三八”王丽英、梅莹、成果三人女子画展在晋宝斋举行，共展出她们三人创作出来的精品国画60余幅。9月13日，由临汾市文联、临汾市美术家协会主办，在晋宝斋举办“观物得中·至情入和”陶福尔中国画小品展。共展出近百幅作品。市文联出版《平水文澜——临汾市 2002—2013 年文学作品选》,《晋南作家》2 期。增大对市级文艺综合刊物《平阳文艺》投入,参照国家级刊物对其进行设计、编排,改进印刷、纸张质量,提高办刊质量、提升影响力,共出版 4 期,发表文学作品 150 余篇,计 120 余万字,展示临汾纯朴的风土人情、深厚的文化底蕴。评选 2014 年度《平阳文艺》优秀作品奖,共有 10 名作者获奖,奖金各 1000 元。

文物管理

【概述】 2014 年是完成"十二五"规划的关键一年。临汾市文物局结合目标责任,立足大局,在提高宏观管理能力和公共服务能力等方面取得成效。全年共申报全市国家重点文物保护补助经费项目 40 个(其中,全国重点文物保护单位保护项目 35 个),申报经费 15034.76 万元。其中古建筑维修新开工项目 9 个,申请国拨经费 4550.86 万元;古建筑续建项目 14 个,申请国拨经费 4236.3 万元;彩塑壁画保护工程项目 3 个,申请国拨经费 1851.9 万元;文物安全设施项 9 个,申请国拨经费 1972.5 万元;大遗址保护项目 1 个,申请国拨经费 1083.2 万元;可移动文物保护项目 1 个,申请国拨经费 360 万元;其他(博物馆陈列、文物库房维修改造)项目 3 个,申请国拨经费 980 万元。申请省级文物保护专项经费 675 万元,涉及浮山、霍州等 8 个县(市、区)12 个文物保护项目。

【文物管理】 加强文物保护工作,完善文物保护管理制度。制订《临汾市文物保护工程管理办法》《临汾市文物市场管理暂行规定》,解决文物维修工程中和社会流散文物管理中的一些问题。成立全市文物保护工程评审委员会及专家库,对全市文物保护工程修缮方案进行科学评审。完善安全管理制度,提高安全管理水平。为最大限度地减少和预防文博单位突发事件的发生,全面推动文博单位依法履行安全职责,创新安全理念,健全安全机制,落实安全责任,强化安全管理,结合全市文物保护工作的实际,组织编制印发《临汾市文博单位安全工作管理制度》。全面提升安全保卫人员的法律意识、安全意识、责任意识,使文物保护员更好地明确和履行其工作职责,重新修订下发《临汾市文物保护员管理办法》。加强局机关日常管理,提高工作效率。出台《临汾市文物局机关公务用车管理制度》《临汾市文物局机关水、电、油管理办法》《临汾市文物局机关文印管理制度》《临汾市文物局机关卫生管理制度》《临汾市文物局党总支学习制度》《临汾市文物局党组中心组学习制度》,建立健全有利于厉行节约、不铺张浪费的制度体系,严格以制度办事,以纪律约束人,形成良好的纪律作风。

【开展可移动文物普查】 组织普查人员参加全省可移动文物普查第二轮培训,使普查人员熟练掌握国家信息平台系统基本操作,为信息录入打好基础。建立临汾市可移动文物普查 QQ 群,保证录入工作有序进行。10 月 30 日,召开"临汾市第一次可移动文物普查工作推进会",各县(市、区)分管普查工作的副局长、负责具体落实普查工作的科室主任(科员)、专家组张聚林、张新智、梁军等 50 余人参加会议。会上,就普查工作的组织领导、经费落实、普查进度(行外系统收藏单位藏品清单整理、行内系统数据录入进展情况和 2014 年任务量完成情况)、普查队伍等情况做回顾总结,分析存在问题,研究探讨解决办法。

【申报国家级、市级文物保护单位】 公布一批市级文物保护单位。在陶寺北墓地开始发掘以来,经调查发现,临汾市不可移动文物近两年消失的数量有 468 处之多,一些在第三次不可移动文物普查中新登录的文物由于年久失修,也损坏严重,濒临消失。根据全市文物保护现状,为保护和利用好这些珍贵的遗产,经深入调查,反复研究,选定陶寺北墓地、嘉泉玄天玉虚行宫、西郭戏台、天寿山世尊院、刘家书院、人祖山碉堡群、临汾三中礼堂、汾城镇建国初期国营商业建筑群、原山西红星机械厂职工俱乐部等建筑 9 处具有较高科学、历史、艺术价值的不可移动文物,经市政府批准,公布为市级文物保护单位。另外,蒲县化乐村于 11 月申报为全国第三批传统古村落。

【文物宣传】 开展"5·18"国际博物馆日系列宣传活动。制作以《文物保护法》、第一次可移动文物普查、临汾市博物馆珍贵文物藏品等为内容的宣传展板、宣传单,开展咨询讲解服务,活动引起民众的热情关注,扩大文博工作的社会影响。在第九个中国文化遗产日期间,旅游卫视《文明中华行》专题栏目组走进临汾，于6月14、15日播出“中国文化遗产日”特别节目——《文化遗产看临汾》，分上下两集，《问根中国》和《别样的临汾》，该片获得2014年外宣优秀作品二等奖。5月26日至30日，山西广播电视台综合广播与驻外记者管理中心联手推出的大型采访活动“走进最美乡村”到襄汾县丁村、陶寺村、西中黄村、汾西师家沟村进行采访拍摄。6月14文化遗产日，山西省文物局、临汾市政府在曲沃晋国博物馆举行“走进曲沃·感知晋国——山西省主会场活动”，举行全省首座大型遗址类博物馆——晋国博物馆试开馆揭牌仪式。

【人才培训】 5月底，选派临汾市第一次全国可移动文物普查的工作人员参加省文物局组织的第一次全国可移动文物普查信息录入培训。9月中旬，举办文物保护员安全培训，培训为期3天，在临汾市委党校和尧都区尧庙举行，17个县(市、区)文物管理部门分管安全工作的负责人、安全保卫科(股)长、文物管理所所长、博物馆馆长、文物保护员、局直属文博单位负责人和安全保卫负责人和局机关全体人员182人参加培训。通过组织集中学习，影片观看，聘请省文物局执法督察处处长、市消防支队专业教官做讲解与指导，现场观摩检查消除火灾隐患、扑救初起火灾、疏散逃生等内容的消防应急演练，最后组织考试，颁发结业证，培训取得满意的效果。10月，选派县级文物局长参加国家文物局组织的调训和培训班学习。12月，选派一批博物馆讲解员参加省博物馆组织的培训。

【南部早期古建筑维修保护】 全市列入南部工程的16处国保单位中，霍州署、翼城四圣宫、乔泽庙、南撖东岳庙、襄汾汾城古建筑群社稷庙、洪济桥、魁星楼、王氏知府邸维修工程，尧都区魏村牛王庙、曲沃大悲院、洪洞玉皇庙、广胜寺、寿圣寺等13处文物保护维修工程如期完成。2014年新开工尧都区王曲东岳庙、乡宁寿圣寺、浮山老君洞文物维修工程，其中乡宁寿圣寺完工通过验收，浮山老君洞工程基本完工，等待验收。蒲县柏山东岳庙、襄汾县汾城古建筑群试院、学前塔，普净寺罗汉殿、通明宫、药王殿、献亭、山门维修工程进度正在推进。洪洞广胜寺、翼城四圣宫、乔泽庙、南撖东岳庙，蒲县东岳庙等5处保护规划的修改上报工作完成。尧都区魏村牛王庙、东羊后土庙、王曲东岳庙、乡宁寿圣寺、洪洞玉皇庙保护规划正在编制过程中。

【彩塑壁画保护修复】 完成全市彩塑壁画现状调查，启动东羊后土庙、蒲县东岳庙、隰县千佛庵、洪洞广胜寺彩塑壁画保护工程。蒲县东岳庙聘请敦煌研究院人员对壁画与塑像进行修补，修补工程基本完成。

【晋国遗址考古保护研究】 配合省局开展晋都大遗址保护规划及晋文化核心区域开发建设规划工作，向编制单位提供100多处文物保护单位，以及交通、规划等部门的相关资料，组织曲沃、翼城、侯马市等县(市、区)政府有关领导与编制单位进行座谈。10月，联合临汾市文联，结集出版《侯马盟书书法作品集》，加大对侯马盟书的研究和宣传力度，推动晋文化的挖掘、研究与保护。

【陶寺北墓地考古发掘】 陶寺北墓地是一处新发现的周代大型贵族墓葬群，经勘察，确定面积为20万平方米。7月21日，由山西省考古研究所、临汾市文物局、襄汾县文物旅游局组成联合考古队，对墓地进行考古勘探和试掘。共勘探面积13.33公顷，发现墓葬513座。试掘工作取得突破性进展，发现大批的玉器、石圭等祭祀用品及青铜器。

【申报文物保护建设项目】 向发改委申报“十三五规划建议”和列入2015年中央预算内投资及省煤炭资金建设项目工作。晋文化核心区基础设施建设项目、临汾市古桥梁抢救性保护等30个项目进入发改委“十三五”项目库，新建临汾市博物馆、丁村遗址文物保护项目等4个项目申报2015年中央预算内投资及省煤炭资金建设项目。完成第七批15处国保单位保护范围和建设控制地带划定及上报工作。

【文物勘探】 先后完成日出东方、上东一品、艺馨华园、残疾人服务中心、滨河西路北延工程等12处建设工程中的文物勘探工作，勘探面积共计122000平方米，在勘探中共发现古墓葬22座，完成滨河西路北延工程中被破坏古墓葬的定位及周边的文物勘探，乡宁县管头镇余凹村明代墓地的文物勘探工作。配合省文物勘探中心对临汾师大和尧都区吴村镇跨汾河商品一级公路进行文物调查。先后配合临汾市残疾人康复机构及残疾人服务中心建设工程，抢救清理3座清代中晚期墓葬，出土各类随葬器物10多件。配合浮山县经济适用房及急救中心建设工程，对工地发现的14座清代中晚期墓葬进行抢救清理发掘，共出土各类随葬器物

100余件(套)。配合市重点工程滨河西路北延工程建设,对工程中发现的1座汉墓进行抢救清理发掘,获取具有确切纪年的西汉砖墓实物资料。通过清理发掘工作,不仅及时抢救保护一批地下文物,而且配合工程建设。

【安全监管】 4至6月,10至11月,组织两次文物安全大检查。通过召开座谈会、查阅资料、调查走访、个别谈话、实地检查、召开通气会等方式,对全市17个县(市、区)文物安全检查进展情况、15处博物馆、19处文物库房安全状况以及130处市保以上文物保护单位安全隐患排查治理情况进行检查指导,共排查出各类安全隐患130个(整改的125个、未整改的5个),下发安全隐患整改通知书130份,将排查出的安全隐患进行汇总、登记、编号、造册,要求各县市区确定专人负责,规定整改时限,提出整改标准,立即进行整改。对于重大安全隐患,责成专人挂牌督办。17个县市区、3个直属文博单位和15处开放的重点文物保护单位全部重新修订完善应急预案,成立应急救援队伍,20个重点单位对消防设施进行维护保养,组织开展一次应急演练,50个单位更换老化电线,26个单位新增消防器材,8个文物库房更换铁窗、铁柜,一般的文物安全隐患基本得到整改。

【应急管理】 推进应急处置工作法制化、科学化、制度化,提高处置能力,最大限度地预防和减少文博单位突发事件的发生,降低事件造成的危害和影响,重新修订下发《临汾市文博系统处置突发事件应急预案》。全市各县(市、区)文物管理部门、重要开放的文物保护单位、博物馆、重点文物存放场所均制定完善《处置突发事件应急预案》。

【安全防范基础建设】 完成丁村民宅消防、技防,霍州市观音庙消防、州署大堂中轴线技防,洪洞县广胜寺技防,汾西县师家沟古建筑群消防、技防、防雷,蒲县东岳庙技防,翼城县木、石四牌坊消防、南撖东岳庙消防等9处全国重点文物保护单位消防、技防工程专项补助资金立项申报工作。对全市重要的国保、省保和市保古建单位进行筛选,将全市急需解决的25处单位消防工程立项报告和44处单位技防工程立项报告上报省文物局予以立项。

【博物馆建设和管理】 完成全市市、县两级各类博物馆的年检工作。全市9个国有博物馆、2个民营博物馆通过省局的年检(襄汾、曲沃、浮山因无展厅)。

【博物馆活动】 在"5·18"国际博物馆日当天,市博物馆、丁村民俗博物馆向公众免费开放。上半年,临汾市博物馆举办两次大型展览——"北京现代名家书画展"和"文物图片展",通过展览,促进文化交流发展,发挥博物馆爱国主义教育阵地作用。

8月,组织局机关人员参观翼城县大河口墓地出土文物在北京首都博物馆举办的展览,展览以《呦呦鹿鸣——燕国公主眼里的霸国》为主题,生动地再现霸国与燕国间一段浪漫动人的联姻故事,证实霸国与当时的晋国、倗国、燕国、周王室有过礼尚往来的历史。

图书管理

【概述】 2014年,山西新华书店集团临汾有限公司全面完成集团下达的所有任务指标。营业总收入实现2.313亿元,较上年增长3000多万元;利润总额实现650万元,较上年增长270万元。

【"两教"和市场产品销售】 全区实现调控产品销售收入码洋19510万元,绝对额较上年增加2500万元,增长比例为15.8%。全区实现市场产品销售码洋7350万元,绝对额较上年增加1115万元,增长比例为17.88%。全区实现POS机销售码洋3182.18万元,较上年的2817.25万元增加364.93万元,为目标值的106.07%。其中:连锁销售码洋2201.57万元,为目标值的104.34%;传媒销售码洋980.61万元元,为目标值的105.43%。

【图书业务】 乡宁县店争取1000多万元的教辅免费款,尧都区、蒲县、隰县等地的教辅免费工作推进中,全区教辅免费工作取得新的成果,在广度和深度上有新的拓展,提高教辅征订的配套率,增加利润空间。

按照集团工作安排,做好《习近平总书记系列重要讲话读本》、四中全会文件及辅导读物等重点图书的发行工作,截至12月底,全市共发行《习近平总书记系列重要讲话读本》3.2万册,码洋45万余元。十八届三中全会读物发行近80万元,名列全省前茅。大中专教材的征订发行上,同山西师范大学、职业技术学院、临师、警校等多所重点院校建立较好的合作关系,全年实现销售810万元,较上年同期增长150

万元，增幅达到22.7%。全市校园书店建设上，霍州2家、曲沃、乡宁、翼城、临汾各1家，共6个校园书店开业。根据集团工作安排，全市书店于6月底前全面完成改制工作。完成对大宁、永和两个山区小店的门店连锁，顺利实现全市连锁经营全覆盖。2014年，全市书店系统职工人均收入5.8万元，增长总额165.2万元，增幅为10%。

【"美丽书店"建设】 市店建设路快捷酒店项目完工。尧庙仓储物流基地2014年春节后开工，物流教材库于7月投入使用，综合业务楼主体封顶。第二期4个书店的资产改造项目年初开工。翼城、浮山的快捷酒店、汾西的卖场改扩建、曲沃快捷酒店及电影院线等项目推进中。按照"美丽书店"建设的要求，对蒲县、大宁、汾西等山区小店部分外租门面收回，进行卖场的升级改造，营业面积扩大，店面形象提升。4月，乡宁县新华书店新华惠民超市开业，该超市全年预计销售200余万元，为全市的多元经营又添新亮点。全市书店系统有市店、乡宁、吉县、隰县、蒲县五家新华快捷酒店投入运营。从利润上提出考核要求，对全市快捷酒店进行连锁经营管理模式，提高品牌价值和效益，规范管理，提升效益。

（王远盛）

档案管理

【概述】 2014年，市档案局全面落实"四个年"和"三项治理"要求，创新工作机制，拓展服务领域，采取"五抓五强"措施，开创全市档案工作发展新局面。

【档案收集和利用】 加大档案收集进馆力度。贯彻落实国家档案局9号令精神，按照省局修改意见，重新对制定的《档案收集范围实施细则》和《收集名单》进行调整，组织完成霍州、曲沃两个县级档案馆贯彻9号令试点工作。把接收工作重点放在民生档案上，共接收市政府、物价局、农机局等6个单位档案12730卷（件）；整理和接收资料572册、报纸89册。加快馆藏档案数字化工作。市馆组织人员，统一标准、严格质量，对录入计算机的74303条案卷级1238244条文件级目录数据库进行校验修正，做好数据即时备份和光盘备份。推进馆藏档案全文数字化扫描工作，按照"珍贵档案、重点档案、特色档案、利用率高的档案"优先的原则，完成108916页（总计291794页）的扫描任务。开展档案开放鉴定工作。对馆藏1984年之前应开放档案全部进行鉴定审核和复查，完成105个全宗14517卷档案划控工作，其中控制7611卷，54640件。提供档案查阅利用服务。完善档案利用工作机制，坚持"四好"要求，尽量满足档案利用者的需求，全年共接待利用者372人次，调阅档案资料2639卷次1574件次，复制8915页，为解决干部调配、编史修志、职工退休、身份认定、计算工龄等提供可靠依据。加强馆藏档案安全管理。落实档案库房安全管理相关制度，严格执行双人进库调档规定，做好档案出入库登记和安全保密检查，对1984年以后的31个全宗617卷2176件涉密档案进行登记，重新对馆藏档案进行科学调整和布局，将纪委、工会、二轻局、人大等四个全宗8178卷档案全部重新排列。按照"八防"要求，坚持每天对库房温湿度登记调控，每周彻底清扫，按时投放防虫药剂，及时聘请相关技术人员检修库房安全保护综合智能管理系统，解决监测漏洞，完善防盗报警系统。6月26日，邀请消防专家到档案馆开展"普及消防知识，构建和谐社会"安全知识讲座及消防演练。

【档案业务监督指导服务】 贯彻落实国家档案局8号、10号令，指导市住房公积金、机关养老保险、山西信合临汾办事处等5个单位编制完成《文件材料归档范围和档案保管期限表》。落实综合档案馆"313"计划，指导完成曲沃县、洪洞县档案馆达省三级认定工作。推进民生领域档案工作规范化建设，指导市文广新局、中小企业局、交警支队等10余个单位规范建档，整理档案16000余卷，编制各类检索工具80余本，汇编《组织沿革》《大事记》等档案参考资料20余万字。做好破产企业档案处置工作，指导市国资委监管的临汾纺织厂等6个破产企业规范档案整理，防止档案的散失。提升基层档案人员业务素质，为全市信合系统、水利系统100余名档案员集中讲授档案业务知识26课时。推进综合档案馆舍建设，深入古县、吉县、乡宁、曲沃等县调研、督导，确保列入规划的新馆建设项目按期进展。开展档案信息编研工作，整理汇编市委、市政府及两办《发文汇集》28本，564件，5167页。

【档案宣传和执法检查】 组织国际档案日宣传

活动。围绕“6·9”国际档案日宣传主题——走进档案,专门研究制定《临汾市档案局“国际档案日”宣传活动实施方案》,明确宣传活动的主题、时间、地点、宣传内容及宣传方式。印制《档案工作规范管理文件选编》《档案法律法规选编》《家庭建档指南》等宣传读本,制作《记录历史、传承文明、服务社会、造福人民》《关于加强和改进新形势下档案工作的意见》等档案宣传展版,6月9日在鼓楼广场设立宣传点,散发宣传材料和宣传袋2000余份,在市电视台晚间黄金时段连续三天播放宣传标语,利用短信平台发送手机宣传短信5000余条。结合全市开展的“依法行政宣传月”活动,在办公楼前悬挂“依法治档,拓展服务领域”宣传横幅,向市直单位赠送《档案工作规范管理文件选编》和《档案法律法规选编》,展出《档案法》《档案违法违纪行为处分规定》等宣传版面,设置便民报刊栏,向群众发放档案宣传彩页等大力宣传《档案法》等法律法规。加强档案行政执法,从8月4日至8月29日,对26个市直单位的档案工作机构和制度、人员配备和经费投入、档案收集整理、安全管理、开发利用、8号令落实情况等6个方面进行年度执法检查,下达整改通知书19份。

(辛慧芳)

旅　游

【概述】 2014年,全市旅游行业加大资金投入力度、宣传营销广度、对策研究深度和政策扶持力度,按照省定经济目标,发现问题及时采取应对措施。旅游业步入产业经济发展的快车道。全年全市共接待国内游客2626.74万人次,同比增长23.07%,实现国内旅游收入241.03亿元,同比增长25%;接待入境游客34228人次,同比增长5.7%,实现旅游外汇收入1430.21万美元,同比增长5.8%。实现旅游总收入242.3亿元,同比增长24.23%,超额完成省市下达任务的4.23%。

【重点项目建设】 吉县加快壶口游客观光设施、人祖山景区及旅游循环路、人祖文化国际大厦、农家乐及苹果采摘体验区建设工程;开发民间剪纸、麦秆画、沙雕画等多种特色旅游商品,策划打造展示黄河文化、黄土高原民俗的实景剧,拍摄旅游主题微电影,中央电视台新闻频道进行典型报道。洪洞县启动兴唐寺造父纪念堂、手拉手拓展基地、温家大院游客接待中心建设,完成广胜寺扩建设计方案和土地用地批复。尧都区推进尧帝陵景区尧帝祭祀大殿配套建设工程。永和县明确“旅游兴县”战略,以永和乾坤湾景区为重点打造“百里黄河湾旅游经济园区”,在中央、省、市媒体开展一系列的宣传。乡宁县推进云丘山景区附属配套工程建设,完成戎子酒庄各功能区建设通过AAAA级景区初评。曲沃晋国博物馆建成对游客正式开放,太子滩晋文化展示馆及休闲湿地公园、桥山黄帝庙景区、大悲院晋南石雕艺术博物馆、青铜博物馆、晋国青铜玉器文化产业园5个项目落地实施,部分项目完工正式对外开放。襄汾县龙澍峪旅游景区建设完成对游客开放,燕村荷花园温泉度假村、东岭滑雪休闲旅游景区、双龙湖国家湿地公园建设进展迅速。浮山县加快推进印象田园、尧山森林公园、天山凤凰山庄生态园建设。安泽县开展荀子文化园文化内涵充实提升工程。

【A级景区建设】 推进国家AAAAA、AAAA级旅游景区及五星级饭店创建工作,继大槐树、壶口之后,云丘山、牡丹园相继提出创建国家5A级旅游景区的申请,启动创建工作。其中,大槐树景区AAAAA级创建通过省局验收,2015年有望进入国家旅游局的验收评定序列。汾河公园、侯马彭真故居、蒲县东岳庙3家景区通过国家4A级旅游景区验收,正式获批。全市4A级景区达11个,AAAA级景区存量占全省第一。天鹅大酒店五星级酒店创建工作启动。

【宣传促销】 引导牡丹园、尧庙、华门、仙洞沟、壶口、明代监狱、东岳庙等旅游景区在春节、清明、五一、端午节、中国和世界两个旅游日以及11月等期间推出多项针对本地居民和外地游客的门票优惠政策,各景区综合收入同比都有不同幅度的增长。经过比对和选择,邀请山西商务国旅和山西旅游会议联盟在临汾市举办年会,向与会旅行社、媒体开展临汾旅游专题推介,通过接待省旅游局“晋善晋美大型媒体采风团”和中国著名作家山西行临汾采风活动宣传全市旅游,邀请深圳3大侨商联合会及10余家大型企业考察临汾市旅游项目,取得很好的宣传促销效果,与相关单位达成良好的业务合作关系。拍摄编制高质量的临汾旅游宣传片和临汾旅游地图，制定适销对路的旅游精品线路，组织旅游企业赴京津唐、长三角、珠三角、黄河金三角及闽、桂、湘参加旅游展会，宣传临汾旅游产品。

开展精准营销，在深圳媒体开展为期两年的旅游宣传，在市场相对成熟的情况下，带领20余家旅游景区、旅行社、酒店两赴深圳举办旅游推介及招商项目会，珠三角的客源市场得到很大的拓展。得悉到北京APEC会议为北京市民带来“惊喜小长假”的信息后，提请市政府出台一系列针对北京市民和旅行社的优惠政策，编制精品旅游指导线路，于10月28日在京召开“临汾市2014金秋游(北京)推介会”，国家旅游局、山西省旅游局领导出席推介会作重要讲话，吸引100家北京市旅行社、30家主流媒体、20家社区、工会协会代表参加推介会，在会场外专设临汾特色旅游商品展示区，得到省领导的肯定。金秋游期间，全市共接待国内游客171.5万人次，同比增长45.59%，其中接待北京游客10.3万人次，与上年同期相比增长200%，接待旅游团队40余个，特别是APEC期间，全市各热点旅游景区首都游客接待火爆，重点景区日均接待与十一旅游黄金周基本持平。

临汾旅游推介会

【经典节庆活动】 指导举办云丘山中和文化旅游节、第24届洪洞大槐树文化节、2014古县牡丹节、尧都区第11届风情桃花会等旅游节庆活动10余个，指导各旅游景区在举办旅游节庆活动期间邀请客源地旅行社参加，各景区综合收入同比都有不同幅度的增长。

【旅游市场监管】 围绕大服务创造大环境的要求，狠抓旅游行业管理，以加强旅游质监管理体系为重点，以整顿旅游市场为中心，以维护旅游消费者权益为宗旨，以提高全市旅游服务质量为目的，全面推进旅游行业管理工作。将常规安全、业务检查与专项检查相结合，共检查旅游企业100余次，对旅游安全、旅行社超范围经营、门市部承包挂靠、广告虚假宣传和游客的旅游合同签订等方面进行重点检查，对星级酒店的服务和管理进行指导；做好旅游投诉的受理和处理工作。完善旅游投诉受理的工作制度，执行《旅游投诉回访制度》和《24小时值班受理投诉制度》，及时妥善处理游客投诉27起。开展导游权益保障检查。对全市导游的上岗情况、工资报酬、福利待遇、劳动合同等进行全方位的检查，对存在未签订劳动合同、劳动报酬低于最低工资标准、未缴纳社会保险的旅行社，提出批评责令其整改。举办第四届导游大赛暨寻找最美导游活动，全市各重点旅行社、景区参加。通过预赛、决赛，最终决出全市最美导游员及十佳导游，提高临汾市的旅游服务质量。

【2014年AAAA级旅游景区名单及简介】 汾河公园：位于临汾城区汾河岸畔，北起屯里大桥，南至108国道大桥。公园内铺筑三级园路100余公里，绿化栽植各种苗木1200多万株，建设大小景观节点和设施150多处。整个园区分为精品治理区和上、下游生态湿地治理区。精品区分地域展示区、素质拓展区、体育休闲区、科普活动区、艺术休闲区和青少年活动区六大功能区域。公园以生态修复为建设主题，体现仿山西明清建筑风格，打造中国古典山水园林，搭建以尧文化为特色的博大精深本土文化展示交流平台。公园被称为“临汾客厅、城市绿肺”，建成后先后被授予“山西省四星级公园”“临汾市十佳主题公园”等荣誉称号。

东岳庙：国家级重点文物保护单位，位于临汾市蒲县城东五华里的柏山之巅。环形庙院、高层游廊、双层建筑、品形戏台、三进五门、佛道合一、窑楼建筑是其七大特色。景区环山十余里皆为松柏丛林，十分优美。

彭真故居纪念馆：彭真同志是伟大的无产阶级革命家、政治家，杰出的国务活动家，坚定的马克思主义者，中国社会主义法治的主要奠基人，党和国家的卓越领导人。为中国人民的解放和新中国的诞生，为社会主义革命和建设事业，建立不可磨灭的历史功勋。作为彭真生平暨中共太原支部旧址纪念馆的重要组成部分，彭真故居修缮工程宗旨是结合彭真故居现状，以抢救、保护、修缮为核心，以缅怀彭真同志丰功伟绩，讴歌彭真同志高尚品德和崇高精神，弘扬老一辈无产阶级革命家的光荣传统为主题，打造侯马彭真故居这一红色旅游和爱国主义教育基地。故居修缮工程总体规划布局就像一座天平，寓意公平公正。就如彭真同志在法律方面所追求的“法律面前人人平等”。三个展示厅，即瞻仰厅、缅怀厅、激励厅，真实展现彭真同志光辉战斗的一生。展区展馆建筑风格为晋南清末时期民居风格，朴素庄严。

【景区简介】 尧庙—华门　国家AAAA级景区，位于临汾市中心南3千米处。尧庙西晋以前建于汾河西岸，唐代迁于现址，是历代祭尧的圣地，景区内有中华第一井、五凤楼、广运殿、万寿宫、祭祖堂和“天下第一鼓”等景观。华门有“天下第一门”的美誉，华门是中国第一座门文化建筑，高达50米的华门景区主要展示中华民族上下五千年辉煌灿烂的文明历史。内有华夏一统、源远流长、国门盛开、尧天舜日、连环九鼎等十六大景观。

平阳鼓楼　位于临汾市中心，又称大中楼，始建于北魏。基座呈正方形，周长160米，楼高4376米。楼上存有金明昌七年(1196)铸2500余公斤大铁钟。大中楼基座券砌门洞十字相交，通连四条主街。门洞上方各嵌有依明万历三十一年(1603)原刻复制的石雕匾额，分别为“东临雷霍”“西控河汾”“南通秦蜀”“北达幽并”。鼓楼一层厅顶为天井式彩绘格板，描绘有孔雀开屏、祥龙盘旋图案。二层梁架拱顶，形如八卦藻井，四壁皆为格棂窗。棂窗上部描绘帝尧传说故事60余幅。中层大厅内壁绘有各种花鸟山水及神话传说故事。是中国现存最高的鼓楼。

黄河壶口瀑布风景名胜区　国家级风景名胜区、国家级地质公园、国家AAAA级景区、全国旅游景区40佳。位于临汾市吉县城西北46千米处的晋陕大峡谷内，是世界第一大黄色瀑布和中国第二大瀑布。瀑布宽约30～50米，落差30余米，形成“水底升烟”“彩桥通天”“群龙戏浪”“谷涧起雷”四大景观。

大槐树寻根祭祖园　国家AAAA级景区，位于临汾市洪洞县城内。是集名胜古迹、祭祖活动、风景游览为一体的明代移民文化景区。“问我祖先在何处？山西洪洞大槐树，先祖故居叫什么？大槐树下老鸹窝”的民谣自明流传至今，是海内外移民后裔寻根祭祖的圣地。

黄河乾坤湾　位于永和县打石腰黄家岭村，回首远眺河会里村和隔河相望的陕西延川县伏义河村流经的这段10余里，黄河蜿蜒曲折，峰回路转，呈巨大的“S”形状，登高眺望，酷似中国传统文化中的“阴阳八卦图 ”，在“S”的两个湾里各有一个古老的村落，从总体上看，就像阴阳八卦图中的那两只眼睛。据专家考证，伏羲、女娲画“八卦”时，就渊源于永和黄河“乾坤湾”。

龙子祠泉　位于临汾西南15千米姑射山支脉平山脚下。其泉以泉群形式涌流，如蜂房蚁穴，喷涌于乱石平沙之间，多年平均流量为5.5立方米/秒，常年水温17度左右，水质良好，清澈见底，汇为渠流，延展而东。

人祖山　位于壶口瀑布东北约20千米，南北蜿蜒80余公里，海拔1742米，总面积9000公顷，属吕梁山脉。山上是一望无际的天然森林，春日百花盛开，夏季林荫蔽日，秋季果实累累，冬日银装素裹。人祖山主峰有人祖庙，周围建有大小庙宇16座。人祖山传为伏羲氏所居，史书亦称庖牺氏，风姓。故北魏郦道元撰《水经注》时谓之风山，也谓“庖山”。

云丘山　国家AAAA级景区，位于临汾市乡宁县境内，总面积35平方千米，海拔1829米。具有“南有武当山、北有云丘山”之称的云丘山，人文景观30余处，自然景观50余处，是集中和文化、道教文化、养生文化、生殖文化和自然景观于一身的文化名山。云丘山山奇险峻、峰高水秀，春有花、夏有冰、秋有红、冬有云，是寻觅传统文化遗踪，领略天然奇韵的最佳旅游境地。

锦屏山　位于吉县县城南端，属吕梁山脉。与县城隔清水河相望，又名挂甲山。因山似一幅锦绣画屏而得名。海拔949米，山上松柏叠翠，山下流水潺潺，环境优美，风光秀丽。有佛阁晴岚、锦屏叠翠、小桥流水等主要景观。占地面积约2万平方米。

三合牡丹园　国家AAAA级旅游景区，三合牡丹园位于临汾市古县石壁乡三合村。具有“天下第一牡丹”的三合牡丹株高1.83米，冠幅4米，丛围15米，每年开花360余朵，是目前全国单株体积最大，开花朵数最多的一株白牡丹。相传此牡丹为唐代所植，距今已有千年历史。

陶唐峪自然风景区　陶唐峪景区位于霍州市东南20公里处的“中镇”霍山之中，占地40平方公里。景区内有仙女池、五龙池、观峰峡、一线天、玉泉寺、犀牛石、招魂楼、莲花山、水帘洞、尧帝行宫和瀑布群等景观。陶唐峪涧水潺潺，树木幽幽，是了解陶唐历史文化，领略自然风光的绝佳境地。

历山风景旅游区　国家级自然保护区，位于临汾市翼城县西闫镇，是“华北生物资源宝库”，区内峰峦叠翠、奇峰高耸、峡谷清幽、林密草丰，其主峰是华北地区保存最完整的亚高山草甸，是集避暑、度假、科研、旅游的理想胜地。

姑射仙沟风景名胜区　国家AAA级景区，省级重点文物保护单位，位于临汾市尧都区金殿镇。“华夏第一洞房”、睡女峰、仙境石、梳妆台、会仙台、云雾寺等景观景色秀丽、石洞幽幽、仙迹灿灿。景区初春繁华似锦，仲夏宜人，深秋红叶火火，隆冬冰瀑高悬，自古就有“南逢莱，北姑射”之美誉。

小西天　全国重点文物保护单位，位于山西省临汾市隰县城西凤山巅。小西天千佛庵以泥悬塑艺术精堪而闻名天下。寺中各尊佛像、装饰均以泥为原料，以“沥粉贴金”彩绘而成，造价昂贵，各种彩塑姿态各异，栩栩如生，令人眼花缭乱、目不暇接，实为明代彩塑罕见珍品。

七里峪　国家级森林公园，位于霍州市区东50公里李曹镇的七里峪村。具有“华北天然氧吧”之称的七里峪建成“三仙泉、正南沟、牛老沟、偷水沟、石人沟、井沟、崖沟、北坱草原、红岩奇松”等十大景观，实为休闲、娱乐、度假为一体的旅游胜地。

霍山　位于霍州、洪洞、古县、沁源、灵石等县，南北走向约200千米，总面积700余平方千米，属太岳山脉。隋开皇十四年(594)册封为中镇，是中国古代五镇名山之一。最高峰老爷顶，海拔2551米，有双门峰、天竺峰、盘龙峰、天马峰、宝冠峰、青霞峰、笔架峰、玉柱峰、摩天峰、探月峰、连珠峰、钟鼓峰、伏虎岩、灵龟岩、凤凰岩、桃花谷、红岩谷、洗心泉、马跑泉、仙人石、老龙背、朝阳洞、万年坪、万锦坡等自然景观，皆造化神奇，各具佳妙。有136种野生动物资源，800余种植物资源。1992年经国家林业部批准建立国家级森林公园，公园面积约6万公顷。

舜王坪　属中条山脉。是历山主峰，位于翼城县东南的西闫镇境内，距县城70千米，海拔2321米，是山西省南部最高的山。舜王坪由舜王当年驾牛执鞭躬耕历山而得名，坪顶260公顷，景区著名景点有白龙潭、黑龙潭三级瀑布、珍珠帘、紫金沟、娥皇、女英二妃洗面盆、梳妆台、舜帝饮马的将军潭、绊马石、偏食牌楼、闪光峰、奇石沟、哚峰等。霍州署衙：国家重点文物保护单位，位于霍州市东大街北侧，是国家保存最完整的“四大署衙”之一。署衙三进院落，规模宏伟，完整地体现出地方官衙的文化内涵和元代建筑风格，被中国古建筑研究专家梁思成先生称为“滑稽绝伦的建筑独例”，在中国绝无仅有。

尧陵　省重点文物保护单位，位于临汾市城东北35千米的大阳镇，是五帝之一帝尧的陵墓，墓丘高50米，周长300余米。景区由陵墓区和祭祀区两部分组成，内有牌坊、仪门、献殿、寝殿、碑亭、垛殿和祭祀大殿等景观，是祭尧的场所。

广胜寺　位于洪洞县城东北的17千米处的霍山南麓。始于东汉建和元年(147)创建，唐大历四年(769)重修，代宗李豫御赐“广胜寺”之名延用至今。元大德七年(1303)重建，明、清增修。现存为一组元、明时期的建筑群，分上寺、下寺和水神庙三部分。1961年被国务院公布为国家级重点文物保护单位。

飞虹塔耸立于飞虹塔院中心，俗称琉璃塔，始建于东汉，元大德七年(1303)毁于地震，明正德十年(1515)至嘉靖六年(1527)重修。塔身青砖砌成，各层皆有出檐，全身用黄绿蓝三彩琉璃装饰，塔中空，有踏道翻转，可攀登而上，设计十分巧妙，为中国琉璃塔中的代表作，是国内保存最完整的七彩琉璃塔。

洪洞广胜寺水神庙戏剧壁画“尧都见爱大行散乐忠都秀在此作场”，1971年修复时将壁画拿下，现珍藏于广胜寺文物库。水神庙是祭祀霍泉神的风俗性祭祀庙宇，包括山门(元代戏台)、仪门、明应王殿等建筑。在水神明应王殿内四壁绘有近二百平米的元代壁画，尤以南壁东一幅戏剧壁画著称于世，完成于元代泰定元年(1324)。“尧都”即平阳，“大行散乐”即杂剧班子名称，“忠都秀”是头牌演员艺名，“作场”即演戏。画面完整地反映元代舞台演出的真实场面，仿佛把680年前平阳名艺人“忠都秀”的一次生动“作场”，活灵活现地搬到世人面前，成为研究东方戏剧最直观、最古老的形象记录,并已经升华为中国古代戏曲的一个经典性标识。是全国唯一保存的大型元代戏剧壁画。1998年,该画与古壁的打球图同时被编入《中国历史》教科书。丁村旅游景区:国家级重点文物保护单位,位于临汾市襄汾县南5公里处。“一村两国宝”的丁村景区,由丁村遗址和“丁村民居”两部分组成。丁村遗址是旧石器时期“丁村人”的文化遗址,丁村民居是明清时期北方民居建筑风格的典范。

苏三监狱　省重点文物保护单位,国家AA级景区,位于临汾市洪洞县县城内。建于明洪武二年(1369),因北京名妓周玉姐即苏三蒙冤落难后被囚禁于此而得名。内有虎头门、普通牢、死囚牢、“苏三井”、蜡像馆等景观,是国家唯一现存的明代县衙监狱,距今已有600多年历史。

铁佛寺　省重点文物保护单位,位于临汾市市区内。铁佛寺又称大云寺,始建于唐观贞六年(632),寺内由寺门、中殿、方塔、藏经阁、罗汉堂组成。方塔为六层八角琉璃结构,高30余米。塔内有高6.8米、面宽3.8米、重15吨的唐代铁铸释迦牟尼佛头一尊,堪称唐初艺术精品。

荀子文化园　荀子文化园位于临汾市安泽县城东部的况山之巅,2004年为纪念战国著名思想家荀子所建。园区内有山门、大殿、荀子塑像、荀子文化广场和动植物标本楼,楼内陈列着荀子著作32篇和野生植物标本400余种,是高等院校科研教学基地和青少年科普教育中心。

红军东征纪念馆　红军东征纪念馆位于临汾市永和县阁底乡东征村。2005年修建,占地2500平方米。馆内设有“英明决策筑辉煌、红军东征在永和、老区人民爱红军”三个展厅。展厅以大量实物、图片、塑刻等真实再现1936年2月至5月,毛泽东、彭德怀东渡黄河,抗日救国的伟大功绩。

永和关黄河渡口　位于县城西北35千米黄河东岸的南庄乡永和关村,自古以来为秦晋交通要道。附近山头上陶片瓦块俯拾皆是,并有数米古城墙遗迹,疑为古县城遗址。不远处有清代长城和兵营遗址,数十间石块垒制的营房清晰可辨,城墙上箭楼、望台等保存完好。与延安隔水相望,是中国共产党早期革命活动的重点地区之一。河面开阔,水流平稳,是自禹门口以上河岸最广阔的渡口。黄河文化生命树位于永和关村北,是生长在黄河岸畔的一棵千年石槐,身高30多米,树身粗约6米,四人伸长两臂难以合抱,与乾坤湾一起属于世界级别的人文景观。

【古遗址】 丁村文化遗址 位于山西襄汾县城4公里的丁村附近汾河河畔,北起史村,南至柴庄,长约11千米,旧石器时代文化遗存,距今约30万年至10万年。1953年发现,1954年作重点发掘。发现人牙三枚,旧石器2005件,哺乳动物化石—梅氏犀、披毛犀、野马、纳玛象、斑鹿、方氏鼢鼠、原始牛等28种。1976年又发现一块小孩的右顶骨化石。1961年被国务院公布为全国重点文物保护单位。丁村文化遗址是建国以来首次发现的、保存较为完好的、规模较大的、国内少有的旧石器时代文化遗址。

吉县柿子滩旧石器时代遗址　位于山西省吉县东城乡西村,旧石器时代文化遗存,距今2万年至1万年。1980年发现,1980年与2000年至2001年两次调查发掘,在15千米的范围内发现25处旧石器和动物化石,出土3000余件石制品、动物化石及制作精美的蚌质穿孔装饰品。发现方圆2公里的古人类活动中心区域,并发现一处距今2万年左右的篝火遗迹。被评为2001年全国十大考古新发现之一。2001年被国务院公布为全国重点文物保护单位。

枣园遗址　位于翼城县隆化镇枣园村与南撖村之间的滑家河、浇底河交汇处台地上,现存面积约60万平方米,新石器时代文化遗存,距今约7000年。1991年5月发现,同时清理灰坑一座,陶器以红陶为主,褐陶次之,也有一些灰、黑色陶。器形有双耳小口广肩深腹罐、直腹或鼓腹罐、敞口深腹或浅腹钵、折腹钵、假圈足钵、折沿深腹盆、直口圆腹釜、三足盂、凹腰器座等,此外还有石磨棒、陶锉、石刀等生产工具。1994年定其为“枣园文化”,省级文物保护单位。

陶寺遗址　位于襄汾县东北约7.5千米的陶寺村南,西临汾河,东靠塔儿山。是中国黄河中游地区以龙山文化陶寺类型为主的遗址,还包括庙底沟二期文化和少量的战国、汉代及金、元时期的遗存。遗址东西约2千米,南北约1.5千米,总面积在300万平方米以上,距今约4600年至4000年。50年代初发现,从1978年春至1984年冬,中国社会科学院考古研究所先后进行发掘。陶寺遗址发现的遗迹有房址、窖穴、水井、陶窑、石灰窑、墓葬、灰坑,及以观天授时为主并兼有祭祀功能的观象台。遗址中出土陶器、石器、玉器、骨器、漆木器、铜器、纺织品及1件铜铃形器等文物,其中陶器数千件,石器逾千件,骨器数百件,玉器、漆木器百余件。通过进一步考证,证实陶寺遗址极可能为4000多年前尧时代的"唐尧帝都"。其年代与尧、舜、禹时代正好相当,是中华民族文化摇篮的佐证。1961年列为省级重点文物保护单位,1988年被国务院公布为全国重点文物保护单位。

下靳遗址　位于尧都区尧庙乡下靳村,临汾市区西南约10公里处,东南距陶寺遗址约25千米,海拔高度450米。新石器时代文化遗存,距今约4600年。1997年,砖厂在村北取土时发现大片墓地。1998年5月对已暴露的墓地进行抢救性发掘,累计清理墓葬533座。墓葬依头向不同可分为A、B两类,A类墓有随葬品,其中以玉器为主,还有少数陶器、骨器等小件饰品;器型主要有陶罐、瓶、玉蝉、玉器、绿松石腕饰品等。B类墓无任何随葬品。2004年被列为省级重点文物保护单位。

曲村—天马遗址　位于曲沃县曲村镇曲村、北赵、三张,及翼城县里砦镇天马村之间,在曲沃和翼城两县交接处,总面积约为10.64平方千米。是以晋文化为主的西周时代遗址,其埋葬时代几乎贯穿整个西周时期,有新石器时代的仰韶文化层、龙山文化层、夏文化层、西周至战国文化层,以及秦汉元明文化层。距今2800年至3000年。1962年发现,1963、1979年至2001年对遗址进行调查和发掘。发掘出周代墓600多座,出土280余件青铜礼器,大量青铜兵器、车马器、完整陶器1000余件,以及数万件玉、石、骨、贝、蚌、铅器等。M8的陪祀车马坑为全国同时期最大的车马坑,清理出陪祀马100匹。1996年被国务院公布为全国重点文物保护单位。为确认西周时期晋国的始封地以及晋国历史的研究和夏、商、周断代工程,提供重要的实物资料。

侯马晋国遗址　在侯马市汾、浍两河交汇处,面积约33平方千米,年代为公元前6世纪初至公元前40世纪初。该遗址也称侯马晋国都城遗址或新田遗址,为东周时期晋国最后一个都城新田所在。1952年发现,1956年发掘。古城已圮,仅存宫殿台基残迹。由古城遗址、宗庙建筑遗址、祭祀遗址、手工业作坊遗址、墓地和居址组成。

牛村古城　位于侯马市西北,南北长约1400米,东西宽约1200米。在牛村古城址南有铸造青铜器、陶器、石器、骨器的手工业作坊。

铸铜作坊遗址　面积约3000平方米,出土100多块铜锭、铝锭、铸铜生产工具及3万余件陶范。青铜礼器有鼎、豆、壶、簋、鉴、敦等,兵器有剑、镞等,此外尚有车马饰和虎符。陶范刻有精美的夔龙纹、蟠螭纹、云雷纹、环带纹、垂叶纹、人纹、鱼纹、首纹等。

盟誓遗址　位于牛村古城东南,占地3800多平方米。遗址中发现4百多坑,坑内埋葬着牛、马、羊和玉币等牺牲。其中41个坑内出土约数千件盟书,多数为朱书盟书,少数为墨书诅辞。

上马村墓葬区　位于牛村古城南、浍河南岸,面积约50万平方米,墓葬密集。其中13号墓是一座规模较大的长方形竖穴木郭墓,墓内的随葬品,除铜贝、包金贝1600多枚外,共约360多件。1961年被国务院公布为全国重点文物保护单位。1992年被评为全国考古十大发现之一。

绵山介子推遗址　位于翼城县城西北5千米处的绵山。相传,介子推母子均亡命于此。后人为纪念介子推,在火烧绵山处建一座庙,庙内塑有介子推母亲的石像,旁边是介子推跪在母亲身边的石像,以为纪念。

蔺相如墓　位于古县北平镇李子坪村口东山脚,墓高9米,周长80米,墓顶树林葱郁,墓前有一树枝曲干黑,墓堆为圆锥型,土质为陶土。墓前有一小河,名蔺河,因"文化大革命"中造田,墓土被挖,现仅存原墓一半。墓前有碑三通,一为民国7年(1918)署理安泽知县、清末举人房长奂所立,二为1960年5月1日安泽县人民委员会所立,三为1995年6月20日古县人民政府所立。

【元代戏台】 有5座,是中国罕见的一组古代戏台建筑。

魏村牛王庙戏台　位于临汾市西北25千米处的魏村镇魏村北的牛王庙内,坐南面北,是现存全国最早的戏台建筑之一。建于元至元二十年(1283),单檐歇山顶亭式建筑,平面正方形,为木构亭式舞台,台面宽7.45米,进深7.55米,台基高1.4米,四角立柱,前檐石2根为方形抹角石雕。元大德七年(1303)因大地震,戏台倾塌,至治元年

(1321)重修,1978 年落架复原修缮。1996 年被国务院公布为国家级重点文物保护单位。

东羊东岳庙戏台　位于魏村牛王庙戏台东南 5 千米处的土门镇东羊村东岳庙内,现存戏台和后土圣母殿,始建于元至正四年(1344)。戏台坐南向北,正面敞朗,三面封闭,平面方形,占地面积 169 平方米,台顶高 12.6 米,单檐歇山顶。台基高1.75米,台宽7.75米,深 3.5 米。内檐梁架结构巧妙,交迭成八卦形,故亦名八卦亭,在古戏台中堪谓绝无仅有,独领风骚。省级重点文物保护单位。

王曲东岳庙戏台　位于东羊东岳庙戏台东南 3 千米处的吴村镇王曲村东岳庙内。戏台分前后两部分。前部是悬山卷棚式结构,民国初年重修时增建;后部为十字歇山顶建筑。

乔泽庙戏台　位于翼城县城南 5 千米处的武池村。庙已毁,唯独戏台完好保存下来。始建于元泰定元年(1324),距今 678 年,元、明、清各代皆予以扩建和修葺。台基高 1.6 米,尚袭宋金舞亭建筑规制,长 13.3 米,面宽进深 9.3 米,中线之内面积 86.49 平方米,呈正方形,台上有 8 根大柱支撑屋架,呈井字形排开,整个屋架为木制结构,藻井厅巧,琉璃脊饰。是国内现存金、元戏台建筑中规模最大的一座。省重点文物保护单位。

四圣宫戏台　位于翼城县闫镇曹公村四圣宫内,建于元至正年间(1341—1368),坐南中向北,平面近方形,单檐歇山式建筑,三面封堵,整个舞台用材硕大规整,结构精巧。戏台和大殿相对,无前后台之分,是元代的建筑形制。

【精品线路】　黄河风情游:以壶口—克难坡—管头山—人祖山为主线;

寻根祭祖游:以古槐一尧庙一尧陵一丁村为主线;

休闲生态游:以舜王坪一荀子文化园一三合牡丹园一七里峪为主线。

全省主推古建宗教游、晋商文化游、寻根祭祖游、太行山水游、黄河风情游、红色经典游等 6 大旅游精品线路,黄河风情游、寻根祭祖游已经成为 6 大精品线路中的其中之二。

【地方特产】　霍州面塑　霍州面塑小巧玲珑,做工精巧,式样繁多,它不仅是一种风味面食、馈赠亲友的佳品,也是可供观赏的艺术珍品,不同节日、不同节气的花馍其花色造型各有讲究。过大年的登高、枣花馍,清明节的蛇盘馍,七月十五的羊羔馍、猪头、麦积、针线管箩;孩子满月的项圈馍、老人祝寿的寿桃馍;此外还有人物、动物、果实、经典故事、十二生肖、二龙戏珠、龙凤呈祥、喜鹊登梅等。天上飞禽、地上走兽、水中游鱼、名作名典人物,经过巧手加工成一幅幅精美的艺术珍品,成为霍州旅游产品。

壶口杂粮　“壶口牌”杂粮具有独特的保健食疗作用,真空包装便于储存,是家居食用和馈赠亲朋的首选佳品,杂粮系列产品主要有绿豆、红豆、大豆、芸豆、菜豆、小米、高粱米、燕麦、荞麦、玉米片、燕麦片、豆面、荞麦面、玉米面等 30 余个品种。壶口杂粮以科技为保证、以质量求生存、以市场为先导、以品牌求发展、以诚信为宗旨、以信誉求效益、以绿色食品为目标、以人类健康为目的、产品远销全国各地。

隰县梨　隰县被誉为“中国金梨之乡”,种植梨已有 1500 余年的历史,是全国仅有的两个金梨品种产区之一。该县以其土层深厚、耐干旱、昼夜温差大,得天独厚的自然优势,被国内许多果树专家公认为果树生产最佳区域。据国家专业部门检测,隰县梨果含糖量高于周边果区同类产品。其中晋蜜梨连获山西省首届(1996 年)、二届(1998 年)优质果品展评会金奖。2002 年,隰县梨以其果面光滑、色泽艳、含糖高的优势,在国家工商局商标总局注册“隰州梨”商标喜获成功。

吉县苹果　果型端正、果面光洁细腻、着色鲜艳浓红、口感香脆甜爽。曾获得山西省首届农博会金奖、山西省第一、二、三届名优水果展评会金奖、1992 年首届中国农博会苹果类唯一金奖、第三届中国农博会“名牌产品”、北京国际果品鉴证会金奖、1996、2000、2001 年中国国际果品博览会“名牌产品”等大奖。1997 年起吉县苹果开始少量出口,2004 年出口量大增,远销澳大利亚、加拿大、德国及泰国、老挝、俄罗斯等国家,在海外有较高的声誉。

永和枣　传统品种有条枣、灰枣、小枣、团枣、麻子枣、葡萄枣、圪瘩枣、大叶枣、五星枣、葫芦枣、脆枣、沟坝枣、无核枣等 13 种,其中条枣和灰枣、小枣、团枣等 4 种为主栽品种。还利用枣开发出红枣米面粥、蜜枣、玉枣、红枣饴、红枣保健汁、酸枣汁等保健品。

古县核桃　古县核桃栽培有 2000 多年的历史,作为古县高优农业的拳头产业,经过几十年发展,形成了老中新三大核桃区。近年来,古县新引进晋龙1号、辽核1号、辽核3号等11个优良品种，其中晋龙1号获得了“山西省名优核桃的称号”，在古县得到大面积的推广。现有核桃树105万株，年产核桃125万公斤。

【旅游纪念品】 土圪塔布鞋 土圪塔麻绳手工拉花千层底布鞋一直沿用传统手工制作方式，工艺严格、独特，选料考究、做工精细，工序复杂繁多，每一双千层底布鞋都要经过拧绳、沿边、纳制、鞋底整形、合布、下料、裁断、制帮、绱鞋、排揎、成谢等十余道工序才可完成。每道工序都有严格明确的标准，讲究尺寸、手法、力度，要求干净、利落、准确；其制作工艺采用的是师徒传承、口传心授的传承模式，难度很大。鞋底采用的麻绳手工拉花千层底在全国独一无二，是中华民族传统文化的延续和引申，毛坯是由30多层棉新白布合成，透气、吸汗性强，纳底时要选用上等麻绳，每双鞋要用麻绳、棉索200多米，粗细不能超过0.05毫米，每平方寸纳146针以上，一双鞋至少3000多针，在花型上采用民间广为流传的喜鹊、梅花、石榴、牡丹、如意、福寿等图案，表达吉祥如意、幸福安康的美好祝愿。

泥泥狗泥塑 是伏羲女娲的象形物，是远古生灵群像的高度概括变形的祭祀物，其源远流长。人祖山泥泥狗取材于人祖山特有泥质，用红、黄、绿、白、粉五色黑底，手工捏造，彩绘文化格调，造型古朴、似拙实巧，每个产品有孔可吹，音律浑厚，独具一格，品种繁多，取材广泛，造型生动，精致细腻，栩栩如生，有人面兽身、奇禽怪兽等造型，是祈福、避灾、求子、馈赠亲友颇受欢迎的神圣物。

晋侯鸟尊 仿古青铜器，高39厘米，长30厘米，宽17.5厘米，整个鸟尊以凤鸟回眸为主体造型，头微昂，圆睛凝视，高冠直立。禽体丰满，两翼上卷，在凤鸟的背上，一只小鸟静静相依并成为鸟尊器盖上的捉手，为宗庙礼器。

乡宁紫砂陶器 分日用品及装饰品两种。以茶具为最佳，造型古朴，形态端庄，文雅别致，各成风格。沏茶能保持原有色、香、味不变，隔夜不馊，长期使用不起腻苔，不生异味，久之能使茶味隐蕴，余香暗藏，虽注入清水，犹有茶香，有“此时无茶似有茶”之谓。清代曾列为贡品。其耐冷热应变性佳，虽在冬日注入沸水亦不能裂，提携不炙不烫，使用愈久，色泽愈美。所制汽锅，用于烹制鸡、鸭、鱼、肉，滋味蕴蓄不散。所制的花盆植入花木不易烂根，以其型色俱佳，赏用兼备，益增花木之美。

侯马皮影 侯马素有“皮影之乡”的美称，其历史可追溯到春秋时代。自唐末始，侯马即有皮影戏，至金代兴盛一时。皮影大师廉振华，生于1922年，侯马市虒祁村人，是全国著名的民间老艺人。曾组建侯马市皮影剧团，先后创作了《采蘑菇》《鹤与龟》《大闹天宫》等皮影剧目。《振华皮影》接待过来自全国各地和美国、法国、日本等国的客人。其作品深受海内外人士的欢迎，曾被中央、省、市领导作为珍贵礼品馈赠国外友人。

平阳木板年画 平阳木板年画是中国最早制作的木板年画之一。平阳木板年画题材广泛，刀工细腻，印刷精细，地方色彩浓厚，别具风韵，为广大帮人所喜闻乐见。宋金时期，平阳木板年画主要产于平阳(今临汾)、浮山、绛州(今绛县)等地，行销于今山西、陕西以及内蒙古、甘肃等地。由于木板年画的地方性及其在家庭中的实用性，如拂尘纸、门画、门楣、室外壁画等，平阳木板年画至今仍在市场上销售。

郑月巴葫芦艺术 采用镂刻、烫烙、浮雕、线刻、沥金、压模等多种工艺，制作形态各异的宝葫芦、酒具葫芦、神符葫芦、仿古葫芦、百寿葫芦、八宝葫芦以及五彩缤纷的脸谱葫芦、奇形葫芦等。特别是根艺葫芦，曾得到彭真同志的赞赏，后又作为山西省珍贵礼品赠给薄一波、任建新等同志，名震全国，成为最有地方特色的、品位较高的珍贵礼品。

【旅行社】

2014 年临汾市旅行社一览表

临汾中国国际旅行社(特许出境)	临汾大奇旅行社	汾西县金凤凰旅行社
临汾中国旅行社	临汾大成方略旅行社	翼城凯达旅行社
临汾京铁旅行社	临汾海峡旅行社	翼城红海旅行社
临汾假日旅游有限公司	临汾自由行旅行社	翼城舜王坪旅行社
临汾尧都旅行社	临汾康辉旅行社	襄汾卧牛旅行社
临汾东方旅行社	临汾思麦尔旅行社	乡宁亚龙旅行社
临汾天元旅行社	霍州市旅行社	乡宁鸿翔旅行社
临汾商务旅行社	霍州宏利旅行社	蒲县安隆旅行社
山西壶口之旅旅行社	霍州中镇旅行社	曲沃完美假期旅行社
临汾尧夏旅行社	侯马航旅假日旅行社	曲沃伍思旅行社
临汾新闻旅行社	侯马三皇旅行社	吉县三河旅行社
临汾飞虹旅行社	侯马万里行旅行社	山西丁村人旅游有限责任公司
临汾新世纪旅行社	侯马神州旅行社	大宁福星旅行社
临汾大地旅行社	侯马四方旅行社	山西新闻国旅临汾分公司
临汾华尧国际旅行社	侯马华铁旅游有限公司	北京易游天下国际旅行社临汾分公司
临汾新宇旅行社	侯马宏图旅行社	山西鑫洋国际旅行社有限公司临汾分公司
临汾夏日旅行社	洪洞森源旅行社	山西春秋国际旅行社有限公司襄汾分公司
临汾九龙航空旅行社	洪洞友邦旅行社	山西友谊国旅临汾分公司
临汾经之纬旅行社	洪洞航天旅行社 临汾途乐旅行社	洪洞大槐树旅行社有限公司
山西三晋祥云旅行社	山西如骏旅行社	临汾百事通旅行社
永和乾坤湾旅行社		

【星级饭店】

2014 年临汾市星级饭店一览表

四星级	临汾唐尧大酒店	襄汾丁陶大酒店	侯马华强大酒店
	临汾金海湾大酒店	侯马华翔大酒店	临汾思麦尔大酒店
三星级	临汾五洲大酒店	古县宾馆	翼城宾馆
	临汾五洲休闲广场	古县天上人间度假村	曲沃宾馆
	临汾红楼大酒店	洪洞赵城宾馆	乡宁昌平大酒店
	红楼国际青年旅馆	洪洞大槐树酒店	乡宁玉鑫源大酒店
	临汾宾馆	临汾育花园大酒店	吉县壶口瀑布大酒店
	临汾尧都大酒店	临汾东苑大酒店	临汾家思博尔酒店
	临汾黄河大酒店		
二星级	临汾福临大酒店	临汾神农大酒店	翼城长乐大酒店
	临汾平阳宾馆	临汾书荣大酒店	襄汾大运商务酒店
	临汾铁道宾馆	侯马怡鑫大酒店	襄汾交通大厦
	临汾国税宾馆	曲沃宝丽大酒店	吉县丰泽园大酒店
	隰州宾馆	曲沃信合宾馆	大宁宾馆
	洪洞信合宾馆	翼城园义园大酒店	蒲县安隆宾馆

·星级酒店简介·

【唐尧大酒店】 唐尧大酒店位于临汾经济技术开发区中大街,是临汾首家按国际四星级标准兴建的集客房、餐饮、康乐及会议于一体的豪华商务酒店,占地面积 1.67 公顷,营业面积 3 万平方米。酒店拥有各类客房 202 套,可同时容纳 400 人居住。各具特色的大小宴会厅,中西餐厅 30 多个,引进风味独特的粤式菜系,配有自动点菜系统。另有多种规模的商务会议厅、其中多功能厅内备有灯光、音响、同声传择系统、伸缩式舞台,可接待同际会议、记者招待会、贸易洽谈会、大型宴会、舞会、时装展示会。休闲娱乐健身项目有桑拿、演艺、游泳、健身、桌球、乒乓球、网球、游戏等。

【金海湾大酒店】 金海湾大酒店是由金海湾房地产开发有限公司投资,按照四星级标准兴建的豪华商务酒店。它位于临汾最具有发展潜力的临汾市经济技术开发区,向阳西路与滨河路交汇处,紧邻汾河公园。拥有城区最便利的交通条件,最优美的周边环境。

【临汾红楼大酒店】 临汾红楼大酒店 2001 年 1 月 13 日开业,创新管理、遵循“宾客至上”的服务理念，于2002年率先在临汾市旅游饭店中成功通过ISO9001国际质量管理体系认证，成立红楼酒店管理有限公司，输出管理和培训，管理水平与国际接轨，形成独具特色的红楼管理模式。作为“山西省商业诚信优秀企业”，红楼大酒店连续五年被评为“山西省最佳三星级饭店”。

（郭　良）

餐饮服务

【概述】　2014年，餐饮服务中心主要在餐饮企业内开展转型发展和创建“诚信临汾”餐饮APP平台为主线开展工作。1月，完成“晋人晋菜晋味道”的工作总结，对全市的餐饮名店进行认定。4月，组织餐饮行业相关人员，参加“山西省川菜交流研讨学习班”。9月，参加中国烹饪协会第五届常务理事会议，保留常务理事，为烹饪事业提供战略高度，发挥行业协会的协调作用，协助企业实施品牌扩张。11月，《餐饮业经营管理办法》实行。配合山西经济频道“味道山西”栏目在临汾市拍摄四期节目。为临汾餐饮走出去，增添亮色，更向外宣传临汾市的传统美食文化。

【“杜绝餐饮浪费”的倡议书】　3月，根据临汾市商务局安排部署，在临汾市餐饮行业发出“杜绝餐饮浪费”的倡议书，为全市餐饮行业倡导科学合理消费，树立文明就餐的社会良好风气打好基础，为打造节约型餐饮，促进餐饮业生态文明建设，引领全市餐饮业走低碳环保、循环经济发展铺平道路。

【打造“诚信临汾”餐饮APP平台】　7月，和临汾市迪思网络科技有限公司共同创建“诚信临汾”APP公益性移动商务平台，全市共有180余家餐饮企业入驻，平台立足于O2O商务模式，免费提供展示餐饮企业产品和服务的内容，环境和需求的空间，还有地图显示、自由团购、无线Wi—Fi覆盖的服务。使餐饮企业利用网络科技，打破现有格局，创造更新的发展空间。

【打造特色餐饮品牌】　2月初，联合临汾市电视台《魅力临汾》之餐饮篇的拍摄工作，为下一步的具体安排打好基础。特别是以挖掘名优小吃和特色宴席为中心，树立临汾市餐饮品牌形象，展示全市特色饮食，促进名优风味小吃的交流，满足广大消费者需求，打造特色餐饮品牌。

【行业服务对象座谈会】　组织相关餐饮企业召开行业服务对象座谈会，征求餐饮业面临的困境和转型发展的思路。新一轮的转型潮开始在一些高端餐饮企业启动。要求引导餐饮企业研究市场动向，调整经营定位，贴合消费需求，回归本质、回归理性、回归市场、回归大众。

【洪洞县第二届烹饪大赛评判工作】　8月，应洪洞县总工会、洪洞县食品药品监督管理局的邀请，为洪洞县第二届烹饪大赛担任评判工作。中心组织行业内有威望的评委，制订比赛规则，促进洪洞餐饮企业提高烹饪质量与服务水平，激励行业员工爱岗敬业。

【参加“2014中国（太原）面食文化节”】　8月底，临汾市餐饮服务管理中心和临汾市烹饪协会组织全市5家餐饮企业参加“2014中国（太原）面食文化节”。取得“最佳饺子宴”“最佳风味小吃”“最佳创新菜品奖”的成绩，促进企业提高烹饪质量与服务水平，勇于创新，为拉动内需，促进消费，繁荣市场发挥积极作用。

【出台《餐饮业经营管理办法》】　《餐饮业经营管理办法》自2014年11月1日起实行，长期以来，餐饮行业缺乏全国性的、统一的行业法规，《办法》的出台有助于解决餐饮业发展面临的突出问题，促进餐饮业规范、有序发展，结合全市餐饮业实际发展情况，组织专家对餐饮企业进行免费培训，规避发展过程中容易产生的问题，全市餐饮行业在经历市场变化的洗礼，进行一系列转型升级举措之后，保持原有特色和优势，通过运用先进的经营理念和高水平的经营模式，主动出击，开发便宜、便捷、卫生的大众化产品，引领消费新模式，实现可持续发展。

针对全市餐饮市场转型发展的需要和技术力量薄弱的现实，开展工作，实施“品牌战略”，打造餐饮名企。

【赴忻州考察】　10月，为探索新形势下餐饮业经营发展模式的创新与行业的转型升级，实现全市餐饮业健康、可持续发展，组织市餐饮企业代表赴忻州考察餐饮市场。餐饮企业代表围绕宏观经济形势、餐饮业面临的挑战、企业经营模式创新等问题进行交流探讨，取得积极成果。

（张和杰）

新闻出版

出版管理

【概述】 2014年，新闻出版科按照省新闻出版广电局的工作部署和市局工作任务目标分解的安排，以扫黄打非、农家书屋、文化产业建设等工作为重点，完成省、市局交办的各项任务。

【扫黄打非】 召开全市"扫黄打非"工作会议，下发2014年"扫黄打非"工作要点；起草、印发《临汾市2014年"扫黄打非"行动方案》。开展打击"三假"专项行动，取缔非法设立的《政府法制》杂志社临汾记者站，将当事人相关问题材料移交至市公安局；协调襄汾县公安局查获依法判决"8·8"假记者敲诈勒索案和"9·12"《西部时报》记者敲诈勒索案；召开两次驻临记者站座谈会，要求严格按新闻纪律办事，把握政策，服务大局，规范单位人员，树立良好形象。

开展中小学教辅材料专项治理工作；开展"清源2014"专项行动、"秋风2014"专项行动和"净网2014"专项行动，制订下发行动方案；5月26日至28日，对部分县市区上半年开展"扫黄打非"工作情况进行督导检查；在敏感时间节点对出版物市场进行检查；开展集中清理整治非法"医疗、医药广告"专项行动。

暑期前后，开展暑期出版物市场集中清理整治和校园周边出版物市场专项整治行动，维护青少年学习成长环境。

10月14日、15日，开展下半年"扫黄打非"工作督导检查活动。10月24日，参加全省"扫黄打非"主任工作和行政执法培训会议。向省"扫黄打非"办汇报工作情况。

全年出动检查人员1700余人次，车辆350余台次，检查各类印刷复制企业1000余家次，检查书店、报亭200余家次，音像店38家次，旅游景点25处次；收缴各类非法出版物600余本，盗版音像制品900余张，取缔2家无证经营车载流动售碟摊点，督促5家无证经营打字复印店办理印刷经营许可证。

农　家　书　屋

【农家书屋工作】 全市评选100家优秀农家书屋，共更新100万元图书；配送2970套十八届三中全会学习资料；指导、帮助洪洞县开展"百村书屋话德孝"活动，提升农家书屋的地位和作用；利用暑假期间，开展"我的书屋，我的梦"农村少年儿童阅读活动，选送6篇优秀作品参加省局评选；10月22日，在洪洞县开展全市农家书屋管理工作学习交流活动。

【新闻采编人员考试】 开展400余人参加的临汾市新闻采编人员岗位考试工作；对考试合格者，做好资料登记、证件收交工作，将相关资料按时上报至省局；对需要补考、缺考和申领新闻记者证的采编人员进行摸底、登记，对下次考试进行初步安排。

【企业年检】 基本完成出版物市场经营企业年检工作：印刷厂年检，采取现场办公与集中年检相结合的方式进行；完成驻临记者站年检；完成复印打字店、书店、音像制品店年检备案；内部资料年检工作进入扫尾阶段。

【经典名著活动】 开展全市文广新系统开展阅读经典名著活动;在4月26日开展"4·26世界知识产权日"法制宣传活动,向广大群众发放宣传海报、法律法规宣传资料和赠送"绿书签",推动全民阅读,增强广大人民群众对知识产权的保护意识;在局机关开展阅读经典名著活动谈心谈话活动,收到很好的示范带动效果。

【包装设计展】 扶持、指导尧信印业举办"2014尧信杯农副产品包装设计展暨吉县苹果核心品牌包装设计研讨会"的筹备工作,推动全市农产品绿色包装和农业经济转型发展。

【数字印刷】 鼓励指导德美印业开展印刷电商经营活动,促进印刷业与互联网的融合,带动全市印刷业的转型发展。扶持引导曲沃县元新印刷厂和翼城县兴翼印刷厂转型发展,完成数字印刷项目审批手续。

广播电视

【概述】 2014年,临汾电视台完成党的群众路线教育实践活动、市"两会""党风廉政建设""临汾市重点工程建设"等重大活动的宣传报道。特别是在"两会"报道中,完成"两会"的报道任务。

《临汾新闻》《直播临汾》先后开辟《深入开展党的群众路线教育实践活动》《践行社会主义核心价值观》等专栏,播发广播电视新闻934条。《正在进行》《阳光政务》《特别关注》等电视栏目重点推出践行群众路线的好标兵——马健、任玉林、张建国等模范典型。与中央人民广播电台华夏之声、香港之声、香港电台普通话台联合打造《城市新跨越——祥和临汾》特别节目,向港澳珠三角地区展示全市的发展变化,推介魅力新临汾。2014中国临汾国际名校赛艇对抗赛直播取得成功,实现临汾电视台直播史上多个"第一次",展示全台的综合实力,让外界领略"一川清水、两岸锦绣"的大美临汾。2014年,全台共播发新闻7300余条,省台发稿360条,中央台发稿96条。全台有28件作品荣获省、市各级各类奖项。

【农村网络数字化整转和高清业务】 2014年,完成农网整转39900余户、高清推广4000余户,实现全网数字化。完成土门网络的并购和数字化改造,实现与铁路网的联网,全面提升广电网络竞争能力。

【基础设施】 更换配备四讯道高标清硬盘播出系统,全面提升节目播出质量;完成塔儿山转播台的搬迁、播出机房的改造、发射塔的维修,保障播出安全;对网络中心、广播发射机房进行安装调试,对时政新闻、都市新闻后期制作机房的设备进行改造,提高基础设施水平。

(王　昶)

年度热播节目介绍

·电视类·

【临汾新闻】 是一档联播类新闻栏目,主要承载全市的主要时政要闻、主题性报道、百姓生活和咨询服务等新闻。播报特点既庄重大方又简洁明快,既体现主流媒体的权威性和公信力,又不失亲和力和服务性,始终坚持正确的舆论导向,倡导社会正能量。属日播类节目,栏目时长15分钟,首播时间为:临汾一套每晚8:00,复播时间为:22:30,次日早晨7:01,次日临汾二套13:00。

【尧都新闻】 是一档以时政报道任务为主的综合新闻类栏目,主要承载尧都区时政要闻、主题性报道、百姓生活和咨询服务等新闻。播报特点体现都市风格,突出时尚、明快、大信息量。在坚持正确的舆论导向,倡导社会正能量,充分体现主流媒体的权威性和公信力的同时,彰显贴近性、服务性、伴随性的独特时尚元素。栏目时长10分钟,播出频道临汾二套,播出时间:首播每日19:50,复播时间:22:00,次日7:20。

【直播临汾】 是一档民生新闻类栏目,节目传递最鲜活的新闻资讯,直击最真实的新闻现场,搭建最广阔的新闻平台,民生大看台 生活大百科。着力体现"走转改"精神,传播最新资讯、打造信息平台、围绕"真、准、快、活、新"五个字,追求语言通俗、叙事清晰、情节突出、细节完善、风格平实、主持活泼、点评到位、服务周到、信息丰富。节目《临汾看点》《第一现场》《资讯集装箱》《播客说事》《百姓故事》《安全红绿灯》《互动平台》《健康养生》《天气窗口》《生活小常识》版块组成。节目时长20分钟,首播时间:临汾一套每周一、二、三 20:25 复播时间:

周二、三、四 7:30、12:45 二套:周四、五、六 19:20 二套:周五、六、日 7:01。

【正在进行】 栏目以人品加作品就是我们的生命为座佑铭。正"字象征着正义正直正道,围绕中心、服务大局进行舆论监督、宏扬主旋律是这档节目的主要特征。以正在进行的时态记录正在发生的新闻事件;以公平公正的态度监督不公平的社会现象;凝聚正能量,为文明临汾鼓与呼;坚持正导向,树立和谐临汾新形象。节目时长 15 分钟,首播时间:临汾一套周四 20:25 复播:一套周五 7:30、12:45,二套周日 19:20,二套周一 7:01。

【正在进行特别关注】 是一档演播室访谈类节目。栏目通过主持人访谈+演播室嘉宾+记者外采的形式,始终坚持"关注社会发展、贴近百姓生活"的栏目宗旨。以均衡的眼光,观察不均衡的社会,以独特的视角,解析新闻背后的新闻,以权威的观点,彰显主流媒体公信力。节目时长 15 分钟,首播时间:临汾一套周五 20:25 复播:一套周六 7:30、12:45,二套周一 19:20,二套周二 7:01。

【阳光政务】 栏目通过"表达、探讨、沟通"的零距离对话平台和"知情、参与、监督"向大众开放的民主渠道,推行政务公开,栏目采取现场报道、明察暗访、专家点评、跟踪采访、观众互动、电话热线等形式,打造政务服务的完全手册,架起党群干群关系的沟通桥梁。栏目共设置《行风面对面》、《政策零距离》、《行风正能量》、《晒你没商量》《服务心贴心》等版块组成。节目时长 15 分钟,首播时间:临汾一套周六 20:25 复播:一套周日 7:30、12:45,二套周二 19:20,二套周三 7:01。

【论理说法】 是一档法制节目,通过普法栏目剧的形式讲述发生在老百姓身边的法律故事、社会现象,加之演播室权威法律专家的精彩点评,使观众在看故事的同时了解法律,学法用法,共同构建和谐的法制环境。以精彩的故事解读法理,以法律的视角观察社会,以权威的观点举案说法,生动普法共享和谐。节目时长 15 分钟,首播时间:临汾一套周日 20:25 复播:一套周一 7:30、12:45,二套周三 19:20,二套周四 7:01。

【梨园堂】 是一档具有浓郁地方特色的文化戏曲类栏目,该栏目通过主持人和梨园名家亲切自然的交流与互动,使观众即感受到了名家名段的风采,又普及了梨园戏曲知识。栏目内容:主要以晋南的蒲剧、眉户为主,还有活跃在我市其它县市的一些小剧种如碗碗腔、道情、琴剧等地方小戏。栏目由《梨园名段 》《梨园百科》《梨园名家》《梨园采风》《梨园梦想秀》《梨园大家唱》版块组成。栏目时长 50 分钟,首播时间:临汾二套每周六 20:00;复播时间:临汾二套周日 7:10,13:20,临汾一套周日 9:20。

【魅力临汾】 是一档大型文化旅游类栏目。它以旅游为载体,以文化为核心,以故事为基础、以情感为纽带,努力打造美丽临汾对外宣传的窗口,为推介当地经济社会发展、城市形象、文化产业、旅游资源提供一个新的舞台。节目通过外景主持人现场通俗、直观、生动的讲解、体验,学者嘉宾的文化解读、旅游话题的实时互动,传递出文化信息,使观众在身临其境般的视听中有所感悟和共鸣。节目时长 20 分钟,首播时间:临汾二套周一晚 20:10;复播时间:临汾二套周二早 7:30,午间 13:50,临汾一套周二早 9:00。

·广播类·

【临汾新闻】 围绕临汾市的中心工作,坚持以正面宣传为主的方针,及时准确地搞好宣传报道,牢牢把握正确的舆论导向,弘扬主旋律,坚持"三贴近",为临汾经济社会发展提供强有力的舆论支撑。播出时间:(FM95.1)每天首播 19:00—19:30 次日重播:7:30—8:00。

【930 政风行风热线】 以行风监督,政策解读,广播问政,民生服务为主要内容的新闻类节目。节目宗旨:搭建党群沟通桥梁,展示政务公开形象,开启便民服务窗口。播出时间:(FM95.1)每周一、三、五、日上午 9:30—10:00。

【有事您说话】 报道您身边的麻烦事、稀奇事、新鲜事、感人事,解决老百姓困难,营造积极氛围的民生类新闻节目。播出时间:(FM95.1)每周二、四、六上午 9:30—10:00。

【新闻新观点】 节目主持人对当天新闻事件进行遴选,把新闻事件说"透",给听众提供深刻新闻评论和独到的新闻观点。播出时间:(FM95.1)10:00。

【都市新空气】 是一档早间供求信息类节目,定位于提供贴近临汾居民生活的各类供求信息,关注民生、服务民生。播出时间:(FM95.1)8:00—9:00。

【娱乐新客栈】 讲述奇闻趣事,搭建展示平台,营造轻松氛围,娱乐社会大众。节目风格:轻松、幽默、娱乐、搞笑,播出时间:(FM88.9)上午 9:30—10:30。

【都市跳跳糖】 以欢快节奏、简约活泼的风格,带动听众轻松的接收一些时尚资讯。以娱乐轻松为主题，囊括资讯、新闻、歌曲、服务等等节目，节目设置：《娱乐向前冲》《music fly》《点唱驿栈》《爱上有梦想的你》《来听微博吧》。播出时间：(FM95.1)13：00—15：00。

【都市新生活】 生活服务类节目，节目宗旨：传递信息、服务生活，节目设置：《微天下》《爱尚生活》《今天吃什么》播出时间：(FM95.1)17：00—19：00。

【都市总动员】 直播互动闯关益智类节目。以寓教于乐为宗旨，集齐趣味、益智、知识、紧张、惊险、幽默于一身的有奖问答节目，通过主持人轻松幽默娱乐搞笑的方式分享知识传递快乐，从而调动听众的广泛参与性，实现听众的自我挑战，播出时间：(FM95.1)20：00—22：00。

【阳光早班车】 是一档综合性的交通资讯节目，以开心、轻松为宗旨，涵盖幽默、囧事、流行语等时尚元素，用我们的声音开启听众朋友欢乐的一天，提供最快捷的交通路况信息。内容包括：出行天气，焦点事件，社会新闻，娱乐资讯，好听的音乐。播出时间(FM88.9)7：30—9：00。

【阳光快车】 是一档集交通服务、宣传、推介、解答为一体的综合性交通类节目。它以“服务百姓生活，宣传道路安全法，倡导文明出行”为宗旨，达到协助交管部门疏导交通、服务听众的目的，服务百姓，方便出行。播出时间：(FM88.9)11：00—13：00。

【心随乐动之我爱麦克风】 是一档音乐互动类节目。整体的节目风格以轻松幽默为主，突出音乐节目的欢快，以互动作为节目的主体内容，吸引听众参与节目，我爱麦克风，快乐不停歇。播出时间：(FM88.9)14：00—16：00。

【平安回家】 集交通资讯、服务、娱乐元素、温情提示、违章播报、互动于一身，内容贴近民生，贴近百姓，用有趣轻松的表达方式将社会热点、新闻资讯进行融合，根据需要随时插播最新路况，并和节目内容有机衔接。力求营造一个轻松亲切的氛围，让听众的旅途不再孤单寂寞。播出时间：(FM88.9)17：00—19：00。

【音乐夜阑珊】 是一档以音乐欣赏为主流，放松心情的音乐节目。节目力求将其可听性、欣赏性、休闲性自然的结合在一起，以音乐感触生活，以生活感知音乐，能够使音乐和人的生活情趣紧密相连，并且在夜晚的这一时段彻底忘记喧嚣，释放压力。每一首歌曲都是一个动人的传奇，每一个传奇身后都有一段感人的旅程。播出时间：(FM88.9)20：00—22：00。

【山西广播电视报·临汾周刊】 作为省级刊物的子报，设有临汾市的地方版，围绕“背靠声屏、延伸广电、突出特色、服务民众”的办报宗旨，以“立足本土、坚持原创、古今并蓄、传承文明”为办报理念，四开八版，四个彩版，四个普通版，每周一期，周四与省版28个版在当地一起发行，覆盖全临汾市17个县市区500多万人口，为我市率先转型、全力跨越，建设文明开放、富裕和谐新临汾营造良好的舆论氛围。

【临汾广电网】 www.lfgdw.cn，由临汾市广播电视台主办，是山西省重点新闻网站，也是临汾市唯一一家流媒体网站。网站以“导向立站、特色树站、品牌强站、经营促站、人才兴站”为理念，网站开设网络直播、精彩点播、电视频道、广播电台、视听剧场、栏目经纬等36个一级栏目以及众多的子栏目，开办5个官方微博，目前已发展成以新闻为主线、视听为特色的综合性门户网站，成为临汾广播电视台五位一体全媒体传播的新平台，临汾市网络新闻宣传的主阵地。

新闻中心

【概述】 临汾市新闻中心，为正处级建制，参照公务员法管理事业单位，编制6名，处级领导职数1正1副，现有主任1名，副主任1名，设办公室、新闻科2个科室，正科级建制。2014年，新闻中心创新方式方法，组织和协调系列新闻宣传活动。

【新闻宣传工作】 2014年，中心坚持“三贴近”原则，策划新闻宣传工作。主题宣传。围绕习近平总书记系列讲话精神和十八大、十八届三中、四中全会精神，组织协调各级各类主流媒体集中推出专题专栏，组织开展市两会、全市经济工作会议等会议精神的新闻宣传。重点宣传。出台下发《2014年宣传报道工作要点》和《我市重点工作新闻采访活动宣传报道要点》，集中开展“四个年”活动、党的群众路线教育实践活动、党风廉政建设主体责任工作、百里汾河新型经济带建设、六大惠民工程系列、涝河生态建设、奥特莱斯“芭蕾雨”项目、大西高铁系列、临汾新医院等系列宣传。对外宣传。邀请“亚洲摄影家聚焦美丽临汾”采风团前来采风,组织协调中央人民广播电台《城市新跨越——祥和临汾》直播节目,组织协调新闻单位参与2014中国·临汾国际名校赛艇挑战赛、中国(山西)黄河壶口文化旅游节等重大活动的宣传报道,向外界展示临汾、宣传临汾、推介临汾。典型宣传。围绕社会主义核心价值体系,推出马健、张建国等为民务实清廉的先进典型,树立身边的榜样,彰显时代精神,促进新风尚。通过组织和协调各类新闻宣传活动,调动新闻工作者的工作热情和积极性,全年共刊发稿件4112篇(条)。其中:在中央级主流媒体发稿63篇(条);省驻临各记者站发稿2916篇,包括头版头条29篇,头版179篇;市广播电视台在省广播电视台发稿505条;各县(市、区)新闻中心(通讯组)发稿628篇。

【新闻发布】 根据市委、市政府中心工作,全年共组织召开市妇联寻找“十杰百佳千优秀——最美家庭”活动新闻发布会、市人大三届五次会议开幕、闭幕新闻发布会等6次新闻发布会。为加强新闻发言人队伍建设及管理,调整充实完善各单位新闻发言人和联络员,全市17个县(市、区)、2个经济开发区党委、政府94家有关单位均设立新闻发言人和联络员,总计245人。完善《临汾市新闻发布制度的意见》《临汾市新闻发布暂行办法》,全市突发公共事件新闻发布应急预案、新闻发言人制度建设等,建立健全临汾市信息发布机制。

【加强与各级媒体的联系】 全年共陪同接待各级媒体记者500余人次,做大量的陪同采访、提供新闻素材等工作。如:同人民日报山西分社刘亮明社长,深入到尧都区、霍州、洪洞、隰县基层一线进行“访民生、知民情、解民意”采访;协同山西经济日报社长、副总编、记者站站长,就临汾市重点工程建设和重点项目落地情况进行采访调研;协助光明日报山西记者站邢兆远站长采访调研黄金三角洲建设要破除的障碍;协助山西经济广播策划《走在大西线上》系列报道等。为人民日报山西分社、新华社山西分社等中央级媒体,提供临汾市的新闻素材,在《人民日报》的显著位置发表《洪洞真是里外都换样儿了》,新华网发表《临汾:打造群众艺术精品 提升群众文化生活水平》《“中国梦·大美临汾”书画展在京开展》《临汾市农民人均收入连续四年实现两位数增长》《深化文明建设 提升道德自觉——临汾市启动寻找“最美家庭”活动》,《光明日报》发表《临汾:汾河流水哗啦啦》等重大稿件。

【合理处置突发新闻事件】 根据《关于进一步加强和改进我省突发事件新闻发布工作的若干意见》,完善全市突发公共事件应急预案,临汾市突发公共事件新闻发布应急处置流程等。始终坚持及时准确、公开透明、有效管理、正确引导的方针,做好舆情分析、研判、引导工作,针对一些突发事件、敏感事件,第一时间采取得力措施,第一时间发布权威信息,持续跟进报道,回应社会关切,稳妥把握敏感问题,合理处置突发事件,有效引导社会舆论。

【基础管理】 完善《接待新闻记者工作流程》、新闻中心工作职责、各科室工作职责及各项管理制度,做到责任明确、有章可循。对全市主流媒体、省驻临各记者站发稿情况月通报制度、各县(市、区)新闻中心发稿情况半年报制度做健全和完善。按照《临汾市新闻宣传作品奖励办法》规定,认真统计、严格把关,2014年在省级以上媒体发表的288件新闻获奖作品上报市委宣传部进行表彰奖励,获奖作品引起广泛关注,激发广大新闻工作者深入采访、认真写稿、踊跃投稿的积极性,为宣传临汾做出积极的贡献。

临汾日报

【全市党的群众路线教育实践活动宣传报道】 2014年,临汾日报社在正报一版开设“扎实开展党的群众路线教育实践活动”专栏,刊发动态消息100余期480多条,刊发相关评论20篇。在正报理论版(每周六第二版)开设“群众路线教育实践活动理论征文”栏目,累计发表理论文章120余篇。在正报一版、二版刊发“新时期基层党的好干部——马健”系列报道及后续报道20余篇,各大媒体争相转载,社会反映深远。刊发“走进立恒”系列报道6篇及其他人物、集体典型报道50余篇。在《临汾日报》晚报版设立“践行群众路线 聚集民生工程”栏目,发表相关稿件100余篇。刊发两个专版《市委常委党的群众路线教育实践活动学习交流体会摘要》。在临汾新闻网开辟“扎实开展党的群众路线教育实践活动”专栏,累计刊发稿件679条。

【十八届四中全会宣传报道】 报社在一版开设“学习贯彻十八届四中全会精神”专栏,刊发30余篇消息，报道全市各级党政机关、社会各界、广大群众学习、贯彻情况。

【重点项目工程建设宣传报道】 报社成立重点工程建设宣传报道领导组，抽调骨干记者进行重点典型报道。刊发“百里汾河治理与生态修复工程”8篇系列报道，重点工程系列、六大惠民工程系列、大西高铁系列等民生报道的相继推出，展示一个转型发展、绿色发展、和谐发展的新临汾。对临汾新医院的建设搬迁全过程，涝洰河、奥特莱斯芭蕾雨、市政务服务中心等重点工程进行有深度、全方位系列报道，共刊发各类稿件50余篇。

【主题宣传报道】 结合党的群众路线教育实践活动，报社开辟“刹四风”转作风专栏，累计刊发稿件90余篇。配合“四个年活动”，在正报一版开设“环境提升年”专栏，累计刊发稿件100余篇；开设“服务群众最后一公里”专栏，刊发稿件8篇。以宏扬社会主义核心价值观为主题，累计刊发各类稿件80余篇，选登《中国梦主题原创歌曲》15首。

【公益广告宣传工作】 公益广告是全民道德建设的重要组成部分。报社先后在正报、晚报版和5个周刊分别开设不同主题的公益广告专栏、专版，手机报和临汾新闻网及时跟进，严格按上级要求的时限、版次和质量安排落实，完成宣传任务，得到省新闻出版局的通报表扬。

（安宏伟）

期　　刊

【《山西师范大学学报》社会科学版】 《山西师大学报》（社会科学版）1973年创办，是由山西师范大学主办、山西省教育厅主管的综合性学术理论刊物。社会科学版能始终坚持正确的办刊方向，严格履行办刊宗旨和编辑方针，严格执行党和国家有关新闻出版的政策和法规，所发文章没有出现任何政治性和原则性错误。在办刊过程中，提倡“百花齐放、百家争鸣”，打破多年一贯的内外稿比例限制，坚持学术质量第一的用稿原则，注重论文的学术独创性、现实针对性和理论指导性，吸纳大量校外专家学者的优秀论文，在学术界产生很大的影响。

《山西师大学报》（社会科学版）为双月刊，160页，国内外公开发行，至2014年底共出版41卷188期。2014全年共出版8期，其中正刊6期，研究生专刊2期，共发表学术论文400余篇，约400余万字。在学术质量上2014年比上年有了提高：在作者层次方面，具有高级职称、博士学位作者的比例逐年上升；在计量指标方面，总被引频次达到1986次，影响因子0.353，基金论文比0.58，被引期刊数611，WEB下载量19.02万次。

创新的办刊理念和日渐形成的栏目特色，使社科版学报在学术界和出版界的影响不断扩大。2014年全年有20余篇文章被《新华文摘》《高等学校文科学术文摘》《历史学文摘》《妇女研究》《文摘报》、中国人民大学书报资料中心等文摘类报刊转载或转摘；2014年被评为“全国高校百强社科期刊”“妇女与性别研究”栏目被评为“全国高校社科期刊特色栏目”。

【《山西师范大学学报》自然科学版】 《山西师范大学学报》（自然科学版）是由山西省教育厅主管山西师范大学主办的自然科学类综合性学术期刊，1986年创刊，季刊，128页，国内外公开发行，至2014年底共出版28卷105期。2014全年发文104篇，约110余万字，全年受基金或科技计划项目资助论文共67篇，总被引频次为632，影响因子为0.202，基金论文比为0.60，被引期刊数为309，WEB下载量4.79万次。

2014年底成为：中国期刊网全文入网期刊，《中国学术期刊》（光盘版）全文收录期刊，《中国学术期刊综合评价数据库来源期刊》，《万方数据——数字化期刊群》全文收录期刊，中国核心期刊（遴选）数据库收录期刊，中文科技期刊数据库（全文版）收录期刊，《中国数学文摘》《中国物理文摘》《中国无机分析化学文摘》《中国生物学文摘》《电子科技文摘》及数据库收录期刊。

【《体育研究与教育》】 《体育研究与教育》是由山西师范大学主办，山西省教育厅主管的体育科学综合性学术期刊。创刊于1986年，是山西省创办较早的一份体育理论学术期刊。2011年8月，经中华人民共和国新闻出版总署批准（新出审字〔2011〕399号），将《山西师大体育学院学报》更名为《体育研究与教育》。至2014年底共出版30卷105期，刊物现设有：体育人文社会科学、体育教育研究、民族传统体育研究、运动训练与竞赛、运动人体科学等栏目。读者对象主要面向全国大中小学体育教师、体育工作者、体育科研人员等。

2014年本刊共发表学术论文190篇，共计154万字。在计量指标方面，期刊综合影响因子2014年达到0.526，较前一年度增长明显，期刊他引综合影响因子达0.459，引用期刊数和被引期刊数分别为439和345，基金论文比达0.36，WEB下载量7.43万次。其中多篇被《人大书报资料中心·体育》《体育文献科技通报》全文复印、转摘。

本刊始终坚持以质量求生存、以特色求发展的办刊理念，办刊质量、转载量和文摘率稳步上升，在全国体育学术界具有较大的影响。现为中国期刊全文数据库全文收录期刊、中国学术期刊综合评价数据库统计源期刊、中国学术期刊(光盘版)全文收录期刊、《万方数据——数字化期刊群》全文收录期刊、中国核心期刊(遴选)数据库收录期刊、中文科技期刊数据库(全文版)收录期刊。

(王建波)

【《平阳党史》】 创刊于1989年，原党和国家领导人彭真同志题写刊名。由市委党史研究室主办，经省新闻出版局批准，刊号为第K348号，季刊。主要有史料荟萃、峥嵘岁月、历史一页、史海拾贝、学习园地、工作谋划等栏目，集资料性、可读性、权威性于一体，发行与省、市、县以及兄弟省、市有关单位和部门。是党史工作对外宣传交流，对内学习教育的平台，是资政、存史的重要渠道。2014年，完成《平阳党史》1～4期的编辑出版工作。其中编辑出版一期党的群众路线教育实践活动学习专刊。向两个县(市、区)、140个市直单位、2个乡镇、1个社区及500多名市、县领导进行赠书，为推动党的群众路线教育实践活动提供参考和学习资料。提高办刊质量，创新排版模式。新开辟9个栏目，刊登理论文章10篇，推出模范人物15个，刊登党史人物100名，回忆录11篇。扩大办刊影响力和覆盖面，得到社会各界的一致好评。

(岳方涛)

【《平阳方志》】 2002年3月31日创刊，由市地方志办公室主办，经山西省新闻出版局批准，刊号为山西省内部资料准印证K－325号，季刊，大16开本，主编尉俊。主要栏目有：大事纪略、特载、学术争鸣、当代临汾、尧乡人物、平阳大地、晋商文化、古都春秋、史海泛舟、往事如烟、民俗风物、民间故事、社会万象、天南地北、修志之窗、信息网站等16个栏目。其宗旨是刊登方志领域最新研究成果，积累修志编纂重要资料，推动全社会读志用志，办刊风格独特，讲求指导性、资料性、可读性和趣味性。全年共发表文章64篇计42万余字。

(郑红升)

【《临汾人大》】 《临汾人大》是临汾市人大常委会机关内部连续性资料出版物，由市人大常委会主办，常委会研究室负责编审。自2010年创刊以来，已出版60期，每期一千册。《临汾人大》坚持"宣传人大制度，弘扬民主精神，展示代表风采，推进依法治国"的办刊宗旨，开设常委会工作、视察调研、县市人大、经验交流、代表履职、人大理论制度、文苑等常设栏目和专文特稿、领导讲话、法制动态等临时性栏目，为推进临汾民主法制建设起到推动作用。2012年，为提高宣传的时效性，增强可读性，由季刊改为双月刊，由单色印刷改版为铜版彩印，内容增设理论研究、健康养生、艺影等栏目。2014年，《临汾人大》共出版6期，每期40页，设有专文特稿、常委会工作、视察调研、机关建设、县市人大、代表履职、理论研究、文苑、艺影、健康养生等栏目，全年总共25万字左右。杂志寄送市人大代表、市直机关单位、学校，与全国部分同级或上级人大建立交流联系。2014年，每期报送全国人大。

(杜　波)

【《蒲剧艺术》】 2014年，《蒲剧艺术》出版发行133期至136期，每期平均10万字，每期发行6000册。2014年度，刊登100多篇戏曲文章，立足蒲剧、眉户，面向全国各个剧种，发表戏剧理论、剧史研究以及编、导、音、美、唱腔等方面的创作成果。总结整理老艺术家的舞台艺术经验，宣传中青年演员及演出团体。

(付增芝)

【《平阳花》】 杂志创刊于2014年8月，由临汾市妇联主办，尧都农村商业银行协办，开设会议精神、特色工作展示、"平安家庭"创建、巾帼风采、理论探索、金融理财等板块，及时宣传党的政策法规、落实全国妇联和省妇联工作部署、传达会议精神、全面动态的展示临汾妇女工作、妇女群众丰富多彩的生活以及女性关注的各种热点、焦点问题，为全市各级妇联组织和广大妇女提供宣传、交流、学习的平台，为社会各界架起了解临汾妇女的桥梁。

《平阳花》杂志为月刊，22页44面，每期向临汾市各级政府机关以及各级妇联组织发送。自2014年8月创刊以来，截至2014年底，出刊5期，无论在各级政府机关还是各级妇联组织都产生很大影响，成为凝聚平阳大地各界妇女的工作品牌。

（卫丽丽）

【《尧文化》】 是由临汾市委宣传部主管，临汾尧文化研究与开发委员会、临汾市三晋文化研究会主办的大型全景式社会期刊，创刊于2007年，刊号为山西省内准字第K232号，编委会主任刘合心，执行主编蔺长旺、霍文锋。

《尧文化》办刊主旨是“传播尧文化信息，弘扬尧文化精神、树立尧文化品牌、打造尧文化实力”。主要栏目有《尧天舜日》《尧山论剑》《尧都揽胜》和《击壤歌尧》等。2014年出版一期（总第十三期）为《安泽专辑》，刊发有刘合心的《连翘花开》、毛跟云的《倾心安泽》、任秀红的《传承弘扬荀子文化建设生态富裕幸福安泽》和周文洁的《尧文化对荀子思想的深远影响》及有关安泽县的历史文论、诗赋共20篇，对安泽的历史文化和现状特别是荀子文化进行全方位的诠释，受到各方好评。

《尧文化》期刊印刷量2000册，放发范围：全国部分211所大学的相关院（系、所），各地历史文化研究机构、专家、学者，部分传媒机构，省委宣传部，各市委宣传部、省文物局、文联、省内部分本科院校，相关研究所；市内四大班子领导、宣传部，2个开发区（党工办）以及关注临汾文化并对其有所研究、建树的各界人士。

（霍文锋）

驻临汾记者站

【山西日报社临汾分社】 2014年，山西日报临汾分社围绕党的群众路线教育活动、执行中央八项规定、“反四风”和临汾市的重点工作，把握大局，宣传临汾净化政治生态、实现弊革风清，重塑山西形象、促进富民强省的具体实践，全年共发稿269篇，其中头版头条6篇。主要新闻作品有《山西陆港科技创新园领航转型升级》《晋南5家钢铁企业抱团突围》《芭蕾雨将世界时尚带到临汾》《临汾采取强制措施防治大气污染》《临汾眉户版雷雨唱红香港》《临汾实现旅游总收入近200亿元》《临汾打响煤烟治理攻坚战》《临汾1.6万户农户受惠科学储粮工程》《临汾力推50个节能项目》《侯马放权让利激活商贸经济》《襄汾流转土地8万余亩，农民收入过万》等。根据省委安排，推出长篇通讯《百姓的子弟官——记襄汾县邓庄镇镇长马健》，在全省上下反响很大。加强反腐败成果报道，发表《临汾清退287辆违规用车》《临汾教育系统清理“吃空饷”》《吉县一村委会主任建房打顶收礼金被查》《临汾55个明察暗访组盯“吃喝”》《吉县干部下乡一律吃派饭》《尧都区狠刹农村大操大办风》《临汾整治纪律松弛和吃拿卡要》等。

9月5日，在《山西日报》头版发表《洪洞一乡党委书记等9人酗酒滋事顶风违纪 省委书记批示速查严处》一稿，引起全国关注，受到编辑部通报表扬。10月，连续在头版显著位置报道临汾百里汾河新型经济带龙头劲舞，重点工程完成率全省第一。建成24个特色廉政教育基地等新闻，受到社会好评。

2014年记者节，临汾分社被授予临汾市2014年度新闻宣传先进集体，记者郭玉琴被评为全市“十佳记者”；长篇通讯《百姓的子弟官——记襄汾县邓庄镇镇长马健》获2014年临汾新闻奖特等奖，《临汾采取强制措施防治大气污染》获三等奖。

（李宏伟）

【山西经济日报临汾记者站】 2014年，临汾记者站在《山西经济日报》共刊发临汾稿件1824篇，其中头版稿件20篇，头版头条10篇，主要围绕临汾市委宣传部关于《我市重点工作新闻采访活动宣传报道要点》“四个年”活动进行宣传报道。2014年临汾市委宣传部授予山西经济日报驻临汾记者站“新闻宣传工作先进集体”，记者站狄旭焱被授予临汾市优秀新闻工作者。

围绕“宣传改革创新年”进行报道，以“百里汾河新型经济带”建设为抓手，创新运作机制、完善基础设施、推进园区建设的新举措，“百里汾河新型经济带”正在成为临汾转型跨越发展的强大引擎为报道主题。主要作品有2月23日在《山西经济日报》刊发的倒头条《项目建设助侯马“马上腾飞”》、5月19日刊发的头版头条《临汾：第一季度项目落地精彩开局》、9月27日刊发的头版头条《侯马：探寻振兴商贸加工业新路》等。围绕“宣传转型攻坚年”进行报道，以项目建设作为推进转型跨越的重要支撑，推进重点项目建设，破解土地、资金难题，加大招商引资力度，实行领导包联项目责任制、重点项目定期调度等措施及取得的成就为报道主题。主要作品有5月16日刊发的头版通讯《我省运城临汾迎来重大发展机遇》、8月1日刊发的2版头条《侯马旱码头重振雄风》、9月1日刊发的头版头条《临汾土疙瘩给农民带来好生活》、9月14日刊发的头版《乡宁上项目促转型攻坚》、11月13日2版刊发的《临汾绿色施工5个100%》等。

围绕"宣传环境提升年"进行报道,以推动全市环境质量持续稳定改善,在大气污染防治、水污染治理、节能减排、城市综合整治等方面取得的进展和成效为报道主题。主要作品有5月20日刊发的《临汾治理水土流失改善山区生态环境》、8月27日刊发的《大西高铁山西沿线景点介绍临汾篇》、8月29日刊发的《洪洞县倾力打造美好家园》、9月9日刊发的《安泽采取有力措施促进环境提升》等。

围绕"宣传服务群众年"进行报道,以"一百千万"服务项目的成效、落实"定查评"工作法、基层组织开展"三不"问题专项整顿等为报道主题。主要作品有3月24日刊发的《构建民意直通新洼地》、5月14日刊发的稿件《浮山扎实开展群众路线教育活动见成效》、8月20日刊发的头版头条《看洪洞群众路线教育活动阶段性成效》、10月14日刊发的头版稿件《古县石壁乡王滩村样车调查》、12月22日刊发的头版头条《安泽评选感动人物传递道德力量》等。

(狄旭焱)

【山西工人报驻临汾记者站】 2014年,按照山西工人报社宣传报道的要求,做好市、县、各基层企业工会的各项重点工作报道和日常新闻的报道。深入实际、深入基层,主动为《山西工人报》组织、采写稿件,派发照片,提供新闻线索。配合"劳模宣传月"做好劳模和典型的宣传工作。联合办公室、新闻中心下发《关于进一步加强全市工会通讯报道工作的实施意见》,加强通讯员写作水平的培养和提高,先后为省联社临汾办事处工会、乡宁县总工会的工会干部开展新闻写作知识培训两期,记者站通过工会通讯报道群的建立,加大基层各级工会50余名通讯员的沟通和交流,做好基层稿件的编、写、改工作,确保基层稿件在第一时间反馈回报社,为他们投递稿件到其他媒体搭建平台。发现培养一批优秀通讯员,像襄汾县总、霍州市总、蒲县、尧都区总工会、大唐热电、省联社临汾办事处工会等通讯报道工作做得好的单位。关注各基层工会工作动态,深入基层企、事业单位,挖掘新闻素材,组织采编稿件,把好的工作典型和经验做法用报道的形式推广出去。

2014年,《山西工人报》驻临汾记者站整理发出稿件279篇,在《山西工人报》刊登168篇。其中:《让农民工尽享维权阳光》《"一站式"维权服务为职工排忧解难》《"4234"模式推动职工法律援助维权服务工作实现新发展》《把维护职工合法权益工作落到实处》等8篇稿件刊登在头版头条,16篇大篇幅稿件刊登在一版重要位置,在二版、三版重要位置报道县总工会及市直企、事业单位工会工作稿件25篇。报道临汾市总工会各项动态工作65篇,报道临汾市总工会重点及创新工作稿件15篇,配合依法维权年宣传教育专项行动报道市总维权工作稿件36篇,报道各县市区及各类企事业单位工会工作稿件105篇。最大程度地宣传临汾市各行各业、各条战线的工作,突出反映各个基层工会致力于服务转型跨越、服务职工群众的具体做法和业绩,集中体现全市60万职工的精神风貌和工作热情,为提升各级工会服务水平,宣传好临汾起到推动作用。

11月至12月间,在同比任务加大的情况下,克服经济下行形势的影响,完成《山西工人报》的征订任务,配合完成山西工人报"双服务"大调研工作组,先后深入尧都区工会、襄汾县总工会和大唐热电公司,开展调研,收集整理意见建议25条,形成调研报告反馈给报社,为办好报纸提供有效依据。

(赵　霞)

卫生　体育

卫　生

【医药卫生体制改革】 2014年，启动尧都区、霍州市、侯马市、洪洞县、隰县、大宁县、浮山县和汾西县等8个县的公立医院综合改革，实现全覆盖，以补偿机制、人事分配、价格机制、采购机制、监管机制等为主要内容的新机制逐步建立；新农合保障水平得到提升，筹资标准提高到390元，参合率为99.26%，名列全省前茅，住院患者政策范围内补偿率达到78.12%，即时结报机制不断完善，新农合大病保险工作顺利推开；基层人才队伍建设加强，全年免费培训基层卫生人员1万余人次，招收农村订单定向免费培养医学本科生17名，全科医生转岗培训50名；基本药物配送、使用、管理继续加强，网上集中采购、集中支付、全程监控等制度和多渠道补偿机制全面落实，解决基层临床用药需求；基层医疗卫生基础设施建设得到加强，全年开工建设项目101个，投入使用43个，主体完工25个。

【公共卫生服务】 11类国家基本公共卫生服务，6项重大公共卫生服务项目全部完成，全市规范建档率，老年高血压、糖尿病患者管理率等指标均达到或超过省定标准。推进健康教育与促进工程，加大控烟力度，公共场所禁烟的氛围逐步形成，地方病防治成果得到巩固。

【爱国卫生】 临汾市连续六年被评为省级卫生城市，古县、洪洞、古县北平镇、古县石壁乡通过国家级复审，继续保持着“国家卫生县城”“国家卫生乡镇”的称号，侯马市被评为“全国卫生城市”，开启市创建“国家卫生城市”的先河。临汾市、霍州市、尧都区、曲沃县、隰县、襄汾县、蒲县、翼城县、乡宁县、浮山县、汾西县、吉县、永和县13个县市区，被评为省级卫生城市、卫生县城、卫生城区。

【疾病预防控制与卫生应急】 重大疾病防控工作成效明显，免疫规划疫苗报告接种率以乡为单位达到98%，科学应对和防控H7N9禽流感和埃博拉出血疫情，麻疹、手足口病等疫情明显下降，全年没有发生大的传染病疫情；全省艾滋病防治工作会议在临汾市召开，防艾工作得到省政府的肯定，卫生应急管理和处置能力得到巩固和提升，全年成功处置3起突发公共卫生事件，完成7起突发公共事件医疗救援任务。

市卫生局领导在妇幼保健院调研

【医院管理与中医工作】 开展创建平安医院活动，打击涉医犯罪行为。开展“三好一满意”“医疗质量万里行”等活动，临汾市人民医院、临汾市第四人民医院和侯马市人民医院实现优质护理示范病区全覆盖，二级医院覆盖80%以上的病区。优化服务流程，实行预约诊疗，在三所三级综合医院和80%以上的二级医院实行节假日门诊，推广一卡通，缩短就诊时间，方便群众就诊。投资14亿元、占地24.667余公顷、规模达1500张床位的临汾市人民医院新院区投入使用。促进优质医疗资源下沉,以市人民医院为依托,打造全市首个医疗联合体,推进5所省、市级医院与7个县9所医院建立对口帮扶关系,城乡医院的长期合作帮扶机制得到巩固。中医药事业加快发展,启动全市基层中医药服务能力提升工程,所有的社区卫生服务中心、92%以上的乡镇卫生院、73%村卫生室能够提供中医药服务,中医医院评审工作正在推进,曲沃县被评为"全国基层中医药工作先进单位"。

【卫生监督与食品安全风险监测】 开展整顿医疗秩序打击非法行医专项行动,加强传染病防治、职业卫生、放射卫生、饮用水卫生、学校卫生、公共场所卫生监督及消毒产品监督检查。全年出动卫生执法人员3025人次,取缔非法行医黑诊所127户,向公安机关移交6起;查封生活美容场所2户,责令停业改正11户;查封非法校医室11所、责令改正处罚学校121所。排查市政供水制水厂18家、居民小区二次供水单位164家,下达卫生监督意见165份。食品安全风险监测工作稳步推进成效明显,监测县达到覆盖75%的目标,全年共完成监测采样任务367份,完成率100%。共报告食源性疾病暴发事件7起,无死亡病例。

(*翟少华*)

疾病预防

【概述】 2014年,临汾市疾病预防控制中心坚持预防为主的工作方针,围绕创建"山西一流,华北有影响,重点工作在全国有所突破"的工作目标和"强化能力,突出重点,完善功能,争创一流"的管理理念,组织开展疾病监测与预防控制,为全市人民群众身心健康与生命安全提供保障。

【传染病防控】 传染病网络直报:2014年1月至12月通过网络直报的法定传染病病例共22526例,无甲类传染病报告;乙类传染病共报告10300例,丙类传染病共报告12226例;重点传染病监测:2014年5月发现不明原因肺炎聚集性疫情1起,为侯马市平阳小学不明原因肺炎聚集性病例,共报告发病19例,其中1名为大叶性肺炎,其余多数为支气管肺炎。积极救治病例、加强疫情监测、开展消毒、宣传教育等,疫情得到有效控制。2014年全市共报告手足口病病例7905例,其中重症、死亡病例558例,死亡病例6例;送检验科491份标本,检测标本323份,阳性结果217份,阳性率为66.18%,其中EV71 159份,Cox A16 28份,Cox A10 14份,其他肠道病毒16份,EV71占阳性结果的73.27%。对重症、死亡病例均进行流调和数据录入工作,及时上报省疾控。全市报告狂犬病病例15例,死亡15例,病例主要分布在:襄汾县5例、洪洞县4例、乡宁县、尧都区、吉县、曲沃县、汾西县、浮山县各1例。2月由山西省人民医院报告1例疑似人感染H7N9禽流感事件。该患者为霍州市王庄村人,经霍州市疾控中心调查,该患者由霍煤总医院转入省人民医院,病人病情好转,咳嗽、乏力减轻,患者发病前后无外出史和接触史,排除"疑似人感染H7N9禽流感"。

疾控中心工作人员检验工作

【免疫规划】 全年共配送至一类疫苗11种,952100剂;其中糖丸228000粒(常规)、117300粒(查漏补种)、麻风62000支(常规)、麻风12850支(查漏补种)、麻腮风43200支、百白破(无C)193600支、卡介苗38660支、白破17100支、乙肝11400份、A群流脑26500支、流脑A+C 64400支、乙脑88990支、甲肝48100支;注射器937000具,其中0.1ml注射器48000具、0.5ml注射器765000具、1ml注射器86000具、2.5ml注射器

38000具。全市共有2598所学校和托幼机构，其中，2560所学校和托幼机构所进行查验接种证工作，查验率98.57%。应查170572人，实际查169158人，有证162800人，无证6484人，补证4110人，补证率63%；接种2剂次麻疹疫苗168540人，2剂次麻疹疫苗接种率达到99.63%，比2013年提高3.24%。1月至12月全市报告疑似麻疹病例40例，确诊麻疹病例11例，报告麻疹发病率为0.24/10万，较2013年(1.16/10万)下降79.31%；排除29例(风疹20例，其他9例)，排除病例报告发病率0.64/10万，较2013年(1.18/10万)下降45.76%。无死亡病例报告。全市共报告15岁以下儿童急性弛缓性麻痹(AFP)病例28例，全市2014年期望报告11例，实际报告比期望多报告17例。报告发病率为3.27/10万。送检的所有标本均无检出脊灰野病毒，2014年全市继续保持无脊灰工作状态。

【结核病防治】　推行“三位一体”新型结核病防治服务模式，14个县市设立定点医院步入临床路径发现、治疗结核病的轨道。2014年全市发现活动性肺结核病人1796例，全年共有初诊患者7433人，查痰7147人，查痰率为96.15 %，达到规划指标要求(95%)。全年发现涂阳肺结核患者465例，家属及非家属密切接触者共1551人，应筛查1551人，实筛查1551人，筛查率为100%，开展学校结核病防治工作，全市共筛查82386人，其中筛查学生73958人，教职工8428人。PPD强阳性1390人，感染率为1.69%；学生及教职工感染率分别为1.15%和6.43%，教工高于学生。活动性肺结核病人20例，其中涂阳4例，平均患病率24.28/10万；学生及教职工患病率分别为17.58/10万和83.06/10万，教工高于学生。全市完成筛查率为109.15%。

【艾滋病防控】　1995年临汾市发现首例艾滋病病毒感染者，截止到2014年12月31日，按照现住址统计，全市17个县(市、区)累计报告539例艾滋病感染者和病人，其中2014年报告86例，累计死亡146例。尧都区(150例)、翼城县(80例)、浮山县(53例)居前三位；职业分布以农民为主，299例，占55.5%；年龄分布以青壮年为主，20～49岁占78.1%；男女比例为2.1:1(男性367例，女性172例)；初中及以下文化387例，占71.8%；经血液传播、母婴传播和性传播三种传播方式均有发生，近几年经性传播(包括同性传播)出现明显的上升趋势。性传播途径历年累计382例(其中同性118例)，占69.1%，成为全市艾滋病传播的主要途径。4月至8月，临汾市完成对暗娼人群、MSM人群、青年学生、孕产妇、性病门诊男性就诊者五类人群六个哨点的现场问卷采样、实验室检测及数据的录入和上报工作。临汾市完成5288名被监管人员的HIV抗体检测工作，其中市疾控中心完成2308名被监管人员HIV抗体监测工作，检出HIV抗体阳性1例。临汾市疾控中心完成401名女性性工作者，检出2例梅毒抗体阳性，未检出HIV抗体和丙肝抗体阳性。侯马市疾控中心完成200名女性性工作者检出HCV抗体阳性2例，未检出HIV抗体阳性和梅毒抗体阳性。临汾市疾控中心和临汾市妇幼保健院完成400名孕产妇的监测，未检出HIV抗体、梅毒抗体和HCV抗体阳性。尧都区疾控中心完成800名青年学生的监测任务，检出HCV抗体阳性2例，未检出HIV抗体和梅毒抗体阳性。完成400名性病门诊就诊的男性病人的监测工作，检出梅毒抗体阳性2例，未检出HIV抗体和丙肝抗体阳性。完成400名MSM的监测，检出HIV抗体阳性15例(其中4例为既往阳性)，检出梅毒抗体阳性11例，检出HCV抗体阳性4例。全市VCT工作应完成5100人次，实际共完成5386人次，检出HIV抗体阳性33人；其中市疾控咨询检测850人(任务量850人次)，筛查阳性13人。

【食品安全风险监测】　食品中化学污染物和食源性致病菌监测，全市13个监测县(市、区)共采集19类157种产品，总份数为314份，监测完成率100%，2014年全市共采集5类210种食品样品，总份数为420份，监测完成率100%，检测结果中，阳性结果样品82份，阳性率为39%，与2013年阳性率(26.9%)相比较呈上升趋势。按照微生物种类，超标率由大到小排序为菌落总数(39%)、大肠埃希氏菌计数(20%)、大肠菌群(10%)、霉菌计数(5.7%)、铜绿假单胞菌(0.5%)；按照食品类别，微生物超标率由大到小排序为即食藻类加工食品

(100%)、学生餐(54.3%)、外卖配送餐(45.7%)、饮用水(40%)、餐饮店和饮品店自制饮料、食用冰等(30%)、熟制动物性水产品(可直接食用)(27%)。婴幼儿配方食品和肉制品未检出超标。食源性疾病病例监测主要包括食源性疾病病例信息采集与调查、疑似食源性疾病异常病例/异常健康事件监测、特定病原体的食源性疾病监测。全市9所哨点医院2014年共报告病例49例,工作开展率为100%,审核及时率为100%,审核准确率为100%。全市17个县(市、区)二级及二级以上的医疗机构均开展监测工作,全市未报告食源性异常病例/异常监测事件。全市通过食源性疾病暴发事件监测系统共上报食源性疾病暴发事件7起,分别为乡宁县2起,蒲县1起,尧都区2起,襄汾县1起,翼城县1起,总发病人数为55人,事件结束后,均及时进行网络报告。

【地方病防控】 消除疟疾工作有序推进,开展全国寄生虫病防治管理信息系统直报、消除疟疾培训、三热病人血检工作和技术指导与督导工作。在全市范围内开展碘盐监测、防治碘缺乏病日活动和布病监测,完成克山病监测、大骨节病监测、饮水型氟中毒改水工程调查等地方病防治工作任务。2014年全市共抽检食用盐样品5100份,上报率、上报合格率均为100%;最高碘盐浓度为49.1mg/kg,非碘盐113份,全市盐碘中位数为25mg/kg,碘盐覆盖率97.23%、合格碘盐食用率94.41%、碘盐合格率97.07%。碘盐覆盖率、合格碘盐食用率高、达到“消碘”的碘盐标准,非碘盐明显减少;碘盐浓度有所下降。

【体检与职业病防控】 全年共对辖区内金海湾大酒店、肯德基、苏荷酒吧、药厂、竹林大药房、一笑堂、仁寿康、太行、欣福泰、亿家美、康力食品厂、肉联厂等201家公共场所、食品生产经营单位、化妆品和供水单位、学校、药房的762名从业人员进行预防性健康检查,全年共体检各类从业人员共762名,其中男性303名,女性459名。未查出患有“五病”。职业病诊断:全年集体诊断活动为2次,共阅片1390人次。分别为:1月19日至23日对山西霍州煤电集团有限责任公司(辛置矿、团柏矿、白龙矿、李雅庄矿、方山洗煤厂、丰峪煤业、什林煤业、杜家沟煤业、干河煤矿、吕临能化等)1356人以及山西乡宁焦煤集团台头煤焦有限责任公司4人,进行职业病诊断。上期人员共21人,其中:Ⅰ期煤工尘肺18人、Ⅱ期煤工尘肺1人、Ⅲ期矽肺2人;新观察对象81人。3月9日对山西乡宁焦煤集团(王蟒沟煤业、台头前湾煤业)30人进行诊断。上期人员共5人,其中:Ⅰ期煤工尘肺5人;新观察对象5人。在规定的时间内按国家有关法律要求按时上报认真填写尘肺病报告卡。

【慢性病防控】 按照卫生部《全民健康生活方式行动示范创建工作指导方案》要求,尧都区、永和、大宁和蒲县开展健康支持性环境创建活动,市行动办对上述县区创建的健康支持性环境进行复核验收,结果全市10个健康支持性环境通过审核,其中健康社区4家、健康加油站1家、健康学校1所、健康步道2条和健康一条街2条。市疾控中心及其余14个县(市、区)疾控中心,在全民健康生活方式行动日、全国高血压日、世界脑卒中日和联合国糖尿病日,开展形式多样的宣传活动。系统数据显示,全市系列宣传活动日共发放各类宣传资料67430份,其中发放支持性工具1480份。制作展出宣传板244块,提供现场咨询人数11120人,免费测血压5219人。接受健康教育人数达33280人。开展对2014年死亡居民的查漏补报调查,共查出漏报死亡个案2507人,补报2507人,补报数占全年报告死亡总数的14.01%。全市报告死亡个案15668例,报告死亡率3.48‰,报告及时性97.45%。审核率99.23%,及时审核率98.90%,一审通过率100%。死因编码合计错误比例为0.39%,身份证号填写完整率81.27%,多死因链填写完整率32.26%。全市累计登记老年人343581人,健康管理309115人;累计健康管理高血压患者309199人,规范管理269383人,管理者中血压得到控制的177152人;累计健康管理糖尿病患者62546人,规范管理53846人,管理患者中血糖得到控制的32400人。吉县、大宁、永和、隰县和汾西5个县通过信息系统按时完成181所小学、29所中学的基本情况、学生膳食摄入情况和学生因病缺课情况等信息上报工作。除大宁外的其余4个县,对63所学校的5991名学生进行身高和体重的监测，其中吉县还对722名学生进行血红蛋白、血清白蛋白、维生素A、维生素D检测。

【突发公共卫生事件应急处置】 全市通过突发公共卫生事件信息报告系统共报告2起突发事件。分别为：4月7日襄汾县星源学校36例风疹暴发疫情和9月20日临汾职业技术学院67例感染性腹泻发疫情。两起疫情在多部门的共同努力下，都得到有效控制。全市有13名埃博拉出血热疫区归国人员。分别为侯马市4例，襄汾县3例、尧都区2例、洪洞县、曲沃县、浮山县、霍州市各1例。其中有10名人员来自尼日利亚，2名刚果，1名几内亚。13名归国人员中有一人为女性，剩余12名均为男性。对全部归国人员都开展流行病学调查，根据《埃博拉出血热疫区来华（回归）人员健康监测和管理方案》要求，对归国人员开展健康监测和管理。其中2人为来自疫区的归国人员，重点实施健康监测，其中曲沃县1人、霍州市1人；全部完成监测任务。2014年全市未发现埃博拉疑似病例。

【队伍建设】 2014年中心按照干部选拔任用程序选拔任用科长2名，副科长1名，充实中层干部队伍。启动中层干部选拔工作。通过公开报名、笔试面试、健康体检、资格复试等程序，为中心招聘5名工作人员，充实业务力量。选派各类专业技术人员参加上级业务部门培训学习，及时掌握国家最新的疾病预防控制策略、防治技术和工作要求，更新专业知识，提高业务水平。开展疾控系统战略合作和学术交流，举办全国市级疾病预防控制机构学组第二届年会预备会，来自全国9个省市17个单位的40余名代表出席会议，达到加强合作、强化交流、促进发展的目的。在襄汾、曲沃开展宫颈癌疫苗三期临床研究工作，锻炼队伍，积累经验，提高队伍素质和实际工作能力。

（范永强）

妇幼保健

【概述】 2014年，市妇幼保健院以“三甲”妇幼保健院标准为总要求，提高妇幼保健服务能力和管理能力，提升医疗保健质量，规范基础管理，推进学科建设，开展新技术新项目，主要业务指标完成取得新突破，业务收入大幅度提高。全年完成门诊103179人次，同比增长35.04%；出院8501人次，同比增长20.16%；住院分娩4220人次，同比增长39%；住院手术2543例，同比增长30.21%；业务收入5080万元，同比增长51.44%。受到国家卫计委、省政府妇儿工委、市卫生局等上级部门表彰，授予全国妇幼健康先进集体、全省母亲健康快车先进集体、临汾市文明单位、全市卫生工作优秀单位等10项荣誉。

【医德医风】 4月，成立监察室，完善医德医风档案。发挥“红白理事会”的作用，坚决制止大操大办借机敛财行为。推行群众办事明白卡，定期对门诊和住院患者进行满意度调查，病人满意度在95%以上。配合省医调委成功调解医疗纠纷3起。收到锦旗18面，表扬信6封。

参加临汾市第五届市直机关体育运动会，荣获“体育道德风尚奖”，六一儿童节举办文体活动。编发《院刊》两期，制作廉政文化墙、宣传版面等。

【党建工作】 全年新转入4名党员，按期转正预备党员1名，新发展预备党员2名，制定在全院开展“纪律松弛、吃拿卡要”专项整治工作实施方案，开展安全生产大检查实施方案，加强在药品、耗材、医疗器械招标、基建工程、财务管理、新型农村合作医疗、医疗卫生监督等主要环节及重要岗位的程序管理与监督，用制度管人，用制度管事，全年无一例违纪违法案件发生。

【提升内部管理】 全年召开妇幼院长例会两次，妇幼卫生信息监测年会一次，举办全市妇幼信息监测培训班一次培训99人。完成17个县（市）34人降消项目进修培训工作。妇幼保健院作为省级培训基地举办贫困地区儿童医疗保健人员培训班，50人参加培训。儿保科主任晋银英作为市级专家参加联合国儿童基金会和中国妇幼保健中心在汾西举办的贫困地区儿童早期综合发展试点项目乡、村级培训工作。举办全市预防艾滋病、梅毒、乙肝母婴传播阻断技术培训班，112人参会。全年检查督导2次，共检查12个县（市），35家县级医疗保健机构，38家乡镇卫生院，67家村级卫生所。协助省妇幼保健院举办中国宋庆龄基金会“恒天然乡村母婴健康项目”山西省第二期临汾培训班，来自临汾市、运城市、吕梁市120余人参加培训。

【妇幼健康服务项目工作】 组织选拔业务骨干3人代表临汾市参加全省妇幼健康技能竞赛，获得活动优秀奖，展示青年妇幼保健工作者的优秀风采。开展全市爱婴医院复核工作，11月7日举办全市医疗保健机构爱婴医院复核培训班，12月25日，市级爱婴医院复核专家对爱婴医院工作复核评估，妇幼保健院顺利通过市级爱婴医院复核。

2014年，派护理部主任李良珍、院感科主任张英梅、检验科检验师张南、产房助产师吉海梅赴山东枣庄市妇幼保健院进修学习一周，完成提升项目进修任务。

【完成基本公共卫生项目】 全年孕产妇健康管理和儿童健康管理达到标准要求，全市孕产妇保健覆盖率86.61%，住院分娩率99.94%，新法接生率100%，孕产妇死亡率8.29/10万。七岁以下儿童保健覆盖率87.24%，五岁以下儿童死亡率4.56‰。全市共有产妇55132人，艾滋病检测率96.7%，梅毒检测率97.73%，乙肝检测率97.72%。完成农村孕产妇住院分娩补助32505例，农村增补叶酸预防神经管缺陷新增服用人数39175人，城镇妇女增补叶酸新增服用9982人，农村妇女宫颈癌筛查51480例，乳腺癌筛查5639例，新生儿疾病筛查8599例。孕产妇系统管理17987人次，妇女体检2000人次，新生儿体检3810人次，新生儿听力筛查4804人次，接种人数14037人次，生长发育门诊共监测6477人次，早期教育1287人次，办理出生医学证明4283人次，新生儿疾病筛查3585例，筛查率92.6%。建立口腔保健档案47份。完成全市孕产妇死亡评审工作及全市两个省级5岁以下儿童死亡监测点的新生儿死亡评审工作。

【健康教育】 利用“母亲健康快车”，送健康理念、送健康知识、送健康服务，得到省市相关部门的肯定，9月，全省5市相关领导100余人进行观摩交流。制作各种健康教育宣传版面191块，印制宣传条幅152副，印刷爱婴医院知识手册、五官保健科、小儿外科、体检科、禁烟、预防艾滋病等宣传材料18500余份。开展“关爱妇女健康月”活动，开展讲座培训23次，发放宣传资料18000余份，普及人群8000余人。全年在临汾电视台播放新闻14次，其中新闻头条一次，《临汾日报》报道16篇，《临汾晚报》报道6篇，网站报道21篇，微信公众平台订阅用户增加到1600余人。

【人才学科建设】 年初成立的妇产科、儿科大区使全院科室设置更合理，更能体现妇幼保健院特色，推动着全院妇女、围产、儿童三大保健与临床相融合这一妇幼保健机构最新服务模式的形成。全年共解决入编60人，其中应届本科生、研究生19人，高层次人才14人，其他医、技、护人员27人，基本解决发展中人才不足的问题。制定外聘人员管理办法，使人才招聘录用工作制度化、规范化、科学化。

【规范医疗质量管理】 医务科加强对全院医疗、医技核心制度的落实及岗位职责履行情况的监管，细化妇产科部分疾病的诊治流程，强化重点科室急危重症患者的重点监控。邀请省级专家来院会诊，参与疑难危重病人诊治等讨论。开展抗生素专项整治活动，住院患者抗菌药物临床应用率由原63.3%降至52%(标准≤60%)，门诊使用率由25%降至19%(标准≤15%)；治疗用抗菌药物的病原微生物送检率明显提高，达到三级医院标准。派出各科业务骨干100人次参加学术交流会及各种专题培训，选派科室业务骨干10人次到太原、北京、上海等上级医院进修学习，对于规范管理、提升水平起到作用。接受各县来院进修的医生、护士15人次。牵头做好爱婴医院复评各项准备工作，通过市卫生局对爱婴医院的复评。在国家级、省级刊物发表论文36篇，开展省级科研项目一项，科室开展新技术新项目10项。建立个人继续医学教育电子档案，使继续医学教育覆盖率达95%以上，借此平台开展法律法规、三基知识及新项目、新技术等内容的培训，全年累计培训2202人次。

护理部开展“静脉留置针技能比武”，护理人员的技能得到提高；院感科通过“手卫生周系列活动”的开展，使全体医务人员认识到预防院感从手卫生开始，全面提高医务人员对院感的认识，最大限度地降低院感发生率。

【各科室工作】 财务科健全设备耗材出入库的管理程序，科学合理安排资金，保障收支平衡。后勤科为临床一线服务，修建停车场、冷却塔降噪维护工程、院内亮化美化工程等，保障全院工作正常运营。保卫科加强日常保卫安全管理，全年对所有的监控设备进行两次检查维修保养，加强车辆停放管理，维护医院正常工作秩序。信息科形成医疗信息化办公体系，第二期工程的准备工作就绪，在安装中，为全院业务的快速发展起到推动作用。医保科实行一站式服务，当场兑现医疗补助费用，新农合补偿 2055 人，农村孕产妇补助 798 人，浮山、襄汾、蒲县、永和、古县五个县共补偿 509 人。

妇产科共收治病人 4736 人，比上年同期增加 1101 人，盆底康复筛查 3156 人，比上年同期增加 1671 人，新开展导乐分娩。儿科全年共收治住院患者 2610 人次，比上年同期增加 263 人次，新开展的儿童哮喘门诊配备进口儿童肺功能仪，诊治患者 200 余例，建档 103 人。新生儿科收治病人 927 人次，较上年增加 103 人次。外科全年住院病人 245 例，小儿外科专科特色形成。麻醉科手术室完成手术 2500 余例，在保障手术安全方面起到支撑作用。

【社区卫生工作】 新建及更新电子档案 19686 人份，孕产妇健康管理 524 人，儿童健康管理 3666 人，慢病管理 2201 人，精神病人管理 13 人，残疾人管理 123 人，协管托幼机构、学校 18 所，医疗机构 13 个，进行相关督导工作。版面专栏更换内容 24 次，举办讲座 12 次，咨询 9 次，上报信息简报 12 期，在社区多次举办“学雷锋，树新风”为主题的义诊活动，主动上门宣传、服务。

血液管理

【概述】 2014 年，中心血站贯彻落实卫生部《血站管理办法》《血站质量管理规范》等法律法规，全体职工团一手抓业务，一手抓质量，保证全年采供血工作的正常、安全、高效。

全年工作目标完成情况：年采血量 8.071 吨；自愿无偿献血率 100%；新增献血率 40%以上；献血者满意度 95%以上；用血单位和用血者满意度达 90%以上；全年采集人数：20885 人。

【培训工作】 随着输血科学技术的进步和血液管理工作要求的提高，组织全体职工进行培训，包括献血者健康检查、全血采集、血液成分制备、血液检测、血液隔离与放行和质量控制 6 个部分，对所涉及的各操作环节关键控制点在培训中进行细化。强化质量意识和责任。2014 年血站质量体系文件文件进行相应的修改和换版，按照国家相关法律、法规、技术规范和标准，进行采供血各项工作任务。

【改善环境设施】 2014 年，中心血站以净化、绿化、美化、亮化、秩序规范化为重点，完善各项基础设施，加大综合管理的力度。坚持集中整治与长效管理相结合。根据实际工作情况对卫生区域重新划分；整理院内物品放置，做到整齐有序；科学规划合理布局设置停车位，禁止院内车辆乱停乱放；医疗废物暂存处加锁管理，防止医疗废物的流失；开展定期卫生检查评比，月考核和年度考核相结合，责任到人，绩效挂钩，当月兑现。

【新成立“献血服务科”】 1 月，成立“献血服务科”，解决献血者回访和问题解答、无偿献血团体宣传教育、应急单位的管理、志愿者的培训及管理，做到献血前有接待，献血后有跟踪服务；在全年的工作当中，献血服务科起了很大作用，出色地完成献血宣传、活动组织等工作，顺利地度过全年血液采集的几个危险时段，保障全市的供血。

【新增东城献血点】 为解决采血点布局问题，方便老百姓就近参与，应该合理规化设置采血点，便于对采血流程进行高标准的质量控制，献血屋将作为无偿献血宣传、招募的固定场所。将申请递交成建相关部门，批准增设献血点，办理相关手续。5 月，新增设新东城献血点，方便市民献血。

【召开“全市无偿献血表彰大会”】 6 月，召开“全市无偿献血表彰大会”，目的是要弘扬博爱、奉献的无偿献血精神，表彰长期坚持无偿献血的爱心人士和为无偿献血事业的发展做出突出贡献的单位和个人，激励和带动更多的人参加无偿献血，为全市的临床用血安全提供保障。全市累计荣获国家“无偿献血奉献奖”金奖 46 名，银奖 178 名，铜奖 375 名，市表彰的先进单位 10 个，先进个人 20 名。

体　育

【概述】 2014年,全市体育工作按照"幸福临汾体育先行"要求,普及与提高相结合,抓基层、打基础,在全民健身活动开展上有新局面,在业余训练发展上有新发展,在公共体育设施建设上有新拓展,实现群众体育与竞技体育的协调发展和互相促进,保持持续、稳定、健康发展的良好态势。

【规范组织建设】 1月13日,市老体协召开第六次会员代表大会,选举产生临汾市老年人体育协会第六届领导班子。市武术协会重新进行登记注册。年初开展的社团组织清理整顿。对市级15个体育社团组织依法办会、开展活动、财务状况、领导兼职、日常管理及发挥作用等方面进行审查,对存在问题的协会及时给予指正,要求限期改正。

【队伍建设】 根据国家及省体育局工作安排,按程序严格筛选,审批一级社会体育指导员17名、国家级社会体育指导员8名,培训二级社会体育指导员95名,临汾市代表山西参加全国社会体育指导员素质大赛。

全民健身

【开展全民健身活动】 2014年,调动体育社团、基层体育组织举办赛事活动的积极性,开展形式多样、贴近生活、贴近群众的全民健身活动。利用春节、五一劳动节、全民健身日、九九重阳节等时间节点,确保群众体育活动覆盖全市、贯穿全年,组织开展形式多样的全民健身活动100余次。如:第五届市直机关运动会,在蒲县举行的临汾市武术比赛、第六届中学生运动会和西山七县篮球运动会,临汾市第六届跆拳道比赛,临汾市第八届围棋比赛等。各县(市、区)的全民健身活动十分活跃。如:尧都区机关干部职工运动会、霍州市“大美霍州·春潮溢彩”千名干部越野赛、侯马市春季农民运动会暨全民健身大拜年等赛事活动、曲沃太子滩越野摩托赛等。

【参加省第十四届运动会】 山西省第十四届运动会临汾市体育代表团由443人组成,参加三个组别,25个大项的角逐。市代表团运动健儿,经过奋力拼搏,取得青少年组20.75枚金牌、39.25枚银牌、40.25枚铜牌、总分1269.75分,获得体育道德风尚奖,取得运动成绩和精神文明双丰收;职工组5个项目,获得个人1个一等奖、2个二等奖、1个三等奖。老年组7支代表队参加6个项目的比赛共获得团体一等奖3个,二等奖4个,三等奖2个;个人项目一等奖3个,二等奖3个,三等奖2个。

【开展第四次国民体质监测工作】 年初,根据省体育局要求,抽调专人成立临汾市第四次国民体质监测队,做好人员的业务培训,及时补充器材及设备,在全市9个县(市、区),历时2个月对幼儿、成年、老年3个年龄段56个组别6000余个样本量进行体质监测工作。经过审核,合格样本4632个,超额完成省下达的样本量。

【打造品牌赛事活动】 7月25日至27日,由国家体育总局水上运动管理中心主办,山西省体育局、中共临汾市委、临汾市人民政府承办,中共临汾市委宣传部、山西体育职业学院、临汾市体育局、临汾市汾河生态建设工程有限公司协办的2014中国临汾国际名校赛艇比赛在汾河公园举行。来自美国、英国、法国等7个国家8支国际名校队和西安交大等国内4支名校队参与,其中有四支女队参赛。中央五套进行现场直播,现场观赛观众达10万人次。通过举办本次赛事,全国多家主流新闻媒体聚焦临汾汾河,多角度、全方位、大篇幅地宣传报道,向世人展示临汾独具魅力的汾河文化,提升临汾城市形象和美誉度;10月30日至31日在市体育场举行的临汾市直机关第五届运动会,连续10年举办5届;4月

23日至25日，在蒲县举办的临汾市第六届中学生运动会，自撤地设市以来共举办6届；2月10日，由尧都区政府、贾得乡党委主办的“贾得乡第26届春节农民运动会”，此项比赛成为临汾市展示农村体育的一项品牌赛事。10月11日至13日，西山七县篮球运动会在蒲县奥体中心体育馆举行。此项赛事早在20世纪80年代成为西山各县的传统赛事，通过轮流承办，以球会友，加强周边县之间的交流与合作。系列品牌赛事活动的开展，全面打造和提升全民健身活动的质量，突出示范带动效应，取得丰硕成果，提升临汾全民健身活动的知名度和影响力。

【竞技体育发展】 省运会4年一届，是全省各市竞技体育最高水平的直接较量。竞技体育的实力，既取决于备战工作的训练管理、保障水平，也取决于本地区经济社会、文化、科技、教育的总体发展水平，是一个地区综合竞争实力在体育行业内的具体体现。及时成立临汾体育代表团组织，加强研究部署参加省十四运的各项工作。多次深入到市体校、市三中、市射击训练基地等调研，看训练，深入一线解决实际问题，为运动员、教练员排忧解难做好保障工作；竞技体育后备人才是高水平竞技体育发展的根基和源头，是“一条龙”训练体制的起点，业余训练更是竞技体育发展的基础之所在。市业余训练形成以国家投资为主体，以个体经营为辅助、以各县级业余体校、部分传统校、三线训练网点为支撑的业余训练体制网络。市体校是市竞技体育人才培养的摇篮，是业余训练的龙头，加强市体校建设是竞技体育强根固本的重要举措，也是竞技体育可持续发展的根本途径。

完成“管理星级评估”和高水平体育后备人才基地认定工作，改造市体育场功能区设施，改善运动员的训练条件，为蒲县一中田径项目训练基地进行挂牌，2014年向上一级输送18名优秀运动员，14人考入本科院校。在临汾三中、侯马国力、搏击中学等共设立5个训练基地开设9个竞技体育项目。逐步对各业余训练场地、器材给予补充，加大对业余训练的经费投入，实施奖励机制，调动教练员的训练积极性。2014年在省十四运决赛中临汾三中田径项目收获3枚金牌，篮球项目获得男子团体第七，侯马国力俱乐部的武术套路获得1枚铜牌，跆健俱乐部获得跆拳道项目1枚金牌、2枚铜牌。4月20日，在云南临沧举行的2014年"永德杯"全国女子柔道锦标赛上，市运动员张雯一举夺得63公斤级第二名。10月26日，2014全国女子柔道冠军赛上，市柔道队运动员张雯代表山西参加比赛，在女子63公斤级中获得第三名。9月10日，在第26届全国协作区棋类比赛中，市侯马国际象棋、国际跳棋选手发挥出色，勇夺两项团体冠军。4月，在四省八市“秦、晋、豫、陇”比赛中获得金牌2枚、银牌2枚、铜牌3枚。12月，在全国射击冠军总决赛中，市队员赵若竹夺得女子步枪50米三种姿势第七名。市乒乓球队参加“红双喜杯”等全国比赛共获得2个男子团体第三，1个女子团体第二、1个团体第三，男子单打1个第一、1个第二。审批二级运动员100名，国家二级裁判员282名。

【体育产业发展】 以贯彻落实《体育法》《全民健身条例》为重点，落实依法管体，依法治体要求，建立规范、有序、安全的体育产业市场依法监督管理环境。抓好《体育法》和《全民健身条例》等体育法律法规的宣传、培训工作。利用“12·4”首个宪法日，及时组织人员采取发放宣传资料、设立法律咨询站点、开辟网页专栏、开设服务热线等形式，向广大市民宣传体育法制；体育依法行政工作逐步规范。根据“六权治本”要求，及时梳理体育行政审批事项，在局党组会上进行研究，对专业性强、危险性大、社会影响大的体育经营活动审批中6个子项拟下放到县级审批，将健身气功设立站点及活动审批拟下放到县级审批，临时占用公共体育设施审批暂缓执行。2014年共审批经营性体育活动20个，颁发体育经营许可证。

【体育彩票销售】 2014年加强体育彩票的公益宣传和新“11选5”玩法的推广，邀请国家培训师培训网点彩民营销投注技巧，拓展乡镇的销售渠道，寻求新的增长点。实现全市体育彩票全年销量1.867亿元，超基本任务和奋斗任务，确保全省第前列位置。

【公共体育设施建设】 (1)市奥体中心体育场建设。2014年，体育场项目部及时与中国建筑规划设计院协调初步设计招标有关事宜，与国土资源部门、尧都区政府协调征地事项，与有实力的集团公司洽谈融资有关事宜；(2)乡镇全民健身活动广场全覆盖。年初召开专门会议，将建设任务层层分解到17

个县(市、区),在工作中,做到及时跟踪督导,现场指导工作;(3)完成2013年53个乡镇全民健身活动广场的器材安装,2014年新建场地完成场地的硬化,等待器材到位安装;(4)推进汾河体育公园建设。申报、建设临汾市汾河生态体育公园被列入市重点监测项目和惠民工程,局领导多次到市汾河公园实地调研,了解情况、查看场地,与汾河公园领导沟通协调。组织专人,及时整理影像、图片和文字材料,将汾河生态公园申报国家级体育公园;组织专人科学制定生态体育公园规划建设方案,与汾河公园联合行文向市政府上报《关于临汾市汾河生态体育公园规划的报告》。多次与汾河公园有关领导沟通协调,在规划建设的基础上丰富和完善竞技体育运动区、休闲健身区和十大健身板块;(5)完善汾河体育公园内部的体育设施、体育元素的标识配备;(6)国家级体育公园获国家体育总局批准,向总局申请捐建的3套健身路径工程,安装到位,争取配套资金90万元;(7)市射击馆竣工。由临汾职业技术学院投资修建的临汾市射击馆,在省体育局和市有关部门的支持下,主体工程和内部装修全部完成,正在安装设备,初具规模,待竣工验收后市射击队入住,开展正常训练;(8)飞碟场建设动工,上报省体育局和省发改委,争取全国青运会飞碟比赛项目落户;(9)市体育场改造完成。针对群众提出的市体育场严重老化问题,多次召开会议研究,结合体育场实际拟定改造方案报市政府批准。从4月开始,对市体育场进行部分改造,对跑道实施塑胶铺设和场内功能区建设,于8月底工程完工,改造后的市体育场缓解和改善市体校运动员训练和广大群众的健身需求;(10)争取国家及省资金支持。通过申报项目共争取扶持资金1190万元;(11)开展全国第六次场地普查。根据省六普办的统一部署,专门召开局长办公会进行专题研究,与各相关部门沟通与协调,确定临汾市第六次场地普查领导组,落实经费和车辆保障。通过普查,截至年底全市共有各类体育场地6731个,用地面积6103870.09平方米,场地面积4410209.55平方米,建筑面积211791.71平方米。其中健身路径2677套、健身步道1条、体育场(馆)3608个,其他体育类场地430个。

(李　杰)

附:

·获奖情况·

临汾市体育局、安泽县文体广电新闻出版局、乡宁县文体广电新闻出版局、曲沃县体育办公室、汾西县文体广电新闻出版局、侯马市文体广电新闻出版局、翼城县文体广电新闻出版局、尧都区体育运动中心、吉县体育运动办公室、临汾市老年人体育协会、霍州市门球协会、临汾市星辰俱乐部,被山西省人社厅、山西省体育局评为山西省体育先进集体;闫瑞丽、尚立春、张翔、贺玉平、张全顶、崔欣、李志强、张宝兴、尹建峰、苏德虎、张三茹,被山西省人社厅、山西省体育局评为山西省体育先进个人。

国家级社会体育指导员:王新生　刘江萍(女)
冯俊梅(女)　刘江安
郭林宏(女)　景玉梅(女)
马凤云(女)　孙爱梅(女)

社会生活

住房公积金管理

【概述】 2014年，住房公积金突出归集扩面重点，抓服务提升，各项工作取得新的成绩。当年归集16.26亿元，提取5.45亿元，发放个贷9.71亿元，实现增值收益1.38亿元，截至年底，累计归集92.92亿元，累计提取24.56亿元，累计发放个人住房贷款4.08万笔46.25亿元。与上年同期相比，归集额、贷款发放额、增值收益等业务指标均保持稳步增长。住房公积金管理中心被省住建厅、市直文明委授予优秀单位和市直文明单位称号。

【全力推进归集扩面工作】 省住建厅下达归集扩面任务后，市中心印发《关于推进全市住房公积金扩面工作的通知》(临政发〔2014〕3号)，对扩面工作进行安排部署。结合各县市的具体情况，分解任务，年初与管理部签订目标责任书，年终进行考核。深入基层座谈讲政策，督促建制；召开专题会议，解决进展中存在的问题；开展督察，排队通报，跟进督促。2014年全市新增缴存职工51130人，提前1个月超额7615人完成任务，全市30.99万人纳入住房公积金制度体系，覆盖率达到72.67%，比任务高出1.05个百分点，比年初增加12.24个百分点。住房公积金制度覆盖人群逐步从行政事业单位、国有企业向非公单位扩展，使更多非公单位职工享受到住房公积金制度福利。

【调整缴存比例】 将提高财政补贴比例纳入年度工作目标，督促各管理部落实，全年有11个县市财政补贴比例做了调整，其中：霍州由10%上调到11%；曲沃由6%上调到8%；翼城、汾西由8%上调到9%；蒲县由10%上调到12%；襄汾、吉县、隰县由7%上调到8%；洪洞由6%上调到9%；大宁由7%上调到10%；永和由7%上调到9%。全市财政补贴比例按12%的县市达到5家，维护缴存职工权益。

【完善各项制度】 对原有的35项制度进行全面梳理，结合当前实际情况修订完善15项制度，新制定《临汾市住房公积金管理中心干部职工行为规范》《党员干部学习制度》《督察督办管理办法》等11项制度，使制度建设逐步覆盖到各项工作。

【信息化建设全面启动】 2014年围绕信息系统升级和综合业务平台建设，确定财务一级核算，归集、贷款自主核算的基础模式和核心业务资金往来与银行实现直连模式；开展归集、贷款、提取、财务核算等核心业务的需求调研工作和与银行对接的调研工作，形成相关专题调研报告，进行可行性评估；基本完成新机房的建设，为前台统一配备新的信息化设备，内部协同办公网开始正常运行使用，逐渐与业务管理有机结合。

【为民服务】 2014年，以省厅和住建部住房公积金服务专项督察为契机，全面加强和改进服务工作，下发《关于进一步提高工作效率和服务质量的通知》，在服务上提出新的要求；再次完善明确服务内容和时限，印发服务指南告知单，推行群众办事明白卡，强化落实力度；结合全市实际情况多次讨论研究，细化提取和贷款业务操作流程，统一相关表格；将贷款审批权限由市中心下放到各管理部直接审批；新增房产抵押担保方式；开通“临汾住房公积金”微信平台，各项政策和信息多渠道及时公开，方便广大职工咨询政策和业务办理。

【党风廉政建设】 开展“廉政文化月活动”，组织干部职工参观彭真故居、市廉政教育基地。及时通报各地典型案件和顶风违纪处理等情况，引起大家警惕和反省，从思想上树立廉洁意识；围绕资金安全，排查影响住房公积金廉政工作的薄弱环节，健全完善责任追究制度，从四个方面详细规定党风廉政建设责任追究办法和措施，为党风廉政工作的开展提供制度保障；执行“八项规定”和廉洁从政新规定，开展“纪律松弛、吃拿卡要”等专项整治活动，严肃工作纪律,规范红白事操办规程,精简文件会议,严格公车管理,干部职工的纪律意识明显增强,工作作风明显转变。

干部职工参观市廉政教育基地

医疗保险

【概述】 2014年,全市参加医疗保险人数104.3万人,完成全年任务的100.48%;医疗保险费总收入10.1亿元,完成全年任务的109%。全市参加生育保险人数为39.58万人,生育保险费收缴6500万元,完成全年任务的112%。

【居民大病保险】 市医保中心有针对性地对大病保险待遇作了调整提高,采取公开招标的方式,由政府主导建立形成由商业保险公司承办大病保险工作的运行机制。

注重政策衔接。把大病患者看得起病,住得起院作为关注民生、保障民生的重要工作,争取政府支持,先后出台《调整城镇基本医疗保险待遇水平的有关规定》《关于调整城镇基本医疗保险待遇标准的有关规定》,以红头文件的形式确保医保待遇的落实到位,把政府决策与百姓的企盼、愿望相连接,真正让人民群众享受到改革红利。

注重机制建设。临汾市政府集中采购中心在“政府采购招标网”发布大病招标公告。市医保中心与保险公司重新签订《临汾市城镇居民大病保险业务合作协议》。年初,中心与中国人寿保险股份有限公司临汾分公司联合成立“大病保险管理办公室”。使参保居民医保待遇得保障。保险公司前移服务、延伸窗口,派遣业务素质高的工作人员,进驻医保中心联合办公,审核查验病历档案和住院费用报销依据,按照服务流程,及时办理结算。严格稽查费用支出,对大病患者住院过程全程监控,规范医患双方行为,既增强医疗成本的可控性,又保障大病患者的切身利益。

规范保障标准。完善与商业保险机构的合作新机制,确保大病保险保障重点向困难人群倾斜。对保险责任内的住院支付比例进行相应的调整提高,具体保障标准是起付标准1万元以上至5万元、5万元以上至10万元、10万元以上至20万元、20万元以上至30万元、30万元以上的部分,分别按55%、65%、75%、80%、85%的比例给予报销,使广大百姓真正得到实惠。

【加强医保管理】 商保公司工作人员协助稽查定点医院、药店,充实医管、审核力量,解决医保经办人员和管理力量不足的问题,给医保工作带来两个方面的明显变化:医保服务效率明显增高,群众对医保工作的满意度明显提升;疑难案件审核稽查、外伤案件核查、转外就医审核及跟踪管理明显加强,骗保案件得到有效遏制。

【规范医疗行为】 通过商保公司第三方的全程跟踪监督、巡查患者的就医或购药情况,审核医疗档案、临床处方和定点医疗机构处置过程,有效防止医疗机构开大处方、患者“挂床”“冒名顶替”或搭车开药购药等现象,规范“两定”机构的服务行为。

【加强费用审核】 加强费用审核工作,医疗成本控制得以实施。防止工作人员在费用审核中营私舞弊,杜绝报“人情账”的违规行为,加强医保基金支出的成本控制,保证每一笔基金用在刀刃上,为真正需要的患者解决更多更大的困难。

【异地就医结算】 “异地就医结算”一直是困扰医保职能有效发挥的瓶颈,也是广大参保人员的迫切愿望和企盼。从工作机制上提供保障。市医保中心成立异地就医结算工作领导小组,制订下发《临汾市流动就业人员基本医疗保障接续经办规程》和《临汾市异地就医结算实施方案》。在深入调研和学习外地经验的基础上,设计完善《临汾市异地就医结算流程》和《基本医疗保险关系转移接续表格》。2013年11月底完成省内单向异地就医结算,2014年3月底,省内实现双向转诊异地就医即时结算;从运行机制上提供便利。依据全市易发多发病种、根据全省重点医院医疗特点,建立全省范围内的异地就医结算平台;实现社保“一卡通”就医结算便利;开通医疗直通车。从 2013 年 12 月至 2014 年 12 月共备案 632 人次,有 452 人享受异地直接结算便利,统筹基金共支付 815 万元;从科技手段上提供支撑。异地就医结算是一项社会服务功能,也是一项系统工程。要完善“异地就医结算信息系统”,真正实现参保人员就医信息实时传输、费用直接结算。

财政、银行、社会保险经办机构、通信部门、软硬件供应商相关部门和单位共同协商,开辟“一卡通”渠道;依托中软公司,开发、更新、升级软件系统,保证异地结算的快捷高效;建立数据分析系统,连接省医保中心平台,互相测试;建立咨询服务平台,配置专门的咨询服务人员。有针对性地提供跟踪服务,从技术手段和服务方式上满足广大医保患者的诉求。

【推进付费方式改革】 根据《人力资源和社会保障部〈关于进一步推进医疗保险付费方式改革的意见〉》(人社〔2011〕63 号文件)和山西省人力资源和社会保障厅《关于推进医疗保险付费方式改革工作的通知》(晋人社厅〔2011〕132 号文件),市人社局于 2013 年制定出台《临汾市基本医疗保险付费总额控制方案》(临人社发〔2013〕75 号文件及城镇职工医疗保险总额预付结算管理办法)。

年初,临汾市医保中心先行先试,主动与多家定点医疗机构进行协商谈判,最后确定临汾市人民医院(三甲)、临汾市第三人民医院、侯马市人民医院等三家定点医疗机构为首批总额预付和单病种付费方式改革试行定点医疗机构,签订医疗服务协议。按照循序渐进运行的原则,在总结完善的基础上,逐步将医疗保险付费方式改革进程从市直向各县(市、区)进行推广运用,全市与近 30 家定定点医疗机构签订服务协议开始运行。

总额预付管理的基本原则,即:住院医疗费用结算遵循“总额预算、定额管理、按月预付、年终清算、超额分担、结余奖励”的原则;门诊特殊慢性病医疗费用结算遵循“病种平均定额、按月分配、超额不补”的原则执行。总额预付方便住院患者,减轻住院患者经济负担,体现医疗保险的“人性化”。

【霍州煤电集团纳入社会统筹管理】 霍州煤电集团属于国有大型企业。于 2011 年实行医保基金上缴地方财政专户,业务内部运作管理的社会化管理体系。霍州煤电集团公司参保人数达 56414 人,其中:在职 48297 人,退休 8117 人。基金收缴累计 65818 万元,支出 42149 万元,结余 23669 万元,确保医保基金安全、完整。生育保险也于 2013 年纳入市级统筹,实行社会化管理。

霍州煤电集团公司设立的定点医疗机构、药店全部纳入所属地医保经办机构实行社会统筹管理后,组织相关人员修订完善医保管理制度和操作程序。有针对性地出台相关政策和制度,得到广大职工的认可和欢迎。

【基金管理】 临汾医保严格执行基金管理的法律、法规和规章制度,加强基金的收支管理,加强内控制度和费用审核机制建设,根据基金流线长、风险源多的特点,专门在稽核科内部成立稽查队伍,定期组织人员对医保基金安全情况进行专项检查,与承办大病保险任务的保险公司联合行动,打击各类诈骗、冒领、套取社保基金的违法犯罪行为,基本杜绝冒名顶替、挂床住院、小病大看和医疗单位超常规使用大型设备检查、医保药品目录混乱、乱开处方、开大处方、分解住院人次等现象。

【“两定”管理】 采取三级联查和三查互动相结合的方式,对定点医疗机构和定点零售药店开展“五查”“五对”,严格监控。“五查”即:查诊断依据、查医嘱用药、查门诊病历、查是否符合住院标准、查身份证件;“五对”即:人对症、症对病、病对药、药对量、量对钱;“三级联查”即:科员随查、科长抽查、主任专查;“三查互动”即:病历审查、网上抽查、现场检查互动。通过严格的制度监控,促进“两定”管理,加强费用控制,提高基金使用绩效。实现对定点医疗机构医疗服务和医疗费用结算的网上实时监控率 100%,实现统筹地区内基本医疗保险医疗费用及时结算率 100%。

【开展试点工作】 按照省里要求在全市二级以上定点医疗机构开展医保服务医生医疗服务监管试点,落实医保服务医生 12 积分管理办法。

【建立医保服务医生信息库】 按照省里安排部署,全市各县市完成试点医疗机构名单划定工作并制定具体的实施方案,向市中心上报医保服务医生相关信息。

【医保服务标准化建设】 市中心研究制订定点

医院医保管理规范和服务标准化建设内容。要求各县市也要开展相关工作,完善“两定”机构服务协议管理,全面提升医疗服务监管能力和监管水平。

【工作存在的主要问题】 医疗保险实行市级统筹后,“六统一”模式还不完全规范。参保扩面工作力度有待加大,尤其是非公经济组织参加基本医疗保险扩面工作比较薄弱。医保工作是一项点多面广战线长的工作,基金监管还需规范,内部控制还需加大力度。尤其是对上级联网和市县内定点医院实施有效的监督、服务职能等工作开展相对不便;信息网络建设滞后,导致服务水平和服务质量难以向高层次迈进。医疗保险政策宣传力度不够。审核工作存在薄弱环节。市定点医疗机构和定点零售药店的逐年增加与经办机构工作人员严重不足的矛盾,致使稽查工作重事后审核,轻事中稽核,容易使个别患者乘虚而入谋取非法利益。

人口和计划生育

【概述】 2014年,临汾市人口计生委开展“三学三树”、提高“六个能力”活动,打造“华人故里·幸福家园”人口计生文化品牌,坚持抓基础、抓重点、抓亮点。全年全市新出生40278人,出生率9.18‰,自然增长率5.52‰,符合政策生育率89.70%,综合节育率90.66%,社会抚养费征收兑现率77.92%,出生人口性别比105.93,免费孕前优生健康检查录入率102.93%。

【实施“单独两孩”政策】 “单独两孩”政策自2014年6月开始步入规范化运行。下发《关于加强非农业人口政策性再生育的通知》,对非农业人口政策性再生育子女审批受理条件、程序、需要提交的材料、时限要求及责任追究等情况再次进行明确。先后两次对各县市区及市级机关工作人员进行“单独两孩”政策业务培训,在临汾人民广播电台“9·30”热线进行专题、系统宣传。截至12月,市级发放单独家庭再生育证472个。没有出现生育堆积、人口反弹等非正常现象。

【基层基础工作】 4月15日,临汾市人口计生委针对基层群众办事难、办证难情况进行明察暗访,摸底调研。在调研基础上出台《关于进一步改进作风做好方便群众办证工作的意见》,降低门槛,简化程序。9月,在临汾市农村全面推行“代办制”。即:对已纳入育龄妇女管理和确有实际困难的群众,由村级信息员代办计划生育各类证件;在城市全面实行“代办试点制”,要求每个县市区至少确定2～5个试点,由街(办)社区服务员代办各类计划生育证件,鼓励有条件的地方探索实行网上预约办理有关证件。

在职党员进社区活动

【“三晋康家”工程建设】 利用各种新闻媒体,宣传计划生育基本国策和优生优育知识。临汾市人口计生委制作“华人故里·幸福家园”系列宣传手册和宣传优生优育、生殖健康、新型生育观念和幸福家庭创建等一系列挂图。2014年,临汾市共投入“4+2”奖励扶助资金8681.58万元,对全市12.61万人(户)进行奖励扶助。市人口计生委联合相关部门下发《关于进一步做好计划生育特殊困难家庭扶助工作的通知》,提高独生子女伤残、死亡家庭特别扶助金标准,建立动态增长机制,在养老照顾、医疗保障和社会关怀等方面强化扶助措施。1月,临汾市人口计生委与临汾市人寿保险公司联合下发《2014年计划生育家庭意外伤害保险业务推动方案》,9月底,全市共完成保额146万元,超额完成目标任务;成立临汾市计划生育老年人服务中心,初步完成全市计生老年人基本情况调查统计工作,在临汾市尧都区开展养老服务试点工作,确定100名计划生育老人为主体服务对象,免费开展随叫随到全方位服务,探索医养结合的养老服务模式。

【人口计生创优工作】 霍州市被评为全国计划生育优质服务先进单位,吉县、隰县为全省计划生育优质服务先进单位。临汾市有侯马市、翼城县、古县、曲沃县、安泽县、蒲县、霍州市共计7个国优县,尧都区、乡宁县、永和县、浮山县、襄汾县、洪洞县、大宁县、汾西县、吉县、隰县10个省优县。

【出生人口性别比综合治理】 全市加大"关爱女孩"和婚育新风进万家活动力度,7月11日,在曲沃县举办"圆梦女孩志愿行动"启动仪式,为品学兼优的女孩发放奖学金,营造关爱女孩成长成才、维护女孩合法权益的氛围。相关部门严格执行打击"两非"五项制度,开展联合行动,重点查处黄河中西医医院、陈爱B超诊所、侯马康盛门诊部以及洪洞县黑诊所等4起非法鉴定胎儿性别和非法终止妊娠案件,产生强烈的震慑作用。

【流动人口计生服务管理】 开展全市流动人口基层干部专题培训活动,提高市县乡三级流动人口计划生育工作人员的理论水平和操作技能。6月,临汾市与湖北天门市签订区域协作协议书,成立临汾市天门流动人口计划生育协会,标志着临汾市在流动人口服务管理工作方面有了更深层次的协作。翼城县作为山西省省级流动人口计划生育基本公共服务均等化试点县,县财政拨付专项经费40万元。在县城三处主要交通要道设置流动人口宣传喷绘广告,在全县10个乡镇、212个行政村、6个社区全部悬挂流动人口办事指南流程图。在流动人口集中的地方,为育龄妇女提供一系列的流动人口信息采集、流动人口办理生育证、婚育证明的宣传咨询服务。对流动人口实行合同管理,与河南、安徽、山东、陕西以及省内一些县市,签订跨区域流动人口管理服务协议80余份,促进对流动人口的跟踪管理服务。通过信函、电话和随访,共联系外出人员380人次。

【加大人口计生工作协调】 市委组织部、市人社局等部门在干部录用、晋级、晋职、推荐工作中,坚持领导干部提拔审核制度,坚持计划生育工作"一票否决"。2014年,共审核市县两级综合先进个人644名,否决3名,精神文明单位356个,劳模及其他评优、评先单位及个人2585个,否决17个,审核干部1191名。

养老保险

【概述】 2014年,临汾市各级企业养老保险经办机构以"社保服务提升年"为主线,以创建"学习型、服务型、创新型、务实型、廉洁型"社保经办机构为目标,开展窗口单位改进作风专项行动,全面提升经办管理服务水平,巩固成果、创新模式、稳中求进,完成全年各项目标任务。2014年,被省社保局授予中心"社保服务提升年活动优秀单位""全省档案管理工作优秀单位",被市委、市政府授予"市级文明和谐单位"。

【完成企业退休人员待遇调整】 市各级经办机构坚持将确保离退休人员养老金按时足额发放作为维护社会稳定、促进改革和发展的头等大事来抓,科学编制、严格执行基金预算,争取财政支持。截至年底,全市共为11.87万名企业离退休人员和遗属发放养老金和遗属补助29.84亿元,养老金按时足额发放率继续保持100%。5月初,按照省厅文件精神,按时将全市9.5万名企业退休人员调整后的基本养老金及补发金额发放到位,调整后月人均养老金达到2110元。

【提高企业养老保险参保率】 中心巩固省厅"社保全覆盖、服务一卡通"的目标要求。制定实施《临汾市社会保险费统一征缴管理工作的实施意见》,整合经办资源,成立统征机构,明确工作职责,规范业务流程,统一业务软件,按照"六统一"要求,开展五项社会保险费一票征收,一站式服务。在侯马市实行五险统征试点,市级对新参保的非公经济单位实行五险统征。建全目标责任制完成情况通报制度,社会保险经办机构与劳动保障监察机构联动工作制度。在摸清非公经济单位底数的基础上,制定非公经济单位参保扩面推进计划。一方面从煤焦铁领域、城镇各大超市、宾馆、民办学校、医院等行业企业入手。另一方面深入基层社区、街道,针对个体工商户,现场讲解政策,动员参保,登记缴费。2014年,全市企业养老保险参保人数达到26.09万人,完成省下达全年任务的100.72%;实际缴费人数为23.64万人,占参保人数的90.59%。全市非公经济单位及个体工商户、灵活就业人员参保人数为13.43万人,较上年净增1.2万人。

【养老保险征缴】 制定扩面征缴目标，建立完善通报督导制度，建立征缴清欠激励机制，召开全市企业养老保险费促缴座谈会，着重对工作落后的县市开展帮扶，分析查找原因，督促加快工作进度。运用《社会保险法》和《社会保险费申报缴纳管理规定》的法律效应，执行社会保险登记和缴费申报审核制度，严肃查处各种拒缴、瞒报和少缴养老保险费的行为。召开市营以上欠费企业养老保险工作会议，重点向参保企业分管劳资的领导讲清按时缴纳、清欠养老保险费的意义和责任，督促企业及时清理欠费。2014 年全市共征缴企业养老保险费 17.38 亿元，完成省下达全年任务的 104.51%，清理历年欠费 1.49 亿元，基金征缴再创新高。

【基金安全运营】 全市各级经办机构强化对企业养老保险基金的监督管理，维护基金安全运营。按照省社保局出台的《山西省社会保险经办风险内部控制管理办法》，各级经办机构对每一项经办业务进行细致的排查和梳理，逐一排查经办风险点，完善内部控制、规范业务流程，健全管理制度；执行“收支两条线”规定，重点从社会保险基金监督管理及权、钱、人入手，采取有效措施，加强防范治理。11 月，按照市局《关于社保基金管理情况大检查工作的实施方案》的要求，全市开展自查及交叉检查，及时发现工作中出现的问题，制定整改措施，加以落实，收到良好效果。截至 12 月底，全市实地稽核人数 19.08 万人，查处冒领基本养老金 38 名，冒领金额 31 万元，全部追回。

【完善经办基础工作】 市各级经办机构从加强基础数据、业务档案管理和信息化建设等基础性管理工作入手，贯彻落实社会保险个人权益记录管理办法，实施精确管理，基础管理工作日益完善。市中心通过部省验收组验收，被授予“省级档案管理优秀单位”和“省级档案管理一级单位”。县级经办机构中，有 12 个县验收，其余 5 个县(市、区)整理完毕准备验收。按照人社部“全民参保登记计划”的工作要求，核实、整合参保信息，进行筛查比对，清理重复信息，剔除无效信息，纠正错误信息，以全国统一的社会保障号码为基准，建立每个参保人员唯一的参保标识。各级经办机构执行部颁指标体系，从源头上做好个人权益记录的日常管理和数据维护，及时补充和修正数据，保证记录的完整性、合法性和可用性，数据质量明显提高。

【开展“窗口单位改进作风”专项活动】 围绕提升服务水平，创建市级文明和谐单位这一目标，完善服务设施，改进服务作风，开展以自查自纠、群众监督评议、上级明察暗访和加强基础建设为主要手段，弘扬社会主义核心价值观，内强素质、外树形象，在服务上形成品牌，为人民群众提供便捷优质服务的“窗口单位改进作风专项行动”。通过全面自查，广泛听取意见，主动征求社会各界和参保对象对经办服务工作的意见和建议，研究制定六条整改措施和改进作风长效机制，丰富人性化服务手段，拓展信息化服务渠道，提升专业化服务水平，工作作风得到提升。

【工作中存在的问题】 征缴清欠工作压力很大。经营困难企业欠费居高不下，前清后欠，边清边欠，新欠大于清欠问题没有得到解决。中断缴费人员增多导致参保率下滑，全市中断缴费人员为 24548 名。中断缴费人员主要有：企业破产改制后，解除劳动合同的职工；流动就业人员与单位解除合同后未及时接续养老保险关系的人员；因经济条件未能继续缴费的灵活就业人员，基础管理有待完善。

失业保险

【主要任务指标完成情况】 2014 年，省定失业保险参保人数为 34.82 万人，截至年底，实际参保人数为 34.89 万人，完成率为 100.2%；所有参保人员信息全部录入微机，实现信息联网，数据化管理。省定征缴任务为 1.6 亿元，实际征缴 2.27 亿元，完成率为 141.87%。超额圆满完成省下达任务指标。

【失业保险数据联网建设】 中心把业务信息网络建设作为推进失业保险工作规范化、科学化、程序化标准的一项重要措施，通过加强完善市、县信息网络软、硬件设施建设，全面提高失业保险信息化建设水平，从根本上改变全市失业保险业务手工操作的现状，结束办理业务单一手工操作的历史，全面实现省、市、县三级信息数据互联互通、信息共享。截至年底，全市失业保险 34.89 万人的参保基础信息数据已全部录入数据库管理。为确保此项工作顺利实施，专门召开县市区中心主任会议进行安排部署，要求集人力、财力、物力向业务软件安装工作倾斜，确保按照时限要求完成线路铺设和软件安装，为业务操作上线运营做好铺奠。5月，组织全市失业保险经办机构信息操作人员进行业务软件操作培训，深入县区进行操作指导，解决实际应用与软件设计存在的不相符的问题，确保县市区失业保险数据录入的正常进行。中心通过协调，从市级财政争取资金支持，为各县市区失业保险中心统一增配微机、传真机和打印机等电子硬件设备，从市中心办公经费中挤出资金为永和县解决线路铺设的费用，从而确保全市失业保险信息化网络建设工作的快速有序推进。

【全额事业单位参保缴费】 2014年，全市有90%的县市区全部列入预算并足额拨付，侯马、大宁、乡宁、古县、安泽、永和县市的政府领导做出明确批示，从2015年起足额列入财政预算并拨付。部门联动制衡。对部分拒缴躲缴失业保险费的事业单位，协调市、县人社局专管科、工资科、事业单位管理科等职能部门配合，新增50余户事业单位，1%缴费额增加220万元；分片包干督导。对市辖区内的17个县市区，由市中心各科室负责人进行分片包干督导，主要是针对全额财政事业单位参保缴费情况进行督导，通过下县区蹲点、打电话督促、发通报协调等措施，督促帮助县市区中心协调争取政府支持，确保将全额财政事业单位2%失业保险费列入预算并按时拨付；按比例拨付资金。按照市失业保险市级统筹实施方案的要求，中心对个别不予列入或不足额列入预算的县市区，在拨付当地使用失业保险金时按照列入预算的相应比例拨付或停止拨付，不足部分由当地财政解决，要求将全额事业单位2%失业保险费足额列入预算并按时足额拨付。此举各县市区全额事业单位2%拨付额增加近1200余万元。

【失业人员管理服务】 2014年，在接收登记工作方面，全市失业保险经办机构新增登记接收管理失业人员5352人，其中包括原公益岗位人员784人。市县经办机构按照政策规定，在最短的时限内，快速办理接收登记手续，把失业保险金发放到位。按照省政府文件规定，统一发放失业人员取暖补贴，全市共计为8895名失业人员发放取暖补贴987.33万元。在再就业技能培训工作方面，全市失业保险经办机构多次深入就业市场调研，根据就业市场需求，结合当地实际，共计组织5008名失业人员开展再就业技能培训，开设有室内装潢、蛋糕制作、计算机操作、焊工、面点师等十余个专业，聘请相关专业教师授课，健全培训制度，严格培训程序和教学规范，保障培训质量，受到广大失业人员的一致好评。其中市直组织1495名失业人员开展5期再就业技能培训，组织开展失业人员创业培训班4期，培训失业人员119名。

【面临的形势和存在问题】 受全国经济形势的影响，全市大部分煤、焦、钢、铁等重工企业严重受挫，经济效益急剧下滑，企业亏损严重，而这些企业又是失业保险参保缴费的主力军，缴费额占全市比例将近三分之二。例如霍州煤电集团、山西焦化厂、太钢临汾钢铁有限公司、山西春雷铜材厂、山西风雷有限公司、山西锻造厂等企业，这些企业靠银行贷款给职工发放基本生活费，缴纳社保更是优先考虑养老、医疗和工伤保险，最后再考虑缴纳失业保险费，因此对失业保险费征缴工作带来前所未有的压力。虽然通过努力，完成全市的失业保险任务目标，但如果2015年经济形势仍不见好转，对全市的失业保险任务将是巨大的障碍。非公经济扩面进展缓慢。虽然在非公经济单位扩面方面做了大量的工作，但由于缺乏相关的制约措施，非公企业参保的积极性不高，能拖则拖，能躲则躲，扩面工作进展缓慢。

工伤保险

【概述】 2014年，市工伤保险各级经办机构以全面实施《社会保险法》《工伤保险条例》为主线，以开展“党的群众路线教育实践活动”和“加强窗口单位作风建设”为抓手，广宣传、促征缴、严管理、优服务，团结一致，开拓进取，学习贯彻《工伤职工劳动能力鉴定管理办法》，推进工伤预防和康复，优化经办流程，提升业务经办管理能力，维护参保单位和工伤职工的合法权益，加快落实工伤职工待遇。截止年底，全市工伤保险参保用人单位6246户，参保493253人（农民工223120人），其中：煤矿、非煤矿山、危险化工品、民用爆破器材等高风险企业，参保983户133411人；财政供养人员参加工伤保险

2830户132568人;完成省定任务48.26万人的102.2%,参保人数比2013年净增16403人。全市工伤保险基金征缴完成16389.75万元,完成省定任务15930万元的102.9%。全市支付各项工伤保险待遇13020万元,年末滚动结余40859万元;其中市直支付工伤保险待遇7746万元。对691名定期领取伤残津贴,生活护理费,供养亲属待遇人员调整标准,共补发144万元。受理劳动能力鉴定申请1396人,出具劳动能力鉴定结论1252人,其中:1～4级102人;5～6级112人;7～10级1038人,无级别47人,未鉴定97人。

【扩面征缴工作】 2014年,受经济下行趋势的影响,全市许多煤矿企业、非煤矿山和其他行业用人单位经营状况不景气,出现参保人员减少以及停保、断保的现象,给工伤扩面征缴工作的巩固和拓展带来不小的难度。面临困境,各级工伤经办机构强化扩面征缴工作,进行科学的安排部署:在工作目标任务下达各县(市、区)后,市中心在工伤保险经办工作会议上强调在每季度末进行实时通报,督促、协助各经办机构按质保量完成目标任务,巩固市工伤保险扩面征缴成果;集中力量抓好高风险企业特别是建筑业农民工、中小微企业、有雇工的个体工商户以及财政供养人员的参保工作;各经办机构按照“以支定收,收支平衡”的原则,核算上一年的支缴率,结合本地区特定行业工伤发生率、职业病危害程度等因素,合理上浮或者下调企业缴费费率,如浮山的三类行业基准费率全部上浮二档,调整之后的费率为3%。

【宣传活动】 中心以“《工伤保险条例》宣传”为主题,经过发动和筹备,更多的职工朋友了解工伤保险政策、丰富工伤保险知识,提高工伤保险的知晓度,达到宣传活动的预期效果,为扩面工作再上新台阶打下良好的基础。媒体宣传。在报纸上开设“工伤保险知识有奖竞答”专块,将加印的500余份报纸发放给参保单位和务工人员;接收到来自襄汾、隰县、侯马、乡宁、洪洞、安泽等县市知识竞答来信50封,收到报纸答题卡180余张。与《临汾日报》法制专栏“小事不小”专题编辑与撰稿人联系,将此专题作为宣传工伤保险政策和知识的重要阵地,解答如何参保、受伤后如何进行工伤认定、鉴定、核算伤残待遇等工伤政策。利用手机短信方便快捷、覆盖面广的特征,先后于5月18日、19日、21日发送宣传短信累计达15万条。集中宣传。中心全体人员深入建筑工地开展宣传活动。施工现场悬挂宣传条幅,设置政策咨询台,摆放宣传版面,工作人员耐心为职工朋友舒疑解惑;发放《工伤保险条例》宣传册、宣传单、知识竞答题目各百余份,赠送“温情水杯”“情暖人间纸扇”。通过实地宣传,“参加工伤保险,化解事故风险”的观念更加深入人心。

【待遇支付步入正轨】 市中心2014年初公布协议机构申报条件和申报程序,统一规范协议管理内容,对全市工伤保险协议医疗(康复)机构、辅助器具配置机构进行统一的审核评估。最终有全市有41家医疗机构和5家辅助器具配置机构与市中心签订服务协议,市中心定期对所有定点机构进行公平公正的监督考核。

根据市人社局和市财政局下发的《关于调整工伤职工及因工死亡职工供养亲属工伤保险待遇的通知》(临人社发〔2014〕73号),领取定期待遇人员经过市中心待遇科审核,补发待遇共144万元。

【补充保险工作】 参加工伤补充保险,使职工在参加法定保险的基础上建立起商业性的补充保险,构建多层次、多形式、双保障的保险体系,既提高职工伤残后的补偿标准,又减轻参保企业的工伤赔付压力。2014年1月,市人社局就工伤补充保险保险项目进行公开招标,在对各投标保险公司的经营资质、机构网络和服务能力等严格评审的基础上,经过公平、公正的筛选,确定中标单位为中国人民财产保险股份有限公司临汾市分公司,于4月印发《关于工伤补充保险实施意见的补充通知》。《补充通知》在原来《实施意见》(临工伤字〔2012〕17号)的基础上进行补充和调整,更加明确工伤中心和保险公司双方的权利和应承担的义务,使补充保险运行更加规范、完善,这标志着工伤补充保险工作走向深入,日趋成熟。

【基金安全】 社会保险基金是社会保险制度正常运行的物质基础,可靠而又稳定的基金制度,保证基金的收支平衡,是社会保险制度得以正常运行的重要前提。11月18日,召开全市医疗工伤生育保险落实工作任务和作风建设推进会。会后经过局领导的细致研究和谨慎安排,从12月1日开始,由市中心主任为组长的一行四人奔赴浮山县和翼城县,对经办机构及企业参保职工人数、工资数、缴费基数、待遇落实情况、有无劳动合同等情况进行仔细核查。经过四天的检查，发现个别工伤职工的档案材料有弄虚作假的现象，造成社保基金流失。经办机构要加强材料审核力度，严守基金出口关，防止此类现象的再次发生，以维护参保对象的合法权益，稳步提升待遇水平。

【康复工作】 工伤康复是工伤保险制度的重要组成部分，做好工伤康复工作，推进工伤康复事业发展是构建“防预、补偿、康复”三位一体的工伤保险制度的必然要求。从2014年初开始，市中心就一直致力于工伤康复的起步工作，中心主任与各副主任及相关科室负责人针对其中的关键性问题（大到康复运行机制，小到康复中的具体收费标准和时限）几经研究，康复医院、方案、流程、验收标准成熟，于年初对呈报单位进行验收。

【档案管理达标验收通过】 市工伤保险档案管理按照《山西省医疗工伤保险经办机构〈社会保险业务档案管理规定（试行）〉实施办法》，结合全市实际，制定下发《临汾市工伤保险业务档案管理达标验收实施方案》，研究、制定档案管理办法；成立以主任解耀中为组长的业务档案达标验收领导小组。10月搬迁新址后市中心配备专门的档案室，通过政府招标的形式安装配套的密集柜、防盗窗，配备吸尘器、灭火器、加湿器、温度计、湿度计等配套设施。设立专门的实物陈列保存室，完善各项档案管理及查阅制度，编订成册（《临汾市工伤保险管理鉴定服务中心档案管理制度》），档案管理更加科学、规范。通过一年多的辛勤劳动，中心档案形成统一的、规范的、合理的分类，现已整理完成12000多卷，计1100余盒。各县市参照市中心的整理、管理标准执行，全市业务档案形成科学统一的标准。

11月12日，省档案局及省医保中心领导赴市中心进行档案管理达标验收工作。通过查看中心的档案室、查阅室、实物展览室，翻看历史档案，省验收组肯定临汾市工伤保险中心的档案整理、管理工作，批准此项工作通过达标验收被评为优秀单位，这标志着临汾市工伤保险档案管理规范化、科学化水平迈上新的台阶。

【财政供养人员全部纳入参保范围】 临汾市在全省首家开辟机关、事业单位财政供养人员纳入工伤保险，2014年，全市共有13万多机关、事业财政供养人员参保，部分人员享受到工伤保险的优厚待遇。全市工伤保险财政供养人员纳入在全省处于领先。在省中心对全省工伤保险重点经办工作进行督导调研时，对全市此项工作的示范性作用表示肯定，并在调研情况通报（晋医险函〔2014〕44号），在省中心网站中提出表扬。

民政事业

【创新城乡低保工作】 城乡低保标准分别提高9%和16%，19.8万城乡低保对象基本生活得到有效保障；城乡医疗救助105052人次，累计支出6887.1万元。全市五保对象10653人，农村五保供养敬老院53所，床位达3226个。确定霍州、安泽为“救急难”工作试点县，出台县级“救急难”工作实施方案。经市编委批复成立临汾市低收入家庭经济状况核对中心，信息核对平台正在建设中。安泽、吉县、乡宁、洪洞、曲沃5县的低收入家庭经济状况核对认定中心成立。

【自然灾害救助】 全市安排救灾资金719万元用于保障受灾群众的基本生活。开展防灾减灾集中宣传和综合减灾示范社区创建工作，共申报3个“全国综合减灾示范社区”和19个“山西省综合减灾示范社区”。修订《临汾市自然灾害救助应急预案》和《临汾市民政局救灾应急工作规程》。公开招标采购200万元救灾物资进行应急储备。市级救灾物资储备库的建设报请市政府同意开始建设。

【社会养老服务体系建设】 根据民政部《养老机构设立许可办法》和《养老机构管理办法》，将养老机构的审批和管理权限进行下放。开展第二批70个日间照料中心建设，国家下拨资金210万元到位。共下达孤儿保障资金427万元；实施“明天计划”全年共为孤残儿童免费手术4例；申报民政基础福利设施2015年项目16个，“十三五”规划项目137个；市社会福利院二期项目报请国家发改委批复下拨资金1300万元；取消全市8家不合格养老机构和6家不合格福利企业的经营资格。

（王金霞）

民族　宗教

【民族宗教领域安全稳定】 民族领域安全和谐。制订少数民族联谊会制度、少数民族流动人口服务制度，坚持每季度召开一次外来少数民族代表人士联谊会，全面排查调处矛盾纠纷，开展清真食品安全专题整治行动，依法规范清真食品生产经营活动；加大对新疆籍等外来少数民族的团结教育和服务管理。宗教领域安全稳定。制定《宗教团体联席会议制度》，坚持每季度召开一次宗教团体负责人联席会议，加强教风建设；完善宗教活动场所安全管理制度和大型宗教活动安全管理制度，开展宗教领域安全消防大检查行动，排查调处安全隐患；指导佛道教开展“文明敬香、建设生态寺观”活动，取消一切形式的“高香”“粗香”和“长香”等燃香活动；举办场所安全培训班和消防演练，指导场所健全安全管理机制、应急预案，完善消防设施，增强安全责任意识，确保宗教领域安全稳定。

【依法稳妥处置突发情况】 制定《民族领域矛盾纠纷排查调处制度》和《宗教领域矛盾纠纷排查调处制度》，完善突发事件应急预案，规范市、县、乡、村四级应急监管网络平台。加大综治力度，及时化解了襄汾县灵光寺因文物保存引发的纠纷，化解霍州市、曲沃县基督教内部管理问题，依法制止“杨、王”非法组织举办的非法宗教活动，及时制止曲沃、翼城等县与运城等地搞的所谓“六县二市”跨区宗教活动，依法查处2起假冒清真食品生产经营违法行为。

【民族创建工作】 按照“尊重、团结、发展”的工作理念，细化民族团结进步创建“五进”活动方案，开展创建活动进机关、进学校、进社区、进企业、进聚居村“五进”示范工程，打造一批市级创建活动示范点，翼城县北关村和侯马市一中被省委宣传部、省民委评为省级创建活动“示范点”，市容支队和吉县统战部部长梁荣森、翼城县北关村总支书记荣光被国务院表彰为“第六次全国民族团结进步”先进集体和个人。

【提升服务城市民族工作力度】 建立县、街道、社区三级民族工作网络，制定外来少数民族流动人口服务管理制度，举办1期城市民族工作能力提升培训班。变管理为服务，帮助10余名外来少数民族解决子女入学问题，协调解决城区57户少数民族无烟烧烤炉摊主80%的资金补助近38.8万元，审核200余名少数民族中高考学生成分证明。城市民族工作受到省政协、省民委调研组的肯定，工作举措在国家民委网站刊登交流。

【规范清真食品行业】 清真食品监管工作是民族工作的重中之重，“清真不清”极易引发事端。建立5项清真食品安全监管制度，举办1期市县两级清真食品监管员培训班和1期《清真食品监督管理条例》培训班，完成全市百余家清真食品生产经营单位许可证更换工作，先后组织4次集中检查，3次针对性的执法监督，依法查处2起假冒清真饭店，促进清真食品生产经营活动规范有序。

【发展少数民族经济】 民族工作第一要务就是加快少数民族和少数民族聚居村经济发展。2014年，帮助全市9个少数民族聚居村和8个少数民族聚居街道制订发展规划，充实扶持项目库。向国家民委、省民委申报9个少数民族发展项目，争取落地资金200万元。围绕“服务群众年”主题，在吉县辛村举办1期少数民族群众养殖、种植科技培训班，1期果树时令性技术管理培训班，让群众得到实惠。9月24日，全省少数民族聚居村经济发展现场会在吉县召开，观摩学习吉县辛村经济发展典型经验。

【和谐寺观教堂创建活动】 结合宗教重点工作，量化8项创建标准，完善活动制度，增强活动的操作性。将佛道教文明敬香、建设生态寺观活动，规范场所安全管理、提升教职人员能力素质及巩固宗教专项工作成果纳入创建内容统筹推进。通过举办宗教活动场所安全消防演练、规范化管理培训、教职人员素质培训，场所换证培训班，宗教慈善研讨会，培育践行社会主义核心价值观活动，讲经交流比赛，掀起比先进、学先进热潮，引导宗教界人士讲正道正信、讲和谐奉献、讲爱国爱教、讲遵纪守法，推进宗教思想建设。在全省讲经交流比赛中，全市3名基督教选手荣获2个一等奖、1个二等奖，2名佛教选手荣获优秀奖。加大督察力度，对2013年完成创建工作的10个县324个宗教场所进行抽查，对2014年拟达标的63个场所加大指导，完善各项规章制度，巩固创建成果。5月15日，在天龙寺举办1期宗教活动场所安全知识培训及消防演练，邀请尧都区消防大队人员讲解消防实务操作，就火灾报警、火灾逃生、火灾扑救及大型消防器材使用等项目进行实地演练，会上印发宗教场所突发事故应急预案、消防手册、消防宣传单200余份，指导场所规范安全管理组织和制度，健全应急预案，提升宗教场所、宗教活动的安全管理意识。

【“宗教慈善周”活动】 创新理念、拓宽渠道，分层次、多角度推进宗教慈善公益活动，引导宗教界人士发挥正能量。9月，开展“宗教慈善周”活动，共募集善款78万元，捐助贫困学生283名，扶助贫困人群197名，慰问孤寡人士175名，260余人参加环境保护活动，义诊、按摩等服务人群近500人，3月12日，组成的民族宗教界70余人志愿服务队，参加义务植树活动，深受社会各界称赞，募集善款数及服务人群数均创慈善周活动新高。召开宗教团体公益慈善经验交流研讨会，提高公益慈善的针对性，促进慈善活动规范化、专业化、长效化。

【佛道教寺观管理】 按照中央十部门《关于处理涉及佛教寺庙、道教宫观管理有关问题的意见》精神，分阶段治理，依法整治佛道教寺观管理问题。对未批先建和乱建庙宇、乱塑造像、违规改扩建等行为进行集中整治，对涉及文物、景区、公司管理的宗教场所加大治理，及时扼制旅游开发中滥建庙宇之风，严把“协议关、人员关、活动关”，加强管理。工作中，利用座谈会、培训班及临汾新闻网、市佛协网站、手机短信、微信平台等，引导信教群众参加合法的宗教活动，帮助信众辨别宗教活动场所和非宗教活动场所，推动佛道教的健康发展。

【宗教专项工作】 完成宗教活动场所主要教职任职备案专项工作。按照国家宗教局、省宗教局部署要求，从宣传动员、组织试点、全面推开、总结验收四个阶段推进落实。全市共认定备案主要教职62人。如期完成宗教活动场所换证工作。统一制作样表，列出目录清单，指导县市区解决工作中遇到的问题，通过培训指导、规范程序、区分类别，确保全市350个场所换证工作和信息采集工作的规范有序、准确无误。巩固宗教活动场所财务监管工作和教职人社保工作。帮助宗教活动场所实现“五通”。

【宗教团体自身建设】 宗教团体是党和政府联系宗教界人士、信教群众的桥梁和纽带。2014年，建立市级宗教团体负责人述职评议考核制度，明确考核内容、方法程序和等次评定。11月底，从能力素质、履职尽责、内部建设、公益事业、道风教风等五方面对市级宗教团体领导班子进行考核和评议。考核制度的创新，增进宗教团体负责人之间的沟通和了解，加强宗教团体的自身建设和规范化管理。指导市佛教协会召开二届三次理事会，制定临汾市天主教教区主教选圣方案，完成市道教协会成立组织筹备工作。

【政策法规宣传培训】 结合“六五”普法规划，拓展宣传培训渠道，增强做好民族宗教工作能力和遵守民族宗教政策法制意识。开展民族宗教工作大调研活动，形成调研报告30余篇，分析当前民族宗教工作的热点、难点和重点问题，提出具体的解决措施。有针对性举办8个培训班，提升民宗干部、教职人员能力素质和少数民族群众科技水平。开展“民族宗教政策法规学习月”活动，编印发放学习宣传资料四类2万余份，组成宗教干部宣讲团、基督教抵制邪教宣讲团、佛教弘扬正信宣讲团，深入到民族聚居村和宗教场所宣讲民族宗教政策法规，引导干部群众学法守法用法。开展综治宣传月活动，配合市防范办对误入“全能神”等邪教组织信众进行宗教政策知识培训，引导他们正信正教。加强信息宣传工作。通过举办培训班，定期点评通报，全年编发临汾民族宗教信息363期，200余条在国家民委、国宗局网站、《山西民族宗教信息》、省政府门户网站、临汾新闻网等媒体刊登，信息工作位居全省第一。

【扶贫帮困】 解决宗教活动场所“五通”问题。经多方协调，全市宗教活动场所的基础设施建设得到改善，用水、用热、用气、用电价格也均按居民生活价格执行，这一举措减轻信教群众和宗教界的负担，赢得宗教界和信教群众的一致好评。加大少数民族群众技能培训力度。一改过去只重资金投入，不重管理和技术培训的问题，帮助少数民族群众提高生产技能。3月，邀请市畜牧局专家在吉县举办1期少数民族群众养殖、种植科技培训班，组织参观襄汾宝玉肉羊标准化示范场和曲沃标准化果园。6月，中旬举办1期果树时令性技术管理培训班，邀请果树专家讲解管理技术，帮助少数民族群众发展有机苹果栽培和优质果园标准化建设。9月，全省少数民族聚居村经济发展现场会在吉县召开，观摩学习吉县辛村经济发展典型经验。开展下乡住村联户活动。2014年，协调项目资金36.8万元，为定点扶贫村——吉县辛村安装太阳能路灯，硬化道路，修建水渠，兴建以合作社形式运营的“辛村养羊合作社”，组织宗教界人士赴该村开展义诊施药活动2次，慰问贫困户120余户、资助贫困学生25人，工作成效得到市委下乡办、市扶贫局的一致好评。

（李　琨）

老龄保障

【贯彻落实《老年人权益保障法》】 组织志愿者开展老年法律法规、孝亲敬老、老有所为典型宣传活动，增强全社会的老龄意识和敬老意识，营造敬老助老的良好社会氛围，让“贯彻老年法，造福老年人”的主题进机关、进社区、进农村、进学校、进企业、进家庭，突出宣传《老年法》。市老龄办印制10万份宣传资料，采取各种形式，利用一切可以利用的机会，在广场、社区、农村发放。组织以协会和各老年团体为单位，开展老年法律、法规的学习和宣传，老年志愿者服务队、金秋艺术团等组织3000余人(次)深入到社区和农村开展敬老助老、养老和依法维护老年人合法权益的宣传活动；市老龄志愿服务队开动三轮车、拉上音箱，每天早晚在市区的大街小巷广播宣传，主动上门到各类养老机构给住院老人发放《老年人权益保障法》宣传资料，提高全社会依法维护老年人合法权益的自觉性。具体表现：老年人权益保障政策体系日渐完善。各级党委、政府先后制订出台一批有关优待老年人规定、老年居民养老保障、城乡居民社会养老保险等的系列政策文件，各项政策、制度得到较好的落实。

【养老服务设施有所改善】 全市有各类养老服务机构91家，共有床位数4225张。各县(市、区)积极探索，多渠道改善养老设施。

【养老服务体系逐步形成】 社会为老服务网络扩大，服务内容更加全面。老年人优待政策和为老年人办实事项目逐步落实。老年人凭优待证可以免费游览政府投资的公园、旅游景点等；市区70周岁以上老年人凭优待证可以免费乘坐市区公交车；全市医疗机构对70周岁以上老人免收挂号费；部分县市区向高龄老人和百岁老人发放长寿补助。离退休人员养老金按时足额发放，医疗费优先解决，最低生活保障线以下老年人全部纳入保障范围，城镇“三无”老人和农村“五保”老人的基本生活全部由财政资金负担，农村特困老人、五保对象、低保对象、老复退军人的合作医疗费实现政府购买。

【开展“敬老文明号”创建活动】 中国进入人口老龄化快速发展期，2014年底，老年人口总量达到2.02亿，其中80岁以上高龄老年人口将达到2300万；临汾市60岁以上老年人也达到59万，占总人口的13.35%，以年均5%的速度递增，高龄人口总数将继续增长。

2014年，市老龄办、市文明办在全市广泛开展以“敬老、助老”为主题的教育评选活动，弘扬中华民族尊老爱老的传统美德，营造敬老助老的社会氛围，促进社会主义和谐社会建设，取得良好的成效。市老龄办、市文明办于2014年10月对以上先进集体和个人进行表彰，授予尧都区老干部局等50个单位全市“敬老文明号”称号、中共尧都区委组织部等100个单位全市“敬老助老模范单位”称号、杜芳等100名同志全市“敬老助老模范个人”称号。临汾市山西电力公司临汾供电分公司、侯马市浍滨办事处秦村北社区居民委员会、临汾老龄志愿者服务队、曲沃县总工会等4家单位荣获全国“敬老文明号”称号(此次评比为全国首届“敬老文明号”单位命名，共计表彰1212个)。在山西省第二届“敬老文明号”评选活动中，临汾市国网临汾供电分公司等15家单位荣获“全省敬老文明号”称号；临汾老龄志愿服务队被命名为“山西省敬老文化教育基地”。国网临汾供电分公司离休干部解黎明同志被授予“全国老有所为先进典型人物”称号(获此荣誉者全国88人，山西省2人)。

【举办临汾市2014年“敬老月”启动仪式暨社区老年文化活动优秀节目汇演】 10月11日晚，临汾市2014年“敬老月”启动仪式暨社区老年文化活动优秀节目汇演在临汾影剧院隆重举行。此次汇演，要求全市上下要以“敬老月”活动为契机，更加关心重视老龄事业，加大老龄工作投入，组织开展健康有益的老年活动，真正使广大老年人生活得更有保障、更有尊严、更加幸福。活动还号召大家弘扬传统美德，倡导文明风尚，做“敬老助老”的倡导者；孝敬父母长辈，履行孝老责任，做“敬老助老”的践行者；参与为老实践，处处关爱老人，做“敬老助老”志愿者。市老龄工作委员会有关成员单位负责人，以及社会各界老同志代表1300余人参加活动。

【拓展社区老年文化活动】 9月至10月，结合敬老月活动和《老年法》宣传，成功举办2014年全市第二届社区老年文化艺术节暨敬老月(重阳节)社区公益行活动。此次活动由临汾市委宣传部、临汾市文明办、临汾市老龄办主办，临汾老龄志愿服务队和临汾公益文化传播协会具体承办。自2014年9月24日至10月26日在临汾市区的8办事处、48个社区共组织活动26场，其中在尧都区亚特兰社区、乡贤社区、市府社区、开发区坂下社区等社区汇演9场，出动义诊大夫60余人次，发放《老年法》和尊老敬老宣传画50000份，参加演出的节目286个，演员4300余人，声势之大，人数之多是前所未有的。通过文化艺术节和敬老月活动的开展，调动城乡中老年人参与社会活动的积极性，活跃社区的文化生活。深入各基层社区、敬老院、光荣院以及驻军部队、军休所等进行巡回宣传演出，形成良好的社会效益。

【开展走访慰问送温暖活动】 “敬老月”期间，各县市区及市直各有关部门、各大企事业单位纷纷组织开展走访慰问活动。各级各部门各单位领导带头深入敬老院、老年公寓和老年人家庭，看望、慰问和救助孤寡老人、高龄特困老人和离退休职工，切实帮助他们解决实际困难，让广大老年人在浓浓关爱中感受到党和政府的温暖。“敬老月”期间，全市各级参与走访慰问的领导达1000多人次，走访养老机构近百个，走访老年人10000多名，送慰问品和慰问金合计2000余万元。

【开展为老年人办实事做好事活动】 “敬老月”期间，全市各级各部门深入开展为老年人办实事做好事活动，一系列为民惠民活动及时为老年人排忧解难，让他们感受到党和政府的关心，以及社会大家庭的温暖。开展为老志愿服务活动。各级各部门广泛组织为老年人提供义诊、家政、照料、护理、精神慰藉和法律咨询等志愿服务。

【开展尊老敬老志愿公益行动】 临汾老龄志愿服务队由最初的2支分队300余人发展到175支分队20000余人(其中，登记队员13830人)。日常活动主要涉及包括老年文艺、体育、医疗保健、法律咨询、民事调解、青少年教育，环境卫生，社会治安等12个方面。全年在多个社区和地点先后开展“银龄义诊”“银龄义务救助”“银龄体育进社区”等项活动，在部分县市区开展“老龄志愿者与雷锋精神同行”主题服务活动，形成一定的社会影响。2014年1月至10月，先后组织老龄志愿者帮扶困难、残疾、孤寡、空巢老人416人，慰问流浪困难老人233人(次)，向政府申请救济特困老人16人，帮老年人办老年证624个，举办敬老、助老、老年人知识讲座17次，向有关部门申请、给残疾老人发放轮椅14辆，帮残疾人办证12个，使受益的群众非常感动。东关街头温州籍80岁的流浪人涂乡根，长期露宿马路边，老龄志愿服务队给其送吃的、喝的、棉衣、棉被，寒冬时节，与民政部门联系，在市社会救助中心的支持帮助下，把涂乡根送到青城敬老院，下半年又送回原籍，使其有归宿。72岁的孤独老人尹全家，无儿、无女、无老伴、无户口，长期露宿在鼓楼下边，多次和他谈话，了解情况，几经周折在公安局找到他丢失24年的户口存根，在市低保中心、社会救助中心等部门和单位的帮助下，给老尹办理户口和身份证、老年证，低保、养老金等手续，使尹全家老有所依。

【“银龄行动”】 组织老专家、老学者到尧都、襄汾、洪洞、侯马等县市开展活动，推动全市“银龄行动”向纵深发展。全市以市老龄志愿协会等为代表的为老服务志愿者队伍发挥人员、专业优势，在多个社区和地点先后开展“银龄义诊”“银龄义务救助”“银龄文化体育进社区”等项活动。

【国际减灾日宣传】 2014年10月13日是第25个国际减灾日。本次国际减灾日主题“提升抗灾能力就是拯救生命——老年人与减灾”，临汾市民政局、老龄办联合市地震局等多家单位，以老龄志愿者为依托，深入全市城乡共同组织开展主题宣传活动。

(李　娟)

人　物

逝世人物

高鸣凤

高鸣凤（1929～2014），女，山西省洪洞县兴唐寺乡苑川村人，1929年农历10月3日出生在一个贫农家庭。她少年时代就受到革命思想的熏陶，1945年4月16日，年仅16岁就加入中国共产党。1947年毕业于赵城简易师范，分配到霍州刘家庄四高任教。后进入太岳区行政干校学习，担任会计，接受马列主义毛泽东思想的系统教育。后历任：霍州三区团委副书记；临汾县五区团委书记；大宁县委委员、妇联副主任、主任；石楼县委委员；晋南专区妇联副主任、主任；洪洞县核心小组成员、政工组副组长；临汾地区妇联副主任；襄汾县委副书记、襄汾县政府县长；临汾行署民政局局长。1990年离休，享受副厅级待遇。

高鸣凤是临汾地区老一代优秀的妇女工作者。在12个年头里，她把满腔的热情和青春都奉献给山区人民。舍小家顾大家，深入基层创建妇联组织，带领广大妇女投入山区建设，曾被誉为“西山里穆桂英式的妇联主任”。由于妇女工作全区第一，出席1956年山西省第六届妇代会，被选为第九届妇代会委员。1958年出席全国建设社会主义积极分子大会。她在洪洞县工作期间，协助军队干部，解放和妥善安排一大批好干部。在襄汾县任县委副书记期间，她分管文教和落实政策工作，平反冤假错案100多起；创建襄汾第二中学，兴建县委办公大楼和县医院门诊楼；主持计划生育工作也多次受到地委和省委的表彰奖励。任襄汾县长期间，深入实际，落实农村政策，大搞科学种田，各项事业均获长足发展，全县小麦连年增产，受到省委书记的表扬。任临汾行署民政局局长期间，她尽心尽力工作，使全区民政工作很快出现新局面，涌现出一批民政工作的先进人物和好经验，被省民政厅誉为“出典型、出经验、出人才”的地区。1984年的扶贫和优抚工作受到省委、省政府的表彰奖励。

在半个世纪的革命生涯中，她一心投身社会主义建设事业，为了党和人民的事业俯首甘为孺子牛，面对邪恶，富有斗争精神。她勤政爱民，胸襟宽阔，淡泊名利，光明磊落。有着良好的人际关系和邻里关系。

2014年1月10日，高鸣凤同志因病医治无效，在临汾逝世，享年85岁。

先进人物(选介)

杨晓敏

杨晓敏，男，1980年11月出生，山西古县人，高级工。现为霍州煤电集团公司辛置煤矿综采一队二小队小队长。2014年，荣获全国劳动模范。

杨晓敏作为一名基层班组长，在工作中始终以按照“班组就是我成长的摇篮，员工就是我工作的靠山”的信条，坚持把“以人为本”作为引深安全班组建设的落脚点，发挥生产指挥者、管理者、领导者的作用，对班组事物坚持实行“五公开”：工资实行货币化分配公开；生活福利发放公开；评先选优公开；奖罚情况公开；民主评议班组长及结果公开，提高班组凝聚力。他坚持把提高回采率、确保质量标准化建设、保证安全无事故作为工作重心。在长期的工作实践中，集中提炼班组员工的智慧，不断研究索取班组员工的文化经典，形成独特的“六化”班组安全管理工作法，即亲情化的安全教育、制度化的工作机制、民主化的班组风气、军事化的现场管理、人性化的安全活动、规范化的岗位操作。工作得到山西省总工会、山西焦煤集团公司、霍州煤电集团公司党政领导的充分肯定。因工作突出，2012

年被霍州煤电集团公司选送中国劳动关系学院劳模本科班学习。

杨晓敏，2009年被山西焦煤集团授予“特级劳动模范”称号。2010年荣获“全国十佳优秀班组长”称号。2010年荣获“全国五一劳动奖章”称号。2011年荣获全国煤矿联盟“百名优秀青年矿工”称号。2011年荣获山西省劳动竞赛委员会“十佳安全生产标兵”。

郝斌元

郝斌元，男，1968年1月12日出生，现为临汾公共交通有限公司职工。2014年，荣获全国劳动模范。

郝斌元在平凡的驾驶岗位上，始终用满腔的热情迎送每一位乘客，服务意识强，服务态度好。当班中，他坚持热情服务，坚持使用普通话和文明用语，耐心细致地解答乘客的询问，细心关爱五种特殊需要照顾的乘客，始终把自己的岗位当成传播文明的窗口，把十米车厢营造为一方文明净土。他服务宗旨是：急乘客所急，想乘客所想，帮乘客所需。

郝斌元用实际行动谱写一名普普通通公交人的奉献之歌。他出色的工作，得到乘客的交口称赞，受到公司全体干部、职工的一致好评，取得可喜的成绩。由于他勤勤恳恳、任劳任怨，热情、周到地服务于广大乘客，在21路线上，在广大乘客心目中树立良好的“口碑”。2014年2月，他所在的分公司掀起“向郝斌元同志学习”的活动。21路线的其他驾驶员在他的精神感召下，线路的整体服务水平、服务效率得到提高，为企业树立形象，取得良好的社会信誉和经济效益。

郝斌元，2002年被评为临汾市公用局先进个人，2004年被评为临汾市建委先进个人，2007年被评为山西省杰出青年服务创新能手，2014年被评为临汾公交连续17年安全无事故标兵，2014年被评为山西省劳动模范。

闫志明

闫志明，男，1971年2月出生，大专学历，现为蒲县山中乡白家庄村党支部书记。2014年，荣获全国劳动模范。

闫志明立足白家庄村产业优势，拓宽增收致富渠道，主要以核桃种植业带动农民致富，引进优质新品种，扩大优质核桃种植面积，全村266.67公顷耕地全部栽植优质核桃树，实现全覆盖。其中66.67公顷核桃示范基地安装滴灌设施。常年聘请专家指导核桃栽植管理，挂果200多公顷，亩产量100公斤，仅核桃这一项收入可达80多万元，成为当地农民增收致富的主要渠道。还带动蒲县及周边县市10000余户农民发展核桃种植，户均增收2000元，促进核桃产业的规模化发展。他还扶持村民发展养殖业。全村建成一个7500平方米的养殖园区，猪、牛、鸡、羊四个养殖示范基地，其中养鸡达50万只、羊1000只、牛600头、猪500头，特别是山中鸡蛋成为全县鸡蛋市场的独特品牌。养殖业成为白家庄村民增收的又一重要渠道。2014年村民人均收入达8100多元，是2006年他当选支书时2600元的3.1倍。白家庄村成为远近闻名的生活富裕、宜居宜业、生态文明的新农村样板。

由于他年青有为、工作成绩突出，2014年4月被评为“山西省劳动模范”、2010年6月被评为山西省“十佳有为村官”，先后被评为“临汾市劳动模范”“临汾市农业和农村工作先进个人”“临汾市十佳农村青年致富带头人”等荣誉称号。通过闫志明的艰苦奋斗和全体村民共同努力，2011年白家庄村被授予“全国妇联基层组织建设示范村”的殊荣。

杨元福

杨元福，男，1971年出生，中共党员，助理工程师。现为霍州市自来水公司职工。2014年，荣获山西省五一劳动奖章。

杨元福自1992年分配到自来水公司工作，当上一名管道维修工，在20多年的工作中，他以一颗爱岗敬业之心，刻苦钻研业务，以娴熟的技术、热忱的服务，赢得干部、职工和广大用户的尊敬和赞誉。曾多次被市建设局评为先进生产工作者、公司的行业能手、岗位标兵。杨元福以锲而不舍的精神，脚踏实地的干劲，由一名管道学徒工慢慢地成长为一名管道维修骨干和城市供水专业技术人员。多年来，他工作、职位虽然发生变化，可他工作的热忱没有改变，为用户服务的态度没有改变，以厂为家、以岗为荣、以苦为乐、实践自身价值，自我奉献的精神没有变，自始至终都坚持奋战在城市供水生产的第一线，每时每刻都舍不得放下手中那把使用多年的管钳。他勤勤恳恳、任劳任怨、一心为公，从不计较个人得失,从不为名为利,在平凡的岗位上默默的奉献着,是一位深受职工好评的实干家。他以自己的实际行动为党旗增辉。多少年来,他在管沟里上上下下,在阀门井里钻进钻出,足迹遍布整个市区的大街小巷。他用自己无声的行动、真情的付出、踏实的工作,谱写一名共产党员平凡而朴实的华彩乐章。

李国栋

李国栋,男,1972 年出生,中共党员,现为洪洞县昕海煤化有限公司一名普通的工人。2014 年,荣获山西省五一劳动奖章。

2008 年洪洞县昕海煤化有限公司开始投产,洗煤厂招收工人,李国栋闻讯第一个报名,成为一名产业工人。他的第一份工作就是材料采购,李国栋从来都把材料费用压到最低,能维修使用的绝不买新的,一段时间下来,生产费用降低,为生产降低成本,还节约不少资金,厂领导对他的工作能力和道德素养大为赏识,也令全厂职工刮目相看。

2009 年 6 月李国栋又被调到机械科,他从装载机的操作、油品的更换、故障的维修等环节都亲自抓,板子、钳子和一副黑手套成了他工作的标配。由于他不怕脏、肯钻研。经过一段时间的努力,到后来他一听机器的声音,就知道哪里出故障,能立即排除,再不用到处找维修师傅。

2012 年 6 月李国栋又主动请缨到车间。他不断摸索,总结经验,确保精煤回收率和其他各种指标都得到有效保证。2014 年,洗煤厂的洗精煤产量突破 30 万吨大关,这与李国栋这位生产一线"好班长"的保驾护航是分不开的。在经济效益不断提升的情况下,他还狠抓安全生产,连续多年实现安全生产"零事故"。

李国栋先后获得市、县多项荣誉。2011 年 5 月,荣获洪洞县五一劳动奖章;2011 年 7 月,荣获临汾市优秀共产党员;2013 年 4 月,荣获临汾市五一劳动奖章。

李红耀

李红耀,男,中共党员。现为临汾市交警支队南城大队一中队鼓楼西街临汾市第一小学"护学岗"执勤班长。2014 年,荣获山西省五一劳动奖章。

参加交管工作以来,李红耀牢记为人民服务的宗旨,勤勤恳恳、任劳任怨,不断提高交通管理业务水平,无论刮风下雨,酷暑严寒,交管工作平凡而枯燥,但他从没退缩过,他深深地热爱这份职业,每日重复着同样的指挥手势、节奏。带送孩子过马路、让过往车辆行人安全通过,在他的指挥疏导下,鼓楼西路一直畅通无阻。学校和家长多次写表扬信送到大队、支队,表达对他的感激之情。在平凡的工作岗位上十几年如一日,做出不平凡的业绩,得到学校、家长、学生和社会的高度认可,多次被电视、报纸、人民网等媒体报道。被学生亲切地称为"马路叔叔",先后 23 次被临汾市尧都区交警大队、临汾市交警支队、山西省公安厅交通管理局、临汾市文明办等各级单位授予"先进个人""模范个人""四星级民警""优秀民警""先进工作者""交通协管员岗位标兵""模范交通协管员""爱岗敬业好协管""热情服务标兵""百名文明公民"等荣誉称号。2013 年被山西省劳动竞赛委员会荣记个人一等功。

王江琴

王江琴,女,1972 年出生,中共党员,高级兽医师。现为临汾市动物卫生监督所一名动检技术人员。2014 年,荣获山西省五一劳动奖章。

王江琴在工作中加强学习,大胆创新,出色完成工作任务,特别是对动监新技术主动摸索、创新钻研,积极迎接新的挑战。保证全市奶牛两病检测、畜产品违禁药物与兽药残留检测、动物标识及可追溯体系建设工作的顺利完成。作为动物检疫技术骨干,工作中从不叫苦叫累,把对动监事业的热爱化作无穷动力。哪里有困难就出现在哪里,那个任务重,就毫不犹豫地放在自己肩上。

把好检疫关,开拓思路,用综合技术去防控重大动物疫病的发生,促进畜牧业稳定发展和农民持续增收。完成以下主要技术工作:从 2004 年至 2015 年,主持的"肉羊规模健康养殖综合技术""晋南牛高效养殖综合技术推广"项目获省农技承包二等奖;参与的"特种野猪繁育及高效养殖研究"项目,获市科技进步二等奖;参与的"中国西门塔尔牛太行类群选育研究""反刍动物"NPN"补充料研究与应用"项目,获省科技进步二等奖。参与的"肉羊模式化繁育育肥新技术"项目工作。

王江琴获省畜牧兽医学会"2008 年度畜牧科技推广先进个人"荣誉称号;获临汾市总工会

“2010－2011年度临汾市五一巾帼标兵”荣誉称号；获省“2011年度追溯体系建设工作先进个人”荣誉称号；被聘为省级“动物卫生监督专家”和省动监执法系统“贯彻六条禁令、整治吃拿卡要、创优发展环境”监督员。

马宏音

马宏音，女，1963年出生，现为汾西县人民医院副主任医师。2014年，荣获山西省五一劳动奖章。

作为一名医生，马宏音30年如一日，全心全意为患者服务，无论白天、黑夜，只要病人有需要，随叫随到；医德高尚，坚决抵制行业不正之风，拒绝红包、回扣，赢得患者的交口称赞，先后收到患者锦旗6面、感谢信8封。她先后于2009年、2010年、2012年、2013年、2014年获颁汾西县卫生系统先进个人和先进工作者称号，于2013年被临汾市妇女联合会授予“好妈妈”称号。

在业务方面，她作为县医院神经内科学科带头人，刻苦钻研业务知识，对神经系统疾病的治疗形成自己深刻的见解，在本科首次开展规范溶栓、降纤、抗凝等治疗。2013年，她在县医院首次开展阿司匹林联合依达拉奉治疗急性心脑梗塞、特布他林联合布地奈德的雾化吸入治疗支气管哮喘等五项新技术，还领导开展无创呼吸机治疗肺心病、呼吸衰竭等疾病，显著改善该类疾病的治愈效果。

马宏音响应院方号召，积极参加对口支援下乡工作，对乡村医生进行高血压、糖尿病、冠心病等知识的讲解，规范其抗生素的合理应用，在查房、病历书写方面分享经验，帮助基层完善制度建设。受到县里老年大学邀请，她受聘为义务指导员，在老年人中普及高龄多发疾病的知识，受到老年朋友的热烈响应和好评。

李慧芬

李慧芬，女，1959年出生，山西古县人。现为古县环卫队清洁工人。2014年，荣获山西省五一劳动奖章。

1986年到古县卫生绿化队做保洁员，工作将近30年。在这个平凡而又重要的岗位上，她尽情挥帚，汗写春秋。用一把扫帚装扮着城市，用默默的奉献精神感动着身边的每一个人，是和谐、优美、文明城市的维护者。爱岗敬业，无私奉献，是她恪守的工作准则，也是她这样一个普通劳动者的劳动本色；扶老携幼，急人所急，是她多年养成的行动习惯；有时，捡到失主丢失的东西，她比失主还着急，东奔西走，直到物归原主，她的脸上才会露出满意的微笑。她所负责的辖区，街道整洁，垃圾箱干净，有时辖区内的公共设施损坏，她常常义务修理。把小事做好，让群众满意，让领导放心，是她的工作格言。她从没有因为自己的一点私事而耽误工作。兢兢业业，克勤克勉，无怨无悔地让岁月定格在古县环卫第一线。

几十年的坚守，几十年的奉献，她的付出是有目共睹的，也得到古县人民的厚爱，连续多年获得绿化队劳动模范。2014年荣获“首届感动古县道德楷模”。

李定三

李定三，男，1978年出生，临汾市浮山人，大专学历。山西省第十一届政协委员。现为临汾市汾河种业公司项目经理。2014年，荣获山西省五一劳动奖章。

李定三担任临汾汾河公园项目负责人以来，先后带领全体员工组织施工汾河一期景观堤内绿化及附属工程B段，二期景观坝外绿化及附属工程一标段，三期北段园林绿化和人造北山堆土及附属工程，临汾高铁站前广场和景观大道二标段绿化工程。共完成土方工程量955304立方米，摆放景观石13500余吨，栽植乔木12502株，灌木109235株，地被植物172871平方米，水生植物21948平方米，铺设草坪33610平方米，铺设PE给水管道4632米，修建透水混凝土、水泥彩砖路和停车场11713平方米，建高标准公共卫生间1座，古建六角亭2座。

在建设期间，他以身作责、精心组织施工，按期按质高标准地完成施工任务，为打造风景秀美的临汾汾河公园做出应有的贡献。以上工程除景观大道外均经汾河公园指挥部审计验收，多次受到指挥部领导的好评，尤其是三期工程中“牡丹园”，被称为汾河公园中的精品工程，该园共引进牡丹九大花色一百多个品种，芍药三十多个品种，种植量达1.8万株，得到市园林绿化部门的认可和广大游客的赞许及市、区领导的高度评价。

李定三酷爱文化艺术，他篆刻的《百家姓》877

方印,被中国国家博物馆收藏,在2011年中国书法家协会成立三十周年纪念活动中被评为“贡献奖”,2011年度他参加青联组织的各项活动,被省青联评为“优秀青联委员”。

西新贵

西新贵,男,汉族,1964年5月出生,大宁县昕水镇人。现为山西省大宁县昕水镇古乡村农民。2014年,荣获山西省五一劳动奖章。

西新贵全家6口人,以种地为生,但他非常有经济头脑,1998年他在自己的垣平地上投资3万余元栽植苹果树1.533公顷,在精心载培果树时,为不影响当年收入,他在果树行间间作西瓜,年可收入4万余元,2003年果树开始挂果,收入5000余元,2004年收入2万余元,以后一年比一年多,至2014年收入达到24万余元,是该村的致富典型。

2011年县委、政府换届之后,新的领导班子提出“生态立县,林果富民,工业强县”的工作思路,他积极响应县委、政府号召,又投资25万余元,在邻村合格村和中垛村承包土地6.67公顷,栽植优质苹果树4200余株,为管好果树他多次外出赴陕西宜川县、延长县、山西浮山县、万荣县、吉县等果树管理好的县取经,学习果树管理技术,回来后,他成立永盛苹果专业合作社,长期雇佣七个农民,对果树进行优质苹果高接换头和无公害科学管理,引进优质红薯和菜进行间作,经济效益可观,在他的带动下,昕水镇古乡村、合格村、中垛村的农民们看到发展苹果的希望,大家都跟着西新贵栽植苹果树,2014年,三村发展苹果树33.33公顷。

由于西新贵的辛勤劳动和典型带动为全县主导产业发展起到积极推动作用,2012年被县委、县政府评为致富带头人,2014年被临汾市委、市政府授予市劳动模范。事迹在市、县电视台获得专题报道。

道德模范

王玲霞

王玲霞,女,汉族,1972年2月出生,翼城县唐兴镇南官庄村人。现为山西省翼城县唐兴镇南官庄村村民。2014年,荣获山西省道德模范称号。

1997年5月31日中午两点左右,听说翼鹏商城大门外有一弃婴。王玲霞突然想起张阿姨一直想领养一个女孩,于是去找她。当她和张阿姨回来后,孩子已经被好友抱了回来:女婴的小脸烧的通红,肚脐眼上生了虫,脊背后部还长着一个开始溃疡的大包,散发出一股难闻的异味,生命危在旦夕,看到是个残疾女婴,朋友们和张阿姨都悄然离开了。望着这可怜的女婴,王玲霞怜悯之情油然而生,她急忙抱起孩子到县中医院诊治,经过抢救,小女孩度过危险期,但医生告诉她,孩子的病属于较严重的先天性脊柱裂,存活下来的可能性不大。但王玲霞毅然决定一边照看生意,一边照顾婴儿,并为她取名“路得”。那年她才26岁,尚未结婚。此事遭到家人的反对和朋友的非议。王玲霞没有被非议吓到。因为生意太忙,她每月出200块钱,雇保姆照顾孩子,但最终因为孩子太难照看,六七个保姆都走了。王玲霞只好把门市部交给妹妹,在县城内租一间房子专门照看孩子。

为了让孩子尽早康复,王玲霞凑了一千多元钱,给孩子做第一次手术,但因孩子小,伤口长,无法缝合好,手术失败了。小路得六岁那年,北京的专家到邻近的新绛县下乡义诊,王玲霞把自己的全部积蓄七千多元钱拿出来去求医。第二次手术之后,小路得背上的水包切除了,裂口缝合了,大腿功能也好了,但是小腿和两只脚还是没有知觉。这次手术让王玲霞花光所有积蓄。为了让孩子接受正规的教育,王玲霞每天背着孩子上学、放学,让孩子断断续续上完幼儿园、小学和初中。因为大小便不能自理,“路得”只能长期使用纸尿裤,最终造成严重的尿路感染。五年级时发展到尿血、尿路堵塞,肚子疼得受不了,医生也拒绝治疗,王玲霞就自己给路得导尿。没日没夜地守护在“路得”身边,终于把奄奄一息的孩子从死神手里夺了回来。王玲霞想方设法请人教路得学习弹琴,帮助路得进行康复训练,她要把路得培养成一个对社会有用的人。

18年过去了,王玲霞为了更好地照顾“路得”,她仍然孑然一身,没有结婚。王玲霞用18年的坚守谱写一曲超越血脉亲情的人间大爱赞歌。山西新闻、山西电视台“美的故事”栏目、山西文明网先后对王玲霞事迹进行报道,2013年王玲霞获得山西省乡村爱心大使提名奖。2014年3月,王玲霞被山西好人榜授予“山西好人”称号。

张丹华

张丹华，女，汉族，1981年12月出生，翼城县王庄乡上石村人，中共党员，毕业于山西师大临汾学院，本科学历，2002年参加工作，现任翼钢公司质检部理化中心主操兼班长。2014年，荣获山西省道德模范称号。

2013年3月16日晚8时许，张丹华在翼城县解放西街金翼超市路段，为救护一位素不相识的陌生人而不幸身亡。当时，天正下着小雨，张丹华和婆婆、儿子三人步行至金翼超市门口，回头看见超市对面大街中间躺着一个人，她对婆婆说："妈，你看，大街上躺着一个人，不知怎么了，如果没人管很可能被过往车辆辗压，有生命危险！"未等婆婆回答，这时，她看到自东向西一辆面包车疾驰而来，眼看就要撞上路面上躺着的陌生人，张丹华疾步走去将陌生人推向一边，陌生人得救了，而她却不幸被横撞辗压，以致身亡。施救过程被县检察院副院长李兴国、县反贪局副局长郭强等人亲眼目睹，并及时报警协助处置。

张丹华爱岗敬业，积极上进，参加工作十余年没有一次旷工，她由一名普通职工逐渐成长为业务骨干，先后被任命为中心化验室组长、班长，被翼钢公司选评为后备高技能人才。2009年9月光荣加入中国共产党。她多次被翼钢公司评为"优秀共产党员""三八红旗手""生产工作先进个人"，所在班组也多次被评为"先进班组"。

她出身于一个农村家庭，爷爷、父亲都是共产党员，自小养成正直善良的品行。对亲戚和邻居和睦相处，以诚待人，以德服人，大家都称赞她是一位热心肠的人。

日常生活中，张丹华急人所难，乐于助人。在洛阳师范读书时，班上一位乡宁籍同学生病，无钱医治，她拿出自己的生活费帮助同学看病，把自己仅剩的路费给同学买车票。有一年冬天，路遇一个卖糖葫芦的老人，天色已晚，老人仍在寒风中期盼着顾客，张丹华便买下老人全部的糖葫芦，劝老人早点回家。别人笑她傻，她却说"善事，善事"。在单位，无论哪个职工遇到困难急需帮助，只要她知道，一定会伸出援助之手。

张丹华无愧于一个优秀共产党员的光荣称号！她是新时代青年的楷模！《今日翼城》和翼城电视台对张丹华舍己救人的事迹先后进行报道，临汾市社会治安综合治理委员会、临汾市见义勇为协会，追授张丹华为"见义勇为先进分子特等奖"。

李红英

李红英，女，中共党员，1970年7月出生，大专文化程度。现为中国建行临汾分行个人金融部六级客户经理。2014年被评为感动山西十大人物。

从1988年入行到2014年的26年中，李红英始终怀着对建行事业的一腔热情，任劳任怨、精益求精，几年如一日照顾卧病在床的丈夫，奔波于医院、单位之间，创造"五个没有"：没有过迟到、没有过早退、没有过差错、没有过投诉、没有向组织伸过手。她以忘我工作、务实进取的敬业精神，克己奉公、敢于担当的崇高品格，用超乎常人的坚韧，在平凡的岗位上，将责任心、使命感化作坚守的动力，锻造出一名新时期"自尊、自信、自立、自强"的建行女员工新形象。

李红英勤奋好学，苦练技能，工作尽心尽力、尽职尽责，她以心向善、用心服务、用爱经营，把建行的利益放在首位，对客户温暖如春，热情相迎，得到客户和同事的高度认可，铸就无私奉献的丰碑。

2011年，李红英的丈夫秦志伟突发脑溢血住进医院。经紧急抢救，虽然脱离生命危险，但却落下半身不遂的后遗症，手脚不能动，说话口齿不清，精神也烦躁不安。家里的顶梁柱突然"倒下"，重担一下子落在红英瘦弱的肩上。李红英毅然挑起家庭重担，把家搬到医院，每天早上5:30起床帮助丈夫肢体锻炼，收拾床榻，照顾丈夫，中午、晚上下班，又匆匆赶到医院帮丈夫做护理。为给丈夫治病，她将唯一的住房卖掉，生活的重负，压不倒她；多舛的命运，击不垮她。4年来，李红英宁让身体透支，不让工作欠账，靠着顽强的毅力，每天雷打不动7:35到单位，在单位来得最早、走得最晚，分内的工作井井有条，从未出现过差错、从未收到客户投诉，将普通的工作做到极致。2014年荣获临汾市第三届"十大道德楷模"称号、临汾市"十杰百佳千优秀"最美家庭；荣获临汾市"三八红旗手、山西省"三八红旗手"荣誉称号、全国"三八红旗手"荣誉称号。

县(市、区)简介

尧都区

【概述】 尧都区位于北纬35°54′～36°19′，东经111°05′～111°49′，是临汾市唯一的市辖区，地处山西省南部、临汾市中部、临汾盆地中央，汾河由北向南穿境而过。东临雷首山、霍山，西控汾河、黄河、南通秦蜀，北达幽并，向称晋南重镇，为临汾市政府驻地，临汾市政治、经济、文化和交通中心。尧都区属于暖温带大陆性半干旱季风气候区，冬寒夏暑，四季分明。全区面积1304平方千米，辖16个乡镇、9个街道办事处，372个行政村、50个社区，总人口96万人。

2014年，尧都区生产总值完成249.5亿元，增长3.7%；固定资产投资完成267.5亿元，增长11.9%；社会消费品零售总额完成208亿元，增长11.1%；公共财政预算收入完成15.96亿元，增长1.5%；城镇居民人均可支配收入达26258元，增长9.1%；农村居民人均可支配收入达11306元，增长11.8%。主要经济指标除规模以上工业增加值外均实现稳步增长。

尧都区核桃基地建设

【"三农"工作】 2014年，尧都区产业化基地初具规模。新栽植核桃0.47万公顷，总面积达到1.8万公顷。55千米核桃园区循环道路和380眼集雨旱井工程全部完工。新增设施蔬菜0.07万公顷、优质水果0.07万公顷。粮食总产量达到28.1万吨，再创历史新高。基础设施有效改善。投资1.9亿元，实施小型农田水利重点县工程、高标准农田建设等13项基础设施项目。投资5100万元，改造三级联网公路29千米，维护农村公路395千米。农村人居环境改善工程全面启动。农村"五件实事"年度目标任务全面完成。龙头企业快速发展。澳坤量子挂牌上市，中德农牧、唐明园加工、彦畅春养殖等龙头企业效益提升。新发展农民专业合作社126个。

【工业转型】 贾得工业园区具备入园条件。投资4.6亿元的15千米园区主干道路、18千米引水工程和展示大厅三项工程全部竣工。一批重点工业项目推进顺利。完成太原煤气化300万吨焦化项目产能置换；东方恒略(志强钢铁)精密铸件二期项目、永中晟特种水泥粉磨站项目投产运营；宝珠制药易地改扩建项目主体工程完工；北斗导航、中石油昆仑燃气、云鹏药业等项目确定入园。煤炭工业稳步发展。煤矿基建完成投资11.6亿元，原煤产量达到628万吨。

【现代服务业】 恒安新东城美特好超市开业运营。奥特莱斯芭蕾雨嘉励商城、上东世纪CBD晋商大厦及颐高数码广场、生龙国际商贸城、新百汇商业广场、工贸大楼改扩建项目主体工程完工。红星美凯龙家居购物广场、临汾建材家居博览城项目开工条件具备。百汇市场搬迁工作全面启动。中信空港物流园项目26.67公顷用地指标落实。兴荣物流园改扩建项目启动实施。

【城乡建设】 东城面貌明显改观。涝洰河生态建设工程累计完成投资18.7亿元。龙湾园景观工程成园成景向市民开放，福胜园绿化园建工程基本完成，润州园、康乐园完善设计方案。洰河段主园路完成7.8千米，规划北环路东段完成3.6千米。尧贤街北延道路工程启动实施。跨河桥梁工程开工条件基本具备。东城推进公共设施完善工作。解放路学校、职业技术学校投入使用。东城医院主体工程完工。全民健身活动中心项目拆迁工作基本完成。城市路网拓展。总投资112亿元、总里程80余千米的16条城市道路建设工程取得重大进展。在东城区，五一东路、枣林街北段、临浮路拓宽改造工程通车；北外环拓宽改造工程路面工程完成；二中路拓宽改造工程地下管网工程基本完成；108国道改建城市道路和华州路东延工程启动实施；解放东路拓宽改造、临纺街以及枣林街中段南段道路工程办理前期手续。在主城区，滨河东路南北延、秦蜀路南延道路工程完工；中大街南延拓宽改造工程开工条件具备；迎春街南延拓宽改造工程批复。在河西区，景观大道工程竣工通车；滨河西路北延、站前北路东段道路工程完工。滨西佳园二期工程全面竣工。漪汾花园和站北春苑还迁小区主体工程完成。城中村改造。尧庙镇郭村、西街西关社区、汾河办盘龙社区、刘村镇涧头村和韩家庄等村的改造工作有序推进，年度目标任务基本完成。城乡环境优化。开展乡村清洁工程，累计投入4700万元，配置各类保洁清运车1500余辆，建设垃圾收集池600余座，清理垃圾74万立方米。投资7970万元，治理各类燃煤锅炉2100余台。东城新增集中供热面积54万平方米，总面积达到240万平方米。全年植树115万株，绿化景点25处，绿化道路80余公里。创建“环保达标工地”85家。全区空气质量二级以上天数达到240天，同比增加73天。

【改革推进】 推进重点领域改革。“改革创新年”十大年度任务全面完成。推进食品药品监管体制改革。公立医院综合改革完成。行政审批事项由原来的121项精减到115项，平均办理时限由20个工作日压缩到7个工作日。城乡建设用地增减挂钩取得成效，新增建设用地180公顷。1000万元小微企业助保贷平台投入运转。二期12亿元企业债券经国家发改委批复。

【项目建设】 开展“项目见效年”活动，项目建设“六位一体”指标位居全市前列。全年项目储备完成2500亿元，签约完成165亿元，落地完成196亿元，开工完成193亿元，投产完成163亿元。56个省、市重点项目完成投资153亿元，完成年度任务的113%。

【民生事业】 教育、医疗、文化等各项事业协调发展，社会保障、社会救助、就业指导体系完善。教育方面，投资3247万元，新建改建幼儿园9所，维修改造校舍134所；投资1300万元，完成216所中小学教育信息化工程。为解放路学校和五一路学校调整补充教师155名。公开招聘136名高校毕业生充实到教育一线。医疗卫生方面，投资1170万元，实施吴村、大阳等5个乡镇卫生院改建工程。全年支出新型农村合作医疗参保人员医药费1.6亿元。公开招聘81名临床医务人员。划转、调整、招聘80名食品药品监管人员。文化体育方面，完成4个乡镇、街道体育健身广场和8个街道、20个社区文化设施配套建设。社会保障方面，区就业和社会保障服务中心大楼和4个乡镇服务站项目主体工程完工。新开工建设保障性住房4700套。投资5287万元，提高城乡居民医疗财政补助标准。发放低收入农户冬季取暖用煤13.7万吨。

涝洰河公园

【社会治理】 全面落实安全生产责任，开展“知责·履职”活动，推进专项整治，共排查整治安全隐患8200余条。打击私挖盗采，矿业秩序持续稳定，全年未发生重大安全生产责任事故。全面加强和创新社会治理，街道社区办公活动场所条件有效改善，网格化管理水平提升。高度重视信访维稳工作，开展“打黑除恶”专项斗争，确保社会和谐稳定。

（尉晨光　许小梅）

【区领导班子成员】

中共尧都区委

书　记　　赵志坚

副书记　　王　震　杨午生

　　　　　杨保春(兼、挂)

常　委　　李建国　鲁立波　乔飞鸿

　　　　　牛少白　郭婷慧　刘元福(4月任)

秘书长　　乔飞鸿

尧都区人大常委会

主　任　　任招振

副主任　　王闫根　杨福元　叶树臣

　　　　　马跟云　张进社　邓力儒

尧都区人民政府

区　长　　王　震

副区长　　董新平　张李平　郭云平

　　　　　郭忠义

政协尧都区委员会

主　席　　许百龙

副主席　　李小平　张玉锁　王翠苹

侯马市

【概述】 侯马市位于北纬35°34′～35°52′,东经111°23′～111°41′。侯马古称新田,地处山西省南部,临汾盆地南端,东毗曲沃县,西邻新绛县,南依紫金山(绛山)与闻喜县接壤,北隔汾河与襄汾县、新绛县相望,总面积220.1平方千米,辖新田乡、凤城乡、高村乡3个乡人民政府和张村、上马、路东、路西、浍滨5个街道办事处,总人口245332人。

2014年,侯马市地区生产总值完成85.25亿元,同比增长8.5%,比全省和临汾市平均增速分别高3.6和3.9个百分点,增速排名位临汾市第2位;财政总收入和一般预算收入分别完成8.75亿元和4.38亿元,增长幅度均超过30%,排临汾市的前两位和全省的前10位;规模以上工业增加值完成14.46亿元,排临汾市第3位;固定资产投资完成68.98亿元,增幅49.7%,排临汾市第2位;社会消费品零售总额完成74.35亿元,同比增长10.1%;城镇居民和农村居民人均可支配收入分别达2.28万元和1.18万元,分别增长9.4%和12.5%,均列临汾市首位。

【创建国家卫生城市】 截至2014年底侯马市连续29年被评为"山西省卫生城市"、18年获得"山西省县级卫生城市第一名"、两次荣获"全国卫生城市"称号。2013年,侯马市委、市政府为改善人民群众生活质量、提升城市形象、提高城市品牌效应、增强综合实力,决定创建国家卫生城市。11月,在省爱卫会专家指导下,按《国家卫生城市标准》对全市创建国家卫生城市工作进行逐项自查,通过自查认定,城市生活垃圾及粪便无害化处理率、生活污水集中处理率、绿化覆盖率、绿地率、全年空气API指数、健康教育、除"四害"等项指标均实现达标,其他各项工作基本达到国家标准要求,依照程序向上级申报国家卫生城市。2014年4月22日,市创建国家卫生城市申报资料通过全国爱卫办审核。5月20日至22日,国家卫生城市暗访组对侯马市创卫工作进行暗访。6月18日,全国爱卫办印发暗访情况报告,国家暗访组肯定本市创卫工作成绩,通过暗访。12月4日,通过国家卫生城市技术评估组检查。

【高铁侯马站投入运营】 2014年7月1日上午11:28,"和谐号"动车组D2531首次驶入侯马西站,大西高铁(太原南至西安北)正式开通运营。大西高铁(大同—西安)全长859千米,是全国率先完成的跨省铁路重点工程。此次开通的太原—西安段总长567千米,运行时速250千米,太原至西安列车运行时间由原来9个小时左右缩短至3个多小时;侯马作为太原、西安的中间站,到太原和西安的时间缩短为1小时50分,到北京的时间为5小时左右。高铁侯马站运营拉近秦晋两省之间的时空距离,为侯马民众出行新增一条安全、方便、快捷的高速通道。侯马西站每天到发列车有25趟,其中上行12趟,下行13趟,均为动车组。侯马西站位于市西郊高村乡以西,辐射垣曲、新绛、稷山周边县市,市区每天有10辆公交车往返于火车站和侯马西站之间,全程票价1元;另有新田广场到侯马西站的公交车,票价2元,满足广大乘客出行需求。

【程王公园】 2014年7月1日,侯马市程王公园改建完成并投入使用。程王公园位于程王路中段、体育街北段。东西宽约180米,南北长约20米;占地面积34458平方米;绿地面积19777平方米,绿地率57%。其前身为侯马市动物园,2013年初,市委、市政府征求多方意见,决定将其改建为以休闲观赏、健身娱乐为主的综合性城市公园。2013年9月开工,2014年7月1日建成。公园采用中国传统园林的一处一景、移步换景的艺术手法,营造安静幽雅的园林空间,彰显城市文化精神和历史文脉。公园有南北两大入口区、中央水景区、中心绿地区、西部健身活动区、东部摩崖石刻区组成。园中建筑均仿用春秋、秦汉时代建筑形式,蓝瓦、粉墙、朱柱、赭轩,有框架结构的南北门楼2个、1～2层的房屋13间,建筑面积387平方米,给人以古朴雄壮之感。园中水景平湖、三曲桥、湖心岛与东部摩崖八音涧瀑布共同构成浑然一体的园林山水景观。园中绿地合理保留原有大型乔灌木,因地制宜,与新植乔灌花草科学搭配,形成三季有花、四季常绿、自然天成的景观效果。园中点缀群马雕塑、驿亭、摩崖石刻、盟书景石等园林小品,彰显侯马历史文化特色,与丛林、鲜花、碧水、石桥构成一副风格独特的古远意境。

【漳泽电力热电联产工程】 2014年,侯马市推动漳泽电力侯马热电工程投产发电。漳泽电力侯马2×300兆瓦热电联产工程位于浍南工业园区。项目总投资30.6亿元,厂区占地22公顷。一期建设两台300兆瓦空冷供热燃煤发电机组,同步建设污水处理、全烟气脱硫脱硝、封闭煤场、电袋除尘、灰渣综合利用等配套设施。工程符合国家及山西省产业政策,具有节能、环保、热电联产等显著特点,是山西省重点工程。2013年3月9日全面复工,2014年11月14日,借助省、市各级政府及同煤集团的支持,实现1号、2号双机组锅炉水压试验、汽机扣盖、厂用电受电、锅炉点火吹管、汽轮机冲转、首次并网、168试运等7个重大节点的一次成功,实现双机投产发电目标,是山西省内2014年首台实施投产目标的火电机组。双机组投产可实现年发电量33亿千瓦,产值11亿元,利税1亿元,能满足城市建筑面积1200万平方米供热需求,取代88台燃煤采暖小锅炉。工程顺利投产,对于加强山西南部电网结构,提升城市基础设施建设水平、改善城市环境质量,促进社会经济的和谐稳定发展,具有重要作用。

【"马上购"上线运营】 2014年5月,侯马市依据山西综合配套改革试验区"先行先试"政策,建设中西部地区物流中心,立足黄河"金三角"区域丰富资源,山西马上购电子商务有限公司正式成立。公司注册资金1000万元,办公面积3000余平方米,集PC平台与移动平台、线上交易与线下交易、个体仓储与集中仓储、区域物流与广域物流相结合,是国内首家以B2B2C为运营模式的综合性电子商务公司。马上购依托现代化电子商务手段,面向批发、零售商户,提供电子商务平台、信息资源和专业化网上销售服务,旨在搭建以侯马区域特色为主的电子商务平台,壮大当地电商产业,推动侯马当地企业及传统商贸成功转型。12月1日,山西省最大的综合性电子商务交易平台"马上购"在本市正式上线运营。截至2014年底,公司注册商户1000余家,商品达3000余件,涵盖服装、数码电子、家用电器、家装建材、孕婴用品、珠宝配饰、生活用品等23类、300余种。

【"窝麦良品"首家体验店开业】 2014年10月8日,侯马市网上超市"窝麦良品"首家体验店——北郭马村体验店开业。"窝麦良品"是山西侯马聚源通商贸有限公司于2013年10月建设的本市首家网上超市,2014年1月正式上线营运,在线销售商品有米面粮油、生活用品、百货调味、护肤化妆等近万余种产品。为了解决线上线下运营的融合、最后一公里配送的成本及损耗等问题,"窝麦良品"将在全市范围设立100余家体验店,实现农村和城市社区全覆盖,使全市消费者都可以在体验店选择商品,在网上完成交易,实现线上线下的无缝对接,顾客可以不出家门,只需一个电话、QQ留言、微信平台、微博私信等,就可以享受送货到家的便捷服务。摩力克窗帘布艺、飞秋日化等80余户企业商户入驻"窝麦良品"。

【社会事业】 2014年,侯马市续建和新开工项目75个,其中,竣工投产项目47个,累计完成投资34.3亿元。国家小农水重点项目顺利启动,农村土地确权登记工作有序展开,3个村的试点任务基本完成。新流转土地360余公顷。新培育农民专业合作社23个,家庭农场16个,得力食品、济斌酱菜、中条林源等农副产品加工龙头企业经营扩张,行业总产值达到4.5亿元。新铺设集中供热管网21300米、天然气管网5500米,全市集中供热面积突破400万平方米，天然气用户突破6万户，普及率超过90%。程王公园建成开放，程王西路、望桥北街等8条市区主次干道和建成区人行道完成改造铺装，硬化总面积超过20万平方米；更新路灯7700余盏，新建公厕5个、改造达标24个。紫金山灭荒完成一期333.333公顷，城市绿化覆盖率、森林覆盖率分别达到43%和22.3%。全年空气质量二级以上天数比上年增加52天、达到270天。制订《2014—2020年总体规划及2014年行动计划》，农民安居、完善提质、环境整治、宜居示范四大工程协调推进，共完成危房改造450户、异地搬迁298户、乡村道路硬化2300米、水土流失治理266.667公顷，全市23个村通上天然气，33个村铺设排水管网，46个村用上城市自来水。完成南上官学校的改造加固和3所农村幼儿园的改扩建任务。新招聘26名农村小学教师。全市学前教育毛入园率达到82%，中、高考再创好的成绩，特别是侯马一中的王大地同学以临汾市理科状元的优异成绩，被清华大学录取。推进国家基本药物制度改革，全市三级医疗机构共为城乡居民减轻用药负担170余万元；公共医疗普惠服务体系日益完善，全市90%以上的居民建有个人电子健康档案。全市各类参保人员范围扩大，社保覆盖率达到97%。全年提供就业岗位16300个，新增就业人员7456人，城镇登记失业率控制在2%。全年共发放医疗救助资金560余万元、城市低保救助金1100余万元、农村低保救助金660余万元，全市1万多名困难群众得到帮扶。全年共开展送戏下乡、电影下乡、进校园等活动1200余场次，节庆文化、消夏文化活动30余场，乡村、社区、企业、校园文化繁荣活跃。

(耿文静　赵香琴)

【市领导班子成员】

中共侯马市委
书　记　李朝旗
副书记　王煦杰　马兴民
常　委　秦海玉　田怀宇　郑育敏
　　　　李俊胜　韩　睿　李会平

侯马市人大常委会
主　任　尉合怀
副主任　文转社　王阿家　崔凯毅
　　　　秦朝旭　郭天红

侯马市人民政府
市　长　王煦杰
副市长　郑育敏　梁清燕　张清江
　　　　高剑云　吉守斌　周肖玉

政协侯马市委员会
主　席　陈毅林
副主席　邱建屏　卫玉贵　续文碧
　　　　马淑焕

霍州市

【概述】 霍州市位于北纬36°26′～36°42′，东经111°38′～112°03′，地处山西省中南部、临汾盆地北端，东倚大岳山与沁源，古县毗邻，西跨汾河与汾西县接壤，北靠韩信岭和灵石县交界，南扼白壁关和洪洞县相连，境域东西宽36千米，南北长30千米，总面积765.39平方千米。辖3乡4镇5个街道，199个村(居)民委员会，308个自然村，年末全市总人口306460人，其中，男：159706人，女：146754人。

2014年，霍州市地区生产总值完成89.03亿元，比上年增长1.8%。社会消费品零售总额286322万元，增长11.8%，其中城镇消费品零售总额完成253923万元，增长11.8%；乡村消费品零售额32399万元，增长11.8%；商品批发零售额226529万元，增长33.3%。全年全市财政总收入156019万元，下降0.38%。居民消费价格比上年上涨2%。全市居民人均可支配收入达18312元，比上年同期增长8.8%，其中：城镇常住居民人均可支配收入达23594元，增长7.8%，农村常住居民人均可支配收入达10868元，增长9.8%。

【农业】 2014年，霍州市夯实农业基础，新增无公害蔬菜种植面积133.333公顷，特色经济林新栽植优质核桃133.333余公顷，优质苹果200余公顷，新建、续建规模养殖场20个，达到280余个，西张垣现代农业生态循环示范园区配套水肥一体化系统，万隆蔬菜，兴龙芦笋分别成功创建部级和省级蔬菜标准园，园区科技水平和生产能力提升，农田水利基础设施建设加强，农业综合生产能力得到提高，全年粮食总产量达7368万公斤，霍山兔业、同兴种鸡、壮瀚养殖、绿源农牧、聚盛牧业等龙头企业,发挥较好的引领作用,农业产业化水平得到提升。

【工业】 工业转型初见成效,霍东新产业聚集区基础设施配套,道路建设等工程加快实施,霍煤机电设备制造一期9个公司陆续投产,液化天然气调峰储气项目设备调试全面完成,成功试运营,成为霍州市经济发展的又一亮点。华润霍州七里峪10万千瓦风能发电项目全面启动,基础建设和设备订购等工作有序推进,中冶公司煤泥再选项目顺利实施,初步走出工业废物开发利用新路子,国电、兆光等企业生产效益稳步提升,工业经济转型发展的步伐加快。

【第三产业】 发展第三产业。旅游方面,七里峪景区引导区,上霍线尉侯段改线,商务服务中心,镇山文化博物馆等工程有序推进,人工湿地、滨水游憩区、入口换乘区等项目全面实施,林溪晋茶精品酒店具备营业条件。陶唐峪景区项目总规、详规和征地拆迁方案编制完成,综合开发进入实质性阶段。霍州署保护修缮二期工程完成前期准备工作。商贸服务方面,州里商业文化街完成配套,启动招商;美华购物中心开业运营,万家福超市,中影国际影城等众多知名商企相继入驻。组团参加"临汾商会招商引资推介会""世界浙商华北峰会""临汾(深圳)招商引资推介会"等商贸洽谈活动,全年共签约项目24个,签约资金达141.35亿元,实现招商引资的常态化、高效化。

【城乡建设】 城乡面貌焕然一新,新区功能日益完善,经三路北段大部高标准建成,纬三路加快推进,山西橡胶厂棚户区改造和霍煤开元小区项目基本完工。大西客专、霍永高速相继通车,霍州车站站前广场和客专公路建成投入使用。鼓楼东街人防地下商业街建成开始招商,开创霍州商贸项目与市政人防工程同步建设的发展新模式。州署文化产业示范园、诚瑞源、中镇国际花园、东关城中村改造、星河蓝湾等开发项目快速推进。新建南路一期及南涧河桥建设基本完工。投资2亿元实施"8+2"道路改造工程,完成对前进街、北环路、大众路、南环路、鼓楼北街等10条主干道路的升级改造,实现街宽路阔,功能完善,整洁亮丽,热电联产新建换垫站6座,新增供热面积90万平方米,全市热电联产供热总面积达420万平方米。天然气完成扩户1.7万余户,城市面貌、功能、品位得到提升。启动农村人居环境改善工程,完成霍冯线、义邢线等市乡公路建设,农村公共基础设施建设全面加强。

【生态环境】 以"环境提升年"为目标,实施生态修复,汾河生态综合治理、南涧河治理,对竹河治理等项目快速推进,永和采摘园三期基本完工。抓好节能减排,兆光、霍煤矸石电厂4台电发机组环保改造,霍煤2座,矿井水深度治理站建设,兆光卸煤沟封闭改造等工程全面完成,开展"百日会战"环境执法专项行动,彻底取缔9个非法洗煤加工点。提前完成2228辆黄标车及老旧车治理淘汰任务。投资2000余万元为全市乡(镇、街道)购置垃圾清运设备,配备保洁人员,修建环保设施。提升全市环境质量,连续六年荣获省级卫生城市桂冠,全市空气质量二级以上天数达330天。

【社会保障】 城乡低保、医疗救助、困难家庭、大学生救助、"四类"困难家庭学生救助,农村80岁以上老人救助等制度实施得到完善,城乡养老保险、医疗保险、失业保险、工伤保险等社会保险的覆盖面扩大,保障水平提升,连续6年开展爱心助学活动,累计筹资1200余万元,1万余名贫困学生得到资助,高度重视创业就业,全年新增就业岗位5800个。建成各类保障性住房1200余套,超额完成上级下达任务。困难群众、弱势群体的生活保障机制全面形成。

霍州廉政文化基地

【社会事业】 推动社会事业发展。教育工作。市三中运动场改造全面完工。市职教中心、公办幼儿园建设、基础教育信息化工程加快实施。2014年,高考二本达线847人,创历史新高。卫计工作。

新医院启动建设,开展医疗卫生综合改革。成功创建国家级计生优质服务先进单位,荣获省级"计生工作目标责任考核先进县市"称号,是临汾市唯一同时获得两项殊荣的县市。文化事业。电影下乡月,戏曲演出,开展霍州书汇演等群众文化活动,道德模范评选,成功举办建国65周年暨人大成立60周年书画展等大型活动。推进霍州书、霍州莺歌、威风锣鼓申遗工作。年馍、粗布、小吃、剪纸等传统文化产业迅速发展。《霍州市志》出版发行,填补霍州市133年史志记录空白。连续三届蝉联"中国民间文化艺术之乡"。退沙街道许村被评为"山西省文化名村",荣登全国传统村落名录。

(郭秀东)

【市领导班子成员】

中共霍州市市委

书　记　　陈　纲

副书记　　崔山原

常　委　　周文伟　陈占平　郑效锋

　　　　　黄晓君(女)　高雅铭　刘国平

　　　　　晋英俊　肖安邦

霍州市人大常委会

主　任　　张建军※

副主任　　安志勇　成海民　董文平

　　　　　张根生　孟援斌

霍州市人民政府

市　长　　崔山原

副市长　　陈占平　朱源洪　薛泽会

　　　　　郭宏生　田晋川

政协霍州市委员会

主　席　　王国平

副主席　　薛有生　沈晓静(女)

　　　　　薛云彪　张伟兴

※张建军于2014年12月撤销党内职务

曲沃县

【概述】 曲沃县位于北纬35°33′～35°51′,东经111°24′～111°37′,地处山西省中南部,临汾盆地南端。北依塔儿山(崇山)、乔山、护顶山和襄汾县为界,南靠紫金山(绛山)同绛县为邻,东与翼城县接壤,西北隔汾河和襄汾县相望,西南与侯马市毗连。总面积437.9平方千米。辖7个乡镇,158个行政村。

2014年,曲沃县地区生产总值完成87.3亿元,同比增长7.1%;规模以上工业增加值达到45.6亿元,同比增长10%;固定资产投资完成72.8亿元,同比增长27.6%;公共财政预算收入完成3.02亿元,同比增长0.91%;城镇居民人均可支配收入达24287元,同比增长8.3%;农村居民人均可支配收入达11361元,同比增长11.4%,县域经济综合实力得到提升。

【工业】 2014年,曲沃县致力工业经济转型升级,坚持以"五大工业园区"为主战场,加大协调帮扶力度,在千万吨级钢铁工业园区的建设上,支持园区企业实施煤气发电、钢渣综合处理、酸性球团竖炉等循环配套改造项目,重点推进全县钢铁产业重组壮大工作,以立恒公司为主导,联合通才和周边县市5家钢铁企业组建成立晋南钢铁贸易公司,增强企业的区域市场话语权和抗风险能力,保障全县钢铁园区所属企业在同行业许多企业减产甚至停产的情况下,保持稳定生产和正常运转。马庄新型装备制造园区内亚华年产5000万只彩喷盖生产线建成投入使用。三星精密铸造园区内三星公司与北京好利阀业公司合作兴建的5万吨阀门阀体项目基本建成即将投入运营。山西国际陆港曲沃项目园区和紫金山黄金产业开发园区,加紧推进基础设施、手续办理等前期工作。分别与江苏正信集团和能新集团签署光伏发电新型产业合作项目,为全县工业经济转型奠定基础、拓展空间。

【农业】 依托"晋之源"系列农业园区建设,推进现代化农业进程。"晋之源"农业渐趋壮大,农民群众增收步伐加快。实施晋之源系列农业园区扩容提质工程,完成晋之源高显汾河滩涂循环农业园区、里村红提葡萄园区和杨谈精品水果园区的产业配套以及核心区建设,重点推进晋之源太子滩现代农业示范园区建设,高标准建成高科技智能温室、特种水产养殖、双千亩莲鱼共养、晋国历史文化游览等六大区域,成为全县又一个集示范引领、科研推广、市场销售、有机循环和旅游观光为一体的现代农业综合园区。通过园区引领、示范带动,全县新发展设施果蔬800余公顷、露地果蔬253.333余公顷。2014年,全省共确定县一级的国家级现代农业示范区3个,曲沃县成为临汾市唯一一家。全县还推进立天万只羊场、泽宇万头猪场、坤旺百万只肉鸡等一批规模养殖小区建设,实施汾河生态治理、水库除险加固、土地复垦整理等一批农田水利基础设施建设工程,为做大做强"晋之源"农业、促进农民增收致富创造更加良好的条件。

【"晋文化"旅游带】 2014年,曲沃县推进以弘扬"晋文化"为主题的"六区一线"精品文化旅游带建设。其中,浍河自然风景区内的晋都民俗风情园实施仿晋建筑群、明清四合院等工程,浍贤庄园以晋文化和浍河精神为主要内容的提质升级改建工程基本完工,通浍大道全线铺油通车;桥山黄帝文化风景区完成666.667公顷山体绿化、祭祀平台加固和游客接待服务中心建设,旅游路项目获得山西省交通厅批复立项;太子滩温泉休闲度假区主干道路拓宽改造和17栋仿晋庭院全部建成;晋国文化旅游区建设取得重大进展,历时5年的晋国博物馆建设工程全面竣工,10月1日隆重开馆,成功举办中国文化遗产日山西省主会场活动,引起社会各界广泛关注。全县六大景区全年共接待游客80余万人次,旅游创收超亿元,一个全县域大景区的文化旅游格局以及由此带来的经济效应、社会效应、特色效应初步显现。

【城乡建设】 2014年,曲沃县推动城镇建设工作。县城建设上。新东城商业广场和幼儿园正式建成投入使用,晋都文化中心、国际酒店、党校党员培训中心和法院审判大楼等工程进入内外装修阶段。晋韵华府、晋都御苑、兰乔圣菲等大型住宅小区和吉祥南路、韵都步行街、110千伏变电站以及广电、人社、移动等单位的便民服务中心推进基础设施建设。高标准完成晋园的绿化、美化、亮化和循环水域、大型音乐喷泉等各项配套工程,5月1日正式对外开放,炎热季节,每天都吸引着成千上万的游客前来观光。通过一年的持续建设,新区的现代感、宜居感明显呈现。镇村建设上。东关紫金苑住宅小区一期工程全部封项。曲村镇被列入全国重点镇建设行列,完成部分主干道路绿化亮化和公共卫生间建设。西海村被评为"省级美丽宜居示范村"。全县开展城乡环境卫生综合整治活动,全市"环境提升年"现场会在曲沃县成功召开。

【社会事业】 "五项惠民工程"全面落实。曲沃中学生活区附属配套工程建设接近尾声,曲沃二中食堂、宿舍楼和15所中小学维修改造以及6个村级幼儿园改扩建工程全面竣工;高考二本B类以上达线人数达到1002人;公开招录30名高校毕业生充实中小学教师队伍。县人民医院附属工程全面竣工,被国家卫计委确定为全国重点扶持的500家县级医院之一,达到90%以上患者不出县的医改目标。完成600户农村困难家庭危房改造任务;公开公平分配234套廉租房,新建102套廉租房和100套经济适用房;翻修改造47千米县乡循环道路和5.1千米城南循环道路全线至通车;生活垃圾无害化填埋场和中水回用基础建设基本完工,有线电视数字化整体转换入户工程实现县城全覆盖。

曲沃县晋国博物馆全景

【社会保障和安全生产】 社会保障体系渐趋完善。全年城镇新增就业4385人,转移农村劳动力4617人,安置失业人员再就业926人。养老保险、医疗保险、城乡低保等各类社保工作健康运行,范围扩大、标准提升。安全稳定工作加强。开展安全生产整治活动,全县安全生产秩序明显好转。高度重视信访工作,打击违法犯罪活动,维护全县社会和谐稳定。

(张淑霞)

【县领导班子成员】

中共曲沃县委

书　记　　朱晓东

副书记　　郭惠勇　崔绍民
常　委　　成　功　程世杰
　　　　　武兰萍　牛春平　刘岐山
　　　　　费向前　王学斌

曲沃县人大常委会
主　任　　刘　伟
副主任　　秦朝斌　付孟喜　赵常见
　　　　　李建华　祁文学

曲沃县人民政府
县　长　　郭惠勇
副县长　　程世杰　秦英俊　畅红娟
　　　　　石前进　崔权利

政协曲沃县委员会
主　席　　薛经纬
副主席　　沈玉民　张夙兰　王希武
　　　　　王克勤

翼城县

【概述】 翼城县位于北纬35°23′～35°52′，东经111°34′～111°03′，地处山西省南部，临汾市东南隅。东、北部群山环抱，西、南部平坦辽阔；东西宽44千米，南北长53千米，东临沁水，西接曲沃，北与浮山、襄汾毗邻，南同绛县、垣曲相连。全县土地面积1168平方千米，辖6镇4乡，212个行政村，878个自然村，6个社区，户籍人口31.8万人。

2014年，翼城县地区生产总值完成68.8亿元，同比下降3.5%；规模以上工业增加值完成19.6亿元，同比下降22.4%。全县固定资产投资完成68.9亿元，同比增长26.4%；社会消费品零售总额完成35.8亿元，同比增长11.3%。财政总收入完成6.9亿元，同比下降28.6%；其中公共财政预算收入完成4.5亿元，同比下降18.3%。

【农业】 全年粮食播种面积4.55万公顷，同比增长4.9%；粮食总产24.7万吨，同比增长26%；农业增加值完成8.7亿元，同比增长5.8%。新发展干鲜果经济林300公顷，苹果产量近15万吨，产值达6亿元；设施农业建设快速推进，农业机械化水平提升，畜牧业发展稳中有进，农业产业化基础得到夯实。

【产业转型】 加快产业转型，培育新的经济增长点，与阳煤集团、京能集团就煤电化园区建设达成三方合作协议。总投资3.1亿元的历山景区开发项目正式签约，启动大河口霸国墓地再次考古挖掘和“苇沟—北寿城”遗址保护工作。

【工业产业】 面对全县经济下滑势头，县政府出台《当前促进经济发展的20条意见》，破解制约企业运行的突出问题，加大实体经济帮扶力度。酒钢集团山西翼城钢铁有限公司复产重组工作取得进展，促进19家企业达成贷款意向2.1亿元，晋源、永益、振丰等企业生产经营基本稳定，飞翔、福旺、励鑫等企业先后复产，首旺采区搬迁工程按期竣工投入生产。建立地方与整合煤矿合作发展联席会议制度，为煤炭企业减负3300余万元，达成销售意向合同200余万吨。

【简政放权】 曲沃县委、县政府开展“改革创新年”活动，实施各项重点改革，全面推进行政审批制度改革，简政放权。翼城县行政服务中心正式投入使用，“一网多平台”开始试运行。实施工商注册登记制度改革，市场活力得到释放。加快财税体制改革，完成煤炭行业“清费立税”任务，多措并举化解政府性债务2.9亿元，“三公”经费同比下降53%。实现申报国家级科技项目和民营企业技术中心建设两个“零的突破”。全面启动政府机构改革，完成工商、质监管理体制调整工作。

【安全生产】 开展以“强化红线意识、促进安全发展”为主题的“安全生产月”活动和应急预案演练活动。全县安全生产以“六打六治”工作为当前安全生产工作的重中之重，落实“四个一律”执法措施，夯实安全生产基层基础，推进安全生产形势持续稳定好转。在“六打六治”工作中，对施工图纸、施工方案不规范或无施工图纸的6家建设矿井责令限期整改，对未办理安全设施“三同时”手续的2家铁矿采取强制措施查封绞车，对其他7家长期处于停工状态的铁矿进行现场告知。对存在操作不规范行为的5家气瓶充装单位，下达特种设备安全检查指令书；填埋非法采矿点1处，销毁生产设备2台；对手续不全或过期的1家砖厂、1家玩具厂、1家搅拌站、1家电子厂、2家加油站、7家沙场进行查封;取缔非法加油点8家、非法采砂点4个。

【文物旅游】 文物保护上。完成里曹公四圣宫、武池乔泽庙和南撖东岳庙三处国家级文物保护单位的保护规划,上报国家文物局审批。投资118万元,进行乔泽庙、四圣宫全国重点文物保护单位消防安全工程项目建设。对乔泽庙进行步道铺设、舞楼前小广场、献殿、月台绿化展示设计和厕所修建工程。由省考古研究所、临汾市文物局、县文物旅游局组成的联合考古队,投资400万元进行大河口霸国墓地再次考古发掘工作。投资130万元,完成苇沟—北寿城遗址省级重点文物保护单位的考古调查、勘探、试掘工作。旅游开发上。投资150万元完成历山风景区详细规划,于11月6日召开历山风景区规划征求意见会;聘请山西河岳环境景观规划设计有限公司,考察后设计2013年至2025年古绵山旅游景区、佛爷山旅游景区总体规划。城内南十字历史文化街区保护、开发建设项目按照规划有序进行,按照原样恢复西城门楼和部分民国商铺修缮工程。

环城高速

【社会事业】 2014年,翼城县发展社会事业。教育教学质量提升,中考、高考成绩位居全市前列。完善县乡村三级医疗卫生服务网络,提升社会保障水平。全额兑现事业单位人员绩效工资,实现工资提标、烤火费上涨,住房公积金、城乡居民养老保险、新型农村合作医疗等民生项目财政补贴标准提升。县城背街小巷硬化工程全部完成,三座高标准公厕投入使用。完成县公共文化活动室建设,开展送戏、电影、文艺节目下乡活动。加强县城规划管理,打击非法占地和违法建设行为。开展"环境提升年"活动,农村环境连片整治工程基本完成,县域环境质量持续改善。全县两委换届选举工作顺利完成。安全生产形势保持稳定,社会治安状况良好。全年涉及民生的财政支出达到3.2亿元,同比增长19.19%,占公共财政预算总支出的21.43%。

(翟铭泰)

【县领导班子成员】

中共翼城县委

书　记　郭行杰
副书记　杨春权　张志宏
常　委　杨建军　卫　勇　董跃明　任吉龙　许拥军　孙晋辉　师香丽

翼城县人大常委会

主　任　李殿梁
副主任　丁　勇　孙守月　史长立　李兴智　翟明星

翼城县人民政府

县　长　杨春权
副县长　杨建军　董　玲　范钦国　李放明　杨文明

政协翼城县委员会

主　席　李　伦
副主席　郭生财　李文元　王存良　聂　华

浮山县

【概述】 浮山县位于北纬35°49′～36°06′,东经111°41′～113°13′,地处山西省境西南部,太岳山南麓,临汾盆地东缘,西傍临汾、襄汾,南临翼城,东连安泽,东南毗沁水,北接古县,面积946平方公里。辖2镇、7乡,2个居民委员会,185个村民居委会。全县常住总人口130057人,其中男66699人,女63358人,城镇总人口46687人,占全县总人口的3%。

2014年,浮山县地区生产总值完成46.96亿元,增长5.9%;规模以上工业增加值完成29.54亿元,增长7.6%;固定资产投资完成38.02亿元,增长26.8%;社会消费品零售总额完成7.4亿元,增长11%;公共财政收入完成1.98亿元,与上年持平;城镇居民人均可支配收入达23063元,增长9.3%;农村居民人均可支配收入达6993元,增长11.7%。

【项目建设】 2014年,浮山县按照项目建设"六位一体"的要求,开展"项目见效年"活动,落实领导包联、每月调度、挂牌督办、绿色通道等推进机制。完成全年省、市下达的任务指标。项目储备910亿元,为年度任务的130%;签约110.5亿元,为年度任务的122.78%;落地48.72亿元,为年度任务的105.5%;开工37.76亿元,为年度任务的102.72%;省市重点项目建设31.3亿元,为年度任务的109.1%;投产33.27亿元,为年度任务的100.03%。年初确定的30个重点项目、20项重点工程、10件惠民实事,累计完成投资31.4亿元。重大战略项目在逆境中取得进展,中强煤焦电化材一体化园区完成投资6.2亿元,项目建设推进顺利;引沁入汾浮山供水工程成功落地全面开工。临浮一级路建设成功纳入全省高速路网建设规划,前期工作全面启动;中南铁路浮山客运站建成投用,结束浮山没有铁路的历史。

【产业转型】 2014年,浮山县坚持区域布局抓园区、传统产业抓升级、新兴产业抓培育,加大产业结构调整力度。构建新型工业体系,工业转型迈出新步伐。中强煤焦电化材一体化园区累计投资8亿元,完成焦化、热电项目的桩基、厂前区和园区路网建设,矿用聚氨酯和节能板材项目开工建设;福山煤业完成升级改造,顺利通过竣工验收,即将全面投产;尾矿资源综合利用取得新突破,被列为全国资源利用"双百工程"示范基地县,试点示范企业前期工作顺利启动;尧山120万吨特种水泥、晋盛泡沫陶瓷、威盛达防火材料加工等一大批工业项目有序推进。建设设施农业,扶持循环农业,巩固优势产业,农民增收效果明显。"印象田园"生态农业示范区完成漫道系统、环水库道路和水库加固工程,设施农业体验区、锦绣园林观赏区和休闲养生度假区三大板块初步形成;全县新建春秋大棚550座,达到1100座,设施农业扩量增效;玉杰循环农业建设规模扩大,形成"玉米种植—食用菌生产—饲料加工—生猪养殖—沼气和肥料利用"全封闭循环产业链条,带动效应日益显现;有机农业示范基地建设开局良好;重点扶持的一批农民专业合作社,在新型农村经济体中起到示范引领作用。

【"五城联创"】 浮山县以"五城联创"为抓手,推动城乡面貌大改观、城市形象提升、城镇化建设提速。完成新风街、神山路及北关巷路网改造工程;建成尧山广场、文昌街游园、天坛路府前广场等一批园林绿化工程,公园绿化、单位庭院绿地、居住区绿地面积大幅度提升;城区供热面积达到71万平方米;集中供气中压管线覆盖率达到95%;全年造林0.283万公顷;开展城区煤烟污染和汽车尾气治理,累计拆除燃煤锅炉281台,淘汰黄标车、老旧车530辆,县城空气质量二级以上天数保持在300天以上;实施"六六创安"工程,开展"严打整治"行动,推进社会治安防控体系建设。开展"六五"普法,公民法治意识增强。全面启动完善提质、农民安居、环境整治、宜居示范四大工程,实施18个村的环境连片整治示范工程。开展农村环境卫生整治,聘用农村保洁员272名,健全农村清洁工作机制;投资130万元,配备城乡三轮保洁车、垃圾收集清运车等现代化设施;投资800万元,解决9个乡镇58个自然村12000口人的饮水困难问题;完成5个村的"通返不通"道路的建设。浮山县顺利通过市级文明城、省级卫生县城、省级平安县验收,省级环保城、省级园林城创建工作按计划有序推进。

【民生事业】 2014年,浮山县发展社会事业,改善和提高人民群众的生活水平。全县用于民生事业的支出为4.67亿元,占公共财政预算支出的54.2%。教育工作方面,以全省名列前茅的成绩,顺利通过"全国义务教育发展均衡县"国家级验收,做到学校环境建设、设施设备配套、学校内涵发展三个一样,实现城乡学校、校际之间均衡发展;县第三幼儿园按期建成投入使用;通过政府购买公益性岗位,公开招聘50名大中专毕业生,充实幼教师资力量;2014年高考达二本线192人,再创历史新高;多方筹措,为考入大学的新生发放助学金100万元。医疗卫生方面,巩固乡镇卫生院综合改革成果,整体推进县、乡、村三级医疗卫生机构一体化建设;启动县级公立医院改革工作;新型农村合作医疗参合率达99.4%。文化工作方面,完成清微观、老君洞修缮工程;县文体中心美术馆、文化馆和职工活动中心、老年活动中心、青少年活动中心竣工并投入使用。就业和社会保障方面,实施创业就业优惠政策，全年新增就业3241人，城镇登记失业率控制在4%以内；各类社会保险累计参保13.13万人次；为432名大学生办理生源地信用贷款278万元；发放各类民政救助资金4184万元。

【安全生产】 浮山县宣传和执行新《安全生产法》，开展"知责、履责"活动，完善"党政同责、一岗双责、齐抓共管"的安全生产责任体系；开展安全生产大检查和"六打六治"打非治违活动，排查治理各类安全隐患3523条；持续加强安全生产标准化建设，全县5家非煤矿山企业、19座尾矿库达到安全标准化三级，1座尾矿库达到安全标准化二级；主动适应新常态、新要求，多措并举推进非煤矿山规范化管理，以安全保效益，以效益促安全，确保安全和效益的双提升。一方面，强化协调督办，加快非煤矿山办证进度，全县12家企业领取采矿许可证，5家新领取采矿证的铁矿企业进入安全设施"三同时"，开工基建，企业安全生产水平提升；另一方面，参照涉煤收费清理规范工作要求，对非煤矿山收费项目进行全面清理，取消收费项目5项，降低收费标准6项，每吨铁矿石减免规费24元，每吨炸药下调价格1200元，尽最大可能降低企业生产成本，帮助企业提升市场竞争力，增强抵御市场低迷的风险和压力，让企业能腾出更多资金，加大安全投入，提高安全保障能力。

【改善政务环境】 2014年，浮山县开展党的群众路线教育实践活动和学习讨论落实活动，执行中央"八项规定"和国务院"约法三章"，坚决反对"四风"，解决人民群众反映强烈的突出问题。全县清理处置违规配备公务用车47辆，清退超标办公用房1288平方米，节约"三公"经费426.56万元，文件、会议精简，大操大办、铺张浪费现象得到遏制。落实党风廉政建设主体责任，推进"六权治本"，实施主要领导"五不直接分管"制度，建立"正职监管、副职分管、集体领导、民主决策"的工作机制；将原浮山宾馆改建为县政务服务中心，整合行政审批、便民服务、公共资源交易、行政监察、电子政务、党建服务和社会管理等七项职能，形成功能齐全、服务便捷、监督有效、公开透明的政务服务体系，提升行政效率，增强服务功能，优化政务环境。

（李彤新　陈聪聪）

【县领导班子成员】

中共浮山县委

书　记　孙京民
副书记　梁秀娟
常　委　尚　彬　赵顺兆（1月任）
　　　　张晓晖　戴　石　高云生

浮山县人大常委会

主　任　李　凡
副主任　马　康　柏云奎　段文明
　　　　王生泉　刘永生

浮山县人民政府

县　长　梁秀娟
副县长　李青萍　周晓东　李学良
　　　　吴晓芳　高学忠

政协浮山县委员会

主　席　段玉明
副主席　张逢海　张新春　贾文朴
　　　　王奠邑

襄汾县

【概述】 襄汾县位于北纬35°40′～36°03′，东经111°06′～110°40′，地处临汾市南部，东临浮山、翼城，西傍乡宁，南接曲沃、侯马、新绛，北连尧都区。南北长39.3千米，东西宽26.5千米，总面积1034平方千米。最高海拔1495米，最低海拔391米，平地占总面积的70%以上，是临汾市的平川大县之一。辖13个乡镇、348个行政村。总人口498113人，比上年增加5258人。

2014年，襄汾县地区生产总值完成122.24亿元。财政总收入完成13.29亿元，公共财政收入完成74660万元。固定资产投资总额完成105.18亿元，同比增长26.2%。粮食总产51.73万吨，比上年增加9.5万吨，增产23%。社会消费品零售总额37.02亿元，同比增长3%。城镇常住居民年人均可支配收入达24190元，同比增长8.9%。农民年人均可支配收入达10391元，同比增长12.2%。

【现代农业】 2014年，襄汾县按照“规模化、产业化、品牌化”的思路，加快推进农业现代化进程。整合捆绑使用涉农资金3630万元，重点扶持襄陵现代农业、新城万亩官滩红枣、汾城万亩核桃经济林、南贾君源肉羊养殖加工4个精品园区。实施碧云天、大自然两个年产10万吨饲料等项目，全县年产值超500万元的农业企业达到28家，实现销售收入6.7亿元。加大“三品一标”认证力度，无公害产品认证总量达到48个、无公害产地认定总量达到5.067万公顷。

【工业转型】 2014年，坚持“传统产业新型化、新兴产业规模化、产业发展园区化、经济发展循环化”的思路，加快推进新型工业强县建设。突出招商引资、产业整合、项目调产、园区建设等重点，实施新金山100万吨高速线材、中升100万吨高速线材等项目。新上圣瑞合煤矿支护产品、欣嵘铸造汽车制动器铸件等6个新兴项目。狠抓工业园区建设，河东冶金焦化工业园区获得市政府批准；河西煤化工园区规划、环评获得批复；辉瑞制药一期、二期工程全部竣工。落实上级支持中小微企业发展的各项政策，促成县内9家金融机构与21个企业达成6亿元合作意向，为10家中小企业担保贷款1.8亿元，缓解企业资金短缺压力。新兴产业发展势头良好，碧云天、大自然两个10万吨饲料项目投产运营，昌祥建材粉煤灰加气砼砌块、东雄保温材料玻璃棉等项目如期完工，晋润现代农产品冷链物流项目顺利推进。开展“项目见效年”活动，全年实施省、市、县重点项目75项，其中省市重点项目中5个完成建设、11个按计划推进，县级重点工程项目中有39个达到进度或投产投用。在全市“六位一体”考核中，襄汾县全部超额完成市定目标任务。组织参加各类招商洽谈活动，引深“回归工程”，先后签约或引进江苏振发、常州正信光伏发电等20个项目，为县域经济注入新的活力。

【宜居宜业新区建设】 2014年，襄汾县贯彻全市“百里汾河新型经济带”和“一城三区”发展战略，加快宜居宜业新区建设。按照“东提西扩北推进”的思路加快县城扩张。围绕“东提”，实施府前街、东风商贸城道路改造等路网改造工程和石油公司等棚户区改造工程；围绕“西扩”，实施人社、供电等业务办公用房工程和二级汽车站等4项功能性工程，开工仁河新城、御景紫苑等16个商住小区，完成理海建材城等市场工程和第三小学路等西扩路网建设工程；围绕“北推进”，完成汾河治理与生态修复工程、滨河东路5个标段和台襄线改线路基涵洞工程，获批赵福线和108国道县城过境公路改线项目。城市管理方面。采取市场化运作办法经营县城，对县城集中供热、环卫作业等进行托管运营，提高管理水平；创建市级文明县城，开展市政设施、市容市貌等7个专项整治，县城面貌焕然一新。小城镇建设方面。古城镇、汾城镇获批全国重点镇；投资1400余万元实施汾城鼓楼南北街及周边道路改造等基础设施建设工程，城乡一体化水平提升。新农村建设方面。统筹推进完善提质、农民安居、环境整治和宜居示范四大工程，整合捆绑涉农资金，重点打造9个县级、21个乡镇级美丽宜居示范村，农村人居环境明显改善。

【文化旅游】 推进根祖文化之乡建设。文化旅游业驶入发展快车道。争取上级投资2080万元，实施汾城古建筑群、赵康普净寺修缮工程；引进广东中惠源公司对丁村、汾城等六大景区进行开发，龙澍峪景区开园营业，全年共接待游客40多万人次；东岭滑雪场二期投入运营；东岭全民健身户外活动中心成为全市十大体育休闲健身园区之一。发展观光农业，荷花公园主体工程加紧建设。荷花文化旅游节、尉村跑鼓车节、赵氏孤儿忠义文化节、龙澍峪祈福节和陶寺龙文化节等活动成效初显，文化产业竞争力提升。平阳麻笺和小米醋酿造制作技艺入选第四批国家级非遗保护项目目录，5人被评选为省级项目代表性传承人；唐人居四合院展厅、大美古韵生产基地二期工程完工，天圆古玩城、圣尧古玩市场和美畅数字影院投入使用。文化事业发展。挖掘文化资源，创作历史剧《赵氏孤儿》、现代剧《骨髓情》等优秀作品；动漫《大能人解士美》在央视教育频道和山西卫视少儿频道播出；为乡镇文化站配送电脑，开展送书、送戏、送电影活动，丰富群众文化生活。

【环境治理】 开展“环境提升年”活动，狠抓农业面源污染、扬尘治理和工业减排，推进宏源、腾达等5家企业环保设施升级改造，关停淘汰新金山转炉、成功焦化等落后产能，取缔锅炉120蒸吨，5家铁路发运站台建成防风抑尘墙和喷淋设施，45家加油站完成油气回收改造，12个建筑工地全部设立防尘设施，10家畜禽养殖场粪污治理工程投入使用，农村连片整治示范项目16个行政村通过验收,二氧化硫、氮氧化物等六项污染物约束性指标全部低于控制目标。完成营造林0.183万公顷,植树200余万株,全县绿化覆盖率达39.94%,县城环境空气质量二级以上天数达到348天,同比增加10天。

【安全稳定】 落实"党政同责、一岗双责、齐抓共管"责任体系,开展"知责、履责"谈心谈话、安全生产大检查和"六打六治"打非治违专项行动,排查整改隐患3377条,安全形势总体平稳。开展"百日双百案"和"大排查、大调解"专项活动,处理来信来访1131件次,排查调处矛盾纠纷104起,上级交办的52案全部办结。推进打黑除恶、"丁陶净土"、缉枪治爆等专项行动,抓好公共场所和街面巡逻防控,社会大局保持稳定。

【社会事业】 2014年,襄汾县第三幼儿园、特殊教育学校建成投入使用,10所农村幼儿园改扩建和48所农村寄宿制中小学校食堂改造工程全部完工;全县普通高考二本达线1468人,比上年增加275人。新增城镇就业6530人,转移农村富余劳动力7490人,为教育、卫生等系统招聘公职人员70人。新建农村老年人日间照料中心9个,改造农村困难家庭危房416户,分配廉租房496套,发售限价房400套;五大保险参保人数达到42.8万人次,征缴社保基金2.2亿元,发放社会救助资金4293万元。大邓、陶寺、南贾卫生院改扩建工程全面完工,县医院河西新院开展装修工作,中医院改扩建加紧施工;率先在全市推行"先住院、后付费"诊疗服务,方便群众看病。汽车客运站投入试运营,完成113.2千米线路的日常养护管理,方便群众出行。

【民主政治建设】 2014年,襄汾县支持县人大及其常委会开展执法检查、代表视察、集中调研、建议督办、国家机关工作人员任免等工作,发挥地方国家权力机关的职能作用。县政府深化行政体制改革,完善行政决策机制,依法履行行政职责,法制政府建设成效明显。支持县政协开展视察调研、督办提案、反映社情民意等工作,促进政协职能的发挥。贯彻党的民族、宗教和侨务、对台等政策,加强同民主党派、工商联、无党派人士的团结合作,巩固和发展最广泛的统一战线。发挥工会、妇联、科协、共青团等群团组织的桥梁和纽带作用,联系群众、服务群众的水平提高。全面推进法治襄汾建设。采取多种形式,开展法治宣传教育,扩大法制宣传教育的覆盖面和影响力。支持法院依法履行职能,独立地开展各项审判工作,全年共受理各类案件2515件,审结2191件,期限内结案率达100%。发挥检察机关法律监督作用,依法打击各类刑事犯罪,查办和预防职务犯罪,强化诉讼监督,全年共批准逮捕各类刑事犯罪嫌疑人143人,立查贪污犯罪案13件15人、渎职侵权案5件5人。保持打黑除恶的高压态势,打掉恶势力团伙3个,破获案件43起。开展打黄打毒、缉枪治爆等专项行动,抓好公共场所和街面巡逻防控,推进打击"全能神"邪教百日会战,抓获处理各类犯罪嫌疑人374人,社会治安形势好转。

【畜牧业发展】 2014年,襄汾县畜牧兽医工作以新农村建设为总揽,以农民增收牧业增效为目的,围绕发展现代畜牧业和"抓重点、突亮点、建机制、保安全、创一流"的畜牧工作思路,以不发生重大动物疫病和畜产品质量安全事故为基本准则,实施标准化规模健康养殖,基本形成以生猪和蛋鸡饲养为主,羊、兔等草食家畜全面发展的养殖格局。襄汾县荣获山西省农工办畜牧生产先进县荣誉称号,县畜牧中心荣获山西省农业厅全省农业综合执法示范单位。截至2014年底,生猪存栏32.15万头;羊存栏22.9万头;家禽存栏290万只;肉类总产量达4.2万吨;蛋类总产量达1.98万吨;奶类总产量达0.23万吨;万头生猪园区6个,年出栏千头以上猪场30余户、500只羊场28个;万只鸡场14个;万只兔场(区)3个;各类规模养殖场达340个,全县新建扩建标准化养殖场、养殖小区达到20多个。

【华北最大的药材集散地】 2014年襄汾县南贾镇荀董村中药材交易市场历经30余年发展,形成以生地为主,附带经营丹参、黄芩、柴胡、白芍等多种中药材的产业发展格局,年销售生地2万吨,其他药材5000吨,是华北地区最大的以生地为主的中药材集散地。中药材经纪人队伍发展到1000余人,常年从事中药材挑拣分级、装卸运输、加工、烘烤的外来务工人员上千人,走出种植、营销、加工一条龙的产业化路子。襄汾县立足发挥市场决定作用、发挥群众主体作用、发挥政府职能部门服务监管作用,做好规模发展、技术革新、金融支持三篇文章,打造以生地为主的中药材产业品牌,鼓励种植专业大户出县、出省,通过外出承包土地经营种植和向当地人提供种子、技术、合同收购等多种模式发展生地种植,建设生地种植基地。通过典型带动、技术培训、药粮间作、药果间作等多种方式本地发展丹参、黄芩、柴胡、白芍等多种中药材,建成南贾、西贾、汾城、陶寺、大邓等0.533万公顷中药材种植基地,涉及农户达1.5万余户,确保中药材种植规模和产量的有效增长。组织生地营销大户研制出无硫烤炉,保障生地烘烤的品质。襄汾县健全完善国家基本药物中药原料资源动态监测和信息服务体系建设,当地的药农、药商、药企可以借助中药材天地网专业信息资讯及服务平台,跨入"电商"领域。

通衢大道滨河东路

【襄汾滨河东路竣工】 2014年,襄汾滨河东路竣工投用,该路段全称为临汾市滨河东路贯通工程尧都区至襄汾段。2013年5月,工程全面开工,9月30日完成基础建设。该工程根据临汾市总体部署,按照华夏文明发祥地、晋南特色城镇群、现代时尚新城区的定位需要,发挥汾河百里生态城镇经济走廊的示范效应,以"现代化农业示范区、高新技术承接区、旅游观光重景区、城镇建设引领区"为目标,服从服务于以县城为核心,小城镇为重心,辐射小集镇的"一核、三重、三放射"的县城城镇体系格局。襄汾滨河东路,起点位于襄汾县东邓村,北与尧都区段连接,途径东邓村西、鱼池村、温泉村、赵业村、赵店村、邓曲村、向西跨汾河大桥、进入汾河西侧,经大陈村接台襄线,经湖李村与丁陶大道北延工程连接。全长12.617千米,路基宽度60米,有涵洞22道,426米大桥一座。汽车荷载等级为公路一级。设计时速80千米/小时。襄汾滨河东路工程资金来源为BT融资项目。设计投资为101253万元。

(王建刚)

【县领导班子成员】

中共襄汾县委

书　记　　王国平

副书记　　程明温　张瑜庆

　　　　　扈新起(1月免)

常　委　　王国平　程明温　张瑜庆

　　　　　扈新起　李青彦　贾安民

　　　　　苏嘉邦　王志宏　杨建廷

　　　　　穆书涛　范志军

襄汾县人大常委会

主　任　　张拽牛

副主任　　廉振东　宓和平　毛婉英

　　　　　王福勇　陈津龙　贾景山

襄汾县人民政府

县　长　　张宏志

副县长　　苏嘉邦　王红星　张青云

　　　　　曹　佩　杜许堂

政协襄汾县委员会

主　席　　王建中

副主席　　乔德才　冯富荣　张淑玲

洪洞县

【概述】 洪洞县位于北纬36°14′～36°32′,东经111°22′～111°52′,地处山西省南部,临汾盆地北端,东隔霍山与古县为邻,西靠吕梁与蒲县相接,北与霍州、汾西毗邻,南与尧都区接壤。总面积1494平方千米,辖9镇7乡,4个社区,463个行政村,人口748858人。

2014年,洪洞县地区生产总值完成165.6亿元,增长6.3%;公共财政预算收入完成11.47亿元,增长0.1%;限额以上工业增加值完成76.85亿元,增长9%;固定资产投资完成141.1亿元,增长1.6%;

社会消费品零售总额完成48.9亿元,增长11.4%;城镇居民人均可支配收入达21615元,增长7.7%;农民人均纯收入达9294元,增长12%。

【产业转型】 2014年,洪洞县优化产业结构。农业方面。粮食总产达4.7亿公斤,再创历史新高。天泽现代农业示范园发展色叶苗木400公顷、薰衣草100万株、智能温室19座,皇英小镇1800余套住房封顶;全县新增设施蔬菜413.333公顷,核桃306.667公顷,果树233.333公顷;"洪洞莲菜""曹家庄蔬菜"等一批地标性农产品成功认证,29个"一村一品"建设任务全部完成。工业方面。恒泰南庄、基安达、陆成煤业3座煤矿实现联合试运转;恒古煤矸石空心砖、舜风洗煤改扩建、鼎盛达活性钙等项目建成投产;山焦焦炉技术改造项目投入使用;完善四大工业园区基础设施,提升服务水平,全年共完成产值150亿元,实现利税10.3亿元。旅游方面。洪洞县成功荣获"中国最具价值文化(遗产)旅游目的地"称号;大槐树景区AAAAA创建、兴唐寺造父纪念堂建设进展顺利,明代县衙文化旅游景区建设工程启动建设;筹资3800万元,对广胜寺、净石宫、关帝庙进行保护修缮。举办第24届大槐树文化节、三月三走亲习俗等民间传统活动,开发元代壁画宣纸画、《赵城金藏》竹简卷轴等旅游商品,全年接待游客470万人次,门票收入6200万元。

现代蔬菜种植

【城乡建设】 2014年,洪洞县坚持"全段设计、分段实施、重点突破、整体推进"的原则,基本完成汾河48公里的城区段深度治理、城郊段中度治理和远郊段一般治理,城区蓄水量达到600万立方米,绿化面积85万平方米;全长14000米的滨河东路贯通工程基本竣工。城市基础功能日趋完备,大槐树文化中心广场向市民开放,涧南东街、白杜公路建成通车,大西高铁客运站投入使用。全面落实改善农村人居环境规划纲要各项任务,因地制宜实施完善提质、移民搬迁、环境整治、宜居示范四大工程,解决3500口人的饮水安全问题,改造农村电网30000米、铺设天然气管网100000米,修复残垣断壁315处,粉刷面积2.2万平方米,清理垃圾19.8万吨。推进"环境提升年"活动,关闭取缔29家非法洗选煤和土石灰窑企业;城区新增集中供热26万平方米、天然气用户1万户;全年造林0.193万公顷,植树297万株;环保控制指标超额完成市下达任务,城区空气质量二级以上天数达到339天,一级天数达到86天。

【深化改革】 加快推进政府职能转变和机构改革工作,办理各类审批事项10252件,取消行政审批项目5项,合并6项;编制完成《洪洞县人民政府职能转变和机构改革方案》;完成食品药品监督管理职能划转和工商、质监部门管理体制调整。落实国家、省、市一系列稳增长政策,开展涉煤收费清理规范工作,暂停2项基金征收,取消7项涉煤收费,撤销8个县属煤焦收费站。推进土地制度改革,破解土地制约,争取城乡建设用地增减挂钩指标100公顷,完成3个村土地确权颁证试点工作。

【社会生活】 协调发展教育事业。投资1.5亿元的职业中学投入使用,完成3所农村幼儿园改造、171所薄弱学校建设和高中教师的补充招录工作,为3000余名五类特殊家庭学生发放补助400万元,高考二本以上达线1808人,再创历史新高。完善卫生体系。落实国家基本药物制度,推进县级公立医院改革,新农合参合率达99.6%。计生事业健康发展。落实"单独二孩"政策,荣获"省级计划生育优质服务县"称号。文体工作亮点纷呈。顺利通过文化部"全国文化先进单位"复查验收;举办全省秧歌大赛、"魅力百村欢乐行"和"百村书屋话德孝"等群众喜闻乐见的活动,荣获"山西省农家书屋工作先进集体"称号。加强社会保障。各类保险参保人数达63.3万人;全年新增就业岗位5840人,转移农村劳动力6515人,培育新型职业农民1200人;发放低保和救助金9000万元、发放低收入农户冬季取暖用煤21万吨;建成3所老年人日间照料中心,完成3468套保障性住房建设和1800户农村危房改造任务。

【安全稳定】 2014年,洪洞县落实安全生产"一岗双责"制度,开展"风雷二号"和"六打六治"等专项整治行动,关闭取缔一批非法违法生产经营企业,安全生产形势保持总体平稳。以"十安联创"为重点,推进"六六创安",打击各种违法犯罪行为,成功创建"省级平安县城",荣获中国城市管理进步奖和社会治理创新范例50佳。开展"大调研、大排查、大化解"和"百日双百案"矛盾化解活动,落实县级党政领导信访接访日制度,及时有效化解各类矛盾纠纷。加强应急体系建设,全面提高应对突发事件能力。开展双拥优抚工作,顺利通过"省级双拥模范县"验收。(王俊平　张甜甜)

【县领导班子成员】

中共洪洞县委员会

书　记　王黎明

副书记　郑步电　赵双宝　韦　阳(挂职)

常　委　任俊杰(1月任)　张玉龙

李　竞　翟建科(4月调离)

乔永生　樊如荣　刘春林

程永伦(4月任)

洪洞县人大常委会

主　任　李世杰

副主任　孔灵活(4月退)

雷甲寿　陈建华

狐东锁　邢广勤

洪洞县人民政府

县　长　郑步电

常务副县长　张玉龙

常委、党组成员　樊如荣(女)　刘春林

副县长　王青丽(1月调离)

文林红(女)　周希斌　牛永福

政协洪洞县委员会

主　席　魏金顺

副主席　张松山　宋高社　程延平

马春丽

政协党组副书记　刘宝龙(1月任)

安泽县

【概述】 安泽县位于北纬35°53′～36°52′,东经112°05′～112°34′,地处山西省东南部,太岳山东南麓,是临汾市的东大门。东与长治市屯留县毗邻,西与临汾市古县、浮山县交界,南与晋城市沁水县接壤,北与长治市沁源县相连;位于临汾、长治、晋城三市交界,临汾与长治两个开放城市的中心地带。南北长91千米,东西宽43千米,国土面积1967.3平方千米,辖4镇3乡103个行政村,513个自然村,总人口8.4万人。

2014年,安泽县地区生产总值完成46.27亿元,增长4.7%;规模以上工业增加值26.76亿元,增长5.2%;固定资产投资52.78亿元,增长26.7%;社会消费品零售总额7.91亿元,增长13.5%;公共财政预算收入48827万元,增长0.45%;城镇居民人均可支配收入达22050元,增长9%;农村居民人均可支配收入达7300元,增长11.1%。

【产业转型】 2014年,安泽县开展产业结构调整工作。工业上。唐城煤焦化深加工工业园区总体规划、产业规划获批复;园区外环路、园区管理中心展厅等基础设施推进工程建设;园区移民工作支付资金3400余万元,签订协议127户。玉和泰120万吨坑口洗煤项目试运行;安鑫煤业120万吨、登茂通90万吨煤矿基建工程全部完成。6×100万千瓦煤电一体化项目进入可研阶段,项目所需配套煤炭资源报至省政府待批。农业上。实施0.04万公顷中低产田改造、0.47万公顷秸秆还田、和川小流域治理等工程。开展"核桃管理年"活动,打造8个千亩示范园区;成功引进广州香雪制药,进行连翘的收购和初加工;以无害化处理设施建设为重点发展规模健康养殖,全县规模大户达到214户,畜禽总量达到164万头(只)。与山西省农科院多次对接,为农业产业发展引入科技元素;发展设施农业,新发展蔬菜日光温室72座、春秋棚245座。三产上。发展文化旅游业,重点实施荀子文化园内涵提升、月亮湾公园对面山系亮化等工程。中南铁路全线贯通,安泽火车站站前广场推进工程建设。社区服务、商贸服务及现代物流业发展步伐加快,三产水平明显提升。

【城乡建设】 2014年,安泽县在"山水园林城"建设上重点实施"一纵一横"旧城改造提升、保障性住房、县城绿化改造等城建工程。在"一纵一横"工程建设上,"一纵"市政及还迁楼工程全部完成,县城面貌焕然一新,综合承载能力提升。完成畅源街、育英街路面铺装、人行道及下水道改造,改善县城居民出行条件。在改善农村人居环境上。完成1300余盏太阳能路灯的维修工作和370套农村危房改造任务,镇村通道绿化全部完成。重点实施城乡公交项目、杜村河阳至马壁石槽的乡镇连通路、唐城工业园区外环路等交通工程,基本实现镇通公路大循环。加快和川移民搬迁安置工作,搬迁安置208户,达到规划数的70%。在生态建设与保护上。完成"两山两林两区"造林任务0.28万公顷;打击毁林开荒、乱占林地等破坏生态的违法犯罪行为,巩固生态建设成果;开展"环境提升年"活动,强化节能减排,各项指标均完成市定目标任务。

【安全环境】 落实安全生产责任制,以"零容忍、严执法、重实效"的要求,开展安全生产大检查和"六打六治"打非治违专项行动。加强"一通三防"等重点环节的检查监管。危化上,突出"设备要检测、人员要培训、操作要规范",狠抓隐患排查治理,处置5起过境危化品运输车辆泄漏险情;协助古县处理脱硫液泄漏。森林防火上,强化县森防大队、乡应急分队、村瞭望监控的森林防火体系建设,全年没有发生森林火灾。廉政工作方面。落实党风廉政建设责任制,完善惩防体系建设,加大违法违纪案件查办力度;开展群众路线教育实践活动,落实"八项规定",全力整治"四风",营造廉洁高效、风清气正的政务环境。维稳工作方面。全面加强和完善"三级中心、一网一格"社会服务管理体系,统筹建立三级矛盾纠纷调解中心,强化社会管理和服务,解决群众反映强烈的突出问题,筑牢社会维稳基础。建成县级公安机关350兆数字集群通信系统建设,完善打防管控一体化的防控体系,打击各种犯罪,促进和谐稳定。群众的安全感和满意度排名全省第四、全市第一。

【民生事业】 2014年,安泽县实施"十二年教育全免费"等惠民工程,加强校长、教师"两支队伍"建设,提升教育教学水平;尤其是投资2亿余元,以全省第三的优异成绩率先通过"全国义务教育均衡县"验收,实现标准校舍、标准装备、信息技术、优师配备、免补政策"五个全覆盖"。投资225万元,实施冀氏、和川2个乡镇卫生院医疗服务能力提升工程;启动县医院门诊医技综合楼项目;执行零差价销售,稳步实施新农合制度,实现"三免一降"措施,缓解群众看病难、看病贵问题。计生工作获得全市年度目标责任制考核第一名,获综合先进奖。加大文化惠民力度,奥体中心网球馆建成投用;成功举办第二届"感动安泽"系列人物评选活动、"文明、和谐、健康、快乐"主题运动会和消夏月群众文化活动;"乐在周五""农民健身舞"活动深入人心,文化进村实现全覆盖。社会保障方面。新增就业岗位908个,城镇失业人员再就业158人,转移农村富余劳动力1789人;加强养老、医疗、工伤、失业等保险工作;强化农民工工资保障工作,为劳动者追讨工资522万元。

杜村乡桑曲村十万只鸡养殖场

【党的建设】 2014年,安泽县强化教育培训,全年共举办干部大学堂15期,培训5200余人次;持久开展农村"领头雁"培训,先后对166名"两委"主干、2130名党员进行集中培训。强化在线学习管理,全县干部在线学习平均学时达60.92个,上线率达100%。完成上级调训任务,全年完成上级调训7期,调训干部23人次。严格干部选任标准程序,选配7名乡镇组宣委员;强化干部日常监督管理,全面实行科级干部日志制度,将从严治吏贯穿于队伍建设的全过程。完成全县103个村的"两委"换届工作。完善农村支部书记递进激励机制,提高离任干部生活补贴发放标准,制定农村现任“两委”班子成员岗位报酬发放办法,保障农村干部的工作和生活待遇。开展软弱涣散党组织专项整顿,13个软弱涣散党组织全部实现晋位升级。以党委为单位建设18个“两代表一委员”工作室,建设21个农村综合党建服务中心和30个县直标准化机关党支部。拓展“定查评”工作法,实现从农村到机关、事业单位的全覆盖。开展“双引领双服务”活动,全年新增“双引领”示范村7个,创业党员比例和每个村集体经济收入比上年增长10%以上。开展“三联系两报到”活动,开展组团式服务46次,帮乡镇办民生实事55件,帮农村落实“双引领”项目130个,机关党员干部联系群众1935户,到社区认领服务岗位1780个,参与志愿服务3028人次。党风廉政建设加强。全年召开16次专题会议,先后约谈13名部门主要负责人,形成上下联动、对接严密的责任落实体系;强化主责意识,确定9大块、69项责任制目标任务,分别落实到15个牵头单位和31个配合单位身上;依托“一网多平台”实时监控平台,发现处理涉路违纪执法人员12人;支持纪委履职,一次性解决32个县直纪检组长的编制,为县纪委配备6名工作人员。共查处典型案件10起,给予党政纪处分11人;全面加强对违纪行为的处罚力度,全年共查办案件79件,给予党政纪处分79人,其中乡科级干部16人、重处分12人、移送司法机关4人。按照省市专项整治工作要求,确定36项具体整治任务,制订出台《关于坚决制止婚丧事宜大操大办和借机敛财行为的实施意见》,全面实行“一案三报告”,受理案件线索39起,查结14件,开展打黑除恶,打击处理涉案犯罪人员4人,破获各类涉恶案件10起;召开县委常委会对“三个一批”工作进行专题研究,起草“三个一批”工作实施方案,实行日常考核、重点工程考核、年度目标责任考核相结合的“三位一体”考核;制订出台《关于深入推进“六权治本”工作加强对权力运行制约和监督的实施方案》,下发《关于在全县建立行政审批权力清单的通知》,在全县党政机关全部落实一把手“五个不直接分管”工作,各项工作做到统筹推进。

(尚晓玲)

【县领导班子成员】

中共安泽县委

书　记　　任秀红(女)

副书记　　毛跟云

　　　　　牛庆国

常　委　　陈鹏飞　高成锁　杨玉果(女)

　　　　　安海清　连忠武

　　　　　张红山(2月任)

安泽县人大常委会

主　任　　韩建辉

副主任　　孙玉成　刘春成　尹淑兰(女)

　　　　　高文生　景豫晋

安泽县人民政府

县　长　　毛跟云

副县长　　高成锁　崔斗庆　吴　勇

　　　　　李峻石　魏书亮

政协安泽县委员会

主　席　　王孝恩

副主席　　李树清　宋晓琴(女)

　　　　　党爱珍(女)　赵红兵

古　县

【概述】　古县位于北纬36°02′～36°05′,东经111°27′～112°11′,地处太岳山东南,临汾市东北,面积1206平方公里,辖4镇3乡。总人口9.41万人。全年人口出生率8.12‰,人口自然增长率4.53‰。

2014年,古县地区生产总值完成44.75亿元,增长8.6%;工业增加值完成25.6亿元,增长13.6%;公共财政预算收入完成4.78亿元;固定资产投资完成50.23亿元,增长27.3%;社会消费品零售总额完成8.38亿元,增幅13.3%;城镇居民人均可支配收入达24450元,增长7.3%;农民人均纯收入达7991元,增长10.7%。

【“三农”工作】　2014年,古县提升农业产业化水平。全年粮食面积稳定在1.6万公顷以上,总产量达到7142万公斤,增长21.7%,依托省市核桃经济林发展项目,栽植核桃0.09万公顷,36万余株,综合管护300万株。全年核桃产量达到500余万公斤,产值1.2亿元,农民人均增收1700余元。实施中低产田改造,机械化保护性耕作,小流域治理、山洪灾害防治非工程措施等农田水利项目,农业发展基础得到夯实。古县成为国家级农业综合开发县、全省十大养牛重点县之一。巩固7大农业示范园区,调整农业产业结构,中药材、小杂粮、特色种养殖等规模扩大。抓住国家发展木本油料作物的政策机遇,发展油用牡丹333.33余公顷,结合核桃产业发展优势,打造全国木本油料重点县。

【工业经济】 2014年,古县推动工业经济提质增效。推进"转型攻坚年"活动,落实"减负松绑"系列举措,扶持企业发展壮大。煤矿改扩健步伐加快,新增1座生产矿井,全县煤炭投产产能达495万吨。推进瓦斯治理全覆盖工程,东瑞煤业瓦斯发电项目前期工作进展顺利。国新正泰焦炉煤气制备天然气项目联动试车,利达焦化6万吨合成氨进入试运行。加大招商引资力度,森润白鸽4万吨刚玉不定型耐火材料项目开工建设,全市规模最大的佳盛能源60兆瓦光伏发电一期工程并网发电,铝土矿资源合作开发项目前期工作取得进展,非煤产业发展势头向好。

【旅游开发】 2014年,古县成功举办第七届牡丹文化旅游节,旅游经济效益逐步显现。对接"美丽山西休闲游"活动,在霍山景区举办首届"阖家登高、暖意重阳"登高节。党家山生态农业观光园雏形显现,为古县旅游业发展增添新力量。发展文化产业,深入挖掘传统民间工艺产品,地方特色产业形成一定规模。全力支持商贸物流、家政劳务等服务业发展,全县微商、网店不断涌现,掀起大众创业、万众创新的新热潮,为稳增长、调结构、惠民生增添不竭动力。

三合牡丹节

【基础设施】 城市建设扩容提质,编制完成古县总体城市设计,县城规划范围延伸至岳阳镇偏涧村。文昌新区二期工程完工,城市框架拉大。启动偏涧至张庄乡村旅游公路建设,道路框架基本形成,部分路段投入使用。投资3300余万元,完成相如路、丹凤路、平阳街、康庄街四条主要街道地下管网和路面改造工程。新农村建设推进,农村人居环境改善"四大工程"实施,农村"五件实事"全部完成。启动古县旅游出境公路建设工程。协调国省项目,长临高速如期开工。309国道旧县段红卫桥和三堤桥拓宽加固工程主体完工。霍泉旅游通道通车运行。乡村道路危险路段安保工程实现全覆盖。完成4个乡镇11.1千米农村公路硬化改造任务。通信网络不断健全,农村电网改造、岳阳变电站增容工程按期完成。

生态环境全面改善,强势推进"环境提升年"活动,实施大气环境、水体质量、城乡清洁、生态治理和交通秩序五大提升工程。狠抓节能减排,全县万元生产总值综合能耗及化学需氧量、氨氮、二氧化硫等指标完成市定任务。城区环境空气质量二级以上天数308天,其中一级天数17天。古县被确定为全市唯一省级低碳试点县。实施生态林业工程,被省政府授予"山西省林业生态县"。

【社会事业】 2014年,古县强化教育事业,将北平中学、南垣中学撤并纳入古县三中,教育资源配置持续优化。为全县中小学生及幼儿缴纳意外伤害保险。投资100万元进行校舍维修改造,投资184万元对24所学校安全隐患进行整治。实施教育"三名"战略,出资170万元,对优秀教育工作者进行表彰和奖励。公开招聘高中教师13名。中考总分优秀率达7.7%,高考达二本线以上187人,提升教育教学质量。新建古县人民医院装修完工,进入设备安装阶段。投资100万元,完成35个村卫生室提升工程,基层医疗条件逐步改善。深化医药卫生体制改革,十一项基本公共卫生服务项目标准提升。农村妇女"两癌"筛查任务全部完成。完善社保体系,各类社保工作有序推进。落实就业创业扶持政策,稳定就业,全方位提供就业服务。新开工建设保障房300套,基本建成337套,市定任务全部完成。老年人日间照料中心初步建成。实施残疾人阳光家园托养服务工程,为全县二级以上残疾人发放生活补助资金160余万元,困难群众基

本生活得到保障。 (毛华丽)

【县领导班子成员】

中共古县县委

书　记　陈小洪(主持工作)

副书记　李　强　张金虎

常　委　张亚斌　田卫东　姜红光　黄海华　白建成　元福明　韩东军

古县人大常委会

主　任　辛普选

副主任　李跃红　李清秀　李　秀　赵安平

古县人民政府

县　长　李　强

副县长　姜红光　阴和平　邱肖宾　李荣强　赵　华

政协古县委员会

主　席　李朱锁

副主席　李红专　许建平　王朝才

大宁县

【概述】 大宁县位于北纬 36°16′～36°36′,东经 110°27′～111°01′,地处临汾市西部,吕梁山南麓,黄河东岸,东与隰县、蒲县为邻,北与永和接壤,南同吉县毗连,西与陕西省延长县隔黄河相望。2014 年,辖 2 个镇、4 个乡,84 个村委,297 个村民小组,309 个自然村。总面积 967 平方千米。总人口 66526 人,其中,农村人口 44432 人,人口自然增长率为 3.76‰

2014 年,大宁县地区生产总值完成 4.78 亿元,同比增长 4.3%;财政总收入完成 6228 万元,同比增长 15.5%;公共财政预算收入完成 3518 万元,同比增长 12.5%;规模以上工业增加值完成 1505 万元,同比增长 13.8%;城镇居民人均可支配收入达 15466 元,同比增长 8.1%;农民人均纯收入达 2541 元,同比增长 12.3%;社会消费品零售总额完成 2.74 亿元,同比增长 11%;固定资产投资完成 10.4 亿元,同比增长 29.1%。全县粮食总产量达到 5.3 万吨,同比增长 35.9%。

【农业】 2014 年,大宁县坚持区域布局、连片开发、规模发展原则,先后实施连片扶贫开发、一县一业、一村一品等项目,加快推进“优质苹果、设施蔬菜、高效养殖”三大基地建设。全年新增苹果经济林 2045.2 公顷,新建精品示范园 3 个,新增果园节水灌溉 386.667 公顷。建成吉宁果蔬物流交易市场,储藏苹果 40 多万公斤。推进设施蔬菜提质增效,生产各类瓜菜 1.21 万吨,产值达 1934 万元,带动全县农民人均增收 370 多元;政拓公司依托蔬菜示范园区,建设食用菌生产基地,自制菌棒 20 万个,生产香菇 20 万公斤。完成丰冠源万头猪场等 10 家养猪合作社设施、圈舍建设,饲养量达 5 万头。改造完善规模健康养殖小区 1 个,全县有机肥原料达 3 万多吨。

【工业经济】 大宁县与中石油达成战略合作框架协议,全县煤层气产能建设正式启动。宁扬能源 30 万立方米煤层气液化调峰项目被省发改委批准开展前期工作。江苏远景能源 15 万千瓦风力发电项目开展前期基础工作,加密测风塔建成,进入测风阶段。轻工业园区一期工程竣工,新建 5000 平方米标准厂房两座,引进鑫辉电子、治诚科技两家企业,均试投产。其中,鑫辉电子被认定为省级高新技术企业,结束全县没有高新技术企业的历史。同德化工、辰康公司完成计划生产任务,实现预期经济效益。

【重点工程与城乡建设】 2014 年,大宁县编制完成城市控制性规划,先后实施城西路改造、保障性住房、城南路旧城改造等城建重点工程,拆除破旧建筑 2.4 万平方米,新增建筑面积 13.6 万平方米。完成 10 万平方米供热站建设工程。新建农行业务用房、标准化体育场、全民健身活动中心和步行桥建设工程。结合环境提升年活动,持续开展市容市貌环境、交通道路秩序综合整治,改善城市环境。启动易地扶贫搬迁工程;实施乡村清洁工程,配备垃圾桶 7420 个、垃圾清运车辆 28 台,清运乡村垃圾 2450 吨;改造农村危房 500 户;新建 2 所村级幼儿园;培训新型职业农民 700 人,推进农村“五件实事”。

【基础建设与生态环境】 新建110千伏变电站，改造农村电网10千伏架空线路42.5公里，低压线路46.3千米。完成“马北线”公路改造一期、“宁大线”路面改造二期、山头至仁义公路建设一期工程等县乡公路40.6千米。实施坡耕地水土流失综合治理、土地整理、农业综合开发等工程，新增梯田533.333公顷，整理基本农田0.099万公顷，机耕路38.5千米。实施三北防护林、天然林保护和巩固退耕还林成果工程，新增造林面积0.248万公顷，建设农村饮水安全工程7处，解决7个自然村2000口人的饮水安全问题，对全县27处破损的农村饮水设施进行维护。加强空气质量、水环境质量监测工作，全县空气质量二级天数稳定在300天以上，饮用水源地水质达标率100%。实施节能减排，万元生产总值能耗同比下降3%，淘汰黄标车和老旧车349辆。

【社会事业】 2014年，大宁县发展社会事业。教育发展上。推行十五年免费教育，招聘19名特岗教师，学前三年入园率达到78.6%，全县共有50名学生达到国家二本以上录取分数线。卫生事业上。全面深化医药卫生体制改革，完成公立医院改革，为县医院招聘18名专业技术人员，配备CT、DR等医疗设备。全县新农合参合率为99.18%。社会保障上。新增城镇就业597人，公开招聘事业单位人员20名，失业率控制在3.8%以内。城镇职工基本养老保险、医疗保险和城乡居民社会养老保险参保人数分别达8217人、14041人和23353人。全年共发放各类救助资金2900多万元。安全稳定上。贯彻新《安全生产法》，开展“知责、履责”活动，开展安全生产大检查，加强重点领域的安全监管。开展社会治安整治行动，加强社区矫正和安置帮教工作，社会安全感满意度达到90%以上。办理群众提出的意见和建议，把各种矛盾和纠纷化解到最基层，消除在萌芽状态。开展双拥优抚、国防动员和民兵预备役工作，精神文明创建活动丰富多彩，文化体育、档案史志、宗教、科技、物价、人防、气象、地震等工作均取得新成绩。特别是二轮修志工作，完成初审工作，省、市领导及专家对县志初评稿给予高度评价提出诸多意见和建议，年底进入修改阶段。

【民主法制与作风建设】 2014年，大宁县执行人大及其常委会的决议、决定，支持人民政协履行职能，政府系统承办的人大代表建议和政协委员提案全部办结。支持各民主党派、工商联、无党派人士参政议政，支持工会、共青团、妇联等人民团体发挥作用。开展“六五”普法，公民法治意识增强。坚持把学习贯彻习近平总书记系列重要讲话精神作为首要政治任务，开展党的群众路线教育实践活动和学习讨论落实活动，执行中央“八项规定”和国务院“约法三章”，坚决反对“四风”，解决人民群众反映强烈的突出问题，改进工作作风。会议、文件分别削减18.8%和4.3%，三公经费支出比上年减少23.47%。加强党风廉政建设，落实“一岗双责”，加大对政府权力运行的监督力度，加强审计监督，政府廉政建设得到加强。

(李宏伟)

【县领导班子成员】

中共大宁县委
书　记　刘奎生
副书记　樊　宇　吴　滨
常　委　焦宏文　郝爱民
　　　　冯小宁　陈东楷
　　　　张新平　程永伦
　　　　马新生(4月任)

大宁县人大常委会
主　任　贺寅生
副主任　贺建新　王蛇英(女)
　　　　任县宁　李太平
　　　　贺荣青　房隰平

大宁县人民政府
县　长　樊　宇
副县长　冯小宁　田　云(女)
　　　　杨对明　赵晨伟　白慧星
　　　　李天舒(11月免)

政协大宁县委员会
主　席　姚如意
副主席　房蒲建　张九锁(9月免)
　　　　尉金平　张志荣

汾西县

【概述】 汾西县位于北纬36°27′～36°48′，东经111°13′～111°40′，国土面积870平方千米。辖5镇3乡1社区，120个行政村6个居委会。全县常住人口147851人。

2014年，汾西县地区生产总值完成18.9亿元，比上年增长5.7%；规模以上工业增加值完成3.76亿元，增长7%；固定资产投资完成27亿元，增长28.9%；社会消费品零售总额完成9.8亿元，增长11.6%；公共财政收入完成1.41亿元，增长12.2%；城镇居民人均可支配收入达20219元，增长8.7%；农村居民人均可支配收入达2952元，增长9.9%。

【“三农”工作】 2014年，汾西县依托独特的区位优势，发展养殖业。全年新建标准化肉鸡养殖大棚6个，全县肉鸡养殖大棚达到287个，年出栏2300万只，被评为全省农产品加工先进县和畜产品安全监管先进县。新建核桃经济林0.1万公顷，面积达到1.06万公顷，挂果面积0.3万公顷；发展玉露香梨200公顷，扁桃栽植0.067万公顷，苦荞种植0.167万公顷，养蚕栽桑333.33公顷，中药材种植0.133万公顷，食用菌栽培8万平方米。全年粮食产量90695吨，增产8.9%，其中，夏粮34968吨，秋粮55729吨。

【交通 邮电】 2014年，汾西县省、县、乡、村公路总里程733.5千米，其中高速公路一条40千米，省道一条46千米，县道6条164.4千米，乡(镇)道36条23 8千米，村道69条245.1千米。全年邮政业务总量844万元，同比下降12.4%；联通业务总量910万元，同比下降47.64%；移动业务总量3735万元，增长1.49%；电信业务总量29万元。固定电话达3876部；移动电话用户达83130户。拥有宽带接人用户10295户。

【文化教育卫生】 有11个文化活动场所，设有线电视台、图书馆、文化馆等文化机构，县图书馆馆藏图书达1万册。完成有限电视数字化整体平移8886户，新建或扩建乡镇文化站3个。组织创作的快板剧《奋飞吧，煤气化》，眉户表演唱《老两口赶集》入选临汾市小戏、曲艺《征集汇编》；县非物质文化遗产代表性项目“要瑞昌手歌”和“要瑞昌口技”被遴选为临汾市2014年春节联欢晚会曲艺类表演节目。“县威风锣鼓”项目被文化部公示为2014－2016年度中国民间文化艺术之乡。开展文化下乡活动，送电影下乡1240余场，送戏下乡112场，送图书下乡3500册，举办广场消夏文艺晚会9场。

2014年，全县有职教中心1所，教师进修校1所，单办高中1所，完全中学1所，初中6所，九年一贯制学校4所(其中民办1所)，小学17所，有证幼儿园(班)50所。投入15056万元，完成部分学校的校舍改造，学前幼儿资助，寄宿生生活补助，学生营养餐及职业教育免学费等教育工程。

2014年，全县共有卫生机构190个，其中县级10个，乡镇卫生院8个，乡镇卫生院分院3个，民营康复医院1所，城镇卫生服务中心1个，村卫生所152个，个体诊所15个。共有床位428张，卫生技术人员525人。全县新型农村合作医疗参合农民110365人，参合率达98.47%。

【基础设施建设】 2014年，汾西县投资5.5亿元，实施平安大桥建设、高速引线城区拆迁和桃临公路改造。投资1.2亿元，在古郡新区开工建设法院、检察院等8座大楼，建筑总面积39600平方米。2014年，汾西县融资近两亿元，在新区建设长6.3千米、宽60米、双向6车道的汾西大道。投资500余万元，改造阳光标准化体育场；投资980万元，拓宽改造北外环路；投资3890万元，新建城内北环路；投资1300万元，建设可容纳1000人的综合体育馆；投资5000万元，在府底新区规划建设汾西客运站和望客隆仓储物流配送中心；投资8789万元，在古郡新区续建档案馆、审判法庭项目、民政福利中心、检察办案技侦中心，人、武部基础建设项目，新建廉租住房和卫生、消防、引黄服务等设施，建成集行政办公、宜居休闲、商贸物流于一体的城市新区。

【社会事业】 2014年，实施大气环境治理、城乡清洁、生态建设等工程，建设“户用沼气”120户，实施行政村街道亮化89个，营造林面积0.156万公顷，空气质量二级以上天数达358天。完成佃坪至邢家要公路改造，解决2500口人的饮水安全问题。落实义务教育“两免一补”，大学生助学贷款和学生营养餐改善计划。扩大低保覆盖面，城市低保施保3658人，农村低保施保5306人，基本实现应保尽保。企业养老保险参保人数达5242人，基金征缴收入 1402 万元。

机关事业养老保险参保人数达 4151 人,基金征缴收入 7390 万元。医疗保险参保人数达 21905 人,基金征缴收入 995 万元。失业保险参保人数达 4400 人,基金征缴收入 180 万元。工伤保险参保人数达 8732 人,基金征缴收入 70.5 万元。生育保险参保人数达 5608 人,基金征缴收入 40 万元。城乡居民参保人数达 53361 人,基金征缴收入 566 万元。全县城镇新增就业 1017 人,劳务输出 2427 人,劳动技能培训 740 人,举办 SYB 培训班 4 期 120 人,城镇登记失业率控制在 4.29%。全年人口出生率控制在 11.08‰以下,自然增长率控制在 4.3‰以下。 (牛记明 赵鸿虎)

【县领导班子成员】

中共汾西县委

书　记　任天顺

副书记　张安文　张全管

常　委　高　涨　贾文魁　段惠刚

傅德明　杨晓舟　周勇军

汾西县人大常委会

主　任　樊国俊

副主任　要赴朝　张江保　张双花

张生惠　乔旭兵

汾西县人民政府

县　长　张安文

副县长　段惠刚　张智英　乔建平

赵志红　武耀忠

政协汾西县委员会

主　席　郭炎林

副主席　王锁兰　郭建华　赵铁锁

赵建中

蒲　县

【概述】 蒲县位于北纬 36°11′～36°38′,东经 110°51′～111°23′,地处吕梁山南端西麓,自古有“晋西锁钥”之称。辖区东西最大横距 48.5 千米,南北最大纵距 49.4 千米,总面积 1510.6 平方千米,辖 4 镇 5 乡,93 个村民委员会,501 个村民小组,557 个自然村。总人口 109928 人,人口自然增长率4.79‰。

2014 年,蒲县地区生产总值完成 52.49 亿元,同比增长 8.1%;规模以上工业增加值完成 36.69 亿元,增长 12%;固定资产投资完成 50.4 亿元,增长 37.1%;社会消费品零售总额 6.6 亿元,增长 12.4%;财政总收入 18.3 亿元,增长 22.98%;公共财政预算收入 10 亿元,增长 10.98%,城镇居民人均可支配收入达 22039 元,农村居民人均可支配收入达 7093 元,分别增长 9%和 13%。主要经济指标增速名列前茅,重点工程“六位一体”综合排名全市第一。

【现代农业】 2014 年,蒲县农业升级全面增效。采取财政补贴、农业入保、精细化管理等措施,集中打造“两个十万亩”,核桃树高接换优133.33公顷,千亩核桃示范基地发展到 20 个,全县采收核桃 200 万公斤;推广种植黑美人、红宝石、紫玫瑰特色有机薯 133.33 公顷,亩均收入 3000 元以上。全县以转包、出租、入股等形式流转土地 1686.67 公顷,种植中药材、山楂、优质烟叶等高效经济作物 566.67公顷,蔬菜大棚发展到 300 个、53.33 公顷;河西村生态农业示范园栽植流苏、白蜡等名贵树种 5 万株,成为集苗木培育、环境保护、休闲观光为一体的现代生态农业展示平台;治理小流域 326.67 公顷、坡耕地 480 公顷,新增灌溉面积 520 公顷。各类农业专业合作社发展到 497 个,入股社员 3211 人。全年农作物播种面积 14695 公顷,比上年增长4.8%,其中粮食作物播种面积 13667 公顷,比上年增长4.9%;油料种植面积 491 公顷,比上年下降5.8%。全年粮食总产量 73602 吨,比上年增加 22.4%,实现“五连增”。其中:玉米 63222 吨,增长 23.1%;小麦 132 吨,增长 146.2%。夏粮总产量 132 吨,比上年增长 146.2%;秋粮总产量为 73470 吨,比上年增长 22.3%;薯类总产量 6447 吨,比上年增长 12.5%;油料总产量 591 吨,比上年减少 3.4%;蔬菜总产量 16321 吨,比上年增长 136.7%,烟叶总产量 697 吨,比上年增长 66%。

全年全县猪牛羊肉总产量 3289 吨,比上年增长

19.13%。其中,猪肉产量2229吨,增长27.6%;牛肉产量721吨,增长4.17%;羊肉产量120吨,增长13.14%。年末生猪存栏20829头,生猪出栏26553头,牛奶产量37吨,禽蛋产量768吨,增长11.06%。水果产品产量1653吨,下降18.79%。

全年完成造林面积1794公顷,植树50万株,全县森林覆盖率达到33.05%,林木覆盖率达到51.84%。

【工业转型】 2014年,蒲县标准化矿井建设完成年度投资9.72亿元,累计完成102.4亿元,11座正式投产,5座进入联合式运转,全县煤矿形成1380万吨产能,年产原煤1202万吨,销售煤炭1229万吨;山煤300万吨选煤项目土建完成,华正煤机维修制造一期项目试运行;大唐10万千瓦风电项目开工建设,龙祥干法水泥二期完成90%工程量,4万吨饮用山泉水项目完成厂房建设,马铃薯综合加工项目获省发改委批复;赢晟园铸造、鑫永鑫铸造开发系列产品,市场竞争力增强。年末全县规模以上工业企业达到25家,规模以上工业增加值占全部工业的比重达到92.4%。全部工业增加值396879万元,增长8.4%。工业对全县生产总值贡献率为76.4%,拉动全县生产总值增长6.2个百分点。工业经济效益有所下降。全年规模以上工业实现产值82.76亿元,减少6.55%;规模以上工业主营业务收入实现68.40亿元;利税总额7.27亿元;实现利润-1.38亿元。规模以上工业企业原煤产量841.24万吨,增长69.47%;发电量24279.8万千瓦时,增长5.3%;洗精煤产量576.3万吨,增长21.71%;铸件铁产量88055吨,增长42.02%;饮料酒产量3010千升,增长39.22%。建筑业增长。全县资质以上建筑企业4家,建筑业总产值164562万元,增长46.9%,建筑业增加值12954万元,增长20.0%。房屋建筑施工面积52211平方米,增长28.6%。

【财政金融】 全县财政总收入183045万元,增长22.98%,公共财政收入100031万元,增长11.0%。财政收入占全县生产总值的比重为35.73%。公共财政支出154869万元,增长12.57%。

年末全县金融机构各项存款余额541797万元,下降12.67%。其中储蓄存款274874万元。金融机构各项贷款余额312121万元,增长1.53%。银行存贷比例为173.58%。

【固定资产】 2014年,蒲县固定资产投资完成504001万元,增长37.1%。工程施工项目达98个,增长113.0%,其中本年新开工项目64个,增长611.1%。全年投产项目个数26个,增长44.4%。全县工业固定资产投资额322149万元,占全县固定资产投资的比重为63.9%,其中更新改造和技术改造投资188071元,下降10.3%。

【城建环保】 全县城镇化率达到44.28%,提高1.76个百分点。县城污水处理率达89%;县城建成区面积为8平方千米;锦绣小区一期、鹿城山水小区部分楼层主体完成,河道蓄水二期、西关农贸市场、平安公园、锦绣公园、河西村桥梁等工程竣工,北街公园完成基础;集中供暖新增供热面积10万平方米,累计达133万平方米;城镇功能得到完善,城镇集聚辐射能力增强。全年人均公园绿地面积10.08平方米,跻身"省级园林县城"。

2014年,全县空气质量好于二级以上天数356天,达标率为100%。2014年全县化学需氧量(COD)降幅1.2%,氨氮排放量降幅1.55%,二氧化硫排放量降幅1.5%,氮氧化物排放量降幅1.0%,烟尘排放量降幅1.0%,工业粉尘排放量降幅1.5%。"乡村清洁工程"覆盖所有行政村,临午沿线农村实现垃圾"村收集、乡转运、县处理"。黑龙关农村环境连片整治项目竣工投用,城乡环境综合整治清除垃圾300万立方米,"省级卫生县城"实现三年连创。改善农村人居环境工作启动实施,涉及县东4个乡镇、35个村的采煤沉陷区纳入治理范围,山中村被列入省级美丽宜居示范村。四沟水库开工建设,刁口水库纳入全省100座规划建设"盘子"。坚持防霾治污,淘汰黄标车及老旧车1545辆,取缔改造营业性燃烧炉灶230家,17座煤矿污水处理系统投入运行,万元生产总值综合能耗下降3.5%。

【交通邮电】 交通运输和邮政业增加值10997万元,比上年增长14.4%。公路线路年末里程943.701千米,其中按行政等级分干线公路68.509千米,县公路137.715千米,乡道366.681千米,村公路370.796千米。按技术等级分一级34.230千米,二级188.171千米,三级110.935千米,四级527.062千米,等外83.303千米。全县街道、巷道硬化573平方米。公共服务一体化加快,城区、城乡、城际8条公交线路开通运营,全年发老运乘客20余万人次;年末公交车路数3路,实有公共汽车营运车7辆,年末实有出租汽车50辆。古午线曹村至薛关段、蒲红线县城段竣工通车;滨河大道西延工程路基完成;霍永高速连接线控制性工程开工建设;途经蒲县42千米的山西中南铁路试车通行。

全年全县完成邮政业务总量821.7万元,比上年上升2.48%。电信业务总收入4561.7万元。年末全县固定电话6833部;移动电话80680部;全县93个行政村全部通电话,覆盖率为100%,全县宽带接入用户达到11229户。

【商贸和服务业】 2014年,蒲县实现社会消费品零售总额66146.2万元,比上年增长12.38%。按销售单位所在地分,城镇消费品零售额56852.3万元,增长10.65%;乡村消费品零售额9293.9万元,增长24.31%。

2014年,全县服务业增加值95265万元,增长5.9%,其中重点服务业企业主营业务收入达到4652.6万元。

【教育科技】 2014年,蒲县小学在校学生7781人,小学适龄儿童入学率100%;初中在校学生3077人,适龄人口入学率100%。中等职业教育在校学生236人,普通高中在校学生1669人,增长19.13%。蒲县高级中学改善办学条件,加强学校管理,经省教育厅批准扩为10轨,并在全市名校评比中入围市级名校,同时继续实施高中名师招聘工程,三年累计招聘名师26名,形成一支学科齐全、结构合理的高中教师团队。2014年蒲县高考达二本线B类及以上人数突破百人大关,达到129人,比上年增加47人,达线率25.1%,比上年提高3.5个百分点,达线人数79人,比上年增加46人。

全年共申请专利43项,专利授权43人,其中实用型专利1项,发明专利8项,财政科技投入1837万元,增长3.43%。

【文化卫生】 2014年,蒲县拥有各类艺术表演团体1个,文化馆1个,公共图书馆1个,档案馆1个。文化展览交易中心建成投用;柏山东岳庙成功创建国家AAAA级旅游景区,"蒲县朝山会"被列入国家非物质文化遗产,化乐村入选第三批中国传统古村落;二轮《蒲县志》出版发行,乾隆版《蒲县志》顺利影印;以农村教师吕艳芳为原型的蒲县首部电视剧《坚守》拍摄完成;县剧团青年演员刘飞飞获山西省杏花奖。

全县有广播电台1座,中、短波广播发射台和转播台1个,广播综合人口覆盖率100%,电视台1个,电视综合人口覆盖率99.5%,有线电视用户1.5万余户。72个行政村数字电视改造全部完成。放映农村公益电影1180场。

2014年,全县公共文化体育设施面积达93300平方米,比2013年翻一番。2014年蒲县承办临汾市第六届中学生田径运动会、临汾市"临三中武道杯"武术锦标赛、临汾市西山七队篮球赛;举办蒲县职工乒乓球比赛。蒲县篮球队在临汾市西山七队篮球赛中荣获第一。

全县拥有各类卫生机构24个,其中医院1个,妇幼保健院1个,疾病预防控制中心1个。医院、卫生院床位465张。

【社会保障】 2014年,蒲县参加城乡居民基本养老保险的人数为44937人;参加城镇基本医疗保险的人数为22912人;参加农村合作医疗保险的人数为77496人;参加失业保险的人数为7500人;参加工伤保险的人数为33500人;参加生育保险的人数为11504人。全县建立县乡两级农村居民生活保障制度,全县城市最低生活保障的居民1751户4777人累计发放城市低保资金1379.67万元;农村居民得到政府最低生活保障的居民5518户5874人,农村医疗救助741人,发放资金166590元。

【社会管理】 2014年,蒲县社会管理一体化加快,东岳、昕水、翠屏、五鹿4个社区成立,连接全县3.6万城镇人口的纽带更紧密;城郊失地农民"农转非"1800人,城镇化率提高到44%。

蒲 县 志

【《蒲县志》出版发行】 2014年8月,《蒲县志》

出版发行,新编《蒲县志》由方志出版社出版发行。主编王建宏,副主编曹立华。全书分上、下两卷,采用通志体,上溯事物发端,下迄2010年底。全志共33编、152章、544节,180万字。详今略古,客观记载蒲县自然、经济、政治、社会、文化等方面的历史现状,着重记载蒲县改革开放以来全县各行各业发生的巨大变化。该书真实地再现蒲县人民在县委、县政府的领导下,励精图治、奋发图强、建设美好家园的历程。对存史、资政、教化、育人有着重要的借鉴作用,是人们认识蒲县、了解蒲县、对外宣传蒲县的重要历史文献资料。

【锦绣小区工程】 2014年,蒲县锦绣小区工程是推进实施,该工程县委、县政府落实市委、市政府提出的"四个年"活动的重大举措。总投资5.6亿元,占地面积6.67公顷,规划建设面积约20万平方米,1200余套商品房,由临汾富安房地产开发公司承建。一期工程为"盛世锦绣"项目,总建筑面积约10万平方米,589套商品房,投资2.6亿元,2014年7月开工建设,完成7栋10万平方米主体工程。全部建成后可满足5000余人的住房需求。

【鹿城山水小区工程】 2014年,蒲县开展鹿城山水小区工程(昕水湾棚户区改造工程),该工程是县委、县政府确定的2014年重点工程之一,是蒲县县委、县政府实施的最大的民生、惠民工程。该项目位于旧城区五十孔窑,共涉及拆迁400余户,拆迁面积近6万平方米。项目规划总占地3.67公顷,建设9栋住宅楼,其中高层6栋(5栋20层,1栋22层),多层3栋(6层),总建筑面积92821平方米,其中地上建筑面积79340平方米,地下建筑面积13481平方米,总户数622户,其中绿色建筑100户。项目总投资2.16亿元。工程分两期建设,一期共建5栋还迁楼,总户数364户。工程于2014年5月开工建设,8、9号两栋低层完成主体封顶,2号楼、3号楼、4号楼推进施工。

【实现公交一体化】 2014年,蒲县开展城乡公交一体化工程。投入170余万元,按照统一标准、统一建设、统一管理的原则,在县城建成公交候车亭45个;开通县城公交3条线路7辆车运营。投入120万元,2014年12月,开通城乡公交5条线路7辆车运营,解决红道乡、古县乡、蒲城镇刁口线长期不通班车的问题,缓解农民出行难的问题;开通临汾至蒲县城际公交。投入170余万元,2014年8月开通临汾至蒲县城际公交,有10辆车运营,蒲县是西山五县中第一个开通市县公交的县。蒲县长途汽车、农村客运班车、出租车、市县公交、县城公交、城乡公交的一体化体系初步形成。

公交一体化

【平安公园和蒲伊西街农贸市场改造工程】 2014年,蒲县推动平安公园和西街农贸市场升级改造。蒲县平安公园位于蒲伊西街南侧,总占地0.37公顷,新建标志性雕塑1座,坐凳10个,修建树池36平方米,园路铺装改造859平方米,建筑面积266平方米,绿化面积1000余平方米园区内配套照明设备、给排水工程,总投资为363万元。蒲伊西街农贸市场总投资418.19万元,总建筑面积为1456.56平方米,设计为钢框架结构。新建1栋2层农贸市场及综合交易摊位,共有80余个摊位,配套设施建设有消防、电气、给排水系统及暖通系统等。2013年8月开工建设,2014年8月竣工投入使用。西街农贸市场为农民群众提供一个良好的交易平台和环境,丰富当地居民的菜篮子、方便居民的日常生活、促进农副产品的流通。

(曹立华)

【县领导班子成员】

中共蒲县县委

书　记	闫建国		
副书记	赵志慧	郭迎明	
常　委	陈振华	陈金庄	席建国
	高永贤	余作明	李　峰

蒲县人大常委会
主　任　　王安保
副主任　　马爱萍　曹海棠　梁保桐
　　　　　弓兰凤　吉宝忠

蒲县人民政府
县　长　　赵志慧
副县长　　陈振华　席菊玲　李有红
　　　　　宋蒲刚　张　鹏

政协蒲县委员会
主　席　　史虎喜
副主席　　郑蒲生　冀宏临

乡宁县

【概述】 乡宁县位于北纬35°41′～36°09′，东经110°30′～111°16′，地处黄河中游，吕梁山南端，山西省西南，临汾市西部。坐落在姑射山与龙门山上。东与尧都区、襄汾接壤，西枕黄河与陕西韩城、宜川相望；南以河津、稷山、新绛三县为界，北与吉县毗邻。全县地质构造单元的主体是山西地台，全县总面积2029平方千米，辖10个乡镇、182个村委、1113个自然村。2014年新增人口2737人，总人口数为24万人。

2014年，乡宁县生产总值完成83.4亿元，增长6%；财政总收入完成23.28亿元，增长5.5%；公共财政预算收入完成12.92亿元，增长0.01%；规模以上工业增加值完成49.03亿元，增长8.9%；固定资产投资完成60.74亿元，增长19.1%；社会消费品零售总额完成17.05亿元，增长12.22%；城镇居民人均可支配收入达23440元，增长10.8%；农民人均纯收入达7730元，增长13.2%。乡宁县先后被授予"国家珍贵树种培育示范县""全国计划生育优质服务先进单位""省级平安县""林业六大工程建设先进县"等荣誉称号。

【农业发展】 2014年，乡宁县坚持"核桃产业主导、若干特色并进"的产业化思路，新发展核桃0.08万公顷，总量达到1万公顷；扩大葡萄、翅果油树、苹果、双季米槐、花椒栽植面积，全县经济林果总量达到2万公顷，农民人均0.1公顷；千亩以上"一村一品"专业村达53个。粮食生产和农民收入实现"五连增"，粮食总产达到9.1万吨。实施土地开发整理、片区扶贫开发，新增耕地125.667公顷，水土保持综合治理3万公顷，清峪水库试运行蓄水，易地扶贫搬迁工程主体完工，解决4950人的饮水安全问题，培训农民8000余人次。投资4.5亿元，全面启动农村人居环境改善工作，实施农民安居、完善提质、环境整治、宜居示范四大工程，西坡镇作为全省采煤沉陷区治理试点，顺利完成年度目标任务。

乡宁县戎子酒庄葡萄基地

【产业转型】 2014年，乡宁县全面落实省、市煤炭减负和清费立税各项政策，减缓税费1.5亿元，取消公路收费站点14个。加快煤矿建设步伐，2座转产、6座联合试运转，新增产能180万吨，生产原煤1000万吨。延伸产业链条，平兴精煤180万吨洗煤项目投产达效，宏盛、凯达洗煤项目竣工试运行。实施《中小微企业"惠商贷"管理办法》优惠政策，为25家中小微企业发放贷款2175万元，新增小微企业129户。参加各类招商引资会议，"六位一体"重点项目建设超额完成年度任务。戎子酒庄、琪尔康销售收入突破4亿元，云丘山旅游、双凤祥百万株核桃园规模逐步壮大。

【安全形势】 全面贯彻新的《安全生产法》，落实党政同责要求，开展安全生产大检查、打非治违、"风雷二号"等专项行动，加强煤矿、非煤矿山、道路交通、食品药品、消防、学校等行业领域常态化监管。全年发生各类生产安全事故21起、死亡11

人,其中生产经营性事故2起、2人,实现事故起数和死亡人数双下降。加强社会治安综合治理,“天眼工程”投入使用,打击“黄赌毒”违法犯罪行为,开展“百日双百案”群众信访诉求化解专项行动,推进“平安乡宁”建设。

【城乡建设】 拉大城市框架,提升城市品位。西城交通路网加快推进,吉河高速引线建设、绿化和房屋拆迁如期进行,老一中至冯家沟滨河北路、结义庙道路等改扩建工程进展顺利。推进下园子棚户区改造。修缮维护结义庙、柏山寺、七星坡、千佛洞、文笔塔等文物古迹。东城高标准规划、高标准建设,新医院主体封顶,东城健康公园、营里大桥四角景观和临吉高速引线绿化等工程顺利实施。樊家坪转盘、明珠广场、迎旭广场雕塑等地标性工程全面完成。以管头镇全省“百镇建设”首批示范镇为龙头,加快推动全县小城镇建设提质上档。实施209国道安保工程,补充完善隧道安全设施,养护农村公路864千米。以“五城联创”为抓手,开展环境卫生、交通秩序等专项整治,巩固提升省级卫生城创建成果,省级环保模范城、省级园林城、省级双拥模范城先后接受省级考核验收。完成吉河高速引线、热源厂扩建、东城健康公园、县城供水引黄等后续工程,启动环卫业务用房、县城街道硬化美化亮化以及新华书店、移动公司办公楼、劳动服务大楼等市政建设。加快实施南环路、滨河路、鄂河河道等路段人行道修补铺装,以及城区部分街巷硬化、桥梁栏杆粉刷等基础工作。

【生态建设】优化生态环境,造林0.269万公顷,新增供热面积30万平方米、供气用户1000户,淘汰黄标车、老旧车2021辆。

【民生事业】 2014年,乡宁县第二中学食宿楼建设工程推进顺利,改建幼儿园3所;新招聘高中教师21人,聘用职中及幼儿园教师95人;在免除高中阶段学生学费、书本费和住宿费的基础上,又免除全县中小学学生教辅资料费;高考达二本B类线人数突破700人大关、达702人,创历史新高。巩固食品药品监督管理体制改革成果,工商、质监管理体制完成调整。深化医药卫生体制改革,县级公立医院全部实行药品零差率销售,财政补偿343.9万元。城乡居民人均基础养老金提高到80元,新农合医疗补偿6628万元,城镇新增就业2115人,购买公共服务岗位34个。开工建设各类保障性住房500套,改造农村危房1100户、改厕2000个。免费供应冬季取暖用煤16.8万吨。

(闫 涛 陈 娟)

【县领导班子成员】

中共乡宁县委员会
书　记　杨安虎
副书记　樊洪平
常　委　栗俊昌　解高民　张建山
　　　　陈海平　郭　举　郭玉龙
　　　　张红玉

乡宁县人大常委会
主　任　张春龙
副主任　王天仓　王建华　贺申发
　　　　卫建平　杜吕科

乡宁县人民政府
县　长　樊洪平
副县长　陈海平　李云岗　刘建平
　　　　李睿煜　马　平
县长助理　柴红星

政协乡宁县委员会
主　席　张欢虎
副主席　王仁虎　薛　峰　高军峰
　　　　蔡志强

吉　县

【概述】 吉县位于北纬35°53′～36°21′,东经110°27′～111°07′,地处黄河中游,山西吕梁山南麓,属黄土高原残垣沟壑区,东西跨度62千米,南北宽48千米,总面积1777.26平方千米,占全市面积的8.8%。辖3镇5乡,75个村民委员会,567个自然村,总人口108947人。

2014年,吉县地区生产总值完成18.7亿元,同比增长5.1%;规模以上工业增加值完成6亿元,同比增长5%;全社会固定资产投资完成29.1亿元,同比增长29.2%;社会消费品零售总额完成

6.1亿元,同比增长13.1%;财政总收入完成2.6亿元,同比增长5.9%;公共财政预算收入完成1.2亿元,同比增长1.2%;城镇居民人均可支配收入达15842元,同比增长8.4%;农村居民人均可支配收入达3978元,同比增长11%。

【产业经济】 2014年,吉县在苹果提质升级方面,新发展果园0.1万公顷,打造东城垣466.67公顷农业生态观光示范园区;创建技术革新示范园80座、新技术应用果园0.153万公顷,完成减密间伐0.07万公顷;试点开发有机转换果园0.167万公顷;顶吉食品、达明一派、富开源等龙头企业建成投产,澳坤量子冷藏库、有机肥生产基地启动实施,带动苹果区域化、标准化、产业化发展。全年苹果总产16万吨,总产值8亿元,果农人均果品收入6000元;出口苹果400余吨,创汇32.4万美元。在旅游彰显优势方面,推进壶口瀑布国家AAAAA级景区创建工作,启动壶口古窑洞群修复、展示中心建设等项目;加快推进人祖山开发建设,完成人祖山景区遗址发掘修复、祭祀广场布局、旅游循环公路建设、人祖文化国际大厦装修等工程;持续推进品牌建设,中央电视台连续3年在国庆假期对壶口瀑布进行直播,壶口的知名度和影响力扩大,接待游客人数、旅游综合效益再创新高。在工业快速崛起方面,落实省、市、县推进煤炭经济发展的政策措施,为煤炭企业减负松绑解困;加强安全监管和运行监测,组织企业参加煤博会、煤炭订货会等活动,促进产销有效衔接。紧抓国家"能源革命"的政策机遇,加快推进新能源开发利用,中石油、中石化钻探煤层气井962口,产气6460万立方米;中油中泰集中供气用户达3148户。

【城乡建设】 2014年,吉县新城区建设项目推进,老城区改造工程有序实施。吉河高速公路路基工程基本完成,县乡道路改造东城—狮子河、狮子河—东石泉、管头山—文城段建成投入使用,中垛—三垛、大庄—南光段顺利实施。开展"环境提升年"活动,整治市容市貌,取缔私搭乱建,改造燃煤锅炉,淘汰黄标车及老旧车,城乡环境改善。编制《改善农村人居环境规划纲要》,开展土地确权试点工作,加大农村基础设施建设投入力度,完成农村危房改造1534户、移民搬迁664户,实施农村饮水提高、黄土高原综合治理、造林绿化等工程,新建"一村一品"专业村7个,新增设施蔬菜面积8.2公顷,农业生产条件和农村人居环境得到改善。

【民生建设】 2014年,吉县坚持保障和改善民生政策力度只增不减、投入力度只增不减、工作力度只增不减,财政支出近七成用于民生事业。重点实施五大民生工程、十件民生实事和农村"五件实事"。建设农村学校教师周转宿舍,免除高中学生的教材费和住宿费,实现全县行政村有线电视全覆盖,创建省级计划生育优质服务县,建设23个标准化村卫生室,提高城乡80岁以上老年人敬老金标准,为城乡2149户发放低保金1000余万元,县图书馆免费为社会开放。按照精准扶贫的要求,完成61个贫困村、3.9万贫困人口的建档立卡工作,开展产业扶贫开发、住村联户、易地扶贫搬迁、教育扶贫、金融扶贫等工作,壶口镇留村和屯里镇窑渠村光伏发电项目并网运行,全县7000口人实现稳定脱贫,人民群众生活水平提高。

【依法治理】 2014年,吉县开展"法治吉县"建设,推进依法行政。推进"六权治本",深化行政审批制度改革,简化审批程序,压缩审批时限,创建"绿色通道"。严明组织人事纪律和工作纪律,完善干部日常管理、财务管理、政府采购、农村合同等一系列制度办法,严格责任追究,严肃查处违规违纪行为,规范行政行为。开展法律宣传教育,增强全民法治观念,营造"讲法治、重程序、守规矩"的社会氛围。

【安全稳定】 2014年,吉县按照"全覆盖、零容忍、严执法、重实效"的总要求,严格落实安全生产主体责任和监管责任,开展安全生产大检查、"六打六治"打非治违专项行动,排查整治各类安全隐患400余个,安全生产形势平稳。全面推行社会网格化管理,健全县、乡、村三级联动排查调处机制;保持打黑除恶高压态势,打击"赌、毒、盗、抢"等各类违法犯罪行为。开展"百日双百案"群众信访诉求化解专项行动,有效推动问题解决,营造和谐稳定的发展环境。

【项目建设】 2014年,吉县开展"项目见效年"活动,实行县级领导包联重点项目责任制,落实项目工程手续办理、资金管理、服务承诺、调度推进等一系列措施办法,项目"六位一体"目标任务全面完成。全年完成投资22.23亿元,实施苹果、旅游、工业、城乡建设、民生改善等项目工程,拉动经济增长,优化产业结构,改进发展方式,提升质量效益。

(强培家)

【县领导班子成员】

中共吉县县委

书　记　　郝忠祥

副书记　　刘　浩　姚焕章　李灵芝(女)

常　委　　马广礼　李晓民　赵新喜

　　　　　吴吉红　熊伟星　李永芳

吉县人大常委会

主　任　　孔繁新

副主任　　郭仓森　陈晓爱(女)

　　　　　苏吉云　陈榜立　冯吉平

吉县人民政府

县　长　　刘　浩

副县长　　李晓民　白占奎　樊宜群

　　　　　周晓文　郝　巍　汪朝林(挂职)

政协吉县委员会

主　席　　吴忠民

副主席　　梁荣森　秦志富　杨建新

　　　　　杨启亮

永和县

【概述】 永和县位于北纬36°31′～36°56′,东经110°22′～111°49′,地处吕梁山脉南端,黄河中游大峡谷东岸,临汾市西北边缘,东邻隰县,南连大宁县,北与石楼县接壤,西与陕西省延川县隔河相望,自古以来就是秦晋交通要地。全县总面积1212.89平方千米,辖5乡2镇,79个行政村,306个自然村。

2014年,永和县地区生产总值完成6.55亿元,同比增长3.9%;固定资产投资完成10.9亿元,同比增长55.2%;财政总收入完成10008万元,同比增长67.3%,其中公共财政收入同比增长46.15%,达到4405万元;社会消费品零售总额完成39706万元,同比增长10%;城镇居民人均可支配收入达16589元,同比增长7.2%;农民人均可支配收入达2761元,同比增长11.5%。财政收入实现历史性突破,跨入亿元县行列,公共财政收入增幅在全市17个县市中位居第一。

【项目建设】 2014年,永和县储备项目520亿元,签约35亿元,落地16.33亿元,开工11.6亿元,建设10.93亿元,投产9.59亿元。3个市重点监测考核项目,完成投资2.53亿元,占目标任务的105%。60个重点项目的实施,改善本县基础设施,提升产业发展水平。

【产业转型】 2014年,永和县以经济林科技管护为切入点,坚持一手抓栽植,一手抓管理。发展以红枣、核桃、苹果为主的经济林0.093万公顷。与山西省农科院建立"院县科技战略合作",通过建立基地、专家挂牌、示范推广、现场培训等方式,完成0.099万公顷经济林集中示范管护。管护模式得到省政府的肯定,2014年在永和县召开全省红枣管理现场会。

开展以中低产田改造、试验示范基地建设、农业技术推广为主的科技富民行动,全县本年度粮食大丰收,总产量达7.5万吨,创历史新高。以煤层气勘探开发为抓手,培育能源工业。投资6.43亿元,完成4口水平井钻探、10层直井压裂试气及集气站一期工程建设,日产气量达到50万立方米。铺设永和至大宁40千米煤层气管道连接线。制定出台《永和县促进中小微企业发展办法》,扶持中小微企业发展。新天能源公司、美博经贸公司升级为规模以上企业,填补本县历史空白。

【旅游产业】 2014年,永和县旅游产业发展以文化宣传推介为引领,完善景区基础设施,推进"百里黄河湾旅游经济园区"建设。完成乾坤湾旅游路通道和景区绿化、亮化工程,高标准实施阁底至乾坤湾旅游路和楼山旅游路,发展农家乐20家。重新布展"红军东征永和纪念馆",编撰《红军东征永和纪念馆志》和《乾坤湾志》,举办"黄河蛇曲国家地质公园"开园揭碑仪式、山西作协永和乾坤湾创作基地授牌仪式和新天能源杯"天下永和·大美乾坤"全国摄影大展启动仪式。在北京成功举办旅游和农特产品推介会。中央7台《乡约》栏目、香港卫视、央视《发行之旅》栏目组和《星光大道》优秀歌手相继走进永和、宣传永和;制作3部文化旅游宣传专题片,在临汾电视台全天候播放。自主创作舞蹈《我家住在乾坤湾》,荣获全国青少年才艺展演金奖。

【环境建设】 2014年,永和县按照"环境提升年"活动要求,开展城乡环境四大综合整治行动。完成县城河道重点区域治理;新增燃气用户500

户,燃气供热面积4万平方米;东门巷棚户区改造项目启动实施。霍永高速公路建成通车,实现本县高速公路零的突破。完成8个新农村重点村和14个"一村一品"专业村建设任务;改造人畜饮水工程73处,解决1万余口人的安全饮水问题;1500户的农村危房改造全部完成;开展"乡村清洁工程",农村人居环境明显改善。高标准实施三北防护林工程、小流域综合治理工程,完成荒山造林0.1万公顷、机修梯田500公顷,坝滩联治52公顷。

永和三北防护林

【民生事业】 2014年,永和县改善民生,推动社会事业发展。教育工作方面。实施教育提质工程,教育教学质量提高,高考成绩实现"六连升"。推进"三名"工程,城关小学老师常爱红被评为"全国模范老师",10名老师获省市荣誉称号。药家湾幼小一体化学校完成主体工程,二中餐厅宿舍楼建成投入使用;文体事业方面。实施"文明素质提升工程",成功举办纪念孔子诞辰读书教育展示活动。开展全民健身活动,在全县范围内普及第六套全国健身秧歌。开播《永和日历》,4个乡镇实现有线电视全覆盖;医疗卫生方面。招聘专业人才24名,充实医疗队伍。新型农村合作医疗参合率达到99.6%以上,为参合农民报销医疗费用1604万元。完成食品药品监管体制改革;社会保障方面。加大社会救助力度,城市低保每人提高384元,农村低保每人提高336元。发放城乡医疗救助金324.4万元,各类救灾资金315万元。成立"永和县慈善总会",举行"情暖万家"救助活动,为200户困难群众发放救助金6万元。实施四大"暖心工程",为全县80岁以上老人发放生活补助72.6万元;资助80名高考达二本线以上学生43.8万元;免除高中生学费、住宿费82.56万元;赔付小额人身意外险、自然灾害人身意外伤害险、见义勇为人身意外伤害险28人168万元,超出所缴保费16万元。

(樊永兴)

【县领导班子成员】

中共永和县委

书　记	加天山
副书记	范洋平　马连青
常　委	苏文龙　崔文学　廉海平
	李永升　弓记平
	代建华　程万军(11月挂职)

永和县人大常委会

主　任	韩忠秀
副主任	韩凤莲(女)　吕发群
	连永梅(女)　刘双龙

永和县人民政府

县　长	范洋平
副县长	苏文龙(常务)　解建国
	宋新亮　王润贵
	毛伶秀　程万军(11月挂职)

政协永和县委员会

主　席	郭永平
副主席	冯月富　冯书霞(女)
	冯德英　樊蒲林

隰　县

【概述】 隰县位于北纬36°30′～36°55′,东经110°55′～111°15′,地处临汾市西北部,东临汾西县,西接永和县,南与蒲县、大宁接壤,北与吕梁市交口、石楼两县相邻。总面积1413.1平方千米。行政区划为三镇(龙泉、午城、黄土)、五乡(城南、阳头升、寨子、陡坡、下李),97个村民委员会,409个村民小组,351个自然村。常住人口为106151人。

2014年,隰县地区生产总值完成126454万元,比上年增长3.7%。社会消费品零售总额完成

82526 万元,比上年增长 11.3%,其中城镇消费品零售额完成 70073 万元,增长 15.9%;乡村消费品零售额完成 10135 万元,增长 53.8%。人均地区生产总值达 11929 元,全县城镇居民人均可支配收入达 18368 元,比上年增长 7.9%,农村居民人均纯收入达 4432 元,增长12.5%。农村居民家庭食品消费支出占消费总支出的比重为 40.2%,城镇为 21.8%。

【农业】 全面落实强农惠农政策,农作物总播种面积 22106 公顷,比上年减少 35 公顷。其中,粮食作物种植面积 21146 公顷,比上年增加 30.62 公顷;油料种植面积 312.4 公顷,与上年持平;蔬菜(含菜用瓜)种植面积 263.5 公顷。

全年粮食总产量达到 102882 吨,比上年增加 21832 吨,增产 23.5%。年末,全县生猪存栏 17077 头,牛存栏 1436 头,羊存栏 28586 只,家禽存栏 19.97 万只。猪肉产量 1597 吨,牛肉产量 91 吨,羊肉产量 215 吨,禽肉产量 173 吨,牛奶产量 322 吨,禽蛋产量 2754 吨。

当年完成造林合格面积 1920 公顷,比上年下降 42.6%。其中,人工造林 1453 公顷,封山育林 467 公顷。

全年全县农业机械总动力 112027 千瓦,比上年增长 13.7%;化肥施用量(实物量)22022 吨,增长 0.8%;农村用电量 690 万千瓦时。

全年全县乡镇企业实现增加值 2309 万元,同比增长 6.7%。

【玉露香梨】 坚持“一县一业”发展思路,全力推进玉露香梨“六环节”和“四配套”,新栽 0.26 万公顷,高接换优 0.07 万公顷,玉露香梨面积达 1 万公顷,果品储藏能力达到 4 万吨,果水配套覆盖面积 0.67 万公顷。隰县玉露香梨梨果规模、质量效益大幅提升,通过国家质量安全示范认证。2014 年 7 月在中外百年品牌暨中国品牌文化管理年会上,隰县玉露香梨荣获“中国大美梨”荣誉称号。2014 年 11 月在第 21 届中国农高会上,隰县玉露香梨又获最高奖“后稷特别奖”。2014 年 11 月 13 日,隰县玉露香梨正式出口美国,深受国际市场欢迎。

【城乡建设】 推进新型城镇化建设,城镇化水平提高 1.6 个百分点。新建成一批功能完备住宅小区,铺设供水管网 3 千米、供热管网 10.5 千米、供气管网 11 千米、污水处理配套管网 8.33 千米,改造供电线路 40 千米,县城生活垃圾无害化处理率达 100%,污水处理率 84%、供水普及率 99%,集中供热普及率 66%,供电可靠率 99.9%。

【交通邮电】 2014 年,途经隰县中南铁路和霍永高速建成通车。南屏路、洪永线东段、车索线改造完成,太和路、均庄至桑湾、回珠至黑桑段公路顺利实施,交通通行条件和通达能力提升。全年全县交通运输、仓储和邮政业增加值 14892 万元,比上年增长 5.0%。年末,全县公路通车里程 858.3 千米。其中,国道 49.7 千米,省道 115.9 千米,县道 160.74 千米,乡道 274.6 千米,村道 257.34 千米。

全年全县完成邮政电信业务量 5592 万元,增长 14.6%。年末,市内交换机总容量 8105 门,增长 9.5%;固定电话 9300 部,增加 4500 部,增长 93.8%;移动电话 85742 部,增长 30.3%;宽带用户 10950 户,增长 30.8%;已通电话的行政村达到 83 个,占全县行政村的 85.6%;全县固定电话和移动电话普及率每百人分别达到 9.17 部和 61.45 部。

【财政金融保险】 全年全县财政总收入完成 15863 万元,比上年增长 29.3%。其中,一般预算收入完成 9300 万元,增长 21.2%。一般预算支出 104396 万元,比上年增长 20.8%。年末,全县金融机构各项存款余额 267085 万元,比年初增加 14971 万元,增长 5.6%。其中,城乡居民储蓄存款余额 188103 万元,增长 11.3%;人均存款 17728 元,增长 24.8 %。各项贷款余额 105748 万元,比年初增加 37528 万元,增长 35.4%。

全年全县保险行业实现保费收入 2780 万元,其中财险 1081 万元。共支付各类赔款 872 万元。结案率为 95%。

【工业建筑业】 全县工业企业仍全部为规模以下企业。全年全部工业增加值 7404 万元,比上年增长 6.0%。主要工业产品产量:软饮料产量 2756 吨。

全年全县建筑业实现增加值 12691 万元,比上年增长 0.1%。

【教育】 实施薄弱学校改造计划,新建龙泉小学,完成主体工程;改建 2 所幼儿园,改造 6 所学校宿舍、餐厅、厕所,新招聘 56 名教师,培训教师 1400 余人次。推进课程改革,开展特色学校创建和精细化管理,中考优质率、高考二本达线率位居东西山前列,教育条件和教学质量得到提升。

【文化卫生体育】 奥体中心、文化馆、图书馆等一批文化基础设施建成使用。隰州大剧院改造完成。所有行政村实现文化站、农家书屋、文化活动场所和体育设施全覆盖。出版发行《隰州寻胜》《隰州梨人》《中国第一梨隰县玉露香》和《山西省委驻隰县上庄》等作品。《隰县志》(1990—2010)通过评审,编辑出版《隰县年鉴(2013)》。开展送文艺、送电影、送图书"三下乡"活动,涌现出一批模范人物,弘扬"崇德包容、智慧勤劳、自信坚韧、创新图强"的隰县精神。举办"中国·隰县第四届梨花节"。

深化医疗卫生改革,推进公立医院改革,完善和巩固国家基本药物制度及运行机制,加快医疗卫生基础设施建设,新医院建设进展顺利,城南卫生院改造完成,计生服务大楼投入使用,完善县乡村三级医疗卫生服务体系。

【社会事业】 2014年,隰县改善民生,完善社会保障体系。各类参保人数达12.23万人;全面落实机关事业单位人员津贴政策,城镇居民基本医保和新农合年人均财政补助标准由280元提高到320元,企业退休人员基本养老金提高10%,发放社会救助救灾、优抚安置资金1197.4万元,建成日间照料中心4个、保障性住房2230套,改造农村危房1600户。全县城镇登记失业率控制在4%以内。开展"打非治违"、安全生产大检查等专项行动,杜绝各类安全事故发生;修订应急预案,健全应急处置机制,做好信访工作,一批信访积案得到化解;深化平安隰县建设,打击违法犯罪活动。

2014年,隰县被评为"中国好人县"、全国第一批节约型公共机构示范县和全省街道亮化、易地扶贫搬迁、亚行贷款河川流域农业开发、残疾人工作、环境卫生先进县,荣获全省"计划生育优质服务县"、全市"党政一把手"教育工程、"一村一品一县一业"、粮食生产、百企千村产业扶贫、信访工作"四无"先进县等荣誉。

【中国好人县】 2014年8月,隰县在北京国家会议中心举办的中外百年品牌暨中国品牌文化管理年会上获"2013——2014中国品牌文化十大范例奖",被授予"中国好人县"荣誉称号。隰县素有孝德文化的深厚传统。古有宋代赵世有七世同居,明代苏四国自割大腿肉给母亲吃,金代姚钧为母亲百日忌辰刊刻《金刚经》。新中国成立后,更有60年代在洪水中为抢救乘客牺牲的烈士刘绍汉、郭刚,1993年"全国学雷锋标兵"的秦基,半个世纪为牺牲战友母亲尽孝的郝英祥,2005年被授予"全国见义勇为先进分子"、2006年被授予"革命烈士"的袁小平。近年来,隰县积极培育和践行社会主义核心价值观,健全完善"身边好人"的各种发掘机制、激励机制、宣传机制、保障机制。一大批道德模范的先进事迹和崇高品德感动全县的干部群众,引发争当好人、奋发进取、实干兴县的"好人效应"。2011年,孟佩杰获全国孝老爱亲道德模范、来虎平获全国十大见义勇为英雄司机;2012年,"教育功臣"冯廷记、"米汤老人"宿全保荣登"中国好人榜";2013年,解绍亮入选"感动山西十大人物",8岁女孩冯莉清获"山西首届乡村十大爱心大使";2014年,武来贵和许迎辉分别获得"山西敬业奉献好人"和"山西孝老爱亲好人"荣誉称号;刘帅君获山西省"乡村道德好青年";贺西平入选感动百姓"山西乡村十大爱心大使"。

(张克强)

【县领导班子成员】

中共隰县县委
书　记　王天郎
副书记　王晓斌

隰县人大常委会
主　任　贺崇伟
副主任　贾计元　马百旺　田春明
　　　　李云峰　王玉武

隰县人民政府
县　长　王晓斌
副县长　薛小平　景生龙　马健民
　　　　马兰明　李　亮
　　　　武裕恒(6月调)
　　　　金红峰(6月任)

政协隰县委员会
主　席　张瑞燕
副主席　肖会荣　张世平　苏执生
　　　　史红平

开发区和壶口风景区

临汾经济开发区

【概述】 临汾经济技术开发区是1997年经山西省人民政府批准成立的省级开发区，1998年10月18日正式挂牌运行。位于临汾市新城区的中心区域，行政管辖面积9.867平方千米，城市规划面积7.8平方千米。规划功能、定位是：商贸启动、工业兴区，工业及市政用地率达到70%以上。管委会作为临汾市政府派出机构，行使部分省级经济管理权限、部分市级行政管理权限和市级综合经济管理职能。管委会下设两办、11个局、3个中心，下辖1个街道办事处，11个居民委员会，共有8万余人口。2010年8月与洪洞县合作共建临汾开发区(洪洞·甘亭)新型工业园。

【经济发展】 2014年，临汾经济开发区内生产总值完成67亿元，同比增长14%；工业总产值完成22亿元，同比增长7%；工业增加值完成6.76亿元，同比增长7%；招商引资合同资金完成240亿元，同比增长103%；固定资产投资完成31.28亿元，同比增长12%。特别是财政总收入完成9.1亿元，同比增长37%；公共财政预算收入完成2.39亿元，同比增长70%。

2014.3.25临汾开发区(洪洞·甘亭)工业园梅亿新能源汽车产业项目签约仪式

【招商引资】 全年引进工商类企业174家，注册资金72798万元；签订入区合同及协议6项，合同及协议资金240亿元，占全年任务的184%；特别是引进投资20亿元的海湾国际·王府井步行街项目、投资68亿元的碳纤维新材料项目、投资2.5亿元的新型墙体材料项目、投资7595万元的生物技术系列产品生产项目、投资148.23亿元的临汾梅亿新能源汽车产业园项目、世界500强甲骨文公司、太原煤炭交易中心，以及兴业银行、光大银行、中信银行等一批高新技术企业和金融机构，对全区转型发展发挥巨大推动作用。

【项目建设】 完成“六位一体”任务，项目储备达到1906.64亿元，占任务的347%；落地项目21项，占任务的100%；开工项目10个，占任务102%；投产项目10个，占任务的108%；重点项目完成投资25.77亿元，占任务103%。其中：投资8亿元的华翔四期工程正式开工，投资5亿元的鸿典新材料项目拟定2015年中期建成投产，引领临汾商业潮流的居然之家、华润万家相继开业，形成以中行、晋商银行、兴业银行、光大银行等十多家银行聚集的临汾金融中心，建成5000平方米的电子商务产业园区。

【基础设施】 加大规划建设和管理力度，全面完善基础设施配套，突出道路建设改造、绿化、防汛排污、市政设施维护、民生等重点工程，全年实施9条道路工程，完成投资9058.88万元；完成绿化投资587万元，增加绿化面积3.43万平方米；实施保障性住房建设、垃圾中转站建设和汇丰巷道路及排水改造三项民生工程，开展排水渠、桥头、雨水井等垃圾淤泥清理、窨井盖维护和市政设施维护等活动，保证群众基本生产和生活安全；尤其是垃圾中转站的顺利投入运营，解决辖区多年垃圾处理难题，改善居民生产生活环境。

【园区建设】 2014年，临汾开发区开展洪洞·甘亭工业园建设，是临汾开发区与洪洞县合作共建的工业园区。园区位于洪洞县甘亭镇辖区，东至曲亭镇、西至汾河、南到旧309国道、北至甘亭镇上王村北，总规划面积24.8平方千米，起步区面积5平方千米，处于临汾市百公里经济带区域范围内，2010年被省商务厅批准为"山西省产业转移示范区"，2012年被省政府确定为转型综改"一市两园"的"产业转型园"。2014年，完成第一大道、北外环延伸段等两条道路各项手续的办理工作，实施南段道路工程。全年落地项目4个，拟开工建设项目5个。这些项目全部建成投产后，将成为园区规划的装备制造业基地、新材料产业基地、新能源产业基地、光电产业基地、农副产品深加工基地、现代物流基地等六大基地的重要支撑。

【安全生产】 2014年，临汾经济开发区加强企业安全生产监管，编制修订安全生产事故灾难应急预案、烟花爆竹安全事故应急预案和危险化学品事故灾难应急预案等10余套预案，开展安全生产大检查、"六打六治"打非治违专项行动以及涉危化学品、烟花爆竹、建筑工地、消防安全、食品药品、特种设备和学校安全等行业专项整治活动。加强工地安全监管，下发整改通知书9份，整改率达100%。

【社会稳定】 2014年，临汾经济开发区推行社会网格化管理和三级联动建设，发挥公安、综治、信访等部门骨干作用，开展矛盾排查摸底活动，彻底解决突出治安问题和各类矛盾纠纷，基本上做到小事不出社区、大事不出办事处、群体事件不出开发区。开展"严打整治""六项整治"，打击"黄赌毒"行动，排除治安隐患231处，破各类刑事案件167起，抓获犯罪嫌疑人98人，查处行政案件307起，处理违法人员236人，收缴赌博游戏机321台，维护辖区社会稳定。

【机关效能】 规范行政审批制度和运行机制，开展工商、质监、土地、商务、物价等各类专项活动。行政审批进驻中心率达到100%，平均提效56%以上；查处各类经济违法违规案件39起，下发整改通知书96份；公开挂牌出让土地6宗，面积7.235公顷；受理国土审批事项29件，办结率100%；出动商务执法283人次，完善酒类流通备案登记证157家；审查各类项目134个，核减金额11986.51万元，审减率13.68%；完成采购项目44个，节省资金39.58万元，节省率达10.31%。

【和谐社区】 享受失地居民生活补助达5877人，城乡低保277人，新农合10235人，新型城乡居民养老保险5764人；办理城乡医疗救助和临时救助130份，发放粮食补贴7.5万元，大学生奖励11.2万元，复员军烈属、重点优抚对象优抚款27.18万元；中、小学适龄儿童入学率达100%。开展访贫问寒活动，加大弱势群体扶助力度，让更多的群众享受到经济发展成果。

（梁　青）

侯马经济开发区

【概述】 侯马开发区是经国务院审核通过的省级开发区，位于侯马市区东部，面积8.16平方千米。累计入区企业总计1004家。其中，工业企业52家，建筑行业企业46家，商贸物流、电子商务、医疗器械、现代金融类等企业906家。

【经济发展】 2014年，侯马经济开发区地区生产总值完成46.5亿元，同比增长20.5%；公共财政预算收入完成1.25亿元，同比增长11.6%；企业主营业务收入完成218.6亿元，同比增长17%；工业总产值完成28.9亿元，同比增长20.7%；实际引进到位资金27.2亿元，同比增长34.9%。

山西晋航重工有限公司机械生产车间

【投资环境建设】 2014年，侯马经济开发区推进基础设施建设。加强城市基础设施建设和管理，提升园区项目承载力。完成呈王路、建工路、天河电子城以及旺旺北支路等道路的改造、修复工程，新建道路面积6.5万平方米；幸福街、建工路等道路的亮化工程,新装太阳能、钠离子路灯188盏;惠达商务中心和东区保障房供电专线建设工程,及时解决周边企业用电问题;步行街、纺织东巷绿化工程,新增绿化面积7000余平方米。投资1200余万元,支持侯马市对望桥街等道路的改扩建。细化绿化、环境卫生等城市设施管护标准,制定市政设施管护考核奖惩办法,城市管理得到规范。配合侯马市"四城联创",全面开展环境卫生清理和区容区貌整治工作,对步行街农贸市场内360余家商户经营行为进行全面整治和规范,搭建彩钢顶棚1800平方米、修复破损路面1500平方米、粉刷市场外墙18000平方米。

开展品牌服务建设。创造条件,搭建公共服务平台,扶持主导产业和重点企业发展。加强行政服务中心管理。对8个驻厅部门的行政许可和非行政许可事项进行2轮清理,做到权力、人员向大厅集中,充分授权。引深一站式办理,指派专人进行全程引导服务,得到广泛认可。2014年12月,根据省、市关于"六权治本"的工作部署,初步确定清权、确权、晒权、实施的"四步走"思路,按照行政许可、非行政许可、行政处罚等11个类别,初步统计出部门行政权1714项。推进孵化中心建设。侯马开发区小微企业创业孵化平台在2012年开始运营,成功孵化山西志盛新能源有限公司、山西伟涛食品有限公司、山西聚鑫源针织品有限公司、山西好利阀机械制造有限公司4家工业企业。日思信电子、山西威尔捷太阳能动力车、博海医正医疗器械、日祥壳体科技、大禹供水设备5家企业开展前期建设。筹建锦茂国际高新产业孵化中心和小微电商企业孵化园两个孵化中心,建成后将成为具有一定规模和影响力的高新产业孵化基地和小微电商企业创业基地。推进投融资平台建设。开发区与建设银行合作开通"助保贷"金融产品,有20多家企业享受到这一服务。发展以小额贷款公司、担保公司为主的非银行金融机构,引进中强、晋昌邦和国际陆港3家小额贷款公司和1家海融担保公司。推动区域发展平台建设。开发区主抓两个公共服务平台的建设。全省电子商务培训基地,这是商务厅确定的全省首个电商培训基地,主要为各领域培养电子商务应用人才,开展培训21期,为社会输送大量电商人才。医疗器械电子监管信息平台,这是山西省首个医疗器械电子监管信息平台,建成运营后,将实现集中仓储和专业化物流配送,可最大限度降低医疗器械园区企业运营成本。

【招商引资】 2014年,侯马经济开发区依托保税物流中心、加工贸易梯度转移重点承接地、中国现代物流产业基地和国家电子商务示范基地四个平台,重点围绕"大机电""大电商""大健康"三个产业集群,延伸招商触角加大招商力度。一方面"走出去",两委班子成员按照责任分工,组织20余人次的精干招商团队,分赴以上海、苏杭为中心的长三角地区、以广州、深圳为中心的珠三角地区进行招商推介27场。另一方面"请进来",联系对接,邀请200余家有意在开发区投资的企业入区实地考察,近距离了解开发区的产业项目和投资环境。与侯马市建立发展电子商务联席会议机制,实现相互促进,共同发展。全年全区共引进各类项目164个。其中工业项目有德迅电梯、好利阀门生产基地、万泉电器等12个;商贸物流、电子商务、医疗器械、现代金融等项目152个。特别是重点抓住医疗器械和电子商务的招商工作,在医疗器械方面,有52家入区企业。在电子商务方面,新入区米兰多格、晋淘天下、盛大锦程等19家电商企业,开发区电子商务示范基地企业总数达到42家,服务周边实体企业3000余家,实现网络交易总额30亿元。

旺旺食品米果生产线

【科技创新】 2014年,侯马经济开发区加大对企业技术创新的支持扶持力度,强化服务,探索建立科技创新机制。对山西卓锋钛业、山西好利阀等企业落实技术创新奖励资金共33.3万元,组织山西好利阀参加省科技厅组织的高新技术企业申报培训，推动山西晋航重工和山西铃木电梯2家企业建立市级企业技术中心（研发和技术中心累计7家）。启动高新产业孵化中心的招商，探索搭建科技孵化平台。加大对企业申请专利宣传和组织，2014年新申请专利12件，取得专利证书19件（专利授权数累计59件）。

【环境保护】 2014年，侯马经济开发区严把项目入区关口，对不符合环保要求的实行一票否决，绝不引进。区内企业排放的废弃物均达到国家规定的排放标准和污染物排放总量控制指标。推动绿色低碳循环产业发展，一方面引进绿色低碳生产项目，比如志盛新能源光伏、威尔捷太阳能助力车、盛海机电供热设备等项目。另一方面，引导企业通过技术创新和节能技术改造，实现节能减排、绿色发展。比如卓锋钛业实施的海绵钛还蒸炉节能技术研发应用项目，获得2项专利，使还蒸炉节电效率达到30%以上，被省经信委认定为省级企业技术创新项目。省汽运集团晋南公路物流有限公司实施的地源热泵中央空调工程项目，被临汾市政府确定为国家节能减排财政政策综合示范城市典型示范项目。

【管理服务】 2014年，侯马经济开发区开始实行管委会主任兼任开发区所在地主要领导的改革模式，从领导层面解决好开发区与所在地政府之间的协调问题，实现开发区与当地党委、政府之间在工作上相互支持、产业上相互融通、优势上相互补充的目的。通过一年的实践，这种模式对侯马开发区和侯马市的发展，都发挥出很大的推动作用。

【社会事业】 2014年，侯马经济开发区解决失地农民的利益问题。结合新农村建设，开发区列支专项经费，为所在地乡村修路、打井、建学校，改善农村的生活环境；帮助农民成立运输装卸队，建设商业步行街、自营市场、供水站等项目，解决村民的致富问题；出资与侯马职业中专合作，免费培训区内的劳动者，在区内优先安排农村剩余劳动力就业。抓好安全生产工作，落实两个主体责任，开展安全生产监督检查与专项整治活动，年内开展安全生产专项整治大排查、大治理等4次全面性检查活动，检查各类企业166批次，排查安全隐患290项，完成隐患整改286项，隐患整改率达97%以上。全年没有发生一起大的安全生产事故。抓好信访稳定工作，加大对矛盾的预防和调解力度，妥善解决10余起信访案件，全年没有发生一起越级上访事件。

【党建工作】 2014年，侯马经济开发区对机关各部门进行深度调研，期间共搜集整理13个部门具体问题82项，集中精力逐一研究，本着规范工作的原则，先后对财务管理、行政审批、政府采购等方面29项制度、规章进行修订，通过建制度、定规矩，扎密制度笼子，推动机关廉政建设。开发区还强化财政资金管理工作，成立理财小组，对一般公务支出进行集体研究、集体商定，按照临汾市的要求，协调侯马市审计部门入驻开发区设立机构，对所有涉及的公共财政支出进行严格审计，严把政府资金支出，预防和规避腐败现象发生。推进“六权治本”工作，确定清权、确权、晒权、实施的“四步走”的思路，按照行政许可、非行政许可、行政处罚等11个类别，对12个部门1714项权力进行梳理和公示。按照省委要求，对政府采购、国有资产管理、土地出让及招拍挂、项目招投标等机构进行整合，组建统一的交易平台。

（林广源）

壶口风景区管委会

【概述】 2014年，壶口风景区管委会围绕国务院关于“旅游业战略性支柱产业发展”的决定，以打造“黄河旅游龙头，世界旅游名片”为目标，加快基础建设力度，扩大宣传促销覆盖面，强化内部管理，狠抓旅游安全，促进党的建设，使景区各项工作实现健康快速稳步发展。

【壶口景区展示中心项目】 2014年，壶口风景区完成总投资2258万元，，开展壶口景区展示中心项目。占地面积2000平方米，建筑面积6000平方米。建设项目的立项、土地、环评、选址意见及初步设计等完成批复，建筑设计招投标和建筑土建招投标工作以及项目建设所需的消防、地震等工程手续正在办理之中。投入80余万元，完成三通一平工作，工程现开工建设，预计2015年年底完工投入使用。

【壶口景区内道路拓宽改造工程】 2014年，壶口风景区完成总投资2294万元，开展景区道路拓展改造工程。其中,中央投资800万元,省煤炭资金700万,景区自筹794万元。该项目起始于景区收费口,终点位于马粪滩,全长8千米。道路拓宽至8米。项目前期可研报告、评审意见、立项批复,环境影响评价、项目初步设计、项目图审及招投标等工作已经完成。

【壶口景区旅游开发项目】 2014年,壶口风景区完成总投资6.2亿元,对壶口景区进行整体开发,主要项目包括:明清一条街、演艺厅、生态餐厅、古码头修复、古窑洞群恢复以及其他配套设施。2014年计划投资8000万元,主要建设项目有游客服务中心、游客观光服务中心;游客服务中心建设工程,占地面积5000平方米,建筑面积3200平方米,总投资4600万元。完成前期规划、选址、设计、图审等工作,正在进行立项备案。土建工程、主体钢架完工,网架结构将于12月底竣工,计划在2015年5月以前能投入使用;游客观光服务中心建设工程,占地面积12000平方米,建筑面积6000平方米,总投资1650万元。主要建设集办公、生活、车辆换乘为一体的后勤基地及观光运营线路。投资550万元,购置20辆电瓶车、4辆旅游观光车和6辆旅游中巴。于2014年4月开始试运营,后期将逐步完善配套的办公基地,生活基地,换乘站,修复运营路线。

【克难坡景区开发建设项目】 2014年,壶口风景区开展克难坡景区开发建设。项目总投资5亿元,开发修复克难城窑洞群、古城墙、碉堡群、停车场、建设景点间环形游览道路等基础服务设施。《山西吉县克难坡旅游区文物修复及旅游开发总体规划》,经有关部门和专家评审通过,临汾市旅游局批复该项目的总体规划;克难坡景区一期服务设施工程在吉县发改委、吉县环保局、立项、备案并批复;克难坡文物保护规划,经省有关部门和专家评审通过,得到批复。由于吉县克难坡隶属临汾文物局管辖范围,需要临汾市文物的批文,将山西省文物局的批复呈送临汾市文物局进入审批程序;克难坡一期建设工程的设计图纸初步完成,施工图纸在完善中优化;复建的洪炉台设计图纸完成,施工图纸也在完善中;克难坡景区总体规划投资285万元,完成克难坡总体规划工作量的80%。

【黄河山谷风景区建设项目】 2014年,壶口风景区开展黄河山谷风景区项目建设。项目总投资2.8亿元。设计建设有上下山索道、黄河母亲文化广场、黄河古镇、黄河文化创意体验休闲区、黄河驿站、猕猴幽默剧场、黄河温泉观瀑酒店、聚缘斋(演艺场)、五龙庙、观音院等旅游景观。该项目变压器安装、上下山步行道、游览滑道建设完成,土地、征占林地手续正在办理。

【壶口景区公共卫生间建设项目】 2014年,壶口风景区开展公共卫生间建设。项目共分两个内容:公共卫生间部分:建设面积分别为364.03平方米的公共卫生间两座,化粪池两个。河岸护堤建设部分:卫生间石坝护堤130米、宽13米、长150米,总面积1950平方米的河岸护堤,用于停车位和道路拓宽。以上两项建设工程完成施工,县审计局正在对工程建设内容及工程资金使用情况进行审计。

【壶口至克难坡旅游公路拓宽改造工程】 2014年,壶口风景区开展旅游公路建设。该项目全长13410米,总投资2999.54万元。起点位于吉县壶口镇,途经壶口瀑布旅游景区和马粪滩,终点为克难坡。全线设计采用三级公路技术标准进行改造,路面宽为7.5米,行车速度30千米/小时。其中交通运输局负责实施的路段为K8+100~K13+410段,长5310米,总投资1385.86万元。克难坡景区内道路开挖完成,马粪滩至克难坡上山路弯道全部削平。

【宣传促销】 2014年,壶口风景区按照"大旅游、大宣传、大发展"的工作思路,请进来宣传,走出去推介,打造壶口知名旅游品牌。全年投入宣传资金100余万元,一方面参与中央电视台、广东电视台、山西电视台拍摄壶口系列宣传节目;主动与市文联合作,举办中国·壶口"飞瀑留痕写千古"为主题百名画家壶口写生采风活动,推动景区文化旅游深度融合;参加首届中国西安丝绸之路国际博览会、中国旅游产业博览会、山西临汾2014金秋游(北京)联合推介会,与多家旅行社达成合作意向,对接线路,推广景区旅游资源;另一方面对壶口宣传册进行重新设计,录制壶口宣传片,以图文并茂的形式生动展示壶口的魅力风采,利用景区官方网站、微博、微信等平台大张旗鼓地宣传促销。"十一"黄金周期间,中央电视台、人民网、山西电视台、黄河新闻网、临汾电视台等知名媒体对壶口瀑布的多次直播报道,更加扩大壶口的宣传影响。通过一系列的宣传促销活动,使壶口景区客源地由上年的华东逐渐拓展到南方及东北区域，提高知名度和影响力，提升壶口的品牌竞争力。2014 年，壶口景区共接待国内外游客 125.39 万人次，创收 10.031 亿元，均实现经济效益和社会效益稳定增长。

【优化景区发展环境】 2014 年，壶口风景区管委会坚持“内化于心强素质，外化于行抓管理”的要求，边学习、边讨论、边完善、边落实，使景区走规范化、制度化、程序化、科学化的管理体制。抓制度建设规范化。结合实际，建立《工作议事规则》完善各科室工作职责等 30 余项规章制度。实现制度管人，按程序办事的目标。景区体制机制逐步市场化。完善旅游投资资源配置的市场化模式，成立吉县和临汾两家黄河壶口瀑布旅游开发有限公司，实行企企联合推进壶口景区的开发建设，成立电瓶车运营公司、停车场管理部、市场营销与导游管理科、保洁公司，走政府出资、企业服务市场化运作的新模式，推进景区快速发展。票务管理电商化。投资 5 万余元，建立无线网，注册微官网、微博，完善景区网络。通过与淘宝、携程、同城、美团等网站合作，搭建网上在线售票平台，扩大景区宣传，方便游客游览。采取措施，规范售票、检票行为，打击制售假票和逃票行为，促进票务管理，确保旅游收入稳定增长，保障游客的合法权益。市场管理科学化。强化市场管理，加大对景区社会治安、经营秩序、环境治理等工作的整治力度，整顿经营秩序，规范景区内标识、标牌，拆除有碍观瞻的商业经营性广告；清理清除店外经营设施和有碍景观的堆放物及物品，划设停车线，规范停车行为，营造良好的经营秩序。资源保护经常化。资源保护是壶口旅游景区发展的基础，结合景区实际，严格规定景区内所有建筑必须符合《黄河壶口瀑布风景名胜区(山西)总体规划》，瀑布景观处尽量不建设硬件设施，保护自然景观，保证其原真性。制定多种保护维修措施、工程措施、标志标识措施、展示措施、研究措施，最大限度地保护景区的完整性、永续性，保证景区健康可持续发展。

【安全稳定】 2014 年，壶口风景区树立“没有安全，就没有旅游”的意识，坚持把安全稳定放在工作的重中之重来抓，抓住认识、责任、作风三个关键环节，采取划片分段，实行区域化治理。完善安全制度和应急预案，进行安全隐患大排查和安全应急演练，加大安全设施投入，增加双道防护栏、防护网，增设安全警示标牌。加强消防安全和食品安全管理，防止安全事故发生；强化安全人员的学习教育和业务培训，提高安全防范意识。按照全市“安全生产大检查”活动，结合景区实际，在开展“旅游安全年”活动中，举办景区应急安全演练。邀请陕西壶口景区共同参与，实现晋陕两省安全应急一体化。送三名安全人员进行培训，二名安全人员进行学习，提高安全知识和实际操作能力。宣传形式多样，新的《安全生产法》，挂标语。印册子，循环播放警示语，集中学习培训等，让景区从业人员、游客知晓新安全法，自觉维护和遵守。开展以游览安全、交通安全、食品安全、消防安全为主的专项整治活动，排除安全隐患 20 余处，为景区发展营造安全和谐的良好环境。

附　录

“五一”国际劳动节劳动模范表彰名单

·全国劳动模范·

齐建国　临汾市环卫局清运队清运司机
杨晓敏　霍煤电辛置煤矿综采二小队小队长
郝斌元　临汾公共交通有限公司驾驶员
闫志明　蒲县山中乡白家庄村支部书记
　　　　蒲县正茂核桃综合加工有限公司董事长
王长秀　山西煤销四通二矿安全员
王军良　省信用联合社临汾办事处主任

·全国先进工作者·

马　健　襄汾县邓庄镇镇长

·省五一奖状获得单位·

山西东方恒略精密铸造公司
曲沃立恒钢铁公司
洪洞大槐树寻根祭祖园有限公司
临汾市人民检察院
临汾市环境保护局

·省工人先锋号获得单位·

临汾市公安局刑事案件侦查支队
侯马市地方税务局直属二分局
三维集团丁二醇分厂机泵组
霍州发电厂发电部集控运行三值
山煤国际能源集团临汾有限公司项目部
乡宁农商银行营业部
山西省泰鑫塑胶制品有限公司 PVC 车间
浮山县玉杰食用菌有限责任公司科研组
山西华翔集团有限公司精密制造事业部

·省五一劳动奖章获得者·

杨元福　霍州市自来水公司工人
蔺全意　山西焦化集团建安公司焦化检修车间工人
李国栋　洪洞县昕海煤化有限公司工人
李洪耀　临汾市交警支队南城大队一中队师大附小岗班长
王江琴(女)　临汾市动物卫生监督所高级兽医师
马宏音(女)　汾西县人民医院副主任医师
李慧芬(女)　古县城市绿化环境卫生队清扫工
刘　锋　襄汾县人民法院执行局执行员
牛　辉　侯马经济开发区口岸办公室综合科科长
李定三　临汾汾河种业公司项目经理
徐靖华　尧都区枕头乡枕头村支部书记
张高喜　安泽县府城镇小黄村支部书记
西新贵　大宁县昕水镇古乡村农民
孙都亲　吉县中垛乡安坪村农民
秦慧珍　隰县第一中学教师
冯文记　永和县中医医院院长
李小平　临汾市人民医院影像科主任
许景安　临汾市委副秘书长、市政府信访局局长
单　兵　临汾染化集团有限责任公司董事长
张永弘　山西临汾石油分公司经理
赵学智　临汾供电公司工会主席
宋　芬　临汾市妇幼保健院儿童医院人事科科长
吴临平　临汾市农业委员会农业综合执法支队队长

道德模范好人榜

·第五届山西省道德模范·

王玲霞　翼城县唐兴镇南官庄村村民
张丹华　翼钢公司质检部理化中心主操兼班长

·第三届临汾市"十大道德楷模"·

王玉平　乡宁县第一中学教师

郭小平　临汾市第三人民医院(传染病医院)院长兼临汾红丝带学校校长

刘志东　临汾市好运来礼品有限公司董事长

李章云　汾西县团柏乡柴洼庄村村民

张丹华　生前任翼钢公司质检部理化中心主操兼班长

李五祥　永和县南庄乡北头村村民

郭建平　襄汾县工商局古城工商所干部

葛丽娟　吉县气象局职工
吉县志愿者联合会秘书长

冯丽清　隰县第一小学四(4)班学生

李红英　中国建设银行临汾分行个人金融部六级客户经理

·2014年临汾市入选"中国好人榜"人物·

蔡全红　汾西县僧念镇僧念村人(见义勇为)

王青凡　吉县环卫工人

武来贵　隰县护林员

李红英　中国建设银行临汾分行个人金融部六级客户经理

·2014年临汾市入选"山西好人榜"人物·

武来贵　隰县

许迎辉　隰县

李章云　汾西县团柏乡柴洼庄村村民

裴兴宝　翼城人民检察院退休职工

王青凡　吉县环卫工人

刘志东　临汾市好运来礼品有限公司

贺印娣　临汾市吉县中垛乡三堠村民

统计资料

2014 年临汾市行政区划

表 15

	单位	指标值
市　辖　区	个	1
县	个	14
县　级　市	个	2
街道办事处	个	20
镇	个	75
乡	个	76
村民委员会	个	2961
社区居民委员会	个	151

2014 年临汾市土地面积、自然资源

表 16

	单位	指标值
土地面积	平方千米	20275
水资源总量(2013 年)	亿立方米	15.09
地表水资源量(2013 年)	亿立方米	12.1
煤炭探明保有储量	亿吨	486
铁矿石保有储量	亿吨	1.33
石膏保有储量	万吨	47763
水泥灰岩保有储量	万吨	10247

2014 年临汾市人口

表 17

	单位	2014 年	2013 年
总人口	人	4414596	4390837
男	人	2259249	2259605
女	人	2155347	2131232
性别比	%	104.82	106.02
出生率	‰	11.07	11.02
死亡率	‰	5.67	5.63
自然增长率	‰	5.4	5.39
城镇人口	人	2081037	2005292
比　重	%	47.14	45.67
乡村人口	人	2333559	2385545
比　重	%	52.86	54.33

2014 年临汾市国民经济主要指标(一)

表 18

	单位	2014 年	2013 年	2014 年为 2013 年%
社会从业人员	万人	217.4	216.4	100.5
地区生产总值	亿元	1213.2	1225.0	104.6
第一产业	亿元	94.9	85.8	105.1
第二产业	亿元	659.2	696.3	104.1
第三产业	亿元	459.1	442.9	105.5
农林牧渔业总产值	亿元	182.6	163.5	106.1
规模以上工业增加值	亿元	466.8	522.9	103.0
公路通车里程	千米	18111	18025	100.5
固定资产投资	亿元	1229.4	1036.3	118.6
财政总收入	亿元	197.3	199.5	98.9
#公共财政收入	亿元	118.3	118.1	100.1
公共财政支出	亿元	282.5	265.3	106.9
社会消费品零售总额	亿元	529.5	475.5	111.3
居民消费价格指数	%	101.7	102.5	—

注:地区生产总值、农林牧渔业总产值、规模以上工业增加值发展速度按可比价格计算。

2014年临汾市国民经济主要指标(二)

表19

	单位	2014年	2013年	2014年为2013年%
海关进出口总额	万美元	39949	71704	55.7
城乡居民储蓄存款余额	亿元	1252.7	1175.4	106.6
城镇居民人均可支配收入	元/人	23610	21820	108.2
农村居民人均可支配收入	元/人	8755	7862	111.4
在岗职工平均工资	元/人	41488	39762	104.3
粮食总产量	万吨	275.8	258.2	106.8
#小麦产量	万吨	106.1	83.9	126.5
水果产量	万吨	67.2	57.9	116.0
肉类总产量	万吨	13.2	12.2	108.2
原煤产量	万吨	5011.1	4883.5	102.6
发电量	亿千瓦时	206.3	191.3	107.8
焦炭产量	万吨	1892.4	2021.8	93.6
钢产量	万吨	1035.4	1287.3	80.4
成品钢材产量	万吨	1312.9	1320.7	99.4
洗精煤产量	万吨	4786.0	4512.2	106.1

2014年临汾市国民经济主要指标占全省比重(一)

表20

	单位	山西省	临汾市	占山西省 %
常住人口	万人	3647.96	441.46	12.10
年末社会从业人员	万人	1862.3	217.4	11.67
地区生产总值	亿元	12759.4	1213.2	9.51
人均地区生产总值	元	35064	27557	—
规模以上工业增加值	亿元	5362.5	466.8	8.70
公路通车里程	千米	140000	18111	12.94
固定资产投资	亿元	11977	1229.4	10.26
公共财政收入	亿元	1820.1	118.3	6.50
公共财政支出	亿元	3096.3	282.5	9.12
社会消费品零售总额	亿元	5549.9	529.5	9.54
海关进出口总额	亿美元	162.5	4.0	2.46
城乡居民储蓄存款余额	亿元	14193.9	1252.7	8.83
居民消费价格指数	%	101.7	101.7	—

2014年临汾市国民经济主要指标占全省比重(二)

表21

	单位	山西省	临汾市	占山西省 %
城镇居民人均可支配收入	元/人	24069	23610	—
农村居民人均可支配收入	元/人	8809	8755	—
粮食总产量	万吨	1330.8	275.8	20.72
小麦产量	万吨	259.1	106.1	40.95
玉米产量	万吨	938.1	157.4	16.78
棉花产量	万吨	2.4	0.06	2.50
油料产量	万吨	17.3	1.6	9.25
水果产量	万吨	770.8	67.2	8.72
原煤产量	万吨	97670.0	5011.1	5.13
焦炭产量	万吨	8722.3	1892.4	21.70
生铁产量	万吨	4052.0	1214.1	29.96
钢产量	万吨	4325.4	1035.4	23.94
成品钢材产量	万吨	4701.0	1312.9	27.93
发电量	亿千瓦时	2630	206.3	7.84

2014年临汾市生产总值

表22　（按当年价格计算）单位:万元、%

	2014年	2013年	2014年为2013年 %
全市生产总值	12132411	12249947	104.6
第一产业	949355	857686	105.1
第二产业	6592018	6963000	104.1
第三产业	4591038	4429261	105.5
交通运输、仓储及邮电通信业	794447	738200	108.6
批发和零售业	707437	685900	102.5
住宿和餐饮业	214463	199200	106.2
金融保险业	629459	597000	104.8
房地产业	525757	487500	106.6
其他服务业	1703389	1706900	105.1
营利性服务业	616216	595500	112.0
非营利性服务业	1087173	1111400	101.4

注:2014年为季报数据,发展速度按可比价计算。

2014年临汾市全市生产总值构成

表23　　单位:%

	2014年	2013年	2014年比2013年增减
全市生产总值	100.0	100.0	—
第一产业	7.8	7.0	0.8
第二产业	54.4	56.8	-2.4
第三产业	37.8	36.2	1.7
交通运输、仓储及邮电通信业	6.5	6.0	0.5
批发和零售业	5.8	5.6	0.2
住宿和餐饮业	1.8	1.6	0.1
金融保险业	5.2	4.9	0.3
房地产业	4.3	4.0	0.4
其他服务业	14.0	13.9	0.1
营利性服务业	5.0	4.9	0.1
非营利性服务业	9.0	9.0	0.0

注:2014年为季报数据。

2014年临汾市农林牧渔业总产值

表24　　(当年价格)　　单位:万元

	2014年	2013年	2014年为2013年%
农林牧渔业总产值	1826445	1634563	106.12
农　业	1308751	1129610	108.16
林　业	88458	85207	91.86
牧　业	382314	376883	103.00
渔　业	14009	13086	107.06
农林牧渔服务业	32913	29777	108.58

注:2014年为季报统计数据,发展速度按可比价计算。

2014年临汾市农林牧渔业总产值构成

表25　　单位:%

	2014年	2013年
农林牧渔业总产值	100	100
农　业	71.66	69.11
林　业	4.84	5.21
牧　业	20.93	23.06
渔　业	0.77	0.80
农林牧渔服务业	1.80	1.82

2014年临汾市农林牧渔业增加值

表26　　(当年价格)　　单位:万元

	2014年	2013年	2014年为2013年%
农林牧渔业增加值	965441	872247	105.12
农　业	694551	606658	106.90
林　业	44296	42538	92.16
牧　业	203072	201463	102.22
渔　业	7436	7027	105.70
农林牧渔服务业	16086	14561	108.50

2014 年临汾市农林牧渔业增加值构成

表 27　　单位:%

	2014 年	2013 年
农林牧渔业增加值	100	100
农　业	71.94	69.55
林　业	4.59	4.88
牧　业	21.03	23.10
渔　业	0.77	0.80
农林牧渔服务业	1.67	1.67

2014 年临汾市主要农作物播种面积

表 28　　单位:千公顷

	2014 年	2013 年	2014 年为 2013 年 %
总播种面积	565.53	560.81	100.8
#粮食作物	519.84	512.81	101.4
谷　物	490.06	478.74	102.4
#小　麦	228.42	226.86	100.7
玉　米	242.20	229.20	105.7
谷　子	12.55	15.45	81.2
高　粱	0.83	0.69	120.3
豆　类	19.08	22.44	85.0
薯　类	10.70	11.63	92.0
油　料	8.93	10.61	84.2
棉　花	0.59	1.31	45.0
烟　叶	0.92	0.94	97.9
药　材	5.57	5.41	103.0
蔬　菜	23.62	22.57	104.7
瓜　类	2.28	2.91	78.4
其他作物	3.78	4.25	88.9

2014 年临汾市主要农产品产量

表 29　　单位:吨

	2014 年	2013 年	2014 年为 2013 年 %
粮　食	2757526	2581953	106.8
谷　物	2681074	2504931	107.0
#小　麦	1061231	838785	126.5
玉　米	1574183	1647621	95.5
谷　子	33427	39570	84.5
高　粱	2588	1765	146.6
豆　类	30371	33583	90.4
薯　类	46081	43439	106.1
油　料	15871	19864	79.9
棉　花	564	1513	37.3
麻　类	1	0.9	111.1
烟　叶	2564	2256	113.7
药　材	68364	58604	116.7
蔬　菜	1294086	1172730	110.3
瓜　类	84859	92854	91.4

2014 年临汾市林业生产情况

表 30　　单位:千公顷

	2014 年	2013 年	2014 年为 2013 年 %
当年造林面积	35.16	38.38	91.61
#用材林		0.08	
经济林	14.53	12.23	118.81
防护林	17.99	25.4	70.83
零星植树(万株)	1210.0	1404.0	86.18
育苗面积	7.29	6.96	104.74
幼林抚育作业面积	7.12	7.35	96.87
成林抚育面积	10.77	10.54	102.18
木材产量(立方米)	25588	21403	119.55
核　桃(吨)	27097	15679	172.82
花　椒(吨)	756	857	88.21

注:本表数据由林业局提供。

2014年临汾市水果生产情况

表31

	单位	2014年	2013年	2014年为2013年 %
水果总产量	吨	671961	579290	116.0
#苹　果	吨	549843	456003	120.6
梨	吨	31122	27064	115.0
葡　萄	吨	31358	26138	120.0
红　枣	吨	21317	35404	60.2
柿　子	吨	5281	6180	85.5
桃	吨	23531	23015	102.2
杏	吨	871	536	162.5
果园面积	公顷	55796	53016	105.2
#苹果园	公顷	36909	33689	109.6
梨　园	公顷	4088	4062	100.6
葡萄园	公顷	2317	2225	104.1
其他园	公顷	12482	13040	95.7

2014年临汾市主要牲畜年末存栏情况

表32　　单位:头、只

	2014年	2013年	2014年为2013年 %
一、大牲畜年末头数	87918	95381	92.2
牛	78858	82606	95.5
二、年末猪存栏头数	885462	829852	106.7
#能繁殖母猪	107554	100700	106.8
三、年末羊存栏只数	897690	813598	110.3
#山羊	496398	476451	104.2
绵羊	401292	337147	119.0
四、家禽	12229075	11477000	106.6
五、养兔	1026400	1317200	77.9

2014年临汾市畜牧业主要产品产量

表33　　单位:头、只、吨

	2014年	2013年	2014年为2013年 %
当年出栏的肉猪	1183610	1094844	108.1
猪肉产量	99003	91432	108.3
当年出栏的肉用牛	44238	42791	103.4
牛肉产量	6197	6039	102.6
当年出栏的肉用羊	517123	466356	110.9
羊肉产量	7469	6717	111.2
当年出栏的家禽	10980880	9600000	114.4
禽肉产量	16182	14181	114.1
肉类总产量	132057	122007	108.2
奶类产量	47793	46099	103.7
#牛奶产量	40321	38402	105.0
山羊毛产量	146	133	109.8
绵羊毛产量	432	400	108.0
羊绒产量	49	47	104.3
蜂蜜产量	467	423	110.4
禽蛋产量	111582	113888	98.0
蚕茧产量	8.3	20	41.5

2014年临汾市农业现代化水平

表34

	单位	2014年	2013年
农村用电量	万千瓦时	86758	82863
化肥施用量(实物量)	吨	588664	588708
氮　肥	吨	250933	260396
磷　肥	吨	176153	184462
钾　肥	吨	19307	18812
复合肥	吨	142271	125038
农用塑料薄膜使用量	吨	5918	5956
农用柴油使用量	吨	61155	62093
农药使用量	吨	5152	5160
农业机械总动力	万千瓦	473.1	458.4
大中型拖拉机	混合台	15811	14136
小型拖拉机	台	45119	43164
农用排灌动力机械	台	20841	20748
农用运输车	台	170902	173734

2014 年临汾市乡镇企业发展情况

表 35

	单位	2014 年	2013 年
乡镇企业单位数	个	8847	8777
乡镇企业职工人数	人	317633	331748
乡镇企业工业总产值	万元	8246679	13735503
乡镇企业营业收入	万元	11883648	11424046
农业企业	万元	124336	221166
工业企业	万元	7822897	8189644
建筑业企业	万元	352617	211506
交通运输企业	万元	504873	479956
批发零售贸易业	万元	2146910	1623724
上缴税金	万元	558847	619816
本年新增固定资产	万元	450411	424961
出口产品交货值	万元	37846	36801

注:本表由中小企业局提供。

2014 年临汾市工业企业单位数

表 36　单位:个

	2014 年	2013 年
规模以上工业企业	355	374
♯国有及国有控股	69	66
按轻重工业分		
轻工业	34	33
重工业	321	341
按隶属关系分		
中央企业	8	13
省属企业	46	44
市属企业	6	7
县及县以下企业	295	310
按登记注册类型分		
国有经济	8	17
集体经济	11	20
其他经济	336	337
按企业规模分		
大型企业	26	31
中型企业	102	100
小微型企业	227	243

注:数据均为月报口径,2012 年企业规模分类标准变化。

2014 年临汾市工业总产值

表 37　(当年价格)　单位:万元

	2014 年	2013 年
规模以上工业企业	17091498	19791262
♯国有及国有控股	4983241	6593833
按轻重工业分		
轻工业	384696	371496
重工业	16706802	19419766
按隶属关系分		
中央企业	610484	1149290
省属企业	3966886	5161097
市属企业	77807	116549
县及县以下企业	12436321	13364325
按登记注册类型分		
国有经济	266978	645905
集体经济	422288	858105
其他经济	16402232	18287252
按企业规模分		
大型企业	7145358	9057789
中型企业	4789131	5176790
小微型企业	5157009	5556683

注:数据均为月报口径,2012 年企业规模分类标准变化。

2014 年临汾市工业增加值

表 38　单位:万元

	2014 年	2013 年
规模以上工业企业	4667513	6617901
♯国有及国有控股	1456551	2193530
按轻重工业分		
轻工业	127421	158625
重工业	4540092	6459276
按隶属关系分		
中央企业	199556	358583
省属企业	1085564	1625137
市属企业	27907	36824
县及县以下企业	3354486	4597357
按登记注册类型分		
国有经济	76416	251034
集体经济	170541	365377
其他经济	4420556	6001490
按企业规模分		
大中型企业	2751429	4022447
小微型企业	1916084	2595454

注:数据均为月报口径

2014年临汾市工业企业利税总额

表39　　单位:万元

	2014年	2013年	2014年为2013年%
规模以上工业企业	702126	1063770	66.00
#国有及国有控股企业	227111	375298	60.51
按轻重工业分			
轻工业	23145	29004	79.80
重工业	678981	1034766	65.62
按隶属关系分			
中央企业	63043	68451	92.10
省属企业	95161	220670	43.12
市属企业	1067	−14797	−7.21
县及县以下企业	542854	789446	68.76
按登记注册类型分			
国有经济	48869	117773	41.49
集体经济	38685	71190	54.34
其他经济	614572	874807	70.25
按企业规模分			
大型企业	187675	344493	54.48
中型企业	203629	325921	62.48
小微型企业	310822	393355	79.02

注:数据均为月报口径。

2014年临汾市规模以上工业主要产品产量(一)

表40

	单位	2014年	2013年
轻工产品			
纱	吨	2541.4	4731.5
布	万米	634.6	700.9
饮料酒	千升	4030.0	2487.0
塑料制品	吨	2060.0	2346.5
软饮料	吨	10499.0	6540.0
饲料	吨	168459.1	160346.3
中成药	吨	368.3	529.1
重工产品			
原煤	万吨	5011.1	4883.5
洗精煤	万吨	4786.0	4512.2
发电量	亿千瓦时	206.3	191.3
焦炭	万吨	1892.4	2021.8
#机焦	万吨	1892.4	2021.8
铁矿石原矿量	万吨	777.9	858.3

2014年临汾市规模以上工业主要产品产量(二)

表41

	单位	2014年	2013年
生铁	万吨	1214.1	1288.4
钢	万吨	1035.4	1287.3
成品钢材	万吨	1312.9	1320.7
铸铁件	万吨	71.4	52.8
铁合金	万吨	5.3	12.0
精炼铜	万吨	7.6	5.9
水泥	万吨	364.2	386.0
精甲醇	万吨	100.9	89.5
粗苯	万吨	19.7	20.0
纯苯	万吨	7.4	7.7
甲醛	万吨	13.9	14.0
硫酸	万吨	14.6	13.2
1−4丁二醇	万吨	6.9	7.0
合成氨	万吨	2.6	10.4
化肥	万吨	2.9	10.3

2014年临汾市煤焦产销存情况

表42　　单位:万吨

	年初库存	生产量	销售量	年末库存
原煤	226.98	5011.10	3620.78	209.26
无烟煤	0.00	132.20	132.20	0.00
炼焦烟煤	156.75	4075.93	2782.96	115.30
一般烟煤	70.23	802.97	705.62	93.95
洗精煤	75.86	4786.04	4705.93	67.02
其他洗煤	169.42	1396.57	1296.69	150.82
焦炭	96.21	1892.42	1789.43	122.36

注:本表为规模以上工业月报口径。

2014 年临汾市运输、邮电情况

表 43

	单位	2014 年	2013 年	2014 年为 2013 年　%
公路通车里程	千米	18111	18025	100.5
高速公路	千米	462	462	100.0
一级公路	千米	357	344	103.8
二级公路	千米	1898	1886	100.6
三级公路	千米	2950	2883	102.3
四级公路	千米	11870	11858	100.1
民用汽车	辆	423133	384302	110.1
载重汽车	辆	59731	59725	100.0
载客汽车	辆	354999	313269	113.3
邮电业务总量	亿元	43.40	36.57	118.7
固定电话	万部	52.52	53.90	97.4
固定电话普及率	部/百人	11.93	12.31	96.9
移动电话	万部	397.14	393.61	100.9
移动电话普及率	部/百人	90.20	89.88	100.4

2014 年临汾市固定资产投资完成情况

表 44　　单位：万元、个

	2014 年	2013 年	2014 年为 2013 年　%
一、固定资产投资完成额	12294284	10362704	18.6
其中：国有经济控股	5969102	5377842	11
按建设性质分：			
新建	4097353	2522755	62.4
扩建	2952389	2746244	7.5
改建和技术改造	2565214	3114851	－17.6
单纯建造生活设施	1722998	1245886	38.3
按构成分：			
建筑工程	8493330	6813776	24.6
安装工程	657771	515462	27.6
设备、工具、器具购置	2123738	1800010	18
其他费用	1019445	1233456	－17.4
按产业分：			
第一产业	770754	540929	42.5
第二产业	5056753	4681391	8
采矿业	1923471	2112281	－8.9
制造业	2107423	1721297	22.4
电力、燃气及水的生产和供应	1025859	845265	21.4
第三产业	6466777	5140384	25.8
二、施工项目个数	1806	1586	13.9
本年投产项目个数	1415	1196	18.3
三、新增固定资产	9817494	7927592	23.8

2014 年临汾市财政预算收支

表 45　　单位：万元

	2014 年	2013 年
财政总收入	1972983	1994492
公共财政收入	1182626	1181496
＃工商税收	559800	511062
公共财政支出	2824533	2652646
＃一般公共服务	204247	253417
公共安全	143949	144559
教育	412447	436692
科学技术	13517	16918
文化体育与传媒	65173	40917
社会保障和就业	403373	364226
医疗卫生	294096	235189
节能环保	88657	116841
城乡社区事务	234543	103128
农林水事务	316913	324234

2014 年临汾市金融机构信贷

表 46　　单位：万元

	2014 年	2013 年
银行各项存款余额	18536202	17939590
单位存款	5087081	5443155
＃活期存款	2892653	3765558
定期存款	1382848	986225
储蓄存款	12526889	11753984
财政性存款	670187	588017
银行各项贷款余额	9434016	8457148
境内贷款	9433918	8457148
短期贷款	4669091	4089727
＃个人贷款及透支	1384634	1229362
单位普通贷款及透支	3074670	2622612
中长期贷款	3784376	3519183
＃个人贷款	1311551	1071507
单位普通贷款	2135791	2024801
票据融资	979569	846969
＃贴现	979569	846969

2014年临汾市社会消费品零售总额

表47　　单位:万元

	2014年	2013年	2014年为2013年%
社会消费品零售总额	5294688	4755026	111.3
1.城镇	4459419	4016928	111.0
其中:城区	2562931	2376339	107.9
2.乡村	835269	738098	113.2
一、批发业	506289	439714	115.1
1、限额以上	9960	7929	125.6
2、限额以下	496329	431785	114.9
二、零售业	4381071	3947283	111.0
1、限额以上	1906566	1746109	109.2
2、限额以下	2474505	2201175	112.4
三、住宿业	44242	46439	95.3
1、限额以上	15647	23291	67.2
2、限额以下	28595	23148	123.5
四、餐饮业	363086	321589	112.9
1、限额以上	32945	36313	90.7
2、限额以下	330141	285276	115.7

2014年临汾市限上企业(单位)商品零售类值表(月度)

表48　　单位:万元

指标名称	2014年	2013年	2014年为2013年%
限额以上单位分类合计	1920411	1759508	109.1
粮油、食品、饮料、烟酒类	130961	123660	105.9
服装、鞋帽、针纺织品类	86198	92982	92.7
化妆品类	5581	6853	81.4
金银珠宝类	14772	19403	76.1
日用品类	22421	21418	104.7
五金、电料类	1814	1063	170.7
体育、娱乐用品类	724	771	93.9
书报杂志类	29660	26849	110.5
电子出版物及音像制品类	3300	2988	110.5
家用电器和音像器材类	68413	62985	108.6
中西药品类	42729	35678	119.8
文化办公用品类	8493	9360	90.7
家具类	55037	47129	116.8
通讯器材类	7847	6123	128.2
煤炭及制品类	4040	1203	336.0
石油及制品类	642452	605700	106.1
建筑及装潢材料类	84078	68604	122.6
机电产品及设备类	659	620	106.3
汽车类	701237	616218	113.8
棉麻类	1235	1015	121.7
其他类	8761	8889	98.6

2014年临汾市价格总指数

表49　　(以上年价格为100)　　单位:%

	2014年	2013年
居民消费价格指数	101.7	102.5
食品	101.9	105.5
烟酒	104.0	100.9
衣着	102.6	101.0
家庭设备用品及维修服务	101.9	101.0
医疗保健和个人用品	102.3	100.1
交通和通信	100.6	100.1
娱乐教育文化用品及服务	100.6	100.7
居住	101.6	103.4
工业生产者出厂价格指数	88.9	89.9
＃轻工业	99.3	101.6
重工业	88.5	89.5
＃生产资料	88.7	89.7
工业生产者购进价格指数	91.6	91.6

2014年临汾市对外贸易和旅游

表50

	单位	2014年	2013年
海关进出口总额	万美元	39949	71704
出口	万美元	17601	16213
一般贸易	万美元	17194.3	15599
加工贸易	万美元	229.6	415
进口	万美元	22348	55491
新批三资企业协议资金	万美元	3350	3760
新批三资企业项目	个	2	3
接待旅游者人数	万人次	2630.2	2142.7
＃外国人	人次	12252	53945
港澳台同胞	人次	21976	109493
旅游总收入	亿元	242.3	195.0
旅游外汇收入	万美元	1430.2	3509.5
国内旅游收入	亿元	241.4	192.8

2014年临汾市社会从业人员

表51　　单位：人

	2014年	2013年
总　计	2174168	2164109
按城乡分		
乡村	1588667	1582992
城镇	585501	581117
城镇国有单位	204258	217750
城镇集体单位	12035	16636
城镇其他单位	143297	134835
城镇私营单位	112900	106777
城镇个体	113011	105119
按三次产业分		
第一产业	878880	868602
第二产业	501443	515046
工业	341563	354062
建筑业	159880	160984
第三产业	793845	780461
#交通运输、仓储和邮电业	129151	133039
批零贸易、住宿餐饮业	306962	291314

2014年临汾市城镇非私营在岗职工平均工资

表52　　单位：元

	2014年	2013年
全市平均工资	41488	39762
按企业事业机关分组		
企业	46567	46396
事业	36683	33087
机关	36645	34135
按国民经济行业分组		
农、林、牧、渔业	27504	26941
采矿业	54081	58045
制造业	33349	34077
电力、燃气及水的生产和供应业	69578	64858
建筑业	29992	26506
批发和零售业	37730	30349
交通运输、仓储和邮政业	26364	24775
住宿和餐饮业	19945	18427
信息传输、计算机服务和软件业	65815	64170
金融业	79001	72210
房地产业	32680	26737
租赁和商务服务业	36750	27671
科学研究、技术服务和地质勘查业	38082	36242
水利、环境和公共设施管理业	21022	19390
居民服务和其他服务业	17651	19617
教育	41784	38004
卫生、社会保障和社会福利业	36207	32166
文化、体育和娱乐业	28383	26028
公共管理和社会组织	35651	33066

2014年临汾市教育、文化、卫生

表53

	单位	2014年	2013年
高等学校数	个	4	4
高等学校专任教师数	人	2958	2979
高等学校在校学生数	人	47475	43263
中等职业学校数	个	52	55
中等职业学校在校学生数	人	29160	29508
中等职业学校专任教师数	人	2402	2465
普通中学数	个	288	297
普通中学在校学生数	人	242825	251994
普通中学专任教师数	人	21480	21990
小学校数	个	1051	1249
小学校在校学生数	人	274218	281344
小学校专任教师数	人	21426	22405
电视人口覆盖率	%	98.86	98.73
文化法人增加值	亿元	17.22	14.5
文化法人增加值占GDP比重	%	1.41	1.19
规模以上工业企业R&D经费支出	万元	49073	40463.5
规模以上工业企业R&D经费支出占GDP比重	%	0.4	0.33
医院数	个	168	173
医院床位数	张	13997	12947
执业医师和执业助理医师	人	9831	9493

注：文化法人增加值及占GDP比重和规模以上工业企业R&D经费及占GDP比重四项指标为2012和2013年数据。

2014年临汾市环保

表54

	单位	2014年
工业废水排放总量	万吨	6929
工业废气排放总量	万标m^3	25901716
二氧化硫	万吨	8.82
烟　尘	万吨	5.47
工业固体废物产生量	万吨	3010
工业固体废物综合利用量	万吨	2237
综合利用率	%	74.32
当年完成环保验收项目投资基金	万元	30355
生态影响类项目	万元	13560
城市基础设施项目	万元	2026
工业企业类项目	万元	14769
其他类项目	万元	
当年完成环保验收项目数	个	45

注：本表数据为环保厅暂审定数据，正式数据以市环保局发布为准。

2014年临汾市分县市区行政区划及国土面积

表55 单位:个、平方千米

	办事处	镇	乡	村民委员会	社区居民委员会	国土面积
全　市	20	75	76	2961	151	20275
尧都区	10	10	6	372	62	1316
曲沃县		5	2	158	0	437
翼城县		6	4	212	6	1149
襄汾县		7	6	348	6	1028
洪洞县		9	7	463	4	1494
古　县		4	3	111	4	1191
安泽县		4	3	103	4	1959
浮山县		2	7	185	2	938
吉　县		3	5	79	0	1780
乡宁县		5	5	182	7	2025
大宁县		2	4	84	0	963
隰　县		3	5	97	3	1413
永和县		2	5	79	4	1213
蒲　县		4	5	93	2	1509
汾西县		5	3	120	0	875
侯马市	5		3	76	28	221
霍州市	5	4	3	199	24	764

注:本表中办事处、乡、村民委员会、社区居民委员会个数由市民政局提供。

2014年临汾市分县市区生产总值

表56 单位:万元

	2014年	2013年	2014年为2013年 %
全　市	12132411	12249947	104.6
尧都区	2495149	2412444	103.7
曲沃县	872658	929646	107.1
翼城县	687928	825871	96.5
襄汾县	1222388	1211262	106.9
洪洞县	1656033	1649074	106.3
古　县	447462	495175	108.6
安泽县	462685	469455	104.7
浮山县	469558	422128	105.9
吉　县	187068	175214	105.1
乡宁县	834249	825749	106.0
大宁县	47768	45017	104.3
隰　县	126453	113828	103.7
永和县	65521	63163	103.9
蒲　县	524864	512225	108.1
汾西县	188965	183585	105.7
侯马市	852478	849002	108.5
霍州市	890295	877883	101.7

注:2014年为季报数据,发展速度按可比价计算。

2014年临汾市分县市区交通邮电情况

表57

	公路通车里程(千米)	邮政电信业务总量(万元)	固定电话用户(户)	移动电话用户(户)
全　市	18111	433957	525232	3971440
尧都区	1642	147161	161298	1249773
曲沃县	608	19886	31277	198326
翼城县	1248	27247	38482	258240
襄汾县	1362	36236	41825	367897
洪洞县	2087	51904	68007	509771
古　县	927	8363	10010	76418
安泽县	890	7226	11623	62741
浮山县	863	10184	9328	102998
吉　县	1482	7375	8135	74406
乡宁县	1229	20786	14574	197359
大宁县	835	3837	3830	37057
隰　县	866	8925	8423	85742
永和县	895	3989	2672	38408
蒲　县	944	10696	9223	95075
汾西县	734	9647	10088	93971
侯马市	411	30999	52568	252727
霍州市	1089	29495	43869	270534

2014年临汾市分县市区财贸经济指标

表58 单位:万元

	财政总收入	公共财政收入	公共财政支出	社会消费品零售总额
全　市	1972983	1182626	2824553	5294688
尧都区	382699	159572	337963	2080113
曲沃县	62660	30159	113734	186088
翼城县	69419	45007	144013	357583
襄汾县	132947	74660	204306	370203
洪洞县	210224	114732	302807	488602
古　县	84883	47800	94826	83883
安泽县	83908	48827	91528	79094
浮山县	33185	19833	86001	73985
吉　县	26059	12021	92250	60844
乡宁县	232810	129216	184829	170457
大宁县	6228	3518	73307	27410
隰　县	15863	9300	104396	82526
永和县	10008	4405	71305	39706
蒲　县	183045	100031	154164	66146
汾西县	17551	14058	94071	98235
侯马市	87462	43826	121870	743491
霍州市	156019	72053	148592	286322

2014年临汾市分县市区海关进出口总额

表 59　　单位：万美元

	海关进出口总额	#出口	合同利用外资	外商直接投资
全　市	39949	17601	3350	14913
尧都区	6070	6069	350	7800
曲沃县	560	560		
翼城县	758	758		
襄汾县	625	625		
洪洞县	7381	7303	3000	
古　县				
安泽县				
浮山县	32	32		
吉　县	31	31		
乡宁县	52			
大宁县				
隰　县				
永和县				
蒲　县				
汾西县				
侯马市	23570	1889		24
霍州市				7089

2014年临汾市分县市区固定资产投资情况

表 60　　单位：万元

	2014年	2013年	2014年为2013年%
全　市	12294284	10362704	18.6
跨县市	13524	233685	－94.2
尧都区	2675255	2390728	11.9
曲沃县	728178	571272	27.5
翼城县	689293	545450	26.4
襄汾县	1051813	833563	26.2
洪洞县	1411611	1389402	1.6
古　县	502385	394625	27.3
安泽县	527786	416447	26.7
浮山县	380241	299759	26.8
吉　县	290660	224898	29.2
乡宁县	607431	509870	19.1
大宁县	104018	80593	29.1
隰　县	221997	169200	31.2
永和县	109624	70654	55.2
蒲　县	504001	367574	37.1
汾西县	269942	209366	28.9
侯马市	689802	460766	49.7
霍州市	1516723	1194852	26.9

2014年临汾市分县市区城镇居民收入

表 61

	人均可支配收入(元)	增长(%)
全　市	23610	8.2
尧都区	26258	9.1
曲沃县	24287	8.3
翼城县	23541	7.4
襄汾县	24190	8.9
洪洞县	21615	7.7
古　县	24450	7.3
安泽县	22050	9.0
浮山县	23063	9.3
吉　县	15842	8.4
乡宁县	22865	8.2
大宁县	15466	8.1
隰　县	18368	7.9
永和县	16589	7.2
蒲　县	21606	7.0
汾西县	20219	8.7
侯马市	22791	9.4
霍州市	23594	7.8

2014年临汾市分县市区农村居民收入

表 62

	人均可支配收入(元)	增长(%)
全　市	8755	11.4
尧都区	11306	11.8
曲沃县	11361	11.4
翼城县	8975	10.5
襄汾县	10391	12.2
洪洞县	9294	12.0
古　县	7991	10.7
安泽县	7300	11.1
浮山县	6993	11.7
吉　县	3978	11.0
乡宁县	7611	10.8
大宁县	2541	12.3
隰　县	4432	11.9
永和县	2761	11.5
蒲　县	6959	10.2
汾西县	2952	9.9
侯马市	11823	12.5
霍州市	10868	9.8

2014年临汾市规模以上工业总产值及工业增加值行业构成(一)

表63　　单位:万元、%

行业名称	单位个数	现价工业总产值	产值占比	工业增加值	增加值占比
总　计	355	17091498	100.00	4667513	100.00
煤炭开采和洗选业	139	5329482	31.18	2314594	49.59
黑色金属矿采选业	30	1239062	7.25	415705	8.91
非金属矿采选业	1	2546	0.01	610	0.01
农副食品加工业	7	109507	0.64	18910	0.41
食品制造业	3	33495	0.20	11402	0.24
酒、饮料和精制茶制造业	2	71310	0.42	42300	0.91
纺织业	5	10023	0.06	2124	0.05
纺织服装、服饰业	1	3207	0.02	1199	0.03
文教、工美、体育和娱乐用品制造业	1	2840	0.02	686	0.01
石油加工、炼焦和核燃料加工业	35	2044319	11.96	311108	6.67
化学原料和化学制品制造业	12	622727	3.64	153139	3.28
医药制造业	6	54329	0.32	15411	0.33
橡胶和塑料制品业	5	57228	0.33	10032	0.21
非金属矿物制品业	23	141014	0.83	38315	0.82
黑色金属冶炼和压延加工业	46	5752619	33.66	924977	19.82
炼铁	22	1162214	6.80	183862	3.94

注:本表数据均为月报口径。

2014年临汾市规模以上工业总产值及工业增加值行业构成(二)

表64　　单位:万元、%

行业名称	单位个数	现价工业总产值	产值占比	工业增加值	增加值占比
炼钢	3	386596	2.26	48904	1.05
黑色金属铸造	11	437020	2.56	85612	1.83
钢压延加工	9	3743444	21.90	602695	12.91
铁合金冶炼	1	23345	0.14	3903	0.08
有色金属冶炼和压延加工业	3	352096	2.06	10601	0.23
金属制品业	2	195285	1.14	117803	2.52
专用设备制造业	6	270065	1.58	68802	1.47
汽车制造业	6	57556	0.34	16576	0.36
电气机械和器材制造业	8	56939	0.33	15677	0.34
其他制造业	1	23397	0.14	7859	0.17
废弃资源综合利用业	1	2245	0.01	446	0.01
金属制品、机械和设备修理业	2	8393	0.05	7898	0.17
电力、热力生产和供应业	8	629131	3.68	153384	3.29
燃气生产和供应业	1	16169	0.09	4259	0.09
水的生产和供应业	1	6513	0.04	3698	0.08

2014年临汾市规模以上工业企业主要经济指标

表65

单位：千元、人

	资产合计	流动资产年平均余额	负债合计	主营业务收入	利润总额	从事工业生产活动的从业人员平均人数
规模以上工业企业	226426194	94152920	174934912	159433444	7813	162724
＃国有及国有控股企业	125091654	45733248	97315509	52426464	－788629	85694
按轻重工业分						
轻工业	4401467	2624750	2557141	2979148	151301	7544
重工业	222024727	91528170	172377771	156454296	－143488	155180
按隶属关系分						
中央企业	12681424	2179149	9680559	3731363	255205	5189
省属企业	102031016	38050698	81756999	44993774	－1263631	72143
市属企业	1180507	735018	845562	612762	－21080	2301
县及县以下企业	110533247	53188055	82651792	110095545	1037319	83091
按登记注册类型分						
国有经济	6593138	1257503	5299859	2583738	291856	3930
集体经济	400832	313812	242411	3954512	124991	752
其他经济	219432224	92581605	169392642	152895194	－409034	158042
按企业规模分						
大型企业	117138489	52036429	85811168	72687245	－498072	83958
中型企业	79329194	30408467	66620989	40083973	－441288	53811
小微型企业	29958511	11708024	22502755	46662226	947173	24955

注：本表数据均为月报口径。

2014年临汾市主营业务收入上亿元工业企业主要经济指标(一)

表66

单位：千元、人

企业名称	企业类型	工业总产值	资产总计	负债合计	主营业务收入	从事工业生产活动的从业人员平均人数
霍州煤电集团有限责任公司(集团)	大型	13127000	40646012	33694157	26618621	56302
山西立恒钢铁股份有限公司	大型	16704833	12595181	7671724	13837637	6417
山西焦化集团有限公司	大型	5007371	15429590	10163516	6160115	7194
山西通才工贸有限公司	大型	6910894	6880746	7965361	5765549	2300
山西三维集团股份有限公司	大型	2072086	6020614	4251557	5383440	3024
山西新临钢钢铁有限公司	大型	4623852	2006511	1526367	4917026	1651
襄汾县星原钢铁集团有限公司	大型	4698101	1954665	548797	4658212	3815
侯马北铜铜业有限公司	中型	3482055	638251	454087	3115074	1014
山西中升钢铁有限公司	大型	3434063	1193102	1023845	2919657	1350
山西永鑫煤焦化有限责任公司	大型	2469080	3699981	2393460	2453914	1743
山西兆光发电有限责任公司	中型	2470645	5682216	4887976	2436516	635
襄汾县新金山特钢有限公司	大型	2309455	1902310	1246719	2310188	2149
蒲县宏源煤业集团有限公司	中型	2338271	7476601	5461453	2238487	522
山西汾河焦煤股份有限公司	大型	2149361	5792168	3648037	2173126	6455
山西省翼城城东钢铁有限责任公司	中型	2073072	413979	348261	2073072	695
临汾万鑫达焦化有限责任公司	大型	1774468	5769858	3853543	1993287	1818
临汾志强钢铁有限公司	大型	2021588	1461072	1790779	1936442	1220

注：1、按主营业务收入排序；2、霍州煤电集团为集团数据，包括汾河焦煤等二级法人；3、2012年企业规模分类标准变化；4、数据均为月报口径。

2014年临汾市主营业务收入上亿元工业企业主要经济指标(二)

表67　　单位:千元、人

企业名称	企业类型	工业总产值	资产总计	负债合计	主营业务收入	从事工业生产活动的从业人员平均人数
霍州煤电集团辛置实业有限公司	中型	512458	176447	118869	1881793	702
中国国电集团公司霍州发电厂	大型	1670130	3896368	2963980	1670130	936
山西建邦集团铸造有限公司	中型	1854838	2032620	2093819	1510978	845
山西光大焦化气源有限公司	大型	1478857	1337170	518320	1485745	1436
酒钢集团翼城钢铁有限责任公司	大型	2107867	1439160	717944	1434818	2286
太钢集团临汾钢铁有限公司	大型	1014763	2648015	3301203	1389926	4938
翼城县宏信冶金技术有限公司	小型	1301588	68673	49680	1289540	251
襄汾县陶寺祺祥选矿厂	小型	1481529	131000	103987	1170523	120
山西华翔集团有限公司	大型	1265684	1654836	1244102	1142889	2300
襄汾县大邓永吉选矿厂	小型	1362702	202852	148874	1077042	104
古县利达焦化有限公司	中型	693160	1530780	1596197	1043748	720
山西华强钢铁有限公司	中型	1203836	371670	321495	1008556	629
山西寰达实业有限责任公司	小型	1270013	236613	404418	1008521	231
山西玉和泰煤业有限公司	大型	958394	682768	338211	969194	1100
山西大唐国际临汾热电有限责任公司	小型	916464	2496813	2124073	918867	243
曲沃县闽光焦化有限责任公司	中型	1041519	720700	622271	900760	750
霍州煤电集团白龙工贸有限公司	中型	827869	145053	120959	827869	633

2014年临汾市主营业务收入上亿元工业企业主要经济指标(三)

表68　　单位:千元、人

企业名称	企业类型	工业总产值	资产总计	负债合计	主营业务收入	从事工业生产活动的从业人员平均人数
山西临汾热电有限公司	中型	819058	3509764	3513374	819058	440
襄汾县陶临铁矿	小型	960467	60451	50560	768374	100
山西同世达煤化工集团有限公司	大型	735748	2594803	2559332	736344	1493
山西励鑫铸业有限公司	中型	728213	369178	320126	726311	405
古县华东煤化有限公司	小型	649205	349682	357475	688052	112
山西乡宁焦煤集团台头煤焦有限责任公司	大型	668488	1554556	975498	685348	972
山西乡宁焦煤集团台头前湾煤业有限公司	微型	688444	1243012	486660	679535	1817
翼城县飞翔铸管有限公司	中型	1309954	240591	154195	675589	660
晋源实业有限公司	中型	1168645	315156	280412	651779	750
霍州煤电集团李雅庄工贸有限公司	中型	643507	62307	33634	643570	642
襄汾县金峰铁矿	小型	802141	57120	50147	641713	85
山西安泽玉华煤业有限公司	中型	1029594	995759	575602	631945	586
山西省襄汾县宏源煤焦化工有限公司	中型	628668	785694	525451	630743	318
山西乡宁焦煤集团申南凹焦煤有限公司	大型	649997	1652141	1117082	629807	1344
古县晋豫焦化有限责任公司	中型	553096	554715	753349	627651	410
山西太岳焦化有限公司	中型	659348	565070	323629	599670	686
古县宇安煤业有限责任公司	小型	603608	205917	144335	573566	51

2014年临汾市主营业务收入上亿元工业企业主要经济指标（四）

表69

单位：千元、人

企业名称	企业类型	工业总产值	资产总计	负债合计	主营业务收入	从事工业生产活动的从业人员平均人数
古县正泰煤气化有限公司	中型	549980	483912	541673	573492	568
蒲县金浩轩洗煤有限责任公司	小型	569993	30276	18702	569993	62
山西三维瑞德焦化有限公司	小型	544930	724483	1216005	569793	141
安徽省皖北煤电集团临汾天煜能源发展有限公司	中型	727278	2039058	1311144	561505	895
翼城县创新冶炼有限责任公司	中型	576956	101846	77194	541379	740
山西翼城首旺煤业有限责任公司	大型	647688	968750	208475	536866	1102
山西霍宝干河煤矿有限公司	大型	552600	2055613	792422	531836	1954
洪洞县赵城镇明达洗煤厂	小型	529478	26981	1656	529478	87
洪洞县富晟园洗煤有限公司	小型	528449	61852	37302	528449	85
洪洞县蕾盛精煤厂	小型	528082	21732	9582	528082	75
洪洞县赵城昭阳洗煤厂	小型	527293	16172	17263	527293	82
洪洞县万森源煤化有限公司	小型	523725	28716	1595	523725	98
洪洞县腾跃煤化有限公司	小型	522721	32712	23815	522721	84
洪洞县远泰福利洗煤厂	小型	522542	18554	9389	522542	86
山西风雷钻具有限公司	大型	533607	996392	1081429	520108	1068
洪洞县鸿淇煤化有限责任公司	小型	513161	22950	5828	513161	87
洪洞县龙泽选煤厂	小型	512746	29113	11692	512746	107

2014年临汾市主营业务收入上亿元工业企业主要经济指标（五）

表70

单位：千元、人

企业名称	企业类型	工业总产值	资产总计	负债合计	主营业务收入	从事工业生产活动的从业人员平均人数
洪洞县泽宇洗煤厂	小型	511667	17520	5060	511667	85
洪洞县双益选煤厂	小型	511666	58431	4758	511666	89
洪洞县佳源洗煤有限公司	小型	510709	28458	637	510709	84
洪洞县赵城孙堡振兴煤化厂	小型	510512	19660	13269	510512	102
洪洞县铭瑞煤化厂	小型	509139	11567	4922	509139	84
洪洞县赵城康福洗煤厂	小型	507909	32848	2605	507909	85
洪洞县茂延洗煤有限公司	小型	506087	36298	8990	506087	118
洪洞县陆合煜明洗煤有限责任公司	小型	504842	50047	40038	504842	97
洪洞县永丰洗煤厂	小型	503283	30544	12396	503283	83
洪洞县好义宏业洗煤厂	小型	500140	75144	34249	500140	88
霍州煤电集团曹村工贸有限公司	中型	438471	139094	124625	498473	525
洪洞县康老洗煤有限公司	小型	494357	190056	186516	494357	57
洪洞县慧鹏煤化有限公司	小型	494152	30097	20944	494152	79
洪洞县运旺煤化有限公司	小型	492497	35825	1746	492497	83
洪洞县鸿立选煤厂	小型	480535	21378	14003	480535	89
霍州市泓源煤业有限公司	小型	476520	99859	29010	476520	40
洪洞县虎头山洗煤厂	小型	473218	24808	4262	473218	82

2014年临汾市主营业务收入上亿元工业企业主要经济指标(六)

表71　　　　单位:千元、人

企业名称	企业类型	工业总产值	资产总计	负债合计	主营业务收入	从事工业生产活动的从业人员平均人数
襄汾县鸿达钢铁集团有限公司	中型	698920	606188	122995	470867	612
山西乡宁焦煤集团神角煤业有限公司	中型	470730	625322	129238	466711	859
临汾顺泰实业有限公司	中型	628669	992855	1143807	465094	535
山西鼎浩能源有限公司	中型	450823	534889	574580	464094	420
洪洞县兴泰选煤有限公司	小型	459596	8725	7185	459596	85
洪洞县赵城镇常鑫洗煤厂	小型	453025	33250	11500	453025	66
洪洞县堤村乡飞跃煤焦厂	小型	443285	19440	1319	443285	82
洪洞县段家山洗煤厂	小型	438487	13971	5288	438487	81
古县飞龙煤化有限公司	中型	567114	459328	795412	435248	292
霍州市锦兴煤业有限公司	小型	423508	56742	9700	423508	285
霍州市贝源煤业有限公司	小型	421410	74510	28140	421410	40
霍州市宝峰煤业有限公司	小型	418446	45312	9648	418446	284
古县金翔龙煤业有限责任公司	小型	418059	225138	298967	418059	80
山西远中焦化有限公司	中型	414156	245052	274847	395088	524
翼城县华煜离心球墨铸管有限责任公司	微型	406788	194408	150399	383837	360
蒲县鑫永鑫精密铸造有限公司	小型	383040	29046	5800	383040	128
浮山县康达冶炼有限公司	小型	422268	293242	25114	372524	152

2014年临汾市主营业务收入上亿元工业企业主要经济指标(七)

表72　　　　单位:千元、人

企业名称	企业类型	工业总产值	资产总计	负债合计	主营业务收入	从事工业生产活动的从业人员平均人数
山西海姿焦化有限公司	中型	459324	795891	1181563	370825	508
古县东方洗煤厂	小型	392859	618876	532185	368799	80
洪洞县诚信洗煤厂	小型	365198	53855	6808	365198	83
洪洞县舜风煤业有限责任公司	小型	360173	17000	13863	360173	60
洪洞县尧业煤化有限公司	小型	394483	57900	30100	356348	50
山西古县老母坡煤业有限公司	中型	339232	692588	363929	350644	438
山西潞安集团蒲县黑龙煤业有限公司	中型	351284	2598002	3034530	349414	450
大同煤矿集团临汾宏大矿业有限责任公司	大型	452740	4324224	3157345	346220	1924
襄汾县新兴冶炼有限公司	中型	345594	157000	141223	345594	320
古县锦华焦化有限公司	小型	313391	214145	399526	344501	350
山西贾罕世纪洗煤有限公司	小型	352375	160443	60154	340580	79
乡宁县台头镇后店洗煤厂	小型	340331	68464	45305	340331	35
乡宁县吉宏洗煤有限公司	小型	332775	75479	69305	333210	44
山西建滔万鑫达化工有限责任公司	中型	329166	563387	316558	329968	469
汾西县朝阳食品有限责任公司	中型	385880	14619	—4027	329358	532
浮山县天顺地宝铁矿有限公司	小型	378809	44468	4826	329216	101
霍州市陈文军洗煤厂	小型	325366	164111	56001	325366	66

2014年临汾市主营业务收入上亿元工业企业主要经济指标(八)

表73

单位:千元、人

企业名称	企业类型	工业总产值	资产总计	负债合计	主营业务收入	从事工业生产活动的从业人员平均人数
浮山县南畔东沟铁矿有限公司	小型	367945	57566	25159	321963	168
襄汾县强盛铁合金厂	微型	301964	179638	78646	320795	310
浮山鸿飞矿业有限公司	小型	378427	90094	77098	320042	325
山西乡宁焦煤集团毛则渠煤炭有限公司	中型	323994	2600969	579822	317892	909
临汾晋能焦化有限公司	中型	785437	511173	460045	314803	419
浮山县玉生选矿有限责任公司	小型	367732	34571	21672	312403	86
山西华德冶铸有限公司	中型	327794	151158	121597	310686	450
乡宁县福星洗煤厂有限公司	小型	306026	41402	32103	310654	70
山西省浮山县尧浮选矿厂	小型	360991	22369	2315	310321	80
浮山县新通选矿有限公司	小型	367515	62031	18035	310021	70
山西云鹏制药有限公司	中型	325940	167276	92636	308527	407
山西锦城铁业有限公司	小型	366706	9649	7937	304400	152
浮山县烜通选矿有限公司	小型	357699	63361	62441	301261	88
浮山县集成行选矿总厂	小型	341028	12613	4102	289687	72
山西潞安集团蒲县伊田煤业有限公司	中型	285150	2095008	2438051	284794	601
隆水实业集团有限公司	中型	386907	607815	618638	281466	646
浮山县国明选矿厂	小型	349995	26411	17759	281362	81

2014年临汾市主营业务收入上亿元工业企业主要经济指标(九)

表74

单位:千元、人

企业名称	企业类型	工业总产值	资产总计	负债合计	主营业务收入	从事工业生产活动的从业人员平均人数
山西华晋明珠煤业有限责任公司	中型	402403	643127	172580	275633	658
山西乡宁隆博煤业有限公司	中型	346362	482096	429065	273691	416
山西临汾染化集团有限责任公司	中型	313931	339322	273040	270179	981
洪洞县光荣福利煤焦厂	小型	295559	48417	49994	270175	70
浮山县新华选矿厂	小型	320131	98312	46201	265316	80
山西蒲县宏源集团郭家山煤业商贸有限公司	小型	264008	890308	737936	264008	226
浮山县地方国营圪塔岭金矿	小型	294046	7573	6716	263192	90
浮山县北峰选矿厂有限责任公司	小型	290888	50143	25016	259034	85
洪洞县鑫基福利焦化厂	小型	257950	44545	1122	257950	72
山西乡宁瑞政煤业有限公司	中型	271045	608852	535422	254870	471
浮山县圣鑫选矿厂	小型	302815	67811	27005	254417	240
山西安鑫煤业有限公司	中型	635503	1704668	485524	253374	900
山西潞安集团蒲县隰东煤业有限公司	中型	250630	587099	671914	250630	494
翼城县永欣铸造有限公司	小型	241467	97070	29878	248102	140
阳泉煤业集团安泽登茂通煤业有限公司	中型	368649	1136906	1001994	247490	687
浮山县鼎圣选矿厂	小型	279122	115547	22348	247156	78
山西蒲县蛤蟆沟煤业有限公司	中型	249695	698391	513258	246808	396

2014年临汾市主营业务收入上亿元工业企业主要经济指标(十)

表75

单位:千元、人

企业名称	企业类型	工业总产值	资产总计	负债合计	主营业务收入	从事工业生产活动的从业人员平均人数
汾西县朝阳农牧有限责任公司	小型	335428	12751	8154	246591	90
汾西县鑫鑫洗煤厂	小型	264677	46016	32129	242558	68
古县安安煤化有限公司	小型	399544	292087	245353	242199	78
浮山县怀明选矿厂	小型	276494	51236	26199	235126	82
山西永昌源煤气焦化集团有限公司	中型	223088	559970	755605	234588	668
霍州煤电集团团柏工贸有限公司	中型	230821	150422	119480	230821	464
侯马市特种机械厂	中型	233969	753457	251154	230584	889
吉县昌盛煤业有限公司	小型	225917	83261	49563	225917	50
山西古县晋辽柳沟煤业有限公司	中型	261023	1309060	1574884	225802	787
安泽县风山选煤厂	小型	396319	289113	169887	225525	68
山西宏强煤焦集团有限公司	中型	252603	772715	857997	224173	828
山西中条山新型建材有限公司	中型	319293	445634	341345	221222	412
山西华翔同创铸造有限公司	中型	177771	425629	241627	220201	510
山西鸿丰达铸业有限公司	小型	213046	45709	18332	217490	290
蒲县众鑫煤焦铁有限公司	小型	222520	28713	21800	216271	48
襄汾县龙腾达化工有限公司	小型	209077	129924	111484	215102	160
蒲县吴锦煤业有限责任公司	小型	438410	79058	44817	214895	30

2014年临汾市主营业务收入上亿元工业企业主要经济指标(十一)

表76

单位:千元、人

企业名称	企业类型	工业总产值	资产总计	负债合计	主营业务收入	从事工业生产活动的从业人员平均人数
山西汤荣机械制造股份有限公司	中型	216575	325676	183160	213553	710
蒲县新兴煤焦有限公司	小型	213168	21736	10847	213168	65
山西华宁焦煤有限责任公司	中型	247902	1805086	1096901	210413	926
襄汾县腾达焦化有限公司	中型	800893	150968	54141	208858	470
山西蔺润煤业有限公司	中型	233756	655942	448540	208555	425
乡宁县光华福利洗煤厂	小型	237272	48908	15555	206999	66
霍州中冶焦化有限责任公司	中型	52647	309670	940258	202920	670
山西光宇半导体照明股份有限公司	中型	183558	353265	114194	200732	510
襄汾县众泰冶炼实业有限公司	中型	603708	198643	147543	190350	460
山西翼众农牧有限公司	中型	96452	496481	320833	188658	281
山西蒲县宏源集团官庄河煤业有限公司	小型	212582	1270674	792324	187947	624
山西太子湖食品有限公司	小型	200269	90748	32442	186475	182
山西蒲县宏源集团富家凹煤业有限公司	小型	222740	1409601	1075776	184876	530
浮山县城南选矿厂	小型	213744	34735	9912	184120	42
山西古县晋辽下辛佛煤业有限公司	中型	239249	1088052	1258253	183751	742
临汾市巨腾洗煤有限公司	小型	180065	10336	8421	181487	30
汾西县玉匣铸业有限公司	微型	260730	67652	23753	175218	38

2014年临汾市主营业务收入上亿元工业企业主要经济指标(十二)

表77 单位:千元、人

企业名称	企业类型	工业总产值	资产总计	负债合计	主营业务收入	从事工业生产活动的从业人员平均人数
山西省蒲县开拓煤焦有限责任公司	小型	294861	54266	8614	171390	90
乡宁呈祥洗煤有限责任公司	小型	219289	39057	11925	168271	36
浮山县晋盛选矿有限责任公司	小型	199986	26983	21839	166580	70
山西蒲县北峪煤业有限公司	小型	161288	319899	226924	161288	108
临汾市尧都区民富实业有限公司	微型	160734	53240	39930	160734	18
临汾四通焦化有限公司	中型	321858	2831991	2487451	156437	650
山西同世达煤化工集团隆顺焦铁有限公司	中型	136723	503476	450099	152065	457
安泽县东宝洗煤厂	小型	388233	69998	19987	150052	60
山西省泓翔煤业有限公司	中型	252881	1132096	672297	147017	490
山西乡宁乾升源焦煤有限公司	小型	148206	132270	40685	145611	113
山西煤炭运销集团吉县盛平煤业有限公司	中型	402709	366528	235587	141646	993
山西蒲县曹村煤矿有限公司	小型	150592	148442	186535	141455	168
山西潞安集团蒲县开拓煤业有限公司	中型	167283	503669	362758	139471	444
国营山西锻造厂	中型	149260	294879	229024	136895	762
山西恒富煤化集团有限公司	中型	92960	2893769	2412365	135754	510
山西鼎强铸造有限公司	小型	154055	21937	16059	134046	259
山西临汾西山生辉煤业有限公司	中型	169216	493959	435315	133177	518
侯马旺旺食品有限公司	中型	127299	83128	22796	129161	350

2014年临汾市主营业务收入上亿元工业企业主要经济指标(十三)

表78 单位:千元、人

企业名称	企业类型	工业总产值	资产总计	负债合计	主营业务收入	从事工业生产活动的从业人员平均人数
安泽县通祥洗煤厂	微型	293423	69879	16230	128963	11
洪洞华润恒富燃气有限公司	小型	127208	123064	67756	127208	151
液化空气(临汾)有限公司	小型	124139	234224	134571	124139	23
山西潞安集团蒲县黑龙关煤业有限公司	中型	128152	1270588	1269064	120377	512
山西乡宁乌泥沟煤业有限公司	中型	127828	740465	760618	119815	358
山西汾河生化有限公司	小型	50110	245926	402642	116088	212
洪洞县昕海煤化有限公司	小型	117263	87516	39744	112155	100
侯马市东鑫机械铸造有限公司	中型	116435	77530	56717	111636	487
翼城县茂翔精煤有限责任公司	小型	111000	11905	4136	111000	42
山西盛格特太阳能科技有限公司	小型	109630	126780	66443	109630	74
山西潞安集团蒲县常兴煤业有限公司	中型	341473	1479252	745239	109425	605
曲沃县三星铸造有限公司	小型	122205	52904	23201	108421	122
翼城县宝腾煤业有限公司	小型	108000	17531	14905	108000	45
翼城县海涛贸易有限公司	小型	106337	20869	11386	106337	38
汾西县昱强洗煤厂	小型	101266	38585	29385	103558	40
山西森润铸造焦有限公司	小型	128056	123603	190923	102887	230
山西潞安集团蒲县新良友煤业有限公司	中型	138761	541606	605354	102803	596
临汾威顿水泥有限责任公司	小型	157162	232674	193242	101554	139

2014年临汾市分县市区人口

表79

	总人口(人)					城镇人口比重(%)	人口自然增长率(‰)
	合计	男	女	城镇人口	乡村人口		
全市	4414596	2259249	2155347	2081037	2333559	47.14	5.40
尧都区	965815	484979	480836	643233	322582	66.60	6.20
曲沃县	242889	123035	119854	90019	152870	37.06	6.18
翼城县	317911	162662	155249	112769	205142	35.47	4.83
襄汾县	453517	230296	223221	170275	283242	37.55	5.76
洪洞县	748858	383864	364994	293767	455091	39.23	4.42
古县	94155	48653	45502	36259	57896	38.51	6.14
安泽县	84011	44070	39941	32163	51848	38.28	5.27
浮山县	130057	66699	63358	46687	83370	35.90	4.12
吉县	108947	57721	51226	35985	72962	33.03	5.21
乡宁县	238814	125699	113115	81529	157285	34.14	5.36
大宁县	66117	35353	30764	27841	38276	42.11	5.87
隰县	106151	55034	51117	44115	62036	41.56	5.90
永和县	65129	33452	31677	25513	39616	39.17	5.81
蒲县	109928	58817	51111	48058	61870	43.72	4.79
汾西县	147851	77085	70766	61709	86142	41.74	4.30
侯马市	245332	124144	121188	154231	91101	62.87	5.64
霍州市	289114	147686	141428	176884	112230	61.18	5.30

2014年临汾市分县市区农村主要经济指标(一)

表80

	禽蛋产量(吨)	奶类产量(吨)	肉类总产量(吨)	大牲畜年末存栏(头)	猪存栏(头)	羊存栏(只)	禽存栏(只)	棉花产量(吨)	水果产量(吨)
全市	111582	47793	132057	87918	885462	897690	12229075	564	671961
尧都区	15600	8166	9248	5249	118378	64349	1970100	14	63879
曲沃县	11221	6185	12531	4413	78785	63163	1255349	183	55509
翼城县	11984	13626	23048	8692	139838	98002	1158106		104610
襄汾县	18885	1180	19268	4459	157364	75883	1697300	113	113712
洪洞县	25897	10677	20551	8434	153556	111046	2273550	1	11513
古县	1834	142	1674	6531	12818	26653	184000		1128
安泽县	3158	117	2070	4860	9636	59917	299200		2253
浮山县	3220	685	4187	4945	19264	61160	225300	49	13229
吉县	1720	0	3076	5248	25510	7275	139200		190338
乡宁县	3384	1520	6554	8478	40837	76118	331520		14337
大宁县	540	20	884	2427	3881	10462	77828	27	5920
隰县	2762	332	2198	1764	17077	25856	199767		60791
永和县	1800	90	2683	5630	13932	78391	163255	146	7014
蒲县	768	37	3309	7052	20829	5939	141884		1653
汾西县	2622	13	8578	3732	19417	70874	1402116	9	3323
侯马市	2870	2310	3457	2020	20783	21528	231000	8	7398
霍州市	3317	2692	8741	3984	33557	41074	479600	15	15354

2014年临汾市分县市区农村主要经济指标(二)

表81

	粮食总产量(吨)	小麦产量	秋粮产量	油料产量(吨)
全 市	2757526	1061231	1696295	15871
尧都区	277466	142968	134498	160
曲沃县	214189	90617	123572	747
翼城县	247439	107837	139602	404
襄汾县	517343	227066	290277	1588
洪洞县	470644	228542	242102	358
古 县	71417	20589	50828	583
安泽县	147775	4230	143545	622
浮山县	114902	49722	65180	1565
吉 县	42683	10037	32646	2368
乡宁县	91169	42230	48939	1918
大宁县	53273	5985	47288	452
隰 县	102882	426	102456	528
永和县	74480	2158	72322	3010
蒲 县	73600	132	73468	591
汾西县	90695	34968	55727	353
侯马市	91596	47442	44154	426
霍州市	75973	46282	29691	199

2014年临汾市分县市区规模以上工业企业主要经济指标(一)

表82　　单位:千元、人

	单位数(个)	现价工业总产值	资产总计	利税总额	利润总额	应收帐款
全 市	355	170914976	226426194	7021255	7813	15580135
尧都区	49	15768817	31578009	−813951	−1320847	2541659
曲沃县	25	26172421	22179699	673482	320911	1250534
翼城县	25	11566251	5470430	−123391	−235374	342174
襄汾县	34	24363860	18366746	913033	101359	881988
洪洞县	55	28519128	39311368	2358515	359276	1636535
古 县	26	7523780	12675251	−126468	−401824	2358798
安泽县	9	7198543	9214142	502022	80781	129523
浮山县	27	6538735	1385328	754989	643946	36927
吉 县	4	1031029	1092916	119603	41282	0
乡宁县	25	9172816	17377554	612227	24361	552769
大宁县	1	47732	74349	2161	−264	612
隰 县	0					
永和县	0					
蒲 县	25	8275826	22255083	727330	−138279	282778
汾西县	8	1489654	275486	6848	913	36479
侯马市	24	9544814	7070771	117265	31159	742346
霍州市	18	13701570	38099062	1297590	500413	4787013

注:1、本表数据均为月报口径;2、隰县、永和县无规模以上工业企业。

2014年临汾市分县市区规模以上工业企业主要经济指标(二)

表83　　单位:千元、人

	产成品	负债合计	主营业务收入	流动资产平均余额	从业人员平均人数
全市	6153130	174934912	159433444	94152920	162724
尧都区	960509	28580832	15702406	12457473	21933
曲沃县	523228	17479405	21830578	8414740	11703
翼城县	366347	3240174	9582538	2519633	10317
襄汾县	898827	11445258	20965012	9128172	16935
洪洞县	1549660	27605787	32917535	16294356	26665
古县	347680	12661191	6896932	5571107	7886
安泽县	240852	5324524	5660127	2391447	5841
浮山县	93	513941	5630253	756813	2619
吉县	10494	457730	643208	292809	1719
乡宁县	320657	11670832	6392786	7808222	11728
大宁县	1923	10311	40971	8814	80
隰县			0	0	0
永和县			0	0	0
蒲县	56238	18945014	6840288	5907117	7667
汾西县	30530	179602	1236430	97449	889
侯马市	381139	6016119	8405776	4638112	7838
霍州市	464953	30804192	16688604	17866656	28904

2014年临汾市全省分市主要经济指标排序(一)

表84

	行政区划面积(平方千米)		常住人口(人)	
	指标值	位次	指标值	位次
全国	9596960		1367820000	
山西省	156270		36479600	
太原市	6988	10	4298900	3
大同市	14127	5	3391947	6
阳泉市	4570	11	1392674	11
长治市	13896	7	3404434	5
晋城市	9490	9	2308946	9
朔州市	10623	8	1753943	10
晋中市	16404	4	3320308	7
运城市	13964	6	5252258	1
忻州市	25000	1	3128460	8
临汾市	20275	3	4414596	2
吕梁市	21095	2	3813133	4

2014年临汾市全省分市主要经济指标排序(一)续

表85

	生产总值(亿元)		生产总值增长速度(%)		规模以上工业增加值增速(%)		公共财政预算收入(亿元)	
	指标值	位次	指标值	位次	指标值	位次	指标值	位次
全　国	636463.0		7.4		8.3		78560	
山西省	12759.4		4.9		3.0		1820.1	
太原市	2531.1	1	3.3	9	0.4	10	258.9	1
大同市	1001.5	9	7.4	1	10.3	1	104.9	6
阳泉市	616.6	11	3.2	10	4.2	7	47.0	11
长治市	1331.2	2	5.1	4	5.1	4	136.3	2
晋城市	1035.8	7	4.7	6	5.0	5	98.0	7
朔州市	1003.4	8	4.5	8	4.5	6	86.6	8
晋中市	1041.3	6	6.8	2	7.2	2	117.5	5
运城市	1201.6	4	5.0	5	3.8	8	52.8	10
忻州市	680.3	10	5.4	3	6.7	3	80.8	9
临汾市	1213.2	3	4.6	7	3.0	9	118.3	4
吕梁市	1101.3	5	−2.0	11	−5.6	11	130.6	3

2014年临汾市全省分市主要经济指标排序(二)

表86

	社会消费品零售总额(亿元)		固定资产投资(亿元)		进出口总额(万美元)		城镇居民人均可支配收入(元)		农村居民人均可支配收入(元)	
	指标值	位次	指标值	位次	指标值	位次	指标值	位次	指标值	位次
全　国	262394		502005		430304000		28844		10489	
山西省	5549.9		11977.0		1624852		24069		8809	
太原市	1411.1	1	1746.1	1	1067105	1	25768	1	12616	1
大同市	526.0	4	1072.4	6	48172	6	23043	8	7137	9
阳泉市	271.2	10	517.4	11	19567	10	24825	5	10742	2
长治市	476.9	6	1245.7	2	68297	4	24565	6	10311	3
晋城市	332.8	8	974.8	8	109785	3	24907	4	10087	6
朔州市	245.9	11	815.3	10	9266	11	25725	2	10137	4
晋中市	484.3	5	1106.0	5	35963	8	25652	3	10100	5
运城市	620.3	2	1202.7	4	149813	2	22226	9	8125	8
忻州市	275.1	9	965.4	9	20799	9	21735	10	6104	11
临汾市	529.5	3	1229.4	3	39949	7	23610	7	8755	7
吕梁市	376.8	7	1017.0	7	56137	5	21485	11	6754	10

注:各市城镇居民人均可支配收入为市区数据。

索　引

说明：

1. 本索引采取主题分析方法，按汉语拼音字母顺序排列。

2. 索引名称后的数字表示内容所在的页码、数字后的拉丁字母（a b）表示该页自左至右的栏别。

3. 特载、文献、大事记、附录、图、表不作索引。

Wujin
Wanfang
Logistics
乌金万方物流

运营规范准则

YUNYINGGUIFANZHUNZE

二〇一五年十二月